Nah Dran

Hella Braune · Frank Semper

Kolumbien

Reisekompass

Sebra Verlag

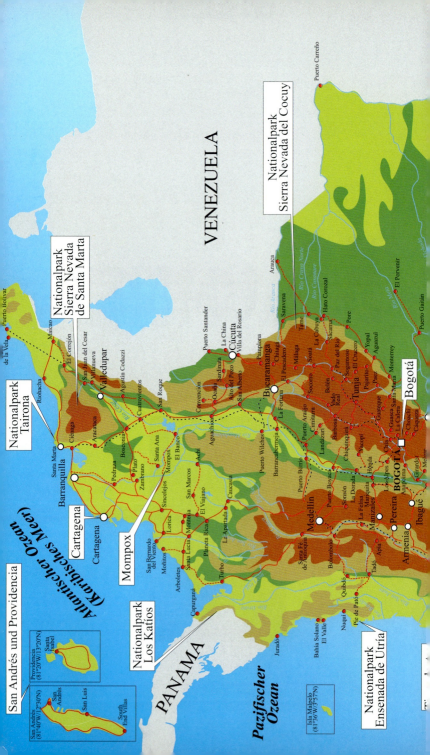

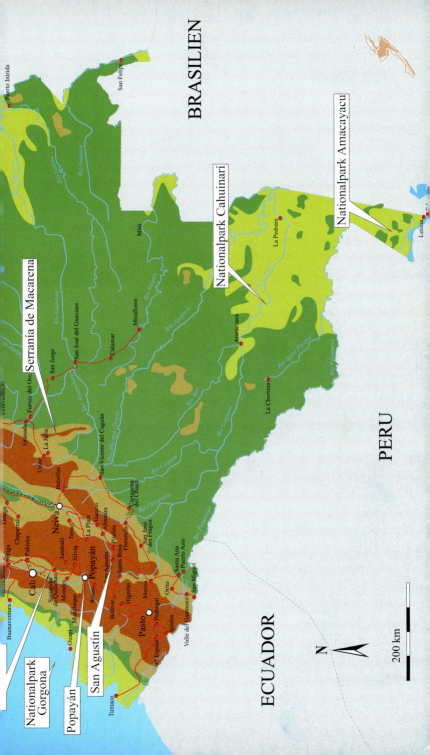

Hot Spots

Bogotá
Die Hauptstadt liegt auf 2600 Metern Höhe und damit *«más cerca a las estrellas»* («näher bei den Sternen»), wie der aktuelle Hauptstadtslogan vielversprechend verkündet. Die aufregende Metropole lebt in nervöser Dynamik, in einem ständigen Rhythmus aus Entstehen und Vergehen.

Sierra Nevada del Cocuy
Das Gebirgsmassiv ist der Ort für beeindruckende Bergtouren. Die höchste Erhebung ist der Ritacuba Blanco (5330 m). Auf den Páramos wachsen vier unterschiedliche Frailejónesarten, die Ostabdachung fällt steil zu den Llanos Orientales ab.

Cartagena
Ein Spaziergang auf den gewaltigen Festungsanlagen mit Blick auf die karibische See ist die beste Annäherung an diese einzigartige Hafenstadt, die wie keine zweite die Zeiten der Piraten und Vizekönige konserviert hat. Hinter den Stadtmauern öffnen sich die engen Gassen mit den kolonialen Schätzen, den Kirchen und Konventen, Herrenhäusern und Palästen.

Mompox
Die verschlafene Kolonialstadt an den Ufern des Río Magdalena wurde von den rasanten Entwicklungen des modernen Fortschritts nicht erfasst und blieb, eingeschlossen von Sümpfen und Kanälen, wie eine Filmkulisse inmitten der Tropen stehen.

Nationalpark Tairona
Treffpunkt für die internationale Travellerszene und während der Weihnachtsferien begehrtes Ziel großstadtmüder Hochlandkolumbianer. Im Nationalpark Tairona befinden sich wohl die schönsten und einsamsten Buchten der Karibik. Und nur noch in Kolumbien sind solch paradiesische Strände frei von klotzigen Hotelbauten, so dass man die Hängematte zwischen die Kokospalmen spannen kann.

Nationalpark Sierra Nevada de Santa Marta
Die Kogi, Arhuacos und Arsarios sind die Ureinwohner des höchsten Küstengebirges der Welt, das in Pyramidenform bis zu den Gipfeln des Pico Colón und des Pico Bolívar (5770 m) aufsteigt. Für die Indianer ist das Land «Mutter Erde» mit neun unterschiedlichen Klima- und Vegetationsstufen.

Nationalpark Los Katíos
Der Nationalpark Los Katíos bildet zusammen mit dem Nationalpark Darién, auf der Panamaseite den Tapón del Darién. Der natürliche Dschungel- «Pfropfen» zwischen Mittel- und Südamerika ist bekannt für seine Artenvielfalt an Flora und Fauna und seine Naturschönheiten.

Nationalpark Ensenada de Utría
Die Nationalparkfläche erstreckt sich von den schroffen Felseninseln im Golf von Tribugá über eine Mangrovenzone bis zu den Höhenlagen der Serranía de Baudo auf 1200 Metern. Das Territorium der Emberá-Indianer gehört zu den regenreichsten Gebieten der Erde mit einer außergewöhnlichen Flora und Fauna, bestehend aus vielen endemischen Arten.

Nationalpark Isla Gorgona
Den klangvollen Namen «Gorgona» hat ihr Francisco Pizarro verliehen. Der künftige Eroberer Perus landete hier 1527 auf dem Weg nach Süden. Die Insel war

menschenleer, es wimmelte aber von Schlangen, denen einige seiner Männer zum Opfer fielen, so dass ihm die antike, schlangenköpfige Medusa in den Sinn kam.

Popayán
Die *Ciudad Blanca* (die weiße Stadt) wurde durch den spanischen Feldherrn Belalcázar im Jahre 1537 gegründet. Alexander von Humboldt besuchte die koloniale Universitätsstadt im Jahre 1801. Popayáns Altstadt bewahrt alle architektonischen Elemente einer spanischen Stadt des 17. Jahrhunderts.

San Agustín
In San Agustín hatte sich bereits lange vor den Zeiten der Maya in Mittelamerika und der Inka in Peru eine hochstehende Kultur entwickelt, die der Nachwelt monumentale Grabstätten und Hunderte von steinernen Skulpturen hinterlassen hat. San Agustín war lange Zeit ein bedeutendes Handelszentrum zwischen dem Amazonasgebiet, den Höhenlagen der Anden und der Pazifikküste, bis es einer langen Periode der Vergessenheit anheimfiel.

Tierradentro
Tierradentro gehört mit seinen ausgeschmückten, präkolumbianischen Grabkammern zu den rätselhaften archäologischen Fundstellen Südamerikas. Die Spanier tauften die abgelegene Berg- und Tallandschaft zwischen dem Puracé-Vulkan im Süden, dem Nevado de Huila im Norden, dem Río Paez im Osten und den Hochpáramos im Westen «das tief verborgene Land».

Serranía de la Macarena
Das Aufeinandertreffen der drei unterschiedlichen Ökosysteme (Anden - Llanos - Amazonas) im Gebiet der Serranía de la Macarena hat zu einer hohen Artenvielfalt im Pflanzen und Tierreich geführt. Die Abgeschiedenheit der Bergtäler und Mesetas hat viele endemische Arten entstehen lassen. Es gibt über 500 Vogelarten, präkolumbianische Felszeichnungen und mit dem Caño Cristales, wenn nicht den schönsten, so doch den buntesten Fluss der Welt.

Nationalpark Amacayacu
Intakter Amazonasregenwald, der von Kolumbiens «Amazonashauptstadt» Leticia leicht zu erreichen ist. Die Begegnung mit rosa Delfinen, Affen, Anakondas und dem Riesenlotus *Victoria Regia* sowie der lockere und ungezwungene Kontakt mit den Ticuana-Indianern, gestatten es dem Besucher, an die Zeiten des «Erstkontaktes» durch Francisco de Orellana anzuknüpfen.

Nationalpark Cahuinarí
Wer in den Río Cahuinarí vordringt, taucht in eine andere Welt ein, in der der Mensch nur eine untergeordnete Rolle spielt. Die Region des Río Cahuinarí wurde während der Kautschukzeit durch das brutale Zwangsarbeitersystem und den Völkermord an den Bora, Miraña, Huitoto, Muinane-Indianern durch die *Casa Arana* entvölkert. Die Nachfahren der Überlebenden leben noch immer in einer abgeschiedenen Welt, die sich dem natürlichen Rhythmus aus Regen- und Trockenzeiten angepasst hat.

Isla Providencia
Seit den ersten Besiedlungstagen ist Providencia ein Zufluchtsort für Aussteiger und Andersdenkende. Die Insel besteht aus grünen Kegelbergen inmitten türkisgrüner See, ein natürlicher Garten in dem *mango, guanábana und tamarindo* wachsen, Pferderennen am Strand und Langusten auf dem Teller.

Nah Dran - Kolumbien

4. vollständig überarbeitete und aktualisierte Auflage, 2009
erschienen im SEBRA-Verlag 2009

© SEBRA-Verlag, Hamburg
© Hella Braune; Dr. Frank Semper

Das Werk einschließlich aller seiner Teile ist urheberrechtlich geschützt. Jede Verwertung ist ohne Zustimmung des Verlags unzulässig und strafbar. Das gilt insbesondere für Vervielfältigungen, Übersetzungen, Mikroverfilmungen, Speichern auf Datenträgern und die Einspeisung ins Internet, auch vorab und auszugsweise. Alle Angaben wurden sorgfältig recherchiert. Verlag und Autoren können jedoch für Vollständigkeit und Richtigkeit keine Gewähr übernehmen, und sie übernehmen auch keine Haftung für die hier präsentierten Informationen. Landkarten und Pläne wurden nach Vorgabe der Autoren erstellt und werden regelmäßig aktualisiert.

Umschlagfotos ©	Dr. Frank Semper
Karten & Pläne	Jörg Steeg, Reinhard Strub, SEBRA-Verlag ©
Fotos ©	Dr. Frank Semper
Layout & Satz	Volker Kraeft
Druck, Bindung, Lithographie	CPI books, Leck

www.sebra.de

Zuschriften bitte an:
info@sebra-verlag.de

Printed in Germany
ISBN 3-939602-01-9
ISBN 978-3-939602-01-9

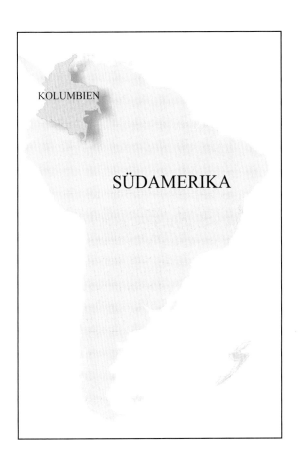

«Nicht einmal in seinen schwierigsten Momenten hat Kolumbien seine Fähigkeiten zu Singen, Tanzen, Schreiben, Malen und Bauen verloren.»

Rogelio Salmona,
kolumbianischer Architekt (1927-2007)

Vorwort

Die schlechten Schlagzeilen der Vergangenheit sind plötzlich wie weggeblasen, jedenfalls gelingt es ihnen keine abschreckende Wirkung mehr zu entfalten. Im Gegenteil, die internationalen Medien sind hier und da bereits umgeschwenkt und reiben sich verwundert die Augen über die geballte Ladung positiver Energie aus Kolumbien. Und plötzlich vernimmt man sogar begeisterte Töne. Kolumbien ist nicht länger das Synonym für Drogenhandel und Gewalt, es steht heute für (positive) Emotionen, Kreativität, soziales Engagement und Qualität. Dazu haben in der internationalen Öffentlichkeit auch und gerade solch populäre und sympatische Stars wie Shakira und Juanes beigetragen.

Vielerorts im Land ist eine Aufbruchstimmung zu spüren, die mehr ist als ein zarter Hauch, sie ist schon eine starke Brise. Noch niemals in ihrer Geschichte sind die Kolumbianer/innen so oft und in solchen Massen zu Straßendemonstrationen zusammengekommen wie 2008, um für den Frieden im Land zu demonstrieren, für die Freilassung aller Entführten, die die Guerrilla über Jahre in abgelegenen Dschungelcamps gefangen hielt und noch immer gefangen hält,und gegen das Verschwindenlassen von Menschen und für ein Ende der Massaker, wie sie die paramilitärischen Verbände exerziert haben. Die kolumbianische Gesellschaft ist nicht länger bereit, den alltäglichen Horror widerspruchslos hinzunehmen, sie ist angewidert von den Gräueltaten der im Lande agierenden selbst ernannt aufständischen und kriminellen Gruppen und sie will nicht länger dazu schweigen und sich einschüchtern lassen. Der geballte Protest ist der starke Ausdruck endlich das Kolumbien zu entwickeln, das sich die meisten Kolumbianer/innen immer erträumt haben, ein freies, ein mutiges und ein prosperierendes Land. Die allgemeine Mobilmachung des guten Willens ist beeindruckend und verdient die volle Unterstützung gerade auch aus dem Ausland.

Die augenblickliche Entwicklung kennt dabei Gewinner und Verlierer. Gewonnen haben die Mittelschichten in den Metropolen des Landes, gewonnen haben auch die ausländischen Besucher. Der Bau- und Dienstleistungssektor boomt, der Tourismussektor im Allgemeinen ist im Aufschwung. Es gibt heute eine weit bessere Infrastruktur als noch vor einigen Jahren, Schritt für Schritt entwickelt sich eine Hotellerie, die nicht nur von einigen wenigen Marktteilnehmern bestimmt wird und die Abschied von den biederen Konzepten der Vergangenheit genommen hat. Treffpunkte für Traveller musste man vor einiger Zeit noch mit der Lupe suchen, es gab sie praktisch nicht, jetzt haben Kolumbianer und Ausländer und nicht selten zusammen an den Stränden von Taganga oder in den Bergen um San Agustín ansprechende Unterkünfte eröffnet, in denen man gerne länger bleibt.

In den Großstädten hat gerade eine gastronomische Revolution stattgefunden, fast vergessen sind die Zeiten, als comida corriente und perro caliente den Speiseplan diktierten. Plötzlich gibt es alles, ob Sushi, argentinische Steaks, peruanische Ceviche, organische Küche, Fusionsküche, und dazu, früher undenkbar, einen guten Wein. Internetlokale und Cafés findet man allerorten. Die Straßen werden ausgebaut, die Verkehrsmittel besser kontrolliert und gewartet. Die Krisenairlines wurden aus dem Verkehr gezogen, auf Busbahnhöfen hängen Unfallstatistiken aus, die Ross und Reiter nennen, und in den Überlandbussen wurden gut sichtbar Geschwindigkeitsbegrenzungsanzeiger angebracht, mit denen die Passagiere die Fahrer kontrollieren sollen. Schönes neues Kolumbien - sicher, sauber, gut und zudem interessant zu bereisen. Bei so viel Licht werden auch die Schattenseiten klar sichtbar.

Auf der Verliererseite der augenblicklichen Entwicklung stehen die ethnischen wie sozialen Minderheiten, Campesinos, afrokolombianische Gemeinschaften und indigene Völker, denen der Staat oder private Investoren ihr Land streitig machen oder noch immer mit Herbiziden aus der Luft im Antidrogenkampf vergiften. Für diese Gruppen der Bevölkerung hat das Sicherheits- und Entwicklungsprogramm der Regierung von Álvaro Uribe nicht viel Postives zu bieten. Nicht nur die Kluft in der kolumbianischen Gesellschaft wird zusehends größer auch die Kluft zwischen den blühenden und den verarmten Regionen im Land nimmt zu und der Grenzverlauf zwischen diesen Regionen ist noch deutlicher auszumachen als in der Vergangenheit.

Wenn man sich anschaut, wohin man heutzutage unbesorgt reisen kann und wohin vielleicht doch lieber nicht, stellt man fest, die allermeisten touristisch interessanten Orte kann man ohne Sicherheitsbedenken zum Besuch empfehlen, Cartagena & Co sowieso, und nun auch Bogotá und erst recht Medellín oder eine Reise in die kolumbianischen Llanos, San Agustín, die Ciudad Perdida, die Guajira, den Nationalpark El Cocuy, vor einigen Jahren noch mit einem unwägbaren Entführungsrisiko behaftet, heute problemlos zu bereisen. Die aktuellen Problemzonen heißen Chocó-Urabá, Catatumbo, La Macarena und die tropischen Tieflandregionen beiderseits der Anden im Grenzgebiet zu Ecuador, also nach wie vor weite Landstriche, aber Kolumbien ist größer als Deutschland und Frankreich zusammen, da muss man nicht alles gesehen haben, um begeistert zu sein. Die großen Kolumbienreisenden vergangener und gegenwärtiger Tage von Alexander von Humboldt bis zum Literaturnobelpreisträger des Jahres 2008 Jean-Marie Gustave Le Clézio haben zumeist weit weniger kolumbianischer Landfläche bereist, dafür um so intensiver, und anschließend festgestellt, dass diese Erfahrung ihr Leben verändert hat.

!Bienvenidos a Colombia!

Inhalt

Land in Sicht!
Land in Sicht! 17
Geographie .17
Bevölkerung 20
Indianer und Indianerpolitik 21
Die bedrohte Zukunft der
Indianervölker Kolumbiens 25
Die afrokolumbianischen
Gemeinschaften 26
Sprache 27
Wirtschaft 27
Der Drogenhandel 30
Bildung 32
Soziales 33

Vergangenheit und Gegenwart
Vergangenheit und Gegenwart 35
Präkolumbianische Geschichte 37
Die Konquista 38
Die Unabhängigkeit 39
Die Republik 40
Der Verlust Panamas 43
Die Violencia 44
Militärdiktatur Rojas Pinilla 45
Frente Nacional 45
Pablo Escobar 46
Die Verfassung von 1991 49
Samper und Pastrana 50
Die Regierungzeit von
Álvaro Uribe (2002-?) 51
Umstrittene Wiederwahl
des Präsidenten 53
Krieg gegen die Farc-Guerrilla 54
Der Parapolítica-Skandal 55
Die Entwaffnung der para-
militärischen Verbände 56
Beziehungen zu den USA
und Europa .57
Schwierige Beziehungen zu
Venezuela 57
Die Guerrilla 58
Staatsform 63
Justiz 63
Die Auslieferung von Kolumbianern .64
Polizei, Militär und Ausnahme-
zustand 65
Der bewaffnete interne Konflikt 65
Die Menschenrechtssituation 67
Der Plan Colombia 69

Natur und Kultur
Natur und Kultur 71
Ökologie 71
Religion 73
Literatur 73
Malerei und Bildhauerei 79
Musik 82
Film und Fernsehen 85
Theater 86
Naturwissenschaften 87
Ethnologie 87
Kunsthandwerk (Artesanía) 88
Essen und Trinken 91
Sport 97

Bogotá
Bogotá 100
Stadtgeschichte 103
Orientierung 106
Informieren 107
Historisches Zentrum
(Candelaria) 108
Museen 111
Kirchen 120
Monserrate 120
Torre Colpatria 121
Jardín Botánico 121
Zentralfriedhof 121
Die «Séptima» 122
Märkte 122
Outdoor-Ausrüster 122
Kunsthandwerk und Schmuck 123
Galerien 123
Schlafen 124
Essen 127
Musik und Tanz 132
Dichtung und Theater 134
Kinos 134
Stierkämpfe/Hahnenkämpfe 135
Kulturzentren 135
Unterricht .136
Bibliotheken 136
Buch und Presse 137
Presse und Medien aus Bogotá 138
Hilfreiche Adressen 139
Autovermietung 139
Stadtverkehr 140
Eisenbahn .141
Busverbindungen 141
Flugverbindungen 142
Internationaler Flughafen El Dorado 143

Umgebung Bogotá

Die Umgebung von Bogotá 146
Nationalpark Laguna de Guatavita ..146
Nueva Guatavita 149
Zipaquirá 150
Nemocón 151
Choachi 151
Nationalpark Chingaza 151
Nationalpark Sumapaz 153
Honda 159
Mariquita 161
Armero 162
Ambalema 163

Boyacá

Boyacá 164
Tunja 166
Villa de Leyva 170
Die Umgebung von Villa de Leyva ..175
Naturreservat Iguaque 176
Ráquira 177
Chiquinquirá 177
Muzo 178
Puerto Boyacá 180
Richtung Nordosten 181
Pantano de Vargas 181
Duitama – Nobsa – NP Pisba 181
Sogamoso 182
Monguí 184
Tópaga 185
Lago de Tota 186
Málaga 186
Capitanejo 187
El Cocuy 187
Güicán 188
Nationalpark El Cocuy 188

Santander

Santander & Norte de Santander ...194
Vélez........................195
La Paz 196
Socorro 196
San Gil 198
Barichara und Guane 199
Villanueva 202
Cañón del Chicamocha 204
Zapatoca 204
San Vicente de Chucurí 205
Hacienda Montebello 205
Girón 205
Bucaramanga 206
Matanza 211
Ocaña 211
Naturpark Los Estoraques 212
Pamplona 212
Cúcuta 214

Karibik

Die kolumbianische Karibik 220
Cartagena de Indias 222
Informieren 225
Historisches Zentrum 226
Convento de la Popa 232
Fort San Felipe de Barajas........233
San Fernando (de Bocachica) 233
Museen.....................234
Filmstadt Cartagena 235
Musikfestival Cartagena 236
Feste und Märkte 236
Shopping 236
Strände.....................237
Schlafen 238
Essen 241
Cafés und Bars 244
Musik und Tanz 245
Tauchen 246
Touren durch Stadt und Buchten ..246
Autovermietung 247
Schiffsverbindungen 247
Busverbindungen 248
Flugverbindungen 249
Die Umgebung von Cartagena 251
Isla Barú &Playa Blanca 251
Islas del Rosario 252
Schlammvulkan Totumo 254
San Basilio de Palenque 254
San Jacinto 255
Magangué 255
Mompox 256
El Banco 261
Nordöstlich von Cartagena ..262
Barranquilla 262
Puerto Colombia 267
Galapa 267
Ciénagas und Palafitodörfer 267
Ciénaga Grande de Santa Marta ..267
Nationalpark Isla de Salamanca ..268
Santa Marta 269
El Rodadero 275
Taganga 276
Nationalpark Tairona 280
Nationalpark Sierra Nevada de Santa
Marta 282
Ciudad Perdida 285
Minca 287
Aracataca 288
Valledupar 289

Pueblo Bello	291
Nabusímake	291
Die Guajira	293
Riohacha	294
Naturreservat Los Flamencos	297
Manaure	298
Uribia	299
Cabo de la Vela	299
Alta Guajira	300
Nazareth	301
Nationalpark Serranía de la Macuira	301
Maicao	301
Südwestlich von Cartagena	**303**
Sincelejo	303
Tolú und Corveñas	**303**
Montería	305
San Andrés de Sotavento & Tuchin	306
Lorica	307
San Bernardo del Viento	308
San Pelayo	308
Cereté	309
Arboletes	309
Turbo	309
Nationalpark Los Katíos	311
Unguía	314
Santa María - El Gilgal - Balboa	315
Acandí	316
Capurganá und Sapzurro	316
Die Karibikinseln	**319**
Geschichte und Gegenwart	319
San Andrés	321
Providencia (Old Providence)	327

Antioquia

Antioquia	333
Medellín	**335**
Orientierung	337
Informieren	339
Das Stadtzentrum	340
Cerro Nutibara	340
Museen	341
Gärten - Plätze - Gräber	343
Veranstaltungen und Feste	345
Shopping	346
Schlafen	346
Essen	349
Musik und Tanz	351
Theater und Kino	352
Bücher	353
Stadtverkehr	353
Busverbindungen	354
Flugverbindungen	355
Die Umgebung von Medellín	**356**

Puerto Berrio	356
Zugverbindung Puerto Berrio-Barrancabermeja	358
Barrancabermeja	358
San Jerónimo	359
Santafé de Antioquia	359
Urrao	362
Nationalpark Los Orquídeas	362
Caucasia	364
Rionegro	364
El Retiro	366
El Peñol und Guatapé	366
Hacienda Fizebad	367
La Ceja	367
Sonsón	367
Abejorral	368
Valparaíso	369
Caramanta	369
Marmato	370
El Jardín	371
Jericó	371

Zona Cafetera

Die Kaffeezone - Zona Cafetera -	372
Salamina	372
Aguadas	373
Pensilvania	374
Manizales	**375**
Pereira	**379**
Kaffeefarmen bei Pereira	380
Santuario de Flora y Fauna Otún Quimbaya	380
Armenia	**381**
Kaffeefarmen bei Armenia	382
Calarcá	383
Salento	**383**
Cocora	385
Naturreservat Acaime & La Montaña	385
Kaffeepark Montenegro	386
Floßfahrt auf dem Río La Vieja	386
Nationalpark Los Nevados	387
Cañón Río Claro	391
Hacienda Napoles	391

Pazifikküste

Die Pazifikküste	393
Buenaventura	**394**
La Bocana, Juanchaco und Ladrilleros	399
Nuquí	**400**
Bahía Solano	**402**
El Valle	406

Nationalpark Ensenada de Utría ...406
Juradó 408
Tumaco 409
Barbacoas 411
Llorente 412
Bocas de Satinga 413
El Charco 413
Guapi 414
Isla Gorgona **414**
Nationalpark Isla Malpelo **418**
Quibdó **418**
Die Umgebung von Quibdó 422
El Dos und Raspadura 422
Istmina 424

Südwesten

Der Südwesten 425
Cali **425**
Cañasgordas, El Paraíso,
Piedechinche 436
Nationalpark los Farallones 437
Buga 437
Laguna de Sonso 439
Lago Calima 439
Cartago 440
Ibagué 441
Popayán **442**
Silvia 448
Coconuco 450
Nationalpark Puracé 450
San Agustín **451**
Die Fundstätten 454
Parque Arqueológico 454
Alto de los Ídolos 455
La Chaquíra 455
Alto de Puratal 455
Alto de las Piedras 455
Tierradentro **459**
Einzelne Fundorte 461
La Plata 463
Nationalpark Nevado de Huila 463
Neiva 464
Die Tatacoawüste 465
Nationalpark Los Picachos 466
Nationalpark Cueva de
los Guácharos 466
Pasto **467**
Vulkan Galeras 470
Laguna de la Cocha 471
Valle del Sibundoy 471
Sandoná 472
Laguna Verde 472
Chucunés 473
Naturpark La Planada 473

Vulkan Cumbal 473
Ipiales 474
Santuario de las Lajas 475

Llanos

Die Llanos 476
Villavicencio **477**
Die Umgebung von Villavicencio ...480
San Martín 481
Granada 482
Puerto López 482
Obelisk 482
Puerto Gaitán 483
Forschungsstation Yamato 483
Orocué 484
Forschungszentrum Carimagua 485
Las Gaviotas 486
Puerto Carreño **486**
Nationalpark El Tuparro 488
Nationalpark Sierra de la Macarena 489
Caño Cristales 493
La Macarena 494

Amazonas

Das Amazonasgebiet 495
Entdeckungs- und Besiedlungs-
geschichte 495
Fläche 496
Vegetation 497
Transport und Kosten 497
Straßen 498
Flüsse 498
Dschungelpfade 499
Flugzeug 499
Ureinwohner 500
Tierarten 501
Reisevorbereitung auf das
Amazonasgebiet 503
Karten 503
Krankheiten und Gefahren 503
Klima 504
Leticia **506**
Straße nach Tarapacá 511
Tabatinga (Brasilien) 511
Benjamin Constant (Brasilien) 511
Nationalpark Amacayacu 511
Buenos Aires 514
Puerto Nariño 514
La Pedrera 515
Nationalpark Río Puré 516
Nationalpark Cahuinarí 516
Araracuara 518
La Chorrera 520

Puerto Inírida 521
Die Umgebung von Puerto Inírida ..522
Naturreservat Puinawai 524
Mitú 525
Florencia **528**
Mocoa 529
Puerto Asís 530
Puerto Leguízamo 532
Nationalpark La Paya 532
San José del Guaviare 533
Miraflores 534
Nationalpark Chiribiquete 535

Infos

Reisezeit 536
Reisen nach Kolumbien 537
Anschlussflüge in Kolumbien 537
Airpass Lateinamerika 537
Airpass – Kolumbien 537
Einreise/Ausreise nach Kolumbien ..538
Grenzübergänge zu den
Nachbarstaaten 538
Zoll 539
Einreise mit Kfz/Motorrad 540
Verfrachtung des Motorrads 540
Botschaften und Konsulate 540
DAS und Pass 541
Geld 542
Bargeldtransfer aus dem Ausland ...544
Post 544
Telefonieren 545
Zeit 545
Elektrizität 545
Gewichte- und Maßeinheiten 546
Öffnungszeiten 546
Feiertage und Puentes 546
Feste und Festivals 547
Hilfreiche Adressen 547
Touranbieter im deutschsprachigen
Raum 552
Touranbieter in Kolumbien 553
Aktivitäten 554
Unterkünfte 557
Gesundheit und Vorsorge 559
Ärzte und Kliniken 564
Fortbewegung und Verkehrsmittel ..565
Bus 565
Taxi..........................566
Inlandsflüge & Tarife 567
Flugsicherheit 568
Schiffsverkehr 569
Züge 569
Mietwagen 569
Sicherheitscheck 570

Kidnapping 576
Drogen und Drogenkriminalität 577
Versicherungen 577
Fotografieren 579
Einkaufen 579
Lärm 579
Was muss man mitbringen? 580
Kartenmaterial & GPS 580
Bücher zu Kolumbien 581

Anhang

SEBRA Internet-Links 590
Glossar 592
Tierliste 598
Ortsregister 601
Personen-/Sachregister 604
Transmilenio Bogotá 615
Metroplan Medellín 616

Abkürzungen

Cra.	Carrera (Straße)
DAS	Ausländerbehörde und kolumbianischer Geheimdienst
DANE	Departamento Administrativo Nacional de Estatisticas (kolumbianische Statistikbehörde)
DEA	Drug Enforcement Agency (US-Drogenabwehrbehörde)
Edf.	Edificio (Gebäude)
FAC	Fuerza Aerea Colombiana (kolumbianische Luftwaffe)
MAM	Museo de Arte Moderno (Museum für Moderne Kunst)
mat.	Matrimonial (Doppelbett)
No	Numero (Nummer)
Of.	Oficina (Büro)
Tel	Telefon
TLC	Tratado del Libre Comercio, gemeint ist das von den USA nicht ratifizierte Freihandelsabkommen zwischen den beiden Staaten
UAESPNN	Unidad Administrativa Especial de Los Parques Nacionales Naturales (Staatliche Nationalparkverwaltung)
Vent.	Ventilator

> Die Preisangaben erfolgen in Euro. Der Euro ist wie der US-Dollar frei konvertibel. Die beiden führenden Fremdwährungen unterliegen in Relation zum kolumbianischen Peso aktuellen Wechselkursschwankungen.

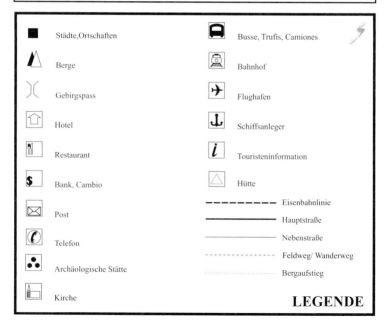

LEGENDE

Land in Sicht!

KOLUMBIEN

Offizieller Name	República de Colombia
Staatsfläche	1.138.914 km²
Hauptstadt	Santafé de Bogotá
Millionenstädte	Cali, Medellín, Barranquilla
Unabhängigkeit	offiziell 1810, endgültig 1819
Bevölkerungszahl	45 Millionen
Ethnische Zusammensetzung	85,5 % Mestizen, Weiße und Mulatten, 11 % Afrokolumbianer, 3,5 % Indigene, 0,01 % Roma
Städtischer Bevölkerungsanteil	75 %
Bevölkerungswachstum	1,4 %
Staatssprache(n)	Spanisch und 64 Indianersprachen innerhalb der indigenen Territorien
Religionszugehörigkeit	95 % katholisch
Durchschnittliche Lebenserwartung	73 Jahre
Währung	Peso Colombiano
Regierungsform	Präsidiale Republik
Wichtige Exportprodukte	Rohöl und -derivate, Kohle, Kaffee, Schnittblumen, Kokain (illegal)
Landschaftsräume	Karibik- und Pazifikküste, drei Andenkordilleren, Llanos, Amazonasgebiet
Anteil an der weltweiten Artenvielfalt	ca. 10 %
Nationalparkfläche	10 %
UNESCO-Welterbe-Stätten	Cartagena, Mompox,, San Agustín, Tierradentro (Kultur), Los Katíos, Isla Malpelo (Natur)

Geographie

Kolumbien liegt zwischen 14° nördlicher und 4° südlicher Breite. Es hat eine Landfläche von 1 114 748 km². Das entspricht zusammengenommen der Größe von Deutschland, Frankreich, Österreich und der Schweiz. Kolumbien ist das viertgrößte Land Südamerikas.

Küsten

Kolumbien ist das einzige Land Südamerikas mit zwei Küstenlinien. Die Karibikküste ist 1600, die Pazifikküste 1330 Kilometer lang.

Gebirge

Das Rückgrat des Landes sind die **drei Andenkordilleren**, deren gemeinsamer Ausgangspunkt im Süden des Landes, im *Macizo Colombiano* liegt. Die Westkordillere verläuft 1200 Kilometer entlang der Pazifikküste und hat die niedrigsten Erhebungen. Ihre Ausdehnung beträgt 76 000 km². Lediglich fünf Gipfel sind über 4000 Meter und keiner erreicht die Schneegrenze. Die höchsten Erhebungen der **Zentralkordillere** sind der Nevado del Huila (5500 m) und die Los Nevados mit dem Nevado del Ruiz (5400 m). Die Zentralkordillere ist 1000 Kilometer lang und im Schnitt 65 Kilometer breit.

Die **West-** und Zentralkordillere laufen im nördlichen Antioquia aus und gehen in die Tiefebene der Karibik über. Die **Ostkordillere** ist die längste der drei Kordilleren mit der breitesten Ausdehnung von 130 000 km². In ihrem Zentrum gibt es ausgedehnte Hochebenen, wie die von Bogotá.

Die Ostkordillere gabelt sich an der Grenze zu Venezuela in zwei Ausläufer. Der höhere Teil reicht ins Nachbarland und bildet die venezolanischen Anden. Den niedrigen Ausläufer bilden die Serranía de Perrija, ihrerseits die Grenze zu Venezuela. Die höchste Erhebung der Ostkordillere ist die **Sierra Nevada del Cocuy** mit dem Ritacuba Blanca (5330 m).

Im Norden liegt die **Sierra Nevada de Santa Marta**. Sie ist das höchste Küstengebirge der Welt. Der Pico Colón und der Pico Bolívar sind mit 5770 Metern die höchsten Berggipfel Kolumbiens. Der Gebirgszug der **Sierra de la Macarena** ist eine Erhebung inmitten der Llanosebene, getrennt von den Anden durch einen 50 Kilometer breiten Korridor. Die Sierra ist 120 Kilometer lang und an der weitesten Stelle 30 Kilometer breit. Die höchsten Erhebungen liegen bei 2000 Metern.

■ Flüsse

Kolumbien gehört zu den wasserreichsten Ländern der Erde. Die Quelle der meisten Flüsse liegt in den Kordilleren. Die beiden längsten Flüsse, die nach Norden in Richtung Karibik fließen, sind der **Río Magdalena** und der Río Cauca. Der Río Magdalena ist der bekannteste Fluss Kolumbiens. Er hat eine Länge von 1540 Kilometern. Der Río Magdalena war lange Zeit die einzige Verbindung zwischen der Hauptstadt und der Küste. Seine Quelle liegt auf dem Páramo de las Papas, unweit von San Agustín, in 3685 Meter Höhe. Er verläuft zwischen der Zentral- und der Ostkordillere. An seiner Mündung liegt der Hafen Barranquilla. Der **Río Cauca** entspringt an gleicher Stelle wie der Río Magdalena und sucht sich seinen Weg durch das enge Tal von Zentral- und Westkordillere. Nach 1350 Kilometern vereint er sich mit dem Río Magdalena.

Nach Osten fließt der **Río Meta**, der aus der Ostkordillere kommt und nach 1000 km in den **Río Orinoco** mündet. Weiter südlich verläuft der **Río Guaviare**, der nach 1200 Kilometern seine Wassermassen ebenfalls dem Río Orinoco übergibt. Der Río Guaviare bildet die Grenze zwischen den weiten Savannen der Llanos Orientales und den Wäldern des tropischen Regenwaldes.

Im Südosten des Landes fließen der **Río Caquetá** und der **Río Putumayo** durch das Amazonasbecken. Der Río Caquetá ist der wasserreichste Fluss Kolumbiens. Er hat eine Gesamtlänge von 2200 Kilometern, von denen 1200 Kilometer durch Kolum-

bien fließen. Seine Quelle liegt, wie die von Río Magdalena und Río Cauca, auf dem Páramo de las Papas. Der Río Putumayo ist der Grenzfluss zu Ecuador und Peru mit einer Länge von 1800 Kilometern. Río Caquetá und Río Putumayo münden in den Amazonas. Entlang des Pazifikflachlandes verläuft der **Río Atrato**. Er ist nur 750 Kilometer lang, doch bezogen auf seine Länge der wasserreichste Fluss der Welt. Während der Río Atrato in die Karibik mündet, fließt der Río San Juan in den Pazifik. Kein Fluss in Südamerika entlässt mehr Wasser in den Stillen Ozean.

Regionen

Der nordöstlichste Zipfel des Landes ist die **Guajira**, eine Küstenwüste, bewachsen nur von Kakteen und Divi-Divi Sträuchern. Das Hinterland der Karibik zwischen Santa Marta und der Atratomündung ist flaches Sumpfland, durchzogen von vielen Seen, deren ausgedehnteste die **Ciénaga von Santa Marta** ist. Zwischen der Westkordillere und der Pazifikküste liegt der **Chocó**, eine Region mit hohen Niederschlägen und immergrünem tropischen Regenwald.

Östlich der Kordilleren erstreckt sich ein ausgedehntes Busch- und Weideland, die **Llanos Orientales**, die eine Fläche von 255 000 km² bedecken. Im Süden gehen die Llanos Orientales in die tropischen **Regenwälder des Amazonasbeckens** über, die mit 400 000 km² den größten zusammenhängenden Naturraum des Landes bilden.

Inseln

Kolumbien besitzt Inseln in beiden Meeren. Die bekannten Touristeninseln, **San Andrés und Providencia**, liegen in der karibischen See, 800 Kilometer vom kolumbianischen Festland entfernt, nahe der Küste Nicaraguas. Unmittelbar vor der Küste befinden sich die Inselgruppen **Rosario** und **San Bernardo**.

Im pazifischen Ozean liegen **Gorgona** und **Malpelo**, letztere der westlichste Punkt Kolumbiens, 330 Kilometer vor der Küste.

Nachbarn

Die Nachbarländer Kolumbiens sind Panama, Venezuela, Brasilien, Peru und Ecuador.

Bevölkerung

Kolumbien hat etwa 45 Millionen Einwohner. Von Brasilien einmal abgesehen, ist es das bevölkerungsreichste Land Südamerikas. 40 % der Bewohner sind unter 18 Jahren. Heute leben 75 % der Bevölkerung in den Städten, während es in den 1950er Jahren gerade einmal 25 % waren. Der Verstädterungsprozess hält seit Jahrzehnten an und wird in den nächsten Jahren nicht zum Stillstand kommen. Die meisten Menschen zieht es in die Hauptstadt Bogotá, deren geschätzte Einwohnerzahl bei annähernd 8 Millionen liegt.

An zweiter Stelle liegen etwa gleichauf Medellín und Cali mit ca. 2,5 Millionen Einwohnern. Die viertgrößte Millionenstadt ist Barranquilla an der Karibikküste. Zudem gibt es zwei Dutzend Großstädte mit mehr als 100 000 Einwohnern.

Die Landflucht hat zu einer Ausweitung der Slumgürtel geführt, die die Vorstädte vieler Großstädte umgeben. Die Bevölkerung verteilt sich äußerst ungleichmäßig. 95 % leben in den Höhenlagen der Anden und an der Karibikküste. Der größere Anteil von Kolumbiens Landfläche, Pazifik-, Llanos- und Amazonastiefland, ist von spärlichen 5 % der Bevölkerung besiedelt. Das zeigt, dass sich Kolumbien traditionell als Andenland begreift, obwohl der größere Teil der Landfläche außerhalb des Hochlandes liegt.

Heutzutage erweist sich die Bezeichnung Kolumbiens als «Andenland» im geographischen Sinne als ebenso einseitig und unzureichend wie die Charakterisierung seiner Bevölkerung als «Mestizennation». Die Menschen Kolumbiens sind so verschieden wie die Regionen, in denen sie leben. Zwar sind mehr als die Hälfte der Bevölkerung Mestizen (58 %). Die übrige Bevölkerung setzt sich aber aus Weißen (20 %), Mulatten (8 %), Afrokolumbianern (11 %) und den Angehörigen indigener Gruppen (3,5 %) zusammen.

Weiterführender Link:
Datenerhebung durch den DANE
http://www.dane.gov.co/ files/censo2005

Die weißen Bewohner von Bogotá könnten auch in einer Hauptstadt Europas zuhause sein. Sie sind distanziert, arbeiten viel und fahren am Wochenende aufs Land. Doch schon an den Rändern der Stadt verschwindet der europäische Einschlag. Die Campesinos sind Mestizen, haben eine *ruana* umgeworfen und bewegen sich noch häufig mit dem Pferd vorwärts. Die Zentral- und Westkordilleren sind die Heimat der Antioqueños oder *Paisas*, wie sie sich selbst bezeichnen. Ihre Hauptstadt ist Medellín. Die Antioqueños sind die hellhäutigsten aller Kolumbianer. Sie haben sich kaum mit Indianern oder Schwarzen vermischt.

Die Paisas sind dynamische Menschen, erfüllt von Abenteuer- und Pioniergeist. Sie besiedelten Ende des letzten Jahrhunderts den Süden der Zentralkordillere und verwandelten den dichten Dschungel in Kaffeeplantagen, die *Zona Cafetera*, eine der reichsten landwirtschaftlichen Zonen Kolumbiens.

Entlang der Karibikküste leben die lebenslustigen *Costeños*, mehrheitlich Mulatten. Sie lachen viel und tanzen gern. Sehr viele Mulatten haben sich auch in Cali und Umgebung niedergelassen und diese Stadt zur Metropole der Salsa gemacht. An der Pazifikküste zwischen Panama im Norden und Ecuador im Süden lebt die überwiegende Mehrzahl der Afrokolumbianer, die Nachfahren ehemaliger afrikanischer Sklaven, die in dieser abgelegenen Region noch alte Traditionen bewahrt haben. Verteilt über das ganze Land sind 87 verschiedene indigene Gruppen. Den größten Bevölkerungsanteil stellen sie auf der Guajira und in weiten Bereichen des Amazonasbeckens. So verschieden sie auch sind, eines haben alle Kolumbianer gemeinsam. Sie vertrauen nicht darauf, dass der Staat ihre Probleme löst, sondern sie nehmen ihr Schicksal selbst in die Hand.

Indianer und Indianerpolitik

Kolumbien versammelt eine große Vielzahl und Vielfalt unterschiedlichster indigener Völker und Gemeinschaften. Offizielle Angaben sprechen nunmehr von 87 ethnischen Gruppen (DANE 2005), die Indigenenorganisation ONIC hingegen von 102 in Kolumbien noch existierenden indigenen Völkern. Die Indige-

Resguardos y reservas indígenas

Fuente: DGAI MININTERIOR

nen sprechen 65 Sprachdialekte, die zu 14 linguistischen Familien gehören. Ihre Gesamtzahl liegt - nunmehr erstmals unter Berücksichtigung des Kriteriums der Selbsteinschätzung - bei knapp 1,4 Mio.(DANE 2005). Das entspricht ca. 3,5 % der kolumbianischen Gesamtbevölkerung. Von den 65 gezählten Sprachgruppen haben aber über die Hälfte weniger als 1000 Angehörige. Die drei größten Gruppen stellen die **Wayu** (280 000), beheimatet auf der Guajira-Halbinsel, die **Paez** oder **Nasa** (150 000), die im Südosten des Landes zwischen der Zentralkordillere und dem Caucafluss leben, die **Emberá** (60 000), die sich über den Chocó verteilen und die **Zenú** oder **Sinú** (34 000) an der Karibikküste zwischen den Flusstälern von Río Sinú und San Jorge in den Departements Córdoba und Sucre.

Kleinere Gruppen bilden die Kogi und Arhuaco in der Sierra Nevada und die Kuna-Indianer an der Karibikküste. Die größte Vielfalt ethnischer Gruppen bei geringer Bevölkerungsdichte findet man im Amazonas. 70 000 Amazonasindianer verteilen sich auf 50 ethnische Gruppen mit Dialekten von zehn verschiedenen Sprachfamilien. Eine grobe Einteilung der Indianervölker lässt sich entsprechend der unterschiedlichen Sprachen, dem besonderen Zusammenleben mit ihrer Umwelt und ihren Organisationsformen vornehmen.

In Kolumbien gibt es noch einige wenige nomadisierende Gruppen von Jägern und Sammlern wie die Makú und die Cuiva, Kleinstgemeinschaften, die in den Llanos und im Amazonasbecken leben. Der Bewegungsraum dieser Völker wird aber von Tag zu Tag durch die Ausdehnung der Rinderweiden, Minentätigkeit, Kolonisation und Kokaplantagen weiter eingeschränkt. Von der Subsistenzwirtschaft, Ackerbau, Jagd, Fischfang und dem saisonalen Sammeln von Früchten leben viele indigene Völker und Gemeinschaften in den Llanos, dem Amazonasgebiet und im Pazifikflachland. Hierzu gehören die Huitoto, Ticuna, Emberá u.a. In der Andenzone haben sich die indigenen Gemeinschaften auf den Anbau landwirtschaftlicher Produkte, verteilt auf verschiedene Höhenlagen, spezialisiert.

Die Gemeinschaften der andinen Indianervölker sind in Cabildos organisiert. Zu diesem Typus gehören die Paez, Guambiano, U'wa, Kogi u.a. Eine besondere Gruppe repräsentieren die Wayu, die mit der Guajira-Halbinsel eine Region extremer Trockenheit bewohnen und deren Alltag von der Suche nach Wasserquellen bestimmt wird. Sie leben mehrheitlich von der Viehzucht und vom Ackerbau, der von den wenigen Regenfällen im Jahr abhängt.

Der kolumbianische Staat garantiert den Indianergemeinden **resguardo**s. Das sind Gebiete, die unter indianischer Selbstverwaltung stehen. Geleitet wird der *resguardo* durch einen *cabildo* (Rat), dem ein *Gobernador* oder *Capitán* vorsteht. Der *cabildo* übt (gemeinsam mit der Vollversammlung) eine eigene, verfassungsrechtlich garantierte Rechtsprechungsbefugnis aus. Auch die Sprachen der Indianer sind verfassungsrechtlich geschützt. In den Schulen der *resguardo*s wird bilingual unterrichtet.

Die zuständige Agrarreformbehörde hat bis heute 664 *resguardo*s mit einer Fläche von 31 066 km² offiziell tituliert. Das entspricht 28 % der Gesamtfläche Kolumbiens. Der scheinbar hohe Prozentanteil verschleiert die wahre Qualität der den Indigenen zur Verfügung stehenden Landflächen, die sich in ganz überwiegender Zahl auf Waldzonen in den Llanos und Amazonasgebiet, die Guajirawüste und absolut geschüze Zonen mit Páramovegetation in den Hochanden beziehen, die für die Landwirtschaft überwiegend nicht geeignet sind. Die größten Indianer-*resguardo*s liegen in der Guajira und den Departements Amazonas und Guainía. Das nunmehr aktualisierte Zahlenmaterial hat offenbart, dass 400 000 Indigenen überhaupt kein Resguardo-Land zur Verfügung steht und eine Reihe von *resguardo*s sich

mit den Flächen von Nationalparks überschneiden.

Die *resguardo*s sind keine Erfindung der Gegenwart. Bereits nach der ersten Welle der Eroberungen, Mitte des 16. Jahrhunderts, strebte der spanische Staat eine geordnete Verwaltung in den Kolonien an. Kaiser Karl V. erließ die *Nuevas Leyes de las Indias*, die die Schaffung von Schutzzonen für die Ureinwohner vorsahen. Hierbei spielten weniger humanitäre Fragen eine Rolle als die Überlegung, wie die Ausbeutung der Kolonien ökonomisch gestrafft werden könnte. Die Indianer waren bis dahin Arbeitssklaven für die wenigen Spanier im Land.

Das Gebiet eines *resguardo*s bestand aus Einzelparzellen für den Anbau des Eigenbedarfes an Lebensmitteln und Kollektivbesitz, dessen Früchte als Abgaben an die Krone gingen. Zudem hatten die Ureinwohner ihre Arbeitskraft zu bestimmten Zeiten dem benachbarten Encomendero unentgeltlich zur Verfügung zu stellen. Verwaltet wurde der *resguardo* durch die Kirche. Die *resguardo*s sollten die Rassen voneinander trennen und waren insoweit ein Vorläufermodell der späteren Homelands im Apartheid-Südafrika. Gegen Ende der Kolonialzeit war das Modell der *resguardo*s gescheitert. Wenigen Indianern standen nun immer mehr

Mestizen gegenüber. Die Indianer verpachteten Land an die Mestizen. Die Obrigkeit tolerierte diese illegale Praxis unter der Bedingung, dass die Pächter den Mietzins nicht an die Indianer, sondern an die Beamten des Königs entrichteten. Anderenorts wurden die *resguardos* der dezimierten Indianer kurzerhand besetzt.

Bei Ankunft der Spanier lebten die meisten Indianer in den gemäßigten Lagen der Anden. Der regelmäßige Steuerzensus während der Kolonialzeit dokumentiert einen dramatischen Rückgang der indianischen Bevölkerung in ihren Hauptsiedlungsgebieten um Tunja, Pamplona, Pasto, Popayán, Vélez und Cartago, eine Reduzierung auf unter 20 % der ursprünglichen Zahl. Die letzte Erfassung aus der zweiten Hälfte des 18. Jahrhunderts weist nur noch 136 753 Indigene aus. Nach einer forcierten Assimilierungspolitik im 19. Jahrhundert liegt gesondertes Zahlenmaterial über die indigenen Völker Kolumbiens erst wieder aus dem Jahr 1938 vor. Demnach war der Indianeranteil von 100 000 im Jahre 1938 auf 400 000 (1988) angewachsen. Dabei ist zu beachten, dass die demographische Erholung nicht mit der kulturellen Stabilisierung der indigenen Völker einhergeht und Kleinstvölker in den letzten Jahrzehnten verschwunden sind und weiterhin verschwinden.

Bis Ende der 1980er Jahre gab es keine ausgewiesene Indianerpolitik in Kolumbien. Erst die Regierung unter Präsident Virgilio Barco (1986-1990) suchte den Dialog mit den Ureinwohnern und wies große Flächen, zumal im Amazonasgebiet als Indianerland aus. Zu dieser Entwicklung hat auch das international gewachsene Interesse an dem Erhalt der tropischen Regenwälder und der dort lebenden indigenen Völker beigetragen.

Die kolumbianische Verfassung von 1991 verbürgt den ethnischen Minderheiten ihre rechtliche, politische und kulturelle Eigenständigkeit und die Teilhabe am Staat und seinen Institutionen. Der Staat richtete bilinguale Schulen ein und baute das Gesundheitswesen aus. Die indigenen Völker erhalten, entsprechend ihres jeweiligen Prozentanteils an der Gesamtbevölkerung, Finanzmittel aus dem nationalen Haushaltsplan und zusätzliche Mittel aus verschiedenen Umweltfonds zur eigenen Verwendung zugewiesen. Auf nationaler Ebene haben die indigenen Gemeinschaften Anspruch auf zwei indigene Senatoren. Trotz der umfangreichen staatlichen Garantien ist der Konflikt zwischen den *resguardo*s und einer unkontrollierten und oftmals chaotischen Kolonisation, die mit Landverteilungskämpfen und Drogenanbau verbunden ist, ungelöst. Die indigenen Völker und Gemeinschaften können immer weniger mit dem auskommen, was ihr Land hergibt. Und für die Indigenen in den Randzonen wird es mit dem steten Heranrücken der Kolonisationsgrenze immer schwieriger ihre kulturelle Eigenständigkeit zu bewahren. Noch gibt es genügend dünn besiedelte Flächen Land, und Kolumbien hat keine explodierenden Landlosenzahlen wie Brasilien, wo der Kampf um die letzten Flecken verbliebenen Indianerlandes bereits in die letzte Runde gegangen ist.

1972 organisierten sich die Indianer zum ersten Mal in einer eigenständigen politischen Bewegung, die sich vom Bauernverband abspaltete.

Die Paez, Guambiano und Yanacona gründeten den **CRIC** (Concejo Regional Indígena del Cauca). Heute ist die **ONIC** (Organisación Nacional Indígena de Colombia) der Dachverband, dem die meisten indianischen Völker Kolumbiens angehören. Die kolumbianischen Indianer sind stolz und selbstbewusst und wissen um ihre Rechte. Übrigens klappt die Verständigung mit den Indianern gut. Fast alle sprechen Spanisch, denn anders als in den einst von den Inka beherrschten Andenstaaten, wo heute noch weiträumig Quechua gesprochen wird, müssen die vielen unterschiedlichen Indianergruppen Kolumbiens auf das Spanisch zurückgreifen, um sich auch untereinander zu verständigen.

Die bedrohte Zukunft der Indianervölker Kolumbiens

Die Indianervölker der tropischen Regenwälder (der Amazonas- und Pazifikregion) sind durch die fortschreitende Zerstörung der natürlichen Ressourcen und fragilen Ökosysteme in ihrer Existenz bedroht, weil ihre Lebensformen unmittelbar vom Erhalt ihrer Umwelt abhängen. Die indigenen Völker des andinen Hochlandes und die Wayu in der Guajira (Karibikküste) sind in ihrer kulturellen Stabilität zwar weniger anfällig gegenüber Fremdeinflüssen, denn sie haben gegen die Zerstörung ihrer Kultur jahrhundertelang Widerstand geleistet, aber der Entwicklungsdruck, den die nationale Mehrheitsgesellschaft auf ihre Territorien ausübt, ist in vielen Fällen noch größer als in den meisten Bereichen des bislang noch nicht erschlossenen Tieflandes. Viele Indianervölker Kolumbiens sind durch die massive fortgesetzte Verletzung von Menschenrechten in ihrer Existenz betroffen.

Die gewalttätigen Auseinandersetzungen zwischen Armee, Guerrillaverbänden, paramilitärischen Einheiten und Drogenmafia werden vielerorts auf Indianerterritorium ausgetragen. Bis auf den bislang weitgehend unberührt gebliebenen Bereich im Südosten des Landes (Departement Amazonas), wo sich die größten *resguardos* der Indianer befinden, sind inzwischen fast alle anderen ländlichen Regionen zwischen die Fronten der bewaffneten Auseinandersetzungen geraten. In den letzten sieben Jahren sind über 1200 Indigene ermordet worden, und die Täter sind überwiegend nicht zur Rechenschaft gezogen worden. Laut Aussage der ONIC befinden sich aktuell 18 Völker am Rande der Ausrottung.

Die Regierung Uribe verschließt sich bislang weitgehend den Vorstellungen und Forderungen der Indigenen. Man will ihnen im Prinzip und unter Verweis auf den bereits bestehenden hohen Prozentanteil ihrer titulierten Resguardoflächen kein weiteres Land zur Bewirtschaftung mehr zugestehen. Mehr noch, die Regierung hat versucht, die indigenen Proteste und Straßenblockaden, wie zuletzt im Departement Cauca, unter den Generalverdacht terroristischer Aktivitäten zu stellen.

Gelebtes Indigenen-Recht

Die kolumbianische Verfassung von 1991 garantiert den Indigenen die Ausübung der eigenen Rechtsprechung durch die von ihnen selbst bestimmten Amtsgewalten, solange sie nicht gegen die staatlichen Gesetze und die Verfassung verstoßen. Für die Indigenen schreibt der Verfassungsartikel 246 lediglich fest, was und je nach ihren Sitten und Gebräuchen entspricht. Es mag auf den ersten Blick anachronistisch und abwegig erscheinen, wenn ein Totschlagsdelikt mit zwanzig Peitschenhieben und einer zehnminütigen Strafe im Schraubstock *(cepo)* geahndet wird, aber solch eine Strafe unter den Indigenen ist oftmals besser geeignet, den Zusammenhalt der Gemeinschaft wiederherzustellen als die Überstellung des Täters an die staatliche Justiz.

Ein Paez verließ vor einiger Zeit sein Heimat-*resguardo* Calderas im Departement Cauca, um im dreihundert Kilometer entfernten Galilea bei Puerto Rico (Departement Caquetá) - wie andere Paez auch - sein Glück zu machen. Er schwängerte eine Indigene, die noch zu einem anderen Mann ein intimes Verhältnis unterhielt. In einem Eifersuchtsdrama erschoss der Paez den mit einer Machete bewaffneten Nebenbuhler.

In Galilea wurde ihm durch die Vollversammlung der Indigenen beider *resguardos* der Prozess gemacht. Vor 200 Indigenen wurde der Fall erörtert, fünf Zeugen wurden gehört und anschließend das Urteil gesprochen. Das Strafmaß wurde zunächst auf 30 Peitschenhiebe und 30 Minuten Schraubstock festgesetzt. Den fünf traditionellen Autoritäten unter dem Vorsitz des indigenen Senators Peñacué gelang eine Reduzierung der Strafe auf 20 Peitschenhiebe und zehn Minuten im Schraubstock. Zusätzlich wurde dem Verurteilten aufgetragen 25 000 000 Pesos (11 000 US$) als Entschädigung an die Familie des Opfers zu zahlen, einschließlich der Fahrtkosten für die 130 Paez, die aus seinem Heimat-*resguardo* Calderas in 17stündiger Fahrt mit zwei Chivas und einem Bus angereist waren und die Gemeinschafts-Peitsche, einen geflochtenen, starren Stachel von 50 cm Länge, mitgebracht hatten. Nachdem das Urteil vollzogen und die Strafe verbüßt war, wurde der Abgeurteilte versorgt und mit einer Kräutersalbe gepflegt. Die indigenen Amtsgewalten legten ihre Zeremonienstäbe als Zeichen des wieder erlangten Ausgleichs übereinander, und die Familien von Täter und Opfer versöhnten sich miteinander. Solange die Geldstrafe nicht bezahlt ist, wird der Cabildo den Täter unter seine Aufsicht stellen. Der Gobernador von Calderas muss nun vor der ordentlichen Gerichtsbarkeit erklären, dass der Täter seine gerechte Strafe erhalten hat.

Die afrokolumbianischen Gemeinschaften

Als ebenso schwierig wie der Erhalt und die Förderung der indigenen Völker erweist sich die Verbesserung der Situation der afrokolumbianischen Gemeinschaften. Die Mehrzahl der afrokolumbianischen Bevölkerung ist bis heute von den Errungenschaften der modernen Entwicklung abgeschnitten. Ein großer Teil von ihnen lebt entlang der Pazifikregion im «Chocó biogeográfico», einer Region, die durch ihre reiche Biodiversität und komplexen Ökosysteme gekennzeichnet ist. Dabei handelt es sich um eine strategische Region von nationaler und internationaler Bedeutung. Die absolute Armut, Analphabetenrate, Kindersterblichkeit liegen weit über, die allgemeine Lebenserwartung um 20 % unter dem nationalen Durchschnitt. Die ländlichen Gemeinschaften der Afrokolumbianer verfügen in den meisten Fällen nicht über ausreichende Trink- und Abwasserversorgung sowie Müllentsorgung. Dreiviertel der afrokolumbianischen Bevölkerung erzielt lediglich ein Einkommen, das noch unterhalb des gesetzlichen Mindestlohnes liegt. 80 % der schwarzen Bevölkerung lebt in extremer Armut. Die aktuellen Hauptprobleme liegen in der unkontrollierten Ausbeutung und Zerstörung ihres Medioambientes durch Abholzung und Minentätigkeit. In den Städten mit einem überragenden bzw. großen Anteil an afrokolumbianischer Bevölkerung (Buenaventura, Tumaco, Cali, Cartagena) bestehen praktisch nur Beschäftigungsmöglichkeiten im informellen Sektor. Unter dem Dach des Innenministeriums wurde eine Abteilung für die Belange der afrokolumbianischen Gemeinschaften (Dirección de Asuntos para Comunidades Negras) geschaffen. Die seit Jahren angekündigte kollektive Landvergabe an die afrokolumbianischen Gemeinschaften nach dem Vorbild der indianischen *resguardos* kommt nicht vom Fleck. Auf der Grundlage des kollektiven Landeigentums soll die soziale Infrastruktur, die Identität und Gruppenzugehörigkeit gestärkt, die fragilen Ökosysteme erhalten und neue, nachhaltige Produktionsweisen entwickelt werden.

Sprache

Die Landessprache ist Spanisch. Sie unterscheidet sich vom spanischen Mutterland durch eine weichere Aussprache. In der Grammatik fällt *vosotres* für die 2. Person Plural weg und wird durch *ustedes* ersetzt. Bis auf die Costeños, die die Endungen verschlucken, sprechen die Kolumbianer im Allgemeinen deutlich und sind gut zu verstehen. Englisch, Französisch oder Deutsch wird allenfalls in Universitätsstädten gesprochen. Die indigenen Gruppen sind bilingual. Sie gehören 14 linguistischen Sprachfamilien an.

Wirtschaft

Kolumbien gilt als Schwellenland, also als ein relativ weit industrialisiertes Entwicklungsland. Die politischen Probleme konnten der Wirtschaft Kolumbiens lange Zeit nichts anhaben und es galt der Satz, «Die Wirtschaft läuft gut, auch wenn es dem Land schlecht geht.» Von Vorteil sind eine relativ geringe Auslandsverschuldung und ein noch immer moderates, aber stark wachsendes Außenhandelsdefizit. Nach einer Schwächephase infolge des weltweiten Abschwungs zwischen 1999 und 2002 ist das Land wieder auf den Wachstumspfad, zuletzt mit durchschnittlichen Wachstumsraten um 6 % p.a., zurückgekehrt, und die Inflationsrate lag sogar noch unter 5 %. Das Entwicklungspotential der heimischen Wirtschaft profitiert von stark gewachsenen Direktinvestitionen aus dem In- und Ausland, die in die Industrie, den Bau- und Transportsektor, Telekomunikation sowie das Dienstleistungsgewerbe fließen. Und damit scheint die seit den 1990er Jahren groß propagierte *apertura*, die wirtschaftliche Öffnung und Modernisierung des Landes, nun endlich auch angekommen zu sein. Die Regierung Uribe hat seit 2002 viele Anstrengungen unternommen und eine Reihe von Reformen auf den Weg gebracht, um die internationale Wettbewerbsfähigkeit zu stärken. Es wurden besondere Anreize für ausländische Investoren geschaffen. Umworben sind auch ausländische Mittelständler, denen seit Herbst 2007 Niederlassungsfreiheit, geminderte Körperschaftssteuer und eine Befreiung von Zollgebühren, Einkommenssteuern und Kommunalabgaben versprochen wird.

Der wichtigste **Handelspartner** Kolumbiens sind die USA, gefolgt von den Ländern der Andengemeinschaft (Venezuela und Ecuador) und - mit einigem Abstand - die EU, wobei Deutschland führend ist.

Der Handel mit Venezuela ist für beide Nachbarstaaten lebensnotwenig, zumal Venezuela ist zur Versorgung der eigenen Bevölkerung mit Lebensmitteln auf Lieferungen von Zucker, Milch und Weizen aus Kolumbien angewiesen. Hugo Chávez möchte gern das weit entfernte China mit venezolanischem Erdöl beliefern, braucht dazu aber die Zustimmung der kolumbianischen Seite, denn die des öfteren propagierte Pipeline an die Pazifikküste müsste quer durch Kolumbien verlegt werden.

Mit den Vereinigten Staaten hat Kolumbien 2006 ein Freihandelsabkommen (**TLC**) abgeschlossen, das aber vom amerikanischen Kongress mit seiner demokratischen Mehrheit vorerst auf Eis gelegt wurde. Die Demokraten als Wortführer einer seltsam anmutenden Koalition aus Wirtschaftsprotektionisten und Menschenrechtsaktivisten verweigern dem Vertragswerk bislang ihre Zustimmung, und auch in Kolumbien ist das Abkommen stark umstritten.

Die europäische Wirtschaft, die in der Vergangenheit Südamerika zumeist mit dem Mercosur (Argentinien, Brasilien, Paraguay und Uruguay) gleichsetzte, schaut nun auch auf die Länder der Andengemeinschaft und dabei vorweg auf das bevölkerungsreiche und wachstumsstarke Kolumbien. Daher ist mit Angela Merkel 2008 auch erstmals ein deutscher Bundeskanzler zum Staatsbesuch eingeschwebt. Die deutsche Wirtschaft sieht in Kolumbien einen zukünftig aufstrebenden Handelspartner. Zu den wichtigsten Importen aus Deutschland gehören Maschinen und Medikamente, während Kolumbien in erster Linie Kaffee, Südfrüchte und Kohle nach dorthin ausführt. Bei den Finanzanlagen zählt Kolumbien innerhalb des südamerikanischen Kontextes zu den sicheren Ländern.

Fast alle Grundnahrungsmittel werden im Lande produziert. Allerdings muss Kolumbien heute große Mengen Mais einführen, obwohl gerade diese Nutzpflanze seit präkolumbianischer Zeit zu den Grundnahrungsmitteln gehört. Im Lande werden Textilien, petrochemische Produkte, Elektroartikel und Automobile unter ausländischer Lizenz für den heimischen Markt gefertigt. Die größten - legalen - Devisenbringer sind **Erdöl**, **Kohle** und **Kaffee**. Kolumbien ist sehr reich an Bodenschätzen, die aufgrund der unsicheren Lage in vielen Landesteilen bisher kaum ausgebeutet wurden. Neben Erdöl und Kohle, die sich zu zentralen Exportgütern entwickelt haben, schlummern in vielen abgelegenen Regionen von Llanos Orientales und Amazonas weitere Bodenschätze, darunter Gold, Platin, Titan und Uran.

Erdöl ist das wichtigste Ausfuhrprodukt und macht beinahe ein Drittel der Staatseinnahmen aus. Die größten Erdölvorkommen liegen am Ostabhang der Anden in den Departements Arauca, Casanare und Putumayo. Allein die Erdölreserven im jüngst entdeckten Cusianafeld werden auf zwei Milliarden Barrel geschätzt. Aber ein großer Teil der noch nicht erschlossenen kolumbianischen Erdölvorräte im Amazonasgebiet liegt unterhalb von Guerrilla- und /oder Indianerland. Die Militäroffensive der Regierung gegen die Farc in der Region Putumayo soll nicht nur die Drogenproduktion bekämpfen, sie soll auch den Zugang zu den wichtigen strategischen Bodenschätzen eröffnen und sichern. Um neue Quellen zu erschließen und die Raffineriekapazitäten auszuweiten, wurde das einst staatliche Ölunternehmen Ecopetrol 2007 an die Börse gebracht. Der kolumbianische Erdölsektor erreicht aber nicht annähernd die Bedeutung wie im benachbarten Venezuela, das sechsmal soviel schwarzes Gold aus dem Boden und dem Meer pumpt.

Kolumbien ist mit 60 Millionen Tonnen (2006) jährlich weltweit einer der größten Exporteure für **Kohle**, davon erwirtschaftet über die Hälfte das Unternehmen El Cerrejón in der Guajira mit der größten Tagebaumine der Welt. Im Hafen Puerto Bolívar werden pro Stunde 20 000 Tonnen verladen. Der Kohle-Sektor ist vollständig privatisiert worden und befindet sich in der Hand eines ausländischen Konsortiums. Die einst staatliche Gesellschaft *Carbones de Colombia* (Carbocol) wurde im Jahr 2001 nach Absprache mit dem IWF verkauft. Das Carbones del Cerrejón-Unternehmen, bestehend aus Teilhabern aus Südafrika, England, Australien und der Schweiz, möchte die Produktion ausweiten und neue Lagerstätten erschließen. Eine zweite Bahnlinie soll das Departement Cesar, wo sich die Mine La Loma befindet, mit dem Hafen von Santa Marta verbinden. Neben Kohle und Erdöl sind Platin, Gold und Smaragde die bedeutendsten Bodenschätze.

Der **Kaffee** hat seine Rolle als wichtigstes Ausfuhrprodukt des Landes ab Mitte der 1990er Jahre eingebüßt, und der Anteil am Gesamtexporterlös sinkt weiterhin. Von einst 50 % des Exporterlöses in den 1970er Jahren ist das Produkt unter 10 % gefallen. Auch seinen Platz als zweitgrößter Kaffeeexporteur der Welt nach Brasilien hat das Land inzwischen an Vietnam abtreten müssen. Die Kaffeeproduktion ist nach wie vor der größte Arbeitgeber auf dem Lande. 350 000 Familien leben von der Kaffeewirtschaft, und 70 % betreiben eine eigene Finca. Von der augenblicklichen Preiserholung profitieren zwar überwiegend die Discounter in den USA und Europa, aber auch für die lange Zeit gebeutelten Kaffeebauern in der *Zona Cafetera* sieht es wieder ganz rosig aus.

Die kolumbianische **Banane** ist unter den landwirtschaftlichen Exportartikeln am wichtigsten und etwa gleichauf mit **Schnittblumen**. Die Branche ist Arbeitgeber für über 22 000 Familien, überwiegend in der Bananenanbauregion Urabá, die noch immer von andauernden Konflikten gebeutelt ist. Kolumbiens Anteil am weltweiten Gesamtexport von Bananen liegt bei 10 % - zum Vergleich, der Anteil des Weltmarktführers Ecuador liegt bei über 30 %.

Von untergeordneter Bedeutung für den Export sind Zucker (*panela*), Tabak, Baumwolle und andere agrarische Produkte.

Allerdings ist die Bedeutung der Agrarprodukte für den heimischen Arbeits- und Konsumentenmarkt nicht gering anzusetzen. Die **Panela-Produktion** beschäftigt nach dem Kaffeeanbau die meisten Campesino-Familien. Nach Angaben des Landwirtschaftsministeriums leben 70 000 Bauernfamilien von der Panela, die aus Zuckerrohr gewonnen wird, wobei insgesamt schätzungsweise 20 000, zumeist antiquierte Pressen landesweit im Einsatz sind. Panela gehört zu den Grundnahrungsmitteln der kolumbianischen (Land-) Bevölkerung, die pro Einwohner und Jahr im Schnitt 34,2 kg dieses Stoffes konsumiert. Im Jahr 2003 betrugen die Anbauflächen für das Zuckerrohr zur Panelagewinnung 246 000 Hektar bei einer Jahresproduktion von 1,6 Mio.Tonnen.

Nach Kaffee und Panela aber folgt als drittgrößter Arbeitgeber auf dem Lande bereits der (illegale) Kokaanbau, von dessen Ertrag 65 000 Familien (2007) leben.

Der Drogenhandel

Die Einnahmen aus dem illegalen Drogengeschäft, in erster Linie Kokain und zu einem kleinen Prozentsatz Heroin und Marihuana, dürften die Erlöse aller anderen Exportgüter noch immer übertreffen. Aus naheliegenden Gründen gibt es hierüber nur grobe Schätzungen. Kolumbien ist der führende Kokain-Produzent der Welt. Obwohl der vernichtete Flächenanteil in den vergangenen Jahren stetig gewachsen ist, liegt der Gesamtumfang an produziertem Kokain seit Jahren mehr oder weniger konstant um 600 Tonnen pro Jahr (UN-Weltdrogenbericht 2008). Aufgrund andauernder nationaler wie internationaler Proteste gegen den massiven Einsatz von Pestiziden *(Glifosato)* durch Besprühungen aus der Luft *(fumigaciones)*, setzt die Regierung seit 2006 verstärkt und mit wachsendem Erfolg auf das umwelt- und sozialverträglichere manuelle Entfernen der Kokasträucher (***erradición manual***). Die Praxis der ersten Luftbesprühungen in Kolumbien reicht zurück in die Amtszeit des Präsidenten Turbay (1978-1982), als auf diese Weise erstmals Marihauna-Pflanzungen in der Sierra Nevada de Santa Marta bekämpft wurden. Zu Zeiten von Präsident Pastrana (1998-2002) wurden die massiven Besprühungen der Kokafelder aus der Luft zur zentralen Doktrin im kolumbianischen Antidrogenkampf, den sein Nachfolger Álvaro Uribe zunächst in der gleichen Manier fortsetzte und die Öffentlichkeit jahrelang mit immer neuen Rekordzahlen zu beschwichtigen versuchte, obwohl sich die Einsicht durchzusetzen begann, dass die Fumigationen mit hoch giftigen Substanzen die betroffenen Menschen und ihre Umwelt schwer schädigen («Alles stirbt nur der Kokastrauch nicht!») und zudem nicht einmal effektiv sind. Trotzdem werden nach wie vor mehr als 150 000 Hektar Anbaufläche p.a. mit hochgiftigen Pestiziden vernichtet (UN-Weltdrogenbericht 2008). Die manuelle Beseitigung liegt zwar auf einem Rekordniveau, macht aber weit weniger als die Hälfte der zerstörten Kokafelder aus.

Während in den beiden anderen Andenstaaten, Peru und Bolivien, in den vergangenen Jahren eine nachhaltige Reduzierung der Koka-Anbauflächen und der Laborproduktion erreicht werden konnte, sind in Kolumbien hinsichtlich der Kokainherstellung und des Handels lediglich regionale Verlagerungen und logistische Diversifizierungen zu registrieren. Die Hauptanbauregion für Koka hat sich in den letzten Jahren in das Departement Nariño verlagert. Hier wird zur Zeit schätzungsweise ¼ des gesamten kolumbianischen Kokains produziert. Auch in der zwischen Armeeeinheiten und Farc-Guerrilla heiß umkämpften Region Putumayo-Caquetá hat der Kokaanbau nach einer spürbaren Reduzierung in den ersten Jahren des neuen Milleniums seit 2007 wieder zugenommen. Dem Rückgang der Anbauflächen in den Departments Meta und Guaviare steht eine erhebliche Ausweitung der Kokaflächen in sämtlichen anderen Anbauregionen, Pazifik, Putumayo-Caquetá und in der Zenralregion gegenüber, so dass unterm Strich ein erheblicher Anstieg der Anbaufläche um 27 % auf fast 100 000 Hektar zu registrieren ist, die sich aber nicht in einer Mehrproduktion von Kokain niedergeschlagen haben soll. Für die Interpretation der präsentierten Daten finden die Vereinten Nationen so recht keine Erklärung und schieben den unverändert hohen Kokainertrag auf die sprunghafte Zunahme von weniger intensiv genutzten Landflächen, während die überwiegend vernichteten Pflanzungen sich zumeist in den intensiv genutzten Zonen von Meta-Guaviare befunden hätten. Auch die US-Administration scheint nicht mehr so recht an den Erfolg ihrer bisherigen Anstrengungen zu glauben, so dass die amerikanische Militärhilfe im Rahmen des Plan Colombia ab 2007 zunächst einmal um 160 Mio. US$ gekürzt wurde. Die Mittelkürzung hat das Umdenken in der kolumbianischen

Antidrogenbekämpfung beschleunigt, und der Präsident hat versprochen, Luftbesprühungen nur noch im besonderen Einzelfall anzuordnen.

Was die Akteure betrifft, die am Drogenhandel beteiligt sind, stellt man fest, dass heute nicht mehr wie in den 1990er Jahren einzelne Kartelle (Medellín und Cali) den Markt dominieren, sondern das gesamte kriminelle Spektrum, von der Farc-Guerrilla bis zu den rechten Paramilitärs und ihren Nachfolgeverbänden, einschließlich in der Grauzone agierenden Geschäftsleuten, die sich in wechselnden Bündnissen durch den Drogenhandel die Taschen füllen. Auch Allianzen zwischen den ansonsten verfeindeten Gruppen sind keine Seltenheit. Einer der immer wieder beklagten Hauptgründe für die unzureichende Drogenpolitik des Landes ist im Ausland zu suchen. Ohne die Austrocknung der Nachfrage aus den führenden westlichen Industrienationen ist der Drogenhandel effektiv nicht zu bekämpfen. Aber auch die unzureichenden nationalen Investitionen im Bereich der Landwirtschaft und fehlende Infrastrukturmaßnahmen tragen nicht gerade dazu bei, den Bauern alternative Anbauprodukte schmackhaft zu machen.

Die kolumbianische Drogenmafia ist führend, was die weltweite Kokain-Produktion und das Vertriebsnetz anbelangt, auch wenn mexikanische Drogenhändler in den letzten Jahren wachsende Geschäftsanteile übernommen haben. Kolumbiens Lage bietet geographisch-strategische Vorteile, die Nähe zu den Mitproduzenten Peru und Bolivien und zum Hauptabnehmer USA. Die beiden Küstenlinien an Pazifik und Karibik eröffnen unzählige Schmuggelrouten auf dem See- und Luftweg. Trotz wachsender internationaler Kontrollen und erfolgreicher Razzien beherrschen die kolumbianischen Drogenhändler weiterhin den internationalen Kokainhandel. Der gewachsenen Kontrolldichte auf den bekannten Routen begegnet die Drogenmafia durch immer neue Alternativrouten und ausgeklügelte Transportsysteme, zum Teil mit selbstgebastelten und bemannten Mini-U-Booten, die zumeist entlang der Pazifikküste operieren und nur wenige Meter unterhalb der Wasseroberfläche manövrieren.

In den USA operieren die kolumbianischen Drogenhändlerringe auf der Basis von Familienbanden und engen Freundschaften, in die amerikanische Agenten kaum einzudringen vermögen. Die einzelnen «Zellen» sind spezialisiert auf Transport, Lagerung, Verteilung, Geldwäsche und wissen nichts von der jeweils anderen. Mehrere «Zellen» werden von einem Regionaldirektor geleitet, der unmittelbar einem der amerikanischen Bosse Bericht erstattet. Vertrauenswürdige Unteranführer werden in Abständen in die Operationen eingeweiht, die oberste Autorität liegt aber ausschließlich in den Händen der jeweiligen *Cúpula* in Kolumbien. Die kolumbianischen Drogenhändler machen der DEA und dem FBI die Ermittlungstätigkeit durch verschlüsselte Nachrichten schwer. Es ist den Narcos gelungen, ihre verwundbare Kommunikation im elektronischen Handel zwischen den USA und Kolumbien weitestgehend abzusichern.

Bildung

Das Bildungsniveau in Kolumbien kann sich im Vergleich zu den Nachbarländern sehen lassen. In der neuen Verfassung wurde die Schulpflicht neu definiert. Die fünfjährige Grundschulausbildung ist durch eine kostenlose Ausbildung bis zum 9. Schuljahr (*básica primaria, básica secundaria*) abgelöst worden. Mittel- und Oberschichteltern schicken ihre Kinder in Privatschulen. Bevorzugt werden englisch-, französisch- oder deutschsprachige Schulen gewählt. Die deutsche Schule Colegio Andino im Norden Bogotás genießt höchstes Ansehen. Weiterführende Schulen (*media vocacional*) umfassen die Klassen 10+11 und schließen mit dem *bachillerato* ab. Der *bachillerato académico* entspricht unserem Abitur und ist damit die Eintrittskarte in die

Universität. 350 000 Studenten besuchen eine der vielen Universitäten des Landes. Die höchsten Studentenzahlen verzeichnen die beiden Städte Bogotá und Medellín mit den meisten Universitäten. Nur wenige der Universitäten sind staatlich, wie die Universidad Nacional in Bogotá. Diese Universität und zwei weitere reservieren 5 % ihrer Plätze für indigene Studenten. Zu den renommiertesten, aber auch teuersten Universitäten des Landes gehören die Universidad de los Andes und die Universidad Javaríana in Bogotá. Weiterbildende Schulen und Universitäten sind auch in anderen Städten zahlreich.

In den ländlichen Gebieten ist das Bildungssystem meist nur rudimentär. Daher liegt der Anteil von Analphabeten unter den Afrokolumbianern und indigenen Gruppen weit über dem Landesdurchschnitt von 12 %.

Soziales

Das Kernproblem und der soziale Sprengstoff des Landes liegt in dem seit vielen Jahren unverändert hohen Anteil der in Armut und extremer Armut lebenden Menschen, 45 % bzw. 12 % der Gesamtbevölkerung (Stand 2007). Ebenso wenig hat sich nach Einschätzung der Vereinten Nationen am Abstand zwischen Arm und Reich verändert. Noch immer erhalten die ärmsten 20 Prozent nur 2,7 % des erwirtschafteten Bruttoinlandsproduktes, während die reichsten 20 Prozent 62 % aller Einnahmen erzielen. Noch deutlicher sind die Zahlen hinsichtlich des bewirtschafteten Landeigentums. 0,6 Prozent der Bevölkerung besitzt 60 % der Landfläche. Damit liegt das Land in Amerika nach wie vor auf dem drittletzten Platz der einschlägigen UN-Statistik.

Die Slumgürtel, *barrios populares*, breiten sich um die Großstädte aus. Unzureichende Wasserversorgung, fehlende sanitäre Anlagen, eine unkontrollierte Geburtenrate und Arbeitslosigkeit sind die Kriterien der absoluten Armut. Besonders hiervon betroffen sind die vielen Binnenvertriebenen, das sind die Ärmsten der Armen.

Was für die Städte gilt, trifft nicht gleichermaßen für die ländlichen Gebiete zu. Der überwiegende Teil der Landbevölkerung lebt von der Subsistenzwirtschaft. Dadurch kann immerhin die Grundversorgung der Familie gesichert werden, auch wenn ein regelmäßiges Einkommen die Ausnahme darstellt. Die meisten Wohnhütten in einem andinen Bergtal oder am Ufer eines Amazonaszuflusses haben weder Fließendwasser noch Strom. Dennoch greift hier nicht die Verelendungstheorie der Großstädte, denn die Leute leben leidlich von dem, was die Natur hergibt. Im Gegensatz zu Europa ist in vielen abgelegenen Regionen Kolumbiens ein Leben mit geringsten Geldmitteln zwar prekär, aber noch möglich. Diverse nationale und internationale Programme versuchen die Armutsproblematik zu bekämpfen und den schlimmsten Missständen abzuhelfen. Hierbei sind beachtliche Erfolge erzielt worden, die Anerkennung verdienen. Sie können hier nicht alle aufgeführt werden. Zu erwähnen sind aber die Anstrengungen der Alcaldía von Bogotá, allen Kindern eine Grundschulausbildung zu verschaffen und die Wasserversorgung für alle Bewohner der Stadt, einschließlich der Armenviertel sicherzustellen. Man muss es sich einmal vorstellen, dass mehr als jeder dritte Kolumbianer über keinen Zugang zu Fließendwasser verfügt.

Das UNICEF-Programm für Kolumbien (2002-07) unterstützt gemeinsam mit der Kirche und einigen NGO's die Reintegration der 6000-7000 Kindersoldaten, die durch paramilitärische Gruppen und die Guerrilla rekrutiert wurden. Erst ein kleiner Teil dieser Kinder konnte bislang befreit werden. UNICEF leistet auch technische und finanzielle Unterstützung zum Aktionsplan der Regierung zur Ächtung und Vernichtung von Landminen, ein leider wachsendes Problem im Lande. 20 % aller Minenopfer sind unter 18 Jahre.

In Kolumbien aussagekräftige Arbeitslosenzahlen zu ermitteln, ist nicht leicht. Die geschätzte Arbeitslosenquote ist laut Erhebungen der staatlichen Statistikbehörde DANE durch den anhaltenden wirtschaftlichen Aufschwung auf etwa 11 % der wirtschaftlich aktiven Bevölkerung gesunken, aber der Prozentsatz der Unterbeschäftigten liegt bei über 35%. Das Mindesteinkommen *(salario mínimo)* beträgt weniger als 200 US$ pro Monat. 4 Millionen Beschäftigte müssen mit dem Mindestlohn auskommen, viele liegen noch darunter. In den Städten reicht ein Mindesteinkommen kaum für die Hälfte der Kosten einer fünfköpfigen Familie aus. Das Rentensystem ist in höchstem Maße reformbedürftig und steckt voller Ungerechtigkeiten.

Vergangenheit und Gegenwart

Zeittafel

3100 v. Chr.	Früheste Datierung menschlicher Besiedelung auf dem Boden des heutigen Kolumbiens (Puerto Hormiga)
200-630	Kultur von Tierradentro
500-1000	Hochblüte der San Agustín-Kultur
1400-1500	Größte Entfaltung der Tairona- und Muisca-Kulturen
1500	Rodrigo de Bastidas segelt die kolumbianische Karibikküste entlang
1513	Vasco Núñez de Balboa entdeckt den Pazifischen Ozean
1525	Gründung von Santa Marta durch Rodrigo de Bastidas
1533	Gründung von Cartagena durch Pedro de Heredia
1538	Jiménez de Quesada gründet am 6. August Santa Fé (das spätere Bogotá).
1541	Der deutsche Abenteurer Nikolaus Federmann dringt auf der Suche nach dem sagenhaften «El Dorado» ins Amazonastiefland bis zum Río Guaviare vor
1550-1800	Cartagena wird zum bedeutenden Umschlagplatz des interkontinentalen Handels für Gold, Edelsteine und Sklaven zwischen Südamerika und Spanien.
1717	Gründung des Vizekönigreiches Nueva Granada mit der Hauptstadt Bogotá
1762	Erster Lehrstuhl für Naturwissenschaften in Lateinamerika durch José Celestino Mutis in Bogotá
1781	Aufstand der Manufakturarbeiter *(Comuneros)* in der Tabakprovinz Socorro
1794	Antonio Nariño übersetzt die Erklärung der Menschenrechte ins Spanische und wird zu einer langen Haftstrafe verurteilt.
1801	Alexander von Humboldt wird auf seiner Amerikareise (1799-1804) vom Erzbischof in Bogotá wie ein Staatsmann empfangen
1819	Nach der siegreichen Schlacht von Boyacá am 7. August wird Kolumbien als *Gran Colombia* («Großkolumbien», gemeinsam mit Venezuela, 1822 kommt Ecuador hinzu) unabhängig
1830	*Gran Colombia* zerfällt in die drei Einzelstaaten Kolumbien, Venezuela und Ecuador. Simón Bolívar stirbt am 17. Dezember auf der Quinta de San Pedro Alejandrino bei Santa Marta
1899-1902	Der Krieg der 1000 Tage *(guerra de mil días)* verwüstet Kolumbien
1903	Kolumbien muss auf Druck der USA die Sezession Panamas hinnehmen.
1914	In Bogotá wird der liberale Wortführer und Aufständischengeneral Rafael Uribe Uribe wenige Schritte vom Capitol entfernt erschlagen.

1920	Die SCADTA *(Sociedad Colombo-Alemana de Transportes Aéreos)* nimmt als erste Fluggesellschaft Südamerikas den Flugbetrieb mit einem Junkers-Wasserflugzeug von Barranquilla nach Giradot auf.
1928	Der Streik der Bananenarbeiter der United Fruit Company an der Karibikküste wird durch die Armee blutig niedergeschlagen
1948	Der liberale Präsidentschaftskandidat Jorge Eliécer Gaitán wird am 9. April ermordet. Die Ermordung löst einen Volksaufstand in Bogotá aus *(«bogotazo»)*. La Macarena wird der erste Nationalpark Kolumbiens.
1948-1953	Die *Violencia* kostet über 300 000 Menschen das Leben
1953-1957	Militärdiktatur Rojas Pinilla
1957-1977	Die «*Frente Nacional*», das Zweiparteienbündnis aus Liberalen und Konservativen regiert das Land
1982	Gabriel García Márquez erhält den Nobelpreis für Literatur
1984	Pablo Escobar, der oberste Boss des Medellín-Kartells ordnet die Ermordung des Justizministers Rodrigo Lara Bonilla an und entkommt - in ein kurzzeitiges Exil - nach Panama.
1985	Die Guerrillabewegung M-19 besetzt am 7. November den Justizpalast, der wenig später vom Militär zerschossen wird. Der Nevado del Ruiz Vulkan explodiert am 13. November und verschüttet in Armero 20 000 Menschen.
1986	Der Herausgeber des *El Espectador*, Guillermo Cano, wird auf Befehl Pablo Escobars ermordet.
1989	Der liberale Präsidentschaftskandidat Luis Carlos Galán wird auf Anordnung von Pablo Escobar ermordet.
1991	Kolumbien erhält eine neue, moderne Verfassung. Die Guerrillabewegungen M-19 und der Quintín Lame geben die Waffen ab und kehren ins Zivilleben zurück.
1993	Die kolumbianische Fußballelf schlägt in der WM-Qualifikation Argentinien in Buenos Aires mit 5:0. Pablo Escobar wird am 2. Dezember, seinem 43. Geburtstag, von einem Sondereinsatzkommando der Polizei erschossen.
1994	Die Wahlkampagne des neugewählten Präsidenten Ernesto Samper wurde mit Drogengeldern finanziert.
1998-2001	Sampers Nachfolger Andrés Pastrana führt direkte «Friedensgespräche» mit dem Kommandanten der Farc-Guerrilla Manuel Marulanda. Die Farc erhält eine «entmilitarisierte» Zone in der Größe der Schweiz.
2002	Der neugewählte Präsident Álvaro Uribe bricht die Verhandlungen mit der Linksguerrilla ab und erhöht die Militärpräsenz im ganzen Land.
2005	Das international umstrittene Gesetz über «Gerechtigkeit und Frieden» soll die paramilitärischen Verbände entwaffnen.
2006	Nach einer Verfassungsänderung, die seine Wiederwahl ermöglicht, tritt Álvaro Uribe seine zweite Amtszeit an.
2008	Die Farc-Guerrilla verliert bei einem Luftangriff auf ecuadorianischem Boden ihren Chefideologen Raul Reyes. Farc-Gründer Marulanda stirbt im Dschungel. In einem filmreifen Coup gelingt die Befreiung von Ingrid Betancourt und 14 weiterer Geiseln.

Präkolumbianische Geschichte

Auf kolumbianischem Boden hat es nie ausgedehnte Indianerreiche gegeben, wie die der Maya in Mexiko und die der Inka in Peru. Die Vielfalt der präkolumbianischen Kulturen entspricht der geographischen Zerrissenheit des Landes. Die ältesten Spuren menschlicher Besiedlung hat man am Rande der Savanne von Bogotá gefunden, die einst von einem See bedeckt war. Die Fundstücke sind etwa 10 000 Jahre alt. Man glaubt heute, dass die ersten Menschen, die sogenannten Paleoindios, das heutige Kolumbien vor 20 000 Jahren erreichten. Ihre Vorfahren waren zuvor über die Beringstraße von Asien nach Amerika eingewandert. Sie verteilten sich entlang der Küste und besiedelten das Amazonastiefland. Es waren Nomaden, die von der Jagd und vom Fischfang lebten. Die Anpassung des Menschen an das komplexe Ökosystem des tropischen Regenwaldes führte zu einem Entwicklungssprung, der in der Kultivierung des Mais gipfelte. Vor 3000-5000 Jahren war der tropische Regenwald das kulturelle Zentrum von Amerika - Peru und Mittelamerika hingegen unbedeutende Randregionen.

Die ältesten Keramiken, die bis heute in Amerika gefunden wurden, stammen von der Karibikküste, aus **Puerto Hormiga** am Canal del Dique in der Nähe des heutigen Cartagenas. Ihr Alter wird auf 3100 Jahre v. Chr. geschätzt. Ihren Schöpfern war es gelungen, effiziente Umgangsformen mit einer komplexen Umwelt zu entwickeln und sich an die wechselvollen Gewalten von Meer und Flüssen, Dschungel und Savannen anzupassen. Entlang der Flüsse Sinú, San Jorge und später dem Magdalena entstanden die ersten Dorfgemeinschaften. Eindrucksvolles Beispiel des hohen Entwicklungsstandes dieser Kultur ist das Kanalsystem der Sinú.

Die weite Verbreitung des Mais als Nutzpflanze veränderte das Leben der Ureinwohner vollkommen. Mit dem Mais war nunmehr eine planvolle Lebensmittelversorgung möglich. Mit relativ geringem Aufwand ließen sich zwei bis drei reiche Ernten im Jahr erzielen. Die Ernte konnte gelagert werden. Die Menschen machten die ersten Schritte aus der Subsistenzwirtschaft, denn mit Yuka und Fisch ließ und lässt es sich nur von der Hand in den Mund leben. Doch es änderte sich nicht nur der Speiseplan, sondern auch die Sozialstruktur. Der Mais wurde zum wichtigsten Handelsgut. Nun kam es entscheidend darauf an, mehr über das Klima und die Jahreszeiten zu erfahren. Die Priester und Schamanen gewannen großen Einfluss im religiösen wie im politischen Sinne. Sie widmeten sich Mond- und Sonnenbeobachtung, um die besten Zeiten für Saat und Ernte zu bestimmen. Der Maisanbau führte zu einer Ausdehnung der Besiedlung entlang der Flüsse hinauf ins Hochland der Anden.

In diese Zeit fiel die Besiedlung von **San Agustín**, eine der größten und spektakulärsten archäologischen Fundstätten des Landes. San Agustín war der Brennpunkt verschiedener Wanderbewegungen. Hier befindet sich eine Abflachung der Anden zum Amazonastiefland. Möglicherweise wurde das Gebiet daher zum Einfallstor der Amazonasindianer. Andere Routen führten

von San Agustín zum Caucafluss, zur Pazifikküste und von dort weiter ins heutige Ecuador. Die ersten Siedler fanden hier ideale Bedingungen zum intensiven Anbau von Mais. Seine Blüte erreichte San Agustín in den ersten Jahrhunderten unserer Zeitrechnung. Die meisten Grabkammern mit den Rampen und den steinernen Wächtern stammen aus dieser Zeit. Die Darstellungen anthropomorpher und zoomorpher Figuren zeigen unverkennbar den Einfluss des tropischen Flachlandes.

Mit der Entstehung differenzierter Gesellschaftsstrukturen, der Herausbildung von Priester-, Krieger- und Handwerkerkasten nahm die Goldschmiedekunst einen einzigartigen Aufschwung. Viele der präkolumbianischen Kulturen, die Quimbaya, Calima und Tolima entwickelten ausgefeilte Schmiede- und Gusstechniken. Die besten Stücke befinden sich heute im Goldmuseum von Bogotá.

Kurz vor Ankunft der Spanier erreichten die **Tairona-** und **Muisca-**Kultur ihre höchste Entwicklungsstufe. Beide Gemeinschaften bildeten Dorfföderationen. Der Integrationsgrad erlangte aber nicht das Niveau eines Staatsgebildes, wie manchmal behauptet wird. Es gab politische und religiöse Zentren, eine Zentralgewalt gab es nicht.

Die Tairona bewohnten die Küste um das heutige Santa Marta bis zu den Hängen der Sierra Nevada. Sie lebten in Bambuslehmhütten, die auf Steinfundamenten standen. Ihre Dörfer sahen so aus wie heute die der Kogi und Arhuaco. Geschickt verstanden die Tairona, die Vegetations- und Höhenstufen zum Anbau unterschiedlicher Nutzpflanzen auszunutzen. Sie gründeten Stadtzentren, Bonda in der Nähe des heutigen Santa Marta und die berühmte Ciudad Perdida. Die Muisca lebten verstreut auf den Hochebenen des heutigen Bogotá und Boyacá in unzähligen kleinen Dörfern. Die politischen und religiösen Zentren waren Marktflekken. Die Kartoffel war das wichtigste Anbauprodukt. Sie trieben Handel mit Salz, Gold und Smaragden.

Die Konquista

Rodrigo de Bastidas war der erste Europäer, der 1500 die kolumbianische Küste entlangsegelte. Er entdeckte die Mündung des Magdalenastromes, setzte jedoch nie seinen Fuß auf das Festland.

Vasco Núñez de Balboa (1475-1519) gründete einige Jahre später Santa María La Antigua am Westufer des Río Atrato im Golf von Urabá. Er hatte sich mit seinem Vorgesetzten überworfen und ließ sich von seiner Mannschaft zum Anführer wählen. Das heute verschwundene **Santa María La Antigua** entwickelte sich zu einem kleinen, blühenden Stützpunkt. Die erste Generation der Konquistadoren war jedoch weniger am Gründen und Verwalten von Siedlungen interessiert als mehr an der Entdeckung und Ausbeutung unbekannter Regionen. Balboa unterhielt gute Beziehungen zu den benachbarten Indianerstämmen, die ihn 1513 an die Pazifikküste führten. Von dort stach einige Jahre später **Francisco Pizarro** (1478-1541) in See, um das Inkareich niederzuwerfen.

Das Interesse begann, sich Santa Marta und Calamar (Cartagena) zuzuwenden. Die ersten Ansätze einer Verwaltung entstanden. Die beiden Orte wurden zu Zentren eines Gouvernements, dessen Grenze der Magdalena bildete. Währenddessen wurde in Madrid der Indienrat gegründet. Diese Behörde, die einzig dem König unterstellt war, verwaltete die Kolonien und war letzte Instanz in Rechtsstreitigkeiten, die die Kolonien betrafen. Es war eine der größten Behörden, die je existiert haben. 1536 brach **Jiménez de Quesada** (1509-1579) von Santa Marta auf, um das sagenhafte Inkareich auf dem Land- und Flussweg, den Magdalena aufwärts, zu erreichen. Er erreichte nicht Peru, sondern die von den Muisca bewohnte Hochebene von **Bacatá (Bogotá)** und Tunsa (Tunja). Nach wie vor war das Hinterland unentdeckt, und auf der Suche nach El Dorado, dem verfluchten Goldland, zogen die Eroberer kreuz und quer durch den Kontinent.

Jiménez de Quesada gründete am 6. August 1538 Bogotá. Kurze Zeit später tauchten zwei weitere Expeditionen auf. Zum einen **Sebastián de Belalcázar**, ein Generalstatthalter des Francisco Pizarro und der Gründer von Quito, Pasto, Cali und Popayán. Der andere war **Nikolaus Federmann**, ein deutscher Abenteurer, der im Auftrag des Bankhauses der Welser ausgesandt worden war, reiches Land zu erkunden. Alle erhoben Anspruch auf dieses Gebiet. Der Dreikampf wurde nach langen und mühseligen Verhandlungen vom Indienrat entschieden. 1556 erkannte die Behörde alle Ansprüche der Welser ab. Auch Jiménez de Quesada ging leer aus. Nur Belalcázar erhielt den Gouverneurstitel, doch nicht von Bogotá, sondern den einer neu geschaffenen Südprovinz mit der Hauptstadt Popayán.

Zur wichtigsten Stadt der neuen Provinzen entwickelte sich **Cartagena**, wohingegen Santa Marta in der Bedeutungslosigkeit versank. Cartagena wurde zum großen Umschlagplatz des interkontinentalen Handels zwischen Südamerika und Spanien. Von hier gingen die Schiffsladungen mit Gold und Edelsteinen an das Königreich, hier kamen die schwarzen Sklaven an. Auf Druck der Kirche hatte Kaiser Karl V. die Sklaverei für Indianer verbieten lassen. Die Wirtschaft des Kolonialreiches, die ganz auf der Ausbeutung der Minen beruhte, suchte neue Arbeitskräfte.

Im 18. Jahrhundert folgten nach dem spanischen Erbfolgekrieg auf die kinderlosen Habsburger die Bourbonen. Das spanische Riesenreich musste dringend neu geordnet werden. Kolumbien wurde zum **Vizekönigreich Nueva Granada**. Der Vizekönig war ein Funktionär seiner Majestät, meist ein altgedienter Militär, der vom Indienrat vorgeschlagen und vom König ernannt wurde. Sein Posten war der einzig gut bezahlte im ganzen Land. Die miserable Entlohnung der Verwaltung, die Korruption und die Schwerfälligkeit der Bürokratie trugen letztendlich zum Niedergang und Zerfall des spanischen Kolonialreiches bei und führten zur Unabhängigkeit Kolumbiens.

▪ Die Unabhängigkeit

Ein neuer Geist hatte in Bogotá 1762 mit der Gründung des ersten Lehrstuhls für Naturwissenschaften Einzug gehalten. Lehrstuhlinhaber wurde **José Celestino Mutis** (1732-1808). Er war als Leibarzt des Vizekönigs in die Kolonien gekommen. Das Interesse von Celestino Mutis, einem der renommiertesten Wissenschaftler seiner Zeit, galt der Klassifizierung der tropischen Pflanzen. Der spanische König betraute ihn mit der Durchführung der ambitionierten und kostspieligen *Expedición Botánica*. Celestino Mutis vermittelte seinen Studenten und Assistenten eine bis dahin unbekannte Forschungsmethode, den Rationalismus. Wahrheit durch Erkenntnis und nicht durch Autorität. Seine Studenten, die bekanntesten sind José de Caldas und Jorge Tadeo Lozano, einer der ersten Präsidenten der Republik, übertrugen das neu gewonnene Selbstbewusstsein auf die politische Lage von Nueva Granada und wurden später zu Unabhängigkeitskämpfern.

In anderen Gegenden kam es zum Aufstand. 1781 erhoben sich in der reichen **Tabakprovinz Socorro** die Manufakturarbeiter. Auslöser war eine kräftige Steuererhöhung der Krone auf Tabak und Aguardiente-Schnaps, um Kriegsausgaben zu finanzieren. Die Kommune errichtete eine eigene Verwaltung und versuchte, ihren Einfluss bis nach Bogotá auszudehnen. Nur mit Mühe gelang es den Spaniern, die Unruhen niederzuschlagen.

1794 übersetzte **Antonio Nariño** (1765-1824) die **Erklärung der Menschenrechte** ins Spanische. Er wurde daraufhin zu einer langen Haftstrafe verurteilt. Noch immer war die Bevölkerung ihrem König loyal ergeben, obwohl die Kreolen, die in den Kolonien geborenen Nachkommen der Spanier, keinen Einfluss auf die Verwaltung ausüben durften und somit in ihrem eigenen Land Menschen zweiter Klasse blieben. Erst nachdem Napoleon in Spanien einmarschiert und seinen Bruder auf dem kastilischen Thron installiert hatte, versagten ihm die Kolonien die Anerkennung. Nach und nach erklärten einzelne Städte ihre Unabhängigkeit von Spanien, allen voran Mompox im Jahre 1810. Kurz darauf wurden in Bogotá die Vereinten Provinzen von Nueva Granada gegründet. Doch dieses Staatsgebilde erfasste nur einen kleinen Teil aller Provinzen. Pasto im Süden und Santa Marta an der Karibikküste, wohin sich der Vizekönig geflüchtet hatte, blieben königstreu.

Schon in den ersten Tagen der Republik brachen die Flügelkämpfe zwischen Zentralisten und Föderalisten aus, die die Geschichte des späteren Kolumbiens bestimmen sollten. Wortführer der Zentralisten wurde der frei gekommene Antonio Nariño. Er scheiterte 1812 mit der *campaña del sur* zur Befreiung Pastos und musste erneut als Häftling die Fahrt nach Spanien antreten. Erfolgreicher verlief der Feldzug des bis dahin weitgehend unbekannten Offiziers **Simón Bolívar** (1783-1830) am Unterlauf des Río Magdalena. Die Kolumbianer haben ihren ersten unabhängigen Staat später *La Patria Boba*, das närrische Vaterland, genannt.

Die Republik

Kolumbien hatte große Schwierigkeiten seine staatliche wie territoriale Identität zu finden. Das gesamte 19. Jahrhundert war geprägt von **Bürgerkriegen** und bürgerkriegsähnlichen Zuständen zwischen **Liberalen** und **Konservativen**, den ein-

Simón Bolívar

Der Vater der Unabhängigkeit, nicht nur von Nueva Granada, sondern von Venezuela, Ecuador und Peru und der Schöpfer des Staates Bolivien ist Simón Bolívar. Er ist ohne Frage der größte politische Held Lateinamerikas. Geboren wird er als Sohn einer reichen Aristokratenfamilie am 24. Juli 1783 in Caracas. Die Familie besitzt Kakaoplantagen, Minen und Sklaven. Bolívar soll eine gute Erziehung erhalten, die Verwaltung des Besitzes übernehmen und das gelangweilte Leben seiner Klasse weiterführen.

Doch bereits in jungen Jahren zeigt Bolívar Ansätze zur Aufsässigkeit, großer Willenskraft und Intelligenz. Zur Erweiterung seines Horizontes geht er nach Europa.

Simón Bolívar

Die Revolutionsbegeisterung hat den alten Kontinent erfasst. Dann reißt Napoleon in Frankreich die Macht an sich. Der junge Bolívar ist dabei, als sich der Imperator in Paris zum Kaiser krönen lässt.

In Madrid verliebt er sich in María Teresa Rodrigo de Toro, die er als seine Frau nach Caracas mitnimmt. Sie stirbt kurze Zeit später an Gelbfieber. Der verzweifelte Bolívar ist eine Zeitlang orientierungslos. Er lernt Alexander von Humboldt kennen, doch die Wissenschaft allein befriedigt seinen unruhigen Geist nicht. Er sucht die Aktion, nicht die Studierstube. Die Ideen Napoleons, die großen humanistischen Ideale haben sich in seinem Kopf verfangen. Ihn beschäftigt die Gleichheit der Rassen und der Religionen, die Abschaffung der Sklaverei. Noch einmal muss er die Luft Europas schnuppern, seine Gedanken ordnen. Er geht nach Italien, und dort wird ihm klar, dass er sein Land in die Unabhängigkeit führen will und muss.

Zurück in Venezuela nimmt er teil an konspirativen Sitzungen mit den Engländern, die das spanische Kolonialreich schwächen wollen.

1810 folgen die ersten Aufstände in Caracas. Bolívar geht nach Curaçao und später nach Cartagena, wo er sein politisches Manifest verfasst. Er versucht die bis dahin regionalen und unkoordinierten Aufstände in einer einheitlichen Bewegung zu bündeln, denn ihm ist klar geworden, anders ist das spanische Weltreich nicht in die Knie zu zwingen. Das Manifest macht ihn zum Führer der Unabhängigkeitsbewegung. Dann stellen sich die militärischen Erfolge ein. 1813 wird in einer 90tägigen Blitzaktion Venezuela befreit. Von nun an heißt er der Libertador.

Aber in Europa ändert sich die politische Großwetterlage. Napoleon ist geschlagen. Die Restauration in vollem Gange, und der spanische König beauftragt den altgedienten Militär Morillo, seine Kolonien zu befrieden.

Bolívar muss 1815 nach Jamaika emigrieren. Sein Besitz wird beschlagnahmt, der Gouverneur schickt gedungene Mörder hinterher, die ihn beseitigen sollen.

Bolívar hetzt weiter nach Haiti. Mit englischer Hilfe holt er zum Gegenschlag aus und besetzt nach und nach die Küstenstädte in Venezuela. Caracas einzunehmen, will nicht gelingen. Er zieht sich nach Angosturas, der heutigen Ciudad Bolívar zurück, inmitten der Llanos. Hier kann er über neue Strategien nachdenken. Hier ist er sicher, denn im Rücken hat er den unberührten tropischen Regenwald als Verbündeten.

> Sein General Paula de Santander baut ihm eine schlagkräftige Armee auf. Dann hat er einen genialen Einfall. Statt das Heer Richtung Caracas zu lenken, was alle erwarten, erklimmt die Armee die Ostflanke der Anden. Aus dem Flachland geht es hinauf auf die eisigen Höhen des Páramo. Viele Soldaten sterben an Hunger und Entkräftung. Der Aufstieg in die Anden ist allenfalls mit Napoleons Rußlandfeldzug zu vergleichen. Wieder zeigt sich Bolívars Begabung, neue Situationen schnell für sich zu entscheiden. Im Pantano de Vargas schlägt er die Königlichen und kurz danach noch einmal am 7. August 1819 an der Brücke von Boyacá. Nueva Granada ist endgültig befreit. In den kommenden Jahren hetzt er den Spaniern hinterher. Er verjagt sie aus Venezuela und Ecuador.
>
> Der peruanische Kongress überträgt ihm alle Vollmachten. Noch wollen die Spanier aus dem reichen Vizekönigreich Peru nicht weichen. Am 9. Dezember 1824 schlägt Bolívar das königliche Heer in Ayacucho vernichtend. Nun ist er auf der Höhe seiner Macht, und im selben Moment beginnt der Abstieg. Seine diplomatischen Bemühungen, alle befreiten Provinzen zusammenzubringen, scheitern. Er wendet sich nach Süden und gründet den Staat Bolivien. Er schreibt dem Staat die Verfassung. Nun regt sich Widerstand in den eigenen Reihen. Politische Gegner trachten ihm nach dem Leben.
>
> Seine engsten Freunde, die Generäle Córdoba und Sucre, werden ermordet. Er verfällt in Depressionen. Der ehemalige Gefolgsmann Santander, sein Vizepräsident, dem er die Regierungsgeschäfte in Bogotá überlassen hat, stellt sich gegen ihn, wirft ihm vor, eine Diktatur errichten zu wollen und lässt ihn entmachten.
>
> Sein politischer Traum, das Riesenreich Gran Colombia, zweimal so groß wie das heutige Kolumbien, zerbricht. Verlassen und krank irrt Bolívar durch die von ihm befreiten Gebiete und stirbt am 17. Dezember 1830 in Santa Marta.

stigen Föderalisten und Zentralisten. Die denkwürdigsten Präsidenten des 19. Jahrhunderts, in der Zeit nach Bolívar und Santander, waren Tomás Cipriano de Mosquera (1798-1878) und Rafael Núñez. **Rafael Núñez** (1825-1894), ein Anwalt aus Cartagena, schien den meisten die richtige Integrationsfigur zu sein. Er hatte als Sympathisant der Liberalen begonnen, neigte aber mit zunehmendem Alter den konservativen Ideen zu. Selbstherrlich verbrachte er die längste Zeit seiner vier Amtszeiten in seinem Wohnhaus mit Blick auf die Karibik und unterschied sich damit wenig von einigen Vizekönigen der Kolonialzeit.

Núñez ist den Kolumbianern wegen zwei Dingen in Erinnerung geblieben. Er gründete die Notenbank, die in Kolumbien das Papiergeld einführte; daher ist er auf der alten 5000 Peso Note abgebildet, und er ist der Schöpfer der Verfassung von 1886, die Kolumbien so viel Blut und Tränen bescherte und erst 1991 durch eine neue Verfassung ersetzt wurde. Die alte Verfassung von 1886 konstituierte einen Staat, der in erster Linie Polizei- und Sittenstaat war. Die Presse wurde behindert, politische Versammlungen verboten, die Glaubens- und Bekenntnisfreiheit beschnitten, die Opposition ausgeschaltet.

Diese Situation führte Kolumbien einmal mehr in den Bürgerkrieg. Von 1899-1902 tobte der *guerra de mil dias* (**Krieg der Tausend Tage**).

Nach Beendigung des Krieges war Kolumbien ausgeblutet. Das Land mit 4 Millionen Einwohnern hatte 100 000 Menschen verloren.

Die Amerikaner entrissen ein Jahr später dem geschwächten Land die reiche Panamaprovinz. Nach wie vor regierten die Konservativen im Land. Doch zum richtungsweisenden Politiker des neuen Jahrhunderts entwickelte sich der Liberalenführer **Rafael Uribe Uribe** (1859-1914), der in seinen jungen Jahren während des Krieges ein Aufständischenheer befehligt hatte. Uribe sah den sozialen Sprengstoff, den die Modernisierung des Landes hervorbrachte. Er hatte die Vision eines sozialen Rechtsstaates vor Augen. So wurde er zum Bindeglied zwischen dem individuell geprägten Liberalismus des 19. und dem sozial geprägten des 20. Jahrhunderts. Er wurde 1914 in Bogotá in der Nähe des Capitols mit dem Beil erschlagen. Seine Enkelgeneration übernahm die Macht in den 1930er Jahren.

Casa Rafael Núñez in Cartagena

Der Verlust Panamas

Die Amerikaner übernahmen nach dem finanziellen Ruin der französischen *Societé Civile Internationale du Canal* die Gesellschaft für US$ 40 Mio. und führten das von Ferdinand Lesseps begonnene Projekt des Panamakanals fort. Die kolumbianische Regierung verweigerte die Zustimmung zu diesem Abkommen. Die Außenminister beider Staaten, Hay und Herrán, verhandelten 1902 in Washington und einigten sich in dem nach ihnen benannten Abkommen darauf, dass Kolumbien US$ 10 Mio. und eine laufende Summe pro Jahr von US$ 250 000 für die Verpachtung der Kanalzone auf 100 Jahre erhalten sollte.

Den Amerikanern räumte der Vertrag das Recht ein, den Kanal zu bauen und zu befestigen. Kolumbien, noch immer vom Bürgerkrieg gezeichnet, ließ sich Zeit mit der Ratifizierung und als ein neuer Kongress in Bogotá zusammentrat, verlangten die Gegner des Hay-Herrán Vertrages eine weit höhere Ablösesumme. Sie forderten von der US-Regierung US$ 15 Mio. und weitere US$ 10 Mio. aus dem Vermögen der liquidierten französischen Gesellschaft. Die Amerikaner wiesen die neuen Vorschläge zurück, und der kolumbianische Senat verweigerte dem ausgehandelten Papier seine Zustimmung. Daraufhin machte der amerikanische Präsident Theodore Roosevelt Stimmung gegen den kolumbianischen Senat und beschimpfte die Abgeordneten als «verächtliche kleine Kriecher und uneffiziente Banditen». «Mit den Kolumbianern könne man ebenso gut Vereinbarungen treffen wie Gelee an die Wand nageln.» Das Getöse des US-Präsidenten sollte die Kolumbianer einschüchtern und die Ablösung der Panamaprovinz von Kolumbien vorbereiten. Die USA unterstützten die **Sezession Panamas 1903** und hielten mit einem Kriegsschiff das desolate kolumbianische Heer davon ab, auf dem Isthmus einzugreifen. Innerhalb weniger Tage wurde Panama selbständig und augenblicklich von den USA offiziell anerkannt. 1904 begann der Kanalbau. Die amerikanisch-kolumbianischen Beziehungen hatten für lange Zeit ihren Tiefpunkt erreicht und blieben für die kommenden zehn Jahre eingefroren, während die Amerikaner nach Mitteln und Wegen suchten, Kolumbien zu entschädigen. Im Gespräch war ein Zusatzkanal über den Río Atrato und exklusive Kohlehäfen auf den Inseln San Andrés und Providencia. 1914 erhielt Kolumbien eine Entschädigung in Höhe von US$ 25 Mio.

Die Violencia

Die Violencia ist das schwärzeste Kapitel Kolumbiens im 21. Jahrhundert. Der Bürgerkrieg zwischen den politischen Gruppen hat über 300 000 Tote gekostet. Man bezeichnet im Allgemeinen den Zeitraum zwischen 1948 und 1953 als die Violencia. Ausgangspunkt für die blutigen Auseinandersetzungen war eine schwere soziale Krise und das geschwundene Vertrauen in den Staat und seine Institutionen. Die regierende liberale Partei war zerstritten und hatte sich in unzählige Flügel gespalten. Der amtierende Regierungschef López Pumarejo bewältigte die Krise nicht und trat 1944 zurück. Dies verschärfte die Situation, und bei den Neuwahlen gewann der Konservative Ospina Pérez mit einfacher Mehrheit gegenüber den beiden verfeindeten liberalen Kandidaten Gabriel Turbay und **Jorge Eliécer Gaitán** (1903-1948). Das Wahlergebnis spitzte die politische Auseinandersetzung zu, die nun bewaffnete Formen annahm. Gewalttaten wurden durch die Polizei verübt, Leute verschwanden, Oppositionelle wurden reihenweise umgelegt. Bei den Wahlen zum Stadtrat Bogotás im Oktober kam es zu erdrutschartigen Verlusten für die Regierung, die längst allen Kredit verspielt hatte. Gaitán gewann die Wahlen und wurde Chef der liberalen Partei. Gaitán war ein charismatischer Redner, ein schneller Denker, der den radikalen Flügel der Partei repräsentierte. Er war beliebt beim Volk, auch deshalb, weil er der politischen Klasse den Kampf erklärte. Präsident Ospina kam nicht umhin, den Anhängern von Gaitán Kabinettsposten anzubieten. Gleichzeitig hetzte der ultrarechte Laureano Gómez gegen die radikalen Liberalen, sie hätten die Wahl nur dank 1,8 Mio. gefälschter Ausweise gewonnen. Die Gewalt eskalierte. Gaitán rief zum zivilen Ungehorsam auf und zog seine Minister zurück. Im neuen Kabinett waren ausschließlich Konservative vertreten, und Laureano Gómez bekam das Außenministerium. Am 9. April 1948 wurde Gaitán erschossen. Nun begann der Volksaufstand, eine spontane, chaotische Erhebung. Konservative und Liberale zogen sengend und brennend durchs Land und brachten sich gegenseitig um. Auf dem Lande kam es zu Massakern. Auch als die Politiker in Bogotá wieder versuchten, Vernunft anzunehmen, schwelte die Glut blinder

Gewalt auf dem Lande jahrelang weiter. Kolumbien versank im Chaos, während der Präsidentensessel an Laureano Gómez ging.

Militärdiktatur Rojas Pinilla

Ein Aufatmen ging durch das Land, alle Parteien, das Volk, die Presse, als am 13. 6. 1953 General Rojas Pinilla den ersehnten Staatsstreich verübte. Nach dem Putsch wurde eine Amnestie versprochen. Doch nur allzu schnell zeigte das Militärregime sein wahres Gesicht und nahm den Kampf gegen den Kommunismus auf. Es war die Zeit des kalten Krieges in Europa und der McCarthy Ära in Amerika. Auch in Kolumbien war jeder Andersdenkende Kommunist.

Die Luftwaffe bombardierte Bauerndörfer in Tolima. Rojas Pinilla machte sich weiterhin unbeliebt und ließ die Zeitungen EL Tiempo und El Espectador verbieten. Die Stierkampfsaison 1956, damals wie heute ein gesellschaftliches Ereignis und politischer Gradmesser für die Sympathie beim Volk, begann sein politisches Ende einzuläuten.

Am ersten Stierkampftag, dem 29. Januar 1956, wurde der Direktor des verbotenen El Tiempo mit Jubelstürmen begrüßt, der Diktator ausgepfiffen. Der hölzerne Rojas Pinilla hatte daraufhin nichts Besseres zu tun, als alle Karten für die Corrida am nächsten Wochenende aufkaufen zu lassen. 7000 Karten wurden an Militärspitzel ausgegeben. Doch der Trick wurde schnell durchschaut, und statt einer Sympathiekundgebung kam es zu Missfallensäußerungen gegen das Regime. Die Spitzel schossen um sich, und die Corrida endete in einem Blutbad.

Frente Nacional

Bis 1957 siechte das Militärregime dahin, bis die Frente Nacional, das Zweiparteienbündnis aus Liberalen und Konservativen, die Macht übernahm. In Spanien hatten sich Alberto Lleras für die Liberalen und der wiedererstandene Konservative Laureano Gómez über die Aufteilung der Macht geeinigt. In den nächsten 20 Jahren regierte die Große Koalition das Land.

Was als Instrument der Befriedung gedacht war, führte zur Verfilzung des Staatsapparates. Die dogmatischen Unterschiede zwischen den Parteien verschwanden. Auch nach Ende der offiziellen Zusammenarbeit ging das Gekungel unter dem liberalen Präsidenten Julio **César Turbay Ayala** (Amtszeit 1978-1982) weiter. Erneut kam es zu einer Abspaltung der Liberalen Partei. Der Radikalliberale **Luis Carlos Galán** (1943-1989) gründete die Unidad Liberal Popular.

Während der Amtszeit von Julio César Turbay erstarkte die Guerrilla. Der Präsident lehnte Gespräche mit ihr kategorisch ab. Der Movimiento Nacional, eine Sammelbewegung aus Konservativen und unabhängigen Liberalen, brachte **Belicario Betancur** in den Präsidentenpalast (Amtszeit 1982-1986). Er suchte die Versöhnung mit den Guerrillabewegungen und der Narcomafia. Als Einstiegsgeschenk versprach er eine umfangreiche Amnestie, um Guerrilleros und Narcos die Rückkehr ins zivile Leben zu erleichtern. Doch die Friedensgespräche wurden immer wieder durch Attentate und Entführungen unterbrochen. Auch der Guerrilla fehlte das Vertrauen in die Handlungsfähigkeit der Regierung.

Der Friedensprozess endete vorerst, als die M-19 am 7. November1985 den **Justizpalast** einnahm, der wenig später, vom Militär beschossen, in Flammen aufging. Diese Aktion forderte über 100 Tote.

Der Himmel hatte sich über Kolumbien zusammengezogen, als nur einige Tage danach der **Nevado del Ruiz Vulkan** explodierte und das Leben von 20 000 Menschen in dem Ort Armero auslöschte.

Die Gespräche mit der Drogenmafia arteten in eine Farce aus. Pablo Escobar & Co verstanden die Einladung des Präsidenten als Aufforderung, im politischen Leben des Landes kräftig mitzumischen. Der Verkaufsvorstand des Kartells von Medellín, Carlos Lehder, gründete den Movimiento Latino Nacional, Pablo Escobar die Partei Civismo en Marcha. Bei den Wahlen gelang es ihm, einen Platz im Parlament zu ergattern. Doch die Ermordung des Justizministers Rodrigo Lara, der als erster Pablo Escobar als den Drahtzieher des Kartells von Medellín öffentlich beschuldigt hatte, brachte Betancur von seinem Schmusekurs ab. Er ließ den Besitz der Drogenhändler beschlagnahmen, den Strafenkatalog ausweiten und bestätigte das Auslieferungsabkommen mit den USA. Der Vorstand des Kartells setzte sich daraufhin nach Panama ab.

Unter der Regierung **Virgilio Barco** (Amtszeit 1986-1990) wurde der Friedensprozess mit den Guerrillabewegungen wieder aufgenommen. Die M-19 legte die Waffen ab und etablierte sich als legale Partei. Das zurückgekehrte Medellín-Kartell baute seine Macht Schritt für Schritt aus und hielt eine Privatarmee unter Waffen. Es kam zu halbherzigen Gesprächsversuchen zwischen Regierung und Drogenmafia. Diese Gespräche verliefen, möglicherweise auf Druck der US-Regierung, im Sande. Die Drogenmafia fühlte sich getäuscht und mordete Richter, Polizisten, Journalisten und Politiker. Das prominenteste Opfer war der liberale und aussichtsreichste Kandidat auf die Präsidentschaft 1990, Luis Carlos Galán.

Innerhalb eines Jahrhunderts hatte Kolumbien drei seiner fähigsten politischen Köpfe eingebüßt: Rafael Uribe Uribe (1914), Jorge Eliécer Gaitán (1948) und Luis Carlos Galán (1989). Präsident Virgilio Barco setzte die Auslieferung der Drogenhändler in die Vereinigten Staaten per Regierungsdekret fest. Damit entfielen langwierige Gerichtsprozesse wie in der Vergangenheit. Regierung und Drogenmafia erklärten sich gegenseitig den totalen Krieg. Am 16. Oktober 1989 zerstörte eine Bombe die Redaktionsräume der Tageszeitung *El Espectador*, am 27. November explodierte der Linienflug der Avianca Bogotá - Cali, am 6. Dezember flog das Hauptgebäude des DAS in die Luft. Der Staat schlug zurück und erschoss den militärischen Kopf des Kartells, Gonzalo Rodríguez Gacha alias *el Mexicano*, wegen seiner Vorliebe für *musica ranchera*, in der Sommerfrische Tolú.

Pablo Escobar

Ende der 1970er Jahre beginnt der Aufstieg eines Bauernjungen aus Rionegro, Antioquia mit Namen **Pablo Escobar Gaviria** (1949-1993). Das erste Mal fällt er der Polizei auf, als er einen Renault 4 stiehlt. Vom Autodieb wird er innerhalb weniger Jahre zum mächtigsten Mann des größten Drogenkartells der Welt. Das Kartell von Medellín entwickelt sich zum größten Wirtschaftsunternehmen des Landes. Es beherrscht 85 % des internationalen Kokainhandels. Kokain wird zum größten Exportschlager Kolumbiens und das Kartell zum Staat im Staate. Den Kampf der kolumbianischen Regierung beantwortet Pablo Escobar mit terroristischen Mitteln. Er lässt Polizisten, Zeugen, Richter und den Justizminister ermorden. Kolumbien beschließt die Auslieferung der Drogenhändler in die USA. Das ist die größte Sorge Escobars, lebenslang in einem amerikanischen Knast zu verfaulen. Für ihn gilt das Motto: «Lieber ein Grab in Kolumbien, als eine Zelle in den USA».

Die Mafiosi nennen sich theatralisch *los extradidables*, die «Auslieferbaren». Escobar führt den Krieg mit Zuckerbrot und Peitsche. Verhandlungen, in denen er verspricht, sämtliche Auslandsschulden Kolumbiens zu tilgen, wechseln mit Bombenattentaten. Escobar gewinnt die Schlacht. Das Auslieferungsabkommen wird 1987 vom obersten Gerichtshof kassiert, und Pablo Escobar ist auf dem Gipfel seiner Macht.

Im Januar 1988 zerstört eine Autobombe das Hochhaus Monaco im noblen Stadtteil Envigado in Medellín, seinem bevorzugten Wohnsitz. Von nun an wird der Patron zum Gejagten. Bei seinem rücksichtslosen Aufstieg hatte er sich reihenweise Feinde gemacht. Es sind die *Los Pepes*, ehemalige Geschäftspartner, die ihm systematisch die angehäuften Besitztümer zerstören, seine Häuser, seine Autosammlung, seine Leibwächter und engsten Weggefährten. Zu gleicher Zeit erwächst ihm im Kartell von Cali ein neuer, ernstzunehmender Konkurrent. Die Nadelstreifengangster aus Cali arbeiten lautlos und verzichten auf das kostspielige Robin Hood Image von Pablo Escobar. Pablo Escobar holt aus zu seinem letzten großen Schlag und erklärt dem Staat den Krieg. Doch diesmal lässt sich der Staat nicht einschüchtern, und die Ausgelieferten kapitulieren. Noch einmal sieht Escobar die Chance zum Neuanfang. Die Verabschiedung der neuen Verfassung scheint ihm eine weiße Weste zu verschaffen. Die verfassungsgebende Nationalversammlung verwirft die Auslieferung von Kolumbianern ins Ausland. Am gleichen Tag stellt sich Pablo Escobar den Behörden.

Mittlerweile weiß er sich in der Obhut des Staates sicherer als in Freiheit. Überrascht von dieser Wende stellt ihm der Staat ein Luxusgefängnis mit Blick auf Medellín zur Verfügung. Von *La Catedral*, wo er sich mit seinen Leibwächtern und Getreuen verschanzt, kann er seine Geschäfte in Ruhe fortsetzen. Nach 13 Monaten ist der Geschäftsbetrieb soweit normalisiert, dass Escobar seinen Aufenthaltsort, ohne aufgehalten zu werden, durch den Hinterausgang verlässt. Der Staat stellt ein Eliteregiment von 1600 Mann auf, den *bloque de busqueda*. Diese «GSG 9» von Kolumbien hat einzig und allein die Aufgabe, Pablo Escobar zur Strecke zu bringen. Pablo Escobar irrt durch Medellín, Nacht für Nacht wechselt er die Wohnung, tagsüber den Mittelklassewagen, er hat sich ein Hitlerbärtchen zugelegt und wiegt 120 Kilo. Seine Getreuen sind tot oder festgesetzt. Doch mehr als die Gefahr für sich, ist er um den Schutz seiner Familie besorgt. Ehefrau und Kinder beantragen Asyl in Deutschland. Die Bundesregierung schickt die Familie nach Kolumbien

Der Capo als Filmfigur

Den US-Amerikanern galt Pablo Escobar einst als Staatsfeind Nr. 1, sozusagen die Inkarnation des Bösen und der Vorläufer Usama Bin Ladens, den man bis heute nicht zur Strecke bringen konnte. Mit dem von George W. Bush ausgerufenen Krieg gegen den internationalen Terrorismus lässt sich die Figur Pablo Escobars kinematographisch bestens reanimieren und in Szene setzen. Vor dem Auftauchen von Al Qaida hatte Hollywood das Thema nur halbherzig aufgegriffen.

Der Agenten-Thriller mit Harrison Ford als Geheimdienstler, der gegen einen als «Escobado» bezeichneten Drogenhändler zu Felde zog, war nichts weiter als ein müder Abklatsch allzu bekannter Vietnam-Dschungel Filme. Harrison Ford ist nun einmal kein Bruce Willis und der den Baseball-Schläger schwingende Operetten-Escobado wirkt eher tapsig als diabolisch.

Pablo Escobar

Demnächst werden zwei Spiel- und drei Dokumentarfilme über den Capo der Capos ihre Premiere haben. Die kolumbianische Filmfirma Centauro macht den Anfang mit dem Dokumentarfilm *Los archivos privados de Pablo Escobar* (Regie Marc De Beaufort). Die Familie Escobar hat der Produzentin 600 Stunden ungeschnittenes privates Videomaterial und einen Berg an Fotografien überlassen.

Der spanische Schauspieler Javier Bardem verkörpert den erschossenen Drogengangster in **Ciudadano Escobar** (Regie Sergio Cabrera). Der Dokumentarfilm **Pablo ¿Eres tú?** (Pablo - bist Du es?) des Journalisten Ramón Jimeno ist sozusagen ein Abfallprodukt der Cabrera-Produktion, ein Dokumentarfilm, der sich auf die Verflechtungen zwischen nationaler Politik und dem weltberühmten Drogenhändler konzentriert. Im Mittelpunkt stehen Bestechung, Geldwäsche, Korruption. Ramón Jimeno hat auch ein Theaterstück über den letzten Tag des Capos in Form einer Selbstreflexion verfasst. In der Hollywood-Filmadaption von **Killing Pablo** (Regie Joe Carnahan) spielt Javier Bardem ebenfalls Pablo Escobar. Auch Antonio Banderas darf nicht fehlen, wenn Hollywood Latinostoffe verfilmt. Er übernimmt die Rolle des Polizisten, der Escobar erledigt. Der polnische Cineast Andrzej Sekula dreht **Escobar**, eine mexikanische Produktion über den Aufstieg und Fall des Medellín Mafiosi, und wieder muss Antonio Banderas ran, diesmal als Gangster.

In der kolumbianischen Filmszene wird von einer Rarität gemunkelt, ein bislang unveröffentlichtes Filmdokument aus den 1980er Jahren, das Pablo Escobar koproduziert haben soll. Die Geschichte einer Gruppe kolumbianischer Huren, die nach Venezuela reist, um ihrem Gewerbe nachzugehen und dabei allerhand schlüpfrige Abenteuer zu bestehen hat. Was soll das sein, ein pornographischer C-Movie?

Vielleicht der Pilotfilm für die 1997 in Pereira und Cali abgedrehte XXX-Serie *Hot Latin Pussy Adventures*?

Das dubiose Werk soll auf der Hacienda Nápoles, dem einstigen Landsitz Pablo Escobars, im Kreise von Spießgesellen, Wirtschaftsbossen und Politikern uraufgeführt worden sein. Die Legendenbildung geht weiter...

zurück. Wütend telefoniert Pablo Escobar mit der Presse, stößt seine Drohungen aus und lässt seine Sicherheit aus den Augen. Die Fangschaltung ermittelt seinen Aufenthaltsort. Am 2. Dezember 1993 erschießt ihn der Bloque de Busqueda. Bereits wenige Minuten nach seinem Tod beginnt sich die blutige Wahrheit in blumige Legende zu verwandeln.

Die Verfassung von 1991

Unter Präsident **César Gaviria** (Amtszeit 1990-1994) versuchte das Land mit einer neuen Verfassung 1991 einen Neuanfang, der dem Land endlich Frieden bringen sollte. In der Verfassungsgebenden Nationalversammlung waren Vertreter aller gesellschaftlichen Gruppen vertreten, u.a. Angehörige der ins zivile Leben zurückgekehrten M-19 und drei Indigenenvertreter. Heraus kam eine der modernsten Verfassungen Amerikas. Die Verfassung gab den Anstoß zu einem lebendigen und gesellschaftsnahen Rechtsverständnis. Kritiker verweisen allerdings auf die Schwächen aller lateinamerikanischen Verfassungen, so auch der kolumbianischen: Lateinamerikanische Verfassungen bestehen oftmals aus einer großen Zahl, kaum der Wirklichkeit standhaltenden Programmsätze und Staatsziele wie dem «Recht auf Arbeit», «Frieden», «gesunde Umwelt», «Inflationsbekämpfung» etc. und sind daher mit europäischen Verfassungen kaum zu vergleichen.

Die Verfassung von 1991 enthält 380 Artikel und 60 Überleitungsbestimmungen und gehört damit zu den umfangreichsten auf dem amerikanischen Kontinent überhaupt: Sie wurde in der Anzahl der aufgeführten Artikel anschließend noch von der venezolanischen Verfassung aus dem Jahr 1999 und der ecuadorianischen von 2008 übertroffen. Positiv zu vermerken ist, dass die Grundrechte und der Grundrechtsschutz an zentraler Stelle stehen. Kernpunkte der neuen Verfassung sind die Stärkung des Demokratie- und des Dezentralisierungsprinzips, des Individualrechtsschutzes durch die Konstituierung neuer Verfahrensarten wie der *Acción de Tutela* und die Schaffung neuer Gerichtszweige. Der Rechtsbehelf der *Acción de Tutela* hat zumindest ansatzweise ein Gefühl der Rechtssicherheit geschaffen, das den Kolumbianer/innen lange Zeit weitestgehend abhanden gekommen war.

Seit Inkrafttreten der Verfassung von 1991 gibt es erfolgversprechende Ansätze hin zu einer modernen, demokratischen und pluralistischen Verfassungsentwicklung in Kolumbien. Inzwischen liegt eine umfangreiche Rechtsprechung des Verfassungsgerichtes vor, die sich konsequent an rechtsstaatlichen Prinzipien orientiert und sich allgemein großer Wertschätzung erfreut. Die Verfassung räumt den indigenen Völkern und den afrokolumbianischen Gemeinschaften ethnische Sonderrechte ein. Neuen politischen Gruppen wird Raum gegeben. Der Justizapparat wurde gestärkt. Eines der zentralen Probleme des Landes ist die unzureichende Verfolgung von Straftaten.

Die Volkssouveränität wurde erweitert. Vom Volk gewählt werden nun nicht nur der Präsident und die Abgeordneten, sondern die Provinzgouverneure und Bürgermeister. Die Verfassung von 1991 hat die Konstitution aus dem Jahre 1886 abgelöst, in der die indigenen Völker ebenso wenig vorkamen wie die Afrokolumbianer. Das entsprach dem Staatsverständnis des letzten Jahrhunderts, aber schon lange nicht mehr der gesellschaftlichen Realität des Landes. Die Verabschiedung einer neuen Verfassung war daher überfällig und bereits seit den 1970er Jahren mehrfach ins Auge gefasst worden.

Die Verfassung von 1991 ermöglicht die Einbindung sozialer Randgruppen, Minderheiten, Indianervölker, allerdings nicht von Guerrilla und Paramilitär, was allerdings weniger auf Defizite der Verfassung als auf die ungeklärte Machtfrage in weiten Teilen des Landes zurückzuführen ist. In der Vorgänger-Verfassung von 1886 waren aus dem Bereich der politischen Teilhabe, insbesondere von den Wahlen, Frauen, Schwarze, Indianer sowie Menschen ohne Bildung ausgeschlossen. Zu den Staatsbürgern gehörten allein die Eliten.

In der Verfassung von 1886 mit ihrem Einheitsverständnis blieben die Indigenen ebenso außen vor wie alle anderen Gruppen, die nicht der Elite angehörten. Die Existenz der Indianer blieb als «institutionalisierter» Sonderfall dem Spezialgesetz Nr. 89 aus dem Jahr 1890 vorbehalten, wohingegen die Afrokolumbianer bis zur Verfassung von 1991 institutionell «unsichtbar» blieben. Für die Schwarzen Gemeinschaften (*comunidades negras*) in den ländlichen Zonen der Pazifikregion verweist nunmehr der Überleitungsartikel 55 und die ley nr. 70/1993 (*Ley para las Comunidades Negras*) auf kollektive Landesrechte über das katastermäßig nicht erfasste Brachland. Neben den Schwarzengemeinden der Pazifikregion werden auch die Insulaner von San Andrés und Providencia gesondert erwähnt, deren kulturelle Identität geschützt und bewahrt werden soll. Die neue Verfassung verfolgt das Konzept der «Vielfalt in der Einheit» und ist damit ein Modell für die Entwicklung einer multikulturellen Nation innerhalb des lateinamerikanischen Kontextes.

Samper und Pastrana

Bereits kurz nach der Wahl von Präsident Ernesto Samper (Amtszeit 1994-1998) kamen Gerüchte auf, der siegreiche Kandidat habe seinen Wahlkampf zu einem großen Teil mit Geldern des Kartells von Cali finanziert. Um die Gerüchte zu entkräften, nahm die Samper-Regierung unmittelbar nach Amtsantritt den Kampf gegen das Kartell auf. Zwischen Mai und Juli 1995 wurde die gesamte Führungsriege des Kartells von Cali festgesetzt. In die Jubelstimmung platzte der Scheck, der die Finanzierung durch Drogengelder belegte. Der Schatzmeister der Wahlkampagne packte aus. Daraufhin musste Verteidigungsminister Botero, der einstige Wahlkampfleiter, zurücktreten.

Es wurde eine Untersuchungskommission gebildet, die die Verbindung zwischen dem Cali-Kartell und der Regierung prüfen sollte. Der Aufklärungsprozess (Prozess 8000) beschäftigte den kolumbianischen Kongress und die gesamte Öffentlichkeit monatelang und lähmte die kolumbianische Politik. Präsident Samper klammerte sich bis zum letzten Tag seiner Amtszeit an den Sessel im *Palacio de Nariño*, ohne sich sonderlich um die Konsequenzen für das Wohl des Landes zu kümmern. Die Bürger Kolumbiens verfolgten den Prozess mehr oder weniger sprachlos und anders als in Brasilien, wo ein Sturm der Empörung den korrupten Präsidenten Collor de Mello zur Amtsaufgabe gezwungen hatte, starrte die kolumbianische Öffentlichkeit wie gelähmt auf die Situation, während das Land immer tiefer in die Krise geriet. In Kolumbien zeigte sich hingegen wieder einmal der Vorteil kurzer Amtszeiten für den Staatspräsidenten, ohne eine verfassungsrechtlich zulässige Möglichkeit der Wiederwahl. Vier Jahre sind irgendwie immer durchzuhalten und (fast) jeder aus dem politischen Establishment kommt einmal an die Reihe.

Die Schwäche des Präsidenten führte zu einer raschen Ausweitung der Regionen des internen bewaffneten Konfliktes, eine Entwicklung, die Samper vergeblich mit den Mitteln des Ausnahmezustandes zu bekämpfen versuchte. Die amerikanische Regierung erklärte Samper, den sie bereits aufgrund seines «Spanglish», der eigenwilligen Sprachschöpfung aus Spanisch versetzt mit englischen Brocken, vorgetragen in einem CNN-Interview mit Larry King, verlachte, zur Persona ingrata und entzog ihm das Visum für die Vereinigten Staaten. Zur UN-Generalversammlung nach New York konnte er noch mit einer Sondergenehmigung einfliegen. Nach einem rauschenden Abschiedsfest mit Mariachimusikern im Metropolitan Club in Bogotás Norte umgeben von Lakaien und *Lagartos* verschwand der Präsident nach seinem letzten Arbeitstag schnurstracks ins selbstgewählte spanische Exil. Nach einiger Zeit kehrte er aber wieder in die Heimat zurück und fand sich ein im illustren Kreis der Ex-Präsidenten, die sich mit gut gemeinten Ratschlägen und Kritik gegenüber dem jeweiligen Amtsinhaber in schöner Regelmäßigkeit zu Wort melden.

Sampers Nachfolger **Andrés Pastrana** (Amtszeit 1998-2002), der Sohn des früheren Präsidenten Misael Pastrana (Amtszeit 1970-1974), beendete die jahrelange Vorherrschaft der liberalen Partei. Pastranas Amtsantritt war mit großen Hoffnungen für den **Friedensprozess** mit den aufständischen Guerrillaeinheiten Farc und Eln verbunden. Er warf die ganze Autorität seines Amtes in die Waagschale und traf sich mehrere Male mit dem Chef der Farc, Manuel Marulanda, zum persönlichen Gespräch im Dschungel. Die vordergründig mutigen Gesten Pastranas, der wie keiner seiner Amtsvorgänger das direkte Gespräch mit der Guerrilla suchte, erwiesen sich aber schließlich als ausgesprochen naiv. Das Entgegenkommen der Regierung durch Einrichtung einer *Zona del despeje* («**entmilitarisierte Zone**») mit dem Zentrum San Vicente de Caguán (Departement Meta) die Guerrilla zu Zugeständnissen zu bewegen, entpuppte sich als groteske politische Fehleinschätzung. Die Zone wurde zum Erholungsgebiet für die Farc, die vor Ort die ansässige Bevölkerung drangsalierte, ihre Entführungsopfer versteckte und die Drogenproduktion ausweitete. Pastranas Friedensexperiment war gescheitert. Der kolumbianische Hochkommissar für Frieden Luis Carlos Restrepo hat dem Präsidenten später vorgeworfen, zum Ende seiner Amtszeit eine zerfallene und ausgeblutete Nation hinterlassen zu haben.

Die Regierungzeit von Álvaro Uribe (seit 2002)

Bei den Präsidentschaftswahlen im Jahr 2002 und erneut 2006 entschied sich die kolumbianische Wahlvolk für den einstigen Dissidenten der liberalen Partei und früheren Gouverneur des Departements Antioquia Álvaro Uribe. Jeweils im ersten Wahlgang gelang es ihm, die notwendige absolute Mehrheit zu erringen. Der Regierungsstil Uribes (genannt *Uribismo*) hat dazugeführt, dass die verkrustete und polarisierte Parteienlandschaft aus Konservativen und Liberalen, die das Land seit der Unabhängigkeit unheilvoll geprägt hat, heute erschüttert ist. Die Anhänger der führungsschwachen konservativen Partei haben sich weitgehend dem Uribe-Lager angeschlossen. Die Liberalen mit Ex- Präsident César Gaviria an der Spitze stehen der Politik des Präsidenten mehrheitlich unentschlossen gegenüber und sind heillos zerstritten. Die stärkste oppositionelle Kraft im Kongress bildet der anlässlich der Parlaments- und Präsidentschaftswahlen von 2006 neu geschaffene Block der demokratischen Linksparteien **Polo Democrático Alternativo** (PDA) www.polodemocratico.net, dessen Spitzenkandidat, der Verfassungsrechtler Carlos Gavira mit 22 % der Stimmen ein exzellentes Wahlergebnis holen konnte. Allerdings verfügt die Opposition in beiden Häusern des Kongresses nicht über legislatorische Mehrheiten, um den Kurs des Präsidenten wirkungsvoll zu kontrollieren oder gar zu beeinflussen.

Die Popularitätswerte von Álvaro Uribe liegen nach diversen Erfolgen im Kampf gegen die Farc-Guerrilla und der erfolgreichen Befreiung der international bekanntesten Geisel Ingrid Betancourt bei 80 %. Die allgemeine Sicherheitslage im Land hat sich verbessert. Jedenfalls wird dies in der breiten Bevölkerung so wahrgenommen und dementsprechend honoriert. Die wirtschaftliche Situation zeigt sich ebenfalls verbessert, auch wenn man in Kolumbien noch weniger als in den meisten anderen lateinamerikanischen Staaten ein Rezept gegen die extrem ungleiche Einkommens- und Vermögensverteilung gefunden hat. Allein dem Amtsinhaber wird es augenscheinlich zugetraut, das Land voranzubringen. Insbesondere zwei Qualitäten zeichnen Uribe dabei aus, seine analytischen Fähigkeiten und sein unermüdlicher Arbeitseifer, Eigenschaften, die bei einigen seiner Vorgänger nicht besonders ausgeprägt waren.

Auf der anderen Seite treten, je länger die Regierungszeit Uribes andauert, die autokratischen Strukturen seiner Herrschaft immer stärker zu Tage. Uribes Politikstil ist nur wenig transparent und nach wie vor im Ausland schwer vermittelbar, auch wenn die Vereinigten Staaten und selbst die EU bekundet haben, den kolumbianischen Präsidenten bei seinem militärischen Vorgehen gegen die Farc zu hundert Prozent zu unterstützen. Die Opposition im Kongress kann augenscheinlich nicht viel ausrichten, so dass die obersten Gerichte des Landes zu einem wichtigen Faktor demokratischer Machtkontrolle geworden sind. Die dritte Gewalt im Staate stellt zur Zeit vermutlich die effizienteste Oppositionskraft im Lande dar. Der Präsident ist es nicht gewohnt, von dieser Seite so heftigen Gegenwind zu spüren und hat die Richter des Corte Suprema de Justicia bei der Durchführung der anhängigen Strafverfahren im Zusammenhang mit dem **Parapolítica-Skandal** wiederholt zu größerer Objektivität ermahnt, um nicht das Tor zu einer institutionellen Krise zu öffnen. Die Richter der kolumbianischen Obergerichte Corte Suprema de Justicia und Corte Constitucional haben ihre Unabhängigkeit wiederholt unter Beweis gestellt und lassen sich nicht beirren. Die heftige Auseinandersetzung zwischen den obersten Staatsorganen ist ein Beleg dafür, dass es mit dem System einer gut funktionierenden Gewaltenteilung aus «check und balance» nicht zum Besten bestellt ist.

Unterschriftensammeln für eine 3. Amtszeit

Umstrittene Wiederwahl des Präsidenten

Erstmals nach fast einem Jahrhundert ist 2005 der Weg für die umstrittene (einmalige) Wiederwahl des Präsidenten durch eine Verfassungsänderung freigemacht worden. Diese Wahlrechtsreform hat tiefsitzende Animositäten gegen die außerordentliche Machtfülle, die sich in der Figur des kolumbianischen Präsidenten bündelt, geweckt. Der Kampf um die Macht des Präsidenten ist so alt wie die Republik Kolumbien. Hinter der Auseinandersetzung um das Präsidentenamt verbergen sich zwei widerstreitende Ansichten über die institutionelle Stellung des kolumbianischen Präsidenten. Das Staatsdoktrin des Libertador Simón Bolívars trug monarchistische Züge, wenn er sagte,« Der Präsident der Republik soll in der Verfassung wie die Sonne im Zentrum stehen und dem Universum Leben einhauchen.» Die liberalen politischen Kräfte im Land haben die Ansicht Simón Bolívars stets bekämpft und in der Folgezeit wiederholt die Machtkonzentration in der Hand des Präsidenten rigoros beschnitten. Sie favorisierten ein starkes parlamentarisches System und forderten die Wahl des Präsidenten durch den Kongress. Mit der Verfassungsreform von 1910 wurde die Amtszeit von sechs auf vier Jahre begrenzt und die außerordentlichen Vollmachten des Präsidenten für den (zu jener Zeit häufigen) Notstandsfall konkretisiert. Der Verfassungsgerichtshof hat die durch den Kongress beschlossene Wahlrechtsreform im Jahr 2005 mit einfacher Richtermehrheit bestätigt. Drei Jahre später allerdings hat der Corte Suprema Unregelmäßigkeiten beim Zustandekommen der Reform aufgedeckt, die die Wiederwahl des Amtsinhabers erst ermöglicht haben sollen und das Vorgehen der Regierung als Machtmissbrauch gewertet. Eine ehemalige Kongressabgeordnete hatte zugegeben, ihre Stimme zur Zustimmung zur Verfassungsreform gegen empfangene Gefälligkeiten von Regierungsfunktionären verkauft zu haben. Uribe hatte daraufhin den Kongress gebeten, über die Festlegung eines Referendums über sein aktuelles Mandat zu befinden, die Initiative aber wieder begraben, nachdem der Verfassungsgerichtshof am Zustandekommen der Verfassungsreform keine rechtlichen Bedenken angemeldet hat. Ob Álvaro Uribe tatsächlich für eine dritte Amtszeit ab 2010 bereitsteht, hat er bislang offengelassen und damit vielen Spekulationen Raum gegeben. Dazu wäre jedenfalls eine erneute Verfassungsänderung notwendig, die vermutlich nicht so einfach zu bewerkstelligen ist wie die vorangegangene.

Krieg gegen die Farc-Guerrilla

Die Farc-Guerrilla befindet sich seit der Machtübernahme durch Álvaro Uribe fortgesetzt in der Defensive und ist weitenteils in die abgelegenen Dschungelregionen der Departments Guaviare, Putumayo und Caquetá abgedrängt worden. Intensive Luft- und Satellitenaufklärung und die über Jahre mit CIA-Unterstützung gewonnenen geheimdienstlichen Erkenntnisse machen es der Guerrilla zusehends schwerer, noch geeignete Operationsbasen zu finden, von wo aus größere Aktionen plan- und durchführbar wären. Die Luftaufklärung der US-Amerikaner operiert seit 1999 von der Militärbase in Manta im benachbarten Ecuador, die nach dem Willen der neuen ecuadorianischen Linksregierung unter Präsident Rafael Correa nach dem Auslaufen des Stationierungsvertrages 2009 geschlossen werden soll. Man mutmaßt, dass Washington ersatzweise einen neuen Stützpunkt in Kolumbien eröffnen wird, von wo aus die USA bereits vor 1999 aktiv gewesen sind. Ecuador will in Zukunft keine ausländischen Stützpunkte auf dem eigenen Staatsgebiet mehr zulassen und hat diesen Grundsatz in die soeben beschlossene neue Verfassung geschrieben. Die Ablehnung der amerikanischen Basen steht zudem in direktem Zusammenhang mit dem Bombardierung eines Farc-Lagers und der Tötung von Raúl Reyes am 1. März 2008 südlich des Río Putumayo, einige hundert Meter innerhalb von ecuadorianischem Staatsgebiet. Die Miltäraktion hatte zu einer schweren Krise zwischen den beiden Nachbarstaaten geführt.

Die **Dschungelcamps der Farc** befinden sich vermutlich nach wie vor diesseits wie jenseits der kolumbianischen Landesgrenzen, allesamt in undurchdringlichem Terrain. Die Existenz von Dschungelcamps der Farc im benachbarten Ausland sorgt nicht nur für anhaltendes diplomatisches Gezänk unter den Nachbarstaaten Kolumbien, Ecuador und Venezuela. In den Augen der kolumbianischen Regierung bedeutet die geduldete Existenz von Lagern in den Nachbarstaaten zudem eine Unterstützung für die «Farc-Banditen und Terroristen». Kolumbien behält es sich aus Gründen der Selbstverteidigung vor, Angriffe auf diese Lager, notfalls auch ohne vorangehende Konsultationen mit den Regierungen der Nachbarländer, durchzuführen, wie geschehen am 1. März 2008 bei der Liquidierung von Raúl Reyes. Bei der Einnahme des Camps fiel der kolumbianischen Armee der Laptop des Cheforganisators und mächtigsten Entscheidungsträgers der Farc in die Hände, den man in den darauffolgenden Wochen gründlich auswertete und die Öffentlichkeit häppchenweise mit immer neuen Belegen zu den internationalen Verbindungen der Farc auf dem Laufenden hielt. Kontakte der Farc zu anderen ausländischen Terrororganisationen wie zur baskischen Eta sind schon länger bekannt. Schwer wiegen die Vorwürfe der kolumbianischen Regierung an die Adresse des ecuadorianischen Präsidenten Correa und des venezolanischen Präsidenten

Chávez, sie hätten der Farc nicht nur politische Rückenstärkung verschafft, sondern auch materielle Unterstützung angeboten und sogar die Vermittlung von Waffengeschäften in Aussicht gestellt. Die schwerwiegenden Vorwürfe bleiben bestritten und die kolumbianische Vorgehensweise hat viele Fragen aufgeworfen. Zwar wurde Interpol bei der Auswertung miteinbezogen, aber die einseitige Bewertung und Publikmachung der Dokumente, insbesondere aufgrund des umfangreichen E-Mail-Verkehrs allein durch regierungsamtliche Stellen nährt gewisse Zweifel an der Echtheit und der Herkunft der präsentierten Unterlagen und enthält einige Unstimmigkeiten. Hier bewegt sich die kolumbianische Seite nicht gerade elegant auf diplomatisch außerordentlich dünnen Eis. Wie dem auch sei, an schlechten Beziehungen kann keinem der drei beteiligten Nachbarstaaten gelegen sein, und so hat man sich nach markigen Worten immer wieder theatralisch die Hand gereicht und den gemeinsamen Willen bekundet in Zukunft besser zusammenzuarbeiten. Hugo Chávez hat Álvaro Uribe zur erfolgreich verlaufenden Befreiung von Ingrid Betancourt am 2.Juli 2008 öffentlich gratuliert und bereits zuvor in einer überaschenden Wendung die Guerrilla als Anachronismus bezeichnet und der Farc empfohlen, die Waffen niederzulegen, um nicht den USA einen Vorwand zu liefern, Linksregierungen in Lateinamerika anzugreifen.

▪ Der Parapolítica-Skandal

So glorreich Álvaro Uribe mit seinem rigorosen und erfolgreichen Vorgehen gegen die Farc im In- und Ausland auch dastehen mag, so zwielicht erscheint seine Rolle bei der Bekämpfung der paramilitärischen Verbände (**Auc**) und ihrer bis in die Spitzenpositionen vertretenen politischen Helfershelfer. Der hässliche Fleck auf der weißen Weste seiner Regierungszeit heisst «Parapolítica» und bezeichnet die auffallend hohe Zahl von Politikern und anderern hohen Funktionären aus dem Regierungslager, denen Verbindungen zu Paramilitärs nachgesagt werden. Eine Mitwisserschaft an deren kriminellen Tun kann man Uribe zwar nicht unterstellen, aber er hat die Verstrickung einiger seiner Gefolgsleute in die Machenschaften der Paramilitärs viel zu lange ignoriert und heruntergespielt. Dabei geht es augenscheinlich nicht nur um Einzelfälle, sondern um ein kriminelles Machtgeflecht, dem schätzungsweise bis zu einem ¼ der Angehörigen der politischen Kaste Kolumbiens angehören sollen, verstrickt in Delikte wie Bestechung, Vorteilsnahme und Wahlbetrug. Einige Amtsträger sollen mit paramilitärischer Hilfe sogar politische Rivalen mit Waffengewalt gewaltsam aus dem Weg geräumt haben und an Morden und Entführungen beteiligt gewesen sein. Die umfangreichen Ermittlungen der Justiz dauern an. Durch den andauernden politischen Skandal gewinnen auch ungeklärte Fragen aus der politischen Vergangenheit des Präsidenten als junger Bürgermeister von Medellín wieder an Bedeutung. Spätestens seitdem auch noch der Cousin des Präsidenten, Mario Uribe, verhaftete wurde, hat man begonnen sich stärker für das familiäre wie politische Umfeld des Präsidenten, der in Antioquia über eine starke Hausmacht verfügt, zu interessieren. Dem Präsidenten droht Ungemach für das weitere Verbleiben im Amt (insbesondere für eine von manchen erhoffte, für andere befürchtete dritte Amtszeit, zu der sich der Präsident bislang nicht geäußert hat) durch den Skandal um die Parapolitica, der noch weite Kreise ziehen kann. Zu den prominentesten Fällen gehört der frühere Direktor des Geheimdienstes DAS Jorge Noguera, der beschuldigt wird, enge Verbindungen zu Paramilitärs unterhalten zu haben. Die Auswirkungen der Verstrickung von Dutzenden von Kongressabgeordneten in die «Parapolítica» wird bislang noch nicht absehbare Auswirkungen auf den Bestand und das Überleben so mancher politischer Gruppierung haben. Aber die Institutionen eines demokratischen Kolumbiens können auch gestärkt aus der Auseinandersetzung um die Bewältigung dieser Krise hervorgehen.

Die Entwaffnung der paramilitärischen Verbände

Nach Verabschiedung der sog. *Ley de Justicia y Paz* im Juni 2005 wurde mit der Entwaffnung der paramilitärischen Verbände Mitte 2006 begonnen. Der Prozess gilt mittlerweile als weitgehend abgeschlossen. 31 671 Angehörige der paramilitärischen Verbände sind entwaffnet worden, und die Mehrzahl wurde in ein Reintegrationsprogramm aufgenommen, um sie auf ihre Rückkehr ins Zivilleben vorzubereiten. Die wichtigsten Anführer sitzen in Hochsicherheitsgefängnissen im Inland oder wurden an die USA ausgeliefert. Das Gesetz über «Gerechtigkeit und Frieden» ist noch kein Meilenstein auf dem Weg zum inneren Frieden des Landes. Das Gesetz und seine praktische Anwendung sind auch nicht mit der für alle Seiten schmerzlichen Vergangenheitsbewältigung der Wahrheits- und Versöhnungskommissionen in Südafrika nach dem Ende des Apartheidsregime und der vorbildlich akribisch durchgeführten Tätigkeit in Peru zur Aufarbeitung der Fujimori-Verbrechen zu vergleichen. Dazu fehlt es den meisten Tätern aus den Reihen der Paramilitärs ganz offenbar an Einsichtsfähigkeit. Viele waren weder bereit, die volle Wahrheit zu sagen noch legten sie ein Bekenntnis der Reue ab. Nach wie vor bemängeln Menschenrechtsorganisationen und die Vereinten Nationen weitgehende Straffreiheitsrabatte selbst für schwerste Straftaten und die nicht funktionierenden Massnahmen zur Beteiligung der Opfer an den Verfahren und ihre Entschädigung. Viele Opfer der Paramilitärs sehen sich bis heute Todesdrohungen durch ihre einstigen Peiniger ausgesetzt. Die Aufarbeitung der paramilitärischen Verbrechen droht dadurch im Sande zu verlaufen. Die meisten Kolumbianer/innen haben sich mit dem umstrittenen Gesetz hingegen arrangiert und wollen es gern als das «kleinere Übel» betrachten; hier mag der allgemeine Wunsch bestimmend sein, die ungezählten grausigen Verbrechen schnell zu verdrängen. Es gibt Belege, wonach viele Aussteiger aus der paramilitärischen Szene es mit einem friedlichen Neuanfang nicht besonders ernst nehmen und sich die Geisel des Paramilitarismus unter anderer Bezeichnung und im Gewande eines sich ausbreitenden regionalen Banditentums oder aber sogar frisch legalisiert und institutionell in den Staatsapparat eingebunden erneut fortpflanzen könnte

> **Weiterführende Links zum Thema:**
> Wahrheit und Entschädigung
> aus Sicht der Opfer
> http://www.goethe.de/ins/
> co/bog/de/
>
> Comisión Nacional de Reparación
> y Reconciliación
> Nationale Kommission zur Wiedergutmachung und Versöhnung
> http://www.cnrr.org.co
>
> Umfangreicher Bericht der
> internationalen Menschenrechts-NGO
> «Human Rights Watch» zu den durchgeführten Verfahren gegenüber den paramilitärischen Verbänden
> http://www.hrw.org/
> reports2008/colombia1008/

Beziehungen zu den USA und Europa

Außenpolitisch hat Uribe unmittelbar nach seinem Amtsantritt den engen Schulterschluss mit den USA unter George W. Bush gesucht und gefunden. Seine Äußerungen, Guerrilla und Drogenhandel mit aller Härte zu verfolgen und die Aufforderung an die Vereinigten Staaten nach der Intervention im Irak auch über ein Eingreifen in Kolumbien nachzudenken, um die öffentliche Ordnung im Lande herzustellen, sorgten für gewaltige Irritationen. Die US-Administration hatte Kolumbien einige Jahre zuvor noch als Narco-Demokratie diskreditiert, nun folgte die persönliche Einladung des kolumbianischen Staats- und Regierungschefs durch George W. Bush auf die Ranch in Texas, ein untrügliches Indiz dafür, dass die gegenseitigen Beziehungen kaum besser sein können. Der kolumbianische Präsident ist auf die amerikanische Unterstützung im Kampf gegen die Guerrilla und die Rauschgiftproduktion im Land angewiesen. Die öffentlich bekundete Freundschaft und das demonstrativ zur Schau getragene gegenseitige Vertrauen sollten endlich auch mehr Investoren ins Land locken. Auf unerwartete Schwierigkeiten ist allerdings die Ratifizierung des Freihandelsabkommens zwischen beiden Ländern gestoßen. Die demokratische Mehrheit im Kongress hat schon vor der Wahl von Barack Obama zum neuen Präsidenten dem Vertrag die Zustimmung verweigert. In der Außen- und Wirtschaftspolitik ist Álvaro Uribe durch die enge Bindung an die Politik von George W. Bush ein hohes Risiko eingegangen, das die zukünftigen Beziehungen zur neuen US-Administration belasten könnte. Die europäischen Regierungen und die EU enthalten sich bereits seit einiger Zeit auffallend kritischer Äußerungen zur Menschenrechtslage im Lande oder tragen ihre Bedenken allenfalls in der bekannt diplomatisch verklausulierten Weise vor. Man nimmt Kolumbien immer stärker als aufstrebenden Wirtschaftspartner wahr.

Schwierige Beziehungen zu Venezuela

Brisant und auch kurios muten die Beziehungen Kolumbiens zum wichtigsten Nachbarland Venezuela an. In der politischen Ausrichtung wie in ihrer Mentalität könnten die beiden Präsidenten Álvaro Uribe und Hugo Chávez kaum unterschiedlicher sein. Der Kolumbianer wirkt nachdenklich und zurückhaltend, der Venezolaner hingegen kommt impulsiv und großsprecherisch daher. Was die beiden verbindet ist ihr Machtinstinkt und ihr Populismus. Kolumbien ist zum engsten Verbündeten der USA in Lateinamerika geworden, Venezuela unter Chávez wird nicht müde den Yankee-Imperialismus zu verteufeln und unterhält enge Beziehungen zu Russland und dem Iran.

Für Zündstoff unter den beiden Nachbarn sorgten internationale Waffenkäufe Venezuelas und die wiederholten Anschuldigungen Kolumbiens, Chávez unterstütze die Farc-Guerrilla. Als der kolumbianische Geheimdienst Anfang des Jahres 2005 den Sprecher der Farc, Rodrigo Granda, auf venezolanischem Boden festnahm und nach Kolumbien verbrachte, forderte Hugo Chávez von seinem Amtskollegen eine persönliche Entschuldigung wegen Verletzung der nationalen Souveränität ein. Als Uribe nicht klein beigeben wollte, drohte Chávez mit dem Einfrieren der Handelsbeziehungen und rief den Botschafter aus Bogotá zurück. Schließlich gab man sich die Hand auf einem gemeinsamen Präsidentengipfel, den der Venezolaner angeregt hatte, und der Disput wurde vorerst beendet.

Danach wechselten regelmäßig scharfe Anfeindungen mit theatralischen Schulterschlüssen zwischen den beiden Amtsinhabern, die in einen regelrechten Wettlauf, um die jeweils beste Strategie zur Befreiung der Farc-Geiseln eingetreten sind. Im Januar 2008 konnte Hugo Chávez einen wichtigen diplomatischen Punktsieg verbuchen, als er freudestrahlend Clara Rojas, die einstige Weggefährtin von Ingrid Betancourt, aus den Händen der Guerrilla in die Arme schließen konnte. Álvaro Uribe konterte schließlich im Juli mit dem filmreifen Coup zur Befreiung von Ingrid Betancourt und 14 weiteren Geiseln.

Die Guerrilla

Die Formierung der Guerrillabewegung Kolumbiens begann Mitte der 1960er Jahre, beflügelt durch die Revolution auf Kuba. Die Ursprünge ihrer Entstehung reichen allerdings bis in die 1940er Jahre zurück. Viele Bauern wurden während der Violencia von Haus und Hof vertrieben, ihr Hab und Gut zerstört. Doch schwerwiegender noch als der Verlust des Besitzes, wog der Verlust des Weltbildes des Campesinos. Bis in die 1940er Jahre lebte die Landbevölkerung vollkommen unabhängig von den Entwicklungen, die sich in Bogotá vollzogen, in einer Welt mit feudalen Strukturen, unbeeinflusst von kapitalistischen Elementen. Die bedrohten Bauern sammelten sich in Selbstverteidigungsgruppen. Der Anführer einer dieser Gruppen hieß **Manuel Marulanda Vélez** (1928-2008). Er nannte sich später *Tirofijo*, gezielter Schuss.

Tirofijo verschwand bereits in den 1950er Jahren in den unzugänglichen Wäldern der Departements Huila und Meta, nachdem seine Finca in Flammen aufgegangen war. Er gründete 1964 die erste und bis heute größte Guerrillabewegung Kolumbiens, die **Farc-Ep** (Fuerzas Armadas Revolucionarias de Colombia- Ejército Popular, Bewaffnete Revolutionäre Streitkräfte Kolumbiens - «Volksheer»). Heute leben die einstigen Hilfstruppen der Bauern vor allem von den Lösegeldzahlungen aus Entführungen und sind in Drogen- und Waffengeschäfte verwickelt, die ihnen ein Einkommen in Höhe von 200-300 Mio. US-Dollar (2008) sichern, und dies daher auch in Zukunft außerhalb staatlicher Kontrolle abwickeln möchten. Zu den militärischen Angriffszielen der Farc gehören abgelegene Ortschaften in den peripheren Dschungelregionen. Auf die Zivilbevölkerung nimmt die Guerrilla dabei genauso wenig Rücksicht wie die anderen Konfliktparteien, Paramilitärs und die regulären kolumbianischen Streitkräfte. Ende der 1990er Jahre wurden die Amazonasdörfer Uribe (Meta) und Miraflores (Guaviare) mehrmals vom gefürchteten **Bloque Sur** der Farc unter dem Kommando von Jorge Briceño unter Feuer genommen und verwüstet. Die Farc nahm bei den Überfällen Dutzende von Soldaten und Polizisten gefangen und verschleppte sie in Dschungelcamps, wo sie zum Teil über Jahre gefangen gehalten werden.

Die Friedensgespräche, die der Staat in jenen Jahren mit der Farc aufgenommen hatte, wurden immer wieder durch Terrorakte unterbrochen. Der sogenannte **Friedensprozess von Caguán**, der der Guerrilla eine entwaffnete Zone (1999-2002) in der Größe der Schweiz beschert hatte, wurde noch durch die Regierung Pastrana im Februar 2002 beendet. Das weitreichende Entgegenkommen der kolumbianischen Regierung hatte die Farc international politisch aufgewertet. Der Chefideologe (und «Auslandsbeauftragte») der Guerrilla, Raúl Reyes (1948-2008), konnte auf Auslandsreisen in Europa um Unterstützung für sein Anliegen werben und legte auch schon mal Anzug und Krawatte an, um sich weniger martialisch mit gewählten Politikern zum Meinungsaustausch zu treffen und ablichten zu lassen.

Die Regierung bereitete dem Spuk schließlich ein Ende, weil die Farc-Guerrilla nicht gewillt war, aus

Raúl Reyes auf seiner Euro-Tour im Jahr 2000 (EL PAÍS)

den Einnahmen aus dem Entführungsgeschäft zu verzichten und dem Drogenhandel abzuschwören. Die anschließende Militäroffensive gegen die Farc seit 2002 hat die Guerrilla militärisch wie diplomatisch in die Defensive gedrängt. Der Traum der Farc von der internationalen Anerkennung ist ausgeträumt, selbst ihr Minimalziel, weltweit von den Liste der terroristischen Organisationen gestrichen zu werden, ist in weite Ferne gerückt. Nur der venezolanische Präsident Hugo Chávez und sein nicaraguanischer Amtskollege Daniel Ortega haben sich dafür ausgesprochen, die Farc als «kriegsführende Partei» einzustufen.

Jorge Briceño greift zur Postobon
(EL TIEMPO)

Die Schweiz, Frankreich und Spanien haben sich als Mittler bei möglichen Verhandlungen mit der Farc über die Freilassung von Geiseln angeboten, dies geschah allerdings noch vor der Befreiung Ingrid Betancourts und der 14 weiteren Verschleppten, so dass sich heute die Lageeinschätzung zu Kolumbien wohl verändert haben dürfte.

Der ausländische Sympathisantenkreis aus einigen Ewiggestrigen, die die Farc noch immer für eine echte Revolutionsguerrilla im Stile Che Guevaras halten, ist zusammengeschmolzen und die Zeiten, da Farc-Sprecher in europäischen Hörsälen ihre Parolen verbreiten durften und sich anderntags beim «Anti-Imperialisten-Frühstück» stärken konnten, gehören der Vergangenheit an. Seit Uribes Machtantritt hat sich die Zahl der Guerrillakämpfer/innen auf 9000 halbiert. Der letzte Faustpfand der Farc sind die schätzungsweise siebenhundert bis tausend Verschleppten, die zum Teil in Ketten gehalten und unter Androhung von Waffengewalt als lebende Schutzschilde herhalten müssen, um militärische Befreiungsaktionen von staatlicher Seite zu verhindern. Der fehlgeschlagene Befreiungsversuch von 11 entführten Abgeordneten des Regionalparlaments von Cauca aus den Händen der Farc, der im Juni 2007 mit ihrem gewaltsamen Tod endete, markierte auch den Tiefpunkt des gegenüber der Farc eingeschlagenen kompromisslosen Regierungskurses. Man kann es den Angehörigen der vielen Enführungsopfer nicht verdenken, dass sie sich spätestens von da an lieber dem Verhandlungsgeschick des venezolanischen Präsidenten Hugo Chávez im Befreiungspoker anvertrauen wollten als dem eigenen Amtsinhaber. Álvaro Uribe musste zunächst tatenlos mit ansehen, wie sich sein venezolanischer Kontrahent wort- und gestenreich zum Retter im kolumbianischen Geiseldrama aufspielte, bis er ihm das Mandat für die Verhandlungen mit der Farc wieder entzog und darauf sann, die erlittene Scharte auszuwetzen. Die kolumbianische Bevölkerung stärkte Uribe unterdessen den Rücken und organisierte kolumbienweit und in der kolumbianischen Diaspora in Madrid, Paris und andernorts Großdemonstrationen, die unter dem Motto standen «¡No mas Farc!».

Das Jahr 2008 sollte in der Folge zum bislang schwärzesten Jahr der Farc-Guerrilla werden. Die Nr.2, Raúl Reyes, wurde bei einem Luftangriff auf ecuadorianischem Boden getötet. Kurze Zeit später wurde Iván Ríos, ein weiterer Führungskader durch den eigenen Sicherheitschef liquidiert, der ihm anschließend die Hand abschnitt, um unter Vorlage des abgetrennten Körperteils die ausgesetzte Belohnung in Millionenhöhe zu kassieren. Auch die ruchlose Kommandeurin der gefürchteten Einheit Frente 47, Nelly Ávila (alias Karina), stellte sich im Mai 2008 freiwillig den Behörden, aus Sorge, ihr würde durch das ausgesetzte Kopfgeld ein ähnliches Schicksal aus den eigenen Reihen drohen. Jetzt wartet sie in einem Gefängnis in Bogotá auf ihren Prozess.

Kurze Zeit später verkündete die Farc den Tod ihres Gründers und Anführers, der ihn «durch Herzinfarkt im Dschungel in den Armen seiner Compañera» ereilt habe. Kenner der Szene vermuten, dass innerhalb der neuen Guerrillaführung bereits ein Machtkampf zwischen der neuen Nr. 1 und Anführer des Bloque Occidental **Alfonso Cano**, und dem militärischen Befehlshaber und Chef des Bloque Sur **Jorge Briceño** (alias «Mono Jojoy»der «Hellhäutige» oder «Hübsche»), um die zukünftige Ausrichtung ausgebrochen ist. Alfonso Cano verfügt weder über das Charisma noch über die politischen Visionen, die man dem verstorbenen Marulanda Vélez durchaus unterstellen konnte. Der 59jährige Alfonso Cano gilt als strammer altkommunistischer Kadersoldat und Führer der politischen Linie der Farc, wohingegen der großgewachsene Jorge Briceño als neuer starker Mann der Farc für seine militärische Kompromisslosigkeit bekannt ist. Die massive Schwächung der Kommandostruktur der Farc nutzte die Armeeführung zu einem der spektakulärsten Coups der letzten Jahre, als sie die vor sechs Jahren verschleppte Ingrid Betancourt und 14 weitere ihrer Leidensgenossen Anfang Juli 2008 nach Einschleusung eines Agenten in die Reihen der Guerrilla mit einer Finte befreien konnte, ohne dass eine einziger Schuss gefallen war.

Die zweitgrößte noch existierende, aber inzwischen militärisch stark geschwächte Guerrillaorganisation ist der **Eln** (Ejercito de Liberación Nacional = Nationale Befreiungsarmee), gegr. 1966 durch Fabio Vasquez, einem ehemaligen Mitglied der Liberalen Partei, nach dem Vorbild der kubanischen Revolutionsguerrilla, gemixt mit Bestandteilen, einer radikalen katholischen Befreiungstheologie. Bis zu seinem Tod 1998 führte der spanische Priester Manuel Pérez die schätzungsweise einst 5000 bewaffneten Kämpfer/innen. Heutzutage sind es weniger als 3000, deren aktueller Anführer Nicolás Rodríguez alias «Gabino» heißt. Der Eln hat in den 1990er und ersten Jahren des neuen Jahrhunderts mit spektakulären Entführungsaktionen, gewalttätigen Blockaden der wichtigsten Straßenverbindungen des Landes und Sprengungen von Strommasten und Ölleitungen auf sich aufmerksam gemacht, um die Regierung an den Verhandlungstisch zu zwingen. Die kolumbianische Regierung verhandelt über neutrale, nationale wie internationale Vermittler seit 2005 mit dem Eln auf Kuba, bislang ohne Erfolg. Wie die Farc so bestreitet auch der Eln den Grossteil seiner Einnahmen mit dem Drogenhandel.

Ein ganz anderes Kapitel der kolumbianischen Guerrillabewegung hat der **M-19** geschrieben. Der Name ist auf das Datum der Präsidentschaftswahl vom 19. April 1970 zurückzuführen. Bei dieser Wahl war es zu groben Unregelmäßigkeiten gekommen, die nie aufgeklärt wurden. Wie in den vorausgegangenen Wahlen wurden neue politische Gruppierungen ausgegrenzt. **Jaime Bateman** (1940-1983) gründete daraufhin den Movimiento 19. Bateman war als Jugendlicher aus Protest gegen die Diktatur von Rojas Pinilla in die kommunistische Jugend eingetreten. 1966 schlossen sich die linken Studentengruppen der soeben gegründeten Farc an. Bateman wurde Sekretär von Tirofijo. Sehr schnell zeigten sich jedoch die Differenzen zwischen der bäuerlichen und dogmatischen Farc und den Vorstellungen Batemans. Bateman suchte die nationale Erneuerung Kolumbiens.

1974 entführte eine Einheit der M-19 das Schwert von Simón Bolívar aus der Quinta in Bogotá. Diese Aktion mutet an wie aus dem Fundus der Spaßguerrilla, und Bateman hatte durchaus Charakterzüge eines kolumbianischen Blumenkindes. «Die Revolution ist ein Fest», hatte er immer wieder betont. Die Lacher jedenfalls hatte er nach dieser Aktion auf seiner Seite, auch wenn es ihm vor allem darum ging, ein Signal zu setzen. Die M-19 machte weiterhin durch spektakuläre Aktionen auf sich aufmerksam, verlor jedoch zusehends den taktischen Überblick. Die Kaserne des Nordkommandos der Armee in Bogotá wurde zu Silvester 1978 überfallen und 5000 Waffen erbeutet. 1980 besetzte eine Einheit die Botschaft der Dominikanischen Republik und hielt 15 Diplomaten unterschiedlicher Länder in ihrer Gewalt. Nach 67 Tagen flogen die Entführer mit einigen Geiseln nach Kuba aus. Ein Jahr später legte sich der M-19 mit der Drogenmafia an und entführte eine Schwester von Ochoa. Die martialische Antwort der Drogenbosse ließ nicht lange auf sich warten. Sie gründeten die Organisation *Muerte a los Secuestradores*, Tod den Entführern, und setzten den Namen in die Tat um. In einem Blutbad endete die **Besetzung des Justizpalastes 1986**. Der M-19 hatte die Reaktion der Armee unterschätzt, die er mehr als einmal lächerlich gemacht hatte. Der verhandlungswillige Präsident Betancur wurde für zwei Tage entmachtet und der Ausnahmezustand ausgerufen. Panzer verwandelten den Justizpalast in eine Ruine. Nach dieser Aktion verlegte sich der M-19 aufs Verhandeln. Als Bedingung für die Rückkehr ins Zivilleben forderte er die Schaffung einer neuen Verfassung, die alle politischen und gesellschaftlichen Kräfte beteiligen und berücksichtigen sollte. 1991 wurde dieser Schritt vollzogen. Die **Alianza Democratica M-19** wechselte mit ihrem Frontmann **Antonio Navarro Wolff** an der Spitze ins legale politische Geschäft. Navarro Wolff ist aktuell der Gouverneur des Departements Nariño, und die Partei ist fast vollständig im Lager des 2006 neu geschaffenen **Polo Democratico** aufgegangen.

Ebenso wie der M 19 waren auch die Guerrillaverbände des indigenen **Quintín Lame** mit Verabschiedung der neuen Verfassung in die Legalität gewechselt. Die indianische Untergrundbewegung, die in der Provinz Cauca agierte, benannte sich nach dem bedeutenden Paez-Indianer, der 1914 von Tierradentro nach Bogotá marschiert war, um gegen die illegale Besetzung des Paez-Reservates durch weiße Siedler zu demonstrieren. Der Indianer war von den Ministern und der Presse verlacht worden und hatte daraufhin eine Widerstandsgruppe gegründet. Im Chocó agierte ein Grüppchen farbiger Guerrilleros, das sich nach dem ersten freien Farbigen auf kolumbianischen Boden **Frente Domingo Biohó** nannte.

Staatsform

Die Republik Kolumbien ist eine präsidiale Demokratie mit einem starken Präsidenten, eine Mischform eher amerikanischen als europäischen Ursprungs. Das Volk wählt den Präsidenten, dessen Amtszeit im letzten Jahrhundert überwiegend auf den einmaligen Turnus von vier Jahren begrenzt blieb. Dieser Turnus hat Kolumbien eine lange Liste von Präsidenten beschert. Was einst als Kontrolle diktatorischer Präsidenten gedacht war, erwies sich zusehends als Hemmschuh einer kontinuierlichen Entwicklung und hat die Verfilzung des Staatsapparates beschleunigt. Ebenso wie in anderen lateinamerikanischen Staaten (Argentinien, Peru, Venezuela) wurde per Verfassungsänderung die einmalige Wiederwahl des Amtsinhabers ermöglicht.

Das Parlament ist der Kongress und besteht aus einem Zweikammersystem mit Senat und Repräsentantenhaus. Die Abgeordneten werden unmittelbar vom Volk gewählt. Mit der Verfassung von 1991 sind die föderativen Elemente im Zentralstaat Kolumbien gestärkt worden. Kolumbien ist politisch in 32 Departements aufgeteilt. Die Provinzgouverneure, die zuvor vom Präsidenten ernannt wurden, werden seitdem vom Volk gewählt. Auch die Rolle der Kommunen und der Bürgermeister ist durch die neue Verfassung abgesichert worden.

Justiz

Die Justiz ist unabhängig. Die höchste Instanz ist der Verfassungsgerichtshof, der *corte constitucional,* das mit der neuen Verfassung von 1991 geschaffen wurde. Die Rechtsprechung des Corte Constitucional ist beispielhaft auch für viele andere Staaten der Hemisphäre. Engagiert und wohldurchdacht sind die vielen Entscheidungen, die insbesondere die Verteidigung der Menschenrechte betreffen. Auch auf dem Gebiet des Indigenen-Rechts hat das Verfassungsgericht einige Leitentscheidungen verfasst, die über den nationalen Bereich hinausgehen und für die internationale Indigenen-Bewegung aufschlussreich sind. Der Rechtsstaat ist bei diesem unabhängigen Verfassungsorgan in guten Händen.

Ebenfalls seit 1991 gibt es einen *fiscal general de la nación* (Generalstaatsanwalt), in dessen Zuständigkeit die Verbrechen fallen, die die Sicherheit des Staates und seiner Organe betreffen. Das sind in erster Linie die organisierte Kriminalität und der Terrorismus. Der Generalstaatsanwalt wird vom obersten Gerichtshof gewählt und klagt dort an.

Trotz vieler positiver Indikatoren leidet die kolumbianische Justiz(-verwaltung) seit Jahrzehnten unter erheblichen Strukturmängeln, die eine effektive Rechtsverfolgung und Durchsetzung für die breite Bevölkerung erschweren und teilweise unmöglich machen. Die Gründe hierfür liegen in der unzureichenden finanziellen wie technischen Ausstattung, Arbeitsüberlastung, uneinheitlicher Rechtsanwendung, Kompetenzgerangel und fortgesetzten Fällen von Korruption. Zu den kardinalen Problemen der kolumbianischen Justiz gehört das Phänomen der **Impunidad**. Gegen die weit verbreitete «Straflosigkeit» auch bei schwersten Gewaltverbrechen soll nun mit Nachdruck vorgegangen werden. Von den über 120 000 bei der Staatsanwaltschaft registrierten Fällen, die den paramilitärischen Verbänden zugerechnet werden, sind bislang nur einige wenige zur Anklage gekommen.

Die Auslieferung von Kolumbianern

Seit der Verfassungsänderung von 1999 werden auf Anfrage regelmäßig abgeurteilte bzw. festgesetzte Drogenhändler und linke Guerrilleros ins Ausland, zumeist in die USA ausgeliefert. Im März 2005 traf es den ehemaligen Capo des Cali-Kartells, **Miguel Rodríguez Orejuela**. Der Auslieferungsbeschluss wurde dem einstigen Drogenboss in der Haft in Beisein seiner Frau überreicht, ein letztes leichtes Essen mit Yoghurt und Mineralwasser auf kolumbianischem Boden und anschließend ging es mit dem Helikopter zur Luftwaffenbase in Honda, wo die amerikanischen Agenten der DEA den stark transpirierenden Rodríguez in Empfang nahmen, in seinem kleinen Reisekoffer nicht mehr als seine Brille, Medikamente, Cédula und Reisepass. Aus dem Wartesaal des Flughafens in Bogotá ein letztes Telefonat mit den Familienangehörigen. Mit dabei ein Reporter von Kolumbiens größter Tageszeitung *El Tiempo*, der einige Phrasen des Capos aufschnappen konnte: «Benehmt euch anständig und seit korrekt im Leben.» «Seid einig und rechtschaffen in allen Angelegenheiten». «Würde und Stärke». Nach sechs Minuten war das Gespräch beendet und der DEA-Beamte nahm ihm das Handy aus der Hand. Der kolumbianische Reporter, sei es nun mitfühlend oder süffisant, will einige Tränen des Capos, die er nicht zurückhalten konnte, registriert haben. Wenn man bedenkt, was ihn nun in den USA erwartet, Anstaltskleidung, schwere Fußketten, Einzelhaft vermutlich bis ans Lebensende, dann kann man verstehen, dass dem Drogenboss zum Heulen zu Mute war. Auch in Frank Rubino, den Staranwalt aus Miami, der schon vor Jahren die vorzeitige Freilassung seiner Mandanten Noriega und Carlos Lehder vorausgesagt hatte, sollte er nicht allzu große Hoffnungen setzen. Der wird ihn ebenso wenig heraushauen können wie seine anderen großkalibrigen Mandanten, die nach wie vor Knackis sind. Auslieferungen von Drogengangstern wurden in der Vergangenheit auch schon mal durch einseitigen Regierungsbeschluss realisiert. Formal in Ordnung ist das nicht, aber wenn der Ausgelieferte erst einmal außer Landes ist, sind auch die Einwände der Anwälte im Regelfall wirkungslos.

Nach anfänglichem Zögern liefern die kolumbianischen Behörden nun auch Schwerstverbrecher aus den Reihen der Parmilitärs ans Ausland aus. Gegen eine Reihe von paramilitärischen Anführern liegen internationale Haftbefehle vor. Dabei geht es aber weniger um die verübten Gräueltaten gegenüber der Zivilbevölkerung als um ihre Verstrickungen in den internationalen Drogenhandel und Geldwäsche.

Polizei, Militär und Ausnahmezustand

Die Polizei des Landes ist dem Verteidigungsministerium und nicht - wie in den meisten Staaten Europas - dem Innenministerium unterstellt. Von daher hat die Polizei traditionell einen militärischen Anstrich. Kolumbien ist jedoch kein Polizeistaat. Es herrschen Presse-, Meinungs- und Demonstrationsfreiheit. Es gibt in Kolumbien keinen «permanenten» Ausnahmezustand. Präsident Álvaro Uribe hat nach dem Ende des Friedens-Experimentes seines Vorgängers im Jahr 2003 mit den Departements Arauca und Sucre und Bolívar zwei «Sonderzonen der Rehabilitierung» ausrufen lassen und diese dem Kriegsrecht unterstellt. Der Verfassungsgerichtshof hat der Verlängerung des Ausnahmezustandes für diese Regionen einen Riegel vorgeschoben, weil die Zahl der Gewalttaten durch die ausgerufenen Regierungsmaßnahmen eher gestiegen als gesunken ist.

Aus Gründen der öffentlichen Sicherheit und Ordnung wird in einigen Regionen des Landes eine Ausgangssperre ab 22.00 Uhr verhängt (*toque de queda*). Das betrifft Ortschaften in der Bananenregion Urabá und in den Departements Putumayo und Caquetá. Einige Überlandstraßen werden nach Einbruch der Dunkelheit gesperrt, z.B. die Strecke Pitalito - Mocoa. Wer hier fährt, wird als Guerrillero verdächtigt, doch wer fährt diese Strecke zum Andenabstieg nachts, wo man bereits tagsüber die Luft anhält, (die vermutlich gefährlichste Straßenverbindung Kolumbiens). In einigen von Guerrilleros und Paramilitärs heimgesuchten Ortschaften, z. B. in Miraflores wurden Militärbürgermeister eingesetzt. Berichte und Interviews über Guerrilleros müssen vor Veröffentlichung dem Präsidialamt vorgelegt werden. Bei Terrorismus-Verdacht ist eine Festnahme auch ohne vorangehende richterliche Anordnung zulässig.

Der bewaffnete interne Konflikt

Ab Mitte der 1990er Jahre hat ein Übergreifen des bewaffneten internen Konfliktes auf bislang noch unbeteiligte Regionen des Landes stattgefunden, verbunden mit der Intensivierung des Konfliktes. Die Zahlen der Vertriebenen sind rapide gestiegen, das betrifft vor allem die internen Flüchtlinge (*desplazados internos*), aber auch die Zahl der Flüchtlinge, die ins Ausland abwandern und dort teilweise um Asyl nachsuchen. Die betroffene Bevölkerung auf dem Lande zieht es in erster Linie in die Nachbarländer Ecuador und Venezuela. Auch die Zahl der «illegalen» Einwanderer aus Kolumbien in die USA und in den Bereich der Europäischen Union, zumeist nach Spanien wächst. Da man zur Einreise mit Touristenvisum ein Flugticket benötigt, wird diese Möglichkeit vor allem von Angehörigen der städtischen Mittelschicht genutzt. Eine Kräftekonstellation wie sie in Kolumbien zwischen den staatlichen Organen und den übrigen bewaffneten Kräften besteht, ohne dass über einen jahrzehntelangen Zeitraum eine erkennbare Entwicklung hin zur (Wieder-)Herstellung staatlicher Ordnung einsetzt, gehört weltweit zu den Ausnahmen und ist in der Hemisphäre Amerikas einmalig.

Über die Ursachen und die Überwindung des in dem Konflikt wurzelnden kolumbianischen Gewaltphänomens (manche sprechen von «**Gewaltkultur**») wird seit vielen Jahren von in- wie ausländischen Experten nachgedacht, ohne dass man sich dabei auf einheitliche Erklärungsmodelle einigen kann. Minimalkonsens unter den Experten darf lediglich die These beanspruchen, dass der Anstieg der Gewalt seit den 1980er Jahren auf das engste mit dem Drogenhandel verknüpft ist und damit auch materielle Ursachen hat. Über das Gewicht kultureller Faktoren, die die Gewaltanwendung in Kolumbien allerorts begünstigen und auch legitimieren sollen, bestehen unter den Wissenschaftlern ganz unterschiedliche Ansichten.

Die Regierung Uribe hat die Präsenz der Staatsorgane in den Gemeinden, die unter Einfluss von Farc und Eln stehen, seit ihrem Amtsantritt im Jahr 2002 kontinuierlich erhöht. Seit April 2004 wird der sogenannte **Plan Patriota** (ab 2007 fortgeführt und ersetzt durch den **Plan Consolidación**) im Süden des Landes umgesetzt. Darunter hat man sich massive Militäreinsätze gegen die Bastionen der Farc, verbunden mit der Festnahme bzw. Ausschaltung ihrer Anführer vorzustellen. Die Farc reagierte auf den Plan mit Angriffen auf die Zivilbevölkerung und die Repräsentanten der staatlichen Verwaltung. Erneut kam es zu Massakern und Entführungen. Humanitäre Vereinbarungen über den Austausch von Gefangenen bzw. die Freilassung von Entführungsopfern werden zwar regelmäßig erörtert, aber praktisch nicht umgesetzt. Nach wie vor befinden sich Dutzende von Geschäftsleuten, Soldaten und Politiker, zum Teil seit vielen Jahren in der Hand der Farc und Eln-Guerrilla. Wie schon zu Zeiten des Präsidenten Turbay ist die Regierung Uribe auch wieder zur Sprachregelung zurückgekehrt, wonach das Land und die kolumbianische Gesellschaft nicht von einem «internen bewaffneten Konflikt», sondern vom «Terrorismus und Banditentum» bedroht sei. Anders als zu Zeiten des Präsidenten Turbay sind der Guerrilla heutzutage aber nicht nur die politischen Argumente ausgegangen, sie haben durch ihre Finanzierungspraxis aus Drogenhandel und Geiselnahmen auch die letzten Sympathien in der Bevölkerung eingebüßt. Über ihre augenblickliche militärische Stärke und Operationsfähigkeit lassen sich nur Vermutungen anstellen. Ob die Farc überhaupt noch in der Lage sind, offene Kampfhandlungen auszuführen oder ob sie sich in der Phase einer taktischen Neuorientierung befinden, kann man schlecht sagen. Nach dem Tode ihrer einstigen Führungsfiguren hat man aus den Reihen der Farc kaum noch etwas vernommen. Besiegt jedenfalls sind die Farc noch nicht und dem militärischen Druck von Seiten der kolumbianischen Armee muss ein bislang nicht existierendes schlüssiges Verhandlungs- und Wiedereingliederungskonzept der dessertierenden oder besiegten Kräfte ins Zivilleben zur Seite gestellt werden. Optimisten malen bereits die **Ära des «Nach-Konfliktes»** in rosigen Farben, doch der längste Teil des Weges zum inneren Frieden steht womöglich erst bevor. Die freigekommene ehemalige Präsidentschaftskandidatin Ingrid Betancourt hat einige in der Auseinandersetzung bislang wenig vernommene, versöhnliche Töne angeschlagen, um die tiefen Gräben innerhalb der kolumbianischen Gesellschaft zu überbrücken. Ihre enorme Popularität könnte bei den kommenden Präsidentschaftswahlen selbst noch dem Amtsinhaber gefährlich werden, falls er beabsichtigt, ein drittes Mal zu kandidieren.

Nur in unbedeutendem Ausmaß wurden auch militärische Aktionen der Staatsmacht gegen paramilitärische Verbände durchgeführt. Die Verbindungen zwischen Armeeangehörigen und anderen staatlichen Bediensteten und paramilitärischen Gruppen sind nicht von der Hand zu weisen und haben sich in einem erschreckenden Ausmaß koordinierter Aktionen oder dem offensichtlichen Unterlassen des Einschreitens beim Bekanntwerden von bevorstehenden schweren Menschenrechtsverletzungen gezeigt. Es sind mehrfach Fälle publik geworden, bei denen durch die Paramilitärs hingerichtete Personen als Kriegsgegner der kolumbianischen Armee ausgegeben worden sind. Das gewaltsame «**Verschwindenlassen**» von Personen gehört zu den bevorzugten Praktiken der paramilitärischen Gruppen, des weiteren Massaker, Zwangsrekrutierungen u.a. von Kindern in den Armenvierteln von Bogotá und Medellín sowie besonders verabscheuungswürdige Formen sozialer wie ethnischer Säuberungen *(limpieza social),* die sich kaum unterhalb der Schwelle des Völkermordes bewegen. Statistisch gesehen sank in den Jahren 2004/05 die Zahl der Morde, Massaker und Entführungen gegenüber den Vorjahren. Die Zahl der Neu-Vertreibungen ist zwar rückläufig, aber die Gesamtzahl der Binnenvertriebenen ist bislang nicht gesunken.

Die Menschenrechtssituation

Aufgrund vielfältiger Anstrengungen von nationaler und internationaler Seite konnte in den letzten Jahren die hohe Zahl schwerer Menschenrechtsverletzungen in Kolumbien verringert werden. Zumindest die offizielle Statistik aus dem Verteidigungsministerium, soweit diese auch mit Vorsicht zu genießen ist, weist eine signifikante Reduzierung bei Massakern, Morden, Geiselnahmen, Anschlägen auf die Zivilbevölkerung und militärische wie technische Einrichtungen wie Ölleitungen, Hochspannungsmasten etc. aus.

Die absolut geschützten Rechte der Bürger/innen auf Leben, körperliche Unversehrtheit und Freiheit werden aber insgesamt gesehen noch immer nicht angemessen respektiert. Besonders betroffen sind hierbei die benachteiligten und verwundbarsten Teile der Bevölkerung, Frauen, Kinder, Campesinos, Gewerkschafter, Strafgefangene sowie die Angehörigen indigener Völker und der afrokolumbianischen Minderheit. Kolumbien liegt in der weltweiten Mordstatistik noch immer ziemlich weit vorn (50 Fälle auf 100 000 Einwohner p.a., Stand 2004), die Zahl der Entführungen liegt zwar weit unter ihrem Höchststand von 3000 p.a., beträgt aber immer noch 500-1000 Fälle p.a. Hinzu kommt die weiterhin anwachsende Zahl von Vertriebenen aus den umkämpften Regionen, vor allem aus den Departements Antioquia, Arauca, Nariño, Putumayo und Norte de Santander. Ihre Zahl beträgt 2-3 Millionen Men-

Los Desaparecidos

schen. Die Vertreibungen gehen einher mit den blutigen Auseinandersetzungen konträrer bewaffneter Gruppen und illegalem Drogenanbau in den jeweiligen Regionen. Der Großteil der Gewalttaten geht auf das Konto von paramilitärischen und kriminellen Banden, Guerrillaverbänden, Drogenhändler. Es ist aber auch wiederholt zu elementaren Menschenrechtsverletzungen durch Angehörige des Militärs und der Nationalpolizei gekommen. Ein aufwühlendes Verbrechen schockierte im Herbst 2008 selbst die an vieles gewöhnte kolumbianische Öffentlichkeit. Der kolumbianischen Heeresführung wird zur Last gelegt an der Zwangsrekrutierung von mindestens 40 jungen Männern in Bogotás Armenviertel Soacha beteiligt zu sein, deren Leichen einige Zeit später mit den Anzeichen «extralegaler Hinrichtung» 500 km entfernt in den Dschungelwäldern bei Ocaña (Norte de Santander) gefunden wurden. Die Regierung hat eine Untersuchung eingeleitet und 27 Offiziere und Unteroffiziere suspendiert. Der Oberkommandierende der kolumbianischen Streitkräfte, Mario Montoya, gerade noch gefeierter Held der Befreiungsaktion von Ingrid Betancourt, ist zurückgetreten.

Die kolumbianische Regierung zeigt sich zwar ausgesprochen dünnhäutig gegenüber Kritikern ihrer Menschenrechtspolitik, zumal von Seiten der NGOs **Human Rights Watch** und **Amnesty International**, es gelingt ihr aber nicht endlich ein Konzept zu erarbeiten und umzusetzen, das die Gewährleistung der Menschenrechte auch garantiert. Nur bei nachgewiesenen schwersten Menschenrechtsverbrechen erfolgt nach Jahren mal eine öffentliche Entschuldigung der Regierung, oftmals ohne oder nur unzureichende Kompensationen an die Opfer. Zu selten ließ die Regierung bislang Taten folgen. Auch wenn der Staat durch seine Institutionen an der überwiegenden Zahl elementarer Menschenrechtsverletzungen nicht unmittelbar beteiligt ist, so trägt er doch die Hauptverantwortung für die Ausweitung und Verfestigung der «Straflosigkeit», die noch immer über 95 % der schweren Straftaten ungesühnt lässt und dadurch dem «Recht des Stärkeren» kaum Einhalt gebietet.

Die *Procuraduría General de la Nación* beim *Ministerio Público*, das Büro des Ombudsmanns (*Defensoria del Pueblo*) und die Generalstaatsanwaltschaft (*Fiscalia General de la Nación*) mit einer Sondereinheit (*Policia Judicial*) überwachen die Einhaltung der Menschenrechte, untersuchen und verfolgen Verletzungen und versuchen die Sensibilität für Menschenrechtsfragen bei Polizei, Militär und in der Bevölkerung zu steigern. Die Vereinten Nationen sind mit einem Büro des Hochkommissariats für Menschenrechte (**UNHCHR**) in Bogotá vertreten. Das Mandat des UN-Hochkommissariats für Menschenrechte in Kolumbien wurde mehrmals trotz anhaltender heftiger Kritik von Regierungsseite bis 2010 verlängert. Es bestehen zudem Büros des Hohen Flüchtlingskommissars (UNHCR) in Bogotá, Apartado und Barrancabermeja.

Human Rights Watch unterhält im Gegensatz zu Amnesty International (ai) ein Vor-Ort-Büro in Kolumbien. Die anhaltende Kritik der internationalen Menschenrechte-NGOs, die Berichte der UN Menschen-

> **Weiterführende Links zum Thema:**
> Menschenrechte in Kolumbien beobachtet von «Amnesty International»
> http://www.amnesty.org/en/region/colombia
>
> Defensor del Pueblo (nationale Ombudsstelle)
> http://www.defensoria.org.co
>
> Ausführliche Monatsberichte der unabhängigen «Arbeitsgruppe Schweiz-Kolumbien (ASK)»
> http://www.kolumbien-aktuell.ch/

rechtskommission, der Interamerikanischen Menschenrechtskommission und die Rechtsprechung des kolumbianischen Verfassungsgerichtes haben zu einer Verschärfung des strafrechtlichen Instrumentariums, dem Ausschluss der Zuständigkeit der Militärstrafgerichtsbarkeit in den Fällen schwerer Menschenrechtsverletzungen durch Angehörige des Militär- oder Polizeidienstes und der Einführung gesetzlicher Regelungen zur Opferentschädigung geführt. Unter den nationalen Menschenrechte-NGOs verdient die Arbeit der *Comision Colombiana de Juristas* besondere Erwähnung und Anerkennung (Büro der Comision Colombiana de Juristas). Die Menschenrechtsbüros in Kolumbien sind besonders gesichert. Die Arbeit von Menschenrechtsaktivisten in Kolumbien ist mit Lebensgefahr verbunden.

Der Plan Colombia

Im Jahr 2000 wurde in Absprache zwischen US-Präsident Clinton und seinem kolumbianischen Amtskollegen Pastrana der mehrere Milliarden schwere Plan Colombia ins Leben gerufen, der bis ins Jahr 2005 reichen sollte. Von Regierungsseite war viel die Rede von der Stärkung der Menschenrechte, der Modernisierung der staatlichen Verwaltung, des Justiz-, Schul- und Gesundheitswesens und der Reformierung des Agrarsektors. Sicherlich kann man den beiden Präsidenten nur die besten Absichten unterstellen, aber der Plan wurde mit US$ 1 Mrd. Militärhilfe verbunden, die der amerikanische Kongress zur Bekämpfung der Farc-«Narcoguerrilla» im Süden Kolumbiens bewilligt hatte. Die weltweite Öffentlichkeit hat den Plan zuallererst als ein Instrument militärischer Intervention zur Bekämpfung von Guerrilla und Drogenhandel begriffen. Die Kritik wiegt schwer. Heute weiß man, dass sogar 80 % der bislang ausgezahlten US$ 4 Mrd. den kolumbianischen Streitkräften und Sonderpolizeieinheiten zugeflossen sind. Einige amerikanische Soldaten, die infolge des Plans nach Kolumbien entsandt wurden, sind in illegale Waffen- und Drogengeschäfte verstrickt.

Der Plan Colombia wird wegen seiner militärischen Komponente von großen Teilen der kolumbianischen «Zivilgesellschaft» abgelehnt. Sie sieht in dem Plan ein autoritäres Konzept der Nationalen Sicherheit, das die sozialen Rahmenbedingungen, vor allem die Menschenrechtssituation der kolumbianischen Gesellschaft ausblende und zu einer weiteren Eskalation des bewaffneten Konfliktes führe, ohne dass Problem des Drogenhandels wirklich zu lösen. Der Plan bedrohe den Friedensprozess, führe zu neuen gewaltsamen Vertreibungen und verschärfe die humanitäre Krise im Land. Das Europäische Parlament hat den Plan mit großer Mehrheit abgelehnt und befürchtet eine gefährliche Militarisierung der kolumbianischen Lage. Auch die meisten europäischen Regierungen setzen auf eigene Hilfsprogramme. Nach dem Auslaufen des ersten Plans haben sich US-Präsident George W. Bush und sein Amtskollege Álvaro Uribe im Sommer 2005 darauf verständigt, den Plan Colombia fortzusetzen, und der US-Präsident hat den Kongress aufgefordert, weitere Mittel zum Kampf gegen die «Narcoguerrilla» bereitzustellen. Die Amerikaner sehen durch den Drogenhandel in Kolumbien «nationale» Interessen in Gefahr und befürchten eine Destabilisierung der gesamten Region. Bislang hat die US-Armee zwei kolumbianische Dschungel-Bataillone für Einsätze gegen die Koka-Anbauflächen und Laboratorien im Departement Putumayo ausgebildet. Mittlerweile hat sich nicht nur die politische Situation in Kolumbien stabilisiert, mit der Wahl Barack Obamas zum neuen US-Präsidenten hat sich auch die politische Großwetterlage verändert. Unter vorgehaltener Hand bewertet man den Plan Colombia heute mehrheitlich als gescheitert oder doch zumindest als überholt.

Natur und Kultur

Ökologie

Kolumbien ist vielerorts ein ökologisches Paradies. In weiten Teilen des Amazonasbeckens und im Pazifikflachland leben die Menschen im Einklang mit der Natur. Der Alltag ist bestimmt vom Fischfang, von der Jagd und dem Anbau von Mais und Yuca. Stress, Leistungsdruck und andere Negativseiten der Zivilisationsgesellschaft haben dort noch keinen Einzug gehalten. Nach Brasilien, das allerdings sieben Mal so groß ist, ist Kolumbien das Land mit den meisten Tier- und Pflanzenarten, 10 % weltweit. Gezählt wurden bisher 50 000 Pflanzenarten, 1750 Vogelarten, 1500 Fischarten und 358 Säugetierarten. Noch nicht gezählt wurden die Insekten, deren Artenvielfalt unüberschaubar ist.

Etwa ¼ der kolumbianischen Landfläche ist von unberührtem tropischem Regenwald bedeckt. Das Land ist, wie kaum ein anderes, reich an Wasser und Wasserläufen. Doch die Verschwendung ist groß, und so verliert Kolumbien pro Jahr die Wassermenge eines Flusses.

Die dichte, tropische Vegetation hat Reisende vergangener Tage stets inspiriert. Sie waren begeistert von den dschungelbewachsenen Ufern des Río Magdalena, an denen entlang die Fahrt von der Küste bis zur Hauptstadt führte. Heute sind die Ufer abgeholzt, die Sedimentation des Flusses nimmt von Jahr zu Jahr zu, der Fischreichtum ab. Der einstige Zauber verschwindet. Das größte Umweltproblem Kolumbiens ist die rasante Abholzung der Wälder sowohl im Flachland als auch in den Höhenlagen der Anden. Jährlich werden 6000 km^2 abgeholzt. Am stärksten betroffen sind die Gebiete La Macarena, Sinú, San Jorge, Daríen und die Sierra Nevada de Santa Marta. In diesen Gebieten ist auch der Kolonisationsdruck am stärksten. Dabei werden allein 760 km^2 weder zu Möbeln, Pappe oder Papier verarbeitet, sondern schlicht und einfach verfeuert. 36 % der Bevölkerung nutzt ausschließlich Feuerholz zum Eigenbedarf, zur Ziegelherstellung und Panelaproduktion. Das Holz übertrifft die Kohle als Brennmaterial.

Die Weidefläche hat sich seit den 1960er Jahren auf über 400 000 km^2 verdreifacht. Große Flächen unberührten, tropischen Regenwaldes und die letzten Reste des andinen Hochwaldes werden durch Kokaplantagen und Opiumfelder bedroht. Um die Felder zu vernichten, setzt die Regierung Herbizide ein, deren Auswirkungen auf die Umwelt nicht geklärt sind. Die kolumbianischen Regierungen haben stets verkündet, alle Pflanzungen von Koka und Mohn binnen weniger Jahre zu vernichten. Diese Ankündigungen haben mit der Realität kaum etwas zu tun, denn für jede vernichtete Anbaufläche wird neuer Wald gerodet. Zum Schutz der Wälder wurde ein neues Forstbewirtschaftungs-Gesetz erlassen. Heiß umstritten ist der Straßenbau in Naturreservaten sowie die Besiedlung und Bewirtschaftung der Páramo-Regionen, die aus ökologischen Gründen nicht zu vertreten sind.

Der illegale Tierhandel bedroht viele Arten. Gefördert wird diese Barbarei durch die hohen Preise, die auf dem internationalen Markt bezahlt werden. Am Flughafen von Bogotá kommt es noch immer zur Beschlagnahme großer Posten von Kaimanhäuten. Das unkontrollierte Wachstum der Städte, insbesondere von Bogotá, hat die Hauptstadt des Landes nach Mexico City, São Paulo und Santiago de Chile zur lateinamerikanischen Stadt mit der stärksten Luftverschmutzung gemacht. Ökologie und die sozialen Lebensverhältnisse gehören zusammen. Die Eingriffe in die Natur sind dort am stärksten, wo die Lebensverhältnisse am elendsten sind. Die Bekämpfung von Armut und Unwissenheit sind daher vordringliches Ziel einer wirkungsvollen Umweltpolitik, sonst bleiben gesunde Lebensverhältnisse ein teures und schickes Privileg, allein für die, die es sich leisten können. Im Chocó glauben noch immer viele Siedler, «Feuerholz ist das einzige, was wir hier im Überfluss haben, und es wird noch Tausende von Jahren reichen.»

Zu den ökologischen Schätzen des Landes gehören die 54 ausgewiesenen Nationalparkflächen und sonstigen geschützten Gebiete. Es ist der Regierung hochanzurechnen, dass den Parks im Jahr 2008 erstmals in ihrer Geschichte umfangreiche staatliche Finanzmittel zur unmittelbaren Verwendung zur Verfügung gestellt wurden, um wichtige Naturräume und Ökosysteme zu erhalten oder wiederherzustellen. Einige der Nationalparks sind durch Kokaanbau und die Drogenbekämpfung aus der Luft mit *Glifosato* schwer geschädigt worden. Die Anzahl an Nationalpark-Rangern (Guardaparques) ist bei weitem nicht ausreichend, um all die umweltschädigenden Aktivitäten zu kontrollieren oder gar zu unterbinden, die in den Nationalparks vonstatten gehen. Die Parkbediensteten waren sogar oftmals einer besonderen persönlichen Bedrohung durch Guerrilla und Paramilitärs ausgesetzt. Es soll nun versucht werden, in allen Nationalparks eine funktionierende Verwaltung und Kontrolle einzurichten.

Nach Angaben des kolumbianischen Umweltministeriums werden für einen Hektar Kokafläche drei Hektar Wald gerodet. Das bedeutet, dass bei 110 000 Hektar Kokaanbaufläche über 300 000 Hektar Wald zerstört worden sind. Die Regierung sucht nach Möglichkeiten der Kooperation mit der lokalen Bevölkerung, um die Koka-Anbauflächen manuell zu beseitigen. Solche Ansätze sind bereits in Peru mit Erfolg gestartet worden und sollten auch in Kolumbien mit Nachdruck weiterverfolgt werden.

Insgesamt schätzt man, dass in Kolumbien in den letzten Jahren 39 Mio. Hektar Waldfläche infolge des internen bewaffneten Konfliktes zerstört worden sind. Die Farc-Guerrilla schlug mit Baufahrzeugen eine Schneise in die unberührte Vegetation der Serranía de la Macarena zum Caño Cristales, um ihren Nachschubweg sicherzustellen. In den Páramos des Macizo Colombiano werden im Quellgebiet der Flüsse Opium und Koka angebaut. Der Macizo Colombiano ist so etwas wie das Herzstück des kolumbianischen Wasserreichtums. Hier entspringen über 50 Flüsse, darunter der Río Magdalena und der Río Caquetá. Wasser ist mit Blick auf die Zukunft als ein strategisches Gut Kolumbiens zu betrachten, betonen kolumbianische Umweltexperten unisono und beklagen, dass die Regierung Uribe den Umweltschutz sträflich vernachlässige.

> **Weiterführende Links zum Thema:**
> Kolumbianische Nationalparkverwaltung
> **http://www.parquesnacionales.gov.co**
>
> Kolumbianisches Umweltministerium
> Nationalparks, Flora und Fauna,
> Umweltlizenzen
> **http://www.minambiente.gov.co**
>
> GO mit ausführlichen Informationen zur
> Biodiversität in Kolumbien
> **http://www.natura.org.co**
>
> Umweltschutzprojekte der bedeutendsten
> internationalen NGO in Kolumbien
> **http://www.wwf.org.co**

Religion

In Kolumbien herrscht Religionsfreiheit. Der überwiegende Teil der Bevölkerung ist römisch-katholischen Glaubens. Jungfrauen und Heilige spielen eine bedeutende Rolle im Leben der Gläubigen. Am populärsten ist die *Virgen del Carmen*. Sie ist die Schutzheilige der Autofahrer und Kaufleute. Für die Kirche ist die *Virgen von Chiquinquirá*, die Schutzheilige Kolumbiens, am wichtigsten. Die bedeutendsten Wallfahrtsorte des Landes sind Buga mit dem Señor de Buga, der Monserrate in Bogotá mit dem gleichnamigen Señor und das Santuario de Las Lajas mit der gleichnamigen Señora. Der Montag ist der Tag der Seelen, *dia de las animas*. Auf den Friedhöfen werden den Toten zum Gedenken Kerzen angezündet.

Literatur

Die Literatur Kolumbiens ist vielfältig und interessant, wobei nicht nur Gabriel García Márquez zu erwähnen ist. Die Städte mit großer literarischer Tradition sind Bogotá und Barranquilla. Wie andere lateinamerikanische Länder hat Kolumbien einen besonderen Hang zur Poesie. Gedichte sind weit populärer als in Europa, und jeder Kolumbianer kann wenigstens ein Gedicht rezitieren. Der Philosoph der Großstädte, insbesondere von Bogotá ist Friedrich Nietzsche. Sein Thema, der vereinzelte Überlebenskampf des Menschen in einer anonymen Gesellschaft, spielt sich hier tagtäglich ab. Die Gedanken der jungen Intellektuellen kreisen um Katholizismus, Buddhismus und Atheismus.

Die wichtigsten Schriftsteller Kolumbiens sind:

Jorge Isaak (1837-1895)
Nicht etwa Gabriel García Márquez, sondern Jorge Isaak hat 1867 den populärsten Roman Kolumbiens geschrieben, «María». Inzwischen hat der Roman die 50.Ausgabe erreicht und war jedenfalls bis zum weltweit einsetzenden Megaboom der (neuen) lateinamerikanischen Literatur durch Gabriel García Márquez und Isabel Allende in den 1970er Jahren, das meistgelesenste Buch in Lateinamerika. «María» ist die Geschichte der unglücklichen Liebe zwischen María und Efraim. Die verwaiste Cousine María wird von den begüterten Eltern Efraims ins Haus genommen. Die beiden verlieben sich. Efraim wird zum Studium nach Europa geschickt. María erkrankt schwer und spürt ihr Ende nahen. Sie bittet den Geliebten zurückzukehren. Als Efraim eintrifft, findet er

ihr Grab vor. Dieser Roman ist sentimental, bisweilen schwülstig und gewürzt mit einem kräftigen Schuss Südstaatenromantik. Das Buch ist Pflichtlektüre an den Schulen.

José Asuncion Silva (1865-1896) gilt als der größte Poet Kolumbiens, obwohl nur wenige Gedichte von ihm bekannt sind. Das bekannteste Gedicht *Nocturno* steht in der Tradition der Dichtung von Baudelaire und Rimbaud. Wer eine Lupe zur Hand hat, kann das Gedicht von der Rückseite der 5000 Peso Note rezitieren. Silva hatte in jungen Jahren das Bohemeleben in Paris kennengelernt und wollte davon auch im bäuerlichen Bogotá nicht lassen. Der Dandy erntete Hohn und Spott und setzte sich eine Kugel ins Herz, genau an die Stelle, die er sich von seinem Hausarzt zuvor hatte markieren lassen.

José Eustasio Rivera (1888-1928) Der Poet und Erzähler hat in den 1920er Jahren vor allem durch den Roman *La voragine* auf sich aufmerksam gemacht. Das Buch schildert die Geschichte des Ausbruchs aus der städtischen Welt von Bogotá hinab in die Niederungen von Llanos und Amazonas und ist außerhalb der Grenzen Kolumbiens ein literarischer Geheimtipp geblieben. Dschungelabenteurer und Literaturkenner, wie der weltbekannte französische Strafverteidiger Jaques Verges, der u.a. den Top-Terroristen *Carlos* und den Nazi Klaus Barbie verteidigte, schätzen den kolumbianischen Kollegen hingegen höher ein als die meisten Vertreter der aktuellen lateinamerikanischen Literatur. Die leider weitgehend in einem fürchterlichen Karl May-Stil übersetzte deutsche Ausgabe im Besitz der Biblioteca Nacional in Bogotá erschien zuerst 1934 unter dem Titel «Der Strudel, das Buch vom Kautschuksammler». José Eustasio Rivera wurde am 19. Februar 1888 in San Mateo (heute Rivera) bei Neiva geboren. Während der Schulzeit schrieb er Gedichte, die von den beiden damals vorherrschenden Stilrichtungen, dem Romantizismus und dem Modernismus, beeinflusst waren. 1912 begann er mit dem Jurastudium an der Universidad Nacional in Bogotá, schrieb einige kurze Theaterstücke und machte 1917 sein Abschlussexamen mit dem drögen Thema «Die Erbauseinandersetzung». Befreit von der Last der unendlichen kolumbianischen Dekrete und Gesetzeswerke begann seine Karriere als Dichter und Autor. In Sonettenform erschien 1921 *Tierra de Promisión,* das «Gelobte Land», eine schwärmerische Hinwendung an die Natur, an den Dschungel, die Berge und die weiten Ebenen. Als Teilnehmer der kolumbianisch-venezolanischen Grenzkommission lernte er die unerforschten Weiten des östlichen Kolumbiens kennen, die Unendlichkeit der Wälder, die Grausamkeit der Kautschukzeit. Die gesammelten Eindrücke inspirierten Rivera zu *La voragine*. In dem Roman sind die Träume aus dem «Gelobten Land» verflogen, die Schwärmerei vorbei. Der Dschungel hält Rivera fest im Griff, der Regenwald hat sich in eine Falle verwandelt. Riveras Figuren, allen voran der Hauptakteur Alberto Cova torkeln ziellos durch eine Welt ohne Glaube und Hoffnung dem Tod entgegen, immer tiefer hinein in den grenzenlosen Wald, bis sich Alberto Cova schließlich im Nichts verliert. José Eustasio Rivera starb am 1. Dezember 1928 während einer Lesereise, einsam in einem seelenlosen Appartement in New York, nur 40 Jahre alt. Die sterblichen Überreste wurden mit einem Bananendampfer nach Barranquilla überführt und dann auf einer Triumphfahrt den Río Magdalena stromaufwärts in die Hauptstadt gebracht. Am 9. Januar 1929 wurde Rivera unter Anteilnahme der ganzen Bevölkerung von Bogotá auf dem Zentralfriedhof beigesetzt.

León de Greiff (1895-1976) hat ein umfangreiches dichterisches Werk hinterlassen, das im Ausland bedauerlicherweise kaum bekannt ist. Der Nachkomme schwedischer und deutscher Vorfahren war ein kreativer, universeller Kopf, der den weit verbreiteten Romantizismus und den Provinzialismus hart kritisierte. Sein Leben wie sein künstlerisches Schaffen stecken voll überraschender Wendungen. Mit 18 Jahren war er der Privatsekretär des Liberalenführers Uribe Uribe, später Kassierer bei der Banco Central, Angestellter der Cauca-Eisenbahn, Zeitungsverleger und Diplomat in Schweden. Sein Werk ist einzigartig. In jungen Jahren dadaistisch, später tropisch magisch, als er im Dschungel von Bolombolo weilt, nihilistisch und sarkastisch in Bogotá. Die bekanntesten Texte sind *Variaciones alrededor de nada* («Variationen um das Nichts») und *Prosas de Gaspar*.

León de Greiff in der Metro von Medellín

Nicolás Gómez Dávila (1913-1994) Der die meiste Zeit seines Lebens in Bogotá zurückgezogen lebende Denker und Aphoristiker gehört zu den großen Unbekannten des vergangenen 20. Jahrhunderts. Nicolas «Colacho» Gómez, wie man ihn in Kolumbien nennt, ist ein entfernter Nachfahre des kolumbianischen Unabhängigkeitshelden Antonio Nariño. Seine Thesen sind klar, knapp und eindeutig gegen die Moderne gerichtet, die Titel seiner Bücher aber um so sperriger. Sein Hauptwerk nennt sich *Escolios a un texto implicito*. (dt. «Schollen zu einem imaginären Text»), ein Beleg, dass es Gómez Dávila auf das Fragmentarische abgesehen hatte. Der Teufel, der Staat und die Technik haben in ihrer Dreifaltigkeit vom Menschen der Neuzeit Besitz ergriffen und damit sein Schicksal besiegelt. Öde allerorten. In der Rigorosität seines Denkens zeigt sich eine gewisse Nähe zu Nietzsche, aber auch der große Unterschied. Gómez Dávila ist Katholik und er glaubt im Gegensatz zum deutschen Nihilisten an die Metaphysik. Der Büchermensch hätte vielleicht auch in Berlin oder Buenos Aires beheimatet sein können, denn letztlich blieb Bogotá ihm ein abstrakter Ort, der seine antimoderne Einstellung vermutlich gefördert hat.

Álvaro Mutis (geb. 1923)
Der Dichter und Erzähler ist oft mit Joseph Conrad verglichen worden. Seine Romane sind in deutscher Sprache erhältlich. *Der Schnee des Admirals, Die letzte Fahrt des Trampsteamer, Ein schönes Sterben*. Hauptfigur und alter Ego des Autors ist der Seefahrer Maqroll.

Gabriel García Márquez (geb.1929)

Konterfei von Gabriel García Márquez in Aracataca

Gabriel García Márquez ist mehr als nur der international bekannteste Schriftsteller Kolumbiens. In Kolumbien ist er ein lebendes Nationaldenkmal. Wenn Gabriel García Márquez seine Stimme erhebt, dann räumen ihm die Presseorgane seitenlang Raum ein. García Márquez Ansichten sind gefragt, sein Einfluss reicht weit über die Literatur hinaus und bis zum heutigen Tage nimmt er regelmäßig Einfluss auf die kolumbianische Politik und die Weltmeinung. Sein gleichermaßen guter Draht zum ehemaligen US-Präsidenten Clinton und Kubas einstigem Staatschef Fidel Castro haben Gabriel García Márquez zu einer Schlüsselfigur innerhalb der lateinamerikanischen Diplomatie gemacht. Nach der Auszeichnung mit dem Nobelpreis für Literatur 1981 wird er in Kolumbien in einem Atemzug mit Beethoven und Einstein genannt.

García Márquez stammt aus dem kleinen Dorf Aracataca in der Nähe von Santa Marta. Zu Beginn seiner Karriere arbeitete er als Zeitungsjournalist, u. a. für den Espectador in Bogotá. Auch wenn García Márquez mittlerweile überall zuhause ist, bevorzugt er doch die Karibikküste. Seine Figuren und Schauplätze stammen von dort. An ihnen hat er seine reiche Fabulierkunst entwickelt. García Márquez hat die karibische Küste Kolumbiens in ein literarisches Universum verwandelt mit dem abgeschiedenen Ort Macondo als Zentrum. Gerade der europäische Leser findet hier die Darstellung von Leidenschaften in tropischer Atmosphäre, die man in Europa so schmerzlich vermisst. Diese Stilrichtung wird als *realismo maravilloso* bezeichnet und hat Dutzende von Nachahmern gefunden. Wer Kolumbiens Karibikküste entlang reist, sollte daher unbedingt ein Buch von García Márquez dabeihaben. Viele Anspielungen der Romane finden sich auf der Straße wieder. Der Zauber der Bücher fesselt den Leser wie das Land den Reisenden.

Sein bekanntestes Werk ist «Hundert Jahre Einsamkeit», das die hundertjährige Geschichte der Familie Buendia und die Macondos schildert. Neben seinen erzählerischen Qualitäten ist es ein ideales Reisebuch, das die Sierra Nevada de Santa Marta, Riohacha und Valledupar beschreibt.

Vortrefflich als Reisebücher eignen sich auch «Die Liebe in den Zeiten der Cholera» und «der General in seinem Labyrinth». Mit den Liebenden Fermina Daza und Florentino Arizas in «Die Liebe in den Zeiten der Cholera» lernt man unter anderem das bürgerliche Viertel La Manga in Cartagena kennen und erfährt von den Neuerungen an Kolumbiens Karibikküste um die Wende zum 20. Jahrhundert. Und dann kann man mit dem Liebespaar den Río Magdalena hinaufreisen, begleitet vom Sirenengesang der Seekühe, dem Papageiengekreische und dem Lärm der Affen. Hunderttausende nicht kolumbianischer Leser haben nicht einmal bemerkt (oder ausgeblendet), dass die phantastische Welt, die G.G.M. dort beschreibt, ein reales Land darstellt. Klar identifizierbar sind die Ortsnamen und Beschreibungen in der Darstellung von Simón Bolívars letzter Reise in «Der General in seinem Labyrinth», die ihn von Bogotá über Guaduas, Honda, Mompox, Zambrano, Barranquilla den Río Magdalena hinunterführt. Schade ist nur, dass der Schiffsverkehr auf dieser Traumstrecke nicht nur für Verliebte und entmachtete Generäle vorbei ist.

Während man dem Meister in der Heimat gottgleiche Verehrung entgegenbringt, sah er sich in den letzten Jahren zuweilen herber Kritik aus dem Ausland ausgesetzt. Der Vorwurf der amerikanischen Essayistin Susan Sontag, er habe sich nicht von Fidel Castro wegen der auf Kuba verhängten Todesstrafen öffentlich distanziert, hat G.G.M. sichtlich geärgert und zu einer Klarstellung seiner Position herausgefordert. Geschmerzt haben dürften den Vielumjubelten die Angriffe auf sein jüngstes literarisches Werk, *La memoria de mis putas tristes* («Die Erinnerung an meine traurigen Huren»). Die erotisch-schwülstigen Träumereien eines 90-jährigen Journalisten aus Barranquilla, die einer minderjährigen Jungfrau gelten, die er sich von einer Kupplerin zuführen lässt, gehören sicherlich nicht zu den stärksten literarischen Gedanken, die der Autor ansonsten seitenlang zu fabulieren versteht. Die treuen Fans müssen auf die Fortsetzung der opulenten Lebenserinnerungen, die G.G.M. für diesen Kurzroman unterbrochen hat, nun noch etwas länger warten. Der erste Teil der Autobiographie («Leben, um davon zu erzählen») präsentierte das phantastisch-reale Kolumbien wieder einmal unübertroffen.

Während man die Schilderung erotischer Pikanterien in früheren Jahren im exotischen Gewande des magischen Realismus in Europa gerne aufgesogen hat - das betrifft nicht nur G.G.M., sondern ebenso andere Autoren aus Lateinamerika, zumal den Brasilianer Jorge Armado - vermutet man heute allerorten sexuelle Übergriffe, Schand- und Straftaten. Insoweit hat García Márquez den Zeitgeist verfehlt. Das braucht den Auflagenmillionär im Herbst seines Lebens zwar nicht zu kümmern. An der Karibikküste war käufliche Liebe so lange man denken kann weder abstoßend noch schockierend, sondern ein selbstverständlicher Teil des (männlichen) Alltags, und wer sich darüber echauffiert, sollte die Situation vor Ort gut kennen, um sich nicht dem Vorwurf der Scheinheiligkeit auszusetzen. Unverkennbar ist aus der Ablehnung des jüngsten Werkes bei Teilen der europäischen Kritik und Leserschaft die Enttäuschung, ja sogar Bitternis zu spüren, in die die einstige Begeisterung über den magischen Realismus umgeschlagen ist. Das soll die berechtigten Vorwürfe nicht in Frage stellen, es wäre aber sinnvoller gewesen, sie mit Fakten zu belegen. Man lese nur mal den jüngsten UNICEF-Report zu Kolumbien. Plötzlich stellt man fest, die Prosa des G.G.M. ist gar keine heile Märchenwelt, sie entspringt einem sehr realen, nicht selten von Armut und Ausbeutung geprägten gesellschaftlichen Umfeld. Die spanisch-sprachige Welt stört sich nicht an der vertrauten wie vertrackten Thematik des Buches, sie beschäftigt sich nicht mit den sexuellen Vorlieben alternder Latino-Machos, seien diese nun als widerwärtig zu qualifizieren oder lediglich als Tagträumereien abzutun, im Gegenteil sie ist hingerissen und lobt die sprachliche Dichte des Werkes. *El País* aus Madrid wird nicht müde, G.G.M. einen «Wort-Jäger, Wort-Bewahrer» und «Wort-Erneuerer» zu nennen und stellte ein Glossar einiger fast vergessener spanischer Vokabeln zusammen, die der Autor wieder aufpoliert hat. Man kann «die Erinnerung an meine traurigen Huren» eben auch als eine Sammlung für den gehobenen Sinnspruch nutzen. Schöne Sätze, die hängenbleiben und denen man gerne nachsinnt, wie «Ich überließ mein Herz den Wonnen des Zufalls» finden sich in dem kleinen und insoweit kurzweiligen Werk mit dem Schauplatz Barranquilla allemal.

Fernando Vallejo (geb. 1942)
Auch der aus Medellín stammende Fernando Vallejo residiert wie seine Kollegen Álvaro Mutis und Gabriel García Márquez in Mexiko-Stadt. Doch sein gesamtes privates wie berufliches Interesse gilt dem Herkunftsland. Fernando Vallejo leidet sichtlich an den Zuständen in Kolumbien. Er kann seine Wut kaum zügeln, und immer wieder aufs Neue sucht er die Provokation gegenüber der Gesellschaft, der offiziellen Politik und der (katholischen) Kirche. Fernando Vallejo zeigt sich wenig in der Öffentlichkeit und führt seine Interviews vorzugsweise per E-mail oder Telefon. «Colombia es una enfermedad» - «Kolumbien ist eine Krankheit» bricht es dann aus ihm heraus. «Mein Elternhaus war schlecht und draußen war's noch schlechter.» «Niemals kehre ich in dieses Land zurück, lieber schmore ich in der Hölle.» Solche Aussagen nehmen ihm die Landsleute gar nicht einmal übel. Seine Bücher kommen in Kolumbien gut an. Viele Kolumbianer/innen haben dem Heimatland den Rücken gekehrt, ohne sich gedanklich von ihm zu verabschieden. Die stark autobiographischen Geschichten - Vallejo mag die Bezeichnung «Romane» nicht - erzählt er ausschließlich in der Ich-Form. Für Vallejo existiert kein allwissender Gott und erst recht kein allwissender Erzähler. *La Vírgen de los Sicarios* («Die Madonna der Mörder») ist sein international bekanntestes Buch, verfilmt durch den amerikanischen Regisseur Barbet Schroeder, der ebenfalls in Kolumbien aufgewachsen ist. Weitere Werke sind *El desbarrancadero; La Rampla paralela* und *Mi hermano el alcalde*.

Germán Castro Caycedo
ist einer der populärsten Schriftsteller und Journalisten des Landes. Seine Bücher sind Bestseller und werden vom Schuhputzer bis zum Bankpräsidenten gelesen. Er greift aktuelle Themen journalistisch auf und verwandelt sie in spannende Reportagen. Am bekanntesten sind, *El Hueco*. Es behandelt den illegalen Grenzübertritt von Kolumbianern in die USA; *La Karina*, die Geschichte des Schmugglerschiffes, mit dem die

Guerrilla Drogen gegen Waffen eintauschte. Seine Bücher wurden zwar ins Französische, Rumänische und Ungarische übersetzt, aber eine Übersetzung ins Deutsche steht noch aus.

Malerei & Bildhauerei

Die bildende Kunst der Neuzeit war bis Mitte dieses Jahrhunderts stark von ausländischen Vorbildern geprägt. Besonders die Wandgemälde erfreuten sich großer Beliebtheit. Oft wurde der Stil des mexikanischen Muralisten Diego Rivera kopiert. Die Wohn- und Arbeitshäuser der Künstlergeneration, die zu Beginn dieses Jahrhunderts geboren wurde, sind heute farbenprächtige und verspielte Museen. In Lateinamerika ist das Bedürfnis besonders stark, dem Besucher nicht nur einen Einblick in das Schaffen, sondern gleichzeitig in die Seele zu geben. Hervorzuheben sind in diesem Zusammenhang **Pedro Nel Gómez** (1899-1984), Medellín, **Luis Alberto Acuña** (1904-1993), Villa de Leyva, **Efraim Martinez Zambrano** (1898-1956), Popayán.

Enrique Grau, Edgar Negret, Alejandro Obregón, Eduardo Ramírez Villamizar werden zu den vier kolumbianischen Meistern der Generation der 1950er Jahre gerechnet. Überragend und weltweit bekannt sind die Werke von **Fernando Botero,** dessen Arbeiten die teuersten eines lebenden lateinamerikanischen Künstlers auf dem internationalen Kunstmarkt sind.

Alejandro Obregón (1920-1992) gehört zu den Begründern der Moderne in Kolumbien. Beeinflusst von Picasso, entwickelte er einen Stil voller Symbolik. Er setzte sich mit aktuellen und unbequemen Themen Kolumbiens auseinander. Eines seiner bekanntesten Werke heißt *La Violencia*.

Eduardo Ramírez Villamizar (1923-2004)
Der Maler und Bildhauer stammte aus Pamplona, unweit der Grenze zu Venezuela, studierte in den 1940er Jahren zunächst Architektur an der Universidad Nacional in Bogotá, wandte sich dann aber zügig der Malerei zu und machte erste künstlerische Auslandserfahrungen in Paris. Er gilt in Kolumbien als der Begründer der modernen abstrakten Kunst und ist bekannt für seine Werke, die sich strenger Geometrie unterwerfen. Bei seinen plastischen Arbeiten dominieren die Materialien Eisen und Holz.

Enrique Grau (1920-2004)
Lange bevor Boris Becker Deutschland einen verspäteten *Mulata*-Boom bescherte, sorgte **Enrique Grau** auf dem 1. Salon Nacional 1940 mit seiner lasziven «*Mulata Cartagenera*» für Aufmerksamkeit. In späteren

La Mulata Cartagenera,
Enrique Grau (1940)

Genialer Künstler und Medienstar – Fernando Botero wirbt für das Internet

Jahren wandte sich Grau der Tierwelt zu. Seine «Galápagos»-Serie umfasst 29 Kohle- und Bundstift Zeichnungen. Dabei hat er den Iguanas die gleiche Liebe gewidmet wie früher den Mulatas. Noch ein anderes Tier hat die Aufmerksamkeit des lebenslustigen Costeños erregt. Dem schwarzen Flattervogel, der «Karibikamsel», die in Cartagena an jeder Straßenecke hüpft, pickt, pfeift und ihr Hinterteil zur Kühlung der Karibikbrise entgegenstreckt, gelten seine jüngsten Arbeiten. Es ist nicht verwunderlich, dass diese Vögel im Volksmund «María-mulata» genannt wird. Wer sich von Cartagenas Altstadt auf den Weg nach Bocagrande macht, passiert hinter der Stadtmauer die vom Künstler geschaffene überdimensionale Bronze des neu entdeckten Wappenvogels der Stadt.

Der bekannteste bildende Künstler Kolumbiens ist **Fernando Botero** (geb. 1932). Seine «Dicken» sind längst Kunstgeschichte. Botero ist im Departement Antioquia aufgewachsen, und sein vollkommen einzigartiger Stil hat seine Wurzeln in der populären Kultur. Botero ist kein Avantgardist, aber ein schillernder Exzentriker. In der Entwicklung seines Personenkultes und in seinen Statements kann er dem Vergleich mit Salvador Dalí standhalten («Von allen kolumbianischen Künstlern bin ich der kolumbianischste»). Er ist jedenfalls der ideale Künstler des Medienzeitalters. 23 seiner typischen Bronzen bevölkern nun die Plaza Botero in Medellín, der Künstler selbst wohnt in Paris und New York. Fernando Botero ist alles andere als ein stiller Künstler. Er versucht mit seiner Kunst Einfluss auf die Politik und die gesellschaftlichen Entwicklungen zu nehmen. Er bezieht öffentlich Stellung gegen Missstände in der Welt, wie mit seinem jüngsten Bilder-Zyklus über die Folterverbrechen der US-Armee im irakischen Gefängnis von Abu Ghuraib. Was bei anderen bildenden Künstlern an Selbstüberschätzung grenzen würde, gilt nicht für Fernando Botero. Der Unbequeme ist ein Künstler von Weltrang, der es glänzend versteht, die internationalen Medien für sein Anliegen einzunehmen und sie zum Sprachrohr seiner Ideen zu machen.

Eine Ausnahme- und Außenseiterstellung innerhalb der kolumbianischen Kunst nimmt **Guillermo Wiedemann** (1905-1969) ein. Der von den Nazis verfemte deutsche Künstler fand sein Paradies an den Stränden des Pazifiks und malte die Welt der Schwarzen. Später wandte er sich einem eigenständigen abstrakten Stil zu.

Zu den **Jungen Wilden** in Kolumbiens Kunstszene gehören Luis Luna, Carlos Jacanamijoy, Catalina Mejía, Luis Fernando Roldán und Carlos Salas. Die Bilder von Kolumbiens talentierten jungen Künstlern beginnen im Schnitt bei US$ 10 000, während ein «Botero» heute kaum noch unter einer halben Million US$ zu haben ist. Zu sehen bekommt man die neue kolumbianische Kunst zumeist in den vielen Galerien von Bogotá und im Museum für Moderne Kunst.

Luis Luna (geb.1958) hat fünf Jahre an der Akademie für Bildende Künste in Berlin studiert. Sein abstraktes Werk ist geprägt von leuchtenden Farben mit einer Vorliebe für Gelb- und Blautönen. Luis Luna ist ein nachdenklicher Maler, der tiefgründige Fragen stellt, wenn er die Eindrücke von seinen ausgedehnten Reisen in *La ruta de la seda, La ruta del caucho, Arizona, Amazonas* u.a. verarbeitet.

Carlos Jacanamijoy (geb. 1964) ist der neue Liebling der Bogotá-Schickeria, die sich um seine großformatigen, heiteren und farbigen Gemälde reißt. «Jaca», wie ihn seine Freunde nennen, ist ein Inga-Indianer, der vom Putumayo stammt, und auch in seinem Atelier im Künstler-Barrio La Macarena in Bogotá ist er vom Geist des Dschungels erfüllt. Jacanamijoy verfertigt keine indigenfolkloristische Artesanía, sondern orientiert sich an den allgemeinen Fragen und Herausforderungen der zeitgenössischen Kunst und den großen Vorbildern der Kunstgeschichte von Velázquez bis Picasso.

Catalina Mejía (geb. 1964), die in New York ausgebildete Konzeptkünstlerin arbeitet meist mit Acryl auf Leinwand und bevorzugt Schwarz/Weiß.

Carlos Salas (geb.1957) studierte in Paris, liebt großformatige Bilder und seinen Leitspruch hat er bei Picasso entliehen: «Der schlechte Maler malt, was er verkauft, der gute Maler verkauft, was er malt». Carlos Salas verkauft mittlerweile, was er malt.

Luis Fernando Roldán (geb. 1955) der vielfältige Caleño begann seine Karriere in der nordamerikanischen Provinzstadt Milwaukee. Roldán malt hauptsächlich abstrakt, mit gelegentlichen Ausflügen in die Konzept- und Experimentalkunst.

Neben der Malerei ist die Bildhauerei eine der bedeutendsten Ausdrucksformen kolumbianischer Künstler. Skulpturen und Monumente bestimmen viele Innenstädte.

Viele historisch und städtebaulich bedeutsame Orte durfte **Rodrigo Arenas Betancourt** (1919-1995) gestalten. Seine unkonventionellen Interpretationen des Nationalheiligen Simón Bolívar reizen zum Widerspruch. In Pereira hängt ein nackter Bolívar auf einem fliehenden Pferd (*Bolívar Desnudo*), in Manizales hat er als Vogelmensch seine Schwingen ausgebreitet (*Bolívar Condor*). Andere bedeutende Werke Betancourts sind das *Monumento a la Vida* in Medellín und das *Monumento a Los Lanceros* zum Gedenken an die Befreiungsschlacht im Pantano de Vargas.

Zu den ungewöhnlichen Künstlern zählt **Edgar Negret** (geb. 1920, ab 1949 Aufenthalte in New York, später in Frankreich und Spanien). Negret schraubt seine Metallwerke zusammen, und viele seiner rostrotbemalten «Schnecken», «Türme» und «Turbinen» stehen an den Eingängen öffentlicher Gebäude in Bogotá und anderswo. Negret gelingt es, der starren Kälte des Metalls mit einer konzentriert und kontrolliert eingesetzten Farbgebung in perfekter Weise Bewegung einzuhauchen. Eine seiner schönsten Serien entstand ab 1980 unter dem Eindruck eines Besuchs der Inkaruinen von Machu Picchu (Peru), als er das Universum der Inka in Metall und Farbe umsetzte. *La Luna* in Grau kreist um *El Sol* in Gelb. In *Fiesta Andina* stürzen zwei massive Blöcke in Grauschwarz aufeinander zu und werden von zärtlich verschlungenen Metallbändern in Violett, Gelb, Rosa im Gleichgewicht gehalten.

Musik

Vallenato

Das ist die Musik, die der Besucher zu allererst hören wird. In den Bussen und Bars des Landes dominiert der Vallenato.

Wer längere Zeit im Land unterwegs ist, der wird viele Lieder mitsingen oder zumindest mitpfeifen können, weil diese Evergreens sich stets wiederholen «Hay amor de mi juventud... », «Ay el amor hace el dolor y dolor no quiero».

Diese Musik, die einst auf Valledupar und die Guajira begrenzt war, ist heute die populärste Musik Kolumbiens, und das Vallenatofieber hat mittlerweile selbst die Nachbarländer Venezuela, Ecuador und Peru erfasst. Der Vallenato ist die Musik Macondos, und so war Gabriel García Márquez einer der Initiatoren, die 1968 das *Festival de la Leyenda Vallenata* in Valledupar ins Leben riefen. Dieses Festival ist neben dem Karneval von Barranquilla das wichtigste und ausgelassenste des Landes. Hier wird der *Rey* gekrönt, der König des Vallenatos. Eine Vallenatogruppe besteht aus drei Instrumenten, dem Akkordeon, einer kleinen Trommel und der *guacharaca*, einer Art Reibeholz. Der Sänger trägt seine Geschichten mit sonorer, bisweilen schriller Stimme vor und singt gegen den Rhythmus der Instrumente an. Die Ursprünge der Musik wurzeln in so unterschiedlichen Stilrichtungen wie dem Son, dem Merengue und dem Paseo. Die Texte verkünden Alltagsgeschichten ebenso wie unglaubliche Begebenheiten, und auf den Dörfern um Valledupar lauschen die Zuhörer auch heute noch gebannt den Neuigkeiten, die der Sänger zu erzählen hat. Die ersten Vallenatomusiker waren denn auch ungebundene Leute, unseren Bänkelsängern vergleichbar, die von Ort zu Ort zogen. Der berühmteste ist Francisco el Hombre, nach dem die Bühne des Festivals benannt ist. Er soll vom Teufel zu einem Akkordeonwettstreit herausgefordert worden sein, den er gewinnen konnte. So genau weiß man nicht, ob er gelebt hat, jedenfalls ist er heute Legende. Zu den größten Vallenateros gehören der 1. König des Festivals *Alejandro Durán Díaz*, *Colacho Mendoza* und der Komponist *Rafael Escalona*. Außerdem verdienen Erwähnung *Emiliana Zuleta*, der Schöpfer des Klassikers *La Gota fria*, und die Songs von *Patricia Tehéran*. Das Idol einer jüngeren Generation ist *Carlos Vives*. Mit der Rockversion altbekannter Melodien (*Clasicos de la Provincia*) verkaufte er in drei Monaten 600 000 Scheiben.

Populäre Musik

Neben dem dominierenden Vallenato hat sich in jüngster Zeit eine eigenständige, volkstümliche Musikrichtung entwickelt, die unter der Bezeichnung **corridos prohibidos** («**Verbotene Balladen**»), populär geworden ist und längst die Ländergrenzen nach Venezuela und Ecuador überschritten hat. Die Themen dieser Musik wie die Rhythmen sind aus dem Leben Kolumbiens geboren. Besungen werden Drogenhändler, die an die USA ausgeliefert wurden, Entführungsopfer, die man nicht laufen lässt, weibliche Racheengel, korrupte Bürgermeister. Es sind persönliche Geschichten aus dem bewaffneten Konflikt des Landes. Der populärste Hit heißt *Mañana me matan.* Die Ursprünge dieser Musik liegen in Mexiko. Die *corridos mexicanos* entstanden in den 1970er Jahren und verherrlichten die Drogenhändler, weshalb diese Art der Musik immer wieder - vergeblich - verboten wurde. Einer der bekanntesten Sänger, Héctor Moyano von den Los Águilas del Norte, hat jüngst die Seiten gewechselt und fischt nun als Evangelist mit seinen *corridos celestiales* («himmlischen Balladen») nach neuen Jüngern.

Salsa

Salsa gehört zu den populärsten Musikrichtungen Lateinamerikas. Als Fidel Castro 1959 auf Kuba die Macht übernahm, verließen viele der kubanischen Musiker die Zuckerinsel und setzten nach Miami über. Dort wie in New York gründeten sie ihre Clubs, wo zu den wilden Rhythmen der lateinamerikanischen Klänge getanzt wurde. Die Amerikaner vergaßen den biederen Dixieland und stürzten sich ins Salsafieber. Allerdings hieß diese Musik zu jener Zeit noch nicht Salsa, sondern Cha-Cha-Cha, Mambo, Son und Changó.

Mambo kommt aus dem afrikanischen Mambúr, das sind liturgische Gesänge der Geistlichen aus dem Kongo. Changó ist der Gott des Feuers und der Männlichkeit und eine androgyne Figur. Der Son ist ein gefühlsbetonter, langsamer und sensibler kubanischer Tanz.

Die Bezeichnung Salsa ist der später kreierte kommerzielle Begriff für diese Musikrichtung. Die besten Interpreten kamen aus Kuba. Die «Königin des Salsa» ist immer noch Celia Cruz, über ihren Tod im US-amerikanischen Exil am 10.Juli 2003 hinaus. Die kubanischen Combos Irakere und Los Van Van sind neben ihr und Ruben Blades in Europa am bekanntesten.

Salsa erreichte Kolumbien erst Mitte der 1960er Jahre, beeinflusste aber den Musik- und Tanzstil der Kolumbianer um so nachhaltiger. Anfangs als schwarze «Unterschichtspogo» von den Eliten in Bogotá und Medellín abgetan, wandelte sie sich zur Musik der oberen Schichten. Der Nuancenreichtum an Tanzfiguren ist atemberaubend. Die Zentren der Salsamusik in Kolumbien sind Cali und Barranquilla. Die beste Gelegenheit, diese Musik zu erleben, bietet vielleicht die Feria de Cali und der Karneval von Barranquilla. Der wichtigste Salsamusiker des Landes ist der 1955 geborene Alvaro José *«Joe Arroyo»*. Seine größten Hits sind *Lloviendo, Dos Caminos, Catalina del Mar*. Noch bekannter sind heute die Salsaorchester Guayacán und Grupo Niche. Die Musiker beider Gruppen stammen mehrheitlich aus dem Chocó. Sie verbinden Salsa mit Folkloreelementen der Pazifikküste. Während Guayacán sich eher der puertoricanischen Linie genähert hat, spielt Grupo Niche Salsa, gemischt mit Cumbiaelementen.

Cumbia

Von allen Musikvarianten der Karibikküste lebt die Cumbia mit ihren Variationen (Porro, Fandango) aus der Mischung schwarzafrikanischer und indianischer Elemente sowohl in der Musik als auch im Tanz. Die wichtigsten Instrumente sind die *gaita*, indianischer Herkunft, und die Tamborine, afrikanischen Ursprungs.

Die *gaita* ist eine Pfeife, die aus dem Rohr des *cardón*-Kaktus gefertigt wird. Das Mundstück wird aus Bienenwachs mit Kohlepulver geformt und der Kiel einer Entenfeder als Mundstück aufgesteckt. Die erzeugten Töne sind einem Dudelsack nicht unähnlich. Es gibt eine kleine *gaita*, die das weibliche, und eine größere *gaita*, die das männliche Element symbolisiert. Die tanzenden Paare drehen sich um die in der Mitte stehende Band. Der Mann reicht der Frau Kerzen. In einem Tanzspiel nimmt sie die dargebotenen Kerzen und zündet sie an. Der Tanzschritt des Mannes ist schleppend, er zieht den Fuß nach, als hätte er noch die Eisenkette der Sklavenzeit um die Fessel. Der Tanzschritt der Frau hingegen ist trippelnd.

Currulao

In der Musik der Pazifikküste sind die afrikanischen Elemente am stärksten ausgeprägt. Der spanische Einfluss ist hier am geringsten und hat sich zu einer eigenen Musikrichtung entwickelt, der *musica afrohispanico*, deren Instrumente die Flöte und Klarinette sind, während die Marimba und Tambore vom schwarzen Kontinent kommen. Der Currulao ist ein Paartanz mit ausgeprägten Hüftbewegungen. Der Tamborspieler jongliert mit den Schlagstöcken. Der Klarinettist bestimmt die Melodie, die begleitet wird von den Chorgesängen des Publikums, das die Melodien auswendig beherrscht. Ein unsterblicher Komponist des Currulao ist Petronio Alvarez Quintero.

Joropo

Der Joropo ist die Musik der Llanosebenen. Wie in keiner anderen Region Kolumbiens ist die Musik des Llanero Ausdruck seines Lebensgefühls. Die Texte erzählen vom täglichen Arbeitsleben und von der Liebe. Die *musica llanera* (oder Joropo) wird auf drei Instrumenten gespielt, einer Harfe, der *cuatro,* einer kleinen Gitarre, und den *maracas*, den Rasseln. Zwei der drei Instrumente stammen aus Europa. Die Jesuiten brachten die Harfe im Gepäck mit und die Spanier die *bandola*, die die Llaneros zu ihrer kreolischen kleinen Schwester machten, der *cuatro*, einer kleinen viersaitigen Gitarre. Auch die Harfe schrumpfte auf ein kleineres handlicheres Modell, schon wegen des Transportes zu Pferde, und wurde zur *arpa llanera*. Nur die *maraca*, das Rhythmusinstrument, ist indianischen Ursprungs.

Der Tanz, der dieser Musik entspricht, ist ein Paartanz und hat zwei unterschiedliche Ausdrucksformen, den *golpe* und den *pasaje*. Die Musik- und Tanzvariationen des *golpe* sind vielfältig und die Bewegungen schnell, wie im *zumba que zumba* und im *corrido*. Romantischer, lyrischer und langsamer sind die Rhythmen des *pasaje*. In der Region Casanare wurde die Harfe durch die *bandola* ersetzt. Herausragende Musiker sind Manuel Orozco, Arnulfo Briceño und Luis Ariel Rey. Typische Joropotitel sind *El Venado del Espinero* und *Quebrada Blanca*.

Reggae/Calypso

Die Musik der Inseln San Andrés und Providencia unterscheidet sich deutlich von der des Festlandes. Der Einfluss zeremonieller, afrikanischer

Elemente der Sklaven der Antillen haben sich mit europäischen Elementen gemischt. Zwei Musikrichtungen dominieren auf den Inseln: Reggae und Calypso. Die Rasta-Kultur wird sowohl auf San Andrés als auch auf Providencia gepflegt. Die bekannteste Gruppe von San Andrés nennt sich Roots and Culture.

Calypso hat hingegen an Bedeutung verloren und wird meist nur noch von der älteren Generation gespielt und getanzt. Den typischen Calypso erzeugt eine Mandoline, eine Gitarre und ein Akkordeon. Die Maracas bestimmen den Rhythmus.

Tango

Der Tango hat seine Wiege in Argentinien. Dort sterben die Tangotänzer/innen weg, und die Erinnerungen verblassen zwischen den Fotoalben. Medellín ist heute die Metropole der Musik der Nostalgie, der Liebe und der Einsamkeit. Zentrum des Tangos ist die Avenida Carlos Gardel, Cra. 45, im Stadtteil Manrique. Am letzten Freitag des Monats tanzt das ganze Viertel Tango.

Shakira & Juanes

Der erfolgreichste kolumbianische Musikexport der letzten Jahre trägt den Namen **Shakira**. Sie ist die Tochter eines libanesischen Vaters und einer kolumbianischen Mutter. Das Naturtalent aus Barranquilla hat hart an sich und seinen Songs gearbeitet, um den internationalen Durchbruch zu schaffen. Shakira ist sympathisch, intelligent, willensstark, ungemein kreativ und verwandlungsfähig, ein wahres Energiebündel, die singen und tanzen kann wie keine zweite. Alle Welt ist von ihr hingerissen, und Gabriel García Márquez hat ihr ein liebevolles Essay gewidmet, «Shakiras Musik hat eine persönliche Note, die keiner anderen gleicht. Niemand kann singen und tanzen wie sie, in jedem Alter, mit einer solchen unschuldigen Sinnlichkeit, die ganz ihre eigene Erfindung zu sein scheint.» Von ihrem ersten englischsprachigen Album *Laundry Service* im Jahr 2002 verkauften sich weltweit mehr als dreizehn Millionen Scheiben. Mit diesem grandiosen Erfolg war der Weg in die Zweisprachigkeit ihrer Musik geebnet. Als Unicef-Botschafterin setzt sie sich für die Verbesserung der desolaten Lage vieler Kinder in Kolumbien und in der ganzen Welt ein. Und über ihr Land versteht sie weit klügere Sätze zu sagen als die meisten Politiker: «Solange die Menschen in Kolumbien Angst haben, bei einem Ausflug ins Grüne erschossen zu werden, wird es keine wirkliche Demokratie geben.»

Juanes der Sänger, Songschreiber und Gitarrist aus Medellín ist ein begnadeter Rock'n Roller, sein internationaler Durchbruch gelang ihm 2005 mit dem Titel *La Camisa Negra*. Ebenso wichtig wie seine Musik ist sein Engagement für den Frieden und gegen den Einsatz von Anti-Personen-Minen in Kolumbien.

Film & Fernsehen

Bis vor einigen Jahren war das Kapitel Film in Kolumbien keine Zeile wert. Die Geschichten waren wirr, die Kameraführung dilettantisch und die Akustik unerträglich. Geändert hat sich das 1993 durch den Film *La Estrategia de Caracol* von Sergio Cabrera. Der Film erzählt, wie sich die alteingesessenen Bewohner eines Straßenzuges in Bogotás Stadtteil Candelaria mit Phantasie gegen

Wohnraumspekulanten zur Wehr setzten, die die Bevölkerung mit Regierungshilfe vertreiben will. Es ist ein durch und durch kolumbianischer Film; er lag in der Publikumsgunst vor sämtlichen Hollywoodproduktionen. Cabrera führt eine hoffnungsvolle Riege junger kolumbianischer Regisseure an, die nicht mehr die Geschichten und die Ästhetik Hollywoods reproduzieren, sondern auf die Kraft der eigenen kolumbianischen Bilder vertrauen.

Zum Kassenschlager wurde 1995 *La gente de la Universal*. Es ist die Geschichte eines Familiendetektivbüros, das von einem Mafiosi aus dem Knast heraus beauftragt wird, sein Liebchen zu beschatten. Der Regisseur Felipe Aljure setzt weniger auf epische Breite, sondern auf schnelles Tempo. Überwiegen in der *Estrategia de Caracol* noch die leisen Töne, so schreckt Aljure auch vor krachendem Witz nicht zurück. Die technische Qualität der Filme hat sich enorm verbessert, seitdem internationale Koproduktionen die Finanzierung übernehmen. Neben einigen nennenswerten Regisseuren tauchen am Star-Firmament inzwischen auch begabte Schauspieler/innen auf. In «Maria voll der Gnade» spielt die junge **Catalina Sandino Moreno** so überzeugend eine Drogenkurierin, dass sie für den Oscar nominiert wurde.

Das kolumbianische Fernsehen wird wie überall in Lateinamerika von den **Telenovelas** dominiert. Aber die kolumbianischen Drehbuchautoren und Produzenten sind immer einen Tick schneller und schriller als ihre zumeist biederen Konkurrenten aus Argentinien, Peru und Mexiko. *Café con aroma de mujer* war bereits ein internationaler Riesenerfolg, der sich noch an herkömmlichen Strickmustern orientierte, aber mit *Betty la Fea* («Betty die Häßliche») haben die Kolumbianer begonnen, das ansonsten eintönige Genre auf die Spitze zu treiben. Ausgerechnet im «Land der Miss-Wahlen» ist eine Brillenschlange mit Ponyfrisur und Zahnstange, plaziert in einem Arbeitsalltag, der an Albernheiten und dümmlichsten Machismo kaum zu überbieten ist, zum täglichen Superstar geworden. Die Rechte wurden weltweit verkauft.

Theater

Es gibt etwa 300 freie Theatergruppen in Kolumbien. Die Anfänge dieser Gruppen reichen in die 1960er Jahre zurück. Die Theaterszene entwickelte sich aus Studentengruppen. Der Stil kam aus Europa und folgte dem Brechtschen Verfremdungstheater und dem Agitprop mit den marxistischen Ideen jener Zeit. Die Inhalte wurden kolumbianisch. Die Theaterszene wandte sich kontroversen politischen und gesellschaftlichen Themen zu.

Viele der Stücke handeln von der Violencia. Viel hat die kolumbianische Theaterszene ihrer großen Prinzipalin **Fanny Mikey** (1930-2008) zu verdanken, die das jährlich stattfindende legendäre Iberoamerikanische Theaterfestival in Bogotá begründet hat. Zu den herausragenden Theatergruppen gehört das *Teatro Experimental de Cali (TEC)* mit seinem Intendanten, dem Pionier **Enrique Buenaventura**, dessen Stil sich am weitesten von europäischen Vorgaben gelöst hat. Er inszeniert die neuesten Stücke des kolumbianischen Theaters. Seit den 1980er Jahren gibt es eine ganze Reihe Dramaturginnen, die sich mit Gewalt gegenüber Frauen, Diskriminierung und Abtreibung beschäftigen und sich unter dem Namen *La Máscara* zusammengeschlossen haben. Weitere wichtige Gruppen sind das *La Fanfarria* in Medellín, *El Teatro La Candelaria*, *El Teatro Libre* und *El Local* in Bogotá.

Naturwissenschaften

Der bekannteste kolumbianische Naturwissenschaftler nach Celestino Mutis, der im 19. Jahrhundert die Botanische Expedition leitete, ist der Mediziner Manuel Elkin Patarroyo. Er hat einen Impfstoff für Malaria auf chemischer Basis entwickelt, der momentan getestet wird. 160 Chemiker, Mediziner und Molekularbiologen unter der Leitung von Patarroyo arbeiten auch an der Entwicklung synthetischer Impfstoffe gegen Hepatitis und Tuberkulose. Die Leistung von Manuel Elkin Patarroyo ist um so bemerkenswerter, da in Kolumbien so gut wie keine medizinische Grundlagenforschung betrieben wird. Auch wenn die Testreihen noch nicht abgeschlossen sind, und eine endgültige Aussage über eine erfolgreiche Malariaimpfung verfrüht wäre, ist heute schon klar, dass der Arzt Patarroyo das Selbstbewusstsein der jungen Nachwuchswissenschaftler enorm gestärkt hat.

Patarroyo hat das Patent für seine Erfindung der Weltgesundheitsorganisation WHO übertragen. Inzwischen steckt das Forscherteam am *Instituto für Imnulugía San Juan de Dios* in Bogotá in großen finanziellen Nöten, auch deshalb, weil der weltweite Menschenkiller Nummer 1, «Malaria», ausschließlich in der 3. Welt beheimatet ist, die für die internationalen Pharmaziekonzerne keinen lukrativen Absatzmarkt darstellt.

Ethnologie

Der Forschungszweig der Ethnologie (Antropología) in Kolumbien besitzt seit langem einen exzellenten internationalen Ruf. In Kolumbien sind seit Beginn des 20. Jahrhunderts herausragende ethnographische Untersuchungen durchgeführt worden. Der deutsche Völkerkundler **Theodor Koch-Grünberg** (1872-1924) bereiste 1903 das Gebiet des oberen Río Negro und war einer der ersten, der auf die Yanomani-Indianer traf. Später überquerte er die Katarakte des Río Vaupés. **Konrad Theodor Preuss** (1869-1936) erforschte 1915 das Leben der Kogi in der Sierra Nevada de Santa Marta.

Als Begründer der modernen Ethnologie gilt der Franzose **Paul Rivet** (1876-1958). Rivet war Gründer und Direktor des Musée de l'Homme in Paris, eines der besten anthropologischen Museen der Welt. Rivet gehörte der Résistance an und wurde von den Nazis wegen der scharfen Kritik an der Rassenideologie während der Besetzung von Paris zum Tode verurteilt. Rivet floh 1942 nach Kolumbien und gründete mit einer Gruppe junger Anthropologen das ethnographische Institut in Bogotá. Sein Schüler **Gerardo Reichel-Dolmatoff** (1912-1994) hat bis zu seinem Tod erstklassige Arbeiten über viele kolumbianische Indianervölker veröffentlicht, u.a. die Kogi, die Cubeo, Wayu, Emberá.

Reichel-Dolmatoff schrieb über den besonderen Stellenwert der indigenen Völker Kolumbiens: «*Was uns die indigenen Völker in Kolumbien vermitteln, sind keine großen architektonischen, gestalterischen oder dichterischen Werke, sondern philoso-*

phische Systeme, Konzepte, die das Verhältnis zwischen dem Menschen und der Natur behandeln, Konzepte über die Notwendigkeit des gelassenen Zusammenlebens, des rücksichtsvollen Verhaltens, die Entscheidung zum Gleichgewicht. Der Reichtum ihrer jahrtausendealten Erfahrungen, mit dem sie zum Bodensatz der kolumbianischen Gesellschaft gemacht wurden, hat sich in ihrer Isolation verfeinert, weit weg von den Einflüssen der Alten Welt und zu Kosmovisionen und zusammenhängenden philosophischen Konfigurationen auf herausragendem ethischen Niveau geführt, wie man es in gewissen Gesellschaften, die zwar die Minderwertigkeit des Indios betonen, sich aber selbst als zivilisiert bezeichnen, nur selten findet.»

Kunsthandwerk (Artesanía)

Das Kunsthandwerk (Artesanía) in Kolumbien hat seinen Ursprung in der ethnischen Kunst der präkolumbianischen Zeit. Noch heute spielen in der kolumbianischen Artesanía die indianischen Symbole eine große Rolle. Einen bestimmenden Einfluss haben die spanische Goldschmiede- und Holzschnittskunst ausgeübt.

In Kolumbien wird die *Artesanía* überwiegend per Hand gefertigt. Ganze Familien und sogar Dörfer, wie z.B. Ráquira, leben vom Kunsthandwerk. Schon die ganz Kleinen werden in den Fertigungsprozess eingebunden. Die Produkte sind aus natürlichen Materialien. Motive und Fertigungsart werden von den Älteren an die Jüngeren weitergegeben. Die Arbeiten sind aus Keramik, Holz, Stein, Gold und Metallen, aus Agaven- und Palmenfasern.

Töpferware

Das Zentrum Kolumbiens für Töpferware ist Ráquira (Boyacá). Die Töpferkunst Ráquiras ist indianischen Ursprungs. Unter spanischem Einfluss entwickelte man die im ganzen Lande bekannten Pferdchen von Ráquira. La Chambra (Tolima) ist ein weiteres Zentrum des Töpferhandwerks. Kennzeichen der Keramiken ist die schwarze Farbe. Das Feuer im Brennofen wird durch feuchte Tierexkremente erstickt. Der Qualm imprägniert die Keramik und schafft die schwarze Oberflächenfarbe. Mit Fett wird das Stück auf Hochglanz poliert. Die Motive der Keramiken von Pitalito (Huila) sind typische Szenen des täglichen bäuerlichen Hochlandes; Marktszenen, Prozessionen und traditionelle Feste, die in satten, farbenfrohen Tönen dargestellt werden. Die verbreitetste Keramik ist die *chiva* von Pitalito. Seit mehr als 30 Jahren produziert die Künstlerin Cecilia Vargas das Modell dieses ländlichen Transportmittels, eine bunte Mischung aus Laster und Bus.

Lederwaren

Die Spanier führten die Gerbtechnik ein. Das kunstvolle Bearbeiten des Leders durch das Eingravieren mittels eines feinen Meißels geht auf den Mudéjar Einfluss zurück. In Cauca, Nariño und Girardota (Antioquia) werden Möbel aus Holz und Leder gefertigt.

Das berühmteste Stück aus Leder und Nutriafell ist die *carriel paisa*. Die besten Werkstätten befinden sich in Jericho (siehe Jericho). In den Llanos tragen die *vaqueros* lange wallende Reiterhosen aus Kuhfell, die *zamarros*.

Steine

Die künstlerische Bearbeitung von Stein hat in Kolumbien eine lange Tradition. Daraus wurden Gebrauchsgegenstände sowie anthropomorphe und zoomorphe Figuren gefertigt. Werkstätten in Pitalito (Huila) erstellen heute Reproduktionen der Statuen von San Agustín, die vor dem archäologischen Park verkauft werden. Der berühmteste und wertvollste Stein Kolumbiens ist der Smaragd, die weltgrößte Mine ist in Muzo.

Gold

Die präkolumbianischen Kulturen wurden zu Meistern des Goldhandwerks. Die Figuren verzaubern den Betrachter noch heute durch die detailgetreue Ausdrucksstärke. Die besten Exemplare sind im Goldmuseum in Bogotá zu sehen. Die Galería Cano stellt naturgetreue Nachbildungen in Originaltechnik her. Unter dem spanischen Einfluss verbanden sich die maurische Filigrantechnik mit präkolumbianischen Techniken. Die besten Beispiele sind in den Werkstätten von Mompox zu finden.

Holz

Während der Kolonialzeit waren die bedeutendsten Werkstätten für Kirchenschnitzkunst in Bogotá und Quito. Die Kunstwerkstätten entwickelten eine eigenständige Stilrichtung, die Mestizenkunst. Den größten Einfluss hatte die Quitoschule, von der herausragende Beispiele in den Kirchen Tunja, Bogotá und Popayán zu sehen sind.

Eine ganz andere Art kunstvoller Holzbearbeitung entstand in Antioquia im 19. Jahrhundert. Viele Häuser in der Zona Cafetera sind mit geschnitzten Türen, Fensterrahmen, Balkonen und Treppen verziert. Die schönsten Beispiele bietet Salamina (Caldas).

Barniz de Pasto

Aus dem Harz des *mopa-mopa*-Baumes gewinnt man durch mehrere Arbeitsschritte hauchdünne Platten, die, mit Naturfarben eingefärbt, auf Holzfiguren aufgelegt werden. Mit dem Messer werden die Motive herausgeschnitten. Mit den Lackplättchen werden Kästchen, Teller, Masken und vieles mehr überzogen.

Zeremonienstäbe

Die vielleicht interessantesten Holzarbeiten auch für den Kunstgewerbemarkt stellen die Indianer der Pazifikküste und des Amazonas her. Bei den Zeremonien der Emberá zur Heilung von Kranken benutzt der *jaibaná* Zeremonienstäbe mit anthropo- oder zoomorphen Figuren. Die Ticuna in Leticia fertigen Masken aus Baumrinde, die sie mit Naturfarben bemalen. Sie schnitzen Tierfiguren wie Delfin, Schildkröte, Nasenbär und Tapir aus Mahagoniholz.

Ruanas

Die berühmten Vorfahren der Webkunst sind die Muisca. Ihr Erbe wird heute in einigen Werkstätten in Boyacá und Cundinamarca gepflegt, wo die *ruana*, der kolumbianische Poncho, hergestellt wird.

Chinchorros/Hamacas

Hängematten sind die bekanntesten Webarbeiten und ein beliebtes Mitbringsel, sie ist die kommerziell erfolgreichste indianische Erfindung. In Kolumbien heißt sie *chinchorro*

Die bekanntesten Hängematten kommen aus San Jacinto

oder *hamaca*. Mit der chinchorro ist im Allgemeinen eine leichte Hängematte gemeint, die traditionell von den meisten Indianergruppen der Llanos und Amazonasregion hergestellt werden. Hierzu werden die Fasern verschiedener Palmen verwandt. Die meisten chinchorros, die heute verkauft werden, sind maschinengefertigt und aus Nylon.

Die hamacas sind Baumwollhängematten, zumeist bunt eingefärbt. Die hamacas bieten mehr Platz, sind aber auch schwerer. Die Wayu (Guajira-Halbinsel) weben große Hängematten mit Fransen und Bordüren. Buntgestreift sind die hamacas aus San Jacinto (Bolívar).

Mochilas

Die Kogi und Arhuaco der Sierra Nevada de Santa Marta stellen *mochilas* (Umhängetaschen) her, die aus Wolle oder aus den Fasern der Agave gearbeitet werden. Die geometrischen Linien entsprechen Motiven der Tier- und Pflanzenwelt. Jeder Clan hat seine eigene Zeichnung. Daran zeigt sich seine soziale Stellung. Der *mochila* des *mama* ist weiß ohne jede Verzierung. In den Umhängetaschen bewahren die Kogi und Arhuaco ihre persönlichen Habseligkeiten und die Kokablätter auf.

Molas

Die Kuna-Indianer der Karibikküste fertigen *molas*, ein Tuch, das aus mehreren Stoffbahnen genäht wird. Durch die unterschiedlichen Farben, Zeichen und Muster entstehen Figuren, Tiere, Pflanzen und Naturphänomene. Die *mola* ist das traditionelle Brusttuch der Kuna-Indianerin.

Güeguerre

Die Indianer des Chocó und des Vaupés stellen Körbe aus Pflanzenfasern her. Einige von ihnen sind so gut gearbeitet, dass kein Tropfen Wasser hindurchdringt, z.B. die *güeguerre* der Emberá.

Hüte

Aus der *palma de iraca* werden in Aguadas (Caldas) und Sandoná (Nariño) Sombreros gefertigt. Die bekannteste Kopfbedeckung Kolumbiens ist der *vueltiao*. Der Hut wird heute noch nach alten überlieferten Techniken von den Sinú-Indianern aus der *caña flecha* hergestellt. Die besten Werkstätten sind in Tuchin (Córdoba).

Vueltiao-Hüte

Essen & Trinken

Essen

Die kolumbianische Küche zeichnet sich durch eine große regionale Vielfalt aus. Es gibt eine ganze Reihe von Spezialitäten, die für den europäischen Geschmack überraschend und ungewöhnlich sind. In Santander gibt es geröstete Ameisen, im Süden Kolumbiens gelten Meerschweinchen als Delikatesse. Die Costeños lieben - leider - Leguaneier. Die deftige Küche Antioquias besteht aus krosser Schweineschwarte und braunen Bohnen. An den Küsten und im Amazonasgebiet bestimmt der Fisch den Speiseplan.

(Im einzelnen siehe - Typische Gerichte der einzelnen Regionen.)

Trotz dieser Vielfalt wird in der großen Zahl der Restaurants morgens, mittags, abends ein Standardessen serviert, das sich von der Insel San Andrés bis nach Ipiales an der Grenze nach Ecuador kaum unterscheidet

Die **comida corriente (menú ejecutivo)** ist in vielen Ecken des Landes die einzig mögliche und oft die beste Art zu essen. Der Geschmack variiert mit der Kochkunst, kaum mit den Zutaten.

Zum Essen gehört stets eine Suppe (**caldo** oder **sancocho**).

Das Hauptgericht besteht aus Reis, Salat (Zwiebel oder rote Beete dekoriert mit zwei Tomatenscheiben), Kartoffeln oder Yuka, Backbananen. Wahlweise gibt es gebratenes - **carne asada** - oder gedünstetes - **carne linsada** - Rindfleisch, **sobrebarriga** (Bauchfleisch), ein Stück - **pollo** - Hühnchen oder **pescado** - Fisch. Zur Grundausstattung der comida corriente gehören ein Salzfass voller Reiskörner, Salsa de Aji im meist angetrockneten Schälchen, Tomatenketchup aus der Quetschtube, Zahnstocher und gevierteilte Servietten.

AUFGEPASST!
Beliebt bei der kolumbianischen Küche ist das etwas streng schmeckende **Cilantro** (Koriander).

Neben der comida corriente bevorzugen Kolumbianer auch Imbissbuden und Garküchen.

Es gibt:
arepa - Maistortilla
arepa con queso - Pfannkuchen aus Quarkkäse
buñuelos - frittierte Frühstücksbällchen
chicharrón - Schweineschwarten
choripapas - gekochte Kartoffeln mit Soße
chuzo/pincho - Fleischspieß
empanada - heiße Maistaschen mit unterschiedlichen Füllungen
fritanga - eine Art Schlachtplatte, die mit reichlich Bier runtergespült wird
mondongo - Suppe mit Innereien, Kuhmagen und Gemüse
salchipapas - die kolumbianische Variante der Currywurst

Umstellung beim Bäcker - CROASAN mit eingebackenem Schinken und Käse

tamales - gemahlener Mais vermischt mit Schmalz; wird mit Fleischstücken, Kartoffeln, Tomaten, Zwiebeln angereichert und dann in Bananenblätter eingeschlagen.

Das Paradestück der Schnellen Küche ist der **perro caliente** - am besten «*con todo*». Das Würstchen in Fingergröße kommt ins Brötchen, zugedeckt mit Ketchup, Senf, Salsa Rosada, Mayonnaise, Ananassirup, Käsestreusel, Chips. Es folgt die zweite Ladung aller Soßen. Sodann werden ein bis zwei Wachteleier aufgesteckt. Darüber kommt eine kleine Auswahl aus allen Soßen.

Die überwältigende Anzahl der kolumbianischen **Hamburger** ist weder genormt noch maschinell gefertigt. Die weltgrößten Bulettenbrater müssen auch zu Beginn des 21. Jahrhunderts noch eine Menge Überzeugungsarbeit in Kolumbien leisten.

Typische Gerichte der einzelnen Regionen

Karibik/Pazifikküche
An den Küsten gibt es Fisch- und Meeresfrüchte.

Viele Fischgerichte werden in Kokosnussmilch zubereitet, Beilage ist Kokosnussreis.

arroz con camarones - Reis mit Krabben
cazuela de mariscos - Suppe mit allen köstlichen Meeresfrüchten
cocktail de ostras - Austerncocktail
cocktail de camarones - Krabbencocktail
ceviche de camarones o langostinos o pescado - Krabben, Langusten oder Fischsalat
chipi-chipi - eine Muschelart
langostas - Langusten
sopa de cangrejo - Krebssuppe

bagre frito - frittierter *bagre*, ein Süßwasserfisch mit weißem Fleisch
bocachico - geschmackvoller Süßwasserfisch, aber mit vielen Gräten
sábalo - geschmackvoller Süßwasserfisch mit vielen Gräten
atún - Thunfisch
pargo rojo - Meeresfisch
sierra - Meeresfisch
rondón oder **rundown** - eine Suppe, die über dem offenen Feuer zubereitet wird, das Feuer wird aus Palmenblättern und Kokosnussschalen entfacht, in Kokosnussmilch kochen verschiedene Fische, Muschelfleisch, Schweinefleisch, Yuka, *plátanos*, *ñame*, u.a. - Spezialität der Inseln San Andrés und Providencia
arepa con huevo - Maistortilla mit Ei
butifarras - Fleischbällchen
cocadas - karamelisierte Kokosraspeln

Antioquia
Die Küche Antioquias ist herzhaft und deftig. Sie ist mit ihren gemütlichen Restaurants im ganzen Land zuhause und beliebt.

arequipe - Milch, Zucker und Zimt zu einer Creme geschlagen
arroz con chorizo - Reis gemischt mit Bratwurstscheiben
avena - heiße süße Haferflockenmilch
bandeja paisa - das bekannteste Gericht Antioquias, braune Bohnen, Reis, Hackfleisch, kross gebackene *chicharrónes*, Bratwurst, Spiegelei, Avocado, *patacones* und frittierter Süßbanane
carne asado - Rindfleisch, gekocht in Soße oder gegrillt
fresas con crema - Erdbeeren mit flüssiger oder geschlagener Sahne

Ajiaco Bogotano

Der Eintopf ist das bekannteste und wohl auch beliebteste Gericht aus Bogotá. Die Basis bilden drei Arten von Kartoffeln, die helle *papa sabanera*, die kleine *papa criolla* und die dunkle *papa pastuza*. Nicht immer ganz einfach, alle drei Sorten im Ausland aufzutreiben, aber durchaus machbar. Auch den Geschmack der *guasca*, eines aromatischen Gewürzes aus den Anden, wird man nicht immer gleichwertig ersetzen können.

Zutaten für 6 Personen:

1 kg Kartoffeln	60 g Kapern
400 g Hühnerbrust	1 Zweig guasca
3 Maiskolben	1 Zweig Koriander
2 mittelgroße Avocados	10 Tassen Wasser
2 Zwiebeln	20 cl. Schlagsahne
3 Knoblauchzehen	Salz und Pfeffer

Die Hühnerbrüste gemeinsam mit den Kartoffeln, den ganzen Zwiebeln, den Knoblauchzehen mit Salz und Pfeffer und die 10 Tassen Wasser in eine Kasserolle geben und solange kochen bis das Fleisch zart ist - mindestens 45 Min. - und die Kartoffeln zerfallen sind. Die Hühnerbrüste und die Zwiebeln herausnehmen und anschließend die drei - gekochten und in Stücke geschnittenen - Maiskolben hinzugeben. Bei kleiner Flamme weiterkochen, bis die Suppe verdickt. Den guasca-Zweig und Koriander hinzugeben und nach weiteren 5 Min. servieren. Das Hühnchenfleisch in kleine Stücke schneiden und über dem Aijaco verteilen. Der Mais kann in der Suppe oder separat serviert werden. Dazu werden Avocadoscheiben, Kapern und saure Sahne gereicht.

mazamorra - Kompott aus Mais, Wasser, Milch und Zucker

macedonia de frutas - die Sangría aus Antioquia, aus Orangen, Ananas, Papaya, Bananen, Mango und einem Glas Rotwein

Valle - Cauca - Nariño

cuy - gegrilltes Meerschweinchen, typisches Gericht der Region

papas rellenas con carne o queso - Kartoffeln, gefüllt mit Hackfleisch oder Käse

pan de bono - gebackene Bällchen aus Mais, Yuka und Käse

empanadas de arroz de leche - *empanadas,* gefüllt mit Michreis

champús - Getränk aus Mais, *lulo*, Ananas, gesüßt mit *panela*

Santander

hormigas culonas - geröstete Ameisen, das berühmteste Gericht Santanders, seit altersher bei den Indianern bekannt für seine aphrodisierende Wirkung, begehrter Snack in den Monaten März, April, Mai

pepitoria de chivo - Ziegenragout mit Reis

cabrito al horno - Ziegenbraten

yucca frita - frittierte Yuka, als Beilage zu vielen Gerichten

arepas - gebackene Maisfladen, manchmal mit Ei oder Käse gefüllt

mute santandereano - kräftige Suppe mit Schweine- und Rindfleisch, Mais, Kartoffeln, Bohnen

cazuela de conejo - Kanincheneintopf

masato - Kompott aus Reis, Weizenmehl, Wasser und Zucker, typisch für Pamplona

Tolima/Huila
lechona - ein gebratenes Ferkel, gefüllt mit Innereien, Reis und Kartoffeln
viudo de bocachico o capaz - Fischsuppe mit Backbanane und Yuka
achira - kleine Brötchen, aus den Wurzelknollen einer yukaverwandten Pflanze wird das Mehl gemacht
pan de yuca - frittierte Bällchen oder Halbmonde aus Yuka und Käse
guayabas - Gelee aus gleichnamigen Früchten
mistela de mejorana - Aguardiente mit eingelegten Kräutern und mit Wasser, Zitrone und Zucker gemischt

Boyacá/Cundinamarca
ajiaco bogotano - der «Pichelsteiner» des Hochlandkolumbianers, ein Eintopf mit Hühnerfleisch, Mais, drei verschiedenen Sorten Kartoffeln, Avocado und Sahne
almojabana - kleine Brötchen aus Käse und Maismehl
sobrebarriga al horno oder **sudada** - Rinderbraten im eigenen Saft
puchero bogotano - deftiges Gericht mit drei verschiedenen Fleischsorten (Huhn, Rind-, Schweinefleisch), grobe Würstchen mit Yuka und Backbanane - Cundinamarca

Llanos
atol - gekochter Mais, gemischt mit Milch und *panela*, heiß & kalt serviert
mamona (ternera a la llanera) - ein fachmännisch zerlegtes Kalb auf Holzspieße gesteckt, auf offenem Feuer gegrillt und in Bananenblättern serviert

palo a pique - Reis, Bohnen und Kräuter, typisch für das Departement Vichada
capón de ahuyama - mit Käse und Fleisch gefüllter Kürbis - typisch für Arauca
hervido de gumarra - Suppe aus Huhn, *plátano*, Yuka und Kürbis
cachama - der bevorzugte Fisch der Llanos, im eigenen Saft oder gegrillt zubereitet

Amazonas
bolitas de pirarucú - Fischklopse aus dem Fisch *pirarucú*.
fariña oder **manioca** - Grundnahrungsmittel und Reiseproviant der Amazonasindianer, geraspelte und geröstete Yuka
farofa - *fariña* mit Butter oder anderem tierischem Fett geröstet und warm gegessen
casabe - flaches Brot aus Yuka-Mehl
ancas de rana - gebratene Froschschenkel
la boa - gekochte Boa, wird mit Reis und frittierter *plátano* serviert
gamitana - bevorzugter Fisch des Amazonas
sarapaté de charapa - Charapaschildkröte, gekocht in einem Sud mit *plátano*
pinchos de tortuga - marinierte Schildkrötenspieße
torta de huevos de tortuga - Pfannkuchen aus Schildkröteneiern
aguagina - fermentierte Früchte der *canangucho*-Palme
jugo de chontaduro - fermentierte Früchte des *chontaduro*

Trinken

Kolumbien ist **Kaffee**land. Der kleine schwarze *tinto* ist das wichtigste Getränk des Landes und eine nationale Institution. Die Qualität ist allerdings unterschiedlich. Die besten Bohnen sind für den Export bestimmt. Auch der Geschmack ist anders als in Europa. *Clarito* - klar und dünn wie Tee - mögen ihn viele Bewohner der Zona Cafetera. Aber immer muss er süß sein, mit Zucker oder *panela* (brauner Rohzucker in Blockform). Schwarzer Kaffee heißt *amargo* (bitter) und findet wenige Anhänger. In den Restaurants, Bäckereien, Kneipen und zuhause wird der Kaffee morgens in großen Kesseln mit einer Filtersocke aufgesetzt und im Laufe des Tages heißes Wasser nachgefüllt, bis der kräftige Muntermacher zum «Nachgebüddelten» mutiert. In den Büros der Großstädte servieren Heerscharen von **señoras de los tintos** den Kaffee. An der Karibikküste versorgen die unermütlichen **tinteros**, so heißen die wandelnden Kaffeeverkäufer, ihre Kunden unentwegt mit frischen heißen *tintos* in Fingerhutgröße. Kaffee mit Milch heißt je nach Milchanteil mal *café con leche* mal *perico*. Nachdem jahrelang das Oma-Café den gehobenen Kaffeegeschmack bedient hat, sorgt zur Zeit das **Juan Valdez Café**, mit Filialen in allen kolumbianischen Großstädten für eine Kaffeerevolution und rollt den Markt von hinten auf.

Tee ist in Kolumbien nicht verbreitet, und wenn man was Gesundes trinken möchte, bestellt man **aromatica**.

Trinkschokolade ist beliebt, lauwarm zum Frühstück und heiß mit einem Stück Käse in kalten andinen Nachtstunden.

Ein volkstümliches Erfrischungsgetränk ist **aguapanela** (oder **guarapo***)*, aufgelöste *panela* in Wasser mit Zitrone wird je nach Region heiß und kalt und je nach Laune mit oder ohne Aguardiente getrunken.

Der kommerzielle Getränkemarkt befindet sich ganz überwiegend in der Hand der milliardenschweren Santo Domingo Gruppe. Die Erfrischungsgetränke der Marke *Link* schmecken, wie sie heißen, u.a. mit Zitronen- und Orangegeschmack. Dunkelviolett und zartrosa sind die Produkte *uva* (Traube) und *manzana* (Apfel) der Marke **Postobon.**

Die kleinen Bierchen heißen *Aguila, Pilsen, Poker, Club Colombia*. Das venezolanische *Polar* mit dem Eisbären auf dem Etikett kommt nicht mehr wie einst auf Schmugglerpfaden ins Land, sondern wird heute ganz legal in Barranquilla, der Heimat des Aguilabieres, gebraut, konnte aber von Marktführer Bavaria durch eine Werbeoffensive und eine neue Produktpalette auf Distanz gehalten werden.

Nationalgetränk der Kolumbianer ist der **Aguardiente**, ein Zuckerrohrschnaps. Jedes Departement stellt einen eigenen Aguardiente her, der mal mehr oder weniger anisiert ist.

An der Küste und in Antioquia sind auch **Rum** populär.

Wein erfreut sich wachsender Beliebtheit und in der Region um Villa de Leyva hat man mit dem Weinanbau begonnen.

In den Städten ist chilenischer, argentinischer und europäischer Wein erhältlich. Weintrinker, die über Land reisen, sollten einen Korkenzieher dabei haben, in der kolumbianischen Provinz noch immer ein weithin unbekannter Haushaltsgegenstand. Kolumbianer kennen andere Tricks, um eine Flasche Wein zu öffnen. Sie wickeln beispielsweise ein Handtuch um die Flasche und schlagen sie mit der Unterseite solange gegen die Wand, bis der Korken herauskommt.

Das prestigeträchtigste alkoholische Getränk ist, wie in den meisten Orten Lateinamerikas, der **Whisky**, z.B. der Johnny Walker, Black Label.

Früchte

Jeder europäische Reisende wird überrascht sein von der Vielfalt tropischer Früchte, die in ihrer Farbenprächtigkeit an den Marktständen auf sich aufmerksam machen. Die folgende Liste ist nur eine kleine Auswahl des kolumbianischen Obstgartens.

aguacate - Avocado, die besten kommen aus Tumaco, Mariquita und Ibagué

anón - hat eine geschuppte hellgrüne Schale, wird roh gegessen

badea - Passionsfrucht mit einer ovalen Form, gelb-oranger Farbe und kernigem Fruchtfleisch, wird als Saft getrunken und zu Süßigkeiten verarbeitet

banano - die bekannte Banane, von denen es in Kolumbien viele unterschiedliche Sorten gibt

borojó - aus der pampelmusengroßen Frucht wird Saft gemacht, sie wächst im Chocó

brevas - eine Feigenfrucht, die kleinen grünen Früchte werden auch *higos verdes* genannt, sie müssen gekocht werden und aus ihnen wird *arequipe* (süßer Brotaufstrich) hergestellt

caimo - eine runde Frucht mit klebrig gelber Schale, das milchige Fruchtfleisch ist süß und saftig

ciruelas - kleine rötliche oder gelbe Pflaumen mit süßem, milchigem Fruchtfleisch

coco - Kokosnussmilch, in Reis und Pudding

curuba - längliche, gelbe Frucht mit bräunlichem Fruchtfleisch, sie wird als Saft getrunken

chontaduro - kleine, runde, mehlige Früchte der gleichnamigen Palme, die in Stauden wachsen, sie wird gekocht und mit Salz gegessen, in einigen Regionen wird der chontaduro mit Milch, Zucker und Aguardiente als Getränk präpariert

durazno - kleiner Pfirsich, wird hauptsächlich in Boyacá angepflanzt und zu Süßigkeiten verarbeitet

frambuesa - Himbeeren, besonders gut als Milchshake

fresas - Erdbeeren, werden insbesondere in Antioquia mit flüssiger Sahne serviert

granadilla - Frucht mit knackiger Schale, das glibberige Fruchtfleisch erinnert an Froschlaich und wird ausgelöffelt; Vorsicht! Nicht zu viele davon essen, sie fördern die Verdauung

guama - längliche, braune oder grüne Frucht mit weißen, süßen, von einer samtenen Haut ummantelten Kernen

guanábana - kann bis zu 10 kg schwer werden, hat eine grüne Schale, wird als Saft getrunken

guayaba - kleine, runde, apfelsinenfarbene Frucht, aus dem Fruchtfleisch wird Marmelade gekocht

lulo - gelbliche Frucht, aus dem Fruchtfleisch wird Saft gemacht

mamoncillo - grüne, glänzende Früchte im Büschel, die Schale wird mit den Zähnen aufgerissen, das weiße Fruchtfleisch ist erfrischend saftig und leicht säuerlich

mango - die nicht ganz reifen Früchte werden mit Salz gegessen, die reifen Mangos haben ein gelbes, süßes, saftiges Fruchtfleisch

maracuyá - gelbe, wächserne Frucht, das Fruchtfleisch ist leicht säuerlich, wird als Saft getrunken

mora - violette Waldbeere, leicht säuerlich, wird als Saft getrunken, oft als Milkshake

níspero - kleine, braune, runde Frucht mit weichem, süßem Fruchtfleisch, wird roh verzehrt
tamarindo - wird zu Saft präpariert
tomate de árbol - in Form und Farbe tomatenähnliche Frucht, die an Bäumen wächst, aus dem leicht säuerlichem Fruchtfleisch wird Saft gemacht
zapote - ovale braune Frucht, die wie eine Kartoffel aussieht, das rötliche Fruchtfleisch wird frisch verzehrt oder versaftet

Sport

Zu den beliebtesten Sportarten gehören **Fußball** und **Radsport**.

Die **Fußball**-Nationalmannschaft schwankt regelmäßig zwischen Welt- und Kreisklasse. Eine schlagkräftige Mannschaft zu formen, ist kaum einem der Trainer geglückt. Bei der *Copa America* und der Weltmeisterschaft scheiterte Kolumbien zumeist an den eigenen Nerven und der Disziplinlosigkeit. Die großen, viel umjubelten Fußball-Erfolge liegen inzwischen schon einige Jahre zurück. An die WM 1990 («Italia Noventa») denken die Kolumbianer gerne zurück, weil sie dem späteren Weltmeister Deutschland in der Vorrunde ein Unentschieden abtrotzten. Unvergessen ist auch das 5:0 in der WM-Qualifikation gegen Argentinien 1993 geblieben und als *«la goleada»* («die Torflut») in das kollektive kolumbianische Gedächtnis eingegangen. Wochenlang wurde das Spiel auf allen Fernsehkanälen wiederholt und stürzte das Land in einen nicht enden wollenden Siegestaumel. An jeder Ecke gab es T-Shirts zu kaufen, die einen vor Kapitän «El Pibe» Valderama knienden Diego Armando Maradona zeigten, der um Erbarmen fleht, dabei hatte der nicht einmal mitgespielt, sondern die Demontage seiner Selección von der Tribüne miterleben müssen. Nach dem Triumph von Buenos Aires kürte Pelé Kolumbien zum Favoriten auf den WM-Titel, aber die Mannschaft, die zur WM 1994 in den USA auflief, wirkte schon vor Spielbeginn vollkommen verunsichert. Das bis dato so exzellente Kurzpassspiel kam nicht auf Touren. Und als das Eigentor des Verteidigers Andrés Escobar im Spiel gegen den Gastgeber USA fiel, war Kolumbien bereits ausgeschieden. Einige Tage später wurde der Eigentorschütze vor einer Discothek in Medellín von einem Fußballfanatiker - ob im Auftrag der Wettmafia ist nie geklärt worden - erschossen. Der kurze Höhenflug des kolumbianischen Fußballs endete in dramatischer Ernüchterung.

Immer wieder hat der kolumbianische Fußball für internationale Schlagzeilen gesorgt. Dabei stand selten einmal die Spielfreude und Begeisterung von Spielern und Fans im Mittelpunkt. Ins Gewicht fallen Negativberichte über Spielmanipulationen, ein Ligastreik, Bedrohungen von Schiedsrichtern und Trainern, Eskapaden und unnatürliche Todesfälle von Spielern. Kaum zu glauben, der ehemalige Nationalspieler Herman «Carepa» Gaviria von Deportivo Cali wurde im Oktober 2002 während des Trainings auf dem Übungsgelände bei einem Tropengewitter vom Blitz erschlagen. Der Trainer Luis Fernando Montoya, überraschend Meister und anschließend sogar Gewinner der Copa Libertadores mit dem Außenseiterclub Once Caldas, wurde Ende 2004 von zwei brutalen Gangstern in seiner Wohnung niedergeschossen und lebensgefährlich verletzt.

Fußballgott «Pibe» Valderama als Maskerade auf dem Karneval in Barranquilla

Der wohl bekannteste Fußballer Kolumbiens im Ausland ist noch immer der (mehrmals) zurückgetretene René Higuita, dessen Ausflüge in die gegnerische Hälfte skandalumrankes Aufsehen erregten und nicht selten zu Gegentoren führten. In den europäischen Ligen undenkbar, verlangt das kolumbianische Publikum solch spektakuläre Aktionen. Während der Fernsehübertragung wurde nach jeder gelungenen Abwehraktion Higuitas der Salsarefrain *«No me digas mas caballero, no me digas mas!»* («Du sagst mir nichts mehr, Mann!») angespielt. Endgültig in den kolumbianischen Fußballolymp stieg René Higuita auf, als er in einem Freundschaftsspiel gegen England im Wembley-Stadion den Ball nach vorne springend mit zusammengeschlagenen Hacken von der Linie schlug. Seitdem nennt ihn ganz Kolumbien verzückt *«El alacrán»*, «der Skorpion», übrigens ein Spitzname, den vor ihm auch schon ein Mafiosi des Cali-Kartells trug.

Die Generation um «El Pibe» Valderama, Faustino «El Timo» Asprilla, Freddy Rincón und Adolfo «El Tren» Valencia, die alle einmal bei europäischen Spitzenclubs unter Vertrag standen, ist mittlerweile abgetreten. Als letzter verkündete Faustino Asprilla, der nach den Stationen AS Parma, Newcastle United und Universidad de Chile in die alte Heimat zurückgekehrt ist, seinen Rücktritt und will allenfalls noch einmal für seinen Heimatclub Tuluá (bei Cali) gegen das runde Leder treten. Zusammen mit «Pibe» Valderama bereichert er inzwischen das Unterhaltungsprogramm beim Fernsehsender Caracol. Die beiden ehemaligen Fußballstars traten in der kolumbianischen Version des «Dschungelcamps» gegeneinander an. Die neuen Namen in der kolumbianischen Fußballszene tauchen so schnell auf, wie sie wieder in der Versenkung verschwinden. Die Talente werden von Spielerbeobachtern, die zumeist aus Italien stammen, gesichtet.

Der kolumbianische Fußball verbreitet international zur Zeit viel Tristesse und wenig Schrecken, die WM-Qualifikation für 2006 in Deutschland wurde leichtfertig verspielt und für 2010 in Südafrika sieht es kaum besser aus. Argentinien und Brasilien sind enteilt, aber auch Paraguay, Ecuador, Uruguay und Chile, deren Spielkultur keineswegs besser ist, haben sich in der Tabelle vorbeigeschoben. Mit den erfolgreichen Nationaltrainern Francisco («Paco») Maturana und Hernán Darío («Bolillo») Gómez war Kolumbien in den 1990er Jahren einmal auf dem besten Weg zur lateinamerikanischen, wenn nicht gar zur Weltspitze. Die beiden Trainer, die man inzwischen mit Kusshand wiedereinstellen würde, übernahmen anschließend ein Engagement im Nachbarland Ecuador und führten den einstigen Fußballzwerg konsequent an den Weltfußball heran.

Die wichtigsten Clubmannschaften des Landes sind Atletico Nacional (Medellín), Millonarios (Bogotá), America (Cali), Junior (Barranquilla).

Kolumbien ist das Land mit der längsten **Radsporttradition** Lateinamerikas. Es hat herausragende Radrennfahrer hervorgebracht, Kletterer, «Bergziegen», die in dem Land mit den drei Kordilleren ein ideales Übungsfeld haben und stets für einen Etappensieg bei der Tour de France gut sind, sobald es in die Alpen geht. Eine Radsportlegende ist **Lucho Herrera**, der in den 1980er Jahren für Furore sorgte. Zu Zeiten von Lance Armstrong war **Santiago Botero** neben Jan Ullrich der einzige, der dem Champ beim Zeitfahren oder auch mal in den Bergen gelegentlich einige Sekunden abnehmen konnte. Die Auf- und Abs des sympathischen Mannes aus Medellín sind allen Radsportenthusiasten hinlänglich bekannt. Jahr für Jahr finden vielversprechende Nachwuchsfahrer aus Kolumbien ihren Weg nach Europa, und die jährlich stattfindende **Vuelta a Colombia** hat sich abseits der Doping-Querelen zu einem hochklassigen Radsportereignis entwickelt.

Beliebtestes Freizeitvergnügen der Hochland-Kolumbianer, besonders in den Provinzen Cundinamarca und Boyacá ist das **Tejo Spiel**. Gespielt wird mit einer Stahlscheibe (*tejo*). Das Spielfeld ist 19,5 auf 2,5 Meter. An beiden Enden befindet sich eine schräggestellte Kiste, die mit Lehm gefüllt ist. In die Mitte wird ein Metallring gesteckt. Unterhalb des Metallrings befindet sich ein kleiner Zündkörper, gefüllt mit Pulver und Streichhölzern. Die beiden Mannschaften zu je vier Mann werfen die Scheiben von einer Seite zur anderen. Die Mannschaft, deren Spieler den Knall herbeiführt, hat gewonnen. Das Spiel ist verbunden mit großen Mengen Bier, und der Verlierer zahlt die nächste Runde. Neben Tejo erfreuen sich (3-Band) Billard, Schach und Bingo großer Beliebtheit.

Bogotá

Bogotá

2600 Meter, 15°C, ca. 8 Mio. Einwohner
☽ 1

Bogotá ist die Hauptstadt des Landes und heute die größte Metropole in den Anden. Die Stadt erstreckt sich über die gleichnamige *Sabana*, ein weitgezogenes Hochplateau, das im Osten durch eine steil ansteigende Bergkette mit den weithin sichtbaren Erhebungen Monserrate und Guadelupe begrenzt wird. Im Westen der Savanne fließt der (in der Stadt kaum wahrgenommene) Río Bogotá und stürzt im Salto de Tequendama über eine Abbruchkante tief hinab.

Wenn man sich aus der Luft nähert und die Sonne durch die Wolken bricht, blickt man wie in einen riesigen Spiegel. Es sind die Dächer 100er Gewächshäuser, die wie ein Ring um die Stadt gelegt sind.

Einige verbliebene Grünflächen am Rand der Berge dienen nach wie vor als Kuhweide, aber die Brachflächen entlang der Avenida El Dorado zwischen Flughafen und Stadtzentrum sind in letzter Zeit fast komplett geschlossen worden, ein Beleg für die rege Investitionstätigkeit. Seit einigen Jahren verbindet ein neuartiges Verkehrssystem die weit auseinandergezogenen Stadtteile. Der TransMilenio ist ein oberirdischer Metroersatz auf Rädern, ein intelligentes Verkehrssystem und doch erst eine Notlösung, die gerade noch rechtzeitig gesucht und gefunden wurde, bevor der endgültige Verkehrsinfarkt die Stadt ereilte.

Der rasanten Zunahme der Mobilität der Hauptstadtbevölkerung ist die Stadtverwaltung mit der Einführung einer *Pico y Placa*-Regelung begegnet, die den Privatverkehr auf bestimmte Wochentage, eingeteilt nach geraden und ungeraden Endziffern der Autokennzeichen, beschränkt. Die Vielzahl der Busse, die noch vor kurzem mit gen Himmel gerichteten Auspuffrohren die Luft verpesteten und an jeder Ecke hielten, hat sich zwar merklich reduziert, und die *Trancones* (zähfließender Verkehr) beschränken sich weitgehend auf das ein oder andere Nadelöhr an den Ausfallstraßen, trotzdem ebbt die Rush-hour erst nach Einbruch der Dunkelheit ab, beginnt aber bereits um fünf Uhr früh.

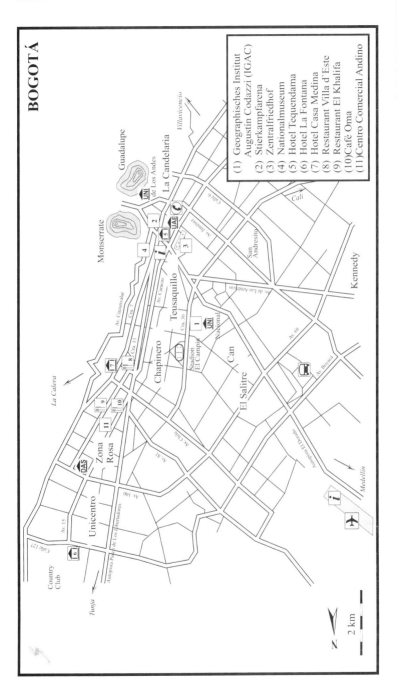

Die Fahrt durch Bogotá, vom Zentrum ins moderne *Norte,* kann noch immer zum Geduldsspiel werden, zumal wenn man die Schleichwege nicht kennt. In nur wenigen Jahren sind die vielen US-Strassenkreuzer aus den 50ern und 60ern aus dem Stadtbild so gut wie verschwunden, und nur noch selten begegnet man noch einer *tractomula*, einem Pferdewagen mit Antreiber, die kleine Transporte innerhalb der Stadt und dem angrenzenden Umland ausführt. Wie zum Ausgleich zum Verkehrsstress der Wochentage, verwandelt sich die Hauptstadt an den Sonn- und Feiertagen durch die Einführung der *Ciclovías* in eine Oase der Ruhe, wenn die wichtigsten innerstädtischen Hauptverkehrsadern von 7.00-14.00 Uhr ausschließlich Radfahrern, Rollerscatern, Langstreckenläufern und Spaziergängern vorbehalten sind.

Mit Beginn der Woche ist Bogotá wieder das quirlige Geschäfts-, Regierungs- und Verwaltungszentrum des Landes. Nirgendwo sonst in Kolumbien sieht man so viele Mädchen in Kostümen und Männer mit Krawatten, busy wie in New York. «Athen von Südamerika» wurde die Stadt einst genannt, nicht wegen der Temperaturen, sondern wegen ihrer Literaten- und Philosophenszene.

Heute hat die Stadt über 30 Universitäten, Museen, Bibliotheken und eine unüberschaubare Zahl von Stiftungen und Forschungsinstituten. An den teuren Privatuniversitäten träumen die Studenten von den USA und Europa - an der Universidad Nacional von Ché, Mao, Buddha und den Beatles. Aber die phantasievollen, kreativen Menschen sind nicht nur an den Unis, sie bevölkern die Straßen und Plätze, sie verlesen Gedichte, machen Straßentheater und Musik.

Bogotás Arme leben südlich des Zentrums in einer der größten Barackenstädte Lateinamerikas: *Ciudad Bolívar*, wo sich die Asphaltwege in Schlammpfade auflösen und die Stromleitungen enden.

Die Reichen zieht es immer weiter nach Norden. Die gute Adresse erkennt man an den steigenden *Callenummern* (Straßennummern), mindestens dreistellig. Nach Norden wird die Stadt schicker, teurer und exquisiter, selbst die Zahl der Parks, von denen die Stadt einige flächenmäßig große, aber insgesamt betrachtet noch zu wenige hat, nimmt zu. Dort ist es dann auch international. Dänisches Eis und italienische Mode, deutsche Autos und schwarzes Hauspersonal.

Trifft man sich im Norden romantisch am Kaminfeuer, so stehen im Süden Gruppen zerlumpter Bettler mit rußverschmierten Gesichtern wie Kohlemenschen um ein leeres Benzinfass, aus dem Flammen schlagen, um sich zu wärmen.

In der Architektur dominiert roter Backstein, sei es nun bei Hochhäusern, Einkaufszentren oder Stierkampfarenen. Die Stadt lebt in nervöser Dynamik, in einem ständigen Entstehen und Vergehen. Im Westen entstehen in aller Eile neue Wohnviertel und Satellitenstädte auf der grünen Wiese. Im einst elegantem Stadtteil *Teusaquillo* trifft man noch auf stille, verträumte Straßenzüge; nur einen Steinwurf von der Kohlenmonoxydschleuder, der *Avenida Caracas* entfernt.

Die Backsteinvillen im altenglischen Stil der 1930er Jahre, mit großen Außenkaminen und von Efeu überwuchert, sind heute dem Verfall preisgegeben und wie anderswo in den Großstädten dieser Welt zu Spekulationsobjekten herabgesunken - Hausbesetzer gibt es hier nicht, nur einige Alte führen ihre Hunde aus.

Bogotá besteht aus vielen Städten, denn die Bewohner stammen fast alle nicht von hier, sondern aus den übrigen Regionen des Landes. Jeder hat seine Eigenheiten, seine Kultur mitgebracht, aus den Dörfern Boyacás und Santanders, von den Küsten oder dem Flachland. Noch hat der Bogotano das Großstadtleben nicht verinnerlicht, die Stadt ist in einem halben Jahrhundert von der Kleinstadt zur Metropole explodiert, und das Wachstum geht unaufhörlich weiter. Das unterscheidet die Stadt von Buenos Aires oder New York und erst recht von europäischen Städten. Es gibt keine urbanen Traditionen. Die Seele der Stadt liegt in ihren ländlichen Wurzeln. Der älteste Stadtteil - die *Candelaria* - vermittelt noch immer einen guten Eindruck vom Beginn des 20. Jahrhunderts. Die Menschen wohnen in kleinen, einstöckigen, weiß getünchten oder farbig bemalten Häusern mit Innenhöfen und roten Ziegeldächern. Das historische Zentrum war jahrelang vernachlässigt worden. Jetzt wird eifrig renoviert. Theater schießen aus dem Boden, Galerien und Ateliers. Neue Cafés und Restaurants beleben die Szene. Hier treffen sich die Dichter, von denen Bogotá viele hat, und die Studenten genießen die Sonnenstrahlen auf der kleinen *Plaza de Quevedo*, wo einst der Zipa regierte, mit einem Bier und manchmal einem Joint in der Hand.

Bogotá hat sein historisches Zentrum wieder entdeckt. Noch wohnt man im Norden, aber ins Theater, zum Kaffeetrinken oder zur *chocolate con queso* oder in den neu hinzugekommenen Restaurants trifft man sich in der Candelaria.

Stadtgeschichte

Gonzalo Jiménez de Quesada gründete die Stadt am 6. August 1536. Die Messe hielt Fray Bartolomé de las Casas ab an der Stelle, wo heute die Plaza Bolívar steht.

Bogotá entwickelte sich in Kolonialzeiten nur langsam und stand bis zu Beginn des 19. Jahrhunderts im Schatten von Cartagena, obwohl es bereits 1550 zum Sitz der Real Audiencia, der Regierung für die neu entdeckten Gebiete, wurde. Bogotá war kein Handelszentrum, sondern ein abgeschiedener Ort der Welt für Theologen und Juristen.

Mit der Entstehung des neuen Weltbildes und dem Heranwachsen einer Wissenschaftlergeneration, die José Celestino Mutis am Colegio de Rosario ausbildete, wuchs die Bedeutung und der Ruf der Stadt. **Alexander von Humboldt** wurde 1801 vom Erzbischof wie ein Staatsgast empfangen.

Nach der Unabhängigkeit 1810 wurde Bogotá zur Hauptstadt des ersten Kongresses der unabhängigen Provinzen von Nueva Granada, nach der endgültigen Niederlage der Spanier 1819 zum Regierungssitz von Gran Colombia, bestehend aus den heutigen Staaten Kolumbien, Venezuela, Ecuador und Panama.

Seit 1830 ist Bogotá die Hauptstadt der Republik Kolumbien. Bis ins 20. Jahrhundert wuchs die Stadt nur langsam und blieb bäuerlich geprägt.

Nach der Ermordung des Liberalenführers **Jorge Eliécer Gaitán** am

Jorge Eliécer Gaitán
- Volkstribun und ermordeter Hoffnungsträger -

Jorge Eliécer Gaitán (1898-1948) war der erste bedeutende Politiker in Kolumbien, der offensiv sozialistische Thesen vertrat, die Rechte der Arbeiter und Frauen verteidigte und die gesellschaftliche Verkrustung des Landes aufbrechen wollte. Bevor er zum Präsidenten gewählt werden konnte, wurde er an jenem schicksalhaften 9. April 1948 in Bogotá an der belebten Straßenkreuzung von Av. Jiménez und Carrera Séptima ermordet, ein nie gänzlich geklärtes Attentat, das binnen weniger Stunden zum Volksaufstand führte, die Stadt in Schutt und Asche legte (*El Bogotazo*) und anschließend jahrzehntelang das ganze Land bis in die Gegenwart verzehren sollte (*La Violencia*).

An der Universidad Nacional hatte Gaitán 1924 mit einer Arbeit über «Die sozialistischen Ideen in Kolumbien» promoviert und war anschließend nach Rom gereist, um sich dort beim renommierten Strafrechtler und Kriminologen Enrico Ferri in das mo-

9. April 1948 : «Asesinaron a Gaitán...!»

9:00
Gaitán betritt sein Büro im Edif. Agustín Nieto (Cra. 7 No 14-35).

10:00
Der Attentäter Juan Roa Sierra bestellt einen Tinto im Café Gato Negro gleich um die Ecke.

12:30-13:00
Plinio Mendoza Neira holt seinen Parteifreund Gaitán im Büro ab, um mit ihm gemeinsam die wenigen Schritte ins Hotel Continental zurückzulegen, um dort zu Mittag zu essen.

derne Strafrecht zu vertiefen und zum Abschluss seiner Studien einen zweiten Doktorhut nach Hause zu tragen. Nach der Rückkehr nach Bogotá stieg er in die aktive Politik ein. Binnen kürzester Zeit schuf sich der überragende Redner und Rhetoriker innerhalb und außerhalb des Kongresses viele Freunde und Feinde. Abgeordneter, Diplomat, Strafverteidiger und Rechtsprofessor, anschließend Bürgermeister von Bogotá (1936), Erziehungsminister (1940), Arbeitsminister (1943) und schließlich Präsidentschaftskandidat und alleiniger Vorsitzender der Liberalen Partei waren die Stationen einer steilen Karriere, die in den Trümmern des *Bogotazo* unterging.

Die Stunden und Tage des *Bogotazo* wurden für eine nachwachsende Generation junger Studenten zum einschneidenden Erlebnis. Politische, akademische oder künstlerische Überzeugungen wurden durch die aufwühlenden und mitunter traumatischen Erfahrungen jener Tage geboren und nachhaltig geprägt. Fidel Castro, Gabriel García Márquez, der Verfassungsrechtler Carlos Restrepo Piedrahita oder der Architekt Rogelio Salmona zählen zu den unterschiedlichen Charakteren und Persönlichkeiten, die den Bogotazo aus nächster Nähe erlebt haben.

«Sie haben Gaitán ermordet..!»

13:05

Der Attentäter feuert drei Schüsse ab und flüchtet. Die aufgebrachte Menge lyncht den Täter und schleift die Leiche bis zur Plaza Bolívar. Der in den Kopf getroffene Gaitán wird ins Hospital Central gebracht. Dort wird die Leiche Gaitáns obduziert und aufgebahrt.

14:30-18:00

Die ersten Straßenbahnen gehen in Flammen auf, es folgen diverse Kolonialvillen von einflussreichen Politikern, Hotels und die Gebäude der konservativen Tageszeitungen, darunter das Blatt El Siglo des verhassten Führers der Konservativen, Laureano Gómez.

nach 18:00

Im nächtlichen Bogotá türmen sich die Leichenberge, lodern die Feuer, rauchen die Trümmer, Heckenschützen haben sich auf den Dächern verschanzt .Die Armee versucht lange Zeit vergeblich wieder Ruhe und Ordnung herzustellen.

9. April 1948 kam es in Bogotá zu verheerenden Unruhen. Der «Bogotazo» kostete über 3000 Menschen das Leben. Weite Teile der Stadt wurden verwüstet, Ministerien, Botschaften und Hotels gingen in Flammen auf.

Zu Beginn der 1950er Jahre setzte ein heftiges Bevölkerungswachstum ein, das unvermindert anhält. Immer mehr Fläche der Savanne von Bogotá, an deren Rand die Stadt einst begann, wird bebaut, und die Ausdehnung wird wahrscheinlich erst beendet sein, wenn die gesamte Hochebene bedeckt ist.

Orientierung

Routen

Bogotá erstreckt sich in Süd-Nord-Richtung entlang einer Hügelkette. Am Fuß der Berge Monserrate und Guadalupe liegt das historische Zentrum mit der Plaza Bolívar. Die Hauptrouten, die die Stadt durchschneiden, sind die Avenida Jiménez, die Carrera 7 (Séptima, die alte Calle Real), die Avenida Caracas und die Avenida Boyacá in Nord-Süd-Richtung (Tunja - Villavicencio). Nach Westen führen die Autopista El Dorado (Calle 26) zum Flughafen und die Avenida Las Américas nach Giradot in Richtung des Magdalenatals.

Stadtteile

Im Rücken der Plaza Bolívar liegt das koloniale Bogotá mit den Stadtteilen **La Candelaria** und **Egipto**. Die Grenze des historischen Kerns markiert im Norden die Avenida Jiménez (im Süden die Calle 7). Wo heute die Av. Jiménez mit der neu geschaffenen Trasse für den TransMilenio verläuft, floss früher der Río San Francisco, der längst kanalisiert ist. Trotzdem tritt die Av. Jiménez regelmäßig bei starken Regenfällen über «die Ufer», und die jetzt am höchsten gelegene Station des **TransMilenio** heißt daher nicht ohne Grund **Estación Las Aguas**. Von dort geht es hinauf zum Hausberg Bogotás, dem **Cerro Monserrate** mit dem gleichnamigen Santurío.

In Richtung Norden entlang der **Carrera Séptima** stößt man auf das Centro Internacional mit dem Tequendama-Hotel und den Büros der meisten Fluggesellschaften. Am Berganstieg hinter der **Plaza de Toros La Santamaría** liegt das **Barrio La Macarena**, eine Art Montmartre von Bogotá, mit einigen snobistischen In-Restaurants. Weiter nördlich schließt sich das umtriebige Einkaufsviertel **Chapinero** an. Bei der Calle 80 beginnt die **Zona Rosa**, das Ausgeh- und Vergnügungsviertel. Das große Einkaufszentrum **Unicentro** liegt noch weiter nördlich, Calle 123.

Südlich des Zentrums und südwestlich der Avenida Caracas erstrecken sich die ärmeren Wohngebiete, **Kennedy** und **Ciudad Bolívar**.

Westlich des Zentrums, auf der nördlichen Seite der **Av. El Dorado** (Calle 26), in Richtung Flughafen, liegen **Teusaquillo** und **La Soledad**, zwei gewachsene Wohnviertel mit allenfalls zwei- bis dreigeschossiger Bebauung. Nach Westen bleibt noch Platz zur Ausdehnung. Hier liegen der Flughafen und der Busterminal. Hier entstehen die neuen Satellitenstädte.

Nummerierung

Die Callezahlen steigen vom Zentrum nach Norden wie nach Süden an, im Süden mit dem Zusatz Sur.

Die Carreras (Avenidas) verlaufen nach Westen. Mit Ausdehnung der Stadt sind Diagonalen und Transversalen hinzugekommen. Das sollte nicht verwirren. Die Diagonalen entsprechen den Calles und die Transversalen den Carreras.

Die Hausnummer besteht aus drei Ziffern, z. B. Carrera 15 No 96-55. Dieses Haus liegt in der Carrera 15, zwischen den Calles 95 und 96.

Informieren

Bogotá hat mehrere Tourismus-Informationsstellen.

www.bogotaturismo.gov.co

Plaza Bolívar. Hier gibt es einen Stadtplan. Cra. 8 No 9-83. ☏ 3274916/ 327 49 00. ⊕ täglich 8-18. zentral gelegen, freundlich und gut informiert.

Muelle Internacional Aeropuerto El Dorado. ☏ 413 90 53/ 425 10 00. ⊕ täglich 9-21.

Muelle Nacional Aeropuerto El Dorado. ☏ 413 87 32/ 425 10 00. ⊕ täglich 9-21.

Terminal de Transporte (Busbahnhof). Trv. 66 No 35-11 Módulus 5-Local 127. ☏ 295 44 60. ⊕ täglich 7-19.

Centro Comercial Unicentro. Entrada 8 Piso 1. ☏ 612 19 67. ☏ täglich 9-21.

Turismo de Cundinamarca. Calle 16 No 7-76. www.cundinamarca.gov.co, mit Informationen über touristische Ziele in der Umgebung von Bogotá, dem Departement Cundinamarca.

Secretaría Distrital de Cultura, Recreación y Deporte (Alcaldía de Bogotá). Cra. 8 No 9-83. ☏ 327 49 00. www.culturare creacionydeporte.gov.co, zuständig für Kultur, Freizeit und Sport in der Hauptstadt.

Banken und Wechsler

Die Hauptstellen der meisten großen Banken liegen im Zentrum, entlang der Carrera 8. Zweigstellen sind über die ganze Stadt verteilt. ATMs findet man einfach am Flughafen El Dorado (national und international), Terminal de Transporte und den viel frequentierten Shopping Malls Unicentro, Centro Andino, Hacienda Santa Bárbara, u.a.

(American Express-) Travellerschecks sind nicht mehr weit verbreitet und werden bei den Banken nur am Vormittag eingelöst.

Banco de Bogotá, Travellerschecks, alle Karten, ATM, Calle 14 No 7-73, Av. Jiménez No 3-17

Bancolombia, alle Karten, ATM, Cra. 8 No 13-17

Banco Popular, Travellerschecks, alle Karten, ATM, www.bancopopular.com.co, Cra. 7 No 13-93

BBVA Colombia, alle Karten, ATM, www.bbva.com.co

Banco Santander, alle Karten, ATM, www.bancosantander.com.co, Calle 12 No 7-32, 1.Stock

Eagle Exchange, Cra. 6 No 14-74, Of. 303, Edificio Exprinter, ☏ mobil 311 521 7693

Eduar Perz, Cra. 6 No 14-40, ☏ 341 77 27

Atlas Cambios, Av. 15 No 124-11, Local 103, beim Unicentro, ☏ 215 70 36

Viele der landesweit in den größeren Städten vertretenen Tauschbüros von **Cambiamos** (www.cambiamos.com) sind in den Supermärkten von Carulla und Vivero angesiedelt, in Bogotá Calle 47 und Cra.9, Calle 85 und Cra.15.

Emerald Trade Center wechselt **Thomas Cook Travellerschecks**, Av. Jiménez mit Calle 4.

Frankieren und Telefonieren

Servientrega, www.servientrega.com, privater Postdienst und internationaler Versender.

Deprisa, www.deprisa.com, ein privates Beförderungsunternehmen der Avianca Cargo für eilige Sendungen und nationale wie internationale Frachtlieferungen.

TCC, www.tcc.com.co, privater Post- und Paketdienst.

4-72, www.4-72.com.co, benannt nach dem Breiten und Längengrad, der das Zentrum Kolumbiens markiert (Nachfolgeunternehmen der durch Präsidentendekret 2006 liquidierten staatlichen Adpostal), der allgemeine Postdienst mit 3000 Postannahmestellen im ganzen Land, der aber allenfalls noch über 20 % Marktanteil verfügt.

Telefónica de Colombia (Telecom), www.telefonica.com.co, für Gespräche innerhalb des Festnetzes.

Es gibt viele Telefónica-Telecomstellen verteilt über die ganze Stadt.

Minutos für Mobiltelefongespräche der Anbieter Comcel, Movistar, Tigo, ab 200 Pesos pro Minute, nicht zu übersehen auf der Strasse, an den Kiosken, überall werden einem Handys zum Telefonieren entgegengehalten.

Internetcafés

sind zahlreich in Norte, in der ShoppingMall Unicentro stehen Standgeräte für Gratis-Internet («Uniclic»). Im Zentrum entlang der Séptima und in der Candelaria um die Bibliothek Luis Angel Arango, 1500-2000 Pesos pro Std.

Polizei

Die Touristenpolizei (Policía de Turismo) ist in der Cra. 13 No 26-53, ✆ 337 44 13/ 243 11 75. In der Zona Norte gibt es ein Büro in der Cra. 15 No 78-77, ✆ 257 93 36. Über die ganze Stadt verteilt findet man hilfsbereite Polizeiposten der **CAI**.

DAS und Pass

Das Büro der **DAS** - Extranjeria - ist in der Calle 100 No 11 B-27. ✆ 601 72 00. ⏱ Mo-Do 7.30-16, Fr 7.30-15.

Historisches Zentrum und Candelaria

Es ist relativ klein und leicht zu Fuß zu erkunden. Um die Plaza Bolívar (Cra.7 und Calle 11), einem weiträumigen, quadratischen Platz, liegen vier interessante Gebäude, die alle Jahrhunderte der Stadtgeschichte vereinen - Kathedrale und Rathaus, Parlament und Justizpalast. Von Vorteil für die Fußgänger ist der Kreuzungsbereich von Carrera 7 («Séptima») und Avenida Jiménez, teilweise für den Autoverkehr gesperrt.

Nach Osten schließt sich die **Candelaria** an. ein Bezirk mit steil ansteigenden Straßen und Gassen mit über einem Dutzend schöner Kolonialvillen mit gepflasterten und bepflanzten Innenhöfen. Hier liegt das kulturelle Zentrum der Stadt mit seinen Museen, Theatern, Bibliotheken, einigen Universitäten und vielen kleine Cafés und guten Restaurants. Die schönste Straße und gesperrt für den Autoverkehr ist die Calle del Coliseo (Calle 10).

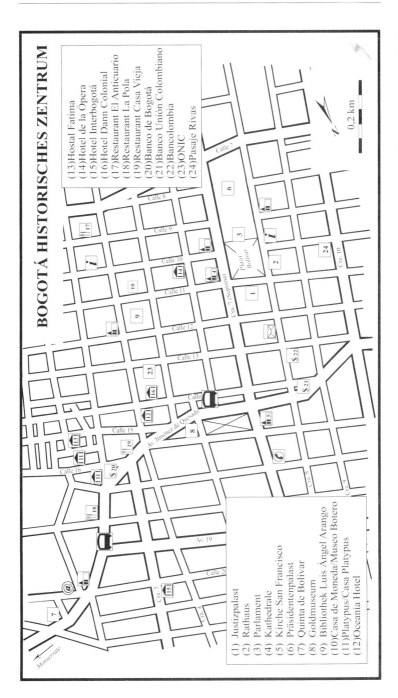

Kathedrale

Die Kathedrale steht an der Stelle der ersten strohgedeckten Kirche der Stadt. Der monumentale Bau stammt aus dem Beginn des 19. Jahrhunderts. Der Innenraum ist nur spärlich dekoriert. Hier befinden sich u. a. Ölgemälde der vier Evangelisten und ehemaliger Erzbischöfe der Stadt. Die Gebeine des Stadtgründers Gonzalo Jiménez de Quesada liegen hier begraben.

Zerstört und wieder neu errichtet – der Justizpalast an der Plaza Bolívar.

Capilla de Sagrario

Die kleine Kapelle neben der Kathedrale wurde von 1660-1700 erbaut. Der Marmorfußboden stammt aus Italien, die Ölgemälde von Gregorio Vásquez.

Justizpalast

Der Justizpalast ist ein Neubau und wird im Volksmund - wörtlich - «Bunker» genannt. Das Vorgängergebäude hatte die kolumbianische Artillerie im November 1985 zerschossen, nachdem die Guerrillabewegung M-19 den Palast besetzt und die höchsten Richter des Landes sowie Justizangestellte als Geiseln genommen hatte. Bei der Erstürmung kamen mehr als 100 Menschen ums Leben.

Palacio de Nariño

Der Präsidentenpalast wurde mehrfach restauriert und ist ein überwiegend neoklassizistisches Gebäude. Der Amtssitz des Präsidenten ist schon seit Jahren nicht mehr für den Publikumsverkehr geöffnet. Die populäre Entscheidung des Expräsidenten Belisario Betancur, den Palast dem Volk zu öffnen, wurde aus Sicherheitsgründen rückgängig gemacht. Wer unbedingt einmal in das Zentrum der Macht vordringen möchte, kann es mit einem Anruf, ☏ 562 93 00, besser aber mit einem Brief an den Secretario de Seguridad versuchen. Die Wachablösung der Ehrengarde findet täglich um 17.00 auf dem Hof vor dem Palast statt. Die Operettenuniformen der Garde sind von Simón Bolívar persönlich entworfen worden.

Cra. 8 No 7-26.

Observatorium

Auf der Rückseite steht das für das Publikum unzugängliche astronomische Observatorium, ein wahres Kleinod aus den letzten Kolonialtagen, errichtet zwischen 1802/03 mit einem für die damalige Zeit hochmodernen achteckigen Grundriss auf dem einstigen Gelände der Botanischen Expedition von José Celestino Mutis. 1805 durch José Caldas eingeweiht, zum krönenden Abschluss dieses einzigartigen Forschungsunternehmens. Calle 7-9.

San-Ignacio-Kirche

Die Jesuitenkirche wurde vom Architektenpater Juan Bautista de Coluccini im 17. Jahrhundert erbaut. Die Kirche beherbergt kunstvoll verzierte Barockaltäre und Bilder des Renais-

sancekünstlers Gregorio Vásquez de Arce y Ceballos.
Calle 10 zwischen Cra. 6 und 7.

Museen

Zu den international herausragenden Museen in Bogotá gehören seit altersher das **Goldmuseum** (Museo de Oro) und seit kurzer Zeit das **Museo Botero**.

SEBRA TIPP

Goldmuseum (Museo de Oro)
Das Goldmuseum wurde 1939 durch die Banco de la República gegründet, die den Grundstock der Sammlung von Nemesio Cano angekauft hatte, einem Minenbesitzer und Sammler aus Antioquia, dessen Enkel später die Galerie Cano gründeten (siehe Artesanía). Das Goldmuseum besitzt über 33.000 Gold-, Silber- und Platinstücke sowie 12.000 Keramiken, Textilien und Holzarbeiten. Das Goldmuseum zeigt die Vielfalt der präkolumbianischen Kulturen, von denen einige in voller Blüte standen, andere längst verschwunden waren, als die Spanier das Land eroberten.

Zwischen 2004 und 2008 wurden umfangreiche Umbauarbeiten an der Fassade wie im Inneren des Museums durchgeführt, um die Sammlung nach neuesten ästhetischen und museumspädagogischen Vorstellungen zu präsentieren. Die Goldstücke sind in perfekt ausgeleuchteten großen Vitrinen an hauchdünnen Metallstäben befestigt, die die Objekte an der Rückseite umfassen und dadurch dem Betrachter einen schwebenden Eindruck vermitteln.

Die Metallurgie wurde vor 3500 Jahren in Alt-Peru erfunden und gelangte von dort in den Süden Alt-Kolumbiens. Ein halbes Jahrhundert v. Chr. Geburt erreichte die Goldschmiedekunst ihren Höhepunkt in den Anden und an den Küsten. Es entwickelten sich über zwölf unterschiedliche Stilformen.

Die prähispanische Goldschmiedekunst beruhte auf dem Schmelzen des Metalls in Wachsform und der Bearbeitung mit dem Hammer. Einige lokal-begrenzte Fertigkeiten kamen hinzu. In der Region **Nariño** verwendete man neben der ansonsten üblichen Gold-Kupfer-Legierung reines Kupfer, das schwieriger und anspruchsvoller zu bearbeiten war. Die **Tumaco** bearbeiteten Platin ohne Schmelze, vermengt mit Goldbestandteilen. Durch das Kratzen an der Oberfläche der Artefakte, wie der ausgestellten Scheiben, entstanden unterschiedliche Farbschattierungen. In der **Ostkordillere** wurden zudem Gussformen verwendet und im **Chocó** einzigartige Schweißverfahren, um das Metall in die gewünschte Form zu bringen.

Die im Goldmuseum ausliegenden Artefakte legen aber nicht nur Zeugnis von den herausragenden handwerklichen Fähigkeiten der prähispanischen Indiokulturen ab, sie gestatten den Blick in ihre Vorstellungswelt, eine Welt, die in einem engen Bezug zu den natürlichen und übernatürlichen Wesen stand. In der Vorstellung der meisten indigenen Kulturen des andinen Raumes ließ sich der Kosmos in drei übereinanderliegende Sphären einteilen. Im Zentrum ihres komplexen Naturglaubens standen die Tiere, Pflanzen und Gestirne, in denen sie (Geistes-)Verwandte zu erkennen glaubten. Die zentrale Figur dieser Gesellschaften war der Schamane: Er allein war in der Lage ein höheres Bewusstsein zu erlangen und damit verbunden die Macht, um die verhängnisvollen Kräfte der Unterwelt, oftmals dargestellt durch die Fledermaus, zu besänftigen. Der Schamane konnte auf die Fruchtbarkeit der Menschen und der Natur Einfluss nehmen. In Trance konnte sein Geist in andere, weit entfernte Welten davonfliegen und zu den Göttern Kontakt aufnehmen, die er durch goldene Opfergaben zu gewinnen versuchte. Das Gold sollte die verlorene Harmonie zwischen den drei Ebenen wieder herstellen und den Kreislauf des der Erde entnommenen Edelmetalls vollenden und stellte damit das Symbol für den stetigen Neuanfang dar.

Es gibt einige Elemente in der Darstellung, die bei allen präkolumbianischen Völkern stets wiederkehren. Die wichtigste Gestalt der Indianer ist der **Jaguar**. Ihm wird die Fähigkeit zugeschrieben, den Menschen mit den überirdischen Kräften zu versöhnen oder die Harmonie zu gefährden. Der Jaguar beherrscht die guten wie die bösen Kräfte. Daher verschmilzt der Jaguar oft mit dem Medizinmann zum «Jaguarmenschen». Der Jaguar überträgt seine Kraft auf den Schamanen.

Die Darstellung von anthropomorphen Wesen ist ein fester Bestandteil der präkolumbianischen Goldschmiedekunst. Aber auch andere Tiere spielen eine große Rolle in der Gedankenwelt der Ureinwohner Kolumbiens. Die Schlange ist das Symbol des Todes und gleichzeitig der Unendlichkeit des Lebens. Der Frosch, dargestellt in Hunderten von Variationen, die das artenreiche Land auch heute aufweist, verkörpert die Fruchtbarkeit und das Gleichgewicht zwischen den guten und bösen Kräften. Um mit den Göttern in Verbindung zu treten, war die Einnahme von berauschenden Mitteln für die Indianer von außerordentlicher Bedeutung. Die wichtigste Pflanze war der Kokastrauch. Sie kauten das Koka und vermischten es mit Kalk, der die Alkaloide der Pflanze ablöste. Den Kalk trugen sie in goldenen Gefäßen, den *poporo* mit sich. Der Aufsatz des *poporo* ist ein feiner Mörser, um den Kalk zu mahlen.

Permanente Ausstellung im Zweiten Stock (*Secundo Piso*)
«Die Menschen und das Gold im prähispanischen Kolumbien» ist den Gesellschaften gewidmet, die in erster Linie die Goldschmiedekunst entwickelten.

Anders als bei den prähispanischen Völkern Alt-Ecuadors und Alt-Perus, bei denen sich die Kulturentwicklung und zeitliche Einordnung sehr gut aus den Keramiken und in einem geringern Maße aus den Textilien ablesen lässt, stehen bei den indigenen Völkern Alt-Kolumbiens die Goldschmiedearbeiten im Vordergrund.

Das Goldmuseum will aber nicht nur einen Einblick von den handwerklichen Fähigkeiten der präkolumbinen Völker bei der Bearbeitung des edlen Metalls vermitteln, es will durch die Anordnung und Präsentation der Objekte, ob einzeln oder in Reihung den hinter der bloßen Form liegenden Symbolgehalt entschlüsseln. Der Beobachter soll vom Mythos Gold verzaubert werden und sich ganz und gar seinem verführerischen Glanz überlassen, der bei den

Präkolumbianische Kulturen

Tumaco

Die *Tumaco* waren Fischer und Seeleute. Sie unterhielten Handelsbeziehungen entlang der Pazifikküste. Die Tumaco benutzten eine Hammertechnik, um Platten und Drahtgeflecht herzustellen. Sie erhitzten das Metall und kühlten es solange mit Wasser ab, bis die gewünschte Form entstand. Sie verwendeten Acetat und verdünntes Kupfersalz, das sie gemeinsam mit dem Gold erhitzten, bis sich beide Teile verbanden. Erstaunlich ist, dass die Tumaco bereits Platinschmuck herstellten. Die Goldschmiede Europas entdeckten dieses Metall erst drei Jahrhunderte nach Kolumbus.
Im Mittelpunkt ihrer Kunst stand die naturgetreue Darstellung des Menschen. Die Keramiken der Tumaco zeigen viele durch Tropenkrankheiten entstellte Menschen, z. B. Elefantiasisbeine und Halslose, die wie Heilige verehrt wurden. Die Keramiken wurden bemalt, sind aber heute fast vollständig verblichen. Wie bei den heutigen Emberá im Chocó verwandten die Tumaco Stempel zur Körperbemalung.

Calima

Die *Calima* bewohnten die fruchtbaren Täler der Flüsse Dagua und Calima in der Westkordillere, zwischen dem heutigen Cali und Buenaventura. Vor 2000 Jahren betrieben sie intensive Landwirtschaft mit Terrassen- und Bewässerungssystem. Diese Kultur verschwand vor etwa 1000 Jahren.
Zu den besonderen Objekten der Calima gehören Poporos, Masken, Zeremonienstäbe und Musikinstrumente, die in Zeremonien, bei Tänzen und Gesängen Verwendung fanden. In den Poporos wurde Kalk verwahrt für das Ritual des gemeinsamen Koka-Kauens. Die Poporos wurden in Form menschlicher Wesen, von Muscheln, Vögeln, Kaimanen und Felinen gefertigt, sowie in Form von Maiskolben und Kürbissen.
Besonders schön ist der *poporo* in Form eines Jaguars. Viele Mörser sind mit anthropomorphen und zoomorphen Figuren bestückt, die den heutigen Zeremoniestäben der Emberá ähneln. Ausgestellt sind breite Nasenringe, geschmückt mit Goldplättchen.

San Agustín

Die *San Agustín*-Kultur ist eine der rätselhaftesten Lateinamerikas. Bekannt sind die meterhohen Statuen mit dem aggressiven Gesichtsausdruck und den Jaguarzähnen. Deren Schöpfer besiedelten einst das Gebiet zwischen Zentral- und Ostkordillere nahe der Quelle der beiden großen Flüsse Cauca und Magdalena. 800 Jahre vor Ankunft der Spanier verschwand diese Kultur.

Tierradentro

Getrennt durch eine Bergkette von San Agustín hat diese Kultur der Nachwelt bemalte Grabkammern hinterlassen. Die Goldstücke, die hier gefunden wurden, stammen höchstwahrscheinlich aus anderen Gegenden und gelangten auf Handelswegen nach Tierradentro.

Nariño

Die *Nariño,* die weitgehend unbekannt gebliebenen Vorläufer (400-1.600 n.Chr.) der heutigen Pastos, Quillacingas, Abades und Sindaguas stellten große goldene Scheiben mit geometrischem Design her. Teile der Oberfläche wurden abgerubbelt und poliert, um die Oxidation des Metalls zu verhindern und den Scheiben Glanz zu verleihen.

Zeremonienstäbe wurden aus Chontaholz gerfertigt, Spiegel aus Schwefelkies und Ketten aus Spondylus-Meeresmuscheln, die von der Küste Alt-Ecuadors stammten. Koka wurde als heilige Pflanze verehrt und die kleinen Poporos mit seltenen Edelsteinen verziert. Häufig sind Darstellungen von Jaguarmenschen, die Koka kauen. Diese Kultur begrub ihre Toten in Schächten bis zu 40 Meter Tiefe.

Tolima

Die Tolima besiedelten die Niederungen des Río Magdalena zwischen der Zentral- und der Ostkordillere bis vor 1900

Goldener Pectoral (Tolima)

Jahren. Sie stellten Brustschilde in Form eines großen *H* her. Ansonsten weiß man kaum etwas über das Leben dieses Volkes. Bei Ankunft der Spanier war diese Region von kriegerischen Karib-Stämmen bewohnt. Charakteristisch ist der Brustschmuck mit vereinfachten Mensch-Tierdarstellungen, zudem Fledermausdarstellungen auf Ohrringen.

Quimbaya

Die Goldschmiedekunst der klassischen Quimbayaperiode besticht durch ihre Eleganz, die massiven Formen und glatten Flächen. In jener Zeit wurden unübertroffene Meisterwerke hergestellt. Die Figuren zeichnen sich durch ihre Mimik aus, ihr Lächeln und die halbgeschlossenen Augen. Die Quimbaya, die vor 1500 Jahren die heutige Kaffeeregion besiedelten, verbanden die Metallurgie des Südwestens Kolumbiens, die Kunst der Gold-Kupferlegierung mit der Wachsgusstechnik des Nordens und Zentralamerikas.

Die Objekte aus dieser Region verteilen sich auf zwei Säle und repräsentieren zwei unterschiedliche Epochen. In der Vitrine am Boden befindet sich der **Poporo Quimbaya**, eines der emblematischen Sammlerstücke des Museums. Er stammte aus der Frühphase zwischen 500 v. und 600 n. Chr. Poporos in Form überdimensionaler Sturmfeuerzeuge und Kürbisse sind charakteristisch für die Quimbaya.

Poporo Quimbaya

Dem Poporo gegenüber glänzen abgerundete und gerade Brustschilde, die Menschen darstellen, die sich in Echsen verwandeln, aus der späten Phase 600-1600 n. Chr.

Eine weitere Vitrine enthält mehrere Objekte aus der Region am Oberlauf des Río Cauca, u.a. ein Frosch, Vögel mit menschlichen Extremitäten, Menschen mit Schnäbeln, Flügeln und Froschhäuten. Die Darstellung von Vogelmenschen ist häufig. Sie ähneln Drachenfliegern mit angewinkelten Beinen und dem Kopf und Schnabel eines Vogels (Schienbeinschmuck).

Sinú

Die Sinú (Zenues) lebten nahe der Karibik in der Zone der Flussmündungen, Sümpfe und Savannen. Sie besiedelten die Flusstäler Sinú, San Jorge und den Unterlauf des Cauca und verbanden das Land zwischen den Flüssen zu einem Bewässerungssystem von 5000 km² Fläche, in ihrer Ausdehnung doppelt so groß wie alle heute in Kolumbien künstlich bewässerten Flächen. Das System wurde vor 2000 Jahren gebaut. Die Kanäle waren ein bis vier Kilometer lang und jeweils zehn Meter voneinander getrennt.

Die Sinú lebten auf Plattformen in Dörfern bis zu 600 Personen. Die hochgestellten Männer trugen Penisschmuck aus Gold in Form einer Caracolmuschel. Die große Zeit der Sinú war vor 1000 Jahren vorbei.

Charakteristisch für ihre Goldschmiedekunst sind Zwillings- und Drillingsfiguren von Fröschen, Vogel- und Jaguarmenschen. Die Arbeiten sind filigran und massiv. Besonders schön ist der Vogelkopf eines Harpienadlers als Aufsatz eines Zeremonienstabes. Diesem Vogel werden magische Kräfte nachgesagt, und seine Kraft wird noch heute von den Bewohnern der Regenwälder Lateinamerikas verehrt. Mit einem einzigen Schnabelhieb könne er einen Menschenschädel zertrümmern, glauben die Indianer.

Tairona

Die Tairona besiedelten die Küste des heutigen Taironaparks bis zu den Höhen der Sierra Nevada de Santa Marta. Sie verteilten sich auf über 200 Dörfer.

Das wichtigste Zentrum ist die erst 1976 entdeckte Ciudad Perdida, wo zwischen 1400 und 3000 Personen lebten. Das rekonstruierte Modell der Stadt zeigt, wie perfekt die Plattformen in die steile Bergflanke eingepasst wurden, verbunden durch ein Kanal- und Wegegeflecht.

Diese Stadt wird wegen ihrer spektakulären Lage zurecht mit Machu Picchu verglichen. Sie erinnert an die hängenden Gärten von Babylon oder an Stadtentwürfe des Malers Hundertwasser. Die Tairona verwendeten Kupfer-Goldlegierungen (Tumbaya), die wegen des geringen Schmelzpunktes einfacher zu bearbeiten waren als reines Gold.

Die Tairona glaubten, die Sonne ist ein Mensch mit einer Maske aus Gold. Die Brustschilde sind die vermenschlichte Darstellung der Sonne. Schlange und Caracolmuschel symbolisieren das männliche Glied. Häufig sind Darstellungen von Fledermäusen, Vögeln, Fröschen, Nasenringe in Form von Schlangen.

Muisca

Die Muisca-Kultur stand bei Ankunft der Spanier in voller Blüte. Ihr Zentrum war das heutige Bogotá. Eine Million Menschen besiedelten eine Fläche von 25 000 km². In Ráquira wurden Keramiken hergestellt, in Zipaquirá Salz gewonnen. Das Goldschmiedehandwerk blühte in Guatavita. Hier stellten die Schmiedemeister Platten und Röhrchen her, von denen der Muisca-Adel das Halluzinogen *yopo* (*Anadenanthera*) schnupfte. Vielen indigenen Völkern Südamerikas war der halluzinogene Wirkstoff, der zur Gattung der *Piptadenia* gehörenden Pflanze seit präkolumbianischen Zeiten unter einer Vielzahl von Bezeichnungen bekannt. Die Indianer im heutigen Kolumbien sprechen von *yopo*. Weit verbreitet war der Gebrauch des Halluzinogen in den Llanos Orientales unter den Guahibenvölkern in Casanare und am Río Meta sowie bei den Otomac-Indianern am Río Orinoko (im heutigen Venezuela). Das aus den Pflanzensamen gewonnene Pulver wurde durch die Nase inhaliert.

Die Muisca verwendeten ausgefeilte Gießtechniken und waren in der Lage, komplexe Formen - auch in Serie - herzustellen. Zuerst formten sie einen Kern aus Ton und pulverisierter Holzkohle. Der getrocknete Kern wurde mit einer Wachsschicht überzogen und mit Bambusstöckchen durchbohrt, um ihn während des Gießens gegen den Auftrieb der Schmelze in Form zu halten. Gleichzeitig wurde ein Eingusstrichter angebracht. Der Kern wurde mit Ton ummantelt. Bei Erhitzen der Form schmilzt das Wachs - daher *cerra perdida* -, und der entstandene Hohlraum wurde durch das flüssige Metall gefüllt. Nach Erkalten der Form wurden Tonschale und Stöckchen entfernt. Zum Schluss wurde der Kern durch die Öffnung des entstandenen Gussteiles gezogen.

Aus Gold gefertigt wurden Hängematten, Schemel und *poporos* en miniature, um sie den Göttern zu opfern. Das *yopo* bewahrten sie in goldenen Tukanschnäbeln auf. Der Schamane meditierte im Schneidersitz. In einem der Schaukästen dreht sich das Floß der Muisca auf der Fläche des angedeuteten Sees von Guatavita, das Symbol von El Dorado und das bekannteste Stück des Museums, 19,5 x 10,1 cm.

Indianern mit der Sonne, bei den Weißen mit der Suche nach El Dorado verknüpft ist.

Vorgestellt werden die präkolumbianischen Kulturen, ihre unterschiedlichen Goldschmiedetechniken und die tranzendentale Bedeutung der Arbeiten.

Im **3. Stock** befindet sich das Allerheiligste, die absoluten Spitzenobjekte in einer riesigen Rundvitrine, die im Dunkeln betreten wird. Die Luft ist erfüllt von Panflöten, Vogelgezwitscher und Wasserplätschern. Aus der Dunkelheit schälen sich nach und nach die Umrisse der 8000 ausgestellten Goldstücke, die hier wie auf dem Grund der Lagune von Guatavita vereinigt sind: Masken, Brustpanzer, Ohrringe, Nasenringe, anthropomorphe und zoomorphe Figuren sollen den (imaginären) Flug des Schamanen nachvollziehen. www.banrep.gov.co/museo

Cra. 6 No 5-41, am Parque Santander. ☏ 343 22 22. ◷ Di-Sa 9-16.30, So 10-16.30. Eintritt: € 2,50, So freier Eintritt. Führungen in Englisch, ◷ 11 u. 16; So 12 und Spanisch, ◷ 9.30,12, 14.30; So 11 u. 14.

SEBRA✶TIPP

Museumskomplex
Museo del Arte del Banco de la República - Casa de Moneda – Museo Botero

Dieser Museumskomplex gegenüber der Biblioteca Luis Ángel Arango belegt einen ganzen Straßenabschnitt (*manzana sur*) und beherbergt mehrere Sammlungen, zudem verschiedene Innenhöfe, ein Restaurant und Café.

Die Kunstsammlung der **Banco de la República** enthält 262 Werke von kolumbianischen lateinamerikanischen und europäischen Künstlern aus unterschiedlichen Zeitepochen, angefangen beim Barockmaler Gregorio Vásquez, über Portrait- und Landschaftsmalerei des 19. Jahrhunderts zu den modernen kolumbianischen Meistern Obregón, Botero, Ramírez Villamizar, Grau und Roda und schließlich zeitgenössischer Kunst.

Aus dem Museum für religiöse Kunst wurden die wertvollsten Stücke religiöser Kunst, zumal die drei prächtigen Monstranzen La Preciosa, La Clarisa und La Lechuga in die neue Sammlung eingegliedert. La Clarisa stammt aus der Kirche Santa Clara in Tunja und war bereits ins Ausland verschwunden. Noch schwerer und reicher verziert ist die Monstranz aus der Kirche San Ignacio in Bogotá. Sie wird vom Volk *La Lechuga,* der Salat, genannt, wegen des intensiven Grüns, erzeugt durch 1485 Smaragde, 168 Amethyste, 62 Perlen, 28 Diamanten, 13 Rubine. Ein Saphir und ein Topaz vervollkommnen die Pracht.

Die numismatische Sammlung in der **Casa de Moneda** verfügt über 8000 Stücke. Erläutert wird die Geschichte des Geldes in Kolumbien. Das Gebäude besticht durch einem schönen Innenhof, weite Korridore und hohe Säle, dekoriert im maurischen Stil, wo die Münzprägemaschinen aus Sevilla stehen. Die Casa de Moneda stammt aus dem 18. Jahrhundert und wurde unter Vizekönig José Solis fertiggestellt. Sie ist ein eindrucksvolles Beispiel ziviler Architektur zur Blütezeit der Provinz Nueva Granada.

Mit dem **Museo Botero** verfügt Bogotá neben dem Goldmuseum über ein weiteres Museum von internationalem Interesse. Insgesamt werden etwa 60 namhafte Werke aus dem ausgehenden 19. und dem 20. Jahrhundert gezeigt, u.a. Picasso, Renoir, Dalí, Matisse, Monet, Degas, Bacon, Chagall, Tàpies, de Chirico, de Kooning, Tamayo, Torres García, Miguel Urrutia Montoya. Fernando Botero hat der Banco de la República de Colombia 123 seiner eigenen Werke vermacht, die hier in eindrucksvoller Weise ausgestellt sind, darunter Zeichnungen, Ölgemälde und Skulpturen.

www.banrep.gov.co/blaavirtual/donacion/dbotero.htm, Calle 11 No 4-15/93. ☎ 343 12 23. ⏰ Mo-Sa (außer Di) 9-19, So 10-17.

Audioguide, Eintritt: frei.

Claustro de San Agustín

Das ehemalige Augustinerkolleg ist ein Kolonialgebäude mit einem zweigeschossigen Arkadengang um einen mit Natursteinen gepflasterten Innenhof mit Brunnen und heute Sitz der Abteilung Kulturgüter und Museen und des umfangreichen Archivs der Universidad Nacional de Colombia. Zur Zeit ist nur der Ostflügel des Gebäudes begehbar, es laufen umfangreiche Renovierungsarbeiten. Die Räumlichkeiten stehen für temporäre Ausstellungen aus

Gato im Museo Botero

dem reichhaltigen Fundus der Universität zur Verfügung.

www.museos.unal.edu.co, museos@unal.edu.co, Cra. 8 No 7-21, auf der Südwestseite der Casa de Nariño. ☎ 342 23 40.

Museo de Trajes Regionales de Colombia

Das kleine Museum für regionale Trachten befindet sich in der **Casa Manuelita Saenz**. In diesem schönen Kolonialhaus lebte die langjährige Geliebte von Simón Bolívar. An der Fassade des Nachbarhauses, hinter der kleinen **Plaza Rufino José Cuervo**, hängen zwei Tafeln mit der durch Antonio Nariño ins Spanische übersetzten Allgemeinen Erklärung der Menschenrechte.

www.museodetrajesregionales.com, Calle 10 No 6-20. ☎ 282 65 31. Mo-Fr 10-16.30, Sa 10-16. Eintritt: € 1.

Museum für Religiöse Kunst (Museo de Arte religioso)

Bietet einen Querschnitt aus der Arbeit der großen kolonialen Werkstätten für Kirchenkunst von Bogotá, Popayán, Quito und Lima des 17. und 18. Jahrhunderts.

Calle 12 No 4-21. Mo-Sa 9-17, So, Feiertag 9-13.

Kirche und Museum Santa Clara

wurde 1647 als Nonnenkloster erbaut. Die Kapelle ist vollkommen mit Fresken bedeckt. Es gibt mehrere Altäre und eine Bildersammlung. Das älteste ist ein Bildnis der heiligen Clara. Während der wilden Zeit des Klosters wurden Nonnen entführt. Drahtzieher dieser Aktionen soll der bekannte Barockmaler Gregorio Vásquez de Arce y Ceballos gewesen sein.

Ecke Calle 9, Cra. 8. ☎ 341 10 09. Mo-Sa 9-13 u. 14-17. Führungen in spanisch und englisch

Museum für Kolonialkunst

Das Museum für Kolonialkunst ist im alten Kloster der Casa de las Aules untergebracht. Das Haus hatte der Architekt Coluccini für den Jesuitenorden entworfen. Der Innenhof hat die Form eines großen «C». Hier studierten die Jesuiten bis zu ihrer Ausweisung 1767. Von diesem Zeitpunkt an erlebte das Haus eine wechselvolle Geschichte. Hier wurde Antonio Nariño zum Präsidenten ausgerufen. In den Bürgerkriegen war es Gefängnis für politische Häftlinge, später Nationalversammlung und Nationalbibliothek. Geblieben sind Möbel der Kolonialzeit und an den Wänden einige sehenswerte Gemälde im Mestizenstil, eine Stilrichtung, die die Strenge des europäischen Ausdrucks mit indianischen Vorstellungen verbindet. Auch Gregorio Vásquez, der über 500 Gemälde hinterlassen hat, hängt hier.

Cra. 6 No 9-77. ☎ 341 60 17. Di-Sa 9.30-18, So, Feiertag 10-17.

Planetarío & Museo de Bogotá

Das Planetarium verfügt über ein modernes Projektionssystem. In 2008 wurde das digitale Ganzkuppelsystem PowerDome von Carl Zeiss installiert, ein zweites neues System wird demnächst folgen und den alten Sterneprojektor ersetzen. Mit den beiden neuen Systemen sind die optimalen Voraussetzungen sowohl für die Vermittlung astronomischer Grundkenntnisse als auch für anspruchsvolle wissenschaftliche Vorführungen gegeben. Das Planetarium ist außerordentlich beliebt und empfängt 500.000 Besucher im Jahr. Es sind nicht nur Schulklassen, die hier vorbeischauen, Sternenkunde finden viele Kolumbianer faszinierend. Mit der Umrüstung der Geräte und dem neuen digitalen Dolby-Digital-System werden daher nicht nur pädagogische, sondern auch Unterhaltungszwecke verfolgt.

www.planetariodebogota.gov.co

Cra.6 No 26-07, ☏ 334 45 71. Vorführungen ⊕ Sa, So, Feiertag 11.00, 12.30, 14.30, 16.00. Eintritt: € 1.20

Das Planetarium beherbergt auch das **Museo de Bogotá**, das ehemalige Museum für Stadtentwicklung. Beginnend beim letzten indianischen Regenten Bogotás, dem Zipa führt die Ausstellung bis in unsere Tage. Wer sehen möchte, wie die Straßenbahn die Séptima entlangfuhr, findet ausgiebig Gelegenheit s/w Fotos zu betrachten. Ein interessantes Ausstellungskonzept, weil es den atemberaubenden und schwierigen Entwicklungsprozess der Stadt von einer Kleinstadt mit 100.000 Einwohnern zu Beginn des 20. Jahrhunderts hin zur heutigen Megastadt (mit ca. 8 Mio. Einwohnern) aus unterschiedlichen Blickwinkeln beleuchtet, kulturell, sozial und städteplanerisch. Cra. 6, Ecke Calle 26. ⊕ Mo-Fr 8.30-17.

Museum für Moderne Kunst (MamBO)

Das Museum hat eine ständige Ausstellung zeitgenössischer kolumbianischer Künstler und meist interessante, zuweilen großartige, wechselnde Ausstellungen nationaler und internationaler Künstler.

Calle 26 No 6-00.☏ 286 04 66. ⊕ Di-Sa 10-19, So 12-18.

Nationalmuseum

Das Nationalmuseum ist das älteste Museum Lateinamerikas. Es wurde 1823 durch Santander ins Leben gerufen. Das Gebäude war einst Gefängnis. Die Geschichte Kolumbiens soll dem Besucher durch Möbel, Waffen, Uniformen, Kolonialgemälde und Manuskripte nähergebracht werden. Im dritten Stock erreicht man das neuzeitliche Kolumbien, exemplarisch vertreten durch Werke von Wiedemann, Grau und Botero.

Cra. 7 No 28-66. ☏ 334 83 66. ⊕ Di-Sa 9.30-17.30, So 11-17.

Anthropologisches Museum

Es befindet sich im Nationalmuseum. Ein Saal stellt Werkzeuge und Schmuck der Tairona und Muisca aus. Ein Diorama nähert sich der Legende von El Dorado. Ein Mosaik aktuellen indianischen Lebens präsentiert der ethnologische Saal - Pfeil und Bogen, Harpunen, Blasrohre, Netze, Hängematten.

⊕ siehe Nationalmuseum.

Stierkampfmuseum (Museo Taurino)

Das Museum ist in einer Katakombe der Stierkampfarena Plaza de Toros la Santamaría untergebracht, das 1931 eröffnet wurde. Die Geschichte des Stierkampfes in Kolumbien und seiner Helden ist in Zeitungsartikeln dargestellt und geht bis auf die Kolonialzeit zurück. Ignacio Sanz de Santamaría war der erste Importeur und Züchter von Kampfstieren aus Spanien. Cra. 6 No 26-50. ☏ 334 14 82. ⊕ Mo-Fr 9.30-12.30 u. 14-17.30.

Quinta de Bolívar

Dieses einstige Landgut machte General Santander seinem Rivalen Simón Bolívar nach dessen Rückkehr von der *Campaña del Sur*, der Befreiung Perus und Boliviens, zum Geschenk. Der Libertador hielt es hier nie besonders lange aus. Zu sehen sind einige persönliche Dinge wie ein Schreibtisch, Pistolen und Briefe. Eine Aufarbeitung des politischen Denkens Bolívars findet bedauerlicherweise an diesem Ort ebenso wenig statt wie anderswo in Kolumbien. Die vielen Stationen des unsteten und rastlosen Revolutionärs sind auf einer Wandplatte gegenüber der Quinta an der Casa Bolívariano grafisch dargestellt (*Ruta de Bolívar*).

Calle 20 No 2-91 Este. ☏ 336 64 19. ◷ Di-Fr 9-17, Sa/So 10-16. Mo/Feiertag geschlossen.

Polizeimuseum

Im Fundus des Polizeimuseums (Museo de la Policía Nacional) befinden sich interessante Stücke wie die **goldbeschlagene Harley Davidson** des Medellín-Mafiosi Carlos Mario Alcate alias *El Arete* (der Ohrring). Deren geschätzter Wert liegt bei € 110 000. Daneben liegt die goldene Lieblingspistole von Rodríguez Gacha, der erschossenen Nr. 2 des Medellínkartells.

Calle 9 No 9-27. ☏ 233 59 11. ◷ Mo-Sa 8-16.

▪ Kirchen

San Francisco

wurde 1567 erbaut und ist die älteste bestehende Kirche der Stadt. Ihre Pracht zeigt sich von innen. Die Kolonialkirchen Kolumbiens haben weniger opulente Fassaden als die von La Paz, Sucre oder Cusco. Die Barokkaltäre, von denen noch über 100 allein in Bogotá existieren, sind die herausragenden Prunkstücke dieser Epoche. Ausgereift in seiner Kunst und dramatisch in seiner Darstellung ist der Hauptaltar von San Francisco. Es ist das schönste Stück und zeigt unverkennbar flämischen Einfluss. Das Werk konnte bisher keinem der bekannten Künstler zugerechnet werden. Die reich verzierte Decke aus verschiedenfarbigen Hölzern und die mit Goldplatt belegten Säulen sind im maurischen Stil. Mehrere Bildnisse des heiligen Franziskus werden hier verehrt. Es ist die populärste Kirche der Stadt.

Ecke Cra.7, Av. Jiménez.

La Concepción

Der Altarraum ist ein schönes Exemplar maurischer Schnitzkunst. Das Kirchenschiff hat eine ungewöhnliche Gewölbeform.

Calle 10, Cra. 9.

Iglesia del Carmen

Die Salesianerkirche ist eine Mischung aus neoromanisch, neogotisch-florentinischen Elementen, erbaut zwischen 1923 und 1936 und daher reichlich verspielt. Der Innenraum ist im Gegensatz zu den Kolonialkirchen lichtdurchflutet. Der Hauptaltar trägt ein Bild der Virgen del Carmen. Die Engel zu beiden Seiten sind aus Carraramarmor und halten Kerzenständer von drei Metern Höhe in den Händen.

Ecke Cra.5, Calle 8.

Santuario de Monserrate

Der Monserrate ist mit 3.190 Metern der Aussichtspunkt über die Stadt. Eine Seilbahn und eine Zahnradbahn bringen den Besucher im Abstand von 15 Minuten auf den Gipfel. Sonntags wird es voll, und es ist mit Warteschlangen zu rechnen.

Der Fußweg nach oben dauert eine Stunde. Es ist ein Kreuzweg. Auf dem Gipfel ist eine Wallfahrtskirche, und die Gläubigen rutschen während der *Semana Santa* auf Knien hinauf.

Außerhalb der Osterwoche ist es allein sonntags sicher, den Berg zu Fuß zu erklimmen. In der Woche läuft man Gefahr, Opfer eines Überfalls zu werden, da keine Besucher unterwegs sind.

Auf dem Gipfel steht die Statue des «Gefallenen Jesus» von Pedro de Lugo, einem Bildhauer des 17. Jahrhunderts. Es gibt Souvenirläden, Getränkeverkäufer und ein Toprestaurant, **La Casa de San Isidro**, mit französischer Küche und Pianospieler. Mo-Sa von 12-24 und ziemlich teuer. www.cerromonserrate.com

Cra. 2 E No 21-48. 284 57 00. *Funicular* (Seilbahn) Mo-Sa 7.30-11.45, So 5.30-18, *Teleferico* (Zahnradbahn): Mo-Sa 12-24, So 5.30-18, € 4,50 hin und zurück.

SEBRA TIPP

Torre Colpatria

Bislang das höchste Gebäude von Bogotá und des übrigen Kolumbiens, Höhe 196 Meter, 50 Stockwerke, erbaut 1978. Aussichtsplattform (Mirador) mit einem grandiosen Blick über die Stadt, ausgestattet mit vier schwenkbaren Teleskopen für alle Himmelsrichtungen und einer Cafeteria. Die nächtliche Illumination des Turms ist weithin zu sehen.

Der Torre Colpatria sollte vom Torre de la Escollera in Cartagena mit 206 Meter noch übertroffen werden, aber der im Rohbau befindliche Wolkenkratzer musste wegen irreparabler Sturmschäden 2007 abgerissen werden. In Medellín ist ein noch höheres Gebäude im Bau, mit 80 Stockwerken, Panoramaplattform, Drehrestaurant (angegebene Höhe 296 Meter).

Cra. 7 No 24-82. für das Publikum ausschließlich an den Wochenenden, Sa/So/Feiertag 11-17. Eintritt € 1.

Jardín Botánico José Celestino Mutis

Der botanische Garten wurde 1955 eingeweiht und bietet verteilt auf unterschiedliche Gewächshäuser einen Querschnitt der Flora Kolumbiens, zudem einen Orchideen- und Rosengarten.

Calle 63 No 68-95. Di-Fr 8-11 u. 13.30-15.30, Sa,So 10-16.

Bus - jeder Bus, der die Autopista El Dorado entlangfährt.

Zentralfriedhof

Der Besuch von Bogotás Zentralfriedhof ist ein Gang durch die Geschichte. Hier liegen die Präsidenten und Dichter beieinander. Die politischen Sympathien des Volkes gelten den ermordeten politischen Führern Luis Carlos Galán und Carlos Pizarro, ehemaliger Chef der M-19. Ihre Gräber sind umlagert und mit Nelken bedeckt. Den Besucherrekord schlägt Leo Kopp. Vor der Figur des goldenen Denkers auf dem Familiengrab des ersten Bierbrauers stehen die Leute Schlange. Sie flüstern ihm ins Ohr, um das Geheimnis des Erfolges zu erfahren.

Calle 26, Cra. 17 (> Av. El Dorado). täglich 8-16.30.

Autofriedhof, exotische Fahrzeugtypen, zumal aus den 1950er Jahren, die vor wenigen Jahren noch in den Straßen kurvten, enden hier, Chevrolet, Mercury, Plymouth, Studebaker und die langen De Soto.

Av. 6, Cra. 16.

Die «Séptima»

Einen guten Eindruck vom Alltagsleben in Bogotá vermittelt die Carrera 7, die «Séptima». Diese Einkaufs- und Geschäftsstrasse zwischen der Plaza Bolívar und dem Tequendamazentrum ist prall gefüllt mit Straßenhändlern, die aus aufgeklappten Samsonitekoffern Hemden und Bücher anbieten. Da stehen Clowns, die Passanten in die Restaurants locken, und Dichter, die ihre Zeilen am Parque Santander aufhängen:

«*Nosotros compramos la Coca Cola para que el Gringo compre la Coca sola.*» («Wir kaufen die Coca Cola, damit der Gringo Koks kaufen kann.»)

An der Plazoleta de Caldas haben Potenzmittelverkäufer ihren Stand neben den singenden Jüngern von Hare Krishna aufgebaut. Auf dem Kopf des bronzenen Freiheitshelden Caldas träumen die Tauben.

An Sonn- und Feiertagen ist die Séptima für den Autoverkehr gesperrt (*Ciclovía*).

Märkte

Mercado de Las Pulgas, der Flohmarkt ist jeden Sonntag beliebter Treffpunkt. Auf dem Parkplatz neben dem Musem für Moderne Kunst (MamBO).Cra. 7, Calle 24.

Kunstmarkt Usaquén, jeden Sonntag von 10-16, Kunsthandwerk aus aller Welt. Cra. 5, zwischen Calle 118 und 120.

Paloquemao ist der zentrale Obst- und Gemüsemarkt von Großbogotá, ein buntes Gewirr exotischer Früchte und Verkäufer, an der Avenida 19.

Second Hand Markt, der ideale Platz, um seine gestohlene Jacke oder Kamera günstig zurückzukaufen. Einige Läden in der Caracas mit der Calle 68 und Cra. 15 mit Calle 56 und 59.

SEBRA TIPP

Pasaje Rivas, Cra.10, Calle 10. Dieser Basar ist günstig für Hängematten, Macheten, Moskitonetze, Stoffe, Möbel etc. Mit anderen Worten ideal für authentische und günstige Mitbringsel. Die Hängematten kosten etwa ein Drittel wie die in den Artesaníaläden angebotenen.

Outdoor-Ausrüster

Spiritus für den Campingkocher heißt *gasolina blanca*, erhältlich in der Calle 7 No 3-65.

Schlafsäcke, Trekkingausrüstung führt der **Almacen Aventura**, Cra.13 No 67-26, ✆ 248 16 79.

Montaña Accesorios, Cra. 13A No 79-46, ✆ 530 61 03.

Tatto Outdoors & Travel, Cra. 15 No 96-67, ✆ 218 11 25.

Acampar - Camping Vive, Diagonal 5A No 73C-16 Barrio Mandalay, ✆ 608 74 57/ 452 87 31.

Acampemos Iglu, Cra. 24 No 48-24, ✆ 245 23 69, www.iglu.com.co

Montaña Rescate, Calle 95a No 51-11 La Floresta, ✆ 277 72 57 und Calle 100 No 41-40 local 501, ✆ 482 45 09/ 533 38 26.

Cocuy Juan Carlos, Calle 57 No 9-29 Of. 301, ✆ 217 44 80/ 217 44 21, vermietet Zelte (€ 3 pro Tag) und Schlafsäcke (€ 1,30 pro Tag).

Manglares - Carmen Lucia Lopez Davila, Cra. 5 No 55-68, ✆ 346 41 32/ 310 565 53 52, Radsport- und Kayakausrüstung.

Kunsthandwerk und Schmuck

In Bogotá gibt es die größte Auswahl an Kunsthandwerk, Leder und

Schmuck. Einen guten Überblick über die Auswahl an Kunsthandwerk in Kolumbien bieten die **Artesanía de Colombia** Läden, Cra. 3a No 18-60, Cra. 10 No 26-25, Cra. 15, Calle 95.

Sie sind in alten Kolonialhäusern untergebracht, wo man sich in aller Ruhe umschauen kann. Die Preise sind vergleichsweise hoch.

Das **Museum de Arte y Tradiciónes Populares**, Cra. 8 No 7-21, bietet einen guten Querschnitt.

Der **Mercado Artesanal** findet zweimal im Jahr in einem der Parks von Bogotá statt.

Die **Fería Artesanal**, die Messe für Kunsthandwerk, wird im Dezember veranstaltet.

Die beste Adresse, um erstklassiges Kunsthandwerk und Schmuck zu kaufen, ist die **Galería Cano**. Hier gibt es Broschen, Anhänger aus Gold mit Smaragdsteinen, naturgetreue Nachbildungen präkolumbianischer Kunst mit Echtheitszertifikat.

Filialen sind im Centro Internacional Tequendama, Centro Comercial Andino, Cra. 11 No 82-51 und am Internationalen Flughafen El Dorado, www.lacano.net

Centro Colombiano de Artesanía, an den Ständen gibt es Mitbringsel, T-Shirts, Lederwaren, Töpferwaren etc. Cra. 7 No 22-73.

Smaragde

Die besten Läden zum Einkauf von Smaragden mit Echtheitszertifikat sind im **Centro Internacional Tequendama** und in der **Smaragdbörse in der Av. Jiménez**. Die Preise sind in der Regel günstiger als in Europa. Um einen wirklich guten Deal zu machen, muss man allerdings Fachmann sein.

Gerade an der Av. Jiménez und vor dem Goldmuseum bieten ambulante Verkäufer Steine an. Diese sind oftmals von minderer Qualität oder gefälscht. Der Experte kauft direkt vor Ort in Muzo (siehe Muzo).

Galerien

Casas Riegner Gallery, Calle 70A No 7-41, ☎ 249 91 94, renommierte Galerie, vertritt einige der besten zeitgenössischen Künstler/innen aus Kolumbien. ⏱ Mo-Fr 10-13 u. 15-19, Sa 11-14.

Galería Leo Matiz, Cra. 7 No 92 A-80, ☎ 610 11 26, mit Vintageabzügen des großen Fotografen, der wie Gabriel García Márquez aus dem kleinen Aracataca stammt. www.leomatiz.org.

Galería Casa Negret, Calle 81 No 8-70, ☎ 212 36 72, Skulpturen des Künstlers aus Popayán, der zu den Klassikern der Moderne in Kolumbien zählt.

Schlafen

Für eine Handvoll Pesos

Die Mehrzahl der preiswerten Unterkünfte und Travellertreffs befinden sich in der Altstadt von Bogotá, zumeist in der Candelaria.

Platypus, Calle 16 No 2-43, ☎ 341 31 04/ 341 28 74, 📠 362 01 27, www.platypusbogota.com ✉ platypushotel@yahoo.com. Travellerklassiker im historischen Zentrum. Tagsüber am Springbrunnen und nachts am Kamin machen die Erlebnisse der Reisenden von Bogotá bis Bagdad, von Medellín bis Manila die Runde. Küchenbenutzung und freier Kaffee. Es gibt 1er, 2er, 4er und 6er Zimmer mit und ohne Privatbad. € 7,50 p.P. im Dormitorio, € 10 p.P. im Doppel-

zimmer ohne Bad, € 15 p.P. mit Bad.
- Candelaria -

SEBRA TIPP

Casa Platypus, Cra.3 No 16-28, ☏ 281 18 01, Neueröffnung 2008, die Luxusausgabe vom kleinen Platypus gleich um die Ecke, ideale Kombination aus persönlichem Hotel und gehobener Travellercommunity mit geräumigen Zimmern, großen bequemen Betten, schönen (Dusch-) Bädern, Lobby mit mehreren Internetplätzen, großzügiger Aufenthaltsraum mit großem Flachbildschirm, Dachterrasse mit Panoramablick auf die Candelaria und den Cerro Monserrate. 4 Doppel und 8 mat. zu € 32, 4 Einzel zu € 25 und ein dorm. mit vier Betten zu € 10,50 pro Bett.

Hostal Sue, Cra.3 No 14-18, ☏ 341 26 47, www.suecandelaria.com, gleich neben dem (kleinen)Platypus und eine gute Alternative, wenn das Platypus voll ist. Waschgelegenheiten, Küche, Chill Out Zone, Kabel-TV. € 8 pro Bett, Einzel- und Doppelzimmer € 16. p.P.

Hostal Fatima, Calle 14 No 2-24, ☏ 281 63 89, www.hostalfatima .com, ✉ contacto@hostalfatima .com, gemütliches und sauberes kleines Backpacker-Hotel mit div. Serviceleistungen, kostenloser Kaffee, Waschgelegenheit, Sauna und Jacuzzi, Internet, 10 Betten- (€ 6,50) und 4-Betten-dorm. (€ 8,50), Einzelzimmer mit Bad, € 20/25.

Hostal Anandamayi, Calle 9 No 2-81, ☏ 341 72 08, ein weiteres Kolonialhaus in der Candelaria, das zum Travellerguesthaus umgebaut wurde. Hängematten im Innenhof, Privatzimmer und dorm. € 7 p.P.

Hotel Residencias Aragón, Cra. 3A No 14-13, ☏ 342 52 39, 🖷 342 63 87, einfache, relativ große Zimmer ohne Bad, hellhörig und seit langer Zeit nicht mehr renoviert, € 6/8.

Hotel Internacional, Cra. 5 No 14-45, ☏ 341 87 31, kleine Zimmer ohne/mit Bad, sauber, sicher, freundlich, € 6/11; € 8/14,50.

Hotel Residencias El Dorado, Cra. 4 No 15-00, ☏ 334 39 88, Zimmer ohne/mit Bad, kleine Zimmer zur Straße, € 7,50 p.P.

Hotel Oceania (Ex-Turistico de Santa Fé), Calle 14 No 4-48, ☏ 342 05 60, der Name hat sich geändert, sonst ist alles geblieben wie es immer schon war, Bad, Tisch, Schrank, und ein Teppich auf den knatschenden Holzdielen. Der größte Vorteil, das Hotel ist so unscheinbar, dass stets Zimmer frei sind und man seine Ruhe hat, € 21/25.

Albergue Turístico Juvenil, Jugendherberge in der Nähe des Präsidentenpalastes, Cra. 7 No 6-10, ☏ 280 30 41, 🖷 280 34 60, schön restauriertes, zweistöckiges Kolonialhaus mit großem begrünten Innenhof, der gleichzeitig Restaurant und Treffpunkt ist. Sicher, freundlich, hilfsbereit, schließt um 23.00, am Wochenende um 2.00, € 6 p.P.

Hotel San Sebastián, Av. Jiménez No 3-97, ☏ 337 50 31, ordentliche Räume mit Privatbad und Kabel-TV, € 9 p.P.

Mittelklasse

Es gibt zwei Arten von Mittelklassehotels, die mit den Fahnen über dem Eingangsportal, die internationalen Flair andeuten, und die persönlichen stilvollen Pensionen. Die Fahnenhotels sind über die ganze Stadt verteilt, Zentrum, Chapinero und Norte. Einige der besseren Pensionen sind im ruhigen, zentral gelegenen Stadtteil Teusaquillo versteckt.

Hostería de la Candelaria, Calle 9 No 3-11, ☏ 342 17 27, 📠 282 34 20, kleines Hotel mit mehreren Innenhöfen und Atmosphäre, Zimmer möbliert im Stil der Jahrhundertwende, ebenso wie das Restaurant Café de Rosita mit angrenzender Bibliothek (Tagesgericht € 4,50, Essen bis 20.00), € 40/50. Rabatte bei längerem Aufenthalt. - Candelaria -

Hotel Ambalá, Cra. 5 No 13-46, ☏ 341 23 76, 📠 337 65 93, www.hotelambala.net, kleines, ruhiges Haus, kleine Zimmer mit Fenster zum Innenhof, Bad mit Bidet, € 23/30. - Candelaria -

Hotel Quinta de Bolivar, Cra. 4 No 17-59, ☏ 337 65 00, www.hotelquintabolivar.com ✉ fcontreras@hotelquintabolivar.com, beim Parque de los Periodistas Candelaria, kolonialer Touch in der Ausstattung, Sauna, Jacuzzi, Bar, Internetanschluss, € 28/46. - Zentrum -

Hotel Inter Bogotá, Cra. 3 No 20-17/21, ☏ 243 37 12, 📠 334 67 12, www.interbogotahotel.com, plüschiger roter Teppichboden, kleine, ruhige Zimmer. Sondertarife am Wochenende, € 24/28. - Candelaria -

Hotel Los Cerros, Calle 19 No 9-18, ☏ 283 84 38, 📠 243 02 00, zentral, sauber, freundlich, geräumige Zimmer mit Bad, Kabel-TV, Restaurant, € 32(2). - Zentrum -

Hotel Dann Colonial, Calle 14 No 4-21, ☏ 341 16 80, 📠 334 99 92, www.hotelesdann.com, Zimmer mit Kabel-TV, Restaurant, von außen unansehnlich, von innen besser, gediegen, aber nicht stilvoll, € 31/45. Ab drei Tagen Rabatt. - Candelaria -

Hotel del Duc, Calle 23 No 9-38, ☏ 334 00 80, 📠 334 00 81, ✉ hotelelduque@yahoo.com, zentral gelegen, etwas angestaubte Atmosphäre, alle Zimmer mit Bad, € 29/39. - Zentrum -

Hotel El Virrey, Calle 18 No 5-56, ☏ 334 11 50, 📠 342 11 49, www.hotelelvirrey.com, Fahnenhotel mit bequemen Zimmern, Safe, Restaurant, Parkplatz, ruhig, € 27,50/49. - Zentrum -

Hotel Nación, Cra. 8 No 65-29/36 ☏ 249 51 64, 📠 347 57 98, mittelprächtiges Hotel unweit einiger guter Restaurants, geräumig, ziemlich ruhig. € 50-60, inkl. Frühstück. - Chapinero -

Hotel Charlotte, Cra. 15 No 87-94, ☏ 218 17 62, 📠 218 17 89, gemütliches Hotel mit englischem Mahagoni, nicht weit vom Geschehen der Zona Rosa, Nachteil, kleine Zimmer und an der ziemlich lauten Cra.15 gelegen, € 60/60. - Zona Rosa -

La Bohème Hotel, Calle 82 No 12-35, ☏ 657 87 87, 📠 644 71 40, kleines Luxushotel in der Zona Rosa, Treffpunkt von Geschäftsleuten unter 45, Piano-Bar, ab € 100, Wochenendtarife können günstiger sein. - Zona Rosa -

Oberklasse

SEBRA TIPP

Hotel de la Ópera, Calle del Coliseo (Calle 10) No 5-72, ☏ 336 20 66, 📠 281 24 94, www.hotelopera.com.co, stilvolles, komplett renoviertes Haus neben dem Teatro Colón, mit drei Zimmerkategorien, Standard Colonial, Standard Republicana, Junior Suite, € 125/155/180, inkl. Frühstück, Tageszeitung, ein Ortsgespräch zu drei Minuten, Internetverbindung, Spa. Zwei Restaurants stehen zur Verfügung, La Scala für mediterrane Küche und im Obergeschoss El Mirador mit einem Panoramablick über die Dächer und Türme der Altstadt für internationale und traditionell regionale Küche - Candelaria -

Hotel Bacatá, Calle 19 No 5-20, ☏ 283 83 00, 📠 283 97 30, www.hbacata.com.co, beliebt bei Gruppen, schlechtes Mobiliar in der Lobby, Hammondorgel statt Piano (!), Zimmer mit Cocktailmöbeln, kurze Betten, € 98/115. - Zentrum -

Hotel Tequendama, Cra. 10 No 26-21, ☏ 286 11 11, 📠 282 28 60, ✉ bogota@interconti.com, www.interconti.com (mit täglichem Wetterbericht), eines der größten Hotels der Stadt (704 Zimmer), von außen erinnert es an die Hotels des ehemaligen Ostblocks; dementsprechend heißt der größte Saal Salón Rojo, doch nicht wegen der Gesinnung, sondern aufgrund des roten Plüsches. Von innen entspricht es eher den Ansprüchen eines Hotels dieser Preiskategorie, allerdings ist die Möblierung veraltet und bei einem Haus dieser Preisklasse dürfte man Doppelverglasung erwarten. Die besseren Zimmer liegen daher oberhalb des 10. Stocks. Das Hotel lebt eindeutig von seiner Geschichte und bezeichnet sich nicht einmal zu Unrecht trotz der offensichtlichen Defizite als «The Place to meet». In der großzügigen Eingangshalle hängt ein Mural des Malers Acuña, Übernachtung mit Frühstücksbuffet € 120/140, Wochenendtarife teilweise bis zu 50 % unter Normalpreis.

Hotel Morrison, Calle 84 No 13-54, ☏ 622 31 11, 📠 622 43 88, ✉ morrison@impsat.net.co, www.morrisonhotel.com, (Nicht-)Raucherzimmer, offener Kamin in der Business-Suite. Das Hotel ist stolz auf sein Sicherheitssystem, wie die *puertas antipánico*, ab € 119-156, inkl. Frühstück. - Zona Rosa -

Hotel Charleston, Cra. 13 No 85-46, ☏ 257 11 00, 📠 236 79 81, www.hotelescharleston.com, geräumige Zimmer mit Telefon, Kabel-TV, Minibar, WiFi, von Geschäftsleuten bevorzugt, ab € 180-278. - Zona Rosa -

Luxusklasse
Bogotá Royal, Calle 100 No 8A-01, ☏ 610 00 66, 📠 218 32 61, www.hotelesroyal.com, großes unpersönliches Hotel, doch mit der Ausstattung eines Spitzenhotels, ab € 180. - Norte -

Hotel Estelar La Fontana, Av. 127 No 15A-10, Diagonal a Unicentro, ☏ 615 44 00, 📠 216 04 49, ✉ reservas@hotelesestelar.com, hat Parkatmosphäre, Zimmer mit allem Komfort, Sauna, ab € 180. - Norte -

Casa Medina, Cra. 7 No 69A-22, ☏ 217 02 88, 📠 212 66 68, ✉ info@hoteles-charleston.com, www.hoteles-charleston.com, Restaurant, Bar, Zimmer mit Kabel-TV, Telefon und Minibar, ist das schönste, stilvollste und teuerste Hotel Bogotás und zudem das Gästehaus der Regierung, ab € 220-280. - Norte -

Wohnungen und Aparthotels
In Kolumbien hat man sich im Gegensatz zu anderen lateinamerikanischen Ländern (noch) nicht auf den Ausländer eingestellt, der eine (möblierte) Wohnung für den längeren Aufenthalt sucht. Möblierte Wohnungen in akzeptabler Ausstattung sind rar gesät und meist überteuert. Leere Wohnungen sind nicht unter einem Jahr anzumieten, und der Papierkrieg lohnt oft den Aufwand

nicht. Unbürokratische und günstige Zimmeranmietung lässt sich am einfachsten im historischen Zentrum (Candelaria) realisieren.

Residencias Tequendama, Cra. 10 No 27-51, ☎ 286 81 11, das Aparthotel grenzt an das gleichnamige Hotel, zwei großzügige Räume, Küche mit allem Komfort. Hier konnte man in der Vergangenheit illustre Nachbarn treffen, unfreiwillige Politaussteiger, in Bestechungsaffären verwickelte hochkarätige Ex-Manager von internationalen Großunternehmen, Steuerflüchtlinge, Drogengangster. Für die Interpol-Agenten immer eine lohnende Adresse um die Besucherlisten durchzugehen. Allerdings sind die Familienangehörigen von Pablo Escobar inzwischen genauso ausgeflogen wie der wieder ins Amt gelangte peruanische Präsident Alan Garcia, den sein ehemaliger Intimfeind und Vorgänger Fujimori zur Fahndung und Ergreifung ausgeschrieben hatte, € 100 täglich, nach einem Jahr 50 % Rabatt. - Zentrum -

Travelers Apartamentos & Suites, ☎ 649 94 44/ Reservierung: ☎ 216 98 43, www.travelers.com.co, ✉ travelersbog@travelers.com.co, für Familien und Geschäftsleute.

Essen

Die günstigste Form, um satt zu werden, ist die comida corriente (oder menú ejecutivo), die in Bogotá am abwechslungsreichsten ist. In der Innenstadt und in der Candelaria gibt es Dutzende von Anbietern. Einfach auf die draußen aufgehängte Karte oder den Teller schauen und reingehen. Zwischen € 2-3 gibt es schon ein ordentliches Mittagessen mit Suppe, Hauptgericht, Salat und einem Erfrischungsgetränk (Gaseosa) oder Saft (Jugo natural).

Kolumbianisch & Populär

Zumal in der Candelaria gibt es eine ganze Reihe guter und preiswerter Restaurants fürs Mittagsmenü, zwischen € 2,50 und € 5.

Dazu zählen **San Felipe Candelaria**, Calle 11 No 2-65, unweit des Botero Museums für Bandeja paisa und Fleischgerichte. **Corrintazo**, Cra. 4 No 11-88, **La vida en rosa**, Restaurant und Café für Hühnchen, Fisch (Forelle) mit unterschiedlichen Soßen, Salate und Sandwich, Calle 14, Ecke Cra. 4 neben dem **Hotel Oceania**, das ebenfalls einen passablen Mittagstisch aufweisen kann.

Zwei zentrale Snack-Cafés zumal für Gäste von Platypus und Sue sind das **Mora Mora**, Cra. 3 No 15-98 und das daneben liegende **Yumi Yumi** für Frühstück, Säfte und Sandwich.

Traditionsreiche Regionalküche und heimische Gastrospecials wie chocolate con queso/almojábanas/ aquapanela con queso/tamales etc. findet man konzentriert im Komplex **La Puerta Falsa**, zwischen Calle 10 und Cra. 7, Mo-Sa ⏰ 7-22.00.

Volkstümlich geht es in der Passage am Gemüse-/Fischmarkt zu. **Pasaje La Macarena**, Calle 20 No 8-51/55. Mehrere Anbieter mit Fisch- und Fleischgerichten. Hier sind auch die Cevicherias. Bei **Pesquera Nuevo Mar** kann man erstklassige *mariscos* aus dem Chocó einkaufen.

Pasaje Internacional Gourmet, kleine Foodstalls mit *churrasco*, Fisch etc. Cra. 4 No 19-24.

Die **Cafetería Romana** hat außer dem Namen nichts, was auch nur annähernd an italienische Küche erinnert. Die Spaghetti sind verkocht, der Service launisch. Av. Jiménez zwischen Cra. 5 und 7.

La Pola, Calle 18 No 1-85, traditionelle Küche, *ajiaco* und *plato montañero* in historischen Gemäuern.

El Rincón de las Aguas, Cra. 1 No 18A-61, Mittagstisch, *churrasco* und Fisch. Traditionelle Gerichte wie ajiaco, *sobrebarriga al horno und puchero santafereño*(s. Kap. Essen und Trinken) gibt es in der **Casa Vieja**, San Diego Cra. 10 No 26-50, Av. Jiménez No 3-73 und Cra. 11 No 89-08, ☏ 257 39 13, etwas Zeit mitbringen, der Service ist ziemlich langsam.

Aquí en Santa Fé, Cra. 7 No 62-63, ☏ 235 62 16, für *arepa*-Fans.

Antioquia señorial, Avenida Boyacá No 50-66, ☏ 263 24 47, wer keine Zeit findet, um nach Antioquia zu reisen, kann hier die Paisa-Küche genießen und die *bandeja paisa* ordern.

Estrella de los Ríos, Calle 26B No 4-50, in der Nähe der Plaza de Toros, ☏ 337 40 37, Sa/So geschlossen, Suppen und Salate wie in Omas Wohnstube.

Fulanitos, mehrere Ableger, Cra. 3 No 8-61,☏ 352 01 73 - Candelaria - und Calle 59 No 3A-12,☏ 235 45 14, beliebtes Restaurant mit kolumbianischer Autoren-Küche, gegründet durch den kolumbianischen Spitzenkoch und Buchautor Carlos Ordoñez Caicedo, für Suppen (*sancochos*), Tamales, Reis-, Fisch- und Fleischgerichte unter dem Einfluss der Region Valle de Cauca (Cali) - Chapinero -

SEBRA TIPP

El Anticuario, Calle 9 No 3-27, ☏ 243 36 91, stimmungsvoll Dinieren am Kaminfeuer bei Kerzenschein umgeben von Antiquitäten, Tischreservierung auf Vorbestellung. Traditionelle Hochlandküche mit Fisch- (Forelle) und Fleischgerichten.

Club Colombia,Calle 82 No 9-11, ☏ 249 56 81, gemütliche Atmosphäre, Terrasse, traditionelle Gerichte aus dem ganzen Land, guter Santafereno Ajiaco, Empanadas, Puerquitos Vallecaucanos, Tamalitos de Pipian und andere leckere Kleinigkeiten.

Fleisch & Internationale Küche

Mittlerweile haben einige «argentinische» Parrillada-Restaurants im historischen Zentrum (Candelaria) eröffnet, mit stark variierender Qualität. Die besseren Fleischrestaurants liegen nach wie vor in Bogotás Norte.

Mi Viejo, Calle 11 No 5-41, ☏ 341 09 71, mit Abstand die beste und vielfältigste argentinische Parrilla in der Candelaria, Mo-So ⏱ 12-17.

Restaurante Al Sabor del Carbon, Av. Jiménez No 4-56, ☏ 283 11 58, eher ein mittelprächtiger Schnellimbiss mit der (großen) argentinischen Parrilla und allen anderen Gerichten unter € 10, ebenso Fisch- und traditionelle kolumbianische Gerichte.- Candelaria -

Patagonia Asados del Sur, Cra. 6 No 10-01, was uns hier als *chorrizo* vorgesetzt wurde war kein argentinisches Fleisch, sondern stammte laut Aussage des Kellners aus Montería. Das muss kein Mangel sein, wenn der Zuschnitt stimmt und das Fleisch zart wie Butter ist, das aber war wie eine sehnige Schuhsohle und der dazu servierte Salat war ein schlimmer Rückfall in die längst überwunden geglaubten Zeiten des einst in Kolumbien dominierenden

Tomatensalates, in Scheiben geschnitten und mit Zwiebeln garniert. So nicht! - Candelaria -

Armadillo, Cra. 5 No 71A-05, ☎ 345 99 92, zweistöckiges Backsteingebäude mit langem Bartresen, an dem Whiskey und Konsorten serviert werden, Donnerstags jazzige Liveklänge mit einem Saxophonisten, gute Steaks - Norte -

Winner's, Cra. 13 No 85-33, ☎ 618 45 77, Restaurant im american way of life-Stil, gut fürs Frühstück mit Steak, Spiegeleiern und Muffins, auch Brunch, Raucher/Nichtrauchersektion -Norte -

Claro Oscuro, Calle 69 A No 5-59, ☎ 249 01 18, Restaurant mit internationaler Küche und Lounge Bar. Schick und modern eingerichtet, dezent beleuchtet. Zwischen gepflegter Konversation (das nennt sich in Kolumbien bezeichnenderweise *rumba suave* - die sanfte Rumba) schlürft man Martinis und Long Drinks.

Fisch und Meeresfrüchte

Mar de la Candelaria, Cra. 6 No 10-27, ☎ 284 98 16, diverse Reisgerichte mit Meeresfrüchten. ☺ Mo-Do u. Sa 11-17, Fr 11-19, So geschlossen. - Candelaria -

Restaurante mini-mal, Cra. 4 A No 57-52, ☎ 347 54 64, www.mini-mal.com, kreative Küche unter dem Einfluss der Pazifikküste, überwiegend Fisch und Meeresfrüchte, Spezialität: Ceviche Pasiflora (Merluza mit Mango, Passionsfrucht und Ingwer), So geschlossen.- Chapinero -

La Fragata, Cra. 13 No 27-98, 2. Stock, ☎ 282 48 24, und Calle 100 No 8A-55, World Trade Center, Torre C, 12. Stock, ☎ 218 44 56, vermutlich das beste Fischrestaurant in Bogotá.

Darius Pescadería, Calle 93 No 12-14, ☎ 610 51 93, So geschlossen, ausgezeichnete *cazuela de mariscos*.

Vegetarisch & Organisch

Vegetarische Restaurants sind weit verbreitet, die meisten sind Selbstbedienungsrestaurants und bieten lediglich Mittagstisch. Rechtzeitig kommen, sonst ist das Essen kalt!

Boulevar Sesame, Av. Jiménez No 4-64, ☎ 341 71 23.

Zukini, Calle 24 No 7-12, ☎ 334 38 25.

El Camino Natural, Calle 95 No 11A-51, ☎ 522 17 62.

Delikatessen Uranita, Cra. 7 No 18-14, ☎ 342 48 07.

SEBRA TIPP

Suna, Calle 71 No 4-47, ☎ 212 37 21, leichte Suppen, erstklassige Fischgerichte, frische Salate, vegetarische Hamburger, Hauptgerichte um € 10.

Fast Food und Hamburger

Die Bogotanos-/as essen zur Mittagspause gerne auch mal einen Snack im Stehen. Sandwicherías gibt es an fast jeder Straßenecke. Die Brötchen sind belegt mit gekochtem Schinken, Käse, Schweinebraten oder Truthahn, z.B. **Via San Diego,** Cra. 7 No 26-98.

Der zentrale **Mc Donald's** ist direkt an der Ecke Séptima mit Av. Jiménez postiert, des weiteren im Centro Andino, Cra. 12, Calle 82 und im Unicentro. Die kolumbianische Hamburgerkette heißt **Presto.** Auf eine Vielfalt von Hamburgervarianten, die nicht an Resopaltischen verzehrt werden, hat sich **La Hamburguesería** (Restaurante & Bar Rock en Vivo!) spezialisiert mit Ablegern in La Macarena, Cra. 4 No 27-27, La Soledad, Cra. 25 No 41-64, im Teatro Arlequín, La Usaquén, Calle 116 No 6A-40. Die Lokale sind zudem Veranstaltungsort für die Auftritte nationaler Rockmusiker und internationaler Fußballübertragungen.

«Montparnasse»
Im Barrio La Macarena, dem «Minimontparnasse» von Bogotá, sind einige Restaurants in mittlerer Preislage. Hier treffen sich die Snobs, die Yuppis und die Avantgarde.

El Boliche, Calle 27 No 5-64, Kerzenlicht, Tango- und Boleromusik zur italienischen Küche.

Pierrot, Calle 27 No 5-72, Bistro francés, Fleisch- und Fischgerichte mit französischem Touch. Neben Franzosen trifft man Lokalgrößen aus Theater und Fernsehen.

Französisch
Beim Franzosen **Le Bonaparte,** Av. Jiminéz No 4-48, ① 283 87 88, gibt es zu jedem Gericht das passende Gedicht, moderate Preise. - Candelaria -

Ein anderer Franzose liegt auf der höchsten Erhebung Bogotás, dem Monserrate. Die **Casa San Isidro,** ① 243 89 53/ 281 93 09, schafft mit Kerzenlicht und Pianospieler die ideale Atmosphäre für ein verliebtes Tête à Tête.

La Cava, im Hotel Victoria Regia, Cra. 13 No 85-80, ① 621 26 66, in dem kleinen Restaurant ist nicht nur die Speisekarte französisch, sondern auch der Koch Dominique Asselin.

Italienisch
Giusseppe Verdi, Calle 58 No 5-35. Alteingesessener Italiener. Die Pasta kommt al dente.

Villa d'Este, Calle 70 No 11-29, ① 313 06 40, So geschlossen, ist ein Italiener der Spitzenklasse mit Spitzenpreisen.

Niko Café, Cra. 13 No 83-48, ① 610 81 02, französische, spanische und chilenische Weine im mediterranem Ambiente in Terrakottatönen.

La Scala, im Hotel La Ópera, Calle 10 No 5-72, italienische Küche und gute Weinkarte.- Candelaria -

La Monferrina, Cra. 4A No 26-29, ① 342 08 62, hausgemachte Pasta, gute Lasagne, Empfehlung ist die Fettucini pomodoro con milanesa, moderate Preise, moderne Einrichtung, Mo geschlossen.- La Macarena -

SEBRA TIPP

Carpaccío R&F, Calle 69A No 9-14, ① 212 96 41/ 310 70 82. -Chapinero -

Ein etwas versteckt in einer ruhigen Seitenstrasse von Chapinero gelegenes kleines Restaurant mit erstklassiger internationaler Küche. Sehr gute Salate, Fleisch- Fisch- und Pastagerichte und ansprechende Desserts, was in Kolumbien eher selten ist. Die Weinkarte kann sich sehen lassen. Das Personal ist gut geschult, aufmerksam ohne aufdringlich zu sein. Die Küche ist vom Speisesaal durch eine Panoramascheibe einsehbar. Ein Ableger befindet sich in Calle 100 No 18-30 im 11.Stock, ① 632 22 00 -30 53.

Deutsch/Schweiz
Divino Swiss House, Cra. 13 No 28A-31 Edif. Cavas, 2. Stock (Parque Central Bavaría) und Calle 70 No 11-29, ① 313 05 95, www.esdivino.com, ideal für Geschäftsessen wie zu privaten Anlässen, Schweizer

Spezialitäten und internationale Gerichte. Gute chilenische Weine.

Edelweiss, Centro comercial Unicentro Local 2-023, ◊ 637 36 32, exzellent für Raclette und Fondue und für Liebhaber des alpenländischen Schicks.

La Raclette, Calle 119B No 6-31, ◊ 213 30 96, zweistöckiger Schweizer mit lichtem Holzmobiliar. Die Wände zieren die Flaggen Europas, Kerzenbeleuchtung, Spezialität: Raclette un peu de tout (Rind, Huhn, Lachsforelle, Langostinos u.a.), ca. € 25.

Sushi & Thai
Restaurant Bogothai, Cra. 4A No 26-07, ◊ 281 33 57, hat gute und preiswerte Thaigerichte.

Teriyaki Thai, Cra. 13 No 83-66, ◊ 610 77 86, Sushi und Thai.

H. Sasson, Calle 83 No 12-49, ◊ 616 45 20, So geschlossen, guter Thai. Zu empfehlen ist *arroz frito al estilo canton*; günstiger und unter freiem Himmel, oft begleitet von Rockmusik ist das **Wok,** Cra. 13 No 82-74, ◊ 218 90 40. ⊕ Di-Sa 12-1.

Benihana, Cra. 18 No 93A-83, ◊ 530 69 69, Japaner mit Teppanyaki-Raum, Live-Show.

Hatsuhana, Cra. 13 No 93A-27, gute Nigiri und Sukiyaki, nicht ganz billig, ca. € 25 pro Portion.

Watakushi, Cra. 12 No 83-17, ◊ 218 07 43, Bambusstühle, sehr geschätzt aufgrund der exzellenten Sushi-Bar.

Cafés & Süßes
Die verrauchten Dichterkneipen Bogotás, das **Windsor** und das **Café Automaticó,** wo Leon de Greiff, Fernando Botero und García Márquez verkehrten, gehören längst der Vergangenheit an. Viele der Nachwuchsdichter und Webdesigner sitzen in den schicken, kommerziellen Cafés wie dem **Café Oma,** Cra.15 No 82-58, mit Restaurant und internationaler Presse oder in einem zentral gelegenen **Juan Valdez Café,** dem aufstrebenden kolumbianischen coffee-player mit Filialen in allen kolumbianischen Großstädten sowie Chile, Spanien und sogar in New York, hinter dem die einflussreiche und kapitalkräftige Federación Nacional de Cafeteros de Colombia steckt. Ihnen ist es gelungen, die Frage «Wo bleibt Starbucks?» in Kolumbien gar nicht erst aufkommen zu lassen. Man wär ja auch schön blöde, würde man dem kriselnden Gringo-Konzern auch noch den heimischen Markt überlassen. Bei Juan Valdez jedenfalls ist von Krise nichts zu spüren und die Merchandising-Abteilung bringt vom Kaffeebecher bis zum Kaputzenpulli alles zu guten Preisen unter die Leute.

Die beiden Filialen in der Candelaria sind zentral gelegen und sehr beliebt, Calle 11 No4-15 im Museo der Banco de la República (Botero-Museum) und einige Schritte weiter beim Eingang zum Centro Cultural Gabriel García Márquez.

Café Libro, Cra. 15 No 82-87, abends Salsa, am Wochenende Livemusik.

Crépes & Waffles, www.crepes ywaffles.com heißt die in Bogotá und anderen kolumbianischen Großstädten weit verbretetete Kette mit mehreren Filialen, vor allem im Norden der Stadt für Crêpes und Waffeln mit süßer und salziger Füllung, Salate, hochwertigem Eis und anderen Leckereien, z.B. im Unicentro Bogotá, Local 1-89, im Centro Internacional, 2. Stock, Cra. 10 No 27-91, im historischen Zentrum (Candelaria) im ehemaligen Verlagsgebäude des *El Espectador* (Edif. Monserrate), Av. Jiménez No 4-49.

Café & Crépe ist der zentrale Bergsteigertreff, Cra. 16 No 82-17, ☏ 236 26 88, Happy hour So-Do.

Weine
Eine reiche Auswahl an europäischen und südamerikanischen Importweinen hat **Escobar y Cia.**, Av. Jiménez No 5-73.

Musik und Tanz

Das Nachtleben findet hauptsächlich als Wochenendrumba statt. Die Ausgehnacht für Bohemiens und Individualisten ist der Donnerstag.

Im Zentrum des Nachtlebens steht noch immer die bisweilen neppige **Zona Rosa**, um die Carrera 13 und die Calle 80/82. Hier treffen sich die Besserverdienenden in einer amerikanisierten, teuren Plastikwelt. Am Wochenende wird Eintritt oder hoher Mindestverzehr verlangt, das schließt europäische (Bier)preise ein.

Mister Babilla, Calle 82 No 12-15, Rock und Pop, Salsa und Schmuserhythmen, alle Altersgruppen.

Im **Salomé Pagano**, Cra. 14 No 82-16, ☏ 218 40 76, trifft sich die Szene am Donnerstag, Salsa, Son, Livemusik.

Gato Negro, Calle 93A No 11A-47, ☏ 530 33 85, gut für Cocktails (gato macho: Tequila, Zitronensaft, ají, Tabasco, aufgefüllt mit Soda).

Flirt lap dance bar, Cra. 14 No 80-65, ☏ 257 10 44, gehobene Striptease-Bar. ⏱ Mo-Sa 21-2.30, Covercharge: € 5. Zugang für Männer, Paare und Frauengruppen.

Candelaria

Die **Candelaria** holt seit einiger Zeit auch in puncto Nachtleben auf. Hier liegen die folgenden Treffpunkte: Die ewige Existenzialistenecke mit ihren studentischen Bierlokalen liegt zwischen der Av. Jiménez und den Cra. 3 und 4, beim Edif. San Sebastián. Dazu zählen die **Bar Delfos** für Cocktails und Granizados und die **Café-Bar Papyros.** Früher las man hier Bücher mit abgedrehten Theorien von Erasmus von Rotterdam bis Albert Camus an den kleinen Rundtischen und tanzte anschließend wie benommen die halbe Nacht. Heute geht das Interesse eher zum frisch kopierten Musikvideo, der von den reihum aufgehängten Bildschirmen flimmert mit Musik von R.E.M., UB 40 oder einem alten Pink Floyd-Titel.

El Viejo Almacen, Cra. 5 No 14-23, ist ein alteingesessener Tangoladen und eine gemütliche und schrullige Kneipe.

Areito son trova y ron, Cra. 4 No 18-50, ☏ 283 99 92. ⏱ täglich 16-1. Kubanische Bar, an den Wänden Bilder kubanischer Künstler, gelegentlich Live-Musik, Trova.

Taberna Dicoteca la Tía Ana, Calle 12 No 2-76, beliebter Treffpunkt der Studenten nach der Vorlesung. Die Rumba beginnt am (Freitag) nachmittag und ist (meist) um 22.00 zu Ende.

Café Escobar Rosas, Cra.4 No 15-01, ☏ 341 79 03, kleiner Club mit Tanzfläche in einer ehemaligen Apotheke, Do und Fr Parties bis 3.00 früh.

Sit-Inns bei Bier und Son Cubano finden auf der **Plaza Chorro de Quevedo** statt. Wem es zu kalt wird, der geht ins **Pequeño Bogotá** oder ins **Rosita Restaurante Café.**

In der Filmkneipe **Terraza Pasteur,** Cra. 7 No 23-57, im oberen Stockwerk treffen sich Cineasten und diskutieren bei Musik von Silvio Rodríguez. Montags werden selbstverfertigte Gedichte verlesen.

Die besten Son- und Salsascheiben werden in der Szenekneipe **Goce Pagano** aufgelegt. Ecke Cra. 13A, Calle 23, kein Eintritt, Do-Sa geöffnet, Bier € 1 (gehört zur «Paganofamilie» - Salomé Pagano in der Zona Rosa). Man sollte mit klarem Kopf herauskommen. Die Bar liegt in einem heruntergekommenen Rotlichtbezirk.

El Goce Pagano Club, Avenida Jiménez No 00-06 Este, gegenüber der Universität de los Andes, an der Straße zum Monserrate, ☏ 243 25 49, ⏰ Do, Fr von 15-1, Sa 19-1, sind auf Studenten abgestimmt. Kolumbianische Studenten beginnen das Wochenende am Donnerstag. Salsa, Jazz, Blues, beliebtes Getränk: der kubanische Mojito.

Chapinero

Antifaz, Cra. 7 No 59-18 (Chapinero), Live-Rumba mit Musikgruppen aus San Jacinto, dem Ursprungsort der Gaita-Musik von der Karibikküste. Cover-Charge € 3,50, 1 Bier inkl.

Theatrón, Calle 66 No 9A-2B, ☏ 210 09 99, ein riesiger Show- und Tanzschuppen für bis zu 2000 Gäste. Einst der *rumba gay* vorbehalten, werden nun auch Heteros eingelassen. Hier treten am Wochenende *drag queens* auf. *Gayshira* ist die bekannteste Underground-Performerin von Bogotá. Chapinero ist der beliebteste Gay-Bezirk der Hauptstadt.

Village-Café, Cra. 8 No 64-29, ☏ 346 62 29, hinter einer pink gestrichenen Fassade liegt das älteste Gay-Café der Stadt, nette Atmosphäre und gut geschenkte Drinks.

Diskotheken in Bogotás Norte

Die vielen einfachen und schmucklosen Diskotheken werden im Volksmund auch *cajotecas* genannt. Wer zu den wilden Rumberos/as gehört, wird sich an der klaustophobischen Enge, die hier zumeist herrscht, nicht stören.

SEBRA TIPP

Chacha, Cra.7 No 32-26, ☏ 35 05 00 74, Disco mit mehreren Tanzsälen verteilt über die sechs Stockwerke (26.-32.Stock) des früheren Hilton Hotels, darunter der ehemalige Ballsaal mit dem riesigen Kronleuchter, Chill Out-Terrasse mit Panoramablick, Top-DJs from all over the world legen House- und andere elektronische Musik auf, Cover € 10. Schon mal reinhören unter www.elchacha.com

Die Schönen und Reichen der Stadt, und solche, die meinen welche zu sein, treffen sich bevorzugt am **Parque de la 93** z.B. im **El Salto de Ángel**, Cra. 13 No 93A-45, ☏ 622 64 27/ 236 31 39, ein Restaurant und Tanzlokal. Freitags und samstags wird es hier voll, und man sollte einen Tisch vorbestellen. Crossover und Tropical; Cover € 5.

Außerdem in der Gegend:
Lola, Cra. 15 No 93-37, Pop und elektronische Musik. **Galería Café Libro**. Cra.11A No 93-42, Salsa und Son cubano. **Bacci**, Carrera 15 No 97-22, Crossover.**Ombar**, Calle 84 No 14A-10.**Verona**, Cra. 15 No 94-49.

Ein Wochenendvergnügen kolumbianischer Art ist das Treffen auf der Aussichtsplattform an der Straße nach **La Calera**. Mit Blick auf das nächtliche Bogotá wird Aguardiente getrunken und Vallenato getanzt, dazu Maiskolben, Arepas und Fleischspieße.

In Richtung La Calera beim Km 5.5 ist die Discothek **Compostela**, mit Crossover-Rythmen.

Wer den Weg nach **Usaquén** nicht scheut oder sowieso in der Nähe ist und das ruhige Gespräch bei Songs von Pablo Milanes und Silvio Rodríguez sucht, wird sich in der Bar **El Sitio** wohl fühlen, Cra. 7 No 117-30, ① 620 02 80. ⏰ Mi-Sa 18-1, So 18-21.

Noch weiter draußen im noblen Vorort **Chía** liegt mit dem **Andrés Carne de Res**, ein echter In-Laden, Calle 3 No 11a-56, ① 863 78 80.

Aufgepasst! Die Ausgehmeile entlang der Calle 19 sollte man meiden. Sie ist nicht ganz ungefährlich. Das gleiche gilt für das Viertel südwestlich der Carrera 10.

Der Süden von Bogotá

Der wilde – und arme – Süden der Stadt wurde lange Zeit gemieden. Das Nachtprogramm ist volkstümlich und günstig. Die Musik laut und kolumbianisch. Bars und Diskotheken entlang der Av. Primero de Mayo.

Dichtung und Theater

Bogotá ist neben Buenos Aires das herausragende Kulturzentrum des spanischsprachigen Südamerikas. Die Buchproduktion kann sich in puncto Vielfalt und Qualität sehen lassen. Die Theaterszene ist lebendig. Es gibt viele kleine, auch einige experimentelle Theater, vor allem in der Candelaria.

Teatro La Candelaria, mit Cafeteria, Calle 12 No 2-59, ① 342 03 88.

Teatro Libre de Bogotá, Calle 13 No 2-44, ① 341 96 17.

Größere und traditionelle Theater sind das **Nacional**, Calle 71 No 10-25, ① 217 45 77, und das am Ende des 19. Jahrhunderts erbaute **Teatro Colón**, Calle 10 No 5-32, ① 284 74 20. Die Außenfassade ist im italienischen Renaissancestil gehalten, das Innenleben ist opulent barock. Das Theater wird augenblicklich restauriert und soll mit den Zweihundertjahrfeiern zur Unabhängigkeit des Landes (2010) wieder eröffnet werden.

Im **Teatro Jorge Eliécer Gaitán** finden häufig Konzerte statt. Cra.7 No 22-73, ① 334 68 00.

Media Torta, neben der Universität de los Andes, Calle 18, ① 281 77 04. Das ist eine Open-Air-Bühne, auf der jeden Sonntag Musik- und Theaterveranstaltungen stattfinden. Eintritt frei.

Alle zwei Jahre findet das *Festival Iberoamericano de Teatro* während der Osterwoche statt. Es nehmen professionelle Theatergruppen aus aller Welt teil.

Kinos

Kommerzielle internationale Filme werden in den Multiplex-Kinos von **Cine Colombia,** www.cinecolombia.com.co gezeigt, mit mehreren Lichtspielhäusern zumeist im Norden der Stadt, u.a. Unicentro, Av. Chile, Chía. Die amerikanischen Filme sind zumeist im Original mit spanischen Untertiteln. Daneben existieren auch einige Programmkinos. Dienstag und Donnerstag sind die Preise reduziert. Im September/Oktober gibt es ein Filmfestival.

Cinemateca Distrital, Cra. 7 No 22-79, ◔ Mo-So 15, 17, 19.

Kino im Museum für Moderne Kunst (MamBo), Calle 24 No 6-00.

Auditorio, Calle 16 No 4-75, ◔ 15, 18.

Centro de Artes y Audiovisuales, Calle 14, Ecke Cra. 5, ◔ täglich 3.30, 6.30.

Goethe Institut, Cra. 7 No 81-57, ☏ 210 08 50.

Der schönste Kinobau ist das **Faenza** mit einer eindrucksvollen Art-Deco-Fassade, erbaut 1924 und zum Monumento Nacional erklärt, aber außer Funktion, Cra. 5 Calle 22. In dieser Gegend läuft heute, wenn überhaupt, aber nur noch Schmuddelkino.

Stierkämpfe und Hahnenkämpfe

Die Hochlandkolumbianer sind verrückt nach Stierkämpfen, und sie lieben es blutig. In der Saison kommen die großen Torreros aus Spanien, dem Mutterland der *corrida*. Pro Kampftag werden sechs Stiere zu 500 kg-Gewicht in den Ring gejagt. Der Tag beginnt mit der Nationalhymne. Es folgt ein Fanfarenstoss, mit dem der Stier eingelassen wird. Die *picadores* reizen das Tier, dann kommen deren Kollegen, die Reiter auf ihren mittelalterlich gepanzerten Pferden, an die Reihe. Den Todesstoss versetzt der Torrero. Hat er ihn besonders spektakulär vollzogen, werden ihm die *orejas*, die Ohren des Stieres zugesprochen. Dann prasseln die Rosen der Damen in die Arena, und die Männer spritzen sich ein Rotwein-Aguardiente-Gemisch aus den Trinkschläuchen in die offenen Münder. Die *corrida* ist ein gesellschaftliches Ereignis. Präsident und Nobelpreisträger sitzen vereint auf der Ehrentribüne. Mit dem Fernglas suchen die Zuschauer auf den billigen Plätzen die unteren Ränge nach Prominenz ab.

Stierkampfarena Santamaría, Cra. 6 No 26-50. Eintrittspreise ab €5.

Hahnenkämpfe finden im Club Gallistico San Miguel statt, Calle 77 No 19-65, ☏ 235 81 71. ◔ Freitag ab 19. Eintritt: € 2-4.

Kulturzentren

Deutschland, Amerika, Frankreich, Spanien, Mexiko, Brasilien und sogar Russland sind mit einem Kulturzentrum in Bogotá vertreten.

Eine Auswahl der wichtigsten Treffpunkte:

Instituto Cultural Colombo-Alemana (Goetheinstitut)

Engagierte und freundliche Mitarbeiter, aktuelle Zeitungen und Magazine, *das* Aushängeschild der deutschen Kultur in Kolumbien mit deutschsprachigen Filmen, Lesungen, Ausstellungen und anderen Kulturveranstaltungen, beliebte Deutsch-Sprachkurse für Kolumbianer/innen.

Cra. 7 No 81-57, ☏ 254 76 00, 📠 212 71 67, www.goethe.de/ins/co/bog/deindex.htm ✉ info@bogota.goethe.org

Casa de la Poesia Silva, Calle 14 No 3-41. Hier starb der Dichter José Asunción Silva. Die restaurierte Villa hat einen Innenhof mit Arkaden. Es gibt eine Bibliothek mit den Werken kolumbianischer und internationaler Dichter. Je nach Stimmungslage besorgt die Phonoteca das entsprechende Gedicht. - Candelaria-

Fundación Rafael Pombo, Calle 10 No 5-22 (Calle del Coliseo) ist das Geburtshaus des Dichters Rafael

Pombo. Sein bekanntestes Poem ist «*En el Niagara*». - Candelaria -

Fundación Gilberto Alzate Avendaño, Calle 10 No 3-16, ✆ 281 94 91, Ausstellungen mit lateinamerikanischer und europäischer Kunst, Filmvorführungen, gutes Restaurant mit mexikanischer Küche.

Unterricht

Spanischunterricht erteilt die Universität Javeríana, Cra. 7 No 40-62 4. Stockwerk, ✆ 320 83 20/ 320 46 20, www.javeriana.edu.co Der Kursus dauert drei Monate und beginnt meist in der letzten Januarwoche. Es gibt Kurse in fünf unterschiedlichen Schwierigkeitsgraden in angenehmer Lerneratmosphäre mit Leuten aus der ganzen Welt. 120 Stunden kosten ca. € 800.

Universidad de Los Andes, Cra. 1A Este No 18A, ✆ 702 86 92 11, www.uniandes.edu.co ✉ espaextr @uniandes.co

Bibliotheken

SEBRA TIPP

Biblioteca Luis Angel Arango (BLAA) ist eine der modernsten öffentlichen Bibliotheken von Lateinamerika, die ca. 900 000 Bücher besitzt und über 10 Lesesäle und eine Cafeteria verfügt. Außerdem bietet die Online-Bibliothek (blaa digital) mit ca. 250. 000 Seiten einen jederzeit abrufbaren riesigen Fundus an allgemeiner, gut aufbereiteter Information zu Kolumbien. www.lablaa .org/gigital.htm

Interessant ist der *sala mapoteca* mit umfangreichen Kartenmaterial und Bildbänden zu Kolumbien. Zudem ist die Bibliothek Veranstaltungsort für Konzerte, Ausstellungen, Lesungen und andere Kulturveranstaltungen. 1999 wurde mit 2,9 Mio. Besuchern ein weltweiter Besucherrekord erzielt, damals herrschte an manchen Tagen in der Bibliothek oft eine Atmosphäre wie auf dem Hauptbahnhof. Für Entlastung sorgen seit Beginn des neuen Milleniums drei weitere nagelneue Megabibliotheken in unterschiedlichen Stadtteilen und Problemsektoren im Süden der Stadt, die bislang ohne öffentliche Bildungseinrichtungen auskommen mussten. Die vier öffentlichen Großbibliotheken (und weitere kleine) sind zusammengeschlossen zum BibloRed, einem Informations- und Bildungsprogramm der Alcaldía von Bogotá.

BLAA, Calle 11 No 4-14. ✆ 343 12 12. ⊕ Mo-Sa 8-20, So 8-16. An Feiertagen geschlossen. -Candelaria -

Biblioteca Pública el Tintal Manuel Zapata Olivella eröffnet 2001, für die Stadtteile Kennedy, Fontibón und Bosa.

Av. Ciudad de Cali No 6C-09. ✆ 450 50 77.⊕ Mo 14-20, Di-Sa 8-20, So 9.30-17.30.

Biblioteca Pública Parque El Tunal. Diese Bibliothek wurde im Parque El Tunal, einem der größten Parks, mit vielen Freizeiteinrichtungen im Süden der Stadt errichtet. Der Park grenzt an das Problemviertel **Ciudad Bolívar**, eine der prekärsten Zonen der Hauptstadt mit über 1. Mio. Einwohnern, darunter vielen Vertriebenen, ethnischen Minderheiten, Indigenen, das durch seine schlechte Infrastruktur über lange Zeit vom innerstädtischen Bereich abgeschnitten war und Drogen- und Sicherheitsprobleme aufweist. Lange Zeit gab es in Ciudad Bolívar nur einen einzigen Baum, der im Volksmund *«del ahorcado»* («zum Aufhängen») hieß.

Calle 48B Sur No 21-13, unweit der TransMilenio-Station **Portal de Tunal,** ☏ 769 87 34/ 37/ 39/ 44. ⏰ Mo 14-20, Di-Sa 8-20, So 9.30-17.30.

Biblioteca Pública Virgilio Barco. Architektonisch ist die Bibliothek im Parque Simón Bolívar eine Wucht, ein spätes Meisterwerk des bekannten kolumbianischen Architekten Rogelio Salmona.

Av. Carrera 60 No 57-60. ☏ 315 88 90/ 75. ⏰ Mo 14-20, Di-Sa 8-20, So 9.30-17.30.

Archivo General de la Nacion. Das zentrale Staatsarchiv konzentriert die wichtigsten Dokumente der kolumbianischen Geschichte seit Kolonialtagen, die zuvor verstreut in Archiven in Bogotá, Cartagena, Tunja und Pamplona aufbewahrt wurden. Der imposante Backsteinbau stammt vom Architekten Rogelio Salmona und wurde 1994 eröffnet.

Cra. 6 No 6-91. ☏ 337 20 50/ -31 11. ⏰ Mo-Fr 8-17.

Biblioteca Nacional de Colombia ist eine der ältesten Bibliotheken Amerikas. Der Grundstock der Bücher stammt aus dem Fundus der 1767 ausgewiesenen Jesuiten. Angestaubte Folianten, gealterte Leser und Personal. Doch gerade hier finden viele interessante Ausstellungen und Symposien statt.

Calle 24 No 5-60. ⏰ Mo-Sa 8.30-19.

Instituto Colombiano de Antropología e Historia (ICANH). Wer sich für die Indianerkulturen Kolumbiens interessiert, findet hier umfangreiches Basiswissen und Hintergrundmaterial. 16 Leseplätze. www.icanh.gov.co/ Calle 12 No 2-41. ☏ 286 00 21/ 286 00 95. ⏰ Mo-Fr 8-17. - Candelaria-

SINCHI (Instituto Amazoniá de Investigaciónes Científicas, vormals Corporación de Araracuara) unterhält eine kleine, gut sortierte Bibliothek, die auf die kolumbianische Amazonasregion spezialisiert ist. www.sinchi.org.co

Calle 20 No 5-44. ☏ 285 67 55. ⏰ Mo-Fr 8-12 u. 13-17.

Projecto Biopacífico. Das Projekt ist eine Abteilung des Umweltministeriums. Die kleine Bibliothek hat Bücher zu Flora und Fauna der Pazifikregion.

Diagonale 34 No 5-98. ☏ 245 44 12. 📠 232 35 11. ⏰ Mo-Fr 8-12 u. 13-17.

▌ Buch und Presse

Librería Central, Calle 94 No 13-97, ☏ 256 95 34/ 622 74 02, ein Buchladen mit Qualität und Tradition, deutschsprachige Zeitungen und Zeitschriften. Die Librería Central war (seit 1944) jahrzehntelang der Treffpunkt der österreichischen Exilgemeinde und wurde bis zu seinem Tod 2004 durch den in Kolumbien hochgeschätzten Journalisten Hans Ungar geleitet.

Librería Lerner Av. Jiménez No 4-35, ☏ 282 30 49/ 281 43, hat wohl die größte und beste Auswahl an Foto- und Bildbänden, plus Leseecke. Im Untergeschoss *(sótano de descuentos)* ein Fundus ausrangierter Bücher. Hier findet man am ehesten auch rare Titel.

Librería im Centro Cultural Gabriel García Márquez, ☏ 283 22 00, www.fce.com.co ✉ libreria@fce.com.co, zur Zeit die modernste und übersichtlichste Buchhandlung Bogotás mit allen Werken von und über GGM und allen wichtigen nationalen Neuerscheinungen, Klassikern und Bildbänden, Leseecke.

Un La Librería, Plazuela de las Nieves (bzw. Plazuela Caldas), Calle 20 No 7-15, ☏ 281 26 41/ 342 73 82, ✉ libreriaun_bog@unal.edu.co, dreistöckige Buchhandlung der Universidad Nacional de Colombia mit aktuellen Neuerscheinungen zu Politik und Gesellschaft in Kolumbien, Terrassencafé im Obergeschoss.

Café Oma mit Buchladen und nationaler wie internationaler Presse, in der Cra.15 No 82-58/ Cra. 9a No 70-29.

Eine große Auswahl nicht nur an Büchern, sondern auch Musik-CDs und interessanten Computerspielen (z.B. Flugsimulator Kolumbien !) findet man z.B. im **Centro Comercial Andino,** Cra. 11 No 82.

Um einiges billiger sind die aktuellen Bestseller an den Ständen im **Centro Cultural del Libro,** Cra. 8 No 15-63 oder direkt auf der Straße, zwischen Séptima und Calle 19, zu bekommen.

Einmal im Jahr findet eine **Internationale Buchmesse** statt, meist im April. Das Messegelände **Corfería** ist in der Nähe der Universität Nacional.

Presse und Medien aus Bogotá

Die größte **Tageszeitung** des Landes ist *El Tiempo* aus Bogotá, eine ausgesprochen gute und moderne Zeitung mit ausführlichen Berichten aus dem ganzen Land und Auslandsmeldungen. Man wird kenntnisreich und kritisch über das Tagesgeschehen informiert. Auch für das Veranstaltungsprogramm und den Anzeigenteil ist *El Tiempo* unverzichtbar. http://www.eltiempo.terra.com.co/

Der bedeutend kleinere, traditionsreiche und wegen seiner journalistischen Qualität weltbekannte *El Espectador* erscheint, nachdem der finanzstarke heimische Investor Santo Domingo eingestiegen ist, nun wieder als Tageszeitung. Zwischenzeitlich konnte nur eine Ausgabe pro Woche publiziert werden. Das Blatt hat zwar nicht mehr ganz den Biss vergangener Tage, ist aber im neuen Tabloid-Format ausgesprochen übersichtlich und gut lesbar. In geringerer Auflage werden die rechtskonservative *El Siglo* und *La República* gedruckt. Es gibt eine große Zahl begabter und mutiger Journalisten. Gabriel García Márquez arbeitete in jungen Jahren für den *El Espectador.*

Die **Wochenzeitschriften** *Semana* und *Cambio* bieten eine weiter- und tiefergehende Berichterstattung als die Tagespresse. Sie bohren bei den vielen politischen Skandalen gerne nach und sorgen so für ständig neue Schlagzeilen. Beide Magazine bedienen zudem auch allerhand modische Livestile-Themen, die einem Einblick in die Vorlieben der gehobenen und gut verdienenden Mittelschicht (*Profesionales*) geben, die derjenigen der Vereinigten Staaten und Europas vollkommen entsprechen (Mode, schnelle Autos, Sportarten wie Golf, Tennis etc.) und die sich die wöchentliche Ausgabe von etwa 10.000 Pesos leisten mögen. *Semana* ist das alte Flaggschiff mit der größeren Leserschaft. *Cambio* ist ein modernes Nachrichtenmagazin und fokussiert im Stil des in den 1990er Jahren aufgekommenen Infotainments. Das Magazin wurde im Jahr 1999 von Gabriel García Márquez laut eigener Aussage zum großen Teil vom in der Schweiz liegenden und schon beinahe vergessenen Preisgeld für den 1982 verliehenen Nobelpreis zu einem Anteil von 50 % erworben und hatte in der Folgezeit an Format und Leserschaft hinzugewonnen. Ende 2005 erwarb die Verlagsgruppe El Tiempo die Mehrheitsanteile und Gabriel García Márquez schied als Gesellschafter aus dem Unternehmen aus. Die Auflage hat sich in den letzten zehn Jahren vervierfacht und liegt heute bei über 100.000 Exemplaren. Zur **Casa Editorial El Tiempo** gehören außerdem noch diverse Spartenmagazine (wie Viajar, Álo, Motor), einige Wochenzeitungen mit regionaler Verbreitung, das Wirtschaftsblatt **Portafolio** (Auflage knapp 50.000) und der Hauptstadtsender **CityTv**.

Es gibt mehrere Veranstaltungszeitungen, die am Kiosk, in einigen Buchläden, Kulturzentren, Cafés und Hotels zu haben sind, teilweise mit einer Internet-Ausgabe. Dazu gehören Escape, El baluarte www.elbaluarte.com/ **plan b** www.planb.com.co und **the city paper** www.thecitypaperbogota.com (englischsprachig).

Hilfreiche Adressen

(siehe auch «Hilfreiche Adressen» im Infoteil am Ende dieses Buches)
Nationalparkverwaltung (UAESPNN), Cra. 10 No 20-30, 4. Stock (Oficina de Ecoturismo y Atención a Visitantes), ☎/🖷 243 30 95/ 243 16 34/ 243 41 74/ 243 20 09. www.minambiente.gov.co/html/uaespnn/home.htm, 🕓 Mo-Fr 8-12 u. 14-16.

Fundación Natura, Av. 13 No 87-43, ☎ 616 92 62.

Instituto Geográfico Agustín Codazzi (IGAC), das staatliche Institut hat umfangreiches Kartenmaterial vorrätig, auch in digitalisierter Form, überwiegend im Maßstab 1:2000, 1:100 000 und 1:25 000. www.igac.gov.co

Cra. 30 No 48-51, ☎ 368 34 43, Mo-Fr 🕓 8-16.30, Bankzeiten zum Begleichen der Rechnung 🕓 9-16.

ONIC, Calle 13 No 4-38, ☎ 284 21 68/ 596 74 80.

Sal Si Puedes, Cra. 7 No 17-01, Büro 739, ☎ 283 37 65/ 639 64 01, 🖷 281 56 24. Sal Si Puedes ist ein Wanderverein, der regelmäßig Wanderungen an Wochenenden organisiert. Die sonntäglichen Wanderungen gehen über 10-20 Kilometer. Der Unkostenbeitrag ist auf das Konto bei der Caja Agraria 14.045.468-1 einzuzahlen. Für Leute bis 25 mit der *tarjeta joven* gibt es Ermäßigung.

Coama, Cra. 4 No 26 B-31, Of. 301, ☎ 281 49 85/341 43 77, 🖷 281 49 45.www.coama.org.co/ Kontakt über Coama-Koordination (Martin v. Hildebrand).

Alcom, Asociación Colombiana de Albergues Turísticos Juveniles, Cra. 7 No 6-10, ☎ 280 32 02, 🖷 280 34 60.www.hihostels.com. Hier ist die *tarjeta joven* erhältlich.

Autovermietung

Avis und Hertz haben Counters am Flughafen El Dorado.

Avis, Av.15 No 101-45, ☎ 610 44 55, 🖷 218 97 66. www.avis.com

Hertz, Cra.11 No 75-19, ☎ 210 19 07/542 77 47. www.hertz.com

Budget, Av. 15 No 107-08, ☎ 612 58 07/ 213 47 21/ 213 63 83, www.budgetcolombia.com ✉ counter@budgetcolombia.com

Stadtverkehr

Bedauerlicherweise hat Bogotá keine Metro, aber seit Ende 2000 mit dem **TransMilenio** ein Art Metroersatz auf der Straße. Das neuartige Verkehrssystem wurde erstmals im südbrasilianischen Curitiba entwickelt und eingesetzt. Der TransMilenio, der die Avenida Caracas entlangfährt, sorgt für die schnellste Nord-Süd-Verbindung.

Trotzdem kann die Metro auf der Straße nur wenig Entlastung für den alltäglichen Verkehrsinfarkt bringen. Bus und Taxi bleiben die dominierenden öffentlichen Verkehrsmittel, wobei viele Busfahrten, die von Norden entlang der Cra. 11 und Cra.13 ins Zentrum führen, nur bei Müßiggängern, die zugleich Enthusiasten des Großstadtverkehrs sind, Anklang finden. Für alle anderen Verkehrsteilnehmer stellt stundenlanges Stoßstange an Stoßstange Fahren, unterbrochen von abrupten Anfahr- und Abbremsmanövern auf ausgeschlagenen und durchgesessenen Sitzbänken kaum einen angenehmen Zeitvertreib dar. Statt sich mit einem der Busse auf die Nord-Südquerung der Andenmetropole einzulassen, nimmt man besser gleich ein Taxi und fährt über die Circunvalar-Umgehungsstraße.

Es gibt **drei Bustypen**. Am langsamsten, lautesten und unbequemsten sind die dunkelgrünen Kurzbusse der Marke «Dodge». Bequemer und schneller sind die Colectivos (Mikrobusse) und Ejecutivos (Schnellbusse). Die Fahrtrichtung und die Preise sind in der Windschutzscheibe angezeigt. Die obere Zahl ist der Tagestarif, die untere Nacht- und Sonntagtarif. Die Hauptrouten laufen entlang der Cra. 7, 14 (Caracas) und Av. El Dorado. Es gibt zwar Haltestellen, aber angehalten werden die Busse durch Handzeichen.

Wer aussteigen will, ruft im einfachen Bus «por aqui por favor», rennt nach vorn, schiebt sich durch die Drehschranke und springt raus. In den Ejecutivos drückt man den Signalknopf, und der Bus hält an.

Die **Taxen** sind gelb und haben Taxameter, wenn nicht, dann ist es kein Taxi, und man steigt besser nicht ein. Die Tarife hängen am hinteren Seitenfenster oder sichtbar über dem Beifahrersitz und sind moderat.

Beim Einsteigen schalten die Fahrer im Allgemeinen das Taxameter ohne Aufforderung an und kassieren entsprechend der Anzeige und dem in der Liste aufgeführtem Multiplikator ab. Nachts ändert sich das Bild schlagartig. Die Taxameter werden nicht mehr eingeschaltet, und die Preisforderungen schnellen in die Höhe. Der Preis sollte vorher ausge-

```
TAXI-RUF
-211 11 11
-311 11 11
-411 11 11
-288 88 88
-311 66 66
-223 33 33
-222 21 11
-288 98 89
```

handelt werden. Es gibt Funktaxis mit höherer Anfahrgebühr.

Am Busbahnhof und am Flughafen erhält man ein Ticket, das den Preis der Fahrt und das Nummernschild des Taxi enthält. Das System hat sich gut bewährt.

Eisenbahn

Die Eisenbahn ist kein reguläres Verkehrsmittel mehr, sondern Sonntagsvergnügen. Von der **Estación de la Sabana**, Calle 13 No18-24, ☏ 375 05 57/ 375 05 58/ 629 74 07, www.turistren.com.co, fährt die Dampflok nach Nemocón, in der Nähe von Zipaquirá, Sa, So und Feiertage, ⏲ hin 8.30, zurück 15.00, € 12. Die Tickets gibt es am Bahnhof **Estación de la Sabana** kurz vor Abfahrt des Zuges oder noch besser im Voraus zu kaufen.

Busverbindungen

Die meisten regionalen Fahrziele im Departement Cundinamarca, die nördlich von Bogotá liegen, werden nicht vom Terminal de Transporte Terrestre (siehe unten) bedient, sondern vom Terminal de Transporte Satelite beim **Portal del Norte**, der zugleich die Endstation bzw. der Kopfbahnhof des **TransMilenio** im Norden der Stadt ist. Das gilt für alle Fahrziele im Großraum Bogotá (Region Sabana Centro), Chia, Zipaquirá, Cajcá, Guachancipá und Guatavita und zudem für einige Ziele in den nördlichen Departements Boyacá und Santander.

Der moderne Busbahnhof **Terminal de Transporte Terrestre** liegt außerhalb der Stadt, Calle 33B No 69-13. ☏ 428 24 24/ 428 10 12. www.terminaldetransporte.gov.co

---

Die wichtigsten Busunternehmen

* AUTOFUSA
  428 60 21
* BERLINAS
  416 89 49
* BRASILIA
  263 66 11
* CONCORDE
  429 75 14
* COOMOTOR
  428 76 49
* COOTRANSHUILA
  429 77 60
* COPETRAN
  263 20 41
* EXP. PALMIRA
  263 64 75
* GAVIOTA
  263 22 26
* LIBERTADORES
  428 50 68
* MAGDALENA
  428 76 88
* OMEGA
  428 70 66
* PAZ DEL RIO
  410 17 15
* VELOTAX
  263 43 67

In den fünf Hallen sind die Schalter der Busgesellschaften versammelt, getrennt nach den regionalen Fahrzielen in die vier Himmelsrichtungen und zudem der Ankunftsbereich für die Passagiere. **Modul 1**

(Gelb) für die Südverbindungen (Corredor SUR via Soacha/ Autopista Sur). **Modul 2** (Blau) Ostverbindungen (via Caqueza, Choachi, La Calera) und die Westverbindungen (via Mosquera, Sibería, Troncal Magdalena, einige Ziele im Dep. Cundinamarca, Tolima (Norte), Caldas, Chocó, Antioquia, Costa Atlantica (via Medellín). **Modul 3** (Rot) Corredor Norte (via La Caro, Autopista Norte). **Modul 4** (Grün) alle übrigen Fahrziele und die Taxis interdepartamentales. **Modul 5** (Violett) Ankunftsbereich, Taxis.

Es gibt mehrere Restaurants, ATMs und eine Gepäckaufbewahrung.

Wer noch eine Gelbfieberimpfung braucht, kann sich hier im Modul 4 impfen lassen. ☏ 570 88 28. ⌚ Mo-Fr 8-13 u. 14-17, Sa 8-14. 18.

Alle Wege in Kolumbien führen nach Bogotá. Von hier lässt sich beinahe jeder Ort, der durch eine Straße verbunden ist, erreichen. Mit Gepäck ist es ratsam, ein Taxi in die Innenstadt oder nach Norte zu nehmen, € 3,50 vom Zentrum. Die Anfahrt mit dem Bus dauert eine halbe Ewigkeit.

Die wichtigsten Routen sind:

Medellín - stündlich, Brasilia, Magdalena, Bolivariano, 10 Std., € 22.

Cali - stündlich, Magdalena, Bolivariano, Velotax, 12 Std., € 22.

Cúcuta - stündlich, Berlinas, Concorde, 18 Std., € 35.

Manizales - stündlich, Exp. Palmira, Bolivariano, 8 Std., € 16.

Cartagena - Brasilia, ⌚ 15.30, 18, 20., Copetrán, alle 2 Std. ab ⌚ 7, 23 Std., € 52.

Santa Marta - Brasilia, ⌚ 15, 17, 19.30, Copetrán ⌚ 15, 16.30, 18.30, Berlinas ⌚ 17, 19, 21, 19 Std., € 46.

Tunja - Libertadores u.a., von ⌚ 7-21 ständig, 3 Std., € 5,50.

Villa de Leyva - Libertadores, ⌚ 4.40, 14.40, Valle de Tenza, ⌚ € 6, Flota Boyaca, ⌚ € 6, 3½ Std., € 7.

San Agustín - Taxi Verdes-Aerovan, ⌚ 3, 6.40, 10.30, 13.30, 16, 21, 9 Std., € 18;75; Comotor, Busse ⌚ 3, 21.30, 12 Std., € 17,90.

La Plata - (> Tierradentro) - ⌚ 8.30, 22, € 15.

Cocuy - Coflonorte, Simón Bolívar, Paz del Río,⌚ 5, 18.30, 19, 20.30, 11 Std., € 14.

Muzo - Expreso Gaviota, Flota Reina, ⌚ stündlich ab 7-12.30, 7 Std., € 11.

Quibdó - Empresa Arauca, ⌚ täglich 22.00, 20 Std., € 40.

Ibagué - Autofusa, ⌚ alle 10 Min., Exp. Palmira, ⌚ stündlich, € 9-11.

■ Flugverbindungen

Nationale Fluggesellschaften

Avianca, Calle 19 No 4-37, ☏ 401 34 34; Cra 10 No 26-53, ☏ 342 60 77/ 283 02 64, www.avianca.com

Aerorepública, Cra. 10 No 27-51, Of. 156 (Centro Internacional), ☏ 320 90 90/ 320 92 92/ 336 03 61, www.aerorepublica.com.co

Aires, Cra. 11 N0 76-11 Local 103, gegenüber von Pomona, ☏ 321 36 49/ 248 13 62, www.aires.com.co

Satena, Cra. 10 No 26-21, Of. 210 Tequendama, ☏ 286 26 21/337 50 00/423 85 00, www.satena.gov.co

Easyfly, www.easyfly.com.co ☏ 414 81 11, erste Billigfluggesellschaft Kolumbiens, ca. 20-25 % günstiger als die anderen Anbieter. Buchung ausschließlich im Internet, von Bogotá zu einigen Regionalzielen wie Medellín (nur via Armenia), Ibagué, Neiva,Cartago,Yopal, Barrancabermeja. Eingesetzt werden Maschinen vom Typ Jetstream 41 für 30 Passagiere.

Internationale Fluggesellschaften
Aerolineas Argentinas/ Air Comet, Calle 76 No 11-17, Piso 5, ☏ 01 800 700 02 00/ 01 800 700 75 87/ 313 28 54/ 319 08 60/ 319 08 70, www.aerolineas.com.ar / www.aircomet.com

Air France/KLM, Cra. 9 A No 99-07 Torre 1, Piso 5, Gratis-☏ 01 800 956 11 11/ 650 60 00/ 326 60 30; El Dorado-Flughafen: ☏ 413 95 90/ 413 87 50, www.airfrance.com.co

Aeropostal, Calle 73 No 9-42,Of. 102, ☏ 342 60 77/ 283 02 64; Cra. 15 No 94-69, ☏ 317 18 00; El Dorado-Flughafen: ☏ 439 80 18, www.aeropostal.com

American Airlines, Calle 71A No 5-90 local 101, ☏ 439 80 22/ 343 24 2445; Calle 100 No 18A-30 im Hotel Bogotá Plaza, ☏ 560 97 12; El Dorado-Flughafen: ☏ 439 80 06, allgemein ☏ 980 052 25 55, www.aa.com/español

COPA (Panama), Cra.9a No 99-02, local 108 Edf. Citibank, ☏ 01 800 550 7700/ 638 33 23, www.copaair.com

Continental Airlines, Cra. 7 No 71-21 Torre A, Of. 2, ☏ 01 800 944 02 19; Cra. 10 No 26-35, local 7, ☏ 342 52 79/ 317 33 13, www.continental.com

Cubana de Aviación, Cra 7 No 71-21 Torre A, Of. 2, ☏ 342 52 79/ 317 33 13; Cra. 10 No 26-35 local 7, ☏ 01 800 944 02 19, www.cubana.co.cu

Iberia, Cra. 19 No 85-11, ☏ 01 900 331 2211/ 616 61 11/ 610 50 66; El Dorado Flughafen: ☏ 413 87 15/ 413 96 37, www.iberia.com

Grupo TACA (Lacsa, Aviateca, Taca), Calle 113 No 7-21, ☏ 01 800 951 82 22/ 629 55 07/ 637 39 00, www.taca.com

LAN, Calle 100 No 8 A-49 Torre B, piso 7, Of. 708, ☏ 611 15 33/ 611 03 28/ 611 89 28/ 218 33 91, www.lan.com

Mexicana, Av. 15 No114-36 Of. 108, ☏ 01 800 912 08 42/ 414 84 28/ 635 37 70/ 215 26 26, www.mexicana.com

Varig, Cra. 7 No 33-24, ☏ 350 93 89 / 350 57 49/ 650 71 00, www.varig.com

Internationaler Flughafen El Dorado

www.elnuevodorado.com

Der internationale Flughafen El Dorado von Bogotá besteht insgesamt aus drei **Flughafen-Sektoren**, die hintereinander an der Avenida El Dorado liegen.

Die *Puente Aereo* ist der Flughafen für alle Inlandflüge und die Miami/NewYork Flüge der Avianca. Alle anderen nationalen und internationalen Flüge werden am Flughafen *El Dorado* abgewickelt. Flughafen-Sektor Nr. 3 ist die Frachtabteilung.

In der Abflughalle des internationalen Flughafens befinden sich mehrere ATMs. Im Ankunftsbereich tauscht **Aerocambios**, ☏ 414 87 69, Bardollar und Euros. Im 1. Stock gibt es auch einen *puesta de salud* für Gelbfieber und andere Impfungen. ☏ 266 30 02. ⊕ Mo-Sa 7-19.

Dies ist eine kleine Auswahl der häufigsten Flugrouten:

National
Medellín - (Aeropuerto Internacional José María Cordoba) - Avianca, Aerorepública mehrmals täglich, € 100.
Medellín - (Aeropuerto Enrique Olaya Herrera) Satena mehrmals täglich, € 80. Hat den Vorteil des kürzeren Weges ins Zentrum von Medellín.
Cali - Avianca Aerorepública, mehrmals täglich, € 110.
Barranquilla - Avianca, Aerorepública, mehrmals täglich, ab € 110.
Cartagena - Avianca, Aerorepública mehrmals täglich, ab € 110,
San Andrés - Avianca, Aerorepública täglich, direkt (oder via Barranquilla, Cartagena) ab € 180, Satena nur Mo ab € 80.
Leticia - Copa, Aerorepública, täglich, ab € 120, günstiger mit Satena Mo/Mi/Fr.

Abgelegene Flugziele
Barrancabermeja - Easyfly, Aires, täglich€ 60.
Manizales - Aires, täglich, € 50.
Popayán - Satena tägl. ab € 100.
Pasto - Satena täglich außer Do ab € 100.
Puerto Carreño - Satena So und Di ab € 130.
San José del Guaviare - Satena täglich außer So/Fr ab € 100.
Quibdo - Satena täglich € 90, Aires ab € 50.
Flüge nach **Araracuara, La Chorrera, La Macarena, La Pedrera, Puerto Inirida** - unregelmäßig bei Satena auf Anfrage!

International
Aruba - Avianca (täglich direkt) ab € 120 und Aires (via Barranquilla) ab € 100.
Curaçao - Avianca, ab € 90.
Panama - Copa, täglich, Avianca ab € 200.
San José - Copa, täglich, ab € 200.
La Havana (Kuba) - Aeropostal, € 200.
Venezuela - Caracas und andere Destinationen, täglich, Aerorepública ab € 130.
Quito/Guayaquil - Copa und LAN ab € 200.
Lima - Copa täglich ab € 250.
Rio de Janeiro - Taca, Avianca, Copa, Varig ab € 200.
Miami - Avianca, täglich, ab € 120 (Promotionstarif), American Airlines, täglich, ab € 250.
Madrid (und andere Ziele in Spanien Alicante, Barcelona, Valencia) - tägliche Verbindungen mit verschiedenen Carriern, Iberia, Avianca, Air Comet (Allianz mit Aerorepública), ab € 750 Roundtrip.
Paris - Air France, täglich, ab € 750 Roundtrip.

Zwischen der *Puente Aereo* und dem Internationalen Flughafen *El Dorado* liegt der Frachtflughafen. Es gibt Cargoflüge ins In- und Ausland. Die Gesellschaften **Aerosucre**, Cargoterminal Nr.1, ☏ 414 75 15 (Büro im Zentrum: Av. 26 No 67, ☏ 413 94 26) und die **Lineas Aéreas Suramericanas**, ☏ 413 91 86, www.lascargo.com nehmen gelegentlich Passagiere mit. Der Flugpreis entspricht der Hälfte des regulären Flugpreises. Diese Flüge können nicht gebucht werden. Am besten ruft man bei der Gesellschaft an und fragt, wann der Flug geht. Am Terminal angekommen, trägt der Pförtner die Reisewilligen in eine Liste ein. Der Platz auf dieser Liste ist keine Gewähr, auch mitgenommen zu werden. Es gibt weder ein Ticket noch echte Sitzplätze. Die Abflugzeiten können sich um Stunden verzögern. Flugziele sind Barranquilla, Leticia und San Andrés. Aerosucre hatte im Jahr 2006 zwei Totalverluste (darunter ein Absturz beim Landeanflug auf Leticia) erlitten und daraufhin die Mitnahmepraxis der Vergangenheit weitgehend eingestellt.

Die Umgebung von Bogotá

Im Rücken von Bogotá steigen die Berge bis auf über 4000 Meter an. In diesen Höhenlagen befinden sich die ausgedehnten und artenreichen Páramos Chingaza und Sumapaz.

Die Lagunen der Hochebenen waren in der Mythologie der Muisca von besonderer Bedeutung. Zu den wichtigsten und bekanntesten Lagunen gehört Guatavita.

Weiter im Osten brechen die Berge der Ostkordillere steil ab und laufen in den Niederungen des Llanosflachlandes aus. Im Westen geht es Richtung Magdalenatal. Die Temperaturen steigen mit jeder Haarnadelkurve, bis das schwül heiße Honda erreicht ist.

Im Norden von Bogotá führt der Weg in die traditionsreichen Salzminen von Zipaquirá und Nemocón.

Die meisten Busse mit Fahrzielen innerhalb des Departements Cundinamarca in Richtung Norden starten nicht vom zentralen Busterminal, sondern vom **Portal del Norte** (Endstation TransMilenio).

Nationalpark Laguna de Guatavita

3000 Meter, 11°C

Die Lagune von Guatavita war die wichtigste Kultstätte der Muisca.

Die Legende von El Dorado nahm hier ihren Anfang. Die Lagune war der Krönungsort des Thronfolgers. Hier bekräftigte er den Pakt mit den Göttern. Die Legende besagt, dass der junge Zipa, dessen Körper mit Goldstaub bedeckt war, auf einem Floß in die Mitte des Sees gerudert wurde und dort ins Wasser stieg. Während der Zeremonie wurden Goldschmuck und Gefäße als Opfergaben versenkt. Es ist ein überwältigender Anblick vom Kraterrand auf die türkisschimmernde Lagune. Die Hänge um den See sind von einer grau-violett-rosa blühenden Vegetation überzogen. In deren Mitte liegt die kreisrunde Lagune mit ihrem flaschengrünen Wasser, in dem sich die Wolken spiegeln. Auf der linken Seite klafft eine Einkerbung, die einst in den Krater geschlagen wurde, um den See trockenzulegen. Auf dem Grund der Lagune wurde lange Zeit der sagenhafte Schatz der Muisca vermutet, gefunden wurde er nie.

Ein Pfad schlängelt sich durch das Gestrüpp bis zum Ufer. Dort unten sind die Temperaturen 5°C wärmer als am Kraterrand. Nachts bilden sich Nebelschwaden über dem Wasser, die aufsteigen und die Lagune bedecken. Wer den Páramo im Rükken der Lagune hinaufsteigt, hat einen Blick auf den Stausee von Nuevo Guatavita. In der Ferne sieht man den Lichtkegel von Bogotá. Hier ist es still. Nur der Wind und vereinzelt Hundegebell sind zu hören. Besonders schön ist der Besuch der Lagune bei Vollmond.

Seit 2004 hat die Corporación Autónoma Regional de Cundinamarca (CAR) den Besuch der sagenumwobenen Lagune mit strikten Auflagen verbunden. Übernachtungen am Kraterrand der Lagune gehören nunmehr der Vergangenheit an. In den 1990er Jahren war der heilige Ort der Muisca durch die Unachtsamkeit

Die Umgebung von Bogotá

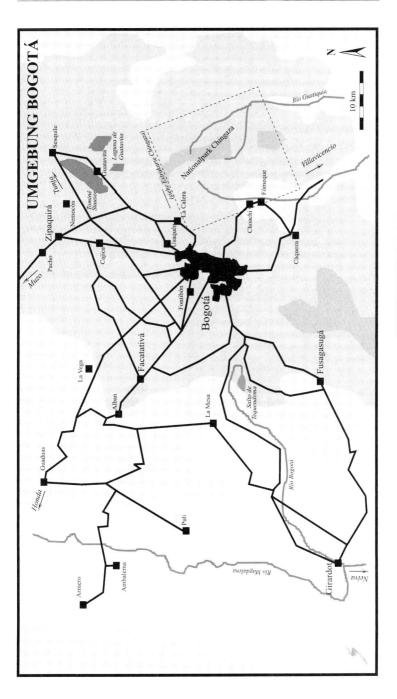

Die Muisca

Die Muisca-Kultur fällt in den Zeitraum von 700-1600 n.Chr. Die einstigen Jäger und Sammler gründeten Ansiedlungen, intensivierten den Bodenanbau und entwickelten eine komplexe, arbeitsteilige Sozialstruktur. Als die Spanier nach Kolumbien kamen, waren die Muisca in der Staatsgründungsphase. 800 000 Muisca bewohnten die Hochebene der heutigen Departements Cundinamarca und Boyacá.

Herrschaftsform

Das Reich der Muisca regierten zwei Herrscher, der Zipa von Bacata, heute Bogotá, und der Zaque von Hunza, heute Tunja. Zipa und Zaque standen im ständigen Kampf um die Vorherrschaft im Reich. Die Autorität des Souverän war absolut. Niemand seiner Untertanen durfte ihm ins Gesicht sehen. Ein Zuwiderhandeln wurde mit dem Tode bestraft. Der Herrscher wurde stets getragen und berührte nie den Boden mit den Füßen.

Die Muiscagesellschaft war streng hierarchisch organisiert. Die Feudalklasse besaß besondere Privilegien. Nur ihnen war es erlaubt, hochwertigen Goldschmuck zu tragen, sie saßen auf Tonschemeln und trugen aufwendig bemalte Mantas aus feinsten Baumwollstoffen. Ihre Häuser waren geschlossen und von einem Zaun aus Bambus umgeben. Sie hatten so viele Frauen, wie sie sich leisten konnten. Der Zipa hatte 40 Frauen. Die Hauptfrau stammte aus dem Adel. Alle anderen Frauen waren ihr unterstellt. Nur die Feudalklasse durfte Wild jagen und essen.

Die zweite Klasse stellten die Krieger. Ein stehendes Heer war nötig, um die ständigen Angriffe der gefürchteten Karib-Indianer abzuwehren.

Balsa Muisca (Goldmuseum)

Eine andere hochgestellte Schicht bildeten die Geistlichen. Die weisen Priester bereiteten den Nachwuchs vom Kindesalter auf ihr Amt vor. Die Schüler verbrachten die meiste Zeit in Klausur und Meditation, um die Verbindung zwischen Mensch und Göttern herzustellen und zu vertiefen. Neben kultischen Aufgaben oblag den Priestern die Heilung von Krankheiten. Unter der Führungsschicht waren die Handwerker angesiedelt. In Guatavita lebten die Goldschmiede, in Ráquira die Töpfer. Das Fundament der Gesellschaftspyramide bildeten die Bauern. Sie kultivierten Mais, Kartoffeln, Bohnen, *aji* (eine Peperoniart) und vieles mehr. Die Felder bestellten sie gemeinsam. Der kommunale Besitz wurde den Familien durch den Kazike zugeteilt. Für den Nutznieß wurden Abgaben entrichtet. Die Felder des Adels, der Krieger und Geistlichen bestellten die Bauern unentgeltlich. Die Kriegsgefangenen wurden als Sklaven zur Feld- und Hausarbeit eingesetzt. Erbeutete Frauen waren Konkubinen. Kinder aus dieser Verbindung blieben im Haus des Vaters und erhielten seinen Namen.

Die kleinste Gesellschaftseinheit war die Familie, mehrere Familien bildeten eine Gemeinde.

Der Chef der Gemeinde war der *capitán*. Mehrere Gemeinden wurden zu einer Provinz zusammengefasst. Die *capitáne* waren dem Provinzfürsten unterstellt. Die Provinz Bacatá hatte 13 Gemeinden. Mehrere Provinzen bildeten einen Regierungsbezirk, dem ein Oberkazike vorstand, der allein Zipa oder Zaque gegenüber verantwortlich war.

Alltagsleben

Die Muisca lebten in Dörfern aus kleinen, runden, strohgedeckten Häusern aus Bambus und Lehm. Die Grundsteinlegung war verbunden mit Opfergaben. Unter den Pfosten des Hauses wurden Kriegsgefangene begraben, bevorzugt junge Mädchen, die zuvor auf dem Opferaltar getötet worden waren.
Die Muisca unterhielten ein ausgedehntes Handelsnetz. Die wichtigste Handelsware war Salz, das in den Minen von Zipaquirá gebrochen wurde. Die Salzminen gehörten den Häuptlingen, die das Salz an die Dorfmitglieder verkauften. Zahlungsmittel waren Arbeitskraft, Lebensmittel und Goldscheiben.
Die Muisca waren große Smaragdhändler, doch die ertragreichsten Minen von Muzo und Chivor lagen außerhalb ihres Herrschaftsraumes. Durch Tauschhandel mit den Kariben gelangten sie in den Besitz der begehrten Steine.
In Bogotá, Zipaquirá und Tunja wurden große Märkte abgehalten.

Religion und Gesetz

Die wichtigste Kultstätte war der Templo del Sol in Sogamoso, der dem Sonnengott geweiht war. Den Lagunen der Hochebene kam durch die exponierte Lage besondere göttliche Bedeutung zu. Die Lagune von Guatavita und die Lagune von Igaque waren die wichtigsten. In der Lagune de Guatavita fand die Weihe des Zipa statt. Die Lagune von Igaque war für die Muisca der Ausgangspunkt der Schöpfung.
Bachué, eine wunderschöne Frau, sei von dort mit einem Säugling im Arm hinabgestiegen, um die Erde zu bevölkern. Beide wurden Mann und Frau und lebten viele Jahre unter den Menschen, die sie hervorgebracht hatten. Dann kehrten sie zur Lagune zurück, verwandelten sich in Schlangen und verschwanden.
Die Muisca glaubten an ein Leben nach dem Tode. Einfache Dorfmitglieder wurden einzeln beigesetzt. Hohe Würdenträger wurden gemeinsam mit einigen ihrer Frauen und Bediensteten bestattet. Unter den vielen Grabbeigaben waren Trinkgefäße, gefüllt mit *chicha*. Die Mumifizierung sollte die übernatürlichen Kräfte der Toten konservieren. Bei den Kriegszügen führten die Häuptlinge die Mumien ihrer Vorgänger mit sich wie eine Leibstandarte zum Zeichen der Unverwundbarkeit und der Bekräftigung des Paktes zwischen dem Diesseits und dem Jenseits.
Im 16. Jahrhundert entwarf der Zipa *Nemequene* ein Gesetzeswerk mit zivil- und strafrechtlichen Regelungen. Totschläger und Deserteure wurden mit dem Tod bestraft. Feiglinge mussten öffentlich in Frauenkleidern erscheinen.

und den Vandalismus vieler Besucher schwer in Mitleidenschaft gezogen worden. CAR, Bogotá Cra. 7 No 36-45, ✆ gratis 01 800 091 36 06/ 320 90 00, www.car.gov.co. (Parques CAR). Eintritt: € 5, Besuchszeiten ⏰ Di-So 9-16.

von Bogotá - Busse vom Portal Norte (Endstation TransMilenio) bis Nueva Guatavita oder Sesquele, 2 Std., € 2;50. Von dort zu Fuß weiter oder mit einem der bereitstehenden lokalen Transporte (Jeeps), vorbei an Kartoffelfeldern.

Nueva Guatavita

2690 Meter, 14°C, 4500 Einwohner

Dieser Ort sollte das vom Stausee überschwemmte Kolonialdorf Guatavita ersetzen. Die alteingesessene Bevölkerung hat den neuen Ort jedoch nie angenommen. Denn bis auf die Fassade ist nichts an der Neuschöpfung kolonial. Die Bauern waren es gewohnt, Ställe bei den Häusern zu haben, wo sie Ziegen, Schafe und Hühner hielten. Dafür hatten die Architekten keinen Raum vorgesehen. Angenommen wurde der Ort jedoch von den Touristen, die in Guatavita nach dem anstrengenden Ausflug zur Lagune zu Mittag essen.

Auf dem Stausee, der Embalse de Tominé, werden Wassersportaktivitäten ausgeübt, Segeln, Wasserski und Surfen.

Zipaquirá

2600 Meter, 14°C, 71 000 Einwohner
① 1

Zipaquirá (kurz «Zipa») war für die Muisca das Zentrum der Salzgewinnung und ist es bis in die heutige Zeit geblieben. Hauptattraktion ist die **Catedral de Sal**, eine Kathedrale in der Salzmine zu Ehren der Schutzpatronin der Minenarbeiter, der Virgen del Rosario de Guasá. Die gewaltige neue Kathedrale ist seit Anfang 1996 für den Publikumsverkehr geöffnet. Die bescheidene Vorgängerkirche, die in den 1950er Jahren errichtet wurde, musste 1990 geschlossen werden, da der Salzstock einzubrechen drohte.

Fünf Jahre wurde an dem Neubau gearbeitet, der nunmehr 300 Jahre halten soll. Ein Kreuzweg führt zum gewaltigen Dom mit einem Grundriss von 8500 m² und Platz und Luft für 8000 Personen. Von der Empore mit dem Erzengel Gabriel sieht man in den Dom mit den drei Kirchenschiffen. Am Ende des Mittelschiffes steht das hell erstrahlte 16 Meter hohe Kreuz. Der Altar wurde aus der alten Kathedrale herübergeschafft und wiegt 22 Tonnen. Das Taufbecken ist aus kompaktem Salz. Das Taufwasser, mit einer höheren Salzkonzentration als Meerwasser, tropft über die Seitenwände der Kuppel in ein Auffangbecken.

Durch das Wasser entstehen Stalaktiten. Vier monumentale Säulen begrenzen die Seitenschiffe und stützen die Konstruktion. In einer Nische ist ein Bildnis der Jungfrau von Guasá. Für die Konstruktion mussten 250 000 Tonnen Salz aus der Mine geschlagen werden. Das entspricht dem Salzkonsum des gesamten Landes für zwei Jahre.

Der Eingang der Mine liegt 10 Minuten vom Zentrum entfernt.

Cra. 6 No 14-48. ① 852 40 35/ 852 23 66. ④ Di-So 9-16.45, Sonntagsmesse ④ 11. Eintritt € 5, Mi € 2,50.

Schlafen und Essen

Hotel Refugio Colonial, Calle 3a No 6-43, ① 852 26 90, Zimmer ohne/mit Bad, gutes Restaurant, € 7,50/10 pro Bett.

Hostería El Libertador, am Eingang zur Mine, ① 852 30 60, Restaurant, Cafeteria, Zimmer mit Bad, € 23/30.

Asadero Restaurante Salino, an dem kleinen Platz beim Parkeingang, mit traditioneller Küche, große Portionen Bandeja Paisa und ein guter Ajiaco Tipico.

Restaurant Aurora, gegenüber vom Hotel Refugio, günstige comida corriente.

Busverbindungen

von Bogotá - Transporte Alianza vom Terminal de Transporte (Modul 3), ① 416 57 14, stdl. Schneller kann es gehen vom **Portal del Nor-**

te, Autopista Norte Calle 174 (Anschluss mit dem TransMilenio ins Zentrum von Bogotá) € 1,20.

in Zipaquirá - vom Busbahnhof.

Nemocón

2615 Meter, 14°C, 7700 Einwohner

15 Kilometer nordöstlich von Zipaquirá liegt das kleine Dorf Nemocón. Typisch für Cundinamarca ist die Plaza mit der neugotischen Sandsteinkirche. Der Ort ist umgeben von steil aufragenden bewaldeten Bergen. Die einstige Salzmine ist stillgelegt. Der Stollen, der zur Untergrundkathedrale führte, ist eingestürzt. Am Ortseingang steht eine alte Ziegelfabrik.

Busverbindungen

Zipaquirá - Colectivos von der Plaza, ½ Std., € 0,50.

Zugverbindung

Am Wochenende verkehrt ein Touristenzug zwischen Bogotá und Nemocón (siehe Zugverkehr).

Choachi

18°C, 9000 Einwohner

55 Kilometer von Bogotá Richtung Chingaza, liegt hinter dem Guadelupeberg Choachi. Das «Fenster zum Mond», wie es in der Chibcha-Sprache heißt, ist ein attraktives Dorf, in einem Tal mit heißen Quellen und dem besten Blick auf Bogotá. Essen bietet **El Colonial** in der Nähe der Plaza.

Nationalpark Chingaza

Der Park liegt 50 Kilometer östlich von Bogotá an der Grenze der Departements Cundinamarca und Meta. Die Parkfläche beträgt 504 km².

Die höchste Erhebung ist der San Luis Berg mit 4020 Metern.

Der Besucher bewegt sich auf den Wegen in Höhen über 3000 Metern. Die Hochtäler und Ebenen sind glazialen Ursprungs. Das Gelände ist hügelig und von tiefen Schluchten durchzogen. Aufgrund des häufigen Nebels und der Bewölkung gibt es nur wenige Sonnenstunden am Tag. In den Höhen über 3000 Metern sinken die Temperaturen nachts oft unter null Grad. Die Regenfälle zwischen April und November sind hoch. Im Dezember beginnt die Trockenzeit. Flora und Fauna des Parks sind enorm vielfältig. Allein um die Lagune Chingaza wurden 400 Pflanzenarten registriert. Der Artenreichtum war schon der Botanischen Expedition im 18. Jahrhundert unter Mutis bekannt, der Alexander von Humboldt darauf hinwies.

Die Lagunen von Siecha (Siecha, Guasca und Teusacá) gehören zu den vorwiegend besuchten Plätzen innerhalb des Parks, auf 3590 Metern. Von den Lagunen blickt man auf die Stauseen von San Rafael und Tominé, die die Hauptstadt mit exzellentem Trinkwasser versorgen.

Zu den herausragenden Pflanzen des Páramo gehören die Frailejónes. Drei endemische Arten wachsen hier. Am eindrucksvollsten sind sicherlich die zwölf Meter hohen *uribei-frailejónes*, deren Krone auf der Spitze des kahlen Stammes sitzt. Daneben gibt es viele Arten von Moosen, die als Wasserspeicher eine große Rolle spielen. Sie können das Vierzigfache ihres Eigengewichts an Wasser aufsaugen.

Von den Vögeln verwundern am meisten die 30 Kolibriarten. Der Helmkolibri ernährt sich vom Blüten-

152 DIE UMGEBUNG VON BOGOTÁ

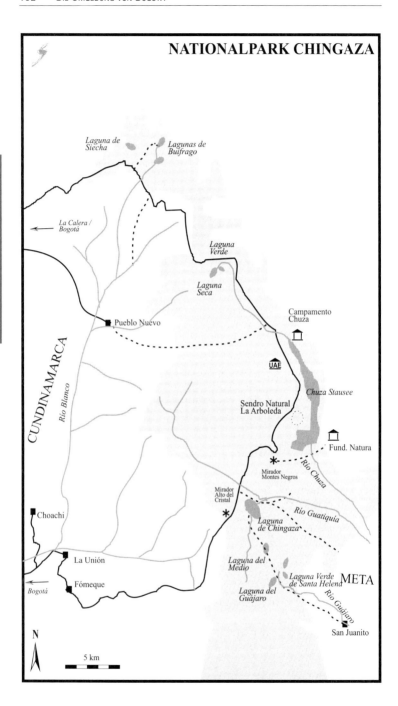

nektar der Frailejónes. Anders als die übrigen Kolibriarten saugt er nicht im Flug, sondern er setzt sich auf die Blüte. Wie dem Besucher, so macht auch ihm die Höhenluft zu schaffen. In niedrigeren Höhenlagen schwirrt der Schwertschnabelkolibri mit einem Schnabel, der seiner Körperlänge entspricht. Gesichtet wurden außerdem der Hokko und Haubenhokko, der Tao und der Felsenhahn.

Wie kommt man hin?

Von Norden bzw. Süden führt eine nicht asphaltierte, aber befestigte Straße durch den Park, der in mehrere Sektoren unterteilt ist. Die Zugangswege richten sich nach den jeweiligen Sektoren.

Sektor Lagunas de Siecha

(1) Bogotá - La Calera - Posten Piedras Gordas
Ausgehend vom Ort La Calera in Richtung Guasca und nach 1 km auf der rechten Seite den befestigten Weg nehmen, der zum Kontrollposten Piedras Gordas führt (20 km). Die Parkwärter begleiten einen von dort auf einem Rundweg (ca. 6 Std.)

(2) Bogotá - La Calera - Guasca
Von Bogotá nach La Calera, weiter Richtung Guasca, am Km 45 beim Hinweisschild nach rechts auf eine befestigte Piste abzweigen. Man gelangt anschließend zum Kontrollposten **Siecha** mit den Parkwärtern, die einen ab jetzt auf einem Rundweg von etwa vier Std. begleiten. Man braucht dazu ein Privatfahrzeug, vorzugsweise 4x4.

Sektor Lagunas de Buitrago
Zugang ebenfalls über den Kontrollposten Piedras Gordas, Rundweg von ca. 3 Std.

Übernachtung am Monte Redondo
Hier befindet sich das Besucher- und Verwaltungszentrum des Parks, in unmittelbarer Nähe zur Embalse de Chuza, der größte Stausee, der Bogotá mit Trinkwasser versorgt, mit einem Fassungsvermögen von 220 Mio m^3. Übernachtungsmöglichkeiten bieten die **Albergue Suasie** und das moderne **Campingareal** mit Fließendwasser und Stromanschluss, zu erreichen ebenfalls via Piedras Gordas, € 11/16 (Neben/Hauptsaison) pro Bett mit Gemeinschaftsbad oder Zelten, € 3 p.P. und im Voraus bei der Nationalparkverwaltung in Bogotá zu buchen.

Reservierung & Eintritt
Einzig die Nationalparkverwaltung in Bogotá erteilt eine Besuchserlaubnis zu € 10,50, Kfz kostet extra und muss ebenfalls im Voraus angemeldet werden.

Nationalpark Sumapaz

Der Nationalpark Sumapaz (gegr. 1977) hat eine Ausdehnung von 178.000 Hektar liegt im Südosten von Bogotá und verteilt sich auf die Departements Cundinamarca, Meta und Huila. Er erstreckt sich über Höhenlagen von 1600-4000 Meter, weist daher mehrere Ökosysteme auf und beheimatet eine einzigartige Flora und Fauna. Die Hochgebirgsregion ist ein wichtiger hydrografischer Knotenpunkt mit vielen Lagunen mit kristallinklarem Wasser und einer Vielzahl an Wasserläufen, die in die Flusssysteme von Río Magdalena, Río Meta und Río Guaviare entwässern. Die Vegetation wird bestimmt von Andengräsern, Moosen, Farnen und den berühmten Frailejó-

Frailejónes

Die Frailejónes sind die typischen Pflanzen des Páramo in einer Höhe zwischen 3000 und 4500 Meter. Verbreitet sind die Frailejónes ausschließlich in den Höhenlagen der nördlichen Anden, neben Kolumbien nur in Venezuela und Ecuador. Die Pflanzen sind harzig. Sie sprießen aus einem Bündel trockener Blätter und laufen zu einer dichten Rosette größerer Blätter aus. Die Blätter sind ummantelt  von einem silbrigen oder gelben Flaum. Das ist ein Schutz gegen die starken Temperaturschwankungen und die UV- Einstrahlung. Die Blüten sind gelb-golden geneigte Krönchen.

Es gibt sieben bekannte Frailejónarten. Einige werden bis zu zwölf Meter hoch (z.B. im Cocuy). Sie wachsen im Schnitt nur einen Zentimeter pro Jahr. Die bekannteste Art trägt den wissenschaftlichen Namen *espeletia*. José Celestino Mutis hatte diese Pflanze während der Botanischen Expedition nach dem damaligen Vizekönig José de Ezpeleta benannt. Der Name Frailejónes leitet sich vom spanischen *fraile*, dem Mönch ab. Mit den Gruppen von Frailejónes, die auf den Hügeln und Tälern der Páramos wachsen, assoziierte man durch die aufziehenden Nebel die Erscheinungen schemenhafter Mönchsfiguren.

nes, überwiegend der Gattung *Espeletia*. Zu den seltenen Tieren gehören der kleine und scheue Andentapir, Andenhirsch, Brillenbär, Tigrillo und Puma, zudem viele Frosch-, Reptilien- und Vogelarten.

Im Zentrum des Parks und im Mittelpunkt des Interesses steht der Páramo von Sumapaz, der der größte der Welt ist und gerade einmal zwei Stunden von der Hauptstadt entfernt ist. Der Páramo ist eine einzigartige Hochgebirgslandschaft, die ausschließlich im Äquatorgürtel der Anden vorkommt und auf die Staaten Kolumbien, Ecuador und Venezuela beschränkt ist, wobei Kolumbien den Bärenanteil von 98 % besitzt. Die Vegetation der Páramos von Sumapaz breitet sich in den feuchten Hochgebirgstälern unterhalb der Schneegrenze aus, an den Rändern des Parks hat die Viehzucht der Kolonisten Einzug gehalten.

Der aus Deutschland stammende Geograph und Paramo-Experte Prof. Ernesto Guhl (1915-2000) beschreibt in seinem Standardwerk «*Los páramos circundantes de la Sabana de Bogotá*»*(1982)* den besonderen Reiz der Páramovegetation. «*Der Páramo ist ein Ort der Freiheit in jedem Sinne, weil sich der Mensch der Gunst der Natur unterwirft. Die Mehrzahl der Reisenden ist aber ungerecht mit dieser wunderbaren Landschaft verfahren,[...] der Páramo ist weder kümmerlich noch melancholisch, sondern streng, er ist nicht feindselig, sondern grandios, die geographische und ökologische Krönung der äquatorialen Anden Kolumbiens, er ist einzigartig auf der Welt.*»

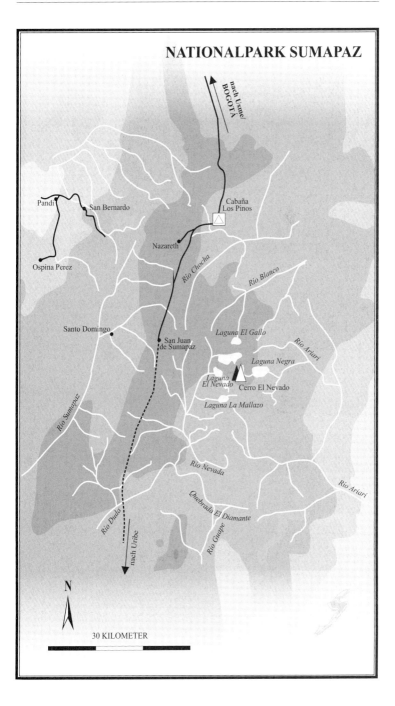

José Celestino Mutis und die Botanische Expedition

José Celestino Mutis (1732-1808) war einer der führenden Naturwissenschaftler seiner Zeit, der größte Botaniker Amerikas. Als junger Leibarzt des Vizekönigs war er aus Spanien in die Kolonie Nueva Granada gekommen und entwickelte sich in der Neuen Welt zum Universalgelehrten. Der *Sabio Mutis*, wie man ihn bis heute nennt, war in der Medizin ebenso zuhause wie in der Botanik, der Astronomie, Theologie und Philosophie. Er gab den Anstoß zum Bau des ersten Observatoriums in Amerika und seine Bibliothek hatte über 10.000 Bände, von denen ein Großteil heute zum Fundus der Biblioteca Nacional de Colombia in Bogotá gehört. Zu Weltruhm gelangte er durch die Leitung der Botanischen Expedition (1783-1813), die sein Leben überdauern sollte und deren umfangreiche Sammlungen und naturgetreu kolorierten Schautafeln von Blumen und Pflanzen nach der Unabhängigkeit nach Spanien verbracht wurden. Mutis verkehrte mit den Großen seiner Zeit, mit Alexander von Humboldt und Carl von Linné, der ihm prophezeite, «Dein Name wird unsterblich sein und die Zeiten überdauern». 2008 wurde der 200. Todestag von José Celestino Mutis groß gefeiert, nicht nur in Kolumbien, auch an seinem Geburtsort im spanischen Cádiz.

José Celestino Mutis (1732-1808)

Das kolumbianische Kultusministerium hat die **Ruta de Mutis** ausgerufen, eine abwechslungsreiche 204 km lange Route, die die kleinen kolonial geprägten Dörfer in den Departements Cundinamarca und Tolima verbindet, in denen einst die Botanische Expedition ihre Forschungsarbeiten durchgeführt hat, **Guadas** (Cundinamarca) hat den Camino Real wiederbelebt, der nach Honda, Mariquita und Ambalema führte. Aus Guadas stammt Francisco Javier Matís, der von Mutis und Alexander von Humboldt gleichermaßen als der beste Blumenmaler seiner Zeit geschätzt wurde. Der Stadtwald von **Mariquita** (Tolima) zählt über 300 unterschiedliche Baum- und Pflanzenarten, und man kann auf den Wegen mit einheimischen Waldschützern wandeln und die Flora vor Ort studieren. Hier steht auch das Künstlerhaus der Maler, die die naturgetreuen Zeichnungen der Botanischen Expedition unter Anleitung von Mutis anfertigten. In **Honda** (Tolima) verzaubert die hügelige Landschaft, um die sich der Río Magdalena mit seiner Schleife gelegt hat und die Kleinstadt mit den historischen Gassen wie ein tropisches Toledo erscheinen lässt. Auch **Ambalema** (Tolima) hat seinen kolonialen Flair bewahrt. Die Casa Inglesa ist ein einzigartiges Gebäude und im Manufakturbetrieb «La Factoría» erbaut 1916, befindet sich die älteste Tabakpresse des Landes.

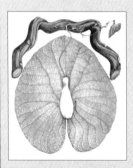
Aristolochia Cordiflora Mutis

América Latina real

Begegnungs- und Aktivreisen in Kolumbien!

Kleine Gruppen, viele Begegnungen mit der lokalen Bevölkerung, authentische Einblicke hinter die touristischen Fassaden und vor allem aktives und naturverbundenes Reisen. Mit **avenTOURa** erleben Sie **América Latina real**.

Mehrfacher Preisträger der Goldenen Palme von GeoSaison

Telefon 0761 – 21 16 99 – 0   info@aventoura.de

Bestellen Sie kostenlos unsere aktuellen Kataloge!

AUFGEPASST!
Bis vor kurzer Zeit wurde die Gegend um Sumapaz überwiegend von Guerrilla-Einheiten der Farc kontrolliert. Vom nahegelegenen Ort San Juan de Sumapaz führt eine Trocha zum Hauptquartier der Farc in La Uribe (Departement Meta). Hier wurden Waffen und Drogen geschmuggelt und Enführungsopfer versteckt. Staatliche Präsenz hat sich mittlerweile vorwiegend durch Militäreinheiten breitgemacht, die sich nicht gerade zimperlich gegenüber den einheimischen Campesinos und dem fragilen Ökosystem aufführen. Zur Zeit herrscht angespannte Ruhe und man sollte sich von der örtlichen Alcaldía eine Zugangserlaubnis holen, wenn man weiter in den Park hinein möchte.

Vor einem geplanten Besuch also bei der Parkverwaltung in Bogotá nachfragen und anschließend reservieren ecoturismo@parquesnacionales.gov.co. Eintritt: € 6,25. Im Park sind keine Übernachtungsmöglichkeiten vorhanden!

Wie kommt man hin?

Mit dem Bus vom Terminal in Bogotá (via Usme) nach San Juan de Sumapaz. Eine befestigte Straße führt zur Laguna Chisacá (Parkeingang). Von dort aus kann man auf Wanderpfaden zu den Lagunen Negra und Bocagrande und dem Pantano de Andabobas kommen, die in der Regenzeit aber unpassierbar sind. Im Park gibt es drei Aussichtstürme.

Andere Ausflugsziele

Andere Ausflugsziele in der Umgebung von Bogotá sind **Fusagasugá** (kurz «Fusa») mit seinem milden Klima und der Orchideenzucht, und das kleine malerische Dorf **Pasca** mit einem Museum über die vielen Muiscafunde in dieser Gegend.

In der Nähe des Dorfes **Icononzo** haben sich zwei steile Berge zueinandergeneigt und eine natürliche Brücke gebildet.

Bus - vom Terminal in Bogotá mit Cootransfusa und Autofusa.

Wenige Kilometer außerhalb der Hauptstadt etwas abseits der Straße nach Giradot liegt der **Salto de Tequendama**. Dieser 140 Meter hohe Wasserfall gehörte einst zum Pflichtprogramm eines Kolumbienbesuchs und wurde in vielen Zeichnungen verewigt. Heute ist der Wasserfall des Río Bogotá eine Kloake.

Auf der Straße Richtung Honda, 110 Kilometer von Bogotá, liegt **Guaduas**. Der 1572 gegründete Ort mit seinen gepflasterten Straßen war Durchgangsort für Maultiertreiber, Vizekönige und Revolutionshelden.

Doch Guaduas ist vor allem durch **Policarpa Salavarrieta** bekannt geworden. Die Freiheitsheldin kam hier zur Welt und wurde 1817 im Alter von 22 Jahre von den Spaniern hingerichtet. Ihr Geburtshaus beherbergt ein Museum. Ihr Konterfei ziert den 10 000 Pesoschein.

In einem anderen Haus aus der Kolonialzeit ist das Museum des Vizekönigs Ezpeleta (1789-1797), ein historisches Museum untergebracht. Die Museen sind am Sonntag geschlossen. Von Interesse sind auch der Konvent la Soledad und die Kirche San Miguel Arcángel.

In Guaduas, wegen seiner milden Temperaturen Anlaufstation für Wochenendbogotanos, gibt es eine Reihe von Unterkünften in allen Preislagen, am stilvollsten ist die **Hostería Colonial**, Cra. 3 No 3-30, ① 846 60 41.

Neun Kilometer weiter auf der Straße Richtung Caparrapi ist der **Salto de Versalles**, ein 35 Meter hoher Wasserfall.

Bus - Vom Terminal de Transporte in Bogotá (Modul 3), Bolivariano, ☏ 263 44 37, mehrmals täglich, € 6.

Vom Zentrum in Guadas, Calle 1, Cra. 5 fahren täglich mehrere Busse nach Bogotá, Bolivariano, ☏ 284 63 41.

Honda

229 Meter, 29°C, 40.000 Einwohner
☏ 8

Das kolonial geprägte oft stickig-heiße Honda liegt im Departement Tolima und war einst der wichtigste Flusshafen des Landes, ein Umschlagplatz für Menschen und Waren zwischen dem Meer und der Hauptstadt. Die Stadt liegt inmitten terrassierter Hügel an der Einmündung des Río Gualí in den Río Magdalena, der hier eine Schleife zieht. Die Stromschnellen machten seit jeher das Weiterkommen für Schiffe schwierig. Der Schiffsverkehr ist bereits vor langer Zeit zum Erliegen gekommen.

Über den Magdalena und den Gualífluss sind über ein Dutzend Brücken geschlagen, die Stadt wird daher auch als «Stadt der Brücken» bezeichnet. Die älteste Brücke über den Río Magdalena ist die Puente Navarro, erbaut 1889.

Der Altstadtkern wirkt unter der Woche oft wie ausgestorben. Er ist durchzogen von engen, gepflasterten Gassen, die von der Kathedrale hinunter zum alten Hafen führen. Die schönsten sind die **Calle de las Trampas** und die **Calle de Sello Real**. Erhalten sind einige herrschaftliche Kolonialhäuser. Am Flussufer ist vieles bereits dem Verfall preisgegeben.

Informieren

Oficina de Cultura y Turismo, ☏ 251 41 45.

Banken

Banco de Bogotá, alle Karten, ATM, Calle 12A No 11A-09

Mercado Municipal

Honda hat die besterhaltendste Markthalle Kolumbiens. Sie ist im republikanischen Stil und hat hohe Säulengänge. Wird etwas pathetisch auch als das «Pantheon von Tolima» bezeichnet.

Calle 12 No 12 A-29.

Museen

Museo Alfonso López Pumarejo ist dem Expräsidenten gewidmet, der hier 1886 geboren wurde.

Calle 13 No 11-65. ⏰ täglich 8-18.

Museo del Río Magdalena
In der alten Polizeikaserne de la Ceiba, erbaut im 17. Jahrhundert, befindet sich heute das Museum mit dem ambitionierten Titel.

Der Magdalena hat eine Länge von 1540 Kilometer. Das hydrographische Becken des Flusses hat eine Ausdehnung von 256 622 km², in dem sich 650 Ortschaften befinden. Im Einflussbereich des Magdalena leben über 80 % aller Kolumbianer. Der Fluss transportiert enorm viel Sedimente.

Die Quelle liegt auf dem Páramo de las Papas, unweit von San Agustín in 3685 Meter Höhe. Nach 221 Kilometern fließt der Magdalena bereits auf 472 Höhenmetern. Weitere 370 Kilometer sind es bis Honda (229 m). Der Mittellauf des Flusses verzweigt sich hinter Puerto Wilches (61 m) in eine Vielzahl von Flussarmen und Ciénagas. 1824 begann die Dampfschifffahrt auf dem Magdalena durch den Deutsch-Kolumbianer Juán Bernard Elbers. Bis in die 1960er Jahre wurden 60 % aller Ein- und Ausfuhren über den Fluss abgewickelt. Der Río Magdalena war die Lebensader Kolumbiens für Jahrhunderte.

Dem Museum ist dies eine ausgestopfte Seekuh, getrocknete Flussfische und eine ungeordnete, verstaubte Fossiliensammlung wert. Allenfalls interessant sind die wenigen s/w Fotos, die Honda als Hafen der Dampfschifffahrt zeigen. Diese Fotos hängen auch in der Empfangshalle des Hotels América. Das Eintrittsgeld investiert man besser in ein kühles Bier in der **Bar El Faro** gegenüber.

Cra. 10, Calle 10. ① 251 56 30. ◐ täglich 10-13 u. 15-17.

▪ Schlafen und Essen

Die einfachen Unterkünfte liegen nur wenige Schritte von der umtriebigen Bushaltestelle entfernt. Die besseren Hotels liegen außerhalb des Ortes, versteckt in der schönen Umgebung. Zur Zeit des Carnaval de la Subienda wird es voll in der Stadt, und man sollte sein Hotel bereits im Voraus gebucht haben.

Hotel Imperial, Cra. 13A No 16-36, Zimmer mit Bad, laut und ohne Fenster, € 6/8.

Hotel El Carmen, Cra. 11 No 17-34, an der Bolívarianobusstation, Zimmer mit Vent. und Bad, Schweißgeruch hängt in den Zimmern, € 4 p.P./5,50(mat.).

Hotel Los Puentes, Cra. 12 No 17-128, ① 251 30 70, Zimmer mit Bad und Vent., freundlich, sauber, Dachterrasse mit Blick auf die Stadt und den Fluss, empfehlenswert, € 7,50/9.

Hostal La Popa, Cra. 12 No 19-138, ① 251 48 64, ✉ hotelapopa@hotmail.com, Zimmer mit Vent und a/c, lebendiges Familienhotel mit Pool und Restaurant, € 20/30 (Wochenrabatt).

Hotel Ondama, Cra. 13A, Calle 17, ① 51 31 27, mit Pool und Parkplatz, inkl. Frühstück und Abendessen, € 24/33, oft Discount.

Hotel América, Cra. 12 No 15-58, ① 251 32 22, 📠 251 35 32, Pool, Bar, Restaurant, Zimmer mit a/c und TV, € 34/46.

Hotel Campestre Villa Gladhys, Calle 10 No 30-40, ① (0982)51 36 41, www.hotelcampestrevillagladhys.com, geräumiges Landhotel im Barrio San Bartolomé, 3 km außerhalb von Honda auf dem Weg nach Mariquita mit 14 bequemen Zimmern und Cabañas, Pool, Jacuzzi, Restaurant, Bar und Konferenzräume. Die Anlage ist ausschließlich Hotelgästen vorbehalten, ab € 35 pro Zimmer, spezielle Angebote mit Vollpension und Touren.

Spezialität der Region sind Flussfische - *bocachico, capaz* - und die Fischsuppe *viudo de pescado*.

Viele **Restaurants** sind an der Bogotá-Medellín-Straße auf beiden Seiten der **Brücke del Carmen**.

Restaurante el Portal del Sol, Calle 9, Ecke Cra.17.

Restaurante Los Troncos, Calle 17 No 11-08.

Feste

Carnaval de la Subienda, Anfang oder Mitte Februar. Ein ausgelassenes Volksfest, das dem Fischfang gewidmet ist, der zu jener Zeit des Jahres besonders gut ist, außerdem Schönheitswettbewerb, Paraden und Rodeoveranstaltungen.

Busverbindungen

Honda ist ein bedeutendes überregionales Straßenkreuz an der Autopista Bogotá-Medellín, ebenso zum Süden des Landes Richtung Ibague, in die Kaffeezone und zur Karibikküste nach Norden.

Alle Busgesellschaften haben ihr Büro am Fuß der Puente del Carmen.

Bogotá, Medellín, Manizales, Ibague - Autoboy, Rápido Solima, Velotax, Expreso Arauca, Bolívariano u.a., ständig Busse, Colectivos und Aerovans vom Kreisel, € 6/11/6/4.

Mariquita

535 Meter, 27°C, 31 000 Einwohner
☺ 8

Die Reste des historischen Erbes vermodern im feuchtheißen Klima von Mariquita. Vom **Dominikanerkonvent** und der **Casa de la Moneda** stehen nur noch die Vorderfront. Vom einstigen Endpunkt der **Seilbahn Manizales-Mariquita** sind drei Betonpoller geblieben.

Mariquita war die Lieblingsstadt des Bogotá Gründers Gonzalo Jiménez Quesada. Auf einer seiner Reisen nach Spanien schenkte ihm die Infantin Philipp II. ein Standbild des gekreuzigten Jesus. Der leidende Renaissance-Christus ist mit blutenden Wunden bedeckt. Er wird in der Kapelle **La Ermita** verehrt.

Der Gekreuzigte von Mariquita hatte im 16. Jahrhundert die gesamte Christenheit vor den heranrückenden Mohammedanern gerettet. Die Gläubigen hatten ihn in der Seeschlacht von Lepanto an den Hauptmast der vordersten Galeone genagelt. Der Retter der Christenheit wurde in der Neuen Welt zum Schutzpatron der Wanderer, die hier eine Kerze anzündeten, bevor sie den Weg in die gefürchteten Wälder antraten. ☺ zur Messe ab 16.30, sonntags auch ab 9.00.

Diese Wälder hatten es zwei Jahrhunderte später José Celestino Mutis (1732-1808) angetan. Er war der weltweit bedeutendste Botaniker seiner Zeit. Der Dschungel um Mariquita wurde für ihn zum lebendigen Laboratorium. Er lebte acht Jahre hier, sammelte, analysierte und klassifizierte 2696 Pflanzen wie noch keiner vor ihm. Der Sitz der *Expedición Botánica* ist heute restauriert. Im Innenhof des kolonialen Anwesens wachsen Kautschuk, Zimt und Lorbeerbäume. An den Wissenschaftler erinnert eine Büste im Garten.

Die Expedition begann zwar als Forschungsreise, entwickelte sich aber schnell zu einer wissenschaftlichen Institution, die später nach Bogotá übersiedelte. Ihre Arbeit wurde erst durch den Einmarsch der spanischen Truppen unter Pablo Morillo, der die Unabhängigkeitsbewegung 1815 niederschlug, beendet. Drei Jahre später ließ er 104 Kisten mit 2945 Farb- und 2448 Tintezeichnungen nach Spanien schaffen, wo sie in die große Sammlung des Königlich Botanischen Gartens von Madrid eingingen.

Die **Casa de la Fundación Expedición Botánica** ist am Markt. ☺ Mo-Fr 9-18.

Mariquita hat heute seinen beschaulichen Reiz verloren und ist zum lärmigen Durchgangsort an der Bogotá-Manizales-Straße herabgesunken.

Banken

Banco de Bogotá, alle Karten, ATM, Cra. 4a No 6-56

Bancolombia, alle Karten, ATM, Cra. 4a No 7-02

Schlafen und Essen

Die Mehrzahl der einfachen Hotels und Restaurants liegt an der Durchfahrtsstraße, Calle 7. Bessere Unterkunftsmöglichkieten und Haciendas sind außerhalb der Stadt.

Hotel El Terminal, Calle 7 No 5-26, sehr einfach, mit Bad und Vent., € 3,50/5,50.

Hotel La Flor del Tolima, Cra. 7 No 6-25, ☏ 252 22 90, die hinteren Zimmer sind ruhig, mit Bad und Vent., sauber, Restaurant, freier Kaffee, empfehlenswert, € 5,50/8.

Hotel Real Campestre, Calle 6 No 2-77, ☏ 252 29 32, Pool im Innenhof, unauffällige Eingangstür, € 10/15.

La Posada de la Ermita, Cra. 5 No 2-68, ☏ 252 54 90, Pool mit Jacuzzi, Restaurant, Bar, Internet, € 37,50(2), Wochenendtarife mit Vollpension € 46(2).

Restaurant Los Guaduales, Calle 5a No 5-29, gute Fischgerichte.

Busverbindungen

Alle Busgesellschaften liegen an der Calle 7.

Arauca, No 5-60, Rápido Tolima, No 5-70, Velotax, No 5-29, Bolívariano, No 5-15, Flota La Macarena, No 5-26.

Bogotá - alle Busgesellschaften, Busse/Aerovans, jede Std., 4-5 Std., € 7.

Ibagué - alle außer Arauca, Busse/Aerovans, jede ½ Std., 2 Std., € 4

Manizales - Arauca, Rápido Tolima, Bolívariano, Busse/Aerovans, jede Std., 3 Std., € 5.

Honda - Colectivos, € 1.

Armero

Armero war ein kleiner Ort mit 31.000 Einwohnern und wurde am 13. November 1985 von einer Gerölllawine fast vollständig verschüttet. Die Eruption des Vulkans Ruiz hatte einen großen Teil der Schneekappe schmelzen lassen. Der Schlammstrom riss annähernd 25 000 Menschen mit in den Tod. Heute wirkt Armero wie das Pompeji der Neuzeit. Die Plaza de Bolívar ist verschwunden. Nur der Safe der Banco de Colombia ragt aus dem getrockneten Schlamm heraus. Tausende von Kreuzen gedenken der Toten. Von einigen Häusern blickt nur noch der zweite Stock aus der Geröllschicht, mit Hausnummern in Kniehöhe. Wo einst die Straßen verliefen, haben sich nun Büsche, Schilfgras und Bäume breit gemacht. Die Schnellstraße Mariquita-Ibagué durchschneidet die ehemalige Ortschaft. Bis heute ist die einst reiche landwirtschaftliche Zone kaum wiederbelebt worden.

Die Fundación Armando Armero hat den Ort zu einer Erinnerungsstätte gemacht und ein Interpretationszentrum eröffnet. In der Planung befindet sich ein Museum über Naturkatastrophen. www.armandoarmero.com

Bus - jeder Bus oder Colectivo von oder nach Ibagué.

Ambalema

241 Meter, 27°C, 7000 Einwohner
☏ 8

Ambalema ist ein verschlafenes, heute vergessenes Dorf am Westufer des Río Magdalena. Es lebt von seinen Erinnerungen. Ambalema war in kolonialer Zeit eine Arbeitersiedlung, die sich um die Tabakmanufaktur La Patria gruppierte. Die beeindruckend große und zweistöckige **Casa Inglesa**, Cra. 5, Calle 7, beherbergte in ihren 54 Räumen die Büros der Fabrik. Die alten Maschinen und Tabakpressen aus England stehen in der einstigen Fabrikhalle und heutigen Schule **María Auxiliadora**, Calle 7, Cra. 2, direkt gegenüber.

Die überhängenden Dächer werden von krummen Holzstämmen gestützt, die Wände aus Adobe und mit Calicanto versehen, ein einzigartiger Baustil. Die Eisenbahnlinie der La Dorada Bahn verläuft entlang des Flusses. Hier fährt kein Zug mehr. Ein alter Wassertank und eine Brücke der American Steel Company aus dem Jahre 1931 rosten vor sich hin.

Banken

Bancolombia, alle Karten, ATM, Calle 8 A No 4-23

Schlafen und Essen

Hotel Barcelona, Cra. 2 No 8-08, einfache Zimmer mit Bad zum Innenhof, € 4 p.P.

Hotel Los Ríos, Cra. 6 No 10-21, 285 61 62 einfache Zimmer mit Bad und Vent., Pool im Innenhof, € 6,50 p.P.

Hotel San Gabriel, Cra. 2 No 8-50, ☏ 285 60 31, Bogotá: ☏ 283 87 34. Übertrieben proportioniertes Wochenendhotel für Bogotanos. Zimmer mit a/c um einen Pool, Restaurant, € 28/32, Mo-Fr 40 % Rabatt.

Leckeres Eis und gute Hamburger gibt es in der **Heladería Sammy** Calle 7A, Cra. 1.

Das zentrale Restaurant ist **La Manuela**, Calle 8, Ecke Cra. 3, und

Parador Brisas del Magdalena, am Anleger, Calle 7A Cra. 1.

Busverbindungen

Ibagué - Rápido Tolima, 5 Busse täglich, € 2,75.

Bogotá - Rápido Tolima, ⏰ 6.30, 12.30, € 7.

Ständig Colectivos zur Kreuzung an der Ibagué-Mariquita Straße.

Von Honda oder Mariquita lassen sich in einem Tagesausflug Ambalema und Armero besuchen. Diese kleinen und sympathischen Ortschaften im Norden des Departements Tolima gelten heute als interessante Besuchsziele auf der neu entdeckten *Ruta del Tabaco*. Armero liegt am Straßenkreuz nach Ambalema.

Boyacá

Boyacá

Das im Norden Bogotás angrenzende Departement Boyacá ist die grüne Lunge der Hauptstädter/innen. Nur 2-3 Autostunden vom städtischen Trubel entfernt, kann man in die Abgeschiedenheit der Natur und der kolonial geprägten Dörfer eintauchen. Entlang der Autopista Norte kommt man schnell ans Ziel. Wer aber die Route über die abgelegenen und streckenweise nicht einmal asphaltierten Nebenstraßen wählt, entscheidet sich für eine wirkliche Erlebnisreise und erreicht Villa de Leyva, dieses koloniale Kleinod und heimliche Zentrum von Boyacá erst am Ende eines langen, aber kurzweiligen Tages mit Zwischenstationen in der Felsenlandschaft von Suesca, dem Örtchen Cucunubá, verschiedenen Páramos und Lagunen und dem farbenfrohen **Ráquira** mit seiner unerschöpflichen Keramikproduktion.

Das koloniale Flair der Region ist überall zu spüren. Übernachtet wird in stillen Landgasthäusern oder hinter Klostermauern, wie in der Posada San Agustín bei den Augustinermönchen.

Das 1572 gegründete **Villa de Leyva** gehört zu den schönsten Kolonialdörfern des Kontinents. Inmitten der riesigen *Plaza Mayor* aus Kopfsteinpflaster erscheinen die angrenzenden weißgekalkten Häuser und die kleine Kathedrale weltverloren, und der Blick schweift weiter, über sie hinweg zu den Hügeln der Umgebung und hinauf in den stahlblauen Himmel.

Chiquinquirá ist Kolumbiens bedeutendster Pilgerort. Hier verehrt man die Virgen de Rosario, die Schutzpatronin des Landes. In der Departementhauptstadt **Tunja** erstrahlen die Wände der Kirchen in Goldplatt und die Decken der kolonialen Herrenhäuser bevölkern Fabelwesen aus dem Skizzenbuch Albrecht Dürers.

Malerisch eingebettet in die sanft geschwungenen Bergketten und Täler aus unterschiedlichen Grünschattierungen liegen Lagunen wie dunkelblaue Tupfer und fügen sich zu einem riesigen Teppichmuster, wie es sich ein Friedensreich Hundertwasser nicht schöner hätte erträumen können. An den Ufern der Lagunen Fúquene, Tominé, Sisga, Cucunubá und dem **Lago de Tota** breiten sich Zwiebel- und Kartoffelfelder aus. Die regionale Küche ist deftig und schmackhaft, Fleisch und Gemüse sind frisch und gesund. Sutamarchán ist bekannt für seine *longanizas,* die pikant gewürzten Salami.

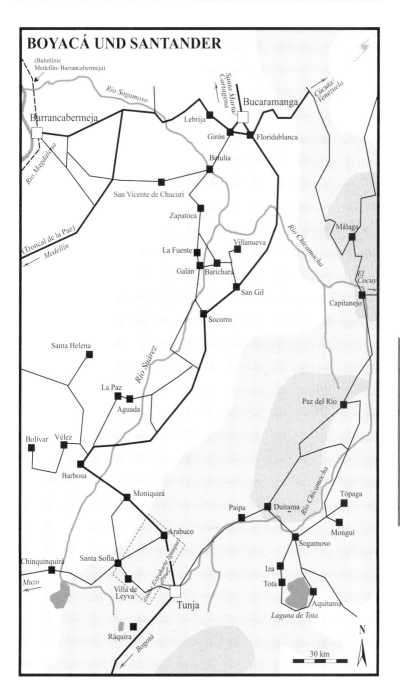

Tunja

2782 Meter, 14°C, 146 000 Einwohner
① 8

Die Spanier erreichten das Tal von Tunja 1537 auf der Suche nach El Dorado. Hier lag Hunza, das Zentrum des Herrschaftsgebietes des Zaque Quemunchatocha. Die Spanier richteten sich hier schnell ein, denn die friedlichen Muisca setzten der Eroberung kaum Widerstand entgegen und machten sich den Konquistadoren nützlich. Es gab ein gemäßigtes Klima, eine gute Anbindung an die übrigen Regionen und ausreichend willige indianische Arbeitskräfte. *Die Leyes de las Indias* richteten das Feudalsystem der Encomienda ein, das die Indianer zur Zwangsarbeit auf den Feldern und in den Minen verpflichtete und sich nur formal von der Sklaverei unterschied, die gerade dieses Gesetz unterbinden sollte.

Von seiner kolonialen Architektur hat Tunja einiges in unsere Zeit hinüberretten können. Die **Plaza de Bolívar** mit dem Reiterstandbild im Zentrum ist nach wie vor sehenswert, auch wenn das Telecomgebäude und das Rathaus, errichtet in den 1970er Jahren, die Symmetrie des Platzes beeinträchtigt haben. Herausragend in Tunja sind die Deckengemälde in der **Casa del Fundador** und der **Casa del Escríbano** sowie die goldplattgeschmückten Kapellen einiger Kirchen.

14 Kilometer außerhalb der Stadt Richtung Bogotá liegt die **Brücke von Boyacá**, wo die Truppen von Bolívar und Santander die Spanische Armee am 7. August 1819 entscheidend schlagen konnten und so die Unabhängigkeit des Landes erfochten. Kommt man von Bogotá, sieht man vom Bus aus rechter Hand die Brücke rekonstruiert an der Originalstelle stehen. Dann wendet man den Blick nach links und streift den Siegesobelisken. Wer begeistert ist, ruft durch den Bus «Parada por favor!» (Bitte anhalten!).

Informieren

Die Touristeninformation Fondo Mixto de Boyacá ist in der Casa del Fundador an der Plaza, ① 742 32 72. ① täglich 8-12 u. 14-18.

Das **Telecomgebäude** ist direkt an der Plaza.

Internet, Cra.10, Ecke Calle 21 und im Centro Comercial El Virrey.

Banken

Banken und ATMs um die Plaza und die angrenzende Fußgängerpassage, (BBVA, Banco Popular), Banco de Bogotá, Travellerschecks, VisaCard, ATM, Calle 20 No 10-60.

Sehenswürdigkeiten

Die Casa del Fundador (Haus des Gründers)

Die Casa del Fundador befindet sich an der Plaza Bolívar. Es ist eines der luxuriösesten Häuser seiner Zeit und wurde durch den Stadtgründer Capitán Gonzalo Suárez Rendón Mitte des 16. Jahrhunderts errichtet. Der Gründer stammte aus einer Adelsfamilie aus Malaga. Er hatte bereits einiges von der Welt gesehen, als er sich 1535 der Expedition des Gonzalo Jiménez de Quesada anschloss, die von Santa Marta den Magdalena flussaufwärts geführt hatte. Jiménez de Quesada überließ ihm die Gründung und den Besitz der Stadt als Lehen, bevor er nach Spanien zurückkehrte. Suárez Rendón hatte das zweistöckige Haus durch spanische

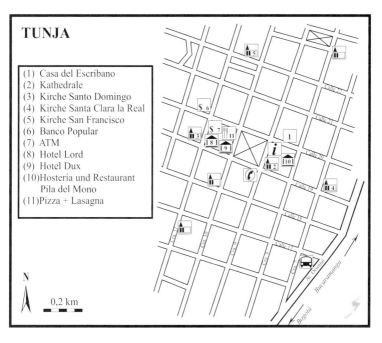

TUNJA

(1) Casa del Escríbano
(2) Kathedrale
(3) Kirche Santo Domingo
(4) Kirche Santa Clara la Real
(5) Kirche San Francisco
(6) Banco Popular
(7) ATM
(8) Hotel Lord
(9) Hotel Dux
(10) Hostería und Restaurant Pila del Mono
(11) Pizza + Lasagna

und indianische Architekten entwerfen lassen. Er war der größte Encomendero von Nueva Granada und befehligte mehr als 3000 Muisca. Die wunderschönen Deckengemälde des Hauses waren lange Zeit unbekannt und wurden erst 1970 bei Renovierungsarbeiten freigelegt. An der Decke im Schlafgemach tummeln sich Fabelwesen neben Luftschlössern, und Falken ziehen am Himmel entlang. Hunde jagen Hirsche inmitten einer verwunschenen Dschungellandschaft. Die Gemälde werden Angelino Medoro zugeschrieben, der im 16. Jahrhundert aus Italien nach Tunja kam und in die Wildnis der neuen Welt einen Hauch des modernen Renaissancestils mitbrachte. Angelino Medoro wurde schnell zum gefeierten Liebling der kleinen Gesellschaft von Tunja. ⏱ Mo-Fr 8-12 u.14-18, Sa, So und an Feiertagen 9-18.

Casa del Escríbano

Sehenswert ist die Casa del Escríbano, das Haus des Stadtschreibers. Das Haus gehörte Juan de Vargas, der während der 35 Jahre, die er in Tunja verbrachte, den Posten eines Chronisten bekleidete. Im Erdgeschoss ist der typisch koloniale Innenhof mit Säulengang. Im Obergeschoss befinden sich Deckenmalereien. Ein Fresko stellt die Göttin Minerva dar, wie sie bewaffnet mit Lanze und Schild einem geflügelten Löwen entgegentritt. Auf dem anderen Gemälde hält Jupiter ein Horn gefüllt mit Früchten im Arm. Hier treffen wir den Elefanten und das Rhinozeros aus der Casa del Fundador wieder. Die Tiere sehen aus, als seien sie soeben dem Skizzenbuch von Albrecht Dürer entsprungen. Die Farben sind bunter und intensiver als in den Malereien der Casa del Fundador. Doch ist die Nachkolorierung, ausgeführt durch den Maler Acuña in den 1940er Jahren, nicht unbedingt beeindruckender als die erdfarbenen Töne des Originals. Calle 20 No 8-52. ◔ Mo-Fr 9-12 u.14-17, Sa, So 9-16. Eintritt: € 0,50.

Kathedrale

Die Kathedrale wurde an der Stelle der ersten strohgedeckten Kirche im 16. Jahrhundert errichtet, im gotisch-maurischen Stil. Wuchtig ist der geschlossene Altar im Rokokostil von Pedro Caballero, einem der herausragenden Künstler der sogenannten Schule von Tunja. Die Seitenkapellen haben Holzschnitzarbeiten an den Decken. Don Ruiz Mancipe, einer der reichsten Bürger der Stadt, ließ sich für viel Geld einen Begräbnistempel einrichten. Angelino Medoro malte für ihn *El Descendimiento*, die Kreuzabnahme Jesus. Zu betreten ist die Kathedrale durch den Seiteneingang in der Calle 19. ◔ 9-12 u.14-17.

Iglesia Santo Domingo

Santo Domingo ist mit Sicherheit eine der schönsten Kirchen Kolumbiens. Sie wurde Ende des 16. Jahrhunderts erbaut. Auf der linken Seite des Haupteingangs befindet sich die Capilla del Rosario. Sie ist vollständig mit goldplattverzierten Holzdekorationen überzogen. Die Kapelle leuchtet wie ein Schmuckstück. Sie ist ein Beispiel für den *arte mestizo* (Mestizenkunst), eine Verbindung europäischer und indianischer Elemente. Kerzenleuchter in Form einer Ananas, Vogeldarstellungen in den Säulenreliefs. Die Wandreliefs stammen von Lorenzo de Lugo. Rechts sind Stationen der Kreuzigung, auf der

Casa del Escríbano

linken Seite Auferstehung, Himmelfahrt und Pfingsten dargestellt. Cra. 11 No 19-55. ◔ täglich tagsüber.

Iglesia de Santa Clara La Real

Diese Kirche wurde mit finanzieller Unterstützung des Encomenderos von Monguí, Francisco Salguero, in den Jahren 1571-74 errichtet. Auch hier gibt es schöne Beispiele der Mestizenkunst, wie die Sonnendarstellung mit menschlichem Gesicht, umgeben von Engelsgesichtern mit sechs Flügeln an der Kuppel der Kapelle. Berühmt wurde die Kirche durch die selbstauferlegte Haft der Schwester Joséfa (1671-1742), die 53 Jahre währte, in denen sie ihre spirituellen Gedanken zu Papier brachte. Ihre Zelle ist neben der Empore zu besichtigen. Cra. 7 No 19-58.

Iglesia San Francisco

Sehenswert ist der Altar der Nuestra Señora de las Angustias aus Quito, der im Stil dem Hauptaltar der Kathedrale entspricht. Diese Kirche erfreut sich der besonderen Verehrung durch die Bauern der Umgebung von Tunja. Cra. 10 No 22-23.

Schlafen und Essen

Hotel Saboy, Calle 19 No 10-40, ◔ 742 34 92, Zimmer mit Privatbad zum Innenhof, manchmal Wasserknappheit, € 6,50/11.

Hotel Residencias Orion, Calle 9 No 7-65, sauber, ohne Privatbad, € 5,50/8.

Hotel Bahamas, Calle 19 No 10-64, ☎ 742 35 56, Zimmer ohne/mit Privatbad im schönen Kolonialhaus, morgens heißes Wasser, lichtdurchfluteter Patio, € 7/10/13; € 9/14.

Hotel Dux, Calle 19 No 10-78, ☎ 742 57 36, Zimmer ohne/mit Privatbad. Alternative, wenn das Bahamas voll ist. € 7/10; € 9/14.

Hotel Americano, Cra.11 No 18-70, überdachter Innenhof, kleine Zimmer, im Erdgeschoss ist ein Billardsalon, nicht besonders ruhig, € 8/11.

Hotel Alicante, Cra.8 No 19-15, ☎ 744 99 67, neues helles und lichtes Hotel mit Privatbad, Heißwasser, Kabel-TV, empfehlenswert, € 15/22.

Hostería und Restaurante Pila del Mono, Cra. 8 No 19-81, ☎ 742 42 25, 🖷 740 33 80, 10 Zimmer mit Bad, TV, schöner Innenhof, restauriertes Kolonialhaus, € 25/35.

Hostería San Carlos, Cra. 11 No 20-12, ☎ 742 37 16, Restaurant, Kolonialhaus, steife Atmosphäre, Zimmer mit Bad, TV, € 22/32.

Hotel Hunza, Calle 21A No 10-66, ☎ 742 41 11, 🖷 742 41 20, www.hotelhunza.com, moderner Kasten mit Sauna, Pool, Restaurant, übertauert, € 60/90. Am Wochenende auch schon mal für die Hälfte zu haben.

Um die Plaza Bolívar liegen diverse kleine Cafés und Restaurants

Pussini Café Bar mit Expresso-Maschine, Cra. 10 No 19-55, daneben das **Café República**, Cra. 10 No 19-77,

Pizza +Lasagna, Cra. 10 No 19-87.

El Atrio, neben der Kathedrale, Treffpunkt für Schleckermäuler, Eisbomben und Empanadas.

Café El Teatro, schicker neuer Treffpunkt für Cineasten.

Planet Caffe,an der Plaza mit Expresso-Maschine.

Das **Pila del Mono** hat ein gutes Restaurant.

Bei **Kevin's,** Cra. 12 No 18-48 und in der **Tierra Boyacence,** Cra. 12 No 21-23, typische Regionalgerichte.

Fonda Paisa, Cra.9 No 17-96, ☎ 743 23 22, schmackhafte Gerichte aus Antioquia.

Casa Maratea, Calle 18 No10-6, ☎ 744 69 42, passabler Italiener.

▪ Busverbindungen

Der Busbahnhof liegt fünf Minuten vom Stadtzentrum entfernt an der Bogotá-Bucaramanga Straße. Regelmäßige Verbindungen bestehen mit Bogotá, Villa de Leyva und mit Kleinbussen (busetas) in alle übrigen Regionen des Departements Boyacá.

Bogotá - Busse, Mikrobusse, Libertadores u. a., ständig, 2½ Std., € 5,50.

Villa de Leyva - Mikrobusse, Coomultransvilla u. a., ½ stündlich, 50 Min., € 2.

Ráquira - einige Direktbusse, ansonsten über Villa de Leyva, Coomultransvilla, Libertadores, 1½ Std., € 2,75.

Chiquinquirá (> Muzo) - Busse, Libertadores u.a., ständig, 2 Std., € 3.

Sogamoso - Busse und Mikrobusse, Autoboy, Gacela Rápido, alle 10 Min.

Duitama - Mikrobusse, 1½ Std., € 2,25.

Barbosa (> Vélez) - Mikrobusse, El Ricaurte, ½ stündlich, 1 Std., € 2,20.

Bucaramanga - Busse, Expreso Bolívariano, Flota Brasilia, ½ stündlich, 8 Std., € 13,50.

Villa de Leyva

2143 Meter, 20°C, 6000 Einwohner
☏ 8

Villa de Leyva wurde 1572 als Sommerfrische reicher Encomenderos aus Tunja und Ráquira gegründet. Die Region erinnerte die Spanier an die ausgedehnte Hochebene bei Madrid (La Mancha), ein trockener Landstrich geprägt durch Orangen- und Olivenhaine. Der Ort liegt in einem Bergkessel, dessen Hügel waldlos und verkarstet sind. Das strahlend strenge Weiß der flachen Häuser wird durch einen stahlblauen Himmel hervorgerufen. Die violetten Bougainvilleasträucher, die über die Häusermauern hängen, lockern die Strenge auf. Villa de Leyva war viele Jahrhunderte hindurch ein Ort, in den sich Künstler, Mönche und Politiker zur Meditation zurückzogen.

Zentrum von Villa de Leyva ist die **Plaza Mayor**. Sie ist mit 14 000 m² Grundfläche die größte Kolumbiens. Am Platz steht die **Kathedrale**. In ihr befinden sich Gemälde der bekannten Renaissancekünstler Antonio Acero de la Cruz und Vásquez de Arce y Ceballos. Die Kirche ist zur 18 Uhr Messe geöffnet.

Informieren

Touristeninformation in der Casa del Congreso.
⏲ Di-So 9-13 u. 14-17.

Der Polizeiposten **CAI** am Busbahnhof kennt die Abfahrtszeiten für Ziele in die Umgebung.

Banken

An der Plaza sind Banken und ATMs. Caja Agraria, VisaCard, ⏲ Di-Sa 8-14, Banco Popular, Visa/MasterCard, ATM, ⏲ Mo-Fr 8-13.30.

Märkte und Feste

Samstag ist Markttag.

Das **Festival de La Cometa** ist ein bunter Drachenflugwettbewerb mit internationaler Beteiligung, der auf der Plaza ausgetragen wird. Es findet Mitte August statt. Das **Festival de los Luces** ist ein prächtiges Feuerwerk am 7. Dezember.

Sehenswürdigkeiten

Museum Luis Alberto Acuña
Der 1993 verstorbene Künstler gehört zu den bedeutenden Muralisten Kolumbiens. Er arbeitete zudem als Restaurateur (Fabrica de los Licores, Casa de Congreso in Villa de Leyva, Casa de Escríbano in Tunja). Sein ehemaliges Wohnhaus ist heute Ausstellungsraum seiner Werke, Antiquitäten- und Raritätensammlung. Das zentrale Wandgemälde im schönen Innenhof behandelt die Mythologie der Chibcha (Muisca), das Hauptthema seines Werkes. Plaza Mayor. ⏲ Di-So 10-13 u.15-18. Eintritt: € 0,50. Fotografiererlaubnis: € 1.

Casa del Congreso
Hier versammelten sich die Vertreter von sieben wichtigen Provinzen am 4. Oktober 1812, wählten Camilo

Torres zum Präsidenten und erklärten die Abspaltung von Nueva Granada. Heute ist es das Haus der **Touristeninformation**.

Über dem Eingangsportal der alten Schnapsbrennerei, der ältesten Kolumbiens, befindet sich ein eindrucksvolles spanisches **Wappen** des 16. Jahrhunderts *(escudo)*.

Escudo aus dem 16. Jahrhundert (Villa de Leyva)

Kirche und Konvent der Karmeliter Bettelmönche

Das Gründungsdatum des Konvents geht auf das Jahr 1645 zurück. Herausragend ist die üppig bewachsene Gartenanlage des Klosterhofes. Die **Kirche Nuestra Señora del Carmen** wurde 1850 erbaut. Kirche und Konvent bilden mit ihren hohen weißen Mauern den Rahmen für einen weiteren schönen Platz Villa de Leyvas, die **Plazoleta del Carmen**.

Zum Kirchenkomplex gehört ein Religionsmuseum, das **Museo el Carmen**. In seinen fünf Sälen ist Kirchenkunst aus vier Jahrhunderten versammelt, in ihrer Mehrzahl Zeugnisse des Karmeliterordens. Es gilt als eines der besten des Landes. ⏰ Sa, So 10-12 u.14-17.

Casa Antonio Nariño

In dem Kolonialhaus starb Antonio Nariño im Jahre 1823. Der glühende Patriot und Übersetzer der Erklärung der Menschenrechte war für die Kolonialverwaltung Staatsfeind Nr.1, bevor ihn Simón Bolívar mit der Vizepräsidentschaft der Republik betraute. Viele Jahre seines Lebens hatte Nariño hinter Festungsmauern verbringen müssen. Eine Tafel der Menschenrechte ist im Innenhof angeschlagen. Calle 9 No 10-39. ⏰ Mi-So 9-13 u.14-18. Eintritt: € 0,50.

Casa Antonio Ricaurte

Noch ein Revolutionsheld, dessen Namen mit dem von Villa de Leyva verbunden ist. Der jugendliche Hitzkopf Antonio Ricaurte (1786-1814) hatte sich schon in vielen Schlachten hervorgetan, als die Revolutionsarmee in San Mateo (heute Venezuela) der Übermacht der Royalisten zu unterliegen drohte. Ricaurte hielt seiner Truppe den Rücken frei, und nachdem die Königstreuen das Haus der Verteidiger gestürmt hatten, entzündete er mit einer brennenden Fackel mehrere Pulverfässer und jagte sich und die Besatzer in die Luft. Das Denkmal vor seinem Geburtshaus erinnert an diese Tat. Das Museum gehört der FAC, der kolumbianischen Luftwaffe, und enthält u. a. einige Modellflugzeuge. Plazuela San Agustín. ⏰ unregelmäßig.

Kirche und Konvent San Agustín

Das Kloster, das vom Kaplan des Eroberers Nikolaus Federmann gegründet wurde, ist verfallen. Die Kirche, in der Antonio Nariño begraben wurde, ist vollständig restauriert worden.

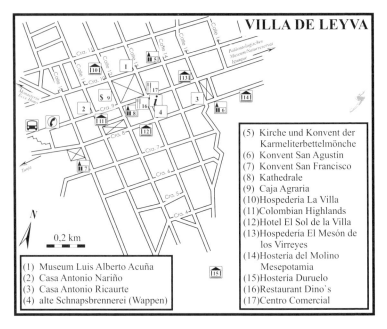

(1) Museum Luis Alberto Acuña
(2) Casa Antonio Nariño
(3) Casa Antonio Ricaurte
(4) alte Schnapsbrennerei (Wappen)
(5) Kirche und Konvent der Karmeliterbettelmönche
(6) Konvent San Agustín
(7) Konvent San Francisco
(8) Kathedrale
(9) Caja Agraria
(10) Hospedería La Villa
(11) Colombian Highlands
(12) Hotel El Sol de la Villa
(13) Hospedería El Mesón de los Virreyes
(14) Hostería del Molino Mesepotamia
(15) Hostería Duruelo
(16) Restaurant Dino`s
(17) Centro Comercial

Ein anderer Konvent ist **San Francisco**. In seinen Mauern arbeitet die Umweltstiftung Colegio Verde. Sie hat Schulungsräume zur Umwelterziehung für Kinder und Erwachsene, eine Bibliothek, Herbarien. Kontakt in Bogotá: Direktorin Margarita Marin de Botero, ✆ 255 29 20.

Schlafen

Villa de Leyva ist ein beliebtes Ausflugsziel für Bogotanos/-as am Wochenende. Der Ort ist in den letzten Jahren spürbar touristischer und auch teurer geworden. Im Großen und Ganzen haben sich zwei Kategorien für Unterkünfte herausgebildet. Im unteren Bereich gibt es nur wenige Möglichkeiten, das mittlere Segment liegt zwischen € 25-40, die gehobene, stilvolle Kategorie ab € 75, jeweils für zwei Personen ist gut vertreten und befindet sich in den mit Liebe zum Detail restaurierten Kolonialhäusern oder verstreut in der weiten Landschaft als Casa Campestre/Spa-Hotel.

Für eine Handvoll Pesos

SEBRA TIPP

Colombian Highlands, Cra. 9 No 11-02 ✆ 732 13 79, www.colombianhighlands.com, Unterkünfte mit Privatbad und Dormitorio, Koch- und Waschgelegenheit, Frühstück, Free Coffee, Internet, englischsprachig, Touristeninformation, ökologische Touren, Fahrrad- und Pferdevermietung.

Hospedería La Villa, Calle 12 No 10-09, an der Plaza, der Klassiker im unteren Bereich, zentral gelegen und sehr einfach, eine der preiswertesten Unterkünfte. Einige Zimmer mit Bad und Balkon, kaltes Wasser, € 5,50 p.P.

Ebenfalls in der Calle 12, abgehend von der Plaza Mayor liegen die **Posada Don Blas**, Calle 12 No 10-61, einfache Zimmer zum Innenhof, Privatbad, Parkplatz, € 14(2); und gegenüber die **Hospedería Las Brisas.**

Mittelklasse
Hospedaje El Sol de La Villa, Cra. 8 No 12-28, ☏ 732 02 24, Familienpension, Bad, heißes Wasser, TV, € 15 p.P.

El Mesón de la Plaza Mayor, direkt an der Plaza, Cra. 10 No 12-31, ☏ 732 04 25, www.hotelplazamayor.com.co, schöner bewachsener Innenhof, Kolonialhaus mit Restaurant, Bad, TV, € 21/29.

Hospedería La Roca, an der Plaza, Calle 13 No 6-54, ☏ 732 03 31, ohne/mit Privatbad, € 17/17; € 29/29/37.

Hostería El Zaguán de los Héroes, Cra. de Nariño No 11-55, ☏ 732 04 76, kleine Anlage mit großem Parkplatz, neue Bäder, kleine Zimmer, Teppichboden, € 25/35.

Hotel Getsemaní, Av. Perimetral No 10-35, 3 Blocks von der Plaza entfernt, ☏ 732 03 26, 🖷 732 08 01, Res. in Bogotá: ☏ 310 865 46 30, www. cotelco.org/hotelgetsemani .com, ✉ hotelgetsemani@hotmail .com, stilvolles Haus, gutes Preis-Leistungsverhältnis, € 28(2); Suite € 48(2).

Hotel Abahunza, Av. Perimentral No 12-31, ☏ 732 02 91; Res. in Bogota: ☏ 213 11 36, ✉ abahunza @villadeleyva.net, die Einrichtung ist o.k., herausragend sind das überdachte Schwimmbad, die türkische Sauna und der Kamin in den Suiten, zwischen € 15-22; Suite € 37.

La Española, Calle 12 No 11-06, ☏ 732 04 64, nennt sich Hotel Boutique, freundlich, aber etwas karg in der Einrichtung, www.laespanola .villadeleyva.com.co, € 30(2).

Hospedería El Mesón de los Virreyes, Cra. 9 No 14-51, ☏ 732 02 52/549, Res. in Bogotá: ☏ 637 04 96, www.hotelmesondelosvirreyes .com.co, stilvolles Kolonialhotel mit Restaurant, Privatbad, Kabel-TV, € 34/54.

Hostería del Molino de la Mesopotamia, Calle de Silencio, ☏ 732 02 35, Res. Bogotá: ☏ 213 34 91, restauriertes Haus aus dem Jahre 1568. Möbliert mit Antiquitäten aus den vorangegangenen Jahrhunderten. Zimmer teilweise mit Himmelbetten, Restaurant, € 42/59.

Oberklasse
Hotel Plaza Mayor, Cra. 10 No 12-31, ☏ 732 04 25, 🖷 732 15 97, www.hotelplazamayor.com.co, Erdgeschoss € 72, 1. Stock € 78, 2. Stock € 90, Suite € 100.

Hospedería Duruelo, 600 Meter von der Plaza, ☏ 732 02 22, Res.in Bogotá: ☏ 340 10 55, www.duruelo.com.co, großzügige Anlage mit dem Blick über Villa de Leyva, 3 Restaurants, Tennisplatz, schöne Suiten, Einzelzimmer erinnern mit Kruzifix an der Wand an Mönchszimmer, € 52/63, Suite mit Jacuzzi (1-6 Personen) € 390.

Plazuela de San Agustín, Calle 15 No 8-65, ☏ 732 16 07, www.pla zueladesanagustín.com, Fossilien gefliester Eingang, Restaurant mit Kamin und Bibliothek, Zimmer zu € 72/78/85 (1/2/3).

Casa de los Fundadores, Km 1 in Richtung Guanani, ☏ 732 08 39, Res. in Bogota: ☏ 211 27 20, www.casa delosfundadores.com, geschichtsträchtiges Kolonialhaus mit allem Komfort. Gilt als das beste Hotel Villa de Leyvas, € 78(2); Suite € 97.

Hotel El Edén, Cra.10 No 10-40, 1½ Block von der Plaza entfernt, ℘ 732 03 57, zentralgelegen inmitten schöner Gärten mit gehobenem Komfort dieser Hotelkategorie, € 57(2); Suite € 64(2).

SEBRA TIPP

Ein Hotel der besonderen Art ist das **Iguaque Campestre**, Km 1 Vía Arabuco, ℘ 732 08 89, Res. in Bogotá ℘ 619 31 19, ✉ marisolg2002 @hotmail.com, wunderschön am Fuße der Berge gelegen, kommen hier gestreßte Seelen zur Ruhe. Das Hotel bietet ein umfangreiches Spa-Programm. Die Zimmerpreise enthalten Frühstück und Abendessen, in der Nebensaison ab € 25 p.P.; Suite mit Jacuzzi, Kamin und Balkon, ab € 40 p.P.

Essen

Einige Cafés und Restaurants liegen um die Plaza Mayor. Gute Optionen für eine abwechslungsreiche Küche finden sich in den beiden Centros Comerciales, jeweils an entgegengesetzten Ecken der Plaza Mayor und, entgegen ihrer Bezeichnung, nicht etwa Neubauten, sondern liebevoll restaurierte alte Gemäuer mit vielen verschachtelten Innenhöfen und kleinen Restaurants.

Chez Remy, französische Küche im Centro Comercial und **Casa San Juan de Castellanos**.

Im **Centro Comercial** Casa Quintero, Cra. 9 No 11-75, findet sich eine Reihe verschiedener Restaurants wie **La Cocina del Gato** für Fondue, Cannelloni und andere Pastagerichte.

Dino's, an der Plaza neben der Kathedrale, beliebtes Restaurant im Innenhof, Pastas, Pizza und Crêpes.

Frutería Mandarina, Plaza Mayor auf der Seite der Kathedrale.

El Estar de la Villa, Calle 13 No 8, comida corriente, gutes Churrasco.

Asadero Villa Pollo, Cra. 9 No 8-79, am Busbahnhof, gute Hähnchen.

Restaurante La Parilla, Cra. 9 No 9-17, am Busbahnhof, comida corriente, typische Gerichte.

El Zaguán de los Héroes, im gleichnamigen Hotel, Cra. 9 No 11-55, Spezialität: Steak mit Krabbensauce.

Spanisches Restaurant im Hotel La Candelaria, Calle de Silencio, neben Hotel Mesopotamia.

Los Portales, an der Plaza, mit Terrasse, Säfte und Arequipes.

Balcón Manolo, an der Plaza, Hamburger und andere Schnellgerichte.

Touren

Villatour bietet eine Rundtour mit der Chiva zu den Sehenswürdigkeiten der Umgebung an. Die Chiva steht morgens um 9.00 Uhr abfahrbereit auf der Plaza, € 6.

Busverbindungen

Der Terminal liegt einige Schritte außerhalb des kolonialen Kerns.

Tunja - Mikrobusse von Cootransvilla, alle 15 Min. von ℗ 6-18.30, 50 Min., € 2.

Bogotá - gelegentlich einmal mit Libertadores, 4 Std., € 6, bessere Verbindungen bestehen vom Terminal in Tunja.

Chiquinquirá (> Muzo) - Colectivos und Coop.Trans.Reina Busse, mehrere täglich, 1½ Std., € 2,75.

Ráquira - Colectivos und Libertadores Busse, € 1,30.

Santa Sofía (> Ecce Homo) - Colectivos, € 1,30.

Die Umgebung von Villa de Leyva

SEBRA TIPP

Paläontologisches Museum (Museo Paleontológico)

Die Erde von Villa de Leyva steckt voller Versteinerungen. Schnecken und andere Mollusken finden sich in Hülle und Fülle. Sie werden nicht bloß als Souvenir verkauft, sondern fanden Verwendung als Einlegemuster für Fußböden und Fundamentsockel.

Hin und wieder wird ein Saurierskelett entdeckt. Im Museum liegt der Kopf eines **Ictiosaurus**. Die Versteinerungen sind ca. 100 Mio. Jahre alt. Sie stammen aus einer Zeit, in der dieser Landstrich von Wasser bedeckt war. Erst wenige Millionen Jahre zuvor hatte sich Lateinamerika von Afrika getrennt und war auf die Bodenplatte des Pazifik zugetrieben. Ausgelöst durch den Zusammenprall, falteten sich die Anden auf. Die Flüsse, die bisher nach Westen strömten, wie der Vorläufer des Amazonas, wurden zu einem gewaltigen Meer aufgestaut und verloren den Zugang zum Pazifik. Die Änderung des Mischungsverhältnisses von Süß- und Salzwasser setzte den Seesauriern ein Ende.

1 km außerorts, Richtung Arcabuco. ⏱ Di-So 8-12 u. 14-17.

El Fósil

Das vollständige Skelett eines anderen Seeungeheuers, ein **Kronosaurus**, befindet sich sechs Kilometer außerhalb von Villa de Leyva auf dem Weg nach Santa Sofía. Das Riesenkrokodil ist elf Meter lang und stammt aus dem Mesozoikum. Ähnliche Exemplare wurden sonst nur in Queensland, Australien, entdeckt. ⏱ täglich 8-12 u. 13-17, Do geschlossen. Eintritt: € 0,50.

El Infiernito

Dieser Platz ist das alte astronomische Zentrum der Muisca. Für eine Agrargesellschaft war es wichtig, Trocken- und Regenzeit vorauszusagen. Die Muisca errichteten 34 Säulen in zwei Reihen, um anhand des Schattens, den die Sonne warf, die Jahreszeit zu ermitteln.

Zweimal im Jahr verschwand der Schatten. Das war das Zeichen für die Muisca, dass die Sonne auf die Erde hinabstieg, um sie zu befruchten. Die kosmische Ehe wurde im März und September mit großem Pomp gefeiert. Da nimmt es nicht Wunder, dass an diesem Ort gewaltige Monolithe in Phallusform aufgestellt wurden. Der größte misst 4,85 Meter in der Höhe. Abzweigung von der Straße nach Santa Sofía folgen.

⏱ Di-So 8-12 u.14-17. Eintritt: € 0,50.

Monasterio Santo Ecce Homo

Inmitten der kargen Einöde liegt das einstige Dominikanerkloster, erbaut im Jahre 1620. Vor dem wuchtigen Eingangsportal reihen sich fossile Ammoniten auf den Zaunpfosten. Die kolonialen Schätze sind abtransportiert. Die Kapelle gleicht einer Rumpelkammer.

Die Gräber längst verstorbener Pater sind überwuchert. Geblieben sind vier Nonnen, die den Einsiedlern von heute Unterkunft gewähren (€ 16,50

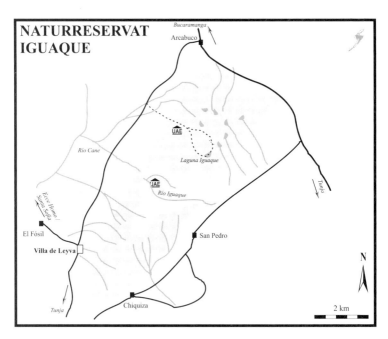

p.P. mit Vollpension). Das Monasterio liegt 13 Kilometer von Villa de Leyva entfernt, an einer Abzweigung der Straße nach Santa Sofía.

Weinbau

Seit einigen Jahren wird in der Gegend um Villa de Leyva professionell Weinbau betrieben. Angepflanzt und gekeltert werden Cabernet Sauvignon, Merlot, Sauvignon Blanc und Chardonnay. Die Weingüter heißen Besucher willkommen.

Vinicola Viña de la Villa, im Barrio Santander in Richtung Hotel Casa de los Fundadores, ✉ guanani30@hotmail.com, produziert Rot- und Weißweine sowie feinen Weinessig, Mo-Sa ⊕ 8-12 u. 14-17. **Viñedo Marquéz de Villa de Leyva**, zwischen Villa de Leyva und Sutamarchán Richtung Ecce Homo. ⊕ täglich 10-17.

Führung durch Weinfelder und Kellerei mit abschließender Weinprobe, Verkaufsraum in Bogotá, Cra. 15 No 124-60 Of. 201 ☏ 695 76 90.

Naturreservat Iguaque

Das Naturreservat hat 67,5 km². Diese Lagunenlandschaft wurde während der Eiszeit geformt. Für die Muisca war hier der Ursprung allen Lebens. Die Lagune Iguaque, die größte der Lagunen, liegt auf 3600 Meter. Sie ist umgeben von Páramovegetation mit Frailejónes. Die Vogelwelt ist vielfältig. Die Temperaturen schwanken zwischen 12°C und 18°C. Vom Terminal fährt täglich ein Bus um 7.00, So um 10.00 nach Arcabuco (zurück um 13.00, Sa 16.00, So 17.00), € 1. Bei Kilometer 12 zweigt ein Weg zum Besucherzentrum des Naturparks ab, das man nach drei Kilometern erreicht. Hier gibt es Übernachtungsmöglichkeiten und ein Restaurant (€ 15 p.P. Übernachtung), außerdem Camping, € 30 für 5 Personen (!), wer ein Zelt dabei hat, sollte bei dem horrenden Preis vor dem Parkeingang zelten.

Von hier sind es 2½ Std. Fußmarsch zur Lagune Iguaque.

Ráquira

2200 Meter, 18°C, 3500 Einwohner
☏ 8

Ráquira ist die farbenfrohe Puppenstube Kolumbiens. In satten leuchtenden Blau-, Grün- und Rottönen sind die Häuser einschließlich des Bürgermeisteramtes gestrichen. Jedes Haus ist ein Andenkenladen, behängt mit Mobiles. Ráquira ist das Zentrum für Töpferware. Am bekanntesten sind die Tonpferdchen. Im oberen Stock des **Centro Artesanía** ist ein kleines Töpfermuseum. Im unteren Stockwerk verrichten die Töpfer ihre Arbeit, bei der man zuschauen kann. Von Ráquira führt eine Schotterstraße zum **Kloster La Candelaria** aus dem 17. Jahrhundert. Sieben Kilometer vom Ort entfernt. Morgens fährt ein Bus nach La Candelaria.

Schlafen und Essen

Es gibt zwei Hotels direkt an der Plaza.

Norteño, hier stimmt das Preis-Leistungsverhältnis, große Zimmer mit zwei bequemen Doppelbetten, ohne Privatbad, Balkon zur Plaza, € 15 pro Zimmer.

Nequeteba, ☏ 732 04 61, Pool, Zimmer mit Privatbad, im Restaurant comida corriente und à la Carte, € 18/20/31.

La Posada de Santa Marta, ☏ 735 70 13, Zi. m. Privatbad, € 9(2).

Hotel Suaya, ☏ 735 70 29, Zimmer mit Privatbad, € 15(2).

Parador La Candelaria, sechs schöne Zimmer beim alten Kloster, Reservation in Bogotá: ☏ 251 68 86, € 28 p.P.

Posada San Agustín, 6 km in Richtung der Einöde von La Candelaria, ☏ 732 08 05, die Augustinermönche haben ihr Kloster aufpoliert. Sie stehen ihren Gästen auch als Ansprechpartner und Guías zur Verfügung und zeigen ihnen besonders gern die prächtigen Gärten. 32 Zimmer und vier Suiten stehen dem Reisenden zur Verfügung, € 16 p.P. inkl. Frühstück.

Busverbindungen

Bogotá - Libertadores, Rápido El Carmen, Busse u. Aerovans, ☏ 4.20-14.30, die meisten fahren über **Villa de Leyva** und **Tunja,** 4½ Std., € 6.

Chiquinquirá

2580 Meter, 14°C, 47 000 Einwohner
☏ 8

Chiquinquirá ist der wichtigste Wallfahrtsort Kolumbiens. Die Jungfrau von Chiquinquirá ist die Schutzpatronin von Kolumbien. Der spanische Maler Alonso de Narváez schuf das Bild der Jungfrau in Tunja Mitte des 16. Jahrhunderts. Er malte die Jungfrau mit Naturfarben auf einfachem Leinentuch.

Das Bildnis der Jungfrau gelangte am 26. Dezember 1586 von Tunja nach Chiquinquirá, verblasst und mitgenommen. Vor den Augen einer betenden Bäuerin nahm das Bildnis die ursprünglich strahlenden Farben wieder an. Am 9. Juli 1919 wurde die Jungfrau zur Schutzpatronin Kolumbiens erklärt.

Basilica de la Virgen de Chiquinquirá

In dieser massiven Kirche an der Plaza de Bolívar im Stil des Neoklassizismus, die Anfang des 19. Jahrhunderts fertiggestellt wurde, befindet sich das Bild der Jungfrau. Das ganze Jahr über ist die Kirche der Anziehungsort für Wallfahrer. Höhepunkt der Saison ist der 26. Dezember, der Jahrestag des Wunders.

Artesanía

In Chiquinquirá werden neunsaitige Gitarren (*bandola*) hergestellt.

Viele Artesaníaläden bieten Figuren und Spielzeug in Miniaturgröße an, die nach alter indianischer Tradition aus der harten Nuss der *tagua*-Palme gefertigt werden.

Banken

Banco de Bogotá, alle Karten, ATM, Cra. 10a No 17-57

Schlafen und Essen

Einige Hotels liegen in der Nähe des Busbahnhofs entlang der Carrera 9.

Zimmer ohne / mit Privatbad € 4,50/7; € 5,50/8. Weitere Hotels sind um die Plaza Bolívar, zehn Minuten vom Bahnhof.

Hotel El Viajero, Cra. 9 No 16-51, ☏ 726 23 34, Zimmer mit Gemeinschaftsbad, gut in der Preiskategorie, günstiges Essen, € 5,50/8.

Moyba, Cra. 9 No 17-53, ☏ 726 26 49, Zimmer ohne/mit Privatbad, Blick auf die Plaza, € 5,50/8; € 6,50/10.

Residencias San Martín, Cra. 9 No 19-84, ☏ 726 20 44, einfache Zimmer mit Privatbad, € 6,50/10.

Hotel Real Muisca, Calle 16 No 9-22, ☏ 726 46 47, Zimmer mit Privatbad, Kabel-TV, Restaurant, € 15/26.

Hotel Sarabita, Calle 16 No 8-12, am Parque Julio Flórez, ☏ 726 25 83, 🖷 726 20 68, Zimmer mit komfortabler Ausstattung, Kabel-TV, Telefon, Zimmerservice, Sauna, geheizter Pool, € 24/44.

Die einfachen Hotels in der Nähe des Bahnhofs bieten comida corriente in großen Portionen zu günstigen Preisen an. Zu den Spezialitätenrestaurants gehört das **El Escorial** am Parque Julio Flórez.

Busverbindungen

Der Busbahnhof liegt an der Carrera 9, außerhalb des Zentrums.

Bogotá - Flota Boyacá, Libertadores u.a., Busse und Aerovans, alle 20 Min., 3 Std., € 5,50.

Tunja - Libertadores u. a., ständig Busse, 2 Std., € 3.

Villa de Leyva - Colectivos und Coop.Trans.Reina Busse, 1½ Std., € 2,75.

Muzo - Coop.Trans.Reina, Expreso Gaviota, mehrere bis zum frühen Nachmittag, 4 Std., € 5.

SEBRA TIPP

Muzo

815 Meter, 24°C, 5000-10 000 Einwohner
☏ 8

Muzo ist mehr als nur ein Ort an der Westflanke der Zentralkordillere. Es ist das Zauberwort für die Smaragdproduktion Kolumbiens. In diesem landschaftlich so reizvollem Gebiet zwischen aufstrebenden Bergen und tiefen Tälern liegen die größten Smaragdvorkommen der Welt.

Bereits die Muisca blickten begehrlich auf die Smaragdminen, die sich im Herrschaftsgebiet der Muzo

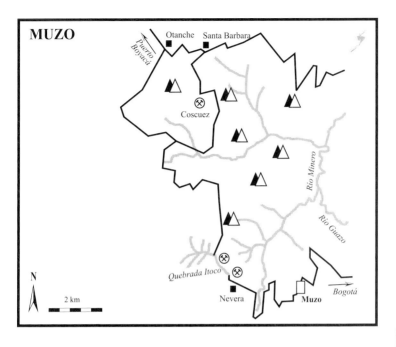

befanden. Sie tauschten mit dem Karibvolk Smaragde gegen Salz. Den Spaniern gelang es jahrelang nicht, dieses Gebiet unter ihre Kontrolle zu bekommen. Die Indianer leisteten unter Häuptling Itoco erbittert Widerstand.

Heute arbeiten an den Hängen des Río Itoco im Tal von Matefique zwei Minengesellschaften mit aufwendigem Gerät. Grabenschächte führen 60 Meter tief hinunter. Noch interessanter als die industrielle Förderung sind die primitiven Techniken der unabhängig arbeitenden *guaqueros*. Zu Tausenden graben sie allein oder in kleinen Gruppen mit Schaufel und Wasserstrahl das Flussbett um. Sie haben in diesem Schlammbad, das einst ein Fluss war, ihre Claims abgesteckt. Hier herrscht eine Atmosphäre wie am Klondike, und jeder hofft auf den faustgroßen, grünen Edelstein, der ihn mit einem Schlag zum Millionär macht. In die Schlucht des Flusses sind Hunderte von Wellblechhütten waghalsig übereinander gebaut und mit wackligen Pfählen abgestützt. Die Arbeiter sind in aller Regel ohne Familie. In den Zelten des Lagers stapeln sich die Bierkästen bis unter die Decke. Jeder Besucher wird zunächst als Konkurrent gesehen, später als Kunde.

Man kann hier Rohsmaragde günstig erstehen, doch man muss Experte sein. Es gibt mehr als 200 verschiedene Güteklassen. Die besten sind die *gotas de aceite* (Öltropfen) und das *ojo de agua* (Auge des Wassers). Das sind wahre Meisterwerke der Natur. Wenn der Stein aus der Erde geholt ist, wird er einer chemischen Analyse unterzogen und dann geschliffen, um die beste Lichtbrechung zu erhalten. Das Strahlen, die Reinheit und die Farbe bestimmen den Preis.

Neben der **Mine Matefique** gibt es die **Mine Coscuez**. Sie ist höher gelegen. Die Guaqueros haben Tunnel in den Berg geschlagen, in dem sie sich wie in einem überdimensionalen Ameisenhügel bewegen.

Für den Besuch der Industrieminen Tecminas und Coexminas braucht man eine Genehmigung, die persönlich in Bogotá eingeholt werden muss.

Coexminas, Cra. 7 No 75-65, ☏ 211 99 01.

Tecminas, Cra. 23 No 94-42, ☏ 218 56 00.

Schlafen und Essen

in Muzo

Alle Unterkünfte, ca. ein Dutzend, sind dem Minenmilieu entsprechend recht einfach.

Colonial, mit Bad, € 5/8.

El Castillo, ☏ mobil 310 226 80 45, Zimmer o/m. Bad € 4/7; € 5/8.

Hotel El Refugio, ☏ 725 60 92, Doppelzimmer mit Bad, € 9(2).

in Quipama

Residencias Itoco, Zimmer mit Bad, € 4/6.

Hotel los Cisnes, gegenüber, € 12/22.

Jeden Morgen vor der Fahrt in die Mine frischgepresster Orangensaft vom Stand, Restaurants mit Bergarbeiterportionen und Bäckerei an der Plaza.

Transport zu den Minen

Matefique - von der Plaza in Muzo fahren ständig Jeeps zur Minensiedlung Nevera, ½ Std., € 1,50. Von dort das Flussbett bis Matefique hochgehen.

von Matefique - Werksbusse nach Quipamá, 1 Std., € 1.

Coscuez - von Muzo fahren Jeeps in Richtung Santa Barbara.

Busverbindungen

Bogotá - Coop.Trans.Reina, Expreso Gaviota, mehrere täglich über Pacho, 7 Std., € 9.

Chiqinquirá - (direkt oder über Sutamarchán), Coop.Trans.Reina, Expreso Gaviota, mehrere täglich, 4 Std., € 5.

Otanche > Puerto Boyacá - von Quipamá nach Otanche fährt Expreso Gaviota, 2½ Std., € 3,50.

Von dort abenteuerliche Fahrt nach Puerto Boyacá am Río Magdalena mit Coop.Trans.Reina, 5 Std., € 5,50.

Puerto Boyacá

150 Meter, 28°C, 33 000 Einwohner
☏ 8

Puerto Boyacá ist ein geschäftiger Flusshafen am Magdalena. Die Region lebt von der Viehzucht und Erdölvorkommen.

Schlafen und Essen

Hotels, Restaurants und Busgesellschaften liegen alle um die lebendige Plaza. Die meisten Hotels sind in der gleichen Preisklasse.

Hotel Aladino, Calle 12 No 3-27, ☏ 738 40 55, Zimmer mit Bad, Dekkenvent. Das beste an der Plaza. € 5/7.

Busverbindungen

Bogotá/Medellín - Rápido Tolima, jede Stunde, € 11/10.

Otanche - Coop.Trans.Reina fährt um ⏰ 5.00, 5 Std., € 5,50; es ist eine interessante Fahrt vom Flachland hinauf in die Ostkordillere. In der

Regenzeit ist diese Strecke manchmal unpassierbar. In Otanche (zwei einfache Residencias) wartet in der Regel ein Anschlussbus nach **Quipamá**. Expreso Gaviota, 2½ Std., € 3,50.

Richtung Nordosten

In nordöstlicher Richtung der Provinzhauptstadt Tunja liegen die größeren Städte des Departements Boyacá, Paipa, Duitama und Sogamoso in der Weite des Altiplano der Ostkordillere. 36 km nördlich von Tunja erreicht man Paipa, die Touristenhochburg des Departements mit einigen ansprechenden Hotels und Restaurants und berühmt für seine Thermalquellen, Eintritt € 3,50. Ein stilvolles Kolonial-Hotel in Paipa ist die **Casona del Salitre,** ① (8) 785 15 08, ✍ info@casonadelsalitre .com, im Grünen, Thermalbäder und Restaurant mit internationaler Küche.

Um den **Lago** Sochagota breitet sich eine beliebte Ausflugsregion aus, mit vielen Übernachtungsmöglichkeiten und durchschnittlichen Zimmerpreisen zwischen € 17-28. Luxuriöser und teurer ist das **Centro de Convenciones** € 46/71. Ein gutes Restaurant ist das **Estrella del Mar**, ① 785 01 91, für Fisch und Meeresfrüchte.

Nicht weit von Paipa befindet sich mit dem **Hotel Campestre Hacienda Santa Rosalia**, Km 7 Duitama-Nobsa, ① (8) 760 07 02, ✍ reservas@hotelsantarosalia.com, ein ehemaliges Kloster und heute eine der stilvollsten Herbergen der Region. Ruhig und bequem ist das kolonialgestaltete **Hotel Hacienda Suescún**, ① (8) 770 68 28, zwischen Duitama und Sogamoso.

SEBRA TIPP
Pantano de Vargas

12 km von Paipa entfernt breitet sich der **Pantano de Vargas** aus, eine Hochfläche, auf der der Unabhängigkeitskämpfer Juan José Rondón und seine 14 Lanzenreiter vor 190 Jahren eine siegreiche Schlacht gegen die Spanier geschlagen haben und denen zu Ehren an dieser Stelle 1969 eine gewaltige Bronzeskulptur errichtet wurde, die Kolumbiens wohl bedeutendster Bildhauer - noch vor Negret und Botero - Rodrigo Arenas Betancourt errichtet hat. Das Denkmal und die Umgebung wurden vor kurzem aufwendig restauriert und mit einer aufregenden Beleuchtungstechnik in den Nachtstunden dramatisch in Szene gesetzt.

Duitama - Nobsa - NP Pisba

Duitama ist das Zentrum des Radsports in Kolumbien (hier fand 1995 die Rad-WM statt und am Ortseingang grüßt die Bronze mit dem Radfahrer auf der Weltkugel). In der Region gibt es sowohl Industriebetriebe als auch Landwirtschaft, die Höhenlagen werden von andinem Bergwald und Páramo-Vegetation bestimmt. Der Páramo de Rusia (nördlich von Duitama) besitzt vierzehn der weltweit insgesamt 32 Frailejónes-Arten. Vom Montaña de Pan de Azucar (2.800 m) hat man bei klarer Sicht einen eindrucksvollen Blick über die Berg- und Tallandschaft, sechs Std. zu Fuß von Duitama oder mit dem Pferd zu erreichen.

Acht Kilometer von Duitama entfernt in Richtung Sogamoso liegt der kleine Ort **Nobsa**, in dem noch immer die traditionellen Ruanas (Ponchos) gefertigt werden. Weiter nördlich liegt der abgelegene **Nationalpark Pisba** mit einer Fläche von 45.000 Hektar zwischen 2400 und 3900 Metern, der einen biologischen Korredor mit dem sich anschließenden Nationalpark El Cocuy bildet. Die Region ist historisch für die Unabhängigkeit Kolumbiens bedeutsam und Relikte, die an den Libertador Simón Bolívar erinnern, begegnen einem auf Schritt und Tritt. Das Befreiungsheer, angeführt von den Generälen Bolívar und Santander, überquerte den Páramo von Pisba 1819 von den Llanos Orientales kommend in Richtung Bogotá und schlug das spanische Heer beim Pantano de Vargas und an der Puente von Boyacá. Kulinarisch wartet die Region mit almojábanas (Maisbrötchen) und quesos (Käse) auf.

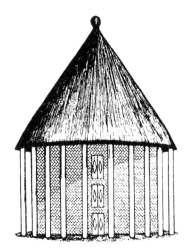

Templo del Sol, Sogamoso

Sogamoso

2569 Meter, 14°C, 114 000 Einwohner
① 8

Sogamosa ist nach Tunja die zweitgrößte Stadt von Boyacá, ein Handels- und Industriestädtchen, dessen herausragende Attraktion der **Parque Arqueológico** ist. Auf der Suche nach Eldorado brach Gonzaló Jiménez de Quesada 1537 in die damalige Provinz Sagrada de Iraca ein. Dort traf er auf den Kaziken Sugamuxi, was in der Sprache der Chibcha «Opfer der heiligen Sonne» bedeutet. Sogamoso war der heilige Platz der Muisca, da ihnen dort *Bochica*, die höchste Gottheit erschien. Der Kazike von Sogamoso war der Repräsentant Bochicas auf Erden. In seinen Händen lag die Bestimmung der Zeit und die Macht über die Naturgewalten. Der **Templo del Sol** war die heiligste Kultstätte. Ein großer Rundbau, dessen Stützbalken die Indianer aus den Llanos herbeigeschafft hatten. Das Tempelinnere war mit Smaragden und Blattgold geschmückt und beherbergte die Gräber der höchsten Würdenträger. Als die Spanier in den Tempel eindrangen, war das Gold verschwunden, und wütend brannten sie den Rundbau nieder. Der Legende nach hatten die Muisca die Reichtümer nach Monguí geschafft.

Im **Parque Arqueológico** ist heute an der Stelle, wo einst das Original stand, eine maßstabgetreue Replik des gewaltigen 15 Meter hohen Sonnentempels aufgebaut. An den Rundhäusern der Kazike lässt sich die Architektur studieren. Die geflochtenen Doppelwände sind aus licht- und luftdurchlässigen Bastmatten aus Zuckerrohr, durchbrochen von zwei niedrigen Türen. Das Innere des Raumes hat die Form einer Caracol-Muschel.

Eine Statue des Kazike Sogamuxi steht im ethnobotanischen Garten.

Im Park findet man das umfassendste **Muisca-Museum** des Landes. Interessant sind die Waffen und Werkzeuge aus Knochen und Stein, die anthropomorphen und zoomorphen Steinfiguren. Die heilige Caracol-Muschel als Schmuck für den Priester und als Trompete eine Flöte aus Menschenknochen. Für die Druckkunst der Mantas verwendeten sie Holzstempel mit Symbolen. Die Vorform der Schrift findet man in den *torteros-muiscas*, eine Art Bildersprache. Auf Steinscheiben wurden mythische, religiöse und magische Motive gemalt. Das Ritual der Mumifizierung wird in einer Radiographie dargestellt, die die Sitzposition zeigt. In mehreren Glasvitrinen stehen Keramikgefäße, die zur Aufbewahrung von *chicha*, als Grabbeigabe und als Haushaltsgegenstand dienten. Im Park, der dem Museumsgelände gegenüber liegt, ist die **Fuente de Conchucua**, das heilige Bad des Sugamuxi. Das Museum liegt zehn Minuten zu Fuß vom Zentrum entfernt. ☺ Di-So 9-12 u.14-17.

Informieren

C@fe Internet, Calle 11 No 7-32 beim Terminal de Transporte um die Ecke, schließt um 22.00, Scanner, Fax, Kopiergerät.

Banken

Im Zentrum um die Plaza 6. de Septiembre Banken und ATMs:

BBVA, Banco de Bogotá, Cra. 10a No 11-94.

Bancolombia, Calle 12 No 9-74.

Schlafen und Essen

Um den Busterminal gibt es fast ebenso viele Hotels wie Grillhendl-Stationen (Pollo Broaster) mit den bekannten Portionsgrößen 1, ½ und ¼ mit Arepas und Kartoffeln, die auf den Äckern in Boyacá reichlich wachsen, satt.

am Busbahnhof
Residencia Embajador, einfache, freundliche Familienpension, Zimmer ohne/mit Privatbad, nur kaltes Wasser, € 3,50 p.P./6(mat.).

Hotel El Rey, Zimmer mit rotem Teppichboden, TV, Bad, heißes Wasser, € 6/9.

Hotel Valparaíso, Cra. 18 No 11A-10, ☎ 771 69 35, freundliches Familienhotel, Zimmer mit Privatbad, sauber, durchgelegene Betten, Kabel-TV, heißer Gratis-Tinto an der Rezeption, € 9.50 p.P.

Das **Gran Hotel,** Cra. 18 No 11-15, ☎ 770 32 12, hat Zimmer mit Bad, Kabel-TV, Sauna im Haus, € 12/18.

im Zentrum
Hotel Sogamoso Real, Cra. 10 No 13-11, ☎ 770 68 56, € 20/24.

Hotel Tobacá, Calle 13 No 10-68, ☎ 770 53 77, mit Restaurant, € 29/34.

Entlang der Cra. 12 und den Nachbarstraßen verteilt sich ein halbes Dutzend Restaurants und Hähnchengrills. Im Zentrum findet man Cafés und Pizerrias und entlang der Hauptverkehrsstrasse einige Llanero-Grillplätze, die Llanos sind schließlich nicht weit entfernt.

Morales-Café, Cra. 12 No 11-14, gegenüber das auch abends geöffnete **Musik-Café Tacuba.**

El Bodegón, Cra. 12 No 12 -03, Pizzeria und Café.

Sabor y Sazón Llanero, Calle 11 No 15-03, offener Llanosgrill zwischer Terminal und dem Zentrum.

■ Busverbindungen

Die bestimmenden Busgesellschaften heißen Flota Libertadores, Sugamuxi und Concorde.

Bogotá - Concorde, Libertadores, Gacela, ständig, 4½ Std., € 6.50.
Tunja - Autoboy, Gacela, Sugamuxi, alle 10 Min., 1½ Std., € 2.
Monguí - regelmäßig Kleinbusse von der Plaza 6. de Septiembre, € 1,20.
Yopal - Autoboy, Servicio Lanceros, mehrere täglich, 5 Std., € 9.
Arauca - Flota Sugamuxi, ein Nachtbus, ca. 20 Std., € 23.
Iza/Laguna de Tota - Cootracero, Servicio Lanceros, Cootrans. Tota, mehrere täglich, fahren auch von der Puente de Pesca, 5 Min. vom Terminal. Einmal um den See € 5.
Paz del Río - (eine der ältesten und unrentabelsten Stahlschmelzen Lateinamerikas) Cootracero, alle 30 Min. von der Puente de Pesca, € 1.

■ Monguí

2920 Meter, 13°C, 2800 Einwohner
☽ 8

Monguí liegt 20 Kilometer östlich von Sogamoso. Es ist ein schönes Kolonialdorf, inmitten der für Boyacá so typischen Landschaft gelegen, weite Täler und sanfte Hügel in moosgrünen Farben. Gelegentlich erhebt sich ein schroffer Felsen oder eine Felsgruppe. Um die großzügige Plaza mit der monumentalen Basilika stehen die flachen, weißen Häuser mit den roten Ziegeldächern und den grünen Eingangstüren und Fenstergittern. Viele der Wege sind mit Ziegelsteinen gepflastert, die in den rauchenden Köhlerhütten massenhaft in Handarbeit hergestellt werden. Pferde und Mulas sind die Transportmittel zu den Fincas in den Bergen. Ein guter Blick über den Ort und das Tal eröffnet sich auf dem Weg zum **Páramo Ocetá**. Dieser Weg führt hinter der Basilika steil hinauf. Nach ca. 3 Stunden erreicht man den Páramo mit seinen 1,50 Meter hohen, gelbblühenden Frailejónes. Man durchquert ihn und erklimmt das Bergmassiv zur Linken an der flachsten Stelle. Auf dem Gipfel des Bergmassivs ist die **Ciudad de Piedra** (3900 m). Die Ciudad de Piedra besteht aus 15 Meter steil abbrechenden Felsen, in deren Mitte eine Gasse von 100 Meter Länge entstanden ist. Die Felsen sind mit grünen, gelben und ziegelroten Moosen bewachsen.

Die **Basilika** wurde zu Beginn des 18. Jahrhunderts erbaut und ist das größte religiöse Bauwerk dieser Zeit in Kolumbien. Sie hat romanische Stilelemente und ist vergleichsweise schmucklos. An den Wänden im Hauptschiff hängen Bilder von Gregorio Vásquez de Arce y Ceballos. Hier wird die Virgen von Monguí verehrt, die den Beinamen die Königin von Boyacá trägt. Ihr zuliebe wertete Papst Paul VI. die beinahe vergessene Kirche 1966 zur Prozessionskirche auf. An die Kirche schließt sich der ehemalige Franziskanerkonvent an. Die Franziskaner waren die ersten Spanier, die 1550 in Monguí eintrafen. Der Ort selbst wurde erst 50 Jahre später gegründet. Die Bekehrungsbemühungen der Franziskanermönche führten zur Unruhe unter den Einheimischen, die in einem Aufstand Mitte des 18. Jahrhunderts gipfelte. Die Bauarbeiten für den Konvent begannen 1603 und dauerten 100 Jahre bis zur Fertigstellung. 1821 wurde der Konvent geschlossen, da er nach einem neu

Viehmarkt in Monguí

erlassenen Gesetz Bolívars unterbesetzt war. In Monguí gab es weniger als die vorgeschriebenen acht Priester, um die Messe zu halten. Der Konvent ist heute für das Publikum als Museum geöffnet.

Am Ende der **Calle de Calicanto** überquert die Puente Real gleichen Namens einen Gebirgsbach. Die Spanier errichteten diese Brücke aus den beim Bau übrig gebliebenen Steinen für die Basilika 1716.

In unmittelbarer Nähe der Basilika kann man einige kleine Werkstätten besuchen, **Taller Arte Colonial** und **Centro Cultural y Artesanal Ocetá**, Calle 3 No 2-06, die Holzschnitzarbeiten nach Originalen (Kerzenhalter, Marienbildnisse) im Stil der kolonialen Kirchenkunst herstellt. Im Dorf sind einige Kunstgewerbeläden, die Artikel aus Wolle anbieten. Jeden Sonntag ist **Viehmarkt** auf der Plaza de Toros.

Schlafen und Essen

Miguel Telis, vermietet Zimmer in seinem Haus, Calle 5 No 2-36, links neben dem Konvent, ☏ 778 30 52, Gemeinschaftsbad, kaltes Wasser, € 4/7.

Hotel Portón de Ocetá, Calle 5 No 1-68, am gleichnamigen Tor oberhalb der Basilika, ☏ 778 26 14, geführt von der Tochter von Miguel Telis, € 10(2).

Zwei einfache Restaurants stehen zur Verfügung.

Restaurante La Casona, Cra. 4 No 3-48, Forelle und fade Fleischgerichte, aber ein schöner Blick ins Tal.

Pescadería, Restaurante Sanoha, an der Plaza.

Busse und Colectivos fahren stündlich bis in die Abendstunden nach Sogamoso von der Plaza.

Tópaga

2900 Meter, 13°C, 2000 Einwohner

Tópaga ist noch kleiner als Monguí. Die **Jesuitenkirche** auf der Plaza ist besonders schön. Um die Missionierung den Indianern im 17. Jahrhundert schmackhaft zu machen, errichtete man einen Spiegelaltar. Die vielen Spiegel sollten die Neugier der Indianer wecken und sie ins Gotteshaus locken.

Bus - Tópaga liegt zwei Kilometer von der Hauptstraße Sogamoso-Monguí entfernt. An der Kreuzung nach Tópaga aussteigen, 25 Minuten Fußweg. Gelegentlich fahren Busse sowohl aus Sogamoso als auch von Monguí direkt in den Ort.

Lago de Tota

3015 Meter, 11°C
☏ 8

Die Laguna de Tota war ein Erholungsort der Muisca Götter. Heute zieht sie den lokalen Tourismus an und wird das Meer von Boyacá genannt. Zwei Orte liegen in Reichweite des Sees, **Aquitania** und **Tota**. Etwas weiter entfernt in Richtung Sogamoso liegt **Iza**, ein beschauliches, verschlafenes Kolonialdörfchen mit einer begrünten, baumbestandenen Plaza. Es gibt einige *loncherías* nebst dem Touristenbüro an der Plaza, Hotels und Residencias in jeder Preiskategorie. Iza ist bekannt für seine Artesanía, die *ruanas*. Aquitania ist der Hauptort, aber wenig attraktiv. Gleiches gilt für den Ort Tota. Beide Orte haben keinen unmittelbaren Zugang zur Lagune. In Aquitania hat man aber vom Hügel **El Cumbre** einen guten Blick über die Lagune. Der See umfasst eine Fläche von 56 km² mit einer durchschnittlichen Tiefe von 30 Metern. Er liegt auf 3015 Meter Höhe und ist eingerahmt von Bergen. Fünf Inseln und eine große Halbinsel liegen auf der Ostseite sowie die meisten Hotels.

Richtung Tota, 20 Minuten von Aquitania entfernt, überrascht ein strahlend weißer Sandstrand *(Playa blanca)*, der in der Kombination mit dem grünen Wasser an Karibik erinnert, jedoch nicht in puncto Wassertemperatur. Hier gib es Bade- und Campingmöglichkeiten. Die Ufer sind gesäumt von Zwiebelfeldern. Die gebündelten weißen Zwiebelknollen heben sich leuchtend vom Grün der Landschaft ab. Die Schönheit der Lagune ist am besten zu erleben in einer Busfahrt rund um den See, die etwa 2½ Stunden dauert. Die Delikatesse an der Laguna de Tota ist die fangfrische Regenbogenforelle, die hier überall zu haben ist.

Schlafen und Essen

Günstige Unterkünfte gibt es in Aquitania.

Residencia Venecia, Aquitania, in der Nähe der Plaza, € 5,50/8,50.

Hotel Santa Ines, Cabañas, Restaurant, Camping, Bootstouren, Km 29 auf der Straße Sogamoso-Aquitania, Res. (98) 779 41 99, über Funk ☏ 820 15, € 34(2).

Hotel Refugio Pozo Azul, Res. in Bogotá, Av. 82 No 10-90, ☏ 257 65 86, € 49(2).

Am besten und teuersten ist das **Hotel Refugio Ecológico Genesis**, Cabañas, Restaurant, Sauna, Res. Bogotá, ☏ 615 87 11, 📠 (91) 338 13 16, € 60(2).

Camping an der Playa Blanca, € 2,50 pro Zelt.

Busverbindungen

Sogamoso - von Iza oder Aquitania im 1½ Stundentakt

Málaga

2200 Meter, 17°C, 15 000 Einwohner
☏ 7

Málaga gehört bereits zum Departement Santander und ist ein malerischer Ort zu Füßen eines Bergmassivs auf dem Weg zwischen Bucaramanga (153 km entfernt) und der Sierra Nevada del Cocuy.

Banken

Bancolombia, VisaCard, ATM, Calle 12 No 7-41

Schlafen und Essen

El Principe, in der Nähe der Plaza, Cra.8 No 10-82, ☏ 660 74 56, Gemeinschaftsbad, Restaurant, beliebt, € 4/7.

Hotel Tinaguta, Calle 13 No 8-38, ☏ 660 75 58, Zimmer mit Bad, € 7/12.

Busverbindungen

Bucaramanga - Cootrans., 6½ Std., € 8.

Capitanejo

1090 Meter, 23°C, 4000 Einwohner

☏ 7

Capitanejo (Santander) ist der Knotenpunkt der Strecken Bogotá - Bucaramanga - Sierra Nevada del Cocuy. Die Flüsse Servitá und Chicamocha sind für Wildwasserfahrten ideal.

Schlafen und Essen

In Capitanejo gibt es einige Unterkünfte in der Nähe der dortigen Busstation.

Hotel Cordobés, Calle 4 No 3-58, ☏ 660 04 03, Zimmer liegen nach hinten um einen Patio, ohne/mit Privatbad, € 4 p.P.; € 6/10.

Residencias El Oasis, Calle 5 No 5-08, ☏ 660 00 36, Zimmer mit Bad, € 5/8.

Residencias Villa del Mar, Cra. 4 No 4-06, ☏ 660 00 43, Zimmer mit Gemeinschaftsbad, € 4,50 p.P.

Busverbindungen

Bucaramaga - Cootrans., 8 Std., € 9.

El Cocuy

2700 Meter, 13°C, 5000 Einwohner

☏ 8

El Cocuy ist ein charmantes, kolonial geprägtes Bergdorf und war die viertälteste Ansiedlung der Spanier auf kolumbianischem Boden. Auf den Feldern der Umgebung wachsen Kartoffeln, Mais, Weizen und Zwiebeln. Die ganze Region ist zudem bedeutsam für die Milchwirtschaft. Während der Osterwoche und Corpus Cristi und Virgen del Carmen (16. Juli) finden religiöse Feste statt. El Cocuy ist zentraler Ausgangspunkt für einen Ausflug in die Sierra Nevada del Cocuy. Sowohl in El Cocuy als auch im kleineren Güicán gibt es ein Büro der Parkverwaltung. Hier muss man sich registrieren lassen und den Parkeintritt, € 10, bezahlen, es sei denn, man hat bereits alles von Bogotá gebucht.

Schlafen und Essen

Es gibt ein halbes Dutzend einfacher Hotels.

Residencias Cocuy, Calle 7 No 3-82, ☏ 789 00 39, Gemeinschaftsbad, nur kaltes Wasser, € 5 p.P.

Hotel Gutiérrez, Cra. 4 No 7-30, ☏ 789 00 13, heißes Wasser, € 6 p.P.

Gran Hotel, ☏ 789 00 91, das wohl beste am Ort, Bad, heißes Wasser, € 8 p.P.

Im Ort gibt es einige Restaurants. Beliebt, gut und günstig ist das **Restaurant** im **Hotel Granada.**

Natur- und **Bergführer** findet man in El Cocuy und Güicán, zwischen € 15-35 für Gruppen bis max. 6 Personen. Auch Pferde lassen sich hier mieten, zwischen € 10-15 pro Tag.

Busverbindungen

Bogotá (440 km via Duitama) — Coflonorte, Simón Bolívar, Paz del Río, Libertadores, täglich mehrere, aus Bogotá Abfahrten um ☏ 5, 19, 20 und 21.15. Aus El Cocuy am frühen Morgen ☏ 5 und in den Abendstunden, ☏18 u. 19, 11 Std., € 13, die letzten 75 km sind nicht asphaltiert. Mit dem Auto von Bogotá dauert es ca. 8. Std.

Von **Bucaramanga** - keine Direktbusse, via Málaga und Capitanejo.

El Cocuy/ Güicán - zwischen El Cocuy und Güicán bestehen täglich drei Busverbindungen mit El Correo/Cootradatil, € 1.

Parkeingang- ☏ 5.30 mit dem Lechero, € 2.

Güicán

2963 Meter, 12°C, 3000 Einwohner
☏ 8

Das kleine Dorf am Ende der Straße nennt sich auch der «Nordpol von Boyacá». Der nördliche Zugang zur Sierra Nevada del Cocuy führt durch dieses kleine Nest.

Schlafen und Essen

Von den drei einfachen Hotels im Ort ist das **Hotel La Sierra** (mit kleinem Restaurant), ☏ 789 71 09, am beliebtesten, heißes Wasser, freier Kaffee, € 4,50 p.P. Der freundliche Besitzer organisiert Jeeps für die Fahrt zu den Cabañas Kanwara. Hier erhält man alle notwendigen Auskünfte über Trekkingrouten, Klima und die allgemeine Situation in der Gegend. Kleines, uriges Restaurant im **Hotel Brisas del Nevado**, Cra. 5 No 4-57, ☏ 789 70 28, für einfaches Frühstück, Mittag- und Abendessen.

Busverbindungen

(siehe El Cocuy)

SEBRA TIPP
Nationalpark El Cocuy

Die Sierra Nevada del Cocuy ist eines der schönsten Gebirgsmassive Südamerikas und besitzt die ausgedehnteste Eisfläche nördlich des Äquators. Doch auch hier wie anderswo schmelzen die Gletscher dramatisch. Die Parkfläche beträgt 3060 km² und verteilt sich auf die drei Departements Boyacá, Casanare und Arauca. Auf der Westseite liegt ein Hochpáramo glazialen Ursprungs. Eine Kette mit 19 stets schneebedeckten Gipfeln (über 5000 m) auf einer Ausdehung von nur 30 km und annähernd 300 Lagunen, die von Gletschern gespeist wurden, bilden das Zentrum des Parks. Hier wachsen mehrere unterschiedliche Frailejónesarten. Der höchste Berg ist der Ritacuba Blanco mit 5330 Metern. Von den im Osten gelegenen Gipfeln sind einige so unerforscht, dass sie noch nicht einmal Namen tragen. Die Ostabdachung, die steil abfällt, ist kaum zugänglich und von dichtem Wald bedeckt. Die Bäume sind mit Epiphyten überzogen. Die Fauna ist reichhaltig. Die Berge bestehen aus Sedimentgestein, und es gibt viele Steilwände, die für Big-Wall- Climber interessant sind. Im Osten des Parks befindet sich das Resguardo der Tunebo-Indianer.

Man sollte sich vor ausgiebigen Wanderungen bei Höhenlagen über 4000 Meter langsam akklimatisieren, um der Höhenkrankheit zu entgehen. Guías gibt es in El Cocuy und Güicán, einfache Karten in Kopie bei den Parkbüros in den beiden Ort-

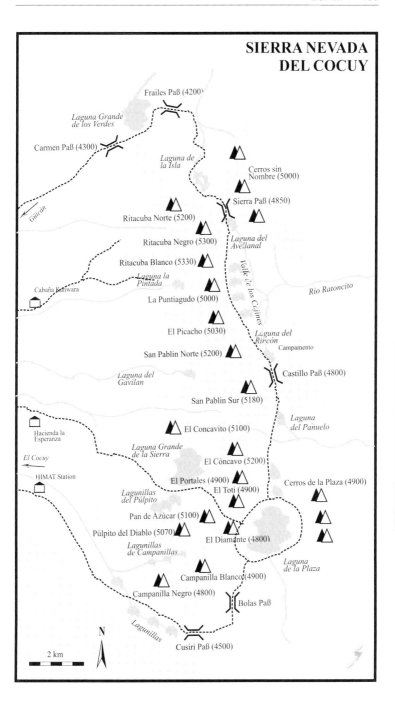

schaften. Wanderkarten hat der IGAC in Bogotá, im Maßstab 1:100 000 und 1:25 000. Die beste Jahreszeit zum Besuch der Sierra Nevada ist von Dezember bis Februar, dann ist die Sicht klar und das Wetter bleibt trocken. Vom Ritacuba Blanco und vom Castillo hat man zu dieser Zeit eine phantastische Sicht bis Mérida (Venezuela). Regenzeit herrscht zwischen März bis Mai sowie zwischen August bis Oktober.

Es bestehen mehrere Ausgangspunkte zur Erkundung der Sierra. Von drei Seiten bieten sich Tagesausflüge an. Der fünftägige Rundgang wird für geübte Bergwanderer von Interesse sein. Auch längere Rundwege sind möglich.

(1) Ruta Lagunillas - Púlpito del Diablo

(2) Ruta La Esperanza - Laguna Grande de la Sierra

(3) Ruta Cabañas Kanwara - Ritacubas

(4) Rundweg, der von der Lagune de la Plaza durch die inneren Täler des Parkes führt und einige der abgelegene Lagunen streift

(1) Ruta Lagunillas - Púlpito del Diablo

Von El Cocuy frühmorgens den *lechero* (Milchwagen, ein alter Schulbus) nehmen und man gelangt auf einer befestigten Straße in 1½ Std. zum **Alto de la Cueva** (3700 m), mit dem Parkeingang und der meteorologischen Himatstation. Der Weg führt durch das Tal der Lagunillas, vier hintereinanderliegenden tiefblauen Lagunen. In dieser Gegend wohnt Miguel Herrera, der Guíadienste, Pferde (zu € 8 p.P.) und einige Grundnahrungsmittel anzubieten hat. Anschließender Aufstieg zur Laguna Pintada, an einer Abzweigung liegt das Campingareal Hotelito, 1½-2 Std. Hier ist Schluss für die Pferde. Von der kleinen Laguna Pintada steigt man zum Valle de los Frailejónes auf und quert anschließend zum **Púlpito del Diablo** (5120 m), dem wohl ungewöhnlichsten Gipfel des Bergmassivs - ein gewaltiger, schwarzer Granitblock in Würfelform, der auf dem (ewigen) Schnee aufsitzt, und zur Lagune des Gletschers des Pan de Azúcar, 3 Std. Man kann von Lagunillas auch in einem Tag bis zur Laguna de La Plaza wandern, muss aber zuvor den hochgelegenen Cusiri Pass (4500 m) und anschließend den fast ebenso hohen Bolas Pass überqueren. Das geht nur dann recht locker, wenn man bereits ausreichend aklimatisiert ist, 7-8 Std.

(2) Ruta La Esperanza - Laguna Grande de la Sierra

Mit dem Milchwagen (€ 1,50) 5.30 täglich von Güicán, der um 9.00 an der Hacienda ankommt und weiter nach El Cocuy fährt. Der Milchwagen passiert eine eindrucksvolle Landschaft. Es ist möglich in der **Hacienda La Esperanza** zu übernachten. Doch die Unterkünfte sind bescheiden, und das Essen einfach, Bergführer und Pferdeverleih sind vorhanden.

In der Gegenrichtung startet der Milchwagen gegen 6.00 auf der Straße, der die beiden Ortschaften verbindet und am Alto de la Cueva, La Esperanza und am Straßenkreuz zu den Cabañas Kanwara vorbeifährt.

Von La Eperanza kann man nach Güicán zurückwandern, drei bis vier Stunden bergab. **La Esperanza** ist der Ausgangspunkt zur **Laguna**

Grande de la Sierra. Der Weg führt den Río Cóncavo entlang durch ein weites Tal, bewachsen mit den riesigen Frailejónes und steigt dann zu einer Hochfläche an, die von der Laguna Grande de la Sierra bedeckt ist.

Die Lagune ist eingerahmt von fünf schneebedeckten Gipfeln. Im Norden erhebt sich El Cóncavito (5100 m). Es folgen El Cóncavo (5200 m), El Portales (4900 m), El Toti (4900 m) und den Abschluss bildet der Pan de Azúcar (5100 m), acht Stunden hin und zurück, mit dem Pferd geht's schneller. Von der Laguna kann man auf einzelnen Pfaden noch höher bis zur Schneegrenze von El Cóncavo, El Portales und El Toti aufsteigen, nochmal 2-3 Std. Hinter dem Pan de Azúcar liegt die **Laguna de la Plaza**, eingebettet zwischen den beiden Bergflanken, die die Sierra Nevada del Cocuy bilden. Der Bellavista-Pass liegt auf dem Weg und ermöglicht einen großartigen Blick über die beiden Lagunen und den **Púlpito del Diablo**. Der Weg von der Laguna Grande de la Sierra zur Laguna de la Plaza sollte nur von erfahrenen Bergwanderern gewählt werden. Für den Aufstieg wird man zumindest in der Regenzeit Pickel und Steigeisen benötigen.

(3) Ruta Cabañas Kanwara -Ritacubas

Die **Cabañas Kanwara sind** auf 3900 Meter gelegen, 15 Kilometer von Guicán, Jeep € 28 oder 3-3½ Stunden zu Fuß. Cabaña € 8, vier Zimmer, ein Bad (heißes Wasser), Kamin, pro Tag braucht man etwa zwölf Scheite Holz. Es gibt ein Restaurant, Frühstück € 2, Pferde € 7 (Guía inkl.), Aufstieg bis zu 5000 Meter. In der Regenzeit zieht der Himmel zwischen 10.30 und 11.30 zu. Dies ist der ideale Ausgangspunkt, um Tagesausflüge in die Umgebung zu unternehmen, so zur Schneegrenze des **Ritacuba Blanco** (5330 m). Wenn man ein Pferd anmietet, braucht man nicht unbedingt einen Guía, denn die Pferde finden den Weg von allein. Zu Fuß sind 3-4 Stunden bis zum Basislager am Gletscher einzukalkulieren. Der Aufstieg zum höchsten der Gipfel ist zugleich der einfachste Trek im Gebirgsmassiv.

(4) Rundweg

Die Sierra Nevada hat eine Ausdehnung in der Länge von ca. 20 km und in der Breite von 4 km, die man von Süd nach Nord (oder in der Gegenrichtung) entlang der Zwischentäler durchwandert. Notwendig für den Rundweg ist andine Trekkingausrüstung, also Wanderstiefel, Mütze, Handschuhe, Gletscherbrille, Sonnenschutz, Regencape, Zelt, Winterschlafsack und ein Campingkocher - es gibt fast überall und zu jeder Jahreszeit ausreichend Wasser und Übernachtungsplätze zum Zelten bei den Lagunen. Der Rundweg, der durch die inneren Täler der Sierra führt, kann von Norden oder von Süden eingeschlagen werden. Von Norden ist die Orientierung im Gelände, das nach wie vor nicht gut ausgeschildert ist, einfacher. Von den Cabañas Kanwara muss man fünf bis sechs Tage (8 Std. tägl.) für den Rundweg bis zum Parkeingang am Alto de la Cueva veranschlagen.

1. Tag

Ausgangspunkt sind die **Cabañas Kanwara**. Über den Carmenpass (4300 m) geht es hinab zur **Laguna**

Grande de los Verdes, eine türkisgrüne Lagune, reich an Plankton und Algen, umgeben von Frailejónes (5 Std.).

2. Tag

Der Weg führt über den **Paso de los Frailes** (4200 m) an Steilwänden entlang, die sich zur Rechten erheben, zur Laguna de la Isla. Dann beginnt der Aufstieg zum Paso de la Sierra (4850 m), wo in der Trockenzeit Lupinen und gelbe Schlüsselblumen wachsen. Auf der anderen Seite liegt die **Laguna del Avellanal** und dahinter das Tal der los Cojines. Rechter Hand erheben sich der **Ritacuba Blanco** und der **Ritacuba Negro**. Ihre Gipfel spiegeln sich in der Lagune (7 Std.).

3. Tag

Von nun an ist kein Weg mehr zu sehen. Man hält sich entlang des Flussufers, passiert einige Kaskaden und schließlich den Wasserfall Ratoncito. Das Gelände öffnet sich an dieser Stelle nach Osten, Richtung Llanos. Diesen Weg lässt man links liegen. Es geht weiter entlang des Cojines Tals, benannt nach den kissenartigen Moosen, durch die hindurch man den Weg sucht. Am Ende des **Tals der Cojines** vor der Laguna del Rincón liegt das **Campamento El Castillo** auf der linken Seite. Es ist ein wunderschöner Ort, um zu zelten, eine mit Bäumen bewachsene Grasfläche inmitten der felsigen Gebirgslandschaft. Der Ort ist von der Route nicht einzusehen (5 Std.).

4. Tag

Nach leichtem Aufstieg ist die **Laguna del Rincón** in einer halben Stunde erreicht. Von der Laguna del Rincón wird der **Castillo-Gletscher** (4800 m) überquert, der nur noch wenig Eis hat. Auf der anderen Seite liegt die winzige Laguna del Pañuelo (übersetzt: «Taschentuch»). Nun beginnt der schwierigste Teilabschnitt der Route. Der Weg hört vollständig auf und führt durch eine Muränenlandschaft. Das Gelände fällt ab, und man muss versuchen, die Höhe zu halten. Am besten, man bewegt sich nicht zu weit von den Felswänden weg. Zwei Stunden südlich der **Laguna del Pañuelo** gibt es drei große Felsterrassen (El Cóncavo). Man folgt der untersten. Aufeinandergeschichtete Steine dienen als Wegemarkierung. Im Folgenden geht es eine Stunde über gewaltige, herabgestürzte Felsbrocken. Nach einer weiteren Stunde wird die Laguna de la Plaza erreicht. Um den See, der auf einem Pfad umrundet werden kann, gibt es eine Handvoll geeigneter Zeltplätze (8-9 Std.).

5. Tag

Ein klar auszumachender Pfad führt von der **Laguna de la Plaza** nach Süden hinauf zum Höhenrücken des Patio de Bolas. Dann geht es abwärts und wieder hinauf zum Paso de Cusiri (4500 m). Dieser Pass markiert den Ausgang der inneren Täler der Sierra del Cocuy. Auf der rechten Seite ragen die beiden ungleichen Berggeschwister, der nackte Campanilla Negro (4800 m) und der schneebedeckte Campanilla Blanco (4900 m) empor. Auf dem Weg liegen die **Lagunillas**. Am Ende des Tales wird der Alto de la Cueva mit der Parkstation erreicht (7-8 Std.).

Alternativ kann man von der Laguna de la Plaza über eine Bodensenke zum El Púlpito aufsteigen und dem Weg über die **Laguna Grande de la Sierra** zur Hacienda La Esperanza folgen (siehe (2)).

Touranbieter für die Sierra Nevada El Cocuy

Fundación Colombiana de Caminantes **Sal Si Puedes,** Cra.7 No 17-01, Of. 639/640 , ☏ (01) 283 37 65

Terapia Verde, www.terapiaverde.com, ☏ (01) 407 29 62, 3 Tage/2 Nächte zum Nevado Pan de Azúcar, alles inkl., ohne Mahlzeiten, € 145 p.P.

Victor Correa, erfahrener Bergsteiger und Guía, www.guaicani.com, ✉ guaicani@gmail.com, Bogotá, ☏ (01) 240 5869/ mobil 312 463 10 66, Wochenendtouren 3 Tage/2 Nächte von Bogotá, Bergbesteigungen, z.B. Concavito (5100 m), alles inkl. € 260 p.P.

Santander & Norte de Santander

Santander war einst das Siedelungsgebiet der Guane, die längst ausgestorben sind. Geblieben von ihrer Kultur sind einige indigene Landschaftsbezeichnungen und einige wenige, in den Regionalmuseen verstreute Artefakte. Die Guane hatten das große Pech in einem Land mit größeren, leicht zu fördernden Goldvorkommen zu leben, die zumeist im Ufersand der Flüsse steckten, von denen die Region durchzogen ist. Das Edelmetall weckte die rücksichtslosen Begehrlichkeiten der Konquistadoren und die einheimische Bevölkerung wurde binnen weniger Jahre dahingemetzelt, sei es durch eingeschleppte Krankheiten oder mit Waffengewalt. Die verbliebenen Ureinwohner vermischten sich anschließend mit den Einwanderern, und es entstand eine Mestizenbevölkerung.

Bereits im 16. Jahrhundert kam es zu den ersten Stadtgründungen. Auf der Grundlage der traditionellen Indiowege wurde ein Straßen- und Handelsnetz entwickelt und ausgebaut, das Bogotá mit der Karibikküste verband. Die als *Caminos Reales* bezeichneten Wege sind an einigen Stellen noch gut erhalten, was u.a. dem preußischen Landadeligen Geo von Lengerke zu verdanken ist, den es im 19. Jahrhundert nach Santander verschlagen hatte und der die alten Wege befestigte und für den Bau einer Brücke über den Río Suárez sorgte, damit der Río Magdalena, die zentrale Lebensader Kolumbiens, einfacher zu erreichen war. Zwischen den verschlafenen Kolonialdörfern Barichara und Guane schlängelt sich der steinerne *Camino Real* noch heute im Zickzack zu Tal und wurde jüngst im Auftrag des nationalen Instituts für Straßenbau naturgetreu in Stand gesetzt.

Vor der Unabhängigkeit befand sich in diesem Landstrich das wirtschaftliche Zentrum der heute bedeutungslos gewordenen Tabakproduktion, und die Arbeiter in den Manufakturen bildeten die Speerspitze der ersten Aufstände gegen die ferne Zentralgewalt in Spanien.

Zum Erbe der Kolonialzeit gehören eine Handvoll idyllisch gelegener kleiner Dörfer. Girón bei Bucaramanga gehört dazu, Socorro und San Gil und vor allem Barichara und Guane.

Barichara scheint dem Bilderbuch entsprungen und ist der ideale Ausgangspunkt für Wanderungen und Ausritte in die Umgebung sowie Rafting-Abenteuer im Tal des Río Fonce bei San Gil. Die muntere und aufgeräumte Departementhauptstadt von Santander heisst Bucaramanga und wird auch die «Stadt der Parks» genannt.

Das sich nördlich anschließende Departement **Norte de Santander** mit der aufgekratzten Haupt- und Grenzstadt Cúcuta hat eine lange, teilweise unübersichtliche Grenze zu Venezuela. Im äußersten Winkel liegt das seit Jahren zwischen den Farc und paramilitärischen Einheiten heiß umkämpfte Kolonisationsgebiet Catatumbo.

Vélez

2133 Meter, 17°C, 14 000 Einwohner
☾ 7

Vélez liegt 18 Kilometer in nordwestlicher Richtung von Barbosa. Die Stadt wurde 1539 durch Martin Gallano auf Befehl von Jiménez de Quesada gegründet und ist damit die älteste Stadt von Santander und eine der ältesten Kolumbiens. Heute findet man jedoch kaum noch Zeugen der kolonialen Vergangenheit. Das Städtchen ist nunmehr Zentrum der kleinbäuerlichen Provinz gleichen Namens, die hauptsächlich vom Zuckerrohr lebt. Bekannt im ganzen Land ist Vélez für seine Volksmusik, *La guabina y el tiple*. Jedes Jahr in der ersten Augustwoche veranstaltet die Stadt ein mehrtägiges, rauschendes Festival. In jeder Straße, in jedem Haus wird Musik gemacht und getanzt. Die *guabina* ist ein lyrischer Sprechgesang, gemischt aus spanischen und indianischen Elementen, begleitet von der *tiple*, einer zwölfsaitigen Gitarre, deren Saiten dreibündig angeordnet sind. Begleitet wird die Gitarre von einer Vielzahl von Rhythmusinstrumenten, von denen die *carraca* wohl das kurioseste ist. Es ist der Unterkiefer eines Pferdes, und man spielt sie, indem man mit einem weiteren Knochen über die Backenzähne reibt. Im Zentrum von Vélez liegt die Escuela Folclorica Luis A. Calvo, die die Tradition dieser Musik wahrt und zur Zeit 100 Schüler ausbildet. Hier und in der Kirche sind die Musikinstrumente ausgestellt. Die Schule zeigt die typischen Trachten, die während des Festivals getragen werden, und verkauft Schallplatten und Kassetten.

Banken

Bancolombia, VisaCard, ATM, Calle 10a No 3-51

Schlafen und Essen

Alle Unterkünfte liegen an der Plaza. Allein das **Hotel Gales** hat Zimmer mit Privatbad, heißes Wasser, € 5,50 p.P.

Hotel Colonial, Hotel Intercontinental, € 4,50 p.P.

Restaurant und Bäckerei an der Plaza.

Busverbindungen

Barbosa - Colectivos und Jeeps, 20 Min., € 1, verbinden Vélez mit Barbosa an der Bogotá-Bucaramanga-Route. Vom Straßenkreuz in Barbosa fahren alle 30 Minuten Mikrobusse. Außerdem Mikrobusse nach Socorro/San Gíl mit Transsander, 2 Std., € 4,30-5,30.

Die Straße von Barbosa nach Vélez säumen *bocadillo*-Manufakturen, nicht zu verwechseln mit den spanischen *Bocadillos*. Hierbei handelt es sich um eine süße Masse, die aus Zuckerrohr hergestellt wird und unserem Geleespeck vergleichbar ist.

Puerto Olaya - von Vélez führt eine Straße nach Puerto Olaya (> Puerto Berrio) an den Río Magdalena, ca. 7-8 Std., € 6, nur in der Trockenzeit befahrbar.

La Paz

2000 Meter, 18°C, 3000 Einwohner
☏ 7

La Paz (50 km von Barbosa) erreicht man mit der Chiva nach zweistündiger Fahrt von Vélez. Der vergessene Marktflecken liegt inmitten einer sanft hügeligen Landschaft, die mit Zuckerrohr und Maisfeldern überzogen ist.

Auf den Kuppen der unzähligen Hügel stechen hier und dort eine kleine Finca oder eine Zuckerrohrmühle, die teilweise noch von Pferdekraft betrieben wird, hervor. Dieses Gebiet ist ideal zum Trekken und Reiten, weil der Wanderer hier entlang der alten Kolonialwege (*Caminos Reales*) ziehen kann, die die Ortschaften miteinander verbinden. Man begegnet Kolonnen von Mulas bepackt mit Zuckerrohr auf dem Weg zur Mühle.

An der Straße zwischen Chimatá und La Paz führt eine Abzweigung (Tres Esquinas) zum **Hoyo del Aire**. Von der Abzweigung sind es 45 Minuten Fußweg bergauf. Dort eröffnet sich ein immenser Erdkrater mit einem Durchmesser von 170 m und 200 m Tiefe. Am Boden hat sich eine reichhaltige Vegetation mit Palmen, Zedern und Avocadogewächsen ausgebreitet, ein kleines Vogelparadies. Der Blick in den Abgrund ist atemberaubend. Dies scheint ein idealer Ort für Bungeespringer und Freeclimber zu sein. Um die **Cueva de la Molina** zu besuchen, nimmt man den gleichen Weg bis zur ersten Gabelung. Dort folgt man dem Weg bergab in eine Schlucht, bis sich auf der rechten Seite der gewaltige Eingang der Höhle öffnet (Taschenlampe nicht vergessen!). In der Höhle war einst eine Mühle untergebracht. Eine weitere Attraktionen ist die **Laguna Negra**, 10 km von La Paz entfernt.

Informationen im Dorf geben Chivafahrer Nestor und Don Ricardo. Seine Finca ist direkt am Ortseingang. Er vermietet Pferde. Von den beiden Hospedajes im Ort ist **El Cacique** am besten, mit Privatbad, € 7(2).

Busverbindungen

Vélez - Chivas oder Jeeps (Camperos), ☺ täglich 5.30, 11.30, € 2. Am Markttag, Donnerstag ist mehr Verkehr.

Socorro

1230 Meter, 20°C, 20 000 Einwohner
☏ 7

Socorro liegt an den Hängen, in deren Tal der Río Suárez fließt. Es ist ein ruhiger, sympathischer Ort mit steil ansteigenden gepflasterten Straßen und malerischen Plätzen. Die Einheit der flachen einstöckigen Häuser des letzten Jahrhunderts wird nicht durch Neubauten gestört. Um einen Blick über die Stadt zu gewinnen, lohnt der kurze Aufstieg zum **Konvent der Kapuziner**. Cra. 8 No 12-48.

Socorro war das Zentrum der ersten Revolte der Neuen Welt gegen die spanische Vorherrschaft, ausgelöst durch den Befehl Karl III. aus dem Jahre 1780, der alle Untertanen der Kolonien verpflichtete, einen Beitrag zur Deckung der Kriegskosten im Krieg gegen England zu leisten. Dieser Befehl war für die Bevölkerung, in ihrer Mehrzahl Arbeiter und Arbeiterinnen der Tabakmanufakturen, der Tropfen, der das Fass zum Überlaufen brachte, denn die Grenze des Erträglichen war bereits durch hohe Steuern auf Tabak und Aguardiente erreicht. **Manuela Beltran** brach das Ausführungsedikt des Vizekönigs und gab damit das Zeichen zum Aufstand im Jahre 1781. Die Kommunarden scharten sich um ihren Führer **José Antonio Galán**, und es gelang ihnen, die Bewegung bis nach Zipaquirá vor die Tore von Santafé de Bogotá zu tragen. Der Aufstand wurde noch im gleichen Jahr niedergeschlagen, und der Anführer Galán hingerichtet.

Informieren

Die **Tourismusinformation** ist in einem Kiosk im Parque de la Independencia untergebracht.

Die **Casa de la Cultura** legt Zeugnis von dieser Zeit ab. Die Casa de la Cultura war während der Kolonialzeit Wohnhaus- und Tabaklager. Sie ist zweistöckig mit einem gepflasterten Innenhof. Im zweiten Stock befindet sich die Sala de los Comuneros mit dem Originaldokument Karl III., der Real Cedula.

Im Erdgeschoss gibt es einen Raum zu Ehren von Galán, mit dem ausgefertigten Todesurteil. Seine Leiche wurde verstümmelt und einzelne Leichenteile zur Einschüchterung an die Zentren der Aufständischen geschickt. Die rechte Hand blieb in Socorro, die linke wurde in San Gil und der Kopf in Villaguardas (Cundinamarca) ausgestellt. Socorro pflegt das Erbe einer weiteren couragierten Frau. **Antonia Santos Plata** war eine Unabhängigkeitskämpferin, die in den letzten Tagen der spanischen Herrschaft gefasst und am 28. Juni 1819 in Socorro hingerichtet wurde. Ihre letzte Nacht verbrachte sie in der kleinen Kammer, links vom Eingang der heutigen Casa de la Cultura.

Calle 14 No 12-35. täglich 8-12 u. 14-17.

Im **Parque de la Independencia** stehen ein Standbild von José Antonio Galán und eines von Antonia Santos Plata, die auf diesem Platz füsiliert wurde. Die Stadt ist stolz auf einen weiteren Sohn, **José A. Morales**. Dem Komponist sentimentaler Boleros hat sie ein Festival in der dritten Septemberwoche gewidmet. Am Parque steht die **Kathedrale Nuestra Señora de Socorro**.

Schlafen und Essen

Hotel Nuevo Venecia, Calle 13 No 14-37, 727 23 50, mit Innenhof, große Zimmer mit Bad, Kabel-TV, € 7/9.

Hotel Saravita, Cra. 15 No 12-62, 727 22 82, ruhiger als das Venecia, Zimmer mit Bad, € 5,50 p.P.

Hotel Fominaya, Cra. 15 No 12-73, 727 27 08, kleine Zimmer zum Innenhof, Vent., TV, € 10/16.

Hotel Colonial, Cra. 15 No 12-45, 727 28 42, Zimmer mit Bad, TV, Internet, Restaurant, Parkplatz, € 13/17,50.

Hotel Tamacara, Calle 14 No 14-45, direkt an der Plaza de la Independencia, 727 35 15, Pool, Restaurant, heißes Wasser, Minibar, € 21/27.

Das beste Hotel ist **La Hostería de los Capuchinos** im ältesten Kapuzinerkonvent von Kolumbien, der 1795 eingeweiht und durch 18 spanische Kapuzinermönche bezogen wurde, die nach der Unabhängigkeit der Kolonie 1810 schnell wieder in die alte Heimat zurückgekehrt sind.

An der Cra. 14 gibt es mehrere Restaurants und Schnellimbisse. Einige Bäckereien sind in der Calle 13.

Cafetería Don Julio, Cra. 14 No 12-04.

Cafetería y Frutería Dandy Dandy, Calle 14 No 13-57, an der Ecke zum Park, für Frühstück, Empanadas,Tamales und Fruchtsäfte.

Pizzeria La Romana, Calle 10 No 14-50, am Parque Antonia Santos Plata, gute Pizza mit Meeresfrüchten.

El Patio Restaurante-parrilla, Calle 12 No 12-25, ☏ 727 25 47, ein uriger Grillplatz, der an den Wochenenden Fleischgerichte serviert.

Busverbindungen

Der Busbahnhof ist in der Cra. 17 No-16-40. **Information:** ☏ 727 23 77.

Bogotá/Bucaramanga - Expreso Brasilia, Autoboy, Copetrán, Berlinas del Fonce und Omega, ständig, 7 Std., € 11.

Zapatoca - Cootransmagdalena entlang des Río Suárez auf einer wenig befahrenen Strecke, ⏰ 4, 12, 15, 5-6 Std., € 3,50. Der Bus biegt in Berlin von der Hauptstraße ab und passiert die Dörfer **Galán** (Hotel Galán, direkt gegenüber der Busstation, einfach freundlich, € 2,50 p.P.) und **La Fuente**.

San Gil - Colectivos fahren vor der Panadería an der Ecke Cra. 17, Calle 13 ab. 30 Min, € 1,50. Endstation ist der Bahnhof in San Gil. Von dort nimmt man ein Taxi in die Innenstadt.

San Gil

1100 Meter, 22°C, 40 000 Einwohner
⏰ 7

San Gil (96 km von Bucaramanga) ähnelt Socorro in Lage und Baustil, ist jedoch belebter. Unglücklicherweise ist die Struktur der alten, flachen Häuser durch einige hässliche Neubauten beeinträchtigt. Einige Straßen sind wegen der steil ansteigenden Hügel durch breite Treppenstufen verbunden. Die steilste Treppe verläuft im Zickzack hinter der Kathedrale und wird **El Caracol** genannt. Die Attraktion des Ortes ist der **Parque El Gallineral** am Río Fonce. Benannt nach den gleichnamigen Bäumen, von deren Ästen die Tillandsie-Pflanze wie ein grauer Rauschebart fällt. Unter den silbriggrauen bärtigen Bäumen findet man in den heißen Mittagsstunden ausreichend Schatten. Am Eingang des Parks ist die **Touristeninformation** bietet Informationen über die Höhlen der Umgebung und Wildwassertouren entlang des Río Fonce. ⏰ Di-So 7-18.

San Gil hat sich zu einem **Zentrum für Abenteuersport** in Kolumbien gemausert. Ganz oben auf der Liste der Aktivitäten stehen Rafting auf den wilden Flussabschnitten von Río Fonce, Suárez und Chicamocha, gefolgt von Felsenklettern, Wasserfallklettern.

Information und Gleichgesinnte im **Hostel Macondo** und bei **Colombia Rafting**, Cra.10 No 7-83, ✉ info@colombiarafting.com

In der Nähe von San Gil gibt es einige Höhlen. Vier Kilometer nordwestlich in Richtung Barichara von San Gil liegt die **Cueva la Antigua** (in Privatbesitz). Der Zutritt zur Höhle ist an ein bescheidenes Eintrittsgeld geknüpft. Diese Höhle war ein Friedhof der präkolumbianischen Guane-Indianer. Die Höhle ist leicht zugänglich, zu Fuß oder mit einem Bus in Richtung Barichara.

Banken

Banco de Bogotá, ATM, Cra. 9 No 11-56

Bancolombia, Visa/MasterCard, ATM, Calle 12 No 10-44

Schlafen und Essen

SEBRA TIPP

Hostel Macondo, Calle 12 No 7-26, ☏ 724 44 63, ✉ info@macondohostal.com ist die Backpacker-Unterkunft in San Gil. Zentral gelegen mit einem dorm. (€ 5 p.P.) und Doppelzimmer (€ 10 p.P.), kein Privatbad, Küchenbenutzung.

Residencias Villa del Oriente, Calle 10 No 10-47, ☏ 724 50 89, mit Bad, ohne TV, gut in dieser Preisklasse, € 5,50/9.

In dieser Straße gibt es noch weitere günstige Residencias.

Hotel Alcantuz, Cra. 11 No 10-21, ☏ 724 31 60, 📠 724 31 54, mit Bad, Satelit-TV, € 12/21.

Hostal Isla Señorial, Calle 10 No 8-14, ☏ 724 44 42, mit Bad, TV, freier Kaffee und Saft, nett, ruhig, € 16,50/25.

Die Restaurants und Schnellimbisse liegen um die Plaza Cra. 10, Cra. 9.

Das **Restaurante Fonda** an der Plaza ist ein beliebter Treffpunkt mit akzeptabler Speisekarte. Ebenfalls an der Plaza ist **Dusi's King** für Snacks und Hamburger. Das **Central,** Calle 10 No 10-70, ist gut und günstig. Als das beste der Stadt gilt das **Restaurant im Parque El Gallineral**, weiße Tischdecken und ausgezeichnete lokale Küche, am Wochenende mit Musik.

Busverbindungen

San Gil hat zwei Busterminals. Der allgemeine Busbahnhof (Terminal de Transporte San Gil) liegt außerhalb des Stadtzentrums an der Überlandstraße in Richtung Socorro. Taxi € 0,75. Von hier fahren Busse und Kleinbusse der überregionalen Unternehmen Omega, Copetran, Reina, Expr. Brasilia, Berlinas, Autoboy u.a. nach **Bogotá,** mehrmals täglich, 6-7 Std., € 20 und **Bucaramanga,** mehrmals täglich, 2 Std., € 7. Die Fahrt nach Bucaramanga führt durch den eindrucksvollen **Cañón de Chicamocha**.

Das Regionalunternehmen **Cotrasangil** hat einen eigenen Terminal de Transporte, Cra. 10 No 14-82, ☏ 724 21 55, mit vielen Regionalverbindungen wie Curita, Charala, Paramo. Die wichtigste Verbindung für den Reisenden führt vermutlich nach **Barichara/Villanueva** - ⏰ stdl. ab 7.30, 40 Min., € 1,20.

SEBRA TIPP

Barichara und Guane

1340 Meter, 21°C, 3500 Einwohner
☏ 7

Barichara liegt auf einem Hochplateau über dem tiefen Tal des Río Suárez. Das Städtchen ist ausschließlich geprägt von der Architektur des 18. und 19. Jahrhunderts. Es sind geduckte, weiße Häuser mit zumeist türkisblau gestrichenen Fensterläden, die sich entlang den schnurgerade verlaufenen, hügeligen Straßen gruppieren. Die Straßen sind mit behauenen Steinplatten gepflastert. Am Eingang des Ortes sind die Werkstätten der *picapiedra*, und man kann den Steinmetzen bei der Arbeit zuschauen. Die Plaza über-

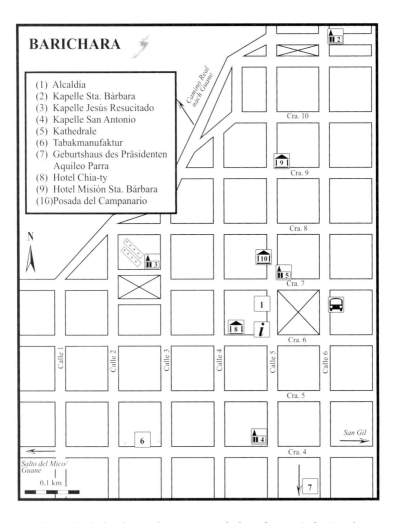

BARICHARA

(1) Alcaldía
(2) Kapelle Sta. Bárbara
(3) Kapelle Jesús Resucitado
(4) Kapelle San Antonio
(5) Kathedrale
(6) Tabakmanufaktur
(7) Geburtshaus des Präsidenten Aquileo Parra
(8) Hotel Chia-ty
(9) Hotel Misión Sta. Bárbara
(10) Posada del Campanario

ragt die Kathedrale **El Templo Matriz** aus Buntsandstein. Das Gebäude der **Alcaldía** an der Plaza war bis zum Beginn des 19. Jahrhunderts der Gerichtshof der Inquisition. An diese Zeit erinnert nichts mehr. Statt dessen steht heute in der Mitte des Innenhofes eine Steinskulptur einer überdimensionalen Culona-Ameise, dem Leibgericht der Santandereños/-as. Das Nachbarhaus ist die **Casa de la Cultura** mit der **Touristeninformation**. Sehenswert sind außerdem der **Friedhof** mit den eng beieinander stehenden Kreuzen und der **Kapelle Jesús Resucitado**, die **Kapelle Santa Bárbara** aus dem 18. Jahrhundert und die **Kapelle San Antonio** aus dem 19. Jahrhundert.

Auch das Geburtshaus des einzigen in Santander geborenen Präsidenten **Aquileo Parra** (geb. 1825) und die kleine **Tabakfabrik** lohnen einen Besuch. Barichara eignet sich ideal als Kulisse historischer Filme. Hier wurden gedreht, «Chronik einer tragischen Generation», ein Historienfilm über Antonio Nariño, basierend auf einer Idee von Gabriel García Márquez, sowie das Frühwerk von Sergio Cabrera, «Técnicas del duelo».

Schlafen und Essen

Barichara ist ein beliebter Ausflugsort zur Ferienzeit (Weihnachten, Semana Santa), aber sonst bleiben die Einheimischen unter sich und es geht geruhsam bis verschlafen zu. Außerhalb der Saison haben einige Hotels und Pensionen sowie die meisten Restaurants geschlossen.

Günstige Privatunterkünfte kann die Touristeninformation vermitteln.

Hotel Chia-ty, Cra. 6 No 4-69, ☏ 726 77 27, Restaurant, Zimmer mit Bad, Blick über die Dächer, das beste in dieser Preiskategorie, € 12 (2).

Hotel Coratá, Cra. 7 No 4-02, ☏ 726 71 10, Innenhof, Restaurant, Blick auf die Kathedrale, mit Bad, € 15/20.

Hotel Misión Santa Bárbara, Calle 5A No 9-12, ☏ 726 71 63, Res. in Bogotá, ☏ (1)288 49 49, www.hostalmisionsabtabarbara.info, Pool, Restaurant, begrünter Innenhof mit Hängematten, Zimmer mit Bad, € 31/46.

Posada la Nube, Calle 7 No 7-39, ☏/📠 726 71 61/ mobil ☏ 310 334 86 77, Information und Reservierung: 📧 lanube@turiscolombia .com (Sra. María Fernanda Gómez Navas), schönes Kolonialhaus mit geräumigem Innenhof.

Posada del Campanario, Calle 5A No 7-75, ☏ 726 72 61, Res. Bogotá, 610 54 46, Restaurant, Bar, sieben Zimmer, € 35(2), Suite € 44.

Hotel Bahía-Chala, Calle 7 No 7-61, ☏ 726 70 36, stilvolles Ambiente, im Flur hängen die Filmplakate der in Barichara gedrehten Filme, Zimmer mit Bad, Pool, Restaurant, € 18,50/31.

Hostal Aposentos, Calle 6 No 6-40, ☏ 726 72 94, ethnischer Touch mit Chill Out Zonen, antiquierte Bäder, gehobene Preiskategorie, € 60(2).

La Posada de Pablo II, neben der Kirche Sta. Barbara, ☏ 726 70 70, gepflegter Innenhof mit gestutztem Rasen, mittlere Preiskategorie, € 22(2), außerhalb der Saison € 16(2).

1 km vor dem Ortseingang liegt das **Balneario La Chorrera**, mit Restaurant und Reiseagentur (Expedición Extrema) für Paragliding, Kanufahrten, Reittouren.

Allgemeiner Treffpunkt für einen Espresso-Café und zum Frühstücken ist die **Panadería Central,** Cra. 6 No 5-82, ☏ 726 70 62, unmittelbar an der Plaza gelegen und nicht zu verfehlen, neben frischen Backwaren auch bessere Weine aus Chile, Argentinien und Spanien im Angebot. Vor der Tür trudelt in regelmäßigen Abständen der Bus aus San Gíl ein. Das günstigste Hotelrestaurant ist das **Posada Real.** Saisonal geöffnet hat das spanische Restaurant **Algarabia,** Calle 6, Ecke Cra.10, Plaza Santa Bárbara, Ceviche, Albóndijas, Serranoschinken und Tortilla,

Restaurante Barichara, Cra.5 No 6-10, guter Mittagstisch zu € 2.

An der Plaza werden in den Abendstunden **Imbissstände** für Pizza, Perros Calientes und Fleischspieße aufgebaut.

Busverbindungen

Das Cotrasangil-Büro, Cra. 6 No 5-76, ist an der Plaza neben der Bäckerei.

San Gil - Cotrasangil, stündlich, 40 Min., € 1.

Guane - ein Bus verbindet Guane mit Barichara mehrmals täglich über eine jüngst asphaltierte neun km lange Straße (€ 0,50), die zwei Mal den von Geo von Lengerke im 19, Jahrhundert angelegten und streckenweise gepflasterten Reitweg (camino de herradura) kreuzt. Eine halbe Stunde außerhalb des Ortes in südwestlicher Richtung liegt der 80 Meter hohe **Salto del Mico**.

Neun Kilometer von Barichara entfernt liegt **Guane**. Guane war das Zentrum des Indianerstammes gleichen Namens. Die Guane waren Angehörige der Chibcha-Sprachgruppe. Sie waren Meister in der Kolorierung der wertvollen Baumwollmantas und der Töpferkunst. Diese Produkte bildeten den regen Tauschhandel mit den Muisca, die gegen Gold und Silber eingetauscht wurden. Sie lebten ausschließlich von der Landwirtschaft. Kleinen Kindern wurde ein Holzbrett vor die Stirn gebunden, um das Schönheitsideal einer fliehenden Stirn zu erzielen. Nach dem Chronisten D. Juan de Castellanos soll es bei der Ankunft der Spanier etwa 100 000 von ihnen gegeben haben, deren Zahl innerhalb von drei Jahren auf 13 000 zusammengeschmolzen war. Die verbliebenen Indianer vermischten sich mit der zugewanderten Bevölkerung. Guane liegt 150 Meter niedriger als Barichara wie ein vergessener Ort aus dem vorletzten Jahrhundert. Man erreicht Guane noch immer am eindrucksvollsten auf einem *Camino*

Camino Real in Guane

Real (1½ Std.), einem Steinweg aus der gleichen Zeit. Dieser Weg beginnt in Barichara oberhalb der Kirche Sta. Barbara am Bolívar-Stein (ein Steinquader zu Ehren des Libertador) und passiert anschließend die Marienstätte, beschattet von Kakteen. Von der Meseta geht es in Schlangenlinien hinab, und die Straße wird zweimal überquert. Man muss sich stets am Hang orientieren und nicht ins tiefe Tal des Río Suárez hinabsteigen, dann erreicht man Guane in zwei Stunden. An der Plaza ist ein kleines Museum mit einem paläontologischen und einem archäologischem Saal. Noch heute finden die Kinder von Guane in der Umgebung Fossilien. Einfache Unterkunftsmöglichkeiten, Hostal Mucuruva, Posada Chia Zuhe und ein Restaurant sind vorhanden.

Villanueva

1450 Meter, 20°C, 4500 Einwohner

Nach Villanueva fährt Cootransgil jede Stunde von San Gil. Von Barichara fährt man bis zur Abzweigung nach Villanueva und wartet dort den Colectivo aus San Gil ab. In der Umgebung von Villanueva liegt die **Cueva de Espinal**, ein ehemaliger Friedhof der Guane-Indianer. In **Hato Viejo** befinden sich Felszeichnungen der Indianer. Nähere Auskünfte erteilt Isabel Urea in der Casa de la Cultura.

Die Caminos Reales

Die ersten Wege in den Ostkordilleren stammten von den Muisca, Guane und anderen Chibcha-sprachigen indigenen Völkern. Es waren traditionell spirituelle Routen, die zu den heiligen Lagunen des Hochlandes führten. Die Indios pilgerten zur Laguna Guatavita um die Zeremonie des Goldenen Häuptlings (El Dorado) zu begehen oder zur Laguna Fúquene. Es gab die heiligen Wege von Bacatá nach Chocontá und von Tunja zum Sonnentempel in Sogamoso. Andere Wege führten zu den Marktplätzen. Auf dem Markt von Sorocotá tauschten die Muisca Salz, Decken und Smaragde gegen den Goldstaub der Agatáes und die Baumwolle der Guane.

Auf dem Markt von La Tora (Barrancabermeja) am Río Magdalena trafen sich die Muisca sogar mit den Kariben der weit entfernten Karibikküste und tauschten ihre feingewebten und eingefärbten Decken gegen Produkte von der Küste.

Carguero

Der Transport von Personen auf dem Rücken menschlicher Träger war in der Kolonialzeit weitverbreitet und erschien dem Kolumbienfahrer Alexander von Humboldt bereits vor 200 Jahren als inhuman. Bis heute hat dieses menschliche Beförderungssystem in einigen abgelegenen Regionen des Departement Chocó überlebt.

Anders als in Peru mit seinen erstklassig ausgebauten Inkastraßen waren die Wege der Indios in Kolumbien rudimentär, schmal, oft schlammig und vielerorts von der Wildnis überwuchert. Die Konquistadoren wollten das ändern, um das Land und seine ursprünglichen Bewohner besser in den Griff zu bekommen und die Reichtümer schneller außer Landes zu schaffen. Sie begannen die Hauptrouten zu befestigen und suchten neue Verbindungen vom Hochland zum Río Magdalena und den Küstenregionen. Sie bestaunten die aus Lianen und Schilf geflochtenen Brücken der Indios, die über reißende Flussläufe führten. Die Guane und die Muzo waren Meister in der Kunst des Brückenbaus.

Entlang der königlichen Wege (Caminos Reales) gründeten die spanischen Hauptleute die ersten Städte der neuen Kolonie: 1539 Vélez, 1542 Malaga, 1549 Pamplona, 1572 Ocaña und Villa de Leyva, im 17. Jahrhundert San Gil, Bucaramanga, Girón und Socorro. Im 19. Jahrhundert restaurierte der deutsche Geo von Lengerke ein Teilstück des Camino Real mit flachen Flusssteinen und schlug eine Brücke über den Río Suárez.

Villanueva ist ein guter Ausgangspunkt zur Erkundung des Cañóns de Chicamocha. In 1½ Stunden erklimmt man den Höhenzug von Villanueva. Von dort führt ein Weg steil hinab in den Geisterort Jordan in der Schlucht des Río Chicamocha. Über den Fluss führt eine Brücke. Nach zweistündigem Aufstieg erreicht man Los Santos. Zwischen Los Santos und Los Curos an der Hauptstraße nach Bucaramanga fahren wenige Busse täglich bis mittags (1½ Std.). Notfalls muss man bei einer der Familien in Los Santos übernachten.

Cañon del Chicamocha

Seit Dezember 2007 ist der Cañon de Chicamocha auch Nationalpark und hat sich zum beliebten Freizeitpark entwickelt, der so ziemlich alles von Wanderungen, über Reittouren, Rafting und Bungee bis hin zu Buggie-Touren zu bieten hat. Eine Seilbahn ist im Bau und wird auf 6,3 km Länge den Cañon überspannen. ⏰ Di-Do 9-18, Fr-So 9-19, Mo geschlossen. Eintritt: € 3,50.

Colombia paragliding, www.colombiaparagliding.com, ☎ mobil 312 432 62 66, bietet Flüge im Cañón an und man kann in ihrem Nesthostel, gleich neben der Flugpiste in einfachen Cabañas oder im Zelt übernachten.

Zapatoca

1700 Meter, 19°C, 10 000 Einwohner
☎ 7

Zapatoca ist ein typisches Dorf in Santander und liegt in einer Höhe von 1700 Metern zwischen Bucaramanga und dem Flachland des Magdalenaflusses. Es ist ein fruchtbares Land, in dessen Umgebung Tabak, Kaffee, Kakao und Baumwolle angepflanzt werden. Wer nach Zapatoca kommt, ist auf den Spuren von Geo von Lengerke. Lengerke wurde 1827 in Dohnsen an der Weser geboren. Er stammte aus altem preußischem Adel. Als junger Mann tötete er einen Kombattanten im Duell und musste nach Amerika fliehen. In Bucaramanga begann seine Laufbahn als Hut- und Tabakhändler im großen Stil. Seine Visionsgabe und sein Mut befähigten ihn, für Santander neue Handelswege zu erschließen. Er ließ kilometerlange Steinwege zwischen Bucaramanga, Zapatoca bis zu den Ufern des Magdalena bauen und erreichte damit die Anbindung von Santander an das internationale Handelsnetz. Lengerke war aber mehr als nur ein Händler. Er war Abenteurer, Forscher und Frauenheld, und seine Geschichte ist mittlerweile untrennbar mit Hunderten von Legenden verwoben. Lengerke liegt auf dem Friedhof von Zapatoca begraben. Der **Camino del Lengerke** ist zwischen Zapatoca und San Vicente teilweise sehr gut erhalten und von der Straße aus zu sehen. Abseits dieses Weges in Betulia lag die **Hacienda El Florito**, heute in Ruinen. Ein anderer bevorzugter Aufenthaltsort war die **Hacienda Montebello** (zwischen San Vicente und Bucaramanga).

Die spannende Lebensgeschichte Lengerkes ist vom Schriftsteller Gómez Valderrama in einem Roman beschrieben worden. «*La otra raya del tigre*» («Die andere Pranke des Tigers»).

Schlafen und Essen

Hotel La Posada de Lengerke, Cra. 10 No 16-52, ☎ 625 22 93, mit Bad, sauber, freundlich, € 5,50 p.P.

Casa de los Ejercicios, Cra. 11 No 18-41, ☎ 625 21 44, Übernachtung mit Frühsportübungen, Innenhof ohne/mit Bad, € 4 p.P/5.50 p.P.

Hospedaje y Restaurante Chucureño, Cra. 10 No 18-28, Gemeinschaftsbad, € 3,50/5,50.

Das **Chucureño** bietet einfaches Mittagessen an, um die Plaza sind einige Würstchenbrater verteilt. Das Leibgericht der Leute von Zapatoca ist ein gutes Stück Fleisch mit Yuka, und das essen sie am liebsten zuhause.

Busverbindungen

Bucaramanga - Cootransmagdalena und Copetrán, mehrere Busse täglich, 2½ Std., € 3/4 (Mikro).

San Vicente/Barrancabermeja - Cootransmagdalena, ⏲ 5, 8.30, 13, 15.30, 2 Std./7Std., € 2,50/5,50.

Socorro - Cootransmagdalena, ⏲ 5, 11, 15.30, 5-6 Std., € 3,50.

Barichara - nach Barichara fahren keine Busse.

San Vicente de Chucurí

692 Meter, 27°C, 22 000 Einwohner
☎ 7

San Vicente de Chucurí liegt auf der abschüssigen Straße nach Barrancabermeja und atmet bereits die schwüle Luft des Río Magdalena. Die Vegetation wird dichter, und über die Gräben, die den Ort durchschneiden, führen Hängebrücken. 6 km hinter San Vicente in Richtung Barrancabermeja liegt die Cascada de la India.

Schlafen und Essen

Residencias Avenida in der Nähe der Plaza, mit Bad, € 7,50/10.

Das Restaurant **La Parrillada** schräg gegenüber der Residencia Avenida hat gute Fleischgerichte und *bandeja*.

Hotel del Parque, Calle 11 No 9-66, ☎ 625 52 04, größere Zimmer mit Bad und a/c, Restaurant, € 10/20.

Hacienda Montebello

Von San Vicente erreicht man auf der Straße nach Bucaramanga nach 45 Minuten die Hütte El Cananá, Ausgangspunkt für den Besuch der von Lengerke 1860 erbauten Hacienda Montebello. Von dort gelangt man nach 45 Minuten zu den Überresten des Eingangsportals und nach weiteren 1½ Stunden Aufstieg zum Gebäude, gelegen an der Flanke des mit Nebelwald bewachsenen Berges. Von dort geht der weite Blick über die Talebene. Man betritt die Hacienda durch das schmiedeeiserne Tor mit den Initialen. Die Hacienda ist mit Küche, Pferdetränken und gepflastertem Innenhof vollständig erhalten, wenn auch im schlechten Zustand.

Girón

777 Meter, 24°C, 50 000 Einwohner
☎ 7

Girón ist eine Ortschaft im kolonialen Stil im Schatten der Hochhäuser von Bucaramanga. In der Architektur ist Girón weit stärker von seinen spanischen Elementen geprägt als die übrigen Kolonialstädte Santanders. Die beiden Ortshälften sind durch steinerne Brückchen verbunden.

An der Plaza Principal befinden sich die **Kathedrale** und der **Mansión del Fraile**. Das Haus ist das Geburtshaus von Eloy Valenzuela, geb. 1756. Er war der Vizedirektor der Botanischen Expedition unter Celestino Mutis und ein Freund Simón Bolívars. Im 1. Stock gibt es ein Museum mit historischen Erinnerungsstücken des Botanikers und Simón Bolívars. ⏲ täglich 14-18.

Am **Plaza de las Nieves** kann man einen Blick auf die Capilla gleichen Namens werfen. Cra. 28, Calle 28.

Interessant ist die **Friedhofskapelle San Isidro**. Cra. 28, Calle 34A.

Am Wochenende ist der Ort beliebtes Ausflugsziel der Leute aus Bucaramanga.

Informieren

Casa de la Cultura, Calle 30 No 24-43. ① Mo-Fr 8-12 u. 14-18, Sa/So 9-12 u. 14-18.

Schlafen und Essen

Girón Chill Out Restaurante Italiano y Hostal, Cra. 26 No 32-02, ① 646 11 19, ✉ info@gironchillout.com, italienische Gerichte, gute Weine und Cocktails, Jazzabende, gleich um die Ecke Übernachtung und Relax im kolonialen Ambiente mit Innenhof, einfache Einrichtung, Koch- und Waschgelegenheiten vorhanden, unterschiedliche Tarife je nach Saison, ab € 12,50 p.P.

Hotel Las Nieves, Calle 30 No 25-71 (Plaza Principal), ① 646 89 68, renoviert, integrierter Vent., großes Bad, zivilisierter Duschstrahl, Innenhof mit Restaurant, € 13/22.

Mansión del Fraile, an der Plaza. Im Innenhof des traditionellen Restaurants hat auch schon Simón Bolívar gesessen.

Das Restaurant **La Casona**, Calle 28 No 27-47, ① 646 71 95, an der Plaza de las Nieves und das **Callejuelas**, Cra. 27 an der Puente San José, bieten Gerichte der typischen Santanderküche an (*mute, carne oreada, pepitoria, garbanzos*). Mute, eine herzhafte Suppe mit vielen Zutaten, u.a. Schweine- und Ziegenfleisch und Mais, gibt es meist nur am Wochenende.

Friedhofskapelle San Isidro

Alle drei genannten Restaurants sind in schönen Kolonialhäusern untergebracht und mit stilvollen Möbeln eingerichtet. Das **Hotel Las Nieves** hat neben dem Restaurant noch eine Cafeteria, und es gibt einen Schnellimbiss an der Plaza de las Nieves.

Busverbindungen

Nach Bucaramanga - Busse fahren alle 20-30 Minuten bis 21.00 von der Plaza, drei Busgesellschaften, u.a. Transgirón.

In Bucaramanga - fahren die Busse von der Cra. 15 ab.

Bucaramanga

960 Meter, 23°C, 470 000 Einwohner
① 7

Bucaramanga ist eine schnell wachsende Industrie- und Handelsstadt ohne sichtbare Konturen. Die beiden Zentren der Stadt sind der **Parque Santander**, Calle 35, Cra. 19 und 20, und der **Parque García Rovira**,

Friedhofskapelle in Barichara

Calle 35, Cra. 10 und 11. Beide Parks sind durch den tagsüber zumeist prall mit Menschen und Marktständen gefüllten **Paseo del Comercio**, eine Fußgängerzone miteinander verbunden. Über die vielbefahrene Hauptverkehrsader Cra. 15 führen hohe Fußgängerbrücken. Der Parque García Rovira ist das Kernstück und der Ausgangspunkt des modernen Bucaramanga mit dem neoklassizistisch anmutenden Bau mit Säulenportal des Club del Comercio aus den 1930er Jahren. Am Parque Santander, zwischen Alcaldía und Gobernación stösst man auf einige wenige Überreste der Kolonialepoche der Stadt, die **Capilla de los Dolores**, die erste Kirche der Stadt, und entlang der Calle 37 die Häuser **Luis Perú de la Croix, Casa de Bolívar, Casa de la Cultura.**

Luis Perú de la Croix war ein Chronist von Simón Bolívar und verfasste das Revolutionstagebuch «Diario de Bucaramanga». Das Haus beherbergt die Stadtbibliothek und wird zu kulturellen Anlässen genutzt. Das Haus hat mehrere Innenhöfe mit Springbrunnen. Calle 37 No 11-18. ⏰ Mo-Fr 7 -12 u. 14-18.

Die **Casa de Bolívar** enthält persönliche Gegenstände des Libertadors. Calle 37 No 12-15. ⏰ Mo-Fr 8-12 u. 14-18.

Die **Casa de la Cultura** stellt ihre Räumlichkeiten lokalen Künstlern zur Verfügung, Calle 37 No 12-46. ⏰ Mo-Fr 8-12 u. 14-18, Sa 8-12, So geschlossen. Im Haus daneben, in der **Tienda de Libros Tres Culturas**, gibt es *tinto*, Selter und Kulturinformation.

Lohnend könnte ein Besuch des **Museums für Moderne Kunst** sein. Das Museum hat jeden Monat wechselnde Ausstellungen zeitgenössischer Künstler. Calle 37 No 26-16, ☎ 645 04 83. ⏰ Di-Sa 9-12 u. 15-19.

Weitere Museen sind das **Museo Francisco de Paula Santander**, Calle 39 No 20-45, ☎ 642 35 64 und das **Museo Arqueológico Regional Guane**, Cra. 7 No 4-35.

Informieren

Die Touristeninformation hat die Policia de Turismo übernommen, Punta de Información am Parque de los Niños, Cra. 27, Ecke Calle 32, neben der Biblioteca Publica Gabriel Turbay.

Ein guter **Internet**-Laden ist unweit des Parque Santander, gegenüber dem DAS-Büro, Calle 41, Ecke Cra.2.

Banken und Wechsler

Banco Popular und **BBVA** am Parque Santander, ATM.

Cambiamos im Vivero-Supermarkt, Viaducto La Flora und im Centro Comercial Cabecera IV Etapa (Local 104), ☎ 681 70 80.

DAS und Pass

Cra. 11 No 41-13, Barrio Alfonso López, ☎ 633 18 60.

Nationalparkverwaltung (UAESPNN)

Avenida Quebrada Seca No 30-44, ☎ 724 36 99/ 724 37 99, 📠 724 75 78. ⏰ Mo-Fr 8-16.

Schlafen

Für eine Handvoll Pesos

Die einfachen und günstigen Hotels liegen zwischen Calle 31 und Cra. 19 und 21.

Hotel Claudia, Calle 33 No 17-76, ☎ 642 31 65, mit Bad, € 9/14.

Am Parque Centenario sind das **Hotel Tayrona**, Calle 13 No 19-39, ☏ 630 48 32 und das **Villa de Oriente**, Calle 10 No 10-47, ☏ 724 50 89, Treffpunkt für Budgetreisende.

KGB (backpackers) Calle 49 No 28-21, ☏ mobil 312 432 6266, www.colombiaparagliding.com , einfache Übernachtung in Kombination mit Paragliding-Ausflügen in die Umgebung.

Mittelklasse
Hotel Asturias, Cra. 22 No 35-01, ☏ 635 19 14, Zimmer mit Bad, Telefon, Vent. oder a/c, TV, Restaurant, Innenhof. Das beste in dieser Klasse, freundlich und hilfsbereit, das Doppelzimmer zu € 26(Vent.)/30 (a/c).

Hotel Balmoral, Cra. 21 No 34-85, ☏ 630 41 36, Zimmer mit Bad, € 12/18.

Hotel La Mansion del Marquez, Calle 35 No 18-83,☏ 630 42 26, ✉ 30 36 23, ✉ hotellamansiondelmarquez@hotmail.com, direkt am Paseo del Comercio, einige a/c-Zimmer, Bad, Kabel-TV, Minibar, € 20(2).

SEBRA TIPP

Wer mitten in der Nacht am Busbahnhof ankommt, ist gut aufgehoben im **Hotel Palmera Real, ,** Módulo 1, ☏ 637 80 00, große Zimmer, bequeme Betten mit Privatbad, € 20/25.

Oberklasse
Hotel Ciudad Bonita, Calle 35 No 22-01, ☏ 635 01 01, www.hotelciudadbonita.com, € 52/72, mit Frühstücksbuffet, zentral gelegen gegenüber von Pizzeria und Hotel Asturias.

Hotel Chicamocha, Calle 34 No 31-24, ☏ 634 30 00, www.hotelchicamocha.com, modern und luxuriös mit Restaurant, Bar und Diskothek Capitá, € 88/110; oftmals Sonderangebote bis zu 50 % günstiger.

Hotel Dann Carlton, Calle 47 No 28-83, ☏ 643 19 19, ✉ 643 11 00, ✉ reservas@dannbucaramanga.com.co,www.dannbucaramanga.com.co

Essen

Pizzeria Asturias, Cra. 22 No 35-01, beliebter Mittagstisch.

Salón Vegetariano Natahlia, Calle 36 No 13-33, vegetarisch.

Energía Natural, Salud y Sabor, Calle 34 No 26-13, ☏ 638 00 72, vegetarisch.

Gut aber teuer ist das **Restaurant im Hotel Ciudad Bonita.**

Pueblo Arrecho, Calle 50 No 26-40. Hier gibt es die typischen Gerichte der Region in Folkloreatmosphäre.

La Fonda Paisa, Cra. 29 No 48-24, ☏ 647 42 40.

Le Chalet, Cra. 36 No 52-80, ☏ 647 48 45, Schweizerküche.

Fujiyama, Calle 38 No 33-34, ☏ 634 20 52, chinesisch, gut, nicht ganz billig.

Restaurante Cossio, Cra. 35 No 44-42, Meeresfrüchte, Spezialität: Paella.

Consulado Antioqeño, Cra. 18 No 34-51, ist nur noch ein Trinklokal mit angeschlossener Billard-Halle für den schnellen Tinto und das ein oder andere Aquila-Bier, großer Beamer, auf dem zu Vallenato- und Rancheras-Rhythmen gedrehte Schmachtvideos gezeigt werden.

Restaurante Vinotinto, Cra.27 No 42-53, ☏ 657 44 50, wenn es ein bisschen mehr sein darf. Chill out Atmosphäre, Fondue und Sushi.

Im gleichen Komplex ist das **Tasca española** und bietet Tapas und Rotwein an.

Musik und Tanz

Kneipen, Fast Food Ketten, und einige Discotheken sind in der Carrera 33. Die besseren Discos liegen außerhalb des Stadtzentrums, Richtung Girón, zumeist an der Straße Richtung Flughafen Palonegro.

Afrika, Km 13 Richtung Flughafen, ✆ 647 21 65 und **Babilonia** Km 13 vor der Zahlstelle (peaje), ✆ 684 11 76. Die Rumba ist am Wochenende.

Busverbindungen

Der Busbahnhof liegt 15 Min. außerhalb der Innenstadt auf dem Weg in Richtung Girón. Von hier fahren regelmäßig Busse ins Stadtzentrum («Centro») entlang der Cra. 15. Der Innenstadtverkehr kann gelegentlich chaotisch wirken, aber das Verkehrssystem ist einfach und die meisten Busse kommen am Parque de Santos (Cra. 22 und Calle 31) vorbei. Bucaramanga plant ein neues Nahverkehrssystem namens *Metrolínea*, vergleichbar dem TransMilenio in Bogotá. Im Busterminal gibt es eine Gepäckaufbewahrung, die 24 Stunden geöffnet hat (*guardaequipaje*) € 0,80 pro Gepäckstück, außerdem Kioske ein Restaurant und das gute Palmera Real Hotel.

Bogotá - Berlinas del Fonce, Omega u.a., Busse und Aerovans, stündlich, 10 Std., € 18.

Barrancabermeja - Transsander, Velotax, Copetrán, Brasilia, regelmäßig, 4 Std., € 6.

Medellín - Expreso Brasilia, ⊕ 2.00, 21.00 direkt > Barrancabermeja Route, 10 Std., Bolívariano zwei Busse über Manizales, € 21.

Cúcuta - Expreso Brasilia, Omega u.a., mehrere Busse, 6 Std., € 9.

Valledupar - Copetrán u.a., mehrere Busse, 8 Std., € 17.

Santa Marta - Expreso Brasilia u.a, meist Nachtbusse, 9 Std., € 20; cama € 32.

Cartagena - Expreso Brasilia u.a., stündlich, 12 Std., € 27.

El Banco (> **Mompox**), Omega, zwei Busse um die Mittagszeit, Copetrán, Coopmagdalena, drei Nachtbusse, 7 Std., € 12.

Malaga/Capitanejo (> **El Cocuy**) - Cootrans., die besten Busse für diese miese Strecke, 8 Std., € 9.

Flugverbindungen

Der internationale Flughafen *Palonegro* ist auf eine Bergkuppe planiert und liegt zwischen Girón und Lebrija. Gute Verbindung mit dem Flughafen-Taxi vom Zentrum am Parque Santander, Calle 35, ✆ (7)642 52 50, ⊕ 4-18., € 4,50. Busverbindungen von der Cra. 15 sind langwierig und kompliziert. **Avianca, Copa, Satena** haben Büros in der Calle 36 zwischen Cra 13 und 19.

Bogotá - Aerorepública, Avianca, täglich, € 80.

Cúcuta- Aires, Easyfly und Satena, € 50.

Medellín (Flughafen Olaya Herrera) - ADA, täglich und Satena, € 60.

Unregelmäßige Flugverbindungen bestehen nach San Andrés, Panama-Stadt.

Matanza

1550 Meter, 20°C, 12000 Einwohner
① 7

35 Kilometer nördlich von Bucaramanga liegt Matanza mit der sehenswerten Kolonialkirche **Nuestra Señora de las Mercedes**, mit deren Bau am Ende des 17. Jahrhunderts begonnen wurde. Der Innenraum beherbergt Ölgemälde aus dem 17. und 18. Jahrhundert, verborgen hinter einem 200 Jahre alten Tor, einen Altar, verziert mit Goldplatt und Silber und besetzt mit Schnitzfiguren der Sevilla- und Quitoschule. Die Inquisition hatte im Keller der Kirche Zellen für «Ketzer» und «Hexen» untergebracht.

Matanza war im 18. Jahrhundert ein wichtiger Ort der Gold- und Silbergewinnung. Während des Krieges der 1000 Tage wurde aus dem Gemälde der Santa Bárbara der riesige Smaragdtropfen, den sie auf der Stirn trug, herausgebrochen. Kirchenräuber schlugen später noch einmal zu, brachen in die Sakristei ein und entwendeten einen silbernen Hostienkelch, den der Künstler Cristóbal de la Torre um 1750 gefertigt hatte. Neben der Kirche zeugen das Museum de los Fundadores, die Capilla Santa Rita, das Hospital San Rafael, die Casa de Torres und der Friedhof von der bedeutenden Vergangenheit des heute unbedeutenden Ortes. Der Bürgermeister freut sich auf Besucher.

Schlafen

Hotel Real Plaza, Calle 6 No 4-42, ① 629 81 28, zentral u. einfach, € 10.

Ocaña

1202 Meter, 22° C, 90 000 Einwohner
① 7

Gegründet 1570 durch den spanischen Capitán Francisco Fernandez de Contreras, gehört Ocaña zusammen mit Pamplona zu den ältesten kolonialen Ansiedlungen im nördlichen Santander und sah sich in den ersten Jahren nach der Gründung wiederholt Angriffen durch Indianer und heftigen Winter-Überschwemmungen ausgesetzt. Nach Cúcuta ist Ocaña heute die zweitgrößte Stadt in Norte de Santander.

Das herausragende historische Gebäude ist der **Complejo Histórico de la Gran Convención**, der einstige Franziskanerkonvent. Die Stadt ist ruhig und sympathisch, aber das Hinterland Richtung Cúcuta und Catatumbo und zu den angrenzenden Departements Cesar und Bolívar birgt Unsicherheiten und steht unter der Befehlsgewalt der Heeresbrigade 30 sowie unter dem Einfluss der Farc-Guerrilla. Wenn man also in östlicher Richtung weiter will, sollte man sich vor Ort bei der Polizei oder bei der Alcaldía nach dem augenblicklichen Stand der Dinge erkundigen.

Schlafen und Essen

Hotel El Príncipe, Calle 10 No 10-49, ① 562 37 25.

Hotel Colonial, Cra. 10 No 10-79, ① 561 03 55.

Hotel Residencias Alemana, Calle 10 No 13-13, ① 562 45 09.

Im Zentrum gibt es einige einfache Restaurants und Cafeterías.

Busverbindungen

Zentrale Anbindung in westlicher Richtung zum Troncal de Magdalena, die Straßenverbindung Santa Marta-Bucaramanga (bei Aguachica 1½ Std.) und quer durchs Gebirge in südöstlicher Richtung nach Cúcuta, 4½ Std.). Ein neuer Terminal de Transporte ist im Bau. Bis zur Eröffnung fahren die Busgesellschaften von ihren eigenen Büros ab.

Omega, Cra.11 No 10-46, ☏ 561 04 59.

Copetrán, Cra. 11, Ecke Calle 11, ☏ 561 01 08.

Cootragua, Calle 11 No 10-56, ☏ 562 53 45.

Naturpark Los Estoraques

Einige Km östlich von Ocaña beim kleinen Dorf La Playa de Belén, zwischen 1400 und 2100 Höhenmetern liegt die 640 Hektar umfassende **Área Natural Única Los Estoraques**, eine außergewöhnlich schöne, wildgezackte und erodierte Felsenlandschaft mit hochaufragenden Säulen, auslaufenden Kegeln und Felsendomen, deren Entstehung bis ins frühe Mesozoikum (vor 250 Mio. Jahren) zurückreicht.

Die Trockenzeit dauert von Januar bis April und von Juli bis September, vorherrschende Vegetation ist der Trockenwald mit einer Höhe bis zu 10 m, früher wuchsen hier auch viele *Estoraques (Calypthranthes estoraquensis)*, eine heutzutage beinahe verschwundene endemische Pflanzenart, deren Balsam für Medizin und Parfüme verwendet wurde.

Die Vogelwelt ist vielfältig und es gibt in der Gegend eine Reihe archäologischer Fundstellen. Mehrere Wanderwege führen durch die erodierte Landschaft, die wie ein Gesamtkunstwerk anmutet und an mittelalterliche Burgen oder Phantasielandschaften aus der Romantik erinnern.

Camino de la Virgen, Paso de las Animas, Cueva de la Gringa, La Chorrera heißen die Pfade. Natürlich ist dieses Ambiente gerade in Vollmondnächten berauschend.

In den höhergelegenen Lagen im Quellgebiet des Río Catatumbo kann man ein erfrischendes Bad in einem der natürlichen Wasserbecken nehmen.

Wie kommt man hin?

Von Ocaña mit dem Taxi, € 5. Unregelmäßige lokale Transporte.

Einfache Familien-Hospedajes und Restaurants in **La Playa**, Parkeintritt € 3.

Pamplona

2287 Meter, 16°C, 40 000 Einwohner
☏ 7

Von Bucaramanga führt die Straße nach Osten über den Páramo de Berlin auf ca. 3200 Meter Höhe und fällt dann bis zur Stadt Pamplona um 1000 Meter steil ab. Pamplona ist mit dem Gründungsdatum 1548 die älteste Stadt des nördlichen Santander und hat ihren kolonialen Charakter weitgehend bewahrt. Früher bestimmte die Arbeit in den Minen das Stadtbild, heute dominieren die Studenten. Pamplona veranstaltet eine farbenfrohe **Semana Santa**. Ein lebendiges Volksfest ist der **Unabhängigkeitstag** (*grito de independencia*) mit Konzerten und Stierkämpfen am 4. Juli.

Informieren

Die Touristeninformation ist im Museum Casa Colonial, Cra. 6 No 2-56,

☏ 568 20 43. ⏰ Mo-Fr 8-12 u. 14-18.

Banken und Wechsler

Am Parque Principal ein Cajero Automático von **ATH** (Maestro).

BBVA, Visa/MasterCard, ATM, ebenfalls am Parque Principal No 5-71.

Banco de Bogotá, Visa/MasterCard, ATM, Cra. 6a No 5-47

Feste

Semana Santa und Grito de Independencia am 4. Juli.

SEBRA TIPP

Museo de Arte Moderno Ramírez Villamizar, Calle 5 No 5-75, ☏ (7)568 29 99, www.ramirezvillamizar.com, am Parque Principal. Dieses detailgetreu restaurierte Kolonialhaus vereinigt eine Vielzahl an Werken des 1922 in Pamplona geborenen Künstlers, der als Expressionist begann und sich später der abstrakten Kunst zuwandte. In den mit Flusssteinen gepflasterten Innenhöfen und Ausstellungsräumen stehen reihum seine eindrucksvollen abstrakten Metallskulpturen, ein reizvoller Kontrast, der beim Betrachter eine starke Wirkung entfaltet. ⏰ Di-So 9-12 u.14-18. Eintritt: € 1.

Die **Casa Colonial** beherbergt in den gut restaurierten Gemäuern das kompletteste historische und archäologische Museum der Region.

Calle 6 No 2-56.

Das **Museo Arquidiocesano de Arte Religioso** zeigt schöne Stücke aus Europa und der Quitoschule u.a. von Vásquez de Arce y Ceballos (1638-1711), dem herausragenden nationalen Maler dieser Zeit, und seines Schülers Domingo Camargo. Calle 5, Cra. 5. Beide Museen ⏰ Di-Sa 9-12 u. 14-18.

Casa Anzoáetegui ist das Sterbehaus von José Antonio Anzoátegui, der hier im Alter von 30 Jahren am 15. November 1819 starb. Er war der venezolanische Held im Unabhängigkeitskrieg. Seiner militärischen Strategie wird der Sieg der Schlacht von Boyacá zugeschrieben.

Cra. 6 No 7-48.

Von der Friedhofskapelle **La Iglesia del Humilladero** hat man einen guten Blick auf die Stadt. In der Kirche ist eine Christusfigur, die aus dem Jahre 1570 stammt. Ein halbes Dutzend weiterer Kirchen vervollständigen das Stadtbild.

Schlafen und Essen

Hotel Ursúa, an der Plaza, ☏ 568 24 79, sehr altes Haus mit dem Namen des Stadtgründers, äußerst einfach, Zimmer ohne/mit Bad, € 6/9,50; € 10/13.

Hotel El Llano, Calle 9 No 7-30 ☏ 568 34 41, einfach, sauber, günstig, kleine Zimmer mit/ohne Bad, kein TV, Waschgelegenheit, € 7,50/10.

Hotel El Álamo, Calle 5 No 6-68, ☏ 568 21 37, Ein-, Drei- und Fünfbettzimmer mit Bad und Warmwasser in den Morgenstunden, Einzelzimmer € 10, mat. € 15. Bei längerem Aufenthalt Rabatt.

Hotel Imperial, Cra. 5 No 5-32, ☏ 568 25 71, noch ein Studentenhotel am Parque Principal, schlichter mehrstöckiger Betonbau mit kahlen Fluren, freundlich, aber lausige Betten, bröckelnder Putz und Neonröhren sorgen nicht gerade für eine heimelige Atmosphäre, Kabel-TV, Privatbad € 10/15.

Das beste Hotel und im Stil eines Ferienhotels aus den 1970ern ist das **Hotel Cariongo,** www.hotelcariongo.com, an der Ecke Cra. 5, Calle 9, Plazuela Almeyda, ☽/🕿 568 15 15, Zimmer mit Bad, heißes Wasser, TV, € 20/32.

Günstige comida corriente kocht das **Hotel Ursúa** und die **Residencia Doran.** Eine kleine Auswahl schmackhafter Gerichte hat **La Casona**, Calle 6 No 7-58 zu bieten. Gut ist **El Rincón Paisa**, an der Plaza und die Bäckerei **Pan de Bono** für frisches Brot und Kuchen. Das beste Restaurant ist im **Hotel Cariongo**. Treffpunkt für ein Bier aus der Flasche und schrille Vallenatoklänge ist die Bar an der Plaza.

Busverbindungen

Der kleine neu geschaffene Terminal liegt fünf Blocks südlich des Parque Principal, Cra. 8 und Calle 4 auf der anderen Seite des Río Pamplonita.

Bucaramanga - regelmäßig Busse und Kleinbusse, 4-5 Std. je nach Straßenlage, € 10.

Cúcuta - ständig Busse (vom Terminal) und Colectivos (an der Plaza) in beide Richtungen, 2 Std., € 3.30.

Bogotá - Abfahrten am frühen Vormittag und in den späten Abendstunden (mit Bussen aus Cúcuta), 16 Std. € 35.

Málaga (> Capitanejo) - unregelmäßig fahren Chivas über eine schlechte Straße Richtung Sierra Nevada de Cocuy, ca. 7 Std., € 5.

Cúcuta

318 Meter, 28°C, 900 000 Einwohner
☽ 7

Cúcuta, von Juana Rangel de Cuéllar im Jahr 1733 gegründet, ist eine rasant wachsende, ausgesprochen dynamische Stadt mit dem speziellen Flair einer Grenzstadt in unmittelbarer Nachbarschaft zu Venezuela. Der schwankende Puls und die wechselhafte Stimmung werden vom jeweiligen Stand der Beziehungen beider Länder und vom Wechselkurs des chronisch inflationären venezolanischen Bolívars beeinflusst. Von Seiten der Politik und der Wirtschaft gab es in jüngster Zeit nicht viel Positives zu vermelden. Dabei ist hier vor Ort der gemeinsame Handel wichtiger als politisch bedingte Animositäten zwischen den beiden Nachbarstaaten. Die Bewohner dies- und jenseits der Grenze legen großen Wert auf ein friedliches und einträgliches Miteinander, und das Benefizkonzert mit kolumbianischen und venezolanischen Musikstars zur Beilegung der großen Krise im März 2008 hat den Streithähnen in Bogotá und Caracas auch zunächst einmal den Zahn gezogen.

In Cúcuta versteht man sich zu amüsieren, sei es auf der Tanzfläche oder im Spielcasino, aber tagsüber wird hart gearbeitet und kühl gerechnet. Die einst blühende Schmuggelwirtschaft hat mit der internationalen Öffnung Kolumbiens an Bedeutung eingebüßt, und dem langjährigen schlechten Image der Stadt soll Schritt für Schritt die Grundlage entzogen werden. Cúcuta hatte vor wenigen Jahren noch ein schwerwiegendes Sicherheitsproblem, nächtliche Schießereien, Autodiebstähle, Überfälle waren beinahe alltäglich. Nun verwirklicht sich die Stadt bereits an ehrgeizigen Infrastrukturprojekten, Brücken, Schnellstrassen, Kommerz- und Kulturzentren. Vieles soll neu und schick werden, und eine ansprechende Gastroszene mit venezolanischem Einschlag hat sich schon breitgemacht. Die lokalen Gewerbetreibenden sind innovativ und hoffen sehr, dass ihnen Politik, Bürokratie und die lokale Mafia beim anvisierten Aufschwung der Stadt nicht länger Steine in den Weg legen.

Informieren

Der Fondo Mixto ist in der Calle 10 No 0-30, Edificio Rosetal, ☏ 71 89 81, ⏰ Mo-Fr 8-12 u. 14-18, mit Informationen zum Departement und Stadtkarten zum Erwerb.

Die nächstgelegene **Internet**-Gelegenheit findet man im Centro Comercial Llanomar bei der Kathedrale.

Telefónica-Telecom, Calle 10 und Av.O, So geschlossen.

Banken und Wechsler

Banco Popular, Bardollar, Travellerschecks, VisaCard, Av. 5 No 11-58

Banco de Bogotá, VisaCard, ATM, Av. 6 No 10-84

Bancolombia, Travellerschecks, ATM, Calle 10 No 5-06

BBVA, ATM, Calle 11 No 4-26, 2. Stock

Pesos, venezolanische Bolívares und US-Dollar kann man einfach, unbürokratisch und auf die Schnelle in den Wechselbuden im Busterminal eintauschen. Das aber birgt gewisse Risiken, wenn man unaufmerksam ist und nicht nachzählt.

Cambiamos ist im Centro Comercial Gran Bulevar Local 230 und im Centro Comercial Internacional Local 2 zu finden, Sonntags geschlossen.

Im Stadtzentrum um den Parque Santander gibt es weitere **Wechselstuben**. Direkt am Grenzübergang ist es hingegen schwierig, wenn man im Por Puesto vorfährt, hat man kaum Zeit noch Geld zu tauschen. Zur Zeit sollte man sein Bargeld in Euro oder Dollar sowieso erst in Venezuela schwarz eintauschen, da bekommt man das Doppelte gegenüber dem offiziellen Bolívar-Kurs.

DAS und Pass

Av. 1 No 28-57 Barrio San Rafael, ☏ 583 59 12. ⏰ Mo-Fr 7-14.

Venezolanisches Konsulat

Man kann froh sein, dass man als Europäer nicht länger ein Einreisevisum über Land nach Venezuela benötigt. Ab sofort gilt, freie Fahrt nach Venezuela, wenn nicht gerade einer der vielen Trancones (Staus) den Grenzübertritt erschwert.

Absurd genug, aber die Kolumbianer brauchen ein Besuchs- bzw. Arbeitsvisum fürs Nachbarland und das Konsulat bearbeitet pro Tag nur 50 Anträge und nicht einen einzigen mehr! Jeweils um 8.00 und 14.00 heißt es dann, sich in 2er-Reihen vor dem Tor aufzustellen, um dann in kleinen Grüppchen und im Gänsemarsch hereinzuspazieren.

Consulado General de Venezuela, Av. Camilo Daza, Zona Industrial, ☏ (7)579 19 54/ - 51/ - 56. ⏰ Mo-Fr 8-12 u. 14-16. Leicht mit dem Stadtbus «Consulado» vom Busterminal zu erreichen, € 0,25.

Cúcuta hat bislang keine herausragenden **Sehenswürdigkeiten** zu bieten. Vom alten historischem Zentrum ist nicht viel übrig, umso mehr soll in Zukunft ein Centro de Convenciones Bewohner und Besucher begeistern. Wie auch Bucaramanga ist die Stadt stolz auf einige öffentliche Parkanlagen.

Die **Banco de la República**, Diagonal Santander Av. 3 E, zeigt wechselnde Ausstellungen, und das **Museo de la Cultura de Cúcuta**, Calle 14 No 1-03, ist ein Gang durch die Geschichte der Stadt anhand eines Sammelsuriums von Fotos, Dokumenten, Haushaltsgegenständen u.a. Außerdem sind einige Werke nationaler Künstler ausgestellt. ☺ Di-Sa 8-12 u. 14-18.

Interessant ist ein Ausflug in das 9 Kilometer entfernte **Villa del Rosario**, ein Knotenpunkt der kolumbianischen Geschichte und der erste Ort auf kolumbianischer Seite, wenn man aus Venezuela kommt. Es ist der Geburtsort von Francisco de Paula Santander.

Im **Templo de Histórico** fand der erste Kongress von Cúcuta am 6. Mai 1821 statt und verabschiedete die Verfassung für das 1819 in Angosturas (heute Ciudad Bolívar, Venezuela) geschaffene Staatsgebilde namens *Gran Colombia*. Bolívar wurde Präsident und Santander Vizepräsident.

Die **Quinta Santander**, das Geburtshaus von Santander, beherbergt die Academia de Historia mit der Geschichte des nördlichen Santander und einigen persönlichen Besitztümern des Gegenspielers von Bolívar.

In der **Casa de la Bagatela**, gegenüber des Templo, befindet sich ein kleines anthropologisches Museum. Das Haus ist alternierender Sitz des Vizepräsidenten. Die historischen Gebäude sind durch ein Erdbeben im Jahre 1875 schwer beschädigt worden und wurden in der Folgezeit nicht mehr im Originalstil restauriert. ☺ täglich 8-12 u. 14-18. Die Casa de la Bagatela hat montags geschlossen.

Schlafen und Essen

Es gibt eine Reihe einfacher und verhältnismäßig günstiger Unterkünfte in der Nähe des Busbahnhofs. Besser sind die Hotels im Zentrum.

Hotel Casa Real Cúcuta, Av. 7 No 4-45, ☏ 583 12 49, hat schon bessere Tage gesehen, mit Privatbad, Zimmer mit Vent oder a/c, € 10/13.

Hotel las Pirámides, Calle 7 No 3-73, ☏ 571 98 31, einfach, sauber, ruhig, auf dem Weg zwischen Busterminal und Zentrum, Privatbad, Vent. oder a/c, € 12/18.

Hotel Acuarius, Calle 5 No 3-37, ☏ 571 38 24, Zimmer mit Vent., Kabel-TV, Restaurant, Pool, € 20/25.

Hotel Amaruc, Av. 5 No 9-37, ☏ 571 76 25, ✉ 572 18 05, hotelamaruc@yahoo.es, von den oberen Räumen mit Blick auf den Parque Santander, Zimmer mit Bad und a/c, € 19/25.

Hotel Bolívar, Av. Demetrio Mendoza, beim Centro Comercial Bolívar, zwischen der Stadt und dem Flughafen, ruhig und etwas außerhalb gelegen, ☏ (7) 576 07 64, www.hotel-bolivar.com, große Anlage, die gleich mehrere Swimmingpools um einen tropischen Garten versammelt, 127 geräumige Zimmer mit a/c, Minibar, Satelliten-TV, € 60(2) inkl. Frühstücksbuffet.

Wer sich die Zeit in Cúcuta am Spieltisch vertreiben möchte, geht ins **Hotel Casino International Cúcuta**, Calle 11 No 2E-75, ☏ 571 18 18, ✉ 571 23 30. Das Hotel ist das gesellschaftliche Zentrum der Stadt, ab € 70(2).

Schnellimbisse und einfache lokale Restaurants sind zwischen Avenida 6/7 und Calle 9/10. Besser sitzt und isst man in den Restaurants:

Londero´s Sur, Av. Libertadores OE- 60 Barrio, ➀ 583 33 35, Spezialität: Parrillada de mariscos.

Pinchos y Asados, Av. Libertadores (beim Rodizio), ➀ 575 25 00, reichhaltige Fleischküche, gute pinchos und asados serviert mit Kartoffeln und Yuka.

Rocamar, elaborierte Küche, informelles Ambiente, spezialisiert auf Meeresfrüchte (Langusten und Calamares).

Trattoria Bar La Bruschetta, Calle 15 IE-126 Caobas, ➀ 571 54 08/ 571 54 20, gute Aperitivos, reichhaltige Weinkarte zu Risotto ai gamberi oder Tagliarini a la marinara.

Busverbindungen

Der Busbahnhof, zwischen den Av.7 und 8 an der Calle 2, ist zunächst einmal gar nicht einfach als solcher auszumachen. Er ist im Ankunfts- und Abfahrtbereich mit Kiosken und Marktständen zugestellt, unübersichtlich, stickig und staubig, jedenfalls kein Prachtstück im Vergleich zum beispielhaft aufgeräumten Terminal von Bucaramanga. In der Innenhalle siehts besser aus, hier befinden sich die Büros der kolumbianischen Busgesellschaften, die kleinen Wechselstellen für Bargeld und ein Posten der Policía Nacional mit einem Fahndungsplakat für Guerrilleros. Venezolanische Busse kommen hier nicht an, jedenfalls unterhalten sie keine Büros. Wenn man den Busbahnhof zu Fuß verlässt, sollte man wissen, dass hier Carreras grundsätzlich als Avenidas bezeichnet werden.

<u>AUFGEPASST!</u>
Im Busbahnhof sind Trickbetrüger zugange, die versuchen, die anregende Grenzluft mit dummen Fragen in nervöse Unruhe zu verwandeln. «Va(n) a sellar?» ist die an Ausländer gerichtete Standardfrage und soll heißen, «Mann/Frau, du brauchst - nach Venezuela - einen Einreisestempel, und ich helfe dir dabei beim Grenzübertritt.» Die anvisierte Wartezeit wird großzügig mit einkalkuliert und lässt den Fahrpreis bis nach San Cristóbal nach oben schnellen. Man kann es den Kolumbianern nicht verdenken, dass sie die neuesten Einreisebestimmungen für Gringos/-as nach Venezuela nicht parat haben, jedenfalls bekommt man gern auch noch ein vermeintlich benötigtes Visum aufgeschwatzt, das, am Grenzübergang zu umgehen, wiederum Mehrkosten fällig mache. Da hilft nur eins, cool bleiben und in Ruhe einen Por Puesto (Colectivo, zumeist ein 20-25 Jahre alter Ami-Schlitten mit ausgeschlagener Lenkung, durchgesessen Sitzen, venezolanischer Zulassung und kolumbianischen oder venezolanischem Fahrer) für die flotte Fahrt nach drüben suchen.

San Antonio (Venezuela) - Busse und Por Puestos, ziemlich kompliziert, wenn man weiter ins venezolanische Inland möchte, € 1,50 p.P.

San Cristobal (Venezuela) - im Por Puesto 3½ -4 Std., € 17 für das Auto.

Bogotá - Copetrán, (hat ein schickes Büro mit der Sala V.I.P. direkt gegenüber vom venezolanischen Konsulat), Omega, Berlinas del Fonce u.a., jede Stunde, 17 Std., € 35.

Bucaramanga - Expreso Brasilia, Omega u.a., mehrere Busse und Minibusse, 6 Std., € 15.

Aufgepasst! Kolonisationsgebiet Catatumbo

Nördlich von Cúcuta liegt das Kolonisationsgebiet Catatumbo. Diese Region, die erst zu Beginn des 20. Jahrhunderts durch Erdölfunde ins öffentliche Bewusstsein gelangte, gehört seit drei Jahrzehnten zu den am stärksten vom bewaffneten internen Konflikt heimgesuchten Ecken des Landes.

Mit dem Erdöl folgten Wellen von Kolonisten, anschließend der Kokaanbau und die Verbreitung bewaffneter, gesetzloser Gruppen löste eine Spirale der Gewalt aus. Die Gemeinden Tibú, La Tarra, Teorama und La Gabarra bilden das Zentrum von Catatumbo und sind leichter von Westen via Ocaña als von der Departementhauptstadt Cúcuta zu erreichen, auch wenn inzwischen die südliche Verbindungsstraße zum Teil asphaltiert wurde und Copetrán einen Kleinbus auf der Route einsetzt. Die bestehenden Brückenverbindungen nach Westen sind wiederholt gesprengt worden, zuletzt durch Bombensätze der Farc, die in gleicher Weise auch Anschläge auf die Ölpipline Caño Limón-Coveñas durchgeführt und damit den Río Tibú verseucht haben.

Die mit äußerster Brutalität gegen die Zivilbevölkerung wütenden paramilitärischen Verbände des Bloque Catatumbo sind zwar Ende 2004 offiziell aufgelöst worden, und die kolumbianische Armee hat anschließend eine Großoffensive gestartet.

Die Paramilitärs haben sich als Águilas Negras inzwischen aber neu formiert und versuchen das Geschäft von Cúcuta mit venezolanischem Billigbenzin zu kontrollieren. Armee und Paramilitärs sind weiterhin für schwerste Menschenrechtsverletzungen verantwortlich. Die Massenvertreibungen haben zwar etwas an Intensität nachgelassen, dauern aber an [Siehe nur www.defensoria.org.co Resolución Defensorial No 46].

Foto von Bruce Olsson, einem Missionar und Anthropologen, der 28 Jahre mit den Barí gelebt hat.

Dabei ist Catatumbo eine der landschaftlich schönsten und artenreichsten Regionen des Landes, es ist die Heimat der indigenen Barí (Motilones), die perfekt an die Lebensbedingungen des tropischen Regenwaldes angepasst sind und mit großem Mut um ihre Zukunft kämpfen. Auf der anderen Seite der Grenze, im venezolanischen Merida ist «Catatumbo» inzwischen zum Zauberwort des Tourtourismus geworden. Das venezolanische Catatumbo aber bezeichnet die Südwestseite des Lago Maracaibo und ist verbunden mit dem einzigartigen meterologischen Phänomen der Blitze über dem See, gleichfalls eine faszinierende Sache, aber eben doch weit weg von der zauberhaften Lebenswelt der Barí. Der Parque Nacional Catatumbo Barí (158.125 Hektar) überschneidet sich zu einem großen Teil mit zwei Resguardos der Barí und ist noch weitgehend von tropischem Regenwald bedeckt, eine wunderschöne Region mit Baumriesen bis zu 60 Meter Höhe zwischen 200 und 1800 m, aber aus obigen Gründen zur Zeit nicht zum Besuch empfohlen.

Flugverbindungen

Aerolínea de Antioquia (ADA), am Flughafen, ☎ 587 97 97.
Aerorepública, Calle 15 DE - 18 Los Caobos, ☎ 583 33 06.
Aires, Av. 1 E No 18-12 Los Caobos,☎ 587 67 24.
Avianca, Av. 0 No 13-84,☎ 587 48 84.
Satena, Calle 11 No 2 -19,☎ 587 79 98.
Flughafen Camilo Daza
Bogotá - Avianca, Aerorepública, mehrmals täglich € 110.
Bucaramanga/Medellín - Aires, täglich ab € 50.
Medellín - ADA, täglich außer So, ab € 75.

Grenzübergang

Der Grenzübergang liegt 13 Kilometer von Cúcuta entfernt an der Brükke Simón Bolívar, die über den Tachirafluss führt. Kurz vor der Brücke liegt das Büro der DAS (Ausreisestempel). Kurz hinter der Brücke liegt das DIEX-Büro (Venezuela-Einreisestempel) und noch einige Meter weiter beginnt San Antonio.

Die Grenzbeamten auf venezolanischer Seite lesen teilnahmslos die Zeitung, während ihre kolumbianischen Kollegen Ausländerpässe mit der Lupe durchgehen. Am meist frequentierten Grenzübergang der beiden Staaten herrscht reger Stop- und Go-Verkehr, wenn nicht verschärftes Verkehrschaos, ausgelöst durch große und schwere Ami-Schlitten, die mit dem letzten Tropfen Benzin beim Versuch die erste venezolanische Tankstelle zu erreichen, um den Tank mit Billigsprit zu füllen, liegenbleiben und den Verkehr blockieren. Die abgasgeschwängerte Luft und der wilde Verkehr machen auch den fleißigen Drogenhunden am Grenzübergang zu schaffen, die verzweifelt versuchen ihren Dienst ordnungsgemäß zu verrichten.

Venezuela ist gegenüber Kolumbien 1 Std. voraus!

Die kolumbianische Karibik

Die kolumbianische Karibikküste ist ein buntes Kaleidoskop auf 1600 Kilometern Küstenlinie. Sie gehört zu den abwechslungsreichsten Küstenstreifen der Welt und reicht von den immergrünen tropischen Regenwäldern im Südwesten mit dem unvergleichlichen Los Katíos Nationalpark bis hin zur trocken staubigen Guajirawüste im Nordosten. Dazwischen liegen weite Marsch- und Lagunenlandschaften und das höchste Küstengebirge der Welt, die Sierra Nevada de Santa Marta mit ihren schneebedeckten Gipfeln, Pico Colón und Pico Bolívar.

Die Strände im Taironapark sind naturbelassen und palmenbestanden. Dahinter erstreckt sich der Dschungel. Wer hingegen vibrierendes Strandleben sucht, findet es in **Cartagena**. Zugleich ist Cartagena die schönste koloniale Hafenstadt Amerikas, umgeben von steinernen Mauern, die Überraschungen und Geheimnisse bergen. Im Hinterland, am Ufer des Magdalenaflusses, versteckt sich ein weiteres Idyll aus alten Zeiten - Mompox. Zwei Inseln liegen 700 Kilometer vor der Küste, **San Andrés** und **Providencia**, eingerahmt von türkisblauem Wasser und Korallenbänken.

Die Bevölkerung ist buntgemischt, freundlich und stets gutgelaunt. Der Costeño ist der Nachfahre der weißen Konquistadoren, schwarzen Sklaven und der Ureinwohner. Ihre Lebensfreude drückt sich in der Musik aus. Die Cumbia und der Vallenato sind die Rhythmen dieser Region, die Inseln leben in der Rastafaritradition des Reggae.

Das größte Fest ist der **Karneval von Barranquilla**, vier Tage lang bestimmt die «Dauerrumba» das Stadttreiben. Zu den Delikatessen an der Küste gehören die vielen unterschiedlichen Fische und Meeresfrüchte und ihre Zubereitung in Kokosnussöl.

Nirgendwo sonst leben an der Karibik so viele unterschiedliche ethnische Gruppen wie in Kolumbien. In der **Sierra Nevada** haben sich die Kogi und Arhuaco einem Leben abseits westlichen Fortschritts getreu den Traditionen ihrer präkolumbianischen Vorfahren verschrieben. Die Wayu in der Guajira bleiben ein Nomadenvolk, auch wenn die Ziegenherden kleiner und die Jeeps größer werden. An der Grenze zu Panama leben die Kuna-Indianer.

Die Reise entlang der Karibikküste ist eine Fahrt durch die Jahrhunderte. Moderne Architektur in Barranquilla wechselt mit Kolonialfestungen in Cartagena, die Indianerhütten der Arhuaco in Nabusímake mit den Überresten der United Fruit Company im Geburtsort von **Gabriel García Márquez, Aracataca**.

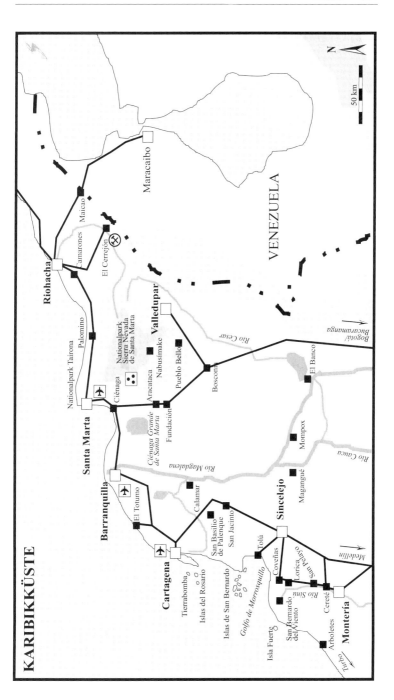

Cartagena de Indias

5 Meter, 27°C, 860 000 Einwohner
☽ 5

Diese einzigartige Hafenstadt ist anders als jede andere Stadt in Kolumbien. Sie ist elegant und international, überschaubar und zugleich entrückt - in historische Ferne. Pedro de Heredia gründete die Stadt 1533 am Ufer einer ruhigen Bucht, die vom Stamm der Calamari besiedelt war. Er presste den Ureinwohnern mehr Gold ab, als Francisco Pizarro aus Peru und Hernando Cortez aus Mexiko nach Spanien schaffen konnten. Mit dem schnellen Reichtum kamen die Piraten. Der Franzose Baal war der erste, der über die damals noch unbefestigte Stadt herfiel. Cartagena entwickelte sich gleichwohl aufgrund der günstigen Lage zum prosperierenden Handelszentrum der Neuen Welt. Hier trafen die Reichtümer aus allen Ecken des Kolonialreiches ein. Silberbarren aus dem bolivianischen Potosí, Gold aus Peru und dem Chocó, Smaragde aus Muzo gingen durch die Hände der stets reicher werdenden Kaufleute.

Sir Francis Drake

Die Piraten hingen wie die Fregattvögel über der Bucht von Cartagena und warteten auf Beute. 1586 holte sich Sir Francis Drake seinen Teil - 107 000 Golddukaten. Die spanische Krone war nicht gewillt, diesem Treiben länger tatenlos zuzusehen. Philipp II. befahl, die Stadt mit einem steinernen Ring aus Mauern und Festungsanlagen zu umgeben. Die Arbeiten sollten bis zu ihrem endgültigen Abschluss 200 Jahre dauern. Die besten Militärbaumeister ihrer Zeit traten in den Dienst des Königs. Italiener und Holländer entwarfen eine Stadtmauer, die dem Beschuss durch Kanonen bis in unsere Tage widerstanden hat. Die Arbeiten wurden zum großen Teil durch afrikanische Sklaven durchgeführt. Die Aufrüstung führte zu astronomischen Kosten, deren Deckung die Ausbeutung der Urbevölkerung beschleunigte. Zu jener Zeit war Cartagena die wichtigste Stadt von Nueva Granada, wichtiger als die nominelle Hauptstadt Santafé de Bogotá. Einige der ernannten Vizekönige, die hier eintrafen, blieben bis zum Ende ihrer Amtszeit in ihren Mauern und verzichteten auf den mühseligen Besuch des Hochlandes.

Am 13. März 1740 begann der stärkste Angriff in der Geschichte der Stadt. Der englische Admiral Vernon hatte eine Streitmacht von 186 Schiffen mit 18 000 Mann zusammengezogen, um Cartagena einzunehmen. England hatte Spanien im Jahr zuvor den Krieg erklärt.

Auf der Gegenseite wurde der Kriegsveteran Don Blas de Lezo reaktiviert, um die Verteidigung zu organisieren. Er postierte sechs Schiffe am Eingang der Bucht bei Bocachica und verlegte die wenigen Soldaten, die ihm zur Verfügung standen, in das Fuerte de San Felipe im Rücken der Stadt. Don Blas muss einer Ro-

CARTAGENA DE INDIAS

(1) Casa Museo Nuñez
(2) Konvent La Popa
(3) Fort San Felipe
(4) Mercado Bazurto
(5) Hotel Flamingo
(6) Decameron Cartagena
(7) Hotel Caribe
(8) Hotel Hilton
(9) Hotel Almirante
(10) Club de Pesca
(11) Restaurante Cin-Cin
(12) Restaurante Grand Italia

0,5 km

Karibik

Laguito

Castillogrande

Bocagrande

Avenida San Martín

(siehe Extrakarte Cartagena- historisches Zentrum)

Bucht von las Animas

Getsemaní

Medias Luna

San Diego

Laguna del Cabrero

Bucht von Cartagena

Calle del Arsenal

Manga

Caño Bazurto

Av. Pedro de Heredia

Pie de la Popa

DAS

manfigur des Cervantes entsprochen haben. Er war einarmig, einbeinig und einäugig. Dieser alte Haudegen verlor in der Schlacht auch noch sein zweites Bein, doch die Schlacht verlor er nicht. Auch wenn es dem siegessicheren und arroganten Engländer gelungen war, die Forts Castillo Grande und Manzanillo sowie den die Stadt überragenden Hügel La Popa zu besetzen, scheiterten seine Bemühungen, San Felipe einzunehmen. Unter den Angreifern breiteten sich Gelbfieber und Malaria aus. Vernon musste abziehen und ließ seine Wut an den Bollwerken und an allen Schiffen, derer er habhaft werden konnte, aus. Bereits zuvor hatte er eine Abordnung nach Jamaika geschickt, um den bevorstehenden Sieg zu verkünden. Es waren Goldmünzen geprägt worden, die ihn als Sieger mit einem vor ihm knienden Don Blas de Lezo abbildeten. Die Gedenkmünze trug die Inschrift: «Der Stolz Spaniens gedemütigt durch Admiral Vernon.» Der Admiral hatte sich bis auf die Knochen blamiert.

Von nun an schlief man ruhig in Cartagenas Mauern. Es sollte einige Zeit dauern, bis die Ausläufer der Französischen Revolution die Stadt erreichten. Die Bewohner erwachten erst wieder, als das Läuten der Freiheitsglocken erklang.

Am 11.11.1811 erklärte die Stadt die absolute Unabhängigkeit vom Mutterland. Ein patriotisches Bataillon stürmte die Waffenkammern an der Plaza de la Aduana, und Einheiten des königlichen Eliteregiments Fijo liefen auf die Seite der Aufständischen über. Simón Bolívar eilte aus Mompox herbei, um sich an die Spitze der Aufständischen zu stellen. Hier schrieb er sein berühmtes politisches Manifest, in dem er die Freiheit und Unabhängigkeit von ganz Amerika proklamierte. Von nun an hieß er der *Libertador*. Da brachte der Sturz Napoleons Ferdinand VII. auf den spanischen Thron zurück. Die abtrünnigen Kolonien sollten zurückgeholt werden. Das Oberkommando über die Streitkräfte in Hispanoamerika wurde Pablo Morillo übertragen.

Im königstreuen Santa Marta rüstete er eine Flotte aus. Das nun perfekt befestigte Cartagena wurde das erste Mal in seiner Geschichte von Spaniern angegriffen. Morillo, der den Verteidigern zahlenmäßig haushoch überlegen war, spielte auf Zeit. Er ließ die Stadt aushungern. Der Schlachtruf «Libertad o Muerte» (Freiheit oder Tod), hallte durch die Gassen. Als der Belagerer in den ersten Dezembertagen 1815 die Stadt betrat, schlug ihm Verwesungsgestank und der Atem der Pest entgegen. Die Stadt hatte ein Drittel ihrer Bevölkerung an Blutzoll zahlen müssen. Morillo ließ die verbliebenen Führer der Aufständischen standrechtlich erschießen. Wegen ihrer heldenhaften Verteidigung verlieh Simón Bolívar der Stadt den Zunamen «La Heroica». Die endgültige Befreiung kam erst 1821 nach der siegreichen Schlacht von Boyacá.

In den Wirren des Unabhängigkeitskrieges hatte sich ein kleiner Marktflecken unweit der Mündung des Río Magdalena zum neuen Handelszentrum gemausert, Barranquilla. Dort entstand der Hafen der neuen republikanischen Zeit. Vergeblich blieben die Wiederbelebungsversuche für den 1650 gegrabenen Canal del Dique, der Cartagena mit dem Magdalena verbindet. Die Dampfschifffahrt führte über Barranquilla.

Heute hat Cartagena einiges von seiner früheren Bedeutung zurückgewonnen. Es ist der zweitwichtigste Hafen des Landes am Atlantik und Touristenziel Nummer 1 für Kolumbianer wie für ausländische Gäste. Touristenhochburg ist die Halbinsel Bocagrande. Die Stadt setzt auch in Zukunft voll auf den Tourismus und mittlerweile ist ein echter Bauboom ausgebrochen. Im Norden und im Süden außerhalb der Stadt sind luxuriöse Strandressorts und Appartementanlagen entstanden. Nationale wie ausländische Investoren haben ihre Zurückhaltung aufgegeben und die Wohnungspreise sind die höchsten im ganzen Land. Cartagena wurde 1985 von der UNESCO zum Kulturerbe der Menschheit erklärt. Als Aushängeschild des Landes ist die Stadt immer wieder Ort für politische Gipfeltreffen.

Informieren

Das Tourismusbüro ist an der **Plaza de la Aduana**, www.turismocartagenadeindias.com, puntode informacion@turismocartagenadeindias.com, ☎ 660 15 83. ⏰ Mo-Fr 8-12 u. 14-18.

Internetcafés

Ausschau halten nach dem Zeichen für *Internet-Banda Ancha* (Breitbandverbindungen), € 0,60 pro Stunde in a/c gekühlten und abgedunkelten Räumen. Im Centro Historico bei der Universität, WiFi im Buchladen und Café **ábaco**, Calle de la Iglesia y Mantilla No 3-86, ☎ 664 83 38, info@abacolibros.com, www.abacolibros (€ 0.75 pro Std.). In Getsemaní z.B. direkt neben dem Hostal Viena. WiFi-Zone im Frühstückslokal Gato Negro.

Banken und Wechsler

Am einfachsten zieht man sein Geld mit der Kredit/Maestro-Karte an den weit verbreiteten ATMs.

Bancolombia, Plaza de la Aduana (Centro) Calle 32 No 30-13, Av. San Martín Cra. 2 No 6-13, Edf. Granada (Bocagrande) sowie am Flughafen.

Banco Santander und **BBVA** mit ATM ebenfalls vertreten an der Plaza de la Aduana.

Servibanca, ATM, Calle San Agustín (Centro), Cra. 2 No 8-31, Local 2 (Bocagrande)

Cambiamos, im Einkaufszentrum Carulla Bocagrande für Bar-Dollar und Euro, Cra.2 Calle 1, ☎ 665 16 00. So geschlossen.

Hinterm Uhrenturm und im Portal de los Dulces und in Bocagrande befinden sich einige Tauschbüros (*casas de cambio*), die täglich geöffnet haben.

Festungsmauern, Cartagena

AUFGEPASST!

Die Geldtauscher auf der Straße, zumeist an der Plaza de los Coches, sind Zauberkünstler des Trickdiebstahls und locken ihre Opfer mit traumhaften Wechselkursen an.

Touristenpolizei

Das Büro der Touristenpolizei (CAI) ist in Bocagrande am Platz vor dem Hotel Caribe, ✆ 666 55 977, im gleichen Pavillon wie die **Promotora del Turismo**.✆ 665 58 65/ 665 59 77, 24 Std.

DAS und Pass

Extranjería des DAS im Stadtteil Pie de la Popa, Cra. 20 B No 29-18, ✆ 153 (allgemein) oder 656 80 03/ 656 06 46. ☉ Mo-Fr 8-12 u. 14-17, für Aufenthaltsverlängerungen und Visa-Fragen.

Konsulate

Deutsches Honorarkonsulat - Bosque - Av. Principal, Diagonal 21 No 53-25, 2.Stock, ✆ 696 40 41, ✉ dinalco@enred.com

Honorarkonsulat Österreich - (ohne Pass- und Sichtvermerksbefugnis), Edf. Chambucu Business Center, 6. Stock, ✆ 664 74 50, ✉ hschwyn@schwyn.com

Generalkonsulat Panama - Castillogrande - Calle 5 No 7-41, Edf. Centro Ejecutivo Of. 14-02, ✆ 665 03 82, 📠 665 04 49.

Generalkonsulat Venezuela - Castillogrande - Edif. Centro Ejecutivo, Of. 14-02, ✆ (095) 665 03 82/ 665 03 53.

Nationalparkverwaltung

UAESPNN, Calle 4 No 3-204 (Bocagrande), ✆ 665 56 55 / 665 19 45.

Historisches Zentrum

Die **Murallas**, die massiven Befestigungsmauern, die die Stadt umgeben, sind ihr Wahrzeichen. Die Befestigungsanlage ist elf Kilometer lang und beinahe vollständig erhalten. Der innere Ring umschließt den ältesten Teil der Stadt, dessen Haupttor der **Torre del Reloj** ist. Der Uhrenturm ist Ende des 19. Jahrhunderts auf die Mauer gesetzt worden.

Hinter dem Uhrenturm liegt der **Kutscherplatz** (Plaza de los Coches). Zu Kolonialzeiten wurde hier der Sklavenmarkt abgehalten. Cartagena war Hauptumschlagplatz für Sklaven. Viele wurden von hier an die Minenbesitzer in Peru und Bolivien verkauft. Die menschliche Schiffsladung erhielt bei der Ankunft im Hafen die *marquilla real*, die Zollmarke auf die Brust gebrannt. Auf der rechten Schulter prangte die Eigentumskennzeichnung der Handelsgesellschaft. Heute ist dieser quirlige Platz Treffpunkt der Geldtauscher, Zuckerbäcker und Losverkäufer. Dahinter schließt sich die **Plaza de la Aduana** mit dem Kolumbusdenkmal an. Es war das Zentrum der kolonialen Stadt mit Verwaltungsgebäuden, Justizpalast und dem Zollamt. An der Breitseite steht das **Herrenhaus des Marqués del Premio Real**. Das Zollamt ist heute das Rathaus. Die Stadtmauer führt am Meer entlang bis zum Denkmal der **India Catalina**. Das Vorbild für die India Catalina war eine hübsche Häuptlingstochter, die einst von den Gestaden des neu entdeckten Festlandes nach Santo Domingo entführt wurde. Von dort nahm sie Pedro de Heredia mit, damit sie ihm bei der Eroberung neuer Länder als Vermittlerin von Nutzen sei. Viele der Spa-

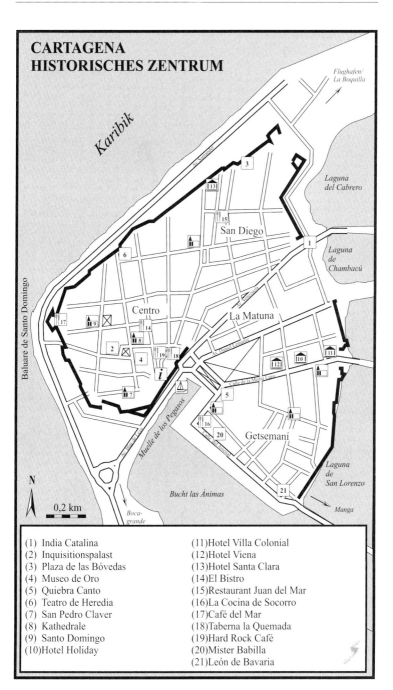

nier waren ihrer Schönheit verfallen. Doch keinem gelang es, sie zur Frau zu nehmen.

Ein Spaziergang auf den gewaltigen Festungsanlagen mit Blick auf die karibische See ist die beste Annäherung an die Stadt. An allen strategisch wichtigen Punkten sind Schießscharten, Kanonen und Wachtürme angebracht. Betreten wird der Wall über breite Rampen. Als Baumaterial wurde Korallengestein verwendet, hier und dort mit Ziegeln verbunden.

Hinter den Stadtmauern öffnen sich die engen Gassen mit den kolonialen Schätzen. Jeder Straßenabschnitt hat seinen Namen und seine Geschichte. Ins Auge stechen die Kirchtürme von **San Pedro Claver**. Das ist die Jesuitenkirche mit dem angrenzenden Konvent. Erbaut wurde die Kirche nach Plänen aus Rom im typischen Jesuitenstil des 17. Jahrhunderts. Die herausragende Kuppel des Mittelschiffs wurde erst in den 1920er Jahren dieses Jahrhunderts hinzugefügt. Der Konvent ist der schönste der vielen Konvente der Stadt. Er ist dreistöckig, und der Innenhof ist mit Palmen dichtbewachsen. Die Vorliebe gerade der Jesuiten für die Tropen ist noch gut zu spüren. Der Konvent ist mit der Außenwand auf die Stadtmauer gebaut. Der Jesuitenorden beanspruchte das Gelände für sich. Die Stadtverwaltung drohte mit Abriss und stritt 30 Jahre mit dem Orden. Dann wurden die Jesuiten verpflichtet, auf ihre Kosten eine neue Stadtmauer zu errichten, so dass heute vor dem Konvent eine weitere Mauer steht. Berühmt ist die Kirche durch ihren Namenspatron **San Pedro Claver (1580-1654),** der Sklave der Sklaven. Der Jesuitenpater nahm sich dem Elend der Schwarzen an. Von seiner Klosterzelle sah er die Schiffe mit den halbtoten, verzweifelten Menschen aus Afrika anlanden. Er gab ihnen Essen und Trinken, Trost und medizinische Hilfe, und er taufte 300 000 von ihnen. Dem Gouverneur trotzte er das Versprechen ab, keine Sklavenmärkte an Sonn- und Feiertagen abzuhalten. Seine Klosterzelle, wo er die letzten Lebensjahre verbrachte, steht zur Besichtigung. Die Gebeine ruhen im unteren Teil des Hauptaltars aus purem Carraramarmor. ⏲ täglich 8-17. So den Messen vorbehalten ⏲ 7, 10, 18. Eintritt: € 2,50. Führung: € 2,50. Englischsprachige Führung: € 3,50. ☎ 664 49 91.

An der Plaza Bolívar, dem Herzstück der Altstadt, liegt der **Palacio de la Inquisición.** Der Bau des Inquisitionspalastes wurde 1770 beendet und beherbergt heute die Historische Akademie. Der Palast zeigt alle Charakteristiken des Barockstils des 18. Jahrhunderts, erbaut nach Plänen des Architekten Pedro de Ribera. Beeindruckend ist das gewaltige Eingangsportal, dessen Pfeiler bis unter das Dach reichen, und die hängenden Balkone. Das Tribunal der Inquisition wurde 1610 in Cartagena eingerichtet. Es war der höchste Kirchengerichtshof zuständig für Nueva Granada, Venezuela und Santo Domingo. Die Inquisition ist eine Erfindung des Mittelalters. Der Richter sollte ursprünglich wie ein Beichtvater, Glaubensabweichler auf den Weg der Wahrheit zurückführen. Der spanische Staat setzte die Inquisitionstribunale als Machtinstrument ein, um die staatliche Einheit zu gewährleisten, die zu jener Zeit identisch mit der religiösen war. Andersgläubige wurden als Staatsfeinde behandelt. Bekämpfte die Inquisition in Europa bevorzugt Wissenschaftler und Künstler, so waren es in Amerika die einfachen Leute. Durch die indianischen und afrikanischen Einflüsse entstand hier ein unausrottbarer Nährboden für schwarze Magie, die die Inquisition überlebt hat. Die Beschuldigten wurden gefoltert, bis sie ein Geständnis abgelegt hatten. Einige der Hilfsmittel, um dies zu erreichen, sind zu besichtigen. Zum Zwecke der Machtdemonstration veranstaltete die Inquisition sogenannte *Auto de Fé*, das waren schrill inszenierte Veranstaltungen auf dem Platz vor der Kathedrale. Dort musste öffentlich abgeschworen werden. Der Ketzer, der gleichwohl an seinem Irrglauben festhielt, lief Gefahr, auf dem Scheiterhaufen zu enden. Cartagena erlebte mehrere dieser *Auto de Fé*. Das Ende der Inquisition kam mit der Unabhängigkeitsbewegung. Das Volk stürmte am 11. November 1811 das verhasste Symbol der Unterdrückung. Der Niedergang des spanischen Weltreiches wurde durch die Arbeit der Inquisition beschleunigt, die stets ein düsteres Relikt des Mittelalters war. ◌ Mo-Fr 8-17, Sa, So 10-17. Eintritt: € 4,50.

Die Kathedrale

Der Bau der Kathedrale wurde 1575 begonnen und nach der beinahe vollständigen Zerstörung durch Francis Drake im Jahre 1612 beendet.

Der Hauptaltar wurde in Sevilla Mitte des 17. Jahrhunderts im typisch regionalen Barock (*lignaria*) gefertigt und stammt vom führenden andalusischen Holzbildhauer jener Zeit, Luis Ortiz de Vargas. Im Übrigen ist der Innenraum schmucklos. Die Fassade weist einige neoklassizistische Elemente auf, vorherrschend ist der Baustil der spanischen Spätrenaissance. ◌ Fr-Mo 9-22, Di-Do 8.30-20.30, im Dezember täglich bis 23.00, und Mo geschlossen, zusätzliche Öffnungszeiten für Kreuzfahrtschiffe. Eintritt: € 4,50. Audioguide: deutsch.

Koloniale Herrenhäuser

Imponierend sind die alten Herrenhäuser der Stadt. Sie zeugen vom Reichtum der Kaufleute. Den Trutzcharakter der Stadt schreiben diese Häuser in ihrer Architektur fort. Die meisten sind Festungen mit massiven Mauern und Türmen, von denen sich die Stadt überblicken lässt. Dank Privatinitiative sind heute wieder viele dieser Häuser in einem guten Zustand. Andere werden umfassend, zum Teil seit Jahren restauriert. Dazu gehört auch **El Bodegón de la Candelaria**. Das Haus liegt im ältesten Teil der Stadt, in der Calle de las Damas. Das gewaltige Eingangstor ist mit 165 Löwenkopfbeschlägen verziert. Typisch für diese Häuser sind die langen, hängenden Balkone im zweiten Stock. Das Hinterland Cartagenas bis zu den Flüssen Sinú und Cauca ist auch deshalb entwaldet, weil die Zimmerleute bestes Balsamo- und Brasilholz aus dieser Region verarbeiteten. Hinter dem Portal geht es vom Flur in die Vorhalle und von dort in einen großen Innenhof mit einer Zisterne in der Mitte, kühl und geschützt vor der Sonne. Der Wohnsaal und die Schlafräume liegen im zweiten Stock.

Ein anderes dieser, der Öffentlichkeit nicht mehr zugänglichen Häuser ist die **Casa de Marqués de Valdehoyos.** Der Marqués besaß das Monopol für die Einfuhr von Sklaven und Pulver. Hinter dem Hauptportal

Muelle de Pegasus, Cartagena

stehen rechts und links zwei steinerne Bänke. Von hier stiegen die kleingewachsenen Menschen der Kolonialzeit in die Kutsche oder aufs Pferd. Interessant sind die Deckenverzierungen aus Holz im maurischen Stil in den Hauptsälen im Obergeschoss. Vom Aussichtsturm geht der Blick auf die Karibik. Beim Gang durch die Gassen lohnt es, auf Einzelheiten zu achten. Die Balkone haben unterschiedliche Formen, einige Häuser haben Fenstersimse mit Holzgittern. Eisengitter gibt es in Cartagena wegen der Salzhaltigkeit der Luft nicht. Eine Vielzahl unterschiedlicher Türklopfer hängt an den Portalen (Löwenmäuler, Fische, Eidechsen). Über den Portalen sind die steinernen Familienwappen angebracht.

Von außen wie eine uneinnehmbare Festung wirkt auch die ockerfarbene Kirche mit dem Kloster **Santo Domingo**. Es ist der älteste Kirchenkomplex der Stadt, erbaut zwischen 1559 und 1570. Die Außenfassade trägt nur noch den rechten Turm, den linken hatten die Kanonen von Admiral Vernon vom Kirchendach geschossen. Das große Gewölbe des zentralen Innenraumes wirkt wie aus einem Felsen gehauen, die Seitenschiffe sind in ein diffuses Halbdunkel getaucht.

Der Hauptaltar ist aus Marmor, die Figur des Gekreuzigten Jesus Christus aus feinem Schnitzwerk. Das mächtige Gebäude wird von einem Teil der Stadtmauer gestützt, an dem die engste Gasse der Stadt vorbeiführt, der Callejón de los Estribos. ⏱ Fr-Mo-9-22, Di-Do 8.30-20.30, im Dezember täglich bis 23.00, und Mo geschlossen, spezielle Öffnungszeiten für Kreuzfahrtschiffe. Eintritt: € 4,50. Audioguide: deutsch.

Weitere interessante Gebäude liegen im Norden der Altstadt, im **Stadtteil San Diego**. Die **Bóvedas** wurden vom letzten großen Militärarchitekten, dem Ingenieur Direktor der Befestigungsanlagen Antonio de Arévalo entworfen. Die Arbeiten begannen 1793. Mit den Bóvedas wurde die verbliebene Baulücke der Befestigungsanlagen geschlossen. Es sind 23 Gewölbe. Von der Hinterseite führen Luftschächte nach außen. Ins Auge springt die Symmetrie der 47 Säulen der Fassade. Die Gewölbe dienten als Kaserne und zur Lagerung von Pulver und Lebensmitteln. Dieser neoklassizistisch beeinflusste Bau war während der Independencia Militärgefängnis. Heute sind hier Andenkenläden untergebracht.

Die Altstadt war in den 1960er Jahren bereits dem Verfall preisgegeben, ehe man ihren historischen und touristischen Wert erkannte. Der Staat und private Geldgeber trieben von da an die Restaurierung und den Erhalt voran. Mittlerweile gibt es zwar teure Boutiquen, Juweliere und Antiquitätenläden, doch im Vergleich zu Venedig oder Lissabon noch in bescheidenem Ausmaß.

Die Stimmung in der Altstadt ist am schönsten in den Abend- und Nachtstunden, wenn vom Meer eine Brise aufkommt. Der Straßenverkehr ebbt ab, und das Klappern der Pferdehufe hallt durch die Gassen. Auf der Plaza Bolívar treffen sich die Schachspieler, und die müden *tinteros* flüstern miteinander. Aus den vergitterten Rundfenstern der Inquisition tropft milchigweißes Licht. Dann entsteht der Eindruck, die Stadttore seien geschlossen worden.

Vom Uhrenturm nach Getsemaní führt der **Paseo de los Mártires** (Gang der Märtyrer). Pablo Morillo ließ nach mehrfacher Umbesetzung der Liste am 24. Februar 1816 zehn Anführer der Unabhängigkeitsbewegung wegen Hochverrats standrechtlich erschießen. Deren Marmorbüsten schmücken den Platz. Eine volkstümliche Version zu den zehn an diesem Orte verewigten Märty-

Einer der Märtyrer am Paseo de los Mártires

rern gibt Gabriel García Márquez in seinen Erinnerungen zum Besten. Demnach habe der das Werk ausführende Bildhauer zunächst Name und Jahreszahlen in den Sockel eingehauen. Zur Hundertjahrfeier der Unabhängigkeit (1910) seien die Köpfe zur Säuberung abgenommen und anschließend, da niemand gewusst habe who is who, nach Gutdünken wieder auf die Sockel gesetzt worden.

Mittlerweile nähert sich das Datum zur Zweihundertjahrfeier mit großen Schritten und man gedenkt mit einer Marmortafel zusätzlich zu den namentlich Genannten auch den vielen anonymen Opfern der spanischen Reconquista in Cartagena. Auf der gegenüberliegenden Straßenseite liegt die **Muelle de Pegasos**. Zwei geflügelte Bronzepferde bewachen die Bucht de Las Animas. Die Bucht war bis in die 1930er Jahre Landeplatz für die Wasserflugzeuge der Scadta. Vor einigen Jahren dümpelten hier noch bunt gestrichene Holzkähne, die man nun aus dem flachen Hafenbecken verbannt hat, und warteten auf die Abfahrt in den Chocó und an die Panamagrenze. Die neugeschaffene fußgängerfreundliche **Muelle La Bodeguita** verbindet nun die Muelle de Pagasus mit dem Abfahrtsterminal für die Ausflugsboote zu den **Islas del Rosario**. Der abgesperrte Monumentalbau, auf der gegenüberliegenden Seite der kleinen Bucht ist das **Centro de Convenciones** (Kongresszentrum).

Der äußere Befestigungsring begrenzt den Stadtteil **Getsemaní**, zu Zeiten des Vizekönigs eine Insel und erst später mit dem Zentrum verbunden. Getsemaní ist das Viertel der Handwerker. In den kleinen Gassen mit den einstöckigen Häusern herrscht reges Treiben. Getsemaní war das Widerstandsnest des Volksaufstandes während der Reconquista, und noch heute sind die Leute hier eigenwilliger als anderswo. Hier tummeln sich Schuhmacher, Bäcker, Metzger, und die Gerüche von Leder und frischem Brot vermischen sich mit geronnenem Blut und tropischen Früchten.

Die Brücke Puente Roman verbindet Getsemaní mit dem eleganten Stadtteil **Manga**. An dessen Spitze liegt das **Fort San Sebastián del Pastelillo**, das die Einfahrt in die Bucht de Las Animas bewacht. Hier liegt der Jachthafen mit dem Spitzenrestaurant Club de Pesca.

Hinter dem Abfahrtsterminal an der Bucht von Las Anima lässt man die Altstadt hinter sich und betritt die Halbinsel **Bocagrande**, deren gewaltige Hochhäuser bereits vom historischen Zentrum zu sehen sind. Am Eingang nach Bocagande ist die Base Naval, der Kommandostützpunkt der kolumbiansichen Marine untergebracht. Die Av. San Martín (Carrera 2) durchzieht Bocagrande bis zum Hotel Caribe, an dessen Stelle in Kolonialzeiten die Geschütze von Punta Icacos den Zufahrtsweg von Süden absicherten. Es schließen sich die Stadtviertel **El Laguito** mit dem Hilton Hotel an der Spitze und **Castillogrande** an. Die Spitze von Castillogrande markiert der **Club Naval** mit einem Leuchtturm, an dieser Stelle befand sich zu Kolonialzeiten die Befestigungsanlage Santa Cruz, die später als Pulverkammer genutzt wurde und 1936 in die Luft geflogen ist, und die mit dem gegenüberliegenden Fort von **San Juan de Manzanillo** feindliche Schiffe rechtzeitig ins Kreuzfeuer nehmen konnte, um sie am Einfahren in den inneren Ring der Bucht zu hindern. Auch San Juan de Manzanillo wurde komplett zerstört, aber in den 1980er Jahren behutsam wieder aufgebaut. Kolumbiens großer Architekt, Rogelio Salmona, hat sich am ursprünglichen Grundriss orientiert und die verbliebenen Ruinen aus Korallengestein in ein modernes und sachliches Gebäude mit einem System aus Innenhöfen integriert, das als Gästehaus der Regierung genutzt wird.

Convento de la Popa

Der Konvent der augustinischen Bettelmönche liegt auf dem mit 150 Meter höchsten Berg der Stadt und ist von allen Seiten aus zu sehen. Gegründet wurde der Konvent 1607 durch Fray Alonso de la Cruz. Dem

Mönch war in der Wüste von Ráquira in Boyacá zuvor die heilige Jungfrau der Candelaria erschienen. Sie sagte zu ihm: «Geh nach Cartagena und gründe bei deiner Ankunft eine Kirche auf dem ersten Berg, den du siehst.» Zu Zeiten seiner Gründung war der Berg La Popa von dichtem Dschungel umgeben und ein Zufluchtsort für die *cimarrones* (entlaufene Sklaven) und Indianer. Sie hielten hier ihre schwarzen Messen ab. Sie schmückten einen Ziegenbock, den sie als Sinnbild des Teufels verehrten. Fray Alonso soll das Tier in die Schlucht auf der Rückseite des Klosters, den **Salto del Cabrón**, geworfen haben. Der Hügel ist ein Wallfahrtsort. Am 2. Februar ist der Namenstag der Heiligen Jungfrau, der mit einer großen Prozession den Hügel hinauf begangen wird. Das Marienbild der Schutzpatronin der Stadt befindet sich im Altar der Kapelle. 1986 besuchte Papst Johannes Paul II. diesen Ort. Der Berg bietet einen grandiosen Rundblick über die Stadt, die Bucht und die Inseln. Cartagena ist umgeben von Wasser, und man erhält eine Vorstellung von der strategischen Bedeutung zu Kolonialzeiten. Wer hier steht, meint wie Admiral Vernon, die Stadt im Griff zu haben.

 ⊕ täglich 8.30-17.30. Eintritt: € 2.50. Es gibt keinen öffentlichen Transport. Taxi, hin und zurück mit Dreiviertelstunde Wartezeit, sollte für € 4 zu haben sein. Eine organisierte Tour mit der Chiva, die außerdem noch zum Fort San Felipe und zur San Pedro Claver Kirche führt, hat den Nachteil, dass man sich inmitten lautstarker Gruppen wiederfindet. Am besten ist der Besuch am frühen Vormittag oder späten Nachmittag.

Fort San Felipe de Barajas

Beeindruckend ist das Fort San Felipe de Barajas. Diese gewaltige Festung beherrscht das Bild der Stadt. Sie liegt auf dem San Lázaro Hügel, den sie vollständig bedeckt. Das Fort sollte den einzigen Zugang der Stadt zum Festland überwachen. Initiator des Baus war 1639 der Gouverneur Francisco de Murga. Den ersten Bauabschnitt betreute der Holländer Richard Carr. Zu jener Zeit war es noch ein kleines Bauwerk, das während der Erstürmung der Stadt durch den Baron de Pointis ohne Schwierigkeiten besetzt wurde. Dies führte zum systematischen Ausbau, und das Fort, an dem alle Bemühungen des Admiral Vernon scheiterten, wurde nie wieder erstürmt. Die letzten Bauarbeiten leitete der Baudirektor Antonio de Arévalo, Ende des 18. Jahrhunderts.

Besichtigen lässt sich das ausgeklügelte Tunnel- und Wegesystem, die Kasematten und Pulverkammern. Das Fort erstreckt sich über mehrere Etagen, die mit Treppen verbunden sind. Einziger Zugang ist eine Rampe, an deren Ende eine Zugbrücke hochgezogen werden kann. In den Kellern befanden sich die feuchten und bemoosten Verliese für die Kriegsgefangenen. Am Fuß des Forts steht eine Statue des Don Blas de Lezo. ⊕ täglich 8.30-17. Eintritt: € 6.

San Fernando (de Bocachica)

Ein weiteres gut erhaltenes Fort ist San Fernando (de Bocachica). Es wurde nach der vollständigen Zerstörung des alten Forts San Luis durch Vernon an gleicher Stelle an der Einfahrt zur Bucht neu errichtet.

Es liegt auf der Insel Tierrabomba und lappt wie eine Zunge ins Meer.

In der Mitte des Exerzierplatzes ist eine kreisrunde Öffnung mit Zu- und Abläufen eingelassen. Es ist ein Gezeitenmesser. In den vielen Gewölben hausen Fledermäuse. Gegenüber liegen die Überreste der Batterie von San José. Beide Forts bewachten den Eingang zur äußeren Bucht von Cartagena und konnten feindliche Schiffe ins Kreuzfeuer nehmen. Um vor Überraschungsangriffen sicher zu sein, waren beide Festungen mit einer Eisenkette verbunden. Alle Schiffe müssen nach wie vor diese Einfahrt nehmen. Bocagrande wurde zu Kolonialzeiten mit Steinpollern unpassierbar gemacht. Zu erreichen ist Bocachica nur per Boot.

Einige Jungen aus dem benachbarten Dorf tauchen nach den von Touristen ins Wasser geworfenen Geldstücken. Sie zählen bis «fünf» und springen dann den Münzen hinterher, die sie mit dem Mund erhaschen. In der Hauptsaison kann so ein Schatztaucher bis zu € 10 pro Tag verdienen und trägt damit wesentlich zum Familienunterhalt bei. Von der Muelle Turistico fahren gelegentlich Boote nach Bocachica (€ 5 hin und zurück). Außerdem gehen mehrere Boote zum angrenzenden Ort auf **Tierrabomba**.

Museen

Die Schätze von Cartagena liegen auf der Straße und weniger in den Museen. Wer etwas mehr Zeit mitbringt, sollte dennoch das Museo de Oro anschauen.

Museo de Oro

Das Goldmuseum beschäftigt sich mit der Kultur der präkolumbianischen Sinú. Hinter der Panzertür im Erdgeschoss sind einige ihrer meisterhaften Goldschätze ausgestellt. Es sind anthropomorphe und zoomorphe Figuren, die den Toten auf ihre letzte Reise mitgegeben wurden. Zu Lebzeiten trugen die Männer vergoldeten Penisschmuck in Muschelform, die Frauen goldene Brustscheiben. Interessant ist die Verbindung der maurisch beeinflussten Goldschmiedekunst aus Mompox mit der Technik der Sinú. In einer der Vitrinen im Obergeschoss ist eine kleine Goldfigur mit einem Hut, der dem reich verzierten *vueltiao* ähnelt. Das ist der klassische Kopfschmuck der Costeños. Die Sinú trugen Körpermalung, deren Muster sie mit einem Rollstempel aus Ton auftrugen. Jede Familie hatte ihr eigenes Muster.

Die Sinú lebten an der Küste und im Tiefland zwischen den Flüssen Magdalena und Sinú. Sie verwandelten die Tiefebene in eine Kanallandschaft und passten dadurch ihren Wohnraum den erheblich wechselnden Wasserständen der Flüsse an. Das Reich **Gran Zenú** war in drei Provinzen aufgeteilt. Der oberste Kazike regierte Zenúfana, heute der Oberlauf des San Jorge, und Teile von Antioquia, ein Gebiet mit reichen Goldvorkommen. Seine Schwester stand Finzenú vor. Die Küstenregion um das heutige Cartagena war religiöses und Handelszentrum. Ein weiteres Familienmitglied beherrschte Panzenú, reich an Fisch und Landwirtschaft. Heute ist dies das Momposiner Flachland. Den Häuptlingen unterstellt waren Unterhäuptlinge, die Abgaben zu zahlen hatten. Gran Zenú verfiel sechs Jahrhunderte vor Ankunft der Spanier. Plaza Bolívar, Cra. 4 No 33-26. ⊙ Mo- Fr 8-12 u. 14-18. Hauptsaison: Sa 9-12.

Museo de Arte Moderno

Großformatige Bilder des verstorbenen Altmeisters und ehemaligen Museumsdirektors Enrique Grau hängen permanent im Obergeschoss, zudem einige Werke von Alejandro Obregón, der ebenfalls einige Jahre in Cartagena gelebt hat. Ab und zu finden temporäre Ausstellungen statt. Plaza de San Pedro Claver, Calle 30 No 4-08. ✆ 664 58 15.

Museo Naval del Caribe

Wer an alten Schiffsmodellen Interesse hat, kann hier einen Blick hineinwerfen. Zwischen dem Hotel Santa Teresa und der Kirche San Pedro Claver, Calle San Juan de Dios. ⏰ Mo-Sa 9-12 u. 15-18. € 1,50.

Centro Cultural Español

Calle Don Sancho No 36-79, Ausstellungen, Restaurant mit spanischer Küche (unter anderem Serranoschinken und Paella).

Centro de Cultura Afrocaribe

Claustro de San Pedro Claver. Wer sich für Synkretismus interessiert, die Verschmelzung von afrikanischen Yoruba-Religion und dem Katholizismus, kann sich hier informieren. Unregelmäßige Öffnungszeiten.

Casa Museo Rafael Núñez

Etwas außerhalb der Stadtmauer im Barrio Cabrero steht das Geburts- und Sterbehaus des früheren Präsidenten Rafael Núñez. Núñez war zwischen 1880 und seinem Tod 1894 vier Mal Präsident von Kolumbien, zu einer Zeit, als die unbegrenzte Wiederwahl noch möglich war. Er war der herausragende Präsident der Republik des letzten Jahrhunderts. Er hob nicht nur die Verfassung von 1886 aus der Taufe, sondern textete zudem die Nationalhymne. Sein Schreibtisch, von dem er die Regierungsgeschäfte erledigte, ist wohlbehalten. Zudem enthält das Museum persönliche Gegenstände und eine Bibliothek. Das Haus, im typisch antillanischen Stil aus Habarcoholz luftig gebaut, stammt aus dem Jahre 1858. Calle Real del Cabrero No 41-89. ✆ 664 53 05. ⏰ Mo-Sa 9-17.30. Eintritt: € 2.

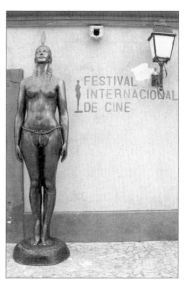

Die India Catalina als Filmtrophäe

Filmstadt Cartagena

Seit 1960 wird jährlich ein **internationales Filmfestival** veranstaltet, und seit jener Zeit steht dem Festival stets ein und derselbe Direktor vor. Victor Nieto (geb. 1916) leitet das Festival seit 48 Jahren. Die Filmtrophäe ist die India Catalina. Cartagena ist nicht Cannes und erst recht nicht Hollywood, dafür ein überschaubares sympathisches Festival mit einigen interessanten lateinamerikanischen Filmen, die nur selten den Weg nach Europa finden. Die Stadt hat ihre Architektur hin und wieder als Filmkulisse zur Verfügung gestellt. Der herausragende Film, der hier mit dem Weltstar Marlon Brando gedreht wurde, heißt «La Quemada» und ist längst Legende. 1995 wurde «Nostromo», nach einem Roman von Joseph Conrad mit Claudia Cardinale in der Hauptrolle in Szene gesetzt.

Musikfestival Cartagena

In jüngster Zeit hat sich ein jährlich wiederkehrendes Festival für klassische Musik in Cartagena etabliert. Erster Festivaldirektor ist Charles Wadsworth, der Dirigent und Kammermusikdirektor von Charleston (USA). Orchestermusiker und Solisten aus aller Welt kommen einmal im Jahr in Cartagena zusammen und geben mehrere Konzerte in alten Gemäuern oder unter freiem Himmel. Konzertorte sind das Teatro Heredia, ein verspieltes architektonisches Prunkstück in der Altstadt mit Treppen und Skulpturen aus italienischem Marmor, ein tropisches Theater mit einer vom Künstler Enrique Grau verzierten Kuppel und 750 Sitzplätzen und die Kapellen von Santa Clara und Santa Teresa. Auf der Plaza San Pedro Claver und in unterschiedlichen Stadtteilen werden frei zugängliche Konzerte gegeben.

www.cartagenamusicfestival.com

Feste und Märkte

Ende März findet jedes Jahr das **Festival de Musica del Caribe** statt, internationaler Treffpunkt für Bands aus Kolumbien, Jamaika, Kuba, der Dominikanischen Republik und Zaire. Die Konzerte in der neuen Stierkampfarena gehen bis zum Morgengrauen, vier Tage hintereinander. Die Freunde von Reggae, Ska, Salsa und Merengue kommen voll auf ihre Kosten. Das Festivalbüro ist in der Casa del Valdehoyos, für Programme und Plakate.

Am **11.11.** beginnt in Cartagena nicht etwa die närrische Zeit, sondern die Feiern des Unabhängigkeitstages, verbunden mit der Wahl der Miss Colombia. Letzteres hält die Nation schon wochenlang vorher in Atem.

Mitte Dezember klingt die Saison mit **Jazz bajo la Luna** aus. Gejazzt wird in einigen Klosterhöfen und auf den Bollwerken.

Der **Mercado Bazurto** ist der täglich stattfindende, lebendige und bunte Markt des Volkes. **Bus** - «Bazurto» von der India Catalina.

Shopping

Museo de Artesanías y Esmeraldas, - Centro - Calle Santos de Piedra No 34-23, ☏ 660 05 54, nur wenige Schritte von der Plaza Bolívar und gar nicht zu verfehlen, dafür sorgen schon die Kommissionsverkäufer enlang der vielbegangenen Touristenroute, vielsagend heißt es, Gold und Edelsteine (Smaragde) aus den Minen von Muzo, Chivor, Coscuez und Peñas Blancas, zudem Kunsthandwerk.

Jenny Amador - Centro - Callejon de Los Estribos No 2-104, ☏ 664 14 85, die Modemacherin aus Cartagena entwirft schicke und außergewöhnliche **Guayaberas** und **Liqui-Liquis**. Das sind die edlen karibischen Hemden, die auch Gabriel García Marquez bevorzugt trägt, und wenn Sie einen Business Termin in der Karibik wahrnehmen, legen Sie um Himmelswillen keine Krawatte an, sondern kommen Sie in der Guayabera oder im Liqui-Liqui!

La Cava del Puro de Bolivar, Calle San Juan de Dios No 3-106, Local 1, ein Block von der Iglesia San Pedro Claver, ✆ 664 94 82, der beste Hersteller für kolumbianische und der einzig autorisierte für den Vertrieb kubanischer Zigarren (Habanos).

Strände
Bocagrande
Bocagrande ist der moderne Stadtteil mit mehrstöckigen Hotels und Apartmenthäusern entlang der der Altstadt gegenüberliegenden Bucht, mit einem ellenlangen Strand, auf dem man die verrücktesten und schrägesten Gestalten antrifft, seien es nun Einheimische oder Ausländer. Anders als im Inland sind hier auch US-Gringos und Italiener unterwegs.

Es herrscht ein buntes, am Wochenende vibrierendes Strandleben, genau das Richtige, um Kontakt zu machen. Am besten mietet man eines der Stoffzelte mit Liegestuhl, € 3. Vom Handleser bis zur Zopfflechterin, von der Bibelstunde bis zum posierenden Faultier kommt alles vorbei.

Auf den Wellen tummeln sich Tretboote, Wasserbananen und Wassermotorräder. In den Strandbuden trinkt man sich ein. In Bocagrande regiert der ganz normale Strandwahnsinn. Zwischenzeitlich können einem die vielen aufdringlichen fahrenden Händler, die im Minutentakt mit billiger Ramschware (Sonnenbrillen, T-Shirts, Muschelketten usw.) am Handtuch vorbeischlendern, schon gewaltig auf den Nerv gehen. Am besten man beachtet sie gar nicht. Am Hilton-Privatstrand geht es etwas ruhiger zu, aber von Ensalada de Frutas (Fruchtsalat) und Trenzas (Rasta-Zöpfchenpflechten) bleibt man auch dort nicht verschont.

Laguito und Castillo Grande
Laguito bietet einen vergleichsweise ruhigen, vor dem Hilton beinahe eleganten Strand und das Wasser ist flach. In der Gegend gibt es kleine Shops, Restaurants, Diskotheken und einige Clubs. Eleganter ist der sich anschließende ruhige Residenzbezirk **Castillo Grande**. Am Strand findet man hier selten Trubel, aber die Muße, um ein Buch oder die Zeitung zu lesen. Das Meer ist glatt wie ein Spiegel und der Blick schweift auf die vorgelagerte Insel Tierrabomba und einige weit draußen ankernde Schiffe.

Busse verkehren entlang der Avenida Santander (entlang der Stadtmauer) zwischen dem historischen Zentrum, Bocagrande und Laguito, € 0,50. Das **Taxi** kostet € 2.

La Boquilla
Im Norden der Stadt, hinter dem Flughafen liegt La Boquilla, einst eine durcheinandergewürfelte Fischersiedlung zwischen den Mangrovensümpfen und dem Meer, hat die breite Strandlinie in den letzten Jahren Bauinvestoren in Scharen angelockt, die ein Ressort und ein Hotelkomplex nach dem anderen hochziehen. Der Service mag sich verbessert haben, aber die Ursprünglichkeit in den Strandbuden, die Fisch und Meeresfrüche anbieten, hat gelitten. Die Bewohner bieten auch kleine Rundfahrten mit dem Kanu in die Mangrovensümpfe an, € 5.

Busse nach La Boquilla fahren von der India Catalina, mit dem Taxi € 3.

Manzanillo del Mar
Eine Bucht hinter La Boquilla liegt Manzanillo del Mar. An diesem unter der Woche verträumten Fleckchen soll sich einst der Vizekönig von seinen Amtsgeschäften erholt haben. Zwei Strände stehen zur Auswahl.

La Parilla del Mar bietet leckere Meeresfrüchte an. Hier gibt es die Möglichkeit, Pferde zu mieten.

Schlafen
– im Centro Historico –
Für eine Handvoll Pesos
Die einfachen und günstigen Hotels im kolonialen Getsemaní sind alle nur einen Steinwurf voneinander entfernt. Hier trifft sich die Reiseszene.

Hotel Holiday, Calle de la Media Luna No 10-47, ① 664 09 48, Zimmer ohne/mit Bad, Vent., schmaler Innenhof, sauber, freundlich, € 5/6 p.P.

Hotel Marlin, Calle de la Media Luna No 10-35, ① 664 35 07, hotelmarlincartagena@hotmail.com, Kabel-TV, Internet, Wasch- und Kochgelegenheit, Zimmer mit a/c € 12.

SEBRA TIPP

Casa Viena, Calle San Andrés No 30-53, ① 664 62 42, www.casaviena.com, hviena@cartagena.cetcol.net.co, populär bei Reisenden, Eigentümer Hans ist Österreicher und war selbst einmal backpacker. Er kennt sich an der kolumbianischen Karibikküste bestens aus, Zimmer ohne/mit Bad, Kabel-TV, Vent., kleiner Innenhof, € 6/7 p.P.; im dorm. mit a/c € 5p.P.

Hotel El Refugio, Calle Media Luna No 10-35, ① 664 35 07, ohne/mit Bad, € 4,50/5.50 p.P.

Casa Familiar, Calle del Guerrero No 29-66, ① 664 83 74, Zimmer ohne/mit Bad, bestes Zimmer im 2. Stock, € 4,50/5,50 p.P.

Hostal Baluarte, Calle Media Luna No 10-81, schräg gegenüber der kleinen Kapelle San Roque, ① 664 22 08, sauber und ordentlich, aber ohne Charme, Zimmer € 15 (Vent.) oder € 22 (a/c).

SEBRA TIPP

Hotel Villa Colonial, Calle de las Maravillas No 30-60 (Getsemaní), ① 664 54 21, hotelvillacolonial@hotmail.com, bequeme Zimmer mit Bad, Vent., a/c, Kabel-TV, mit Innenhof und Dachterrasse, ruhig, freundlich, gute und günstige Alternative zum Hotel Tres Banderas, € 16/mit a/c, € 24(2).

Casa Villa Colonial, Calle Media Luna No 10-89, ① 664 54 21, diese gepflegte Familienpension wird ebenfalls von Doña Martha hervorragend geführt, € 22(2).

Hotel Santo Domingo, Calle Santo Domingo No 33-46, (Centro), ① 664 22 68, hsantodomingopiret@yahoo.es, Zimmer mit Bad, Vent., ruhig, € 20/27. Für a/c ist ein Aufschlag von € 7 pro Zimmer fällig.

Hotel Bellavista, Av. Santander 46-50, ① 664 64 11, www.htbellavista.com, kleines, gemütliches und sehr einfaches Strandhotel mit langer Tradition und unterschiedlichen Zimmertypen, einige mit a/c, Kabel-TV, Internet, ab € 10, zwischen Altstadt und Flughafen - Playa Marbella -

Mittelklasse
Hostal San Diego, Calle de las Bóvedas No 39-120, (hist. Zentrum), ① 660 09 83, 660 09 89, stilvolles Gebäude mit Innenhof, kleine Zimmer, a/c, Kühlschrank, übertuert, € 50-60(2).

SEBRA TIPP

Hotel 3 Banderas, Calle Cochera del Hobo 38-66/ Ecke Cartagena de Indias, ☏ 660 01 60, ✉ info@hotel3banderas.com, ist im Herzen der Altstadt, in der Nähe des Hotels Santa Clara (Barrio San Diego), relaxte Atmosphäre in den Patios und schöne Blicke von den Balkonen im zweiten Stock. Internetanschluss, Dachterrasse mit traumhaftem Blick. Zimmer mit Bad, Kabel-TV, zwischen € 53-65 pro Zimmer, je nach Saison und Lage.

Hotel Casa del Curato, Calle de Curato No 38-89, ☏ 664 36 48, www.casacurato.com, ✉ info@casacurato.com, restauriertes Stadthaus aus dem 18. Jh. im Barrio San Diego, Innenhof, Dachterrasse, kleiner Pool, elf individuell eingerichtete Zimmer, darunter drei Suiten mit Balkon und a/c, Privatbad, Kabel-TV, Safe, Internetverbindung, € 75/85.

Hotel Monterrey, Cra. 8B No 25-103, ☏ 664 85 60, ✉ htlmonterreyctg@enred.com, hervorgegangen aus dem Umbau und der Renovierung eines dreistöckigen republikanischen Hauses aus dem 19. Jh., zentral gelegen mit Blick auf den Uhrenturm und das Centro de Convenciones, Restaurant, Bar und kleiner Pool auf dem Dach, 30 Zimmer unterschiedlicher Kategorie, verziert mit Stilelementen aus der republikanischen Epoche, je nach Ausrichtung und Größe € 58/64/75/80.

Luxusklasse
Boutiquehotel El Marqués, Calle de Nuestra Señora del Carmen, No 33-41, ☏ 664 44 38, ✉ reservas@elmarqueshotelboutique.com, www.elmarqueshotelboutique.com, das Haus stammt aus dem 17. Jahrhundert, der Innenhof ist palmenumstanden, die Zimmer auf dem neuesten internationalen Standard des Minimalismus und alles so intim und mit Liebe zum Detail gestaltet, dass man sich wie in einem hochherrschaftlichen Privathaus denn in einem Hotel fühlt. Pool, Spa und Sushi-Bar gehören dazu, € 100-200.

SEBRA TIPP

Hotel Santa Clara, Balluarte de Santa Clara (hist. Zentrum), ☏ 665 15 02, 📠 665 14 38, www.hotelsantaclara.com, ✉ santaclara@hotelsantaclara.com. Das 1995 zum Gipfel der Blockfreien eingeweihte Fünf-Sterne-Hotel ist das stilvollste Hotel der ganzen Stadt. Das ehemalige Kloster ist der Schauplatz des Romans von Gabriel García Márquez «Von der Liebe und anderen Dämonen». Alle Zimmer haben Balkon, Minibar, Zentral-a/c, die oberen mit Meerblick, Pool, zwei Restaurants, Bar, Konferenzräume, Zimmer um € 200.

Hotel Charleston Cartagena, Cra. 3 No 31-23, ☏ 664 94 94, 📠 664 94 48, www.hoteles-charleston.com, der ehemalige Konvent Santa Teresa mit der gleichnamigen Plaza davor. Dachrestaurant, Cocktail-Lounge in der ehemaligen Kapelle, Pool, türkisches Bad und andere Wellnesseinrichtungen, Konferenzräume, Zimmer zwischen € 130-400 (Präsidentensuite).

Casa del Arzobispado, Calle del Arzobispado Cra. 5 No 54-32, ✉ hcasaarzobispado@enred.com, exquisite Unterkunft im historischen Zentrum, ein Kolonialbau aus dem 16. Jahrhundert mit dem Komfort des 21. Jahrhunderts. 12 Bedienstete für 10 Zimmer und die klösterliche Ruhe haben ihren Preis. € 200-400 je nach Saison.

Ein bisschen günstiger, doch auf seine Art sehr spezial ist die **Casona Agua** - Centro - Calle de Ayos No 4-29, ☏ 664 94 79, www.hotelaqua.com.co Lediglich fünf Zimmer stehen den zahlungskräftigen Gästen zur Verfügung. Sergio Castaño, der Besitzer und Architekt, verkauft alle Möbel, mit denen das ehemalige Tabaklager dekoriert ist. Zwischen € 220-300, je nach Saison und Ausstattung.

Boutiquehotel La Merced - Centro - Calle Don Sancho No 36-165, ☏ 664 77 27, ✉ gerencialmerced@enred.com, ebenfalls eine restaurierte Casona, bietet zum Relaxen ein Spa-Programm und im Restaurant wird eine köstliche Ceviche serviert. Zimmer mit allem Komfort, € 150.

– in Bocagrande –

In Bocagrande ist nicht die Vergangenheit, sondern die Gegenwart von Cartagena zuhause. Die Hotels hier sind weniger schick und gediegen als im historischen Zentrum, dafür moderner, höher und auch unpersönlicher. Der Vorteil, in wenigen Schritten ist der Strand erreicht. Während der kolumbianischen Feriensaison steigen die Preise um 40 %.

Für eine Handvoll Pesos

Alle kleinen und günstigeren Pensionen liegen in der zweiten Reihe, sprich Carrera 3.

Residencias Tintorera, Cra. 3 No 5-123, ☏ 665 24 59, Zimmer mit Bad, Vent., € 15/19.

Hotel Mary, Cra. 3 No 6-53, ☏ 665 28 33, Zimmer mit Bad, Vent. oder a/c, obere Räume mit Terrasse, € 22/25.

Hospedaje Pinar del Mar, Cra. 3 No 5-13, ☏ 665 20 71, der karibischbunte Innenanstrich der Lobby kontrastiert mit den verwinkelten Fluren und kleinen düsteren Zimmern, Vent. einige a/c, € 25(2).

Mittelklasse

Hotel Da Pietro, Cra. 3 No 4-401, ☏ 665 23 69, ✉ hotel@pietro.com, bequeme Zimmer, sicher, herzliche Atmosphäre, ein Hauch von Napoli im Restaurant mit Pizza und Pastagerichten, Privatbad, a/c, TV-Kabel, ab € 51(2) in der Nebensaison; € 80 in der Hauptsaison.

Hotel Paris, Av. San Martín No 6-40, ☏ 665 28 88, 📠 665 66 43, Zimmer mit a/c, Pool, Restaurant, € 30/40, inkl. Frühstück.

Hotel Playa, Av. San Martín No 4-87, ☏ 665 05 52, Zimmer mit Vent. oder a/c, Pool, Restaurant, in der Saison lautes Familienhotel, € 35/40 (Nachsaison); € 45/60 (Hauptsaison).

Hotel Flamingo, Av. San Martín No 5-85, ☏ 665 03 02, 📠 665 69 46, die überschaubare Anlage im Karibikstil könnte einen neuen Anstrich vertragen, Bambusmöbel, a/c, Kühlschrank, € 56/75.

Hotel Charlotte, Av. San Martin No 7-126, ☏ 665 92 98, www.hoteleschartlotte.com, kleineres Hotel und sicher eines der besten in dieser Ecke zwischen Calle 7 and Calle 9, bequem und ruhig, Pool, Restaurant-Bar, aber die Preise sind gesalzen, € 110/140, in der Nachsaison 40 % günstiger, inkl. kleines Frühstück.

Oberklasse

Decameron Cartagena, Cra. 1 No 10-10, ☏ 665 44 00, www.decameron.com, All-Inclusive-Ressort, mit eigenem Strand vor der Haustür auf der anderen Straßenseite, hier ist es immer schön laut und rummelig, ideal um Kontakte zu knüpfen, um € 100.

Hotel Capilla del Mar, Cra. 1 No 8-12 Esq., ⓘ 665 15 00, www.capilladelmar.com, angenehmes Hotel mit geräumigen wohltemperierten Zimmern mit Flachbildschirm, Kabel-TV, Minibar, Balkon mit Meerblick, unterschiedliche Kategorien ab € 110, inkl. Frühstücksbuffet. Eigener Strand mit Chill-Out Ecken, ruhiger und exklusiver als das nahegelegene Decameron.

Hotel Cosmos 100 de Bogotá, Hotelkomplex, in dem die 210 Zimmer in zwei Türmen untergebracht sind. Geschäftiger Hotelbetrieb wie es bei der Größe dieses Hauses üblich ist. Hier trifft man auf All-Inclusive-Gäste ebenso wie auf Sternchen aus dem kolumbianischen Showbizz. Zimmer zwischen € 100-150.

Luxusklasse

Hotel Caribe, Cra.1 No 2-87, ⓘ 650 11 60, 665 37 07, ✉ reservas @hotelcaribe.com, reichlich verkitschter kolonialer Nachbau, der zur spanischen Hotelgruppe Celuisma gehört, 211 geräumige Zimmer, Restaurant, Bar, Pool, ab € 150.

Hotel Cartagena Hilton, El Laguito, ⓘ 665 06 66, 665 22 11, www.hilton.com, ✉ sales.cartagena@hilton.com, das bestgelegenste Hotel an der Spitze der Halbinsel, 282 Zimmer, Restaurant, mehrere Pools, tropischer Garten, Shoppingzone, Reisebüros. Hier werden die *Miss Colombia*-Wahlen abgehalten, ab € 150.

Hotel Almirante, Av. San Martín Ecke Calle 6, ⓘ 665 44 35, www.hotelesestelar.com ✉ reservas@hotelesestelar.com, ein 5 Sterne-Hotel der neuen Generation mit großer Glasfront und viel Beton, geräumige Zimmer, Konferenzräume, ab € 100, inkl. Frühstücksbuffet.

Wohnungen und Aparthotels

Auch die **Apartmentanmietung** ist in Bocagrande kein Problem und konzentriert sich vor allem auf das angrenzende **El Laguito**. Hier stehen einige, inzwischen in die Jahre gekommene Apartmentblöcke mit zum Teil recht geräumigen Zimmern. Man kann bei den Pförtnern herumfragen und sich allein oder mit mehreren ein Apartment mieten. Man ist unabhängiger, hat einen Kühlschrank, teilweise grandiose Meerblicke, eine stete Brise und Aircondition, teilweise auch Swimmingpool.

Las Tres Carabelas, Cra.1 No 1-25, ⓘ 665 03 56, die Fassade ist zwar nicht besonders vielversprechend, aber die Zimmer sind sauber und bieten gute Ausblicke zum Meer und auf die Lagune, geräumiges Apartment für 2-3 Personen ab € 50 pro Tag.

Edificio Nautilus, **Edificio Exlaris**, je nach Saison, Benutzung und Verhandlungsgeschick, zwischen € 40-100 pro Tag.

Essen

Frühstücken

SEBRA TIPP

Gato Negro, Calle San Andrés No 30-39, ⓘ 664 09 58, diverse Frühstücksvariationen. Erste und bislang einzige WiFi-Zone in Getsemaní.

Café Mila, Calle de Ayos, neben dem El Bistro, gutes Frühstück.

- Centro -

Juan Valdes Café - fünfmal in Cartagena vertreten, an der Plaza de la Universidad in der Altstadt, in Bocagrande, Av. San Martín No 7-17 und am Kreuzfahrtterminal in Manga.

Einfache Restaurants
Die volkstümliche Küche im Stadtteil **Getsemaní** hat in den letzten Jahren nach und nach die Segel gestrichen oder wurde zur Aufgabe gezwungen. Einfache und günstige comida corriente serviert jetzt nur noch das traditionsreiche Restaurant **Coroncoro**, Calle Tripita y Medía No 31-28, ☏ 664 26 48. Hier hängen die Langusten an der Wand, auf dem Teller liegen comida corriente oder Fleischportionen à la Carte.

Einige Essensstände, Fruchtsaft- und Ceviche-Cocktailbuden befinden sich am Parque Centenario. In den Ceviche kommen Krabben-, Austern-, Caracol-Muscheln und Chipi-Chipi in allen Größen und Mischungsverhältnissen. Außerdem noch anzutreffen Arepa con Queso, geröstete Schweineschwarten, Blutwürste und Tamales.

Historisches Zentrum, Getsemaní und La Manga

SEBRA TIPP

Restaurante Panadería El Bistro, Calle de Ayos, 4-48, ☏ 664 17 99, frisches deutsches und französisches Brot, reichhaltige und schmackhafte Tagesgerichte, Frühstück, Salate, Sandwich, Paulaner Bier und Bier vom Fass, zentrale Lage im historischen Zentrum, nur wenige Schritte von der Kathedrale entfernt.

Restaurante Bar Rincón de la Mantilla, Calle de la Mantilla No 3-32, Aguila-Bierbar mit Mittagsmenü, für Trinker allein und in Gesellschaft.`

Portón de San Sebastián, Calle Santo Domingo Cra. 35 No 3-19, Nähe Plaza Santo Domingo, ☏ 664 23 25, gute Fleischgerichte.

– Bocagrande –
In Bocagrande sind alle Imbissketten des Landes vertreten, Pizza, Kokoriko, Presto, Mc Donalds. Einfache und frische Fisch- und Meeresfrüchtegerichte, zwischen € 5-10 werden in den Strandbuden serviert.

Dany (El Churrasco Argentino), Cra. 3, Ecke Calle 5, gutes argentinisches Steak, Salatbuffet.

SEBRA TIPP

Eine lange Tradition hat der **Kiosco El Bony**, Av. del Malecón, Ecke Calle 6 in Bocagrande, vorzuweisen. Der einstige Boxer aus Cartagena, Bonifacio (Bony) Avila, hat sich diese exponierte Stelle am Strand unweit vom Hotel El Caribe gesichert, und die Crew bekocht ihre Gäste seit Jahren mit stets gleichbleibender Qualität. Maritime Fundstücke und Zeitungsberichte aus der eigenen Boxkarriere (ein Foto zusammen mit Promotor Don King), zum legendären Kid Pambele aus San Basilio de Palenque und seit neustem Fotos von Box-Weltmeisterin Regina Halmich schmücken die Wände der windschiefen Hütte, und die aus Arbeitern, Fischern und Reisenden zusammengewürfelte Gästeschar sorgt für eine ausgelassene Atmosphäre.

Toprestaurants
Historisches Zentrum, La Manga & Cabrero
Classic de Andrei, Calle de las Damas, Ecke Ricaurte No 3-04, internationale Küche mit Sushi Bar in niveauvollem Ambiente.

El Fogón, Calle de la Factoria No 36-98, gute spanische Küche, Innenhof mit Springbrunnen.

El Burlador de Sevilla, Calle de Sto. Domingo No 33-88, ☏ 660 08 66, spanische Küche.

El Refectorio mit französischer (Autoren-)Küche und **Café del Claustro,** beide im Hotel Santa Clara an der Plaza San Diego. Die beiden Restaurants servieren unter den Arkaden oder in einem der stilvoll eingerichteten Innenräume. Zu empfehlen ist auch der Sonntagsbrunch. Ab 11.30 ist das Buffet geöffnet und seinen Preis von € 12 wert. Danach ein paar Runden im Pool schwimmen und schon sind die angefutterten Kalorien wieder abtrainiert.

Juan del Mar, Plaza San Diego No 8-21, ① 664 01 48, drei Restaurants unter einem Dach.

Man hat die Qual der Wahl zwischen fangfrischem Fisch lecker zubereitet, italienischer Küche in der **Mesa Italiana** oder einer opulenten Pizza auf der Terrasse im zweiten Stock in der **Pizzeria Gourmet** mit Blick über die Türme, Dächer und Balkone des historischen Zentrums.

San Pedro Centro, Plaza San Pedro Claver, gegenüber der Kirche San Pedro Claver, ① 664 51 21. Sehr beliebtes, (Gruppen-)Restaurant mit Terrasse und Blick auf die Plaza. Die Speisekarte gibt sich asiatisch. Sushi, Thai und indonesische Satés erstaunlich gut zubereitet.

La Bruschetta, Calle del Curato No 38-135, ① 664 55 91, www.labruschetta.com, gediegener Laden mit italienischer Küche, kubanischer Musik, chilenischen und argentinischen Weinen.

Donde Olano Centro, Calle Santo Domingo No 33-08, Bistro, besonders zum Mittagessen zu empfehlen.

El Meson de Maria y Mulata, Calle Arsenal No 8-13, an der Muelle, Tapas-Bar.

SEBRA★TIPP

La Casa de Socorro, Calle Larga, No 8b 112, ① 664 46 58, gute Fischsuppen, Spezialität: Pargo Rojo, verschiedene Kasserollen mit Meeresfrüchten. Hier waren sie schon alle, Präsidenten, Beauty Queens, Fußballnationalspieler: Mittags rechtzeitig um 12.00 kommen, sonst sind alle Tische besetzt.

Enoteca Centro, Calle San Juan de Dios No 3-39, in der Nähe des Hotel Charleston auf der Plaza Santa Teresa, ① 664 38 06. Etwas für die versprengte Toskana-Fraktion. Gleich drei italienische Restaurants gruppieren sich um einen Innenhof und bieten Pizza und Pasta und eine passable italienische Weinkarte. Nicht ganz billig.**Monte Sacro**, am Parque Bolívar No 33-20, ① 660 20 86, Restaurant und Bar, Fusionsküche, Fruchtsäfte und Cross-Over Musik, beste Ausblicke vom Balkon im Obergeschoss, ⓘ 12-4.

Dragon de la Marina, Calle de Porvenir, Cra. 6 No 35-46, überdurchschnittlich guter Chinese in einem Kolonialgebäude.

Quebracho - Centro - Calle Baloco No 2-69, in der Nähe des Hotel Charleston, ① 664 13 00, unbedingt das krosse, zarte Spanferkel probieren!

El Mar de Juan Centro, Plaza San Diego, Calle del Torno, ① 664 00 04, schmackhafte Fischgerichte und Livemusik.**La Barchessa Centro**, Calle Santo Domingo No 35-36. Kinderfreundliche Bestuhlung, vorzügliche Pasta.

Club de Pesca, Fuerte San Sebastián de Pastillo, ① 664 45 94, Terrasse auf den Festungsmauern, Meeresfrüchte mit Blick auf den Jachthafen und Teile der Altstadt. - Manga-

Club Nautico Marina, Av. Miramar No 19-50, ℐ 660 55 82, einfache Gerichte und gute Filetsteaks, freundlicher Service. - Manga-

La Langosta, Calle Real No 41-43, ℐ 664 47 13, ✉ langosta@enred.com, Langusten in allen Variationen, elegante Atmosphäre, guter Service und vernünftige Preise. - Cabrero -

SEBRA TIPP

La Vitrola, Calle 33 No 2-01, Calle Baloco, ℐ 664 82 43, kubanische Livemusik im Hintergrund. Exzellenter Service, gute Küche, ansprechendes Ambiente. Spezialität: *ropa vieja habanera* (wörtlich alte Klamotte), geschnetzeltes Rindfleisch in Tomatensoße mit schwarzen Bohnen, Reis und Yuka.

Café del Santisimo, Calle del Santisimo No 8-19, ℐ 664 33 16. Eine Reservierung in dem äußerst beliebten Restaurant ist sinnvoll. Das schmackhafte Menü kostet € 10, inkl. Wein und anderer alkoholischer Getränke.

Café de la Plaza, Plaza de Santo Domingo, italienische Küche, Pasta, Antipasti, Langustinenschwänze, lebendig und teuer.

Café Santo Domingo, Plaza Santo Domingo, mit Blick auf den Konvent.

– Bocagrande –

La Bohemia, Av. San Martín (Cra. 2) No 6-137, italienisch.

Capilla del Mar, Av. Chile No 8-59, französische Küche und Meeresfrüchte.

Grand Italia, Av. San Martín No 8-19, ℐ 665 63 26, Italiener im höheren Preissegment.

Chef Julian Bocagrande, Cra. 3 No 8-108, ℐ 665 56 98, elegant and intim, spanische und internationale Küche, Valencianische Paella und Tapas für den kleinen Hunger.

Restaurante Cin-Cin, Calle 13 N 1-59, ℐ 665 30 86, Antipasti, Carpaccio, Pasta und Risotto, Spezialität: Risotto Pescadore (mit Meeresfrüchten) und zum Nachtisch Panacotta, Mo geschlossen.

Cafés und Bars

Die Cafés und Straßenrestaurants an der **Plaza Santo Domingo** füllen sich im Laufe der Abendstunden. Tagsüber ist es ruhig, aber nach Sonnenuntergang wird der Platz um die sich auf dem Sockel räkelnde bronzene Dicke von Fernando Botero zum prall gefüllten Treffpunkt für einheimische wie ausländische Besucher. Günstigere Cafés und Fruchtbars liegen im Studentenviertel um die Plaza de la Universidad.

Café Bar El Baluarte, Bollwerk von San Francisco. Gutes Ambiente für einen Drink. Am Wochenende Livemusik, € 2,50 Covercharge.

Café Galería Libro, in den Kasematten des Bollwerks von Santo Domingo, Jazzmusik.

Café del Mar, Baluarte de Santo Domingo, ℐ 664 65 13, Cocktail-Bar (Restaurant) unter freiem Himmel auf der Altstadtmauer mit House, Chill-Out, Lounge-Rhythmen, Meer- und Sonnenuntergangsblick.

Café Gourmet Serano, ℐ 665 11 14, a/c-gekühlt in der Altstadt, Mittagstisch, Salate, Kaffee.

Del Pandebono, Plaza de la Universidad, Calle San Agustín, Fruchtsäfte und Salate.

Crepes y Waffles, Calle 3 No 4-76, ℐ 665 26 80, sehr beliebt, Crêpes in allen Größen und Variationen, Eis, Salate. - Bocagrande-

Musik und Tanz

Eine Handvoll einfacher Bars liegt um die gemütliche **Plaza José Fernandez de Madrid**. Der beliebteste Treffpunkt in der Altstadt ist in den Straßenlokalen und Bars um die **Plaza Santo Domingo**.

– Getsemaní –

Quiebra Canto, Calle de Media Luna, am Parque del Centenario, ausschließlich Salsa, beliebt bei Reisenden. Die Rumba ist am Wochenende.

Mister Babilla, großer Club und In-Disco, Av. De Arsenal, Calle 24 No 8B-137, Covercharge € 5, Bier € 3.

SEBRA TIPP

León de Bavaria, Av. de Arsenal No 10B-65, ☎ 664 44 12, bayrisches Bier, deutsche Küche und jeden Do Rockkonzerte live mit der Banda de León, ⏱Di-So 16-4.

– Historisches Zentrum –

SEBRA TIPP

Hard Rock Café Cartagena, Plaza de la Aduana (Cra. 7 No 32-10), ☎ 660 26 55, www.hardrock.com. Im Erdgeschoss T-Shirtverkauf, im Obergeschoss geräumiges Restaurant mit Videowänden, Gitarren von diversen Rockstars an den Wänden, u.a. von Jeff Beck.

Donde Fidel, Plaza de los Coches, Salsa und Son. Drinnen wird unter den schwarz-weiß-Fotos der Revolutionsführer getanzt, draußen auf der Terrasse genießt man das günstige Bier, nimmt sich noch einen Fleischspieß von einem der ambulanten Verkäufer dazu und schaut sich das Abendprogramm an. Tanzgruppen, Baden und Feuerschlucker, etc.

SEBRA TIPP

Taberna La Quemada, Calle de la Amargura, Ecke Calle de Nuestra Señora del Ladrial, Musikcafé und Kneipe mit Restaurant, am Wochenende Livemusik, berühmt geworden durch den gleichnamigen Film mit Marlon Brando, Filmplakate an den Wänden. Inzwischen ist es sogar gelungen, eine kleine Ehrentafel für den verstorbenen Giganten aus Hollywood an die Hauswand zu nageln.

Paco's, Plaza Santo Domingo No 3-02, gut für einen Drink und Tapas, am Wochenende Livemusik, kubanischer Son.

Diva Bar, Portal de los Dulces, ☎ 664 87 87, im 2. Stock mit Balkon auf den Kutscherplatz, Salsa und Rockmusik.

Casa de la Cerveza, Calle Arsenal, Baluarte San Lorenzo del Reducto, ☎ 664 92 61, Treffpunkt für Einheimische und Ausländer mit guter Stimmung und Livemusik in den Abendstunden.

El Coro, Lounge Bar im Santa Clara Hotel von 12.00-24.00 für Martini Cocktails und kubanischen Son, Do/Fr/Sa von 20.00-23.00.

SEBRA TIPP

Café Havana, Media Luna Ecke Calle del Guerrero (Getsemaní), Mojitos

«La Quemada» – Marlon Brando wurde endlich auch in Cartagena verewigt

und Daiquiris am prachtvollen Rundtresen, kubanische Gerichte wie moros y cristiano (Reis mit dunklen Bohnen) Livemusik am Do (Covercharge € 2,50) mit dem Flair der Mambo Kings, Son und Salsa!!! Zum Reinhören: www.cafehavanacartagena.com

Bocagrande
Rezak Bar Club, Cra.1 No 6-154, ① 665 40 00, die Club-Bar im Hotel Cartagena Plaza ist ein beliebter Treffpunkt mit Funk, Salsa, Pop- und Rockmusik, Do, Fr, Sa.

Tauchen

Buzos de Baru - El Laguito- Edf. Belmar Local 103, ① 665 34 38, mobil 312 619 53 82, www.buzosdebaru.com

Cultura del Mar, ① 664 93 12, www.culturadelmar.com

Diving Planet -Centro - Calle del Estanco del Aguardiente No 5-94, ① 664 21 74, www.divingplanet.club.com, Anfängerkursus: 3-5 Tage, 4 Tauchgänge bis 20 Meter, € 300. Minikursus: 1 Tag, 1 Tauchgang (10 m), € 75. Fortgeschrittenenkursus: Voraussetzung Abschlusszertifikat und 10 absolvierte Tauchgänge, 3 Tage, € 250.

Getaucht wird bei den Islas del Rosario. Das Wasser ist hier wärmer als anderswo in der Karibik mit schönen Korallenbänken in Reichweite.

Spanischunterricht

Nueva Lengua, Casa Actuar, Barrio Getsemaní, Calle del Pozo No 25 -95 . Kontaktperson ist Jesus Pedraza, ① 660 17 36, mobil 315 855 95 51, www.nuevalengua.com

Gruppen und Einzelunterricht für Anfänger, Fortgeschrittene und Buisenessspanisch. Kann mit verschiedenen Aktivitäten kombiniert werden, wie Tanzunterricht in Salsa und Merengue oder Tauchkurse.

Amaury Martelo, ① 662 86 58, mobil 313 526 39 10, www.oceanfamily.net/spanish, hat ein vergleichbares Programm, die Stunde kostet € 7,50 p.P.

Casa Cultural Colombia-Alemana, - Centro - Calle 38 No 5-31, Calle estanco del Aguardiente, ① 660 25 22/ 664 98 37, 📠 660 25 22, www.colombo-alemana.com, bietet neben Deutsch- auch Spanischkurse an.

Touren durch Stadt und Buchten

zu Lande

Es gibt diverse Möglichkeiten, die Stadt zu erkunden. Zu Fuß eignen sich am besten die Abendstunden und der Sonntag, dann ist die Altstadt wie leergefegt. Für Romantiker ist die nächtliche Fahrt in der **Kutsche**. Die Kutschen stehen in den Abendstunden vor der Plaza Bolívar (historisches Zentrum) und dem Hotel Caribe in Bocagrande, ½ Std. zu € 15-20, je nach Route. Promotora del Turismo, ① 665 13 91.

Die kolumbianische Form, die Stadt kennenzulernen, ist die **Rumba en Chiva** von 20.00-23.00, Fahrt in einem offenen Partybus mit Vallenatocombo im Heck, Aguardiente, regionaltypischem Essen, Animateur und Discothekenbesuch, um € 15. Zu Buchen über die Hotels oder einen der Touranbieter, **Rafael Pérez Excurciones**, Cra. 1 No 6-130, ① 655 00 86, mobil 311 659 41 63. Warum macht man das? Um sich locker auf das karibische Leben einzustimmen *¡Para calentar motores!*

zu Wasser
**Islas del Rosario
& Playa Blanca**
Die Ausflugsboote und Schiffe stechen in den frühen Vormittagsstunden zwischen ⏰ 8.30-9.30 und zwar ausschließlich von der **Muelle Turístico La Bodeguita** in See. Nur die Boote, die hier an- und ablegen werden regelmäßig technisch untersucht und gewartet und verfügen über ausreichend Rettungswesten an Bord. Täglich fahren drei große Jachten zu den Inseln, *Alcatraz, Islas* und *El Barú* und mehrere Schnellboote mit Außenborder. Angeboten werden sowohl Rundtouren zu den Islas del Rosario mit einem Besuch von Aquarium und Delfinshow, als auch Direkttouren zur Playa Blanca (Isla Barú). Ganztägige Ausflüge von 8.30-15.30, Tarife um € 20, abhängig von der Route und einem Mittagessen, € 4 Touristensteuer für die Muelle Turístico und den Besuch der Inseln, die zum Nationalpark gehören. In der Muelle Turístico lassen sich auch Übernachtungsmöglichkeiten auf den Inseln buchen.

Diverse Touranbieter stehen zur Verfügung, z.B. **Ocean & Land**, Cra.2 No 4-15, Edif. Antillas, Local 7 ☎ 65 77 72/ mobil ☎ 311 435 98 55, ✉ oceanlandtour@yahoo.com - Bocagrande -

Isla del Encanto, Av. San Martín No 5-52, Edif. Michel, www.isladelencanto.info - Bocagrande -

Aventure Colombia, Calle de Santisímo No 8-55, ☎ 664 85 00/ mobil 314 588 23 78, ✉ aventure-colombia@gmail.com - Centro -

Aviatur, die kolumbienweite Großagentur unterhält mehrere Büros in der Stadt, u.a. im Hotel Santa Clara, auf dem Flughafen in Bocagrande und El Laguito.

Tierrabomba & Bocachica

Zur Isla Tierrabomba und nach Bocachica mit Besuch des Forts und nahegelegenen Stränden fahren täglich lokale Transporte hinter der Muelle Turístico ab, Fahrpreis: € 2,50 - 3. Herumfragen! Eintritt: Bocachica: € 2,50. Dies ist die einzige Möglichkeit, die Forts auf Tierrabomba zu besuchen.

Es gibt Kreuzfahrten in den Sonnenuntergang entlang der Bucht zwischen 19.00 und 21.00 und 21.00 und 23.00, Kapazität 20-25 Personen, für € 25 p.P. Informationen gibt der Club Nautico in Manga, ☎ 660 47 69.

Autovermietung

Diverse nationale und internationale Autovermieter in Bocagrande.

Hertz
Av. San Martín Calle 10 No 2-30 Local 4, Edf. Torremolinos, ☎ 665 28 52/ 665 33 59, 📠 665 17 00.

International Car Rental
Av. San Martín Ecke Calle 10A Local 5, Edf. Torremolinos, ☎ 665 53 99, 📠 665 55 94.

National Car Rental
Av. San Martín Ecke Calle 10A Local 6, Edf. Torremolinos, ☎ 665 33 36/ 665 63 13.

Trans Car Rental
Av. San Martín No 11-67 Local 5, Edf. Turipana, ☎ 665 24 27, mobil 03 315 760 53 97, 📠 665 69 70.

Schiffsverbindungen

Panama
Der Fährbetrieb zwischen Cartagena und Colón (Panama) mit dem Kreuzfahrtschiff *Crucero Express* wurde eingestellt. Wer dennoch auf dem Schiffswege Panama erreichen möchte, kann versuchen an Bord ei-

nes Frachtschiffes zu kommen. Besonders beliebt bei Bikern, die die Panamericana befahren möchten.

Anfragen bei **Express Cargo Line** -Barrio Manga - Calle 29 No 25-69, ☏ 660 90 03, Website: www.ecl.com.co, Motorräder kosten € 80 pro Kubikmeter Ladefläche.

Maritrans Ltda, Avenida Venezuela - Edificio Caja Agraria - piso 3, ☏ 664 00 71/ 664 16 48. Die Bootspassage kostet € 180 p.P. und € 160 für das Motorrad. Die **Hamburger Horn-Linie** bietet auch Passagier- und Stückgutverbindungen zwischen **Hamburg** und **Costa Rica** mit Zwischenstops in **Cartagena** und **Turbo** an. Kontakt in Deutschland: Süderstraße 79a, 20097 Hamburg, ☏ (49-40) 236 77 - 0, 📠 (49-40) 236 77-100, ✉ info@hornlinie.com

Segeltörns sind eine andere, reisetechnisch schöne Variante. Die Segler fahren an der Muelle vor dem Club Nautico ab und brauchen zwei Tage bis ins San Blas Archipel und zwei weitere bis zur Hauptinsel Porvenir. Von dort besteht eine Fluganbindung nach Panama City (ca. € 40). Die Schiffspassage kostet ca. € 180 p.P., ohne Verpflegung. Up to date- Informationen zu Abfahrten, Komfort und Sicherheit kann Hans vom Hostal Viena geben.

▓ Busverbindungen

Der Busbahnhof (Terminal de Transportes) liegt einige Kilometer außerhalb der Stadt im Sector Doña Manuela, an der Carretera de la Cordialidad. ☏ 663 03 17/289/454. Hier gibt es mehrere Läden, eine Touristeninformation und eine Gepäckaufbewahrung (*maletero* 24 Std., Stück € 1). Zwischen Bahnhof und Stadtzentrum pendeln u.a. Busse mit der Aufschrift «Metrocar», € 0,75. Taxi: Centro € 3,50, Bocagrande € 4, aktuelle Tarife bei der Information erfragen.

SEBRA TIPP

Weil der Terminal so weit draußen liegt, kann es für einige regionale Ziele sinnvoll sein, den Transportservice von **MarSol** ☏ 656 03 02/ mobil 300 808 31 51, in Anspruch zu nehmen, der die Passagiere direkt vom Hotel abholt. Das bietet sich insbesondere für die Fahrt nach Magangué (>Mompox) an, € 15.

Zusätzlich zu den Terminalbüros haben Berlinas del Fonce und Expreso Brasilia eigene Büros in Bocagrande, in denen man das Busticket reservieren kann.

Berlinas del Fonce, ☏ 663 21 34.

Copetrán, ☏ 663 20 46.

Expreso Brasilia, ☏ 663 26 37, Agencia Bocagrande, Cra. 2 No 4-15, Edif. Antillas, ☏ 665 04 69.

Die wichtigsten Verbindungen sind:

Barranquilla - Expreso Brasilia, La Costeña, Expreso Wayu, La Veloz, Copetrán, von ⊕ 6-22.30, alle 20 Min., 2 Std., € 3,50-5,50.

Santa Marta - La Veloz, Expreso Brasilia, Berlina del Fonce, Copetrán (alle über Barranquilla), ständig, 4-5 Std., € 8.

Riohacha/Maicao - Rápido Ochoa, Expreso Brasilia, einige am Tag, die meisten in den Abendstunden, 6 Std./7 Std., € 15.

Magangué (> Mompox) - Expreso Brasilia, La Veloz, mehrmals täglich, 4 Std., € 7, für den Anschluss mit dem Boot nach Mompox einen frühen Bus nehmen!

Sincelejo - Expreso Brasilia € 7, Sotracor € 6, von ☾ 4.30-14.30 mehrere, 3 Std.

Valledupar - Expreso Wayu, Expreso Brasilia, Copetrán u.a., regelmäßig bis zum frühen Nachmittag, 7 Std., € 15.

Montería - Expreso Brasilia € 7, Sotracor € 5,50, mehrere, 3 Std.

Medellín - Rápido Ochoa, Expreso Brasilia, mehrmals täglich, 12 Std., Nachtbusse mit Schlafsitzen, € 25-32.

Cúcuta - Copetrán, einer um 9.30, 20 Std., € 35.

Bucaramanga - Copetrán, Berlinas del Fonce, 13 Std., € 26,50.

Bogotá - Expreso Brasilia, Rápido Ochoa, Copetrán, Berlinas del Fonce, mehrere frühmorgens und ab dem späten Nachmittag, 24 Std., € 50.

Venezuela (Maracaibo-Barquisimeto-Valencia-Caracas) - mit **Expresos Amerlujo** ☏ 653 09 07, ☾ täglich 7.45.

▪ Flugverbindungen

Avianca mit mehreren zentral gelegenen Büros in der Stadt, Cra. 2 No 7-7, ☏ 655 02 87 - Bocagrande -

Calle de Arzobispado No 34-52, ☏ 664 73 76 - Centro -

Av. Venezuela 33 No 88-05, Edf. City Bank Local 82, ☏ 664 76 22.

Aeropuerto Rafael Núñez, ☏ 666 11 75/ 666 48 86.

Aerorepública, Cra. 3 No 8-116, ☏ 655 04 28 - Bocagrande -

Centro Comercial Intercredito Local 18, ☏ 664 90 77/ -79 - Centro -

Copa, Calle Gastelbondo No 2-107, ☏ 660 15 56/ 664 10 18 - Centro -

Der kleine **Flughafen** *Rafael Núñez* liegt im Stadtteil Crespo, zehn Minuten vom Stadtzentrum entfernt. Es gibt eine Hotelreservierung und eine Touristeninformation, einige ATMs von Bancolombia und Banco Santander. Taxen und Busse fahren ins Zentrum, € 3 und Bocagrande/ Castillogrande/ El Laguito € 4,50. Im Gegensatz zu Bogotá haben die Taxen in Cartagena keinen Taxameter! Wer wenig Gepäck und viel Zeit hat, kann auch für € 0,20 einen Bus ins Zentrum nehmen. Auf dem Weg mit dem Taxi zum Flughafen kann man die € 1,50 Flughafengebühr einsparen, wenn man einige Meter vor dem Eingang aussteigt, bei der Iglesia Crespo. Die teuersten Flugverbindungen ins Inland bestehen an Sonn- und Feiertagen. Die wichtigsten Flugverbindungen sind:

National

Bogotá - Avianca, Aerorepública, mehrmals täglich, ab € 110.

Medellín - Avianca, dreimal täglich, und Aires ab € 75.

Cali - Avianca, Aerorepública täglich, ab € 100.

Pereira - Avianca, täglich außer Do/Sa, ab € 100.

San Andrés - Avianca, Do/Sa/So, Aerorepública, Mo/Mi/Do/Fr ☾ 12.40, € 120.

Capurganá, Mompox und andere Regionalziele von touristischem Interesse werden gelegentlich während der Sommermonate, Dezember/Januar, mit kleinen Maschinen der Fluggesellschaft Aerolínea de Antioquia (ADA) mit Sitz in Medellín angeflogen, ab € 75.

International

Panama - Copa täglich hin und zurück, Abflug: ☾ 16.40. Flugzeit: 65 Min., € 150 und Aerorepública So/Di/Fr ☾ 8.00.

Caracas - Copa, Avianca (via Bogotá) ab € 120.

Costa Rica/Guatemala/Havanna (Kuba) und andere mittelamerikanische und Karibik-Destinationen mit Copa (via Panama) manchmal sogar auch günstige Angebote, ab € 200.

Miami - Avianca, Direktverbindung täglich außer Do/Sa ab € 160, außerdem Verbindungen in die USA mit dem US-Billigflieger Spirit Airlines, www.spiritair.com

Zur Zeit denkt **Air Comet** über eine Direktverbindung von und nach **Madrid** nach.

Die Umgebung von Cartagena

Isla Barú und Playa Blanca

Im Südwesten vom Cartagena liegt die Isla Barú mit der schönen Playa Blanca. Man kann den zuckerweissen Strand zwar auch über Land erreichen, aber leichter und schneller geht's auf dem Wasserwege, am einfachsten von der Muelle Turístico mit einer organisierten Tour oder günstiger und abenteuerlicher vom **Mercado Bazurto**, ① täglich außer So mit einem lokalen Transportboot in den frühen Morgenstunden bis 9.00, 45 Min., € 6,50.

Vom Mercado Bazurto fahren auch Busse nach **Pasacaballos** am Canal del Dique. Der Kanal wurde 1650 von Schwarzen und Indianern gebaut, um eine Verbindung zum Río Magdalena zu schaffen, der ein Fluss mit wechselndem Lauf und unterschiedlichem Tiefstand ist. Von Pasacaballos setzt man mit der Fähre oder dem Ruderboot über auf die Insel Barú (€ 0,50), Colectivos fahren weiter nach Santa Ana. Von dort entweder einen der wenigen Jeeps erwischen oder trampen mit sporadisch passierenden Lkws zur **Playa Blanca** (zwischen 2½ und 3 Stunden von Cartagena).

Die Playa Blanca ist vermutlich mit dem pulverig weißen Sandstrand, türkisgrünem Wasser und den vorgelagerten Korallenbänken der schönste Strand in der Umgebung von Cartagena. Der richtige Ort, um zu schnorcheln und im Schatten der Bäume zu faulenzen. Es gibt Essbuden mit Fischen, Krabben und Austern sowie einfache, saubere Unterkünfte.

Man kann auf Barú noch weitgehend abseits des hochpreisigen Ressorttourismus auf einfache Weise relaxen, die Einheimischen vermieten Hängematten und einfache Hütten und braten frischen Fisch. Wer ein Zelt hat, sollte es mitbringen. Es gibt an der Playa Blanca aber längst auch luxuriösere Unterkünfte mit a/c und Rundumservice.

Hotel Sport Barú, Beachressort, Res. in Manga, Av. Miramar 20-335, ① mobil 314 506 65 20, www.sportbaru.com, €110-130.

Hotel Playa Scondida, ① 664 29 23, www.playascondida.com, mit kleinem Hotel, zwei Bungalows am Strand und zwei im Inselinnern mit ausreichend Privatsphäre, um € 150 inkl. Mahlzeiten.

Bis heute ist Barú trotz der Nähe zu Cartagena ein abgelegenes Eiland. Die schwarze Bevölkerung (ca. 3500 Bewohner) verteilt sich seit altersher auf die drei kleinen Dörfer Barú, Ararca, Santa Ana (mit dem winzigen Supermercado Antioqueño). In Barú betreiben die Frauen der Comunidad das **Ecohotel Casa Azul**. Es ist zu befürchten, dass es mit dieser Idylle bald vorbei sein wird, denn Stadtverwaltung und Provinzregierung haben seit Jahren ein touristisches Megaprojekt im Auge. In der Nähe der Playa Blanca soll das Beach- und Marineressort Barú entstehen, mit Hubschrauberlandeplatz, Einkaufszentrum, Jachthafen und Golfplatz. Die Auseinandersetzung um die besten Grundstücke ist

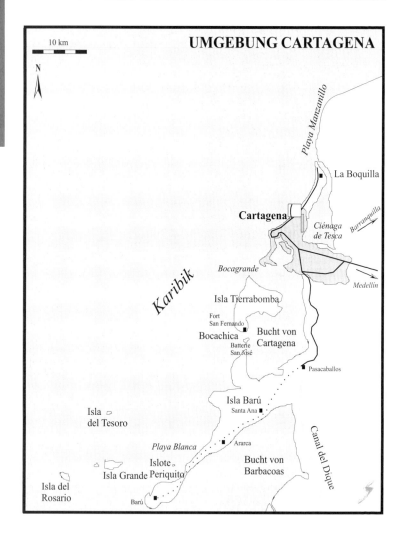

in vollem Gange. Provinzregierung und Privatinvestoren haben bewaffnete Sicherheitsleute im Einsatz, um ihr angeblich rechtmäßig erworbenes Landeigentum zu sichern. Die bitterarme einheimische Bevölkerung pocht auf den Fortbestand ihrer traditionellen Landrechte und fordert eine angemessene Entschädigung.

Islas del Rosario

Die Islas del Rosario sind eine dem Festland vorgelagerte Inselgruppe im Südosten der Stadt. Der Archipel ist von Korallenriffen umgeben (siehe Tauchen) und zum Nationalpark erklärt worden. Die Nationalparkfläche beträgt 120 000 Hektar und bedeckt den maritimen Festlandsockel

Der Strand von Barú, Cartagena

bis 50 m Tiefe, insbesondere die Korallenbänke zwischen den Inseln Barú, Tesoro und Rosario. Zusammengenommen sind es 30 Inseln und Inselchen. Die meisten der Inseln sind in Privatbesitz. Jeder, der etwas auf sich hält, hat sich hier eingekauft, der Getränkekönig Ardila Lülle (*uva - manzana - colombiana, www.postobon.com*), der Politikerclan Turbay (die kolumbianischen Kennedys) und diverse Stern(-chen) des Showgeschäfts. Der Tagestourist prescht an den Privatinseln vorbei und landet auf der Isla de San Martín (de Pajároles), Sitz der Parkverwaltung mit dem Aquarium und der Delphinshow.

Unterkünfte auf den Inseln

Die **Isla Grande** ist mit einer Fläche von 200 Hektar die größte. Hier und auf den anderen Inseln findet man einige paradiesische Unterkünfte und Ressorts.

Hotel San Pedro de Majagua, www.hotelmajagua.com, auf der Isla La Grande, inkl. Vollpension € 150/200. Reservierung in Cartagena, ☏ (57 5) 664 60 70, über das Hotel Santa Clara, in Bogotá, ☏ (57 1) 622 82 46, traumhaft schöne Anlage mit 17 Zimmern, darunter vier Suiten in der typischen Inselarchitektur und gewaltigen Gummibäumen, die der Maler Pierre Daguet in seinen letzten Lebensjahren umsorgte; für insgesamt bis zu 300 Gäste, idealer Stützpunkt für Tauchgänge. Über die Isla Grande, bewachsen mit Mangroven und tropischem Trockenwald im Inselinneren, führt ein Interpretationspfad.

Hotel Kokomo, www.hotelislapirata.com, ebenfalls auf der Isla Grande, einfacher und etwas günstiger als das Majagua mit sieben Cabañas mit Bad, Vent., Restaurant, Bar, Privatstrand, unter norwegischer Leitung, um € 100, einschließlich Transport vom und zum Festland und einfache Vollpension, Boottrips durchs Archipel, € 25 für 1½ Std.

Hotel Isla del Encanto, ☏ 668 67 25, ✉ isladelencanto@starmedia.com, auf der Isla del Encanto, Ressort mit Pool, Strandbar, Wasserbananen, An- und Abfahrt, Vollpension, ab € 125.

Hotel Isla del Pirata, ☏ 665 29 52, www.hotelislapirata.com, ✉ reservas@hotelislapirata.com, Kontakt in Bocagrande, Calle 6 No 2-26, Edf. Granada, Excursions Roberto Lemaitre. 12 Cabañas stehen zur Verfügung, alle mit direktem Meerzugang, Strom, Süßwasser und Telefon an der Rezeption. Zu buchen nur als Paket, 2 Tage, eine Übernachtung, Vollpension, An- und Abfahrt, Fahrten zu Tauchgängen ab € 120, in der Semana Santa und in der Weihnachtszeit teurer.

Isla Rosa, www.islarosa.com, ✉ islarosa@hotmail.com, auf der winzigen **Isla Rosa**, absolute Privatsphäre, drei Zimmer für max. 15 Personen, geschmackvoll minimalistische Einrichtung, roségetünchte Wände, palmengedeckte Unterstände, Naturswimmingpool, das Hauspersonal und der Bootsführer sind im ambitionierten Preis von € 1500 pro Tag enthalten.

Schlammvulkan Totumo

Etwa auf halbem Wege zwischen Cartagena und Barranquilla an der neu ausgebauten Vía al Mar liegt die Ciénaga del Totumo. Vor ihr erhebt sich am Ende der Zufahrtsstraße ein 15 Meter hoher kegelförmiger Schlammvulkan. Man besteigt ihn über eine Holztreppe und taucht in eine graue, blubbernde, cremige Masse ein, eine angenehme Hautkur. In der Ciénaga wird die Kruste anschließend abgewaschen. Die fischenden Reiher und Pelikane schauen zu. Vom Kraterrand hat man einen schönen Blick über die von kleinen, grünen Inselchen durchzogene Ciénaga. Eintritt: € 2.

Die Busverbindungen von Cartagena oder Barranquilla dauern lange und sind kompliziert. **Touranbieter** in Cartagena haben den Schlammvulkan ins Programm genommen und bieten Tagestouren an, von 8.00-18.00, Transport und Mittagessen, um € 25 p.P. Empfohlen wurden uns **Ecotours Boquilla**, ☏ 656 81 38/ mobil 311 420 4439/ 313 5908460, ✉ ecotoursboquilla@yahoo.com, Agentur-Chef Rony Monsalve ist ein netter Kerl, der auch Deutsch spricht. Zum Abschluss der Schlammvulkan-Tour geht's noch zu einem kurzen Abstecher in die Mangrovensümpfe von La Boquilla.

San Basilio de Palenque

10 Meter, 28 °C, 2500 Einwohner

Viele Schwarze flohen während der Kolonialzeit ins Hinterland. Inmitten der Sümpfe und Lagunenlandschaft gründeten sie versteckte Ansiedlungen. Der berühmteste Anführer war Domingo Biohó, der das erste *palenque*, die erste freie Schwarzensiedlung auf dem amerikanischen Kontinent, bereits 1606 gründete. Der Gouverneur schickte Militär zu Strafaktionen aus, und es gelang, das Dorf ein- und den Anführer gefangen zu nehmen. Die Flucht vieler Sklaven setzte sich fort, und es entstanden weitere Siedlungen. Die Freiheitsbewegung wurde im 18. Jahrhundert so einflussreich, dass die Stadtverwaltung mit den Schwarzen Verhandlungen über die Anerkennung der palenques führen musste. Von diesen freien Dörfern ist

San Basilio bis heute geblieben. Die Schwarzen haben sich hier nicht mit der Mestizenbevölkerung der Umgebung gemischt. Sie sind selbstbewusst und pflegen ihre Traditionen. Die ungewohnte Anordnung der Hütten an schmalen Pfaden unterscheidet sich wesentlich von denen benachbarter Dörfer an der Küste. Die üppigen Fruchtfrauen am Markt oder am Strand von Cartagena, die *Palanqueras* stammen von hier. Mit ihren Blechschüsseln mit den Früchten auf dem Kopf sind sie aus dem Stadtbild Cartagenas nicht mehr wegzudenken.

In Palenque findet vom 12.-15.Oktober das **Festival del Tambores** statt. Der Musiker Rafael Cassiani ist ein Meister auf der *marimbola* und heißt interessierte Gäste willkommen. Die *marimbola* ist ein Resonanzkasten, bespannt mit Metallplättchen, die mit den Fingern gezupft werden. Das einem Xylophon verwandte Instrument dominiert das Sextett von Palenque, zu dem die maracas, claves, timbales und zwei tambore gehören. Die *marimbola* kam aus Kuba, wo sie bereits vor längerer Zeit durch die Trompete ersetzt wurde. Der berühmteste Palenquero unserer Tage ist der erste kolumbianische Boxweltmeister Kid Pambele. Als Kind schlug er sich als Straßenverkäufer in Cartagena durch, fing erst mit 18 Jahren zu boxen an und wurde 1972 Weltmeister im Weltergewicht. Von einem Teil der Siegprämien bezahlte er seinem Heimatdorf die Strom- und Wasserleitung.

Busverbindungen

Pick ups und Jeeps vom Mercado Bazurto, außer So, 1 Std., € 2,25. Vom Busterminal - jeder Bus Richtung Sincelejo, z.B. Cooptorcoroma, Flota Brasilia. In Malagana an der Abzweigung nach Palenque aussteigen, von dort weiter mit dem Pick up.

San Jacinto

240 Meter, 27°C, 20 000 Einwohner

San Jacinto liegt südlich von Cartagena auf der Strecke nach Sincelejo. Der Ort ist bekannt für seine leuchtend bunten Hängematten, die heute zunehmend maschinell gefertigt werden. Entlang der Durchgangsstraße sind die unzähligen Stände aufgereiht. Sie bieten auch Arhuaco-Mochilas und Schaukelstühle aus Mompox an. San Jacinto ist die letzte Heimstätte der sterbenden *Gaitamusik*.

Magangué

27 Meter, 28°C, 100 000 Einwohner

Magangué ist ein lebendiger Flusshafen mit aufgereihten Essständen und Garküchen am Río Magdalena, wo der Reisende in aller Regel den Bus nach Cartagena oder das Boot nach Mompox nimmt. Magangué wird «La Princesa del Río» (Die Flussprinzessin) genannt, nur wartet sie noch immer auf den Prinzen.

Banken

Banco de Bogotá, VisaCard, ATM, Cra. 2A No 11-28

Bancolombia, VisaCard, ATM, Cra. 3A No 11-76

Bootsverbindungen

Am Flussufer liegen aufgereiht die chalupas (Schnellboote mit Außenborder) und warten auf Fahrgäste nach **La Bodega**, 20 Min., € 2,50, betrieben von der Kooperative Coomultramag, ☏ 687 55 55. Von La Bodega geht es weiter mit bereitstehenden

Taxen nach Mompox über asphaltierte 30 km mit vielen Schlaglöchern, ca. 1 Std; € 3,50. Außerdem pendeln 2-3 mal am Tag Autofähren zwischen den beiden Punkten.

Busverbindungen

Die Busgesellschaften befinden sich wenige Schritte vom Anleger entfernt.

Cartagena - Expreso Brasilia, Rápido Ochoa, Unitransco, stündlich, 4½ Std., € 8,50.

Sincelejo - Colectivos, ständig, 1½ Std., € 3,50.

Mompox

30 Meter, 29°C, 32 000 Einwohner
◑ 5

Mompox (oder Mompós) ist eine der ungewöhnlichsten Kolonialstädte Amerikas. Sie liegt weder an der Küste noch im Hochland, sondern an einem Seitenarm des Magdalena, umgeben von Ciénagas, Sümpfen und Kanälen. Das Momposiner Flachland ist eine gewaltige Tieflandsenke, die bis zu 25 Meter unter dem Meeresspiegel liegt. Es ist das Schwemmland der Flüsse Magdalena, San Jorge, Cauca und Cesar, die das Land acht Monate im Jahr überfluten. Heute erscheint sie dem Reisenden wie eine stehengelassene Filmkulisse inmitten der Tropen. Nähert man sich Mompox von der Flussseite, erwartet man nicht eine Vielzahl unterschiedlicher Kirchtürme, Straßenlaternen, Denkmäler und Säulenarkaden, sondern viel eher die am Unterlauf des Magdalena typischen weißgekalkten Hütten mit Strohdächern. Das Gründungsdatum der Stadt ist umstritten. Am wahrscheinlichsten ist wohl, dass Mompox 1540 auf Befehl von Alonso de Heredia als Handelsstützpunkt auf dem langen Weg zwischen der Küste und dem soeben gegründeten Bogotá errichtet wurde. Mompox entwickelte sich rasch zu einer der bedeutendsten Städte von Nueva Granada und stand in ständiger Konkurrenz zu Cartagena. Alle bedeutenden Kirchenorden (Franziskaner, Dominikaner, Augustiner und Jesuiten) ließen sich hier nieder und errichteten architektonisch einzigartige Kirchen. Die Stadt wurde zum Zentrum der Philosophie und der bildenden Künste. In manchen der herrschaftlichen Häuser steht auch heute noch ein Piano.

Mompox erhielt die erste Universität der Küste, gegründet 1769 durch Pedro Martínez de Pinillos, und es war die erste Stadt, die ihre Unabhängigkeit von Spanien verkündete, am 6. August 1810. Zwei Jahre später war sie das Rückzugsgebiet für den beinahe schon geschlagenen Simón Bolívar. Ein Bataillon mit 400 Momposinern stellte sich dem Libertador rettend zur Seite, so dass dieser bewegt aussprach: «Wenn ich Caracas mein Leben verdanke, so verdanke ich meine Ehre Mompox.»

Mit Beginn der modernen Dampfschifffahrt auf dem Magdalena verlor Mompox an Bedeutung, da die Schiffe den breiteren und tieferen Brazo de Loba befahren mussten. Es versank in einen tiefen Dornröschenschlaf, der bis heute andauert.

Am Markt entlang des Flussufers herrscht die Atmosphäre eines arabischen Basars. Die Markthalle mit dem Blick zum Fluss wird komplett restauriert. Flussaufwärts im Parque Santander tummeln sich die Brüllaffen in den Bäumen. Das gebräuch-

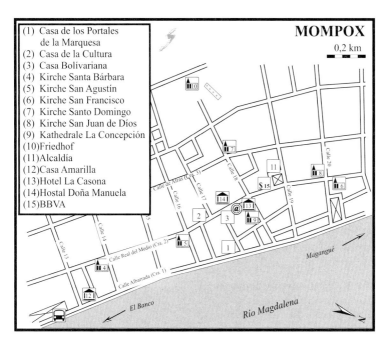

MOMPOX
0,2 km

(1) Casa de los Portales de la Marquesa
(2) Casa de la Cultura
(3) Casa Bolívariana
(4) Kirche Santa Bárbara
(5) Kirche San Agustín
(6) Kirche San Francisco
(7) Kirche Santo Domingo
(8) Kirche San Juan de Díos
(9) Kathedrale La Concepción
(10) Friedhof
(11) Alcaldía
(12) Casa Amarilla
(13) Hotel La Casona
(14) Hostal Doña Manuela
(15) BBVA

lichste Verkehrsmittel ist das Fahrrad, und mit Einbruch der Dämmerung stellen die Momposiner ihre Schaukelstühle vor die Häuser. Dann ist die Luft erfüllt von einem Konzert der Frösche und Grillen.

Die hohen Portale, die verzierten schmiedeeisernen Gitter vor den Fenstern und die Fenstersimse lassen unschwer den andalusischen Einfluss der Architektur erkennen. Die ersten Familien der Stadt kamen aus Sevilla und verbrachten die heißen Mittagstunden in den hohen Räumen ihrer großzügig gebauten Häuser und in den üppig bepflanzten Innenhöfen, in denen heute noch die Brunnen stehen. Die schönste Außenfassade hat die **Casa de los Portales de la Marquesa** in der Calle Albarrada mit Blick auf den Fluss. Es sind vier immense Portale. In ihnen ist jeweils eine kleine Eingangstür eingelassen. In den großzügigen Räumen mit den höchsten Decken von Mompox lebte die Marquesa de Torre-Hoyos.

In der Calle Real del Medio sind besonders hervorzuheben die Casa Germán de Ribon, heute die **Casa de la Cultura** mit dem Sitz der historischen Akademie und Museum. ⊕ Mo-Sa 8-12 u. 14-17, So 9-12.

Die **Casa Bolívariana** mit dem **Museo de Arte Religioso**, Calle Real del Medio gegenüber dem Hostal Doña Manuela. Auch hier übernachtete der rastlose Simón Bolívar mehrere Male. Wie so oft bei historischen Regionalmuseen ist der Schein verheißungsvoller als der Inhalt. Neben den Monstranzen der alten Familien von Mompox und Marienfiguren für die Osterprozession stehen hier eine alte Olivetti-Schreibmaschine und zwei verrostete Banksafes. ⊕ Di-Fr

8-12, 14-16, Sa, So, Feiertag 9-12, Mo geschlossen, Eintritt: € 1,30.

Es gibt sechs **Kirchen**, die sich in Ockergelb oder Karminrot vom Weiß der Häuser abheben. Am verspieltesten ist die **Iglesia Santa Bárbara** am Parque Santander, erbaut 1613. Den Turm schmücken vier Löwenköpfe, über deren Häuptern ein Balkon schwebt. Der unbekannte Architekt hat sich von einem Märchen aus 1001 Nacht inspirieren lassen. Eine arabische Prinzessin hatte sich unsterblich in einen christlichen Prinzen verliebt. Der Vater sperrte seine Tochter in einen Turm, bewacht von Löwen. Vom Balkon musste sie den Gebeten beiwohnen. Die Prinzessin blieb standhaft. Als der Vater sie auf dem Platz bestrafen wollte, zuckte ein Blitz vom Himmel, der ihn köpfte. Im Zentrum des Hauptaltars steht die Prinzessin mit einem Modell des Kirchturms und den Kopf des Vaters zu ihren Füßen.

Die **Kirche San Agustín** wurde 1606 erbaut. Diese Kirche bewahrt für die Osterprozession in einer großen Vitrine den Santo Sepulcro, den goldverzierten heiligen Sarg, auf.

Der Turm der **Kirche San Francisco** ähnelt einem Leuchtturm. Von allen Kanzeln der Kirchen von Mompox findet man hier die schönste im maurischen Stil in Holz gearbeitet. Der Hauptaltar ist mit unterschiedlichen Hölzern in Einlegearbeit gefertigt.

Der **Friedhof** stammt aus dem Jahre 1830. In den Mausoleen in strahlendem Weiß, verziert mit Carraramarmor wurden die berühmten Momposiner beigesetzt.

Seit altersher ist Mompox bekannt für die filigranen **Goldschmiedearbeiten**, die auch heute noch nach traditionellen Techniken gefer-

Der Kopf des Sultans zu Füßen der Prinzessin

tigt werden. Spanisch-maurische haben sich hier mit indianischen Einflüssen verbunden. Die momposiner Filigrantechnik wird *trefilación* genannt. Die Barren werden mittels Hammertechnik zu gezwirnten Metallfäden verarbeitet, aus denen die Grundform der Stücke besteht. Die Hohlräume werden mit feineren Drähten verbunden, die durch Kaliberlehren verschiedener Größen gezogen werden. Die Drähte werden an den Enden verlötet. Glanz und Politur entstehen durch Ätzen.

In der Werkstatt des berühmten Goldschmieds Guillermo Trespalacios, **Taller Trespalacios Ofebre**, werden feingliedrige Goldfischchen hergestellt, neben der Kirche Santa Bárbara.

1987 wurde in Mompox die «Chronik eines angekündigten Todes» mit Ornella Muti verfilmt. Die Stadt füllt sich während der Semana

Santa, deren Prozessionen die farbenprächtigsten mit denen von Popayán sind. Dann verdoppeln sich die Hotelpreise.

Informieren

Café Internet Comunicate Ya!, zentral gelegen, schräg gegenüber vom Hotel La Casona.

Banken und Wechsler

BBVA, Calle Real del Medio, Ecke Plaza Bolívar, mit ATM, direkt gegenüber liegt eine Wechselstube.

Ausflüge in die Umgebung

Von Mompox kann man interessante Ausflüge auf die Flussinseln der Umgebung machen, Touren zur Ciénaga de Pijiño (Isla Guayacan, Isla Verde) und anderen Gewässern. Zu beobachten gibt es eine reiche Vogelwelt, Kaimane, Capybaras. Ansprechpartner für eine Tour sind Chipi, Calle de Atrás No 17-65, Islandes Tour und Richard in der Casa Amarilla. Für kleine Touren lassen sich auch Fahrräder ausleihen. Die Umweltorganisation Fundación Neotrópicos, Callejón de Santa Bárbara 14 No 1-42, www.neotropicos.org , bemüht sich um den Erhalt der ökologischen Vielfalt der Ciénagas.

Schlafen

Für eine Handvoll Pesos

Residencia und Restaurant Doña Enith, Calle Real del Medio No 13-38, 2. Stock, einfach, ohne Privatbad, € 5 p.P.

Residencias Unión, Calle 18 No 3-43, ⏱ 685 57 23, Familienpension, kleine Zimmer, einfach, Bad, Vent./a/c, ohne Innenhof, € 6,25 / 10,50; € 12/16.

Villa de Mompox, Calle Real del Medio No 14-108, ⏱ 685 52 08, Zimmer mit Bad, Vent./a/c, Kabel-TV, schmaler Innenhof, € 10,50/ 14,50; € 16,50/25(2).

Residencias Aurora, Calle Real del Medio, sauber, Innenhof, nur die Mehrbettzimmer haben ein Privatbad, € 10.

SEBRA TIPP

La Casa Amarilla, Cra. 1 No 13-59 (La Albarrada con Santa Bárbara), ⏱ 685 63 26, www.lacasaamarillamompos.blogspot.com, ✉ lacasaamarillamompos@gmail.com So ein Traveller-Guesthouse in einem der ursprünglichen Häuser hat hier lange gefehlt. Richard, der englische Manager versorgt seine Gäste mit Reiseinfos zur näheren und ferneren Umgebung. Küche, Aufenthaltsraum und Garten, dorm. € 6,25, Zimmer mit Privatbad € 17(2).

Mittelklasse

Hotel Posada del Virrey, Calle Real del Medio, Ecke Callejón de la Sierpe, 2. Stock, Zimmer mit Bad, Vent./a/c, Balkon, € 13/20; € 30(2).

Hotel La Casona, Calle Real del Medio No 18-58, ⏱ 685 53 07, Zimmer mit Bad, hohe Räume, einige Zimmer mit a/c, € 12,50, € 20(2).

Hotel Restaurante San Andrés, Calle Real del Medio No 18-23, ⏱ 685 58 86, www.hotelsanandres-mompox.com, ✉ hotelsanandres@hotmail.com, gegenüber vom Hotel La Casona, Zimmer mit Vent., a/c, TV, € 12,50/20; € 16,50/25(2).

Oberklasse

Hostal Doña Manuela, Calle Real del Medio No 17-41, ⏱ 685 56 21/ 685 51 42, ✉ mabe642@hotmail.com, seit altershers das beste in

Mompox. Das großzügige Kolonialhaus gehörte einst der Ehefrau des Universitätsgründers Martínez de Pinillos. Heute fungiert es als das beste Hotel von Mompox, in dessen großzügigem Innenhof ein Riesenkautschuk Schatten spendet. Im Pool kann man sich abkühlen (für Nicht-Gäste € 2,50 Mindestverzehr). Das Restaurant (mit Bar) gilt als das beste der Stadt. Große Zimmer mit Vent./a/c, Kühlschrank, € 35/40; € 45/50.

Essen

Die besseren Hotels bieten einfache Gerichte an.

Pan D´la Villa, Crepes Helados, Calle Real del Medio, Crêpes und Pizzen, Kaffee und Kuchen.

Fuafu's, nett sitzt man unter dem Säulengang an der Plaza Bolívar mit dem Blick aufs Geschehen, einfache Fleischgerichte.

Restaurante Island Tours, Cra.1 No 18-35, Albarrada a Orillas del Río (am Flussufer), ☏ 685 58 86, Fisch und Meeresfrüchte.

Pizzeria, Callejón de San Agustín, angenehme Atmosphäre.

In der **Panadería La Candelaria,** schräg gegenüber vom Colegio Pinillos, gibt es gute Fruchtsäfte.

Musik und Tanz

Club Quatro Puertas, Albarrada Ekke Callejón de los tres Cruces, kühle Drinks und Salsamusik.

Bootsverbindungen

Augenblicklich eingestellt. Nach **Magangué** kommt man zur Zeit nur über die Straße (via Bodega), flussaufwärts nach **El Banco** über via Guamal.

Busverbindungen

Die effektivste Verbindung zur Außenwelt besteht mit dem Sammel-Taxi zwischen Mompox und **La Bodega**.

Busverbindungen (abhängig von der Regenzeit) existieren nach **Barranquilla** und **Cartagena** und sind an die jeweiligen Abfahrtszeiten der Autofähre in La Bodega gebunden, Expreso Brasilia, ☏ 685 59 73, neben der Kirche Santa Barbara, am Parque Santander, ⏱ 6, 6½ Std., € 15; außerdem Busse von Unitransco.

Eine wenig befahrene Route geht in nordöstlicher Richtung durch das Schwemmland des Río Magdalena bis nach **Bosconia**, an der Straßenkreuzung zwischen **Santa Marta, Valledupar** und **Bucaramanga**. Täglich fährt ein 4x4 Pick Up die Strecke Mompox-Valledupar und zurück, vom Büro gegenüber der Residencia La Unión, 6 Std., € 13. Von Mompox geht es in Richtung La Bodega von der Abzweigung in Talaígua mit der Autofähre über den Fluss nach Santa Ana (Dep. Magdalena), weiter über Pueblito bis La Gloria an der Hauptstraße, zu großen Teilen eine Schlaglochpiste durch Vieh- und Weideland. In Santa Ana gibt es mehrere kleine Hotels (Hotel Estrella de Venus, Hotel Santa Ana Plaza) und einfache Restaurants mit comida corriente. Bosconia ist eine umtriebige Ecke, hier stehen reihenweise Busse und Minibusse beiderseits der Straße mit Fahrzielen in die nährere und fernere Umgebung.

Flugverbindungen

Mompox verfügt über einen kleinen Flughafen, wird aber zur Zeit nur mit gecharterten Maschinen aus Cartagena oder Barranquilla angeflogen.

El Banco

25 Meter, 30°C, 40 000 Einwohner
① 5

El Banco liegt an der Gabelung des Magdalena in die beiden Flussarme, Brazo Mompox und Brazo de Loba. Es ist ein stickig heißer Flusshafen, der vom Fischfang und der Landwirtschaft lebt. Im Juni gibt es das ausgelassene **Festival de la Cumbia**.

Banken

Banco de Bogotá, VisaCard, ATM
 Calle 7a No 2A-65

Schlafen und Essen

Die billigsten Hotels sind in der Calle 9, wo die Jeeps nach Mompox abfahren.

Hotel Continental, Calle 8 No 2-11, ① 729 26 62, große Räume mit Bad, € 4,50 p.P.

Hotel Pocubay, Calle 9 No 3-17 im 2. Stock, ① 729 25 57, kleine Zimmer, einige ohne Fenster, Vent./a/c, Bad, € 5,50/9; € 17(2).

Gut ist das **Hotel La Casa del Viajero**, Calle 7 No 2-18, ① 729 21 19, ✉ 729 26 19, sauber, Zimmer mit Bad, Vent./a/c, € 8,50/13; € 13/17.

Das **Hotel JR**, Calle 4 No 3-21, ① 729 29 69, hat die gleiche Ausstattung wie das Casa del Viajero, ist etwas teurer, doch nicht so gut, € 16/23.

Bootsverbindungen

Vom Anleger fahren *chalupas* (Schnellboote) der Gesellschaft Cootraflormag.

Magangué - entlang des Brazo de Loba, mehrere vormittags, 3 Std., € 6.

Barrancabermeja - täglich ① 9, 6 Std., € 15.

Busverbindungen

Mompox - Jeeps vom Markt, 3 Std., € 5, heiß und staubig.

Bogotá - Copetrán, ①15, 17 Std., € 30.

Bucaramanga - Copetrán, Coop. Magdalena, mehrere vormittags, 6 Std., € 12.

Nordöstlich von Cartagena

Barranquilla

10 Meter, 28°C, 1,5 Mio. Einwohner
☼ 5

Barranquilla ist die größte kolumbianische Hafenstadt an der Karibikküste. Sie liegt nicht direkt am Meer, sondern einige Kilometer stromaufwärts am Westufer des Magdalena. Vor weniger als 200 Jahren war dieser Ort eine Viehtränke und trug den Namen Barranca de San Nicolás. Erst zu Beginn der republikanischen Epoche setzte die rasante Entwicklung ein. Barranquilla überflügelte die einstigen Handelsstädte Cartagena und Santa Marta. Die Dampfschiffe verkehrten entlang des Magdalenaflusses. Barranquilla wurde zum Ankunftshafen der vielen Einwanderer des 19. und 20. Jahrhunderts, Italiener und Deutsche, Türken und Libanesen, die sich zum Teil hier niederließen, so dass die Stadt die modernen Errungenschaften aus Europa als erste erreichten.

Die erste kolumbianische Fluggesellschaft Scadta (Sociedad Colombo Alemana de Transporte Aéreo) wurde 1919 in Barranquilla gegründet. Die Fluglinie verlief entlang des Magdalena mit Wasserflugzeugen, und die Häfen wurden zu Landepisten. Das **Zentrum** aus den goldenen 1920er Jahren um den Paseo Bolívar war jahrelang in keinem guten Zustand und mit Verkaufsständen und hupenden Fahrzeugen verstopft. Inzwischen hat man wie in den meisten kolumbianischen Großstädten auch in Barranquilla damit begonnen den Straßenverkehr zu entzerren, neue Verkehrssysteme (Transmetro) einzurichten und die öffentlichen Plätze wieder begehbar zu machen. Im bürgerlichen Residenzviertel **El Prado**, ab Calle 50 und Cra. 55. erstrahlen viele der republikanischen Villen in altem Glanz. Die Cra. 53 ist die Prachtstraße der Stadt, die Calle 72 die Einkaufstraße.

Das Ereignis des Jahres ist der **Karneval**. Es ist die farbenprächtigste und ausgelassenste Fiesta Kolumbiens und eine der besten Lateinamerikas. Die Vorbereitungen für die Umzüge beginnen im Dezember. Im Januar finden Tanznächte, die Wahl der Karnevalsprinzessin und der Kinderkarneval statt. 40 Tage vor Ostern erreichen die Feiern ihren Höhepunkt. Den Auftakt bildet die **Batalla de Flores**, ein farbenprächtiger Umzug entlang der Via 40 (zwischen Calle 83 und 40), den man nicht verpassen sollte. (Bus vom Zentrum beim Bolívardenkmal, Aufschrift «Via 40-Porvenir-Paraíso»).

Die besten Tanzgruppen präsentieren ihren Stadtteil. Die maskierten Tanzgruppen der *mono-cucos, marimondas, cumbia, chirimía und merecumbé* wechseln einander ab. Beginn: Sa 13.00. Die **Batalla de Flores** findet ihre Fortsetzung am Sonntag an gleicher Stelle ab 10.00. An der **Via 40** sind Zuschauerbühnen - *palcos* - aufgebaut. Wer sich unters Volk mischt, bleibt auf der Straße und nimmt teil an der unvermeidlichen Wasser- und «Maizenaschlacht». Neben den Umzügen gibt es Tanzveranstaltungen. Über die Stadt verteilt sind Festivalbühnen, wo allabendlich Konzerte stattfinden. Viele Gruppen aus der Karibik gastieren in der Stadt.

Über das genaue Programm informiert das Festivalbüro: www.carnavaldebarranquilla.org

Montag und Dienstag findet das **Festival de las Orquestras** mit internationalen Gruppen im Baseballstadium statt. Am Dienstag wird Joselito Carnaval, das personifizierte Symbol des Karnevals, zu Grabe getragen, in dem er sich bis zum nächsten Jahr ausruht.

Außerhalb der Karnevalsaison bietet Barranquilla nicht allzu viel, was von Interesse sein könnte. Wer hier hängen bleibt, kann sich das **Museo Romántico** anschauen mit Exponaten aus der Stadt- und Karnevalsgeschichte. Cra. 54 No 59-199. Mo-Fr 9.30-11.30 u. 14-17.

Das kleine **anthropologische Museum** ist in der Fakultät der Schönen Künste (Facultad de Bellas Artes) untergebracht, einer Villa im republikanischen Stil. Calle 68 No 53-45. museodeantropologia @hotmail.com, Mo-Fr 9-12 u. 14-17.30.

Ein weiteres interessantes Gebäude aus jener Zeit ist das historische **Zollamt (Aduana)**, heute ein Kulturzentrum mit der Biblioteca Piloto und Touristeninformation, des kleinen Departements Atlántico. Via 40 No 36-135. 330 33 00. Mo-Fr 8-12 u. 14-17.

Am Hafen liegt die malerisch-wilde **Pfahlbautensiedlung**. Ein Besuch empfiehlt sich aus Sicherheitsgründen nur mit Einheimischen.

Kolumbiens Rock- und Popstar **Shakira** ist noch keine dreißig und hat bereits ihre eigene überlebensgroße Statue im Parque Metropolitano.

Jüngst entstanden ist der **Parque Cultural del Caribe**, Calle 36 No 46-66, www.culturacaribe.org, ein außergewöhnliches Kulturzentrum mit Grünanlagen und dem **Museo del Caribe**, das dem Lebensraum der kolumbianischen Karibik gewidmet ist.

Informieren

Touristeninformation im Parque Cultural del Caribe, 372 05 81,

und im historischen Edf. de la Aduana, Fondo Mixto de Atlántico.

Internet, beinahe an jeder Straßenecke im Zentrum und in El Prado.

Banken und Wechsler

Die meisten Banken mit ATM findet man in El Prado, entlang der Calle 70, zwischen den Straßenzügen 52-54 und im Zentrum zwischen den Straßenzügen 34-37.

Banco de Bogotá, ATM, Cra. 44 No 34-31

Bancolombia, ATM, Cra. 44 No 37-19

Banco Santander, alle Karten, ATM, Calle 74 No 55-67

Cambiamos, im Supermarkt Carulla, Cra. 53 Calle 72, 360 14 66

Inversiones El Efectivo, Cra. 48 No 70-226, 358 77 51

DAS und Pass

Calle 54 No 41-133, 371 75 00.

Konsulate

Deutsches Honorarkonsulat
Calle 77 B No 57-141, Centro Empresal de las Américas Of. 309, 368 53 84, : consulalemanbq @hotmail.com

Honorarkonsulat Österreich
Via 40, No 64-198, Zona Industrial, Loma No 3, A.A. 1317, 368 20 50, 344 03 00.

Schlafen

Für eine Handvoll Pesos

Am und um den Paseo Bolívar liegen die einfachsten und preiswerten Unterkünfte. Viele der Hotels sind Häuser aus den 1930er Jahren mit hohen Räumen, deren Bausubstanz verfällt.

Hotel Famoso, Calle 34 No 43-42, ☏ 331 65 13, Bad, Vent., beliebter Reisetreff zum Karneval, € 5 p.P.

Hotel Victoria, Calle 35 No 43-140, ☏ 331 46 00. Der Reiseklassiker am Paseo Bolívar. Restaurant, freier Kaffee, antiker Lift, Kabel-TV, Bad, Vent./a/c. Die besten Zimmer sind im 5. Stock. Beliebter Reisetreff zum Karneval, € 8/10/13; € 10/13/15.

Hotel Colonial In, Calle 42 No 43-131, ☏ 349 02 41, abseits der Marktstände, restaurierte republikanische Villa mit Säulenportal und neuem Innenleben, Restaurant, Kabel-TV, Zimmer mit Bad,Vent., € 9/11; € 11/15.

Hotel Skal, Calle 41 No 41-35, im Zentrum, ☏ 351 20 69, beliebtes Travellerhotel in einem alten republikanischem Gebäude, große luftige Räume mit Vent./a/c, Pool, € 9/11; € 13/17.

Hotel Los Angeles, Calle 40 No 41-64, im Zentrum, ☏ 315 36 80, mit a/c, Privatbad, die Zimmer zum Innenhof sind ruhig, vom obersten Stockwerk Blick auf die Stadt, € 14/18.

Hotel Girasol, Calle 44 No 44-103, ☏ 379 31 91, Familienhotel in einer renovierten Villa, große Räume, ruhig, mit Privatbad, Vent./a/c, € 11/15; € 15/18.

Mittelklasse

Zwischen dem Zentrum und El Prado.

Hotel Granada, Cra. 43 No 41-27, ☏ 351 68 04, 🖷 349 02 12, gut eingerichtet, Kabel-TV, a/c, € 13/17/20.

Hotel Aloha, Calle 40 No 41-36, ☏ 340 80 15, freundlich, Vent./a/c, € 13/18; € 17/21.

Hotel Olimpico, Cra.42 No 33-20, ☏ 351 83 10, ähnliche Ausstattung u. Preisstruktur wie das Aloha.

Im Stadtteil El Prado gehört das **Hotel Astor,** Cra. 53 No 55-129, ☏ 332 23 18, zu den günstigsten. Bad, Vent./a/c, € 11/15 pro Zimmer.

Besser ist das kleine **Aparta Hotel Los Prados,** Cra. 49 No 72-122, ☏ 358 79 19, ruhige Seitenstraße, Vent./a/c, Bad, € 15/18 pro Zimmer. Beide Hotels haben nur «*matrimonal*» Betten.

Hotel Villa Dilia, Cra. 47 No 68-40, ☏ 358 33 53, wird von Reisenden empfohlen, sicher und sehr guter Service, Zimmer mit a/c, Minibar, Zimmerservice und Privatbad, € 25-33.

Hotel Caribeño, Cra. 46 No 70-17, ☏ 356 09 95, nette Einrichtung, Mango im Innenhof, einige Zimmer mit Minibar, nahe an den Festivalbühnen im Zentrum des Karnevals, Vent./a/c, € 12/17; € 19/26.

Hotel Mezzaluna, Cra. 53 No 59-28, ☏ 368 40 92, Bar, Terrasse, Zimmer mit a/c und Minibar, ab € 18, inkl. Frühstück.

Oberklasse

Hotel Dos Mundos, Calle 72 No 47-59, ☏ 358 13 22, 🖷 345 83 29, Hotel mit Säulenportal, Zimmer mit Zentral-a/c, Minibar, arabisches Restaurant, € 47/70.

Hotel Majestic, Cra. 53 No 54-41, ☏ 351 29 33, 🖷 341 37 33, arabisch-libanesisch beeinflusste Architektur, Pool, a/c, Minibar, Restaurant, € 52/62, inkl. Frühstück.

Luxusklasse
Hotel Barranquilla Plaza, Cra.51B No 79-246, ☏ 361 03 33, 🖷 361 00 03, www.hbp.com.co, beliebtes Hotel in diesem Preissegment, Pool, Spa, gutes Restaurant im 26. Stock und beliebte Disko, Zimmer mit Wi-Fi-Internetzugang zwischen € 55-90.

Hotel Puerta del Sol, Calle 75 No 41D-79, ☏ 356 50 06, 🖷 368 16 86, ✉ mercadeo@puertadelsol.com.co, modern, großzügig und gediegen ist dieses 5-Sterne Hotel. Mit Pool, Restaurant und großen Zimmern mit Kingsizebett, ab € 88.

SEBRA TIPP

Hotel El Prado, Cra. 54 No 70-10, ☏ 369 77 77/ 369 77 79, www.hotelelpradoso.com Das Spitzenhotel von Barranquilla stammt aus der Glamourzeit der 1930er Jahre und ist Nationalmonument. Hier übernachteten Greta Garbo und Grace Kelly. Restaurant, Pool, Zimmer mit allem Komfort, unterschiedliche Kategorien, ab € 125/140, Präsidentensuite € 440.

Essen

Um den Paseo Bolívar angesiedelt sind einfache comida corriente Restaurants. Auf der Straße wird von der *empanada* bis zu Fischgerichten alles angeboten. Frühstück, comida corriente und gute Fruchtsäfte hat das **Restaurant Victoria**, Calle 35 No 43-140. Frischen Fisch gibt es an den Ständen in San Andresito, zwischen Paseo Bolívar und dem Aduanagebäude.

In El Prado ist die Auswahl größer. Neben Prestohamburger, Pizza und Filialen von **Juan Valdez** (im Shopping Carrefour Prado) gibt es einige Spitzen- und Spezialitätenrestaurants.

Pizzeria El Prado, Cra. 54 No 70-10. Im volkstümlichen Teil des Pradohotels wird Pizza an langen Holztischen serviert.

El Portal del Marisco, Cra. 43 No 84-62, ☏ 359 53 97, gute Fischgerichte und Meeresfrüchte.

El Arabe Gourmet, Cra. 49C No 76-181, ☏ 360 59 30, Libanese.

Naia, Cra.53 No 79-127, Fusionsküche. Am besten sind Vorspeisen.

Bora Bora, Cra. 53 No 79-103, ☏ 378 33 64, Thaiküche mit leicht kolumbianischem Einschlag.

Nena Lela, Cra. 49C No 75-47, ☏ 358 68 43, Italiener mit Superpastagerichten.

El Merendero, Cra. 43 No 70-42, ☏ 356 56 38, Fleisch vom Grill.

Pepe Anca Steakhouse, Cra. 49C No 76-164, das beste für Fleischgourmets, argentinisches Angus beef, fast ein Pfund für etwas mehr als € 15.

La Fonda Antioqueña, Cra. 52 No 70-73, Paisaküche, rustikale Atmosphäre.

Los Helechos, Cra. 52 No 70-70, Paisaküche mit Musik.

El Huerto, Cra. 52 No 70-139, vegetarisches Restaurant, bis 21.00 geöffnet.

El Tremendo Guandúl, Cra. 43 No 74-141, große Auswahl an heißen Suppen. Die beste ist die *guandulada*.

Musik und Tanz

Hotel Barranquilla Plaza, Bar im 26. Stock mit phantastischer Weitsicht, zudem ein gutes Restaurant, das sich um die zeitgenössische Interpretation internationaler Küche bemüht.

La Cueva, Cra. 43 No 59-03, Fr/Sa Salsa oder Jazz, an der Bar unbedingt den Mango Margarita probieren.

Piche Caliche, Calle 96 No 46-32, Treffpunkt für wilde Studentenparties, flat-rate Trinken für € 8.

Freunde des Vallenato gehen in die **Disco 7**.

Busverbindungen

Der Busterminal liegt am südlichen Rand der Stadt im Barrio La Soledad. Ähnlich wie in Bogotá ist der Terminal auch hier in vier Module eingeteilt. Und wie in jeder anderen großen Stadt des Landes, so gibt es auch hier eine 24 Std. geöffnete Gepäckaufbewahrung (*guardaequipaje*), Restaurants, Internet und ATM. Am Ausgang des Terminals stehen die Taxis für die Fahrt ins Zentrum/ El Prado, € 3,50. Vor dem Terminal fahren auch die Stadtbusse ins Zentrum, 45 Min. und El Prado 1 Std. Im chaotischen Stadtverkehr kommt man schneller und günstiger auf dem Mototaxi voran, mit Gepäck allerdings ist das nicht zu empfehlen.

Santa Marta - Rápido Ochoa, Expreso Brasilia u.a., alle 15 Min., 1½ Std., € 3,50.

Riohacha/Maicao - Rápido Ochoa, Expreso Brasilia, Colibertador, mehrere täglich, 5/6 Std., € 11/12.

Cartagena - La Costeña, Expreso Brasilia, Copetrán u.a., alle 15 Min., € 5.

Mompox - Unitransco, 7 Std., € 11,50.

Valledupar - Cootracosta, Expreso Brasilia u.a., mehrmals vormittags, 5 Std., € 11.

Medellín - Expreso Brasilia im Wechsel mit Rápido Ochoa, mehrmals täglich, Tages- und Nachtbusse, 13 Std., € 35.

Bogotá (über Bucaramanga) - Copetrán, Expreso Brasilia (Direktbusse über La Dorada), mehrere täglich, einige Nachtbusse, 21 Std., € 41 (11 Std., € 23).

Venezuela (Maracaibo/Caracas) - Expreso Brasilia und Expresos Amerlujo, tägl., 8/18 Std., € 35/ 70.

Flugverbindungen

Fluggesellschaften

ADA, Aeropuerto Ernesto Cortissoz, ☏ 334 82 53.

Aerorepública und **Copa**, Calle 72 No 57-79, ☏ 369 00 48 - El Prado-

Aires, Cra. 54 No 72-27, Local 12, ☏ 360 66 83.

American Airlines, Cra. 54 No 72-96, Local 14.

Avianca, Calle 72 No 57-79, ☏ 353 46 91 - El Prado -

Copa, Calle 70 Ecke No 57-11, Local 101-102 Edf. Parque La Immaculada, ☏ 11-COPA (2672) - El Prado -

Der internationale **Flughafen** *Ernesto Cortissoz* liegt in La Soledad, zehn Kilometer südlich der Stadt, hier findet man einen Schalter der Banco Popular und mehrere ATMs (2. Stock), zudem ein Restaurant, ein Café und einen Presto-Hamburgerladen.

Bus - Cootrasol, Cra. 40, Ecke Calle 36.

National

Bogotá - Avianca, Aerorepública, Sam, mehrere täglich, € 100.

Medellín - Avianca, ADA (via Corozal), Aires (via Monteria), € 120.

Cali - Avianca, Sam, € 120.

San Andrés - Aerorepública, Sa, So, Di, ab € 120.
Valledupar - ADA, Aires, € 50.
Maicao - Satena, € 60.

International
Aruba - Aires, dreimal die Woche, um € 180.
Curaçao - Aires, Di, Sa, um € 180.
Panama-City - Aires (via Cartagena) täglich, Copa, täglich, um € 200.
Miami - American Airlines, Avianca, täglich, ab € 130.
New York - Avianca, Mo, Do, Sa ab € 400.

Puerto Colombia

5 Meter, 28°C, 25000 Einwohner

17 Kilometer nordwestlich von Barranquilla liegt Puerto Colombia, heute ein Seebad für die Einheimischen, mit Strandbuden, die Fisch anbieten. Die Strände sind nicht besonders einladend. Hauptattraktion des Ortes ist die Pier, die zwei Kilometer ins Meer führt. Hier legten einst die Schiffe aus Übersee an. Die Wellen haben dem 1888 errichteten Bauwerk schwer zugesetzt. Die Stahlträger sind verrostet, und der Beton bröckelt. Daher ist der Anleger bis zur Spitze zur Zeit nicht begehbar. Außerdem sehenswert sind der alte Bahnhof und das spanische Fort Castillo de Salgar. Busse zwischen Puerto Colombia und Barranquilla verkehren ständig. **Transcosta Azul**, Abfahrt vor dem Diaz-Diaz Hotel in Barranquilla.

Galapa

25 Meter, 28°C, 25000 Einwohner

In Galapa werden die traditionellen Karnevalsmasken hergestellt. Die leuchtend bunten Tiermasken aus Holz stellen Stier (*el torito*, die wichtigste Figur des Karnevals), Jaguar, Hund, Esel, Ziege u. a. dar. Galapa liegt elf Kilometer außerhalb von Barranquilla auf der Straße nach Cartagena.

Bus - Calle 38, Ecke Cra. 37.

Ciénagas und Palafitodörfer

Ciénaga Grande de Santa Marta

An der Küstenstraße Barranquilla-Santa Marta liegt die Ciénaga Grande. Sie ist die mit 450 km² größte Küstenlagune der kolumbianischen Karibik und seit 2000 zum UNESCO-Biosphärenreservat erklärt. Mit ihrem Namen verbindet sich gleichzeitig die größte Umweltsünde Kolumbiens. Der Río Magdalena formte an dieser Stelle einst eine breite Trichtermündung. Durch Ablagerung von Sedimenten entstand eine Sandbank, die heutige Isla de Salamanca. Es bildete sich eine Lagune, die Ciénaga Grande. Entscheidend für das Leben in diesem 6000 Jahre alten Ökosystem ist das Mischungsverhältnis zwischen Salz- und Süßwasser. Dieses Gleichgewicht wurde durch den Bau der Küstenstraße und einer weiteren Straße südlich von Barranquilla zerstört. Bis in die 1960er Jahre versorgte der Magdalena die Lagune mit 200 Kubikmeter Wasser pro Sekunde. Die natürlichen Kanäle, die die Ciénaga mit dem Magdalena verbanden, wurden zugeschüttet. Die Ciénaga begann zu versal-

El Pavo Real del Mar, Ciénaga Grande, Foto Leo Matiz (1939)

zen. Heute sind 200 km² Mangrovenwald abgestorben. Kilometerlang ragen die vertrockneten Baumgerippe aus dem Sumpf entlang der Straße. Die morbide Ästhetik des Waldfriedhofes zieht den Betrachter in seinen Bann. Der Besuch dieser Region hat seine bedrückenden Seiten, denn man sieht unmittelbar, wie der Mensch seine Lebensgrundlagen zerstört. 99 % der Anwohner leben vom Fischfang. Durch die Versalzung kam es zum Fischsterben, so dass die Fischer gezwungen sind, immer rücksichtsloser zu fischen (Abholzung der Mangroven, Dynamitfischerei). Die Ciénaga ist noch immer eine der ärmsten Regionen des Landes, ohne Infrastruktur, insbesondere ohne ausreichende Trinkwasserver- und Müllentsorgung. Viele ihrer einstigen Bewohner haben die Slums von Barranquilla gefüllt. Mit internationaler Hilfe versucht man nun, die einstigen Kanäle wieder freizulegen.

Nationalpark Isla de Salamanca

Der Park erstreckt sich von der Barranquilla gegenüberliegenden Magdalenaseite entlang der Küste bis nach Ciénaga. Seine Fläche beträgt 210 km². Die Insel, strenggenommen sind es mehrere kleinere Inseln im Mündungsdelta des Río Magdalena, sind das Resultat von Fluss- und Meeresablagerungen. Die Hauptattraktion sind die Mangrovensümpfe mit vier unterschiedlichen Mangrovenarten und die reiche Vogelwelt. Die Versalzung der Ciénaga von Santa Marta und das Absterben der Mangroven hat auch vor der Isla Salamanca nicht haltgemacht.

Wie kommt man hin?

Wer sich von dem Umweltdesaster nicht abschrecken lässt, kann den Fischmarkt in **Tasajera** - direkt an der Straße - besuchen, wo der Fisch vom Kanu verkauft wird. Hier findet man auch Fischer, die zu den Pfahlsiedlungen **Nueva Venecia** und **Buenavista** inmitten der Ciénaga fahren. Diese Siedlungen bestehen seit über 150 Jahren, und es haben sich dort einzigartige Sitten und Gebräuche gehalten. Hier existiert noch die einst in dem gesamten Gebiet anzutreffende Fisch- und Vogelvielfalt.

Ein Teil der Ciénaga ist Nationalpark. Von Tasajera kann man sich bis zur Cabaña der UAESPNN bringen lassen. Die Hütte bietet nur wenig Platz, und wegen der vielen Moskitos kann die Übernachtung zur Plage werden. Es gibt auch noch weitere einfache Cabañas im Park, aber man sollte vor dem geplanten Besuch Kontakt mit der UAESPNN in Bogotá bzw. Santa Marta aufnehmen oder es bei einem Tagesausflug bewenden lassen. Zehn Minuten von der Cabaña entfernt ist ein Aussichtsturm zur Vogelbeobachtung errichtet worden. Die regenreichsten Monate sind: Mai/Juni und Oktober/Dezember.

Zehn Kilometer von Barranquilla (Richtung Santa Marta) am Troncal del Caribe liegt der Sektor **Los Cocos** mit dem Besucherzentrum der UAESPNN. Von hier führt eine 1500 Meter lange Holzbrücke durch die Mangrovenlandschaft. Zwischen Barranquilla und Santa Marta verkehren ständig Busse und Mikrobusse.

Santa Marta

6 Meter, 28 °C, 250 000 Einwohner
☽ 5

Santa Marta war der erste spanische Verwaltungssitz auf dem amerikanischem Festland. **Rodrigo de Bastidos** gründete die Stadt 1525 und war der erste Gouverneur. Die Erforschung des Inlandes ging von hier aus, und die bekannteste Expedition, die 1536 von Santa Marta aufbrach, war die des Gonzalo Jiménez de Quesada, die zwei Jahre später mit der Gründung von Bogotá ihr Ende fand. Santa Marta war ständigen Angriffen von Tairona- und Karib-Indianern ausgesetzt. Als dann noch die Angriffe französischer und englischer Filibuster hinzukamen, verlegten die Spanier ihr Handelszentrum nach Cartagena. Santa Marta blieb eine abgelegene Provinz.

Ein neuer Aufschwung begann erst mit dem Bau der Eisenbahn nach Ciénaga 1887, die später bis nach Fundación führte. Die United-Fruit-Company machte die Region zu einem der größten Bananenproduzenten. Der Boom dauerte nur wenige Jahrzehnte an. In den 1940er Jahren wurde ein Großteil der Plantagen aufgegeben.

Santa Marta ist nur wenig geblieben, was an die Kolonial- und Piratenzeit erinnert. Häuserfassaden mit barbusigen Meerjungfrauen sieht man vereinzelt, schattige Gassen, in denen fahrende Händler Schmuggelgut anbieten und einige kleine Parks.

Entlang der Avenida de la Playa reihen sich die Bars und Restaurants. Von hier oder von einem der Bänke direkt am Wasser kann man die Sonne hinter der Leuchtturminsel **El Morro** versinken sehen. In der Bucht landen die Containerschiffe aus Übersee an.

Informieren

Dirección de Cultura y Turismo, Cra.1 No 16-15, im Palast der Gobernación, Informationen zum Departement Magdalena. ☉ Mo-Fr 8-12.

Telecom, Calle 13 No 5-23, gute internationale Verbindungen.

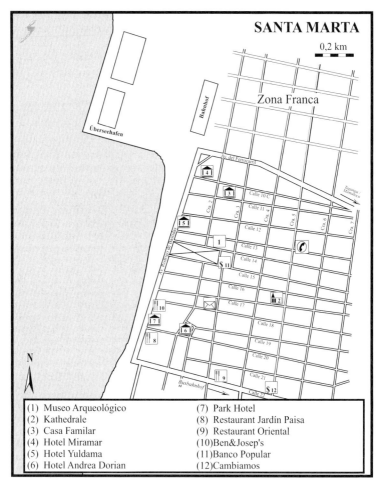

(1) Museo Arqueológico
(2) Kathedrale
(3) Casa Familar
(4) Hotel Miramar
(5) Hotel Yuldama
(6) Hotel Andrea Dorian
(7) Park Hotel
(8) Restaurant Jardín Paisa
(9) Restaurant Oriental
(10) Ben&Josep's
(11) Banco Popular
(12) Cambiamos

Touristeninformation, Casa de Madame Agustine, 2. Stock, Cra.4, Calle 17. ☼ Mo-Fr 8-18.

Banken und Wechsler

Banco Popular, Bardollar, Travellerschecks, VisaCard, Maestro, Cra. 3 No 14-30

Banco Santander, ATM, Calle 14 No 3-04

Bancolombia, Maestro, ATM, Cra. 3 No 14-10

Cambio de Cheque, La Puerta de Hierro, Calle 14 No 3-76, ☏ 421 43 47, gut für Bar-Dollar für den Tausch von Euros ist am besten:

Cambiamos, Supermercado Vivero Cra.5, Calle 22, ☏ 423 54 39.

Nationalparkverwaltung (Territorial Caribe)

Die Genehmigungen zum Besuch der Sierra Nevada de Santa Marta werden von den Guías eingeholt.

Calle 17 No 4-06, ⓒ 423 06 55/ 423 07 04, ⓓ Mo-Fr 8.30-17.

DAS und Pass
(Extranjería), Cra. 8 No 26A-15, ⓒ 423 27 04.

Lavandería Paraiso, Calle 22 No 2-46, ⓒ 431 24 66, Wäschewaschen nach Gewicht.

Sehenswürdigkeiten
Museo de Oro Tairona
Das besucherfreundliche Museum ist in der ehemaligen Casa de la Aduana. Es erklärt die Kultur der heutigen Kogi sowie ihrer Vorfahren, der Tairona. Die wichtigste Gründung der Tairona war die Ciudad Perdida. Im Museum steht ein Modell. Die Gebrauchsgegenstände, wie die *mochilas* und der *poporo*, werden gezeigt und in ihrer mythologischen und sozialen Bedeutung erläutert. Im Sala de Oro findet man einige beeindruckende Exemplare der Tairona-Kultur. Calle 14, Cra. 2, an der Plaza Bolívar. ⓓ Mo-Fr 8-11.45 u. 14-17.45, Sa 9-13.

Museo Etnógrafico de la Universidad de Magdalena (MEUM)
Des ethnografische und historische Museum im ehemaligen Hospital beschäftigt sich in mehreren Sälen mit den wichtigsten Stationen der Regionalgeschichte von Santa Marta, angefangen bei der Stadtgründung, den Indianerrevolten und dem Aufstand der Bananenarbeiter bis hin zu den Guerrillaaktivitäten in der Sierra Nevada, Cra. 1 Ecke Calle 22, ⓒ 431 75 13. ⓓ Mo-Sa 8-16. Eintritt: € 2.

Die **Kathedrale** ist die älteste von Kolumbien, wurde aber erst im 18. Jahrhundert fertiggestellt. Hier ruhen die Gebeine des Stadtgründers Rodrigo de Bastidas und kurzzeitig auch die Gebeine von Simón Bolívar, der selbst noch nach seinem Tode keine Ruhe finden konnte, Cra. 4, Calle 17.

SEBRA TIPP

Santa Marta war die letzte Station im Leben von Simón Bolívar. Der abgesetzte Libertador fand, bereits schwer krank, Asyl in der **Quinta de San Pedro Alejandrino**. Die zum nationalen Denkmal erklärte Hacienda liegt im Vorort Mamatoco, vier Kilometer westlich des Stadtzentrums. Die 1608 erbaute Zuckerrohrfarm liegt in einem Park, der einen jahrhundertealten Bestand mächtiger Bäume hat. Es ist die erklärtermaßen wichtigste Gedenkstätte Bolívars in Kolumbien. Ein Gebäudekomplex, bestehend aus der **Hacienda**, dem **Vaterlandstempel** und dem **Museo Bolívariano**.

In einem der Zimmer starb Simón Bolívar am 17. Dezember 1830. In dem Wohnhaus stößt man auf einige wenige persönliche Gegenstände. Was man vermisst, ist die angemessene Darstellung seines Lebenswerks. Versäumt wurde eine aktuelle, kontroverse Auseinandersetzung seiner Ideen. Das hier geschaffene Museum für zeitgenössische Kunst, das als Begegnungsstätte vorgesehen war, in der Künstler der Länder, die einst von Bolívar befreit wurden, ausstellen, leistet dies nicht. Es ist ein Sammelsurium vorherrschend unbedeutender Werke. So ruht die bolivarianische Einheitsidee im Altar de la Patria, einem monumentalen Mausoleum im Zentrum der Anlage, über dem der Geist entrückter Heldenverehrung schwebt.

⏱ täglich 9.30-16.30. Eintritt: € 1,50.

Mikrobusse - von der Cra. 1 mit der Aufschrift «Mamatoco» fahren an der Hacienda vorbei.

SEBRA TIPP

Kurios aber wahr, wenn man die Leute an der Karibikküste nach dem bedeutensten lebenden Costeño fragt, ist die spontane Antwort zumeist **Carlos «El Pibe» Valderrama**. Daher ist es nicht verwunderlich, dass der Fußballer mit den Korkenzieherlocken und einstige Kapitän der kolumbianischen Nationalmannschaft dem allseits verehrten Literaturnobelpreisträger Gabriel García Márquez zumindest eine Sache voraus hat, eine Statue in Originalgröße, aufgestellt vor dem Stadion Eduardo Santos. Das ist das Stadion von Unión Magdalena, der Club spielt heute in der zweiten Liga. Hier begann die steile Fußballerkarriere von El Pibe.

Artesanía

Biosierra, Calle 16 No 3-94, ☎ 431 05 51, der Ökoladen ist ein Ableger der Fundación Pro Sierra (siehe Trek zur Ciudad Perdida) und vertreibt Arhuaco- und Kogi-mochilas (Umhängebeutel), Mantas und Körbe der Wayu, Holzschnitzereien, T-Shirts, organischen Kaffee und andere schöne Mitbringsel. www.prosierra.org

Schlafen

Für eine Handvoll Pesos

Hotel Miramar, Calle 10 C No 1C-59, ☎ 421 47 56, ✉ elmiramar_santamarta@yahoo.com Restaurant im Innenhof, Bar, Internet, Satelliten-Fernsehen, beliebter Treffpunkt, € 4 p.P. Wenn die Betten ausgebucht sind, werden Hängemattenplätze im Innenhof geschaffen. Das Miramar vermittelt alle wichtigen Informationen in und um Santa Marta. Es hat eine eigene Chiva für Fahrten in den Parque Tairona und vermittelt Guías zur Ciudad Perdida und zu anderen interessanten Orten in der Umgebung.

Casa Familiar, Calle 10C No 2-14, ☎ 421 16 97, neuer Anbau, sauber, freundlich, hilfsbereit, Frühstück, Snacks. Vermittelt Touren in die Sierra und die Ciudad Perdida. Zimmer mit Bad, Vent., € 7,50 p.P. außerdem dormitorio und Gästeküche

Residencias San Jorge, Calle 10 No 2-62 (in der Nähe der Casa Familiar), ☎ 421 06 30, sauberes, freundliches Familienhotel, schnörkellos, mit Gemeinschaftsbad, € 4/6.

Residencias Bastidas No 2, Cra. 2 No 18-26, ☎ 421 16 02, mit Bad, € 6/10.

Sun City, Calle 18 Cra. 3 No 28, ☎ 421 19 25, www.sahlmann.net ✉ ingrid_ester@yahoo.com, einfache, aber saubere Familienpension, Internetzugang, Zimmer mit Vent./a/c, Bad, € 9 p.P. € 4 im dorm. 20-Bettenschlafsaal, Männer und Frauen getrennt.

Mittelklasse

Hotel Residencias Costa Azul, Calle 17 No 2-09, ☎ 421 22 36, mit nettem Innenhof, kleine Zimmer, Bad, Vent., € 9/15.

Hotel Turismar, Cra. 1 No 11-41, ☎ 421 24 08, große, hohe und schmucklose Räume mit einfacher Ausstattung, große, alte Bäder mit Bidet, Kabel-TV, Vent., teilweise a/c. Schön ist der gekachelte Innenhof im maurischen Stil, € 8 p.P.

Hotel Nueva Granada, Calle 12 No 3-17, ☏ 421 13 37, Zimmer mit Bad, Vent., schöne Zimmer zum Innenhof, € 7,50/13.

Hotel Bahia Blanca, Cra. 1 A No 11-13, ☏ 421 44 39, ✉ hbahiablanca@hotmail.com, Zimmer mit Vent. oder a/c zum Innenhof, € 36(2), außerhalb der Hochsaison € 22-25.

Hotel Andrea Dorian, Cra. 2 No 19-61, ☏ 421 14 58. Vom oberen Stock hat man einen Blick auf die Bucht. Terrasse, Räume mit Vent., a/c, € 12/15; € 16,50/22.

Hotel Tayromar, Calle 20 No 1C-71, ☏, 423 20 22/ 421 73 24, ✉ reservas@hoteltayromar.com, neues zentral gelegenes Hotel mit Parkplatz, großzügigen Zimmern und Bädern, a/c, TV und mit Glück ist sogar der Safe im Schrank funktionsfähig, € 25-30(2).

Park Hotel, Cra. 1 No 18-67, ☏ 421 12 15, www.parkhotelsantamarta.com, große schöne Lobby, Terrasse mit Meerblick, doch mäßige Zimmer, € 20/25.

Hostal Bermu'z, Calle 13 No 5-16, ☏ 421 36 25, Räume mit TV, Kühlschrank, moderne, komfortable Einrichtung, aber schlechte Lage, Vent./a/c, € 25/37.

Hotel Panamerican, Cra. 1 No 18-23, ☏ 421 39 32, könnte eine Rundumerneuerung gebrauchen, veraltete Einrichtung, TV und Kühlschrank werden extra berechnet. Räume mit Vent./a/c, ab € 30.

Hotel Yuldama, Cra. 1 No 12-19, ☏ 421 00 63, ☏ 421 49 32, Zimmer mit a/c, Balkon mit Meerblick, Restaurant, Touranbieter, € 35-44.

Außerhalb der Stadt zwischen dem Flughafen und El Rodadero liegen einige Beachressorts. Dazu gehören das **Decameron Galeón,** Km 17 Richtung Cienaga, ☏ 432 06 30, bestehend aus einem Hotel-Tower und hufeisenförmig angelegten Cabañas am 200 Meter langen Pozos Colorados Strand.

Essen

Entlang der verbreiteten Strandpromenade (Cra. 1) findet sich eine Vielzahl an Essensmöglichkeiten, von der Pizza am Stand über Hamburger, bis zu regionalen Fischgerichten und saftigen Steaks. Man trifft sich an den Restauranttischen.

Leckere und frische **Pizzen** serviert der mobile Pizzabäcker an der Plaza Bolívar.

Punta Betin, Cra. 1 No 18-29, vor dem Gebäude des Hotel Panamerican mit seinem verblassten zartrosa und himmelblauen Anstrich, zum karibischen Frühstück, diverse Eiergerichte mit Arepa und Milchkaffe oder lauwarmer Schokolade, gute Fruchtsäfte.

Rincón Paisa, Cra. 1 No 12-25, für comida corriente.

Restaurante Jardín Paisa im baumbeschatteten Innenhof, Calle 20 No 1C-20, etwas in die Jahre gekommen, gute und günstige *marisco-* und Fischgerichte.

Ricky's, Cra. 1 No 17-05, attraktives Restaurant mit internationaler Küche und exponierter Bestuhlung, daneben hat **Presto,** die kolumbianische Hamburgerkette, einen Laden aufgemacht.

Ben & Josep's Bar und Restaurant, Cra. 1 No 18-67, neben dem Parkhotel, für dicke Steaks (das Filet mignon ist zart wie Butter), Mojitos und eisgekühlte Biere. Die aufmerksamen Besitzer verwandeln im Handumdrehen das runde Aguila-Biertischchen durch eine viereckige Platte in einen vollwertigen Esstisch.

SEBRA TIPP

Donde Chucho, Calle 19 No 2, am Parque de los Novios, ☏ 421 46 63, unübertroffen bei Fisch und Meeresfrüchten und ebenso gut wie der gleichnamige Ableger in El Rodadero, aber vermutlich weniger gefährlich, da die Mafiosis mit Vorliebe in Reichweite ihrer Jachten dinieren.

Terraza Marina, Cra. 1 No 26-38, Meeresfrüchte.

Restaurante China Town, Cra. 1 No 18-49.

Restaurante Oriental, Calle 22 No 3-43, guter Chinese.

Weiterere Restaurants befinden sich entlang der Av. Rodrigo de Bastidas.

La Gran Muralla, Cra. 5 No 23-77, Chinese.

Crêpes expresso, Cra. 2 No 16-33, Riesenauswahl an süßen und salzigen Crêpes.

SEBRA TIPP

Delicrem, Calle 15, Ecke Cra.3, die älteste Eisdiele der Stadt und berühmt für die Eissorten Zapote und Banane mit Schokoladengeschmack.

Musik und Tanz

Die Szene in Santa Marta ist übersichtlich, es herrscht ein fließender Übergang von Nachtleben und Wochenendvergnügen und umgekehrt. Tagsüber und in den Abendstunden trifft sich alle Welt an der Bucht und der Av. la Playa. Getrunken und getanzt wird in der **Heladería** in der Cra.1. Auf den Tischen sammeln sich die Bierflaschen und im Innenraum schieben Tanzpaare zu Vallenatoklängen zu vorgerückter Stunde übers Parkett.

Hollywood Disco Bar, Calle 11, Ecke Cra. 4.

La Puerta, Calle 17 No 2-29, Musikmix, Vallenato, Rock.

Eisenbahn

Längst verkehren keine regulären Personenzüge mehr zwischen Bogotá und Santa Marta und vor einiger Zeit schien auch der Güterverkehr von Santa Marta ins Hochland auf der Schiene keine Zukunft mehr zu haben, weil die lokale Tourismuslobby den Transport und die anschließende Verschiffung von Kohle als geschäftsschädigend empfindet und daher am liebsten ganz abschaffen möchte. Die Kohlezüge dürfen vorerst aber weiterrollen. Eisenbahnfreaks und den letzten Abenteurern des Schienenstranges steht diese einzigartige Zugfahrt, die zu den weltweit spektakulärsten zählt, nicht länger zur Verfügung. Sie müssen sich schon mit der Reisebeschreibung im Buch von Rámon Chao «Ein Zug aus Eis und Feuer» trösten. Etwas ganz anderes ist das neu geschaffene Tourismusprodukt **Ruta de Macondo**. Auf diese Weise soll die knapp 70 km lange Bahnstrecke zwischen Santa Marta und Aracataca, dem Geburtsort von Gabriel García Márquez demnächst wiederbelebt werden.

AUFGEPASST!
Die Gegend hinter dem Bahnhof ist auch tagsüber nicht ganz sicher.

Busverbindungen

Kleinbusse und Colectivos in den **Taironapark** und nach **Minca**, 40 Min., € 1,50, fahren von der Marktgegend, Cra. 11, Calle 11.

Der **Terminal de Transporte** liegt auf halbem Wege zwischen dem Zentrum und El Rodadero am Troncal de Caribe, Calle 15, Ecke Cra.13.

Ausgeschlagene Taxis stehen vor dem Eingang, drinnen findet man eine ATM von **Servibanca** für Master/VisaCard, einfache Restaurants und Kioske.

Riohacha/Maicao - Expreso Brasilia, Copetrán, Cootragua,Expr. Wayuú, jede halbe Std. von ⊕ 1-18, 2½ Std./4 Std., € 7/9.

Barranquilla - Expreso Brasilia, La Costeña u.a., jede halbe Std. bis 20.30, 2 Std., € 3.

Cartagena - La Costeña, Concorde, Rápido Ochoa, Expreso Brasilia, jede Std. bis 20, 4 Std., € 9.

Valledupar - Copetrán, Thermoking Colibertador, mehrere bis 14.30, 4 Std., € 8.

Aracataca - direkt oder über Fundación, Copetrán, Expreso Brasilia, € 2½-3½.

Mompox - in Bosconia auf dem Weg nach Valledupar umsteigen, € 10.

El Banco - Copetrán, ⊕ 9 u.10, 6 Std., € 10.

Bucaramanga (> Bogotá) - Tages- und Nachtbusse, Expreso Brasilia, Berlinas, Copetrán, 9 Std., € 20.

Medellín - Expreso Brasilia, Rápido Ochoa, 5 Busse, letzter 19.30, 15 Std., € 32.

Bogotá - Copetrán, Expreso Brasilia, mehrere, letzter 18.30, 20 Std., € 38.

Venezuela, täglich Abfahrten mit Exp. Amerlujo, ⊕ 11, Maracaibo, 7-8 Std., € 32, Caracas, 17 Std., € 54.

Flugverbindungen

Der Flughafen Aeropuerto Simón Bolívar liegt 15 Kilometer südlich der Stadt, hinter El Rodadero in Richtung Barranquilla. Mikrobusse fahren von der Av. La Playa (Cra.1).

Aires, Cra. 3 No 17-27, ☏ 431 70 24, mit Verbindungen nach Barranquilla,Cartagena, Valledupar, Montería.

Avianca, Cra. 2A No 14-17, Edif. Los Bancos Local 105, ☏ 421 28 97 - Centro - zudem am Aeropuerto Simón Bolívar, ☏ 432 00 10, in El Rodadero, Calle 7, Ecke Cra. 3, Edif. Los Andes, ☏ 422 72 11.

Aerorepública, Cra. 3 No 17-27 Local 102, ☏ 421 01 20, in El Rodadero, Calle 7 No 2 -15, ☏ 422 01 18.

Bogotá - Avianca, Aerorepública, täglich mehrmals, ab € 100.

Medellín - Avianca, tägl., ab € 90.

El Rodadero

20 Busminuten östlich von Santa Marta liegt der Touristensektor El Rodadero. Die von Hochhäusern eingerahmte Bucht, ganz im Stil spanischer Bausünden, ist am Wochenende und zur Ferienzeit beliebtes Ausflugsziel für Kolumbianer. Die Hotels sind moderner und erheblich teurer als im Stadtzentrum. Der Strand ist zwar feinsandig, aber nicht immer im saubersten Zustand, und die Verleiher von Wassermotorrädern verlangen horrende Preise. Wer es neppig und rummelig liebt, ist hier genau richtig. Die Rumba findet in der Großdisco **La Escollera** statt.

<u>AUFGEPASST!</u>
Zu all dem Trubel gesellen sich hier immer wieder gern zweifelhafte Gestalten aus der Narcoszene, Drogenbosse auf Urlaub oder Freigang und in der Badehose, ansonsten schwer bewaffnet und umringt von Leibwächtern. Von Jachten und Jetskis oder vor dem viel frequentierten und exzellenten Fischrestaurant **Donde Chucho,** Calle 6, Cra. 3, ☏ 422 17 52, im Herzen von El Rodadero liefert man sich auch schon mal filmreife Schießereien.

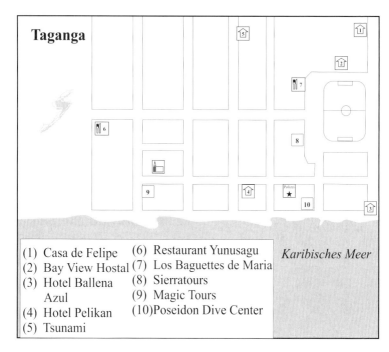

(1) Casa de Felipe
(2) Bay View Hostal
(3) Hotel Ballena Azul
(4) Hotel Pelikan
(5) Tsunami
(6) Restaurant Yunusagu
(7) Los Baguettes de Maria
(8) Sierratours
(9) Magic Tours
(10) Poseidon Dive Center

Karibisches Meer

Weitere kleine Restaurants befinden sich entlang der Strandpromenade, Cra. 1C.

Taganga

☽ 5

In entgegengesetzter Himmelsrichtung von El Rodadero liegt der Fischerort und die Travelleroase Taganga, keine zehn Minuten vom Zentrum Santa Martas entfernt, jenseits der nächsten Hügelkuppe. Taganga hat sich in kürzester Zeit zu einem der wichtigsten Backpacker-Orte in Kolumbien entwickelt. Die Szene hat sich von Santa Marta nach Taganga verlagert. Hier besteht ein einzigartiges Flair, dass sich aus einer bunten Mischung aus Fischern, Schmugglern und Hippies speist. An kaum einem anderen Ort des Landes kann die Stimmung entspannter sein, wenn sich Bongotrommeln und Gitarrenklänge über das sanfte Rauschen der Wellen legen.

Von Taganga führen Wanderwege von einer Bucht zur anderen über die kargen, kakteenbewachsenen Hügel. Hier liegen die Strände von Playa Grande, Playa Granate und eine Handvoll kleinerer, einsamer Strände dazwischen. Das Meer ist türkisgrün und plätschert träge gegen die Strandlinie. In den Strandbuden wird frischer Fisch serviert. *Pargo rojo, sierra, lebranje* und *albacora*, und man kann sich, wenn man die Ruhe sucht und findet, mit einem Buch in die Hängematte verkriechen. Am Wochenende muss man auch in Taganga eine der entfernteren Buchten aufsuchen. Wer nicht auf den schmalen und gelegentlich steilen Pfaden zu Fuß gehen möchte, kann sich zu einem der Strände fahren lassen. Taganga-Playa Grande, hin und zurück € 3. Die Unterwasserwelt zwischen Taganga und dem Parque Tairona ist noch intakt und weitgehend unentdeckt. Weitflächige Korallenbänke, Unterwasserhöhlen und Kanäle gibt es bei **Neguange**. Und vielleicht stößt der Taucher auf ein abgestürztes Flugzeugwrack oder abgesoffenes Mini-U-Boot der Narcos. Taganga hat mehrere Tauchschulen, die wissen, wo es schön und interessant ist.

Informieren

In Taganga gibt es diverse Internetcafés und -bars u.a. **Mojito Net**, Calle 14 No 1B-61, zwischen der Kirche und dem Strand, Internet Cocktail Bar mit internationalen Telefongesprächen, CD Burning, Photo und Musik, Cocktails, Säften und Weinen. **La Fina**, Internet Banda Ancha, a/c-gekühltes Internetlokal mit zehn Plätzen. ☺ 7-22.

Schlafen

Der Backpacker-Aufschwung der letzten Jahre hat für eine Vielzahl neuer und verbesserter Übernachtungsmöglichkeiten gesorgt.

SEBRA TIPP

La Casa de Felipe, ☎ 421 91 01, ✉ LacasadeFelipe@hotmail.com, www.lacasadefelipe.com Felipe gehört in Taganga zu den Hoteliers der ersten Stunde, und er hat noch immer die Nase vorn, Apartments und Cabañas mit Kochgelegenheit, Bad, Vent., begrünte Terrasse mit Hängemattenplätzen und Meerblick, Internetplätze an der Lobby. Die schöne Anlage liegt weit oberhalb der Strandlinie und ist bestens ausge-

Travellerenklave Taganga

schildert, € 7,50/10/16; im dorm. € 5 p.P.

Casa de Diana, ✉ alzatediana@hotmail.com, Ferienhäuschen einer schweiz-kolumbianischen Familie, 7 Min. zu Fuß vom Strand in Taganga entfernt, mit WC, Dusche, Küche, vier Betten, Terrasse mit Hängemattenplätzen, je nach Personenzahl zwischen € 10-15 p.P.

Hostal Techo Azules, ☎ 421 91 41, ✉ contacto@techoazules.com, schöne Anlage beim Mirador an der Straße über Taganga, Hängemattenplätze, Cabañas, Doppelzimmer mit und ohne Privatbad, zwischen € 7,50-11 p.P.

Hotel Pelikan, Cra.2 No 17-04, ☎ 421 90 57, nettes, persönliches Hotel in der 2. Reihe, Zimmer mit Privatbad, Vent., Satelliten-TV, € 7,50 p.P.

Tsunami, Calle 17 No 2-36, der Ableger des Miramar mit der bekannten Hang Out-Stimmung, die sich auch hier breitgemacht hat, kleine aber luftige Zimmer mit Vent. und teilweise mit Privatbad, Frühstück, Bar mit Dachterrasse und Blick über die Palmen aufs Meer, € 8-12; im dorm. € 6.

Bayview Hostel, Cra. 4 No 17 B-57, ☎ 421 91 28, www.bayviewhostel.com, etwas außerhalb, am Fußballplatz gelegen, einige exponierte

Zimmer mit Terrasse und Hängemattenplätzen. Manager Santiago hat einen längeren USA-Aufenthalt hinter sich und hat sich auch im Sprachgebrauch voll auf seine Gringo-Gäste eingestellt, Internetanschluss, Küchenbenutzung, Waschgelegenheiten, den ganzen Tag kostenloser Kaffee, € 10 p.P.

Hotel Ballena Azul, Cra.1 Calle 18, ① 421 90 09, ☎ 421 75 80, www.hotelballenaazul.com, zentral gelegen direkt am Strand, Zimmer mit Vent., Bad, Kühlschrank, einige mit a/c. Gutes Restaurant für Meeresfrüchte mit Blick aufs Meer, € 35/58, incl. Frühstück und Abendessen.

Essen

Viele Buden entlang der Playa Taganga und in den weiteren Buchten servieren frischen Fisch, der Touristenboom hat dafür gesorgt, dass die ersten Großbildschirme Einzug gehalten haben. Für eisgekühlte Getränke und Aguardiente gab es früher nur den gut bestückten Kiosk **Los Paisas** mit den riesigen Kühlschränken an der Strandlinie, den gibt's immer noch mit Verpflegung zu fairen Preisen.

Das beste Restaurant ist im **Hotel Ballena Azul. Los Baguettes de María,** Calle 18 No 3-47, ① 421 93 28, hat mindestens zehn verschiedene Baguette-Varianten und noch mehr Satelliten-TV Programme zu bieten. Daneben ist das **Restaurante-Bar Cuatro Vientos,** Calle 18 No 3-03, Pasta, Sandwichs, Guacamole mit Maistortillas und Kaffee aus organischem Anbau und, wenn die Zeit reicht und die Stimmung danach ist, gibt es auch eine Einführung in die traditionellen Kenntnisse der Arhuaco.

Bus - Mikrobusse nach Santa Marta kommen und fahren alle zehn Minuten bis 21.30, wer später noch in die Stadt möchte, muss ein Taxi nehmen.

Tauchen und Trekkingtouren

SEBRA TIPP

Unter deutscher Leitung ist das **Poseidon Dive Center,** Calle 18 No 1-69, ①/☎ (5) 421 92 24, www.poseidondivecenter.com, ✉ max@poseidondivecenter.com. Vermietet auch Zimmer, Bett im Doppelzimmer € 8,50. Die beiden Tauchlehrer Max und Gerd führen die Ausbildung auch auf Deutsch durch. Im Programm sind Tief-, Nacht-, Navigation-, Drift-, Wrack- und Tarierungstauchgänge. Tauchkurse: Anfänger 4-5 Tage, Fortgeschrittene: 3 Tage, 5 Tauchgänge mit Tieftauchgang, Navigationstauchgang, Nachttauchgang, pro Tauchgang, ohne/mit Ausrüstung. Alle Tauchgänge werden vom Boot durchgeführt.

Oceano Scuba, Cra.1 No 17-07, ① 421 90 04, www.oceanotaganga.com

Magic Tour, ① 421 91 86, www.magictourtaganga.com, fährt in den PNN Tayrona, zu anderen Zielen an der Karibikküste und vertritt vor Ort Turcol für die Treks zur Ciudad Perdida.

SEBRA TIPP

Sierratours, Calle 17 No 1-18, ① 421 94 01, www.sierratours-trekking.com, ✉ info@sierratours-trekking.com, Trekkingtouren in die Sierra Nevada, Agenturgründer Ricardo Olarte Padilla hat jahrelange Erfahrungen als Guía in der Sierra Nevada gesammelt und spricht fließend

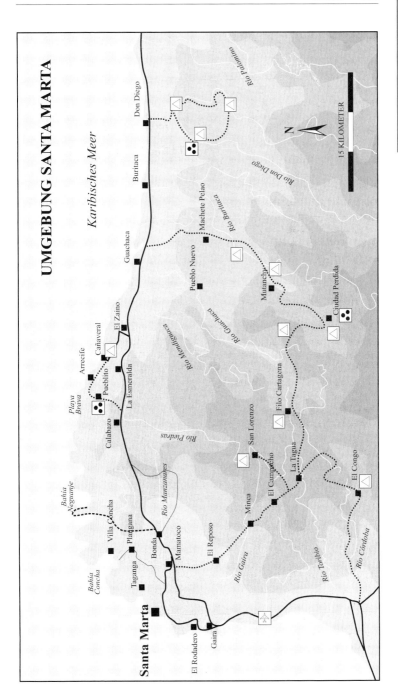

deutsch. Sierratours ist neben Turcol in Santa Marta die einzige Agentur, die eine Genehmigung des Instituto Colombiano de Antropología e Historia zum Besuch der Ciudad Perdida besitzt.

Spanischunterricht

Academia Latina, Calle 14 No 3-41, 20 Std. in der Woche, pro Std. € 5.

Nationalpark Tairona

Lastenesel im Parque Tairona

Der populärste Nationalpark Kolumbiens ist der Parque Tairona, sowohl für Kolumbianer als auch für die internationale Reiseszene. Dieses 150 km² große Gebiet, eingegrenzt von der Bucht von Taganga im Westen und dem Río Piedras im Osten, ist einer der schönsten und abwechslungsreichsten Abschnitte der gesamten Karibikküste. Die Ausläufer der Sierra Nevada lappen ins Meer wie die gespreizten Finger einer Hand.

Die Hügel sind aus Vulkangestein des Tertiär und mit abrupten Steigungen versehen. In der Landschaft verstreut liegen übergroße Steine wie zurückgelassene Dinosauriereier. Buchten mit schäumendem Wellengang wechseln mit kristallinweißen Stränden an träger See. Dahinter erheben sich dichtbewachsene Berge, in deren Gipfeln sich die Nebel verfangen. Dort wachsen Feuchtwälder, Palmen, umschlungen von Lianen, bis zu 35 Meter Höhe.

Unterhalb dieser Zone stehen *jobo*-, *naranjuelo*- und *ceiba*-Bäume. In unmittelbarer Küstennähe gibt es Feigenkakteen und Kokospalmen. Die Fauna ist vielfältig. So kann man Brüllaffen, Leguane, Dutzende von Fledermausarten, Schlangen und Vögel sehen. Die Küstenlinie ist gesäumt von Korallen. Bahía Concha und Negangue sind die bevorzugten Tauchplätze.

Der Haupteingang des Parks ist **El Zaíno**, 34 Kilometer von Santa Marta auf der Straße nach Riohacha. Von hier aus erreicht man **Punto Cañaveral** am Ende einer fünf Kilometer langen, asphaltierten Straße mit dem Besucherzentrum des Parks und den **Ecohabs**. Die Ecohabs sind traumhaft gelegene Luxus-Cabañas im Baustil der runden Kogi-bohios. Sie können auschließlich über **Aviatur** (siehe INFO-Kapitel) in Bogotá oder Santa Marta gebucht werden, sind für zwei-drei Personen gedacht und kosten € 175, inkl. Frühstück. Dazu gehört ein Restaurant mit einer ansprechenden vielfältigen Speisekarte (Fisch, Fleisch, Meeresfrüchte und Salate), das auch Nicht-Gästen der Anlage offensteht.

In Cañaveral gibt es auch ein archäologisches Museum mit einigen Ausgrabungsstücken der Tairona-Kultur (Museo Chayrama). Diese Stücke wurden in den 1950er Jahren vom Ethnologen-Ehepaar Reichel-Dolmatoff ans Tageslicht gebracht. Nach einer Stunde Fußweg von Cañaveral erreicht man die Strände von **Arrrecifes** und **El Cabo**. Arrecifes ist der Haupttreffpunkt unter den Reisenden. Es gibt zwei Restaurants, Cabañas und ein weiträumiges Campingareal, **Finca El Paraiso Bukaru**, ☏ mobil 313 571 74 20, www.paraiso-bukaru.8k.com Man hängt sich mit seiner Hängematte zwischen die Kokosnusspalmen oder mietet ein Zelt an, zumal in der Regenzeit, Duschen, Gepäckaufbewahrung, Verleih von Zelten € 10(2), Hängematten € 3, Decken € 1, Cabañas € 42(2).

Die beiden Restaurants in Arrecifes bieten kleine, relativ teure, aber schmackhafte Portionen an. Es kann nicht schaden, einige Lebensmittel aus Santa Marta mitzubringen. Auf dem weiteren Fußweg in westlicher Richtung folgen die Strände **La Piscina**, ein heiliger Platz für die Kogi und Arhuaco, die an dieser Stelle Mutter Erde *pagamentos* (Opfergaben) entrichten, und der während der Ferienzeit oft überfüllte Strand von **Cabo San Juan de Guia** mit einer Aussichtsplattform, Restaurant und Campingzone.

Pueblito

Von Arrecifes führt eine zweistündige Wanderung in den Dschungel nach Pueblito. Hier liegen die Überreste einer Siedlung der Tairona aus präkolumbianischer Zeit, bewacht von einer Familie der Kogi. Einst verband ein weit verzweigtes Wegesystem die Ortschaften an der Küste mit dem Hochland. Auf diesem, heute noch existierenden, zum Teil steingepflasterten Wegen erfolgte ein reger Handel von Salz und Muscheln, Mais und Kartoffeln. Zudem waren es die Wallfahrtswege der Tairona zu den heiligen Orten, den Lagunen. Pueblito hieß einst Chairama. Hinter Pueblito gibt es noch eine Abzweigung zur weniger besuchten **Playa Brava**, mit einfachen Übernachtungsmöglichkeiten. Folgt man hingegen dem Hauptweg, erreicht man nach 2½ Std. von Pueblito **Calabazo**, eine Ortschaft am Troncal de Caribe und zugleich den zweite Ein- bzw. Ausgang zum Park. Der Weg führt über eine Hügelkette, auf der sich dichte Vegetation mit verstreut liegenden kleinen Fincas abwechseln. Einer Vorabgenehmigung zum Besuch des Parks bedarf es nicht. Man zahlt am Eingangsposten in El Zaíno oder Calabazo € 10 und bekommt dafür das Eintrittsticket und ein Klebeband ums Handgelenk. ⏱ täglich 8-17. Die Wege sind gut ausgeschildert, mit Kilometer-, Zeit- und sogar Prozentangaben, die die abnehmende Entfernung zum anvisierten Ziel beziffern.

Bootsverbindungen

Boot von Taganga, Minimum vier Personen, € 20 p.P.

Busverbindungen

Colectivo vom Markt, Calle 11, Ecke Cra. 11 zum Haupteingang nach **El Zaíno**, € 2. Bis nach Cañaveral sind es fünf Kilometer auf asphaltierter Straße und anschließend 1 Std. zu Fuß bis Arrecifes. Täglich fährt ein Taxi um 10.30 vom Miramar bis **Cañaveral**, € 6,50 hin und zurück. **Taxi** bis Cañaveral, € 10.

Traumstrände im Parque Tairona

In **Palomino**, an der Straße von Santa Marta in Richtung Riohacha befinden sich einige einfache Strandhütten.

La Casa de Rosa, Playa Palomino, Camping € 2,50 p.P. oder Hängematte € 3 p.P. keine Elektrizität.

Casa de la Mama, Calle 9, Cra.4, € 11.

Nationalpark Sierra Nevada de Santa Marta

Im Rücken von Santa Marta erhebt sich die Sierra Nevada, deren Flanken zum höchsten Küstengebirge der Welt ansteigen. Der Pico Colón und der Pico Bolívar sind mit 5770 Metern die höchsten Erhebungen Kolumbiens, nur 42 Kilometer Luftlinie vom Meer entfernt. Noch vor einiger Zeit glaubte man, die Sierra Nevada sei einst Teil der Zentralkordillere gewesen und durch einen immensen Grabeneinbruch in weit zurückliegender Zeit von den Anden getrennt worden. Wahrscheinlicher ist, dass sich das Gebirge kurze Zeit nach den Anden, zu Beginn des Quartiär erhoben hat. In der Sierra bestehen neun Klima- und Vegetationsstufen. Vom tropischen Regenwald, über den Páramo, bis zur Schneeregion sind auf relativ kleiner Fläche alle Stufen vertreten.

Die Sierra weist einen hohen Anteil endemischer Tier- und Pflanzenarten auf, d.h. Arten, die nur hier vorkommen. Mehr als die Hälfte der hier wachsenden Pflanzen und 70 Vogelarten sind auf die Sierra beschränkt. Mit zunehmender Höhe nimmt der Anteil der endemischen Arten zu, die Artenvielfalt hingegen ab. Da wundert es nicht, dass dieses Gebirge ein fragiles Ökosystem darstellt. Bereits heute zeigen sich die Auswirkungen der globalen Erderwärmung im dramatischen Gletscherschmelzen.

Gab es 1975 noch 105 km^2 Eisfläche, so waren es 1981 nur noch 35 km^2 und die jährlichen Verluste betragen ca. 3 % der verbleibenden Restflächen. Die Gletscher speisen die Flüsse, deren Wasserhaushalt gestört ist, und die Páramos trocknen aus. All dies beobachten die Herren der Sierra, die Kogi und Arhuaco, besorgt. In der Mythologie der Kogi hat die Welt die Form eines auf die Spitze gestellten Eies. Das Ei enthält neun Ebenen in Form übereinanderliegender Scheiben. Die Kogi leben in der Mitte. Die oberen vier Scheiben sind der Sonne. Das Übel kommt von den unteren vier Scheiben. Die klimatischen Veränderungen haben den seit der Konquista bestehenden Argwohn gegen die Weißen noch verstärkt. Die Ureinwohner der Sierra haben als Bewohner dieses komplexen Mikrokosmos vielleicht ein tieferes Verständnis für den Zustand der Welt entwickelt, als es uns Zivilisationsmenschen bisher gelungen ist. Erhaben und verärgert nennen sie uns den «kleinen» Bruder. Die Kogi, Arhuaco und Asario leben in den Höhenlagen ihr eigenes, weitgehend traditionelles Leben. Die Kogi besiedeln ein *resguardo* von 3644 km^2 an der Nordseite, die Arhuaco 1959 km^2 an der Südseite. Die Sierra Nevada ist auch Kolonisationsgebiet. Das führt zu Konflikten zwischen den Indianern und den neuen Siedlern. Die Spanier hatten einst um die Sierra einen Bogen gemacht, zu mühsam war die Erschließung, und goldene Schätze schienen dort nicht verborgen. Zwar hatten sich die Tairona, um der Encomienda zu entge-

Die Ureinwohner der Sierra Nevada

Heute leben in der Sierra Nevada ca. 18 000 Indianer, von denen die Arhuaco und die Kogi den überwiegenden Anteil stellen. Eine dritte Gruppe sind die Asario. Alle drei Gruppen gehören zur Sprachgruppe der Chibcha, sprechen jedoch unterschiedliche Dialekte. Die Kogi bewohnen den nördlichen, die Arhuaco den südlichen Teil der Sierra Nevada.

Die Arhuaco

Der *mamo* oder *mama* ist die höchste politische und geistige Autorität der Arhuaco. Er hat das kulturelle Wissen, richtet, straft und heilt die Kranken. Er kennt die Gesetzmäßigkeiten der Natur und ist ihr Anwalt gegenüber den Menschen. Bei den Arhuaco gibt es keine Klassen, und das Land ist Gemeinschaftseigentum, das die *mamos* den Familien zuteilen. Früher mussten die Familien die Felder des *mama* unentgeltlich bestellen, heute bezahlen sie ihn mit Lebensmitteln und Tieren.

Die kleinste Einheit ist die Familie. Die Kinderzahl ist hoch. Auch heute noch bestimmt der *mama,* wer wen heiratet und wo die Liebe vollzogen wird. Die Familien haben mehrere Fincas in unterschiedlichen Höhenlagen, um den kargen Boden für den Anbau von Mais, Kartoffeln, Yuka, Zuckerrohr und Baumwolle auszunutzen. Sie leben in den *urakus*, den strohgedeckten Rundhäusern. Jeder *uraku* hat zwei Türen. Nach der Fertigstellung wird er in einer Zeremonie vom *mama* geweiht. In der Mitte des Hauses ist die Feuerstelle in einer Steinmulde, daneben die Kochutensilien und die *múcura*, ein Tongefäß in dem das Wasser aufbewahrt oder die *chicha* zubereitet wird. Üblich sind drei Gemüsesuppen täglich, die manchmal mit etwas Fleisch angereichert werden. Die Familie schläft eng beieinander auf dem Boden in der Nähe der Feuerstelle, um sich vor der Kälte zu schützen.

Die Männer weben ihre Kleidung selbst, früher webten sie auch die der Frauen. Über einer knielangen Hose trägt der Arhuaco eine *ruana*. Eine breite, um die Taille geschlungene Schärpe, hält die Weite zusammen. Die Kleidung ist aus weißer Baum- oder Schafwolle oder einem Gemisch aus beiden. Seine Kopfbedeckung wirkt wie eine Ritterkappe und wird aus Fasern der Agave gearbeitet. Die Sandalen sind aus Kuhleder. Zu den unentbehrlichen Utensilien des Mannes gehören drei *mochilas*. Die beiden größeren werden gekreuzt vor der Brust getragen, der dritte, der sogenannte *yuburumasí,* wird um den Hals gehängt. In dem kleinsten Umhängebeutel werden die Kokablätter und der *poporo* aufbewahrt.

In der Jugend wird der Arhuaco vom *mama* mit dem *poporo* «verheiratet». Der *poporo* ist ein ausgehöhlter kleiner Kürbis mit einer Öffnung. Hierin wird zerriebenes, feinpulveriges Muschelplatt aufgehoben, das sich die Arhuaco in langen Fußmärschen von der Küste besorgen. Der *poporo* symbolisiert die Frau und das Prinzip der Fruchtbarkeit. Mit einem langen Holzstab stößt der Mann in die Rundung des Kürbis. An der Spitze des Holzes bleibt der Kalk hängen, den er mit der Zungenspitze ableckt. Der Kalk setzt die Wirkstoffe des Kokas frei.

Die Frauen erhalten zur Hochzeit eine *mochila* und eine Nadel. Von diesem Zeitpunkt an sind sie ständig damit beschäftigt, an ihren *mochilas* zu arbeiten, die längst nicht mehr nur für den Eigengebrauch hergestellt werden, sondern zum wichtigsten Handelsgut mit den Weißen geworden sind. Die *mochilas* werden aus Wolle oder Fasern der Agave gemacht. Für das schwarze, geometrische Muster, das stilisierte Motive aus Flora und Fauna darstellt, wird Ziegenhaar verwandt. An den Mustern erkennen sich die einzelnen Familien. Der *mama* trägt schneeweiße Kleidung und eine weiße *mochila* ohne Muster. Die Frauen tragen zwei weiße *túnicas* übereinander, die ihnen bis zur Wade reichen. Sie tragen bunte Halsketten, die heute nicht mehr aus *cháquira*-Perlen sind, sondern gekaufte Glasperlen. Die Mütter tragen die Kleinkinder im Tragerucksack, dessen Gewicht auf der Stirn liegt.

Regelmäßig treffen sich die Familien in ihren Dörfern zu den Zusammenkünften. Das Zentrum der Zeremonien ist ein gesäuberter Platz, der umgeben ist von Gärten. Die wichtigsten Gebäude sind die beiden *kankuruas*, das Männer- und das Frauenhaus. Bei den Festen wird *chicha* getrunken. Die Tänze werden begleitet von einer Trommel, einer Zuckerrohrflöte und der *maraca*, ein Rhythmusinstrument, das mit Maiskörnern gefüllt ist.

Kaku serankua, einer der Hauptgötter der Arhuaco, schuf die Erde, deren Herz in der Sierra Nevada schlägt, und er schuf die Gewässer, die wie die Arterien des Mannes sind, durch die das Blut strömt. Die Laguna *Navova* ist der heiligste Ort der Arhuaco. Sie repräsentiert die Grenze aller Materie. *Navova*, die höchste Herrscherin der Sierra Nevada, war ein androgynes Geschöpf, zugleich Mann und Frau, so wunderschön und verführerisch, dass alle Männer sie begehrten und ihren Frauen untreu wurden. Die *mamos* kamen zusammen und berieten, wie dieses Problem zu beseitigen sei. Sie beschlossen, *Navova* in eine Lagune zu verwandeln.

Heute darf die Lagune nur mit der Genehmigung des *mama* besucht werden, und niemand darf ihr Wasser trinken. Der *mama* schickt Ehepaare dorthin, die ihre Schwierigkeiten an der (Liebes)lagune lösen sollen.

Die Kogi

Die Sozialstruktur und die religiösen Vorstellungen der Kogi und der Arhuaco sind in ihren Grundelementen identisch. Die Kogi sind vielleicht eine Spur fundamentalistischer in der Bewahrung und Verteidigung ihrer Kultur und gelten als die esoterischen Lehrmeister der Arhuaco. Sie betrachten sich selbst als die «älteren» Brüder.

Ebenso wie die Arhuaco tragen die Kogi drei *mochilas*, eine für ihre persönlichen Dinge, die zweite für den *poporo* und die kleinere, die *ziyu*, für die Kokablätter. Die *mochilas* repräsentieren Mutter Erde, das Prinzip der Weiblichkeit und Fruchtbarkeit, und werden ausschließlich von Frauen gefertigt .

Der *poporo* ist die Miniatur des Sonnentempels. Er vereinigt die Elemente der Sierra. Ihre Schneegipfel sind wie der Kalk an der Spitze des Kürbis, der Stock ist die Achse der Welt, der die Berge an ihrer höchsten Spitze durchbohrt.

Reichel-Dolmatoff, der in den 1940er Jahren intensive ethnologische Studien über die Kogi anstellte, hat einmal den idealen Kogi überspitzt als einen Mann beschrieben, der nichts außer Koka zu sich nimmt, nie schläft, sein gesamtes Leben von den Vorfahren spricht und sich der Sexualität enthält.

Das Zeremonienhaus *nujuai* ist der Uterus der Mutter Erde. Hier halten die Männer ihre Feste ab. Bei einigen dieser Feste schmücken sie sich auch heute noch mit Tiermasken und machen Musik auf Riesenmuscheln, denen sie trompetenähnliche Töne entlocken. Wenn der Kogi stirbt, kehrt er in den Uterus des Universums zurück.

Der Zugang zu den Zeremonienstätten der Kogi ist dem Reisenden heute verschlossen. Doch auf dem Weg zur Ciudad Perdida wird er auf Kogi-Familien treffen.

hen, stets höher in die Berge geflüchtet, doch warum sollte man sie zurückholen, wo ab 1600 kräftige, schwarze Sklaven in Santa Marta eintrafen. Erst zu Beginn dieses Jahrhunderts setzte das Interesse an dieser Region ein. Der Anthropologe Konrad Theodor Preuss untersuchte 1915 das Leben der Kogi. Die niedriger gelegenen Flächen wurden zum Kaffeeanbaugebiet. In den 1970er Jahren verwandelte sich die Sierra wegen des exzellenten Klimas und der Unzugänglichkeit bei gleichzeitiger Nähe zu den Verladehäfen Barranquilla und Santa Marta zu einem der größten Marihuana Anbaugebiete der Welt. Angelockt von den Verheißungen des «Free Dope» und indianischer Philosophie, fanden sich Hippies aus aller Welt ein. Am Río Palomino entstand eine Kommune. In den 1980er Jahren löste Koka den Anbau von Cannabis Sativa weitgehend ab. Die Gewinne der Mafia stiegen ins Unermessliche, die Zeiten wurden rauer, und die Hippies, Kogi und Campesinos wurden zu Opfern des ausgebrochenen Landverteilungskampfes. So manche Leiche schwamm in dieser Zeit den Palominofluss hinunter. In den 1990er Jahren entspannte sich die Lage. Der Schwerpunkt der Drogenproduktion hat sich heute in andere Regionen verlagert.

Cuidad Perdida

Die verlorene Stadt der Tairona wurde erst 1975 von Grabräubern entdeckt. Sie liegt noch immer versteckt im Dschungel an den steilen Hängen des oberen Río Buritaca zwischen 1000 und 1200 Metern. Der archäologische Name ist *Buritaca 200*. 200 ovale und runde, heute von der Vegetation befreite Plattformen bilden diese einst wichtigste Stadt der Tairona. Die Mauern der Plattform sind bis zu zwölf Meter hoch, in Terrassenform angelegt. Ursprünglich standen hier die auch bei den heutigen Kogi typischen Rundbauten, gedeckt mit Stroh. Sie hatten einen Durchmesser von vier bis zwölf Metern. Die Stadt war dem Gelände vollständig angepasst. Zwischen den Plattformen verlaufen Wege aus Steinplatten. Wegen der heftigen Regenfälle war die Bergflanke mit einem Be- und Entwässerungssystem versehen, das zugleich der Bewässerung der Felder diente. Die Regenfälle betragen über 4000 mm pro Jahr. Die wichtigen Tempel liegen auf dem höchsten Bergrücken, wo heute der Hubschrauberlandeplatz ist. Einige gewaltige Palmen heben sich aus den Mauern und betonen die mysteriöse Lage des Ortes.

Die Spanier dürften die Stadt nie betreten haben, und es erging ihr so wie anderen berühmten Siedlungen, die der Dschungel verschluckte, Palenque in Mexiko und Machu Picchu in Peru. Am Eingang der Stadt steht ein gewaltiger Fels. Der Stein ist von Linien überzogen und gilt als der Bauplan der Anlage, **Piedra de Mapa**.

Zwei Wege führen zur Ciudad Perdida

Aus der Luft lässt sich die archäologische Stätte mit dem **Hubschrauber** erreichen. Das sind für den einfachen Flug nur 20 Flugminuten vom Airport in Santa Marta, aber die Flüge sind ausgesprochen restringiert, weil störend für die Umwelt und die heimischen Kogi und Arhuaco, und zudem ziemlich teuer, um € 3500. Informationen über **Aviatur** in Santa Marta.

Weit populärer ist der **Sechs-Tage-Trek**. Dabei muss man sich einem der registrierten Guías anvertrauen, denn die Besuchserlaubnis wird von der Parkverwaltung ausschließlich Gruppen mit Guía erteilt. Ein Besuch auf eigene Faust führt mit Sicherheit nicht zum gewünschten Ziel. Es gibt mittlerweile 18 lizenzierte Guías in Santa Marta, und es dürfte nicht schwierig sein, den richtigen zu finden. Zu kontaktieren am besten über das Hotel Miramar in Santa Marta oder Sierratours in Taganga.

Zu Fuß gibt es dann wiederum zwei Möglichkeiten zur Ciudad Perdida zu kommen. Einmal über **El Mamey**, das ist der kürzere, streckenweise sogar steilere, aber gleichwohl leichtere Weg und insbesondere in der Regenzeit weniger schlammig. In **La Tagua**, eine kleine Ortschaft die auf der Straße hinter Minca liegt, beginnt der längere und weniger frequentierte, aber landschaftlich und kulturell eindrucksvollere Fußmarsch, drei Tage zumeist bergauf bzw. in der Gegenrichtung bergab. Auch die Kombination der beiden Routen (Rundweg) ist möglich und auf jeden Fall abwechselungsreicher, **Sieben-Tage-Trek**.

Cuidad Perdida

Touranbieter

Turcol, Cra. 1 No 20 -15, Santa Marta, www.buritaca.2000.com (englisch/spanisch).

Sierratours, Taganga, www.sierratours-trekking.com (englisch/spanisch).

1. Tag

Der bevorzugte Weg führt vom Troncal de Caribe hinter Guacháca ab in die Ortschaft **El Mamey** (2 ½ Std.). Dort endet die Straße, und es geht weiter bis **Adán**, eine kleine Ansiedlung von Colonos mit Unterkunftsmöglichkeiten in der Hängematte (z.B. bei Donde Adán) und einigen natürlichen Wasserbecken zur Abkühlung in der Umgebung.

2. Tag

Am zweiten Tag geht es im Tal des Río Buritaca bergauf, durchquert werden die kleinen Kogiansiedlungen Mutanshi (und Koskúnguena), Übernachtung in der Cabaña von Elio oder den Cabañas von Turcol , 7 Std.

3. Tag

Das Terrain bleibt steil und über die Pfade der Kogi geht es an einzelnen Hütten und archäologischen Fundstellen aus der Tairona-Zeit vorbei in Richtung Ciudad Perdida. Nachdem der Río Buritaca überquert ist, beginnt der Aufstieg über die lange Treppe mit den über 2000 Stufen zur Ciudad Perdida, die am frühen Nachmittag erreicht wird, 6 Std.

4.-6. Tag

Den vierten Tag verbringt man mit der Besichtigung der verlorenen Stadt, den archäologischen Stätten und des umgebenden Dschungels mit einem erfrischenden Bad in einem der natürlichen Wasserbassins (Pozo de la Juventud) und einem abschließenden Gespräch mit einem Archäologen vor Ort. Die anschließenden zwei Tage sind dem Rückweg vorbehalten.

Route von La Tagua

Von La Tagua geht es durch tropischen Regenwald, abgelöst in den höheren Lagen von Nebelwald, bis nach **Filo Cartagena** im Tal des Río Guachaca. Der einstige Kolonistenort wurde nach Landrückkäufen wieder den hier traditionell ansässigen indigenen Wiwa übertragen, es gibt eine Schutzhütte der Parkverwaltung, hier arbeitet die NGO Fundación Pro-Sierra Nevada.

Am zweiten Tag werden Flüsse mit kristallinem Wasser passiert, bis **Alto de Mira** erreicht ist, eine weitere kleine Ruinenstätte, bei der Ausgrabungen durchgeführt werden. Hier befindet sich auch eine meteorologische Station, die wichtige Daten sammelt und eine weitere Schutzhütte für Wanderer. Zwischen Filo Cartagena und Alto de Mira liegt das letzte größere und zusammenhängende Waldgebiet an den Hängen der Sierra Nevada de Santa Marta und traditionelles Indianerterritorium.

Am letzten Tag erreicht man nach mehrmaliger Durchquerung des Río Buritaca die Ciudad Perdida; die letzten 100 Meter über eine steil ansteigende Steintreppe.

Im Schnitt wird pro Tag nur vier Stunden marschiert. Es geht früh los, um der tropischen Hitze auszuweichen. Zu jeder Jahreszeit werden Touren durchgeführt. Am besten ist natürlich die Trockenzeit von Dezember-Februar und der *veranillo* (Juni/Juli). Die stärksten Regenfälle gehen im Oktober/November nieder. Die Gruppen bestehen aus vier bis zehn Leuten. Übernachtet wird in schön gelegenen einfachen Camps in Hängematten mit Moskitonetzen. Viele Guías sind zweisprachig, englisch/spanisch, manche können auch deutsch.

Der **Sechs-Tages-Trek** kostet € 200, der **Sieben-Tages-Trek** € 240, Anreise zu den Ausgangspunkten und Mahlzeiten eingeschlossen. Spezialservice, Maultiertransport soweit möglich und erlaubt, kleine Gruppen, vegetarisches Essen, kosten zusätzlich. Daher vorher alles genau festlegen. Es besteht Verhandlungsspielraum. Die Preise sind auch deshalb so hoch, weil sich die Kogi den Zugang zur Stätte ihrer Vorfahren teuer bezahlen lassen und die Wege pflegen.

Das Essen ist einfach, aber in Ordnung, die Mitnahme von Erdnüssen, Schokolade etc. gibt dem Speiseplan etwas Abwechslung. Mitnehmen sollte man auch einen leichten Schlafsack, Wanderschuhe, Sandalen, mehrere T-Shirts, Socken, Fleece, Regenjacke, Handtuch, Waschzeug, Wasserflasche, Taschenlampe, Moskitorepellent, Sonnenöl.

AUFGEPASST!
Das Trinkwasser abkochen, Wassertabletten benutzen oder filtern!

Minca

650 Meter, 22°C, 600 Einwohner
☽ 5

Dreißig Minuten von Santa Marta entfernt, liegt das kleine Dorf Minca, an einem Bergrücken der Sierra Nevada. Hier ist nach unruhigen Zeiten, in denen der Ort und die Umgebung zwischen Guerrilla, Militär und Paramilitär umkämpft war, wieder Ruhe und Frieden eingekehrt. Die Vegetation aus meterhohen Bambus und Kaffeesträuchern und vielen exotischen Pflanzen ist dicht, vielerorts rauschen Wasserfälle. Minca ist ein beliebter Treffpunkt nationaler wie internationaler Künstler und Aussteiger. Die Umgebung ist ideales Wanderterrain und bekannt für ihre außergewöhnliche Vogelvielfalt.

Informieren

www.minca.colombia.com Website der Minca-Community (englisch).

www.proaves.org die Reserva Natural de los Aves El Dorado ist 21,8 km von Minca entfernt, Richtung La Tagua.

Schlafen

Bei Christoph im **Sans Souci**, ✉ sanssouciminca@yahoo.com, liegt oberhalb des kleinen Dorfzentrums mit den beiden Kneipen und der Bushaltestelle, umgeben von meterhohen Bambusstauden und eingerahmt von Kaffeepflanzungen und Mangobäumen, Blick über den kleinen Pool und die benachbarten Hügel hinunter ins Tal bis nach Santa Marta, € 7,50 p.P., die Cabaña (für bis zu 4 Pers.) € 30, ideal für Selbstversorger.

Hosteria La Casona, ☏ 421 99 58, ✉ lacasona@colombiaexotic.com mit Restaurant und Gallerie.

Es gibt einige Restaurants mit traditioneller Hochlandküche (Tamales, Sancocho de gallina), **Doña Ana** und **Los Paisas somos Asi,** und ein Artesanía-Shop mit organischem Kaffee.

Aracataca

40 Meter, 28°C, 50 000 Einwohner

Aracataca ist der Geburtsort von Gabriel García Márquez und das Vorbild für sein literarisches Macondo. Der Ort erlebte seine Blütezeit zu Beginn des 20. Jahrhunderts, als die United Fruit Company Bananenplantagen anlegte. Das bis dahin vergessene, schwülfeuchte Sumpfland wurde durch die Eisenbahn mit der Küste verbunden. Nach Ende des Bananenkrieges und dem Abzug der Company versank der Ort erneut in der Bedeutungslosigkeit. Am verlassenen, weißgetünchten Bahnhof, der nun mit gelben Schmetterlingen verziert ist, wie so manch anderes Bauwerk und damit auf das Wappentier der Phantasie aus den Werken von GGM verweist, fährt gelegentlich ein Güterzug aus Santa Marta vorbei. Am **Prado de Sevilla** stehen noch zurückgelassene Einrichtungen der Bananengesellschaft. Auch die **Casa de Telegrafista** (Calle 9), für kurze Zeit der Arbeitsplatz des Vaters von GGM, existiert noch.

Die neu gestaltete **Casa Museo de Gabriel García Márquez** (Cra. 5a und 1½ Blocks von der zentralen Plaza entfernt) ist hingegen ein vergrößerter Nachbau des ursprünglichen Hauses mit einigen Abweichungen vom ursprünglichen Grundriss, insbesondere einem größeren Flur und offener Küche, ausgelegt für die Bedürfnisse zukünftig erwarteter Besucher. Auch die kleine Casa de Abuelo wurde bei der Gestaltung des Areals mit einbezogen.

Aracataca ist ein Ort des ungeschminkt karibischen Lebens, voller Billiardsalons, Garküchen, kleiner offener Läden. Das Leben spielt sich entlang der Hauptstraße (Calle 8) ab, die einzige, die in den Abendstunden mehr oder weniger beleuchtet ist, und ist angereichert mit literarischen Zitaten, wobei nicht allein «Hundert Jahre Einsamkeit» Referenz erwiesen wird, sondern auch dem mexikanischen Schriftsteller Juan Rulfo, dem Schöpfer des Pedro

Párama, auf einem Platz am Ende der Cra.3, zwischen der Hospedaje El Porvenir und dem Bahnhof, wo die jeweiligen Anfangs- und Schlusssätze der beiden Meisterwerke der Weltliteratur gegenüber gestellt werden. Die Bewohner des Ortes aber sehen sich nicht als Romangestalten und haben dem Vorschlag des Bürgermeisters, Aracataca in Macondo umzubenennen, im Jahr 2006 eine Absage erteilt.

Ein **Internet**-Lokal liegt direkt gegenüber der Casa Museo GGM.

Schlafen und Essen

Drei einfache Hospedajes liegen zentral.

Hospedaje El Porvenir, Cra. 3, Ecke Calle 6, gegenüber der Banco Agrario, ☏ 427 12 37, Neonlicht, Kabel-TV, Dusche funktioniert nicht immer, die kleine a/c sorgt für eisige Temperaturen, der Wirt verwahrt den Zimmerschlüssel, € 7 p. P.

Residencias Bucaramanga, Calle 8 No 1-69, ☏ mobil 313 542 81 82, Familienpension, Zimmer mit Vent., a/c, TV, € 8,50 p.P.

Residencia Macondo, Calle 8 No 1-41, sauber, Zimmer mit Bad, € 8,50 (mat.).

Restaurante y Estadero la Guaca, Calle 9, bei der Kathedrale.

Busverbindungen

Von der Bushaltestelle hinter dem Bahnhof fahren regelmäßig Busse und Colectivos nach **Santa Marta**, 1½ Std., € 2,50, und in die Gegenrichtung nach Fundación, Bosconia und **Valledupar**, € 4.

Valledupar

168 Meter, 28°C, 300 000 Einwohner
☏ 5

Valledupar ist die gemütliche, aber gesichtslose Hauptstadt des Departements Cesar. Obwohl die Stadt bereits im 16. Jahrhundert gegründet wurde, war sie bis zur Mitte unseres Jahrhunderts völlig unbedeutend. Die Region um Valledupar war geographisch zwischen der Sierra Nevada im Westen, dem Gebirge Sierra de Perija und der Guajira Wüste im Norden von allen Handelsrouten abgeschnitten. Bis in die 1970er Jahre setzten sich die Motilones, ein Stamm der Kariben, gegen die heranrückenden Siedler zur Wehr und überfielen Dörfer. In der Kolonialzeit flüchteten sich in dieses unwegsame Gebiet entlaufene Negersklaven und gründeten im Dschungel versteckte Dörfer, die *palenques*. Sie vermischten sich mit den hier lebenden Indianerstämmen. Die ursprüngliche Vegetation, der Naturglaube der Indianer und die Traditionen der Schwarzen führten zur Entstehung einer einzigartigen Kultur, deren musikalische Ausdrucksform der Vallenato ist. Am Ortseingang steht das Denkmal zu Ehren des Vallenato-Ensembles. Jedes Jahr, vom 27.-30. April, findet das **Festival de la Leyenda Vallenata** statt. Ort des Festivals ist die Plaza Alfonso López. Um die Plaza stehen einige koloniale Wohnhäuser. Von dort gehen die alten Gassen ab. Valledupar ist der Ausgangspunkt zum Besuch der Arhuaco-Siedlungen in der Sierra Nevada de Santa Marta.

Informieren

In der Casa de la Cultura, Cra. 12, Calle 15. ⏱ Mo-Fr 8-12 u. 14-18.

Indianer-Büro, Casa Indígena, Of. Kankuama, Av. Hurtado, ✆ 573 42 21, ✉ cabildokankui@hotmail.com

Internet, Calle 16 B zwischen Cra. 9 und 10.

Adpostal, Cra. 5 No 14-81, bei der Plaza Alfonso López.

Banken und Wechsler

Die meisten Banken mit ATMs und zahlreiche Casas de Cambio befinden sich um die Plaza Alfonso López.

Banco de Bogotá, VisaCard, ATM, Calle 16 No 7-48

Bancolombia, VisaCard, ATM, Cra. 9 No 16-41

Cambiamos, im Supermarkt Viviero, Cra. 19, Calle 16, ✆ 580 34 05

DAS und Pass

Extranjería, Cra. 11A No 15-42, ✆ 574 28 33.

Erwähnenswert ist der Ausstellungsraum der **Banco de la República** (Sala Multiple) mit wechselnden Ausstellungen, gegenüber dem Hotel Sicarare, Cra. 9 No 16-13, ⏰ 8-12 u. 14-17.

Wer während des Festivals seinen Aguardientekopf kühlen will, kann dies im **Balneario Hurtado** tun, ein Naturbad im Río Guatapurí, drei Kilometer außerhalb der Stadt.

Artesanía

Galería Chico Ruiz, Cra. 5 No 13B, hat u.a. Zeichnungen von Arhuaco.

Mochilas gibt es in der **Casa de las Hamacas**, Calle 17 No 6-44 oder bei **Artesanías Vallenatas** direkt an der Plaza López. Die Mochilas sind hier oft billiger und besser als bei den Arhuaco in Nabusímake zu erwerben.

Schlafen

Residencias el Triunfo, Calle 19 No 9-31, ✆ 574 43 67, Zimmer mit Bad, Vent., o.k., € 4,50/7.

daneben **Hotel Residencias Nutibara**, Calle 19 No 9-39, ✆ 574 32 35, freundlich, kleine Zimmer, fensterlos, mit Bad, Vent., € 3/5.

Hotel Londres, Calle 17 No 7A-77, ✆ 584 25 08, Zimmer zum Innenhof, mit Bad, Vent., € 7/10.

Apartamentos El Tío, Cra. 7 No 17A-02, ✆ 570 85 42, 📠 570 84 41, Zimmer zum Innenhof mit a/c, TV, Kühlschrank, € 21/32.

Hotel Vajamar, Cra. 7 No16A-30, ✆ 574 39 39, 📠 574 48 19, www.hotelvajamar.com, Restaurant, Bar, Pool, Discothek, Zimmer mit Bad, a/c, Kabel-TV, WiFi, € 36/59.

Hotel Sicarare, Cra. 9 No 16-04, ✆ 573 21 37, 📠 573 18 29, Restaurant, Bar, Pool, Zimmer mit Bad, a/c, TV, Minibar, € 41/68.

Essen

Sayonara, Cra. 9 No 16B-32, populär bei den Einheimischen für gute und günstige comida corriente.

Mi Viejo Valle, Cra. 6 No 16A-39, typische Gerichte der Region.

Jerusalem Express, Cra. 9 No 9-30, libanesische Küche.

Restaurante Muralla China, Calle 9 No 14-30, guter Chinese.

International in gediegener Atmosphäre isst man im **Hotel Sicarare** und im **Hotel Vajamar**.

Busverbindungen

Der Busbahnhof liegt vier Kilometer außerhalb der Stadt. Mikrobusse mit der Aufschrift «Terminal» fahren vom Zentrum.

Santa Marta - Cootracegua, Copetrán, mehrere vormittags, nachmittags via Ciénaga (B/quilla), 4 Std., € 10.

Bucaramanga - Expreso Brasilia, mehrere, ⏰ bis 17, 8 Std., € 18.

Mompox - Cootracegua, in den frühen Morgenstunden mit dem 4x4 Pick Up, 5-6 Std., € 15.

Maicao - Cootracegua, Copetrán, mehrere, ⏰ bis 15.30, 4 Std., € 9, zudem Sammeltaxis.

Riohacha - Cootracegua, vormittags einige Direktbusse, ansonsten Richtung Maicao via **Cuatro Vias**, 4½ Std., € 9,50.

Bogotá - Copetrán, Expreso Brasilia, 5 Busse, erster 11.30, 18 Std., € 36.

Cartagena - Copetrán, La Costeña u. a. (über Ciénaga/B/quilla), mehrere, 7 Std., € 15.

Pueblo Bello - Jeeps und Pick Ups des Unternehmens Cootransnevada, Cra. 7A No 18B-37, ⏰ ab 5-16, alle 30 Min., 1½ Std., € 2,50.

Flugverbindungen

Der Flughafen liegt fünf Kilometer vom Stadtzentrum entfernt, in der Nähe des Busbahnhofs. Flüge nach Bogotá mit Avianca, ☎ 571 73 33, ab € 120; Aires nach Barranquilla, € 85.

Pueblo Bello

1200 Meter, 20°C, 12 000 Einwohner

Pueblo Bello ist ein unbedeutendes Dorf, das sich rechts und links der Straße erstreckt und überwiegend von *colonos* bewohnt wird. Alle Unterkünfte liegen entlang der Hauptstraße.

Schlafen

Hotel el Encanto, gegenüber der Jeepstation, Restaurant, einfach, ohne Bad, Wasserprobleme, nach dem Zimmer zur Straße fragen, es ist das beste, € 5(2).

Residencias Vargas, 50 Meter weiter die Straße herunter, Zimmer zum Innenhof, ohne Privatbad, € 5(2).

Apartamentos Gloria, Zimmer mit Privatbad, € 8(2).

Busverbindungen

Nabusímake - ein Jeep, der zwischen ⏰ 7 und 9 vor dem Deposito Provisiones Alguacil abfährt. Für die 25 Kilometer benötigt er 2½ Std., € 3,50. In der Trockenzeit kann man den Rückweg, der bergab führt, zu Fuß antreten (ca. 5 Std.). Wegen der Hitze sollte man frühmorgens starten.

Nabusímake

Eine Reise nach Nabusímake ist eine Reise in die präkolumbianische Zeit, die in Pueblo Bello beginnt. Nabusímake ist das zeremonielle Zentrum der Arhuaco. Es gibt weder Fahrzeuge noch Elektrizität. In der Umgebung des Zeremonienzentrums liegen eine Handvoll Fincas und eine Schule. Wann Nabusímake gegründet wurde, weiß niemand so genau. In der Erinnerung der Indianer soll es um 1780 gewesen sein. Eine meterhohe Mauer aus Natursteinen umgrenzt das Dorf. Die beiden Tore werden nur bei offiziellen Zusammenkünften und Zeremonien geöffnet. Zu anderen Zeiten betritt der Besucher das verlassene Dorf über eine Einbaumleiter. Etwa 40, zumeist rechteckige Häuser stehen rechts und links der Steingassen. Sie haben einen breiten Sockel aus großen, runden Kieselsteinen. Die Mauern sind weiß gekalkt, eine Konstruktion aus Bambus und Lehm *(baharique)*. Die Dächer sind strohgedeckt. Am Dorfplatz erinnert nur noch der kuriose Glockenturm an die

Kapuziner, die Ende des 19. Jahrhunderts nach Nabusímake kamen und den Namen des Ortes in San Sebastián de Rábago änderten. Viele *colonos* verwenden auch heute noch diesen Namen, obwohl er wegen des Protestes der *mamos* gegen die Missionierung offiziell gestrichen wurde. Am Ausgang des Dorfes steht das *kankurua,* das Zeremonienhaus. Das Männerhaus ist eine große Rundhütte, strohgedeckt bis zum Boden mit zwei Türen, die sich gegenüberliegen. Hier halten die *mamos mayores* und *mamos menores* (große und kleine Häuptlinge) mit den Ratgebern ihre Versammlungen ab.

An anderen Tagen treffen sich die durchreisenden Männer, in den frühen Morgen- und den Nachmittagsstunden. Sie sitzen in Gruppen auf den breiten Steinfundamenten der Häuser, tauschen gegenseitig Kokablätter zum Zeichen der Brüderlichkeit und schaben unermüdlich an ihren *poporos,* während sie über sich und den Zustand der Welt philosophieren. Das Tal von Nabusímake liegt eingebettet zwischen den Bergketten der Sierra. Die durch die Abholzung ausgelöste Erosion hat die Erde an vielen Stellen lachsrot hervortreten lassen. Die einzigen Geräusche kommen vom Rauschen des Flusses, über den schmale Hängebrücken führen. Geduckt in die hügelige Landschaft stehen die strohgedeckten Rundhäuser einzeln oder in kleinen Gruppen zusammen. Eilenden Schrittes sind die hochgewachsenen Arhuaco unterwegs. Sie tauchen auf leisen Sohlen wie aus dem Nichts auf. Mit erhobenem Kopf laufen sie entlang der Bergrücken. Das Weiß ihrer Kleidung und die kupferbraune Haut hebt sich gegen das Felsenrot ab, und das blauschwarze,

Hütte der Arhuaco in Nabusímake

dichte, lange Haar, gebändigt durch die weiße Haube, flattert im Wind. Der starke Bartwuchs ist ungewöhnlich für Indianer, und die tiefschwarzen Augen suchen nicht den Blick des Fremden, wenn sie mit ihm eine wortkarge Konversation führen. Die Arhuaco sind einsilbig und misstrauisch gegenüber Fremden. Sie lassen sich äußerst schwer fotografieren und reagieren auf unerlaubt geschossene Fotos recht aggressiv. An der Tür des Polizeipostens steht geschrieben: «Sage niemals alles, was du weißt, und glaube nicht alles, was du hörst.» Hier muss man sich bei der Ankunft registrieren lassen. Seit dem Beschluss der Vollversammlung der *mamos* vom 1. März 1993 entfällt die früher erhobene Touristensteuer. Denn niemand erhält nunmehr die Genehmigung, tiefer als einen kurzen Fußmarsch in die Sierra einzudringen, zwei Stunden nach Norden zum Wasserfall oder eine Stunde nach Süden zum **Pozo Azul**. Mehrfach hatten Touristen ihren Müll bei den Lagunen zurückgelassen und damit die heiligen Stätten der Arhuaco missachtet, so dass die *mamos* diese radikale Maßnahme ergriffen.

Schlafen und Essen

In Nabusímake gibt es einfache Zimmer mit und ohne Bad in Privathäusern der hier lebenden Colonos, Bett € 3 p.P., drei Mahlzeiten zu € 7,50. Camping ist überall auf Privatgelände möglich, vorher den Eigentümer fragen. Es gibt vier Läden im Ort mit Grundnahrungsmitteln und Getränken.

Die Guajira

Nordöstlich der Sierra Nevada de Santa Marta liegt das Departement Guajira. Die typisch üppige Vegetation verschwindet, und der Boden ist überzogen von halbhohen *divi-divi*-Sträuchern und Kakteen. Es ist trocken und staubig. Kurze Regenfälle gibt es allenfalls im September und November. Nach Norden wird das Land zur Sandwüste. Die Guajira ist reich an Bodenschätzen, Kohle, Erdöl, Erdgas, Phosphat. Seit Ende der 1980er Jahre durchschneidet eine Bahnlinie die Guajira. Die Waggons werden in der Kohlenmine Cerrejón beladen und in Puerto Bolívar an der Bahía Portete verschifft. Die Bahnlinie verläuft 140 Kilometer schnurgerade durch die Wüste. Die Guajira ist die Heimat der Wayu, deren Zahl in Kolumbien auf 280 000 geschätzt wird. Von ihnen leben auch heute noch viele vom Fischfang und den umherstreifenden Ziegenherden. Die Wayu gehören zur Sprachfamilie der Arawak, die einst aus Guyana und vom Orinoko kommend, die Halbinsel bevölkerten. Sie waren Jäger und Sammler, die ihre Gemeinschaftshütten zugunsten von kleinen Familienunterkünften aufgaben. Die Abgelegenheit und Dürre der Guajira sowie die heftige Gegenwehr ihrer Bewohner machten das Land für die spanischen Eroberer wenig interessant, die auf eine eingehende Erkundung verzichteten. Die Küste war reich an Perlen, und die Guajiros tauschten sie gegen Vieh ein. Bis weit in unser Jahrhundert dauerte die Abgeschiedenheit an, so dass noch Papillon, der auf seiner Flucht von der Teufelsinsel hier strandete, glaubte, das Paradies gefunden zu haben. Besonders angetan war er von der Anmut der Frauen, die großgewachsen sind und feine Gesichtszüge haben. In ihrer Physiognomie wie auch in ihrer Kleidung gibt es Ähnlichkeiten mit anderen Wüstenvölkern, so dass ein Hauch Arabiens durch das Land weht. Noch heute ist es üblich, dass ein Mann mehrere Frauen hat. Er muss nur in der Lage sein, den Brautpreis zu entrichten, der früher in Ziegen bezahlt wurde. Die Gesellschaft der Wayu ist matrilineal organisiert. Verwandt sind nur die Geschwister der Mutter. Die Frauen haben einen bedeutenden Einfluss in der Gesellschaft, auch deshalb, weil sie über eigene finanzielle Mittel verfügen. Als Folge des matrilinealen Systems sind *clans* entstanden, von denen die wichtigsten die *epiayue* im Norden und die *epinayue* im Süden sind. Durch die Heirat wird auch eine Regelung über das wichtigste Gut getroffen, das Recht der Brunnenbenutzung für die matrilinearen Verwandten der Frau.

Die Frauen tragen lange, luftige Gewänder, die *mantas*. Der Lendenschurz der Männer, der *nurati*, kommt bei der jüngeren Generation aus der Mode, und selbst die Älteren haben in den Dörfern ein Handtuch umgelegt. Die sozialen Unterschiede innerhalb der Wayu-Gemeinschaft sind groß. In den Städten Maicao und mehr noch in Maracaibo, Venezuela, gibt es eine Menge gut verdienender Kaufleute. Doch auch wenn sie in Steinhäusern leben, so steckt doch den Guajiro ihre Nichtsesshaf-

Bunte und ausgelassene Feste in der Guajira

Wann?	Was?	Wo?
Ende Januar	**Festival de la Frontera**	Maicao
Mai oder Juni	**Festival de La Cultura Wayu**	Uribia
Juni	**Festival de la Sal, Gas y Flamenco**	Manaure
August	**Festival y Reinado Nacional del Dividivi**	Riohacha
Ende August	**Festival del Retorno**	Fonseca
Ende September	**Festival Cuna de Acordeones**	Villanueva
Mitte Oktober	**Festival del Carbón**	Barranca

tigkeit im Blut, und ein PS-starker Jeep mit Klimaanlage ist wichtiger und prestigeträchtiger als eine Wohnungseinrichtung. So finden sich im Hintergarten der leeren Steinhäuser die typischen Unterstände, errichtet aus *divi-divi*-Stämmen, um die reisenden Verwandten in Hängematten unterzubringen.

Die engen Verbindungen zu beiden Seiten der Grenze haben eine intensive Schmuggelwirtschaft begünstigt. In früheren Jahren landeten in der Wüste mit Drogen beladene Flugzeuge zwischen, die waren auf dem Weg in die Vereinigten Staaten. Die Guajira ist eine einzigartige Region in Lateinamerika, und wer sie bereist, kann hier den Zauber der Wüste erleben. In diesem menschenleeren Gebiet wird jede Begegnung mit einem Fahrzeug zu einer kleinen Sensation. Oftmals hört man nur den Wind und erlebt abends einen grandiosen Sternenhimmel. Das Reisen allerdings ist wegen der großen Hitze und der schlechten Verkehrsanbindung beschwerlich. Aus traditionellen Gründen sind Hotelunterkünfte mit Betten kaum verbreitet. Es empfiehlt sich, eine Hängematte dabeizuhaben.

Riohacha

3 Meter, 28°C, 100 000 Einwohner
☽ 5

Riohacha ist die Hauptstadt des Departements Guajira und wurde 1545 von Nikolaus Federmann (Nicolás Federmán) gegründet. Der deutsche Abenteurer in den Diensten der Welser war auf dem Weg nach Eldorado. Die Stadt entwickelte sich binnen kurzem zu einem bedeutenden Handelsstützpunkt, deren Reichtum die Perlenschätze waren. Sir Francis Drake eroberte sie 1596. Viermal wurde Riohacha durch Angriffe von Piraten und Wayu zerstört. Einmal überrannten 30 000 Indianer die Stadt. Die spanische Verwaltung gab Riohacha als Handelsmetropole auf, und die Stadt versank im 17. Jahrhundert in Bedeutungslosigkeit. Vom Sandstrand ragt ein 400 Meter lan-

Stadtgründer Nikolaus Federmann blickt auf Riohacha

ger Anlegesteg ins Meer. Ein Geschenk der staatlichen Erdölgesellschaft Ecopetrol an die Stadt. Eine kleine namenlose Statue des Stadtgründers steht auf dem Platz schräg gegenüber der Touristeninformation. Selten geworden ist die einst dominierende regionaltypische Architektur aus fensterlosen Flachbauten (Ranchería), und in der Nähe des Busterminals ist ein riesiger Carrefur-Supermarkt hochgezogen worden, der das Gesicht der Stadt verändert. Riohacha, das ist für die Besucher aus Übersee aber zuallererst die Strandpromenade (Av. La Playa), die Nebenstrassen sind vom Handwerk und lokalen Kleinhandel bestimmt und die Stimmung ähnelt derjenigen von Santa Marta, ist allerdings oft noch verschlafener.

Informieren

Das **Tourismusbüro** ist an der Av. La Marina und ebenso pink gestrichen wie die Stämme der Palmen am Strand. Cra. 7 No 1-38. ☉ Mo-Fr 8-12 u. 14-18.

Banken und Wechsler

Mehrere ATMs entlang der Av. de la Playa (Primera) und um die Plaza.

AUFGEPASST!

Es gibt in der Guajira sonst keine Möglichkeit mit der Karte Geld zu ziehen außer hier in der Departementhauptstadt (und in Maicao).

Bancolombia, VisaCard, ATM, Cra. 8 No 3-09

Banco de Bogotá, VisaCard, ATM, Cra. 9 No 3-06

BBVA, alle Karten, ATM, Cra. 6, Ecke No 10-61

DAS und Pass, Calle 5 No 4-48 , ☏ 727 24 07.☉ Mo-Fr 9-12 u. 14-15.30

Konsulat Venezuela,Cra. 7 No 3-08, ☏ 727 40 76. ☉ Mo-Fr 9-13.

Artesanía

Entlang der Strandpromende haben die Wayu ihre Artesanía auf dem Boden drapiert. In der Casa de la Manta Guajira, Cra. 6 No 9-35, gibt es die traditionellen Kleider (*manta*), Taschen und Hängematten.

Schlafen

Die Hotelsituation in Riohacha ist wie im übrigen Departement Guajira nicht berauschend, und die besseren Hotels schreiben nicht ohne Grund anderorts ungenannt bleibende, vermeintliche Selbstverständlichkeiten wie 24 Std. Wasser und saubere Bettlaken auf ihre Visitenkarten.

Hotel International, Cra. 7 13-37, ① 727 34 83, verbirgt sich hinter einigen Marktständen und ist daher nicht ganz leicht zu finden, Zimmer zum Innenhof, mit Bad, Vent., einige mit a/c, freundlich, sicher, ab. 22.00 herrsch Nachtruhe, das Tor wird geschlossen, die Pick Ups ruhen vor der Rezeption, die Gäste in den Betten, € 10/12,50.

Hotel Confort, Calle 12 No 6A - 16, ① 728 73 62, Zimmer mit a/c preist sich selbst als bestes Hotel der Guajira mit drei Ausrufezeichen, was in dieser Maßlosigkeit ziemlich vermessen ist, € 30/37.50. Gleich um die Ecke ist ein **Internet**-Lokal.

Hostal la Casa de Mamá, Calle 9 No 3-51, ① 727 28 59, ✉ hostalacasademama@hotmail.com, Familienpension mit Küchenbenutzung, € 20(2).

Hotel Taguara, Cra. 8 No 1-32, ① 727 45 73, zentral gelegen zur Plaza und zum Strand, Zimmer mit Bad, a/c, € 15/22.

Hotel Arenas, Cra. 5 No 1-25, ① 725 54 24, bequeme Zimmer mit a/c, Kabel-TV, Kühlschrank, Restaurant, € 38,50/50(2).

Hotel Arimaca, Calle 1 No 8-75, ① 727 35 15, ☎ 727 22 39, ✉ gerencia@hotel-arimaca.com, Restaurant, Bar, Pool, Disco, Zimmer mit Bad, a/c, TV, Telefon, Minibar, € 40/50.

Hotel Gimaura, Calle 1a Av. La Playa, ① 727 22 34, ☎ 727 45 46, Hotel außerhalb des Stadtzentrums, am Strand, Restaurant, Pool, Zimmer mit a/c, Geldtausch, € 34/45.

Essen

Entlang der Promenade (Av. La Marina oder Primera) reihen sich Restaurants und Bars, oftmals in der einheimisch luftigen Bauweise der Ranchos aneinander, man findet Schnellimbisse und Eissalons. Vor dem Anlegesteg werden Kokosnüsse-und Krabbencocktails feilgeboten.

Restaurante Bar Los Ranchos, Calle 1 No 9-27, Pizzen, Suppen, Fisch und Meeresfrüchte.

Restaurante El Antojo, Cra. 6 No 4A, in die Jahre gekommen, große Portionen in Guajira-Atmosphäre.

Panaderia, Cra. 9, Ecke Calle 2, fensterlose Bäckerei an der Plaza für Schinken-Käse-*Croasan* (kolumbianische Abart des Croissant) und div. Pizzen.

La Tinaja, Calle 1 No 4-59, mit Meerblick kann man hier Meeresfrüchte genießen. Spezialität: *cazuela de mariscos*.

Im **Hotel Arimaca**, Calle 1 No 8-75, wird die *parrillada* (Fleisch vom Grill) am Pool serviert.

Asados Don Pepe, Calle 1, Ecke Cra.10, die günstigere *parrillada*.

Musik und Tanz

Los Marinos, zentraler Treffpunkt an der Av. de la Playa, Bar und Vallenato-Disco.

Touranbieter

Tours Ramiro Vanegas, Calle 18 No 8-25, ① 727 31 19.

Yelis Gomez Solano, Av. La Marina, Ecke Cra.10, ☏ 728 36 84, ✉ turismoyelisgomez@hotmail.com, Touren u.a. fünf Tage in die Alta Guajira, von Riohacha über Cabo de la Vela (1. Übernachtung), Bahía Portete, Bahía Hondita, Punta Gallina (2. Übernachtung), Puerto Estrella, Nazareth (3.Übernachtung), Serranía de la Macuira, Nazareth (4. Übernachtung), Rückfahrt nach Riohacha, inkl. dreier Malzeiten, a/c-Transport, in Gruppen von 4-6 Personen, € 270. p.P.

Nur 15 Minuten von der Stadt entfernt befindet sich eine traditionelle Ansiedlung der indigenen Wayu, die aus einer Gruppe von fünf bis sechs flachen Häusern besteht, die ein Gehöft, vergleichbar einer Wagenburg, bilden. Die **Ranchería IWOU>YAA** («Stern, der den Frühling ankündigt»), empfängt seit über zwei Jahrzehnten auswärtige Besucher.

▰ Busverbindungen

Der Busbahnhof liegt außerhalb des Stadtzentrums Richtung Santa Marta, Calle 15 mit Cra.11. Im Terminal sind die Büros von Expreso Brasilia, Copetrán und einigen regionalen Kooperativen untergebracht.

Maicao - Copetrán, Expreso Brasilia, Rápido Ochoa und diverse Regionalbusse (langsamer, unbequemer, ohne a/c), mehrfach täglich, 1 Std., € 2,50.

Santa Marta/Barranquilla/Cartagena - gleiche Busgesellschaften, mehrmals täglich, 3 Std., € 7/ 4½ Std., € 11/ 6 Std., € 14. Die Fahrt kann wegen der vielen Kontrollpunkte von Zoll und DAS vor Santa Marta länger dauern.

Valledupar - Copetrán und Expreso Brasilia, zweimal täglich, ⏲ 8 u. 15, 3 Std., € 11, ansonsten mit dem (Sammel-)Taxi, stdl. Abfahrt vor dem Terminal, gleicher Preis.

Manaure (> Alta Guajira) - unregelmäßig mit Regionallinien wie Expr. Almirante Padilla (zumeist via QuadroVia bzw. Maicao).

vom Markt
Der Markt (**Mercado Municipal**) lohnt einen Rundgang in den frühen Morgenstunden. Unter freiem Himmel werden Ziegen geschlachtet und gehäutet.

Manaure (Uribia) - Pick-ups vom neuen Markt außerhalb der Stadt. Einige Fahrzeuge zwischen ⏲ 8 u.12, 2½ Std., € 2. Die Fahrt nach Manaure ist staubig und auf den harten Sitzbänken unbequem.

Los Flamencos - Pick-ups nach Camarones, 25 Kilometer.

Alternativ jeder Bus Riohacha-Santa Marta. An der Abzweigung nach Camarones aussteigen. Von dort sind es ca. 1½ Kilometer in den Ort.

▰ Flugverbindungen

Vom **Aeropuerto Almirante Padilla** gibt es tägliche Verbindungen nach Bogotá mit Avianca, Calle 7 No 7-04, ☏ 727 36 24.

Naturreservat Los Flamencos

Das Naturschutzgebiet liegt zwischen dem kleinen Dorf **Camarones** am Mündungstrichter des gleichnamigen Flusses und **La Boca** (bzw. Bocas de Camarones), mit einer Ausdehnung von 70 km². Die örtliche Bevölkerung besteht mehrheitlich aus Wayu, gehört allerdings zu den recht armen Verwandten, die hier im Halbschatten der *divi-divi*-Bäume hausen, einige wenige Ziegen halten und sich vom Fang der Krebse in der angrenzenden Ciénaga ernähren. Das Mischwasser der Ciénaga lockt auch andere Tiere an. Die Flamingos, deren Name der Park trägt, bauen spektakuläre Hochnester aus Schlamm im Niedrigwasser, paaren sich im März, und brüten im April und Mai. Beobachten kann man zumeist andere Wasservögel, vorwiegend Reiherarten, Cormorane und Enten. Auch Meeresschildkröten landen in dieser Gegend zur Eiablage an. Es gibt auch eine Aufzuchtstation für orientierungslose und geschwächte Schildkröten. Neben dem vorherrschenden *divi-divi* Gewächs sind drei unterschiedliche Mangrovenarten vertreten: die Schwarze Mangrove, die *Laguncularia racemosa* und die *Conocarpus erecto*. Man kann ein Bad im Meer nehmen, doch es gibt wenig Schatten.

Wie kommt man hin?

Von/nach Riohacha fahren regelmäßig Pick-ups nach Camarones.

Vor der Schule in Camarones fahren manchmal auch Pick-ups nach La Boca. (3 km). Dort ist die Hütte der Parkverwaltung. Zu Fuß braucht man dafür etwa eine Stunde. Der Weg biegt am Friedhof rechts ab und führt an den Hütten der Wayu vorbei durch die trocken heiße Wüstenlandschaft. In La Boca gibt es Möglichkeiten zu campen und ein beliebtes Restaurant für Fisch und Meeresfrüchte, **El Remanso del Santuario**, ☏ mobil 301 373 05 72.

Manaure

3 Meter, 29°C, 30 000 Einwohner

Manaure liegt 63 km nördlich von Riohacha. Der Ort wurde 1723 durch Kapuzinermönche gegründet und wird beherrscht von den *salinas*. Hier liegt das Salzzentrum Kolumbiens und die Produktion deckt 90 % des landesweiten Bedarfs. Das Salz, das bei Niedrigwasser in dem Staubecken zurückbleibt, tragen Arbeiter mit Schaufeln ab. An der Landspitze der Bucht von Manaure ragt ein kristallinweißer Salzberg in den Himmel. Einige Flächen werden industriell betrieben, andere von den Wayu im Familienbetrieb. Vom **Parador Turistico Acuaru** hat man ein gutes Panorama. In der Nähe von Manaure (**Musichi**, 10 km) kann man zur richtigen Jahreszeit und mit Glück Flamingos beobachten. Außerdem finden sich hier viele Zugvögel ein.

Schlafen und Essen

Hotel Palaaima, Cra. 6 No 7-34, mit Bad, Vent./a/c, € 10/13; € 11/22.

Hotel Turismo, Steinhaus mit Blick auf die Salzmine, mit Bad und fließendem Wasser, € 7/10.

Residencias La Vecindad, Calle 5 No 7-74, laut, Gemeinschaftsbad, € 4/6.

Hotel Unuuipa, Cra.7 No 4-12, enge Zimmer gruppieren sich um zwei Innenhöfe, Zimmer haben Privatbad, aber kein fließendes Wasser, Vent., € 5 p.P.

Es gibt einfache Restaurants am Markt.

Busverbindungen

Riohacha - ein Bus täglich, regelmäßig Pick-ups, € 2.

Uribia - Colectivos vom Markt, 20 Min., € 1 p.P.

SEBRA TIPP
Uribia

30 Meter, 29°C, 16 000 Einwohner

Uribia bezeichnet sich als *Ciudad Indígena de Colombia*. Einmal im Jahr findet hier das dreitägige **Festival de la Cultura Wayu** statt, zumeist am letzten Maiwochenende. Dann verwandelt sich die Plaza Colombia in ein Nomadenlager. Auf der Plaza haben die Wayu ihre Unterstände mit den Pfosten aus *divi-divi* und den Kakteendächern aufgebaut. Neben sich die harten Sättel und die Trommeln. Sie rösten Ziegenfleisch über dem offenen Feuer. Aus allen Teilen der Guajira einschließlich Venezuelas kommen die Clans der Wayu hier zusammen, um gemeinsam zu singen, zu tanzen und Wettkämpfe auszutragen. Höhepunkt des Festes ist der Umzug, wobei jeder Clan sein Wappenzeichen präsentiert. Die Frauen bemalen ihre Gesichter mit Paipa, ein Gemisch aus Ziegenfett und Pottasche, und rotbraunen Spiralen und konkurrieren um die farbenprächtigste *manta*. Aus ihrem Kreis wird die *majayura*, die Schönheitskönigin, gewählt. Die Männer tragen den *nurati*, den Lendenschurz, an dem üppige Wollbommeln hängen. Auf dem Kopf sitzt eine Krone aus Pfauenfedern. Der wichtigste Tanz ist der *chichamaya*. Das ist ein Brauttanz. Die Zuschauer bilden einen weiten Kreis um das zum schnellen Rhythmus der Trommeln tanzende Paar. Mal vorwärts-, mal rückwärtslaufend, versucht der Mann, den Fängen der Frau zu entkommen. Die Wayu bestechen durch ihr ausgeprägtes Selbstbewusstsein. Sie haben augenscheinlich einen eigenen Weg gefunden, ihre Traditionen mit den Herausforderungen der modernen Welt zu verbinden.

In zwei **Artesaníaläden** werden *mantas, mochilas, chinchoros, wayuunaiki* (bunt bestickte Hängematten) und *waireiñas* (Sandalen mit Bommeln) verkauft.

Schlafen und Essen

Hospedaje Villa María, gehört zu Kaishi Tours, bietet Hängemattenplätze für € 6 an, auch einige einfache Räume mit Privatbad und a/c.

Hotel Juyasirian ist die erste Adresse in Uribia, mit Restaurant, Zimmer mit Privatbad, a/c, € 15.

Die **Casa de la Cultura** an der Plaza vermittelt weitere Übernachtungsmöglichkeiten.

Einfache Restaurants an der Plaza.

Touranbieter

Kaico-Travel, www.kaiecotravel.com, ☏ 717 71 73, wird von Wayu-Familien betrieben, bieten verschiedene Touren in die Guajira an, geschlafen wird überwiegend in Hängematten.

Kaishi-Travel, www.kaishitravel.com, an der Plaza, ☏ 717 70 08, bietet Touren mit 4x4 Jeeps in die Guajira an, u. a. nach Cabo de la Vela.

Busverbindungen

QuadroVia - Straßenkreuzung zwischen Riohacha, Maicao und Valledupar, regelmäßig Ford Broncos, 1 Std., € 2.

Cabo de la Vela

2 Meter, 28°C, 850 Einwohner

Der besondere Reiz von Cabo de la Vela liegt in den schönen weiten Stränden und in in der Silhouette der kahlen, rot gefärbten Hügel gegen den stahlblauen Himmel und die türkisgrüne See. Das Meer ist reich an Langusten, Krabben und *pargo rojo*. Das Dorf besteht aus wenigen weit auseinander liegenden Hütten, in denen sich die blauen Polarbierkästen bis zur Decke stapeln. Trinkwasser ist rar und teurer als Bier. Die Sonnenuntergänge sind zauberhaft, und nachts leuchtet ein Sternenmeer am Firmament. Trotz des ständigen Windes ist es tagsüber so heiß, dass es unmöglich ist, lange Spaziergänge zu unternehmen. Am Strand gibt es keinen Schutz vor der Sonne. Wie die Bewohner empfiehlt es sich, sich in den heißen Mittagsstunden in den Schatten einer Hütte zu verkriechen.

Am schönsten ist die Playa **Pilón de Azúcar**, ein weißer Sandstrand hinter dem Cabo, benannt nach dem weißen Felsen im Meer, der in der Sprache der Wayu *Kamaici* («Herr des Meeres») heißt. Der Leuchtturm **El Faro** liegt an der Landspitze, 45 Min. zu Fuß und in nördlicher Richtung. In der Nähe befindet sich der **Ojo de Agua**, ein natürlicher Pool und heiliger Ort der Wayu, an dem sie ihrer Vorfahren gedenken.

Schlafen und Essen

In Cabo de la Vela herrscht chronischer Wassermangel. Es gibt einige einfache Unterkünfte, Ranchos, Albergues und Hospedajes, betrieben von Wayu-Familien.

El Coral vermietet Betten, € 5 p.P. und Hängemattenplätze, € 2,50.

El Mesón del Nuevo Mundo, Doña Guachanda vermietet Zimmer, € 6 p.P. und Platz für Hängematten, € 2,50. Außerhalb der Saison kann man die Küche benutzen.

Nach dem Langustenessen

Hotel Jarrinapi, ☏ mobil 311 683 42 81, Cabañas mit Hängemattenplätzen oder Zimmer mit Privatbad und 24 Std. Wasser, eigener Generator mit regelmäßiger Stromversorgung, Anlage mit Restaurant, € 5-15.

In den Hütten-Restaurants werden fangfrische Langusten und Krabben zubereitet. Alles andere muss man im Gepäck haben. In Riohacha Limonen einkaufen!

Busverbindungen

In **Quatro Vias** den Ford Bronco-Jeep abwarten, der hier um die Mittagszeit vom Markt aus Maicao kommt, 3 Std., € 4. Zurück geht es mit dem Pick-up um 4.00 früh. Der Fahrer weckt die Passagiere. Expresstour aus Uribia, € 20.

Alta Guajira

Spätestens hinter Cabo de la Vela ist Schluss mit öffentlichen Transporten, und man ist auf eine organisierte Tour angewiesen, die von und nach Riohacha fünf Tage in Anspruch nimmt, einschließlich der zuvor beschriebenen Sehenswürdigkeiten von Manaure, Uribia und Cabo de la Vela. Das eigentliche Abenteuer aber beginnt erst jetzt in der Alta Guajira, damit wird der am weitesten im Norden liegende Teil der Halbinsel beschrieben. Hier findet man Orte von berauschender landschaftlicher Schönheit und natürlicher Abgeschiedenheit, wie die felsigen Buchten der **Bahía Hondita** und die Trockennebelwälder von **La Macuira**. Der weitere Weg von Cabo de la Vela nach Norden führt erst wieder einige Km in Richtung Uribia und zweigt bei Alpiro ab. Die Bahnlinie des Kohlezuges wird kurz vor **Puerto Bolívar** passiert. Der Verladehafen für die weltgrößte Kohlemine im Tagebau Cerrejón kann ebeso wie die Mine selbst nach Voranmeldung von mindestens fünf Tagen besucht werden. ☼ Mo-Sa 7-11.30 u. 13.30-15.30. Kontakt ☏ (575) 350 67 40. www.cerrejoncoal.com. 1½ Std. hinter Puerto Bolívar liegt **Punta Gallinas**, zugleich der nördlichste Punkt von Kolumbien wie der von Südamerika, eine Ranchería Wayu vor der eindrucksvollen Kulisse einer Berg- und Dünenlandschaft.

Nazareth

5 Meter, 28° C, 3000 Einwohner

Nazareth liegt im Nordosten der Halbinsel im Schatten der Serranía de la Macuira. Die Wayu leben verstreut in einigen Rancherías. Nazareth ist der Ausgangspunkt zum Besuch des Naturparks La Macuira. Vom Zentrum führt ein Weg bis zu den Cumbres de Itujor. Zwei Stunden von Nazareth entfernt liegt **Puerto Estrella**, das älteste Dorf der Halbinsel und der Heimatort der letzten Wayu Prinzessin Isabel Iguarán. Von **Riohacha/Uribia** fährt kaum einmal jemand nach Nazareth, und man muss eine kostspielige *expreso*-Tour aushandeln. Verbindungen bestehen vom Markt in **Maicao** (8 Std.) und **Maracaibo** (Venezuela), sind aber auch umständlich zu organisieren.

Nationalpark Serranía de la Macuira

Die Serranía ist eine 250 km² große Oase inmitten der Wüste, 35 Kilometer lang, 17 Kilometer breit, mit Erhebungen bis zu 850 Meter. Auffrischende Winde aus dem Nordosten treffen hier auf die feuchtwarme Meeresluft der Karibikküste. So ist es zu erklären, dass man in der Serranía Nebelwälder findet, denen der Anden vergleichbar, die dort jedoch erst auf 3000 Meter Höhe anzutreffen sind. In diesem außergewöhnlichen Mikroklima findet der Ornithologe 99 unterschiedliche Vogelarten. Unter den 349 Pflanzenarten kann man eine große Anzahl verschiedener prächtiger Orchideen und Bromelien bewundern. An den Flussufern wachsen die *caracoli*, die typischen Karibbäume, in denen die Weißkopfaffen herumspringen, und im flachen Teil des Parks die Wüstenpflanzen, Kakteen und Stachelbüsche. Die Serranía bildet für die Wayu die Verbindung zwischen Himmel und Erde. Hier sind ihre Friedhöfe, die man besichtigen kann.

Schlafen

In der Hängematte in Privathäusern in Nazareth und Siapana.

Maicao

50 Meter, 29°C, 80 000 Einwohner
☏ 5

Maicao ist die heiße, lange Zeit verwahrloste Grenzstadt zwischen Kolumbien und Venezuela. Die Stadt lebt vom Schmuggel, und das Straßenleben ist bestimmt vom emsigen An- und Verkaufsgeschäft. Die Marktstände und Gruppen von fliegenden Händlern, viele Wayu in ihrer traditionellen Kleidung erinnern bisweilen an einen orientalischen Markt. Maicao hat auch eine größere arabisch-muslimische Gemeinde und seit 1997 die zweitgrößte Moschee in Lateinamerika, Mezquita de Omar Ibn Al Jattab.

Banken und Wechsler

BBVA, alle Karten, ATM, Cra. 9 No 11-35

Pesos, venezolanische Bolívares und Dollar kann man in Maicao und am Grenzübergang tauschen. Herumfragen, wer den besten Kurs gibt.

Schlafen und Essen

Aufgrund des fluktuierenden Kommerzes gibt es eine große Anzahl von Unterkünften in allen Preiskategorien, wobei die einfachen Unterkünfte überwiegen. Man findet sie entlang der Calle 13. Die Zimmer haben Bad und Ventilator und kosten € 6-10 p.P.

Hotel Venecia, Ecke Cra. 13, Calle 13, ① 426 70 74, Zimmer mit Bad, Vent./a/c, € 10/13; € 15/20.

Hotel El Dorado, Cra. 10 No 12-45, ① 426 72 42, Zimmer mit Bad und a/c, € 28/36.

Das beste Hotel in Maicao ist das **Maicao Plaza Hotel**, Calle 10A No 10-28, ① 426 65 97, 🖷 426 73 32, a/c, TV, Minibar, € 45/61.

Busverbindungen

Expreso Brasilia und Rápido Ochoa haben eigene Busbahnhöfe. Hier kann man Bolívares/Pesos tauschen, essen und den *por puesto* nach Maracaibo (Venezuela) nehmen. Der Fahrer wartet an der Grenze in Paraguachón bis die Formalitäten erledigt sind.

Der **Grenzübergang** Paraguachón liegt zwölf Kilometer hinter Maicao in Richtung Maracaibo. DAS und DIEX (für Venezuela) Büros erledigen die Grenzformalitäten.

Südwestlich von Cartagena

Sincelejo

210 Meter, 27°C, 250 000 Einwohner
① 5

Sincelejo ist die Hauptstadt der Viehzüchterprovinz Sucre. Hier finden die *corralejas* statt (zumeist Ende Januar). Stiere und Zuschauer liefern sich einen wilden Wettlauf, ähnlich dem im spanischen Pamplona. Ein weiteres Volksfest ist das Festival del Burro.

Banken und Wechsler

Banco de Bogotá, VisaCard, ATM, Calle 23 No 19-50

Bancolombia, VisaCard, ATM, Cra.18 No 21-66

BBVA, alle Karten, ATM, Cra.18 No 22-57

Cambiamos, Euro Supermercado, Calle 25, Cra.21, ① 282 68 04

Schlafen und Essen

Die Hotels befinden sich an und um die Plaza Santander.

Unter den günstigeren ist das **Hotel Santander**, Cra. 20 No 19-59, ① 282 51 19, das beste. Zimmer mit Bad, Vent., € 5/9.

Hotel Palacé, Cra. 19 No 21-39, ① 274 01 88, Zi. mit Bad, Vent., a/c, geräumige Lobby, € 8/11; € 11/16.

Den gleichen Preis mit ähnlicher Ausstattung hat das **Panorama**, Cra. 25 No 23-108, ① 282 18 84.

Hotel Majestic, Cra. 20 No 21-25, ① 282 22 58, Zimmer mit Bad, a/c, modern, € 15/18.

Hotel Marsella, Cra. 24 No 20-38, ① 282 07 29, Pool, Zimmer mit Bad, TV, a/c, € 17/23.

Die günstigen Restaurants und Schnellimbisse findet man in der Nähe der Plaza Santander.

Ein gutes Restaurant ist das **La Casona**, Calle 16A No 19A-25.

Busverbindungen

Der Terminal de Transporte liegt an der Umgehungsstraße, Cra. 25, Calle 38. Büros von Expreso Brasilia, ① 282 49 40 und Coop. Torcoroma. Von hier fahren ständig Busse nach Cartagena, Montería, Medellín und Magangué. Vom Zentrum fahren **Mikrobusse** alle ½ Stunde nach Tolú, 1 Std., € 1,50.

Flugverbindungen

Der nächstgelegene Flughafen ist der Aeropuerto Las Brujas in **Corozal**. Er wird regelmäßig angeflogen von Propellermaschinen der **ADA**, ① 284 42 62, auf dem Weg von Barranquilla nach Medellín, zudem Flüge mit **Satena** von und nach Medellín (Aeropuerto Enrique Olaya),Cra.20 No 18-17, Edif. El Portal P.1, ① 282 26 43/(Flughafen) 282 26 47, € 100. Vor dem Flughafen warten Taxis für den Weg in die Stadt oder gleich an die Küste Tolú/ Corveñas, ¾ Std., € 25.

Tolú und Corveñas

3 Meter, 28°C, 36 000 Einwohner
① 5

Zwischen Tolú und Corveñas am Golfo de Morrosquillo liegen einige noch weitgehend ursprüngliche Strände. Anfang der 1950er Jahre lebte und arbeitete der junge Maler Fernando Botero hier neun Monate.

Sein Essen bezahlte er mit Wandgemälden in der *fonda* von Doña Isolina. Viele der niedrigen Häuser sind noch mit Palmenwedeln gedeckt und das überhängende Dach wird von Holzstämmen gestützt, Mobiles klimpern im Wind. Statt Kraftfahrzeugen gibt es Fahrradtaxis (*Bici-Taxis*). Läden, Restaurants und Internet-Cafés sind vorhanden. Die Strände in Tolú sind allerdings oft nicht breiter als ein Handtuch.

An der Strandpromenade liegen die Hotels und Discotheken. In der Hauptsaison (Dezember-Februar) füllt sich der Ort mit *Paisa*-Urlaubern. Dann läuft die 24 Stunden Rumba. Ausflüge zu den Inseln de San Bernardo im Golfo de Morrosquillo lassen sich vom überaus schikken Jachthafen, gegenüber der Polizeiwache, organisieren. 4 Std., mit Mittagessen € 15-20.

Einige der zehn Inseln und Inselchen sind total abgeschieden und mit Luxusressorts bestückt. Die kleine Insel Santa Cruz (*El Islote*) hingegen ist die am dichtesten bevölkerte Insel der Welt, auf einem Hektar Fläche drängeln sich 1247 Menschen in 97 Häusern Wand an Wand.

Schlafen und Essen

Tolú bietet reichlich Unterkunftsmöglichkeiten, einfache in der ersten Strandlinie um € 10, und ruhiger und etwas luxuriöser in der zweiten und dritten Reihe. Wer Boteros Frühphase nachempfinden möchte, kann außerhalb der Saison günstig ein Haus am Strand mieten.

SEBRA TIPP

Hostal Villa Babilla, Calle 20 No 3-40, zwei Blocks vom Strand entfernt, www.villababillahostel.com, ✆ 288 61 24/ mobil 312 677 13 25, die Kolumbianerin Alex und der Deutsche Laffi (Jörg Laffrenzen) sind lange unterwegs gewesen, bevor sie sich mit ihrem Guesthouse in Tolú niedergelassen haben. Neben ihrer Gastfreundschaft bieten sie verschiedene Aktivitäten an, u. a. Touren in die Ciénaga La Caimanera und Salsakurse bei Alex. € 8-12.50 p.P. je nach Saison.

Um die Plaza Principal liegen weitere günstige Residencias.

Hotel Brisas del Mar, Av.1, Ecke Calle 16, ✆ 288 50 32, Bad, Vent., umlaufende Terrasse, € 8/14,50.

Hotel Campomar, Av. La Playa No 21-40, ✆ 288 51 20, Zimmer mit Bad, Vent., € 11/15.

Die besseren und teuren Hotels liegen hinter dem Jachthafen Richtung Flugpiste.

Hotel Alcira, Av. 1 No 21-151, ✆ 288 50 16, 🖷 288 50 36, Zimmer mit Bad, a/c, TV, Restaurant, € 34/45.

Comida corriente, Fischgerichte und *mariscos* gibt es in jeder Güte- und Preiskategorie am Malecón in der Avenida La Playa.

Unterkünfte auf den Inseln

Beinahe alle Inseln bieten Cabañas für Unterkünfte an.

Auf der **Isla Palma** hat **Decameron** ein Luxusressort, ✆ mobil 310 657 19 94. Die Isla Palma ist eine Privatinsel und gehört zum **Nationalpark Islas del Rosario y de San Bernardo** (siehe Cartagena).

Ein anderes Ressort ist das **Hotel Punta Faro**, www.puntafaro.com, ✉ contactos@puntafaro.com auf der Isla Múcura, hoteleigener Transport mit Schnellbooten, auch von und nach Cartagena, 1¾ -2 Std.

Busverbindungen

Die Busse fahren am **Parque Principal** sowie am **Terminal de Transporte** ab.

Cartagena - (über San Onofre), Expreso Brasilia, mehrmals täglich, 5 Std, € 10; a/c-Kleinbus von Transportes Luz, € 12,50.

Medellin, - mehrmals täglich, 8 Std.,€ 20.

Corveñas - Colectivos alle 1-2 Stunden.

Sincelejo - Colectivos alle ½ Std.

Monteria - Unitransco/Rapido Ochoa, € 9; a/c-Kleinbus von Transportes Luz, € 12,50.

Der vermeintlich schickere und kleinere Badeort **Corveñas**, 20 Kilometer südwestlich, unterscheidet sich durch die breiteren Strände und ein höheres Preisniveau von Tolú. Diverse Cabañas und Hotels liegen an der Küstenstraße, etwa zehn Kilometer von Tolú.

Ein nettes Mittelklassehotel ist **Los Corales**, Av. La Playa, Ensenada 2, ☏ 288 03 36, unter schweizer Leitung, hell und freundlich, mit Privatbad, a/c, € 15(2).

Zu den besseren Hotels gehören das **Hotel Hostería Corveñitas**, Av. La Playa, ☏ 288 00 35 und das bei Familien beliebte **Ressort-Hotel La Fragata**, Corveñitas Ensenada 2, ☏ 288 00 61, www.hotel-lafragata .com, mit a/c Zimmern und Cabañas zwischen € 35-75.

Montería

18 Meter, 28°C, 340 000 Einwohner
☏ 5

Montería ist die Hauptstadt des Departements Córdoba und liegt am Río Sinú. Sie ist eine aufstrebende Viehzüchterstadt mit den ersten Anzeichen bürgerlichen Wohlstandes, der sich in den Banken, Reisebüros und Restaurants niederschlägt. In dieser Hinsicht hebt sich die Stadt vom ärmlichen Umland ab. Glücklicherweise haben die Stadtplaner die großen schattenspendenden Eichen und Zedern an der Uferallee stehen lassen, die zu einem Spaziergang am Fluss einladen. Ein Dutzend Fähren gleitet, von Seilwinden gezogen, über den Fluss. Montería trug über viele Jahre den Zusatz «Stadt der Schwalben», die zu bestimmten Zeiten des Jahres in Scharen auftauchten und den Zusatz «Stadt der Fahrräder», die bis in die 1960er Jahre das alles dominierende Verkehrsmittel darstellten.

Informieren

Oficina de Turismo, Cra. 3 zwischen Calle 26 und 27.

Banken und Wechsler

Banco de Bogotá, VisaCard, ATM, Calle 28 No 3-03

Bancolombia, VisaCard, ATM, Av. 1 No 30-32

BBVA, Cra. 3 No 31-06, alle Karten, ATM

Cambiamos, in Vivero Calle 48, Cra.13, ☏ 785 45 47

Schlafen und Essen

Für eine Handvoll Pesos

Billige Absteigen gibt es in der Cra. 2 und Cra. 3, letztere sind ruhiger und sauberer.

Residencias Onasis, Cra. 3 No 35-25, Zimmer mit Bad, fließendem Wasser, sauber, Vent., € 3,50/4,50.

Residencias Stella No. 2, Cra. 3 No 34-35, sauber, freundlich, Zimmer mit Bad, Vent., € 4/6.

Hotel Daly, Calle 37 No 2-31, ☎ 782 41 59, Zimmer mit Bad, Vent./a/c, € 6/7; € 9/12.

Mittelklasse
Hotel Better, Cra. 2 No 36-26, ☎ 782 42 69, Zimmer mit Bad, Vent., a/c, herrlich kitschiges Hotel, Preise zwischen € 15-20(2).

Hotel Alcázar, Cra. 2 No 32-17, ☎ 782 49 00, hat schon bessere Tage gesehen. Restaurant, Zimmer mit Bad, TV, Vent./a/c, € 10/11; € 11/13.

Montería Real Hotel, Calle 30 No 1-56, ☎ 782 27 31, 🖷 782 30 48, Bar, Zimmer mit Bad, a/c, € 31/37.

Oberklasse
Hotel Sinú, Cra. 3 No 31-32, ☎ 782 33 55, 🖷 782 39 80, www.hotelsinu-monteria.com, Zimmer mit a/c, TV-Kabel, Minibar, Restaurant, Pool, € 36/54.

La Bonga del Sinú, Cra. 1 No 27-34, Barrestaurant mit Blick auf den Fluss, gute Steaks. Weitere Restaurants liegen an der Uferstraße.

DAS und Pass
Calle 28 No 2-27, ☎ 782 32 37.

Busverbindungen

Expreso Brasilia, Calle 41 No 5-44, ☎ 782 30 36.

Rápido Ochoa, Cra. 2 No 38-54, ☎ 782 34 17.

Sotracor, Calle 37 No 1B-42, ☎ 782 34 22.

Medellín - Rápido Ochoa an geraden Tagen, Expreso Brasilia an ungeraden, 10 Busse täglich ⏱ 8-23, 8 Std., € 25.

Cartagena - Expreso Brasilia, 14 Busse täglich ⏱ 5.30-23. Der 8.00 Bus fährt über Lorica, 5 Std., € 15.

Barranquilla (über Calamar) - Expreso Brasilia, Rápido Ochoa, 18 Busse täglich ab ⏱ 5-23.30, 6 Std., € 17.

Montelibano - (20 Min. von der Mine) jede Stunde Sotracor, 2½ Std., € 3,50.

Maicao - Expreso Brasilia, 3 Nachtbusse, 10 Std., € 25.

Arboletes - Sotracor (Bus oder Jeep), alle 45 Min., 2 Std., € 2,50.

Turbo - Sotracor, 1 Bus täglich 9.30, außerdem mehrere Jeeps, 6½ Std., € 15.

Flugverbindungen

Der Flughafen Aeropuerto Los Garzones liegt an der Straße nach Cereté.

Mehrere nationale Fluggesellschaften fliegen Montería an.

ADA, ☎ 791 01 12, Aerorepública, Av.1a No 31-34, ☎ 782 54 23, Avianca, Av.1a No 30-38, ☎ 782 43 44.

Bogotá - Avianca und Aerorepública, täglich, € 100.

Medellín - ADA und Satena, täglich, € 80.

San Andrés de Sotavento & Tuchin

110 Meter, 28°C, 25 000 Einwohner

San Andrés de Sotavento liegt bei Chinú, 14 Kilometer von der Abzweigung der Sincelejo-Montería Straße entfernt. Es ist eine kleine Ortschaft mit indianisch-mestizischer Bevölkerung. Der Grundriss des Ortes besteht aus in Dreiecken angeordneten Häusergruppen mit entsprechend verlaufenden Straßen und geht bis auf die präkolumbine Sinú- (bzw. Zenú-) Kultur zurück. Die Mehrzahl der Bevölkerung stammt ebenfalls von den Sinú ab und hat sich zum

Resguardo von San Andrés de Sotavento konstituiert. Die Familie von Clemente Cheverrey unterhält in ihrem Haus die **Casa de la Cultura** und hat in langjähriger Kleinarbeit Sinú-Keramiken, Grabbeigaben und Werkzeuge zusammengetragen. In San Andrés de Sotavento gibt es keine Residencias. Wer hier übernachten will, wendet sich an die Casa de la Cultura.

Zehn Minuten von San Andrés de Sotavento entfernt liegt **Tuchin** im Resguardo der Sinú. Hier werden die berühmten *vueltiao*-Hüte gefertigt. Das Material sind die Fasern der *caña flecha*. Für das schwarz-weiß Muster wird ein Teil der Fasern eingefärbt. Die gesamte Familie, vom Dreijährigen bis zur Großmutter, stellt die Hüte her. Am Hutkranz erkennt man die Qualität. Am verbreitetsten ist der *quintenero*, geflochten aus 15 Faserpaaren, den *riplas* und der «19», entsprechend aus 19 Zopfpaaren. Am feinsten und teuersten sind die «23er». Das sind die leichtesten Hüte. Die Muster an der Krempe sind stilisierte Darstellungen aus der Tier- und Pflanzenwelt. Früher erkannten sich daran die verschiedenen Clans. Auch heute ist der *vueltiao* mehr als nur eine Kopfbedeckung. Er ist das Bekenntnis zu einem Kolumbien mit seinen indianischen und ländlichen Wurzeln. Daher lassen sich gerade Politiker gern mit dem *vueltiao* ablichten. Wegen der großen Nachfrage verwässert die traditionelle Herstellungstechnik. Viele Fasern werden bereits chemisch gefärbt, anstelle des nächtlichen Schlammbades, und genäht wird mit der Maschine. Das Sortiment wurde auf Kappen, Haarreifen und Ohrringe erweitert. Ein renommierter Kunsthandwerker ist Medardo Suárez. Er versucht die Tradition zu bewahren und vermittelt sie den Jungen. Interessierte erhalten bei Meister Suárez eine plastische und fachkundige Einführung in die Hutherstellung. Meister Suárez wohnt im Barrio Libertad.

Busverbindungen

Abzweigung Sincelejo-Montería - Willys-Jeeps, ¾ Std., € 0,75.

Tuchin - von der Tankstelle, alle 10 Minuten, € 0,35.

Lorica - Jeeps von Tuchin, ¾ Std., € 1.

Lorica

23 Meter, 28°C, 80 000 Einwohner
◐ 4

Lorica liegt am Unterlauf des Sinú. Aus vergangenen Zeiten ist die Markthalle geblieben. Der Baustil ist eine Mischung aus republikanischen und arabischen Elementen. Die Treppenstufen der Halle führen zum Fluss hinab zum Anleger. Ein Überbleibsel aus der Zeit, als Lorica noch nicht durch Straßen mit dem Umland verbunden war. Heute verkaufen hier alte Mütterchen aus großen Töpfen *bocachico*-Fisch in Kokosnussmilch. An der angrenzenden Plaza de Bolívar stehen Warenhäuser aus der gleichen Epoche.

Banken

Banco de Bogotá, VisaCard, ATM, Calle 4 No 20-26

Schlafen und Essen

Residencias El Terminal, einfach, direkt am Busbahnhof, € 3/5.

Hotel Lorica Gaita, auf halbem Wege vom Busbahnhof ins Zentrum.

Im Hotel ist das Büro der Aerorepública, € 11/15.

Busverbindungen

Der Busbahnhof liegt einen Kilometer außerhalb des Zentrums.

Montería - ständig Busse, € 2,50.

Von der Plaza Bolívar fahren Jeeps nach **Corveñas/Tolú** - € 1/1,50

San Bernardo del Viento - € 1,50.

San Bernardo del Viento

12 Meter, 28°C, 21 000 Einwohner
☏ 4

Acht Kilometer von San Bernardo entfernt liegen die kilometerlangen Strände von El Viento. Noch immer herrscht hier die Muße des einfachen Strandlebens. Meeresrauschen, Kokospalmen, Eseltransport statt Autoverkehr. Die dunklen Sandstrände sind noch unentdeckt. Die Bewohner leben vom Fischfang. Die Cabañas liegen entfernt voneinander, umgeben von Palmenhainen. Die Stille genießt man mit dem Blick aufs Meer.

Das Hinterland der Sinú ist reich an archäologischen Funden. Am Strand kann es passieren, dass Grabräuber erstklassige Keramiken und sogar Goldfiguren anbieten. Bereits Pedro de Heredia, der Gründer von Cartagena, hatte die Goldschätze der Sinú nach Spanien geschickt.

Schlafen und Essen

Es gibt ein Überangebot an Unterkunftsmöglichkeiten. Handeln außerhalb der Saison ist drin!

Piel Canela, einen Kilometer vor Punta de Piedra (Eingang Pompeya), Cabañas aus Stein, Vent., Restaurant und Grundversorgung, freundlich, sauber, € 7/11.

Daneben vermietet **Nena** ökologische Bambushütten, ohne Bad und Vent., € 4/8.

Cabañas Santa María de los Vientos, ☏ 775 81 91, bunt bemalte Steinhäuschen im Antioquiastil, Bad, Vent., Kühlschrank, Bar, Pool, Restaurant, € 27 p.P. inkl. Vollpension.

Los Tambos del Viento, ☏ 775 81 87, ist die größte Ferienanlage weit und breit, Ausstattung und Preis entsprechen den Cabañas Santa María. Von hier werden Fahrten zur **Isla Fuerte** organisiert. Schnorcheln, Tauchen, bei zwölf Personen, € 6 p.P.

Busverbindungen

Jeeps fahren vom Ortskern San Bernado del Viento direkt an den Strand. Alternativ nimmt man den Jeep oder Bus nach Pasobellos/Moñitos. Die Straße verläuft einen Kilometer entfernt zum Strand.

San Pelayo

25 Meter, 28°C, 20 000 Einwohner

San Pelayo liegt 18 Kilometer von Montería und zehn Kilometer von Cereté entfernt. Ende Juni findet das **Festival del Porro** statt. *Porro* und *fandango* sind eine mit der *cumbia* verwandte Blasmusik mit antillanischen Wurzeln. Die Musikkapellen der umliegenden Dörfer spielen bis zum Morgengrauen. Beim Tanzen dreht sich die Frau mit geschürzten Röcken und schwingenden Hüften in den weit geöffneten Armen des Mannes, der dazu den *vueltiao*-Hut kreisen lässt.

Busverbindungen

Zwischen Cereté und San Pelayo verkehren ständig Jeeps, € 0,75.

Cereté

19 Meter, 28°C, 60 000 Einwohner
☏ 4

Auf dem Weg Richtung Montería liegt Cereté, das Zentrum der kolumbianischen Baumwolle. Hier gibt es viele der für die Provinz Córdoba so typischen Holzhäuser mit den verzierten Luftleisten und dem Strohdach. Wer das Festival del Porro im Nachbarort San Pelayo besuchen möchte, muss sich hier ein Hotel suchen, da es keine Hotels in San Pelayo gibt.

Banken

Banco de Bogotá, VisaCard, ATM, Calle del Comercio

Schlafen und Essen

Hotel Las Acacias, Av. Santander beim Busterminal, ☏ 774 73 18, Bad, Vent., Räume im oberen Stockwerk geräumig und ruhig, € 5/8.

Hotel Plaza, an der Plaza, im typischen Holzstil der Provinz, Zimmer mit Bad, € 4/8.

Hotel Cereté, in der Nähe der Plaza, ohne Privatbad, dafür teurer als die anderen, unfreundlich.

Das beste ist das **Hotel Cacique T.**, Calle 9, Cra.15, ☏ 774 72 21, ☏ 774 72 22.

Aqui Es! im Zentrum, comida corriente.

Busverbindungen

San Pelayo - ständig Jeeps vom Busbahnhof, € 0,50.

Montería - ständig Busse, € 1.

Arboletes

5 Meter, 28°C, 7000 Einwohner
☏ 4

Arboletes ist ein kleines Seebad, dessen Attraktion ein Schlammvulkan ist. Der kuriose Vulkan, von dem noch weitere entlang der Küste zu finden sind, liegt am Strand, zehn Minuten außerhalb des Zentrums. Ein Bad in der blubbernden, grauen Brühe erspart die Fangopackung. Die Szenerie der Badenden weckt Erinnerungen an die Schlammschlacht von Woodstock.

Schlafen und Essen

Reisende haben die Auswahl unter einer Handvoll einfacher Unterkünfte.

Julia, Gemeinschaftsbad, € 4/6.

Aristi, sauber mit Bad, Vent., € 5/8.

Ganadero, Zimmer mit Bad, Vent., € 4,50/8.

Residencias Malive, Calle El Prado, ☏ 823 47 04, Zimmer mit Bad, Vent., € 5 p.P.

Buccaneer Beach Club, 300 m vom Schlammvulkan entfernt, ☏ mobil 310 356 40 30, www.El-bucanero.com, ✉ info@el-bucanero.com, hat Cabañas bis zu sechs Personen, € 9(2).

Im Restaurant **Guido** gibt es comida corriente.

Busverbindungen

Montería - Sotracor (Bus oder Jeep), alle 45 Min., 2 Std., € 2,50.

Turbo

2 Meter, 28°C, 65 000 Einwohner
☏ 4

Turbo ist der letzte größere Hafen Kolumbiens vor der Panamagrenze und liegt am Golf von Urabá. Es ist ein internationaler Seehafen von dem aus die Bananen aus dem Hinterland nach Übersee verschifft werden und zudem ein Flusshafen für Schnellboote nach Quibdó, den Río Atrato flussaufwärts, der auf der gegenüberliegenden Seite in den Golf mündet und nach Capurganá zur Grenze mit Panama. Kein Wunder, dass sich dieser Ort zu einem Schmugglerparadies entwickelt hat. Die Läden bieten eine reichhaltige Palette an Elektroartikeln, Spirituosen und Delikatessen an, wie man sie bis Cartagena vergeblich sucht.

Der Ort besteht zum größten Teil aus schnell zusammengezimmerten Holzhütten und Steinhäusern, vor denen sich ein buntes Gewirr aus allerlei Markenartikeln stapelt. Im Hafenbecken liegen Dutzende verrosteter und abgesoffener Kähne. Die Leute verkehren im rauen Ton miteinander. Sie sind Gringos gegenüber jedoch nicht feindselig eingestellt.

Turbo ist das Zentrum der Bananenregion Urabá. Dieses Gebiet wurde dem Departement Antioquia zugeschlagen. Der Anschluss an die Hauptstadt Medellín erfolgte in den 50er Jahren durch eine Straßenverbindung. Die Region Urabá war eine der am stärksten von der Violencia, Schutzgelderpressungen, Entführungen und gewalttätigen Auseinandersetzungen heimgesuchten Ecken des Landes, insbesondere um die Ortschaften Apartadó und Chigorodó, und seit den 1990er Jahren hat es immer wieder schwere Kämpfe zwischen Guerrilla und paramilitärischen Gruppen gegeben. Die ländliche Zivilbevölkerung hat Massaker und Vertreibungen erleiden müssen. In der Stadt wird man davon als Reisender nicht viel spüren, dennoch sollte man zumal nachts die in Hafenstädten übliche Vorsicht walten lassen.

Turbo ist der Ausgangspunkt für Reisen in Richtung Panama nach Capurganá, in den einzigartigen Nationalpark Los Katíos und weiter den Río Atrato flussaufwärts nach Quibdó. Der Bootsanleger liegt direkt an der Plaza Mejía. Der Unternehmer Gonzalo Mejía (1884-1956) war der Initiator der Carretera al Mar, die Medellín mit dem Golfo von Urabá verbindet. Sein ausgestreckter Arm zeigt in Richtung der Straße. Wer noch Zeit vor der Abfahrt seines Schiffes oder Busses hat, sollte nicht versäumen, an der Plaza das archäologische und ethnographische Museum, **Museo del Hombre del Darién** , aufzusuchen. Hier findet man Exponate der Kuna und Emberá-Katío.

Banken

Banco de Bogotá, VisaCard, ATM, Calle 101, No 13-69

Bancolombia, VisaCard, ATM, Calle 101, No 14-55

BBVA, Visa- und Mastercard, ATM, Calle 101 No 14-16

DAS und Pass

Apostadero Naval, ☎ 26 2260, Richtung Flughafen. Jeeps von Cra. 13, Calle 101.

Schlafen und Essen

Hotel Marcela, Cra. 14B No 100-54, Gemeinschaftsbad, Vent., sauber, nett, Gepäckaufbewahrung, sicher, beliebt bei Reisenden, € 5 p.P.

Residencia Turbo, neben Marcela, Cra. 14B No 100-78, einfache Ausstattung, mit Gemeinschaftsbad und etwas heruntergekommen, € 5 p.P.

Hotel Saussa, Cra. 13 No 99A-28, ☎ 827 20 20, große Zimmer mit Bad und Hafenblick, Restaurant, € 6/9.

Als bestes Hotel der Stadt gilt das **Hotel Castillo de Oro**, Calle 100 No 14-07, ① 827 21 85, Zimmer mit Bad, a/c, TV, € 14/21.

Hotel 2000, Calle 101 No 12-115, ① 827 22 14, geräumige Zimmer mit Vent. und a/c, € 15/25(2).

An vielen Straßenecken werden knusprige Pommes Frites und *salchipapas* (kolumbianische Variante der Currywurst) angeboten.

Gut kocht **El Paisa**, Calle 101 No14 B-21.

Bootsverbindungen

Quibdó - *voladora* (Schnellboot), ① täglich morgens 6.30, 9 Std., € 30.

Sautatá (Parkeingang) > **Ríosucio** - ① täglich 7, 2 Std., € 10.

Acandí/Capurganá - ① täglich 7, 2½ Std./3½ Std., € 12/16.

Tickets am Vorabend kaufen und die Zeiten checken.

Busverbindungen

AUFGEPASST!
Nach Medellín sind es 373 km, und es gibt zwei Verbindungen über Land. Der direkte Weg via Dabeiba ist der unsichere der beiden Alternativen, in diesem Gebiet operieren nach wie vor Einheiten der FARC-Guerrilla, die gelegentlich Straßensperren errichten, um Fahrgäste zu entführen. Daher wählen die Busgesellschaften zumeist die längere Route über Montería und Caucasia. Alle Busgesellschaften liegen im Zentrum.

Medellín - **Cootranssuroccidente**, ① 824 30 49, Calle 104, Cra. 15, fährt mit den besten Bussen, Nachtfahrten im Konvoi.

Sociedad Transportadora de Urabá, ① 827 20 39, **Gómez Hernández**, ① 827 20 39 (beide Calle 101, Cra. 13), mehrere Nachtbusse, 9 Std., € 25. Die wenigen Busse, die tagsüber fahren, brauchen vier bis fünf Stunden länger.

Montería - Sotracor, 1 Bus, ① täglich 9.30, außerdem mehrere Jeeps, 6½ Std., € 10, Abfahrt vom Marktplatz.

Flugverbindungen

Zwei Flughäfen stehen zur Auswahl. Der kleine Airport in Turbo (Gonzalo Mejía) wird nur von der **ADA** angeflogen. Fünf Kilometer außerhalb der Stadt in Apartadó liegt der größere Aeropuerto Los Cedros, der auch für Düsenjets geeignet ist und den die drei Regionalgesellschaften **ADA**, ①828 68 98, **Aires**, Cra.100 No 96-77,① 828 70 77, und **Satena**, Calle 103 No 99-44 Edf. Los Almendros, ①828 29 67, anfliegen.

Medellín (Olaya Herrera) -Satena und ADA zum Teil mehrmals täglich, € 70.

Nationalpark Los Katíos

Der Nationalpark umfasst 720 km². Sein Name bezieht sich auf die Katío-Indianer, die heute allerdings nicht mehr innerhalb des Parks leben.

Los Katíos bildet gemeinsam mit dem Nationalpark und Biosphärenreservat Darién (Panama) den «Tapón del Darién». Der «Stöpsel»sollte den Norden des Doppelkontinentes einst vor der Maul- und Klauenseuche und der Malaria bewahren. Los Katíos ist einer der reichsten und landschaftlich schönsten Naturparks Südamerikas. Hier befindet sich das letzte große zusammenhängende Waldgebiet im Einflussbereich der Karibik. Die Schönheit des Parks liegt in seiner landschaftlichen Viel-

Aufgepasst! Im Chocó-Urabá

Die augenblickliche Situation (2008) im PNN Los Katíos wie in der gesamten Region des Chocó-Urabá (von Turbo bis zur Panamagrenze und darüber hinaus) ist heikel und unübersichtlich. Entlang der Karibikküste agieren neu formierte Verbände der paramilitärischen **Águilas Negras** und betreiben Koka(in)anbau. Versprengte Einheiten der **FARC** haben sich in die höheren Lagen der Serranía del Darién und in Richtung Pazifikküste (Juradó) zurückgezogen und halten dort Geiseln gefangen. Das gesamte öffentliche Verkehrssystem ist, soweit überhaupt vorhanden, rudimentär. Das Straßen- und Wegenetz wird mehr von Maultieren und Pferden als von Kraftfahrzeugen benutzt. Schnellbootverbindungen entlang der Küste (Acandí-Turbo) sind besser, am sichersten und bequemsten ist die Flugverbindung zum Ferienflughafen Capurganá an der Grenze zu Panama. Wer den Park und die Region über Land bereisen möchte, sollte zuvor Informationen bei der Nationalparkverwaltung in Bogotá und noch besser vor Ort bei der Capitanía del Puerto in Turbo bzw. in Quibdó einholen.

Im kolumbianisch-panamenischen Grenzgebiet agieren neben gewöhnlichen Kriminellen Einheiten der Farc-Guerrilla und paramilitärische Verbände. Von einer **Darién-Durchquerung** zu Fuß ist abzuraten. Der kanadische Extremabenteurer und Buchautor Robert Young Pelton («World´s Most Dangerous Places») und seine beiden Begleiter wurden 2003 beim Versuch die Darién-Enge zu durchqueren von Paramilitärs gekidnappt. Der inzwischen im Hochsicherheitsgefängnis von Itagüí einsitzende Anführer El Alemán hat später erzählt, Pelton habe seine Bande mit Farc-Guerrilleros verwechselt und sich mit deren Idealen solidarisch erklärt, daher habe man sie festgenommen und anschließend laufenlassen, als man ihrer überdrüssig geworden sei. Pelton hat eine andere Version zu bieten und behauptet, vor seinem Trek E-Mails an die Farc und die Paramilitärs (AUC) versendet und niemals eine Antwort erhalten zu haben.

falt und im Artenreichtum der Tierwelt. Hauptattraktion sind verschiedene Wasserfälle und die Ciénagas von Tumaradó. Die Region ist ein lebendiges Laboratorium. Die Biodiversität ist an kaum einem anderen Ort so groß wie hier, wo Zentral- und Südamerika zusammentreffen. Es gibt 450 Vogel- und etwa 500 andere Wirbeltierarten. Nirgendwo sonst ist es so einfach, Großsäuger wie den Tapir oder den Jaguar in freier Wildbahn zu beobachten. Da macht es sich bemerkbar, dass der Park menschenleer ist und die Tierwelt seit langer Zeit nicht bejagt wurde. Auch die Vögel sind hier zutraulicher als anderswo, und sie lassen den Besucher nahe herankommen. In den Ciénagas von Tumaradó sind Kaimane und die letzten Seekühe des Atrato zuhause. Seit Jahrzehnten bestehen Bestrebungen von kolumbianischer Seite diese letzte Landschranke niederzureißen und das ausstehende Teilstück der Panamericana zu vollenden. Das sind insgesamt 111 Kilometer Straße, 57 Kilometer auf panamesischer, 54 Kilometer auf kolumbianischer Seite. Kolumbien besteht auf dem Ausbau einer Straßenverbindung zum Panamakanal, um schneller und billiger heimische Exporte abzuwickeln. Panama befürchtet die «Kolumbianisierung» der Grenzregion.

Als die amerikanischen Staaten auf ihrem Gipfel 1923 in Santiago de

Chile den Entschluss fassten, Amerika von Alaska bis Feuerland zu verbinden, war dies die Vision, einen unwegsamen Kontinent zu erschließen, die Vollendung dieser Vision wäre ein ökologisches Desaster. Um ein Zeichen zu setzen, hat die UNESCO den Park 1994 zum Naturerbe der Menschheit erklärt.

Wie kommt man hin?

Der Haupteingang zum Park ist am Anleger in Sautatá. An den ehemaligen Ort gleichen Namens erinnert noch der Friedhof mit den Eisenkreuzen. Hier stand einst eine Zuckerrohrfabrik. Neben dem Büro der UAESPNN liegen die Restmauern der Kapelle. Zum Besucherzentrum wird man zehn Minuten einen schmalen Kanal hinaufgerudert. Freundliche Mitarbeiter informieren über die Wege im Park und die Flora und Fauna. Die Wege zu den Wasserfällen sind gut ausgeschildert, schattig und - in der Trockenzeit - leicht zu trekken.

EL Tendal, Tendalito und La Tigra

diese Ortschaften liegen zwei Stunden vom Besucherzentrum entfernt. Viermal ist ein Flüsschen zu überqueren, dann teilt sich der Weg. El Tendal liegt zur Linken. Das kristalline Wasser lädt zu einem erfrischenden Bad ein. La Tigra liegt zur Rechten. Man folgt dem Flussbett und sucht sich den Weg entlang der aufgetürmten Steine. Nach 20 Minuten ist la Tigra erreicht.

Der Wasserfall fällt über breite moosbewachsene Steinterrassen hinab. Von der obersten Plattform, die man über die vom Wasser unberührte Seite erklimmt, hat man den besten Blick.

El Tilupo

Den 12 Kilometer entfernten El Tilupo erreicht man nach 2½ Stunden. Der Weg ist breit und über die Gewässer führen Holzstege. Von der Abzweigung bei der Quebrada La Gertrudis ist es noch eine ½ Stunde. Das Wasser stürzt über eine 100 Meter hohe, bemooste Steilwand in das Bassin.

Aussichtssturm

Nicht weit vom Besucherzentrum führt ein Pfad zum Mirador (Aussichtsturm). Zunächst wählt man den Weg Richtung El Tilupo. Nach Eintritt in den Schatten des Waldes biegt ein schmaler Pfad nach links ab, der sich bis zum Gipfel schlängelt. Von dort geht der Blick über die Ciénagas und den Atrato bis zum Golf von Urabá. Im Rücken liegt die Serranía del Darién.

Ciénagas de Tumaradó

Die Ciénagas liegen auf der Ostseite des Atrato und lassen sich nur per Boot erreichen. Die Parkverwaltung hat ein Motorboot, manchmal nimmt sie Besucher mit. Ab und zu passieren Fischer Sautatá, mit denen man ein Arrangement treffen kann.

Besuchszeit

Die beste Besuchszeit ist die Trokkenzeit von Dezember bis April. Dann gibt es auch weit weniger Moskitos. Mitbringen sollte man Mükkenrepellent, Regencape und Gummistiefel in der Regenzeit.

Weg nach Peyé

Peyé markiert den nördlichen Parkein-/ausgang. Man überquert die Quebrada La Gertrudis und folgt dem Weg bergauf und -ab nach Peyé,

(6 Std. vom Besucherzentrum). Hier steht eine Parkhütte, in der man übernachten und kochen kann. Mit der Parkverwaltung lässt sich vereinbaren, dass Maultiere das Gepäck von Sautatá nach Peyé bringen. Dieser Weg bietet sich an, wenn man vom Park bis zur Karibikküste wandern möchte.

Der Río Peyé bildet die Parkgrenze. Das Flüsschen trennt den Dschungel mit seinen Zedern, Mahagonis, *ceibas* und *habarcos* brutal von der abgeholzten Weidelandschaft mit den Zeburindern. Mit Glück lassen sich in einer der angrenzenden Fincas Pferde mieten, um nach Unguía zu gelangen. Der Fußweg - in der Trockenzeit - ist staubig und heiß, denn es fehlt das schützende Blätterdach. Der Wind, der über die Landschaft braust, schafft ein wenig Kühlung.

Der Fußweg von Peyé nach Unguía dauert 6 Stunden. Er führt durch Raicero, ein kleines Hüttendorf und den Resguardo **Arquia**, eines von zwei in Kolumbien bestehenden Dörfern der Kuna-Indianer mit 75 Familien (das andere ist Caiman bei Turbo). Das Gebiet wurde den Kuna rückübereignet und die Indigenen haben es wieder aufgeforstet. Sie leben von der Landwirtschaft, und außerhalb der Ansiedlung betreiben sie eine eigene Rinderzucht. Ihre Längshütten stehen weiträumig voneinander getrennt, verbunden durch ein Netz von Pfaden. Neben dem Wohnhaus ist die Küche in einer kleinen Hütte untergebracht. Die Wände sind aus Bambusrohr. Das Dach ist mit Blättern der Kokospalme gedeckt, von innen verstärkt und verkleidet mit säuberlich aneinandergelegten Bambusstäben. Die Frauen tragen einen massiv goldenen Nasenring und über der Brust eine *mola*. Die *mola* ist ein mehrfarbiges besticktes Tuch mit Mustern aus der Mythologie der Kuna, bekannt als viel vertriebener Artesaníaartikel. Um die Waden und die Handgelenke tragen sie festgeschnürte engmaschige Perlenketten (*wini*).

Mola der Kuna-Indianer

Unguía

47 Meter, 28°C, 7000 Einwohner

Unguía ist eine Westernstadt. Die Barschilder der Billardsalons klappern im Wind. Tagsüber sind Tür- und Fensterläden geschlossen. Cowboys haben ihre weißen Schals über die Schulter geworfen, und die Sporen glänzen im Sonnenlicht. Die Läden an der Hauptstraße verkaufen Sattelzeug. Die Schlachter wiegen ihr Fleisch.

Schlafen und Essen

In Unguía gibt es eine Handvoll preiswerter Unterkünfte.

Residencia Trisana ist rechts von der Plaza an der Hauptstraße, mit Gemeinschaftsbad, sauber, € 2,50/ 4,50. Der freundliche Paisa macht leckere Hamburger und verkauft *molas* der Kuna.

Residencias y Billares Doña Julia, links von der Plaza an der Hauptstraße, Zimmer im 2. Stock, mit Bad, Vent., Fernseher, sauber, € 4/5.

Residencias y Farmacia, direkt gegenüber mit ähnlicher Ausstattung, € 4/5.

Jeepverbindungen

Turbo - zum Bootsanleger der Ciénaga de Unguía, zwischen ⏱ 4 und 5, 30 Min., € 1,50.

El Gilgal - Tickets beim Bäcker an der Plaza, 2½ Std., € 2,50.

Santa María, El Gilgal und Balboa

55 Meter, 27°C, 3000 Einwohner

Die Fahrt nach El Gigal führt über Santa María La Antigua. Dies war die älteste Stadt Kolumbiens, gegründet durch Núñez de Balboa, 1510. Es ist die Schnittstelle zweier ganz unterschiedlicher Lebensläufe, dem von Núñez de Balboa und Francisco Pizarro. Beide haben die Geschichte Lateinamerikas nachhaltig geprägt, der eine als Pazifikentdecker, der andere als Eroberer des Inkareiches, der eine verständnisvoll, der andere ungehobelt und gewalttätig. Sie trafen sich an diesem abgelegenen Ort in einem flüchtigen Moment der Weltgeschichte. Heute hausen hier eine Handvoll Menschen in halbverfallenen Hütten. Von Santa María blieben nur einige verrostete Nägel und Ziegelsteine. Santa María La Antigua lag direkt am Meer. Durch die Sedimentation des Río Tanela ist es landeinwärts gewandert.

El Gigal ist wie Santa María La Nueva und Balboa in den 1960er Jahren auf Initiative des Klaretianer-Paters Alcides Fernández gegründet worden. Zu jener Zeit war das Gebiet dichter Regenwald und von den Emberá-Katío bewohnt. Der «fliegende Priester», wie Alcides wegen seiner Fluglustigkeit genannt wurde, entdeckte das Gebiet vom Cockpit seiner Piper. Es erschien ihm ideal für die Ansiedlung der durch die *Violencia* heimgesuchten Bauern aus Antioquia, Tolima und Córdoba. Mit Missionseifer wurden die Rodungsarbeiten vorangetrieben. So trifft man heute in Reichweite des Meeres auf eine Enklave weißer Hochlandcampesinos. Auf der anderen Seite des Cutiflusses liegt eine kleine Ansiedlung der Emberá-Katío. Beim Durchwaten des Flusses sollte man wegen der Schlammbeisser (*pez sapos*) die Schuhe anbehalten. Die Fische verursachen schmerzhafte Bisse. Die Indianer machen einen verwahrlosten und verlassenen Eindruck. Häuptling *Harama* («kleiner Bach») zeigt dem Besucher bereitwillig seine Jagdbeute. Die erbeuteten Leguane werden an den Extremitäten gefesselt und in einer Kiste lebend bis zum Verzehr aufbewahrt. Um den Leguan lebend zu fangen, klettert ein Mann auf den Baum, wo er das Tier aufgespürt hat. Er folgt ihm bis in die Spitze. Der gejagte Leguan flieht stammabwärts und wird vom zweiten Jäger in Empfang genommen.

Von Gigal führt ein Weg nach Titumate zur Küste (2½ Std.), ein anderer landeinwärts nach Balboa (5 Std.). Weiter kommt man zu Fuß oder mit dem Pferd (*bestia*).

Balboa ist von den weißen Siedlern in eine Hochlandidylle verwandelt worden. Es liegt inmitten sanfter Hügel. Auf der höchsten Erhebung steht die Kapelle, wo der fliegende Pater begraben liegt. Es leben noch viele Pioniere, die von den ersten Tagen der Bewegung zu erzählen wissen. Die Residencia mit Bäckerei liegt direkt am Kirchplatz, Zimmer mit Gemeinschaftsbad, mit freiem Morgenkaffee, € 3 p.P. Die Gemeinde hat einen antiken Bus, der einmal am Tag frühmorgens nach Titumate tuckert und eine verlassene holprige Flugpiste, die schon lange keinen Flugverkehr mehr gesehen hat.

Acandí

5 Meter, 28°C, 7000 Einwohner
☏ 8

Der größte Ort zwischen Turbo und der Panamagrenze ist Acandí. Acandí hat kilometerlange, aber dunkle, zum Baden wenig attraktive Strände. Die Strände werden aber bevorzugt von der Ledernackenschildkröte (tortuga caná, *Dermochelys coriacea*) zwischen Februar und Mai zur Eiablage aufgesucht. Bedauerlicherweise fällt der Höhepunkt ihrer Saison mit der *Semana Santa* zusammen. 15 000 Einheimische und 5000 Touristen machten noch in den 1990er Jahren Jagd auf die Eier. Die Fundación Darién, die Nationalparkverwaltung, Indigenen- und Fischervereinigungen und die Alcaldía haben sich darauf verständigt, die Strände von Acandí und La Playona unter Naturschutz zu stellen.

Von der **Flugpiste Alcides Fernandes Gómez** trotten die Pferdewagen in den Ort. In Acandí sind die Lebensmittel günstiger, und die Auswahl ist größer als in Capurganá.

Flugverbindungen

ADA, ☏ mobil 313 686 09 25, Mo,Mi,Fr Flüge nach Turbo und Medellín.

Schlafen und Essen

Ein halbes Dutzend einfacher Residencias verteilt sich im Ortskern.

Die preiswerteste ist die **Residencias Pilar**, einfache Zimmer ohne Bad, sauber, € 3 pro Bett. Das **Central** und das **Acandí** kosten etwas mehr.

Das **La Mesón**, an der Hauptstraße, ist das beste Restaurant im Ort. Der Eingang ist ein Bambustor. Der nette Paisa hat eine gute Küche und kümmert sich um das Schildkrötenprojekt.

Capurganá und Sapzurro

3 Meter, 28°C, 1500 Einwohner
☏ 4

Capurganá hat zwei Gesichter. In der Hauptsaison ist es ein rummeliger und lauter Badeort, mehrheitlich für strandhungrige Hochlandkolumbianer. Außerhalb Dezember/Januar ist es ein idyllisches, selbstvergessenes Strandparadies. Wenige Meter vom Ufer laden die Korallenbänke zum Schnorcheln ein. Capurganá ist ein bevorzugtes Tauchrevier mit Unterwasserhöhlen und Korallenriffen. Das Hotel- und Restaurantangebot ist vielfältig und reicht vom Hinterhofverschlag bis zur Hotelzitadelle im arabischen Marbellastil

AUFGEPASST!

Es gibt keine Bank in Capurganá. Also, genügend Bargeld mitnehmen.

DAS und Pass

In Capurganá gibt es einen Posten der DAS-Extranjería am Hafen für den Ein- bzw. Ausreisestempel.

■ Schlafen

Die Preise steigen während der Hauptsaison (20.12.-31.01., in der Osterwoche und vom 20.06.-20. 07.) um ca. 30 %. Die großen Hotels haben preislich reduzierte Angebote 5 Tage/4 Nächte, inkl. Vollpension, auch mit Tauchexkursionen und Flugreisen zu kombinieren. Solche Angebote lassen sich in einem der Reisebüros in Medellín oder Bogotá buchen.

Hostal Uvita, am Hafen, einfach, freundlich, € 3 p.P.

Hostal Capurganá, Calle de Comercio, ☏ 824 35 54.

Hospedaje Don Blas, in der Nähe des Bootsanlegers, einfach, ohne Bad, € 4/6.

Hostal Los Delfines, einfache Unterkunft, € 9 p.P. inkl. Frühstück und Abendessen.

Hostal Punta Azul, ☏ 421 22 67, ℻ 251 06 43 (Medellín) ist ein persönliches Strandhotel mit großer Terrasse, gut in die Umgebung eingefügt. Zimmer mit Bad, € 10/12.

Hotel Almar, ☏ 421 49 69 (Medellín), Playa la Caleta, Cabañas im unpersönlichen Reihenhauscharakter, € 30 p.P., inkl. Vollpension (Buffet).Wird in der Regel als 4 Tage/3 Nächte-Package in Verbindung mit einem Flug von Medellín gebucht.

Hotel Alcazar, ☏ 424 853 54, ℻ 424 398 59 (Medellín), weiß gestrichenes Terrassenhotel im arabischen Marbellastil. Zimmer mit Minibar und a/c, Pool, Solarium, Bar, Restaurant, € 50/84, inkl. Frühstück und Abendessen.

Hotel Calypso, ☏ 428 27 59, gehört zur Decameron-Kette, ca.€ 50 p.P. mit Vollpension.

Hotel Tacarcuna Lodge, ☏ 412 25 52, Cabañas im Baustil der Kuna mit a/c, Minibar, Privatbad, Grünzonen mit Hängemattenplätzen, liegt aber nicht in erster Strandlinie. Auch in Kombination mit Flugangeboten von ADA.

■ Essen

Das Angebot an Meeresfrüchten ist üppig und wird in den kleinen Straßenrestaurants phantasievoll zubereitet. Am Strand fanden wir sogar Crêpes gefüllt mit Krabben. Unbedingt probieren: *camarones con patacón*.

■ Tauchen

www.diveandgreen .com, ☏ (574) 682 88 25, die Tauschschule von Eduardo und Marcela, NAUI und PADI.

■ Bootsverbindungen

Turbo - Schnellboot (*panga* für 25-30 Passagiere) via Acandí täglich zwischen ⏲ 8 u. 9, € 15. Tickets am Vorabend kaufen und die Zeiten checken.

Puerto Obaldía (Panama) - sporadisch verkehrende Transportboote von und nach Capurganá oder private Expresstour, € 25 für 1-4 Personen. Puerto Obaldía ist der erste größere Ort und eine Militärbase auf Panama Seite. Hier erhält man den Einreisestempel. Übernachtungsmöglichkeiten sind vorhanden, z.B. Pension Conde, € 4 p.P. Unregelmäßige Flugverbindungen nach Panama-City mit Aeroperlas, € 50.

■ Flugverbindungen

Regelmäßige Flugverbindungen mit Aerolínea de Antioquia (ADA),☏ 682 88 04, nach Turbo und Medellín, € 50/100.

Weg nach Sapzurro

Hinter dem Ort verläuft eine Hügelkette mit dichter Vegetation, die das Meer von den dahinterliegenden Viehweiden trennt. Bei dem Sportplatz steigt der Weg steil an. Von oben hat man einen Panoramablick auf Capurganá. Der Pfad führt durch den Wald. Nach ca. 1½ Stunden. liegt die kleine Bucht von Sapzurro vor dem Wanderer, eingerahmt von steil ansteigenden Bergen mit überbordender Vegetation bis zum Cabo Tiburón. In Sapzurro gibt es einfache Unterkünfte in Privathäusern. Cabañas vermittelt das Restaurant am Anleger. Zwei Läden im Ort verkaufen Grundnahrungsmittel. Sie tauschen Bardollars in Pesos. Ein Restaurant serviert in der Saison Hamburger. Sapzurro ist ideal zum Zelten. Der beste Platz ist gleich neben dem Ausgang des Weges nach Capurganá in Richtung Dorf. Gegen ein kleines Entgelt gestattet die Fischerfamilie die Benutzung von Küche und sanitären Anlagen. Das Gepäck kann in Verwahrung gegeben werden. Von Sapzurro führt ein Weg am Ende der Bucht über den Hügel in einer halben Stunde nach **La Miel** (Panama) mit einen schönen, weißen Sandstrand.

Die Karibikinseln

Geschichte und Gegenwart

Fast 800 Kilometer vom kolumbianischen Festland entfernt, und näher an der Küste Nicaraguas liegen die Karibikinseln San Andrés, Providencia und Santa Catalina. Aus der Luft sieht San Andrés aus wie ein Seepferdchen, umgeben von Korallenriffen. Blau, Violett und Rosa schimmern die Farben durch das smaragdgrüne, glasklare Wasser. Die Wellen schlagen sanft an den kristallinweißen Sandstrand, der von Palmen umsäumt ist. Providencia und Santa Catalina erscheinen hingegen wie frische, grüne Farbtupfer.

Die Geschichte der Inseln ist angefüllt mit Abenteuern von Piraten, Plünderungen und versteckten Schätzen. Wahrscheinlich wurden die Inseln von Christopher Columbus im Jahre 1502 entdeckt und daraufhin als Stützpunkt von den Spaniern genutzt. Santa Catalina, die kleinste der drei Inseln, diente als Festung, um den Zugang nach Providencia zu bewachen. Trotzdem nahm der holländische Pirat Edward Mansfelt 1660 das Fort ein und nutzte nun seinerseits das Archipel als Operationsbasis. Den Spaniern gelang es, die Inseln vier Jahre später zurückzuerobern, um sie erneut 1670 an einen noch weitaus gefürchteteren Piraten, nämlich Henry Morgan, zu verlieren. Morgan griff jedes Schiff an, das Gold aus der Neuen Welt an Bord hatte und durch seine Gewässer fuhr. Auf den Inseln versteckte er seine Kriegsbeute, eine unvorstellbar große Schatzkammer, die von vielen gesucht, jedoch bis heute von niemandem gefunden wurde.

Die erste Besiedlung von Providencia erfolgte im Jahre 1629. Eine Gruppe englischer Puritaner siedelte sich an, die dem Zugriff der absolutistischen Herrschaft Karl I. und den Repressionen der anglikanischen Kirche entflohen war. Die Abtrünnigen wollten eine Weltanschauung verwirklichen, für die in Europa kein Platz war. Wer die Gleichheit unter den Menschen anstrebte, hatte die feudale Ordnung der Alten Welt zu verlassen. Das humanistische Ideal galt jedoch nicht für die schwarzen Sklaven, die überwiegend von den Inseln Tortuga und Jamaika kamen. Die Afro-Kultur begann mit der Konvertierung zur puritanischen Kirche und dem Erlernen der englischen Sprache zu verwässern.

Im 19. Jahrhundert machten die Spanier ihren Einfluss geltend und verlagerten nun ihrerseits den Kampf um die Weltherrschaft mit den Engländern auf die Inseln. Die Schwarzen mussten Spanisch lernen und zum katholischen Glauben konvertieren. Zur Zeit der Unabhängigkeitsbewegung nahm der Comodoro Louis Aury, ein französischer Pirat die Inseln ein und rief die Unabhängigkeit aus. Er bewunderte Simón Bolívar und unterstellte seinen Kleinstaat der neu geschaffenen kolumbianischen Republik. Simón Bolívar nahm keine Notiz vom Geschenk des entfernten Verehrers und verkannte den strategischen Wert der weit abgelegenen Inselgruppe.

So «vergaßen» die Kolumbianer die Inseln bis in die Mitte des 20. Jahrhunderts, erst die moderne Luftfahrt schaffte eine Anbindung ans Festland und scharenweise Festlandkolumbianer auf die Inseln. Seit einigen Jahren erhebt Nicaragua Anspruch auf die Inseln und Teile des kolumbianischen Seegebietes. Kein Land der Welt verzichtet gerne auf eine touristische Einnahmequelle, reiche Fischgründe und vermutete Erdölreserven vor der Haustür. Der internationale Gerichtshof in Den Haag hat die Souveränität Kolumbiens über die Inseln in einer Entscheidung im Dezember 2007 zwar bestätigt, allerdings die Frage nach dem Verlauf der Seegrenzen zwischen beiden Staaten offengelassen und den streitenden Parteien zur Lösung überantwortet. Der Ursprung des schwelenden Grenzkonfliktes reicht weit zurück. Die Karibikküste von Kolumbien bis Honduras, einschließlich der vorgelagerten Inseln, gehörte zu Kolonialzeiten zum Vizekönigreich Nueva Granada. Nach Auseinanderfallen des Kolonialreiches und der Entstehung neuer, unabhängiger Staaten war die Zugehörigkeit der Inseln lange Zeit unklar. Kolumbien versteht sich als der Rechtsnachfolger von Nueva Granada und tauschte «seinen Anspruch» auf die Moskitoküste Nicaraguas 1928 gegen die Inseln ein. Seitdem bildet der 82. Längengrad die Grenze zwischen Nicaragua und Kolumbien.

Kreolisch eingefärbtes Englisch ist die bevorzugte Sprache der einheimischen schwarzen Insulaner (Raizales) geblieben und wird mit spanischen Ausdrücken gemischt. Die zugewanderten Festlandkolumbianer reden spanisch. Die ethno- und soziolinguistische Tradition auf San Andrés und Providencia, die an der Schnittstelle des englisch- vom spanischsprachigen Amerika liegen, ist lebendig. Afrokaribische, britische und lokale Elemente bestimmen die Folklore und machen den Reiz der Musik aus. Die Bands spielen Reggae, Calypso und Soca. San Andrés ist einmal im Jahr Treffpunkt der besten Musikgruppen der Karibik, die sich zum **Green Moon Festival** einfinden.

Die herausragende Attraktion der zusammen nicht einmal 57 km^2 großen Inseln ist der sie umgebende, an manchen Stellen türkis, anderenorts tiefblau erscheinende Archipel zwischen Nicaragua, Jamaika und Kolumbien. Die riesige Meeresfläche von 300.000 km^2, was 10 % der gesamten Karibik entspricht, wurde im Jahr 2000 von der UNESCO zum **Biosphärenreservat Seaflower** (benannt nach dem Schiff der ersten puritanischen Siedler) erklärt. Dazu zählen zwei Korallenriffe, fünf Atolle und weitere Korallenbänke. Allein das Korallenriff um Providencia misst 255 km^2 und ist damit das zweitgrößte in der Karibik und das drittgrößte der Welt, nach Belize und dem Great Barrier Riff.

Treib-(Netz)-Fischerei ist in dem gesamten Meeresreservat verboten. Das Kerngebiet mit einer Ausdehnung von 65.000 km^2 besitzt seit 2005 den Status einer **Marine Protected Aerea** (MPA). In dieser absoluten Schutzzone bestehen strenge Auflagen für die Fischerei und den Tourismus, einige Bereiche sind der Meeresforschung vorbehalten und dürfen nicht befahren werden, in diesen und weiteren Zonen herrscht ein absolutes Fischereiverbot. Auch die Speerfischerei an den Riffs ist verboten und unter Strafe gestellt.

Überwacht werden die neu eingeführten Regularien durch die regionale Umweltbehörde **CORALINA**. Effektives Umweltmanagment ist auf dem Archipel, das jährlich 350.000 Besucher (davon 15 % Nicht-Kolumbianer) empfängt, das Gebot der Stunde und eine tägliche Herausforderung. Fünf-Sterne-Ressorts sind nicht existent und auch nicht geplant, stattdessen soll der Massentourismus in einen streng ökologisch ausgerichteten Tourismus überführt werden, um die Zukunft der Inseln zu sichern.

San Andrés

28°C, 80 000 -100 000Einwohner
☼ 8

San Andrés ist 13 Kilometer lang und drei Kilometer breit. Wie auf (beinahe) jeder Karibikinsel ist das Preisniveau hoch. Außer Fisch- und Meeresfrüchten muss alles vom Festland eingeflogen werden, da auf der Insel nur Palmen und einige Mangobäume wachsen. In den 1950er Jahren erklärte die Regierung San Andrés zur Freihandelszone. Bettenburgen schossen aus dem Boden, und die Fluggesellschaften schlossen sich mit Billigangeboten an. Die Ferieninsel gewann an Attraktivität unter den Inlandkolumbianern. Trinken, Baden und Einkaufen konnten ideal miteinander verbunden werden. Jeder Kolumbianer führt heute zollfreie Markenartikel aus, die seinem Körpergewicht entsprechen. Die Aussicht, Handelsgeschäfte zu machen, hat Kolumbianer aus dem ganzen Land angezogen, die sich hier niedergelassen haben, so dass San Andrés heute eine der dichtbesiedelsten Karibikinseln ist. Die Alteingesessenen (Raizales) sind auf San Andrés längst in der Minderzahl. Sie sprechen ihren eigenen Dialekt, den *patois* (*bendé*), eine Mischung aus Englisch, Französisch, Spanisch und Portugiesisch.

In **El Centro** sind die meisten Hotels, Restaurants und Geschäfte. Wesentlich kleiner, wenig touristisch und Heimstatt der Insulaner sind **San Luis** und **La Loma**. Eine Straße führt rund um die Insel mit einigen Abzweigungen ins Innere der Insel.

Informieren

Praktische Inselinformationen bieten die Hotels. Aktuelle Neuigkeiten in Englisch/Spanisch auf www.sanandres.gov.co und www.sanandres.com. Eine informative private San Andrés-Website in deutscher Sprache betreibt Manfred Elbracht, www.sanandres.de.

CORALINA, das Büro der Umweltbehörde, geleitet von Elizabeth Taylor Jay, Via a San Luis, Bight Km 26, ☎ (8) 512 13 49, ✉coralina@sol.net.co, www.coralina.gov.co (spanisch/englisch).

Internet-Cafés am Malecón (Strandstraße).

Banken und Wechsler

Banco Popular, Bardollar, Travellerschecks, VisaCard, Av. Las Américas No 3-161

Bancolombia, VisaCard, ATM, Av. Atlantico No 1A-36

Banco de Bogotá, VisaCard, ATM, Av. Colón No 2-86

Viele Geschäfte und Hotels wechseln Bardollar und Euros. Außerdem **Cambiamos**, Edificio Pronta, Av. Costa Rica mit Av. Atlantico Local 3, ☎ 512 37 57.

DAS und Pass, Cra. 7 No 2-70, ☎ 512 36 66 - Swamp Ground.

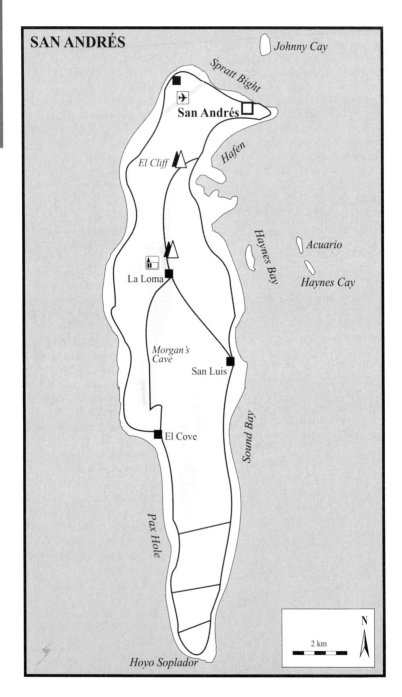

Österreich Honorarkonsulat, «La Bombonier», Av. Juan XXII, ☏ 512 34 30, 🖷 512 43 30.

Feste und Aktivitäten

Green Moon Festival, Mitte April. Musikfestival mit Gruppen aus der Karibik. Reggae, Reggaeton, Socca, Calypso, Salsa.

Casa de la Cultura, hier finden jeden Freitagabend traditionelle Tanz- und Musikveranstaltungen (Caribbean Evening) statt.

Museo Casa Isleña (Island Museum), Av. Circunvalar Km 5, ☏ 512 34 19, ein detailgetreu restauriertes typisch antillanisches Holzhaus, dass einen beliebten Anlaufpunkt für Reisegruppen darstellt.

Hauptattraktion von San Andrés sind die **Keys** - bzw. **Cays** (engl.), **Cayos** (span.) - **Johnny Cay** heißt die kleine Insel, die man von der Uferpromenade aus sieht. Jeden Sonntag steigt hier die Reggaeparty unter den Palmen am weißen Strand. Hier kann man schnorcheln, im transparenten Wasser dümpeln, tanzen, *coco-loco* (Rum in Kokosnussmilch) trinken oder ganz einfach faul auf dem Handtuch liegen. Boote fahren ständig hin und her. Abfahrt bei der Muelle.

Haynes Cay und die **Isla Aquario (Aquarium Island)** liegen in einer Bucht, umgeben von Korallenbänken wie ein natürliches Aquarium. In diesem beliebten Schnorchelparadies lässt sich die Vielfalt- und Farbenprächtigkeit der karibischen Unterwasserlandschaft bewundern. Haynes Cay erreicht man zu Fuß über das flache Wasser von Aquario.

2 Std. mit dem Ausflugsboot entfernt sind die flachen und ausschließlich mit Kokospalmen bewachsenen **Keys von Albuquerque** und **Bolívar** (bzw. Southwest Cays), die 32 km von der Hauptinsel entfernt in südwestlicher Richtung auf einem Riff liegen, das ein Atoll bildet.

Eine andere Form, die Unterwasserwelt kennenzulernen, als in klassischer Tauchermanier, ist die Tour mit dem Unterwasserboot **La Barracuda**, taucht bis auf 100 Meter Tiefe. 45 Minuten dauert der Unterwasserspaß und kostet € 60 pro Person.

Auf der Hauptinsel gibt es zwei beliebte **Strände**. **Spratt Bight** liegt direkt in der Hotelzone. Er erstreckt sich vom Hotel El Isleño bis zur Muelle de los Pescadores. **Sound Bay** liegt südlich von San Luis. Der Name kommt von den Geräuschen, die das Meer an dieser Stelle verursacht. Der Strand ist bei den Einheimischen sehr beliebt. **Pax Hole** oder **La Piscinita**, der kleine Pool liegt drei Kilometer vom Hafen El Cove entfernt. Umschlossen vom Korallenriff sieht man durch das klare Wasser auf den Grund, ideal für Schnorchler und Taucher.

Den südlichen Zipfel der Insel bildet **Hoyo Soplador**. Das Meer sprüht durch ein Loch im Korallenriff eine Fontäne.

La Cueva de Morgan liegt nördlich von El Cove. Angeblich hat der Pirat hier seinen Schatz im Höhlenlabyrinth unterhalb des Pools der Korallengrotte versteckt.

La Loma und **San Luis** sind zwei kleine Dörfer, in denen man den typischen Charme der von den Antillen beeinflussten Architektur findet, Holzhäuser mit großzügiger Veranda in leuchtenden Farben. San Luis liegt an der Küste im Osten und La Loma im Zentrum der Insel.

Auf der höchsten Erhebung (80 m) steht die älteste **Baptistenkirche**

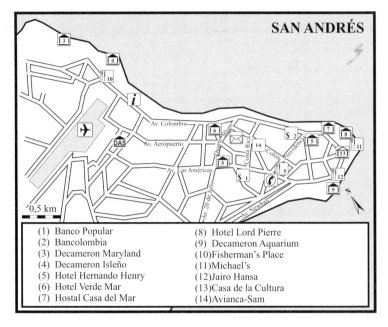

(1) Banco Popular
(2) Bancolombia
(3) Decameron Maryland
(4) Decameron Isleño
(5) Hotel Hernando Henry
(6) Hotel Verde Mar
(7) Hostal Casa del Mar
(8) Hotel Lord Pierre
(9) Decameron Aquarium
(10) Fisherman's Place
(11) Michael's
(12) Jairo Hansa
(13) Casa de la Cultura
(14) Avianca-Sam

Amerikas, erbaut 1847. Das verarbeitete Pinienholz stammt aus Alabama. **North Cliff** ist 20 Minuten zufuß vom Flughafen entfernt. Vom Hügel hat man einen ausgezeichneten Blick auf die Stadt und das Korallenriff.

Transport auf der Insel

Alle Ziele sind mit dem **Bus** zu erreichen, der um die Insel zirkelt, € 3, mit der Touristenchiva oder dem Touristenzug.

Buggys, **Motorräder** und **Mofas** werden an verschiedenen Ecken in El Centro angeboten. Der Preis/Leistungsvergleich lohnt sich.

Das Mieten eines **Fahrrades** kostet € 7 pro Tag. Mit dem Fahrzeug unzugängliche Ecken der Insel können auf dem **Pferderücken** erkundet werden. Anbieter ist Hipo Tours, Centro Com. New Point, Local 106, ☏ 512 35 65.

Schlafen

Für eine Handvoll Pesos

Posada Doña Rosa, Av. Las Américas, ☏ 512 36 49, eine der rar gesäten Unterkünfte für den Budget-Traveller, acht Zimmer mit Vent. und Privatbad, € 12 p.P.

Hotel Mary May Inn, Av. 20 de Julio No 3-74, ☏ 512 56 69, freundlich, Zimmer mit Vent. und Privatbad, € 20/25.

Hotel Hernardo Henry, Av. Las Américas No 4-84, ☏ 512 34 16, einfach, sauber, gut, beim Flughafen, € 22/28 mit Frühstück.

Katty´s Paradise - San Luis (Cocoplum Bay)- 50 m vom Strand entfernt, Kontakt über Karibik-Diver, ☏ 512 01 01, Gästezimmer, Dachstudio und Gästehaus (für 4) mit Privatatmosphäre, Koch- und Waschgelegenheit vorhanden, ab € 18 p.P.

Mittelklasse

Hotel Portobelo - San Andrés Zentrum - Av. La Playa No 5a-69, ☏ 512 90 77, ✆ portobelo@sol.net.co, erste Strandlinie, einige Zimmer mit Meerblick, € 45/65.

Hotel San Andrés Nobelhouse - San Andrés Zentrum - Av. Colón No 3-80, ☏ 512 82 64, www.sanandresnobelhouse.com, kleines intimes Hotel in der zweiten Reihe mit 15 bequemen Zimmern, Privatbad, a/c, Sat-TV, Safe, Internetzugang, € 65 (2).

Hotel Verde Mar - San Andrés Zentrum - Av. 20 de Julio, ☏ 512 55 25, ≣ 512 54 94, typisches Packagehotel, großzügige Zimmer, bequeme Betten, a/c, Kühlschrank, TV, Safe. Am besten im Flugpaket auf dem Festland buchen, z.B. bei Aviatur, € 50 (2).

Hotel Tiuna - San Andrés Zentrum - Av. Colombia No 4-34, ☏ 512 32 35, www.tiuna.com, etwas angestaubter Hotelklassiker auf der Insel mit 172 leidlich renovierten Zimmern, beliebt bei Urlaubern wie Kongressbesuchern, Restaurant, Bar, Discothek, Kino, Pool, unmittelbar am Strand, € 60(2).

Sunrise Beach Hotel - San Andrés Zentrum - Av. Newball No 4-169, ☏ 512 39 77, in die Jahre gekommener Hotelkasten mit über 200 Zimmern unterschiedlicher Qualität, gute Ausblicke, mäßiger Service, € 70 (2).

SEBRA TIPP

Beach Hotel Cocoplum - Via a San Luis 43-39 (Bahía Cocoplan) - ☏ 513 21 21, www.cocoplumhotel.com, 42 Zimmer, individuelle und private Atmosphäre, Doppelzimmer, Junior- und Familiensuiten. Restaurant mit Meeresfrüchten und karibischen Spezialitäten, Barservice, Pool, Chill Out und Karibikfeeling, € 65 p.P. inkl. Frühstück

Hotel Sun Set - Cra. Circunvalar Km 13- ☏ 513 04 33, www.ecohotelsunset.com, 20 Zimmer mit a/c, Sat-TV, Minibar, Restaurant, Internetzugang, in der Hauptsaison beliebtes Familienhotel, € 60(2).

Oberklasse/Luxusklasse

Decameron All inclusive Hotels and Resorts dominiert das Luxussegment zu 95% und verfügt auf San Andrés über insgesamt sechs Ressorts, teilweise im antillanischen Baustil und in exponierter Lage mit Privatstrand, Aerobic, Spa, Bars, Restaurants, Nightclubs, Discotheken (Aquarium, Marazul, Isleño, San Luis, Maryland, Boutique Los Delfines) ab € 75/100, inkl. Frühstück bzw. Vollpension, hier sind die meisten Ausländer einquartiert. Die einzelnen Ressorts erfüllen unterschiedliche Ansprüche, die Top Location besetzt das **Aquarium** mit Rundbauten, die ins Meer hineinragen. Unter Gringos am beliebtesten ist das **Marazul**, www.decameron.com.

Hotel Lord Pierre - San Andrés Zentrum - Av. Colombia No 1B-106, ☏ 512 75 41, ≣ 512 56 66, ✆ reservas@lordpiere.com, www.lordpierre.com, schöner Seeblick, Zimmer mit Balkon, Zentral- a/c, Suites mit King Size Betten, € 100/150.

Hostal Casa del Mar - San Andrés Zentrum - Av. Providencia No 2-13, ☏ 512 75 40, ≣ 512 75 39, antillanischer Holzbaustil, 13 Suiten mit allem Komfort, ab € 80/120.

Sol Caribe Campo - La Loma - Harmony Hall Hill No 5-86, ☏ 513 31 84, Hotel im antillanischen Stil, Cabañas, Schwimmbad, Discothek, € 120 (2), inkl. Frühstück.

Essen

San Andrés Zentrum

Auch auf San Andrés wird in den offenen Restaurants entlang der Strandpromenade *comida corriente* angeboten. Sie ist teurer als auf dem Festland, jedoch nicht phantasievoller. Besser und dennoch günstig isst man im **Fisherman's Place**, Av. Colombia, ℘ 512 27 74, an der Strandpromenade hinter dem Flughafen oder bei **Miss Bess**, im Coral Palace Center an der Av. Newball. Weit besser als die comida corriente sind die Essstände entlang der Strandpromenade. Auf langen Tischen werden antillanisch beeinflusste Leckereien angeboten, die es oft nicht einmal in den Spitzenrestaurants gibt.

Margarita Carbonara ist ein schnörkeloses italienisches Restaurant gegenüber dem Lord Pierre Hotel für Pizza und Pastagerichte.

Lukullisches gibt es in den Spitzenrestaurants zum entsprechenden Spitzenpreis. Zu ihnen gehört das **Jairo Hansa**. Chef Jairo rührt selbst die Mangosuppe mit Curry. Eine Gaumenfreude sind die gratinierten Muscheln mit Spinat.

Zu den besten gehört **Michael's**, Punta Hansa, Av. Colombia No 1-92.

La Bruja, im Hotel Aquarium, Av. Colombia No 1-19, serviert Gerichte aus der traditionellen *marisco*-Küche.

Übrige Insel

El Rincón de la Langosta - Schooner Bight - Cra. Circunvalar Km 7 www.rincondelalangosta.com, Langusten in allen möglichen Variationen, gute Lage, zum Sonnenuntergang buchen zwischen 18.00-18.30.

Coral View Restaurant - San Luis - Km 17, ℘ 513 0073, ausgezeichnete Fisch- und Meeresfrüchteküche zu guter Lage direkt am Wasser.

Fisherman's Place - El Cove - einfache, aber schmackhafte Fischgerichte (Spezialität einmal mehr Red Snapper).

Bi Bi's Place - Haynes Cay - ideal für entspannte Nachmittagsstunden in der Strandhütte bei Red Snapper, Lobster oder Garnelen und dazu eine Piña Colada. Für Gäste des Marazul (Decameron) ist der Fahrservice frei.

Musik und Tanz

Alle größeren Hotels haben ihre eigene Discothek.

Discoteca **Éxtasis** im Hotel Gran Hotel Caribe ist die bekannteste unter den Hoteldiscotheken. Hier wird überwiegend Musik des Festlandes gespielt.

Bar de Kella, an der Av. de San Luis, gegenüber dem Decameron-Hotel, beliebter Treffpunkt in der Strandbude des Rastafari. Cocktails und Reggae.

Dread up Control, Discothek im luftigen antillanischen Holzbaustil in der Nähe der Casa de la Cultura, Reggae, junges Publikum.

Melon Kiss Disco, im Hotel Sunrise, Av. Newball No 4-169, elektronische Musik, Drinks und flimmernde Großbildschirme.

Blue Deep Disco, ebenfalls im Hotel Sunrise, Großdisco mit mehreren Bar- und Tanzzonen, Lasershow, gutes Soundsystem.

Tauchen & Touren

Die Gewässer um die Insel San Andrés zeichnen sich durch gute Sichtweiten (30-50 m) und hohe Wassertemperaturen aus. Es gibt über 20 teilweise spektakuläre Tauchplätze und beinahe ein Dutzend Tauchschulen. Die lizenzierten Tauchlehrer verfügen über PADI, NAUI und FEDECAS. Tauchkurse bieten an:

SEBRA TIPP

Karibik Diver, Av. Newball 1-248, Edf. Galeón, ☏ 512 01 01, www.Karibikdiver.com, Inhaber und PADI-Tauchlehrer Werner Koester spricht deutsch.

Banda Dive Shop, Hotel Lord Pierre L-102, ☏ 513 10 80, www.bandadiveshop.com (Englisch/Spanisch).

Paradise Dive Shop, Centro Comercial New Point Plaza, Local 127, ☏ 512 35 61, www.paradisediveshop.com (Englisch/Spanisch).

SEBRA TIPP

Dairo Centro de Snorkeling & Ecoturismo, Edif. Villa del Mar Local 209, ☏ 512 75 34, vielsprachige und enthusiastische Crew, www.dairo.ws.

Flugverbindungen

Aeropública, Centro Comercial San Andrés, Local 108, ☏ 512 276 19, 🗎 512 19 22.

Avianca, Av. Colón, Edificio Onaissi, Local 107, ☏ 512 32 12.

Copa, Cra.10A No 1-109, Swamp Ground, 1. Stock Of. 124, ☏ mobil 650-COPA (2672); im Flughafen: ☏ 01 800 11 COPA (2672).

Satena, Büro im Flughafen, ☏ 512 14 03/ mobil 313 422 28 02, 🗎 512 31 35.

National
Bogotá - Aeropública, Avianca-Sam, Satena, täglich, ab € 100.

Cartagena - Avianca-Sam, Aeropública, täglich, ab € 110.

Cali (via Bogotá) - Avianca-Sam, Aeropública, täglich, ab € 120.

Medellín - Aeropública, Avianca-Sam, täglich, ab € 120.

Oft ist es günstiger, auf dem Festland ein kombiniertes Flug/Hotelangebot in einem der Reisebüros zu buchen (4 Tage/3 Nächte). Bei diesen Angeboten ist die Übernachtung praktisch gratis. Wer länger auf San Andrés verweilen oder noch die Nachbarinsel Providencia besuchen möchte, kann den Rückflugtermin offenlassen.

Angebote z. B. bei **Extur**, Cra. 5 No 16-93, ☏ 281 41 11 (Bogotá).

Bei Besuch der Insel wird eine Inselsteuer fällig, die am Flughafen des Abflugortes zu entrichten ist (€ 12).

International
San Andrés liegt auf der Route zwischen Zentral- und Südamerika. Zur Zeit bestehen aber nur direkte Flugverbindungen nach **Panama-City** mit Copa, € 150. Charterflüge aus Kanada mit Air Transat.

SEBRA TIPP

Providencia

28°C, 5000 Einwohner
☏ 8

80 Kilometer und 20 Flugminuten von San Andrés entfernt liegt das 17 km² kleine Providencia. Grüne Kegelberge inmitten türkisgrüner See, die in sieben unterschiedlichen Farbtönen schillert. Providencia ist wie ein natürlicher Garten in dem *mango, guanábana und tamarindo* wachsen. Quellwasser versorgen die Insel mit ausreichend Trinkwasser. Die Inseln sind vulkanischen Ursprungs und lockten nicht nur die Piraten. Heute sind sie die ökologische Alternative zu San Andrés. Noch gibt es keine Hochhäuser (und das soll auch in Zukunft so bleiben),

kaum Privatautos und auch kein Kommerzzentrum. Spaziergänge, Reiten, Tauchen, in die Sterne gukken und den roten Krebsen bei ihren Strandwettläufen hinterherschauen sind die Hauptaktivitäten auf Providencia.

Seit den ersten Besiedlungstagen war Providencia ein Zufluchtsort für Aussteiger und Andersdenkende und ist es bis heute geblieben. Einer von ihnen war der kolumbianische Reiseschriftsteller und Esoterik-Freak mit schweizer Vorfahren **René Rebetez**, der in den 1980er Jahren hier hängenblieb. Er brauste mit seinem Four-Wheel-Bike über die Insel und fühlte sich als letzter legitimer Nachkomme Henry Morgans mit Piratentuch über dem ergrauten Haar und dichtem Vollbart. «Providencia hat seine Gemütsruhe inmitten der stürmischen Welt bewahrt wie im Auge des Hurrikans», schreibt er in der Hommage für seine Wahlinsel, in dem raren und längst vergriffenen Fotoband («Providencia: el ultimo refugio = Old Providence: the last resort»). Am 30. Dezember 1999 starb René Rebetez und wurde auf dem Friedhof von Fresh Water Bay beigesetzt.

Die Architektur der Insel ist vom Stil der Antillen bestimmt. Holzhäuser mit einladenden Terrassen in Pink, Gelb und Orange strahlen gegen den immerblauen Himmel, und Riesenmuscheln begrenzen die Gärten. Am farbenprächtigsten ist *El Embrujo*, das Flughafengebäude, eines der schönsten Häuser auf Providencia und das außergewöhnlichste Flughafengebäude von ganz Kolumbien.

Der Hauptort der Insel ist **Santa Isabel/Old Town**, hier findet man einige kleine Supermärkte, Moped-verleiher und die einzige Bank der Insel mit ATM. Gegenüber der Alcaldía in Old Town ist die **Seaflower Bakery and Coffee Shop**, das gemütliche Café des Belgiers Jean Claude für ein Sandwich und frischen Kaffee, ein anregendes Buch und kreative Beach-Wear im Bali-Design.

Rund um die Insel führt eine kleine Berg- und Tal-Straße an den kleinen Ansiedlungen vorbei. An der Westseite liegen die Sandstrände von Aguadulce und der South-West-Bay. **Aguadulce** liegt an der kleinen Fresh-Water-Bay und ist das touristische Zentrum mit einigen Artesanía-Läden, wie **Arts and Crafts** des Franzosen «El Frenchie», für gute und gesunde Fruchtsäfte und einen selbstgemachten süßen Insel-Wein aus Tamarinden. In Aguadulce sind auch die meisten Hotels und Restaurants, die mit selbstbemalten Schildern auf sich aufmerksam machen.

In der **South-West-Bay** gibt es nur wenige Unterkunftsmöglichkeiten. Am Strand spenden die hohen Palmen Schatten. Dahinter liegen Mangroven, in denen die Reiher fischen. Geschickten, flügellosen Jägern auf zwei Beinen gelingt es nach Einbruch der Dunkelheit und mit der Fackel in der Hand den blitzschnellen Krebsen hinterherzujagen, um das Abendbrot anzureichern. Große Langusten und anderes Meeresgetier landen bei **El Niño Divino** zu moderaten Preisen auf dem Teller. Die Frauen im Dorf backen Kokosnussbrot. Einmal im Jahr, Mitte Oktober, finden am 300 Meter langen Strand die **Carreras de Caballos**, ein Pferderennen, in der South-West-Bay statt. Dann jagen die schwarzen Jungen auf den von Henry Morgan auf die Insel gebrachten englischen

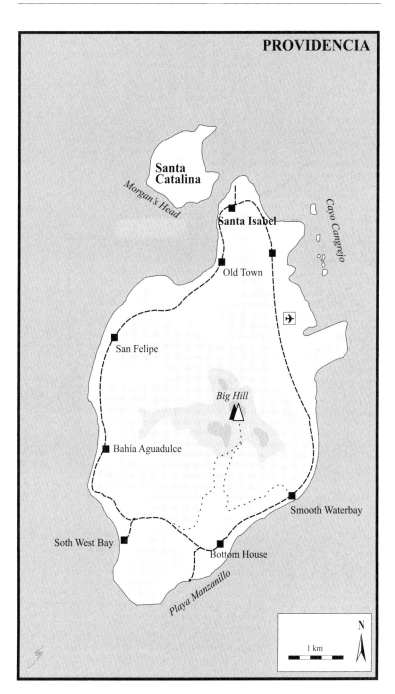

Hengsten ohne Sattel und Steigbügel über den Sand.

Ein weiterer schöner Strand ist **Manzanilla** im Süden der Insel.

Die kleine Insel **Santa Catalina** hat kleine einsame Buchten und ist mit Providencia durch eine bunte Pontonbrücke verbunden, die **Muelle de los Enamorados**, die über den Canal Aury führt. Sie verbindet Santa Isabel, das Geschäftszentrum der Insel, mit der mangrovenbestandenen Nachbarinsel von nicht mehr als 1 km² Größe. Alte, verrostete Kanonen sind geblieben von der Festung Aury. Das im 16. Jahrhundert von den Spaniern erbaute Fort wurde von Henry Morgan eingenommen und als Operationsbasis genutzt. **Morgan's Head** ist ein vorspringender Felsen, der durch Erosion die Form eines Menschenkopfes hat. Auf den Inseln glauben viele an Schwarze Magie. Auf Santa Catalina steht ein Baum am Wegesrand, in den Puppenarme, Masken, Kräutertinkturen und andere Kuriositäten gehängt werden.

Old Town ist die älteste Ansiedlung der Insel mit einem Blick auf den Hafen und Santa Catalina. Die beste Aussicht aber bietet der **Big Hill** oder **El Pico** (320 m). Ein Weg führt von Bottom House oder Smooth Water Bay in einer guten Stunde nach oben.

Informieren

Am Flughafen El Embrujo.
◷ Mo-Fr 8-12 u. 14-18.

Transport auf der Insel

Taxicolectivos zirkeln um die Insel, € 1,50, zum Flughafen € 3 p.P. Mopedvermietung vor dem Hotel Posada del Mar, € 20 pro Tag.

Schlafen

Die Hoteltarife von Providencia sind auf eine Holztafel im Flughafengebäude geschrieben. Berechnet wird pro Person. Die Unterkünfte sind preiswerter als auf San Andrés, und die Tarife sind außerhalb der Saison (Weihnachten-Ostern) verhandelbar. Die Atmosphäre ist familiär. Die meisten Zimmer und Apartments haben einen Ventilator oder a/c und einen Kühlschrank bzw. Minibar.

Im Nachfolgenden eine Auswahl:

SEBRA TIPP

Miss Elma - Playa Aguadulce - gehört zu den günstigen und sehr beliebten Unterkünften. Vier große Zimmer mit Bad, a/c, Minibar, Sat-TV, Meerblick, € 30 p.P.

Posada del Mar - Playa Aguadulce- freundliche Zimmer mit Balkonen zum Meer, Kühlschrank, Sat-TV, a/c, € 40 p.P.

Cabañas Aguadulce - Playa Aguadulce- www.cabanasaguadulce.com, gehört mit seinen 13 geräumigen Zimmern zu den größeren Hotels auf der Insel, mit einer stimmungsvollen Bar und Restaurant, ab € 47 p.P., inkl. Frühstück, bietet Tauchkurse an.

Cabañas Relax - Playa Aguadulce- Cafeteria, € 25 p.P.

Cabañas El Encanto - Playa Aguadulce- geräumige Zimmer, sauber, a/c, Kühlschrank, € 25 p.P.

SEBRA TIPP

Cabañas Miss Mary - Southwest-Bay - ℘ 514 84 54, alle sieben Zimmer mit Meerblick, a/c, Minibar, Sat-TV, Restaurant, ab € 25 p.P., inkl. Frühstück.

Hotel Sirius - Southwest-Bay - Internetzugang, acht Zimmer, vier

Suiten, mit Kühlschrank, Sat-TV, a/c, ab € 32 p.P.

June's Village - San Felipe - zwischen Old Town und Aguadulce, kleines, traditionell geführtes Hotel mit Blick aufs Meer, freundlich, € 25 p.P.

Hotel Flamingo Trees - Santa Isabel - Zimmer mit Kühlschrank, TV, Cafeteria, € 25 p.P.

Hotel Deep Blue, mit Blick auf den Cayo Cangrejo, komfortables Hotel, etwas abgelegen, Baden nur vom Steg möglich, € 35 p.P., inkl. Frühstück.

Essen

Fast alle Hotels, insbesondere in Aguadulce, haben ein Restaurant.

Bei Josephine - Aguadulce, ist die Spezialität Langosta Old Providencia. Ebenfalls empfehlenswert:

Donde Arturo - South-West-Bay - Ceviche von Langusten, Pargo und köstliche Muscheln, € 7-8 p.P.

Das **Deep Blue Hotel** - Cayo Cangrejo - hat ebenfalls Langusten als Spezialität auf der Speisekarte.

Recht günstige Langusten und Fischgerichte gibt es im **El Niño Divino**, eine herrliche Strandbude an der South-West-Bay.

Im **Sea Horse** - Lazy Hill - ist die Ceviche gut.

In der **Dutch Inn** - Agua Mansa ist die Küche international. Günstige Gerichte, einfache Inselküche, bietet **Miss Elma** - Aguadulce - an.

Tropische Cocktails als Sundowner bei Reggae und Reggaeton in der **Sweet Island Bar**.

SEBRA TIPP

Roland´s Bar - Playa Mazanillo - ist «the place to go». Eigentümer Roland Bryan im gepflegten Rastafarilook legt Bob Marley auf, mixt kühle Drinks und serviert frittierten Fisch. Er vermietet auch Zimmer, € 10 p.P. Zu erreichen über eine kleine Seitenstraße 15 Min. zu Fuß oder mit dem Moped.

Tauchen & Touren

Providencia ist noch immer ein Geheimtipp für Taucher aus aller Welt. Perfekte Temperaturen, ausgedehnte Korallenriffe und die außergewöhnliche Artenvielfalt, besonders um die kleine Insel **Cayo Cangrejo**, schaffen ideale Bedingungen.

Nur einige Kilometer vor der Küste liegt bis zu 35 Meter unter der Meereslinie der enorme Felsen **Turtle Rock**, eine phantastische Unterwasserwelt aus Schwämmen, Muscheln, Algen und Korallen, leicht zu erreichen. Die Höhlungen im und in der Umgebung des stark erodierten Felsens weisen intensive Rot- und Orangefärbungen auf.

Planchon bezeichnet einen anderen spektakulären Tauchplatz, ein versunkenes Versorgungsboot für die deutschen U-Boote aus der Zeit des 2. Weltkriegs, dessen Rumpf aus einer dichten Korallenbank in 16 Meter Tiefe herausragt. Zur Meeresfauna um Providencia gehören mehrere Hai- und Schildkrötenarten, Stachel- und Mantarochen, Muränen, Trompetenfische, Schmetterlingsfische, Große Papageienfische, Ballon- und Kugelfische, Schnapper- und viele Barscharten, darunter der endemische Providencia-Barsch (*Hypoplectrus providencianus*).

Weitere Tauchplätze werden vorgestellt unter: www.providenciadive.com

Sonny Dive Shop - Bahía Aguadulce - ☏ 514 82 31, ✉ info@sonnydiveshop.com, www.diveprovidencia.com (englisch/spanisch).

Felipe Diving - Bahía Aguadulce - ☏ 514 87 75, ✉ info@felipediving.com, www.felipediving.com.

Inseltour mit dem Boot zu allen touristischen Attraktionen. Tauchen, Schnorcheln an den Korallenbänken, Abfahrt vom Hotel Deep Blue, Cayo Cangrejo, 6 Std., € 50 p.P. mit Mittagessen.

Sonnenuntergang am Cayo Cangrejo mit einer Flasche Schampus, € 25 p.P.

Crucero Festival, Bootsfahrt mit Musik zu attraktiven Touristenplätzen, ⏰ täglich 10, € 20, inkl. Mittagessen.

Informationen zu diesen Touren bei **GEMA Tours**, Central Comercial New Point Plaza, San Andrés, ☏ 512 88 66.

Body Contact - Playa Aguadulce - ☏/📠 514 81 18, ✉ bodycontact2002@yahoo.com, vermietet Mountainbikes für € 2 pro Stunde.

Flugverbindungen

Büro von **Satena** im Flughafengebäude, ☏ 514 92 53/ mobil 311 561 67 09, täglich mehrmals Flugverbindungen mit der Isla San Andrés, 20 Minuten, hin und zurück € 130. Gepäckbegrenzung auf 10 kg p.P. **Rückflug rechtzeitig reservieren!**

Die Flugpiste des verträumten Aeropuerto El Embrujo ist vor einigen Jahren auf 1290 Meter verlängert und auf 22 Meter verbreitert worden und kann damit auch größere Maschinen mit bis zu 50 Passagieren aufnehmen. Man will allerdings keinen Massentourismus, sondern weiterhin ein stilles, paradiesisches Eiland in der Karibik bleiben, daher wird es auf absehbare Zeit keine Direktverbindungen mit dem kolumbianischen Festland geben.

Schiffsverbindungen

Eine regelmäßige Fährverbindung mit San Andrés ist seit Jahren im Gespräch. Bislang bestehen nur unregelmäßige Verbindungen mit Transportschiffen, die auch zahlende Passagiere mit an Bord nehmen. Das ist alles andere als ein Luxustrip auf der **Doña Olga**, Kontakt über Maritime El Cove de Muelle, Av. Newball 2-40 (San Andrés), 6-8 Std., einfache Fahrt um € 16.

Antioquia

Das Departement Antioquia mit seiner Hauptstadt Medellín unterscheidet sich wesentlich von den übrigen Provinzen Kolumbiens. Es umfasst die tiefen Täler und Schluchten des Caucaflusses und seiner Zuflüsse in der Zentralkordillere der Anden. Hier siedelten während der Konquista viele Karib-Stämme, deren größter die Katío waren. Bei den Spaniern waren sie als kriegerisch und blutrünstig gefürchtet. Die Region wurde daher später und weniger nachhaltig besiedelt als das Gebiet um Bogotá, Tunja und Popayán. Der Aufbau eines Encomiendasystems scheiterte. Die unzähmbaren Katío ließen sich nicht zu Leibeigenen für die Arbeit in den Minen und für die Landwirtschaft machen. Sie rebellierten ständig, und ihre große Zahl schwand durch Massaker und Selbstmorde. Viele flüchteten aus dem Einflussbereich der Spanier an die Oberläufe der Flüsse. Im Kerngebiet von Antioquia gibt es heute keine Indianer mehr. Die erste spanische Ansiedlung Santafé de Antioquia blieb lange Jahre ein isoliertes, vereinzeltes Dorf am Cauca. Das Interesse der ersten Weißen galt weniger der Besiedlung der bewaldeten Hügel um die neue Hauptstadt als der Ausbeutung der Goldminen. Das wirtschaftliche Zentrum des kleinen, gegenüber Cartagena im Norden und Popayán im Süden völlig unbedeutenden Gouvernements wurde die Goldgräbersiedlung Zaragoza am Río Nechí, Hunderte von Kilometern von Antioquia entfernt. In Zaragoza arbeiteten Ende des 16. Jahrhunderts 4000 schwarze Sklaven. Zwischen den beiden weit auseinanderliegenden Ansiedlungen wurden die ersten Handelswege in den Busch geschlagen. Selbst die Gouverneure verlegten zeitweilig ihren Wohnsitz nach Zaragoza, um ihre Interessen besser gegenüber den gierigen Händlern aus Cartagena und Mompox verteidigen zu können.

Ende des 17. Jahrhunderts war der Goldboom zu Ende. Mittlerweile waren viele arme Spanier ins Land geströmt, die gekommen waren, um ihr Glück zu machen. Stattdessen mussten sie den Hunger bekämpfen. Nun begann die landwirtschaftliche Erschließung des Südens und Südostens von Antioquia, die zur Gründung von Medellín führte. Aufgrund der harten Umweltbedingungen entwickelte sich ein besonderer Menschenschlag, der *paisa*, wie er sich selbst nennt, was bedeutet, aus dem Lande Antioquia. Die Antioqueños haben sich kaum mit Indianern oder Schwarzen vermischt. Die Indianer waren ausgerottet und die Mehrzahl schwarzer Sklaven in reichere Regionen verkauft worden. So trifft man noch heute viele Menschen mit schneeweißer Haut und pechschwarzen Haaren.

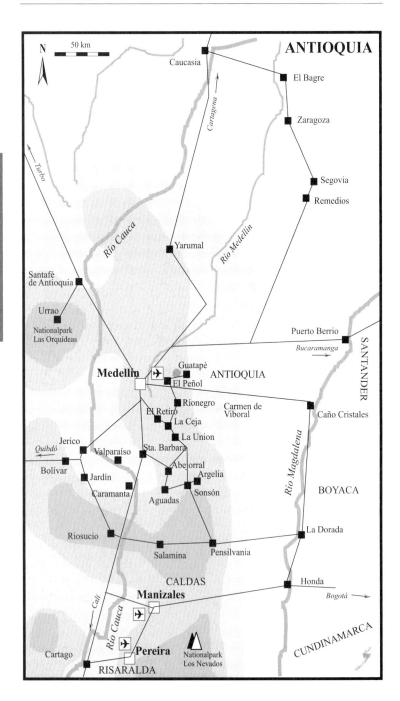

Bei aller Armut strebten diese Menschen nach Unabhängigkeit. Ihre vielen Kinder und die ungleiche Landverteilung durch die Krone zwangen sie, stets mehr Landfläche zu roden, um satt zu werden und der Leibeigenschaft zu entgehen. Der König vergab riesige Ländereien an einflussreiche Personen. Die kleinen Bauern gingen leer aus. Die Ausweitung des Siedlungsgebietes, die sogenannte Kolonisation Antioquias, erfolgte verstärkt ab dem Ende des 18. Jahrhunderts, und sie hält bis heute an. Erschlossen wurden die nun selbständigen Provinzen Caldas, Risaralda, der nördliche Teil von Valle de Cauca und zuletzt Quindío.

Der Abenteuer- und Pioniergeist, der die Menschen vorantrieb, ist in Amerika nur mit dem der Bandeirantes, die das brasilianische Hinterland erschlossen, und der Besiedlung des Wilden Westens in den USA zu vergleichen. Die Antioqueños wollten um jeden Preis ihre Isolation durchbrechen. Ihr Handelsverstand verschaffte ihnen den Anschluss an den nationalen und internationalen Markt. Eine Eisenbahn, die Medellín mit der größten Wasserstraße des Landes, dem Magdalena, verband, wurde gebaut. Die Kaffeewirtschaft brachte endlich den gewünschten Reichtum und bedeutete den Sprung aus der Subsistenzwirtschaft. Das war die Grundlage für den Aufbau einer Industrie. Medellín entwickelte sich zum führenden Industriezentrum des Landes. Die Verstädterung bedeutete das Ende der bis dahin egalitären Gesellschaft. Die sozialen Unterschiede verschärften sich. Viele Menschen verarmten. Das Auseinanderfallen der Gesellschaft führte im 20. Jahrhundert zu gewalttätigen Auseinandersetzungen. Heute prägen die Antioqueños Wirtschaft und Politik des Landes entscheidend mit. Noch in den abgelegensten Ecken des Chocó oder an der Karibik, inmitten kleiner Dörfer, in denen ansonsten nur Schwarze leben, sitzt ein Paisahändler, der den einzigen Laden betreibt oder den einzigen Jeep fährt.

Von den Antioqueños kamen und kommen die meisten Ideen. In Antioquia trifft man Menschen mit Ekken und Kanten, voll aufrichtiger Freundlichkeit. Es gibt Charakterköpfe und Unikate, im Guten wie im Bösen, den Maler und Bildhauer Fernando Botero, den Dichter Leon de Greiff, den Politiker und Utopisten Rafael Uribe Uribe, den Gangster Pablo Escobar. Kein anderer Landstrich hängt mit solcher Inbrunst an seinen Traditionen. Zur Kleidung der Männer gehört ein Wanderstab, ein Schultertuch und die schwere Umhängetasche *(carriel)* mit den 100 Fächern. Gegessen wird die *bandeja paisa*, Fleisch, Wurst, knusprige Schweineschwarte, Avocado, Reis und Bohnen in Fernfahrerportionen. Das Restaurant ist die *fonda paisa*, einst eine Bambushütte am Wegesrand. Ein Relikt aus dieser Zeit sind heute die bambusgetäfelten Wände vieler Stadtrestaurants.

Medellín

1538 Meter, 23°C, 2,3 Mio. Einwohner
◑ 4

Medellín hat seine Gründung der Hartnäckigkeit von Doña Ana de Castrillon zu verdanken. Zu Beginn des 16. Jahrhunderts baute sie mit ihrer Familie im Aburrátal eine Ranch. Andere Siedler folgten. Um von Santafé de Antioquia unabhängig zu werden und um eigene Einnahmen zu erzielen, trieb sie nacheinander ihre beiden Ehemänner an, die Stadtrechte zu beantragen. Zuständig war der König in Spanien und der ließ sich mit seiner Entscheidung lange Zeit. Der zweite Ehemann Montoya schaffte währenddessen vollendete Tatsachen, eine Kirchengemeinde, ein Gefängnis, ein Rathaus, und erklärte die Stadt mit dem Namen Villa Nueva del Valle de Aburrá de Nuestra Señora de la Candelaria für gegründet. In der Stadturkunde, die 1674 aus Spanien eintraf, mittlerweile waren Doña Ana und ihre beiden Ehemänner verstorben, heißt der Ort vereinfacht Nuestra Señora de la Candelaria de Medellín. Später blieb allein der Name Medellín.

Was ist nicht alles über diese Stadt geschrieben worden, Chicago von Kolumbien, Drogenhauptstadt der Welt, Bombenattentate, Bandenkriege. Diese Schlagzeilen nannten lange Zeit stets ein und den gleichen Namen, Pablo Escobar, den einstigen Kopf des Kartells von Medellín. Sein Tod am 2. Dezember 1993 läutete eine ausgesprochen vielversprechende Stadtentwicklung ein. Mit der effektiven Bekämpfung der außer Kontrolle geratenen Bandenkriminalität und der anschließenden gesellschaftlichen Reintegration illegaler Gruppen konnte die Mord- und Gewaltrate, die in den 1990er Jahren noch zur höchsten der Welt zählte, nachhaltig auf ein normales Maß gesenkt werden.

Die tiefe Religiosität der Medelliner und die alltägliche Präsenz des Todes hatten den weit verbreiteten Totenkult verstärkt, und manchmal erscheinen noch heute die Toten so lebendig wie die Lebenden. Ein gewaltsamer, früher Tod ist geeignet in der Öffentlichkeit nicht nur Trauer, sondern Verehrung zu wecken. Der Tangokönig Carlos Gardel starb hier bei einem Flugzeugunglück vor 65 Jahren. Ein Haus, ein Denkmal, eine ganze Straße ist ihm im Stadtteil Manrique gewidmet. Hier lebt der Tango, die Musik dieser Stadt, die Musik der Nostalgie, der Liebe und der Einsamkeit.

Der Ehrgeiz der *Paisas* ist jetzt darauf gerichtet positive Signale auszusenden. Medellín ist zu neuem Leben erwacht und hat sich in den letzten Jahren abseits der Schlagzeilen immer stärker zu einer internationalen Stadt mit Flair entwickelt. Das alljährlich stattfindende Poesiefestival genießt weltweite Anerkennung. An kaum einem anderen Ort der Welt stehen die Dichter/innen einmal im Mittelpunkt des Publikumsinteresses. Weitere Attraktionen sind eine Modemesse, die *Colombiamoda*, die vielen Parks, Monumente, die Architektur und überhaupt das ganze öffentliche Leben. Medellin umfängt nicht das kaum gezügelte Verkehrschaos, nicht die Düsternis und nächtliche Kälte der Hauptstadt. Die Stadt ist in den letzten Jahren in jeglicher Hinsicht gewachsen, in puncto Sicherheit, öffentlicher Raum, städtischer Infrastruktur und dem friedlichen Zusammenleben seiner Bewohner. In der europäischsten Stadt des Landes, wegen ihrer angenehmen Temperaturen die «Stadt des Ewigen Frühlings» genannt, spielt sich das Leben auf den Straßen ab, in den Parks und an den langen Tresen, die an die Bars im Herzen von Madrid erinnern. Es gibt Freiluftkonzerte, Theatervorführungen, farbenfrohe Umzüge und anspruchsvolle Ausstellungen. Fernando Botero, der einflussreichste zeitgenössische latein-

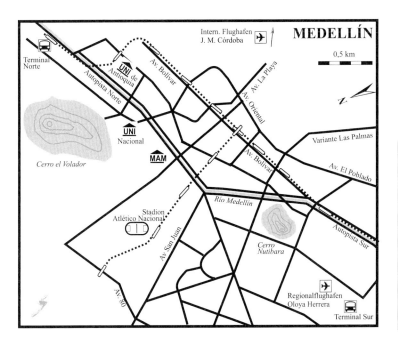

amerikanische Künstler, hat «sein» Medellín mit gewaltigen Skulpturen beschenkt, die an den großen Plätzen stehen. In keiner anderen Stadt Kolumbiens findet man so viele elegante, selbstbewusste und intelligente Frauen wie in Medellín.

Medellín ist eingezwängt im schmalen Aburrátal und findet kaum noch Platz zur Ausdehnung. Längst ist die Stadt mit den Orten Copacabana und Bello im Norden, Itagüí und Envigado im Süden zusammengewachsen. Von den Bergen ringsum blickt man wie auf eine Spielzeugstadt. Die Straßen verlaufen schnurgerade. Der öffentliche Verkehr ist wohl organisiert. Die erste Metro Kolumbiens hat ihre Pforten geöffnet. Tagsüber ist das Licht transparent und die Berge stets in Reichweite, nachts leuchten die *barrios* an den Hügeln wie ein Lichtermeer.

Orientierung

Medellín erstreckt sich mit den angrenzenden neun Gemeinden (Municipios) entlang des Río Medellín von Norden nach Süden. Der Fluss stellt eine natürliche Orientierungslinie dar. Parallel zu ihm verlaufen die beiden zentralen Ausfallstraßen **Autopista Norte** und **Sur** und die Trasse der Hochbahn **Línea A** von Itagüí im Süden nach Niquía im Norden. Die Straßeneinteilung und -bezeichnung entspricht dem spanischen Karomuster mit parallel verlaufenen Carreras, die senkrecht von den Calles durchzogen werden. Im Barrio Laureles besteht die Besonderheit, dass zudem noch Diagonales und Transversales hinzukommen. Außer dem Innenstadtbereich um den **Parque Berrío** ist der Stadtteil **El Poblado** von besonderem touristischen Interesse. Die zentralen Straßenver-

338 ANTIOQUIA

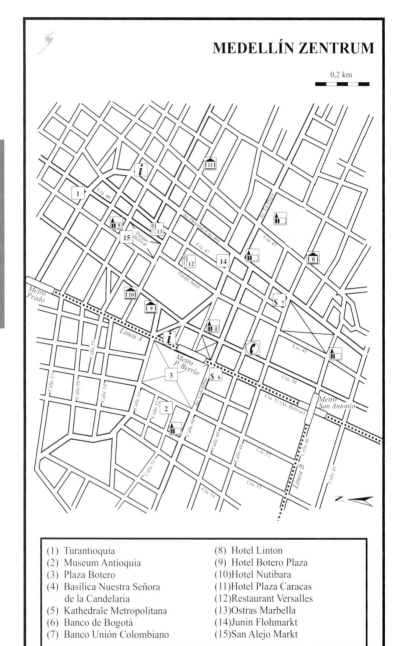

MEDELLÍN ZENTRUM

0,2 km

(1) Turantioquia
(2) Museum Antioquia
(3) Plaza Botero
(4) Basílica Nuestra Señora de la Candelaria
(5) Kathedrale Metropolitana
(6) Banco de Bogotá
(7) Banco Unión Colombiano
(8) Hotel Linton
(9) Hotel Botero Plaza
(10) Hotel Nutibara
(11) Hotel Plaza Caracas
(12) Restaurant Versalles
(13) Ostras Marbella
(14) Junin Flohmarkt
(15) San Alejo Markt

bindungen dort sind die Av. 43A (=Av. El Poblado), die Av. 34 und die wiederum parallel zum Río Medellín verlaufenden Transversales. Neben den erwähnten **Municipios** besteht Medellín aus etwa 250 **Barrios,** Wohnviertel, die verwaltungstechnisch zu 16 **Comunas** zusammengefasst worden sind. Einige dieser Comunas sind gewalttätige Problemviertel (Comuna 13), andere haben sich, auch begünstigt durch den Anschluss mit der Metro, zu echten Vorzeigevierteln entwickelt (Comuna 1).

Informieren

Manuel Acevedo, der Direktor der Agencia de Cooperación Internacional Medellín, schlägt die Werbetrommel: «Es ist wichtig, dass die Leute kommen und Medellín zu Fuß erkunden.»

Oficina de Fomento y Turismo de Medellín, Calle 57 No 45-129, ☏ 254 08 00, 📠 254 52 33. Das Tourismusbüro gibt eine Informationsbroschüre über Medellín heraus. Zweigstellen dieser Einrichtung befinden sich am internationalen Flughafen *José María Córdoba*, 1. Stock, ☏ 260 38 12 (Rionegro) und am Flughafen *Olaya Herrera,* Cra. 65 No 13-157, Of. 324, ☏ 285 65 25. In beiden Flughäfen gibt es eine Touristenpolizei. Weitere Informationsstellen befinden sich in den beiden Busbahnhöfen, **Terminal Sur,** ☏ 361 03 64 und **Terminal Norte,** ☏ 436 34 57, täglich von ⏰ 7-19.

Seditrans-Turibus, ☏ 371 50 54, www.seditrans.com, dreistündige Stadtrundfahrt (€ 15) und die in allen Städten Kolumbiens so beliebte nächtliche Discothekentour (*rumba en chiva*, € 20).

Expediciones Makondo Expeditions, Calle 9 No 39-09 (Parque Lleras), ☏ mobil 313 0373 11 76, expedicionesmakondoexpeditions.com, Citytour, Discothekentour, Kaffeefarmen, Walbeobachtung am Pazifik, Rafting, (spanisch, englisch und deutsch).

Region Turistica, **Conciertos de Luna**, ☏ 538 14 73, www.recovecosturismo.com, Spezialanbieter für El Peñol, Bergtouren (Nevado del Ruiz) mit Musik.

Internetcafé

Internetcafés sind im Zentrum und El Poblado weit verbreitet.

Online, Cra. 37 No 10a-57, ☏ 311 29 55, ✉ cafeonline@com.co; www.cafeonline.com.co

Punto Web, Calle 43 Cra. 69/ Ekke Calle Medellin, ✉ puntoweb @col3.telecom.col.co

Banken und Wechsler

Banken mit ATMs sind weit verbreitet.

Bancolombia hat mehrere Filialen mit Visa/MasterCard, ATM, z.B. Cra.43A No 3-101 - El Poblado -

Banco Santander, alle Karten, ATM, Cra.49 No 50-10

Banco de Bogota, ATM, Calle 50 No 51-37

Im Flughafen *José María Córdoba* im 1. Stock gibt es eine Wechselmöglichkeit für US-Dollar. Euro kann man zu einem guten Kurs bei **Cambiamos** wechseln. Sie haben ihre Filialen in den Centro Comerciales oder in den Supermärkten von Carulla, z.B. Calle 48, Cra. 43.

DAS und Pass

(Extranjeria) Das Büro der DAS ist in der Calle 19 No 80A-40, ☏ 341 59 00.

Konsulate

Alle nachstehend aufgelisteten Konsulate sind Honorarkonsulate.

Deutschland, Cra. 48 No 26 Sur-181, local 106, ☏ 334 64 74, ⏰ Mo-Fr 8-12.

Schweiz, Calle 6 Sur No 43A-96 Edf. Torre 6 Sur, Of. 802, ☏ 311 33 14, 📠 311 68 98, ✉ consulsuizamed@epm.net.co, ⏰ Mo-Fr 8.30-11.30.

Österreich, Centro Empresarial DANN Carlton, Cra. 43A No 7-50, Of. 701, ✉ consuladoaustria@epm.net.co, ⏰ Mo-Fr 8-12.

Das Stadtzentrum

Der Knotenpunkt Medellíns und der älteste Platz der Stadt ist der Parque Berrío. 🚇 Parque Berrío. Hier steht die **Basílica Nuestra Señora de la Candelaria** aus dem Jahre 1766. Sie beherbergt die Schutzpatronin der Stadt. Der Hochaltar sieht aus wie ein russischer Samowar im Renaissancestil mit antiken griechischen Anleihen. An zwei Ecken des Parks stehen zwei Bronzestatuen der beiden bekannten zeitgenössischen Bildhauer der Stadt, **La Gorda** (Die Dicke) von **Fernando Botero** vor dem Gebäude der Banco de la República und ein Reiterdenkmal von **Rodrigo Arenas Betancourt**. Die einstige zentrale Wirkung des Platzes ist leider durch den neu entstandenen Hauptbahnhof der Metro nachteilig beeinträchtigt worden. Treffpunkt des urbanen Lebens ist der **Parque Bolívar**. Am nördlichen Ende steht die **Basílica Metropolitana**. Diese klotzige Kirche soll eine Replik des Petersdom in Rom sein. Sie besticht weniger durch Schönheit als durch ihre Ausmaße. Sie hat eine Grundfläche von 5022 m² und zu ihrem Bau verarbeitete man 1 200 000 Steine. Bei ihrer Fertigstellung 1931 war sie mit 45 Metern das höchste Gebäude der Stadt.

Casa de la Cultura Rafael Uribe Uribe. Der einstige Sitz der Provinzregierung wurde zwischen 1929 und 1937 erbaut und ähnelt mit seiner gotisch-eklektizistischen Bauweise mit den vielen Türmchen und Erkern einer verunglückten Schönheitsoperation des Schlosses Neuschwanstein. Untergebracht sind hier das städtische Kulturbüro, Stadtarchiv, Phonothek, Ausstellungsräume. Unter der zentralen Kuppel werden gelegentlich Filmvorführungen präsentiert.

Cra. 51 Calle 51/52. ☏ 251 14 44. ⏰ Mo-Fr 8-17, Sa 9-15. 🚇 Parque Berrío.

Hauptgebäude der Universität Antioquia

Am **Platz San Ignacio** steht die Aula der Universität von Antioquia, ein restauriertes Gebäude aus der republikanischen Zeit, Seite an Seite mit der Jesuitenkirche San Ignacio. Hier befindet sich auch eine weitere Skulptur von Rodrigo Arenas Betancourt, **Monumento al Creador de la Energía**. Universidad de Anioquia. Calle 67 No 53-108. 🚇 Universidad.

Cerro Nutibara

Der Cerro Nutibara ist die zentrale Erhebung im Südwesten der Stadt. Von oben eröffnet sich ein Rundblick auf das Aburrá-Tal und die umliegenden Berge. Errichtet wurde hier das **Pueblito Paisa** (Calle 30 No 55-64, ☏ 235 83 70), der Nachbau eines typischen antioquenischen Dorfes mit Kirche, Pfarrhaus, Schule, Apotheke, Herrensalon, Café, Läden und einem Dorfplatz mit Brunnen. Die Menschen aus Medellín pilgern jedes Wochenende zu Tausenden auf den Hügel und vergewissern sich ihrer kulturellen Identität. Das Dorf wird als *«pulmon de la cultura paisa»* bezeichnet, die Lunge der Paisa-Kultur. Der Nachbau ist das berühmteste Paisa-Dorf und jeder echte Antioqueño hat davon ein Bild an der Wand hängen. Unterhalb des Pueblito Paisa am Berghang liegt der **Parque de las Esculturas**. Dieser Statuenpark wurde Anfang der 1980er Jahre in nur 15 Tagen verwirklicht. Ein Dutzend lateinamerikanischer Künstler durfte sich hier austoben. Die meisten der Werke sind ohne Titel und auch dem Betrachter fällt wenig dazu ein. Ein Deutscher hat sich unter die Latinos gemogelt. Otto Herbert Hajek stellt hier seinen sechs Meter hohen Pfeil in den kolumbianischen Landesfarben aus. Am besten an der 🚌 Industriales aussteigen, der Cerro Nutibara liegt dann linker Hand.

Museen

Das älteste und traditionsreichste Museum der Stadt ist das **Museo de Antioquia**. www.museodeantioquia.org, nunmehr untergebracht in den Räumen der ehemaligen Gobernación de Antioquia im Herzen der Stadt. Man könnte es verkürzt auch als «Boteromuseum» bezeichnen. Kein anderer Künstler hat das Leben der Bewohner Antioquias so treffend eingefangen und umgesetzt wie er. Seine Werke sind amüsant und ironisch und streifen zuweilen die Grenze des Sarkastischen. Wer durch Antioquia reist, findet in seinen Bildern die groteske Verdickung der heilen Welt von Antioquia wieder. Nachdem Fernando Botero die Stadt Medellín im Jahr 2000 mit einer umfangreichen

Üppige Formen, lange Haare: Boteros «Colombiana»

Schenkung aus seiner Privatsammlung beglückt hat, war das bisherige Gebäude aus dem Jahr 1891 viel zu klein geworden, und das Museo de Antioquia ist in dieses Art-Deco-Gebäude aus dem Jahr 1937 umgezogen.

Auf dem zentralen Platz vor dem Museum (**Plaza de las Esculturas** oder **Plaza Botero**) fanden die vielen anderen verdickten Skulpturen, die bereits in den Straßen und auf den Plätzen von Paris, Madrid, Florenz und New York zu sehen waren, ihre endgültige Heimstatt. Damit ist der große Künstler und Medienstar seinem Ziel ein gewaltiges Stück näher gekommen, «Gewalt mit Kunst» zu überwinden. Bereits in der Vergangenheit hatte Botero auf jede Bombe mit einer Serie von Bronzen geantwortet. Allerdings gingen nicht alle Stücke der Privatsammlung nach Medellín. Weil die Stadt nicht schnell genug auf sein Angebot reagiert hatte, war Botero verschnupft mit dem Nationalmuseum in Bogotá in Kontakt getreten. Dort sind weitere Boteros sowie Gemälde von Dali, Picasso und Miró aus seiner umfangreichen Privatsammlung zu sehen, deren Marktwert auf über US$ 200 Millionen geschätzt wird.

Der Museumsbesuch gehört nicht unbedingt zum Pflichtprogramm, die Skulpturensammlung unter freiem Himmel hingegen schon.

Cra. 52 No 52-43. ☏ 251 36 36. ⌚Mo-Sa 9.30-17, So- u. Feiertags 10-16. Eintritt: € 3. 🚇 Parque Berrío.

Die **Estación de Ferrocarril** ist ein schönes Jugendstilgebäude aus dem Jahre 1930. Es war einst der Bahnhof der Eisenbahn von Antioquia und ist heute ein Kultur- und Geschäftszentrum mit einem kleinen Museum, das Einblick in die Bahngeschichte und den Prozess der Restauration gewährt, Calle 44 Cra. 52. ⌚ Mo-Fr 9-19, Sa/So ist der Komplex geschlossen. 🚇 Alpujarra.

SEBRA TIPP
Museum Pedro Nel Gómez

Das Haus des Medellíner Malers und Bildhauers Pedro Nel Gómez ist eine fantasievolle Villa inmitten eines tropischen Gartens. Schon zu Lebzeiten machte er sein Wohnhaus zum Museum und führte die Besucher durchs Haus. Nel Gómez steht in der lateinamerikanischen Tradition der Muralisten, dessen bekanntester Vertreter der Mexikaner Diego Rivera ist. Zentrales Thema seiner Arbeit sind die sozialen Auseinandersetzungen, der technische Fortschritt und die Lebens- und Arbeitsbedingungen der Menschen Antioquias. Das Motiv der goldschürfenden, nackten Frau mit der Schürfschale (*batea*) in der Hand durchzieht seine Arbeiten. In seinen Werken verbinden sich Gestalten der antiken Mythologie mit denen des Volksglaubens seiner Heimat, wie die *pata sola*, die einbeinige, blutrünstige Verführerin des Dschungels.

In vielen öffentlichen Gebäuden sind Fresken von Pedro Nel Gómez zu sehen. In der Biblioteca Publico Piloto, Cra. 64 No 50-32, in der Camara de Comercio, Av. Oriental No 52-83, auf dem Campus der Universität von Antioquia und in der Kuppel der Aula der Bergbaufakultät. Eines seiner schönsten Wandgemälde schmückt die Metrostation am Parque Berrío. Es gibt eine fachkundige, 1½ stündige Führung durch die Werkschau, die eine Erklärung des technischen Prozesses der Wandmalerei einschließt. Cra. 51B No 85-24. ☏ 233 26 33. ⌚ Mo-Fr 8.30-12 u. 14-17. 🚇 Hospital.

Museo de Arte Moderno de Medellín (MAMM)

Das Museum für Moderne Kunst hat monatlich wechselnde Ausstellungen nationaler und internationaler Künstler. Eine ständige Ausstellung ist Débora Arango (1907-2005) gewidmet, einer Schülerin von Pedro Nel Gómez. **Débora Arango** ist die große Dame der kolumbianischen Malerei. Das Thema ihrer Malerei ist die weibliche Nacktheit oder wie sie selber sagt «Landschaften aus menschlichem Fleisch, die hart, bissig, fast grausam zu nennen sind.»

Cra. 64B No 51-64. ☏ 230 26 22. ⌚ Mo-Fr 10-19,Sa 10.30-17. 🚇 Suramericana.

Museo Etnográfico Miguel Ángel Builes

Der Schwerpunkt des Museums liegt in der Darstellung des Lebens und der Mythologie der Cholos. Das sind die Waunana- und Emberá-Indianer des Chocó. Erklärt wird die Zeremonie des *jaibaná*. Ausgestellt ist eine Vielzahl unterschiedlicher Zeremonienstäbe, deren obere Enden mit anthropomorphen und zoomorphen Figuren verziert sind. Jede Figur steht für eine bestimmte Krankheit. Kleine Zeremonienstäbe werden zur Behandlung von Kindern verwendet. Interessant ist das Bootsmodell aus Balsaholz, bemannt mit einer Gruppe von Figuren, die die *jaís*, die bösen Geister, darstellen. Gezeigt werden Ohrringe, aus Münzen gefertigte Ketten und die *pampanilla*. Das ist ein Lendenschurz aus aufgezogenen *chaquira*-Perlen, die die Männer anlässlich von Festen tragen.

In einer weiteren Abteilung sieht man Tanzmasken der Tucano und Cubeo vom Vaupés (Amazonas), außerdem Pfeile, Köcher und Blasrohre. Cra. 81 No 52B-120. ☏ 264 64 74. ⏰ Mo-Fr 8.30-12 u. 14-17.20. **Bus -** No 311, Abfahrt Av. Oriental (Cra. 46).

Museo Etnográfico Madre Laura
www.madrelaura.org.co Die Ordensgründerin Mutter Laura hat zu Beginn des 19. Jahrhunderts 20 Jahre im Dschungel gelebt und leitete die Erstmissionierung der Emberá-Katío in **Dabeiba**, heute an der Straße Richtung Turbo, damals eine 14tägige Reise von Medellín entfernt. Mutter Laura wurde von ihren Glaubensschwestern als die *Fackel Gottes in den Wäldern Amerikas* verehrt und 2004 durch den Papst heilig gesprochen. Heute gibt es über 900 *Hermanas Lauritas*, die über die ganze Welt verteilt sind. Stärkere Berücksichtigung als im Museo Etnográfico Miguel Angel Builes finden hier die Kleidung, Gebrauchsgegenstände und ihre Herstellung. Exponate der wichtigsten Indianergruppen Kolumbiens sind hier versammelt. Schwerpunkt ist die Kultur der Emberá und Emberá-Katío. Es gibt das Modell einer Emberá-Katío Hütte. Von den Kuna (Karibikküste Kolumbiens und Panamas) sind einige schöne *molas* ausgestellt. Eine *mola* ist ein Tuch, das aus mehreren Stoffbahnen genäht wird. Durch die unterschiedlichen Farben, Zeichen und Muster entstehen Figuren, Tiere, Pflanzen und Naturphänomene. Die *mola* ist die traditionelle Bluse der Kuna-Indianerin. Ein schwerer goldener Nasenring und bunte Perlenmanschetten (*wini*) um Handgelenk und Schienbein gehören ebenfalls zu ihrer Kleidung. Von den Guambianos aus Silvia im Süden Kolumbiens sieht man die *ruana blanca*, den Hochzeitsponcho des Mannes. Die Wayu (Guajira) sind mit ihren *mantas* vertreten. Farbenprächtiger Federschmuck von Amazonasindianern vervollständigt die Sammlung. Cra.92 No 34D-21. ☏ 252 30 17. ⏰ So 14-17. 🚌 San Javier.

Gärten - Plätze - Gräber

SEBRA TIPP
Plaza Botero
Wer viel zwischen den Weltmetropolen unterwegs ist, stößt in den Zentren des Geschehens erstaunlich oft auf die großen, prallen und oft pechschwarzen Bronze-Plastiken von Fernando Botero, sei es in der Ankunftshalle des Flughafens von Barcelona, im Park vor dem Spielcasino von Monaco oder vor dem Museum der Schönen Künste in Santiago de Chile. Der berühmte Paisa war schon da und hat seine Markierungen gesetzt, wie ein trotziges Ausrufezeichen, so als wolle er sagen: «Seht her! - so ist die Welt, ganz anders als ihr denkt!» Wie selbstverständlich zuhause fühlen können sich seine Monumente allerdings nur in der Hauptstadt Antioquias, und deshalb fanden sich die

Leihgaben von den Alleen und Plätzen in Paris, New York oder Madrid nach und nach an ihrem endgültigen Bestimmungsort in Medellín ein. Insgesamt bevölkern nun 23 Skulpturen mit den stets wiederkehrenden Titulierungen: *Mujer - Mujer con fruta - Gato - Eva -Adán - Caballo* den Platz zwischen Carabobo und Av. de Greiff und harmonieren prächtig mit der heimischen Flora aus gelbblühenden Guajakbäumen und Ceibas. Inmitten des Verkehrsgewühls der Innenstadt ist einer der eindrucksvollsten und schönsten Plätze Lateinamerikas entstanden. Cra. 52 mit Calle 52.

Weiter zum **Parque Cisneros (Parque da la Luz)** führt eine Fußgängerzone, durch eine an den Wochentagen umtriebige Marktgegend, die nicht gerade zum Verweilen einlädt mit einfachen bis schrottigen Hotels, wie dem «Descanso del Pasajero», an deren vergitterten Fenstern die Wäsche zum Trocknen aushängt oder direkt mit der Metro zu erreichen. 🚇 Cisneros.

Die Paisas hängen mit Inbrunst an ihren Traditionen und genauso intensiv und innovativ sind sie auf der Suche nach den modernen, allerneuesten Strömungen aus Design und Architektur. Mit dem Parque de la Luz ist 2005 ein bemerkenswertes Stück innerstädtischer Architektur des 21. Jahrhunderts durch den Architekten Juan Manuel Peláez verwirklicht worden, an Stelle der einstigen Plaza Cisneros, benannt nach dem Initiator der Arbeiten für den Ferrocarril de Antioquia (1874) Francisco J. Cisneros. Geschaffen wurde ein Wald aus spiralförmigen 24 m hohen Lichtkörpern, die in ein Ambiente aus Guadua-Bambus, Springbrunnen und Terrassen eingefügt wurden. Die Beleuchtung aus 2.100 Reflektoren und 170 Bodenstrahlern ist computergesteuert und bildet die Mondphasen ab. Insgesamt betrachtet, die postmoderne Interpretation eines fernöstlichen Gartens, bestehend aus künstlichen und natürlichen Bestandteilen. Gegenüber liegt die **Biblioteca Empresas Públicas de Medellín** (EPM).

Parque de la Luz

Parque de los Pies Descalzos
Ein vielbesuchter, volkstümlicher Park mit einer Anlage, die einem Zen-Garten entspricht mit Bambus, Wasser, Sand und Felsen. Der Name des Parks ist eine Aufforderung zum Barfußlaufen. Anziehungspunkt für Jung und Alt, in dessen Zentrum die Wassersäulen stehen. Hier finden Open Air Veranstaltungen statt, es gibt Cafés und Restaurants. Gegenüber dem Gebäude des Museo Interactivo der EPM. Calle 42B No 55-40. ☏ 380 69 77. 🚇 Cisneros.

Parque de los Deseos
Im Nordosten der Stadt liegt ein weiterer Themenpark, der dem Wünschen, Träumen und den Erfolgen der Menschheit zu unterschiedlichen Epochen gewidmet ist, verkörpert durch das Modell eines Muisca-Observatoriums, Klangkörper in Muschelform, Sonnenuhren, Sonnense-

gel und 26 Skulpuren des Bildhauers Eduardo Ramírez Villamizar aus Pamplona. All das soll nach Vorstellung des in Medellín omnipräsenten Auftraggebers EPM dem Zweck dienen, eine Verbindung zwischen dem Universum und dem öffentlichen Versorgungsträger herzustellen. Der Park ist in zwei Zonen unterteilt, eine offene Fläche korrespondiert mit dem Planetarium und dem gegenüberliegenden charismatischen Flachbau der Casa de la Música. Calle 71 No 52-30. ⓘ 516 60 05. 🚇 Universidad.

Monumento a la Vida
Die monumentale Bronze gehört zu den stärksten Arbeiten des Bildhauers Rodrigo Arenas Betancourt. Sie steht auf dem Platz vor der Gobernación von Antioquia (Sitz der Departementregierung). Die 14 Meter hohe Skulptur aus dem Jahre 1974 hat zwei recht unterschiedliche Interpretationen erfahren. Zum einen soll sie die Fruchtbarkeit und das Streben des Menschen nach der Verbindung von Erde und Kosmos symbolisieren; zum anderen zeigt sie den Menschen, der sich in der Anonymität der Großstadt verliert. Calle 44 No 52-165. 🚇 Suramericana.

Jardín Botánico Joaquín Antonio Uribe
Im botanischen Garten sind der Orchideenpark (mit dem aufregenden Pavillon *Orquídeorama)* und die vielen Dschungelpflanzen sehenswert. Im März findet die Internationale Orchideenschau statt, zudem weitere Ausstellungen, eine Bibliothek, ein Schmetterlingshaus, ein gutes Restaurant und viele Grünzonen. - El Bosque -Cra.52 No 73-298. 🚇 Universidad.

Monumento a la Vida vor dem Gebäude der Gobernación de Antioquia

Grab von Pablo Escobar
Der am 2.Dezember 1993 erschossene Drogenboss Pablo Escobar liegt auf dem Friedhof Cementerio Jardines de Montesacro im Vorort Itagüí. Wer wie ansonsten bei Mafiosi üblich ein Mausoleum erwartet, wird enttäuscht sein. Das Grab des Patrons ziert eine schlichte Marmortafel. Er ist umgeben von Familienangehörigen. Das Areal liegt direkt neben der Einsegnungskapelle. 🚇 Itagüí.

Veranstaltungen und Feste
Weihnachtsbeleuchtung
Vom 7. Dezember bis zum 6. Januar wird die Innenstadt zum Lichtermeer. Die Avenida Oriental und die Parks werden geschmückt. Auf dieses Ereignis sind die Medellíner besonders stolz.

Parade der Silleteros
Die Hauptattraktion von Medellín findet jedes Jahr am **7. August** statt. Es ist die Parade der *silleteros*, zum Gedenken an die siegreiche Befreiungsschlacht von Boyacá. 500 Bau-

ern, vorneweg die Abordnung aus Santa Elena, tragen übergroße Holzstühle auf dem Rücken, beladen mit farbenprächtigen Blumenarrangements aus Orchideen, Rosen und Nelken. Jeder Stuhl wiegt 60-70 kg. Der Umzug erinnert an die harte Arbeit der Vorfahren. In den abgelegenen, bergigen und bewaldeten Regionen Antioquias waren die *silleteros* im letzten Jahrhundert auf vielen Routen die einzigen Fortbewegungsmittel. Die *silleteros* waren die untersten in der sozialen Hierarchie und übernahmen in Antioquia eine Arbeit, die in anderen Regionen des Landes allein von den Indios ausgeführt wurde. Wo Pferde und Maultiere versagten, trugen die meist jungen Männer die Reisenden neun Stunden täglich auf dem Rücken. So eine Reise konnte bis zu 14 Tage dauern. Die *silleteros* quälten sich barfuß mit dem Edelmann auf dem Rücken und der Machete in der Hand über schlammige Dschungelpfade. Das Beförderungsentgelt richtete sich nach dem Körpergewicht des Gastes, und ein jeder Reisende wurde vor Antritt der Tour gewogen. Viele *silleteros* trugen mehr als ihr eigenes Körpergewicht, und wer sich den Knöchel oder das Bein brach, wurde auf dem Weg liegengelassen.

Festival Internacional de la Poesía
www.festivaldepoesiademedellin.org
Die Poesie wird groß geschrieben in Medellín. Dichterlesungen füllen hier Fußballstadien. Jedes Jahr, eine Woche im Juni, kommen Dichter aus aller Welt hier zusammen.

Atlético Nacional de Medellín
www.atnacional.com.co der beliebte und traditionsreiche Fußballverein und mehrfache Landesmeister trägt seine Heimspiele ebenso wie der kleinere Ligakonkurrent Independiente im 45 000 Zuschauer fassenden Estadio Atanasio Girardot aus, Ligaspiele zumeist am Sonntag, Anstoß 15.30.

▌ Shopping

Mercado de San Alejo - Centro - jeden ersten Samstag im Monat ist Kunstgewerbe- und Flohmarkt auf der Plaza Bolívar, für Keramiken, Leder, Holzarbeiten, Gemälde, Körbe etc., ein Volksfest mit Tanz und Musikgruppen.

Mercado Junín -Centro - Av. Junín, täglicher Flohmarkt von ⊕ 9-17, für Mitbringsel vom T-Shirt bis zu typischen Regionalprodukten.

El Sombrero Aguadeño - Centro - San Andresito, hier gibt es alles an Ausstattung, um wie ein/e richtige/r Paisa auszusehen. Hut (aus Aguadas), Poncho, Carriel (Paisatasche) und vieles mehr.

Galería Cano, Unicentro Shopping Mall und San Diego Shopping Mall, schöne Nachbildungen präkolumbinen Schmucks.

▌ Schlafen

Vom wenig einladenden Hinterhofverschlag bis zum alle Wünsche erfüllenden Tophotel reicht das Angebot an Unterkunftsmöglichkeiten in Medellín. Die absolut billigen Hotels sind Stundenhotels im Rotlichtviertel hinter dem Parque Bolívar und erst spät zu beziehen.

Die besseren Hotels und die neu entstandenen Traveller-Guesthäuser liegen zumeist in den Sektoren El Poblado und Laureles.

Für eine Handvoll Pesos
Palm Tree Hostal, Cra. 67 No 48D - 63, ① 260 28 05, www.palmtreemedellin.com, 3 Blocks von der 🚌 Suramericana; freier Kaffee, (Gemeinschafts-)Küche, Kabel-TV, Internet, Waschgelegenheiten, heißes Wasser. Im dormitorio € 6; Zimmer mit Privatbad € 10/12.

Hostal Casa Kiwi, Cra. 36 No 7-10, ① 268 26 68, 5 Blocks vom Parque Lleras, dem Ausgehviertel, entfernt, ① 268 26 68, ✉ casakiwi@gmail.com, gemütliche Wohngemeinschaftsatmosphäre, Küchenbenutzung, Großbildfernseher, Poolbillard, Internet, ab € 9,50 p. P. im 4er Zimmer mit Stockbetten.

Hotel Conquistadores, Cra. 54 No 49-31, beliebter Travellertreff, Zimmer mit Privatbad, Kabel-TV, Vent., € 10/14, ① 512 32 29/-30/-42.

SEBRA TIPP

Hostal Black Sheep, www.blacksheepmedellin.com Transversal 5A No 45-133, ① 311 15 89, fünf Minuten von der 🚌 Poblado entfernt, liegt dieser beliebte Travellertreff unter neuseeländischer Leitung, große Küche, Internet, Infocenter, Spanisch-Unterricht, bequeme Betten, dorm mit 4/6/ 8- Betten, außerdem drei Doppelzimmer und ein Einzelzimmer, € 7,50 p.P. 15 (2).

Las Ramplas Medellín, Cra. 50 No 56-48, ① 512 12 10, 150 m von dem Parque Bolivar entfernt, € 12 p.P.

Gomez Cordoba, Cra. 46 No 50-29, ① 513 16 76, Budgethotel im Zentrum.

Hotel Internacional, Calle 52 No 46-56, ① 511 25 68, zentrale Lage, sauber mit Bad, € 12/15.

Hotel Comercial, Calle 48 No 53-102, ① 512 93 49, scheint das einzig akzeptable Hotel in der Marktgegend zu sein. Sauber, gut geführtes Hotel mit Vent., ohne/mit Privatbad, heißes Wasser, € 8/10; € 10/12.

Hotel Monserrat, Calle 54 No 52-11, ① 231 69 06, einfache, saubere Zimmer mit Bad, heißes Wasser, € 8/10.

Hotel Linton, Cra. 45 No 47-74, ① 239 26 47, erst kürzlich renoviert, Privatbad, heißes Wasser, täglich frische Bettwäsche, ruhig, freundlich. Die Zimmer im ersten Stock sind geräumiger, € 10 pro Zimmer.

Hostal Odeon, Calle 54 No 49-38, am Parque Bolívar, ① 511 13 33, 📠 513 14 12, Minibar, Safe, Wäscheservice, kleine Zimmer, durch die nahegelegene Disko kann es laut werden, € 13/15.

Tiger Paw Hostel, Cra. 36 No 10-49, gegenüber vom Parque Lleras, ① 311 60 79, www.tigerpawhostel.com, unter amerikanischer Leitung, dementsprechend gibt es US-Sportübertragungen an der Bar, auf der Dachterrasse steht ein Barbecue, freier Kaffee und WiFi, Zweimeter-Betten, Zimmer mit Privatbad € 29(2), Bett im dorm. € 8.

Hotel La Paz, Calle 57 No 50A-87, zwei Blocks vom Parque Bolívar, 🚌 Prado,① 293 20 10, www.hotellapazmedellin.com, gemauerte Betten, moderne Kunst an den Wänden und die zwar kleine, aber lichte Lobby verleihen dem La Paz einen Hauch von Designhotel. Fahrstuhl, Vent., Privatbad, € 15/21.

Hotel Villa de la Candelaria, Cra. 42 No 50-101 (Nähe La Playa), ① 239 03 45, kleines gemütliches Hotel, € 20/30 inkl. Frühstück.

Mittelklasse
Mittelklassehotels sind rar gesät und nicht selten übertreuert.

Hotel Botero Plaza, Calle 44 No 68A-10, 🚌 Parque Berrío, ☎ 260 18 93, 📠 260 18 33, www.hotelboteroplaza.com, das neue Hotel im Zentrum hat eine ansprechende Lobby, die Zimmer sind gut, wenn auch ziemlich teuer, € 55/60.

Hotel Metropol, Calle 47 No 45-11, ☎ 251 56 98, 📠 251 56 96, neues, modernes Hotel mit Safe, Minibar, Kabel-TV, Restaurant, Bar, € 46/61/76.

Eine Reihe schmuckloser Mittelklassehotels liegt an und um die **Carrera 70** 🚌 Estadio. Die folgenden haben alle einen vergleichbaren Standard, Privatbad, Kabel-TV, a/c, Minibar, und kosten zwischen € 25-40(2).

Hotel Terranova 70, Cra.70 No 47-34, ☎ 260 05 42, 📠 260 56 55; **Hotel Girasol 70**, Cra.70 No 47-15, ☎ 413 61 16; **Hotel Parque 70**, Calle 46B No 69A-11, ☎ 260 33 39; **Hotel Villa 70**, Calle 44A No 70-40, ☎ 250 53 25.

Oberklasse
Hotel Nutibara, Calle 52A No 50-46, 🚌 Parque Berrío, ☎ 511 51 11, 📠 231 37 13, ✉ info@hotelnutibara.com; www.hotelnutibara.com, der Klassiker in Medellín, war in den 1970er Jahren top. Geräumige Zimmer, Restaurants, Pool, Reisebüro etc., unterschiedliche Preisklassen, ab € 35-68 p.P.

Gran Hotel, Calle 54 No 45-92, ☎ 513 44 55, 📠 571 85 58, www.granhotel.com.co, Pool mit Dachterrasse, Bar, Restaurant, € 50/62; Suite € 85(2).

Hotel Plaza Caracas, Calle 54 No 45-17, ☎ 512 08 36, 📠 511 44 08, kleines, stilvolles, exklusives Hotel, mit Bar und Restaurant, € 50/60; Suite € 55/70, inkl. amerik. Frühstück.

Luxusklasse
Die meisten Top-Hotels liegen im Nobelstadtteil El Poblado, andere weit außerhalb der Stadt in der Nähe des internationalen Flughafens (Rionegro).

Hotel Poblado Plaza, Cra. 43A No 45-75, Av. El Poblado, 🚌 Aguacatela, ☎ 268 55 55, 📠 268 69 49, ✉ info@hotelpobladoplaza.com; www.hotelpobladoplaza.com, modernes Hotel, helles weißes Design, gediegen mit Gartenrestaurant. Hier übernachtete die Salsakönigin Celia Cruz, wenn sie in Medellín zu Gast war, ab € 100/120; Suite ab € 180.

SEBRA TIPP

Park Diez Hotel, Cra. 36B No 11-12 - El Poblado - ☎ 266 88 11, 📠 266 61 55, ✉ reservas@hotelpark10.com; www.hotelpark10.com.co, neues Hotel mit persönlicher Note, da mit 55 Zimmern kleiner ausgelegt als die anderen größeren Hotels im Luxussegment, WiFi-Anschluss, zwei gute Restaurants, Pub, Solarium, Sauna etc., beliebt bei Privat- wie Business-Travellern, € 120/200, am Wochenende auch günstiger.

Hotel Intercontinental, Calle 16 No 28-51, ☎ 319 44 50, 📠 315 44 04, ✉ medellin@interconti.com, im Grünen oberhalb des Zentrums von El Poblado, Pool, Tennisplatz, Bar, Discothek, größzügige Zimmer mit Weitblick über die Stadt, € 160/200. Außerhalb der Saison über Internetbuchung auch schon mal ab € 68(2) zu haben.

Hotel Las Lomas Forum, das Spitzenhotel liegt drei Minuten vom Flughafen entfernt und 35 Autominuten vom Zentrum Medellíns, ☎

536 04 40, 📠 536 04 03, www.laslomashotel.com, ab € 75/100-150/200.

Aparthotels
Travelers Apartamentos & Suites, ☎ 268 70 50/ Reservierung: ☎ 268 95 16, www.travelers.com.co, ✉ travelersmed@travelers.com.co, für Familien und Geschäftsleute.

Essen

Die Restaurants in Medellín bieten regionale, nationale und internationale Küche. Das typische Gericht aus Antioquia ist der *plato tipico*, auch *bandeja paisa* oder *plato montañero* genannt. Das ist eine deftige Mahlzeit aus Bohnen, Reis, Hackfleisch, Schweineschwarte, Würstchen, gebratener Banane, Avocado, Maisarepa und obenauf ein Spiegelei. Das mutet auf den ersten Blick für den Europäer ungewohnt heftig an und der Vegetarier wird sich entsetzt abwenden, dennoch ist es ein äußerst schmackhaftes Essen. Zum Nachtisch gibt es *mazzamorra antioqueña*, Mais in süßer Milch, *panela* oder *arequipe con queso.* Diese Gerichte gibt es beim Imbiss um die Ecke ebenso wie in den exquisiten Restaurants in Envigado und El Poblado, nur die Größe der Portionen variiert.

Zentrum
Volkstümlich
In der Avenida Junín, Fußgängerzone zwischen dem Parque Bolívar und der Calle 52, sind Selbstbedienungsrestaurants sowie Mittelklasserestaurants mit der typischen Paisaküche und das gute **Frühstücksrestaurant Versalles**, Cra.49 No 53-39.
Günstige Mittagessen gibt's in der Cra. 45 zwischen Calle 52 und 54.

Ein beliebter Treffpunkt für Arm und Alt liegt in Reichweite. **La Estancia**, Cra. 49A No 54-15, ein Selbstbedienungsrestaurant im Stil der Volksküche im Herzen der Stadt. Abwechslungsreichen Mittagstisch serviert das **Servi Ya** , Cra. 45 No 53-57, € 2.
Gut ist das **Don Eduardo** Calle 48, Ecke Cra. 45.
Snacks gibt es an den Ständen im Parque Bolívar, *empanadas, chorizos con arepa, chuzos de carne* oder *choclo con queso*. Schnellimbisse sind hier ebenfalls vertreten, wie **Sandwich Cubano.**

Pizza und Pasta
Einige Restaurants verschiedener Geschmacksrichtungen sind auf einer Terrasse mit Blick auf den Parque Bolívar untergebracht. **Balcones del Plaza,** in der Pizzeria ist die Pizza knusprig und der chilenische Rotwein dazu kostet pro Glas € 1.

Vegetarisch
Naturkostläden sind zahlreich in der Innenstadt, z.B. Tienda Vegetariana, Cra. 45 No 52-63.

Fisch und Meeresfrüchte
Frutos del Mar, Cra. 43 B No 11-51, ☎ 266 57 66, exzellente Meeresfrüchte und Fischgerichte.
Ostras Marbella, Cra.49A No 54-11, Austern und andere Fisch- und Meeresfrüchte.

El Poblado - Zona Rosa - Los Laureles
Dieser Sektor bietet die größte Auswahl an den aktuell angesagten Restaurants, Bars und Discotheken. Das Zentrum des Geschehens ist entlang der Calle 10 und am Parque Lleras. Traditionelle Antioquia-Küche

ist ebenso vertreten wie Internationale Küche. Das Nachtleben hier ist abwechslungsreich und ausgelassen.

La Cafetiere de Anita, Calle 6 sur No 43A- 92, ☏ 311 31 03, dekoriert in warmen Erdfarben, mit ausgezeichneter französischer Küche, bemerkenswert ist der *atún en salsa oriental* und die Entenbrust an Orangensauce.

SEBRA TIPP

Loucalen, Calle 8 No 43A-57 - El Poblado- ☏ 312 76 14, ein weiterer, brandneuer Franzose mit Autorenküche, minimalistisches Ambiente, perfekt sind die Schweinemedallion auf Risotto, das *mouse de maracuyá* zergeht auf der Zunge.

Basilica, Cra. 38 No 8A - 42 - Parque Lleras - ☏ 311 73 66, exquisite peruanische Gerichte und Sushi.

Restaurant Mezeler, Calle 8A No 37-20 - Parque Lleras - ☏ 352 59 09, www.mezeler.com, das einzige Restaurant in Kolumbien, das eine Auszeichnung durch den *Wine Spectator* erhalten hat.

In Situ, im Jardín Botánico, Calle 73 No 51D-14, ☏ 444 55 00, mit Blick in den botanischen Garten genießen die Gäste die Fusionsküche von Chefkoch Óscar Óñima, der seine Kreationen mit den frischen Kräutern aus dem eigenen Garten anreichert, *cerdo a la panela* oder Kassler an Tamarindensauce heißen die Kreationen. Am Tage gibt es dazu Lounge- und am Abend elektronische Musik.

Herbario, Cra. 43D No 10-30 - El Poblado - ☏ 311 25 37, www.elherbario.com, Chefkoch Rodrigo Isaza bietet Fusionsküche und integriert frische Kräuter. Die Karte ist klein, aber exquisit, das Ambiente entspricht neuestem Design mit doppelter Raumhöhe, einem langen Tresen und einer Empore mit Chill-out.

Etwas ganz besonderes ist das Restaurant **El Cielo,** Cra. 40 No 10A-22 - El Poblado - ☏ 268 30 02, wem es partout nicht gelingt bei Ferran Adriá einen Platz im stets ausgebuchten El Bulli an der Costa Brava zu ergattern, kann sich hier den Molekular-Experimenten des jungen engagierten Kochs Juan Manuel Barrientos anvertrauen. Der gelernte Ingenieur gebietet nicht wie der Katalane über Heerscharen von Assistenzköchen, sondern betreibt das kleine Restaurant zusammen mit seiner Mutter.

La Fragata, im Hotel Park 10, ein Fisch- und Meeresfrüchterestaurant der Extraklasse in gelungenem Maritimdesign, mit einer Wein- und Spirituosenkarte, die weit und breit ihresgleichen sucht, ideal ist ein Tisch auf der Terrasse mit dem Blick aufs Geschehen.

Donde Bupos, Calle 18 No 35-69, Int. 241 - Las Palmas - ☏ 381 73 80, ein innovatives Fischrestaurant, das sich vom traditionellen Gedeck befreit hat. Hier isst man mit Stäbchen, Fonduegabeln, Spießen und auch schon mal mit den Fingern. Spezialität des Hauses ist die Paella Marinera, Fondue vom Räucherlachs mit Anchovis und Blauschimmelkäse.

La Peña, Calle 10 A No 36-54, ☏ 311 79 00, peruanisch beeinflusste Fusionsküche, u.a. Picante de Langostino, Solomito Inca mit Langostinos in Rotweinsoße.

Crispino Pizza y Pasta, Circular 1 No 74-04 - Laureles - ☏ 413 32 66, Salvatore sorgt für erstklassige napolitanische Küche, sehr beliebt an den Wochenenden, mit einem formellen Sektor und dem Familienbereich unter freiem Himmel.

Crepes & Waffles - El Poblado - Cra. 36 No 10-45, mehrere Filialen mit einem riesigen Angebot salziger und süßer Crêpes, günstig und beliebt.

Volkstümlich
Typische Paisagerichte in Restaurants mit gehobenem Niveau
Hato Viejo las Palmas, Calle 16 No 28-60, gegenüber dem Hotel Intercontinental mit Livemusik von örtlichen Gruppen am Wochenende , ☏ 268 68 11 und **Hato Viejo del Centro**, Cra. 49 No 52-170, ☏ 251 21 96.

Salvatierra, Calle 16 No 28-170, in einer vormaligen alten Hacienda mit ländlicher Einrichtung, traditionelle und internationele Küche.

La Fonda del Pueblo, im Paisa-Dorf, Cerro Nutibara, ☏ 265 60 85.

Gute Steaks und *plato montañero* serviert das **Los Ochenta**, Cra. 81 No 30-7. Weitere gute Asaderos entlang der «Ochenta» (Cra. 81) zwischen Los Laureles und Belén.

Musik und Tanz

Das reichhaltige Nachtleben von Medellín verteilt sich auf unterschiedliche Zonen, zum einen die Achse um **Las Palmas (**in Zentrumsnähe), den Parque Lleras (das Herzstück von El Poblado) und die in Kolumbien schon fast obligatorische *Zona Rosa*, die Avenida 33 in Laureles und die Nachbargemeinden Envigado und Sabaneta. Auch in den Gemeinden Itagüí, Caldas, Copacabana und Llanogrande ist einiges los. Das Nachtleben in Medellín ist gut, zumal am Wochenende. Man sollte es jedoch nicht unbedingt um den Parque Bolívar suchen und dort in einer **Heladería** versacken. Die verkaufen kein Speiseeis, sondern Rum und Aguardiente. **Kneipencafés** sind zahlreich im Innenstadtbereich. Sie sind klein, gemütlich und entbehren dem neonbeleuchteten Plastikschalenschick der Eckkneipen von Bogotá.

Melodie Lounge, Cra. 37 No 10-29, ☏ 268 11 90, www.melodielounge.com

Barifarra Show, Cra. 48 No 30 sur 40 - Envigado - ☏ 331 38 37, hat Livemusik und Bühnenshows.

Die Kneipenszene ist im **Barrio El Poblado**. Oberhalb der Calle 10, in der Gegend um den **Parque Lleras** (etwa Cra. 38 mit Calle 8). Hier findet man Kneipen und Restaurants im Stil der Zona Rosa in Bogotá. An der Calle 10 liegen einige In-Discotheken. Europas bekannteste DJs wie Carl Cox haben in Medellín ihre Spuren hinterlassen und Mistress Barbara und andere legen regelmäßig House (masivo) oder Techno auf.

Das **Blue** allerdings gehört noch zur alten Garde und spielt viel Salsa und Merengue, Calle 10 No 40-20, ☏ 266 30 47.

Das **Berlin 1930**, Calle 10 No 41-65, ☏ 266 29 05, ist eine Bierkneipe im amerikanischen Stil mit langem Tresen und der Deutschlandfahne an der Wand, der Besitzer hingegen ist Kolumbianer. Einrichtung im Retrodesign, Rockmusik, Billiardtische, mittags gutes *almuerzo* im Innenhof.

Escocia Pub, am Parque Lleras, schottischer Pub mit verschiedenen Biersorten, Schmuserock und Balladen.

B-Lounge, junges Publikum an einer modernen und minimalistischen Bar, Lounge und Chill Out-Klänge bis ⏰ 23, dann wird aufgedreht, zwischendurch lassen sich gelegentlich kolumbianische Schauspieler sehen und liefern Stand Up Comedy.

Bar-Restaurante Triada, Cra. 38 No 8-8 - Parque Lleras - ☏ 311 57 81, www.triadaonline.com, ansprechend mit einem großen Bartresen eingerichtet, intime Atmosphäre, typisch peruanische Spezialitäten wie *arroz chaufa, causa limeña* (eine anregende Kombination aus Kartoffeln, Garnelen und Chilisoße). Absolut beliebt bei Paisas und ausländischen Besuchern. Samstagabend Livemusik (Rock und elektronische Musik).

SEBRA TIPP

Mangos, Cra.42 No 67A-151 - Itagüi - ☏ 277 6123, www.discotecamangos.com, Großraumdisko mit mehreren Sälen, Bühnen und VIP-Bereich, Tanzbeautys heizen die Stimmung an. Vorherrschende Musikrichtung ist Crossover, in Flower-Power-Nächten wird 70er Jahre Musik aufgelegt. Unübertroffene Highlights im Veranstaltungskalender sind das Oktoberfest und die Halloween-Party! ⊕ Do/Fr/Sa 22-3, Cover: € 6.50.

SEBRA TIPP

Vinacure, Av. Caracas No 63-32, heißt der In-Laden zur Zeit und liegt im südlichen Vorort Caldas (Barrio *Tablaza*), weit weg vom Zentrum, am besten zu erreichen mit dem Taxi oder mit der Metro bis zur Endstation *Itagüi* und von dort mit dem Taxi ans Ziel. **Das Vinacure** - der Name ist Quechua und bedeutet «Glühwürmchen» - ist eine Mischung aus schräger Design-Discothek, Galerie, Showroom und (Table-) Dance Bar. Statuen und Reliquien verteilen sich in den Räumlichkeiten, ein Plastikbaby in einer Wanne zitiert den pseudoerotischen bunten Kitsch á la Jeff Koons. Der Erfinder und Gestalter der Bar, Germán Arrubla, ist Bildhauer und hat das Nachtleben der Stadt um eine besondere Note bereichert. Breitgefächertes Musikrepertoire von klassischer Rockmusik bis World Music. Samstagnacht-Show ⊕ ab 23.00, Eintritt: € 5.

Salsatheken befinden sich in Cra. 43b, um die Calle 12.

Entlang der **Cra. 70** zwischen Circular 1 und Av. San Juan erstreckt sich die populäre Amüsiermeile der Stadt. Mehrere **Salsatheken,** ambulante Fressbuden und wandernde *mariachis* sorgen für Unterhaltung.

Zentrum des **Tango** in Medellín ist die Avenida Carlos Gardel, Cra. 45, im Stadtteil **Manrique.** Hier gedenkt man dem Sänger jedes Jahr an seinem Todestag zur Todesstunde (24.Juni ⊕14.58. Hier steht bereits seit 1968 eine Bronzestatue des Sängers und ein Museum mit Memorabilia. Die **Casa Gardeliana** ist eine Fundgrube für den Tangofreund, u.a. mit Fotos aus der Blütezeit des Tango, die Reisekiste Gardels und der Friseurstuhl auf dem sich der Meister frisieren ließ. Am letzten Freitag im Monat wird im ganzen Viertel Tango getanzt (**Tangovia**). Cra.45 No 76-50. 🚇 Universidad. ☏ 212 09 68.

SEBRA TIPP

El Patio del Tango, Calle 23 No 58-38 - Trinidad - 🚇 Industriales, ☏ 351 28 56, ein Tanzlokal mit Tangoshows an Fr/Sa ab 22.00 mit Livemusik bei intimer Clubatmosphäre, auf der Speisekarte stehen argentinischer Rotwein und saftige Steaks. Der Laden befindet sich nur einen Steinwurf vom Absturzort der Unglücksmaschine Carlos Gardels entfernt beim Flughafen Ollayo Herrera.

▍Theater und Kino

Das größte Theater ist das **Teatro**

Metropolitano für 1600 Besucher. Es ist der Sitz des Sinfonieorchesters Antioquia, Calle 41 No 57-30, ☏ 232 85 84.

Die kleinen Theater mit den Nachwuchsensembles sind im Künstlerviertel La Candelaria.

Pequeño Teatro, Cra. 42 No 50A-12, ☏ 239 39 47, Vorstellungen: ⏰ Mi-Sa 20. Das Theater existiert seit 1975 und wurde zum *patrimonio cultural* erklärt.

Teatro Exfanfarria, Cra. 40 No 50B-32, ☏ 217 26 05. Das Exfanfarria ist auch ein Kneipencafé und ein beliebter Treffpunkt für Bohemiens und solche, die meinen, welche zu sein. Vorstellungen: ⏰ Do-Sa 20.

Teatro Fanfarria, Cra. 84 No 42C-54, ☏ 250 92 30, die andere Hälfte des Ensembles. Vorstellungen: ⏰ Do-Sa 20.

Anspruchsvolle Filme in englischer Sprache bietet das **Centro Colombo Americano**, Cra. 45, Ecke Calle 53-24 (El Palo), www.colomboworld.com, ⏰ täglich 18.30 u. 20.30.

Außerdem gibt es das **MAMM-Cine** im Museo de Arte Moderno de Medellín, Calle 51 No 64C-27, ⏰ außer Mittwoch täglich 16.30, 18.30 u. 20.30.

Eine andere **Cinemateca ist im Museo de Antioquia**, ⏰ Mo-Fr 12.15, 16, 18.15, Sa 10.30, 15.

Bücher

Im **Centro del Libro,** in der Paisaje La Bastilla Cra. 48, gibt es eine große Auswahl spanischsprachiger Bücher mit Rabatt. Im 1.und 2. Stock wird Artesanía angeboten, von der Otavaloweste bis zum Arhuacomochila.

Die **Biblioteca Pública Piloto** hat eine gute Antioquia Abteilung, Cra. 64 No 50-32.

Parque Biblioteca la Ladera León de Greiff, Calle 59A No 36-03, wie die Biblioteca de España ebenfalls von Giancarlo Mazzanti entworfen und ebenso spektakulär hinsichtlich Lage und Gestaltung, in diesem Fall drei Kuben an Stelle eines ehemaligen Gefängnisses.

Stadtverkehr

Die meisten Stadtbusse starten ihre Routen in der Avenida Oriental.

Metro und Metrocable

Seit 1996 ist die neue Metro (Hochbahn) in Betrieb. Die Metro ist ein schnelles, sauberes Transportmittel, zudem ein ideales Erkundungsmedium für die Stadt. Aus der Höhe eröffnen sich ganz neue Blicke auf die Stadt, insbesondere auf einige Gebäude, die auf Straßenhöhe eher unscheinbar oder versteckt bleiben. Die Metro ist von ⏰ 5-23 in Betrieb. Es gibt 24 Stationen auf zwei Linien, A und B. **Linie A** verläuft parallel zum Río Medellín von Nord nach Süd, Länge 23,2 km. **Linie B** hat ihren Ausgangspunkt am Parque Berrío und führt in den Stadtteil San Javier, Länge 5,6 km.

SEBRA TIPP

Im Jahr 2004 wurde der **Metrocable** eingeweiht, eine 2 km lange Seilbahn mit Gondeln, die an das Metrosystem 🚇 Acevedo angeschlossen ist und den Bewohnern der *comunas* 1 und 2 (300 000 Einwohner) im Nordosten der Stadt einen Verkehrsanschluss beschert hat. Der **Metrocable** ist eine Touristenattraktion ganz eigener Art. Er führt über vier Stationen hinauf zur Comuna 1 und kann mit dem Metroticket benutzt werden. Bis zur Station **Santo Do-**

mingo fahren, von der **Biblioteca de España** (ein weiterer spektakulärer Neubau, errichtet durch den jungen Architekten aus Bogotá Giancarlo Mazzanti und 2007durch den spanischen König Juan Carlos eröffnet) einen Blick hinunter auf die Stadt werfen und zum Abschluss in dem volkstümlichen Barrio eine frische Arepa probieren. Unbedingt besuchen!

Busverbindungen

Medellín hat zwei Busbahnhöfe, **Terminal del Norte** und **Terminal del Sur**.

Vom Terminal del Norte, Autopista Norte, Ecke Calle 78, 🚌 Caribe, fahren die Busse zur Karibikküste, Bogotá und Bucaramanga und Caracas (Venezuela) ab. **Information:** ☏ 230 91 74.

Die wichtigsten Busverbindungen sind:

Bogotá - Bolívariano, Expreso Brasilia, Arauca, u.a. stündlich, 8½ Std., € 20.

Cartagena - Bolívariano, Copetrán, Rápido Ochoa, Expreso Brasilia, stündlich, 12 Std., € 33-35.

Santa Marta - Rápido Ochoa, Expreso Brasilia, stündlich (über Barranquilla), € 40-45.

Santafé de Antioquia - Gomez Hernández, Sotrauraba, Busse und Mikrobusse, stündlich, 2-3 Std., € 3,75.

Tolú - Bolívariano, Rápido Ochoa, Expreso Brasilia, am frühen Vormittag und in den Abendstunden, 11 Std., € 30.

Turbo - Cootranssuroccidente, Gómez Hernández, Nachtbusse, 9 Std., € 20.

El Peñol (Guatapé, San Rafael) - Sociedad Transportadora El Peñol, Mo-Fr, zwei vormittags/nachmittags, am Wochenende ständig, 2 Std., € 2,50.

Puerto Berrío - Transsander, stdl. 4 Std., € 10.

Bucaramanga - Copetrán mit Tagesbussen, Bolivariano, Expreso Brasilia, ausschließlich Nachtbusse, 8 Std., € 25.

Cucutá - Bolivariano, 14 Std., € 30.

Neiva - Transportes Tolima, ☏ 11.30, Bolivariano. Flota Magdalena, am frühen Vormittag, am Abend und um die Mittagszeit, 8 Std., € 22.

Seit 1995 ist der neue **Terminal de Transportes del Sur** in Betrieb. 🚌 Poblado. Er liegt vis à vis zum regionalen Flughafen *Olaya Herrera*. **Information:** ☏ 285 91 38 . Von hier starten die Busse nach Süden, Manizales, Cali, Ecuador und nach Quibdó (Chocó).

Die beiden Busbahnhöfe sind modern, übersichtlich und sicher. Es gibt eine Touristeninformation, Gepäckaufbewahrung, Restaurants und Läden.

Aremenia - Flota Occidental, Empresa Arauca, stdl. 5 Std., € 12.

Manizales - Arauca u.a., Bus und Aerovan, stdl., 4. Std., € 11,50.

Cali - Bolívariano, Arauca, Flota Magdalena, jede halbe Stunde, 9 Std., zwischen € 12,50-16.

Popayán/Pasto - Flota Magdalena, Bolivariano, 11 Std./16 Std., € 24/32.

Quibdó - Rápido Ochoa, ☏ 7, 18, 20.30, 12 Std., € 19.

El Retiro - Sotra Retiro, 1½ Std., € 1,50.

El Jardín - Rápido Ochoa, Transportes Suroeste, (Bus/Mikrobus), 4 Std., € 6-7.

La Ceja - Transp. Unidas la Ceja, halbstdl., von ☏ 6-20, € 2,50.

Dörfer Antioquias - nach Sonsón, Abejorral etc. fahren die Busse oft zwischen ☏ 5 und 7 morgens.

▪ Flugverbindungen

Aerorepública - El Poblado- Calle 5A. No 39-141, Edf. Centro de Trabajo, Corfín Torre 4, ☏ 268 45 00/ 352 44 66.

ADA- El Poblado- Calle 10 No 35-32 (beim Parque Lleras), ☏ 352 55 49. Am Aeropuerto Olaya Herrera, ☏ mobil 311 762 70 65.

Aires - El Poblado - Cra. 43A No 11-103, ☏ 266 12 22.

Avianca hat ein Dutzend Ticketbüros in der Stadt, einige sind auch am So geöffnet wie im Centro Comercial los Molinos, Calle 30A No 82A-26, Local 1001, ☏ 235 96 92.

Copa - El Poblado - Cra. 43A No 34-95, Local 219, Centro Comercial Almacentro, ☏ 01-8000-11-COPA (2672).

Satena - Centro- Centro Comercial Oriental, Cra. 46 No 54-89, Local 212, ☏ 293 14 10, ✉ satenamdecentro@epm.net.co - El Poblado - Calle 9 No 41-56, ☏ 266 21 85, ✉ monitours@epm.net .co

Taca - El Poblado - Calle 10 Cra. 36-32, 2. Stock , ☏ 01 800 951 82 22, www.taca.com

Medellín hat zwei Flughäfen. Der kleine Regionalflughafen *Aeropuerto Olaya Herrera*, von dem abzufliegen immer mit Nervenkitzel verbunden ist, liegt inmitten der Stadt. Die kleinen Maschinen, die Dashs, Twinotters und die letzten noch einsatzfähigen antiken DC-3 schwingen sich hier in die Lüfte. Die wichtigsten Flüge sind:

Manizales/Armenia/Ibagué - Aires, easyfly, täglich, ab € 80.

Quibdó - Aires, Satena,easyfly, täglich, 30 Min., ab € 40.

Bahía Solano - Satena, täglich, 1 Std., € 110 (ADA, via Quibdó).

Turbo (Apartadó) - ADA, Aires, Satena, easyfly, täglich ab € 70.

Acandí - ADA, Mo/Mi/Fr, € 85.

Capurganá - ADA, täglich, 1½ Std., € 100.

Der internationale Flughafen *José María Córdoba* liegt 35 Kilometer außerhalb der Stadt auf dem Weg nach Rionegro. Da im Aburrátal kein Platz mehr ist, wurde in den 1980er Jahren dieser Flughafen auf die grüne Wiese gesetzt. Um Gewerbebetriebe anzusiedeln, erklärte man Rionegro mit dem Flughafen zur Freihandelszone. Im Flughafen ist ein Touristeninformationsbüro, eine Bank und die Touristenpolizei. Der Flughafen hat eine 350 Meter lange Wartehalle mit einer gebogenen, außergewöhnlichen Acryl-Aluminium Kuppel.

Mikrobusse - jede halbe Stunde, Abfahrt vom Hotel Nutibara.

Sammeltaxen - Calle 49, Ecke Cra. 42, alle 15 Minuten nach Rionegro, passieren den Flughafen.

Taxi - € 20 nach El Poblado.

Die wichtigsten Flüge sind:

Bogotá - Avianca-Sam, Aerorepública, mehrmals täglich, 40 Min., € 60. Auf dieser Strecke herrscht harter Wettbewerb, dementsprechend gibt es auch günstige Angebote.

Cartagena - Avianca-Sam, Aires mehrmals täglich, 1 Std., ab € 75.

Cali - Avianca-Sam, Aerorepública, mehrmals tägl., 45 Min., ab € 65.

San Andrés - Avianca-Sam, Aerorepública, (direkt oder via Bogotá), täglich, 3 Std., € 130.

Panama - COPA, täglich, 2 Std., € 150.

Die Umgebung von Medellín

In Richtung **Osten** führt eine gut ausgebaute Schnellstrasse hinab ins heiße Tal des Río Magdalena nach Puerto Berrío und von dort weiter in Richtung Bogotá.

Der **Südosten** von Medellín ist die Wiege des antioquenischen Traditionalismus. Es ist das Gebiet um Rionegro, El Retiro, Carmen de Viboral und Guatapé. Diese Region liegt 2200 Meter über dem Meeresspiegel, eingebettet in sanft gewellte Hügel und erinnert an eine deutsche Mittelgebirgslandschaft. Es ist eine beschauliche Idylle mit liebevoll gepflegten Gartenanlagen und beschnittenen Bäumchen. Wie Farbkleckse in einem naiven Bild sind die typischen Landhäuser verstreut. Die langen, tiefgezogenen Dächer liegen auf schlanken, karminroten Holzsäulen. Dazwischen hängen Begonien in Blumenschalen. Auf den Weiden grasen Holsteiner Kühe. Die Dörfer sind sauber und nett herausgeputzt. In diesen Puppenstubendörfern suchen die Städter aus Medellín die heile Welt. Die Gegenstände aus Großmutterszeiten werden sorgfältig gepflegt und bewahrt, denn in diesen Dingen findet der Antioqueño seinen Seelenfrieden. Diese Orte sind beliebte Ausflugsziele am Wochenende, dann ist es schwer, ein Hotelzimmer zu finden, und die Preise verdoppeln sich.

Der äußerste **Süden** Antioquias sowie der Norden von Caldas sind touristisch unberührt und authentisch. Das betrifft das Gebiet mit den Städten Abejorral, Sonsón, Aguadas und Salamina. Das klassische Transportmittel auf den nicht asphaltierten Straßen ist die *chiva*. Die Landschaft ist zerklüftet durch das tiefe Tal des Río Cauca und seiner Nebenflüsse. So werden die Fahrten zum spannenden Erlebnis.

Puerto Berrio

125 Meter, 30°C, 38 000 Einwohner
◐ 4

Puerto Berrio ist einerseits ein gemütlicher Flusshafen, andererseits ein lebendiger Durchgangsort am Ufer des Río Magdalena. Die Hochzeit des Ortes fiel mit der Dampfschifffahrt auf dem Río Magdalena zusammen und endete in den 1950er Jahren. Der Schiffsverkehr ist heutzutage unbedeutend, dafür donnern schwere Lkws im Minutentakt über die Brücke und am Ort vorbei. Sehens- und besuchenswert ist das Gebäude des ehemaligen **Hotel Magdalena**, erbaut 1908 und damit das zweitälteste Hotel des Landes nach dem El Prado Hotel in Barranquilla. Heute ist hier die 14. Heeresbrigade untergebracht, die von dieser Stelle den Anti-Guerrilla-Kampf im Magdalena Medio führt und koordiniert. Nebenbei wird auch noch Öffentlichkeitsarbeit betrieben und ein Rekrut oder Offizier führt die Besucher durch die Gänge und den stets eingedeckten Speisesaal. Fotos schießen vor der Garnison geht nur mit ausdrücklicher Erlaubnis des Kommandanten. Man muss Verständnis dafür haben, dass die Militärs an diesem Ort nervös sind!

Banken

Zwei Banken liegen um die zentrale Plaza.

BBVA, am Parque Obrero,

Bancolombia, Calle 6 (50), Ecke Cra.6., alle Karten, ATM.

Schlafen und Essen

Hotel Arcos del Coral, Cra. 4, Ecke Calle 8, ☏ 833 19 72, geräumige Zimmer mit a/c und Vent., Kühlschrank, Sat-TV, einige Zimmer mit Balkon aufs Geschehen, in den Fluren s/w- Abzüge aus der Zeit der Damspfschiffahrt, € 19 (2).

Hotel Puerto Berrio, Calle 51 No 4-18, ☏ 833 13 58/ mobil 313 668 13 51, zentral gelegen bei den Busgesellschaften an der Plaza, Privatbad, a/c, Kühlschrank, € 23/32.

Hostal Malecón, Cra.1 No 7-23, ☏ 833 13 58, luftig, a/c, Dachterrasse mit Blick auf den Río Magdalena, € 19/21.

Restaurante Casa Vieja und **Restaurante El Portón**, in der Nähe des Parque. Das tropische Tiefland Kolumbiens bietet regelmäßig eine große Auswahl an Tropenfrüchten (Fresa - Mora- Guanabana u.a.), ein beliebter Eis- und Fruchtsaftladen liegt direkt neben der Kirche, außerdem eine Bäckerei, zudem diverse kleine Bars und schummrige Discotheken.

Busverbindungen

Die Busbüros von Transsander, Cootransmagdalena und CooNorte lie-

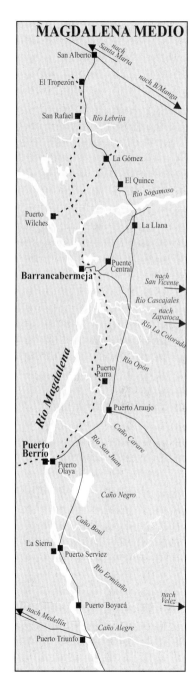

gen um die zentrale Plaza, Busse und Minibusse sind im Einsatz.

Medellín - Transsander und Cootransmagdalena, stdl., 4 Std., € 10.

Bucaramanga - Cootransmagdalena, mehrmals täglich, € 12.

Barrancabermeja - Cootransmagdalena, mehrmals täglich, € 6.

El Banco-Cootransmagdalena, € 15.

Bootsverbindungen

Transp. Fluvial Puerto Berrío, ☏ 833 31 05, Verbindungen mit Schnellbooten flussaufwärts bis La Sierra (Straßenanschluss nach Honda/ Bogotá) auf halbem Wege bis Puerto Triunfo, zweimal vormittags, zweimal nachmittags, 1 Std., € 5, gelegentlich von **Cootransfluviales,** ☏ 833 32 38, auch Schnellboote nach Barrancabermeja, 2 Std., € 10.

Zugverbindung von Puerto Berrio nach Barrancabermeja

Nachdem der letzte reguläre Personenzug von *Transférreos* zwischen Medellín und Barrancabermeja zu Beginn des neuen Jahrtausends endgültig eingestellt worden ist, hat sich eine lokale Kooperative gefunden, um zumindest einen kleinen Zug, bestehend aus drei Passagier- und einem Güterwägelchen, der aussieht wie eine Spielzeugeisenbahn, zwischen **Barrancabermeja** und **Puerto Berrio** im mittleren Magdalena Tal auf die Schienen zu stellen,. «*No es un trén, es un disco*», witzeln die Einheimischen, «das ist kein Zug, das ist eine Discothek», weil es so schaukelt. Der Pendelverkehr transportiert hauptsächlich Schulkinder und Waren zwischen den kleinen Ansiedlungen am Magdalena Medio und ist ein solcher Erfolg, dass die

«No es un trén, es un disco»

Kooperative den Kauf einiger Loks und Waggons von der ehemaligen Staatsbahn erwägt, um irgendwann einnmal sogar die verwaiste Verbindung Barrancabermeja - Medellín wieder aufzunehmen, aber sicherlich nicht mit diesem Gefährt. Abfahrt täglich gegen ⊕14 vor der Panadería bei der Brücke, die über den Río Magdalena führt, via Puerto Parra und Montoyas nach Barrancabermeja, das man mit den letzten Sonnenstrahlen erreicht, für die gesamte Strecke, 4 Std., € 12,50. Es geht quer durch die Sumpf- und Weidelandschaft am Magdalena Medio. Der Bahnhof von Barrancabermeja kündigt sich mit verrosteten und außer Dienst gestellten Güterwaggons entlang der Bahngleise an. Mit dem Taxi nach El Comercio, € 1,20.

An Sonntagen fährt gelegentlich ein **Touristenzug** von **Medellín nach Cisneros.** Der Tagesausflug beginnt um 8.00 und endet um 18.45 am Ausgangspunkt (€ 9 hin und zurück), ☏ 267 11 57.

Barrancabermeja

75 Meter, 32 °C, 190 000 Einwohner
☏ 7

Barrancabermeja ist das bedeutendste Raffineriezentrum des Landes und liegt 110 km westlich von der Departementhauptstadt Bucaramanga. Wir haben die Stadt als Besucherziel in den Vorauflagen regelmäßig ausgespart, weil der Ort und die gesamte Region (Magdalena Medio) über lange Jahre einen üblen Ruf hatten, hier tobte der bewaffnete Konflikt zwischen Eln-Guerrilla und den paramilitärischen Verbänden besonders blutig, hier wurden reihenweise Menschenrechts- und Gewerkschaftsaktivisten umgelegt, kurzum Barrancabermeja war kein Ort, den man gefahr- oder gedankenlos aufsuchen konnte. Die aktuelle Situation hat sich entschieden verbessert. Barrancabermeja besteht aus zwei weit voneinander entfernten Teilen, das (alte) **El Centro** und das (neue) **El Comercio**. Das eine markiert das Zentrum der ölverarbeitenden Industrie, das andere ist das neue Zentrum der Stadt mit Hotels, Schnellimbiss-Restaurants, Musik-Bars, und, etwas weiter weg, dem Markt mit den Abfahrtsterminals der Regionalbusse.

Informieren

Touristeninformation an der Uferpromenade.

Schlafen und Essen

Die meisten Hotels liegen in Reichweite zueinander.

Hotel Flamingo, Calle 49 No 14-41, ☏ 602 65 05, sehr einfache dunkle Zimmer zum Innenhof mit a/c und Privatbad, € 16(2).

Hotel Bachué, Cra. 17 No 49-12, ☏ 622 25 99, freundlich, bequeme Zimmer mit a/c und Privatbad, Restaurant, Bar, € 45(2).

Restaurant Via Lactea, Freiluftrestaurant mit Großbildschirm und Musikvideos, zentralem Bartresen.

Busverbindungen

Die Busbüros liegen zwischen Calle 5 und Cra. 6 beim Markt, etwa sieben Blocks von der Hotelzone entfernt. Regelmäßige Abfahrten von Bussen und Mikrobussen nach Bogotá und Bucaramanga, der Gesellschaften Cotaxi, Copetrán Expr. Brasilia, Transsander, Velotax. Die vierspurige Hauptstraße, Av. 52 führt auf die Av. Ferrocarril und anschließend hinaus aus der Stadt über Lebrija und Girón nach Bucaramanga.

Flugverbindungen

Der kleine Flughafen wird regelmäßig aus Bogotá von Easyfly angeflogen.

San Jerónimo

27° C, 14 000 Einwohner
☏ 4

San Jerónimo, einige Kilometer nordwestlich von Medellín, ist eine typische Kleinstadt in Antioquia und nach Fertigstellung des Tunnels nur noch 45-60 Min. von der Departementhauptstadt entfernt. Beliebt sind der Ort und seine Umgebung, zumal wegen der tropischen Vegetation und der Wärme.

Hotel Quimbaya, www.quimbayahotel.com, ☏ 858 20 25, Res.in Medellín: ☏ 268 49 15, 10 Min. zu Fuß vom Ortskern, Wochenend- und Freizeithotel mit einer Vielzahl an Swimmingpools, Jacuzzis, Spa, Restaurant, 70 Zimmer mit a/c, Kabel-TV, Minibar, € 40 p.P.

Santafé de Antioquia

550 Meter, 27°C, 18 500 Einwohner
☏ 4

Santafé de Antioquia (kurz «Antioquia»), was in der Sprache der Katío Goldland bedeutet, liegt an der Stra-

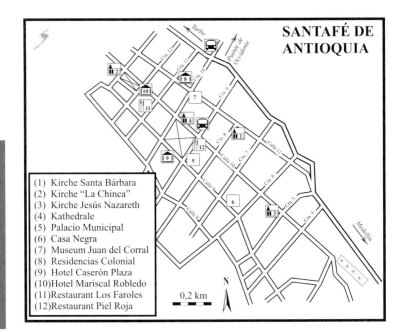

SANTAFÉ DE ANTIOQUIA

(1) Kirche Santa Bárbara
(2) Kirche "La Chinca"
(3) Kirche Jesús Nazareth
(4) Kathedrale
(5) Palacio Municipal
(6) Casa Negra
(7) Museum Juan del Corral
(8) Residencias Colonial
(9) Hotel Caserón Plaza
(10) Hotel Mariscal Robledo
(11) Restaurant Los Faroles
(12) Restaurant Piel Roja

ße Medellín-Turbo, 78 Kilometer von Medellín entfernt. Gegründet wurde die Stadt 1541 durch Jorge Robledo, einem Hauptmann Belalcázars. Robledo kam von Süden, wo sein Vorgesetzter soeben Cali und Popayán gegründet hatte. Begleitet von 40 Soldaten schlug er sich bis hierher durch. Untreue und Verrat waren an der Tagesordnung, und die Rivalität unter den Erstentdeckern groß. Robledo dachte nicht daran, nach Süden zurückzukehren. Er suchte die Küste, die er nicht weit entfernt im Norden vermutete. Dort ließ ihn der Gouverneur von Cartagena, Heredia, verhaften und nach Spanien ausweisen. 1546 kehrte Robledo mit dem Titel des Mariscal zurück.

Seinem Freund und Nachfolger Gaspar de Rodas gelang es, Antioquia von der Vorherrschaft Popayáns zu befreien und zur Provinzhauptstadt zu machen, die es bis 1826 blieb. 1813 erklärte Juan del Corral die Unabhängigkeit Antioquias von Spanien.

Die älteste Stadt Antioquias ist in ihrer kolonialen Struktur vollständig erhalten. Doch unterscheidet sich die Architektur von der des spanischen Mutterlandes durch den Gebrauch regionaler Baumaterialien und den typischen antioquenischen Holzschnitzarbeiten an Fenstergittern und Portalen. Die zumeist zweistöckigen Häuser werden in der Mehrzahl getragen von einem Sockel aus Flusssteinen. Schatten findet man in einer Handvoll Parks, von denen der **Parque Santa Bárbara** und der **la Chinca** die schönsten sind.

Santafé de Antioquia hat mehrere Kirchen aus unterschiedlichen Stilepochen. Am interessantesten ist die Iglesia **Santa Bárbara**. Sie weist die klassische Dreiteilung der Fassade aller Jesuitenkirchen auf. Santa Bárbara ist jedoch gedrungen. Die Eingangsportale werden von Zwillingssäulen geschmückt. Die Kirche wurde erst nach Vertreibung der Jesuiten Ende des 18. Jahrhunderts fertiggestellt. Die beim Bau verwendeten Fluss- und Ziegelsteine unterstreichen den regionalen Charakter. ⏱ täglich 11.30-12.30 u. 13.45-18.

Weitere Kirchen sind die Kathedrale (**Iglesia Basílica**), die «*Chinca*» (**Nuestra Señora de Chiquinquirá**) und die kleine Kirche **Jesus Nazareth**.

Neben der Santa Bárbara befindet sich das **Museo Francisco Cristóbal Toro**. Das Museum für religiöse Kunst. ⏱ Sa/So 10-12 u. 13-17.

Der **Palacio Municipal** am Parque Juan del Corral stammt aus dem 18. Jahrhundert.

Museo Juan del Corral, benannt nach dem ersten Präsidenten von Antioquia, Don Juan del Corral. Das Haus ist ein typisches Kolonialhaus und zeigt Landkarten, Haushaltsgegenstände, Mobiliar und Kirchenkunst aus dieser Zeit. Zentralstück des Museums ist der Tisch, an dem die Unabhängigkeitsurkunde 1813 unterzeichnet wurde. In die Mauern dieses Hauses hat sich eine Kopie des Bittbriefes von Miguel de Cervantes, dem Schöpfer von «Don Quichotte» verirrt, in dem er die königliche Verwaltung darum bittet, Schiffszahlmeister in Cartagena zu werden. Calle 11 No 9-69. ⏱ Di-Sa 9-17, So 10-16.

Gegenüber dem Museum ist ein besonders schönes Beispiel antioquenischer Architektur, die **Quinta de la Amargura**. Ein weiteres bemerkenswertes Exemplar ist die **Casa Negra**. Calle 9 No 7-88.

In Santafé de Antioquia gibt es Goldschmiedewerkstätten, in denen filigrane Schmuckstücke gefertigt werden. Die Kunstfertigkeit der Goldschmiede erreicht aber nicht die Qualität ihrer mompoxiner Kollegen. Man findet die Werkstätten in der Calle la Mocha (Calle 9), z.B. Joyeria Benitez, Calle 9 No 7-04.

Sechs Kilometer außerhalb der Stadt überspannt die Brücke des Westens den Caucafluss. Die **Puente de Occidente** ist die älteste Hängebrükke Kolumbiens. Sie ist 291 Meter lang und wurde 1887 erbaut. Einen regelmäßigen Verkehr dorthin gibt es nicht. Manchmal fährt ein Jeep vom Terminal auf einer gut asphaltierten Straße, € 0,50.

Schlafen und Essen

Residencias Colonial, Cra. 11 No 11-78, ist das günstigste. Die Zimmer gruppieren sich um den lauten Fernseher, ohne Bad, € 4 p.P.

Im Zentrum gibt es zwei bessere Hotels mit Pool und Bad, die beide ein Restaurant haben.

Hotel Caserón Plaza, am Hauptplatz, ☎ 853 20 40, ist ein Kolonialhaus mit Charme und individuell gestalteten großen Zimmern. Zimmer im Untergeschoss € 13, im Obergeschoss, mit Kabel-TV, Minibar, zwischen € 25-30 p.P.

Am bekanntesten ist das **Hotel Mariscal Robledo**. Der großzügige Kolonialbau mit Pool liegt an einem der schönsten Parks des Städtchens, dem Parque de la Chinca, ☎ 853 11 11, Res. in Medellín: ☎ 353 33 00, € 35 p.P.

Bessere Hotels im Fincastil liegen außerhalb des Stadtzentrums und kosten um die € 50 p.P.

Hospedaje Franco, ☎ 853 16 54, **Residencias Lezcano**, ☎ 853 26 49, **Residencias Los Oquendo**, ☎ 853 19 54.

Hotel y Spa Santa Fé Colonial, ☏ 853 14 65/ 313 11 03, Ferienanlage mit Pool, Tennisplatz und Spa. Zimmer ausgestattet mit allen Accessoires dieser Preiskategorie.

Kaffee, Bier Erfrischungsgetränke, und Snacks um die großzügige Plaza, z.B. im **El Toldo.**

Antioquia hat einige Restaurants, u.a. das geschmackvoll eingerichtete **Los Faroles**, Cra. 11 No 9-65, mit Ansätzen italienischer Küche.

Die Einheimischen essen gern im **Piel Roja** an der Plaza, ☏ 853 10 41. Ansonsten bestehen Restaurants in den Hotels.

Busverbindungen

Medellín - Mikrobusse von Sotraurabá fahren stündlich bis ⌚ 19 von der Plaza ab, € 3,75. Der **Busbahnhof** liegt 200 Meter von der Plaza entfernt an der Straße nach Medellín. Hier fahren ständig Busse nach **Medellín/Turbo.**

Urrao - Rápido Ochoa kommt zweimal am Tag aus Medellín und fährt weiter über Caicedo nach Urrao (> Eingang Parque de las Orquídeas).

Urrao

1790 Meter, 19°C, 25 000 Einwohner

Urrao ist eine malerische Kleinstadt in der Westkordillere mit gut erhaltenen Häusern aus der republikanischen Zeit, gruppiert um einen zentralen Platz mit einer Kirche und einigen kolonialen Haciendas in der Umgebung. Das Land um Urrao gehörte ursprünglich ausschließlich den Katío-Indianern. Der Kazike Toné verteidigte in der Schlacht von Valle Penderisco die Freiheit und Rechte seiner Leute. Valle Penderisco, Pabón, Gupantal und Chuscal heißen die Regionen, die das große Reich der Katío umfassten. Noch heute findet man Spuren in den insgesamt dreizehn kleinen *resguardos*, die von Emberá-Kattío und Embera-Chamí bewohnt werden. Das Heimatkundemuseum präsentiert eine Orchideensammlung mit über 300 verschiedenen Exemplaren. Im Januar wird die Fiesta Kazike Toné gefeiert.

Informieren

Casa de la Cultura, Cra. 31 No 24-06, ☏ 850 23 17, ausgestattet mit einer Bibliothek, Ausstellungsraum u.a.

Die Alcaldía hat sich in der ehemaligen Hostería Cacique Toné eingerichtet, in der Eingangshalle hängt ein Wandgemälde des Indianerhelden, Cra 29 No 27-10. ☏ 850 23 00.

Im Ort gibt es einige kleine und einfache Hotels, **Hotel El Castillo** und **Hotel El Turista**, € 7 p.P.

Busverbindungen

Medellín - Rápido Ochoa zweimal täglich über Santafé de Antioquia, € 4.

Nationalpark Los Orquídeas

Der Park liegt zwischen den Gemeinden Urrao, Frontino und Abriaquí. Seine Fläche beträgt 320 km² und erstreckt sich von 300 bis über 3000 Meter. Es sind beinahe alle Klima- und Vegetationsstufen vertreten. Die Niederungen sind von tropischen Regenwald bedeckt. In den Höhenlagen wachsen Frailejónes, wie die endemische Art *Espeletia urraonensis*.

Die Architektur Antioquias

Da die meisten Dörfer in Antioquia erst im 19. Jahrhundert gegründet wurden, entwickelte sich eine Architektur frei von kolonialen Einflüssen.

Die Antioqueños bevorzugen intensive Farben. Knallrot, Orange, Hellblau und alles, was sich aus der chromatischen Farbskala Grün/Blau zaubern lässt. Fast alle Siedlungen liegen auf steilen Bergen. Die Straßen sind dem Gelände angepasst und in feinem Raster um die Plaza Bolívar angeordnet. Die Linie der ansteigenden Straße findet ihre Entsprechung in der farblich abgesetzten Häuserfront.

Die reichen Stadthäuser haben einen Innenhof. Eingangs-, Zwischen- und Essraumtür bilden im Idealfall eine Linie. Die oft schlichten Eingangstüren stehen tagsüber offen. Der Blick fällt in den Korridor auf die reich verzierte Zwischentür, die in den Innenhof führt. Entweder haben die Zwischentüren Holzschnitzereien oder Buntglasscheiben. Am prächtigsten ist die dreiflügelige Esszimmertür.

Reich ornamentiert sind die Fensterrahmen, Balkone und Treppengeländer.

Eine Treppe führt im Zickzack in den zweiten Stock. Alle Zimmertüren gehen auf die rundum laufende Terrasse zum Innenhof. Der Innenhof ist mit Natursteinen gefliest, die ein Mosaik bilden.

Neben diesen reinen Wohnhäusern gibt es zwei- und dreistöckige Wohn-Warenhäuser. Das Erdgeschoss wird als Lager und Verkaufsraum genutzt, das Obergeschoss ist Wohnraum.

Das zentrale Kernstück des Dorfes ist die Plaza. Ein großer, runder, baumbestandener Platz, auf dem der gusseiserne Springbrunnen nicht fehlen darf. Die Bäume stammen häufig aus der Zeit der Ortsgründung. Sie erfüllen nicht nur einen ästhetischen Zweck, sondern stellen die Verbindung zu den Gründungsvätern her.

An Markttagen schlagen die Händler hier ihre Stände auf. Um die Plaza steht die Kirche, das Gasthaus (fonda), das Gemeindehaus, das Bürgermeisteramt, der Friseursalon und der Krämer.

Die herausragenden Pflanzen des Parks aber sind die annähernd dreihundert Orchideenarten, darunter die Venusfalle *Anguloa* und viele Cattleya-Arten *(Elleanthus, Lepanthes, Masdevallia, Maxilaria, Peristeria, etc.)*. Unter den Vögeln verdienen der Blauschwanzkolibri, der Cayennekuckuck, der Meißelhacker und der Olivzuser Erwähnung. Im Park leben kleine Gruppen von Emberá-Indianern an den Flüssen Chaquenodá und Mande. Die Niederschläge sind hoch, bedingt durch die Regenwolken, die vom Pazifik kommen und hier abregnen. Die trockensten Monate sind Dezember bis März. Unterkunftsmöglichkeiten gibt es an zwei Stellen im Park, die Cabañas **Calles** und **Venados** für sieben

Personen. Auch Zelten ist möglich. Verpflegung muss mitgebracht werden, es gibt eine Kochstelle. Die Flüsse Calles und Venados laden zum Baden ein.

Wie kommt man hin?

In Urrao gibt es eine Hütte der UAESPNN. Von Urrao führt eine Straße zum Gehöft Encarnación. Jeeps fahren am frühen Morgen von der Plaza, 1 Std., € 1,50. Ein Weg führt zur Cabaña Calles (6 Std.). Von dort sind es noch einmal fünf Stunden Fußmarsch zur Cabaña Venados. In Encarnación lassen sich Pferde mieten.

Caucasia

50 Meter, 28°C, 44 000 Einwohner
☏ 4

Von Caucasia am Caucafluss gibt es mit *chalupas* (Schnellbooten) regelmäßigen Bootsverkehr bis nach Mompox am Magdalena und den Goldminen am Nechífluss.

Schlafen und Essen

Bei den Bussen
Hotel San Martín, am Expreso Brasilia Terminal, kleine Räume, sauber, Bad, Vent., manchmal fällt der Strom aus, o.k., € 4,50/6,50.

Hotel Caucasia, am Rápido Ochoa Terminal, gepflegtes Hotel, Zimmer mit a/c. Doch wer will hier so viel Geld ausgeben, € 15/32. Daneben Restaurant **La Carreta** mit guter Antioquiaküche.

Am Caucafluss
Residencias Playa Rica, Pasaje Peatonal No 1-12, ☏ 822 61 12, mit Bad, Vent., sauber, € 4,50/6,50.

Hotel Colonial, Cra. 2 No 20-68, ☏ 822 74 61, geräumige Zimmer mit Vent./a/c, modern, ruhig, € 8/12; € 12/19; Suite € 33.

Die **Restaurants** liegen an der Ausfallstraße, fünf Minuten vom Zentrum.

Bootsverbindungen

Unregelmäßige Verbindungen über **Nechí** (Río Nechí) nach Magangué am Río Magdalena, vom Anleger der Cootraflucan, € 5,50. Von Nechí erreicht man El Bagre am Mittellauf des Río Nechí, 3 Std., € 8. Von dort geht es mit dem Bus weiter nach **Zaragoza**, eine der vielen Goldminen dieser Region.

Busverbindungen

Caucasia liegt an der **Medellín-Cartagena** Route. Regelmäßiger Busverkehr mit **Expreso Brasilia** und **Rápido Ochoa**.

Für den regionalen Busverkehr Chivas der Gesellschaft Coonorte, z.B. nach **Puerto Valdivia** (Río Cauca), **Zaragoza** (Río Nechí).

Rionegro

2120 Meter, 17°C, 60 000 Einwohner
☏ 4

Rionegro ist eine der ältesten Orte von Antioquia und war im 19. Jahrhundert neben Medellín und Santafé de Antioquia das politische und administrative Zentrum der Region. Heute ist die alte Stadtstruktur zerrissen und die alte Bausubstanz mehrheitlich verfallen. Eine Ausnahme bildet die **Casa de la Convención**. Sie stammt aus der republikanischen Zeit, ist aber in ihrer Architektur noch der Kolonialperiode zuzurechnen, erbaut 1850. An dieser Stelle wurde 1863 unter dem Präsidenten Tomas Mosquera (1798-1878) eine neue Verfassung verabschiedet. Die Verfassungsväter sind in einem der Säle in Öl verewigt. Ein anderer Saal ist José María Córdoba, dem wohl berühmtesten Sohn der Stadt gewidmet. Córdoba war ein junger Offizier in der Befreiungsarmee Simón Bolívars, der durch seinen Einsatz die entscheidende Schlacht um die Unabhängigkeit Lateinamerikas in Ayacucho, Peru entschied. Die Casa de la Convención ist heute ein historisches Museum. Calle 51 No 47-67. ◷ Mo-Sa 8-17. Eintritt: € 1 mit Führung.

In dieser Straße stehen noch einige schöne Beispiele der Architektur Antioquias.

Daneben ist die **Kathedrale San Nicolás** von Interesse. In der zu Beginn des 19. Jahrhunderts erbauten Kolonialkirche ist das Madonnenbild der Nuestra Señora de Arma hinter Glas ausgestellt. Die Figur ist ein Geschenk Philipp II. von Spanien. Sie besitzt zwei prächtige Kleider, die sie einmal im Jahr wechselt. Eines der Kleider ist mit 2704, das andere mit 1000 Perlen bestickt. Das jeweils abgelegte Kleid ist im Religionsmuseum, dessen Eingang neben dem Altar ist, ausgestellt. Die *mantilla*, der Umhang, ist ein Geschenk der Kaiserin Maria von Österreich. In einem Seitenschiff der Kathedrale ruhen die Gebeine des 1. Präsidenten von Antioquia, Juan del Corral, in einem Mausoleum.

Auf der Plaza steht die **Reiterstatue** für José María Córdoba, entworfen Ende der 1960er Jahre durch den 1995 verstorbenen Bildhauer Rodrigo Arenas Betancourt.

Banken

Banco de Bogotá, VisaCard, ATM, Cra. 51 No 49A-09, Loc.116/117

Bancolombia, MasterCard, ATM, Cra. 50 No 46-22

Schlafen und Essen

Am Markt gibt es das familiäre **Onassis** mit Bad, Calle 55 No 45-57, € 4,50/5,50.Und gleich daneben zum gleichen Preis die **Residencias David**. In der Parallelstraße ist das **Hotel Aymará**, Calle 54 No 46-09, ☏ 561 10 00. Es hat bequeme Betten, Bad und Sat-TV. Der Preis, der nach Betten berechnet wird, verdoppelt sich am Wochenende, € 6,50/9/11.

Ruhiger, aber teurer ist das **Hotel Gutier**, Cra. 49 No 50-32, ☏ 271 0 1 06, mit Restaurant, kleine Zimmer mit Bad, TV, € 14/20. Und das **El Oasis**, Cra. 50 No 46-23, ☏ 271 05 31, € 14/20.

Restaurants gibt es um die Plaza. Einige haben hier die typischen Balkone, die die gesamte Häuserbreite einnehmen. Sie servieren die üblichen Gerichte, z.B. *bandeja paisa*.

Busverbindungen

Medellín - Busse/Colectivos fahren ständig von der Plaza, ¾ Std., € 1,50.

Marinilla - Colectivos, Calle 52, Ecke Cra. 46, 20 Min., € 0,50.

Carmen de Viboral - Colectivos, Calle 49, Cra. 49, alle 10 Min., ½ Std., € 0,50.

La Ceja - Colectivos, Cra. 50, Diagonal 50B, (vor dem Presto), ½ Std., € 1.

El Retiro - Sotraretiro, Cra. 48 No 47-31, von ◷ 6.30-21.30 (So 20.30) alle 30 Min., ½ Std., € 0,75.

Die Fahrt nach Medellín führt in Haarnadelkurven ins Valle de Aburrá herunter. Wer einen jungen Fahrer erwischt, ist wie beim Bergrennen den Fliehkräften ausgeliefert. Die Straße passiert den modernen Internationalen Flughafen von Medellín, 13 Kilometer von Rionegro (siehe Medellín).

El Retiro

2179 Meter, 17°C, 12 000 Einwohner
☏ 4

El Retiro liegt 32 Kilometer von Medellín entfernt. Es ist ein in seiner typischen antioquenischen Struktur erhaltenes Dorf. Bekannt ist der Ort durch die Geschichte des Gründungsehepaares Ignacio Castañeda und seiner Frau Javiera Londoño, die in ihrem Testament die Freilassung ihrer persönlichen Sklaven verfügten. Die freien Sklaven zogen fort in die Minen von Zaragoza und Remedios. Einmal im Jahr kehrten sie zurück und feierten ihre Befreiung. In dieser Tradition wird auch heute noch vom 28.-31. Dezember die **Fiesta de los Negritos** gefeiert.

Schlafen und Essen

Casa Campesina, Cra. 20 No 22-43, für die, die den Stil der Pioniere bevorzugen. Große Säle mit großen Betten, Gemeinschaftsbad. Der Bauer zahlt € 1,50, der Einzelreisende € 2, Saalmiete € 6,50.

Hotel El Turista, Calle 21 No 19-55, Zimmer mit Bad, heißes Wasser, € 5,50 pro Bett, am Wochenende das Doppelte.

Es gibt mehrere Restaurants und Cafés um die Plaza. **La Silla**, Cra. 20 No 22-43, hat eine gute Küche. Carrieles, Sättel und andere typische Accessoires aus Antioquia hängen an der Wand.

Busverbindungen

Rionegro/Medellín - Sotraretiro, halbstündlich, € 0,75/1,75.

El Peñol und Guatapé

2000 Meter, 19°C, 25 000 Einwohner
☏ 4

Der Stausee von El Peñol (bzw. Guatapé) ist ein beliebtes Ausflugsziel am Wochenende und zwei Std. bzw. 77 km östlich von Medellín. Am Ufer des Stausees, der auch das «Meer von Antioquia» genannt wird, liegen die beiden Gemeinden El Peñol und Guatapé. Hauptattraktion ist die **Piedra de El Peñol**, ein monumentaler, fast 200 Meter hoher Granit. Die Gletscher der letzten Eiszeit haben diesen überdimensionalen «Hinkelstein» hier zurückgelassen. Die Menschen unserer Tage haben 644 Treppenstufen hineingeschlagen, damit alle einen Blick auf den Stausee von Guatapé haben, auf dem Segel-, Ruder-, Tret- und Motorboote kreuzen. Vor einiger Zeit hat man ein Kabel gespannt, um mit einer Zugwinde mit bis zu 50 km/h vom Besucherparkplatz an den Fuß des Felsens zu sausen, ausgestattet mit einer Handbremse, um die rasende Fahrt sanft abzustoppen; man wird zur Sicherheit festgebunden und mit Helm und Handschuhen ausgerüstet, (Canopy-) **Piedraventura**, pro Fahrt € 3. Organisierte Tagestour von Medellín, inkl. Transport, Bootsausflug, Guía, € 28, ✉ piedraventura@une.net.co

Eine zweite Kabelbahn über eine Distanz von 600 m startet am Malecón von Guatapé, ⏱ täglich 8-19, außer Mo, € 4.

Busverbindungen

Medellín - Sotrapeñol und Transporte Guatapé-La Piedra fahren stündlich, € 2,50.

Schlafen und Essen

Campamento Noches de Luna de la Piedra, ☎ (4) 293 08 66.

Hostería Los Recuerdos- zwischen El Peñol und Guatapé - ☎ (4) 861 06 50, ✉ info@hosterialosrecuerdos.com, € 40(2). **Hotel Campestre Bahía del Peñon**, ☎ (4) 861 11 98.

Hacienda Fizebad

Die Hacienda Fizebad liegt an der Straße nach La Ceja am Kilometer 24. Sie wurde 1825 erbaut. Im Haupthaus sind heute Möbel und Porzellan aus Europa zu bestaunen. Auf dem Gelände steht eine Replik eines typischen Paisa-Dorfes. Die Kapelle wird bevorzugt von Hochzeitspaaren aufgesucht. Die Hacienda ist bekannt für ihre Orchideenzucht. ⓧ Di-So 10-17. Eintritt: € 2.

Busverbindungen

Jeder Bus nach La Ceja oder El Retiro.

La Ceja

2200 Meter, 17°C, 27 000 Einwohner
☎ 4

Auf dem Weg zwischen Rionegro und Sonsón liegt La Ceja. Mitte des 18. Jahrhunderts war dieser Ort nicht mehr als ein Gasthof auf der wochenlangen Reise zwischen Rionegro und Popayán. Heute sind Dutzende von Kneipen hinzugekommen, die sich um die Plaza gruppieren. An die alten Zeiten erinnert nur noch die Bar **La Floresta.** Die neuen Zeiten sind mit dem **Billar** angebrochen. Das ist nicht nur ein zweistökkiges Restaurant mit ovalem Rundtresen, sondern zentraler Ausstellungsraum, Treffpunkt der Jugend und angesagte Diskothek. La Ceja ist und bleibt Durchgangsort, mittlerweile auch als Einflugschneise für den Flughafen Rionegro, der nur 18 km entfernt ist.

Schlafen und Essen

Man kann wählen zwischen dem **Hotel Turín**, Calle 19 No 21-55, ☎ 553 13 16, einfach, sauber, mit Privatbad, kaltes Wasser, € 5 p.P.

und der **Residencias Primavera**, Cra. 20 No 20-61, ☎ 553 15 86. Beim Eintreten in die mit Betten vollgestellten Winzkammern muss man als Mitteleuropäer den Kopf einziehen, € 6/11.

Besser sind das **Hotel del Parque**, Calle 20 No 20-28, ☎ 568 48 63, und das **Hotel La Ceja**, Cra. 20 No 22-20, ☎ 553 88 48.

Am besten isst man im **Billar,** Cra. 20 No 19-26, an der Plaza, ☎ 553 06 19.

Busverbindungen

Alle Busse/Colectivos fahren von der Plaza.

Medellín/Rionegro - Trans.Unidos La Ceja, ständig Busse, Colectivos, Medellín € 2, Rionegro € 0,80.

Sonsón/Abejorral - Expreso Medellín-Sonsón fährt jede Stunde vor der Bar La Floresta ab, € 3.

Sonsón

2475 Meter, 15°C, 30 000 Einwohner
☎ 4

Sonsón, 113 Kilometer von Medellín entfernt, davon 50 Kilometer Schotterstrecke, liegt an der alten Medellín-Bogotá-Straße. Mit der Vollendung der neuen Straße in den 1980er Jahren ist Sonsón an die Peripherie geraten. Sonsón ist ein authentisches Städtchen. Hier sind die Bauern mit ihren zerfurchten Gesichtern und den kurzen, scheckigen *ruanas* gegenüber den Wochenendausflüglern in der Überzahl. Es gibt viele herausragende Beispiele antioquenischer Architektur. Einzigartig sind die Türen mit Buntglasfenstern, unverkennbar ist der Jugendstileinfluss. Das schönste Haus der Stadt steht an der Plaza, ein dreistöckiges Haus mit verzierten Holzbalkonen. Einziger Schandfleck des Platzes ist der missglückte Neubau der Kathedrale. An ihrer Stelle stand bis zum Erdbeben von 1962 eine gewaltige Kirche mit sechs Türmen.

Die **Casa de la Cultura**, Calle 7 No 8-32, enthält alle Elemente des Antioquia Baustils. Interessant ist ein Besuch der **Casa de los Abuelos**, Calle 9 No 7-30. Das Haus ist ein Sammelsurium von Gegenständen aus der Pionierzeit. Hier steht eine alte Zeitungspresse, mit der heute noch monatlich das Mitteilungsblatt «La Acción» gedruckt wird.

◷ Di-So 10-12 u. 14-17. Die typischen *carrieles* (Umhängetaschen) werden in der **Carrielería Jericó** gefertigt, Cra. 8 No 10-82.

20 Autominuten von Sonsón auf dem Weg nach Argelia liegt der **Páramo de Sonsón**. Auf 3200 Meter Höhe wachsen Frailejónes. 115 Stufen führen zu einer Christusstatue auf dem Gipfel. Colectivos nach Argelia passieren den Páramo.

Schlafen und Essen

Es gibt zwei Hotels direkt an der Plaza. Einfach, aber sauber und freundlich ist das **Hotel Imperio**, ◷ 827 52 35, mit Bad, morgens heißes Wasser, € 4,50/6,50.

Das **Hotel Tahami**, ◷ 827 50 63, mit Bad, heißes Wasser, Bar, Restaurant, hat geräumige Zimmer, € 10/17.

Busverbindungen

Alle Busse und Chivas fahren von der Plaza.

Medellín - Sotransoda, ständig von ◷ 5-16, 4 Std., € 4.

La Dorada - Sotransoda, ◷ 5 u.10.30, 6 Std., € 7.

Abejorral - Chiva vor dem Büro des Expreso Sonsón, ◷ 6 u.14, 2½ Std., € 2,50.

Abejorral

2125 Meter, 17°C, 20 000 Einwohner
◷ 4

Die lokale Note des antioquenischen Baustils in Abejorral findet sich in den kleinen, hervorspringenden Balkonen. Hier gibt es einige zweistöckige Gebäude aus den Gründerjahren. Der erste Stock war Warenlager, im zweiten befanden sich die Wohnräume. In Abejorral hat sich seit Jahrzehnten kaum etwas verändert. Besuchen kann man die Casa de la Cultura Miguel María Calle, das Museo Jesús María Cardona und die Überreste des alten Friedhofs.

Schlafen und Essen

Casa Campesina, Cra. 51 No 49-19, ohne Privatbad, kaltes Wasser, € 2,50 p.P.

Hotel Sotallac, Calle 52 No 52-14, ◷ 864 70 93, schönes, zweistöckiges Gebäude mit Innenhof, Zimmer mit Bad, bequeme Betten, heißes Wasser, Aquarelle an der Wand, € 5 p.P.

Mit ähnlicher Ausstattung auch **Hotel Colombia, Hotel Río Arma**, ab € 4,50 p.P.

Hotel Plaza, ◷ 864 82 94, Zimmer mit Privatbad, 24 Std. Warmwasser, Sat-TV, Minibar, € 25(2).

Busverbindungen

Die abwechslungsreiche Fahrt zur Carretera Panamericana führt tief hinab ins Tal des Río Buey, einem Zufluss des Cauca, an zahlreichen Wasserfällen vorbei.

Medellín -Trans.Unidos La Ceja, Expreso Abejorral über La Ceja, sechs Busse täglich, Expreso Sonsón-Argelia über Santa Bárbara (Panamericana), vier Busse tägl., 4 Std., € 3,50.

Valparaíso

1000 Meter, 21°C, 8000 Einwohner
☽ 4

Am Anstieg der Westkordillere im südlichen Zipfel Antioquias liegt Valparaíso. Einst war hier dichter Dschungel, und es steht noch immer eine gewaltige *ceiba* auf dem Hauptplatz, die die Häuser und die Kirche in den Schatten stellt. 15 Minuten außerhalb des Dorfes liegt das historische **Museum Rafael Uribe Uribe** (1859-1914), an der Stelle seines einstigen Geburtshauses. Rafael Uribe Uribe war einer der bedeutendsten Politiker Kolumbiens, ein wichtiger Denker, der versuchte das Land aus der Feudalherrschaft ins 20. Jahrhundert zu führen. Seine Ideen reichten von der Einführung der Kaffeewirtschaft über Reformen im Arbeitsrecht, der Einführung sozialer Sicherheiten bis zur Erschließung des Amazonasgebietes als Agrarraum. Uribe Uribe war der General der liberalen Aufständischen im Krieg der Tausend Tage. Der widersprüchliche und stets umstrittene Uribe wurde 1914 in Bogotá ermordet.

Schlafen und Essen

Jesuita Angel vermietet Zimmer in ihrem Haus, mit Gemeinschaftsbad, Cra. 8 (Giradot), Ecke Calle 10, € 5 pro Zimmer.

La Posada del Palmar, Calle 10 No 10-47, beim Busterminal, mit Bad, heißes Wasser, € 9/15.

Busverbindungen

Um nach **Valparaíso** zu kommen, wartet man in La Pintada auf einen Bus aus Medellín, an der Abzweigung nach Valparaíso, 23 Kilometer, € 1.

Medellín - ☽ 6 u. 9 Direktbusse, € 4.

Caramanta - Expreso Valparaíso-Caramanta, vormittags, € 1.

Caramanta

2120 Meter, 17°C, 4500 Einwohner

25 Kilometer von Valparaíso entfernt liegt Caramanta auf einem einsamen Berg in den Westkordilleren. Spektakulär ist die einstündige Fahrt durch Kaffeeplantagen, vorbei an Wasserfällen. Durch das Tal ziehen Nebelschwaden. Für Caramanca gilt einmal mehr, je weiter entfernt von den Hauptstraßen, desto authentischer. Privatautos gibt es kaum, Transportmittel ist immer noch das Pferd. Auch hier kann man wieder alle Elemente der antioquenischen Architektur bewundern. Insbesondere einen Haustypus, der eine Mischform zwischen Stadt- und Landhaus darstellt. Die Häuser sind kleiner, es fehlt die Tür zwischen Eingang und Hof. Die Türen sind weniger verziert. Einige schöne Exemplare der Wohn- und Warenhäuser findet man an der Plaza und in seiner Nähe.

Schlafen und Essen

Es gibt zwei einfache, saubere Unterkünfte an der Plaza, **Hotel Comercial** und **Hotel Central**, € 3,50/6.

Busverbindungen

Valparaíso/Supía - Chivas und Busse fahren von der Plaza bis zum frühen Nachmittag.

Marmato

1050 Meter, 23°C, 5000 Einwohner

Marmato liegt am Ostabhang der Westkordillere zum Caucafluss. Hunderte von Goldminen untergraben den steilen Bergabhang, an dem die Häuser wie Bienenwaben kleben. Häuser und Minen sind durch ein Gewirr aus steinernen Pfaden miteinander verbunden. Diese Wege geben dem Ort eine Festigkeit, ohne die er wohl längst in den Abgrund gestürzt wäre. Trotzdem kommt es immer wieder zu Erdrutschen. Die Menschen leben und arbeiten am gleichen Ort. Das goldhaltige Gestein wird mit Maultieren zu den Mühlen gebracht, dort zerkleinert und ausgewaschen. Zwischen den Minen und den Mühlen sausen Förderkörbe auf Seilwinden über die Köpfe der Bewohner. Das mahlende Geräusch der Mühlen erinnert an eine überdimensionale Geschirrspülmaschine.

Marmato ist der älteste Ort weit und breit. Jahrhundertelang war diese Siedlung umgeben vom Dschungel und kriegerischen Indianerstämmen. Die Besiedlung des Umlandes geschah erst im 19. Jahrhundert. Daher leben hier noch viele Nachfahren schwarzer Minensklaven. Die Leute sind, anders als sonst in Minensiedlungen, nicht misstrauisch, sondern gastfreundlich und erklären Besuchern gerne die Goldgewinnung.

Schlafen und Essen

Eine einfache Hospedaje ist an der Chiva-Station. Zimmer mit Bad, sauber, Restaurant mit comida corriente, € 4 p.P.

Carriel Paisa – die Reisetasche des Paisa

Die *carriel* ist die unverwüstliche Reisetasche des traditionsbewussten Paisa. Sie hat eine entfernte Ähnlichkeit mit der Ledertasche des Geldbriefträgers. Manche dieser Taschen haben bis zu 20 Fächern. Für die Vorderseite wurde früher Nutriafell und Ozelot verarbeitet. In dieser Tasche befand sich alles, was für das Leben und Überleben in der unwirtlichen Natur notwendig war. Ein mit Patschuli parfümierter Liebesbrief, ein Bild der Virgen del Carmen (Schutzpatronin der Reisenden), ein *jesquero* (Feuerzeug mit Docht), Antischlangenserum, gewonnen aus dem Saft des *sandio*-Baumes, ein Notizbuch mit den Namen der Schuldner und dem Alter der Kälber, ein Kamm und eine Trinkschale aus Kuhhorn, die Spitze eines Gürteltierschwanzes, der erhitzt wurde, um Ohrenschmerzen zu betäuben und vieles mehr.

Busverbindungen

Supía - dreimal am Tag fährt die Chiva, die letzte um ⏰ 15, 1½ Std., € 1.

La Felisa (Panamericana) - morgens und abends gehen Jeeps, € 1.

Wenn man von Caramanta kommt, muss man bei der Abzweigung nach Marmato die Chiva aus Supía abwarten.

El Jardín

1805 Meter, 18°C, 12 000 Einwohner
☏ 4

El Jardín liegt im äußersten südwestlichen Zipfel von Antioquia. Obwohl es 135 Kilometer von Medellín entfernt ist, ist der Ort ausgesprochen touristisch. Die Plaza gilt wegen der Rosen und beschnittenen Bäumchen als die schönste von Antioquia. Die Steine der Plaza stammen ebenso wie die Steine der mächtigen neugotischen Kathedrale aus dem Fluss Tapartó. Die typischen Häuser sind gut restauriert.

Schlafen und Essen

Hotel Mi Casa, Cra. 3 Córdoba No 9-46, ☏ 855 55 48, kleines, angenehmes Familienhotel an der Plaza, mit Privatbad, schöner Innenhof, € 7/10.

Residencias Diana, Calle 9 No 2-39, ☏ 855 58 54, in der Nähe der Plaza, saubere Zimmer mit Bad, heißes Wasser, gleiche Preiskategorie wie Mi Casa.

Restaurants sind an und um die Plaza. Gut ist das **El Zodiaco**, Cra. 4 No 8-63.

Busverbindungen

Von der Plaza fährt Trans. Suroeste Antioqueño und Rápido Ochoa.

Medellín - zwei Direktbusse, 4 Std., € 6.

Andes - ständig Colectivos, von dort Anschluss nach Medellín.

von Andes - morgens um ⊙ 6 Chivas in alle Richtungen, nach Jericó, Ríosucio, Bolombolo.

Jericó

2000 Meter, 18°C, 9000 Einwohner

Jericó hat die meisten Werkstätten, in denen *carrieles* gefertigt werden. In den Werkstätten werden die *carrieles* nach individuellen Vorstellungen noch von Hand gefertigt. Gute, handgearbeitete *carrieles* kosten ab € 100, industriell gefertigte sind billiger.

Schlafen und Essen

Einfache Unterkunft bietet die **Residencias El Viajero**, sauber, mit Bad, € 6/8. Teurer, aber komfortabler ist die **Hostería Las Piedras**, € 7/12.

Busverbindungen

Medellín - Transport Jericó, mehrere Busse täglich, 4½ Std., € 5.

Die Kaffeezone – Zona Cafetera

Die Kaffeezone (Zona Cafetera oder *Eje Cafetero*) verteilt sich schwerpunktmäßig auf die drei kleinen Departements Quindío, Risaralda und Caldas in der Zentralkordillere der Anden und bietet den Vorteil viele Touristenattraktionen auf engstem Raum zu versammeln. Neben Kaffeetouren und Relaxen auf einer historischen Finca aus Gründertagen, gehören Trekking- oder Reittouren bis in die Höhenlagen der Los Nevados und eine launige Floßfahrt auf dem Río La Vieja zum Besucherprogramm. Die Großstädte der Region sind nur wenige Kilometer von einander entfernt. Von Armenia nach Pereira sind es 44 Kilometer, Manizales ist 50 Kilometer von Pereira entfernt und 94 Kilometer von Armenia.

In dieser Region wächst etwa 10 % des weltweit produzierten und konsumierten Kaffees auf Höhenlagen zwischen 1000 und 1800 Metern. Die nährstoffreichen Vulkanböden, die hohe Luftfeuchtigkeit und die hügelige Landschaft bieten ideale Voraussetzungen für den Anbau der exzellenten aromareichen Arabica-Sorte. Von Interesse sind die Ernte und der anschließende Veredlungsprozess des Kaffees, die eigenständige verspielte Architektur der ländlichen Fincas, die zauberhafte Landschaft, die von den tropischen Niederungen und begrünten Hügelketten bis zu den schneebedeckten Gipfeln der Los Nevados reicht.

Seit Beginn der 1990er Jahre haben viele der kleinen Kaffeefarmer den Agrotourismus, anfangs als zusätzliche, später als (Haupt-)Einnahmequelle, entdeckt und bieten den stressgeplagten Großstädtern eine ländliche Idylle zum Entspannen und eine Verköstigung angereichert mit organisch gezogenen Produkten. Der Kaffeeboom der letzten Jahre ist auch an der Zona Cafetera nicht spurlos vorbeigegangen. Schon sind die Rekordstände aus dem Jahr 1998 wieder in Reichweite und der Exporterlös für Café Colombiano hat sich in den vergangenen vier Jahren verdoppelt.

Salamina

1775 Meter, 19°C, 20 000 Einwohner
◑ 6

Salamina liegt in den Zentralkordilleren und präsentiert die Architektur Antioquias in ihrer höchsten Blüte. Die Holzportale sind hier massiver und opulenter als in den anderen Orten. Es gibt mit Holzköpfen verzierte Türen. Am schönsten ist die Eingangstür der **Casa de la Cultura**, geschmückt mit einer Teufelsmaske. Die Casa de la Cultura hat zudem ein Treppengeländer in Form eines Rebstockes. Ein einzigartiges Motiv, Cra. 6 No 6-7. Ein weiteres herausragendes Beispiel ist das Haus in der

Cra. 7 No 5-42. An der Plaza steht die vom englischen Architekten William Martin zwischen 1865 und 1875 erbaute **Kathedrale**. In ihrer Art ist sie einzigartig in Kolumbien. Statt der typischen Säulengänge ist der Innenraum ein großer Saal mit einer holzgetäfelten Decke. Auch der Altar ist aus Holz geschnitzt. Man spürt, dass Salamina einmal eine reiche Stadt gewesen ist, die gut vom Kaffee lebte. Die mit Tillandsia-Bäumen bestandene Plaza ziert ein kleiner Musikpavillon, in dem sonntags manchmal Konzerte gegeben werden.

Schlafen und Essen

Am besten übernachtet man in der **Hostería Albores**, Calle 4a No 5-79, ☏ 859 50 41, einem über 80 Jahre alten, liebevoll restaurierten Haus, mit Restaurant, ohne Privatbad, häufig ausgebucht, € 5,50 p.P.

Gar nicht schlecht ist das **Hotel Cristal**, Calle 7a (La Patria) No 6-74, ebenfalls in einem alten, netten Haus, große Zimmer, sauber, € 5 pro Zimmer.

Das **Hotel Sanguitama,** Calle Real Cra. 6 No 7-12, in der Nähe des Busbahnhofes, ☏ 859 51 82, scheint einen sowjetischen Architektenentwurf als Grundlage zu haben. Von außen sieht es nach Fabrikhalle aus, von innen etwas besser, große Zimmer mit Bad, Pool, € 11/18.

Persönlicher ist das **Hotel El Refugio**, Cra. 8 No 7-9, ☏ 859 55 22, Zimmer mit Privatbad.

Das beste Restaurant ist das **Tierra Paisa**, Calle 5 No 6-74, an der Plaza, ☏ 859 59 78, exzellente *bandeja paisa* zu moderatem Preis. Weitere **Restaurants** und **Cafés** entlang der Calle Real, Cra. 6.

Busverbindungen

Medellín - Empresa Arauca, ☏ 859 53 93, drei Busse morgens, Expreso Sideral, ☏ 859 51 38 und Empresa Autolegal, ☏ 859 50 70, Busse und Colectivos, 6 Std., € 8.

Manizales (über Aguadas) - Expreso Sideral und Empresa Autolegal stündlich, 2½ Std., € 3.

Aguadas - Expreso Sideral und Empresa Autolegal, Busse und Colectivos, 2 Std., € 2,50.

La Merced/La Felisa (> Marmato) - Jeeps, 1½ Std., € 1,50.

Aguadas

2170 Meter, 17°C, 38 000 Einwohner
☏ 6

Auch Aguadas liegt auf einem steilen Berg. Besonders gut ist hier die typische Rasterform der Straßen zu beobachten, die schnurgerade verlaufen und sich am Horizont verlieren. Oftmals wird die Stadt von aufkommendem Nebel «verschluckt». Die Kirche an der Plaza ist abschüssig gebaut. Die Eingangsportale von Kirche, Sakristei und die geschlossene Wendeltreppe zum Chorgestühl korrespondieren in Form und Farbe. Oberhalb der Kirche liegt die **Casa de la Cultura**, Cra. 3, Ecke Calle 6. Im 2. Stock gibt es eine ständige Ausstellung aller in Kolumbien gefertigten Hutmodelle. ☺ Mo-Fr 8-12 u. 14-19.

Aguadas hat eine langjährige Strohhuttradition und mehrere Hutmacher. Die Hüte werden aus der *iraca*-Palme gefertigt. Werkstätten findet man an den Treppen bei der Cra. 4, Ecke Calle 8 (Calle de los Faroles). Aguadas wurde von Bewohnern aus Sonsón gegründet. Das erste vermerkte Haus war die *fonda* (Gasthaus) von Manuela. Ein Modell steht im Museum der Casa de la Cultura. Auch heute ist die 58 Kilometer lange Fahrt von Sonsón immer noch ein ursprüngliches Reiseerlebnis.

Feste

Anfang August wird in Aguadas das **Festival Nacional del Pasillo** gefeiert. Der Tanz ist unserem langsamen Walzer verwandt.

Aus Aguadas stammen die großen Stars dieser Musik, die Gebrüder Hernandéz, die heute keiner mehr kennen wird, die aber in den 1920er Jahren durch Amerika tingelten und sogar einmal im Weißen Haus in Washington auftraten.

Schlafen und Essen

Günstige, einfache Residencias an der Plaza, z.B. das **Familiar** und das **Paris**, ab € 4,50/7.

Hotel Pipintá, La Patria, Cra.6 No 7-25, in der Nähe der Plaza, ☏ 851 42 09, neuwertig, sauber, ruhig mit Privatbad, € 16,50/19,50 während des Festivals, sonst 40 % günstiger.

Hostería Aguadas Hilton, Cra. 3 No 17-08, ☏ 851 50 46, Festivalpreis: € 25 p.P.

Hotel Tarbela, Cra. 6 No 4-27, ☏ 851 42 08, während des Festivals: € 25 p.P.

Busverbindungen

vom Busbahnhof
Medellín/Manizales - Empresa Arauca, Autolegal, täglich mehrere Busse und Colectivos.

(über La Pintada/La Felisa), Colectivo, 3½-4 Std., € 7.

von der Plaza
Sonsón - Chiva (*escalera*), ⊙ 5 u.14, 3½ Std., € 2,75.

Pensilvania

2100 Meter, 17°C, 15 000 Einwohner

Pensilvania liegt am Ende eines langgestreckten Tales, das von der Straße Manizales-Bogotá abführt. Die Architektur weicht von denen der übrigen Paisa-Orte ab. Hier wurde ausschließlich Holz zum Bau der Häuser verwendet. Die Kombination der Farben ist noch gewagter als anderswo. Mancher Straßenzug ist wie ein abstraktes Gemälde geraten. Der Torbogen der einstigen Dorfkapelle ist heute die Eingangstür eines Hauses. Er ist 170 Jahre alt. Die Klapptür ist nachträglich angepasst worden. Das Haus befindet sich in der Calle 7 No 7-18. In Pensilvania pflegt man die Tradition des Kunstreitens. Abends tänzeln Pferde im *paso fino*, im Trippelschritt, durch den Ort. Ihre Reiter tragen lange Beinkleider aus Kuhfell, die *zamarros*.

Schlafen und Essen

Zwei Hotels und die Cafés liegen um die Plaza. Die Bewohner von Pensilvania trinken ihren *tinto* mit Zitrone.

Das **Hotel Pensilvania** ist im alten Kino untergebracht, einfach und etwas heruntergekommen, € 3 p.P.

Das beste ist das **Hotel Balcones de Oriente**, Zimmer ohne/mit Privatbad, heißes Wasser, € 3 p.P./4,50 p.P./6 (mat.).

Das Restaurant **Salon de 11s - Aqui es** hat eine schmackhafte Küche.

Busverbindungen

An der Plaza liegen die Büros von Empresa Arauca und Rapído Tolima.

Beide Gesellschaften haben mehrere Busse und Mikrobusse nach **Manizales** - € 8.

Bogotá - Rapído Tolima, ⊙ 8.30, € 13.

Honda - bis Petaqueros an der Wegkreuzung Bogotá - Manizales, dort einen Bus aus Manizales abwarten, € 4.

Außerdem fahren morgens ☏ 6 u. 15 Chivas abseits der Hauptrouten nach **Samaná** - 4 Std., von dort Anschluss nach Honda über La Dorada.

Manizales

2150 Meter, 18°C, 440 000 Einwohner
☏ 6

Manizales liegt auf einem ausgedehnten Bergmassiv. Die Straßen fallen von einem Bergsattel steil ab. Die Luftfeuchtigkeit ist hoch und es regnet viel. Manizales ist das bedeutendste Resultat der Kolonisation Antioquias und liegt am Wegkreuz der drei größten Städte des Landes Bogotá-Medellín-Cali. Hier lässt sich die lange Strecke in die eine oder andere Richtung unterbrechen.

Seit ihrer Gründung im Jahr 1849 ist Manizales bedroht von Erdbeben. 1926 zerstörte eines fast die gesamte Stadt. Manizales wurde daraufhin zur Spielwiese europäischer und einheimischer Architekten. Die Kreolen mischten französische und italienische Stile nach Belieben. Das Stadtbild ist bis heute geprägt von dem abrupten Wechsel unterschiedlicher Stilrichtungen. Moderne Hochhäuser stehen neben republikanischen Gebäuden, Paisahäuser wechseln mit neugotischen Kirchen. Sogar Art Deco ist vertreten. Zentrum der Stadt ist die Plaza Bolívar, die von der Kathedrale Basílica beherrscht wird. Die **Catedral Basílica** wurde zwischen 1928 und 1939 erbaut. Sie ist mit 106 Meter eine der höchsten der Welt. Entworfen wurde sie vom französischen Architekten Julien Polty, der den von der *École nationale des beaux-arts* in Paris ausgeschriebenen Wettbewerb gewonnen hatte. Die Ausschreibung hatte unter dem Motto gestanden, «Lasst uns eine Kathedrale von solchen Ausmaßen bauen, dass uns künftige Generationen für verrückt erklären.» Die neugotische Basílica hat herausragende runde Buntglasfenster. Das gusseiserne Haupttor beschreibt die wechselvolle Geschichte der Vorgänger-Kathedralen. Erwähnung verdient der 15 Meter hohe geschnitzte Holzbaldachin über dem Hauptaltar, dessen Spitze dem Kirchturm entspricht. Der Turm, der den besten Ausblick über die Stadt bietet, ist seit 1979 bedauerlicherweise geschlossen. Gegenüber liegt der **Gouverneurspalast** im republikanischen Stil mit unverkennbar italienischem Einfluss.

Auf der Plaza steht der **Bolívar Condor**. Zu Beginn der 1990er Jahre ist der alte Bolívar mit der Tunika durch den Vogelmenschen Bolívar ersetzt worden. Das Gesicht Bolívars ist als Maske an den Betonsockel montiert. Es ist eines der letzten Werke von Rodrigo Arenas Betancourt.

Informieren

Das Büro Corporación Fomento y Turismo ist im Edificio Licorera im Erdgeschoss. Das Gebäude steht an der Plaza gegenüber der Kathedrale. ☏ 884 62 11. ⏰ Mo-Fr 9-12 u. 14-17.30.

Banken und Wechsler

Bancolombia, VisaCard, ATM, Cra. 22 No 20-55

Banco Santander, alle Karten, ATM, Cra. 22 No 21-12

Cambiamos für Bardollar und Euro im Centro Comercial Bancafe,

Calle 19, Ecke Cra 21 Local 4A und im Carulla-Supermarkt im Centro Comercial Cable Plaza.

Feste

Feria de Manizales. In der ersten Januarwoche werden Umzüge und die Wahl der Kaffeekönigin veranstaltet.

Festival Latinoamericano de Teatro, in der 2. Jahreshälfte. Es ist das neben Bogotá wichtigste Theaterfestival des Landes.

Cable Aéreo

Zu Beginn dieses Jahrhunderts suchte die aufblühende Kaffeestadt Manizales einen Zugang zu den internationalen Märkten. Die zentrale Wasserstraße des Landes, der Magdalenafluss, war durch den Vulkan Nevado del Ruiz von Manizales abgeschnitten. In jener Zeit grenzenloser Technikbegeisterung verfiel man auf die phantastische Idee, Manizales mittels einer Seilbahn mit dem 117 Kilometer entfernten Mariquita am Río Magdalena zu verbinden. Mit dem Bau wurde 1912 begonnen. Die Fahrt von Manizales nach Mariquita dauerte mit Pausen an den Stationen 48 Stunden. Die Seilbahn lief über 376 Türme aus Eisen, die per Schiff aus London angeliefert wurden. Das Schiff, das den Turm Nr. 20 transportierte, kam nie an. Es wurde im 1. Weltkrieg durch ein deutsches U-Boot versenkt. Der leitende Ingenieur James Lindsay beschloss daraufhin, als Ersatz einen Turm aus Edelhölzern zu errichten.

Der Holzturm ist der **Torre de Herveo**, der in den 1980er Jahren von der Tiefebene des Magdalena, wo er als Feuerholz zu enden drohte, nach Manizales gebracht wurde. Die Stadt hat damit neben der Kathedrale ein weiteres Wahrzeichen erhalten. Der Turm leuchtet nachts wie ein Christbaum. Av. Santander Calle 65.

Die **Estación El Cable** liegt direkt gegenüber und ist heute die Architektur Fakultät der Universität Nacional. Die Kabelbahn wurde von 40 PS-Dampfmotoren angetrieben. Sie hatte 800 Gondeln, mit denen täglich zehn Tonnen Kaffee, Bananen, Gold und Tabak nach Mariquita transportiert wurden. Die Gondeln beförderten auch Passagiere. Es muss eine abenteuerliche Reise gewesen sein! Von Manizales erreichte man den höchsten Punkt bei 3800 Meter über dem Páramo mit einem grandiosen Blick auf die Schneegipfel der Vulkane. Dann ging es hinab in die stickig-schwülen Sümpfe des Magdalenatales. 1961 wurde das Transportmittel eingestellt. Die Straße hatte es überflüssig gemacht. **Bus** - vom Zentrum entlang der Cra. 23

Sehenswürdigkeiten

Antigua Estación de Ferrocarril
Die alte Station der Eisenbahn im republikanischen Stil ist heute das Hauptgebäude der Universidad Autonoma. Auf der Turmspitze steckt eine nachts beleuchtete Weltkugel.

Templo de la Inmaculada
Am Parque Caldas steht die Kirche in *bahareque*-Bauweise, eine Konstruktion aus Bambus und Lehm. Dieses Baumaterial ist elastisch und bietet den Vorteil, erdbebensicher zu sein. Die Kirche wurde zu Beginn des Jahrhunderts erbaut. Das Kirchenschiff ist aus massivem, poliertem Zedernholz und wirkt wie ein auf den Kopf gestellter Schiffsrumpf. Parque Caldas, Calle 30, Cra. 22.

Capilla de la Enea ist die älteste Kapelle der Stadt.
Bus - «La Enea» vor dem Terminal.

Instituto Caldense de Cultura
Das 1883 erbaute Haus mit zwei Innenhöfen ist ein gut erhaltenes Beispiel der Paisa-Architektur. Calle 26 No 20-46.

Das **Museo Arqueológico** versammelt 3500 präkolumbianische Keramiken und Goldstücke, der Quimbaya-Kultur.
Universidad de Caldas. Cra. 23 No 58-65. ⏰ Mo-Fr 8.30-12 u. 14-18. Eintritt: frei.

Die Banco de la República unterhält ein **Museo de Oro** mit Goldschmuck der Quimbaya. Die meisten Teile sind aus einer Gold-Kupferlegierung hergestellt *(tumbaya)*. Cra. 23 No 23-14. ⏰ 9-11.30 u. 14-17.

Das **Naturgeschichtliche Museum der Universität Caldas** bietet die größte Schmetterlingssammlung des Landes. Universidad de Caldas. Calle 65 No 26-10. ⏰ Mo-Fr 8.30-11.30 u. 14.30-17.30.

▪ Schlafen
Für eine Handvoll Pesos

SEBRA TIPP

Hostal **Mountain House**, Calle 66 No 23B-137, Av. Paralela, Barrio Guayacanes, ☏ 887 47 36, www.mountainhousemanizales.com, in Stadionnähe, 15 Min. mit dem Bus «El Stadio» oder «El Cable» vom Stadtzentrum entfernt und trotzdem der beliebteste Treffpunkt für Traveller. Die beiden Kolumbianerinnen Christina und Christina managen das Hostal und haben immer einen guten Tipp bei der Hand, vier dorm. mit bis zu acht Personen, € 6 p.P. und zwei Doppelzimmer, € 12(2), inkl. Küchenbenutzung. Wifi-Internetverbindung.

Hotel Marana, Calle 18 No 17-54, beim Terminal, ☏ 884 38 72, gut und günstig, um den frühen Bus zu erwischen.

Hotel Nuevo, Cra. 23 No 17-07, ☏ 884 46 80, Zimmer mit Privatbad, TV, heißes Wasser, gut in dieser Preiskategorie, € 8/12.

Casa Familiar, Cra. 23 No 44-27, ☏ 885 90 44, ist etwas günstiger und in dieser Preiskategorie empfehlenswert.

Hotel Plaza de Café, Cra. 23 No17-04, Zi. mit Privatbad, € 8/12.

Hotel Consul 1, Cra. 20 No 20-25, ☏ 882 37 20, ✉ consul1@hotelesmanizales.com, einfach eingerichtet und mit bequemen Betten versehen, € 14(2).

Mittelklasse
Hotel California, Calle 19 No 16-37, ☏ 884 77 20, gegenüber vom Terminal, sauber mit Privatbad, € 12/17.

Hotel Fundadores, Cra. 23 No 29-54, Zimmer mit Privatbad in einem schönen Kolonialgebäude, € 30/45.

Hotel Bolívar Plaza, Calle 22 No 22-40, ☏ 884 77 77, schlichtes Fahnenhotel in zentraler Lage, bequeme Zimmer mit Privatbad, Kabel-TV und akzeptablen Betten, € 40(2).

Oberklasse
Hotel Las Colinas, Cra. 22 No 20-20, ☏ 884 20 09, 📠 884 15 90, ✉ reservas@hotellascolinas.com; www.hotellascolinas.com. Das Vier-Sterne-Hotel mit Pool und Sauna wirkt sehr gediegen und hat Preise wie zu Beginn des Kaffeerausches, zwischen € 60-100.

Das stilvollste und schönste Hotel ist das Art Deco **Hotel Escorial**, Calle 21 No 21-11, ✆ 884 76 46, 🖷 884 77 22, ✉ escorial@epm.net.co. Erbaut wurde es 1930 vom Architekten der Kathedrale, Julien Polty. Zimmer mit Privatbad, Kabel-TV, Telefon, Minibar, Safe, Restaurant, inkl. Frühstück € 50/60.

Essen

Rar gesät sind gute Restaurants, die preiswerten Mittagstisch anbieten. Entlang der Cra. 23 gibt es einige «falsche» **Chinesen** und **Hähnchenbrater**. Günstige comida corriente im Restaurante **la Nacional**, Cra. 23 No 22-18, € 2,50.

An der Plaza Bolívar ist das **Plaza 22** zu empfehlen. Neben comida corriente auch passable Fischgerichte.

El Pilón, Calle 21 No 21-21, und **Fonda Paisa**, Cra. 23 No 72-130, servieren typische, deftige Paisagerichte, im letztgenannten mit Livemusik.

Las Quatro Estaciónes, Cra. 23 No 56-42, Pasta und Pizza.

El Carretero, Calle 36 No 22-22, regionale Küche.

Salón de Té la Suiza, Cra. 23 No 26-57, beliebter Treffpunkt bei exzellentem Kaffee und Kuchen.

Musik und Tanz

Mit Beginn der Dämmerung eröffnen die vielen **Rotlichtschmuseschuppen**, aus denen Schmachtfetzen ertönen, Cra. 23 zwischen Calle 14 und 18.

Kaffeetouren

Turismo Terrestre-Ecológico, Calle 25 No 22-23, Edificio Centro Profesional, Of. 301, ✆ 882 49 08, 🖷 884 31 69. Tagestouren, engagiert und preiswert.

Der kleine Ort **Chinchiná** (55 000 Einwohner, 1390 Meter) liegt 20 km von Manizales entfernt im Herzen der Kaffeezone. Hier befinden sich einige sehenswerte Kaffeefincas, die Gäste willkommen heißen.

Auf der Finca von **Carlos und Matilde** kann man die Kaffeeherstellung aus nächster Nähe verfolgen,

Mirador Agroturistico Colina del Sol, Cra. 8 No 8-63, ✆ (096) 850 48 85/ 840 03 35, Kontakt: Matilde Builes, ✉ Dianamarce@starmedia.com

Bergtouren

Die Touristeninformation vermittelt Guías, die Touren durch den Nationalpark Los Nevados durchführen. Pro Tag ca. € 50 bei Gipfelbesteigung.

Busverbindungen

Der Busterminal ist im Stadtzentrum. **Information:** ✆ 883 54 24.

Bogotá - Bolívariano, Rápido Tolima, von ⏱ 6 bis 24 stündlich, 6 Std., € 13.

Honda - Bolívariano, Empresa Arauca (> Bogotá), stündlich, 3 Std., € 8.

Medellín - Empresa Arauca, zehn Busse und Aerovans, 4 Std., € 9,50.

Cali - Expreso Palmira, mehrere, Empresa Arauca, zwei Nachtbusse, 6 Std., € 11.

Pereira/Armenia - Autolegal, Colectivos, ständig, € 2,50/3,50.

Pensilvania - Empresa Arauca, Rápido Tolima, stündlich bis ⏱ 16, 4 Std., € 8.

Salamina - Expreso Sideral, mehrere Busse und Aerovans, 3 Std., € 4.

Quibdó - Empresa Arauca, ein Bus ⏱ 5.30, 11 Std., € 13.

Flugverbindungen

Der *La Nubia* Flughafen liegt acht Kilometer außerhalb des Stadtzentrums.
ADA, ☏ 874 27 27, Medellín täglich, € 90.
Aires, ☏ 874 17 45, Medellín und Bogotá mehrmals täglich, € 80. **Avianca**, Flughafen: ☏ 874 54 52, mehrere Ticketbüros in der Stadt, u.a. im Hotel Las Colinas, ☏ 883 22 37, Bogotá mehrmals täglich, € 70.

Pereira

1420 Meter, 21°C, 420 000 Einwohner
☏ 6

Pereira, gegr. 1863, ist eine noch junge und schnell wachsende Industrie- und Handelsstadt mit den Zweigen Textil, Leder und Lebensmittelverarbeitung. In der Umgebung wird Kaffee und Zuckerrohr angebaut. Seit einiger Zeit hat die Stadt mit dem **Megabús** ein öffentliches Nahverkehrssystem, das dem von Bogotá vergleichbar ist, auch hier gibt es eine **Pico y Placa**-Regelung für den privaten Stadtverkehr. Auf der zentralen Plaza steht das Standbild des **Bolívar Desnudo** von Rodrigo Arenas Betancourt. Es zeigt den nackten Bolívar auf dem Rücken eines Pferdes. Der **Zoo** (Zoológico de Matecaña), www.zoopereira,org, gehört zur Hauptattraktion der Stadt und liegt in unmittelbarer Nähe des Flughafens. ⌚ täglich 8.30-17.30, manchmal wird eine Nachtsafari angeboten.

Informieren

Corporación de Turismo de Risaralda, Calle 20 No 8-73, ☏ 334 25 03. ⌚> Mo-Fr 9-12 u.14-17.
Banco de la República, Calle 18 No 9-57, ☏ 324 34 00, moderne Stadtblibliothek und Veranstaltungsraum.

Banken und Wechsler

Gegenüber dem Busterminal befindet sich der Centro del Comercio La 14 mit einer Vielzahl von ATMs. Im Centro del Comercio Cra. 7, Calle 16, Local 124 bei **Cambiamos** Tauschgelegenheit für Bardollar und Euros.

Schlafen und Essen

Hotel Suite Center, Calle 16 No 7-56, ☏ 333 09 89, bestes unter den «Low budget» Unterkünften, € 12.
Hotel Fontana, Cra. 9a, Ecke No 15-71, ☏ 335 36 65, zentral, sauber, Restaurant, mit Bad, € 7/10.
Apartahotel San Juan del Lago, Cra. 7 No 25-34, ☏ 325 67 70, 🖷 334 97 79, www.apartahotelsanjuandellago.com, 5 Blocks von der Plaza Bolívar entfernt am Parque El Lago, ruhig und grün, für Selbstversorger mit Salon und Küche, € 35(2).
Gran Hotel, Calle 19 No 9-19, ☏/🖷 333 86 44, Restaurant, Bar, Zimmer mit Bad, Vent., Minibar, TV, € 40/50.
Hotel Abadia Plaza, Cra. 8 No 21-67, ☏ 335 83 98, ✉ gerencia@hotelabadiaplaza.com, eins der besten Häuser der Stadt, und das hat seinen Preis, ab € 75/ 85.
Hotel de Pereira, Cra. 13 No 15-73, ☏ 335 07 70, 🖷 335 06 77, www.hoteldepereira.com. Das teuerste Hotel in Pereira mit Kasino, Discothek etc., Zimmer mit a/c, Bad, TV, Minibar, Tel, € 80/110. Direkter Zugang zur Mall Pereira Plaza.
Hotel Dann Soratama, Cra. 7 No 19-20, ☏ 335 86 40, 🖷 325 00 14, www.hotelsoratama.com, ein weiteres Luxushotel, etwas günstiger als das Hotel de Pereira, ab € 60/90.

Die günstigen (Schnell-)Restaurants liegen um die Plaza Bolívar oder in den Malls. Es gibt einige Spezialitätenrestaurants wie das **El Mesón Espanol**, Calle 14 No 25-57, ☏ 321 56 36, gute Fischgerichte.

Forno, Cra. 15 No 11-55 Los Alpes, ☏ 325 08 02, beliebter Italiener mit Steinofen.

Am Stadtrand liegt das Traditionshaus **La Estancia**, Calle 8 No 29-55 Los Héroes Dosq, ☏ 330 90 20, gehobene Landküche.

Busverbindungen

Der Busterminal ist modern, übersichtlich und ca. 20 Min. zu Fuß von der Plaza Bolívar entfernt.

Bogotá - Expreso Bolívariano, Flota Magdalena, Expreso Palmira, ständig, 8 Std., € 15.

Armenia - Busse und Mikrobusse, ständig, 50 Min., € 2.

Salento - Busse und Mikrobusse, regelmäßig Fr/Sa/So, 1 Std. € 2.

Medellín - Empresa Arauca u.a., ständig, 7 Std., € 13.

Cali - Expreso Palmira, Busse und Aerovans, ständig, 5 Std., € 9.

Quibdó - Flota Occidental, ein Bus täglich, 11-14 Std. je nach Straßenzustand, € 11.

Ecotermales San Vicente (Thermalquellen) - Bus von Calle 16 No 14 - 08, Sa/So/Feiertags, ⊕ 8.30, Eintritt und Mittagessen im Preis enthalten, € 15.

Flugverbindungen

Der Flughafen Aeropuerto Matecaña ist 15 Min. mit dem Taxi (€ 5) vom Stadtzentrum entfernt.

Aerorepública, Av. Circunvalar No 5-47, ☏ 331 32 32.

Aires, Calle 19 No 6-24 Local 102, ☏ 335 01 83.

Avianca, Cra.10 No 17-55, Edif. Torre Central Local 301 - Centro- ☏ 335 52 88, Flughafen: ☏ 314 27 02.

Bogotá - Avianca, Aerorepública täglich, ab € 75.

Medellín - Avianca, tägl., ab € 75.

Kaffeefarmen bei Pereira

Casa Inspiración, www.casainspiracion.net, ☏ 323 54 92/ mobil 310 835 17 68, ehemalige geräumige Kaffeefinca, 10 Min. außerhalb der Stadt und inmitten der von Kaffeesträuchern bewachsenen Hügel, Einrichtung im Balidesign, Chill Out-Zonen, Pool und Privacy, für bis zu 14 Gäste, ab € 38 - 145 (Suite), inkl. Frühstück, Flughafentransfer; Restaurantbetrieb.

Refugio Ecoturistico la Pastora, Calle 19 No 8-31, ☏ 325 47 81.

Finca Villa Maria, ☏ 333 89 77/ 333 34 10/ 325 09 82, www.turiscafe.andes.com, ✉ comesa@pereira.multi.net.co

Finca Villa Martha, ☏ 329 92 61/ mobil 033 421 59 20.

Santuario de Flora y Fauna Otún Quimbaya

Das nur 489 Hektar große Naturschutzgebiet liegt inmitten der Kaffeezone und besticht durch seine Artenvielfalt an der Übergangszone vom subandinen Regenwald zum Hochgebirge, zwischen 1.860 und 2.250 m. 200 Vogelarten sind hier zu Hause, zudem mehrere Gruppen von Brüllaffen, der Brillenbär, der Andentapir u.a. Säugetiere.

Wie kommt man hin?

Von Pereira nach La Florida (9 km). Von dort bis zur *Vereda La Suiza*, mit dem Parkeingang. Mehrere Wege führen durch den Park: **Los Bejucos y El Robledal** ist ein leichter Rundgang durch ebenes Gelände. Des weiteren der Weg entlang des **Río Otún** (2,5 km) und der längere **Camino de la Sal o El Manzano** (7 km). Eintritt: € 5 (für Ausländer). Übernachtungsmöglichkeiten im Besucherzentrum in Vierbettzimmern, € 6 p.P., drei Mahlzeiten € 9.

Armenia

1480 Meter, 20°C, 325 000 Einwohner
🕒 6

Armenia ist die Provinzhauptstadt des kleinsten Departement Quindío, gegr. 1889. Viele Gebäude der Stadt sind durch das Erdbeben im Januar 1999 zerstört und anschließend zumeist wieder aufgebaut worden. Armenia ist eine junge, zwischenzeitlich verarmte Kaffeestadt, die am Ende des vorletzten Jahrhunderts gegründet wurde und heute wieder mit Optimismus in die Zukunft schaut. In der Eigenwerbung heißt es: «*Armenia..... un milagro de ciudad*», ein Stadtwunder, und tatsächlich hat die Stadt in ihrer kurzen Geschichte soviel Niedergang und Katastrophen erlebt, dass es schon an ein Wunder grenzt, dass die Bewohner dageblieben sind und immer wieder von neuem beginnen. Bei all den Rückschlägen verwundert es nicht, dass das Stadtbild wenig Liebliches zu bieten hat. Bei der Architektur im Zentrum dominiert grauer Waschbeton. Die Konzeption der Plaza Bolívar ist verunglückt. Die Schrumpfkathedrale **La Inmaculada** dürfte die kleinste Kirche für eine Stadt dieser Größe an einer Plaza Bolívar sein. Im Untergeschoss der **Kirche Sagrado Corazón** ist ein Supermarkt untergebracht.

Ein echter Lichtblick und lohnend für einen Besuch ist hingegen das

SEBRA TIPP

Museum Quimbaya, 🕿 749 84 33, www.banrep.org/museo am Ende der Avenida Bolívar, am Rand der Stadt. Hier sind die wunderschönen Keramiken der Quimbaya-Kultur versammelt, Tongefäße, sitzende und stehende Figuren. Die wichtigsten Goldexponate wurden allerdings ins Museo de Oro nach Bogotá gebracht. Das Museum hat die Form eines Mausoleums mit einem symmetrischen Innenhof, erbaut im heutzutage in Kolumbien als modern geltenden Klinkerstil. 🕒 Di-Fr 10-18, Sa, So 10-17. Eintritt: frei. Bus nach Circasia und aussteigen am Rondel mit der alten Dampflok oder mit dem Taxi vom Zentrum, € 1.

Armenia ist einer der vier zentralen Ausgangspunkte zum Besuch des **Nationalparks Los Nevados** (siehe Los Nevados) und zum Besuch einer der vielen Kaffeefarmen in der Umgebung.

Informieren

www.turismoquindio.com mit reichhaltiger Information zu Kaffeefarmen, Landhotels und allgemeine Touristeninformation für das Departement Quindio.

Banken und Wechsler

ATM von Bancolombia am Busterminal in Armenia. Weitere ATMs findet man im **Centro Comercial Portal de Quindio**, im Nordteil der Stadt. Bardollar und Euro kann man bei der Filiale der Bancolombia neben dem Krankenhaus tauschen, der Armenia-Salento Bus fährt hier nahe dran vorbei, aussteigen beim Centro Comercial Portal de Quindío, Pass mitbringen und insbesondere Fr und Mo warten und anstehen, bis man an der Reihe ist.

Schlafen und Essen

Die billigsten Hotels liegen um den Markt.

Hotel Centenario, Calle 21 No 18-20, ☎ 744 31 43, Zimmer ohne Privatbad, € 4 p.P.

Hotel Erasmo, Cra.16 No 14-50, ☎ 745 62 98, Zimmer mit Bad, € 7,50/12.

Hotel Imperial, Calle 21 No 17-43, ☎ 744 81 39, geräumige Zimmer mit Bad, freundlich, empfehlenswert, € 11/16.

Hotel Zuldemayda, Calle 20 No 15-38, ☎ 741 05 80, Leselicht und Tagesdecke, Minibar, Kabel-TV, Privatbad, akzeptable Mittelklasse, ab € 33.

Casa Jardin Zen, Avenida Centenerario - Calle 2, 1 km vom Stadtzentrum entfernt, bietet mit seinen 6 Zimmern eine Oase der Ruhe und wurde mit traditionellen architektonischen Elementen der Region erbaut und bietet modernen Komfort, € 24/41.

Hotel Maitama, Cra. 17 No 21-29, ☎ 744 34 00, 🖷 744 93 08, drei (echte)- Sterne-Hotel, € 46/60, inkl. Frühstück.

Die besseren **Restaurants** liegen an der Avenida Bolívar, Richtung Quimbaya-Museum. In der Innenstadt überwiegen Schnellimbisse, wie der 24 Std. **Punto Rojo** (gegenüber Hotel Imperial) und Hähnchengrills.

Vegetarier sind begeistert vom **Rincón Vegetariano**, Calle 18 No 13-24.

Willys Jeep - Transportmittel mit Kultstatus in der Kaffee-Zone

Kaffeefarmen bei Armenia

Etwas außerhalb liegt die **Hostería mi Monaco**, Km 7 von Armenia in Richtung Pueblo Tapao, ☎ mobil 310 374 56 43, www.mimonaco.net, im Fincastil mit palmenumstandenen Pool, Jacuzzi, Mountainbiketouren und Spaziergänge durch den Bambuswald.

Hotel Karlaka, am Km 3 in Richtung Valle de Quindió, ☎ 742 65 87, 🖷 742 65 33, ✉ karlakahotel@hotmail.com; www.hotelkarlaka.com.co, eine dieser wunderschön gelegenen Kaffeefarmen der Umgebung.

Finca el Balso, Km 5 Armenia-Aeropuerto El Edén, ☎ 749 42 80, www.fincaelbalso.com, malerische zweistöckige Kaffeefinca mit umlaufenden Balkonen, eingerichtet mit Antiquitäten, Swimmingpool, Kaffeetouren, € 25 p.P. inkl. Frühstück.

Casa de Campo el Delirio, bei Montenegro, ☎ 753 52 88, Pool und Terrassenrestaurant mit Blick auf die Hügel der Umgebung, Kaffeetouren, Zimmer zwischen € 20-27 p.P.

Finca Villa Juliana, zwischen Filandia und Alcalá, ☎ 749 56 13, www.fincavillajuliana.com, Pool, Jacuzzi, Vermittlung von Floßfahrten auf dem Río La Vieja, einfache Zimmer unterschiedlicher Größen, € 20 p.P.

Finca la Cabaña, bei Calarcá, ☏ 742 67 00, stilgerecht erhaltene Kaffeefinca mit Antiquitäten, Gravuren, s/w-Fotos aus den Pioniertagen an den Wänden, € 20 p.P.

Kaffeetouren

Cafe & Turismo, Centro Comercial Vanessa, Cra. 13 No 18-10, ☏ 744 47 67, ▤ 741 23 52, bieten Touren zum Besuch einer Kaffeehacienda und Besuch des Kaffeeparks in Montenegro an. Außerdem Tagestouren in das Naturreservat Acaime, alles inkl. zwischen € 20-40 p.P. je nach Gruppengröße.

Busverbindungen

Der Busterminal liegt außerhalb des Zentrums, Cra. 19, Calle 35. Hier fahren die Überlandbusse ab.

Bogotá - Expreso Bolívariano, Flota Magdalena u.a., ständig, letzter um ⌚ 23, 7-9 Std., € 15.

Buenaventura - Expreso Trejos, viermal am Vormittag, 5-6 Std., € 11.

Cali - Busse und Aerovans, alle 30 Min., 3-4 Std., € 6,25.

Manizales - Empresa Arauca u.a., jede ¾ Std., 3-4 Std., € 6,25.

Medellín - Empresa Arauca u.a., stdl., 6-7 Std., € 15.

Neiva - Coomotor, Cootranshuila, mehrmals täglich, 6-7 Std., € 14.

Pereira - stets abfahrbereite Aerovans, 55 Min., € 1,90.

Pitalito - Coomotor, Cootranshuila, drei Nachtbusse, 10 Std., € 20.

Popayán - mehrmals täglich, 5-6 Std., € 12,50.

Salento - Cootracier Mikrobusse fahren nach Salento von Cra. 16, Calle 13, jede Stunde von ⌚ 6-20, € 1,20.

Flugverbindungen

ADA, Aeropuerto El Edén, ☏ 747 98 33, Medellín täglich, € 90.

Aires, Av. Bolívar 11 Norte 59 Local 2, ☏ 745 88 22, Medellín täglich, € 80. **Avianca**, Calle 21 No 13-23 Local 4, ☏ 741 48 42, Flughafen: ☏ 747 99 11, Bogotá mehrmals täglich ab € 60, Medellín täglich, € 100.

Calarcá

Nur 8 km von Armenia entfernt liegt der Jardín Botánico del Quindío in Calarcá. ☏ (6) 742 72 54, www.jbotanicoquindio.com.

Sehenswert ist das 680 m² große Schmetterlingshaus in Form eines Schmetterlings mit seinen über 1500 Schmetterlingen aus ca. 50 Arten. Die botanischen Gärten versammeln 600 Pflanzenarten, einschließlich einer umfangreichen Palmensammlung sowie Orchideen. Zudem gibt es einen siebenstöckigen Aussichtsturm. ⌚ täglich 9-17. Eintritt: € 4.

Salento

1900 Meter, 18°C, 4000 Einwohner
☏ 6

Eine halbe Stunde nordwestlich von Armenia liegt Salento. Es ist ein Dorf in der typischen Architektur Antioquias mit einer schönen zentralen Plaza, an der sich das ganze Leben abspielt. Am Wochenende wird dieses idyllische Örtchen von Ausflüglern aus Armenia in Beschlag genommen. Dann erscheint Salento weniger authentisch als die meisten verschlafenen Paisadörfer in Antioquia und Caldas. Vom **Alto de La Cruz** am Ende der Calle Real hat man in den frühen Morgenstunden einen Blick auf das **Valle del Cocora**, das sich zehn Kilometer den Río Quindio flussaufwärts erstreckt, der

Die Kaffeeproduktion

Die Samen der Kaffeepflanze werden in feuchte Erde gelegt. Nach 60 Tagen sprießen die Schößlinge in Form eines Streichholzes oder eines Schmetterlings aus dem Boden. Die jungen Pflanzen werden mit Stroh oder Bananenblättern vor der Sonne geschützt. Die herangewachsenen Kaffeesträucher werden an ihren endgültigen Platz verpflanzt, oftmals in Kurven oder Spiralenform, um die Erosion des Untergrunds zu vermeiden. Den gleichen Zweck erfüllen die vereinzelt dazwischen gepflanzten Bananenstauden. Die Berge in der Zona Cafetera sehen daher an vielen Stellen wie ein Teppichmuster aus. Nach drei bis vier Jahren ist die Kaffeepflanze ausgereift und blüht. Die Sträucher sind über und über mit weißen Blüten bedeckt. Die Bestäubung erfolgt durch Wind und Insekten.

Wenn nach neun Monaten an Stelle der Blüten rote Früchte hängen, beginnt die Ernte. Die Kaffeebohnen werden vom Kaffeepflanzer und seiner Familie gepflückt. Mit Pressen werden Schale und Fruchtfleisch entfernt. Der gallertähnliche Film, der die Kerne bedeckt, wird in einen Fermentierungsprozess, der 20-30 Stunden währt, zersetzt. Dann werden die Bohnen gewaschen. Diese Arbeit verlangt große Sorgfalt. Sind die Bohnen gewaschen, dann werden sie in großen und flachen Holzkisten zum Trocknen in die Sonne gelegt, in die Innenhöfe oder auf die Dächer der Häuser. Die Bohnen brauchen etwa 40-50 Sonnenstunden, um zu trocknen. Das geht bei gutem Wetter in fünf Tagen und dauert bei Schlechtwetter 15 Tage und mehr.

Wenn der Kaffee nicht ausreichend getrocknet ist, bilden sich Pilze. Den gut getrockneten Kaffee erkennt man am goldenen Farbton der Bohnen.

Nach sorgfältiger Auswahl werden die Bohnen in Säcke von 62½ kg verpackt und an die Verkaufsstellen transportiert. Der Transport geschieht mit den kleinen Willys Jeeps, die an den meisten Orten die Stelle der Maultiere eingenommen haben.

---

magische Ort mit den weltberühmten bis 60 Meter hochaufragenden Wachspalmen (*Ceroxylon andicola* oder *quindiense*).

AUFGEPASST!
Die Bank an der Plaza hat weder eine ATM, die bei ausländischen Kredit- oder Debitkarten funktioniert, noch besteht in Salento die Möglichkeit ausländisches Bargeld zu wechseln oder gar Travellerschecks einzulösen. Die nächste Möglichkeit mit der Karte Geld zu ziehen besteht in Circasia oder einfacher in Armenia oder Pereira. Einige Restaurants und der kleine Supermarkt am Platz akzeptieren die VISA-Card.

Schlafen

SEBRA TIPP

The Plantation House, Calle 7 No1-04, ① 759 34 03, ✉ theplantationhousesalento@yahoo.co.uk, 150 m von der Feuerwehrwache am Ortseingang, Tim und Christina haben das einhundert Jahre alte Kaffeepflanzerhaus und zusätzlich ein weiteres Haus, umgeben von mehreren Hektar kultivierter Landfläche, in eine attraktive Travellerlodge umgewandelt, dorm., € 6,25 p.P., Zweibettzimmer ohne/mit Bad, € 15/19 (2), Cabaña, € 15(2)-20(3), Hängemattenplätze, Frühstück, Waschgelegenheit, WiFi-Internetanschluss, Free Coffee, Touren in die Umgebung.

Posada del Café, Cra. 6 No 3- 08, komfortable Zimmer mit Privatbad, € 15 p.P.

Casa Alto de Coronel, Cra. 2 No 1-61, ☎ 759 37 60, am Ortseingang, typische Kaffeefinca im Besitz des Bürgermeisters, liebvoll restauriert und mit Antiquitäten bestückt, zusätzlicher Aussichtsturm mit Hängematten, zwei geräumige Zimmer, € 53, inkl. reichhaltiges Frühstück.

Essen

An der Plaza und in den Seitenstraßen gibt es einige **Restaurants**. Spezialität: Forelle gebraten oder gefüllt mit Krabben und mit Patacón(es).

Rincon de Lucia, Cra. 5 (Calle Real) No 4-02. Mittagstisch zu € 2,20.

Sueño de Fresas, neben der Kirche, für Erdbeeren mit und ohne Sahne.

Portal de Cocora, an der Straße nach Cocora, reichhaltige Suppen und Hauptgerichte, toller Ausblick.

Kaffeetouren

The Plantation House vermittelt den Besuch einer lokalen kaffeeproduzierenden Finca mit einer Einführung in den Herstellungsprozess, außerdem ganz einfach eine Tour zu Don Eduardos Kaffeefarm, die nur 10 Minuten Fußweg entfernt liegt und den Kaffee für die Gäste liefert (englisch/spanisch).

Pferdeverleih

Don Alvaro Giraldo Gomez, ☎ 759 33 43/ mobil 311 375 82 93.

Möglich sind Drei-Tages-Treks mit Pferd in den Nationalpark Los Nevados.

Cocora

Die Jeeps nach Cocora fahren von der Plaza um ⏰ 6.10, 7.15, 11.30, 16 und am Wochenende öfter, zurück um ⏰ 8.30, 12.30, 15, 17, 10 Kilometer, ½ Std. bis Cocora. Die Jeeps fahren ab, sobald acht Fahrgäste zusammen gekommen sind. Eine Extrafuhre kostet € 10. Cocora hat keine Unterkunftsmöglichkeiten, aber ein Restaurant.

Von Cocora aus kann man den Nationalpark Los Nevados betreten.

Der anstrengende Aufstieg beginnt geradeaus, einfach weiter die Straße entlang (siehe Los Nevados).

Naturreservat Acaime & La Montaña

Ein anderer, gut ausgeschilderter Weg führt in 2½ Std. zum Naturreservat Acaime (2 km²) am Fuße der Los Nevados. Von Cocora aus verläuft der Weg rechter Hand, wenn man weiter in das Tal hineingeht und Salento hinter sich lässt. Der Weg ist gut ausgeschildert und beginnt in Cocora an dem blauen Tor und dem kleinen Laden, führt dann abwärts und an der Forellenzucht vorbei. Zunächst überquert man mehrere Brücken, die über den Quindíofluss führen, entlang eines Tals, mit offenem Grasland, in dem die Wachspalmen mit ihren geraden weissen Stämmen eindrucksvoll in die Höhe schießen, ein grandioser Anblick, wenn sich die bis zu 60 Meter hohen Palmen aus dem Morgennebel schälen. Alexander von Humboldt sprach von einem «Wald über dem Wald», da die Palmen aus der übrigen dichten und dunklen Vegetation herausragten. Die Palma de Cera ist heute der Nationalbaum Kolumbiens Anschließend führt der Weg hinein in den dichten Nebelwald. Nach einer Std. erreicht man das Miniaturreservat zwischen Nebelwald und Páramo. Eintritt: € 1, Snacks und Softdrinks erhältlich. Die reichhaltige Avifauna versammelt sechs unterschiedliche Kolibriarten. Der Weg kann schlammig und rutschig sein und Gummistiefel sind eine gute Idee. In Cocora kann man auch Pferde mit Guía mieten (Acaime hin und zurück, eine Stunde Aufenthalt zu € 15).

1 km vor Erreichen des Naturparks Acaime passiert man die Abzweigung nach **La Montaña** (1 Std.), mit spektakulären Berg- und Talblicken entlang des Weges. Von La Montaña kann man auf einem anderen Weg nach Cocora zurückkehren (1½ Std.).

Kaffeepark Montenegro

17 Kilometer von Armenia entfernt ist der **Parque Nacional del Café in Montenegro**. Es gibt ein Museum des Kaffees, eine Kaffeehacienda, einen Rundweg, Aussichtsturm und Restaurant. Ungewöhnlich für Kolumbien hat man sich hier das Konzept eines Freilicht-Museums ausgedacht, das eher der nordamerikanischen Herangehensweise an (regional-)historische Stoffe entspricht. Das heißt, Nachbauten und Kostüme sollen die Geschichte des Kaffeeanbaus vermitteln. In der Show del Café wird die Geschichte des kolumbianischen Kaffees nacherzählt. Den berühmten Willys Jeeps hat man ein Denkmal errichtet. Anders aber als in Nordamerika bräuchte man das in

Wachspalme -(Ceroxylon andicola)in einem Stich von Louis Sellier (1808)

dieser Region gar nicht nachzustellen, denn die Kaffeezone liegt direkt vor der Tür und ist ganz und gar authentisch.

Mikrobusse fahren halbstündlich vom Terminal in Armenia nach Montenegro. Von der Plaza im Ort fahren Jeeps zum fünf Kilometer entfernten Kaffeepark. Informationen: www.parquenacionaldelcafe.com, ☏ 741 74 17. ⏱ Di-So 9-16. Eintritt: € 10-20.

Besuchen kann man auch den ökologischen Anbau *La Pequeña Granja de Mama Lulu*, zwischen Montenegro und Quimbaya, ☏ (096) 752 12 60.

Floßfahrt auf dem Río La Vieja

Ausgangspunkt für die in Mode gekommenen Floßfahrten auf dem Río la Vieja ist der kleine Ort Quimbaya 10 km südlich von Montenegro. Von hier geht es zumeist mit einem Willys Jeep zum 13 km entfernten Puerto Alejandrina, wo man sich mit seiner Gruppe (Minimum 6) auf einem Floß aus Guadua-Bambus einschifft, um 15 km flussabwärts bis zum Anlegehafen in Piedras de Moler zu treiben. Der Río La Vieja ist ein kleiner Zufluss des Río Cauca.

Touranbieter ist **Balsaje** in Quimbaya, Barrio Clementina Lopez - Manzana B, ① 752 09 94/ mobil 311 350 04 240,✉ acuabalsas@balsaje.infooder über ein Hotel zu organisieren, zwischen € 16-30, inkl. traditioneller Kost, Tamales aus Hühnchenfleisch mit Knoblauch und Tomate.

Nationalpark Los Nevados

Die Nevados sind die höchste Erhebung der Zentralkordillere, die kolumbianische Avenida der Vulkane. Das Gebiet erstreckt sich in Nord-Südrichtung und umfasst eine Fläche von ca. 580 km², an dem die vier Departements Caldas, Risaralda, Quindío und Tolima Anteil haben, wobei die unterschiedlichen Departements auch unterschiedliche Regelungen hinsichtlich des Besuchs, der vorgeschriebenen Begleitung durch Guías und den zu entrichtenden Eintrittspreis getroffen haben.

Die beiden äußeren Vulkane des Bergmassivs sind die höchsten, die ganzjährig schnee- und eisbedeckten **Nevado del Ruiz** im Norden mit 5400 Metern und der **Nevado del Tolima** im Süden mit 5200 Metern.

Dazwischen reihen sich die Vulkane Cisne (4700 m), Santa Isabel (4950 m) und Quindío (4750 m) ein. Obwohl alle Vulkane «Nevados» heißen, sind der Cisne und der Quindío nicht länger mit einer permanenten Schnee- und Eiskappe bedeckt. Unterhalb der Eisgrenze, die bei 4700 Meter beginnt, breitet sich die typische Páramolandschaft mit Frailejónes, Farnen, dürren Gräsern und Moosen aus. Eingebettet in die Landschaft liegen Lagunen. Die Laguna Verde und die Laguna del Otún unterhalb des Santa Isabel Vulkans sind die schönsten. In den unteren Regionen des Parks zwischen 2000-3000 Metern ist die *cera*-Palme (*Ceroxylon quindiuense*), der Nationalbaum Kolumbiens, recht häufig. Diese Palme hat einen bis zu 60 Meter hohen, kahlen Stamm, an dessen Ende eine dürre Baumkrone sitzt. Sie gehört zu einer Familie von Bäumen, deren Alter auf über 60 Millionen Jahre geschätzt wird. Der Baum wurde von Alexander v. Humboldt zum ersten Mal klassifiziert. Unter den Vögeln tummeln sich viele Kolibriarten, so der endemische Stübli-Helmkolibri. Erwähnung verdienen die 20 Fledermausarten, Insekten-, Frucht und Nektarfresser sowie ein endemischer Frosch *(Osornophryne percrassa)* sind hier zuhause. Der Park ist ein wichtiges Wasserreservoir für die fünf Millionen Menschen der Departements Tolima, Caldas, Quindío und Risaralda.

Wie kommt man hin?

Der Nationalpark liegt inmitten des besiedelten Kolumbiens. Es gibt zahlreiche Zugänge. Der zentrale Besucherbereich liegt im nördlichen Sektor Manizales-Las Brisas-Villamaría. Die vier zentralen Ausgangspunkte sind:

(1) Manizales

ist der Ausgangspunkt zum Besuch des Nevado del Ruiz. Der Ruiz ist ein aktiver Vulkan und eine ständige Bedrohung für seine Umgebung. Aus dem Krater Arenas, dessen Eruption am 13. November 1985 zum Abschmelzen eines großen Teiles der

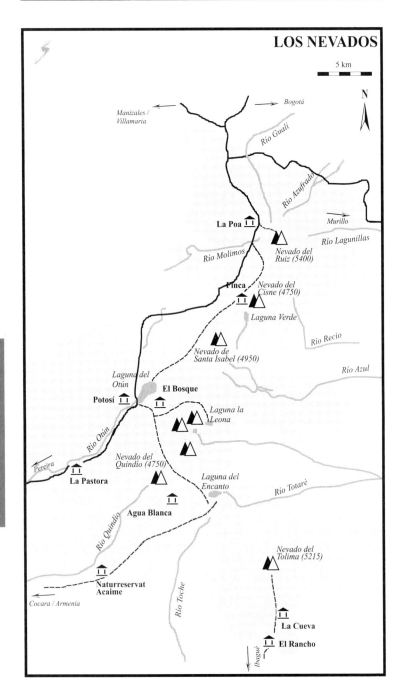

Eiskappe führte und somit die Katastrophe von Armero verursachte, steigen Rauchfahnen auf.

Von Manizales kann man einmal der Straße nach Murillo folgen. Murillo ist die größte Ansiedlung in Reichweite des Ruiz und Sitz der Vulkanologen, die den Berg keinen Moment aus dem Auge lassen.

Bei Km 27 an der Straße in Richtung Bogotá an der Stelle **La Esperanza** (bzw. El Ocho) die Abzweigung nach **Las Brisas** (14 km entfernt) nehmen. Täglich fährt von der kleinen **Plazoleta de Confamiliares,** Cra. 25, Ecke Calle 25, ein Kleinbus morgens um 7.00 nach Las Brisas mit dem Eingangsposten der Nationalparkverwaltung auf 4050 Meter und noch zehn Kilometer vom ewigen Eis entfernt. Parkeintritt: € 16, der zuvor bei der Nationalparkverwaltung in Bogotá zu entrichten ist.

24 km von Las Brisas entfernt befindet sich das Besucherzentrum **El Cisne**, eine geräumige Schutzhütte auf 4180 Meter Höhe, in der bis zu 30 Wanderer übernachten können, großzügige Räumlichkeiten mit Restaurantbetrieb und Heizung, zu buchen z.B. über **Aviatur** in Bogotá oder Manizales, Übernachtung ab € 40 p.P. inkl. Frühstück und einfachen Mahlzeiten. Aviatur bietet auch ein 2 Tage/1 Nacht-Package an, € 170 p.P.

Außerdem liegen innerhalb des Parks zwei Campingareale, **El Cisne**, mit Fließendwasser und Kochgelegenheiten und **Arenales** (Basislager für den Nevado del Ruiz), jeweils € 2,50 p.P.

Im Sektor Arenales befindet sich die sog. **Ecotienda** mit einer Cafeteria, Restaurant, Ausrüstungsverleih und den Duschen für die Campingplatzbesucher. Für den Aufstieg zum Gipfel des Nevado del Ruiz muss man mit ca. drei Stunden rechnen.

Eine andere Möglichkeit von Manizales interessante Plätze innerhalb des Parks zu erreichen, besteht über **Villamaría**. Von hier führt eine Straße über das Thermalbad La Poa zur Laguna Verde. In ihrer Nähe liegt eine Ansiedlung von Fincas mit Namen Potosí. Hier kann man bei den freundlichen Leuten übernachten. Um dort hinzugelangen, fährt man mit dem Milchwagen **(Lechera Celema)** vom Alfa Suizo, Cra. 22 No 71-79. ⊕ 4.30.

Von einer Gabelung bei den Thermalquellen führt ein weiterer Weg zum Nevado El Cisne (1 Tag). Unterhalb der Steilwand des Berges gibt es eine kleine Finca zum Übernachten. Von hier kann man den Weg nach Norden fortsetzen zum Ruiz oder Richtung Süden zur Laguna Verde und weiter zur Laguna del Otún.

(2) Pereira

Von Pereira fährt morgens eine Chiva nach **La Pastora** bzw. **El Cedral**. Von dort fährt gelegentlich ein Jeep weiter nach Potosí (Laguna del Otún, 3950 m). Falls nicht, ist dies ein Fußweg von ca. 6-8 Std. Restaurant und Unterkunftsmöglichkeiten gibt es in El Bosque, 1½ Stunden von der Lagune entfernt. Für diese Wanderung sollte man sich eine Erlaubnis bei der Nationalparkverwaltung besorgen. Alternativrouten bestehen über **Santa Rosa de Cabal** und **Cortaderal** zur Laguna del Otún (6 Std.).

(3) Armenia (>Salento > Cocora)

Von Armenia fährt man über Salento nach Cocora. Von dort führt ein Weg mit ausgeschilderten Fincas und dem kleinen Nationalpark Acaime nach rechts ab. Geradeaus hingegen führt die Straße direkt zu den Nevados. Von hier aus ist kein Guía nötig und auch kein Eintrittspreis zu entrichten. Passiert wird ein Schild mit dem Lageplan der Umgebung. Vom Schild bis zur letzten Finca sind es neun Kilometer, dann beginnt der steile Aufstieg zum Páramo, von dort sind es acht Kilometer bis zur Laguna del Encanto. Für den Hinweg von Cocora müssen zwei Tage veranschlagt werden, zurück ein weiterer. Von der Lagune hat man einen schönen Blick auf den Quindíovulkan im Norden, und im Süden erhebt sich die Spitze des Tolima. Wer Lust und Zeit hat kann den Weg zum Vulkan Quindío fortsetzen (1½ Tage). Nach einem Tag erreicht man die Schutzhütte von Aguablanca. Vom Quindíovulkan gelangt man in einem weiteren Tag zur Laguna del Otún und kann von hier nach La Pastora zurücktrekken.

Mitnehmen: ein Zelt, Essen für einige Tage, Sonnenschutz, Sonnenbrille.

(4) Ibagué

Ibagué ist der Ausgangspunkt für den Aufstieg zum Nevado del Tolima (5215 m). Von Ibagué führt eine Straße nach **Juntas**. Auf dieser Strecke fahren regelmäßig Chivas und Jeeps der Cafeteros. Von Ibagué fährt ein Bus der lokalen Gesellschaft La Ibaguereña täglich in den Morgenstunden, Cra. 1, Ecke Calle 14, nach Juntas. Von dort geht es über **El Silencio** (2600 m), eine einsame Finca, drei Stunden Fußmarsch hinter Juntas und einer Weggabelung zum weiteren Aufstieg. Auch ein Milchwagen fährt jeden Morgen um 6.30 vom Markt nach El Silencio.

Die klassische Route folgt entlang des Combeimaflusses, auf der man nach 35 Minuten **El Rancho** auf 2600 Meter Höhe erreicht, ein Thermalbad mit Restaurant und einfachen Unterkunftsmöglichkeiten.

Hier fragt man nach dem genauen Weg, denn die Route verschiebt sich durch Erdrutsche ständig. Der Camino de la Cascada führt vier Stunden durch den Nebelwald bis zum Unterstand von **La Cueva** auf 3800 Meter Höhe. Die reichhaltige Vegetation der Hänge des Tolima ist bestimmt von riesigen Bäumen mit überdimensionalen Wurzeln und Blättern. Auf 3800 Meter beginnt der ausgedehnte Páramo, der nach 1½ Stunden von kahlen Felsgestein abgelöst wird. Von nun an orientiert man sich an dem großen Kreuz, bekannt als **Las Latas** (Basislager auf 4500 m). Hier wurde eine Marmortafel zum Gedenken an einen Hubschrauberabsturz aufgestellt. Das ist weit und breit der einzige Ort, um das Zelt aufzuschlagen. Zwischen 2.00 und 3.00 beginnt der Aufstieg zum Gipfel. Nach einer halben Stunde ist die Schneegrenze erreicht. Mit Steigeisen (*crampons*) und Pickel wird der Aufstieg über den Dulimagletscher fortgesetzt und der Kraterrand nach weiteren 3½ Stunden erreicht. Der Krater ist ein riesiger, schneebedeckter Trichter. Aus der Tiefe zieht der Schwefeldampf nach oben. Bei klarer Sicht sind alle Gipfel der Los Nevados zu überblicken. Der Rückweg nach El Silencio dauert sechs Stunden. Von El Rancho kann man entlang der **Los Filtros** Route auch über die **Laguna del Encanto** nach Salento kommen.

Der Trek inkl. Gipfelbesteigung dauert zwei bis drei Tage, ohne einen erfahrenen Bergführer an der

Seite sollte man den Aufstieg nicht ins Auge fassen.

Mitnehmen: Zelt, Winterschlafsack, Lebensmittel, Steigeisen und Pickel für die Gipfelbesteigung. Die besten Monate für einen Aufstieg sind Januar/Februar sowie Juli/August. Die regenreichsten Monate sind April, Mai und Oktober. In den Regenmonaten sind bisweilen die Gipfel klarer zu sehen, zumal vom Flugzeug.

Bergführer: Ein wärmstens empfohlener und erfahrener Bergführer für den Tolimaaufstieg ist Fernando Reyes, Cra. 11 No 1-21, ☏ 763 90 27. Drei-Tages-Trek kostet € 75 p.P. Die Übernachtung in seinem Haus ist gratis.

Cañon Río Claro

An der Medellín-Bogotá Straße liegt der Cañon Río Claro, 20 Kilometer vor der Ortschaft **Doradal.** Neben der Brücke, die den Cañon überquert, gibt es einige Restaurants, ein beliebter Treffpunkt am Wochenende. Hinter der Brücke über den Río Claro führt eine Schotterstraße bis zum Eingang dieses privaten Naturschutzgebietes, im Eintritt von € 3,50 ist eine dreistündige Tour durch das Höhlensystem enthalten. Unter großen, schattenspendenden Bäumen hindurch, begleitet von tanzenden Schmetterlingen, erreicht man nach einem Kilometer den Eingang zur **Gruta de la Cascada** auf der anderen Flussseite. Ein Wasserfall ergießt sich über den Höhleneingang. Taschenlampe mitnehmen! Der Fluss hat ein natürliches Bassin geschaffen, dessen Bett wie aus Marmor wirkt und dessen Wasser kristallklar ist, und man kann vom Ausgang der Höhle zu den Cabañas von El Refugio zurückschwimmen.

Schlafen und Essen

Aufenthalt und Übernachtung im **El Refugio Río Claro,** hübsche Cabañas inmitten der dichten Vegetation, saubere Bäder, fließendes Wasser, ein ausgezeichneter Blick auf den Fluss inmitten einer üppigen Vegetation, € 27 p.P. inkl. dreier Mahlzeiten (Einzelpreise: € 2 Frühstück, € 3,50 Mittag-/Abendessen).

Am Río Claro ist Campen neben der Hauptstraße möglich. Es gibt einen Kiosk, der am Wochenende als Discothek fungiert, € 3 pro Zelt.

Auf der anderen Seite der Straße liegt der **Parque Acuático Villa-Sofía,** mit Schwimmbad, Bar, Restaurant, 30 Bungalows mit Bad, Vent., in denen bis zu 6 Personen unterkommen können, in der Woche kaum belegt, am Wochenende laut, € 12 p.P. + € 1 mit Kühlschrank.

Die günstigste Unterkunft bietet das **Hotel Verioscar**, neben der Brücke, Zimmer ohne/mit Privatbad, € 4/5 p.P.

In diesem Gebiet befinden sich noch weitere Höhlen, so die Höhle **El Condor** Der Eingang zur Höhle El Condor ist am Ende des Dorfes Las Delicias, vier Kilometer vor dem Río Claro auf der Straße nach Doradal. Eintritt: € 1 p.P. Nach 20 Minuten Fußweg kommt man an einen Flusslauf mit glasklarem Wasser und Marmorkieseln. Der Bach wird mehrfach überquert. Man sollte Gummistiefel mitnehmen, da auch der Boden der Höhle unter Wasser steht. In der Höhle wohnt eine Kolonie von *guácharos*.

Und es gibt noch einen interessanten Ort für einen Besuch gleich in der Nähe, die **Hacienda Napoles**, das einstige Refugium von **Pablo Escobar**, der ganze geschmacklose

Plunder, den der Drogenboss angesammelt hatte, ist nun verfallen oder zerstört, die zerschlagenen Dinosaurierfiguren aus Waschbeton, die den Eingang markieren, geben für den Niedergang des einstigen Drogenimperiums ein passendes Sinnbild ab. Von der kleinen Flugpiste wurden zu Hochzeiten des Patrons Kokainpakete zu den Bahamas geflogen. Die Hacienda liegt 2 km östlich von Doradal, vom Río Claro kann man zu mehreren einen Trip hierhin organisieren, € 4 p.P. oder versuchen in Doradal ein Taxi aufzutreiben.

Busverbindungen

Jeder Bus, der die Strecke Bogotá-Medellín befährt.

Die Pazifikküste

Zur kolumbianischen Pazifikregion gehören die im Westen gelegenen Landstriche der Departements Nariño, Cauca und Valle del Cauca sowie das Departement Chocó. Das Gebiet ist die unerschlossenste Küstenregion des tropischen Amerikas und zudem eine der arten- und regenreichsten der Erde. Es ist aber auch die ärmste Region Kolumbiens und somit in jeder Hinsicht ein Landstreifen der Superlative. Man schätzt, dass über 2000 Planzenarten nur im Chocó wachsen und sonst nirgendwo. Der Anteil endemischer Vogel- und Amphibienarten soll der höchste von Südamerika sein. Von den beiden Hauptflüssen ist der Río Atrato bezogen auf seine Länge von 750 Kilometer der wasserreichste Strom und der Río San Juan der wasserreichste der Pazifikzuflüsse. Der Atrato hat 150 schiffbare Zuflüsse. Am San Juan liegen die weltgrößten Platinvorkommen. An der Küste wechseln sich dschungelbewachsene Steilhänge und kilometerlange Sandstrände ab. Der Pazifik hat eine Vielzahl von Grotten hinterlassen und vor der Küste Hunderte von bizarren Inselchen geformt. Im Golf von Utría und vor der Insel Gorgona gibt es sogar die im Pazifik so seltenen Korallenbänke. Hinter der Küste erheben sich die Gebirgsketten der Serranía de los Saltos und der Serranía de Baudó mit dem Alto del Buey auf 1800 Meter.

Die Pazifikregion ist weitenteils recht dünn besiedelt. Hier leben etwa 1,5 Mio. Menschen. Die Bevölkerung setzt sich zu 90 % aus den Nachfahren schwarzer Sklaven, 5 % indianischer Urbevölkerung und 5 % weißen Kolumbianern zusammen. Die Schwarzen leben entlang der Küste und den großen Flüssen. Die Indianer, deren größte Gruppe die der Emberá ist, besiedeln deren Oberläufe. Die meisten Weißen sind Kaufleute aus Antioquia und haben sich in den Städten Buenaventura und Quibdó niedergelassen. Der Großteil der Bevölkerung lebt in einfachsten Verhältnissen. Die Lebenserwartung der Menschen ist geringer als im übrigen Kolumbien, und die Geburtenrate ist die höchste des Landes. Neun Kinder sind keine Seltenheit.

Die Verkehrsanbindungen an das Kolumbien des Hochlandes sind schlecht. Die besten Verbindungen bieten noch die beiden Küstenstraßen nach Buenaventura und Tumaco. Das traditionelle Transport- und Beförderungsmittel ist das Schiff entlang der Küste und das Kanu in den Flüssen und Kanälen des Inlandes. Nach einer waghalsigen Durchquerung des Darién-Dschungels entdeckte Núñez de Balboa 1531 den Pazifik. Die Region wurde jedoch daraufhin nicht besiedelt. Einzig die reichlichen Goldvorkommen waren von Interesse, und die Encomende-

Bizarre Felsformationen prägen die Pazifikküste nördlich von Buenaventura

ros aus Cali und Popayán schickten die schwarzen Sklaven in die Minen. Die Tradition der Ausbeutung hält bis heute an. Nach wie vor wird nach Gold und anderen Metallen geschürft, und rücksichtslos werden Edelhölzer geschlagen. Zwar hat die Regierung die Gefahr für die Region erkannt und unterstützt diverse Initiativen für ökologisch nachhaltigen Tourismus (wie im Nationalpark Ensenada de Utría), doch die Interessen des Staates sind vielfältig, und im Westen lockt verführerisch der große pazifische Wirtschaftsraum. Daher sind auch die Pläne für einen Tiefwasserhafen in Tribuga, in unmittelbarer Nähe zum einmaligen Naturreservat Utría nicht vom Tisch.

Der anhaltende Protest der indigenen Emberá, ihren Lebensraum angemessen zu respektieren, dürfte nicht der ausschlaggebende Grund für die momentane staatliche Zurückhaltung und weitgehende institutionelle Abstinenz in der wohl exotischsten aller kolumbianischen Ekken sein, vielmehr die massive Präsenz aller am internen Konflikt beteiligten Gruppen, Paramilitärs, Eln- und Farc- Guerrilla. Für diese Gruppen ist die Pazifikregion der entscheidende Korridor, den man sich gegebenenfalls freischießt, um die Drogenpakete nach Panama und weiter nach Norden zu befördern. Bevor hier also staatlich und private Infrastrukturmaßnahmen in größerem Umfang durchgeführt werden können, muss das Militär den Landstrich befrieden und das ist schwer genug. Bislang bleibt der Chocó die verlassene und vergessene Region Kolumbiens, gebeutelt von der sich nur schwer wieder einzudämmenden *Violencia*, einer korrupten Verwaltung und dem anhaltenden Desinteresse in der weit entfernten Hauptstadt.

Reisen in der Pazifikregion ist kompliziert und beschwerlich, die vielen Regenfälle und die unzureichende Infrastruktur limitieren die Fortbewegung über Land, wenn sie sie nicht gänzlich vereiteln. Gleichwohl sollten die aufgezeigten Schwierigkeiten nicht von einem Besuch abschrecken, denn die Naturwunder in der Ensenada de Utría oder auf und um die Isla Gorgona sind weltweit einzigartig, und wenn dann noch die Buckelwale zwischen Juli und September an der Küste auftauchen, um ihren Nachwuchs zur Welt zu bringen und auf das harte Leben in den kalten südlichen Gewässern vorzubereiten, zeigt sich Kolumbien mal wieder von seiner schönsten und beeindruckenden Seite. Ansonsten sollte man sich die (relativ) trockenen Monate Januar bis März für einen Besuch schon mal vormerken.

Buenaventura

7 Meter, 28°C, 300 000 Einwohner
① 2

Buenaventura wurde vermutlich irgendwann zwischen 1536 und 1545 von Pascual Andagoya, einem Statthalter Francisco Pizarros, gegründet,

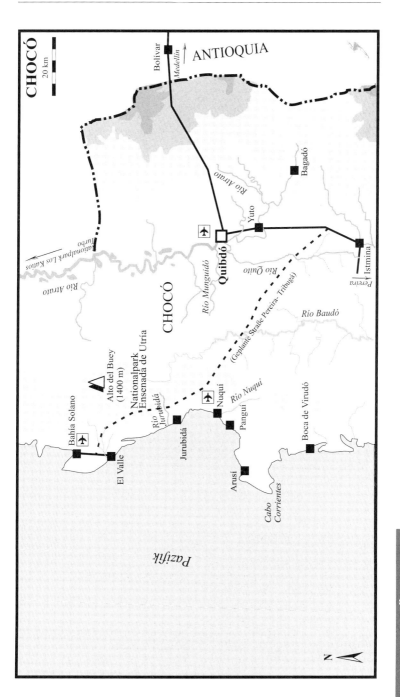

geriet aber anschließend auch schnell wieder in Vergessenheit. Heute ist Buenaventura der größte Hafen Kolumbiens, über 50 % aller nationalen Ein- und Ausfuhren werden über diesen Hafen abgewickelt. Das Zentrum der Stadt ist die Insel Cascajal, durch die Brücke El Piñal mit dem Festland verbunden. Am schönsten ist Buenaventura an der Hafenpromenade kurz vor Sonnenuntergang. Dann hat sich das Meer zurückgezogen. Der Blick geht bis zu den Lichtern der Einfahrt der Bucht von La Bocana. Im Zentrum herrscht relaxte Hafenatmosphäre, und aus den Bars und Cafés tönt Salsamusik. An der Brücke El Piñal stapeln sich verladebereit die Edelhölzer. Hier führen die Gleise der Güterzüge nach Cali entlang. Vor den Lagerhallen wird am frühen Morgen der frische Fang verkauft: Muscheln, Tintenfische, Haie, Schildkröten und Rochen. Die international bekannten Fußballer Freddy Rincón und «El Tren» Valencia stammen aus Buenaventura.

In den weiter abseits gelegenen Barrios zeigt sich aber auch das andere Gesicht der Stadt, Elend und Gewalt. Während Großstädte wie Bogotá und Medellín ihre Kriminalitätsraten in jüngster Zeit eindrucksvoll nach unten gefahren haben, hat sich in dem einst so geruhsamen Buenaventura ein neuer Brandherd entwickelt, angeheizt durch Drogenkämpfe im Slumgürtel der Stadt, wo die Narcos unentwegt neue Dealer rekrutieren.Und auch die Probleme der vielen Binnenvertriebenen aus dem Hinterland, die in den Slums unterkommen, kann die Stadt nicht alleine bewältigen. Eingeweihte sprechen schon von einem «kleinen Haiti» in Kolumbien.

Das größte Wandgemälde der Welt

Für ein kleines Trinkgeld lässt sich der alte **Leuchtturm** am *malecón* besteigen. Das **Wandgemälde** am Centro Administrativo Municipal (Alcaldía), dem höchsten Gebäude der Stadt, stammt von den Aquarellmalern der Gemeinschaft San Cipriano und wurde anläßlich der 450 Jahrfeier der Stadt (1990) fertiggestellt Es stellt eine Allegorie auf das Leben am Pazifik dar; u.a. eine barbusige Emberá und eine schwarze Schöne inmitten einer Mangrovenlandschaft, zudem Kirchenleute und Konquistadoren. Es ist laut Guiness-Buch der Rekorde das größte Wandgemälde der Welt mit einem Ausmaß von 11x44 m. Durch die Salzhaltigkeit der Luft und den Pilzbefall ist das eindrucksvolle Kunstwerk inzwischen stark angefressen und bedarf dringend der Restauration. Buenaventura hat einen der schönsten Hotelbauten des Landes aufzuweisen, das 1928 erbaute **Hotel Estación** im

Stil des französischen Neoklassizismus. Das Hotel liegt dem ehemaligem Bahnhof gegenüber mit Blick auf die Bucht und war in den 1930er Jahren, der großen Zeit der Stadt, Treffpunkt der eleganten Europäer, die sich hier zum Ball trafen. Als das heruntergekommene Gebäude 1982 restauriert wurde, entdeckten die Arbeiter im Gesims eine gewaltige Boa Constrictor, die dort ihren Nistplatz gesucht hatte.

Informieren

Corporación Regional de Turismo de Valle, beim Büro der Touristenboote an der Muelle. Calle 1 No 1A-88. ☾ Mo-Fr 9-12 u. 14-17.

Aviatur, Cra.3 No 2-30 Edif. Sta. Helena, ☎ 241 92 09, die Agentur managed den Belegungsplan für die Unterkünfte im Nationalpark Isla Gorgona.

Banken und Wechsler

Bancolombia, alle Karten, ATM, Calle 1a No 3-55

Cambiamos, Edificio Pacific Trade Center, Calle 7, Cra. 3 Local 1A, ☎ 241 83 99

DAS und Pass

Das Gebäude des DAS, Cra. 19 No 48-02, ☎ 241 21 44, ist eine kuriose Mischung aus Neoägyptisch und Neoklassizistisch.

Schlafen

Für eine Handvoll Pesos
Die billigen Zimmer sind elende Bruchbuden in der Nähe des Marktes.

Mi Balconcito, Cra. 4, Ecke Calle 3, ist ein Stundenhotel für Seeleute mit Blick auf die Venusbar, mit und ohne Bad, € 4/7.

Hotel Palermo, Calle 7a No 4-17, ☎ 242 30 96, Vent., Bad, sauber, oft ausgebucht, € 9/13.

Mittelklasse
Hotel Los Delfines, gute Location in der Calle 1 No 5A-03; ☎ 241 54 49, Zimmer mit Balkon und Blick auf den Pazifik, Privatbad, Kabel-TV, Tel, WiFi, € 20/25.

Gran Hotel, Calle 1a No 2A-71, ☎ 241 80 28, Zimmer mit Privatbad, Minibar, WiFi, € 20/27.

Hotel Cascajal, Cra.2a No 1A-20, ☎ 242 28 06, ✆ 242 28 06, Zimmer mit a/c, Minibar, Kabel-TV, populäres Restaurant, € 28/36.

Hotel Capilla del Sol, Calle 1a, Ecke Cra.2, ☎ 242 30 00, phantastischer Meerblick von einem der oberen Zimmer des neunstöckigen Gebäudes. Zimmer sind ansprechend möbliert, a/c, Privatbad, Balkon, Minibar, WiFi, Restaurant auf der Dachterrasse, € 18/32.

Oberklasse
Hotel Estelar Estación, Calle 2a No 1A-08, ☎ 243 40 70, ✆ 243 41 18, www.hotelesestelar/✉ reservas @hotelesestelar.com. Das Belle Epoque Hotel ist eins der schönsten Hotels des Landes, große Zimmer mit Balkon und Blick auf die Bucht, Restaurant, € 75(2).

Ein mehrtägiger Aufenthalt im Hotel Estación lässt sich mit Waltouren in Begleitung eines Meeresbiologen verbinden, vier Tage, drei Nächte im Doppelzimmer € 198 p.P.

Essen

Dandy Sandwichs, Calle 3-39, gegenüber dem DAS, für Frühstück und Snacks, populär, gut und billig.

Pinchos Frinchos, beliebter Grill- und Schnellimbiss an der Uferstraße.

Hier befinden sich noch weitere Imbisse.

Café los Toneles, Treffpunkt zum *tinto* im Schatten der Arkaden, Calle 2 No 5-04.

Dragón de Oro, Calle 6 No 5A-55, ☎ 241 41 15, passabler Chinese.

Lenos y Mariscos, Calle 1 No 5B-13, ☎ 242 20 89, Grillrestaurant für frischen Fisch und ein großes Stück Fleisch.

La Casa, Calle 1 No 5A-46, ausgezeichneter frischer Fisch vom Holzkohlengrill mit perfektem Blick aufs Meer.

La Sombrita de Miguel, Calle 5 No 19A-56, ☎ 243 41 87, an der Straße zum El Piñal ist das Lieblingsrestaurant des einstigen Fußballstars und Ex-Bayern München Legionärs Adolfo «El Tren» Valencia, gute *marisco-* und Fischgerichte zu zivilen Preisen.

Das beste Restaurant ist im **Hotel Estación**. Essen wird am Pool oder im a/c Restaurant serviert.

Musik und Tanz

Buenaventura hat ein gutes Nachtleben mit einer kleinen Meile. Jeder kennt jeden. Ausgangspunkt aller Streifzüge ist die **Venusbar**, für leichte Mädchen und schwere Jungs. Cra. 4, Ecke Calle 3. Weitere Bars und Discotheken in dieser Straße, und um die Promenade.

Las Arcadas, Calle 3 No 5A-03, für traditionelle Musik wie Vallenato und Bolero.

Christine, Calle 1 No 2-45, Disco mit Rockmusik und Großbildleinwand.

El Rey, Calle 1 No 5B-01, Salsa und tropischer Sound.

Transport

Im Stadtzentrum verkehren Mikrobusse und Kollektivtaxis, € 0,75 p.P.

Schiffsverbindungen

Buenaventura ist die Drehscheibe für Transporte entlang der Pazifikküste. Capitanía de Puerto: ☎ 241 78 67.

Schnellboote fahren regelmäßig von der **Muelle Turístico** nach **Juanchaco / Ladrilleros,** ☉ 10,12,16, € 9/22 (hin und zurück).

Zur **Isla Gorgona** kann man ein Schnellboot an der Muelle Turístico anmieten, 4-6 Std., € 50 p.P. bei 10 Passagieren. Embarcaciones de Turismo Asturias, ☎ 242 46 20, und Pacifico Express, ☎ 241 65 07. Einfacher ist die Buchung im Paket bei Aviatur und die schnellere Anreise via **Guapi**.

Weiter entfernte Siedlungen wie **Nuquí** und **Bahía Solano** im Norden werden hin und wieder von Transportschiffen angelaufen, die auch Passagiere mitnehmen. Sie fahren an der **Brücke El Piñal** ab. Die Abfahrtszeiten der Schiffe stehen bei den Holzhändlern auf Kreidetafeln. Telefonische Auskünfte erteilen: Combustible Gutiérrez, ☎ 241 96 13/ 241 51 29, Combustible Benítez, Calle 9 No 6-194, ☎ 241 84 86.

Nach Norden
Bahía Solano - vom Anleger Madera del Patía, alle 7-10 Tage, ohne Zwischenstopp in Nuquí, 24 Std., € 35.

Juradó - zweimal im Monat fahren Holztransportschiffe nach Juradó, 32 Std., € 45.

Nach Süden
Isla Gorgona - von der Bodega Lizcano u.a. (Muelle El Piñal) täglich mit kleinen Cargoschiffen mit Kojen, ☉ Abfahrt So ca. 15, 8-10 Std., € 35.

Bocas de Satinga - M/N Discovery, ⓒ 244 60 21, Cargoschiff mit Kojen, Abfahrt vor Sonnenuntergang, 10 Std., € 40.

Busverbindungen

Die Straßenverbindung nach Cali ist von Militäreinheiten gesichert. Es ist eine viel befahrene Lkw-Route, die durch fünf Tunnel führt, parallel zum Río Dagua und der malerisch verlaufenden Eisenbahnlinie.

An der Straße nach Cali liegen einige Lkw-Stopps und Raststätten, die Wildwasser, die sich von allen Seiten in den Río Dagua ergießen, sind voller Flusskrebse. Etwa ½ Std. vor Buenaventura liegt der Ort **San Cipriano** (bei Córdoba), ein abgelegenes Dschungelnest, das nur auf Eisenbahnschienen zu erreichen ist und von den Einheimischen mit selbstgezimmerten Wägelchen befahren wird.

Der Busbahnhof von Buenaventura ist in der Cra. 5, Calle 7.

Bogotá - Expreso Palmira, Gacela, ⓒ 19.30, 10 Std., € 22.

Cali/Buga - Expreso Palmira, Arauca, Trejos, alle 30 Min., € 4.

Bajo Calima/San Isidro (Gemeinschaften der Waunana) - Jeep/Chiva täglich vom Supermercado La Libertad (Pueblo Nuevo) ⓒ gegen 10, Schlammweg, 4-5 Std., € 3,50/4.

von San Isidro - regelmäßiger Verkehr mit Außenbordern nach Palestina (> Río San Juan > Quibdó).

Flugverbindungen

Der kleine Flughafen liegt 15 Kilometer außerhalb der Stadt.

Satena, Calle 1 No 2 A -39, ⓒ 242 38 25/ 241 86 21.

La Bocana, Juanchaco und Ladrilleros

La Bocana ist ein Dorf am Eingang der Bucht von Buenaventura. Der Strand ist übersät mit Schwemmholz, und die Ozeanriesen ziehen in nächster Nähe vorbei. Es gibt Cabañas und Restaurants. Die Übernachtung ist ab € 5 p.P. zu haben. Auf der Fahrt nach **Juanchaco** wird das Boot von spielenden Delphinen begleitet. Im August kann man mit Glück schon bei der Überfahrt während der Saison Buckelwale sehen. Juanchaco ist ein kleiner Fischerort mit Pfahlbauten. Die Strände sind von Treibholz übersät. Es gibt genügend Unterkunftsmöglichkeiten. Die Spezialität der örtlichen Küche sind Fischsuppen und Meeresfrüchte.

Während der Walsaison werden Bootsfahrten angeboten. Die Wale kommen bis auf wenige Meter an die Boote heran. Man mietet das Boot direkt am Anleger oder über die Hotels, 2-3 Stunden, € 12 p.P. (siehe auch Gorgona). Die Vogelinsel **Isla Palma** liegt zehn Minuten mit der Lancha entfernt. Es ist eine Nistinsel für Pelikane, Tölpel und Fregattvögel. Der 40 Meter hohe Wasserfall **Sierpe** liegt eine halbe Stunde mit dem Boot entfernt.

Ladrilleros ist ruhiger und hat die schöneren Strände. Es liegt 20 Gehminuten von Juanchaco entfernt. Der Weg führt vorbei am stillgelegten Militärflughafen. Zwischen Juanchaco und Ladrilleros fährt ein Traktor mit Anhänger für den Personenverkehr, € 1 p.P.

Schlafen

Fast jedes Haus in Juanchaco und Ladrilleros ist ein Hotel oder eine Cabaña. Wenn nicht gerade Ferien oder *puentes* sind und sich der Ort mit Caleños füllt, hat man die freie Auswahl. Das Minimum für eine Person liegt bei € 5.

in Juanchaco
Hotel Malibu, ☎ 746 02 89, ist ein Holzbau, Zimmer für 4 ohne TV und Kühlschrank, Vent., € 18(2)/28(4).

Hotel Asturias, ☎ 746 02 68, das einzige Hotel aus Stein und das beste in Juanchaco, Zimmer für 4 Personen mit Kühlschrank, TV, Haupt/Nebensaison, € 27/35, Rabatt für 2 Personen.

in Ladrilleros
Es gibt eine große Anzahl einfacher Unterkünfte zwischen € 5-8 p.P.

Hotel Arena, **Hotel Medellín**, mit Meerblick, das **Hotel Nury** und **Hotel Patty** liegen an der Hauptstraße.

Das **Hotel Oasis**, ☎ 746 02 10, hat Cabañas für bis zu 5 Personen mit Bad, Vent., € 27 und Zimmer € 5 p.P.

Besser ist das **Hotel Estrella del Mar**, ☎ 746 01 25, ✉ cehelmeca @telesar.com.co, Zimmer mit Bad, Vent, Moskitonetz, € 10 p.P. Camping ist vielerorts möglich.

Nuquí

5 Meter, 28°C, 5000 Einwohner
☎ 4

Nuquí ist aufgrund seiner Verkehrsanbindung Ausgangspunkt zur Erkundung der nahegelegenen Strände und des Hinterlandes. Die Gemeinde erhebt gegenüber Besuchern eine lokale Tourismussteuer von € 1,25. Dem Ort ist eine Insel vorgelagert, gegenüber der Einmündung des Río Nuquí ins Meer. Im Süden liegt das Fischerdorf **Panguí**, das über die **Playa la Olympica**, einen zehn Kilometer langer Sandstrand, zu erreichen ist. Noch weiter südlich liegen die traumhaft schönen Buchten von **Cabo Corrientes**, **Coquí** und **Arusí**, die von Nuquí aus zu erreichen sind. Cabo Corrientes ist der westlichste Punkt des kolumbianischen Festlandes. Im Norden, 1½ Stunden von Nuquí entfernt, liegt **Jurubidá** auf einer Sandinsel zwischen dem Río Chorí und dem Río Jurubidá. Dem Ort vorgelagert liegt ein Dutzend malerischer Felseninseln. Die äußerste der Inseln beherbergt eine Nistkolonie von Maskentölpeln. Die größte, **El Morro**, ist bei Ebbe zu Fuß zu erreichen. In der nächstgelegenen Bucht von **Morromico** sollen einmal mehr die Schätze des Piraten Henry Morgan versteckt sein. An den Flussläufen von Río Nuquí, Chorí und Jurubidá liegen Dörfer der Emberá-Indianer. Die Emberá leben aufgrund der abgeschiedenen Lage dieser Region noch weitgehend traditionell. Ohne die ausdrückliche Genehmigung der Indigenenorganisation **OREWA** (siehe Quibdó) dürfen ausschließlich die Gemeinschaften Nuquí und El Valle (Bahía Solano) in Küstennähe besucht werden. In Nuquí haben die Indianer einen Verkaufsstand für Artesanía an der Flugpiste. Zum Handeltreiben kommen sie hierher.

Aufgepasst! In Nuquí gibt es keine Bank oder sonstige Möglichkeit zum Geldwechseln.

Informieren

In Coquí ist eine Gruppe von Ecoguías stationiert, ☎ 239 58 88, ✉ ecoguiascoqui@une.net.co

Schlafen und Essen

Hotel Rocio del Mar, Cabañas mit Blick aufs Meer, Restaurant, € 20 p.P. in der Hauptsaison, inkl. einfacher Mahlzeiten.

Buckelwale

Jahr für Jahr legen die Buckelwale *(Ballenas Jorobadas o Yubartas)* die 8000 Kilometer von der Antarktis an die kolumbianischen Gewässer zurück, um sich fortzupflanzen und ihre Jungen zur Welt zu bringen. Die Tragzeit beträgt 12 Monate und eine Walkuh bringt alle zwei Jahre ein Junges zur Welt. Das Walbaby wiegt bereits bei der Geburt 1,5 Tonnen und hat eine Länge von 4,5 m. Ausgewachsene Tiere sind ca. 18 m lang, sie werden etwa 50 Jahre alt. Die Gesamtpopulation wird auf 8000 Tiere weltweit geschätzt (1886 waren es 200 000), die Zahl der vor Kolumbiens Pazifikküste auftauchenden Population liegt bei annähernd 1500 Exemplaren, laut Aussage der NGO **Fundación Yubarta**, die seit Jahren die Identifizierung an Hand von individuell verschiedenartigen Schwanz- und Flossenmerkmalen durchführt.

Die Populationen von Nord- und Südhalbkugel mischen sich nicht. Die Buckelwale geben Signale von 200 Kilohertz von sich. Ihre Songs, die man beim Schnorcheln vor Gorgona hören kann, haben eine Dauer von 15 Minuten. Manchmal wird bis zu 20 Stunden ohne Unterbrechung gesungen. An ihren Gesängen sind die einzelnen Walgruppen zu unterscheiden. Die Buckelwale sind die verspieltesten und akrobatischsten unter den Meeresriesen. Die liebestollen *«machos»* sprühen in den tropischen Gewässern nur so vor Springlaune.

Ecohotel Iraka del Mar, Info Medellín: ☎ (4) 683 60 16, alle Zimmer haben Privatbad, Balkon mit Hängematte. Die freundliche Crew kann Touren in den Parque Utría und zu anderen Destinationen organisieren, € 12,50 p.P.

Hotel Vientos de Yubarta, Zimmer mit Privatbad, Restaurantbetrieb, ab € 35.

Ecolodge El Cantil, www.elcantil.com, Info Medellín: ☎ (4) 252 07 07, besser und teurer als der Rest, mit Restaurantbetrieb, Wanderungen zur Cascada del Amor, und Thermalquellen, während der Saison Walbeobachtungstouren, Package 2 Nächte/ Vollpension ab € 180.

Cabañas Pijiba, www.pijibalodge.com, Info Medellín: ☎ (4) 474 52 21, von Gonzalo Trujillo und Marta Llano, ein mehrfach ausgezeichnetes Vorzeigeprojekt für ökologischen Tourismus (hat im Jahre 2000 den Ecoturismus-Award gewonnen). Gonzalo, Ex-Fischer aus Medellín und seine Frau haben sich dem Naturerhalt verschrieben und ihr Haus in ein kleines Hotel verwandelt. Hinzugekommen sind vier Bungalows aus Palmenholz, die vom Dschungelgrün umgeben sind. Die Gäste werden vom Flughafen abgeholt und mit dem Außenborder in die 50 Min. entfernte Anlage gebracht. Dschungelwalks und Tauchtouren gehören zum Programm. Die Küche des

Hauses bietet täglich frisches Obst und fangfrischen Fisch. Trujillo und Gonzalo setzen sich bei den lokalen indigenen Gemeinschaften für Sonnen-und Wasserenergie an Stelle von Dieselmotoren ein, drei Nächte all inclusive € 300 p.P.

SEBRA TIPP

Morromico, www.morromico.com, ☏ (8) 521 41 72, traumhaft gelegene Anlage von Javier und Gloria mit vier Zimmern mit Einzel- oder Doppelbett, Küche mit täglich frischem Fisch, Pargo in Kokosnussmilch, ein Thunfischsteak oder eine köstliche Ceviche, einsame Strände vor der Tür und den Dschungel im Rücken, ab € 65 p.P.inkl. dreier Mahlzeiten.

Auf dem Weg vom Strand zum Flughafen gibt es einige einfache Restaurants, die gebratenen Fisch anbieten, dazu Kokosnussreis oder Patacones.

▪ Schiffsverbindungen

Der Schiffsverkehr am Pazifik ist abhängig von den Gezeiten. Bei Niedrigwasser ruht der Verkehr. Die kleinen Ortschaften südlich und nördlich von Nuquí werden regelmäßig von Holzkanus mit Außenborder angelaufen. Schnellboote mit Doppelmotoren Mo/Mi/Fr nach **El Valle** mit Zwischenstopp in **Jurubidá** und der Isla **La Esperanza** (Playa Blanca). Jurubidá, € 5/El Valle, € 10.

Coquí/Arusí - Transportschiffe wie der *El Luchador* in unregelmäßigen Abständen mehrmals die Woche.

▪ Flugverbindungen

An der kleinen Flugpiste betreiben die Emberágemeinschaften aus der Umgebung einen Artesanía-Stand. Dort gibt es auch ein Büro von Chocotur.

Satena, ☏ 683 60 79, (Mo/Mi/Fr/So) und **ADA,** ☏ 683 63 64, (Do/Sa via Quibdó) fliegen nach **Medellín**, € 100, außerhalb der Saison Promotionstarife ab € 50.

Charterverbindungen mit **Aexpa** nach **Quibdó**, € 40, **Pereira**, € 80.

Bahía Solano

5 Meter, 28°C, 8500 Einwohner
☏ 4

Bahía Solano ist ein kleines Dorf und zugleich das Zentrum der nördlichen Pazifikküste. Es besitzt einen Flughafen mit regelmäßigem Flugverkehr nach Medellín. Schiffsverkehr besteht mit Buenaventura im Süden und Juradó im Norden, nahe der Grenze zu Panama. Bahía Solano bietet die ideale Urlaubsmischung aus Entspannung und Abenteuertouren entlang der Küste und ins Hinterland. Die Ansiedlung liegt am Ende einer tief eingeschnittenen Bucht mit ruhiger See. Die paradiesischen Strände außerhalb des Ortes sind zu Fuß kaum zu erreichen, und man muss die Gezeiten im Auge behalten.

Zunächst fast ausschließlich als Zentrum mit dem Schwerpunkt Sportfischerei für reiche Caleños und Paisas geplant, versucht man nun den ökologischen Tourismus zu stärken und voranzutreiben. Die Einrichtung einer geschützten Meereszone ist vonnöten, um die reichen Populationen an *pargos* und *sierras* auch für die Zukunft zu bewahren.

Im Sektor um **Cabo Marzo** hat man noch vor einigen Jahren Jagd auf den *sierra wahoo*, den *jurel* oder einen der anderen legendären Segelfische gemacht, vor allem den bis zu 400 kg schweren Schwarzen Marlin.

Die Emberá

Die Emberá stellen mit 50 000 die größte Gruppe unter den Indigenen des tropischen Regenwaldes. Sie leben an beinahe allen Flüssen des Pazifikflachlandes. Die Emberá und die mit ihnen verwandten Waunana stammen ursprünglich aus dem Amazonasgebiet und gehören zur einst großen Karibenfamilie.

Anbaumethoden und Jagd

Stolze Emberá

Sie leben von der Subsistenzwirtschaft, kultivieren Mais, Reis, Zuckerrohr, *chontaduro* und *plátano*. Für den ersten *plátano* säubern sie mit der Machete die Bodenvegetation, wobei die Bäume stehenbleiben. Dann säen sie aus und erst später werden einige Bäume gefällt. Auf diese Weise trägt der nährstoffarme Boden im Durchschnitt drei Jahre. Danach muss er fünf bis zehn Jahre ruhen, um erneut bepflanzt zu werden. Während dieser Zeit ziehen die Emberá weiter. Sie jagen Gürteltiere, Berghühner, Wasserschweine, *paujiles* (ein tropischer Wildfasan) und Wildschweine. Pfeil und Bogen und der Speer sind weitgehend dem Gewehr gewichen und werden fast ausschließlich zum Fischen benutzt.

Häuser

Die Häuser der Emberá sind rechteckig und stehen auf zwei Meter hohen Pfählen zum Schutz vor heftigen Regenfällen, die innerhalb von Stunden zu Überschwemmungen führen können. Auch die unliebsame Begegnung mit Schlangen soll auf diese Weise vermieden werden. Das Dach ist palmengedeckt. Die Hütte ist zu allen Seiten offen. Eine Leiter, gefertigt aus einem Baumstamm, führt auf den *tambo*. Zwei Dutzend Häuser stehen eng beieinander. Die Bewohner haben Blickkontakt. Die Familie schläft nachts zusammen auf einem *yueporo*, einer Schlafmatte aus Baumrinde.

Kleidung

Die Frauen tragen ein Hüfttuch und die Männer einen Lendenschurz. Die traditionelle Kleidung wird insbesondere westlich des Atrato getragen, wo die Emberá am traditionellsten leben. Männer und Frauen bemalen sich mit dem Saft der *jagua*, einer Waldfrucht, aus der ein transparenter Saft gewonnen wird, der auf den Körper aufgetragen, erst nach Stunden schwarz wird. Zur Körperbemalung werden auch Holzstempel benutzt. Die Farbe soll vor den *jaís*, den bösen Geistern schützen.

Kunsthandwerk

Die Frauen stellen *güeguerre*, Handtaschen aus Palmenfasern her, die von den Männern als Artesaníaartikel verkauft werden. Die besten Exemplare sind so eng geknüpft, dass kein Tropfen Wasser hindurchkommt.

Jaibaná-Zeremonie

Die wichtigste Persönlichkeit im Dorf ist der *jaibaná*. Es ist der Medizinmann, dem Heilkräfte zugesprochen werden. Die Welt der Emberá besteht aus drei Ebenen. Unter der realen, der *anteatuna*, liegt die Unterwelt. Sie wird bewohnt von den *yhámberas*, Geister, die sich in Tiere verwandeln, wenn sie aus der Unterwelt auftauchen, um im Wald und an den Flüssen nach Nahrung zu suchen.

Wird ein Mensch krank oder stirbt er, glaubt der Emberá, dass ein Raubtier seine Seele entführt hat, um sie zu verschlingen. Die Männer jagen die Tiere, die wiederum die Männer jagen. Die Beziehung zwischen Mensch und Tier ist ein wechselndes Rollenspiel. Aus der Unterwelt kam der erste *jaibaná*. Bei den Zeremonien verwandeln sich Männer und Frauen durch die Bemalung in Tiere und vereinigen sich mit den *yhámberas*. Die Heilungszeremonie, an der das ganze Dorf teilnimmt, findet in Vollmondnächten statt.

Inmitten des *jaibaná*-Hauses wird ein Unterstand aus Zuckerrohr errichtet, der entfernt an einen Altar erinnert. Obenauf stehen kleine Kürbisgefäße, gefüllt mit *muischika*. Das *chicha*-Getränk ist der Lieblingssaft der *jaís* und darf nur von Jungfrauen zubereitet werden.

An der Zuckerrohrkonstruktion hängen Tierfiguren aus Balsaholz. Von der Decke baumelt das Geisterschiff, bemannt mit geschnitzten, wild dreinblickenden Figuren. Sie sind mit Gewehren und Schlagstöcken bewaffnet. Der Kranke liegt zunächst in der Zuckerrohrhütte. Der *jaibaná* beginnt *chicha* zu trinken und den Kranken in Rauch einzuhüllen. Er tanzt singend um das Geisterhaus.

Dann verlässt der Kranke sein Lager und der *jaibaná* berührt ihn an verschiedenen Stellen seines Körpers mit dem *bastón*. Der Heilungsstab aus *chontaduro* ist mit einer zoo- oder anthropomorphen Figur verziert, die in Beziehung zur Krankheit steht. Jede Krankheit muss mit einem unterschiedlichen *bastón* behandelt werden. Die *bastónes* für die Behandlung von Kindern sind kleiner als die für Erwachsene. Die *bastónes* sind aus Hartholz, die *jaís* hingegen aus Weichholz. Der *jaibaná* entzieht dem Kranken die bösen Geister, die die Krankheit verursachen und macht sie zu seinen eigenen. Dann ruft er die *jaís* an, die mit ihm in Verbindung stehen, damit sie ihn unterstützen. Die Männer und Frauen tanzen in entgegengesetzter Richtung um das Krankenlager. Der Rhythmus der eintönigen Bambuspfeifen vermischt sich mit den Schlägen der Trommeln. Die Musik soll die Kraft der bösen Geister auf die Balsafiguren übertragen. Nach Beendigung der Zeremonie, die bis zum Morgengrauen dauert, wird die Zuckerrohrhütte, die nunmehr ausgedient hat, zum Fluss getragen. Die *jaís* verlassen das Dorf flussabwärts.

Hier draußen vor der Küste tummeln sich während der Saison auch die Buckelwale.

Zum Tauchen geht es hinab zum gefluteten Wrack der *San Sebastián de Belalcázar*, einem ehemaligen Kriegsschiff das einst der US-Marine gehörte, und jetzt in 50 Meter Tiefe am Eingang zur Bucht liegt. Hier ist mit den Jahren ein Korallenriff entstanden, in dem die riesigen *pargos* bereits heimisch geworden sind, und die neugierigen Muränen strecken ihre hässlichen Köpfe den Tauchern entgegen. Das Tauchparadies liegt in der Bucht Bahía Tebada. Die Bucht ist von Bahía Solano mit dem Boot zu erreichen. Zur Walsaison (zwischen Juli und Oktober) lassen sich Ausflüge arrangieren. Pauschalarrangements in Medellín mit der **Fundación Yubarta,** ☏ (4) 230 60 60, ✉ yubarta@emcali.net.co.

Banken

In der kleinen Bank gegenüber vom DAS-Büro kann man auf die Visa-Card kolumbianische Pesos bekommen.

Schlafen und Essen

Im Dorf und an den umliegenden Stränden gibt es ein Dutzend Hotels, Posadas und Lodges. Die Hotelvereinigung der ökologisch ausgerichteten Hotels in den Gemeinden Nuquí und Bahía Solano betreibt die Website www.hotelesmarselva.com. Hier stellen sich die Hotels ausführlich vor.

Hotel Bahía, Calle 3a No 2-40, ☏ 682 70 47, im Zentrum des Ortes, Zimmer mit Bad, Vent., Restaurant, € 9/15.

Hostal del Mar, Cra. 1A No 3a, Zimmer mit a/c und Bad, € 13/21.

Hotel Balboa Plaza, Cra. 2 No 6-73, ☏ 682 7075, 📠 682 74 01. Der in dieser Umgebung vollkommen deplaziert wirkende Betonbau sollte mal das erste Vier-oder sogar Fünf-Sterne-Hotel an der kolumbianischen Pazifikküste werden und ist aus Drogengeldern hochgezogen worden. Inzwischen ist das Hotel heruntergekommen und dringend renovierungsbedürftig. Haus und Szenerie schienen von Anfang an dem römischen Kondominium im gallischen Wald nachempfunden (siehe Asterix «Die Trabantenstadt» und die jahrelange Fertigstellung ging in einem Tempo vonstatten, das an die Beladung der römische Galeere in «Asterix auf Korsika» erinnert.), Zimmer € 40/60.

Rocas de Cabo Marzo, schöne Anlage am Strand und 15 Min. vom Flughafen entfernt, ☏ 682 74 33/ 682 75 25, viele Grünzonen und Terrassen, Sportfischerei, Tauchequipment vorrätig, € 35 p.P.

Marlin Azul Lodge - Playa Potes - ☏ mobil 316 742 1040 / 310 461 0917, www.marlinazul.com.co, 30 Min. mit dem Schnellboot nördlich von Bahía Solano im Golfo de Cupica. Eine Holzcabaña am Strand mit großen und bequemen Zimmern, gute regional-maritime Küche, grandiose Umgebung, ein Traum für Freunde des Tauchens und Hochseeangelns,€ 50 p.P.

Hotel Playa de Oro, ☏ 682 74 81, Aviatur-Hotel, 15 Min. mit dem Schnellboot von Bahía Solano an der Playa Huina, weißer Strand, Cabañas mit Terrasse und Hängematte, Vent., Privatbad, an der Einfahrt zur Bucht von Bahía Solano, € 80 p.P. inkl. drei Mahlzeiten.

Nach kurzer Fahrt mit dem Außenborder (oder einem zweistündigen Spaziergang) ist die **Playa Huina** erreicht, ein paradiesischer Strand umgeben von Dschungelbewuchs und mit weiteren Hotels bestückt.

Refugio de Mr. Jerry, ☏ (2) 513 12 00 / 310 808 16 30. Ebenfalls mit Vollpension, € 35 p.P. In den Pauschalarrangements sind drei Mahlzeiten pro Tag enthalten. Zu den traditionellen regionalen Fischgerichten gehören die schmackhafte *sierra wahoo* oder ein gebratenes Thunfischfilet.

Schiffverbindungen

Buenaventura - mit dem Schnellboot 8 Std., € 50 p.P., unregelmäßig mit dem Transportschiff *María Rita*.

Jurado - Außenborder alle zwei Tage, € 25 p.P. und vereinzelt Transportschiffe.

Nuquí - (siehe Nuquí).

Busverbindung

Bahía Solano und El Valle sind durch eine Dschungelpiste miteinander verbunden. Die 14 Kilometer lange Straße führt am Flughafen vorbei.

El Valle - Chiva und Jeep, zwei- bis dreimal am Tag, 1 Std., € 3,50.

Flugverbindungen

Die Büros von **ADA**, ① 682 73 66, und **Satena**, ① 682 71 63, liegen im Flughafen bzw. an der Hauptstraße. Auch gecharterte 19-sitzige Beechcrafts der Gesellschaft **Searca** (mit Sitz in Bogotá und Medellín, www.searca.com.co) fliegen Bahía Solano gelegentlich an. Jeden Tag starten und landen auf dem Aeropuerto José Celestino Mutis die Maschinen von ADA und Satena, Gepäck ist auf 10 kg. p.P. begrenzt!

Medellín - Satena, täglich, ADA, Mo/Mi/Fr (via Quibdó), € 100.

El Valle

5 Meter, 28°C, 3000 Einwohner
① 4

El Valle ist ein Fischerdorf mit dem für die Pazifikküste typischen Holzpfahlbauten. Außerhalb des Zentrums liegt der Strand El Almejal. Der Pazifik schäumt über herausragende, schwarze Felsen. Zu Tausenden flitzen rote Krebse über den dunkelbraunen Sand. Bei Ebbe zieht sich das Meer weit zurück und hinterlässt einen breiten Strand, auf dem das verdunstende Wasser wie ein Spiegel wirkt. Pelikane segeln in Formation über die Dünung. Im Dorf gibt es zwei Discotheken, einen Bäkker und mehrere Läden mit Grundnahrungsmitteln. Fangfrischer Fisch wird günstig am Strand verkauft; *sierras*, gewaltige *pargos rojos* und Schwertfische.

Schlafen und Essen

Eine Handvoll Hütten, die günstig Zimmer vermieten, liegen an dem Weg zwischen dem Strand El Almejal zum Río Valle, z.B. **Los Corales** und **Cocoloco.**

El Valle - Playa Alegre - ① 682 79 05, Zimmer mit Bad, € 25 p.P. inkl. drei Mahlzeiten.

Cabañas el Valle - Playa Alegre- ① 074 451 12 29/ 682 79 05, € 25 p.P. inkl. drei Mahlzeiten.

Hotel Dasma - Playa Brisa y Mar - ① 682 79 15, Unterkunft mit Vollpension, € 16,75 p.P.

Cabañas Punta Roca - Playa el Almejal - einfache Cabañas mit Bad, direkt am Strand, Kochgelegenheit, kein Strom, € 6 p.P., Handeln möglich.

SEBRA TIPP

Cabañas El Almejal - Playa el Almejal - www.almejal.com.co, Info Medellín: ① (4) 230 60 60/ 01 800 011 14 40, Cabañas mit Bad, Vent., Terrasse, Restaurant, € 25-35 p.P. inkl. drei Mahlzeiten.

Bootsverbindung

Nuquí - Schnellboot *Magdalena* fährt Di/Do/Sa, € 10 p.P.

Nationalpark Ensenada de Utría

Zwischen El Valle im Norden und Nuquí im Süden liegt der Nationalpark Ensenada de Utría. Seine Flä-

Tour in den Sonnenuntergang am Strand von El Almejal

che beträgt 77 750 Hektar, davon 18 850 Hektar maritime Wasserfläche. 80 % der Parkfläche überlappt sich mit drei Resguardos der indigenen Emberá. Es gibt nur wenige Orte auf der Welt, an denen wie hier, noch der Zauber und die Poesie des Meeres so unverfälscht anzutreffen sind. Die Küstenlinie besteht aus Dutzenden von Buchten mit vorgelagerten Felseninselchen. An zwei Stellen gibt es Korallenbänke, die einzigen an der amerikanischen Pazifikküste. Bei einer Bootsfahrt entlang der Küste begleiten Delphine das Boot. Maskentölpel, die auf einigen der Felsen ihre Brutplätze haben, segeln vorbei. Die tropische Vegetation grenzt an vielen Stellen direkt ans Meer. Hier vermählt sich der Dschungel mit der See. In den Buchten wachsen Mangrovenwälder. Es gibt vier Mangrovenarten, die rote, schwarze, weiße und die *piñuelo*. Sie wird bis zu 15 Meter hoch. Ihre Wurzeln sind das Refugium für die Schalentiere im Wechsel der Gezeiten und im Wechsel von Süß- und Salzwasser. Das Glucksen des Morastes und das Knacken der Krebse sind die vorherrschenden Geräusche. Zwischen dem Meer und den Mangrovenkanälen ist eine zweite Kette von Flussinseln entstanden.

Mit dem faulenden Dschungelgeruch verabschiedet sich das Meer, das Gelände steigt bis zur Höhenkette der Serranía de Baudó an. Die höchste Erhebung ist der Alto del Buey mit 1810 Meter. Hier entspringt der **Río Baudó**. In den Höhenlagen sammelt sich der Dunst. In periodischen Abständen beginnt es zu regnen. Wer sich in dieses Gebiet hineinbegibt, ist in ständiger Begleitung der Harlekinfrösche mit ihren orange-schwarzen Tupfern. Nur wenige Emberá leben im primären Regenwald. Um den spanischen Goldsuchern zu entgehen, waren sie im 17. und 18. Jahrhundert hierhin geflüchtet.

Die **Playa Blanca** ist ein für die Pazifikküste ungewöhnlich weißer Sandstrand auf der Insel La Esperanza. Im Volksmund heißt sie auch Isla de Salomón, benannt nach einem ehemalige Guerrillakämpfer der M-19, der hier zum Restaurantbetreiber wurde.

Unterkünfte

Centro de Visitantes **Jaibaná**, für 20 Personen ist eine geräumige Blockhütte mit einem kleinen Meeresmuseum. Hier liegt das Walgerippe eines unglücklich gestrandeten Meeresriesen. Übernachtung inkl. drei Mahlzeiten im Restaurant Yubartá organisiert die lokale Gemeinschaft *Mano Cambiada* in Eigenregie. Eintritt für den Parkbesuch: € 10.

Weg zur Ensenada de Utría

Von El Valle führt ein breiter Fußweg zur Ensenada de Utría, auf der anderen Seite des Flusses. Lokale Fischer rudern einen auf die andere Seite. Nach 2½ Stunden, etwa 10 km, erreicht man zu Fuß auf einem leich-

Am Oberlauf des Río Baudó

Mangroven in der Ensenada de Utría

ten Weg die Ensenada de Utría, ein Meeresarm, der sich tief ins Landesinnere eingeschnitten hat. In der Regenzeit ist der Weg schlammig, einen Guía braucht man jedoch nicht. Boote von El Valle in die Ensenada de Utría zum Parkzentrum auf der anderen Seite der Ensenada kosten € 8 p.P. Ein weiterer kurzer Fußweg führt vom Administrationszentrum nach **Cocalito**, 50 Min. Außerdem sind mehrere Routen auf dem Wasser durch die Buchten und das Mangrovendickicht möglich und schließlich auch Tauchgänge der ganz speziellen Art.

Juradó

5 Meter, 28°C, 4000 Einwohner

Juradó ist der letzte größere Ort vor der Panamagrenze. Die Bevölkerung lebt überwiegend vom Fischfang und vom Abholzen der umliegenden Wälder. Doch seit Suspendierung der Holzeinschlagkonzession des Umweltministeriums ist der Handel und der regelmäßige Verkehr mit Buenaventura erheblich eingeschränkt. Kamen vorher regelmäßig zwei Boote die Woche, so sind es jetzt gerade mal zwei im Monat, die die Bevölkerung mit notwendigen Lebensmitteln versorgen. Das nächste Emberá-Dorf ist in Dos Bocas, drei Stunden mit dem Boot den Río Juradó flussaufwärts. Es gibt zwei einfache Hotels in Juradó, aber die Gegend steckt voller Drogenschmuggler und Farc- Guerrilleros.

Schiffsverbindungen

Bahía Solano - Bootsverkehr mit Außenbordern, 4 Std., € 25 p.P.

Buenaventura - Cargo-Holzschiffe, unregelmäßig, ein- bis zweimal im Monat.

Jaqué Puerto Piña (Panama) - regelmäßig Boote, 70 Kilometer, 4 Std., € 20 p.P. Von Jaqué kann man entweder einen Flieger oder ein weiteres Schiff nach Panama-City (16-20 Std., € 25) nehmen.

Der **Grenzübergang** ist bei Punta Ardita. Aus-/Einreiseformalitäten werden bei der DAS-Stelle in Turbo bzw. Buenaventura erledigt.

Tumaco

6 Meter, 27°C, 150 000Einwohner
① 2

Die Pasto-Tumaco-Straße führt durch die Höhen des Nebelwaldes und folgt eine Zeitlang der Ölpipeline, die vom Putumayo kommt. Dann geht es hinab in die Küstenniederungen. Tumaco ist der zweitgrößte Hafen am Pazifik, gleichwohl ist es ein Provinzstädtchen. Die Stadt besteht aus zwei Inseln: **La Viciosa**, wo die Mehrzahl der Bevölkerung zuhause ist, und **El Morro** mit dem gleichnamigen Strand. Nach wie vor leben Tausende in Pfahlbauten am Ufer, wie die einstigen Herrscher der Insel, die Tumaco-Indianer. Der Stadtverwaltung sind diese Bauten ein Dorn im Auge, denn sie bieten keinen Schutz vor Seebeben, die die Stadt mehrfach heimgesucht haben. Zentrum des städtischen Lebens ist die Calle de Comercio mit dem Fischmarkt. Nachts wird in den Salsatecas in der Calle de los Estudiantes getanzt.

<u>AUFGEPASST!</u>
Der Tourismus in und um Tumaco ist in den Jahren 2007/08 fast vollständig zum Erliegen gekommen. Hauptgrund hierfür sind die bewaffneten Kämpfe zwischen Farc-Guerrilla, Polizei- und Armeeeinheiten entlang der Straße nach Pasto. Die Guerrilla hat mehrfach Straßensperren errichtet und Busse und Lkws abgefackelt. Gegenüber der anhaltend kritischen Situation in der Gegend, mutet die Aktion des Gouverneurs des Departement Nariño, Antonio Navarro Wolf, während der Osterwoche eine **Caravana Turistica** durchzuführen, um die wiedererlangte Straßensicherheit zu demonstrieren, reichlich hilflos an. Nicht genug, in den Mangrovenwäldern an der kolumbianisch-ecuadorianischen Grenze halten sich paramilitärische Banden (namentlich die «Los Rastrojos») auf und unterhalten dort Drogenverstecke und Waffenlager.

Informieren

Tourismusinformation in der Alcadía.
Capitanía, ① 727 26 37.

Banken und Wechsler

Bancolombia, alle Karten, ATM, Calle Sucre
Bardollar oder Euro in Tumaco zu tauschen ist schwierig und allenfalls zu einem schlechten Kurs möglich.

DAS und Pass

Das DAS-Büro für die Ein-und Ausreiseformalitäten für Ecuador ist in der Calle Sucre.

Feste

Festival de Musica del Pacifico, erste Dezemberwoche.

Schlafen und Essen

Die billigsten und heruntergekommensten Absteigen sind in der Calle de Comercio, die zwischen Markt und Meer verläuft.
Eine gute Wahl in der Calle de Comercio ist der Klassiker **Hotel El Dorado**, zwischen dem Parque Colón und La Merced, ① 727 25 65, im 2. Stock befinden sich die Zimmer mit Gemeinschaftsbad, € 5 p.P., auf dem Dach sind Cabañas mit Privatbad, nur kaltes Wasser, € 7 p.P.

Hotel TransIpiales, Calle La Merced 1C-63, ✆ 727 23 87, über der Busstation, Zimmer o. Bad, € 5 p.P.

Hotel Cootranar, Calle La Merced, ✆ 727 2562, über der Busstation, Zimmer mit Bad, € 6,50 p.P.

Hotel La Sultana, Calle Sucre No 6-57, ✆727 24 38, Blick auf den Hafen, ruhig, sauber, Zimmer mit Vent., ohne/mit Bad, € 5/8 p.P.

Ebenso gut, aber ohne Hafenblick, **Don Luis**, ✆ 727 23 74, Zimmer mit Bad, € 8/15.

Hostería Villa del Mar, Calle Sucre, ✆/🖷 727 23 93, bestes Hotel in Tumaco. Restaurant, Zimmer mit a/c, Kühlschrank, € 20/30. Unterhält auch das **Hotel Hostería Villa del Sol** -Playa El Morro - ✆ 772 78 05, 🖷 772 73 93, Cabañas mit TV und Kühlschrank, gleicher Preis.

Am Playa El Morro liegen die besseren Hotels. Das beste ist das **Hotel Barranquilla**, ✆ 727 17 60, Zimmer mit Privatbad, Kabel-TV, Balkon, € 23/34. Die besseren Restaurants mit Strandambiente und Sonnenuntergangsblick sind am Playa El Morro. Im Restaurant **Alta Mar** gibt es ausgezeichneten Fisch und in der Strandbude **El Caído del Sol** gegenüber kann man bei einem Drink den Abend ausklingen lassen.

In der Innenstadt gibt es einfache Restaurants.

Restaurant Marlin, Calle Nariño, Frühstück, comida corriente.

Im **El Galeón** und im **Baliska**, Calle de Mercedes, ebenfalls comida corriente. Gute Hähnchen im **Asadero Pico-Pico**, Calle de los Estudiantes.

Musik und Tanz

Salsateca **Saoco**, Calle de los Estudiantes.

In der Calle de los Estudiantes gibt es noch weitere Salsatecas.

Die heißeste Rumba findet an der **Puente El Morro** und am Playa El Morro statt.

Strände

Der am nächsten gelegene Strand von Tumaco heißt **El Morro**. Bei Ebbe kann man eine in der Nähe liegende Höhle betreten, in der die ersten Bewohner dieser Region, die Tumaco-Indianer, Zeichnungen hinterlassen haben. Der Bus nach «El Morro» fährt von der Plaza Bolívar. Ein schöner Strand in der Nähe von Tumaco ist die **Playa Bocagrande**. Mit der Lancha, ¾ Std., € 9 p.P. hin und zurück.

Hahnenkämpfe

finden in der Arena des **Club Gallistico Carnaval**, Calle Nariño, Ecke Calle Mosquera, Freitag oder Samstag statt.

Schiffsverbindungen

Nachfragen muss man beim Büro von **Transmart**, ✆ mobil 316 682 72 43, am Anleger (muelle), Calle de Comercio.

Bocas de Satinga (>Guapi >Gorgona) - Lancha vom Anleger bei Distribuciónes Lorito, Calle de Comercio, alle 2-3 Tage, 3-4 Std., € 25 p.P.

San Lorenzo/Esmeraldas (Ecuador) - vom Puerto Maritimo auf der Isla El Morro, **Servimar**, ✆ 772 53 77, Abfahrt: ✆ Freitag gegen 19, Ankunft: ✆ Samstag früh in den Morgenstunden, kein Restaurant an Bord, daher Verpflegung mitbringen,

> **Die Tumaco**
>
> Entlang der Überschwemmungszonen und Mangrovensümpfe der Pazifikküste zwischen Esmeraldas (Ecuador) und Buenaventura lebten einige Jahrhunderte lang die *Tumaco*, einzelne Gemeinschaften aus Fischern, Jägern und Bauern. Sie befuhren die Küstengewässer und bearbeiteten verschiedene Metalle.
>
> Die *Tumaco* errichteten in den höher gelegenen Zonen des Mangrovengürtels Kult- und Begräbnisstätten. Ihre Häuser standen auf künstlich geschaffenen Plattformen, um vor Überschwemmungen sicher zu sein. Die hochstehende *Tumaco*-Kultur bestand von 700 v. bis 350 n. Chr. Anschließend drangen Gruppen aus dem Inland in ihr Siedlungsgebiet ein, und die Kenntnisse der Goldschmiedekunst gingen verloren.
>
> Als im Jahr 1756 Fray Juan de Santa Gertrudis die Pazifikküste erkundete, traf er noch auf Überreste der Tumaco-Kultur. Kleinste Tonfiguren in großer Perfektion, filigrane Goldfiguren mit Köpfen nicht größer als die von Stecknadeln.

€ 20 p.P. Einreiseformalitäten in Ecuador werden am Dock in Esmeraldas erledigt.

Buenaventura - nachfragen bei Ferrotodo Cemento, unregelmäßig mit Zwischenstopp in Sala Honda.

Busverbindungen

Alle Busgesellschaften haben ihre Büros in der Calle La Merced.

Pasto/Ipiales - Cootranar, Flota Guíatara, Supertaxi, TransIpiales, Busse und Mikrobusse fahren jede Stunde bis ⏲ 23, 6 Std./5 Std., € 11/8.

Cali - Cootranar, ein Direktbus um ⏲ 20.30, 12-13 Std., € 25.

Flugverbindungen

Satena, Calle Mosquera, Ecke Parque Colón. ☎ 727 23 29, Flughafen: ☎ 727 25 98.

Cali - Satena, 1 x täglich, € 100.

Die einst bestehende Flugverbindung nach **Esmeraldas** (Ecuador) wurde eingestellt. Vertreter auf beiden Seite der Grenze denken aber über eine touristische Wiederbelebung der Region, einschließlich der Wiederaufnahme des Flugverkehrs nach und basteln an einem Plan Estratégico de Turismo.

Barbacoas

36 Meter, 28°C, 30 000 Einwohner
☎ 2

Barbacoas am Río Telembí ist eine der ältesten Minenstädte des Pazifikflachlandes. Francisco de la Parada y Zúñiga gründete die Siedlung bereits im Jahr 1600. Einige Zeit später siedelten die kolonialen Encomenderos schwarze Sklaven an und ließen sie in den Flüssen nach Gold schürfen. Heute sieht man nur noch wenige Familien mit der Schürfschale den Goldstaub aus dem Sand waschen. Der Ort ist voller Soldaten, die Region um Barbacoas gehört seit einigen Jahren zu den umkämpften Zentren des Kokaanbaus und der Kokainproduktion.

Das **Hotel Telembí**, am Flussufer, hat ein Restaurant und einfache Zimmer, € 4 p.P.

Busverbindungen

Pasto/Ipiales - TransIpiales, Supertaxi del Sur, 9-10 Std., € 10; der Straßenabschnitt nach Junín (55 km) an der Pasto-Tumaco-Strecke gehört zu den miserabelsten Straßen überhaupt, mehr Verkehr herrscht daher auf dem Fluss.

Llorente - das Zentrum der Kokapflanzer

160 Meter, 25°C, 3000-10 000 Einwohner

Llorente, liegt 1½ Busstunden von Tumaco entfernt auf der Straße in Richtung Pasto. Noch vor einigen Jahren ein unbedeutender Marktflecken mit einigen hundert Bewohnern, füllt er sich jetzt an den Wochenenden mit Kokapflanzern aus der Umgebung, die hier ihre Besorgungen machen und Zerstreuung von der Feldarbeit suchen. Die Hauptstraße mit ihren Läden, Friseursalons, Restaurants, Bars, Boutiquen und Dutzenden von Telefonkabinen ist zugleich die Durchfahrtsstraße nach Pasto. Zwar liegt Llorente außerhalb der Reichweite für den regulären Telefonempfang, aber dann baut man eben seine eigenen Piratenempfänger. Woher stammt der ganze Reichttum? Entlang der Flüsse Nulpe, Güiza und Mira sowie am Río Telembí und Río Patía im Departement Nariño, unweit der Grenze zu Ecuador liegen verstreut die Fincas der Narcos. Rechte Paramilitärs und linke Guerrilleros haben die Schutzsektoren unter sich aufgeteilt. Sie bewachen die Produktion im Auftrag der hier nur als *Señores de Cali* bezeichneten Drogenbosse und ihrer bewaffneten Schutztruppen, den *Los Rastrojos*.

Im angrenzenden Dschungel verbergen sich hinter Verschlägen aus Holz und Bambusrohr die riesigen Kokaküchen, bestehend aus Stampfmaschinen, Trocknern und leistungsstarken Generatoren, mit denen wöchentlich tonnenweise Koka-Rohmaterial verarbeitet werden kann. Aus 15 Tonnen Rohmaterial entstehen sechs bis sieben Tonnen Kokainpaste, mit einem internationalen Marktpreis von schätzungsweise 25 Mio. US$ pro Kilo.

Der Umzug der Narcos aus den Amazonasdepartements Putumayo, Caquetá und Guaviare nach Nariño bietet einige Vorteile. Man kann den heiß begehrten Stoff über den nahegelegenen Pazifikhafen Tumaco und die dichte Mangrovenlandschaft zwischen den Flussmündungen und der Küste leichter verschiffen. Die gut ausgebaute und immer wieder umkämpfte Straße zwischen Pasto und Tumaco schafft eine zusätzliche leichte Verbindung ins Hochland. Auffällige Flugzeuge wie in Miraflores braucht man hier nicht einzusetzen, und kann es an vielen Tagen im Jahr auch gar nicht. Die hohen Niederschläge und das schwierige Relief machen eine Satelliten- und Luftüberwachung der Region beinahe unmöglich. Das Militär muss sich mühsam zu Fuß den Weg durch den tropfnassen Dschungel bahnen.

Das Hauptquartier der Brigade gegen den Drogenhandel befindet sich in Temuco. In einer gemeinsamen Aktion mit Marineeinheiten ging ihnen Mitte Mai 2005 an der Mündung des Río Mira der bislang größte Kokainfund in der Geschichte Kolumbiens ins Netz (15 Tonnen). Die Koka-Anbauflächen waren von 4.000 Hektar (1999) bis auf 60.000 Hektar (2006) angewachsen und die Luftwaffe hat trotz der schwierigen klimatischen Bedingungen Besprühungseinsätze gegen die Kokafelder im Rahmen des Plan Colombia geflogen und will dabei nach eigenen Angaben mehr als 30.000 Hektar Kokafläche vernichtet haben. Wie man aber die Bauern dazu bewegen will, *Platanos*, *Aguacate* und andere Agrarprodukte anzubauen, wenn die Böden erst einmal mit Herbiziden vergiftet sind, weiß keiner so genau. «Manuelle Beseitigung der Kokasträucher» heißt daher die neue Formel, und damit hat man inzwischen auch zwischen Llorente und Tumaco begonnen, allerdings gegen den anhaltenden Widerstand vieler Kokapflanzer.

Bocas de Satinga

25 Meter, 28°C, 5000-30 000 Einwohner

Der kleine Ort Bocas de Satinga ist der Umschlagplatz für das im Hinterland geschlagene Holz. Flussauf und -abwärts schneiden die Sägewerke die Edelhölzer unermüdlich zu transportablen Brettern, und im Hinterland blüht die Kokainproduktion. Am Anleger herrscht stets ein reges Treiben. Die einzige Straße ist die Calle de Comercio, sonst gibt es nur Schlammwege über die Holzplanken führen. Bei Einbruch der Nacht wird die Calle de Comercio zum wilden Pflaster. Im Halbdunkel balgen Hunde, grölen Besoffene, und die Feuer der Garküchen lodern. Wenn der Regen in den Monaten Oktober und November am heftigsten niedergeht, schwellen die Wassermassen des Río Sanquianga über Nacht an und bedrohen seit Jahren die Existenz des gesamten Ortes, da nach einem Kanaldurchstich die Fluten während der Regenzeit ungehindert die Straßen und Ufer überschwemmen.

Schlafen und Essen

Das beste Hotel ist das **Arco Iris**, und selbst das ist eine Bruchbude, ohne Bad, € 4,50 pro Bett. An den **Garküchen** gibt es backfrische *empanadas* und frittierten Fisch.

Schiffsverbindungen

Frühmorgens am Anleger nach Booten in die gewünschte Richtung Ausschau halten.

Buenaventura (Gorgona) - regelmäßig Frachtschiffe.

Von Bocas de Satinga kann man mit Geduld und Glück den **Nationalpark Sanquianga** (80 000 Hektar) - hier sind etwa 30 % des gesamten kolumbianischen Mangrovenbestandes unter Schutz gestellt - erreichen. Die Boote fahren nicht entlang der Küste. Die Fahrt führt durch ein mäanderndes Fluss- und Kanalsystem, das mit Mangroven bewachsen ist, entlang der Flüsse Patía und Sanquianga.

El Charco

25 Meter, 28°C, 2000 Einwohner
☏ 2

El Charco ist eine nette und angenehme Ortschaft mit einer heilen Sozialstruktur. Die Marktfrauen verkaufen ihren Fisch direkt aus den Kanus, die auf dem Trockenen liegen. Die Kinder baden ausgelassen im Fluss.

Schlafen und Essen

Das **Hotel Fanzul** in der Calle Principal, ☏ 747 01 55, ist ein einfaches, sauberes Hotel mit fließendem Wasser, Vent., Sat-TV und einem guten Restaurant, organisiert Transporte entlang der Küste, € 8 pro Bett.

Restaurante y Wiskeria Caballo Blanco, Cra.1, Calle 7A, ☏ mobil 313 650 010 11, maritime Regionalküche mit ausgewählten Leckereien wie Ceviche de Camarones, *Encoca-*

do de Jaiba, *Sudado de Toyo* und Langusten.

Schiffsverbindungen

Frühmorgens fahren Boote nach **Guapi**. Man kann ein Boot chartern zur **Playa Mulatos** (**PNN Sanquianga**).

Guapi

5 Meter, 29°C, 23 000 Einwohner
☏ 2

Guapi ist wenig einladend. Die Leute sind ungewohnt abweisend. Die Blechdächer der Häuser sind verrostet, die Holz- und Betonfassaden grau. Hunderte von Fernsehantennen ragen, auf Bambusrohre gesteckt, in den Himmel.

Banken und Wechsler

Die Banco de la República tauscht Gold, Silber und Platin, nur keine Fremdwährungen.

Schlafen und Essen

Residencia Anita, Familienpension, einfach, mit Gemeinschaftsbad, € 5/8.

Hotel Norita, Zimmer mit Bad, € 8/10/14.

Hotel Río Guapi, ☏ 840 01 96, scheint das beste zu sein, mit Privatbad, TV, Vent., Restaurant, € 12/20/27.

Schiffsverbindungen

Es gibt eine Reihe von Schnellbootfahrern, die sich das Geld für die zweistündige Tour zur Isla Gorgona verdienen möchten. Bootscharter zwischen € 130 und 170 (für bis 12 Personen), je nach Verhandlungsgeschick.

Flugverbindungen

Satena-Büro, Calle 1 No 7-27, Muelle Turístico.

Cali - Satena, täglich, € 80.
Popayán - Satena, Mo/Mi/Fr, € 60.

SEBRA TIPP

Isla Gorgona

Etwa 30 Kilometer vom nächsten Punkt des Festlandes, Playa Mulatos und 58 km von Guapi entfernt, liegt die Insel Gorgona. Umschlossen von immergrünem tropischem Regenwald, der zu einer Hügelkette ansteigt, scheint das Innere der Insel unergründliche Geheimnisse zu bergen.

Ungewöhnlich für die Pazifikküste, gibt es einige Strände mit weißem Sandstrand und vorgelagerten Korallenbänken. Oft geschieht es, dass die höheren Regionen in Regenwolken gehüllt sind, während unten die Sonne scheint. Die Insel ist acht Kilometer lang und zweieinhalb Kilometer breit. Gorgona ist durch einen 270 Meter tiefen Graben vom Festland getrennt. Die Nähe zur Küste ebenso wie die Vegetation sprechen dafür, dass es sich um die Spitze einer versunkenen vierten Kordillere handelt. Diese reichte einst von Ecuador über die Serranía de Baudó im Chocó bis nach Panama und wurde während des Pleistozon vom Festland getrennt. Gorgona unterscheidet sich vollkommen von den sonstigen karg bewachsenen Inseln des Pazifiks, wie beispielsweise dem Galápagosarchipel.

Den klangvollen Namen hat ihr Francisco Pizarro verliehen. Der künftige Eroberer Perus landete hier 1527 auf dem Weg nach Süden zwi-

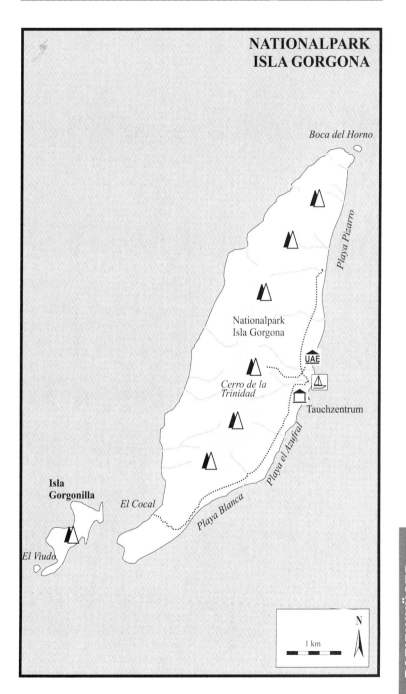

Dschungelknast im Naturparadies

schen. Die Insel war menschenleer, es wimmelte aber von Schlangen, denen einige seiner Männer zum Opfer fielen, so dass ihm die antike, schlangenköpfige Medusa in den Sinn kam. Bereits in präkolumbianischer Zeit war die Insel ein wichtiger Stützpunkt auf der viel befahrenen Mittelamerika-Peru Route. In der Nähe des Besucherzentrums hat man Steinwerkzeuge in großer Zahl, u. a. Äxte und Gewichte für Fischnetze gefunden. Eine Felszeichnung stellt einen zoomorphen Vogel dar, der ein Verwandter der Pelikanzeichnungen von Chan-Chan (im heutigen Peru), der Hauptstadt des Chimú-Reiches, sein könnte.

In späteren Jahrhunderten wurde die Insel zum beliebten Aufenthaltsort für Piraten. Sie schätzten den Wasserreichtum - die Insel hat 28 Bäche in der Trocken-, 128 in der Regenzeit - und die günstige Lage, um die Goldschiffe aus Peru zu überfallen. Simón Bolívar machte die Insel seinem Freund Friedrich Groß zum Geschenk für dessen Verdienste in der Unabhängigkeitsbewegung. 1959 erwarb der Staat die Insel, um daraus ein Gefängnis zu machen. Wie so viele paradiesische Inseln beherbergte Gorgona eine Sträflingskolonie, die erst 1984 aufgelöst wurde, woraufhin die Insel zum Nationalpark erklärt wurde. Noch heute stehen die Schlafbaracken mit den nummerierten Stockbetten und der Zellentrakt für die verschärfte Einzelhaft. Bis zu 2500 Gefangene lebten auf der 24 km² kleinen Insel. Um satt zu werden, jagten sie und rotteten das Aguti, ein kaninchengroßes Nagetier, aus. Auch vor der Jagd auf die Weißkopfaffen machten sie nicht halt.

In der Nähe des heutigen Besucherzentrums sieht man noch gut den ökologischen Schaden, der durch die Abholzung des Waldes entstanden ist. Für Feuerholz wurden wöchentlich zehn Tonnen Wald geschlagen. An einigen Stellen der Insel ist es daher zu Erdrutschen gekommen. Der Boden hat so wenig Festigkeit, dass alle Pläne, eine Flugpiste zu bauen, scheiterten. Heute holt sich die Vegetation den geschlagenen Wald zurück. Zwischenzeitlich wurde erwogen, Gorgona erneut in einen Hochsicherheitstrakt zu verwandeln. Diesmal, um die Gangster des zerschlagenen Medellínkartells besser im Griff zu haben. Schließlich seien die Haie die einzig Unbestechlichen, meinte die Justizverwaltung.

Doch der kuriose und unzeitgemäße Vorschlag wurde schnell wieder ad acta gelegt.

Die Ankunft auf Gorgona weckt Erinnerungen an die alte Strafkolonie. Die Gäste werden an einem Wartehäuschen in Empfang genommen. Die Einschreibung ins Gästebuch erfolgt am Stehpult. Anschließend wird das Gepäck gefilzt. Sprays und Alkohol müssen abgeliefert werden.

Die Unterbringung erfolgt in großzügigen 4, 6 oder 8 Bettzimmern mit Bad, je nach Vorbuchung. Zum Besucherzentrum gehört ein Restaurant, das schmackhafte Fisch- und Hühnchengerichte zubereitet.

Über die Insel führen einige breite Wege. Besonders schön ist die südliche Route zur **Playa Blanca** und nach **El Cocal**, von wo man auf die kleine Schwester **Gorgonilla** blickt. Diese kleine Insel ist einzig für die Tiere reserviert. Der Nordweg führt zur **Playa Pizarro**, wo es sich zwischen den Felsen gut schnorcheln lässt. Papageienfische, Drückerfische, Bunt- und Zackenbarsche sieht man häufig, und ab und zu lugt der Kopf einer Muräne zwischen den Felsen hervor. Gesperrt ist der Weg zum höchsten Berg der Insel, dem **Cerro de la Trinidad** (330 m).

So schön die Insel ist, so wenig lässt sie sich allein erkunden. Außerhalb des Camps darf sich der Besucher nur in Obhut eines Guías bewegen, begründet wird dies mit der Gefahr, die von den Schlangen ausgehe.

Einmalig ist die Fauna der Insel. Das Augenmerk gilt den endemischen Tierarten, von denen kurioserweise viele blau gefärbt sind. Da gibt es eine blaugefärbte Eidechse, einen saphirblauen Krebs, der in den Bächen zuhause ist und die Blauflügel Tangare. In der Nähe des Besucherzentrums leben Pärchen von Drachenechsen und über die Bäche laufen die Jesus Christus Eidechsen. In aller Regel bekommt man die ungiftigen Schlangen zu Gesicht, wie die schlanke grüne Baumschlange. Zur Mäusejagd lässt sich beim Besucherzentrum ab und zu eine Boa Constrictor blicken. Zu den vier Giftschlangenarten gehören zwei Arten der Korallenschlange, die Gewöhnliche Lanzenotter und die Plättchenseeschlange.

An der Nordspitze der Insel, Bocas del Hornos und an der Südspitze brüten Vogelkolonien der Pelikane, Fregattvögel und Blaufußtölpel. Im Inneren der Insel ist eine kleine Population von Glattstirnkaimanen ver-

Gorgona: Piratenflair im 21. Jahrhundert

treten. Mit Einbruch der Dunkelheit tauchen die Fledermäuse auf, von denen auf der Insel zwölf Arten gezählt wurden. Das wohl größte Naturschauspiel spielt sich jedoch nicht auf der Insel, sondern vor ihr ab. Im August und September ziehen die Buckelwale beinahe täglich nahe an der Insel vorbei.

Wie kommt man hin?

Zum Besuch des Parks benötigt man die Erlaubnis der Nationalparkverwaltung, die für Touristen auf vier Tage und drei Nächte begrenzt ist. Sie ist ausschließlich über ein Büro von **Aviatur** zu erhalten. Voraussetzung ist die Zahlung im Voraus des Parkeintritts, € 10, Cabañamiete, und falls gewünscht den Bootstransfer von Guapi oder Buenaventura. Die trockensten Monate sind Februar und März, die regenreichsten September und Oktober. Lastkähne fahren täglich gegen 16.00 vom Anleger El Piñal (Buenaventura) über Gorgona nach Süden. An Bord gibt es einfache Kajüten, 10-12 Std. Fahrtzeit. Die Rückfahrt wird von Aviatur bzw der Parkverwaltung organisiert.

Mitbringen
Der kleine Laden hat Chips, Süßigkeiten und Zigaretten zu Inselpreisen vorrätig. Mitbringen sollte man einen Antiinsektenstift, da saisonbedingt Moskitos auftreten, Gummi-

stiefel können ausgeliehen werden.

Die Gewässer um Gorgona sind ein **Tauchparadies**. In der Tiefe begegnet man den riesigen Teufelsrochen und Hammerhaien. Mit etwas Glück wird der Traum eines jeden Tauchers hier Wirklichkeit werden, sich auf dem Rücken eines 15 Meter langen Walhais festzuhalten und mit dem friedlichen Planktonfresser durchs Wasser zu schweben.

Tauchausflüge nach Gorgona bietet Aviatur an.

Nationalpark Isla Malpelo

Malpelo liegt auf 3° 59' Nord und 81° 35' West. Es ist der westlichste Punkt Kolumbiens, 330 Kilometer vom Festland entfernt. Obwohl die karge, zerklüftete Felseninsel winzig ist (3,5 km^2), wurde sie bereits 1542 von Cristobal Vaca de Castro auf dem Weg von Panama nach Buenaventura entdeckt. Noch erstaunlicher ist, dass die Insel auf der Weltkarte von Desceliers aus dem Jahre 1550 eingezeichnet ist, in überdimensionalen Ausmaßen.

Entstanden ist Malpelo, wie auch die Galápagosinseln und die Cocoinsel, die zu Costa Rica gehört, in Folge vulkanischer Aktivitäten während des Pleistozon. Ihr jetziges Aussehen verdankt sie der Erosion durch Wind und Wellen und nicht zuletzt durch *guano*, den Vogelmist.

Mit Galápagos hat Malpelo einiges gemeinsam. Es gibt eine riesige Kolonie von Blaufußtölpeln. Die Evolution hat der Insel zwei hochspezialisierte Echsen beschert. Der *Agassizi Anolis* gehört zur Familie der Leguane. Die Extremitäten sind aquamarinblau gefärbt und so feingliedrig wie Schmuckstücke. Der Rücken ist silbrig gepunktet. Die Weibchen sind hingegen vollkommen schmucklos. Diese Echse hat nicht nur gewöhnliche Insekten auf dem Speiseplan, sondern macht sich auch über die verhungerten Blaufußtölpeljungen her. Fünf Anolis teilen sich einen Lebensraum von zehn Metern auf der Insel. Neben dem Agassizi lebt auf Malpelo die gepunktete Doppelzungenschleiche. Der *Diploglossus millepunctatus* hat eine robuste, gedrungene Gestalt mit dickem, muränenähnlichem Kopf und Stummelbeinchen. Der schwarze Körper ist mit gelblichen Flecken übersät. Die Echse attackiert die Eier und Küken der Blaufußtölpel.

Die Gewässer Malpelos bergen eine wunderbare Unterwasserwelt. Es gibt viele Unterwassergrotten und einem Tunnel, den die Taucher «*La Catedral*» nennen. Dort sammeln sich gewaltige Fischschwärme. An zwei großen Brüchen fallen die Wände senkrecht bis neunzig Meter ab. Der Meeresboden ist von Korallenteppichen bedeckt. Häufig vertreten sind die orangene Koralle und die Fächer des Meeres. Malpelo liegt im Einflussbereich zweier Meeresströmungen. Von Mai bis Dezember dominiert der warme Equatorialstrom, ab Januar macht sich der einige Grade kühlere Panamastrom bemerkbar. Mit ihm erscheinen die Hammerhaie.

Aviatur bietet Tauchexkursionen an, 7 Tage, € 1000.

Quibdó

43 Meter, 28°C, 450 000 Einwohner
☽ 4

Quibdó ist die Provinzhauptstadt des Departement Chocó und liegt am Zusammenfluss von Río Quito und

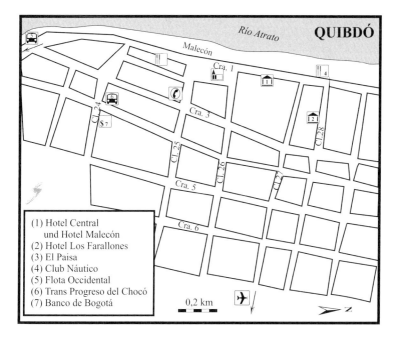

(1) Hotel Central und Hotel Malecón
(2) Hotel Los Farallones
(3) El Paisa
(4) Club Náutico
(5) Flota Occidental
(6) Trans Progreso del Chocó
(7) Banco de Bogotá

Río Atrato. Die Stadt wurde 1654 von den Jesuitenpadres Francisco de Orta und Pedro Cáceres gegründet. Die Hauptstraße heißt Alameda wie die Prachtstraße im Zentrum von Buenos Aires, und sie verläuft quer durch den Ort bis zum Fluss. Hier sind die Geschäfte, die von den wenigen Weißen, meist Paisas, betrieben werden. Die Alameda mündet in den kleinen Park vor der **Kathedrale** aus grauem Waschbeton. Hinter dem Altar hängt ein Triptychon von Maximilano Cerezo Barrelo, einem Klaritianermönch, das Christus als schwarzen Befreier darstellt. Die Lebensader Quibdós ist der Río Atrato. Am Ufer gegenüber der Kathedrale neben dem Konvent ist das Holzlager. Barfüßige Arbeiter schultern 100 kg schwere Edelhölzer und tragen sie zu den verladebereiten Lastwagen. Flussaufwärts liegen die Holzkähne und warten auf die Abfahrt nach Turbo und Cartagena.

Vor und in der Markthalle und auf der Treppe zum Atrato stehen die Fischfrauen und schuppen unentwegt *bocachico*. Das Schuppenpatt glänzt in der Sonne. Die Langboote sind farbenfroh, beladen mit Bananenstauden, Ananas und *chontaduro*. Die Frauen stehen bis zur Hüfte im Flussbett, waschen sich, die Kinder und die Wäsche.

Der heiße Tag klingt bei einem Bier in einem der vielen Cafés an der Flusspromenade aus. Kleine Kanus bringen Passagiere auf die gegenüberliegende Seite, während die Sonne hinter dem Atrato versinkt.

Die malerische Atmosphäre ist durch die Ausbreitung der Violencia im Departement Chocó nicht mehr so ungetrübt wie noch vor einigen Jahren. Geschätzte 10 % der Bevölkerung sind Binnenvertriebene und der *bocachico* reicht für immer weniger Menschen. Die Stadt ist von einem Gürtel aus Armut und Entwurzelung umgeben, der in den Dschungel hineinwuchert. Hier enden die Schlammpfade und die Trinkwasserversorgung. Eine resignierende Stimmung hat sich breitgemacht und achselzuckend sagt man sich, der Río Atrato hat die Probleme gebracht und wird sie auch wieder davontragen.

Informieren

Internetcafé, Cra. 5, Calle 25 und Calle 26, Cra. 2, gegenüber vom Busbüro der Empresa Arauca.

Indianer-Büro, zum Besuch der abgelegeneren Indianergemeinschaften der Emberá oder Waunana bedarf es einer Genehmigung der OREWA (Organisación Regional Emberá und Waunana). Calle 19 No 4-54 - Barrio San Vincente - ☏ 671 23 40, A.A. 285.

Banken

Banco de Bogotá, VisaCard, Cra. 4a No 24A-175

Bancolombia, ATM, VisaCard, Cra. 2 No 24-32

DAS und Pass

(Extranjería) Calle 25 No 6-08.

Feste

Das wichtigste Fest im Jahr ist das **San Pacho Festival**. Es gilt der Verehrung des heiligen Franz von Assisi. In der letzten Septemberwoche bis zum 4. Oktober steht die Stadt zwei Wochen lang Kopf. Die Stadtteile sind lange vorher mit der Vorbereitung beschäftigt und wetteifern in phantasievollen Kostümen in den Paraden um den begehrten Preis für das beste *barrio*.

Schlafen und Essen

Hotel Central, Cra. 1 No 26A-62, Vent., Bad, Blick auf den Atrato und den Konvent, € 7/11.

Hotel Malecón, im gleichen Treppenaufgang wie das Hotel Centra, ☏ 671 27 25, teurer und etwas komfortabler, mit Privatbad und TV, € 13/22.

Hotel los Farallones, Calle 28 No 1-70, ☏ 671 37 77, Bad, TV, a/c, Restaurant, tauscht Dollar, € 23/32.

Hotel Los Robles, Calle 28 No 1-88 P-2, ☏ 671 23 95, Zimmer mit Privatbad, etwas günstiger als das Farallones.

ACIA, Cra.3 No 23-26, Volksküche zu günstigen Preisen im ältesten Haus von Quibdó.

El Paisa, Cra. 4 No 25-54, ☏ 671 11 15, hat große Portionen (*bistek de caballo, arroz con camarones*) gute Antioquiaküche, reelle Preise, beliebt.

Club Nautico, Cra. 1, Essen mit Blick auf den Atrato, gute Fischgerichte.

El Buen Gusto, Calle 25 No 5-03, ☏ 671 69 56, gute Ceviche.

Pizzeria Maestro Pierro, Cra.3, Calle 31, die Pizzen sind mäßig und überteuert, die Burger sind schlecht.

Um den Parque Mosquera sind viele kleine Lokale mit gutem *ceviche* und manchmal auch Eiscreme.

San Remo, Cra. 5, Calle 31. Interessante Bar, in der man den Tag ausklingen lassen kann. In der Calle 31, zwischen Cra. 2 und Cra. 3 gibt es noch weitere Bars zum Trinken und Tanzen.

Schiffsverbindungen

Riosucio/PNN Los Katíos/Turbo - nach dem massierten Einsatz bewaffneter Flusspatrouillen der kolumbianischen Marine und Eliteeinheiten des Heeres sind auch wieder *voladoras* (Schnellboote) zwischen Quibdó und Turbo auf dem Río Atrato unterwegs. Auf dem Weg liegt Sautatá (Eingang des Nationalparks Los Katíos), Gesellschaft Río & Mar, Calle 24, Cra.10, ☏mobil 310 830 09 45, Abfahrt mehrmals die Woche, ☺ gegen 7, 8-10 Std., € 40-50 p.P.

AUFGEPASST!
Die Flussfahrten auf dem Río Atrato waren in den letzten zehn Jahren Fahrten durch ein umkämpftes (Bürger-)kriegsgebiet und mit dem Wasser schwamm viel zu viel Blut den 750 km langen Fluss hinunter. Der schreckliche Höhepunkt des von Paramilitärs und Guerrillaeinheiten angerichteten Gemetzels ist das Massaker an 74 Menschen, die sich zum Schutz in die Kirche von **Boyaja** geflüchtet hatten, im Juli 2002. Jüngster registrierter Entführungsfall, der der Farc zugeschrieben wird, sind zehn Bootsreisende an der Einmündung des Río Baraya in den Río Atrato am 18.07.2008. Vor einer Fahrt beim Posten der Flusspolizei am Malecón, Ecke Calle 24, den aktuellen Stand der Dinge erfragen.

Busverbindungen

Rapido Ochoa, Calle 20, Cra. 1, hinter dem Markt.
Transportes Progreso del Chocó, Calle 24 No 4-84.
Flota Occidental, Cra. 1 No 22-38.
Empresa Arauca, Calle 25, Cra. 5.
Istmina (El Dos, Raspadura) - Transportes Progreso del Chocó, Chivas und Busse, 4 Std., € 5,50 (3 Std., € 4,50).
Pereira - Empresa Arauca, ☺ 20, 11-14 Std., € 15. In der Gegenrichtung eine Tagesfahrt, in Pereira ☺ gegen 7. im Vergleich zur Medellín-Route die weit bessere Straße mit spektakulären Ausblicken.
Medellín- Rápido Ochoa, dreimal täglich zwischen ☺ 7-20, 12 Std., € 20.

AUFGEPASST!
Die Carretera Quibdó-Medellín (250 km) ist überwiegend in einem katastrophalen Zustand, der teilweise nur besseres Schritttempo erlaubt, insbesondere auf den ersten 100 km zwischen Quibdó und El Carmen de Atrato mit mehreren Militärcheckpoints bestückt und vielen Emberágemeinden entlang des Weges. Nach wie vor operieren in diesem Sektor auch schwerbewaffnete Verbände der Farc und halten Ausschau nach Entführungsopfern, zuletzt erwischte es am 22.02.2008 drei Arbeiter der Telefongesellschaft Tecnocom, beim Km 66. Also auf jeden Fall vorher nachfragen und Nachtfahrten vermeiden!

Flugverbindungen

Der Flughafen ist mit dem Bus «Aeropuerto» von der Calle 24, Ecke Cra.4 zu erreichen und «Centro» in umgekehrter Richtung.
ADA, Aeropuerto El Caraño, ☏ 672 36 01.
Aires, Cra. 2 No 24-00, Edif. Granahorrar ☏ 671 31 51.

Am Río Atrato

Satena, Calle 23 No 4-26, ① 671 50 54, Flughafen: ① 671 13 94, ✍ satenaquibdo@hotmail.com
Aexpo, Calle 26, Cra. 2, ①mobil 311 300 59 06.
Bogotá - Aires, Satena, € 80.
Medellín - Aires, ADA, Satena, täglich, 45 Min., € 80.
Bahía Solano/Nuqui - Satena, ADA, täglich außer So, 30 Min.,€ 70.

Gelegentlich heben auch gecharterte Leichtflugzeuge von Aexpo (Aeroexpresso del Pacifico) in Richtung Pazifikküste ab, ohne Frage, dies ist die aufregendere Alternative, um € 50, auch nach Buenaventura Pereira und kleine Regionalziele im Departement Chocó.

Die Umgebung von Quibdó

Um die typischen Dörfer der schwarzen Landbevölkerung kennenzulernen, sollte man den Río Atrato verlassen und in einen seiner Nebenarme fahren, z. B. in den **Río Munguidó**. Die Flusslandschaft führt an Bananenstauden, Papayabäumen und Zuckerrohr vorbei. Die *chontaduro*-Palme ragt aus den Anpflanzungen. Zusammenhängenden Regenwald findet man hier nicht mehr. Auf dem Fluss sind Holzflöße und Kanus unterwegs, einige mit dem Außenborder, andere stoßen das Kanu mit den *palancas*, den langen Ruderstäben, vom Grund ab. An den Flussufern sind Fischreusen aufgestellt, in denen sich die Fische bei ansteigendem Wasser verfangen sollen. Andere werfen die *atarraya*, das Fischnetz, aus.

In den Dörfern gibt es keine Residencias. Man kann bei einer der Familien schlafen. Eine Hängematte und ein Moskitonetz mitzunehmen ist empfehlenswert.

In entgegengesetzter Richtung von Quibdó - zunächst den Río Quito und anschließend den Río Pató flussaufwärts - eröffnet sich eine andere anstrengende, aber wenn sie denn gelingt, spektakuläre Route über die Serranía del Baudó (siehe Nationalpark Ensenada de Utría).

Wer eines der Dörfer, z. B. Tambó, Campo Bonito oder Pie de Pató (am Fuße der Serranía de Baudó), besuchen möchte, ohne eine *expreso*-Tour zu buchen, nimmt Kontakt zur ACIA (Asociación Campesina Integral del Atrato) auf, eine Genossenschaft, die gemeinnützige Läden betreibt, den Verkauf der Landwirtschaftsprodukte regelt und die Transporte zwischen den Dörfern und Quibdó organisiert, Cra. 3 No 23-26, ① 671 25 07.

AUFGEPASST!
Nur abgekochtes Wasser trinken oder mit dem Filter aufbereiten!

El Dos & Raspadura

50 Meter, 28°C, 1500 Einwohner

El Dos ist ein Goldgräbernest an der Straße zwischen Quibdó und Istmina. Von hier führt ein Fußweg zum 20 Minuten entfernten Raspadura. In Raspadura wird der **Ecce Homo** der Afrokolumbianer verehrt. Es ist ein Bild, das einen sehr menschlichen Christus, ohne Kreuz und To-

Die Kultur der *comunidades negras*

Zu Zeiten der Violencia in den 1950er Jahren flüchteten sich die schwarzen Gemeinschaften von den größeren Ansiedlungen am Unterlauf des Río Atrato in die damals noch vom Dschungel völlig eingenommenen Nebenflüsse. Hier versuchten sie den gewaltsamen Zugriffen der damaligen Rechts-Guerrilla zu entkommen und ein friedliches Dorfleben zu führen. Doch die Guerrilla folgte ihnen auch dorthin und brannte ihre Häuser nieder. Die Bevölkerung musste sich lange Zeit im Wald verstecken. In den jungen Dörfern wissen die Gründungsväter noch aus dieser Zeit zu berichten, doch inzwischen haben die jüngeren Generationen ebenfalls schreckliche Greultaten erleben müssen. Die Bevölkerung im Chocó lebt mehrheitlich auf dem Lande, auch deshalb ist sie überproportional von gewaltsamen Vertreibungen betroffen. Ihre Vorfahren kamen ursprünglich aus Guinea, dem Kongo, Angola und Senegal. Von dort hatten sie ihre Traditionen mitgebracht. Die Hütten stehen aufgereiht in einer Linie eng beieinander. Sie sind aus Holz, der Boden aus Bambus, nur noch wenige haben ein Palmendach, fast überall haben sich Zinkdächer durchgesetzt.

Banger Blick in die Zukunft- die comunidades negras gehören zu den Leittragenden des kolumbianischen Konflikts.

Alle Hütten haben einen großen Innenraum. Die Familien sind groß. Noch immer ist es üblich, dass ein Mann mehrere Frauen hat und mit ihnen unzählige Kinder. Die Dörfler leben von der Subsistenzwirtschaft. Doch anders als die benachbarten Emberá-Indianer roden sie große Waldflächen. Da der tropische Regenwald der einzige Lebensraum und die einzige Erwerbsquelle darstellt, wird es bald immer weniger Raum für immer mehr Menschen geben. Verarmung und Landflucht sind vorprogrammiert. Angebaut wird die Chocóananas, die sich in Form und Geschmack von der gewöhnlichen Ananas unterscheidet. Geerntet wird der auf den Chocó beschränkte *borojó*. Die Frucht wird zu einem erfrischenden Saft eingekocht. *Ñame*, die regionale Yukawurzel, die Früchte des *chontaduro* und der *plátano* gehören zu den wichtigsten Grundnahrungsmitteln. Noch vor wenigen Jahren gab es genügend Dschungeltiere, die den Speiseplan anreicherten. Wildhirsche, Gürteltiere und das Aguti sind heute zur seltenen Delikatesse geworden. Durch die fortschreitende Abholzung kommt es zu Erosionen. Die Flüsse versanden und beeinträchtigen die Reproduktion ganzer Fischarten. Die Fischerträge sinken und die Zeiten, als die Süßwassersardinen mit der Hand gefangen wurden, leben heute nur noch in den phantastischen Erzählungen der Alten, wenn sie ihr Pfeifchen aus Taparaholz angezündet haben.

Das Christentum der Schwarzen hat sich untrennbar mit afrikanischen Vorstellungen vermischt. Die afrikanischen Elemente sind dem *candomblé* und dem *voodoo* verwandt, wenn auch nicht so ausgeprägt wie auf Kuba und im brasilianischen Bahía. Die *novena* ist ein Kult afrikanischen Ursprungs. An neun aufeinander folgenden Tagen treffen sich Familie und Freunde des Verstorbenen, um Abschied zu nehmen. In dessen Haus wird Totenwache gehalten, ein Schwein geschlachtet, gesungen, getrunken, Karten gespielt. Um das Bildnis des Toten werden Kerzen aufgestellt.

> Die Chocóanos/-as lieben die Feste, die stets mehrere Tage dauern. Bei der Musik der *chirimía* werden die Alten wieder jung. Die Männer drehen sich ausgelassen um ihre Partnerin, schwingen ihr Halstuch oder lassen den Hut kreisen. Die Kapelle besteht aus einer Tuba, die den Reigen eröffnet, einer Klarinette, Tamborin, Pauken und Schellen.
> Die benachbarten Emberá sind in keinem guten Zustand. Die weiträumige Expansion der schwarzen Gemeinschaften hat sie in die Flussoberläufe verdrängt. Manchmal kommen sie den Fluss hinunter, um in den Dörfern zu trinken oder ihre Kinder taufen zu lassen, wenn einmal im Jahr der Pfarrer aus Quibdó kommt. Verbindungen zwischen Schwarzen und Indianern sind selten und werden von den Indianern sanktioniert.

deskampf, in einsamer Gelassenheit zeigt. Diese Art der Christusdarstellung war der katholischen Amtskirche jahrhundertelang suspekt, und sie versuchte den Sinkretismus, die Vermischung von katholischem und afrikanischem Glauben, zu unterbinden. 365 Tage im Jahr, meist mehrmals am Tag, wird das Christusbild auf einer Monstranz um den Kirchplatz getragen. Das Kircheninnere ist erfüllt vom flackernden Widerschein bunter Kerzen.

Übernachten kann man in einer einfachen **Residencia** in El Dos, zu erfragen im Laden an der Abzweigung nach Raspadura. Zimmer ohne Bad, € 3 pro Bett.

Busverbindungen

Quibdó/Istmina - Busse und Chivas von Transportadora Progreso del Chocó kommen alle zwei Stunden auf der Straße Quibdó-Istmina entlang. In **Yotu** setzt die Fähre über den Río Quito.

Istmina

65 Meter, 28°C, 30 000 Einwohner
① 4

Istmina ist die wichtigste Goldgräberstadt des Chocó am Ufer des Río San Juan. Eine halbe Stunde mit dem Kanu flussabwärts liegt eine der größten industriellen Goldminen, die von einer amerikanischen Gesellschaft betrieben wurde und heute stillgelegt ist.

Wer sich für aufgegebene Industrieanlagen in tropischer Vegetation interessiert, den wird das verlassene Wasserkraftwerk magisch anziehen.

Banken

Banco de Bogotá, VisaCard, Cra. 8, Calle 19

Schlafen und Essen

Es gibt einige sehr einfache Unterkünfte an der Hauptstraße.

Nicht erheblich teurer, aber besser zwischen € 6-9 p.P. sind

Hotel Orsan, Cra. 7 No 17-22, ① 670 20 68, mit sauberen Zimmern und einem passablen Restaurant.

Hotel Los Balcones, Cra. 8 No 19-78, ① 670 30 13.

Hotel Los Almendros, Calle 21 No 7-08, ① 670 24 04.

Bootsverkehr

Von Istmina fahren Boote den San Juan flussabwärts bis **Palestina**, von wo aus wiederum Anschluss nach Buenaventura besteht.

Der Südwesten

Der Südwesten Kolumbiens, das sind die Departements Huila, Valle (del Cauca), Cauca und Nariño an der Grenze zu Ecuador. Im äußersten Südwesten des Landes liegt der Ursprung der drei Andenkordilleren. Es ist eine zerklüftete Landschaft, durchzogen von tiefen Schluchten. Die quadratischen Felder überziehen die Berghänge wie einen Flickenteppich. Diese Region stand vor Ankunft der Spanier unter dem kurzem Einfluss des Inkareiches und die Spanier eroberten sie unter **Sebastián de Belalcázar** (1480-1551). Der abtrünnige Statthalter Francisco Pizarros kam aus Peru und gründete nacheinander Quito, Pasto, Cali und Popayán. Abseits seiner Route, hinter den Höhen der Páramos des heutigen Puracé Nationalparks mit seinen Schwefelquellen und der eindrucksvollen Vegetation, zeugen die gewaltigen Statuen von **San Agustín** von der Größe einer Kultur, über die erst wenig bekannt ist.

Die Grabhöhlen von **Tierradentro** sind ein weiteres Beispiel für den hohen Entwicklungsstand, der bereits Jahrhunderte vor der Entdeckung Amerikas erreicht war. Die beiden archäologischen Stätten, deren Besuch zu den Höhepunkten einer Kolumbienreise zählt, sind 1995 von der UNESCO zum Kulturerbe der Menschheit erklärt worden.

Zu Kolonialzeiten war Popayán das geistige, administrative und wirtschaftliche Zentrum dieser Region. Das milde Klima und die sanften Hügel der Umgebung erinnerten die Geistlichkeit und die reichen Familien an das Rom der Antike. In der weitläufigen Bergregion zwischen Cauca und Magdalenafluss leben das bevölkerungsstarke und politisch einflussreiche indigene Volk der **Paez** (ca. 150 000) und die **Guambiano**, die trotz der relativen Nähe zu den Großstädten Cali und Popayán ihre traditionelle Eigenständigkeit bewahren. Der Besuch des Marktes von Silvia vermittelt einen farbenfrohen Eindruck davon. Das urbane Zentrum des Südwestens ist Cali mit seinen tropischen Temperaturen und vibrierenden Salsarhythmen.

Cali

1006 Meter, 24°C, 2,3 Mio. Einwohner
◐ 2

Cali ist die jüngste und lebendigste Großstadt Kolumbiens und in ihrer Bevölkerungszahl etwa gleich auf mit Medellín. Um den restaurierten Altstadtkern hat sich ein mehrspuriges Straßennetz ausgebreitet. Die Stadt erstreckt sich westlich des Río Cauca und bietet auf dieser Höhenlage ein tropisch-warmes Klima. Zumeist gegen Abend kommt eine angenehme Brise auf und durchzieht die Stadt von den Farallones, den Ausläufern der Westkordilleren. Dann bummeln die Caleñas/-os gern am schmalen Califluss entlang. Die Boomstadt wird noch umtriebiger,

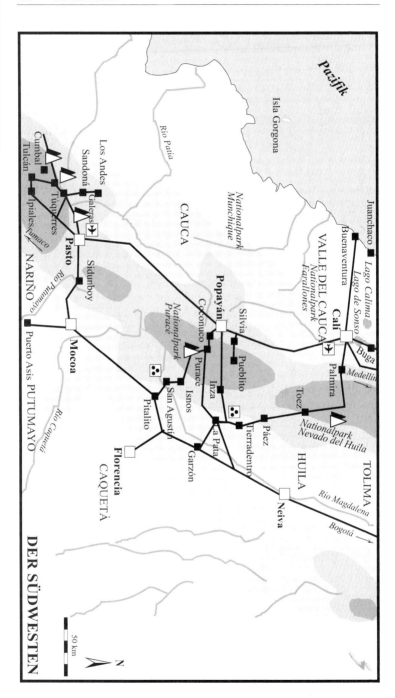

wenn die Dunkelheit einsetzt, und der Rhythmus der Caleñas/-os sich in den unzähligen Bars an der Avenida 6 entfaltet. Cali ist die Stadt des Salsa und in vielen Titeln besingt sie sich selbst oder berauscht sich am Zuspruch anderer versierter Partygänger der Szene wie Oscar de Leon mit «*Me voy para Cali*». Hier ist alles eine Nummer schriller, schneller und manchmal auch aufgesetzter als in Bogotá oder Medellín. Porsche Cabrios und andere Luxuskarossen sind keine Seltenheit im Stadtbild. Die Mädchen kleiden sich weniger bedeckt. Das Leben läuft hier schneller als anderswo ab und erinnert zuweilen an Miami Beach.

Zwischen dem 16. und 18. Jahrhundert hatten Großgrundbesitzer das Land im Valle de Cauca unter sich aufgeteilt. Sie besaßen luxuriöse Haciendas und beschäftigten ein Heer schwarzer Sklaven auf ihren Zuckerrohrplantagen. Jede Hacienda hatte ihre eigene Presse und einige entwickelten Technologien, um Zuckerhüte herzustellen. Eine Süßigkeit, für die in Europa hohe Preise gezahlt wurde. Auch heute noch spielt der Anbau von Zuckerrohr eine große Rolle. Die große Zuckerfabrik *Manuelita* hat ihren Sitz in der Nähe von Cali.

In den 1950er und Anfang der 1960er Jahre hatte Cali mit den sozialen Problemen der Landflucht zu kämpfen. Um der Violencia zu entgehen, strömten die Campesinos zu Tausenden in die Provinzhauptstadt. Glücklicherweise fiel die Bewegung zusammen mit ciner Expansion auf dem Industriesektor, so dass viele der Flüchtlinge Arbeit fanden.

Cali wächst heute noch schneller als Bogotá und Medellín. Arbeitslosigkeit und schlechte Wohnverhältnisse führen zu Gewalt und Kriminalität. Wie in allen großen Städten, muss man daher die übliche Vorsicht walten lassen. Cali wurde zu Beginn der 1990er Jahre zum Zentrum des weltweiten Kokainhandels. Das Kartell von Cali agierte geschickt im Hintergrund und versuchte im Gegensatz zum Medellín-Kartell, das Licht der Öffentlichkeit zu meiden. 1994 setzte das Kartell 700 Tonnen Kokain um und kontrollierte 80 % des Kokainhandels. Im Sommer 1995 wurde der damalige Chef des Kartells Gilberto Rodríguez, alias «*El Ajedrecista*» (der Schachspieler), im Wohnzimmerschrank einer seiner Häuser aufgestöbert und festgenommen, schnell folgten weitere Festnahmen, und die einstige Führungsriege des Kartells wurde demontiert. Anschließend wechselten allerdings nur die Bosse, das Geschäft blühte munter weiter und Juan Carlos Ramirez alias «*Chupeta*» übernahm die Kontrolle an der Spitze des neu formierten Cartel del Norte del Valle, bis zu seiner Festnahme in Brasilien 2007.

Orientierung

Calis überschaubares **Zentrum** liegt zu beiden Seiten des Río Cali mit seinen Parks, Hotels und Museen. In nördlicher Richtung gibt es eine Vielzahl kleinerer Hotels um die Av. 6. Das nordöstlich gelegene **Juanchito** ist die Hochburg der kolumbianischen Salsa-Musik. Im Bezirk **Granada** liegen die meisten und besten Restaurants, Bars und Cafés, daher auch als Zona Rosa bezeichnet. Im Westen grenzt die Metropole an den Gebirgszug der **Los Farallones**, einem Ausläufer der Westkordillere. Im Norden markieren die Sektoren **Yumbo** und **La Cumbre** die Grenze

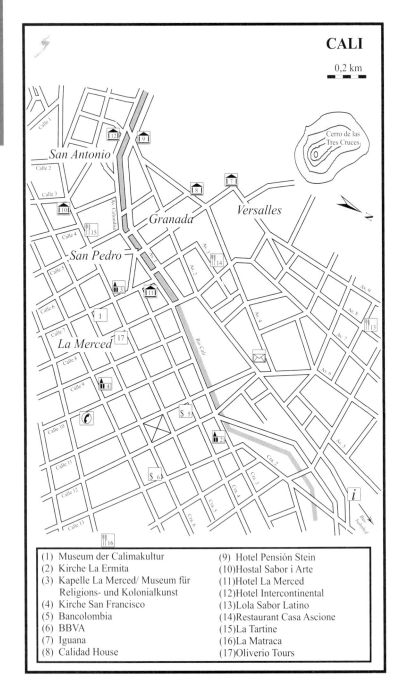

der Stadt. Im Nordosten geht Cali in den Stadtbezirk **Palmira** über, und im Osten liegt die Gemeinde **Candelaria**. Wie auch Barranquilla und Pereira entwickelt die Stadt gerade ein modernes Nahverkehrssystem, um den gestiegenen Bedürfnissen einer Metropolenregion gerecht zu werden. Mit dem **Masivo Integrado de Occidente** (MIO) sollen die Verkehrsrouten im Stadtbereich entlastet und schrittweise neu geordnet werden, um das Verkehrschaos zu zügeln. Solange das System noch nicht so ganz funktioniert, ist man auf den herkömmlichen Bus und das Taxi (mit Taxameter) angewiesen.

Informieren

Im Terminal de Transporte gibt es eine Touristeninformation im Erdgeschoss. Für weitergehende Informationen www.caliturismo.com **Oficina de Turismo de Cali**, im Centro Cultural de Cali, Cra. 5, Ecke Calle 6, ① 885 88 55.

Banken und Wechsler

Viele Banken mit ATM in zentrale Lage, entlang Av. 5 und um die Plaza de Caycedo.

BBVA, alle Karten, ATM, Cra. 5 No 13-83

Bancolombia, VisaCard, ATM, Calle 11 No 5-64

Cambiamos in den Carulla Supermärkten und in den Centro Comerciales.

DAS und Pass

Av. 3N No 50N-20 -La Flora - ① 664 38 08.

Konsulate

Alle nachstehend aufgelisteten Konsulate sind Honorarkonsulate.

Deutschland, Calle 1B No 66B-29, ① 323 44 35, 323 37 84, consuladoaleman@lycos.com

Schweiz, Av. 4 Norte, No 3-33 (c/o Pension Stein), ①/ 653 47 93.

Österreich Calle 24 A Norte No 8N-08 - Barrio Sta. Monica Norte - ①667 14 96, karnar_cia@hpt mail.com ④ Di 8.30-10.30, Do 8.30-10.30.

Gesundheit

Es gibt mehrere gute Ärztezentren und Kliniken in Cali. Zentral liegt das **Centro Medico de Occidente**, Calle 19N No 5N-27, ① 66 79 84. Dem Zentrum ist ein Krankenhaus angeschlossen, ① 660 30 00.

Historisches Zentrum

Der historische Kern ist schnell durchschritten. **La Ermita**, Cra. 1, Calle 13, ist das Symbol Calis. Die 1939 erbaute, fliederfarbene Kirche soll eine Imitation europäischer Gotik sein, eine recht verspielte Variante, die aussieht, als käme sie geradewegs aus der Zuckerbäckerstube. Von der La Ermita an der Avenida Colombia geht man am **Jorge Isaac Theater** vorbei und trifft auf die palmenbestandene **Plaza de Caycedo**. Die hohen Gebäude sind im republikanischen Stil erbaut.

Die weiß getünchte **Capilla de la Merced** ist die älteste Kirche der Stadt. Hier wurde am 25. Juli 1536 die Gründungsmesse abgehalten. Vor dem Haupteingang liegen noch die Steine des alten Weges, der zur Calle Real führte. Cra. 4 No 7-69.

Das Seitengebäude der Kirche beherbergt ein Museum für religiöse- und Kolonialkunst, das **Museo de Arte Colonial Religioso**, Cra. 4 No 6-117 und ein archäologisches Museum, das **Museo Arqueológico**. Das Museum zeigt Keramiken verschiedener präkolumbianischer Kulturen. Cra. 4 No 6-59. Beide Museen: ⏰ Mo-Sa 9-12.45 u. 14-18.

Schräg gegenüber der La Merced steht die **Casa Arzobispal**. Das Kolonialgebäude mit dem einladenden Innenhof beherbergte 1822 Simón Bolívar. Calle 6 No 7-17.

Gut aufbereitet findet der archäologisch Interessierte die **Calima-Kultur** im gleichnamigen Museum im Komplex der Banco de la República.

Bei Ankunft der Spanier war die Region um Cali von den Calima-Indianern bevölkert, die hervorragende Künstler im Goldschmiedehandwerk waren. Trotz heftiger Gegenwehr wurden sie bis auf den letzten Mann von den Konquistadoren ausgerottet. Geblieben sind der Nachwelt einige ihrer Opfergaben und Schmuckstücke, von denen das Goldmuseum einige gut kommentierte Repräsentationen ausstellt. Cra. 4 No 7-14. ⏰ Di-Sa 9.30-17.

Am Komplex der Banco de la República vorbei führt der Weg zum **Teatro Municipal**. Cra. 5 No 6-64. Dem Theater im Stil des kreolischen Klassizismus des 19. Jahrhunderts liegt die **Casa Pro Artes** gegenüber. Das Haus zeigt wechselnde Kunstausstellungen unterschiedlicher Thematik. Cra. 5N No 7-02.

Das Backsteingebäude auf der anderen Seite des Theaters präsentiert ebenfalls Ausstellungen im **Centro Cultural FES**. Im Innenhof dieses Gebäudes liegt das Café La Plazoleta. Hier trinken schicke Caleños Espresso und Cappuccino und stöbern in den Regalen mit den Foto- und Lyrikbänden.

Das **Museo de Arte Moderno la Tertulia** ist ein moderner Bau mit guten wechselnden Ausstellungen nationaler Künstler in Malerei, Fotografie und Bildhauerei. Es liegt zu Fuß 15 Minuten vom Stadtzentrum entfernt. Es hat eine Cinemateca. Av. Colombia No 5-105 Oeste. ⏰ Di-Sa 9-13 u. 15-19, So 15-19.

Sehenswert sind die **Iglesia de San Francisco** und die **Capilla de la Inmaculada**, die nebeneinander liegen. Cra. 6, Calle 10.

Besonders interessant ist der Glockenturm im maurischen Stil. Cra. 6, Calle 9.

Den besten Blick über die Stadt hat man vom **Colina de San Antonio**. Er liegt in einem der schönsten Viertel Calis, bekannt als «Cali Viejo». Die Kapelle wurde 1743 erbaut und ist berühmt wegen ihres Glockenspiels. Calle 1 Oeste, Cra. 10 Colina de San Antonio.

Den Panoramablick kann man auch vom **La Torre de Cali** genießen, dem höchsten Gebäude der Stadt. Im 43. Stockwerk des Hotels ist eine Aussichtsplattform. Av. Américas No 18N-26.

Das **Barrio Centenario** erinnert an Disneyland. Kitsch und Kunst zeigen sich an den Häuserfassaden; europäische Stile quer durch die Jahrhunderte. Andalusische Zwiebeltürme stehen neben mittelalterlich anmutenden Kleinburgen.

▮ Feste

Im Juni feiert Juanchito Karneval.

SEBRA TIPP

Vom 25.-30. Dezember findet die berühmte **Feria de Cali** statt. «*Y fiesta y rumba que es la feria de la caña...*», singt die Gruppe Niche. Umzüge, Musik in allen Straßen, der Salsakönig wird prämiert, Stierkämpfe und vieles mehr. Die Parties beginnen um

16.00 Uhr und dauern bis zum Morgengrauen in der «Filiale des Himmels», wie die Caleños ihre Stadt bescheiden bezeichnen. Wer weiß, nach einer durchzechten Nacht mag sich so mancher im siebenten Himmel wähnen.

Schlafen

Für eine Handvoll Pesos

SEBRA TIPP

Guest House Iguana, Av. 9N No 22N-46, ☏ 661 35 22, www.iguana.com, dorm., € 6 und Zimmer mit Privatbad, € 10 p.P. Internet, Küchenbenutzung, Wäscheservice, Spanisch- und Salsakurse, Touren, Nähe Zona Rosa.

Calidad House, Calle 17No 9A-39(Norte), ☏/🕾 661 23 38, www.calidadhouse.com. Der beliebte Traveller-Treff in Cali, den Hügel hinauf am Ende der Calle 17N, mit Küche, Wäscheservice, Sonnendeck, Aussie-BBQ, im dorm.6-8 Betten, € 6 p.P. Zudem winzige Einzel- und Doppelzimmer mit harten Betten, € 8 p.P. Heiße Duschen je nach Tageszeit. In der Gegend befinden sich einige gute Restaurants, 15 Min. bis zum historischen Stadtzentrum zu Fuß, 8 Min. mit dem Taxi bis zum Busbahnhof (€ 1,50).

SEBRA TIPP

Hostal Kaffee Erde, Av.4 Norte, No 4N-79B, ☏ 661 54 75, Christian bietet Backpackern Familienanschluss, es gibt ein dorm. mit 9 Betten und ein Privatzimmer, freier Kaffee, Küchenbenutzung, kostenloser Salsaunterricht, Bett im dorm. € 6.

Café Tostaky, Cra.10 No 1-76 - Barrio San Antonio - ☏ 893 06 51, das französisch-kolumbianische Paar hat in ihrem weiß gestrichenen, hellen und freundlichen Haus ein Backpacker-Hostal eingerichtet. Zimmer € 7,50/ 12.50.

Casa Turística Hostal Sharon - Barrio San Antonio - Cra. 12 No 2-54, ☏ 884 48 85. Von der Terrasse hat man den Blick über den Süden Calis. Zimmer ohne/mit Privatbad, sauber, sicher, € 7,50/11(2).

Hotel Posada Colonial, Calle 14 No 6-42, ☏ 661 29 25, zentrale Lage, aber die meisten Zimmer sind dunkel und nichts für Menschen, die an Klaustrophobie leiden, einige der größere Zimmer haben Privatbad, ab € 5 p.P.

Hotel Sartor, Av. 8N No 20-50, ☏ 668 74 43, 🕾 661 50 37, nahe der quirligen Avenida 6 liegt dieses kleine, günstige Hotel. Die Zimmer liegen nach innen um einen Patio, Zimmer mit Privatbad, € 18(2).

Mittelklasse

Hotel Granada Real, Av. 8N No 15AN-31, ☏ 668 01 66, www.hotelgranadareal.com, gutes, freundliches Hotel mit internationalem Standard einen Block von der Zona Rosa, Zimmer mit Privatbad, a/c, Kabel-TV, Minibar, € ab 50/62.

Hotel Don Jaime, Av. 6a Norte No 15N-25, ☏ 667 28 28, inmitten der Zona Rosa, www.hoteldonjaime.com, exzellenter Service, ähnliche Ausstattung und Preise wie das Granada Real.

Hostal Sabor i Arte - Barrio San Antonio- Cra. 5 No 3-23, ☏ 893 70 64, www.saboriarte.com, kleines Boutiquehotel (vier Zimmer und eine Suite) im Kolonialhaus zu kleiner Münze, ab € 29/44.

Hotel Los Reyes, Calle 9 No 3-38, ☏ 883 56 55, 📠 880 67 36, und das **Hotel Camino Real 1 A**, Calle 9 No 3-54, ☏ 682 36 82, www.hotelcaminoreal1a.com, liegen nebeneinander, gleiche Preise, ähnliche Ausstattung. Zimmer zum Innenhof, Restaurants, füllt sich mit kleinen Geschäftsleuten, € 18/32.

Hotel La Merced, Calle 7a No 1-65, ☏ 882 25 20, 📠 84 63 30, im Herzen der Altstadt, Hotel mit viel Atmosphäre, Restaurant, Pool, Zimmer mit Vent., TV, Minibar, € 27/38.

Hotel Stein, Av. 4N No 3N-33, ☏ 661 49 27, www.hotelstein.com.co, unter schweizer Leitung, Zimmer mit Bad, gute Ausstattung, freier Internetzugang, kleiner Pool, beliebte Anlaufstelle für frischgebackene Adoptiveltern, € 32/53 inkl. Frühstück.

Oberklasse/Luxusklasse
Hotel La Torre de Cali, Av. Américas No 18N-26, ☏ 667 49 49, 📠 667 18 17, im höchsten Gebäude Calis, Spitzenhotel mit 404 Zimmern mit allem Komfort dieser Klasse, allerdings könnte die Inneneinrichtung, zumal die Lobby eine Auffrischung vertragen, ab € 65/80.

Hotel Dann Carlton, Cra. 2a No 1-60, ☏ 886 20 00, www.hotelesdann.com, weiteres Hotel der Spitzenklasse, € 71/92.

Hotel Intercontinental, Av. Colombia No 2-72, ☏ 882 32 25, 📠 886 10 00, www.ichotelsgroup.com/intercontinental. Hier feierte die einstige Nr. 1 des Cali Kartells, Rodríguez Orejuela, die Erstkommunion seiner Tochter, hier übernachtet der Präsident, wenn er mal über Nacht in Cali ist. Gutes Restaurant, Discothek, Pool, Sauna, Casino, € 125/140; Präsidentensuite € 425.

Aparthotels
Travelers Apartamentos & Suites, ☏892 42 02/ Reservierung: ☏ 668 81 11, www.travelers.com.co, travelerscali@travelers.com.co, für Familien und Geschäftsleute.

Essen

Die beste Auswahl hat man im Barrio Granada mit über siebzig registrierten Restauraunts, der Avenida 6 und in den unmittelbar angrenzenden Straßen. Vom schnellen Snack bis zum lukullischen Mehrgängemenü ist hier alles zu haben.

Französisch
La Tartine, Cra. 2 No 24-46, ☏ 898 70 00, unbedingt das Paté Fois probieren.

La Petite France, Cra.3a Oeste No 3-53, ☏ 893 30 79.

Le Bistro de Paris, Av. 8N No 23N-46, ☏ 668 58 50.

Japanisch/Thai
Sansai, Calle 13 No 101-85, ☏ 339 78 51.

Welcome, Calle 1 Oeste No 2-24, ☏ 893 36 95.

Taisu, Calle 16N No 8N-74, ☏ 661 22 81.

Deutsch
La Taberna del Inter, Av. Colombia No 2-72, im Interconti.

Spanisch
La Barra de Manolo, Av.9N No 10-10, ☏ 667 42 39.

Floro Castillo, Calle 51 No 5B-23, ☏ 664 08 75, gute Paella.

El Mesón Español, Av. 6N No 21-44, ☏ 668 80 15.

Fusion
Lola Sabor Latino, Calle 14N No 9N-28, ☏ 667 56 56.

Platillos Voladores, Calle 14N No 9-32, ☎ 668 75 88, Autorenküche mit Thaieinschlag.

Ringlete, Calle 15A Norte No 9N-31, ☎ 660 15 40, versucht sich in Neukreationen der Valle de Cauca-Küche.

El Solar, Calle 15 Norte No 9N-62, ☎ 653 46 28.

Fleischgerichte
Las Dos Parrillas, Av. 6N, Ecke Calle 35, ☎ 668 46 46, bestes argentinisches Rindfleisch.

Italiener
Die **Casa Ascione**, Av. 3N No 7N-32, ☎ 667 33 93, hat eine exzellente italienische Küche.

Arabisch
El Balcón de Salo, Cra 3A Oeste No 2A-65, ☎ 893 32 35.

Café los Turcos, Calle 1 Oeste No 1-32, ☎ 893 35 50.

Mexikanisch
Tiki Tako, Av. 9N No 17A N-36, ☎ 660 13 89.

Fisch und Meeresfrüchte
Exquisite Fischgerichte zu ebensolchen Preisen gibt es bei **Don Carlos**, Cra. 2 Oeste No 17-94.

Los Girasoles, Av. 6N Calle 35, Auswahl an argentinischen Weinen zum Fisch.

Vegetarisch
Govinda's, Calle 14 No 4-49.

El Mesón de Gato, Calle 12N No 8N-48, ☎ 660 07 92.

▪ Musik und Tanz

«Cali Caliente» gilt als die Hauptstadt des Salsa. Es waren Seeleute aus der Karibik, die mit den hüftschwingenden und mitreißenden Rhythmen in Buenaventura anlandeten. Sie suchten sich den Weg den Daguafluss stromaufwärts bis nach Cali. Die Salsabars auf der **Avenida 6** sind groß und laut. Zur Musik flimmern die Großbildschirme. Die Av. 6 ist die umtriebige Zone für Restaurants, Shopping, Clubs und Diskotheken mit der großen **Chipichape Mall** als Zentrum.

Wer sich einen schnellen Überblick über das Cali-Nachtleben verschaffen will, der bucht die **Party-Chiva**. Sie fährt freitags und samstags ab 20.00. Fünf Stunden mit mehreren Discobesuchen, im Preis eine halbe Flasche Aguardiente, € 15. Über Hotels und Reiseagenturen zu buchen.

Ruhigere Lokale befinden sich etwas abseits der Avenida 6, bei der Avenida 9. Nett ist das **Café Libro**, Calle 17N No 8N-49.

Tin Tin Deo, Calle 5 No 38-71, ist bekannt als einer der besten Salsaläden der Stadt, spielt kubanischen Son und Salsa.

SEBRA TIPP

Kukaramakura, Calle 28N No 2-97, Zentrum der Wochenendrumba in Cali mit Livemusik und Klassikern von Pop, Salsa, Vallenato, am besten zu mehreren kommen, einen Tisch und eine Flasche Rum/Aguardiente ordern und schnell ist man mittendrin im Geschehen.

La Matraca, Cra. 11 No 22-80 - Barrio Obrero - kubanische Salsa, Son. Sonntags wird Tango getanzt.

Nuestra Herencia, Ecke Cra. 38, Calle 5, spielt neben Salsa auch Reggae(ton) und ist beliebt.

Für Jazzfreunde **Clásico Jazz**, Latinjazz und Jazzsessions, Av. las Américas No 2N-58.

Blues Brothers Bar, Calle 6A No 21-40, Blues, Jazz, Rock und Pop.

Alterno Bar, Av. Vasquez Cobo No 25-10, Rockbar und beliebter Treffpunkt.

SEBRA TIPP

El Faro, Cra. 66 No 11-18, klassische Rockmusik und Heavy Metal bei Pizza und Bier.

Im wohlsituierten Süden der Stadt - **Ciudad Jardín** - schmiss in den 1990er Jahren der Lebemann und Drogengangster José Santacruz Londoño für seine Weggefährten nur «*El Estudiante*» oder «*Don Chepe*» seine legendären Partys in seiner Mafiosi-Villa, die dem Weißen Haus in Washington nachempfunden sein sollte. Treffpunkt hier und heute ist die **Casa de la Cerveza**, zum Reden, Trinken und Singen.

Da, wo die Bevölkerung am schwärzesten ist, ist die Rumba am ausgelassensten. Der kleine Vorort **Juanchito** auf der anderen Seite des Cauca hat über zwei Dutzend «*Grills*», wie die Tanzschuppen im Volksmund genannt werden. Im **Don José** oder im **Changó** gibt es performancereife Tänzer am Wochenende zu bestaunen. Wertsachen sollten im Hotel bleiben. Zum Zentrum des Salsa wurde Juanchito, als das *ley semiseca*, die Sperrstunde am Freitag und Samstag um 3.00 früh, in Cali die Begeisterung zu dämpfen versuchte.

Theater

Teatro Experimental de Cali - TEC - ist das Hausensemble des bekannten Intendanten Enrique Buenaventura, eines der wichtigsten Ensembles des Landes. Aufführungen am Wochenende. Calle 7 No 8-63, ☏ 884 38 20.

Teatro Municipal, hat ein Breitbandangebot von traditionellen Aufführungen bis hin zu (Rock)konzerten. Cra. 5 No 6-64, ☏ 684 05 93.

Buchhandlung

Librería Nacional hat mehrere Filialen im Stadtzentrum und in einigen Einkaufszentren. Ein großes Sortiment hat die Filiale an der Plaza de Caycedo, Cra. 5 No 11-50, ☏ 880 53 73.

Tanzunterricht

Academia Son de Luz, Direktoren: Luz Ayde Moncayo und William Peña Meneses, Cra. 80 No 43-34 (Barrio El Caney), ☏ 315 42 24/ 310 458 02 79, www.sondeluz.com

Compañía Artística Rucafé, Cra.36, Ecke No 8-49, ☏ 556 03 00.

Escuela de baile impacto Latino, Direktor John Alexander Diez, Cra. 41H, Ecke No 38-75, ☏ 336 31 46/ 327 33 39.

Touranbieter

Die Erhebungen und die in der Umgebung von Cali herrschende Thermik machen diese Region zu einer Topdestination für Gleitschirmfliegen (Paragliding, spanisch: Parapente), 40 Min. vom Zentrum entfernt.

Kontakt zu **German Air** vermittelt das Iguana Guest House, für Tandemflüge und Zertifikate für Soloflüge.

Ebenfalls für Paragliding, **atmoxfera**, Av. 8N No 20-31, ✉ atmoxfera@yahoo.es

Christian vom **Hostal Kaffee Erde**, ☏ mobil 301 400 09 14, organisiert Dschungeltrips nach San Cipriano, www.santaelenaelparaiso.org

Eco Aventura, Cra.25A No 14-34 -Barrio San Antonio - ☏ 883 74 03, organisiert Touren zu den Los Farallones und nach Gorgona.

Tren Turístico Café y Azucar, Av. Vasquez Cobo No 23N-47, ☏ 666 68 99, www.trenturisticocafeyazucar.com

Touristenzüge, am Wochenende bis nach Buga

Oliverio Tours, Calle 8 No 5-35, ☏ 889 50 51, 🖷 884 27 70, veranstaltet organisierte Haciendatouren mit Zug/Chiva am Sa/So, mit Eintritt und Mittagessen, € 15. Bei obenstehender Adresse buchen oder direkt im Bahnhof in Cali, 1. Stock, ⌚ am Freitag zwischen 17-20. Der Bahnhof liegt direkt hinter dem Busterminal.

Autovermietung

Hertz, Av. Colombia No 2-72 im Hotel Intercontinental, ☏ 524 30 07 und am Flughafen, ☏ 666 32 83.

Thrifty, Av. Colombia No 1-14, ☏ 524 44 32.

Busverbindungen

Der **Terminal de Transporte Terrestre** liegt an der Kreuzung Calle 30 N No 2AN-29. www.terminalcali .com, es gibt eine Touristeninformation, Guarda Equipajes (Gepäckaufbewahrung), Restaurants, Internetlokale, ATM. Vom Zentrum fahren Busse entlang der Avenida Colombia. Taxi € 1,50-2. Der Busbahnhof ist zweistöckig. Von der oberen Plattform fahren die Überlandbusse ab, im Erdgeschoss die Taxis und Colectivos in die nähere Umgebung.

Bogotá - Expreso Palmira, Expreso Bolívariano, Copetrán, 11 Std., € 22.

Buga/Cartago/Armenia - Velotax, Expreso Palmira, Expreso Trejos, Expreso Bolívariano u. a., 1½ Std., € 2/ 4 Std., € 7/4 Std., € 7.

Buenaventura - Expreso Palmira, Empresa Arauca, Expreso Trejos, stündlich, 3 Std., € 4.

Medellín/Manizales - Bolívariano, Empresa Arauca, Flota Magdalena, Expreso Palmira, alle 30 Min., 8-9 Std., zwischen € 15-20.

Popayán/Pasto/Ipiales - Expreso Bolívariano u. a., alle 30 Min., 2 Std., € 5/8 Std., € 15/10 Std., € 17.

Flugverbindungen

Der Flughafen Aeropuerto Internacional *Alfonso Bonilla Aragón* (oder *Palmaseca*) liegt außerhalb der Stadt auf der Straße nach Palmira und ist nach dem El Dorado Airport der zweigrößte im Land. Mikrobusse pendeln ständig zwischen Busbahnhof und Flughafen. Neben den bekannten nationalen Carriern sind hier u.a. auch American Airlines, Copa aus Panama und Tame aus Ecuador vertreten.

Aerorepública/Copa, Of. Santa Mónica, Calle 26 Norte No 6N-16 B, ☏ 660 12 12. Of. Sur, Cra. 44 No8A-03, ☏ 396 54 00; Flugreservierung: ☏ 660 10 00.

Aires, Calle 23N No 5 BN-10, ☏ 660 47 77.

Avianca, mit einem Dutzend Verkaufsbüros, u.a. im Centro Comercial Chipichape, Calle 38 No 6 AN-35, ☏ 486 00 25, Flughafen: ☏ 666 30 28.

Satena, Calle 8 No 5-19, ☏ 885 77 09.

Tame, Cra. 41 A No 12-41, Edif. Seguros Bolívar, ☏ 888 90 98, Flughafen: ☏ 666 32 92.

Die wichtigsten Flüge sind:
Bogotá - mehrere tägl., ab € 60.
Medellín - mehrere tägl., ab € 70.
Cartagena - Aerorepública, Avianca, täglich, direkt oder via Bogotá, € 100.

San Andrés - Avianca, direkt oder via Bogotá, täglich, Roundtrip, ab € 150.

Esmeraldas (Ecuador), Tame, täglich, € 80.
Miami (USA) - American Airlines, Avianca, täglich, Roundtrip € 500.
Panama- Copa in Kooperation mit Aero República, direkt oder via Bogotá, € 180.

Cañasgordas, El Paraíso, Piedechinche

In den historischen Haciendas in der Umgebung von Cali spiegelt sich noch das reiche Landleben der Zuckerbarone aus dem 18. und 19. Jahrhundert. Die namhaftesten dieser Haciendas wurden restauriert und als Museen der Öffentlichkeit zugänglich gemacht.

Die **Hacienda Cañasgordas** aus dem Beginn des 18. Jahrhunderts gilt als die bedeutendste Hacienda im Großraum Cali. Sie war schon ziemlich verfallen, wurde aber in jüngster Zeit umfassend restauriert und als Museum neu eröffnet. Zwei weitere stilvolle Haciendas voller Atmosphäre und Geschichte im Umkreis von Cali sind El Paraíso und Piedechinche. Beide geben einen Einblick in das reiche Landleben des letzten Jahrhunderts.

La Hacienda **El Paraíso** ist der Geburtsort von Jorge Isaac (1837-1895). An diesem Ort ließ er sich zu dem in viele Sprachen übersetzten Roman «*María*» inspirieren (siehe Literatur). Die Hacienda steht in einem blumenreichen Garten, in dem Rosen überwiegen, auf einer Anhöhe mit Blick auf die umliegenden Berge und die Weite des Tals. Das Haus steckt voller Zeitzeugnisse des Dichters und beherbergt den Geist der Novelle. So gibt es das Schlafzimmer Marías und den Stein zu besichtigen, an dem sich das Liebespaar ewige Liebe versprach. 1,2 Mio. Menschen besuchen die Hacienda jährlich. ◷ Di-So 9.30-17.

La **Hacienda Piedechinche** liegt inmitten von Zuckerrohrfeldern, und es erinnert ein wenig an «Vom Winde verweht», wenn der uniformierte schwarze Pförtner das Tor öffnet. Das zweistöckige Haus ist bestückt mit Möbeln und Gebrauchsgegenständen der zweiten Hälfte des 19. Jahrhunderts. Interessant ist die großzügige Parkanlage, die Pflanzen und Bäume aus dem ganzen Land versammelt. In diesem botanischen Garten ist das **Museo de la Caña** untergebracht, das Zuckerrohrmuseum. Der Weg führt zu den Zuckerrohrpressen, die aus allen Regionen des Landes zusammengetragen worden sind. Sie stehen in Repliken regionstypischer Häuser. Es ist ein Gang durch die Geschichte des Zuckerrohrs, der mit der Ausstellung der industriellen Verarbeitung im modernen Anbau endet. Vor dem Museum wird eisgekühlter Zuckerrohrsaft angeboten. ◷ Di-So 9.30-15.30.

Wie kommt man hin?

Die Haciendas El Paraíso und Piedechinche liegen nah beieinander, so dass man den Besuch verbinden kann. Vom Busbahnhof nimmt man einen Colectivo Richtung Buga. Hinter **Amaime** an der Kreuzung mit dem Wegweiser zur Hacienda El Paraíso steigt man aus. Dort warten Sammeltaxis. Wenn nicht genügend Passagiere vorhanden sind, muss man das gesamte Taxi buchen (€ 6). Es sind zwölf Kilometer bis zur Hacienda Paraíso. Am Wochenende hat man eher die Chance, beim Trampen mitgenommen zu werden. Gelegentlich fährt ein Bus.

Auf dem Weg nach El Paraíso führt nach 2½ Kilometer eine Abzweigung nach Piedechinche, das man nach weiteren drei Kilometern erreicht.

Nationalpark Los Farallones

In der Westkordillere liegt der 1500 km² große Nationalpark zwischen 200 und 4100 Metern Höhe. Die Artenvielfalt und der Endemismus sind hoch, da vom tropischen bis zum andinen Bereich alle Klimazonen vertreten sind. Frailejónes allerdings wachsen hier nicht. 70 % des Gebietes besteht aus Nieder- und Hochnebelwald. Man schätzt, dass es 600 Vogel- und 80 Fledermausarten gibt. Die Farallones bilden die Wasserscheide zwischen dem Pazifik im Westen und dem Río Cali im Osten.

Wie kommt man hin?

Vom Busbahnhof in Cali einen Bus in die Ortschaft **Pance** nehmen, 45 Min., € 2,50. Von dort führen Fußwege in den Park. Einen Kilometer von Pance entfernt liegt das Centro de Educación Ambiental **El Topacio** mit Campingareal. Ein Weg führt von hier nach 2½ Stunden zum Gipfel des **Pico del Loro** (2817 m). Ein weiterer Zugang liegt bei der **Quebrada Honda.**

Den ursprünglichen Namen Teta de Pance änderte der Erstentdecker Pance in Pico de Loro. Zwischen dem Pico de Loro und Peñas Blancas verläuft die Linie der Berggipfel und Schluchten (**Paramillos**). An klaren Tagen kann man bis zum Ort Balboa (Cauca) sehen. Anstrengender ist das Erklimmen des **Pico Pance**. Der Weg führt zunächst den Río Pance entlang und schlängelt sich dann durch dichten Wald den Berg hinauf. Der Kamm ist nach sieben Stunden erreicht und gibt bei klarer Sicht den Blick frei bis zur Pazifikküste. Die meiste Zeit des Tages ist in Nebel und Dunst gehüllt.

Vom Bergkamm führt ein Weg durch den Páramo in zwei Stunden zum Gipfel. Dieser Ausflug dauert insgesamt zwei bis drei Tage. Am besten ist, man baut sein Zelt auf dem Páramo auf. Die trockensten Monate sind von Januar bis März, jedoch kommt es auch in dieser Zeit zu Niederschlägen. In den Höhenlagen liegt die Durchschnittstemperatur bei 5°C. Wer länger bleiben will, nimmt Kontakt mit der **Fundación Farallones** auf, ☏ 556 83 35. Hier bekommt man die Besuchererlaubnis (€ 1.50) und kann Cabañas mieten. Übernachtung pro Person mit drei Mahlzeiten, € 10. Pferdevermietung, € 5 pro Tag. In El Topacio besteht die Möglichkeit zu zelten.

Buga

969 Meter, 23°C, 95 000 Einwohner
☏ 2

74 Kilometer von Cali entfernt liegt das versonnene kleine Städtchen Buga. Mit viel Sorgfalt konserviert es seine Gebäude aus dem 18. und 19. Jahrhundert. Die stuckverzierten Häuserfronten, die großzügigen Innengärten und die gut gepflegten Parkanlagen entlang des Guadalajara Flusses lassen erkennen, dass Buga eine reiche Stadt ist und eine der saubersten Kolumbiens. Viehzucht und die strategisch günstige Lage für den Export durch die Direktverbindung mit dem Hafen von Buenaventura haben der überwiegend weißen Bevölkerung den Wohlstand gebracht.

Einmal im Jahr, im September, füllt sich die Stadt der Wunder mit Tausenden von Pilgern, die selbst aus Venezuela und Mittelamerika kommen, um vom Señor de los Milagros Glück zu erbitten.

Die **Basílica del Señor** gehört neben Chiquinquirá, Las Lajas und Monserrate zu den wichtigsten Sanktuarien in Kolumbien. Das sind Plätze, an denen nach dem katholischen Glauben, Gott dem Menschen erschienen ist.

Buga hat mehrere Kirchen, von denen die **Basílica del Señor** die wichtigste, wenn auch nicht gerade die schönste ist. Das Hauptinteresse der Pilgerer an dem 1907 fertiggestellten Bau gilt der Christusfigur hinter dem Hauptaltar in einem *camarin*. Cra.14, Calle 4.

Rosenkranz, Marienbild, Ikonen und Kerzen in allen Größen werden in den Ständen auf dem Religionsmarkt vor der Basílica angeboten.

Die Kirche **Catedral de San Pedro** wurde 1573 erstmals erbaut, 1766 durch ein Erdbeben zerstört und anschließend wieder aufgebaut. Der Altar ist mit Goldornamenten verziert, Plaza General José María Cabal.

Der **Templo de San Francisco** ist eine schöne Kolonialkapelle. Verehrt wird der Señor de la Esperanza. Cra. 14, Ecke Calle 5. Im Haus Calle 2, Cra. 13 hat Simón Bolívar während seines Aufenthaltes in Buga übernachtet.

Banken

Banco de Bogotá, VisaCard, ATM, Calle 6 No 13-32

Bancolombia, VisaCard, ATM, Cra. 13 No 6-67

Schlafen und Essen

Um die koloniale Plaza, in deren Mitte ein Monument des Freiheitsgenerals José María Cabal (1769-1816) steht, und in der Nähe der Basílica liegen die Hotels und Restaurants. Alle Hotels, auch die günstigen, sind gepflegt und sauber.

Hotel El Turista, Calle 16 No 17-47, ✆ 227 39 75, in der Nähe des Bahnhofs, ohne/mit Bad, € 4/7 pro Bett.

Hotel La Casona, Cra. 15 No 6-33, ✆ 281 18 50, an der Plaza, kleine Zimmer mit Bad, € 7 pro Bett.

Casa del Peregrino, Calle 4 No 14-45, ✆ 228 28 68, 📠 227 81 46, mit Privatbad, TV, Vent., € 10/12.

Hostal del Regidor, Calle 1 No 12-74, ✆ 228 44 84, Bad, heißes Wasser, TV, Vent., Bar, Restaurant, Zimmer zum großzügigen Innenhof im restaurierten Kolonialhaus, € 20/27.

Hotel Guadalajara, Calle 1a No 13-33, ✆ 227 26 11, 📠 228 24 68, www.hotelguadalajara.com.co. Das beste Hotel Bugas in einer Parkanlage am Guadalajara Fluss. Pool, Restaurant, Bar, günstigere Wochenendtarife, Zimmer mit a/c, € 33/47.

Die **Fuente de Soda y Billares Canaima,** Calle 6, Ecke Cra. 14, ist der lokale Treffpunkt an der Plaza zum Kaffee- und Biertrinken und zum Billardspielen.

Gut isst man im **El Campanario,** Cra. 14 No 4-41, ✆ 228 03 38, ein Gartenrestaurant/Bar. In der Musikbox sind neben Vallenato und Salsa auch einige englischsprachige Titel.

Discoteca Flamingo, im Hotel Guadalajara, Fr/Sa, Salsa.

Busverbindungen

Die meisten Busse und Mikrobusse fahren von dem Platz vor dem Bahnhof der Eisenbahn ab, in der Calle de la Estación.

Ständig gehen Busse in Nord-Süd-Richtung. Cali, € 2, Buenaventura, € 3,50, Armenia, € 4,50, Manizales, Medellín und Bogotá, mit Velotax, Expreso Trejos, Expreso Bolivariano u. a.

Darién (am Lago Calima) - Trans. Calima, alle zwei Stunden, € 1,50, Abfahrt: Calle 9 No 12-36

Eisenbahn

Samstag/Sonntag fährt ein Touristenzug von Cali nach Buga (siehe Cali), mit Mittagessen und Stadtbesichtigung, € 15.

Laguna de Sonso

20 Minuten von Buga kurz vor dem Río Cauca auf der Straße nach Buenaventura liegt die Laguna de Sonso. Das Schutzgebiet ist 20,5 km² groß, davon 7,5 km² Wasserfläche. Es ist ein idealer Ort zur Vogelbeobachtung. Hier sind mehrere Reiherarten, der schwarze Ibis, Wasserhühner, Wildenten, Eisvögel und Kormorane zuhause.

Zu den seltenen Vögeln zählt der Schneckenbussard, der sich von Wasserschnecken ernährt. Der Lagunengeier, mit dem das Schutzgebiet Werbung macht, ist schon seit Jahren nicht mehr gesichtet worden. Der Vogelkundler, der diesen Vogel beobachten möchte, fährt am besten nach Yamato in die Llanos Orientales (siehe Llanos/Yamato).

Von einem dreistöckigen Turm lässt sich die Fauna des Sees beobachten. Der Eingang des Vogelreservats liegt gleich vor der Brücke über dem Cauca. Verwaltet wird das Schutzgebiet durch die Corporación Autonoma Regional del Valle del Cauca, CVC, die ein Büro in Buga unterhält. Calle 4 No 5-35, ☏ 228 24 15.

Busverbindungen

Jeder Bus in Richtung Buenaventura

SEBRA TIPP
Lago Calima

An der Straße von Buga nach Buenaventura liegt der Lago Calima. Ein Stausee, der am Wochenende ein beliebtes Anlaufziel für die Caleños ist. Hier wird Wassersport betrieben. Wasserski, Surfen, Segeln etc. sind die Hauptaktivitäten. Baden ist nur etwas für Abgehärtete. Das Wasser hat durchschnittlich 16°C, denn der See liegt 1480 Meter hoch. Am südlichen Ufer stehen die Wochenendhäuser, weshalb es belebter ist als am Nordufer. Im äußersten Norden des Sees ist das Städtchen Darién. Die Häuser sind geprägt von der Architektur Antioquias. Holzfassaden in leuchtenden Farben und blumengeschmückte Balkone machen den Flair des Ortes aus. Der See liegt im Gebiet der präkolumbianischen Calima-Indianer. Viele der Fundstücke sind im **Museo Arqueológico Calima** in Darién zusammengetragen. Calle 10 No 12-50, ☏ 253 31 21. ⏲ Di-Fr 9-12.30 u. 13.30-18, Sa/So/Feiertag 10-18.

Im Ort Darién und außerhalb gibt es reichlich Residencias. Eine Unterkunft mit allem Komfort und dem entsprechenden Preis ist die **Finca Hotel Chalet Suizo**, direkt am See, Kilometer 11, ☏ 277 99 68.

Busverbindungen

Trans.Calima fährt von/nach **Buga** jede Stunde, 1 Std., € 1,50; von/nach **Cali** alle 1-2 Std., 2 Std., € 3.

Cartago

917 Meter, 24°C, 130 000 Einwohner
① 6

Die Stadt wurde 1540 von Mariscal Jorge Robledo gegründet und ist das Tor zum Valle de Cauca. Früher brachten die Boote aus Juanchito Passagiere und Waren den Caucafluss hinunter, und Cartago war ein prosperierendes Handelszentrum. Auch heute noch lebt es von der Kaffeeproduktion. Die Kulturen der Provinzen Antioquia und Valle haben sich gemischt. Die Atmosphäre ist offen und lebendig.

Wenige Bauten aus der Kolonialzeit sind der Stadt geblieben.

La Casa del Virrey stammt aus dem 18. Jahrhundert und war das Wohnhaus des Vizekönigs. Die Säulen und Salons des luxuriösen Hauses sind im maurischen Stil und bilden den Rahmen für die schönen Innenhöfe. Heute ist hier das Konservatorium, die Touristeninformation und das historische Zentrum, zu dem ein kleines Museum der Stadtgeschichte gehört, untergebracht, in der Fußgängerzone. ⊕ Mo-Fr 8-12 u. 14-16.

Cartago ist bekannt für seine *bordados*. Hauptsächlich Frauen sind damit beschäftigt diese Handarbeiten zu erstellen. Die Werkstätten sind in und um die Stadt verteilt.

Banken

Banco de Bogotá, VisaCard, ATM, Calle 12 No 4-08

Bancolombia, VisaCard, ATM Cra. 4 No 12-34

Schlafen und Essen

Die meisten Hotels befinden sich in und um die Plaza. Die günstigsten findet man zwischen der Carrera 9 und den Calles 7 und 9. Es ist die Bahnhofsgegend. Die Residencias dort sind alle heruntergekommen.

Das **Hotel Sheraton**, Calle 12 No 5-55, ① 562 02 11, ist unter den günstigen die beste Wahl, große Zimmer mit Bad, € 4/8.

Hotel Central, Cra. 6 No 10-27, ① 562 44 43, Zimmer mit Bad und TV, € 7/10.

Hotel Tiu Mara, Cra. 5 No 9-54, ① 562 20 24, freundlich, einige Räume mit Balkon, Bad, TV, € 8/12.

Bessere Hotels sind das **Hotel Don Gregorio**, Cra. 5 No 9-59, ① 562 79 41, Restaurant, Pool, Zimmer mit Bad, a/c, € 23/28 und das **Hotel Mariscal Robledo**, Centro Comercial, Cra. 5 No 8-105, ① 561 06 00, ≈ 561 06 06, Restaurant, Pool, Zimmer mit Bad, TV, a/c, € 35/49.

Leckere Fruchtsäfte gibt es in der **Panadería** an der Plaza. Dort sind auch verschiedene Schnellimbisse und einfache Restaurants. Das beste Essen mit einigen internationalen Gerichten in entsprechender Hotelatmosphäre serviert man im Restaurant des **Hotels Mariscal Robledo**.

Musik und Tanz

In der Cra. 5 zwischen der Plaza und der Calle 10 wird in der Diskothek auf der Terrasse im 2. Stock am Wochenende Vallenato und Salsa gespielt. Die Rumba dauert bis zum Morgengrauen.

Busverbindungen

Busse und Colectivos fahren auf dem Platz vor dem alten Eisenbahnhof ab. Dort sind die Büros der Busgesellschaften. Cra. 9 zwischen Calle 7 und Calle 9.

Bogotá - Gacela (Flota Magdalena), zwei Busse, ☽ 10.30, 21, 8 Std., € 16.

Medellín - Empresa Arauca u.a., mehrere Busse, 6 Std., € 10.

Cali - Expreso Palmira, Velotax, ständig Busse und Mikrobusse, 4 Std., € 7.

Ibagué

1280 Meter, 23°C, 350 000 Einwohner
☏ 8

Ibagué ist die Provinzhauptstadt Tolimas. Viel mehr gibt es über diese Stadt nicht zu sagen. Sie ist wirtschaftliches Zentrum für Landwirtschaft und Viehzucht der Region und hat das beste Musikkonservatorium des Landes. Das einzige gesellschaftliche Ereignis von überregionalem Interesse findet alle zwei Jahre im Dezember statt. Es ist ein Wettbewerb in klassischer Musik.

Informieren

Oficina Departamental de Turismo Turtolima, Cra. 3 zwischen Calle 10 und 11, ☏ 263 70 63. ☽ Mo-Fr 8-12 u. 14-18.

Banken

Banco de Bogotá, VisaCard, ATM, Cra. 3 No 12-51

Bancolombia, VisaCard, ATM, Cra.3, Ecke 11-02

Schlafen und Essen

Wer nur eine kurze Nacht in Ibagué eingeplant hat, um am nächsten Morgen einen frühen Bus zu erwischen, findet einige günstige Residencias um den Terminal.

Residencia Puracé, Av. 19 No 4-39, ☏ 263 06 74, einfach, für eine kurze Nacht, € 4 p.P.

Hotel Luisa, Calle 13 No 4-17, ☏ 263 79 52, Zimmer mit Bad, TV, nur kaltes Wasser, sauber, € 10(2).

Hotel Center, Cra. 4 No 12-52, ☏ 263 73 11, geräumige Zimmer mit Bad, € 20(2).

Hotel Ambalá, Calle 11 No 2-60, ☏ 261 38 38, ✉ 261 38 88, geräumige Zimmer, Kabel-TV, Tel, Vent., € 28/35.

Schnellimbisse und Restaurants für comida corriente findet man entlang der Carrera 2 und 3.

Aloha, Cra. 4 No 13-37, guter Mittagstisch. Fr/Sa: Spezialität *tamales tolimense*.

Chamaco, Calle 13 No 2-64, typische Gerichte aus Tolima.

La Tienda Paisa, Cra. 4 No 13-31, Restaurant und Bar, gute Paisaküche, am Wochenende Livemusik.

Restaurante Chuzo, Calle 11 No 4-29, Steaks und Burger.

Busverbindungen

Der Busbahnhof liegt in der Cra. 1 No 19-92. **Information:** ☏ 261 17 53.

Bogotá - Bolívariano, Flota Magdalena u.a., 5 Std., € 8.

Cali - Bolívariano, Flota Magdalena u.a., 7 Std., € 11.

Ambalema - Rápido Tolima, 5 Busse täglich, € 2,50.

Mariquita/Honda - Aurauca, Velotax, Rápido Tolima u.a., Busse/Aerovans, jede halbe Stunde, 2 Std., € 4/2½ Std., € 5.

Popayán

1760 Meter, 18°C, 200 000 Einwohner
② 2

Popayán war während der Kolonialzeit neben Bogotá und Cartagena die bedeutendste Stadt des heutigen Kolumbiens. Der Statthalter Francisco Pizarros, Belalcázar, gründete die Stadt im Jahre 1537 im fruchtbaren Tal des Río Pubenza. Dank seines milden Klimas und seiner günstigen geographischen Lage auf dem Weg von Quito nach Bogotá entwickelte sich Popayán zu einem prosperierenden Zentrum des Handels und der Bildung. Zu Kolonialzeiten war die Stadt der *audiencia* von Quito unterstellt. Der Reichtum der spanischen Familien kam aus den Goldminen des Pazifikflachlandes und wurde in die Errichtung prächtiger Kirchen gesteckt. Der Altstadtkern um den zentral gelegenen **Parque Caldas** bewahrt alle Elemente einer spanischen Stadt des 17. Jahrhunderts.

Die Architektur Popayáns ist strenger und gradliniger als die verspielte barocke Variante anderer Kolonialstädte. Obwohl 1983 ein schweres Erdbeben viele Kirchen beschädigte, hat die Stadt nichts von ihrem kolonialen Charakter eingebüßt. Die Renovierungsarbeiten sind gut vorangeschritten. Die *«Ciudad Blanca»*, die weiße Stadt, erstrahlt längst wieder im Glanz der frisch gekalkten Gebäude.

Die akademische Atmosphäre zog stets fortschrittliche Geister an, deren Ideen zur Unabhängigkeit von Spanien führten, wie den Gelehrten **Francisco José de Caldas**. **Alexander von Humboldt** stattete Popayán 1801 einen Besuch ab. Heute ist Popayán eine charmante und beschauliche Universitätsstadt. Das wichtigste Ereignis sind die Osterprozessionen, die berühmtesten des Landes, und das seit über 450 Jahren!

Informieren

Das Tourismusbüro **Oficina de Turismo**, Cra. 5 No 4-68, ① 824 22 51, www.turismopopayan.com ist einige Schritte von der Plaza José Caldas entfernt bei der Kirche Santo Domingo. ⊕ Mo-Fr 8.30-12.30 u. 14.30-18.30, Sa/So 9-12 u. 14-17.

Viele **Internetcafés** im Zentrum, zumal in der Cra. 5.

Banken und Wechsler

Mehrere Banken mit ATM entlang Calle 4 und um den Parque Caldas.

Banco de Bogotá, VisaCard, ATM, Calle 4 No 6-44

Bancolombia, alle Karten, ATM, Travellerschecks, Cra. 6 No 4-49

Banco Santander, alle Karten, ATM, Travellerschecks, Cra. 6 No 5-52

Cambiamos, Centro Comercial Rodrival, Cra. 7, Calle 6, Local 9, ① 820 52 88

Nationalparkverwaltung

Territorial Surandino, Barrio Palace, Calle 25 No 9-00, ① 823 12 79.

Historisches Zentrum

Popayán verfügt über eine große Zahl **bedeutender Kirchen** aus dem 17. und 18. Jahrhundert. Im Kolonialstil erbaut sind die Kathedrale, San Francisco, San José, Santo Domingo, Belén, La Ermita, Las Mercedes, San Agustín und El Carmen.

An der **Parque Caldas** standen früher die Häuser von Belalcázar und der anderen Hidalgos. Die architektonischen Strukturen sind erhalten geblieben. Heute sind hier öf-

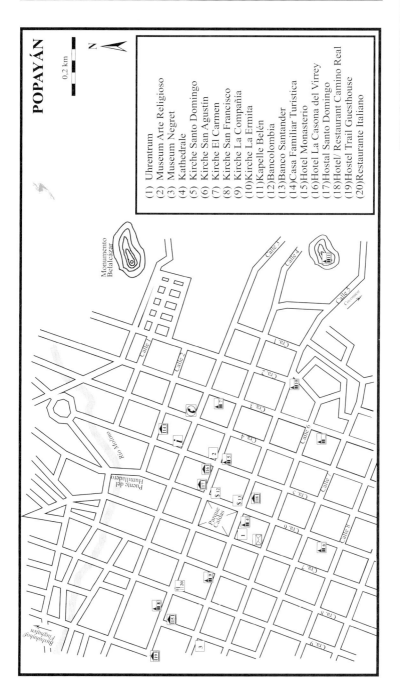

Torre del Reloj, Popayán

fentliche Gebäude und Banken untergebracht. Hier befinden sich auch der **Torre del Reloj**, der Uhrenturm, den der Dichter Guillermo Valencia die «Nase von Popayán» taufte, und die **Kathedrale**. Das Eingangsportal der opulenten Basílica wird von Säulen im dorischen Stil getragen. Die nach dem letzten Erdbeben zerstörte Kuppel wurde wieder aufgebaut. Der Hauptaltar der **La Ermita** ist mit einem doppelköpfigen Adler verziert. Calle 5, Cra. 2.

Dahinter liegt die Wallfahrtskapelle **Belén** auf einem Hügel, zu der ein Kreuzweg hinaufführt. Von hier hat man einen guten Blick auf die Stadt.

Fast alle Kirchen besitzen reich verzierte Schnitzaltäre, Kanzeln, Säulen und Decken, die aus den Werkstätten der Quitoschule stammen. Die schönsten Beispiele der Mestizenkunst finden sich in den Kirchen **Santo Domingo**, Calle 4, Cra. 5. **San Agustín**, Calle 7, Cra. 7. **El Carmen**, Calle 4, Cra. 3. **San Francisco** ist nach Originalplänen komplett neu errichtet worden. Calle 4, Cra. 9.

Die Jesuitenkirche **La Compañía** wurde 1640 vom Architekten Simón Schönherr erbaut und mehrmals durch Erdbeben stark beschädigt. Das äußere Portal der Kirche und die Tür zur Sakristei sind in ihrem Barockstil ungewöhnlich für Popayán. Cra. 8, Calle 15.

Museen

Museum für religiöse Kunst

Das Museo Arquidiocesano de Arte Religioso zeigt schöne Arbeiten religiöser Kunst der Quitoschule, u.a. Mariendarstellungen, Monstranzen, Kelche. Calle 4 No 4-56. ⏰ Di-Fr 8.30-12.30 u.14.30-17.30, Sa/So/Feiertag 10-14.

Museum Negret

Im Elternhaus des renommierten Bildhauers Edgar Negret stehen einige rostrote Metallskulpturen Negrets neben den antiken Möbeln der Eltern. Negret wurde 1980 beauftragt, ein modernes Bolívardenkmal für den Parque Bolívar in Bogotá zu entwerfen. Sein Modell sah einen riesigen geschraubten Bolívar vor, zu dessen Kopf ein Fahrstuhl führen sollte. Der Plan wurde verworfen.

Erdbeben von Popayán, Fernando Botero

Calle 5 No 10-23. Di-So 9-12 u. 14-18, Mo geschlossen.

Museum Efraim Martinez
Dieses schöne Landhaus am Rande der Stadt war das Wohnhaus des Malers Efraim Martinez (1898-1956). An den Wänden hängen Porträtbilder der Familie und Stillleben. In den Landschaftsaquarellen finden die pastellfarbenen Sonnenuntergänge Popayáns ihren Niederschlag. Im Mittelpunkt der Sammlung stehen die vorbereitenden Skizzen für sein Hauptwerk «La Apoteosis de Popayán». Cra. 3 Via al Sur Oriente El Refugio, nach Calicanto. Unregelmäßig geöffnet. Taxi vom Zentrum hin und zurück einschließlich Wartezeit € 3,50.

Francisco José de Caldas (1768-1816), der berühmteste Sohn von Popayán und in Kolumbien heiss und innig verehrt

SEBRA TIPP

La Apoteosis de Popayán stellt die Geschichte der Stadt dar. Das Wandgemälde befindet sich in der **Aula der Universität Cauca**. Die Stadt liegt inmitten sanfter Hügel, die sich bis zu den Höhenlagen des Puracé fortsetzen. Die Erzbischöfe und Märtyrer, die Dichter und Indianer, die Musen und die Sklaven machen der Stadt ihre Aufwartung. Der Himmel ist in Orange und Rosa getaucht. Calle 5 No 4-70.

Puente del Humilladero
Die alte Steinbrücke mit den elf Bögen aus dem Jahre 1873 führt über den Molinofluss und verbindet den Altstadtkern mit dem neueren Teil der Stadt. Cra. 6, Calle 1 und 2.

Museum Guillermo Valencia
Das Museum, benannt nach dem bedeutenden Dichter Popayáns, ist in dem imposanten zweistöckigen Gebäude mit Arkadengang untergebracht, das auf die Brücke Humilladero blickt. Cra. 6 No 2-69. Di-Sa 10-12 u. 14-17.

Casa Mosquera
Das Simón Bolívar Übernachtungshaus vom 23. Januar-12. Februar 1829 ist heute das Museum für koloniale Kunst und historisches Museum. Calle 3 No 5-14. Mo-So 9-12 u. 14-17.30.

Reiterdenkmal Belalcázar
Neben der **Capilla de Belén** bietet **El Morro de Tulcan** mit dem Reiterdenkmal Belalcázars auf seiner Spitze den besten Ausblick über die Stadt.

Internationales Festival religiöser Musik
Das Festival de la Musica Religiosa findet parallel zu den Aktivitäten in der Osterwoche statt. In den Kirchen geben nationale und internationale Gruppen Konzerte.

Schlafen

Popayán bietet eine große Anzahl an Hotelbetten, meist in schönen Kolonialhäusern, selbst der einfachen Kategorie.

Für eine Handvoll Pesos

SEBRA TIPP

Hostel Trail Guesthouse, Cra. 11 No 4-16, ☏ 831 78 71/ mobil 314 696 0805, www.hosteltrail.com, mit viel Enthusiasmus betreiben die Longtime-Traveller Tony und Kim den neuesten Backpacker-Treff in Popayán. Lichte Zimmer in Pastellfarben, freier Kaffee und Tee, Küchenbenutzung, Internet, Waschservice und jede Menge Informationen zu Touren in die nähere und fernere Umgebung sind hier zu haben. Privatzimmer € 11/15; Bett im dorm. € 6,50.

Hotel Capital, Cra. 5 No 7-11, ☏ 838 83 63, Zimmer mit Gemeinschaftsbad, schöner begrünter Innenhof zum Relaxen, € 5 p.P.

Casa Familiar Turística, Cra. 5 No 2-11, ☏ 824 48 53, große Zimmer zum überdachten Innenhof, Gemeinschaftsbad, heißes Wasser, im dorm. € 5 p.P., Privatzimmer € 6 p.P.

Casa Familiar El Descanso, Cra. 5 No 2-41, ☏ 824 00 19, Warmwasser, Wäscheservice, sauber, freundlich, € 12(2).

Hotel Bolívar, Cra. 5 No 7-11, ☏ 824 48 44, Innenhof, Restaurant, populär, € 4,50 p.P./5,50 (mat.).

Residencias Lider, Cra. 6 No 4N-70, ☏ 823 09 15, € 4 p.P.

Hotel Casa Grande, Cra. 6 No 7-11, ☏ 824 06 04, sauber, freundlich, sicher, heißes Wasser, große Zimmer mit Bad, € 10/18.

Mittelklasse

Hotel La Casona del Virrey, Calle 4 No 5-78, ☏ 824 08 36, großzügiger Innenhof im alten Kolonialhaus, große Zimmer ohne/mit Bad und Kabel-TV, € 11 p.P.; € 19/27.

Hotel Marandú, Calle 6 No 7-07, ☏ 824 47 63, modernes Hotel, Bad, TV, Rabatt möglich, € 15/22.

Hotel Los Balcones, Calle 3 No 6-80, ☏ 824 20 30, ☏ 824 18 14, Kolonialhaus, Rest./Bar, € 22/29.

Hostal Santo Domingo, Calle 4 No 5-14, ☏ 824 06 76, großzügiges altes Kolonialhaus mit Innenhof, Bad, TV, mit Frühstück € 24/32.

Hotel La Ermita, Calle 5 No 2-77, ☏ 824 12 12, Bad, TV, netter Innenhof, gepflegte kleine Zimmer, Restaurant, leicht übertreuert, € 29/40.

Hotel Camino Real, Calle 5 No 5-59, ☏ 824 12 54, ☏ 824 08 16, www.hotelcaminoreal.com.co, sehr schönes Kolonialhaus mit Innenhof und ausgewählter Inneneinrichtung. Restaurant mit alten Kristallüstern, Bad, TV, mit Frühstück € 52/71.

Hotel La Plazuela, Calle 5 No 8-13, ☏ 824 10 84, ☏ 824 09 12, kolonialer Innenhof, Restaurant, Bar, Minibar, TV, Teppichboden, mit Frühstück € 37/51.

Oberklasse

SEBRA TIPP

Das beste Haus am Platz ist das Hotel **Monasterio**, Calle 4 No 10-44, ☏ 824 21 91, ☏ 824 34 91, reservas@hoteldannmonasterio.com.co. Der ehemalige Franziskanerkonvent aus dem Jahre 1574 wurde in seiner Geschichte mehrmals durch Erdbeben zerstört und anschließend zum Luxushotel umgebaut, 47 Zimmer, Restaurant mit Regionalküche, Bar und Swimmingpool, € 80/120.

Essen

Panadería La Palma, Calle 7 No 6, gutes Frühstück.

Lonchería La Viña, Calle 4 No 7-85, vom Frühstück bis zum Glas Wein in den Abendstunden ist in diesem Café alles zu haben. Ungemütlich ist nur das Neonlicht.

Restaurante Italiano, Calle 4 No 8-83, italienisch-schweizerische Küche, ausgezeichnetes argentinisches Churrasco zu zivilen Preisen, Pizza mäßig, nettes Ambiente, europäische Musik, beliebt.

Comodor Vegetariano Bio-Integrales Kanda, Calle 6 No 4-52, vegetarische Küche in nett eingerichtetem Restaurant mit kleinen Essnischen. ◷ 11-14.30.

El Portón de Patio, Cra.3 No 1-83, Café-Restaurant mit Innenhof. Comida corriente, sehr gute Arepas.

Restaurant im Hotel Camino Real, Calle 5 No 5-59, super ist das französische Fünf-Gänge-Menü (€ 28).

Donatello, Cra. 8 No 3-71, Pizza.

Peña Blanca, Cra. 7 No 6-79, Café und Bäcker, gute *buñuelos*.

Restaurante El Danubio, Cra. 8 No 5-53, kolumbianische Küche, comida corriente.

Restaurante La Oficina, Calle 3 No 8-01, Paisaküche, comida corriente.

Restaurant Palermo, Ecke Cra. 6, Calle 9, populäres comida corriente Restaurant, günstig.

Café Galeria Arte, Café und Crêpes, Cra. 2 No 3-88, Treffpunkt ab 18.00.

Musik und Tanz

Es gibt eine Reihe von Café-Bars im Herzen der Stadt mit mehrheitlich studentischem Publikum.

Madeira Café, Cra. 5 Calle 3. **Kaldivia,** Calle 5, Cra 6. **Tierradentro Café**, Cra.5, Calle 2.**Bar El Muro**, Cra. 8 No 4-11, Studentenkneipe.

Bar Topatolondra, Calle 3 No 5-69, kubanischer Son/Salsa, berühmte Salseros in Großaufnahme an den Wänden, beliebt am Wochenende.

Taberna Vino Griego, Calle 6 No 8-80, Treffpunkt zum Trinken.

Busverbindungen

Alle genannten Busse fahren vom Terminal.

Bogotá - Velotax (Aerovan), 11 Std., € 23, Flota Magdalena, 12 Std., € 21.

Cali - Bolívariano u. a., alle 30 Min., 2 Std., € 5.

Pasto/Ipiales - Supertaxi (Aerovan), Bolívariano, vormittags stündlich, nachmittags weniger, € 11.

Medellín - Flota Magdalena, einige pro Tag, 12 Std., € 22.

San Agustín - Trans. Rápido Tolima ◷ 11 und Sotracauca, € 7.

La Plata/Puracé - Sotracauca unregelmäßig.

Tierradentro - Sotracauca, ein Direktbus nach San Andrés de Pisimbala ◷ 10.30, zwei Busse zum Kreuz, 5 Std., € 6.

Silvia - Mikrobusse jede Stunde bis 17.30, € 2.

Coconuco - mehrere Busse am Tag.

Flugverbindungen

Der Flughafen liegt direkt hinter dem Busterminal.

Bogotá - Avianca, Cra. 5 No 3-85, ◷ 824 45 05, Flughafen: 831 90 09, täglich, € 80; Satena, Cra. 9 No 4-14, ◷ 822 02 17, € 100.

Guapi - Satena, Mo/Mi/Fr, € 60.

SEBRA TIPP

Silvia

2500 Meter, 14°C, 7500 Einwohner
☎ 2

Silvia ist ein lebendiger Ort abseits der viel befahrenen Popayán-Cali-Verbindung. Hier trifft sich eine bunte Mischung aus Guambiano- und Otavalo-Indianern, Nonnen und Touristen. Jeden Dienstag ist Markttag, und der Ort füllt sich mit den Guambiano aus den umliegenden Gehöften. Silvia ist überschaubar, mit einem interessanten Treiben auf dem Hauptplatz, einer Kapelle mit Blick auf die hügelige Landschaft, einem Bach, der über Felsen plätschert, grünen Weiden und Pferden. Die Chivas sind vollgepackt mit Ballen weißer *lana-fique* (Agavenfasern). Obenauf sitzen die Männer in ihren königsblauen Röcken. Das Markttreiben ist besonders lebendig in den Vormittagsstunden.

Im Hotel Turística, Cra. 2 No 14-39, ist die **Touristeninformation** und ein **Museum**, das eher einem Trödelladen gleicht und nur wenig mit der Kultur der Guambiano zu tun hat.

Ausflüge in die Umgebung

Am Viehmarkt kann man Pferde mieten, um in die *resguardos* Guambia und Puente Real, zur Laguna La Marquesa und zu anderen Zielen zu reiten, € 2 pro Stunde. Alternativ fährt man am Markttag mit einer der Chivas mit und läuft zurück, Fußweg ca. 1½ Std. Eine ausgesprochen touristische Angelegenheit ist die Fahrt mit der Touristenchiva. Besucht werden *resguardos indígenas* und Thermalquellen, mit Musikkapelle im Heck und Aguardiente. ☺ Di/So 11, Operadora de Turismo de Silvia, Cra. 2 No 12-30, € 6 p.P.

Schlafen und Essen

Es gibt eine große Anzahl kleiner Hotels und Privatunterkünfte. Einige Hotels sind nur am Wochenende geöffnet, z.B. das **Hotel Silvia,** Cra.7, Calle 8, und das **Así es Antioquia**.

Hotel La Parrilla, Cra. 3 No 10-128, Restaurant, ohne Privatbad, sauber, freundlich, einfach, kleine Zimmer, € 3 p.P.

Hotel Cali, Cra. 2 No 9-60, ☎ 825 10 99, an der Plaza, schöner Innenhof, heißes Wasser, € 4,50 p.P.

La Casona Cordobesa, Cra. 2 No 17-12, ☎ 825 13 47, Innenhof, TV, Garten am Fluss, heißes Wasser, € 5,50 p.P.

Hotel Ambeima, in der Cra. 2, 100 Meter von der Plaza, Zimmer zum Innenhof mit Restaurant, Gemeinschaftsbad, € 8/11.

Casa Turística, Cra. 2 No 14-39, ☎ 825 10 34, Zimmer mit Bad, Innenhof mit Kamin, € 12/19 inkl. drei Mahlzeiten, am Wochenende das Doppelte.

Im **Casino los Bomberos**, in der Nähe der Plaza, kann man einfach und gut essen, große Portionen. **Restaurante Tipico Paisa**, Cra. 2 No 7-40, traditionelle Paisa-Küche.

Busverbindungen

Cooperativa de Motoristas del Cauca fährt nach Cali und Popayán, € 2. Büro an der Plaza.

Cali - Di ☺14 u. 17.30, an anderen Tagen ☺ 4 u. 15.

Popayán - Busse und Colectivos, stündlich, 1½ Std., € 3.

Die Guambiano

Guambia, so heißt die Leinen- oder Wolltasche der Frauen, in denen Spindel und Wolle aufbewahrt werden. Die 20 000 Guambiano sprechen neben dem Spanischen ihren eigenen Chibcha-Dialekt.

Landwirtschaft

Sie leben von der Landwirtschaft und bauen im Terrassenanbau noch die gleichen traditionellen Pflanzen wie vor den Zeiten der Konquista an. Ein wichtiges Handelsgut ist die Zwiebel. Bei der Tierhaltung macht sich der Mestizeneinfluss am stärksten bemerkbar. Kein Guambiano geht heute mehr auf die Jagd, er hält sich Haustiere für die Fleischversorgung.

Die Häuser sind rechteckig und haben ein spitzzulaufendes, reetgedecktes Dach. Die Wände und der Boden sind aus Lehm. Drinnen befindet sich die offene Feuerstelle auf drei Steinen, darum herum die Schlafplätze, Tische und Bänke. Auf dem Boden stehen Weidenkörbe, in denen die persönlichen Dinge aufbewahrt werden. Obwohl an den Wänden zumeist ein Marien- oder Jesusbild hängt, haben die Guambiano ihre eigenen Überzeugungen bewahrt und mit dem christlichen Glauben verbunden. Furchteinflößend ist *El duende,* der garstige Kobold und Herrscher über die Kartoffelfelder, der den bösen Menschen in der Gestalt eines Säuglings begegnet und sie mit Hass, Schmerz oder Tod überzieht. Gefürchtet ist auch *kusimánsig,* der Feind der Betrunkenen.

Gemeinschaftsleben

Das größte Fest der Guambiano heißt *ofrendas* und findet am 1. November statt. An diesem Tag besuchen sie die Friedhöfe mit reichlich Speisevorräten, die für die Vorfahren bestimmt sind. In der Vorstellung der Guambiano kehren die Toten an diesem Tag zurück und haben nach der langen Reise einen Bärenhunger.

Zwei Wesenszüge zeichnen die Guambiano aus, ihr Gemeinschaftsgeist und ihre ethnische Identität. Sie arbeiten gemeinsam auf den Feldern, beim Straßenbau oder bei der Errichtung eines neuen Hauses. Die gleiche Kleidung soll soziale Unterschiede ausgleichen. Alle Männer tragen einen grauen Filzhut, ein orangenes Halstuch, knöchelhohe Lederstiefel und eine *ruana* in dunklen, grau-schwarzen Tönen. Am auffälligsten ist der königsblaue lange Rock, der entfernt einem schottischen Kilt ähnelt. Die Farbe Blau entspricht dem Kosmos, Schwarz der Mutter Erde. Keiner will sich durch individuelle Kleidung vom anderen unterscheiden, um keinen sozialen Neid aufkommen zu lassen.

Die Frauen tragen Bubikopffrisuren und den *anaco,* einen weiten Glockenrock mit Plisseerändern, der nach prähispanischen Mustern auf traditionellen Webstühlen gefertigt wird. Über der Baumwollbluse wird ein mehrfach gefaltetes, marineblaues Schultertuch geschlagen und auf der Brust mit einer Nadel befestigt. In leuchtendem Weiß heben sich die übereinandergelegten Ketten aus den feinen *chaquíra*-Perlen ab. Sie sind der Stolz der Besitzerin, denn die Anzahl der Ketten zeigt die soziale Stellung des Ehemannes an. Weiß steht für Frieden und ist die Farbe der Hochzeitskleidung.

Das Kind wird in einem Tuch auf dem Rücken getragen, die Jungen längere Zeit als die Mädchen. Das Erlernen der Geschlechterrolle erfolgt früh. Die Jungen sind gekleidet wie ihre Väter, die Mädchen wie die Mütter. Der Sohn folgt dem Vater aufs Feld. Die Tochter weicht nicht von der Seite der Mutter und nimmt den gleichen schleppenden, langsamen Gang an, der vom Rhythmus der Spindel bestimmt wird.

Coconuco

2500 Meter, 16°C, 2500 Einwohner

Der kleine Ort Coconuco am Fuße des Vulkan Puracé ist am Wochenende ein beliebtes Ausflugsziel für die Bewohner Popayáns. Anziehungspunkt sind die schwefelhaltigen heißen Quellen. Die **Termales Agua Hirviendos** liegen außerhalb des Ortes. Ein halbstündiger Fußweg führt hinter dem Hotel de Turismo hinauf zu den dampfenden Becken, die im Besitz der Paez sind und von ihnen unterhalten werden. **Agua Tibias** liegt auf dem Privatgrundstück der Familie Anguelo, eine gepflegte Anlage, fünf Kilometer vom Ortskern an der Straße nach San Agustín. Etwas außerhalb des Dorfes liegt die **Hacienda** des früheren Präsidenten **Mosquera**, der im 19. Jahrhundert eine bedeutende Rolle spielte. Im Ort gibt es einfache Residencias und Restaurants. Der beste Platz zum Essen und Wohnen ist das **Hotel de Turismo**, einen halben Kilometer außerhalb des Ortskerns. Zimmer mit Bad und heisses Wasser, € 12/17.

Zelten ist möglich bei der Thermalquelle **Agua Tibias**, € 2.

Die **Licoría Estanco Oficial** hat hinter dem Laden vier spartanisch eingerichtete Zimmer mit Gemeinschaftsbad, nur kaltes Wasser, € 5 p.P.

Busverbindungen

Popayán - zwei Direktbusse morgens und nachmittags, jeder Bus aus San Agustín.

Nationalpark Puracé

Der Nationalpark bedeckt eine Fläche von 870 km² und erstreckt sich von 2500 auf 5000 Meter Höhe. Er liegt an der Grenze der Departements Cauca und Huila. Puracé ist Quetschua und bedeutet «feuerspeiender Berg». Der größte Teil der Parkfläche zeigt die Merkmale ehemaliger vulkanischer Tätigkeit. An vielen Stellen des Parks und in seiner Umgebung treten heiße Quellen aus dem Boden. Feuerspeiende Vulkane dürften jedoch selbst die Ureinwohner nicht mehr angetroffen haben, aber noch steigen Rauchsäulen aus dem Krater des Puracé und der übrigen Vulkane. Höher noch als der Puracé (4760 m) ist der schwer zugängliche und meist schneebedeckte Pan de Azúcar (5000 m).

Erwähnung verdienen die vielen Lagunen und Wasserfälle. Im Park entspringen die wasserreichsten Flüsse des Landes, der Caquetá, der Cauca und der Magdalena, auf dem **Páramo de las Papas** (siehe San Agustín). Die Vegetation ist typisch für den Páramo. Man zählt über 200 unterschiedliche Orchideen.

Die Fauna ist reich an Vögeln, Kolibris, Spechten, Wildgänsen und Berghühnern. Im Puracé gibt es die Möglichkeit, den in Lateinamerika selten gewordenen Andenkondor zu bewundern. Der Kondor ist das Wappentier der Andenstaaten. Die Zahl der in Kolumbien heimischen Vögel wird auf etwa 50 Tiere geschätzt. Weitere 23 Tiere stammen aus dem Zuchtprogramm des Zoos von San Diego, Kalifornien. Dank der Unterstützung aus den USA ist der größte Landvogel der Welt nicht unmittelbar vom Aussterben bedroht. Sein Bestand ist jedoch nach wie vor gefährdet. Das liegt auch an der müden Fortpflanzung dieser Art, die erst im Alter von acht Jahren geschlechtsreif wird. Das Weibchen legt alle zwei Jahre ein einziges Ei, und nicht alle Weibchen sind fruchtbar. Die Flügelspannweite des Kondors beträgt 2,5-

3 Meter. Einmal in der Luft, ist er ein großer Segler.

Wie kommt man hin?

Es gibt zwei Wege in den Park, einen nördlichen und einen südlichen Zugang, Eintritt: € 6. Das Besucherzentrum **Pilimbalá**, das auf 3350 Meter (6er-Cabaña € 10 p.P.) an einer Abzweigung der Popayán-La Plata Straße (mit regelmäßig passierendem Busverkehr, 1½ Std. von Popayán entfernt) liegt, wird stärker frequentiert und ist besser ausgeschildert als der Südzugang **Chupayal de Perico** auf dem Weg von San Agustín nach Popayán. Dort ist ausschließlich Camping möglich. In Pilimbalá gibt es ein Informationsbüro und eine kleine Kantine. 30 Min. entfernt sind die Schwefelthermalbäder (Termales de San Juan). Von hier führt ein vierstündiger, gut begehbarer Aufstieg zum Gipfel des Vulkan Puracé (4760 m), Abstieg 2-3 Std. Man durchquert eine eindrucksvolle Berg- und Tallandschaft, bis man schließlich den aschebedeckten Kraterrand erreicht, der 900 m in der Breite und 100 m in der Tiefe misst. Die Gipfellagen sind in schwefelhaltige Dämpfe gehüllt.

Reizvoll, aber schwieriger ist von dort der Weg entlang der **Coconucos** (je nach Lesart sieben bzw. neun Berge vulkanischen Ursprungs) zum Pan de Azúcar (Puracé-Pan de Azúcar). Dafür sollte man schon mehrere Tage einplanen. Im Besucherzentrum stehen Bergführer zur Verfügung (€ 10 pro Tag).

Die trockenste Zeit des Jahres sind die Monate Januar, Februar und August, September. Die Temperaturen sinken auf diesen Höhenlagen während der Nacht auf den Gefrierpunkt.

SEBRA TIPP
San Agustín

1700 Meter, 18°C, 7500 Einwohner
① 8

San Agustín liegt inmitten der majestätischen Anden, an einer Abflachung zum Amazonastiefland, und gleichzeitig ist es nicht weit zu den Höhenlagen der Páramos. Auf dem Páramo de las Papas entspringen die wichtigsten und wasserreichsten Ströme des Landes, der Río Magdalena, der Río Cauca und der Río Caquetá. Daher regnet es viel. Am trockensten ist es zwischen Dezember und März und im Juli und August (*veranillo*). Die hügelige Landschaft, durchzogen von Schluchten und Wasserläufen, erstrahlt im intensiven Grün. Die Vielzahl der Klima- und Vegetationsstufen machten dieses Gebiet in präkolumbianischer Zeit zu einem dicht besiedelten Zentrum. Hier entwickelte sich eine hochstehende Kultur, die der Nachwelt monumentale Grabstätten und Hunderte von steinernen Skulpturen hinterlassen hat. Heute ist San Agustín ein beschaulicher Ort, an dem sich viele Europäer niedergelassen haben, um ein Leben abseits der Hektik der Großstädte zu führen. Der europäische Einfluss hat dafür gesorgt, dass der Speiseplan in dieser ländlichen Region erstaunlich abwechslungsreich ist. Die rätselhafte Vergangenheit dieses Ortes, das milde Klima und die Abgeschiedenheit machen San Agustín zum «Shangri La» der Reiseszene.

Informieren

Secretaria de Cultura, Deporte y Desarrollo Ecoturístico, Calle 3, Ecke Cra. 12, ① 837 30 61,

Kulturwelterbe San Agustín

Man weiß nur wenig über die sogenannte San Agustín-Kultur. Es handelt sich wohl am ehesten um mehrere Kulturen, die sich nacheinander und parallel zueinander in dieser Region entwickelten. Begünstigt durch seine geographische Lage, muss San Agustín über längere Zeit ein bedeutendes Handelszentrum gewesen sein. Die Handelswege führten von hier bis tief in das Amazonasgebiet, in die Höhenlagen des heutigen Popayáns und weiter bis zur Pazifikküste. Zur Zeit der Konquista war die Blüte dieser Kulturen längst vorbei. Keine spanische Quelle erwähnt San Agustín. Möglicherweise waren die meisten Gräber im 16. Jahrhundert von Erde bedeckt. Die erste Beschreibung des Fundortes durch den Priester Juan de Santa Gertrudis stammt aus dem Jahre 1757. Zu Beginn des 20. Jahrhunderts zog eine Expedition des Britischen Museums durch die Gegend, grub viele Fundstücke aus und verschiffte sie nach London. In der Folgezeit versuchten sich Archäologen aus aller Welt mit Ausgrabungen, Klassifizierungen und Interpretationen. In San Agustín und Umgebung wurden bis heute mehr als 300 Statuen gefunden. Sie weisen eine große Vielzahl an unterschiedlichen Stilen und Motiven auf. Das könnte bedeuten, dass die Urbevölkerung in vielen Gruppen lebte, wobei die Statuen Haus- und Familiengötter darstellen. Die Vielzahl der Grabmonumente hat zu der Vermutung geführt, San Agustín sei eine Nekropolis (Totenstadt) gewesen. Die Menschen hätten hier nicht gewohnt, sondern die Stätte nur zu Begräbnissen und anderen kultischen Handlungen aufgesucht.

Im Großen und Ganzen gliedert man die San Agustín-Kulturen heute in **drei Perioden**. Die früheste Periode erstreckt sich vom 5. Jahrhundert bis zu Beginn der christlichen Zeitrechnung. Aus dieser Zeit stammen einfache Gräber, Keramiken, Obsidian- und Knochenschmuck.

Die **Hochblüte** fällt in den Zeitraum vom 1. bis 8. Jahrhundert n.Chr. Es kommt zu einer stärkeren Besiedlung. Die Bevölkerung pflanzt Mais im intensiveren Terrassenanbau und entwickelt ein Bewässerungssystem. San Agustín wird zum Handelszentrum. Die Statuen dieser Periode sind die ausdrucksstärksten. Auffallend ist, dass der Kopf oftmals ein Drittel der Größe der Gesamtfigur einnimmt. Die langen Eckzähne verleihen den Figuren ein kriegerisches Aussehen. Es entstehen gewaltige Rampen, unter denen die geistigen und politischen Würdenträger begraben werden.

Um das **Jahr 1000** zerfallen die San Agustín-Kulturen. Die Hierarchien der mittleren Epoche verschwinden. Es gibt keine Großprojekte mehr. Die Kenntnisse des Goldschmiede- und Keramikhandwerks verkümmern. Unerklärlich ist, wie es zu diesem Zusammenbruch kommt. Möglicherweise sind kriegerische Stämme aus dem Amazonastiefland aufgetaucht und haben die ursprünglichen Bewohner vertrieben, denn der Maisanbau verliert an Bedeutung und wird durch die Yuca-Wurzel, Grundnahrungsmittel auch der heutigen Amazonasindianer, ersetzt.

www.sanagustin.com.co. ⏰ Mo-Fr 8-12 und 14-18.

World Heritage Travel Office Viajes Patrimonio Mundial, Calle 3, Ecke Cra. 11, ☏ 837 39 40.

Internet in den meisten Travellerguesthäusern und im Internetcafé **Galería**, Calle 3, schnelle Verbindungen darf man aber nicht erwarten.

Telefonieren

Telecom, ☏/📠 837 32 14.

Banken und Wechsler

Es gibt eine ATM in der Hauptstrasse, Calle 3, beim Kirchplatz, die aber nicht immer alle Kreditkarten akzeptiert. Am besten ist man mit der Visa-Card bedient.

Die Fundstätten

Eine Vielzahl der Hügelkuppen in der Umgebung von San Agustín sind mit Grabstätten bedeckt. Die wichtigsten Plätze für den Besucher sind: Der **archäologische Park** und der **Alto de los Ídolos**. Von untergeordneter Bedeutung, aber gleichwohl interessant sind **La Chaquíra, Alto de Purutal** und **Alto de las Piedras**. Zudem gibt es noch ein weiteres Dutzend Fundorte.

Parque Arqueológico

Zwei Kilometer außerhalb des Dorfes liegt der archäologische Park. Hier befinden sich die bedeutendsten Grabanlagen (*mesetas*). Angelegte und ausgeschilderte Wege verbinden die Mesetas A, B, C, die Fuente und den Alto de Lavapatas miteinander. Gleich hinter dem Eingang mit dem Museum betritt der Besucher den **Statuenwald**. An einem Rundgang sind 35 Skulpturen aufgestellt, die aus unterschiedlichen Begräbnisstätten zusammengetragen wurden.

Die **Meseta A** besteht aus zwei großen Hügeln in Ost- und Westrichtung. An den Grabeingängen stehen zwei Wächter mit einer Zentralfigur in der Mitte. Kleinere Figuren stehen außerhalb des großen Grabes.

Die **Meseta B** ist vielleicht die schönste. Im zentralen Teil dieser Begräbnisstätte befinden sich drei Statuen. Bei dem Vogel, der in seinen Klauen eine Schlange hält, handelt es sich wahrscheinlich um die Darstellung eines Weißkopfadlers. Der westliche Hügel hat einen Ring aus halbkreisförmig angelegten Blöcken, die einen herzförmigen Grundriss bilden. In dessen Zentrum befindet sich der Grabtempel mit den drei Figuren. Die Zentralfigur trägt eine Kette mit einem Menschenkopf (vielleicht ein Schrumpfkopf?) und breite Ohrpflöcke, wie sie noch die letzten Chivaros im heutigen Ecuador tragen.

Meseta C: Hier befinden sich einige monolithische und zweigesichtige Figuren. Der Weg führt durch einen Bambuswald hinab zur **Fuente de Lavapatas**, vorbei an einer steinernen Kröte, dem Symbol des Regens und der Fruchtbarkeit.

Fuente de Lavapatas ist ein Zeremonienplatz. Eine natürliche Badewanne mit kleinen Kanälen und Spiralen wurde in das felsige Flussbett geschlagen. Die Felsen sind bedeckt mit Darstellungen von Fröschen, Echsen, Schlangen und Schnecken. An den drei Wannen befinden sich drei anthropomorphe Darstellungen von Gesichtern.

Die herausragende Figur auf dem **Alto de Lavapatas** ist das Doble Yo, die plastische Verschmelzung zweier Jaguarmenschen, die klassische Darstellung des Schamanen in der indianischen Mythologie.

⏱ täglich 8-16.30. Eintritt: € 4,50, Studenten € 2,50.

Das Ticket gilt für zwei Tage und schließt alle archäologischen Besichtigungsstätten ein.

Alto de los Ídolos

Zwischen der Meseta A und B wurde in präkolumbianischer Zeit Erde aufgeschüttet, so dass eine künstliche Plattform entstand. Von hier führen Rampen zu beiden Seiten. In der Mehrzahl der Gräber befinden sich monolithische Steinsarkophage. Eine Vielzahl unterschiedlicher anthropomorpher und zoomorpher Figuren bewacht die Eingänge der aufgeschütteten Grabhügel (*monticulos*).

Eine sitzende Figur hält einen Pfeil in der Hand. Die Nachbarfigur trägt einen großen Fisch auf dem Rücken. Diese beiden Figuren symbolisieren Jagd und Fischfang (*monticulo* 1).

Die Skulpturen sprechen dafür, dass es sich bei dem Alto de los Ídolos um Priestergräber gehandelt haben muss. Die Wächter sind unbewaffnet.

Auf der anderen Seite liegt die Meseta B. Auffallend sind die Sargabdeckungen in Form eines Kaimanes. Vom Alto de los Ídolos geht der Blick über die Hügel in alle Himmelsrichtungen. ⏱ täglich 8-16.30. Eintritt: € 1,75.

Wie kommt man hin?

Man nimmt den Bus oder Jeep bis zur Kreuzung Pitalito-Popayán oder den Bus nach Popayán bis nach **San José de Isnos**. Von dort sind es fünf Kilometer, 1 Std. Fußweg.

La Chaquíra

Von der Felsengruppe La Chaquíra schaut man hinab in die Schlucht des Magdalena. Hier sind anthropomorphe Figuren in die Felsen geschlagen worden.

Alto de Puratal

Die Figuren dieser Fundstelle sind die einzig kolorierten in Rot, Schwarz, Gelb und Weiß. Die «Puppen», die sie in Händen halten, sollen auf die Mutterschaft hindeuten.

Alto de las Piedras

Hier steht der größte Doble Yo. Der Ort ist sieben Kilometer von Isnos entfernt.

Schlafen

im Ort

Residencias Menezú, Cra. 15 No 4-74, ⏱ 837 36 93, vier Zimmer mit Bad. Gut sind die Zimmer zur Straße, sehr sauber, heißes Wasser, morgens freier Kaffee, € 10.

Hotel Mi Terruño, Calle 4a No 15-85, ⏱ 837 35 16, altes großes Haus, großer begrünter Innenhof, Warmwasser von 7.00-10.00, € 4 p.P.

Hotel Colonial, Calle 3 No 11-12, ⏱ 837 31 59, beliebt bei kolumbianischen Handelsreisenden, Zimmer zum Innenhof, ohne/mit Bad, Restaurant, € 4/6 p.P.

außerhalb

SEBRA TIPP

Finca El Cielo, ⏱ mobil 313 4937 446, www.fincaelcielo.com, neues Hostal, drei km außerhalb des Ortes bei den archäologischen Stätten mit herrlicher Sicht in die Landschaft und den Cañón des Río Magdalena. Schöne geräumige Zimmer aus Bambus mit modernen Duschen und be-

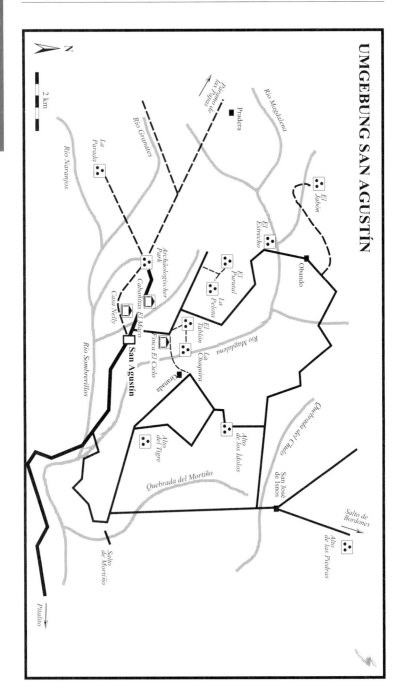

quemen Betten. Großer Schwimmteich. Der schweizer Eigentümer Dominique organisiert auch Touren.

SEBRA TIPP

Finca Ecológica El Maco, 1 Km von der Bushaltestelle in Richtung Parque und hinter dem Hotel Yalconia rechts auf dem Trampelpfad den Berg hinauf, ☏/✉ 837 34 37, www.elmaco.ch, die Schweizer René und Martha haben San Agustín mit ihrem Ecohostal um einen phantasievollen Spot bereichert.Unterkünfte in den Kategorien Tipi, zwischen € 6-8,50, vier Cabañas zwischen € 7-15, Châlet zwischen € 7,50-16, Camping, Bio-Lebensmittel, med. und therapeutische Massagen.

Casa de Francois, Cra. 13 bergauf hinter der kleinen Ziegelfabrik gelegen, ☏ 837 38 47, der Franzose hat drei private Bambushütten und einen dorm. liebevoll in einem Anflug von Hippie-Design gestaltet und bemalt, mit Blick über den Ort und seit nunmehr über zehn Jahren beliebter Treffpunkt der Reiseszene, Frühstück erhältlich mit selbstgebakkenem Brot und Marmelade, zwei Doppelzimmer, Tourinformationen, € 6 p.P.

Casa Nelly, 1½ Kilometer vom Ortskern - La Estrella - ☏ 837 32 21/ mobil 311 535 0412, verwunschen gelegen und nicht ganz leicht zu finden, Taxi € 1,50. Nelly gehört zu den Tourismus-Pionieren von San Agustín. Immer heißes Wasser, gemütliche Zimmer, 2 Cabañas, schöner Garten mit Lounge-Zone, beliebt, oft ausgebucht, zwischen € 5-10 p.P.

Posada Campesina, 1 Kilometer vom Zentrum auf der Cra. 14 Vía al Estrecho, ☏ 837 35 38, Kochgelegenheit mit Gas oder Feuerholz, die Señora kocht auch für Gäste, nette Zimmer, ohne Privatbad, heißes Wasser, € 4,50 p.P.

Cabañas Los Andes, Verlängerung der Cra. 10 den Hügel hoch. Große Cabañas mit Balkon, Kochgelegenheit, € 7 p.P; außerhalb der Saison verhandelbar.

Mittelklasse

Hostal Alto de Los Andaquies, 1 km vom Zentrum entfernt. Etwas für Familien. Zweistöckiger Bau mit umlaufendem Balkon, Zimmer mit Privatbad zwischen € 8-16.

Hotel Yalconia, Av. Parque Arqueológico, ☏ 837 30 13, ✉ 837 30 01, hat ein Facelifting bekommen, trotzdem fehlt es nach wie vor an Ambiente. Gruppenhotel mit Pool u. Restaurant, Zi. mit Bad, € 30/36.

Essen

Die Restaurantszene in San Agustín ist vielfältig, von guter Qualität und mit fairen Preisen.

Exzellente und gesunde Küche serviert das Restaurant **El Maco.**

Panadería y Cafetería La Ricura, Cra. 14, Ecke Calle 4, Fruchtsäfte, Sandwich Hamburger.

Restaurante Brahama, Calle 5 No 15-11, für Frühstück mit Pancakes und vegetarischer Mittagstisch.

Pizza Mania, Cra. 13 No 3-47, klein, aber fein. Zur Zeit die angesagteste Pizza des Ortes.

El Fogon, Calle 5, Ecke Cra. 15, traditionelle kolumbianische Hochlandküche.

La Rana Verde, Cra.11, Ecke Calle 3.

Donde Richard, 500 Meter vom Ortskern, auf dem Weg zum Parque Arqueológico, ☏ 837 96 92, Spezialität: *Asado Huilense* (Braten).

La Casona de San Agustín, Calle 5 No 21-125, in Richtung Parque

Arqueológico, Fisch mit Salat, frisch zubereitet, etwas teurer.

Restaurante El Rancho, Calle 3 No 11-60, große Portionen, traditionelle Küche, abends Treffpunkt zum Biertrinken mit Einheimischen.

La Casa de Tarzan, Calle 2 No 8-04, hier trifft man nicht nur Jane, sondern auch andere Traveller zum Bier, außerdem Anlaufstelle für Whitewater-Rafting. ⊕ ab 20.

Mister Cuy, auf dem Weg zum Parque Arqueologico, Spezialität: geröstete Meerschweinchen (*cuy*) und Brot aus dem Steinbackofen.

Taberna Love Sound, Cra. 12 No 4-62.

Artesanía

Ein kleines Artesaníamuseum, das **Museo de Artes y Tradiciones Ullumbe**, präsentiert Kunst- und Gebrauchsgegenstände der Umgebung in einem schönen Haus mit Innenhof. Cra. 15 No 3-51. ⊕ täglich 9-17.

Touren

Die Umgebung von San Agustín ist ideales Trekking- und Reitterrain. Gut informiert sind **Viajes Lanky Balonky**, Cra. 4, ☎ 837 31 77/ mobil 312 423 99 95 und selbstredend die Eigentümer der Fincas, René von **El Maco** (Chasky Tours), Dominique von **El Cielo** und **Francois**.

Pferde anmieten (*Alquiler de Caballos*) kann man an mehreren Plätzen. **Caballos la Chaquira**, Cra. 15 No 3-72 oder **Caballos Los Yalcones**, Cra. 16, Ecke Calle 5, für etwa 4 Std. € 10 plus € 10 für den Guía. Selbst Anfänger können sich auf den geduldigen und genügsamen Pferden nach kurzer Anleitung problem-

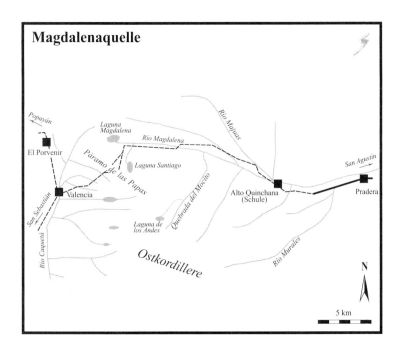

Magdalenaquelle

los fortbewegen. Die Wege zu den entfernter gelegenen archäologischen Fundstätten wie La Chaquíra und Alto de Puratal finden diese von ganz allein.

Auch mit dem Jeep (€ 12,50 p.P.) werden die weiter entfernten Fundstätten angesteuert, Alto de los Ídolos, Alto de las Piedras, die Magdalenaenge (El Estrecho) sowie die Wasserfälle Salto de Bordones und Salto de Mortiño. Lanky Balonky u.a. organisieren Touren zum Páramo de las Papas, zur Laguna Magdalena, Laguna Cusiaycú (Cauca) und vermittelt Guías für Reittouren über den Páramo bis nach Valencia, wo man den Bus nach Popayán nimmt. Bis Valencia sind es vier Tage.

Magdalena Rafting, http://magdalenarafting.com, ☏ mobil 311 271 53 33. Whitewater-Rafting auf dem Río Magdalena, von leichten Passagen bis hin zu Stromschnellen (für Anfänger und Fortgeschrittene), 1½ Std, € 15. oder ein ganzer Tag für geübte Könner, 60 km mit 25 Stromschnellen. Die Route führt durch die Schlucht des Río Magdalena, die nur 1½ bis 2 Meter breit ist, 20 km von San Agustín entfernt.

Busverbindungen

San Agustín liegt abseits der Hauptrouten ist entweder von Bogotá über Neiva und Pitalito zu erreichen (9-12 Std.) oder aus westlicher Richtung von Popayán durch eine malerische Landschaft (6-7 Std.).

Alle Busgesellschaften haben ihre Büros entlang der Hauptstraße Calle 3, Ecke Cra. 11.

Pitalito - (38 km von San Agustín) Jeeps und Sammeltaxis, 40 Min., € 2.

Tierradentro - keine Direktbusse - über Pitalito und La Plata.

Popayán - Sotracauca, 1 Bus ⌚ 6, Cootranshuila, ⌚ 7, 10, 12, 6-7 Std., € 7.

Die ausgeschlagenen Busse von Sotracauca haben meist eine Panne im Hochnebelwald des Puracé, da bleibt genügend Zeit zum Aussteigen und Fotografieren. Cortransleboyana, drei Aerovans nach Popayán, letzter ⌚ 16.30, 5 Std., € 11.

Cali - Comotor, ⌚ 7 über La Plata.
Bogotá/Neiva - Taxis Verdes, Aerovan, ⌚ 7, 9 Std., € 19; Busse ⌚ 6 u. 18, 10-12 Std., € 16, Coomotor, 3 Pullmanbusse, € 14,50. Die Strecke ist nunmehr vollständig asphaltiert.

Tierradentro

1500-2000 Meter, 18-22°C, 500 Einwohner

Tierradentro bezeichnet heute einen der wichtigsten und rätselhaftesten archäologischen Fundorte des Landes. Wegen seiner abgelegenen und versteckten Lage inmitten der Anden nannten die Spanier das Gebiet «das tief verborgene Land». Das Gebiet liegt landschaftlich reizvoll eingebettet zwischen dem Puracé im Süden, dem Nevado de Huila im Norden, dem Río Paez im Osten und den Páramos im Westen. Bei klarer Sicht ist sogar ein Blick auf die schneebedeckte Kuppe des Nevado de Huila möglich. Die Region ist ideal für Wanderungen und Reitausflüge. Über die Wasserläufe führen gebogene Brücken aus Bambushölzern. Von Dezember bis Februar und im Juli und August sind die Tage sonnig, die Nächte kühl und sternenklar. In der übrigen Zeit des Jahres wird der Nieselregen von kurzen, heftigen Regenfällen abgelöst. Zwischen 1000 und 2000 Meter Höhe ist der Boden heute in agrarisches Nutzland verwandelt worden, das von den Paez-

Weltkulturerbe Tierradentro

Auf den Rücken der wuchtig ansteigenden grünen Berge schlug ein bis heute unbekanntes Volk lange vor Ankunft der Spanier Gewölbe in den weichen Tuffsteinfelsen, in denen sie ihre Toten bestatteten. Tierradentro ist der einzige Fundort von Grabkammern dieser Art in Amerika.

Es gibt unterschiedlich **ausgeschmückte Grabkammern**. Die prächtigsten haben eine Kuppelform mit Seitennischen. Die großen Kammern haben zwei oder mehrere Säulen, um die Konstruktion zu stützen. Die Wände sind gekalkt und mit geometrischen Formen, mehrheitlich Romben, dekoriert,. An den Säulen sind Gesichter zu erkennen. Ihre Kolorierung in Rot- und Schwarztönen entspricht möglicherweise der symbolischen Darstellung von Leben und Tod. Die schwarze Farbe ist ein Kohlegemisch, das Rot wurde aus *Anadidos feruginosos* gewonnen. Die Grabkammern waren Sammelgräber, in denen vier bis 40 Urnen lagen. Im Regelfall enthielt eine Urne die Überreste eines Einzelmenschen. Die Überreste von Mutter und Kind wurden gemeinsam beigesetzt. Unter dem Boden einiger Grabkammern fanden sich Gruben mit den verbrannten Knochen mehrerer Personen.

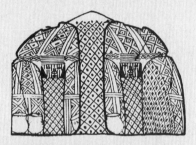

Grabkammer in Tierradentro

Daher wird vermutet, dass die Urnenbestattung ausschließlich höherrangigen Personen vorbehalten war. Die Urnen sind kunstvoll verziert. Darstellungen von Schlangen und Eidechsen sind häufig. Die Schlange ist das Zeichen des Kreislaufs von Leben und Tod, die Eidechse verkörpert die - männliche - Sexualität. Die geräumigsten Gräber werden über enge Wendeltreppen mit hohen Stufen betreten.

Die verloschene Kultur von Tierradentro pflegte den **Begräbniskult** zweier aufeinanderfolgender Bestattungen. Der Urnenbestattung zuvor ging eine Erdbestattung. Der Verstorbene wurde in einem Einzelgrab von geringer Tiefe beigesetzt. Auf diese erste kurze Reise wurden dem Toten Gebrauchsgegenstände und Schmuck, den Frauen Töpfe und Ketten, den Männern Waffen, mitgegeben. Wenn nur noch das Skelett blieb, wurde die Leiche exhumiert und in der Urne beigesetzt. Die Karbon C-14 Methode zur Bestimmung des Alters der Toten hat ergeben, dass die Kultur von Tierradentro zwischen 870 v.Chr. und 630 n.Chr. existierte.

Die Bewohner lebten in verstreuten Hütten in den Bergen, die sie auf künstlichen Terrassen errichteten. Die Hütten bestanden aus Zuckerrohr und Lehm und hatten konische Strohdächer. Sie ähnelten den noch heute von den Paez errichteten Hütten. Die Paez allerdings streiten jede Verwandtschaft mit den Baumeistern der Grabkammern kategorisch ab. Das hängt möglicherweise damit zusammen, dass ihre Vorfahren die einstige Tierradentro-Kultur vertrieben hatten.

Die Goldschmiedekunst spielte keine so große Rolle wie bei den anderen präkolumbianischen Kulturen. Es wurden nur wenige Goldstücke gefunden, von denen die **Maske von Inza** zu den schönsten Kolumbiens gerechnet werden muss und heute im Goldmuseum in Bogotá ausgestellt ist.

Indianern bearbeitet wird. Sie pflanzen auf kleinen Parzellen Mais, Zukkerrohr, Kaffee, Zwiebeln und Bohnen.

▪ Informieren

Allgemeine Informationen erhält man im Museum. Es gibt hier weder Internetverbindungen noch ATM. Mit der VisaCard kann man in der kleinen Bank von **Inzá** Geld bekommen, am besten vor einer Reise nach Tierradentro ausreichend Bargeld einstecken. **Inzá** ist ein größerer Ort im Nachbartal mit einem interessanten Samstagsmarkt. Die Indianer der Umgebung bieten ihre Produkte an. Am Samstag verkehren regelmäßig Chivas zwischen San Andrés und Inzá.

Pferde kann man vor dem Museum oder bei der Residencias Lucerna, für € 2 pro Std. anmieten.

▪ Einzelne Fundorte

Die besterhaltendsten und prächtigsten Grabkammern sind auf dem **Loma de Segovia**. Es sind 28 Grabkammern. Hier sieht man Darstellungen von Gesichtern an den Säulen. Dahinter liegt der **Alto del Duende** mit fünf Gräbern, davon drei mit Reliefüberresten. Auf der anderen Seite des Tales liegt der **Alto de San Andrés**, eine Begräbnisstelle mit fünf bemalten Kammern. In einer Grabkammer befinden sich anthropomorphe und zoomorphe Darstellungen.

Das Tal überragt der **Loma del Aguacate**. Auf dem Bergrücken liegen Dutzende kleinerer Kammern, die nicht koloriert sind. Einige sind verschüttet. Der Wind braust über die dürren Gräser. Man blickt bis ins Nachbartal nach Inza.

Die wenigen Statuen, die am **El Tablón** versammelt sind, weisen eine gewisse Ähnlichkeit mit denen von San Agustín auf, ohne jedoch deren Perfektion, weder in der Technik, noch in der Detaildarstellung, zu erreichen. Ihre Bedeutung ist nicht geklärt, denn anders als in San Agustín, bewachten die Statuen keine Grabkammern. Es empfiehlt sich zum Besuch der Gräber eine Taschenlampe mitzunehmen, da nur einige der Gräber beleuchtet sind.

Am Eingang zum Park befindet sich die **Casa Museo Biblioteca** aus dem 19. Jahrhundert mit einem Doppel-Museum. Das **Archäologische Museum** enthält Fundstücke, ein rekonstruiertes Grab für die Erstbestattung und eine Hüttenrekonstruktion. Das **Ethnographische Museum** ist der Kultur der Paez gewidmet.

⏰ täglich 8-16. Eintritt: € 2,50, Studenten € 1.

Das Ticket ist zwei Tage gültig und berechtigt zum Besuch beider Museen und der Fundstätten.

Vom Eingang führen Rundwege zu den archäologischen Stätten. Über Segovia und Duende kann man bis ins Dorf **San Andrés de Pisimbalá** laufen, 3-4 Std. Der Weg zum Aguacate ist steil und beschwerlich. Für diese Tour bietet es sich an, Pferde zu mieten, 4 Std.

San Andrés de Pisimbalá ist ein kleines Dorf am Ende des Tals von Tierradentro. Die strohgedeckte Missionskirche stammt noch aus den ersten Tagen der Christianisierung (1785). In einigen Nachbardörfern gibt es ähnliche Kirchen. Einige haben Altarnischen mit indianischen Zeichnungen.

Die Paez

Als die Truppen des Sebastián de Belalcázar im Jahr 1539 Tierradentro erreichten, stießen sie auf die Paez-Indianer, die sich den Spaniern erbittert zur Wehr setzten. «Tierradentro gehört den Paez. Nur die Paez, die ihr Blut niemals mit anderen mischen, werden unbesiegbar sein», hatte der Häuptling Juanchamo ausgerufen.

Heute gibt es **150 000 Paez-Indianer**, die zur Sprachgruppe der Chibcha gehören. Ihre kleinen Dorfeinheiten liegen weit verstreut in 2000-3000 Meter Höhe. Der Zugang ist schwer und meist nur über Indianerpfade zu erreichen. Zu Fuß oder mit dem Pferd kommt man nach Tumbichucue, Santa Rosa, San Andrés de Pisimbalá, Mosoco und Calderas.

Die Paez sind Bauern und pflanzen Mais, Bohnen, Kartoffeln und Koka an. Sie leben in *resguardo*s. Die Landparzellen sind unverkäuflich, jedoch vererblich. Sie haben einen gewählten *cabildo*, das ist ein Gemeinderat mit einem Gobernador an der Spitze. Über die Korrektheit der Amtsführung von Cabildo und Gobernador wacht der Ältestenrat.

Herkunft

Die genaue Herkunft der Paez-Indianer ist unerforscht. Sie sind in die Region um Tierradentro vermutlich erst nach der Konquista eingewandert. Die naheliegende Verbindung, Baumeister der Grabkammern zu sein, streiten sie nachdrücklich ab. Das verwundert, da andere Indianervölker sicherlich stolz auf eine Adaption solcher geschichtsträchtiger Vorfahren wären. Eine mögliche Erklärung könnte sein, dass die Paez mit den Bewohnern von Tierrradentro verfeindet waren und sie vertrieben haben.

Glaube

Auch wenn die Paez heute gute Katholiken sind, so glauben sie dennoch an die *brujeria*, an die Kraft der Geister. Die Schneegipfel der Páramos und Lagunen sind die Quellen des Lebens. Fließendes Wasser bedeutet den Tod, denn in den Flüssen lebt *arco*, der dem Menschen sämtliche Energien entziehen kann. Die Paez teilen ihre Nahrung in heiß und kalt ein, was dem körperlichen Zustand entspricht. Wenn eine Frau ein Kind gebärt, muss sie heiße Schokolade trinken und eine heiße Hühnersuppe essen, auf keinem Fall darf das Fleisch von einem Hahn stammen. Nur so kann sie dem Stadium des Frierens entkommen. Die gleichen Verhaltensregeln gelten bei der Menstruation.

Ehe auf Probe

Mann und Frau praktizieren seit präkolumbianischer Zeit die *amañe*, eine einjährige Ehe auf Probe, bevor sie den Bund fürs Leben schließen.

Naturmedizin

Die Naturmedizin spielt im Alltagsleben der Paez eine große Rolle. Der Schamane heißt *te eu*. Einen Monat lang muss er Diät halten, darf weder Salz noch aji zu sich nehmen, dann erst darf er am Vorbereitungsunterricht auf das Amt teilnehmen. Wenn er 30 Jahre alt und verheiratet ist, erhält er von seinem Meister den Stab aus *chontaduro*-Holz als Symbol seines Amtes. Er begibt sich zur Lagune del Lucero, um dort seine Weihe zu bekommen. Dort wohnt *trueno*, der Herr der Lagune und Meister der Ärzte. Der Schamane übergibt *trueno* zwei neue Taschen mit einem Stück aller linksseitigen Organe eines Schafes. Der *te eu* heilt als Medium. Er ruft die Gegenkräfte an. Er entzieht dem Kranken die bösen Geister, vereint sie auf sich und stößt sie mit seinen medialen Fähigkeiten ab. Am Ufer der Lagune findet der *te eu* Heilpflanzen. Die Universität Cauca hat in den Gemeinden Paez und Inzá Werkstätten eingerichtet, um die Naturheilkunde der Paez zu erforschen.

Schlafen und Essen

Los Lagos, in San Andrés de Pisimbalá, ist bei Reisenden beliebt, einfach, Bad, heißes Wasser, kleiner Innenhof, gute Küche, die Señora hat von Reisenden neue Rezepte gelernt, Guía, € 4 p.P.

In der Nähe des Museums sind die **Residencias Lucerna**, **Residencial Pisimbalá** und **Residencial Ricabet**, sauber, schöner Innenhof, ohne/mit Bad, € 4/ 5 p.P.

Es gibt eine Handvoll Restaurants im Dorf und an der Straße zum Museum, die einfache comida corriente zubereiten. Günstig isst man in der **Residencial Pisimbalá**. Voranmeldung ist hilfreich.

Busverbindungen

Nur wenige Busse fahren direkt hinauf nach San Andrés, allenfalls bis zur Kreuzung (La Cruce), von dort sind es ca. 30 Min. zu Fuß bergauf.

Neiva – über La Plata, 4 Std., € 5.

San Agustín - keine Direktbusse, umsteigen in La Plata, Garzón oder Pitalito; das kann manchmal lange dauern.

Popayán - Sotracauca, täglich über Quilachao und Totoro, eine aufregende Fahrt über den Páramo, 5 Std., € 6.

La Plata

1000 Meter, 24°C, 25 000 Einwohner

La Plata liegt zwischen Neiva (225 km), San Agustín (210 km) und Tierradentro (65 km). Die Busgesellschaften und die meisten Hotels befinden sich an der Plaza oder in unmittelbarer Nähe. Der erste Jeep nach Tierradentro fährt um 🕒 5.30. Nachmittags sind die Verbindungen schlecht. Das **Hotel Turista** ist freundlich und sauber, € 2.50 p.P.

Geldtauschen in der **Banco de Bogotá**, Cra. 4 No 5-03, für VisaCard.

Nationalpark Nevado de Huila

Der Nationalpark hat eine Fläche von 1580 km². Er liegt an der Schnittstelle der drei Departements Huila, Tolima und Cauca. In seiner Mitte erhebt sich der Vulkan Nevado de Huila. Er hat drei Gipfel, die Nordseite ist 5240 Meter, die Südflanke 5000 Meter und das Zentralmassiv 5360 Meter hoch. Der Gebirgskamm zwischen der Nord- und der Zentralerhebung liegt auf 5150 Meter. Die Schnee- und Eisfelder haben eine Ausdehnung von 73 km². Die Höhenlagen unterhalb des ewigen Schnees sind zu Glazialtälern verformt. Hier ist eine Lagunenlandschaft entstanden. Am besten zugänglich ist die Laguna Paez, auf 3450 Metern, umgeben von steilen Berghängen. Hier entspringt der Río Paez.

Wie kommt man hin?

Der Nevado de Huila ist ausgesprochen schwer zugänglich. Das Gebiet erreicht man über die Straße von La Plata bzw. Tierradentro nach Santander de Quilichao. Busse fahren unregelmäßig von der Plaza in La Plata. Von Bogotá muss man mindestens fünfmal das Transportmittel wechseln. Vom Dorf Toez, einem Reservat der Paez-Indianer, sind es noch 20 Kilometer zur Hütte der Nationalparkverwaltung im «Entwicklungsgebiet Alto Paez». Wer sich davon nicht abschrecken lässt, steht vor einem neuen Problem. Der weitere Weg zu Fuß beansprucht zwei Tage durch schwieriges Gelände, zumeist Sumpf und Morast. Ohne einen ortskundigen Guía ist dieser Weg kaum zu bewerkstelligen. Das Kartenmaterial der IGAC ist unbrauchbar (*plancha* 321, Maßstab 1 : 25 000). Das zentrale Bergmassiv ist in Wolken gehüllt.

Bei der **Cabaña** der UAESPNN gibt es ein - lauwarmes - Thermalbad, eine Küche und eine Campingzone. Man erreicht bei gutem Wetter die Spitze des Huila in sechs Stunden. Klettertechnisch bietet der Aufstieg keine besonderen Schwierigkeiten. Absolut erforderlich sind gleichwohl eine Schneebrille und Steigeisen. Die besten Wetterbedingungen herrschen von Dezember bis März. Die Laguna Paez können auch Nichtandinisten besuchen. Man folgt der Straße fünf Kilometer nach Norden und nimmt dann eine Abzweigung nach rechts, nach 1½ Std. ist die Lagune erreicht.

Weitere fünf Kilometer entlang der Straße liegt die Erhöhung **Los Alpes**. Bei guter Sicht hat man einen grandiosen Blick auf die Westflanke des Vulkans mit den aufsteigenden Rauchsäulen. Zu manchen Zeiten des Jahres finden sich am Los Alpes die Brillenbären ein.

Neiva

440 Meter, 28°C, 235 000 Einwohner
☏ 8

Neiva ist die etwas langweilige und heiße Hauptstadt der Provinz Huila am Oberlauf des Magdalena. Sie wurde seit ihrer Gründung im 16. Jahrhundert mehrfach durch Indianer eingenommen und zerstört. Das Zentrum der Stadt ist der Parque Santander. Fast jeden Tag wird ein gefülltes Schwein (*lechona*) zum Verzehr angeboten. Um die Plaza verteilen sich die Banken, Reisebüros, Restaurants und Hotels. Neiva ist der Ausgangspunkt für die Tatacoawüste (Desierto de Tatacoa) und den Nationalpark Los Picachos.

Informieren

Eine Touristeninformation befindet sich im Busterminal, eine andere im Stadtzentrum, **Secretaria de Cultura y Turismo de Huila**, Cra.5 No 21-81, ☏ 875 30 42 und im Internet www.alcaldia.neiva.gov.co

Internetcafés am Parque Santander.

Banken

Verschiedene Banken mit ATM um den zentralen Parque Santander, u.a. **BBVA, Banco de Bogotá, Bancolombia**.

Feste

Ende Juni findet das **Bambucofestival** statt.

Schlafen und Essen

Hotel Central, Cra. 3 No 7-82, ☏ 871 23 56, große Zimmer mit Bad, Vent., € 7/10/13.

Gran Hotel, Calle 7a No 3-25, ☏ 871 68 12, Zimmer mit Bad, € 7,50/13.

Hotel Tayrona 1, Calle 8 No 3-46, ☏ 871 39 85, mit Kabel-TV, € 10/17, gibt 20 % Rabatt.

Hotel Anayaco, Calle 8 No 3-26, ☏ 871 30 44, durchgelegene Betten, kleine Zimmer, übertuert, € 10/17.

Hotel Casa Pablo, Calle 5 No 12-45, ☏ 872 31 00, außerhalb des Stadtzentrums gelegen. Im unteren Stockwerk liegen die günstigen Zimmer mit Privatbad (€ 17), im oberen Zimmer mit a/c, Kabel-TV, € 28.

Hotel Tumburagua, Cra. 5 No 5-40, ☏ 871 24 06, 📠 871 25 98,

Restaurant, Frühstücksbuffet, Zimmer mit a/c, € 34/43, bis zu 30 % Rabatt aushandelbar.

Hotel Neiva Plaza, Calle 7 No 4-62, ☏ 871 04 98, ☏ 871 04 78, das 1. Hotel am Platz, Restaurant, Pool, Diskothek, € 38/48.

Zwei Selbstbedienungsrestaurants sind direkt am Parque Santander.

Gut isst man im **Arcos**, Cra. 4 No 9-50. Täglich wechselndes Mittagessen.

Oviedo Parilla, Cra. 7 No 6-74, ☏ 874 28 80, gutes Churasco auf dem Holzkohlenfeuer.

Mitos y Leyendas, Cra. 5 No 22-64, ☏ 873 35 46, für erstklassigen Fisch. Spezialität: *trucha de leyenda*.

Am **Malecón** gibt es einige Restaurants, die den Grill und die Tische und Stühle nach draußen gestellt haben.

Busverbindungen

Der Busbahnhof ist außerhalb des Zentrums. Die Gegend um den Busbahnhof ist ein wenig attraktives Gewerbegebiet. Es gibt eine 24 Std. Gepäckaufbewahrung (*guardaequipaje*).

Bogotá - Taxis Verdes, Bolívariano, Flota Magdalena, Coomotor, stündlich, 6 Std., € 13.

San Agustín/Pitalito - Taxis Verdes, Cootranshuila, Linea Estelar, Busse und Aerovans, alle 1-2 Std., 4 Std., € 5-6,50 - **AUFGEPASST!** Auf dieser Strecke sind viele *ratones* (Taschendiebe) unterwegs.

Florencia/Mocoa - Coomotor, Cootranshuila u.a., diverse Busse und Mikrobusse, 6/9 Std., € 11/16.

Ibagué - Coomotor, Bolívariano, mehrere täglich, 3 Std., € 9.

Viellavieja (> Desierto de la Tacoa) - Cootranshuila, 4 Busse am Tag, 1½ Std., € 1,50.

Rovira (> Los Picachos) - zwei Chivas täglich, 3 Std., € 2.

SEBRA TIPP
Die Tatacoawüste

Die Tatacoawüste liegt 40 Kilometer nördlich von Neiva und hat eine Ausdehnung von 330 km². Im Pliozän war sie Teil eines Meeres und von gewaltigen prähistorischen Tieren bevölkert. Unter anderem wurden versteinerte Panzer eines Riesengürteltieres gefunden. Der Name La Tatacoa stammt von den Indianern und bedeutet Schlange. Die Landschaft ist durchzogen von Gräben und Kanälen zwischen denen große Kakteen wachsen. Die Risse in der erodierten Erde, die Schattenspiele der Sonne, die das Gelände in Orange- und Grautöne färbt, und der brausende Wind machen den Reiz der Landschaft aus.

Am Eingang der Tatacoawüste liegt **El Cardón**, ein Kakteenfeld. In **El Cuzco** stehen kuriose Felsformationen in orangener Farbe, die durch Erosion entstanden sind. In **La Venta** wurden Fossilien ausgegraben. Der sich anschließende Teil heißt **Los Hoyos**, eine Dünenlandschaft in hellgrauer Tönung. Genügend Trinkwasser mitnehmen und eine Kopfbedeckung aufsetzen. Es ist heiß, trocken und die Sonne brennt gnadenlos vom Himmel.

Ausgangspunkt für den Besuch der Wüste ist der kleine Kolonialort **Viellavieja**. In der 1748 erbauten Kapelle Santa Bárbara ist das **Paläontologische Museum** untergebracht.

Unterkunftsmöglichkeiten

und comida corriente bieten der **Parador Turístico La Portada** und **Hospedaje und Restaurante La Casona**, Calle 3 No 3-60, ☏ 879 76 36, € 6 p.P. Wer die Nacht lieber mit Blick in den Sternenhimmel verbringen möchte, für den ergibt sich die Gelegenheit im **El Observatorio** am Eingang zur Tatacowüste. In der Hängematte € 4,50 oder Cabaña mit Privatbad € 8 p.P.

Busverbindungen

Mit einem Kleinbus von Coomotor vom Terminal in Neiva nach **Villavieja**, 45 Min. oder mit einem Bus in/aus Richtung Bogotá bzw. Ibagué bis **Aipe**. Dort wird der Río Magdalena mit der Fähre überquert.

Von **Villavieja** führt eine asphaltierte Piste in die Wüste. Touranbieter gibt es in Villavieja, man braucht sie aber nicht unbedingt, nach El Cuzco kommt man auch ohne sie und außerdem leicht zu Fuß (1 Std.) oder mit dem Mototaxi oder dem Leihpferd. Als bester Guía gilt Javier Fernado Rua Restrepo, ☏mobil 310 465 67 65.

Nationalpark Los Picachos

Der Nationalpark liegt am Ostabhang der Ostkordillere. Seine Fläche beträgt 2.860 km^2. Hier entspringt eine Vielzahl von Flüssen des Magdalena-, Orinoco- und Amazonasbeckens. Die höchste Erhebung des Parks liegt bei 3520 Metern. Das Gelände ist von Schluchten durchzogen. In den Höhenlagen ist es meist neblig. Im Park gibt es viele Wasserfälle. Der Salto de la Mica fällt über 100 Meter hinab.

Wie kommt man hin?

Vom Markt in Neiva fährt die Chiva bis Rovira (3 Std.). Von dort führt ein Weg parallel zum Río Pato. Nach fünf Stunden Fußweg erreicht man die **Finca Andalucía**, den Parkeingang. Es gibt keine Hütte der Parkverwaltung. Übernachtungsmöglichkeiten bieten die Fincas der Umgebung.

Nationalpark Cueva de los Guácharos

Der Nationalpark Cueva de los Guácharos liegt im äußersten Süden des Departementes Huila. Er hat eine Fläche von 90 km^2 und liegt zwischen 1700 und 3200 Metern (**Cerro Punta**). Ein Teil der Parkfläche ist bedeckt vom heutzutage selten gewordenen andinen Primärwald.

Seinen Namen verdankt der Park den *guácharos*, den Ölvögeln, die Alexander von Humboldt zum ersten Mal 1799 in Caripe, Venezuela entdeckte. Der Ölvogel lebt ausschließlich in Südamerika und ist der einzige seiner Art. Er ist Höhlenbewohner, lebt in der Dunkelheit und ernährt sich nur von Früchten. Von den 70 Fruchtarten seines Speiseplans stehen die Früchte der *milpesos*-Palme ganz oben, die im Gebiet des Río Caquetá reichlich vorhanden sind. Am Höhleneingang türmen sich die rötlich-braunen Schalen. Die Haare um den Schnabel des *guácharo* funktionieren wie ein Radar. Auf diese Weise kann er Hindernisse während des Fluges wahrnehmen. Ein ausgewachsener Ölvogel ist 50 cm hoch und erreicht eine Flügelspannweite von einem Meter. Er hat ein rötlich-braunes Gefieder mit kleinen weißen Sprenkeln.

Die Cueva de los Guácharos ist eine von insgesamt neun Höhlen, die sich im Park befinden. Sie ist relativ klein. Der zentrale Höhlenraum hat eine Höhe von 18 Metern, eine Länge von 50 Metern und eine Weite von 20 Metern, hindurch fließt der Río Suaza.

Die größte Höhle ist die **Cueva del Indio**, mit einer Länge von 740 Metern. Der Innenraum ist bedeckt mit Stalagmiten und Stalaktiten. Die Höhlenlabyrinthe wurden durch den Suazafluss ausgewaschen.

Gut gekennzeichnete Wege führen durch den Park und zu den einzelnen Höhlen. Der Camino del Robledal, 800 Meter vom Eingang des Parks entfernt, führt durch Nebelwald, mit Moosen und Epiphyten bewachsene Bäume. Von der Hütte der Parkverwaltung bis zur Cueva de los Guácharos sind es ca. 30 Minuten zu Fuß. Es regnet viel, am trockensten ist es noch von Dezember bis März. Die Durchschnittstemperaturen liegen bei 16 °C.

Die Parkverwaltung hat eine Hütte im Park, **La Cabaña Las Brisas,** mit einer Kapazität für zehn Besucher. Camping ist möglich. Es gibt eine Kochgelegenheit, aber keinen Koch. Genehmigung erteilt die UAESPNN in Bogotá. Regencape und Taschenlampe nicht vergessen.

Wie kommt man hin?

Ausgangspunkt für den Besuch des Parks ist der kleine Ort **Palestina**. Ein Dutzend Chivas verkehren täglich zwischen Palestina und dem 25 Kilometer entfernten Pitalito. In Palestina gibt es einfache Unterkunftsmöglichkeiten und comida corriente. Von Palestina ist es ein anstrengender Fußmarsch in den Park von beinahe 30 Kilometern.

Der Weg führt aus dem Dorf heraus über eine Brücke, die den Guarapafluss überquert. Danach steigt der Weg steil an und schlängelt sich über Hügelketten. Nach acht Stunden wird man erschöpft den Park erreichen. Die Wege sind selbst in den trockenen Monaten an vielen Stellen schlammig. Angenehmer ist es, die Reise per Mula oder Pferd zu machen, die in Palestina zu mieten sind.

Pasto

2527 Meter, 14 °C, 380 000 Einwohner
② 2

Für den Reisenden, der aus Ecuador über die Brücke von Rumichaca kommt, ist Nariño die erste kolumbianische Provinz, die er kennenlernt. Im äußersten Südwesten des Landes gelegen, grenzt sie im Süden an Ecuador, im Norden an Cauca, im Osten an den Pazifik und im Westen an den Putumayo im Amazonasgebiet. Sebastián de Belalcázar gründete die Stadt San Juan de Pasto 1537. Francisco Pizarro hatte Belalcázar von Cuzco aus auf den Weg nach Kolumbien geschickt. Ziel war es, die Chibcha-Indianer im Gebiet des heutigen Bogotá zu unterwerfen und sich ihres Goldes zu bemächtigen. Belalcázar fand eine stattliche Anzahl unterschiedlicher Indianerstämme vor, von denen heute nur die Sibundoy im Tal des Guamués überlebt haben.

Das heutige Pasto ist eine freundliche und weitgehend geruhsame Provinzstadt, die aber in den letzten Jahren die Auswirkungen des internen bewaffneten Konflikts und der massiven Drogenbekämpfung in den angrenzenden Tieflandregionen zu spüren bekommen hat, zumal durch die unfreiwillige Zuwanderung von

Tausenden von Binnenvertriebenen (**Desplazados**). Der Pastuzo ist im Allgemeinen freundlich, hilfsbereit und zurückhaltend.

Die Stadt wurde mehrfach von Erdbeben heimgesucht. Nur Weniges erinnert daher an die koloniale Vergangenheit, in der Pasto ein kulturelles und religiöses Zentrum war. Keine der Kirchen ist von herausragender Schönheit. Die **Iglesia de San Juan Bautista** ist die älteste Kirche der Stadt. Sie wurde nach einem Erdbeben wieder aufgebaut und hat von ihrem ehemaligen Charme eingebüßt.

Am ehesten lohnt noch ein Besuch der **La Merced**. Die **Plaza Nariño** ist ein großer Platz im Zentrum der Stadt und der historische Stadtkern ist beinahe vollständig verschwunden.

Informieren

Oficina Departamental de Turismo, Calle 18 No 25-25, ☏ 723 49 62, freundlich, gut informiert und hilfsbereit. ⏰ Mo-Sa 8-12 u.14-18.

Internetlokale mit etwas schnelleren Verbindungen als hier für gewöhnlich üblich, findet man in der schmalen Gasse zwischen Calle 18 und 19, beim Parque Nariño.

Banken und Wechsler

Einige ATM um die zentral gelegene Plaza Nariño.

Banco de Bogotá, alle Karten, ATM, Calle 19 No 24-68

Bancolombia, alle Karten, ATM, Travellerschecks nur Mo-Fr, Calle 19 No 25-51 (Plaza Nariño)

Cambiamos, Centro Comercial el Liceo, Calle 17, Cra. 25, Pasaje el Liceo, Local 228, ☏ 722 88 50

Sehenswürdigkeiten

SEBRA TIPP

Das älteste erhaltene Haus und eines der ältesten Kolonialhäuser Kolumbiens ist das **Museo Casa Taminango,** erbaut 1623. Das Haus ist komplett erhalten und restauriert. Die in der Sonne getrockneten Ziegel (*adobe*) wurden aus Lehm, Stroh, Zuckerrohrmelasse und Ochsenblut geformt und auf diese Weise für Jahrhunderte haltbar gemacht.

Beim Bau wurde kein einziger Nagel verwendet. In den gepflasterten Boden der Veranda sind die Wirbelknochen von Kühen eingelassen. Die so entstandene Rille diente vorangehenden Generationen als Fußabtreter. Das Haus ist heute Museum für das Kunsthandwerk der Region Nariño. Gezeigt werden die vielfältigen ländlichen Traditionen, Webverfahren, Schmiedekunst, Gießverfahren, Hutherstellung.

Calle 13 No 27-27. ⏰ Mo-Fr 8-12 u. 14-18, Sa 9-12.

Gut ist das **Museo de Oro** in der Banco de la República. In diesem Kulturzentrum gibt es eine Bibliothek und einen Ausstellungsraum mit wechselnden Ausstellungen im 1. Stock. Das archäologische und ethnographische Museum im 2. Stock erklärt u.a. die Goldschmiedekunst der Tumaco an der Pazifikküste, deren Tradition noch heute in Barbacoas gepflegt wird. In präkolumbianischer Zeit bestand ein ausgedehntes Handelsnetz zwischen der Küste, dem Hochland und der Amazonasebene. Die indianischen Händler hießen *mindalais* und versorgten die andinen Gemeinschaften mit den reichen Gaben des Dschungels. Calle 17 No 7-82, ☏ 722 30 96-22 77. ⏰ Mo-Fr 8-12 u. 14-18.

Casa de Barniz
Pasto ist berühmt für seine Holzwerkstätten für religiöse Kunst und vor allem für die Technik des *barniz*.

Hier werden Masken, Holzfiguren und Schachteln verkauft, die mit der sogenannten *barniz*-Technik verziert wurden. Das Grundprodukt dafür ist eine Knetmasse, die aus den Früchten des *mopa-mopa* Baumes gewonnen wird. Dieser Baum wächst ausschließlich in der Zone von Putumayo und Caquetá. Die Früchte werden eingekocht und es entsteht eine Knetmasse, die anschließend eingefärbt wird. Daraus werden hauchdünne Lackplatten gezogen. Die Künstler arbeiten ohne Vorlagen. Sie legen die Plättchen auf die Holzform und schneiden die Muster heraus. Bereits durch die Körperwärme bleiben die Farbplättchen am Holz haften. Calle 13 No 24-92, ① 722 23 85 84.

Meister Zambrano führt die Traditionen der Kirchenschnitzkunst aus Pasto fort. Seine Werkstatt ist in der Calle 20 No 29-78.

Feste

SEBRA TIPP

Karneval der **Blancos y Negros**, 4.-6. Januar. Zwei Tage im Jahr gehörten den Sklaven, die in den Goldminen für ihre spanischen Besitzer arbeiteten. Am 5. Januar erschienen die Hidalgos mit geschwärzten Gesichtern, am darauffolgenden Tag die schwarzen Sklaven mit weißen. Der Karneval wird mit einem großen Umzug gefeiert.

Schlafen

Die meisten Budget-Hotels liegen in der Innenstadt nur wenige Meter voneinander entfernt, die besseren Hotels befinden sich um den Parque Nariño. Beim Busterminal gibt es ebenfalls mehrere Übernachtungsmöglichkeiten.

SEBRA TIPP

Koala Inn, Calle 18 No 22-37, ① 722 21 10, zentrale Lage, freundlich, beginnt nach mehrfachem Besitzerwechsel wieder aufzuleben, Frühstück extra, Küchenbenutzung, 15 einfache Zimmer zum überdachten Innenhof, ohne/mit Privatbad, einige mit Kabel-TV, € 5,50/10; € 7,50/12.

Hotel Manhattan, Calle 18 No 21 B-14, ① 721 56 75, altes zweistöckiges republikanisches Gemäuer mit Zimmern um einen Innenhof, Zimmer ohne / mit Privatbad, € 5/7,50 p.P.

Hotel Casa López, Calle 18 No 21 B-11 ① 720 81 72, ein altes republikanisches Gebäude mit Innenhof und in Familienbesitz, leicht zu erkennen am großen «H» an der Eingangstür, Frühstücksraum und Restaurant Victoria Regia, sechs Zimmer mit Privatbad, Warmwasser, Kabel-TV, € 30/40.

Hotel Torre del Bosque - Norte - Cra. 44 No 18-12, www.hoteltorredelbosque.com, modernes Mittelklassehotel mit Cafetería, Minibar, Kabel-TV, Internet, € 20(2).

Hotel Cuéllar's, Cra. 23 No 15-50, ① 723 28 79, ▤ 723 82 74, modernes Hotel, doch relativ kleine Zimmer mit Bad, TV, € 42/66.

Hotel Don Saul, Calle 17 No 23-52, ① 723 06 18, ▤ 723 06 22, moderne, aber stilvolle Einrichtung. Treffpunkt für Lokalpolitiker und kleine Geschäftsgrößen im stilvollen Restaurant Yazmin. Zimmer mit TV, Minibar, € 45/68.

Essen

Tienda del Café del Parque, Cra. 24 No 18-62, ist der zentrale Treffpunkt am Parque Nariño für einen Kaffee oder um in dem Buchladen zu stöbern. Im zweiten Stock ist die Bar und man hat einen phantastischen Blick auf die Plaza. Freitags Livekonzerte.

Salud Pan, Cra. 29 No 20-34, vegetarischer Mittagstisch, Laden mit Naturprodukten.

Ein nettes Café im europäischen Stil mit Kunstgalerie ist das **Galería de Arte**, Santa Cruz 25-18. ◔ 9-13 u. 15-19. Daneben ist die Bar **Oefeziño**, No 25-22, in der Passage beim Parque Nariño.

Busverbindungen

Der Busbahnhof liegt außerhalb des Stadtzentrums, Cra. 6 und Calle 16.

Taxi in die Stadt, € 1,50-2.

Ipiales (> Ecuador) - Supertaxis del Sur, ständig, 1½ Std., € 4.

Tumaco - Cootranar, Supertaxis del Sur, mehrere Busse, auch Nachtbusse, 7 Std., € 11.

Barbacoas - TransIpiales, Supertaxis del Sur, drei Busse, 10 Std., € 10.

Sibundoy - Cootransmayo, TransIpiales, öfter, 2½ Std., € 3,50.

Sandoná - Transsandoná, mehrere, erster ab ◔ 6.30, 2 Std., € 2.

Túquerres (Laguna Verde) - TransIpiales, mehrere, 3 Std., € 4.

Ricaurte - TransIpiales, Supertaxis, mehrere täglich, 4½ Std., € 5,50.

Mocoa/Puerto Asís - Cootransmayo, mehrere täglich, 6/9 Std., € 10/14.

Popayán - Bolívariano u.a., jede Stunde, 6 Std., € 11.

Cali - Bolívariano, € 15, Flota Magdalena, mehrere, 8 Std., € 13.

Bogotá - Bolívariano € 32, Flota Magdalena, stündlich, € 31.

Flugverbindungen

Avianca, Calle 20 No 33-35, ☏ 731 34 24.

Satena, Calle 19 No 27-05, Cosmocentro 2000, Local 208, ☏ 729 04 42.

Der Flughafen *Antonio Nariño* liegt 35 Kilometer außerhalb der Stadt auf der Straße nach Cali. Colectivos fahren von Cra. 26 No 18-86, ☏ 723 04 21, € 2,60 p.P., € 10 für 4 Personen.

Bogotá - Avianca, Satena, ab € 85.

Vulkan Galeras

An klaren Tagen sieht man den Vulkan Galeras (4276 m), der Pasto überragt. Die Topographie des Gebietes umfasst Höhenlagen zwischen 2200-4276 Metern. Beim Aufstieg durchquert man zwei unterschiedliche Ökosysteme, Hochnebelwald und Páramo. Der Galeras ist einer der aktivsten Vulkane des Landes. Der aktuelle Kraterkegel hat einen Durchmesser von 200 Metern. Er liegt nur neun Kilometer westlich von Pasto. Seit 1580 verzeichnet man schwere und minder schwere Erdbeben, die der Stadt Pasto zugesetzt haben. Die letzten größeren Vulkanausbrüche gehen auf das Jahr 1988 und 89 zurück. Seitdem kam es immer wieder zu kleinen Eruptionen. Der Aufstieg sollte früh morgens begonnen werden, ab Mittag ist die Sicht durch aufziehende Wolken beeinträchtigt.

Bus - Cootranur Ruta 4 nach Ancanoy (Endstation).

Hier beginnt der Aufstieg bis zur Polizeistation (2 Stunden). Abhängig vom augenblicklichen Stand der Vulkanakitivitäten wird Besuchern der Weitermarsch zum 200 Meter höher gelegenen Krater verwehrt. Ein Schleichweg führt vier Kurven vor der Schranke über einen kleinen Pfad zur Spitze, 2 Stunden steiler Aufstieg.

Laguna de la Cocha

2760 Meter, 13°C

Die malerische Laguna de la Cocha liegt 23 km von Pasto entfernt. In ihrer Mitte liegt eine kleine bewaldete Insel, deren Schatten sich im Wasser spiegelt, das Inselchen **Corota**, das aus Vulkangestein besteht und nur eine Ausdehnung von 0,08 km² besitzt, ist erklärtes Naturschutzgebiet. Das ist eine überaus attraktive Ecke für Spaziergänge und Reitausflüge. Nach Jorge Camacho fragen, er lebt hier, züchtet Forellen, spricht Englisch und organisiert Boottrips zum Páramo am äußeren Ende des Sees, Trip ca. € 45.

Von der Calle 20, Cra. 2 fahren regelmäßig Jeeps zur Lagune, 40 Min., € 1. Außerdem jeder Bus, der nach Sibundoy oder Mocoa fährt. Der Bus hält in El Encano, wo Zwiebeln, Kartoffeln und Räucherforellen feilgeboten werden. Von dort ist es eine halbe Stunde zu Fuß bis zum See. Motorboote zur Isla Corota fahren in der Nähe des Hotel Sindamanoy ab.

Am See befinden sich zwei Hotels im Schweizer Chaletstil, das **Hotel Sindamanoy**, ① 721 82 22, ✆ 723 73 90, www.hotelsindamanoy und das **Chalet Guamués**. Beide Hotels haben komfortable Räume mit Bad, € 38/44, teurer mit Kamin.

Günstige Unterkünfte gibt es in **El Encano**. Camping am Ufer des Sees ist möglich.

Valle del Sibundoy

2224 Meter, 15°C, 4000 Einwohner

Das Valle del Sibundoy lag auf dem Weg des Amazonasreisenden zu Beginn dieses Jahrhunderts. Diese klassische Route führt heute über Mocoa nach Puerto Asís.

Das Valle del Sibundoy ist dünn besiedelt. Im Tal liegen fünf Ortschaften. Der Hauptort heißt wie das Tal. Es ist der vorletzte Ort, wenn man aus Pasto kommt. Im Tal leben Kamsá- und Inga-Indianer. Aus Pasto hinaus geht die Fahrt über die Berge zur Laguna de la Cocha. Die kurvenreiche Schotterstrecke passiert die malerisch gelegene Lagune und nach einer Stunde einen Páramo, dessen Gipfel die Grenze zum Departement Putumayo markiert. Das Valle del Sibundoy ist ein fruchtbares Tal mit milderem Klima als in Pasto.

In Sibundoy gibt es einen Kirchplatz und das *cabildo de indígena*, der Verwaltungssitz des Kazike der Sibundoy-Indianer. Die Indianerkultur ist nur noch zur Karnevalszeit, dem **Fest de Recuento**, lebendig. Dann tragen die Kamsá den traditionellen Federschmuck, die Männer die gestreifte *sayo* und die Frauen die rote *rebozo*. Sie schmücken sich mit bunten *chaquira*-Ketten. Sonntagmorgen ist Markt in Sibundoy und die beste Gelegenheit, um Kamsá- und Inga- Indianer anzutreffen. An der Hauptstraße unterhalten die Kamsá einen Laden mit Heilmitteln und Kräutern. Die Kamsá gelten als die besten Naturheiler Südamerikas, da sie ein breites Wissen über Pflanzen haben sowohl der Hochlandregion als auch des Regenwaldes. Ihr Wissen umfasst die medizinische Anwendung von mehr als 240 Heilpflanzen. Darunter acht unterschiedliche Arten des *borachero* (z. B. *el guamuco, el biagán, la culebra*), *quindé* gegen Rheuma, *amarrón* zur Wundbehandlung, *la munchira* gegen Parasiten.

Die berühmtesten Heiler kommen gelegentlich nach Bogotá und praktizieren im **Templo Indígena**, Av. Caracas No 39-18/30, ☎ 285 80 34, Eingang bei der goldenen Buddha-Statue.

Schlafen und Essen

Es gibt mehrere einfache Unterkunftsmöglichkeiten und Restaurants, die gute Regenbogenforellen oder *cuy*, geröstetes Meerschweinchen, servieren.

Recht einfach ist das **Hotel Sibundoy**, direkt an der Busstation. Besser ist die **Residencia Valle**, sauber, freundlich zum gleichen Preis, € 5/8.

Das beste ist das **Hotel Turista**, Zimmer mit Bad und heißem Wasser, gutes Restaurant, € 7/11.

Busverbindungen

Busse und Colectivos fahren in Sibundoy in der Hauptstraße ab.

Pasto - Cootransmayo, TransIpiales, 2½ Std., € 3,50.

Mocoa/Puerto Asís - TransIpiales, Cootransmayo, mehrere täglich, 6/8 Std., € 7/11.

Laguna Verde

Sandoná

1817 Meter, 18°C, 8000 Einwohner

Sandoná ist bekannt für seine Strohhüte. Entlang der Straßen sitzen die Frauen im Schneidersitz und arbeiten an den Hüten.

Samstag ist Markttag.

Busverbindung

Pasto - Transsandoná, stündlich, 2 Std., € 2.

Laguna Verde

3051 Meter, 11°C

Die Laguna Verde ist der Krater des Azufralvulkans und liegt auf 3780 Metern. Das smaragdgrüne Wasser bildet einen ansprechenden Kontrast zum schneeweißen Sandstrand. Die Farbe ist auf den hohen Sulfatanteil zurückzuführen. Neben der Lagune erhebt sich ein Hügel in schwefelgelber Farbe. Aus Hunderten von kleinen Löchern steigt Dampf auf.

Wie kommt man hin?

Der Weg zur Lagune beginnt in Túquerres. Nach 2½ Stunden Fußmarsch erreicht man die **Cabañas von Coopnariño** mit einfachen Unterkunftsmöglichkeiten. Von hier ist es ein 1½ stündiger Aufstieg bis zum Krater mit der Laguna Verde. Ein Stück davon entfernt ist die Laguna Negra und die Laguna Cristal. Der Aufstieg ist landschaftlich reizvoll. Die auffrischenden Winde machen warme Kleidung notwendig

Alternativ kann man in Túquerres einen Jeep mieten, der fast bis an die Lagune heranfährt. € 30, bis zu acht Personen, inkl. 1½ Stunden Wartezeit an der Lagune. Zelten ist an der Lagune auf dem weißen Sandstrand möglich. Nach Túquerres fahren ständig Busse und Colectivos von Pasto, 2 Std., € 4. Jeder Bus, der nach Tumaco oder Barbacoas fährt, macht einen Zwischenstopp in Túquerres.

Einfache Unterkünfte sind an der Hauptstraße.

Chucunés

1200 Meter, 21°C, 500 Einwohner

Chucunés ist der Ausgangspunkt des Naturparks La Planada.

Das einzige Hotel und Restaurant am Ort heißt **Parador Los Anturios**, nett, sauber, neu, ohne Privatbad, € 4 pro Bett.

Busverbindungen

Tumaco/Barbacoas und Pasto/Ipiales - Busse, Mikrobusse, jede Stunde.

Naturpark La Planada

1850 Meter, 18°C

Von Chucunés führt ein sieben Kilometer steiler Aufstieg in Serpentinen zum Besucherzentrum des Parks (2½ Stunden). Das Reservat erstreckt sich zwischen 1300 und 2100 Metern und ist bedeckt mit tropischem Nebelwald. Die klare Sicht beschränkt sich auf die ersten beiden Stunden des Tages.

In unmittelbarer Nähe des Besucherzentrums ist die Aufzuchtstation für den vom Aussterben bedrohten Brillenbären (*oso de anteojos*). Im Reservat leben 14 dieser einzigartigen Bären, deren Name von den weißen Ringen um die großen Kulleraugen herrührt. Diese Bären werden wieder in die Freiheit entlassen. Durch den Park führen angelegte und ausgeschilderte Rundwege. Trotzdem ist der Guía obligatorisch. Leider ist er in der Regel nicht sehr naturkundig. Dieses wichtige Projekt wird u.a. durch den WWF finanziert. Im Park gibt es Cabañas, € 25 p.P. inkl. drei Mahlzeiten. Eintritt: € 2 für Tagesbesucher. Res. ☏ (92) 775 33 96.

Weiterführender Link: Fundación FES
Ausführliche Informationen über die Reserva Natural La Planada
http://www.fundacionfes.org

Vulkan Cumbal

In der Nähe der ecuadorianischen Grenze liegt der Vulkan Cumbal mit einer Höhe von 4674 Metern. Der Cumbal hat zwei Gipfel. Die südliche Spitze ist mit Schnee und Eis bedeckt, die nördliche mit Schwefelgestein.

Die in der Umgebung wohnenden Indios nutzen die Eis- und Schwefelvorkommen wirtschaftlich, soweit man diese Art von Plackerei «wirtschaftlich» nennen kann. Jeden Tag steigt eine Gruppe von ihnen zwei- bis dreimal auf, um den Schwefel einzusammeln. Bei den Minen ist die Luft so stickig, dass das Atmen schwerfällt. Der Abtransport des Gesteins erfolgt mit selbstgebauten Holzschlitten. Die Arbeit der *azufreros*, Schwefelarbeiter, erzeugt beim Betrachter die beklemmende Ästhetik der «Workers» des Fotografen Sebastião Salgado. Seltener wird die Südspitze besucht. Die Indios brechen das Eis, um daraus Speiseeis zu machen. Ausgangspunkt für das Besteigen des Cumbal ist das kleine gleichnamige Dorf zu seinen Füßen. Cumbal liegt an einer Abzweigung der Ipiales-Tumaco Straße, bei Guachucal. Vom Dorf führt ein Weg zur Lagune Cumbal. Nach vier Kilometern gabelt sich der Weg. Zur Linken führt der Weg entlang einiger Hütten. Nach der letzten Hütte beginnt

Religiosität und Wunderglaube in las Lajas

der Aufstieg zum Vulkan. Von hier sind es 2 Stunden bis zu einer weiteren Gabelung. Der linke Pfad führt nach 3 Stunden an die Schneegrenze, der rechte nach 2 Stunden zu den Schwefelminen. Der Aufstieg beinhaltet keinerlei technische Schwierigkeiten. Die beste Jahreszeit sind die Monate Juli bis September. Die beste Sicht bieten die Morgenstunden. In Cumbal gibt es einfache Unterkünfte mit kaltem Wasser und comida corriente. Das Dorf lässt sich von Ipiales mit dem Jeep erreichen.

Ipiales

2900 Meter, 11°C, 60 000 Einwohner
① 2

Ipiales ist ein ziemlich nichtssagender Grenzort zu Ecuador. Es gibt keinen Grund hier zu verweilen, es sei denn, die Grenze hat geschlossen. Für diesen Fall nachfolgende Unterkünfte.

Banken und Wechsler

Um den zentralen Parque La Pola findet man die **Bancolombia**, alle Karten, mit ATM, Calle 14 No 5-32.

Bargeld tauscht man am besten direkt an der Grenze (Pesos und Ecuador-Dollar). Dort gibt es unzählige Geldwechsler auf beiden Seiten. Die Kurse werden täglich fixiert und weichen kaum voneinander ab. Die Casas de Cambio in der Stadt geben einen schlechteren Kurs als an der Grenze.

Schlafen und Essen

Hotel Valparaíso, Calle 13 No 7-59, ① 773 21 30, sauber, morgens heißes Wasser, Gemeinschaftsbad, € 4 p.P. Gegenüber in der gleichen Kategorie ist das **Hotel Colombia**, Calle 13 No 7-50.

Hotel Belmonte, Cra. 4 No 12-111, ① 773 27 71, heißes Wasser, Gemeinschaftsbad, freundlich, € 4 p.P.

Hotel Los Andes, Cra. 5 No 14-44, ① 773 43 38, komfortable Zimmer, Teppichboden, TV, Restaurant, Parkplatz, € 15/23.

Hotel Nogal, Cra. 7 No 13-77, ① 725 39 83, modernes Fahnenhotel mit Mittelklassestandard, Zimmer mit Privatbad, Kabel-TV, freie Saunabenutzung und Internet, € 17/25.

Das beste ist das **Hotel Mayasquer**, Panamericana Km 3 via Rumichaca, außerhalb des Ortes kurz vor dem Grenzübergang, ① 773 26 43, Restaurant, Zimmer mit Bad und breiten, weichen Betten, € 25/35.

Busverbindungen

Der zentrale Busbahnhof liegt zwischen Cra. 3 und Calle 6, sieben Blocks vom Parque La Pola.

Grenzübergang-Rumichaca - Colectivos, ④ zwischen 5-19, € 1 p.P.

Santuario Las Lajas - Colectivos Expreso Las Lajas, Cra. 6 No 3-118, 15 Min., € 0,50.

Cumbal - Jeeps, 1 Std., € 2.

Pasto - Supertaxis del Sur und Cootranar, alle 15-30 Min., € 4.

Die Strecke zwischen Ipiales und Pasto ist ein phantastisches Kolumbien-Intro, wenn man zum ersten Mal von Ecuador ins Land kommt!

Tumaco - Supertaxis del Sur, mehrmals täglich, 6 Std., € 8.
Bogotá - Expreso Bolívariano, fährt stdl., 22 Std., € 36.

Santuario de las Lajas

2800 Meter, 12 °C

Sieben Kilometer von Ipiales entfernt liegt der Wallfahrtsort Las Lajas. Den schönsten Blick auf die tief im Cañón des Guáitaraflusses liegende Kirche im neugotischen Stil hat man von oben bei der Anfahrt aus Ipiales. Der Legende zufolge erschien dem kleinen Indianermädchen María Juana Quiñones, blind und taub von Geburt, geführt von ihrer Mutter, plötzlich eine weiße Wolke, die sich in eine Heilige verwandelte. Das Kind schrie auf, die Heilige hatte sie berührt, und von diesem Tage an konnte es sehen und hören. Die Kirche Nuestra Señora de las Lajas wurde an der Stelle gebaut, an der die Jungfrau dem Indianermädchen erschienen war. Der Altar schließt diesen Teil des 45 Meter hohen Felsens ein. Jährlich besuchen Las Lajas zwei bis drei Millionen Menschen, um von ihren Krankheiten geheilt zu werden, eine bunte Mischung aus Indianern und Mestizen aus Kolumbien und Ecuador. Tausende von Votivtafeln sind in den Felsen auf dem Weg zur Basílica geschlagen. Geheilte haben ihre Krücken und Rollstühle zurückgelassen.

Die Llanos

Die Llanos bzw. Llanos Orientales sind ein ausgedehntes Busch- und Weideland im Osten der Kordilleren, das bis zum Río Orinoco, der natürlichen Grenze zu Venezuela, reicht. Im Süden gehen die Llanos Orientales in die tropischen Regenwälder des Amazonasbeckens über. Die Llanos bedecken eine Fläche von 255 000 km². Anteil an den Llanos haben die Departements Arauca, Casanare, Meta, Vichada und Guaviare.

Während der Kolonialzeit wurden die Llanos von der spanischen Krone dem Jesuitenorden zur Bewirtschaftung und Verwaltung überlassen. Sie errichteten hier den Missionsstaat Casanare und begannen mit ausgedehnter Rinderhaltung. Mit der Ausweisung der Jesuiten 1767 entstand ein ökonomisches Vakuum. Casanare war das Aufmarschgebiet für die Truppen Simón Bolívars, bevor er die Kordilleren und darauf die Spanier bezwingen konnte. Im 19. Jahrhundert kam es zu neuem wirtschaftlichen Aufschwung, zunächst durch die Ausbeutung der Chinarinde. Es folgten Kautschuk, Reiherfedern und Krokodilleder. Die Flüsse Meta und Orinoco wurden neben dem Magdalena zur wichtigsten Handelsroute Kolumbiens. Als Venezuela die Grenze sperrte, schwand die Bedeutung dieses Gebietes von einem Tag zum anderen.

Erst mit dem Bau der Straße Bogotá-Villavicencio kam ab 1930 ein neuer Entwicklungsprozess in Gang, der sich durch die Auswirkungen der Violencia verstärkte. Die Landvertreibung führte zu Neugründungen entlang des *piedemonte*, des Andenabstiegs. Die Weiten der Llanos aber gehörten und gehören den *vaqueros*, den Cowboys. Nach wie vor ist der größte Teil Weideland und von riesigen Haciendas bedeckt. Das macht die Reise bisweilen monoton. Neben der Rinderzucht spielt heute der Anbau von tropischen Früchten eine gewisse Rolle. Es gibt landwirtschaftliche Versuchsstationen und Zentren für alternative Energien und Lebensprojekte, wie Yamato und Las Gaviotas. Im Llanosbecken liegen die gewaltigen Erdölreserven Kolumbiens. Die Entdeckung des Fördergebietes Cusiana in Casanare bedeutete den größten Erdölfund seit Prudhoe Bay (Alaska).

Doch die Llanos sind nicht nur Viehweiden und Ölfelder. Die Zuflüsse von Río Meta, Río Casanare und Río Vichada säumen Galeriewälder. Die Morichalpalmen wachsen in Sumpfzonen, die überlebenswichtige Rückzugs- und Reproduktionsorte für viele Tierarten darstellen. Nur an wenigen Orten Lateinamerikas ist die Vogelvielfalt so groß wie in den Llanos. In den Llanos liegen die beiden riesigen und wunderschönen **Nationalparks La Macarena** im Süden und **El Tuparro** im Osten.

Der Llanero ist ein freiheitsliebender Mensch. Am Gürtel steckt ein Messer, auf dem Kopf sitzt der Cowboyhut, und am liebsten läuft und reitet er barfuß. Seine Musik ist der Joropo, ein Sprechgesang, der von der Harfe und der *tiple*, einer kleinen Gitarre, begleitet wird. Es sind engagierte, zumeist politische Texte, die von Freiheit und Vagabundentum handeln. Die wilde Lebenslust des Llanero zeigt sich beim *coleo*. Bei dem Wettkampf folgt der Reiter dem Stier und versucht, ihn am Schwanz zu fassen, um ihn zu Fall zu bringen. Von den Ureinwohnern, den Guahiben-Stämmen, ist nicht mehr viel übriggeblieben. Ihr einstiger erbitterter Widerstand ist längst erloschen. Heute verdingen sich die meisten als Tagelöhner auf den Haciendas und vertrinken ihr Geld.

Während der Regenzeit von April bis November gehen heftige Unwetter nieder, und weite Flächen der Llanos werden unter Wasser gesetzt. Ende November beginnt die Trokkenzeit. Nur eine Straße führt durch das Weideland, nach Puerto Carreño an der Einmündung des Río Meta in den Río Orinoco und Santa Rita am Vichadafluss. Der größte Teil der Strecke ist nicht asphaltiert und ein langanhaltender Regenfall kann die Matschpiste unpassierbar machen. Die Piste nach Puerto Carreño ist daher erst mit Beginn der Trockenzeit befahrbar. Der Kontrast zwischen dem Andenhochland und den gerade einmal 110 Kilometer entfernten Llanos könnte nicht größer sein. Die Enge des Hochlandes fällt vom Betrachter ab. Er genießt die unermessliche Weite des Horizontes. Ergreifend sind die Sonnenuntergänge, die den Himmel in Flammen setzen.

Villavicencio

475 Meter, 26 °C, 250 000 Einwohner
⏲ 8

Villavicencio liegt am Fuß der Ostkordillere und dehnt sich in die Llanos Orientales aus. Als die Stadt 1840 gegründet wurde, hieß sie zunächst Gramalote und war eine Sammelstelle für das Vieh, das die *vaqueros* hier zusammentrieben. Die strohdachgedeckten Häuser wurden Ende des letzten Jahrhunderts durch mehrere Brände zerstört. Villavicencio ist heute die konturenlose, schnell wachsende Hauptstadt der Provinz Meta. Obwohl nur 113 Kilometer von Bogotá entfernt, waren die Anbindungen seit altersher nach Venezuela stärker als zur Hauptstadt, und das ändert sich nur langsam. *Villavo*, wie die Einheimischen ihre Stadt nennen, ist das Handelszentrum für die kolumbianischen Llanos und weite Teile des Amazonasbeckens. Die Stadt ist der ideale Ausgangspunkt für eine Llanosreise.

Informieren

Instituto de Turismo del Meta, www.turismometa.gov.co, freundlich und hilfsbereit, Cra. 32 No 38-70, Edif. Romanco, 2. Stock.

Oficina Municipal de Turismo, Alcaldía, ⏲ 671 58 02/-03.

Banken und Wechsler

Banco de Bogotá, VisaCard, ATM, Calle 39 No 31-13

Bancolombia, VisaCard, ATM, Calle 38 No 32-27

BBVA, alle Karten, ATM, Cra. 31 No 38-18

Cambiamos, Centro Comercial Villacentro Local 41, ⏲ 663 56 71.

DAS und Pass
Calle 37 No 42-12 (Barrio Barzal), ☏ 303 16.

Feste
Torneo oder Festival Internacional del Joropo. Das große Festival der Llanosmusik findet Ende Juni statt.

Schlafen und Essen

Für eine Handvoll Pesos
Residencias Yanub, Cra. 33 No 37-21, einfach, sauber, Zimmer ohne Privatbad, nach Vent. fragen, Stundenhotel, € 5(2), € 3 (*«para un rato»; «für ein Weilchen»*).

Villavicencio aus der Luft

Residencias La Montaña, Cra. 31 No 38-36, ☏ 662 68 51, einfach, sauber, Gemeinschaftsbad, Vent., € 4/7.

Hotel Bulevar, Cra. 33 No 37-32, ☏ 662 33 61, Zimmer ohne/mit Bad, Deckenvent., € 4,50 p.P., 7,50(mat.).

Hotel Tabary, Cra. 33 No 36-61, ☏ 672 05 29, einfache, saubere und geräumige Zimmer mit Privatbad, Kabel-TV, € 6/10.

Hotel Residencias Nuevas, Calle 39 No 33-35, ☏ 662 40 11, Restaurant, Zimmer mit Bad, Vent., sauber, freundlich, € 7/11(mat.)/13(2).

Mittelklasse
Hotel Central, Cra. 30A No 37-06, ☏ 662 43 12, bequeme Zimmer mit Bad, Vent., Fernseher, stummer Diener, Leselicht, 10 % Rabatt bei Barzahlung, € 13/20.

Hotel San Jorge, Calle 38 No 31-21, ☏ 662 16 82, 🖷 662 26 37, Zimmer mit/ohne a/c, TV, Minibar, heißes Wasser, Parkplatz, € 26/33; € 21/28.

Hotel Inambú, Calle 37A No 29-49, ☏ 662 44 02, 🖷 662 39 50, Restaurant, Parkplatz, Telefon, Kühlschrank, TV, heißes Wasser, Zimmer mit/ohne Privatbad, a/c, € 31/37; € 26/43.

Hotel Savoy, Calle 41 No 31-02, ☏ 662 26 66, typisches Mittelklassehotel mit Privatbad und Kabel-TV, Vent./a/c, € 18/28; € 20/32; Guter Mittagstisch mit vegetarischem Menü.

Oberklasse
Hotel del Llano, Cra. 30 No 49-77, liegt auf dem Weg zum Flughafen, 1Kilometer außerhalb des Stadtzentrums, ☏ 671 70 00 , 🖷 671 50 06, Vier-Sterne-Hotel, Restaurant, Pool, Sauna, Zimmer mit a/c, Kühlschrank, heißes Wasser, € 55/74.

Hotel Campestre Navar City, ✉ hotelnavarcity@gmail.com, ☏ 673 23 19, 5 km außerhalb des Stadtzentrums in Alto de Buenavista liegt dieses Oase mit phantastischem Blick, Pool, Hängematten, Sauna.

Viele Restaurants und auch Discotheken liegen um den Kreisel La Glorieta und um die Plaza.

El Saman del Parque, Calle 39 No 32-76, hier unbedingt *arepa de choclo con queso* probieren. Auch gut für *comida corriente*.

Heladería Española, Cra. 31 No

39-45, mit Innenhof, Sandwichs, *empanadas*.

Fonda Quindiana, Cra. 32 No 40-40, ① 662 38 68, Bier vom Fass, deftige kreolische Küche.

Hato Grande, Calle 45 No 17-07 Av. Catama, Llaneroküche, Spez.: *carne asada a la llanera*.

Restaurant La Cachivera, oberhalb der Stadt, beim Christo Rey-Denkmal, mit Blick über die Stadt, ① 662 37 37, Llanosküche.

Musik und Tanz

Chalet El Junio del Oro, in der Fußgängerzone gegenüber dem Vaquerodenkmal, für *vaqueros* auf Stadtbesuch, Livemusik und Tanzfläche, populär.

SEBRA TIPP

Los Capachos, www.loscapachos.com, Km 4 vía a Acacias, benannt nach einem traditionellen Schlaginstrument auch bekannt unter dem Namen «Maracas», ist eine berühmte Großdisco mit langer Tradition und vier Tanz- und Trinksälen und einem Balkon mit Llanosblick bis Sonnenaufgang, für bis zu 2500 Besucher. Die Halloween-Party gehört zu den Höhepunkten im Jahr. Stilmix von Llanero-Folklore über Reggaeton, Salsa, Merengue bis zu elektronischer Musik. Am Wochenende reisen viele Leute extra aus Bogotá an.

Bioparque Los Ocarros

Ein 5,7 Hektar großer Tierpark mit Freiluftgehegen, der zum Erhalt und zu besserem Verständnis der heimischen Flora und Fauna geschaffen wurde. 3 km außerhalb der Stadt, am Ort des ehemaligen Lago Turistíco. www.bioparquelosocarros.com

Viehmarkt

Im Complejo Ganadero Catama wird mittwochs und sonntags um Rinder gefeilscht. Sieben Kilometer außerhalb der Stadt in Richtung Caño Negros.

Busverbindungen

Der Busbahnhof, Terminal de Transporte, Cra.1 No 15-02 Anillo Vial, ① 665 55 20, liegt einige Kilometer außerhalb des Zentrums - zu weit, um einfach hinzugehen, aber leicht mit einem Stadtbus zu erreichen. Hier gibt es einige Kioske, Restaurants und eine kleine Touristeninformation. Die wichtigste Busgesellschaft in den Llanos ist die Flota la Macarena, mit Fahrzielen im Departement Meta und darüber hinaus, Of. 201, ① 665 55 05, www.flotalamacarena.com

Bogotá - Expreso Bolívariano, Flota la Macarena, jede halbe Stunde, 3 Std., € 7,50.

San Martín & Granada - La Macarena, Autollanos, jede Stunde, 1½ Std., € 4.

Puerto López - La Macarena, Arimena, Autollanos, jede Stunde, 2 Std., € 5.

Puerto Gaitán - La Macarena, Tax Meta, mehrere bis ⊕ 19, 4 Std., € 10.

Orocué - La Macarena, Mo, Mi, Sa ⊕ 3, 8-10 Std., € 16.

Las Gaviotas/Santa Rita (> Tuparro) - La Macarena, Mi,Fr ⊕ 2, ca. 24 Std., € 33. Der Bus erreicht Las Gaviotas um die Mittagszeit.

Puerto Carreño (> Tuparro) - La Macarena, nur in der Trockenzeit (Dez - März), Di,Fr ⊕ 2 in der Früh, 2 Tage mit einer Übernachtung im **Hotel el Prado** in la Primavera (€ 3 p.P.), am zweiten Tag Abfahrt ⊕ 3, um 7 Frühstück in Aqua Verde, um

12 Gepäckkontrolle durch das Militär an der Grenze zum Dep. Arauca, gegen ⏱ 20 Ankunft am Ziel in Puerto Carreño, € 40.

San José del Guaviare - La Macarena, Busse frühmorgens, 14 Std., € 25.

San Juan de Arama (> Serranía de la La Macarena) - La Macarena, alle zwei Stunden, Bus fährt weiter nach Mesetas, 4 Std., € 15.

Flugverbindungen

Aires, Calle 41 No 32-34, ⏱ 662 24 44.

Satena, Cra. 31 No 39-27, 2.Stock, ⏱ 662 39 49. Flughafen: ⏱ 664 80 23.

Ausrangierter Drogenflieger am Flughafen von Villavicencio

Villavicencio ist die Drehscheibe des Flugverkehrs für Orinoquia und Amazonia. Der Flughafen Aeropuerto *Vanguardia* (Information: ⏱ 664 80 11/-12) liegt auf der anderen Seite des Guatiquíaflusses, 4 km vom Zentrum entfernt. Hier gibt sich exotisches Fluggerät ein Stelldichein.

Mit Verlängerung der Start- und Landebahn 2007 haben viele der alten DC 3s ausgedient und auch der einst regelmäßige Flugverkehr mit Leichtflugzeugen, Twin Otters und Pipers ist stark eingeschränkt, auch deshalb, weil das ehemalige Drogenzentrum im Departement Guaviare an Bedeutung eingebüßt hat. Der Flughafen hat einen gewissen Bekanntheitsgrad im Ausland durch die von Hugo Chávez initiierte und fehlgeschlagene Befreiungsaktion um die ehemalige Vertraute von Ingrid Betancourt Clara Rojas und ihren Sohn Emmanuel erlangt.

Im Flughafen befindet sich eine Cafeteria. Die Büros der Dschungelflieger sind im Flughafen. Mikrobusse fahren regelmäßig vom und ins Zentrum der Stadt. Das Taxi kostet € 2.

Bogotá - Aires und Satena, täglich, € 50.

Zu den interessanten Flugzielen in den Llanos und der angrenzenden Amazonasregion zählen:

Puerto Inírida - Satena, einmal die Woche, € 120.

Puerto Carreño - Satena, zwei-dreimal die Woche, € 100.

Eine der allerletzten Gelegenheiten einmal in der Woche mit einer DC 3 Transportmaschine im regulären Flugbetrieb über die unendlichen Weiten der Llanos zu fliegen bietet **Aero Rapidisimo Express**, ⏱ 664 84 13/ 664 86 74, € 100.

La Macarena (Meta) - Satena, nur Sa, € 80.

San José del Guaviare und **Miraflores** werden nicht mehr regelmäßig angeflogen.

Die Umgebung von Villavicencio

Von Villavicencio sind mehrere unterschiedliche Routen über Land oder per Flugzeug in die Llanos möglich.

Nach Süden, entlang des Piedemonte, (Andenanstieg) über Acacias - Guamal - San Martín - Granada bis San Juan de Arama (und ggf. weiter bis zur Serranía de la Macarena bzw.

von Granada nach San José del Guaviare). Die Route führt hinter Villavicencio vorbei an einigen ansprechend gelegenen Balnearios mit natürlichen Wasserbecken und großräumigen Erholungszonen. Südlich von Guamal wird die Vegetation bestimmt von einzelnen **Morichales** (Waldinseln, dominiert von der Morichepalme, wie sie innerhalb der weiten Savannenlandschaft der Llanos typisch sind) und Plantagen bepflanzt mit der afrikanischen Ölpalme.

In nordöstlicher Richtung über Cumaral bis nach Barranca de Upia.

Nach Osten entlang des Río Meta über Puerto López nach Puerto Gaitán (und wenn es die Zeit und die Straßenverhältnisse erlauben) immer weiter bis zum Río Orinoco. Auf dieser Route gibt es eine Vielzahl an agrotouristischen Fincas für ein ganz persönliches Llanosabenteuer, z. B. Parque und **Hotel Agroecólogico Merecure** mit einem Hotel und Campingareal (Km 47).

San Martín

460 Meter, 26 °C, 16 000 Einwohner
☏ 8

San Martín liegt 73 Kilometer südlich von Villavicencio. Der Ort wurde bereits Ende des 16. Jahrhunderts gegründet. San Martín ist eine Rinderstadt mit einem der größten Viehmärkte der Llanos. Es überwiegen Zeburinder, das *cebú-pringao* mit mehr als 90 %. Von geringerer Güte sind das *casanareño* und *santamartinero* wegen ständiger Kreuzung mit den Zebús. Berühmt ist San Martín durch die **Quadrillas de San Martín**. Die Reiterspiele gehen auf das Jahr 1735 zurück. Eingeführt hatte sie der Missionar Gabino de Balboa. Jedes Jahr am 11. November finden die Spiele in zehn unterschiedlichen Disziplinen statt. Die Reiter sind maskiert und tragen Kostüme. Sie repräsentieren die vier Schichten jener Zeit. Die *galánes* (Spanier) tragen weiße Kleidung, die *moros* (Araber) erscheinen in Plusterhosen, die *indios* (Guahiben) sind geschmückt mit Federkronen und haben rot und schwarz bemalte Gesichter, die *cachacero* (schwarzen Sklaven) tragen Fellwesten und Tiermasken.

Informieren

www.sanmartin-meta.gov.co, aktualisierte Website über San Martín und die Region.

Schlafen und Essen

San Martín hat mehrere Residencias. Einfach sind die **Residencias Acapulco**, Cra. 5 No 7-30, ☏ 648 87 98, und die **Residencias El Portal**, Cra. 6 No 14-43, ☏ 648 77 00, € 5/8.

Besser ist das **Hotel el Galerón Llanero**, Cra. 6 No 17-99, ☏ 648 81 42, www.hotelgaleronllanero.com, mit kleinem Schwimmbad, Restaurant und Campingmöglichkeit und das **Hotel el Estero**, Edif. Banco Ganadero, Cra. 6 No 7-52, ☏ 648 81 42, Zimmer mit Bad, TV, Vent., Schwimmbad.

Asadero Las Cámaras, Cra. 5 No 8-36/98, *tenera llanera*.

La Fogata, Cra. 6 No 10-01.

Etwas teurer ist das Restaurant **Las Pampas**, an der Ecke Cra. 6, Calle 8. Serviert Gerichte der Region.

Busverbindungen

Villavicencio/Bogotá - Expreso Bolívariano, Flota la Macarena u. a., Busse und Aerovans, ständig , 4/5½ Std., € 6/8,50.

Granada

Einige wenige Km südlich von San Martín auf dem Weg nach San Juan de Arama liegt der Viehzüchterort Granada (34 000 Einwohner). Über den Río Arama wurde zu Zeiten der Frente Nacional in den 1950ern in Rekordzeit die Brücke «Guillermo León Valencia» gebaut, um die Kolonisation ins östliche Tiefland zu erleichtern. Die mit einer Länge von 950 m zugleich längste Brücke Kolumbiens hat man später als historisches und kulturelles Erbe deklariert, das hat sie aber nicht davor bewahrt, 1994 durch ein Flusshochwasser mitgerissen zu werden. Die Reste stehen noch, aber wiedererrichtet wurde die Brücke nicht mehr. Es gibt einige Hotels und Fincas mit Agrotourismus in der Gegend.

Puerto López

178 Meter, 30°C, 22 000 Einwohner
① 8

Puerto López liegt 86 Kilometer östlich von Villavicencio entfernt. Die Straße ist bis hierhin asphaltiert. Am Ortseingang steht ein Denkmal zu Ehren der heimischen Fischer. Puerto López hat den wichtigsten Flusshafen des Departements. Er liegt außerhalb des Stadtzentrums auf dem Weg nach Puerto Gaitán. Am Meta liegen große Pontons, die Hunderte von Rindern befördern können. Die kleinen Transportschiffe liegen an einem Nebenarm des Río Meta unterhalb der Plaza López Pumarejo. An der Plaza López sind einige Asaderos, die am offenen Holzkohlefeuer die *ternera llanera*, Kalbfleisch am Spieß zubereiten.

Banken

BBVA, VisaCard, ATM, Cra. 4 No 5-04.

Schlafen und Essen

Im Zentrum verteilt sind eine Handvoll Residencias und Hotels.

Hospedaje Popular, bei den Busgesellschaften an der Plaza, einfach, € 3,50/5.

Hotel Llano Cruz, Calle 5 No 8-52, große Zimmer mit Balkon, Bad, Vent., gut, € 5/7(mat.).

Hotel Menegua, Cra. 8 No 4-35, ① 645 04 77, Zimmer mit Bad, TV, Vent., Restaurant, Parkplatz, € 11/13(mat.).

Residencias Bucarica, Calle 6 No 7-15, ① 645 51 61, und
Residencias Popular, Calle 6 No 3-18, ① 645 00 29, sind sauber und haben Privatbad, € 10-15.

Hotel Tio Pepe, Cra. 5 No 7-35, ① 645 01 40, 🖷 645 04 00, für Viehbarone. Zimmer mit a/c, Pool, Gartenanlage, Restaurant, € 43/58.

Busverbindungen

Villavicencio - La Macarena, Busse, Tax Meta und Autollanos, Aerovans, ständig, 2 Std., € 2,50.

Puerto Gaitán - La Macarena, mehrere Busse, Tax Meta, Aerovans, 2½ Std., € 5.

Obelisk

Fünf Kilometer entfernt, direkt an der Straße nach Puerto Gaitán steht der Obelisk. Das Monument kennzeichnet die geografische Mitte Kolumbiens und ist bekannt unter dem Namen *El Ombligo de Colombia*, der Nabel Kolumbiens. Der 1993 errichtete Obelisk vereinigt auf seinen vier Seiten mehrere allegorische Symbole, die von Flora und Fauna, Öl, Viehzucht und präkolumbianischen Ursprüngen erzählen. Die exakte geografische Mitte wird durch den Sonnenstand am 27. Juli erreicht.

Der Obelisk ist umgeben von Ausflugslokalen und liegt auf einer Erhebung, von der man über die Tiefebene bis zur Ostkordillere blickt.

Puerto Gaitán

149 Meter, 29°C, 18 000 Einwohner

Hinter Puerto López hat man begonnen, die Piste zu verbreitern und zu asphaltieren. Puerto Gaitán liegt an der Einmündung des schönen **Río Manacacías**, der in der Trockenzeit weiße Sandstrände bildet, in den Río Meta. Der Ort ist nach dem ermordeten Liberalenführer Jorge Eliécer Gaitán benannt und wirkt am Tage oft wie ausgestorben. Einige Guahibo-Indianer, die in der Nähe ein *resguardo* haben, drücken sich in den Straßenecken. Vor den Ladeneingängen baumeln Körbe und Hängematten aus der Morichepalme, die die Guahibo fertigen. Geschäftigkeit endeckt man allenfalls am Anleger und vor dem Büro der Busgesellschaft La Macarena. Jedes Jahr Ende Mai findet das **Festival Internacional de la Cachama**, zu Ehren des wichtigsten Speisefisches der Region, statt.

Schlafen und Essen

In Puerto Gaitán gibt es ein halbes Dutzend einfacher Hotels. Wer hier übernachten muss, hat die Wahl zwischen

Residencias Macarena, an der Busstation, ohne Privatbad und Vent., € 3,50 p.P. Direkt gegenüber liegt das **Hotel la Playa**, Restaurant, kleine Zimmer ohne Privatbad, € 6 (pro Zimmer) und dem **Hotel Residencias El Sol**, kleine Zimmer mit Bad und Vent., € 5/9.

Cabañas Salomé - Barrio Trampolín - ☏mobil 311 208 88 84, € 50(2).

Estadero Las Acacias, gegenüber der Alcaldía

Bootsverbindungen

Jeden Morgen um 6.00 fährt das Schnellboot der Lineas Fluviales del Vichada bis nach **La Primavera**, auf halbem Wege bis Puerto Carreño, 7 Std., € 25. Frühstückspause ist in **Orocué**, 3 Std., € 11.

Wer günstiger und sehr viel langsamer reisen möchte, kann sich hier nach einem der buntbemalten Transportschiffe umschauen, die unregelmäßig flussabwärts fahren. Die Reise nach Puerto Carreño dauert etwa sechs Tage.

Forschungsstation Yamato

Die Piste führt über die Sabana de Alto de Neblinas durch ein *resguardo* der Sáliva-Indianer, die zur Guahiben-Sprachgruppe gehören und ihr traditionelles Leben weitgehend aufgegeben haben. Hier steigen die meisten Mitreisenden aus dem Bus aus. Nach ca. 35 km erreicht man drei Häuser mit Namen **San Miguel**. Der Bus fährt die fünf Kilometer weiter nach Yamato.

Yamato ist ein bemerkenswertes Versuchs- und Forschungszentrum in den Llanos, dessen Initiator aus Japan stammt. Seit 1993 firmiert die Hacienda unter dem Namen «Fundación Yamato». Die 26 km² schließen ein Naturreservat ein (**Reserva Natural El Aruco**). Hier lassen sich die drei klassischen Vegetationsstufen der Llanos beobachten - die Galeriewälder entlang der Flussläufe, die Waldinseln (*morichal*) und die endemischen Savannen. In **Miti-Miti**, so heisst der Ort, befinden sich die Unterkünfte, palmengedeckte Rund-

Reserva Natural El Aruco

Mehrere Paare des seltenen Lagunengeier sind in Yamato beheimatet. In Wirklichkeit aber ist der *aruco* gar kein Geier, sondern ein Verwandter der Enten und Gänse. Man hört es an seinem weithin tönenden «Oock». Der Vogel, der beinahe Truthahngröße erreicht, hat spitze Krallen, die ihm den Namen einbrachten, ernährt sich jedoch ausschließlich vegetarisch.

Sein drolliges Aussehen wird verstärkt durch eine Antenne, die ihm vom Kopf absteht und deren Funktion unbekannt ist. Mit Beginn der Trockenzeit (ab Dezember) findet sich der rote Sichler ein. Dieser ausschließlich in Südamerika lebende Vogel wurde jahrzehntelang wegen seines leuchtendroten Gefieders gejagt.

Star in der Vogelschar, der prachtvolle Königsgeier

Um die 60 Fischteiche hat sich eine große Anzahl an Vogelarten angesiedelt. Zu beobachten sind u.a. mehrere Reiherarten, Enten, Möwen, Habichte, Fischadler sowie viele Angehörige der artenreichen Tyrannenfamilie, so der Scherentyrann, dessen äußere Schwanzfedern länger als der übrige Körper sind, der Weißkopfrohrtyrann und das leuchtende Rubinköpfchen. In Yamato werden in Europa beschlagnahmte, illegal ausgeführte Vögel repatriiert, darunter ein Königsgeier, der «Star» in diesem Tierensemble und mehrere Papageienarten.

bauten in einer liebevoll angelegten Anlage.

Das kleine sympathische Forschungsteam untersucht das Reproduktionsverhalten der in den Llanos heimischen tropischen Speisefische, *cachama, mojarra* und *bagre*. Der weiße Cachama ist der beliebteste Speisefisch der Llaneros. Die Fische wachsen schnell und sind in der Aufzucht genügsam, haben allerdings viele Gräten.

In Zusammenarbeit mit der Universität Nacional wird ein Projekt zur Aufzucht des bedrohten Orinocokaimans betrieben. Die Übernachtung in Miti-Miti einschließlich dreier Mahlzeiten kostet € 15 p.P. täglich.

Kontaktadresse der Fundación Yamato in Villavicencio:Cra. 32 No 45-44, ☏ 663 45 24, 📠 664 12 07.

Wie kommt man hin?

Flota La Macarena hat täglich einen Direktbus um ⏰ 15 von Puerto Gaitán nach San Miguel. Endstation ist die Hacienda, 2 Std., € 2. Zurück fährt der Bus um ⏰ 7.30.

Orocué

143 Meter, 28°C, 6000 Einwohner

Orocué gehört zum Departement Casanare und entwickelte sich am Ende des letzten Jahrhunderts zum bedeutenden Flusshafen für ozeantaugliche Schiffe, die vom Atlantik, den Orinoco flussaufwärts in den Meta fuhren. Die Fahrt dauerte von Ciudad Bolívar (Venezuela) sieben Tage. Orocué wurde zum Verladehafen für Kaffee, Kautschuk und Krokodilleder. Der Name Orocué bedeutet Gold gegen Leder, «oro-cuero». In den 40er Jahren war der Boom vorbei. Noch stehen die Lagerhäuser und die Gebäude der Banken und Konsulate aus jener Zeit, doch die Erinnerung verblasst ebenso schnell wie die Bauten. Das ehemalige deutsche Konsulat liegt am Park, der nach dem Roman von José Eustasio Rivera «La Vorágine» benannt ist. Heute ist das Leben eintönig und verschlafen, wie in den meisten anderen Nestern am Río Meta.

Schlafen und Essen

Hinter dem Voráginepark liegt ein Ferienzentrum, **Centro Recreacional la Guacava**, ☏ 636 50 73. Das von der Armee errichtete Erholungsheim besteht aus einer weiträumigen Bungalowanlage mit 423 Zimmern, Restaurant, Pool und Tiergehegen. Die Zimmer sind geräumig und die Preise moderat, überwiegend mit Vent., ohne/mit Bad, € 6/10; € 8/12. Am anderen Ende des Ortes liegen die **Residencias Morichal**, mit engen und stickigen Zimmern, € 4 p.P.

Im Dorfkern, um den Anleger befinden sich zwei einfache Restaurants, gut für einen *tinto* und die drei Tage alte Zeitung.

Orocué lässt sich mit etwas Geduld zu Wasser, zu Lande und aus der Luft erreichen.

Bootsverbindungen

Puerto Gaitán (> Villavicencio) und **La Primavera** (> Puerto Carreño)- mit der *voladora* täglich in beide Richtungen. Die Boote kommen zwischen ⊕ 8-9 in Orocué vorbei.

Straßenverbindungen

Villavicencio - Flota La Macarena, dreimal die Woche, Di, Do, So um ⊕ 7, 10 Std., € 15. Aus der Gegenrichtung kommt der Bus jeweils am Vortag und setzt in El Porvenir über den Río Meta. Weniger beschwerlich und sehr viel schneller ist man mit dem Schnellboot bis Puerto Gaitán mit regelmäßigen Busanschluss nach Villavicencio.

Yopal - Di,Do,Sa um ⊕ 6 fährt ein Jeep, 6 Std., € 13; im Büro von Sogamuxi nachfragen.

Flugverbindungen

Unregelmäßig nach Yopal und Villavicencio mit Satena.

Von **El Porvenir** führt der Landweg Richtung Venezuela durch zwei interessante Versuchszentren für Landwirtschaft und alternative Energien, Carimagua und Las Gaviotas.

Forschungszentrum Carimagua

Das Forschungszentrum der landwirtschaftlichen Forschungsanstalt CORPOICA in Carimagua betreibt Untersuchungen, um die Erträge der nährstoffarmen Böden zu erhöhen. Zunächst sollte laut Regierungsbeschluss aus dem Jahr 2004 ein Teil der Böden an 80 binnenvertriebene und landlose Bauernfamilien zu Bewirtschaftung aufgeteilt werden, 2008 wurde allerdings ein Kurswechsel angekündigt und das Land soll nun ausschließlich an private Investoren und Großgrundbesitzer übertragen werden. Die Regierung in Bogotá verfolgt die Absicht, die gesamte Region in ein agrarisches Megaprojekt u.a zur Gewinnung von «Biodiesel» durch Ölpalmenplantagen zu verwandeln. Information in Bogotá unter ☏ 2431259/282 7062.

Hinter Carimagua gabelt sich die Piste Richtung Puerto Carreño und

Santa Rita am Río Vichada. Carimagua ist von El Porvenir mit dem Jeep zu erreichen.

Las Gaviotas

An der Straße nach Santa Rita, 384 Kilometer von Villavicencio entfernt, liegt Las Gaviotas. Erforscht werden seit 1969 alternative Energien, Sonnen- und Windenergie und alternative Lebensformen. Mit den entwickelten Sonnenkollektoren werden der Präsidentenpalast und 5000 Apartmentwohnungen in der Ciudad Tunal, im Süden Bogotás mit Warmwasser versorgt. «Ein Dorf, das die Welt neu erfindet», hat es der amerikanische Journalist Alan Weisman genannt. Seit den 1970er Jahren lebt hier eine Gruppe von Visionären für Frieden und soziale Gerechtigkeit, zwei Güter, die das Land schon solange vergeblich sucht. Paolo Lugari, der Gaviotas-Gründer, verbreitet Zuversicht, «Überall wird der Regenwald abgeholzt, hier bringen wir ihn zurück. Wenn wir das in Kolumbien schaffen, dann werden es die Menschen überall schaffen.»

Die **Casa de Huéspedes** bietet Übernachtungsmöglichkeiten, € 25 inkl. dreier Mahlzeiten. Las Gaviotas ist ein interessanter Ort, um die lange Fahrt nach Santa Rita zu unterbrechen. Informationen in Bogotá: Paseo Bolívar No 20-90, Av. Circunvalar, ☎ 243 64 72 /286 28 76 (◐ 13-17).

Puerto Carreño

52 Meter, 27°C, 15 000 Einwohner
☎ 8

Puerto Carreño ist die Provinzhauptstadt des Departements Vichada und liegt am Zusammenfluss von Río Meta und Río Orinoco, 860 km von Bogotá entfernt. Die Hauptstraße (Av. Orinoco) führt vom Hafen zum Flughafen. Die Stadt wurde 1924 gegründet als Ersatz für die aufgegebene Ortschaft San José de Maypures. San José de Maypures war einst der spanische Grenzkontrollpunkt gegenüber den Portugiesen. Die Eröffnung der Straße Puerto Ayacucho-Samariapo auf venezolanischer Seite hatte seine Existenz überflüssig gemacht.

Heute stehen den 50 000 Einwohnern im gesamten Departements Vichada über 100 000 Einwohner von Puerto Ayacucho gegenüber. Venezuela bestimmt den Handel in der Grenzregion. Puerto Carreño ist ein reizvolles und verträumtes Städtchen, eingebettet in mächtige schwarze Felsen aus dem Pleistozän und dem satten Grün der vielen Mangobäume, die die ersten Siedler gepflanzt haben. Es gibt nur wenige Autos, überwiegend Mofas und überhaupt viel Platz für Fuß- und Müßiggänger. Ein langer Malecón verläuft entlang des Río Orinoco mit breiten Sandstränden in der Trokkenzeit. Zwei gegenüberliegende zentrale Bars bilden den allgemeinen Treffpunkt. Es sind nicht zuletzt solche Orte, die den besonderen Charakter Kolumbiens ausmachen. Das Selbstverständnis der Bewohner des Departement Vichadas drückt sich in dem Spruch aus: «Tierra de Hombres para Hombres sin Tierra».

Informieren

Internet, in der zentralen Markthalle (CENTRO) Nr.10, € 1 pro Std.

Banken und Wechsler

BBVA, ATM, Visa/Master/Maestro, Av. Orinoco No 6-19, ☎ 565 44 55.

Bardollar, kolumbianische Pesos und venezolanische Bolívares tauscht der Laden an der Ecke von Av. Orinoco und Malecón.

DAS und Pass

(Extranjería) Den Ein-/ bzw. Ausreisestempel erteilt das DAS-Büro, Av. Orinoco, eine Straßenecke von der zentralen Plaza entfernt, ☏ (098) 565 40 04. ✆ täglich 8-12 u. 14-18.

Venezolanisches Konsulat

Das venezolanische Konsulat ist in der Av. Orinoco. Ein Visum für Venezuela braucht man als EU-Ausländer zur Zeit nicht.

Für eine kurze Spritztour kann man gegenüber der Plazuela Bolívar ein Moped ausleihen.

Schlafen und Essen

Hotel La Vorágine, Cra. 7 No 15-293, Reserv. ☎: (098) 565 40 65, Zimmer mit Privatbad, a/c, Kabel-TV, € 20.

Eine ganze Region verneigt sich vor ihrem Dichter - José Eustasio Rivera, Schöpfer von «La Vorágine»

Hotel Orinoco, Av. Orinoco, ☏ 565 40 18, bequeme Zimmer mit Bad, Vent. oder a/c, Kühlschrank, Kabel-TV, € 10/15 p.P. Innenhof mit Garten, Restaurant.

Hotel Mango, Cra. 6 No 18-35, ☏ 565 53 21, Zimmer im Obergeschoss mit Privatbad, a/c, Kühlschrank, Kabel-TV, Terrasse, € 20/25 (mat.).

Hotel Marta Helena - Las Acacias - ☏ 565 40 88, Zimmer mit Privatbad, Vent./a/c, € 7/12.

Hotel Mami, Av. Orinoco, ☏ 565 40 10, ein Flachbau verborgen hinter dichter Vegetation, einzelne Cabañas mit Kühlschrank, Vent. und a/c.

Hotel Safari, La Plazuela, ☏ 565 43 64. Der Besitzer Rafael Uribe ist freundlich und hilfsbereit. Zimmer mit Bad, a/c/Vent., € 10 p.P.

Refugio Nimajay, liegt 45 Kilometer außerhalb von Puerto Carreño am Río Bita, Res. über Cali: ☏ (92) 557 81 24, Cabañas mit Vent., Restaurant. Organisiert Angeltouren in Orinoco und Meta, € 20 p.P.

Es gibt einige Restaurants und Bäckereien am Malecón und in der Hauptstraße (Av. Orinoco). Gut sind das **Las 3 C,** reichhaltiges und gutes Mittagsmenü, gute Fruchtsäfte und **Mi Cocina** für abendliche Fleischgerichte und Burger. **Panadería/Pastelería Reymi 1,** oberhalb des Anlegers für tinto, aromática, gaseosas, Brot und Kuchen.

Busverbindungen

Villavicencio - La Macarena, ☏ mobil 312 528 78 45, mit dem hochgelegten Pistenbus nur in der Trockenzeit (Dez - März), zweimal die Woche, Fahrtzeit zwei lange Tage und eine kurze Übernachtung, € 40.

Flugverbindungen

Villavicencio/Bogotá - Satena, Av. Orinoco No 2-06, ✆ 565 40 10, Di und Sa. Eine der letzten Gelegenheiten mit einer DC 3 Transportmaschine über die Weiten der Llanos zu fliegen bietet sich mit **Aero Rapidisimo Express**, ✆ 565 45 43/ mobil 310 560 50 72, (-75)/ 315 813 11 06, ausschließlich Mo ⊙ 8.30, € 100.

Verbindungen nach Venezuela

Tagsüber pendeln kleine Schnellboote zwischen Puerto Carreño und dem Hafen von **Puerto Paez** auf der anderen Seite des Meta hin und her. Eine andere Möglichkeit bietet das Schnellboot, das jeden Morgen nach **Casuarito** abfährt, direkt gegenüber von Puerto Ayacucho.

AUFGEPASST!
Die Beziehungen zwischen beiden Ländern sind angespannt.

Nationalpark El Tuparro

Im äußersten Osten Kolumbiens, an der Grenze zu Venezuela, liegt der Nationalpark El Tuparro. Der Park wird begrenzt durch den Río Orinoco im Osten, den Río Tuparro im Süden und den Río Tomo im Norden. Der Río Orinoco fließt hier zwischen den Stromschnellen der **Maipures**, von Alexander von Humboldt einst als 8. Weltwunder bezeichnet, und den **Atures**. Dazwischen liegen runde Felsen im Flussbett. Die Parkfläche beträgt 5480 km^2. Das Relief ist weitgehend flach mit einigen leichten Erhebungen und Mikrotälern. An den Flussläufen stehen Galeriewälder, und an den Quellen der meisten Cañóns wachsen Moriche- und Saladillapalmen. Das Gebiet war bereits um 2500 v. Chr. besiedelt. Seit der Konquista lebten Guahibo-Indianer in diesem Gebiet. Im 18. Jahrhundert kamen die Jesuiten. 1754 gründete der Capitán José Solano die Siedlung San José de Maypures, Sitz der Mission gleichen Namens.

Hinter dem Besucherzentrum am Zusammenfluss von Tuparro und Orinoco führt ein Lehrpfad durch eine *mata del monte*, ein Waldstück, bergauf. Die unterschiedlichen Baumarten sind beschriftet. In den Gipfeln toben Affen. Auf der Bergspitze hat man einen fabelhaften Blick auf die Raudales de Maipures, auf der anderen Seite in die weite Savannenlandschaft. Im Südosten erheben sich Tafelberge mit dem für die Indigenen heiligen **Cerro Autana**. In den Morgenstunden lassen sich hier Savannenhirsche, Tapire und Capybaras beobachten. Auf der gegenüberliegenden Seite des Río Tuparro liegt die **Isla Carestía** mit Grabstätten aus präkolumbianischer Zeit. In der Trichtermündung des **Río Tuparro** ragen in der Trockenzeit riesige runde Steine aus dem grünlichen Wasser. Ein Stück weit flussaufwärts bildet der Fluss Stromschnellen. Über die grüne Savannenlandschaft verteilen sich die schwarzen Felsen wie Elefantenrücken. Die freundlichen Ranger fahren die seltenen Besucher dorthin.

Das Administrationszentrum ist am **Río Tomo**. Am Río Tomo bilden sich in der Trockenzeit weite Strände, auf denen sich scharenweise Möwen tummeln. In der kleinen Lagune in der Nähe halten sich in der Trockenzeit Kaimane auf. Die Trockenzeit dauert von Ende Dezember bis Ende März. Der meiste Regen fällt im Mai.

Nationalpark El Tuparro - zwischen Trockensavannen und Überflutungszonen

Wie kommt man hin?

Der einfachste Zugangsweg besteht über die venezolanische Seite. Von Samariapo kann man sich mit einem Boot (€ 10) auf die kolumbianische Seite bringen lassen. Von dort sind es zehn Minuten Fußweg zum Besucherzentrum. Das Besucherzentrum ist auf schwarzen Felsgestein gebaut und sieht aus wie ein Fort mit Aussichtsturm. Die Canturamalodge bei Puerto Ayacucho bietet Tagestouren entlang des Río Orinoco an, die einen Kurzbesuch des Tuparro einschließen (9.00-17.00, € 45 p.P.).

Von Kolumbien ist der Zugang schwieriger. Um das Orinocoufer von Westen zu erreichen, bedarf es eines eigenen geländegängigen Fahrzeuges. Eine Piste führt in der Trockenzeit über El Tapón. Von dort geht es 190 Kilometer durch den Park bis ans Orinocoufer, an der dem Besucherzentrum gegenüberliegenden Einmündung des Río Tuparro.

Unterkünfte

Die für den Besucher interessantesten Punkte liegen alle im östlichen Zipfel des Parks, in unmittelbarer Nähe zum Río Orinoco (Sektor Maypures). Am unabhängigsten ist man mit dem Zelt und der Hängematte, € 3 p.P. Beim Besucherzentrum gibt es Unterkunftsmöglichkeiten in Form von vier vorgefertigten Cabañas für bis zu 12 Gäste, € 13 p.P. Von hier geht auch ein 5 km langer Weg ab, der fünf unterschiedliche ökologische Zonen passiert, die von den begleitenden Parkguías erläutert werden und der Ausblicke auf den Cerro Autana (Venezuela) ermöglicht.

Buchung in Bogotá im Büro der Parkverwaltung, Eintritt: € 10.

Nationalpark Sierra de la Macarena

Entstehungsgeschichte

Der Gebirgszug der Sierra de la Macarena ist eine Erhebung inmitten der Llanosebene, getrennt von den Anden durch einen 50 Kilometer breiten Korridor. Die Sierra ist 120 Kilometer lang und an der weitesten Stelle 30 Kilometer breit. An ihrer Westflanke ist sie von gewaltigen Abbrüchen durchzogen. Die Ausläufer der Ostseite sind durch viele tiefe Täler zerrissen. Im Inneren der Serranía verbergen sich Hochebenen, die auf senkrecht abfallenden Sockeln ruhen. Die höchsten Erhebungen liegen im Norden, wo die Serranía bis auf 2000 Meter ansteigt. Die Serranía ist weit älter als die benachbarten Anden. Sie ist der westlichste Ausläufer des Guayanaschildes, etwa 1,2 Milliarden Jahre alt. Die Serranía de la Macarena ist Teil des gleichnamigen Nationalparks. Neben dem Gebirgszug gehört auch das Tiefland zwischen dem Río Cafre im Nordosten und dem Río Guayabero im Süden dazu.

Der Nationalpark ist einer der größten und der älteste Nationalpark Kolumbiens. Er wurde bereits 1948 zum biologischen Reservat

490 DIE LLANOS

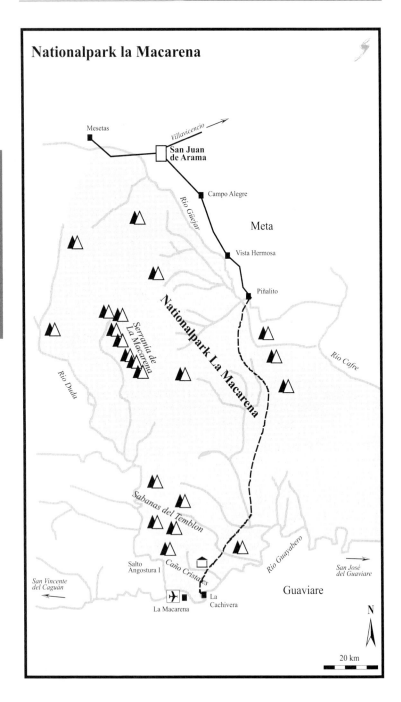

erklärt. In jener Zeit, die mit dem Beginn der Violencia zusammenfiel, drangen die ersten Siedler in die Serranía vor. Die *Frontera Agricola* rückte weiter nach Westen. Der Dschungel musste an vielen Stellen den Viehweiden weichen. Später kamen die Kokafelder hinzu. Heute beträgt die Parkfläche 6293 km². Das einstige biologische Reservat ist durch die Kolonisation in mehrere Parks zerrissen worden. Dazu gehören Sumapaz (1370 km²), Los Pinchos (1540 km²) und Finigua (2080 km²).

Flora und Fauna

Das Aufeinandertreffen unterschiedlicher Ökosysteme im Gebiet der Serranía de la Macarena, Anden - Llanos - Amazonas, hat zu einer hohen Artenvielfalt im Pflanzen und Tierreich geführt. Die Abgeschiedenheit der Bergtäler und Mesetas hat viele endemische Arten entstehen lassen.

Vom Fuße der Serranía bis zu den Höhenlagen finden sich vier Vegetationsstufen. Die Niederungen, hauptsächlich im Südosten, bedeckt dichter, tropischer Regenwald, dessen Bäume bis zu 40 Meter hoch werden. Es schließt sich dichte Gestrüppvegetation an, die in eine von Grasflächen aufgelockerte Landschaft übergeht. Im Kerngebiet der Serranía wandelt sich das Bild vollkommen. Die kargen Böden lassen allenfalls noch Krüppelvegetation zu, die an einigen Stellen baumloses Grasland ist. Vereinzelt gibt es Bromelien, im Norden der Serranía die endemische Art *Vellozia macarensis*.

Die Vegetation in den Höhenlagen ist in vielem mit der der Anden verwandt. Die Bäume sind vier bis fünf Meter hoch und sind mit Epiphyten und Moosen bewachsen. Aufgrund der Unzugänglichkeit der Höhenlagen gibt es bis heute keine systematischen wissenschaftlichen Untersuchungen über die Flora dieses Mittelgebirges. Die Vogelwelt ist mit an die 500 Arten vertreten. Erwähnung verdienen der Graurückentrompeter, den die Einheimischen als Wachtvogel halten, weil er mit Gekreische auf Fremde aufmerksam macht. Endemisch sind der Macarena-Meißelhacker und der Roraima-Ammerfink. In den Bächen lebt die Mata Mata, die kuriose Fransenschildkröte, die mit einem Saugschnorchel ihre Beute fängt und aussieht wie ein ausgemusterter Autoreifen.

Klima

Trockenzeit: Dezember bis Februar. Der regenreichste Monat ist der Juni.

Wie kommt man hin?

Im Norden lassen sich auf ausgedehnten Trekkingrouten die Cañóns des Río Güejar erkunden. In Süden liegen die rätselhaften Felszeichnungen an den Stromschnellen des Río Guayabero und der populäre Caño Cristales. Zugänge bestehen von Norden mit dem Bus, von Süden mit dem Flugzeug (selten) und mit dem Außenborder (schwierig).

Nordseite

Busverbindungen

San Juan de Arama, Flota La Macarena von Villavicencio.

Sechs Kilometer vor San Juan de Arama führt eine Abzweigung zum Besucherzentrum der UAESPNN **La Curía**, das man nach drei Kilometern erreicht. Von hier kann man in die Sierra de la Macarena hineinwandern. Ein Fußweg zum Caño Cristales führt über das Dorf Piñali-

Aufgepasst!

In der gesamten La Macarena-Region muss nach wie vor mit Farc-Verbänden gerechnet werden. Hier verlaufen die Nachschubwege der Guerrilla zwischen dem Hochland und der Amazonasregion. Die Wege durch und entlang der Sierra stellen sich als natürliche Verlängerung des berüchtigten Dschungelpfades zwischen der Farc-Hochburg **Planadas** (Tolima) und **Uribe** (Meta) dar, der über die Kordillere bei **El Pato** führt, die sog. **«Trocha de las Farc»**. Im Kernbereich der Serranía befinden sich laut stark voneinander abweichenden Schätzungen unterschiedlicher regierungsamtlicher und internationaler Stellen zwischen 3500-5000 Hektar illegaler Kokaflächen, die auf Regierungsbeschluss seit 2005 intensiven Besprühungen aus der Luft mit dem hochtoxischen Glifosat ausgesetzt sind und die reiche Biodiversität der Region ebenso schwer geschädigt haben wie die Platano und Yuca-Pflanzungen, die dem alltäglichen Überleben der vielen Campesinofamilien dienen. Auf den Protest in- und ausländischer Umweltschützer wie der regionalen Campesinoverbände hat man im Jahr 2006 verkündet, nunmehr das Schwergewicht im Antidrogenkampf auf die manuelle Beseitigung der Kokasträucher zu legen. Die neue Strategie wurde aber schnell wieder über den Haufen geworfen, nachdem eine schwere Mine, die die Farc in den Kokafeldern versteckt hatte, mehrere Soldaten und Polizisten getötet hat. Seitdem geht der Antidrogenkampf an allen Fronten mit unverminderter Härte weiter. Es handelt sich bei der Serranía de la Macarena sowohl um ein herausragendes Drogenanbaugebiet mit einer jahrzehntelangen Tradition wie um einen zentralen Schlüsselsektor der Farc-Guerrilla. Der Administration von Álvaro Uribe ist nach den Erfolgen an anderen Fronten nicht nach Verhandeln zu Mute, sie sucht in der Serranía de la Macarena augenscheinlich die militärische Konfrontation, um die Farc in die Knie zu zwingen, wie es aussieht, zahlt einmal mehr die Zivilbevölkerung den Preis dafür.

to. Piñalito erreicht man auf der Straße nach Süden. Es liegt hinter Villa Hermosa (Jeeps fahren von San Juan de Arama). Von Piñalito führt ein Viehweg nach fünf Tagen direkt zum Caño Cristales. Der Weg ist so schmal, dass er von den Viehtreibern jeweils nur in einer Richtung benutzt werden kann, und weite Strecken führen durch dichten Dschungel. Es sind Dutzende von Bächen zu überqueren.

Südseite

Felszeichnungen

Es gibt zwei äußerst interessante Fundorte für präkolumbianische Felszeichnungen im Park. Diese befinden sich an den beiden Stromschnellen des Río Guayabero. Der Salto **Angostura I** liegt zwölf Kilometer nordwestlich der Ortschaft La Macarena. Hier gibt es zwei Stellen mit Felszeichnungen. Eine Figurengruppe mit überwiegend zoomorphen Darstellungen wurde in den Stein in der Flussmitte gezeichnet. Im felsigen Ufer befindet sich ein zweites Relief. Über 20 anthropomorphe Figuren sind hier versammelt. Die Darstellungsart beweist, dass die Künstler Kariben gewesen sind.

Der Salto **Angostura II** liegt 27 Kilometer südwestlich von San José del Guaviare. Hier sind Hunderte von zoomorphen, anthropomorphen und abstrakten, geometrischen Figuren über einen Felsen verteilt, der **Monumento Guayabero** genannt wird. Neben der hier heimischen Tierwelt, stößt man auf Darstellungen von Lamas, die nur im Hochland von Peru und Bolivien vorkommen. Diese erstaunliche Entdeckung hat zu der Vermutung geführt, dass in präkolumbianischer Zeit, ein ausgedehnter, oft frequentierter Handelsweg zwischen den Anden und der Amazonastiefebene existiert haben muss. Vergleichbare Darstellungen existieren auch in anderen Regionen des Tieflandes, z. B. im Chiribiquete. Die Felszeichnungen sind nur bei Niedrigwasser - von Dezember bis April - sichtbar.

SEBRA TIPP

Caño Cristales

Auf der südlichen Seite der Serranía liegt der Caño Cristales, der von vielen als der schönste Fluss der Welt bezeichnet wird, zumindest ist er der bunteste. Der Fluss entspringt in der Serranía und hat sich seinen Weg durch ein felsiges Flussbett gegraben. An vielen Stellen gibt es bizarr geformte Rundungen, über die das Wasser hinabstürzt oder ruhig versickert. Das Erstaunliche und Einmalige an diesem Fluss ist, dass er an vielen Stellen von Algenteppichen überzogen ist, die in unterschiedlichen Rottönen leuchten. Je stärker die Sonneneinstrahlung, desto rascher läuft die Photosynthese ab und um so intensiver sind die Farben, von Blassrosa bis zum Dunkelviolett. An den vom Blätterwerk überdachten Stellen sind die Algen grün. Ergänzt wird die Farbpalette durch den durchschimmernden schwarzen Fels und den goldgelben Sand.

Wie kommt man hin?

15 Minuten von La Macarena den Río Guayabero flussabwärts liegen die Stromschnellen von **La Cachivera**. Hier steht eine Finca. Man überquert die Pferdekoppel und wendet sich hinter dem Gatter nach rechts und folgt dem ausgetretenen Pfad. Den Caño Cristales erreicht man nach zwei Stunden Fußweg. Wer in die Mittagshitze kommt, was sich nicht vermeiden lässt, wenn man nach der Ankunft am Flughafen sogleich weiter will, hat einen anstrengenden Weg vor sich. Es gibt kaum Schutz vor der brennenden Sonne, bis auf einige wenige *morichals*, Palmeninseln. Beim Caño liegen zwei Fincas bzw. Campamentos.

Übernachtungsmöglichkeiten in der Hängematte unterm Strohdach, € 4 p.P., inkl. Decke und Moskitonetz, Mahlzeit je € 3. Wer ein Zelt dabei hat, ist unabhängig und sucht sich einen Platz irgendwo zwischen den Felsen mit dem Blick über einen Teil der Serranía und dem Rauschen des Caño im Ohr.

Beste **Besuchszeit** sind die Monate Oktober und November, wenn die Regenfälle bereits nachlassen, der Fluss aber noch genügend Wasser führt, so dass sich die Farben in voller Pracht entfalten. Übrigens ist das Gebiet moskitofrei!

Informationen

Asociación Macarena ist eine kleine private Organisation, die eine umweltverträgliche Entwicklung der Serranía propagiert, Cra. 4 No 27-38, in Bogotá. Außerdem Basisinfos der Nationalparkverwaltung unter www.parquesnacionales.gov.co

La Macarena

233 Meter, 25°C, 10 000 Einwohner
☎ 8

La Macarena (einst El Refugio) gehört zum «Wilden Osten Kolumbiens». Es liegt an einer Schleife des Río Guayabero, die sich hier um die Südausläufer der Serranía legt. In den Bars hängen Jaguarfelle und Kaimanhäute. Auf den Wegen kurven Pferdewagen, nachts bollern die Generatoren. Die Leute sind geschäftstüchtig und haben eine Dorfsteuer für die Besucher des Caño Cristales eingeführt. Touristen sind in La Macarena wohlbekannt. Die Gründung der Ortschaft in den 1950ern war den «Gringos» zu verdanken. Der aus der US Air Force verabschiedete Jagdflieger Tony Thompson baute eine Ranch und holte Touristen aus Amerika. Eine eigens gecharterte DC-3 flog viermal pro Jahr 25 Hobbyjäger ein. Alles, was die Gäste verkonsumierten, einschließlich des Trinkwassers, wurde aus den USA importiert. Die ersten Guías und Bauarbeiter waren die Dorfgründer.

Im Dorf gibt es mehrere einfache Residencias.

Residencias La Orquideá, einige Zimmer mit Privatbad, laut und ohne Vent., € 4 p.P. ebenso **Residencias Los Mangos** in der Parallelstraße. Die **Residencias Tinigua**, hinter dem Satenabüro, ist etwas besser und teurer, € 7 p.P.

Neben der Residencias La Orquideá liegt ein Restaurant. Die Hütte der **UAESPNN** befindet sich an der Plaza. Hier lässt man sich registrieren.

Bootsverbindungen

Der Flusshafen liegt wenige Schritte hinter der Plaza.

La Cachivera (> Caño Cristales) - *expreso*, € 10.

Angosturas I - *expreso*, hin und zurück mit zwei Sunden Aufenthalt, € 50.

San José del Guaviare - jeden Montag um ⊕ 8 mit dem Schnellboot, 8 Std., € 28. Die Ufer des Flusses sind mit dichter Vegetation überzogen, einige Polizeikontrollen. In diesem Gebiet operiert Narcoguerrilla.

San Vicente del Caguán - jeden Montag um ⊕ 7, bis zum Straßenanschluss nach San Vicente (Departement Caquetá > Florencia), 5 Std., € 21.

Versorgungsboote, *falcas,* fahren den Guayabero stromabwärts, der unterhalb der Stromschnellen von Angostura II Guaviare heisst. San José del Guaviare erreicht man nach einer abenteuerlichen Flussfahrt in zwei bis drei Tagen.

Flugverbindungen

Villavicencio - Satena, zur Zeit nur Sa.

Das Amazonasgebiet

Entdeckungs- und Besiedlungsgeschichte

Francisco de Orellana war der erste, der den Amazonas 1542 in seiner gesamten Länge befuhr. Bei seiner Reise, die in Quito, Ecuador begann und über die Flüsse Coca und Napo in den Amazonas führte, streifte er das Gebiet der Ticuna-Indianer beim heutigen Leticia. Das Hinterland blieb Jahrhunderte unbekannt. Erst mit der Blüte der Aufklärung und dem neuen Wissensdrang der Europäer erfolgten Expeditionen entlang der Amazonaszuflüsse. Einer der ersten Wissenschaftler, die neue Routen zu erforschen suchten, war **Alexander von Humboldt**, der den Oberlauf von Río Orinoco und Río Negro 1801 befuhr.

Seine Reiseerlebnisse, und mehr noch die wissenschaftliche Umsetzung, beflügelten eine ganze Reihe Europäer, ihm zu folgen. Der Botaniker **Friedrich von Martius** befuhr 1820 den Río Caquetá von seiner Einmündung bis zu den Stromschnellen von Araracuara. Im Jahre 1878 folgte ihm der französische Arzt Crevaux in der Gegenrichtung, um den Fluss zu kartographieren. Zu Beginn des 20. Jahrhunderts drangen der Engländer Thomas Whiffen und der deutsche Völkerkundler Theodor Koch Grünberg über den Río Negro bis in den Río Vaupés und Río Apaporis vor. Zu dieser Zeit erfolgten die ersten Besiedlungsversuche von kolumbianischer Seite. Auslöser war die große Nachfrage des Weltmarktes nach Kautschuk für die Gummireifen der sich stürmisch entwickelnden Autoindustrie in Europa und Nordamerika. Inmitten des Dschungels entstanden Kautschukimperien mit indianischen Zwangsarbeitern. Die Zentren am Río Putumayo hießen El Encanto und La Chorrera. Die «**Casa Arana**», eine peruanische Gesellschaft, verdrängte die Kolumbianer. Der Chef, Julio Cesar Arana, schützte sein Reich mit Hilfe der peruanischen Armee und unterhielt eine Flotte von Dampfschiffen. Ein anderer Despot beherrschte die Region des heutigen Dreiländerecks Venezuela, Kolumbien, Brasilien, der Venezolaner **Tomás Funes.**

Die Grenzen zwischen den Amazonasanrainerstaaten blieben lange ungeklärt. Mit Peru kam es in den 1930er Jahren zu einer militärischen Auseinandersetzung um das Gebiet zwischen den Flüssen Caquetá und Putumayo. Kolumbien konnte den Konflikt für sich entscheiden. Ausgelöst durch die Krise, sah sich die Regierung in Bogotá veranlasst, den piedemonte ans Straßennetz anzuschließen.

Gebaut wurden die Straßen Pasto-Mocoa und Altamira-Florencia, um die Besiedlung voranzutreiben. Die Missionierung der indigenen Gruppen, die in den Nachbarländern bereits zu Kolonialzeiten einsetzte, erfolgte in weiten Bereichen des kolumbianischen Amazonasgebietes erst im 20. Jahrhundert und hat daher weniger verheerende Konsequenzen gezeitigt, als etwa in den Staaten des *Cono Sur*. Die Region um Mocoa und Florencia ist heute weitflächig gerodet und in Weideland verwandelt worden. An der Besiedlungsgrenze hat der Anbau und die Verarbeitung von Koka den Kautschuk abgelöst. Die Kokazentren befinden sich in den Departements Putumayo, Caquetá und Guaviare. Diese Regionen sind deckungsgleich mit dem Aktionsgebiet der Farc-Guerrilla und Operationsgebiet staatlicher Armeeeinheiten (Plan Patriotica). Die übrigen Regionen werden von indigenen Völkern und Gemeinschaften bewohnt und sind schwer zugänglich.

Internet Link: Humboldt y Yo –
Auf den Spuren der Erstentdecker durch das kolumbianische Amazonsgebiet
www.sebra.de/aktuelles/

Fläche

Das kolumbianische Amazonasgebiet bedeckt eine Fläche von 400 000 km². Das sind 35 % der kolumbianischen Landfläche, was die Größe der Bundesrepublik übertrifft. Die Region ist extrem dünn besiedelt, im Schnitt lebt ein Mensch auf 2 km². Zu den sechs Amazonasdepartements zählen Putumayo, Caquetá, Guavíare, Guainía, Vaupés und Amazonas.

Trotz des großen Flächenanteils begreift sich Kolumbien (noch) nicht als Amazonasland. Die Besiedlung des Dschungelflachlandes verläuft nur schleppend. Die Nachbarländer Venezuela und Brasilien sind da wesentlich weiter. Die Mentalität des Kolumbianers ist dem Andenhochland verbunden, und die Vorstellung, das Amazonasgebiet als Lebensraum zu sehen, fällt ihm schwer. Das Amazonasgebiet wird als Naturressource ausgebeutet, doch solange Kolumbien zwei Urwaldgebiete zur Verfügung stehen, konzentriert sich die Abholzung vorerst auf die Pazifikseite - den Chocó.

Kolumbien bietet in weit größerem Maße als andere Amazonasanrainerstaaten die Möglichkeit, eine Welt kennenzulernen, die noch ausschließlich vom Rhythmus der Natur bestimmt ist. Eine touristische Infrastruktur ist bislang nur um Leticia vorhanden. Es gibt 180 000 km² Indianergebiet (titulierte *Resguardos*) und 60 000 km² unbewohnter Nationalparkfläche. Kolumbien hat weltweit die größte zusammenhängende Fläche tropischen Regenwaldes unter Schutz gestellt. Im Gegensatz zu den Dschungellodges der Nachbarländer, die zwar für teures Geld jeglichen Luxus bieten, aber nur wenig Amazonasabenteuer, gibt es in Kolumbien **Dschungel pur**.

Noch immer stellen etwa 80 % der *Amazonia colombiana* unberührten Primärregenwald dar. Damit liegt Kolumbien in puncto Regenwalderhalt vor allen anderen Amazonas-Anrainerstaaten. Wer Karten lesen kann, leidlich Spanisch spricht und sich nicht scheut, eingetretene Pfade zu verlassen, wird hier eine großartige, unvergessliche Zeit erleben können. Die von Westen heranrückenden Kokaplantagen und die Herbizid- Besprühungen aus der Luft stellen eine große Bedrohung für das Medioambiente, die Biodiversität und das Überleben der hier lebenden indigenen Völker dar. Von der brasilianischen Seite ist die Region jüngst in den Klammergriff großflächiger Rodungen und anschließender Sojapflanzungen geraten. Die Gier nach Gold und der Einsatz von Quecksilber verseucht die Flüsse und schädigt den noch immer enormen Fischreichtum, die zentrale Proteinquelle aller Amazonasbewohner.

Vegetation

Der Amazonas ist keine homogene grüne Masse Wald, sondern weist eine äußerst unterschiedliche und abwechslungsreiche Vegetation auf.

Der tropische Regenwald ist das komplexeste Ökosystem des Planeten und gleichzeitig das fragilste. Es ist ein System, das sich aus sich selbst speist. Die Regenfälle, die an einem Orte niedergehen, entstammen Verdunstungswolken, die sich anderswo über dem Amazonas gebildet haben. Die Vegetationskappe ist äußerst dünn. Die Nährstoffe entstammen dem organischen Verwesungsprozess, der ständig am Werke ist und dessen süßlicher Modergeruch alle anderen Gerüche überlagert. Das Gebiet ist durchzogen von einem weit verzweigten Flusssystem. Es gibt zwei unterschiedliche Flusstypen. Die **Weißwasserflüsse** entspringen im Andenhochland. Aus dem Hochgebirge führen sie reichlich Sedimente mit sich. Sie haben sämtlich eine milchig trübe Farbe. Der Río Guaviare, der Río Caquetá und der Río Putumayo sind Weißwasserflüsse. In den nährstoffreichen Flüssen gibt es viel Fisch und an den Ufern eine reiche Vegetation mit einer vielfältigen Tier- und Pflanzenwelt, was eben auch Moskitos einschließt.

Das Gegenstück sind die **Schwarzwasserflüsse**. Diese Flüsse haben einen schwarzen Farbton, sind durchsichtig und nehmen in Ufernähe zumeist einen goldenen Farbton an. Die Farbe entsteht durch die Zersetzung von Pflanzenmaterial. Die Schwarzwasserflüsse sind vollkommen nährstoffarm und sauer. Ihre Quellen liegen in den Höhenlagen des Guyanaschildes, der ältesten geologischen Formation Südamerikas, deren Böden erschöpft sind. Der wasserreichste Schwarzwasserfluss ist der Río Negro. Andere Schwarzwasserflüsse sind der Río Vaupés und der Río Apaporis.

Die Weißwasserflüsse sind in aller Regel über große Entfernungen schiffbar, während die Schiffbarkeit der meisten Schwarzwasserflüsse durch eine Vielzahl von Katarakten und Stromschnellen behindert ist.

Die mäandernden Flüsse bilden in der Regenzeit weitflächige Überschwemmungszonen, die für die Reproduktion der Fische wichtig sind. Diese sogenannte *varzea*-Vegetation erreicht nicht die Höhe und die Artenvielfalt der dahinterliegenden *tierra firme*, der Festlandwälder.

Der Nordosten des kolumbianischen Amazonasgebietes gehört zu den Ausläufern des Guyanaschildes. Es gibt kahle Felsformationen mit karger Vegetation, die wie Inselberge aus dem Dschungel ragen (in den Departements Guainía, Vaupés, Guaviare).

Transport und Kosten

Die Transportkosten sind im Amazonasgebiet im Allgemeinen höher als anderswo. Das hängt damit zusammen, dass es praktisch keinen Straßenverkehr gibt. Die Straße ist das günstigste Medium des Transportes. Die Benzinkosten sind zwei- bis viermal so hoch wie im Inland. Bei großen Entfernungen ist das Flugzeug meist günstiger als eine vergleichbare Schiffs-/Bootstour. Es wird sich oft nicht vermeiden lassen, eine Strecke zu fliegen, meist schon deshalb, weil kein Alternativtransport zur Verfügung steht. Neben den Transportkosten fallen alle anderen Kosten jedoch nicht ins Gewicht. Die Übernachtung in der Hängematte in Indianerdörfern gehört zu den Gesten einer noch immer selbstverständlichen Gastfreundschaft. Ganz anders sieht es allerdings in Regionen aus, wo der «Gold»- (Minengebiete von Guainía) oder «Kokarausch» (Guaviare) eingekehrt ist. Hier schießen die Preise in die Höhe.

Kaum jemand wird den ganzen Reiz und die Vielfalt des Dschungels erleben, der mal eben hinjettet. Der Faktor Zeit spielt bei diesen Reisen mit Expeditionscharakter die entscheidende Rolle. Nur so wird man das Denken und die sozio-kulturellen Besonderheiten der Indianer begreifen, die einen anderen Zeitbegriff haben und damit einhergehend eine andere Wahrnehmung der Welt. Der Faktor Zeit spielt aber auch eine Rolle bei der Überwindung großer Entfernungen. Nur Kanus mit einem langsamen Außenbordmotor lassen es zu, die Flora und Fauna zu beobachten. In vollständig abgelegenen Gegenden gibt es keine anderen Transportmittel. Oft fehlen Außenborder und Benzin, so dass zum Paddel gegriffen werden muss. Der in seiner gesamten Länge schiffbare Río Putumayo ist seit Jahren die zentrale Verkehrsader für den von der Farc-Guerrilla kontrollierten Drogenhandel, die auf diesem Weg das weiße Pulver in Richtung Brasilien verschieben.

Straßen

Das gewöhnliche Fortbewegungsmittel unserer Zeit, das Kraftfahrzeug, ist im Amazonasgebiet zumeist unbrauchbar. Kolumbien hat zwar bereits zu Beginn der 1930er Jahre Straßen von den Höhenlagen der Anden ins Dschungelflachland gebaut, wie die Garzón-Florencia und Pasto-Mocoa Strecke, doch der große, weite Bereich des Tieflandes ist nach wie vor ohne Straßenanbindung. Der 77 km lange von tiefen Schluchten und Abgründen durchzogene Straßenabschnitt **San Francisco-Mocoa** gilt zudem als die gefährlichste Straßenverbindung im ganzen Land und hat seit ihrer Eröffnung über 500 Verkehrstote gefordert. Die Anwohner nennen die Straße auch das «**Trampolin des Todes**» («Trampolín de la muerte»). Im Schnitt ereignet sich dort jede Woche ein Erdrutsch und alle drei Monate ein größerer Verkehrsunfall (sprich Absturz). In Kolumbien hat es wie in Brasilien Pläne gegeben, eine *Tranzamazonica* zu bauen, doch der Straßenbau im immmerfeuchten Regenwald ist ausgesprochen kostspielig, und daran sind die Vorhaben bislang gescheitert.

Flüsse

Wer tiefer in den Dschungel hineinmöchte, muss das Boot nehmen. Auf einigen Strecken gibt es regelmäßigen Linienverkehr mit Schnellbooten, so an den Oberläufen von Río Putumayo und Río Caquetá und entlang des Río Guaviare. Linienschiffsverkehr, wie in Brasilien oder Peru, existiert in Kolumbien nicht. Andere Flüsse werden kaum befahren oder sind streckenweise wegen der vielen Stromschnellen unpassierbar, so der Río Inírida, Río Vaupés, Río Apaporis. An vielen Flüssen muss man auf einen Indianer oder fahrenden Händler warten, um weiterzukommen.

Die Fahrten auf den kleinen und kaum befahrenen Flüssen sind ein beeindruckendes Erlebnis, ganz gleich welche Route man wählt. Unter den Indianern weit verbreitet ist ein 9.9 oder 15 PS-Außenbordmotor, mit dem ein ideales Reisetempo zu erzielen ist. Mit größeren Motoren kommt man zwar schneller vorwärts, sieht aber weit weniger. Die Schnellboote, *voladoras*, die auf einigen Flüssen verkehren, sind hochmotorisiert, und es bleibt kaum Zeit, die Landschaft zu genießen.

Dschungelpfade

Von den Flüssen weg, hinein ins Dikkicht der Wälder führen *trochas*. Das sind die Fußwege der Indianer, alte, traditionelle Routen. Die meisten Pfade verbinden Indianersiedlungen benachbarter Flüsse. Dies sind keine gesäuberten Spazierwege, sondern Routen, die das natürliche Relief der Landschaft ausnutzen. Die *trochas* führen über Flussläufe.

Umgestürzte oder gefällte Bäume dienen als Brücken und führen über dichtes Wurzelwerk aus Lianen und Brettwurzeln. Statt eines Wanderstabes hält man eine Machete in der Hand, um sich an vielen Stellen den Weg freizuschlagen. Manche *trochas* sind in Vergessenheit geraten oder werden selten benutzt, weil eine Flugverbindung die Route verkürzt

Am Alto Río Negro

(z.B. Araracuara-La Chorrera), andere *trochas* sind breit getretene, weil viel benutzte Pfade (z.B. von Santa Isabel am Caquetá an den Mirití-Paraná), andere wiederum sind bereits zu Pisten für Lkws geworden (z. B. Mitú-Monfort).

Flugzeug

Die staatliche Fluggesellschaft **Satena** steuert die wichtigsten Ansiedlungen im Amazonasgebiet zumeist via Leticia an. Einige abgelegene Ansiedlungen werden von **Frachtflugzeugen**, zumeist DC-3's beliefert, die auch Personen befördern. Die Verbindungen sind unregelmäßig. Noch ein anderes Ungetüm ist über Kolumbiens Dschungelregionen in der Luft, die **Hercules-Transportmaschine** der kolumbianischen Luftwaffe FAC, im Volksmund «la lechera» (die Milchkuh) genannt. Wer genügend Zeit und Abenteuerspirit mitbringt, kann hier durchaus mal mitfliegen, wenn er sich mit den lokalen Autoritäten oder der Armeeführung gut stellt. Einen festen Flugplan gibt es natürlich nicht - Militärgeheimnis, denn die Hercules erledigt ihre Aufgabe vor allem als Truppentransporter, um die Antiguerrilla-Einheiten ins Einsatzgebiet zu fliegen.

Ureinwohner

Anders als in Brasilien oder Venezuela können viele Indianergruppen ohne behördliche Erlaubnis besucht werden, weil der kolumbianische Staat und seine Institutionen in der abgelegenen Region kaum präsent sind, aber auch, weil die indigene Selbstverwaltung in manchen Bereichen stärker verankert ist als in den Nachbarstaaten. Verteilt auf die riesige Fläche leben etwa 70 000 Ureinwohner, die sich auf über 50 verschiedene Ethnien verteilen. Das Amazonasgebiet ist ein Mosaik vieler unterschiedlicher Indianerkulturen. Die bevölkerungsarmen Departements Vaupés und Guainía haben den höchsten Indianeranteil aller Departements. In Guainía liegt er bei fast 97 %. Es gibt keine bevölkerungsmäßig großen Gruppen wie im kolumbianischen Hochland. Die harten Umweltbedingungen haben in diesem Landstrich keine Bevölkerungsballung zugelassen und viele Gruppen praktizieren natürliche Maßnahmen der Geburtenkontrolle. Zu den größeren gehören die Huitoto, Ticuna, Tukano, Cubeo, Piapoco und Puinabe. Ihre Zahl liegt bei jeweils etwa 6000 und ist sogar im Wachsen begriffen. Viele der kleinen Gruppen bestehen gerade einmal noch aus einigen hundert Angehörigen oder sogar darunter. Sie werden im besten Fall von den größeren Gruppen assimiliert oder geraten im schlimmsten Fall zwischen die Fronten von paramilitärischen Verbänden, Farc-Guerrilla und Armeeeinheiten.

Dazu zählen auch die erst in den 1980er Jahren von der Außenwelt «entdeckten» Nukak Maku zwischen dem Río Guaviare und dem Río Iníri-da, deren geringe Zahl sich seitdem durch Grippe, Windpocken und Selbstmorde halbiert hat.

Internet Link: Survival International
The movement for tribal people
www.survival-international.org

Je weiter weg die indigenen Völker und Gemeinschaften von der Besiedlungsgrenze leben, desto traditioneller ist ihre Lebensweise. Die Tänze und Riten der Vorfahren werden gepflegt. Vielerorts werden zur Jagd auf Affen und Vögel noch Blasrohre benutzt, deren Pfeile mit dem Gift *curare* bestrichen werden. Hauptanbauprodukt auf den *chagras*, den Dschungelgärten, ist die Yuka bzw. *manioka*. Für die Ernährung spielen daneben der *plátano*, die Backbanane, und die Früchte der *chontaduro*-Palme eine große Rolle. Die wichtigste Proteinquelle ist bei den meisten Gruppen Fisch. Die Lage der Indigenen im kolumbianischen Amazonasgebiet ist kompliziert und sie sind in einigen Gebieten nach wie vor der Willkür der bewaffneten Parteien im Drogen- und Guerillakrieg ausgesetzt. Zwar ist die Ernährungsgrundlage im Allgemeinen weitgehend gesichert, aber die Gesundheitsversorgung ist oft nur rudimentär. Die Amazonasvölker wollen ihre lebendige Kultur geschützt wissen, die Tradition des gemeinschaftlichen Zusammenlebens in der Maloca soll fortbestehen, die traditionellen medizinischen Kenntnisse und das Wissen um die Biodiversität sollen wiederbelebt werden, die Beziehungen zu den Indigenen in der Grenzregion sollen gestärkt werden, und auch ein Pilotprojekt für Kulturtourismus wurde initiiert.

Tierarten

Insekten

Die Zahl der Insekten im Amazonasgebiet ist unbekannt. Besondere Erwähnung verdienen die Ameisen, von den winzigen Blattschneiderameisen bis zu den vier Zentimeter langen Congas.

Kolumbien ist das Land mit den meisten Schmetterlingsarten. Zu den schönsten und größten seiner Art gehört der Morphofalter mit seinen metallisch blauen Flügeln.

Fische

Die Vielfalt an Fischen ist riesig, man hat bisher an die 3000 Arten gezählt und ständig werden neue entdeckt. Unter ihnen befinden sich friedfertige Riesen wie der Pirarucú und gefürchtete Arten wie der Piranha. Der Pirarucú ist der größte Süßwasserfisch der Welt. Einige Exemplare erreichen über zwei Meter Länge und ein Gewicht bis zu 125 kg.

Er gehört zur Familie der Knochenfische, den Nachfahren der Urfische. Der Pirarucú kommt zum Atmen alle 15 Minuten an die Wasseroberfläche. Der Pirarucú liebt ruhiges, trübes Wasser und hält sich bevorzugt in Seen auf, die der Amazonas auf seinen wechselnden Wanderungen schafft. Der beliebte Speisefisch, der an vielen Orten schon äußerst selten geworden ist, wird vom Kanu harpuniert.

Die Gefahr, die von den Piranhas ausgeht, ist jahrzehntelang maßlos übertrieben worden. Das in vielen Geschichten beschworene Bild eines von blutgierigen Piranhas in Sekundenschnelle sauber abgenagten Skeletts war zu grausig-schön, um einfach richtiggestellt zu werden.

Die meisten Piranhas sind an Menschen nicht interessiert. Es gibt die seltenen Fälle, dass ein Schwarm Piranhas ein großes Säugetier angreift. So etwas kann allenfalls während der Trockenzeit in einem vom Fluss abgeschnittenen See passieren, wenn die Fische ausgehungert sind. Gefährlicher als Baden mit Piranhas ist das Angeln von Piranhas. Der schnappende Biss eines großen, schwarzen Piranhas kann mit Leichtigkeit einen Finger abtrennen. Daher ist beim Entfernen des Angelhakens Vorsicht geboten.

Äußerst schmerzhaft ist es, auf einen der Rochen zu treten, die sich gerne im Ufersand einbuddeln. Abstoßend häßlich und mit elektrischer Spannung versehen ist die glibberig schwammige Masse der Zitteraale. Der *candiru* ist ein winziger Schmarotzerwels, der sich, vom Uringeruch angelockt, in die Harnröhre einschleust. Doch ist das Aufeinandertreffen von Mensch und einem Angehörigen des fischigen Gruselkabinetts die absolute Ausnahme. Nach einem schweißtreibenden Dschungeltag sollte man es sich nicht nehmen lassen, ein Bad zu nehmen. Die Einheimischen tun es ebenso und schlagen, um vor unangenehmen Begegnungen sicher zu sein, zwei-, dreimal mit der Hand aufs Wasser.

Einige Fische in dem komplexen Ökosystem des Amazonas besetzen Nischen, die anderswo von Vögeln eingenommen werden.

Der Gamitana verbreitet die Samen des Kautschukbaumes, von dessen Früchten er sich ernährt. Unter den weit verbreiteten Welsarten ist der Valenton der gewaltigste, aber auch beliebteste Speisefisch. Es gibt Exemplare, die zwei Meter Länge und über 100 kg Gewicht erreichen. Die Bewohner Amazoniens jagen diesen Fisch nur vom Land aus, wobei die Angelschnur um einen starken Baum geschlungen wird.

Vögel

Ein fliegender Schwarm großer Aras gehört zu den beeindruckendsten Momenten, die die Vogelwelt des Dschungels bietet.

Daneben gibt es die segelnden Tukane mit ihren Riesenschnäbeln, das Guyanafelsenhuhn mit seinem orangeroten Gefieder und den ungewöhnlichen Hoatzin. Der bedeutendste Greifvogel des Amazonas ist der gewaltige Harpienadler, dem in der Mythologie der Indianer ein besonderer Platz eingeräumt wird. In den Legenden der Ureinwohner werden ihm übernatürliche Kräfte zugeschrieben. Zu seiner bevorzugten Nahrung gehören Wollaffen.

Reptilien und Amphibien

Das Amazonasbecken ist ein riesiger Naturraum, wo es keine starren Grenzen von Erd- und Wasserfläche gibt. Daher sind Schlangen und Frösche hier in ihrem Element. Die Anakonda erreicht eine Länge bis zu zwölf, die Boa Constrictor bis zu acht Metern. Beide Schlangen sind ungiftig und nicht aggressiv. Zu den Giftschlangen gehören die acht Unterarten der Korallenschlange mit ihren leuchtenden Farben und die hochaggressive, bis zu vier Meter lange, **Große Buschmeister**, die tief im Unterholz lebt und ausschließlich nachts aktiv ist.

Einige der knallbunten Baumsteigerfrösche sondern ein giftiges Hautsekret ab, das die Eingeborenen abstreichen und später als Pfeilgift benutzen. Die fette und schrill geschminkte Hornkröte erreicht eine Größe von 20 cm, versteckt sich unter Blättern und Ästen und vertilgt kleine Nager und Echsen. Die Laubfrösche beginnen bei Einbruch der Dämmerung mit ihren Konzerten. Beinahe verschwunden ist der große Mohrenkaiman, der einst in Scharen die Flussufer bevölkerte. Häufiger kommt der kleinere harmlose Brillenkaiman vor. In der Nähe der Flüsse hält sich der Grüne Leguan auf. Die «Machos» haben einen stattlichen Rückenkamm, beide Geschlechter einen Kehlsack. Die über 25 kg schwere Charapa-Süßwasserschildkröte legt noch immer ihre Eier an den Stränden der menschenleeren Ufer einiger Amazonaszuflüsse.

Säugetiere

Schätzungsweise leben 115 bis 125 Säugetierarten (ohne die vielen Fledermausarten) im kolumbianischen Amazonasgebiet.

Der König der Dschungeltiere ist der Jaguar. Im tropischen Regenwald leben viele Affenarten, u. a. der Kapuzineraffe, der Springaffe, der Klammeraffe, der rote Brüllaffe, der Nachtaffe, der seltene und kleine Titi und der Wollaffe. Der Wollaffe ist eine im Amazonasraum weit verbreitete Affenart, die seit altersher von den Waldindianern wegen seiner Intelligenz und Anhänglichkeit gern als Haustier gehalten wird. Vielerorts ist er heute selten geworden, denn sein Fleisch ist unter sämtlichen Indianerstämmen begehrt. Begehrte Jagdtiere sind außerdem der

Tapir, das Pekari und der Capybara. Delfine und Seekühe (*manatis*) leben in den Flüssen.

Reisevorbereitung auf das Amazonasgebiet

Zur Standardausrüstung gehören Hängematte, Moskitonetz, Gummistiefel, Regencape, Machete, Kochtopf, Taschenlampe, Batterien, Moskitorepellent und einige Grundnahrungsmittel wie Reis, Tütensuppen, Haferflocken, Trockenmilch, Kaffee, Zucker und Salz. Der Reisende ist stets auch Händler, er sollte daher ausreichend Tauschobjekte dabeihaben. Begehrt sind Macheten, Scheren, Batterien, Schreibhefte. Außerdem sollten genügend Pesos eingesteckt werden, kleine Scheine für die kleinen Einkäufe, große fürs Benzin.

Wer gerne liest (und einmal ungestört und unbeeindruckt von der alltäglichen Nachrichtendosis über sich und die Welt nachdenken möchte), kann auch ein wirklich gutes, über den hektischen Wellenschlag der Gegenwart herausgehobenes Buch mitnehmen.

Karten

Kartenmaterial des IGAC gibt es zu allen Amazonasdepartements im Maßstab 1 : 500 000. Das ist ein guter Maßstab, um sich entlang der Flüsse zu orientieren. Wer die Flussläufe verlässt und die Pfade betritt, dem nutzt keine Karte, sondern nur der wegeskundige Indianer. Auch ein Kompass ist allenfalls von begrenztem Nutzen. Unter dem Dschungeldach gibt es keinen Horizont und daher keine Landmarken.

Dschungel-Survival-Tips von Experten

Rüdiger Nehberg empfiehlt:
- 32er Revolver mit 56 Patronen
- Getarntes 1 Schuss-Gerät
- Protigmin (gegen Curare)
- Cortison (zum Kreislaufstabilisieren)
- Captagon (Psychotonicum)
- Pervitin (für ein letztes Aufputschen)
- Zyankali (wenn Pervitin nicht mehr gebraucht wird)

William S. Burroughs empfiehlt:
- Serum gegen Schlangenbisse
- Penicillin
- Enteroviorformo
- Aralen
- Hängematte
- Wolldecke
- eine Knarre im Gummibeutel

Krankheiten und Gefahren

Malaria

Die dünne Besiedlungsdichte und der geringe Eingriff in die natürliche Vegetation sorgen dafür, dass der kolumbianische Amazonas weitgehend malariafrei ist. Am gefährdetsten ist man am ehesten in Regionen mit dichter Besiedlung. Die ungeordnete Entwicklung einiger Amazonassiedlungen hat zum Ansteigen von Malariainfektionen geführt. Beispiele sind die Region um Puerto Asís und Miraflores (siehe Gesundheit).

Schlangenbiss

Die meisten Schlangen sind ungiftig. Es gibt im kolumbianischen Amazonasgebiet zwei Arten von Giftschlangen. Das Gift einer Korallenschlange kann zur Atemlähmung führen. Korallenschlangen sind an den Flussufern verbreitet. Ihre Musterung besteht aus einem intensiven Rot-Gelb-Grün. Korallenschlangen sind nicht aggressiv. Zur anderen Gruppe gehören die Gruben- und Lanzenottern. Diese Schlangen haben zwischen den Augen eine grubenförmige Einbuchtung. Ihr Gift zerstört die Gerinnungsfähigkeit des Blutes und das Zellgewebe. Die Gefahr eines Schlangenbisses ist außerordentlich gering und kann durch Vorsichtsmaßnahmen weiter minimiert werden.

Auf den Dschungelpfaden Stiefel und lange Hosen tragen. Bei überwachsenen Wegen mit dem Stock aufschlagen. Das Geräusch verscheucht die Schlangen. Vor dem Anziehen der Kleidung Stiefel ausschütteln. Die meisten Schlangen werden erst in der Dämmerung aktiv. Während der Regenzeit flüchten sich die Schlangen ins Trockene, d. h. insbesondere in die Nähe menschlicher Behausungen.

Bei einem Schlangenbiss ist es vertane Zeit, der Schlange hinterherzujagen und sie womöglich zu erlegen. Sinnvoller ist es, die Bissmarkierung zu betrachten. Giftschlangen haben Hohlzähne, durch die sie das Gift injizieren. Der Biss hinterlässt eine ovale Markierung.

Der Patient muss sich hinlegen. Auf keinen Fall darf das Gift ausgesaugt werden. Verschlechtert sich der Zustand des Gebissenen, muss Antischlangenserum intramuskulös gespritzt werden. Zunächst reicht eine Dosis, das sind zwei Ampullen, aus. Da Antischlangenseren aus Fremdeiweiß hergestellt werden, kann es zu Schockreaktionen kommen. Daher muss zugleich ein Kortisonpräparat gespritzt werden.

In Kolumbien sind Kombinatseren für die im Land auftretenden Giftschlangen erhältlich. Das größte Problem dürfte sein, das mitgeführte Präparat kühl zu lagern. Zwar erzählen manche Apotheker vor Ort, man könne das Serum wochenlang ungekühlt durch den Dschungel tragen, ohne dass es an Wirkung verliere, doch darauf würden wir es nicht ankommen lassen.

Nähere Auskünfte zu Schlangenbissen gibt das Instituto Nacional de Salud, Av. Eldorado Cra. 50, ☎ 222 05 77.

Filarien

In einigen Gebieten kommen Filarien vor. Am Inírida und Vaupés ist die harmlose *Manzonella ozzardi* Infektion weit verbreitet. Die gefürchteten Formen der Flussblindheit und Elefantiasis treten in Kolumbien nicht auf. Überträger ist die Kriebelmücke, die sich gerne in der Nähe von Stromschnellen aufhält. Am größten ist das Risiko in den Nachtstunden. Bester Schutz ist auch hier lange Kleidung und ein engmaschiges Moskitonetz (unter 1 mm). Die Erreger werden im Blut nachgewiesen.

Klima

Die Niederschlagsverteilung im kolumbianischen Amazonasgebiet ist nicht konstant. Vom **Norden** her, wo die Savannen der Llanos in die Regenwälder übergehen, nimmt die Niederschlagsmenge stetig zu, und die Länge der Trockenzeiten nimmt ab. Im Norden liegt San José del

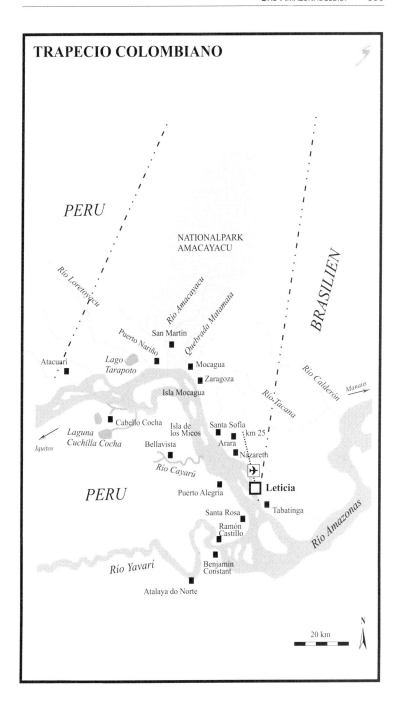

Guaviare mit den trockensten Monaten Januar und Februar, im Zentrum, Araracuara mit 203 Regentagen. Der trockenste Monat ist Januar. Leticia im **Süden** weist 187 Regentage auf. Der trockenste Monat ist der August. Die beste Zeit für einen Besuch der nördlichen Amazonasregion sind die Monate Januar-März. Anders ist es in Leticia, das unterhalb des Äquators liegt. Hier sind die trockensten Monate August und September.

Der weltweiten Klimaveränderungen und die massive Rodung der Amazonaswälder beeinflussen auch das Klima im Amazonasgebiet. Es war in der Vergangenheit schon vorgekommen, dass der Regen einmal mehrere Tage lang ausblieb, inzwischen aber hat man in Leticia Perioden erlebt, in denen es bis zu 15 Tage keine Niederschläge gegeben hat. Ausbleibender Regen aber hat für das fragile Ökosystem verheerende Konsequenzen. Die Waldbrände, die inzwischen weitflächig auf der brasilianischen Seite registriert werden, breiten sich in Windeseile aus und haben an manchen Tagen bereits den Flugverkehr in Leticia zum Erliegen gebracht.

Leticia

96 Meter, 29°C, 37 000 Einwohner
◐ 8

Leticia ist die Hauptstadt des kolumbianischen Amazonasgebietes. Das Departement Amazonas ist mit 110 000 km² das größte Kolumbiens und bedeckt 10 % der gesamten Landfläche. Leticia wurde 1867 durch den Peruaner Benigno Bustamante gegründet. Seit dem Grenzvertrag mit Peru aus dem Jahre 1932 ist der Ort kolumbianisches Staatsgebiet und liegt am äußersten Zipfel des «Trapecio Amazonico», der trapezförmige Landstreifen, der Kolumbien den Zugang zum Amazonas verschafft. Auf Druck der Amerikaner, die für die Wegnahme Panamas Wiedergutmachung leisteten, musste Peru seine Ansprüche auf dieses Gebiet begraben. Leticia ist 1090 Kilometer von Bogotá entfernt, eine Insel im Amazonasdschungel, vom übrigen Kolumbien nur aus der Luft zu erreichen. Es ist ein heiteres und sauberes Städtchen, das vom Handel mit den Nachbarn, den Fischen und ein wenig von den Touristen lebt. Durch ihre Lage im Dreiländereck sind die Einwohner aufgeschlossen gegenüber Besuchern. Die überwiegend weiße Bevölkerung ist aus dem Inland zugewandert.

Das Zentrum von Leticia ist der **Markt** am Ufer des Amazonas. Die Ticuna-Indianer der benachbarten Siedlungen bieten Fisch, *fariña* und *bocadillo*, eine kleine Süßbanane an. Von hier kann man in den Abendstunden den Sonnenuntergang über dem Amazonas erleben.

SEBRA TIPP

Im **Museo del Hombre Amazonico** haben Kapuzinermönche eine Sammlung über die Huitoto, Ticuna und Yucuna in über 50 Jahren zusammengetragen. Unter den gut repräsentierten Stücken des Museums sind Masken der Ticuna, die Tierfiguren, wie die Schlange, den Affen und den Frosch, repräsentieren. Sie werden aus Baumrinde hergestellt und mit Pflanzenfarben bemalt. Diese Masken werden bei dem Ritual des *pelazón* getragen. Von den Huitoto, die zwischen dem Caquetá und dem Putumayo leben, sieht man die *maguaré*, ihr «Dschungeltelefon», zwei hohle Baumstümpfe. Der größere repräsentiert das weibliche, der

LETICIA

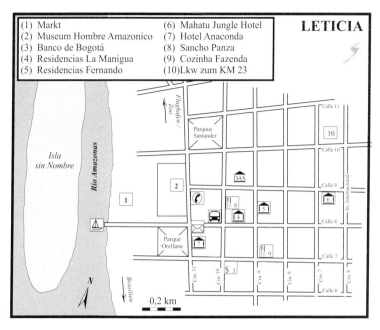

(1) Markt
(2) Museum Hombre Amazonico
(3) Banco de Bogotá
(4) Residencias La Manigua
(5) Residencias Fernando
(6) Mahatu Jungle Hotel
(7) Hotel Anaconda
(8) Sancho Panza
(9) Cozinha Fazenda
(10) Lkw zum KM 23

kleinere das männliche Element. Die Yucuna leben an den Ufern des Mirití-Paraná. Einer ihrer wichtigsten Tänze ist der *baile de chontaduro*. Das Fest findet zu Ehren der *chontaduro*-Palme statt. Die *chontaduro*-Früchte sind ein wichtiges Nahrungsmittel aller Amazonasindianer.

Bei dem Fest tragen die Yucuna Ganzkörpermasken, mit denen sie sich in Affen, Bienen und andere Geschöpfe des Waldes verwandeln.

Im gleichen Gebäude befindet sich eine Bibliothek mit einigen Büchern zum kolumbianischen Amazonas.

Cra. 11, Calle 9 u.10. ⊕ Mo-Fr 8-12 u. 14-18.

Banken und Wechsler

Banco de Bogotá, Master/VisaCard, ATM, Cra.10 No 10-108

BBVA, Master/VisaCard, ATM, Calle 7 No 10-12

Bardollar, peruanische Soles, brasilianische Reales und Pesos tauschen die Holzbuden an der Straße zum Markt.

DAS und Pass

Für die Ausflüge in die grenznahen Nachbarländern bedarf es keines Aus-/Einreisestempels. Es gibt allenfalls oberflächliche Grenzkontrollen. Wer in Leticia Kolumbien den Rükken kehrt holt sich den Ausreisestempel im DAS-Büro ab. Calle 9 No 9-62, ① 592 71 89. Den Einreisestempel für Peru erhält man in Santa Rosa. Die Einreiseformalitäten für Brasilien erledigt die Policía Federal in Tabatinga. (siehe Infos)

Schlafen

SEBRA TIPP

Mahatu Jungle Hostel, www.mahatu.com, Cra.7 No 9-69, ① mobil 311 359 12 65, beliebter und zentralgelegener Backpackertreff einschließlich Dschungelgarten mit Hängemattenplätzen, Küchenbenutzung, Internet und Fahrradverleih, Bett im dorm. € 6, Gemeinschaftsbäder außerhalb. Der stets gutgelaunte Manager Gustavo spricht auch englisch.

Residencias La Manigua, Calle 8 No 9-22, ① 592 71 21, Zimmer mit Bad, Vent., freundlich, sauber, ruhig, € 8/10/13.

Residencias del Centro, Cra. 10 No 8-52, ① 592 43 11, große Zimmer mit Vent. und eingemauerten Betten, Gemeinschaftsbad, € 10 p.P.

Residencias Fernando, Cra. 9 No 8-80, ① 592 73 62, Zimmer mit Bad, Vent., ruhig, TV, freundlich, € 13/19.

Hostal Los Delfines, Cra. 11 No 12-83, ① 592 74 88, schöne Zimmer mit Privatbad, Vent., Hängemattenplätze im Innenhof, € 25(2).

Hotel Yurupary, Calle 8 No 7-26, freundliches Hotel, Zimmer mit Bad, a/c, kleiner Pool, € 35(2).

Hotel Anaconda, Cra. 11 No 7-84, gegenüber dem Parque Orellana, ① 592 71 19, 📠 592 70 05, www.hotelanaconda.com, Zimmer mit Bad, a/c, Telefon, Minibar, Balkon mit Amazonasblick, Pool, Restaurant, das Anaconda Tours-Büro ist gleich im Haus, € 61/83/105.

SEBRA TIPP

Decameron Decalodge Ticuna, Cra. 11 No 6-11, ① 592 66 00, www.decameron.com, wird gern von Reisegruppen gebucht, der Ex-Parador Ticuna ist zur Luxusanlage umgebaut worden. Alle Bungalows haben eine eigene Terrasse mit Hängematte, a/c, Minibar, Safe, zudem einen Swimmingpool mit Handtuchservice, Restaurant- und Barbetrieb. Vom Aussichtsturm kann man den Sonnenuntergang über dem Amazonas beobachten, € 90-150 p.P., je nach Tarif, inkl. Frühstück/Abendessen.

Essen

Wenn man die Gelegenheit dazu hat, sollte man den Gamitana, den leckeren Amazonasspeisefisch probieren. Pirarucú steht nicht mehr auf dem Speiseplan, aber auf der Roten Liste! Dieser Fisch ist um Leticia selten geworden, und die wenigen noch gefangenen Exemplare werden, falls nicht zuvor von der Polizei beschlagnahmt, illegal zum Verzehr nach Bogotá geflogen Die Getränkekarte ist international. Die großen Brahma- und Antarcticabiere aus Brasilien fehlen ebenso wenig wie die Caipirinhas.

Sancho Panza, Cra. 10 No 8-72, comida corriente (Reis, Bohnen, Backbanane).

El Viejo Tolima, Calle 8, comida corriente, Fruchtsalat, Eis.

Buccaneer, neben Sancho Panza, gutes Frühstück, a/c, Terrasse.

Club de Billares y Cafetería Barbacoas, Cra. 10 No 8-28, Treffpunkt für Billiard, *tinto* und Fruchtsäfte.

Restaurante Tropical, Cra.10 No 8-80, Dschungel-Kitsch pur zwischen üppigen Pflanzen und Aquarien, Frühstück und guter Mittagstisch € 2,50.

Cozinha Fazenda, Cra. 9 No 7-48, Pancakes oder French Toast zum Frühstück, Sandwichs und ein vegetarisches Mittagsmenü.

Restaurant El Dorado, im Hotel Anaconda, keine schlechte Küche, aber ziemlich sterile Atmosphäre.

Musik und Tanz

Mosshe's Bar, Cra. 10 No 10-12, für den Caipirinha-Sundowner.

Bar Emotions, Salsa, Merengue, Vallenato.

Kalua Disco, mit traditionellen brasilianischen Tänzen in den Nachtstunden.

Bukhanos, Av. Internacional, Salsa, Merengue, Vallenato.

Im benachbarten **Tabatinga** ist die Stimmung noch wesentlich verrückter, z.B. in der **Scandalo's Disco**, Brahma/Antarctica Biere und Caipirinhas bei Samba-Klängen.

Dschungeleinkäufe

Wer von Leticia in den Dschungel aufbricht, findet hier alles, was er braucht, und zwar einfacher und konzentrierter als in Bogotá oder anderswo. Um den Markt sind Dutzende von Läden. Hier gibt es Hängematte, Moskitonetz, Gummistiefel, Regencape, Machete, Kochtöpfe, Taschenlampe, Batterien, Moskitorepellent und div. Lebensmittel.

Touren

In Leticia gibt es eine ganze Reihe von größeren und kleineren Touranbietern, die Ausflüge in die Umgebung organisieren.

Die klassischen Besuchsziele sind:
- Lagos Yahuaracas mit der Victoria Regia-Wasserlilie
- Indianergemeinschaft der Ticuna in Arara und der Yaguas in der Quebrada Tucuchira
- das Ticuna-Dorf Bella Vista in Peru
- die Isla de Los Micos (Monkey Island)
- die Lagos de Tarapoto bei Puerto Nariño mit den rosaroten Delfinen
- der Nationalpark Amacayacu mit seinen 14 verschiedenen Wanderwegen, Kanutouren, rosaroten Delfinen, Indigenengemeinschaften der Ticuna
- Benjamin Constant, mit dem Besuch einer Kautschukplantage

Bei den meisten Touren ist Piranhafischen beliebter Zeitvertreib. Nur wenige dieser Besuchsziele bieten den gesuchten unberührten Regenwald und sind zudem leicht mit lokalen Transporten zu erreichen. Die Ticuna-Gemeinschaften der Umgebung leben schon lange nicht mehr traditionell und die in den 70er Jahren wegen des Tourismus an der Quebrada Tucuchira angesiedelten Yagua sind in einem jämmerlichen Zustand. Die einstigen Jäger, die mit zwei Meter langen Blasrohren auf der Suche nach Getier durch den Dschungel streiften, warten heute in ihren Baströckchen auf die Ankunft der Touristen, um auf Panflöten Melodien zu pfeifen. Die Umsiedlungsaktion hatte der Amerikaner Mike Tsalikis, der ungekrönte König Leticias jener Zeit, Konsul, Flieger und Tier- und Drogenhändler, initiiert. Ihm gehörten das frühere Hotel Parador Ticuna und die **Isla de los Micos**. Das Imperium des in Miami verhafteten Mike Tsalikis wurde beschlagnahmt und auf Anordnung des Präsidenten der **Decameron-Hotelkette** für zehn Jahre übertragen, um ökologisch nachhaltigen Tourismus zu betreiben. Die Isla de los Micos, 35 km stromaufwärts von Leticia, ist bevölkert von Tausenden an den Menschen gewöhnter Kapuzineräffchen, die einst für die Tierlabore in den USA bestimmt waren, vor dem Besuch ist das Decameron Hotel in Leticia zu kontaktieren.

Seit einiger Zeit wendet sich das touristische Interesse auch verstärkt der brasilianischen Seite mit dem Javarífluss zu, der die Grenze zwischen Peru und Brasilien bildet. Die Seitenarme dieses Flusses bieten noch unberührten tropischen Regenwald und das lang ersehnte Abenteuer. Diese Touren sind kostspieliger.

Das zentrale Schmuckstück des kolumbianischen Amazonastourismus ist der Nationalpark Amacayacu, mit neuen Unterkünften, vielen Dschungelpfaden und Beobachtungstürmen. Der Ausbau des Nationalparks Amacayacu ist der erste Versuch Kolumbiens, der touristischen Entwicklung anderer Amazonasstaaten wie Brasilien und Peru zu folgen. Aus dem Nationalpark Amacayacu soll einmal ein zweiter «Manu» werden, wie der bekannte Amazonasnationalpark in Peru heißt.

Touranbieter

Anaconda Tours, im Anaconda Hotel, ① 592 71 19, 🖶 592 70 05, organisiert (Mehr-)tagestouren, Parque Amacayacu, Puerto Nariño, Benjamin Constant.

Reserva Natural Palmari, www.palmari.org, (deutsch/englisch/spanisch) mit einer am Rió Javarí (Brasilien) gelegenen Dschungellodge, Trekking- und Kanutouren, canopy SelvaAventura, vorherige Kontaktaufnahme per Internet.

Schiffsverbindungen

Die Flusstaxis mit Außenborder starten von der schwimmenden Bar beim Markt. Über sämtliche Schiffsbewegungen in Leticia ist das Ministerio de Transporte División Cuenca Fluvial del Amazonas, Cra. 11, Ecke Calle 3, ① 592 77 92, informiert.

Puerto Nariño - täglich um die Mittagszeit legt das 2x200 PS-Ungetüm *Tres Fronteras* oder *Lineas Amazonas* ab, € 20. Zwischenstopp beim Eingang des **Nationalparks Amacayacu**, 2 Std., € 10.

Santa Rosa (Peru) - liegt auf der gegenüberliegenden Amazonasseite, Flusstaxi € 3. Von dort fahren die Schiffe und Schnellboote nach Iquitos (Peru).

Iquitos (Peru) - Die Transportschiffe nach Iquitos brauchen drei Nächte, zwei Tage. Es sind bauchige und untermotorisierte Metallschiffe. Unregelmäßige Abfahrtszeiten, zweimal die Woche, inkl. Essen (Essbesteck mitbringen!) € 20-25.

Wem dies zu lange dauert, der brettert mit dem Schnellboot *Expreso Loreto* los, ⊕ täglich außer Mo um 4, 10-12 Std., € 60. Tags zuvor das Ticket kaufen. Angenehm ist diese Fahrt nicht und auch bei dem Preis ist der Flug wohl vorzuziehen (siehe Flugverbindungen). Alternative: Schnellboot nach **Cabello Cocha** (die Station nach **Puerto Nariño**) € 20 und von dort weiter für € 12 mit einem der Frachtkähne.

Benjamin Constant >**Río Javarí** (Brasilien) - zunächst mit einem Flusstaxi vom Hafen in Tabatinga, 40 Min., € 8. Gelegentlich fährt ein *Recreo*-Schiff von Benjamin Constant in den Morgenstunden den Río Javarí stromaufwärts oder mit einem VW-Bus über Land nach Atalaya do Norte, € 8, von hier aus kann man versuchen mit lokalen Fischern bis ins Reserva Natural Palmari zu gelangen, zwischen € 20-40, Fahrtzeit entsprechend der angehängten PS zwischen 1 und 4 Std.

Manaus (Brasilien) - Passagierschiffe fahren vom Hafen in Tabatinga zweimal die Woche flussabwärts, fünf Tage, € 75 Deck (€ 130 Kajüte) inkl. Essen an Bord.

Busverbindungen

Die einzige Verkehrslinie Leticias führt vom Zentrum in den Nachbarort Tabatinga (Brasilien), Ecke Cra. 10, Calle 8 ab, € 0,50.

Flugverbindungen

Aerorepública, Calle 7 No 10-36, ✆ 592 78 38.
Satena, Calle 11 No 5-73, ✆ 592 48 45.
Bogotá - Satena, täglich, € 140, Aerorepública, täglich, ab € 150.
La Chorrera - Satena, Sa, € 100.
La Pedrera - Satena, unregelmäßig, € 80.
Manaus (Brasilien) - von Tabatinga mit Trip Linhas Aéreas, www.voetrip.com.br, Mi u. So via Fonte Boa und Tefé.
Iquitos (Peru) - Flüge mit Avia Selva vom Flughafen in Leticia.

Straße nach Tarapacá

Die Regierung plant seit Jahren eine Landverbindung von Leticia nach Tarapacá, einer kleinen Ortschaft am Río Putumayo, 157 Kilometer entfernt, und ebenso lange geistert diese Straße durch das spärliche Kartenmaterial. Tatsächlich endet die Asphaltdecke bei Km 15 und die Piste bei Km 25. An der Straße sind kleine Gruppen unterschiedlicher Ethnien angesiedelt worden, Huitoto, Muinane u.a. Auch einige *colonos* haben ihre Fincas hier. Bei Km 8 steht eine *maloca* der Huitoto. Ein Kipper (*volqueta*) fährt vom Bauhof in Leticia, Cra. 6, Calle 10, täglich um 5.00 ab. Man steht auf der Ladefläche und hält sich bei jeder Bodenwelle an der Schulter des Nachbarn fest, oder man leiht sich ein Fahrrad und besucht die indigenen Gemeinschaften beim Km 11.

Tabatinga (Brasilien)

Tabatinga und Leticia sind räumlich zusammengewachsen und zugleich ganz unterschiedlich. Das ausgelassene Nachtleben findet in Tabatinga statt. Die Beschaulichkeit von Leticia geht Tabatinga ab. Am Hafen von Tabatinga kann man im **Restaurant Blue Moon** eine leckere peruanische Ceviche und einige eiskalte Biere beim Sonnenuntergang genießen.

Benjamin Constant (Brasilien)

Benjamin Constant liegt auf der anderen Seite des Amazonas, an der Mündung des Javaríflusses. Es ist ein heruntergekommenes Hafennest, umgeben von Holzfabriken. Die Bevölkerung ist abgestumpft, die Hotelpreise gesalzen. Von hier gehen morgens Boote nach **Atalaya do Norte**. Von dort kann man versuchen, weiter in das Gebiet des Río Javarí vorzudringen - schwierig und teuer. Die vielen Wartezeiten lassen sich durch einen Besuch im örtlichen Museum und im Restaurant **Bella Epoca** mit Blick auf den Río Yavarí überbrücken.

SEBRA TIPP
Nationalpark Amacayacu

Der Nationalpark Amacayacu liegt etwa 60 Kilometer von Leticia entfernt, Amazonas stromaufwärts. Amacayacu ist Quechua und bedeutet «Fluss der Hängematten.» Die Parkfläche beträgt 2935 km². Am Parkeingang liegt das Besucherzentrum der UAESPNN, an der Mündung der Quebrada Mata-Mata. Hier wurde nun auch eine Hängebrücke in 30 Meter Höhe zwischen den Baumkronen gespannt. Die Anlage besteht aus mehreren Pfahlbauten, die durch Stege miteinander verbunden sind. Zu Zeiten des Hochwassers wird das Land überflutet. Die periodischen Überschwemmungszonen heißen *igapo* oder *varzea*. Im Januar steigt der Wasserpegel und erreicht seinen Höchststand zwischen April und Mai. Ab Juni sinkt der Wasserstand wieder. Die Überflutung ist wichtig für die Regeneration der Böden und der Reproduktion der Fische. Sie erfüllt damit eine wichtige Funktion im Amazonaskreislauf. Hinter den Überschwemmungszonen schließt sich der Festlandregenwald (*tierra firme*) an. Die Baumkronen erreichen bis zu 40 Meter Höhe. Schmuckstück des Parks ist die nur wenige Schritte vom Besucherzentrum entfernte Riesen-*ceiba*. Vertreten sind viele der für den Regenwald typischen Baumarten Caoba, Kautschuk, Balso, rote und weiße Zeder, und die Palmen *moriche* (oder *canangucha*), die *asai*-, *chonta*- und *bambona*-Palme. Von der Fauna wird der Besucher viele Vogelarten zu Gesicht bekommen; es wurden an die 500 Arten gezählt. In der Nähe des Besucherzentrums befindet sich ein Beobachtungsstand.

Keine Seltenheit ist es, entlang der Pfade Schlangen zu sehen, die vor den Augen des Besuchers davonhuschen. Die meisten dieser Schlangen sind ungiftig. Entlang der *quebradas* begegnet man schon einmal einer Riesenanakonda. Großsäuger, wie Tapir, Riesenotter, Jaguar, werden kaum die Wege des Besuchers kreuzen, schon eher einige Affenarten, z.B. Kapuziner- und Wollaffen. Gegenüber der Quebrada Mata-Mata, in dem großen Strom, liegt die **Insel Mocagua**. Diese Insel, die während des Hochwassers überflutet ist, bietet mit ihren Sumpfflächen eine der letzten Heimstätten des vom Aussterben bedrohten Mohrenkaimans. Dies ist die größte, einst weit verbreitete Echse Südamerikas.

Die Insel ist ein Vogelparadies. Mit viel Glück und Geduld sieht man ein Hoatzinpärchen. Der **Hoatzin** erscheint wie die lebende Ausgabe des Urvogels Archäopterix. An den Flügelenden besitzt der Vogel Klauen, die er zum Klettern in den Bäumen gebraucht. Der Hoatzin ist ein farbenprächtiger Kuckuck mit großen Augen, umrundet von einem stahlblauen Kranz. Die Nester des Hoatzins liegen oberhalb der Wasserlinie der Lagunen. Bereits die Jungtiere sind exzellente Schwimmer und Taucher. Sie bleiben erstaunlich lange bei den Eltern und helfen beim Nestbau und der Territorialverteidigung. Der Besonderheiten nicht genug, ist der Hoatzin der einzig bekannte flugfähige Vogel, der sich ausschließlich von Blättern ernährt.

Auf den Seen wächst die **Victoria Regia** (*Victoria amazonica*), ein Riesenlotus.

Beim Besucherzentrum trifft man auf Ticuna-Indianer, die einen mit dem Kanu hinüberpaddeln. Im Park liegt das Resguardo der Ticuna **San Martín de Amacayacu**. Auch wenn Besucher in San Martín beinahe alltäglich sind, so pflegen die Ticuna hier ihre traditionellen Jagd- und Anbaumethoden und leben ein intaktes Gemeinschaftsleben. Man

Die Ticuna

Geschichte

Die Ticuna haben schon sehr früh friedliche und aufgeschlossene Kontakte zu den Weißen unterhalten. 1542 bereiteten sie Kapitän Orellana einen großen Empfang. Sie hielten ihn für den Sohn der Sonne. Häuptling Aparia begleitete Orellana als Führer bis an die Grenzen seines Reiches. Damit war der Grundstein für den Austausch von Kultur- und Handelskontakten gelegt. Zur Zeit Orellanas waren die Ticuna Halbnomaden und Jäger. Mehrere Familien lebten in einer großen Gemeinschaftshütte, der *maloca*, die mit Blättern der *mauritia*-Palme gedeckt war. Die *maloca* haben sie längst gegen rechteckige Einzelhäuser eingetauscht. Die Ticuna sind patrilineal organisiert und monogam. Die Einzelfamilien sind zu Clans zusammengefasst, die Vogel- oder Pflanzennamen tragen.

Jagd und Fischfang

Die Männer gehen auf die Jagd und jagen die großen Tiere wie den Tapir mit dem Gewehr. Affen und kleinere Vögel werden auch heute noch mit der *cerbatana*, dem Blasrohr, getötet. Die Pfeile sind mit dem Pfeilgift *curare* bestrichen. Die großen Fische, der Pirarucú und der Gamitana, werden mit der Harpune gejagt.

Leben und Tod

Leben und Tod sind für die Ticuna nur graduell unterschiedliche Seelenkonditionen. Der Tod zerstört die geistige Persönlichkeit des Menschen nicht, sondern ist lediglich der Übergang in eine andere Welt. Die neue körperlose Existenz ermöglicht es, in verschiedenen Welten zu wirken. Der Tote ist auch in der Lage, - zeitweise- in die Welt der Lebenden zurückzukehren.

Der wichtigste Besitz des Ticuna ist die Hängematte. Sie meinen, dass selbst die Götter eine Hängematte besäßen. Die Verstorbenen werden, eingewickelt in ihre Hängematte, in der Mitte des Hauses begraben.

Zeremonien

Zu den wichtigsten Festen der Ticuna gehört das *pelazón*. Mit diesem Fest endet die Kindheitsphase des Mädchens. Sie wird zur Frau. Der Übergang ist schmerzhaft, denn ihr werden alle Kopfhaare ausgerissen, so war es jedenfalls noch vor einiger Zeit. Heute allerdings werden die Haare zumeist mit der Schere abgeschnitten. Die Festgäste tragen Masken, gefertigt aus Baumrinde mit Vorbildern aus der Tier- und Pflanzenwelt - Affe, Anakonda, Frosch, Yukawurzel, *chontaduro*-Palme. Das Mädchen wird aus dem Haus in die Mitte der *maloca* geführt. Die Frauen bemalen vorher das Mädchen mit *achiote*, schmücken sie mit Papageienfedern und setzen ihr eine Federkrone auf.

Ihren Handelsverstand, den die Ticuna schon zu Zeiten der Konquista bewiesen haben, pflegen sie auch heute. Auf dem Markt von Leticia verkaufen sie Fisch und *fariña*. In den Artesaníageschäften von Leticia werden ihre Masken, Hängematten, Holzdelfine, Keramikarbeiten und die *yanchama*, die mit heiligen Motiven bemalte Baumrinde, feilgeboten.

Der Riesenlotus Victoria Regia, benannt zu Ehren der englischen Königin durch den deutschen Forschungsreisenden Sir Robert Schomburgk (1804-1865)

macht die Erfahrung des Amazonasentdeckers Francisco de Orellana, dass die Ticuna ein äußerst aufgeschlossenes Volk sind. San Martín ist auf einem Dschungelpfad vom Besucherzentrum zu erreichen (10 km, 4 Std.). In San Martín kann man in einer der Indianerhütten in der Hängematte übernachten.

Die beste Zeit für einen Besuch des Nationalparks ist die Trockenzeit von Ende Juli bis Anfang Oktober.

Übernachtungsmöglichkeiten

Das Besucherzentrum Yewae besteht aus einer wissenschaftlichen Forschungsstation und einer Dschungellodge, betrieben von **Decameron** ✆ 522 28 90. Übernachtet wird in kleinen palmengedeckten Rundhütten oder in einer großen Gemeinschaftshütte in der Hängematte, Hängematte € 12. Es gibt ein Restaurant, das drei Mahlzeiten pro Tag anbietet, ein Museum, eine Bibliothek und ein Laboratorium.

Mitnehmen sollte man ein Moskitorepellent und eine Taschenlampe. Gummistiefel kann man sich ausleihen, eine eigene Hängematte kann man sich in Leticia zulegen oder bereits aus Bogotá oder Manaus (Brasilien) mitbringen. Der Besuch muss bei **Aviatur/Decameron** in Leticia gebucht werden, Eintritt: € 10.

Buenos Aires

Wer nach dem Besuch des Parks Lust auf mehr hat und sich amazonastauglich fühlt, dem stehen weitere Wege offen. Über San Martín de Amacayacu führt eine *trocha* nach Buenos Aires, eine Siedlung am Río Cotube, einem Zufluss des Río Putumayo. Das Dorf liegt direkt an der Grenze zu Peru. Der Fußmarsch dauert drei Tage.

Puerto Nariño

Puerto Nariño (3500 Bewohner) liegt 85 km stromaufwärts von Leticia am Amazonas und hat keine Straßen. Schmale Wege aus Betonplatten verbinden die Häuser miteinander. Die Bevölkerung besteht zum überwiegenden Teil aus Ticuna. Es gibt einige Unterkunftsmöglichkeiten, zwei kleine Restaurants, ein kleines Museum namens **Natutama**, das sich mit den Flussdelfinen und ihrem Lebensraum beschäftigt, und einen Aussichtsturm. Die **Fundación Omacha**, die sich u.a. dem Schutz des Amazonasdelfins widmet, hat vor Ort ein Laboratorium www.omacha.org.

Schlafen und Essen

SEBRA TIPP

Hotel Casa Selva, Cra.6 No 6-78, ✆ mobil 315 333 27 96, das luxuriöseste zur Zeit, jedes der 12 Zimmer mit Vent. und Privatbad. Im Gemeinschaftsraum hängen Hängematten zum Relaxen, € 30 p.P.

Hostal Asaí, Cra. 6 No 6-65, gegenüber ist auch nicht schlecht und kostet nur die Hälfte, € 15 p.P.

Günstiger sind das **Hotel Manguare**, Calle 4 No 5-52, beim Bootsanleger rechts bis zur Brücke, dann ca. 150 Meter nach links, € 5/8 in Cabañas, **Hostal de las Lomas** und die **Residencias Francisco de Orellana**.

El Alto del Águila, ☏ mobil 311 502 85 92, ✉ altodelaguil@hotmail.com, Fray Hector vermietet drei strohgedeckte Cabañas mit Sonnenuntergangsblick über dem Río Loretoyacü, Kapuzineraffen und Papageien begrüßen die Besucher, € 7 p.P. Am besten nimmt man ein Boot, dass zum Anlegesteg des Hostals fährt oder folgt der Ausschilderung zum Internado de San Francisco von der Cra.6,

In der kleinen Dschungeldiscothek, **El Delfin Rosado**, gibt es ein Stelldichein bei Faltern und Käfern in phosphorisierendem Licht.

In Puerto Nariño kann man ein Kanu chartern, um zur **Tarapoto-Seenplatte** zu gelangen. In den Nachmittagsstunden lassen sich hier die rosaroten Delfine beobachten.

La Pedreda

120 Meter, 27°C, 1270 Einwohner

La Pedrera ist eine *colonos*-Ansiedlung am Caquetá, an der Grenze zu Brasilien. Viel gibt es in dem Ort nicht zu tun. La Pedrera ist der Ausgangspunkt, um den Caquetá stromaufwärts zu erkunden, dessen Mittellauf noch immer einer der schönsten und unberührtesten großen Zuflüsse des Amazonas darstellt. Es existiert kein regelmäßiger Boots- oder gar Schiffsverkehr stromaufwärts, doch fahren von La Pedrera, wenn auch sehr unregelmäßig, kleine Außenborder flussaufwärts.

Spielende Kinder mit einem großen Guacamayo-Wels am Ufer des Rio Caquetá

Die Schiffbarkeit ist durch einige Stromschnellen erschwert, deren bekanntester der **Chorro de Córdoba** ist. Die gesamte Region ist äußerst dünn besiedelt. Zu den Indianeransiedlungen am Fluss fahren die *promotores de salud*, die die Gesundheitsboote der Gemeinden steuern. Die Fundación Natura unterhält einen Stützpunkt im Dorf und fährt zuweilen bis zur Mündung des Cahuinari. Die UAESPNN hat eine Hütte am Ende des Dorfes und verkehrt unregelmäßig zwischen La Pedrera und dem Eingang des Nationalparks Cahuinarí, an der Einmündung des gleichnamigen Flusses in den Caquetá. In La Pedrera sind einige präkolumbianische **Felszeichnungen** im Flusslauf des Caquetá von Interesse. Sie befinden sich auf dem Gebiet der Militärbase oberhalb des Dorfes. Der Kommandant stellt dem Besucher einen Soldaten als Begleitperson ab.

Auf der anderen Flussseite erhebt sich der **Cerro de Yupati**, eine Gesteinsformation des Guyanaschildes. Ein Pfad führt zum Gipfel (3 Std.). Das einzige Hotel weit und breit ist das **Hotel Mediterraneo**, an der Flugpiste, einfache, enge Holzverschläge, sauber, Duschen mit Regenwasser, € 6 p.P. In der Hütte der Parkverwaltung stehen zwei Stockbetten. Die UAESPNN ist aber auf Besucher nicht eingestellt.

Bootsverbindungen

Wie überall im Amazonasgebiet ist Benzin teuer. Wer ein Boot auftreibt, das stromaufwärts fährt, sollte Benzin mitnehmen, Kanister gibt es in La Pedrera zu kaufen.

Flugverbindungen

Einziger Zugang aus der Luft via Leticia mit Satena, nur Sa, € 80.

Nationalpark Río Puré

Zwischen der brasilianischen Grenze und dem Nationalpark Cahuinarí liegt der fast 1 Mio Hektar große Nationalpark Río Puré. Das Kerngebiet des Parks darf nicht betreten werden. Der Grund ist einfach, am Oberlauf des Río Puré lebt die vermutlich letzte nicht-kontaktierte Ethnie auf kolumbianischem Boden, die halbnomadischen *Caraballo* (bzw. *Yurí* oder *Aroje*). Damit dies auch in Zukunft so bleibt, wurde im Jahr 2002 der neue Nationalpark geschaffen, denn auf der Südseite des Gebietes ist es bereits zu Kolonisationsvorstößen gekommen.

Nationalpark Cahuinarí

Der Nationalpark Cahuinarí liegt 120 Kilometer von La Pedrera und 300 Kilometer von Araracuara entfernt. Er bedeckt das hydrographische Becken des Cahuinaríflusses und das Nachbarbecken des Bernardo. Beide fließen in den Caquetá. Die Fläche beträgt 5755 km². Der Nationalpark ist praktisch unbesiedelt. Während der Kautschukzeit ist dieses Gebiet fast vollständig entvölkert worden. Heute leben in der Nähe des Parkeingangs *comunidades* der Miraña- und Bora-Indianer. Im weiten Inneren des Parks sind nur vereinzelte Indianerhütten. Das Vordringen ist ausschließlich entlang der Flüsse möglich. Die Uferlandschaft des Cahuinarí ist *varzea*-Vegetation, Überschwemmungsflächen, die sechs Monate im Jahr unter Wasser stehen. Der mäandernde Schwarzwasserfluss hat auf beiden Seiten seines Laufs Seen entstehen lassen, viele schwarz wie Tinte und gleichwohl transparent, in deren Fläche sich die Bäume widerspiegeln. Auf dem Grund tummeln sich Scharen von Tucunarés, einer der leckersten Speisefische des Amazonas. Wer in den Cahuinarí vordringt, taucht in eine andere Welt ein, in der der Mensch nur eine untergeordnete Rolle spielt. Die gesamte Region ist vollständig mit dichtem Primärregenwald bedeckt. Viele der Bäume haben immense Brettwurzeln und sind mit Epiphyten, Lianen und anderen Parasitenpflanzen bewachsen, hervorzuheben sind der Axtbaum, das Stierblut, *guamo-*, *caimo-* und Kautschukbäume. Je weiter der Besucher den Cahuinarí hinauffährt, desto stärker nimmt diese einzigartige Welt den Besucher gefangen. Gruppen von großen Aras überfliegen das Boot. Wer seinen Blick in die Höhe richtet, entdeckt den Harpienadler mit seiner weißen Haube. Es ist nichts ungewöhnliches, eine Riesenotter zu sehen. Das Boot wird begleitet von Delfinen.

Wenn Ende Dezember der Wasserstand des Río Caquetá rapide sinkt, dann bilden sich riesige Strände, die die Charapaschildkröte zur Eiablage aufsucht. Die Charapa ist die größte Süßwasserschildkröte der Welt. Es gab sie einst massenhaft in

DAS AMAZONASGEBIET 517

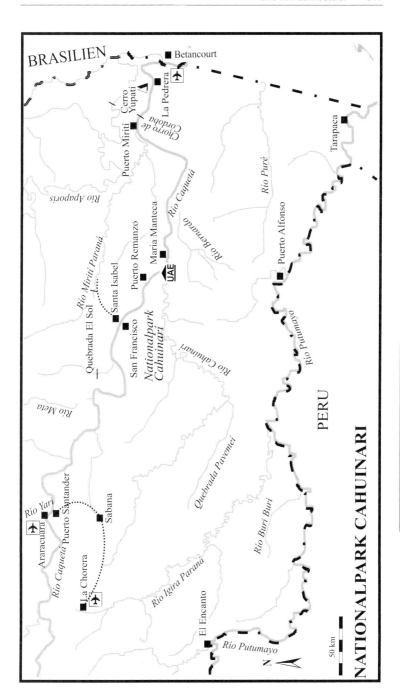

vielen Flüssen des Amazonas- und Orinocobeckens, doch wurden die Tiere wegen ihres Fleisches, den Eiern und des Fettes, das als Lampen- und Bratenfett Verwendung fand, abgeschlachtet. Am Mittellauf des Caquetá befindet sich heute eine der letzten großen Populationen dieser Schildkröte. Die Niederschläge am Cahuinarí sind hoch und relativ gleichmäßig über das Jahr verteilt, 3500 mm jährlich. Die trockensten Monate sind Dezember und Januar. Es gibt starke Temperaturschwankungen zwischen Tag und Nacht. Um die Mittagszeit werden Temperaturen bis 33°C erzielt, in den frühen Morgenstunden kann das Thermometer auf 21°C absinken.

Übernachtungsmöglichkeiten bietet die Cabaña der UAESPNN am Parkeingang, der Mündung des Cahuinarí in den Caquetá. Zuvor Erkundigungen in Bogotá einholen! Innerhalb des Parks sucht man sich einen geeigneten Platz für die Hängematte. Der Río Cahuinarí ist der heilige Ort der Miraña und Bora und darf nur mit der Erlaubnis des Capitán von Puerto Remanzo besucht werden. Er sucht die Guías aus, die den Besucher begleiten werden. Geduld, Verhandlungsgeschick und mitgebrachtes Benzin sind vonnöten.

Araracuara

130 Meter, 27°C, 700 Einwohner

Araracuara und das gegenüber liegende Puerto Santander bilden die einzig nennenswerte Ansiedlung in diesem Teilabschnitt des Río Caquetá. Araracuara war einst Sträflingskolonie und wurde später mit niederländischer Hilfe in eine agrarische Forschungsstation umgewandelt. Heute leben auf beiden Seiten des Flusses Huitoto-, Andoque- und Muinane-Indianer und einige *colonos*, die die Geschäfte betreiben. Die Ortschaft liegt unterhalb des Strudels von Araracuara. Der Río Caquetá zwängt sich an dieser Stelle durch ein 300 Meter hohes Bergmassiv, an dessen Ende er gewaltige Rundfelsen aufgetürmt hat, über die während der Regenzeit das Wasser schäumt. Die *colonos* leben zum großen Teil in der Ansiedlung **Puerto Santander**. Hier gibt es die Telecom, einige kleine Läden, einen Bäcker und eine Hütte, in der Essen zubereitet wird. Bis 1999 war eine Einheit der **DEA** (amerikanische Drogenabwehr) an der Flugpiste stationiert und hörte mit Radar den Luftraum ab, was den Zorn der Indianer heraufbeschwor. Für die Huitoto, Muinane und Andoque haben die Stromschnellen des Cañón del Diablo eine mythologische Bedeutung. «Hier wohnt *nofiniyaiki*, der Herr der Strudel, der sich durch die Anwesenheit der Amerikaner gestört fühlt.» Die Stromschnellen und Katarakte sind für die Indianer die rituellen Plätze, an die die Menschen zurückkehren, um zu sterben. Der Herr der Strudel bestimmt das Schicksal des Flusses. In der Trockenzeit werden tags und vor allem nachts im Cañón die großen Valentones harpuniert. Die DEA-Base wurde Ende der 1990er Jahre wieder aufgegeben, und die Amerikaner zogen mit ihrem Luftradar zur Überwachung und Bekämpfung des Drogenhandels und mutmaßlichen Ortung der Farc-Guerrillaverbände ins ecuadorianische Manta weiter, wo man sie augenblicklich auch wieder los sein möchte.

Nach dem Abzug der US-Soldaten nistete sich zunächst die Farc-Guerrilla an diesem strategisch be-

Tor zum Amazonas

«Die Dämmerung neigte sich über die Schlucht. Schon immer hatte der Fluss während des Niedrigwassers die großen Fische ausgespuckt. Zu Tausenden rutschten die gestreiften Leiber der Tigerbagres und Pintadillos, die alabasterfarbenen der Lecheros und die goldglänzenden der Dorados über die schwarzen Felsen oder verfingen sich in den Terrassen und Stauwassern. Die mit den Flossen schlagenden, zuckenden, nackten Körper ließen die Andoque an Fischfrauen denken. Die Sirenen wollten sie verführen und in die Strudel hinabziehen.

Die Fettdrüsen am Unterleib der Lecheros erschienen den Jägern wie die Brüste der Fischfrau. In ihrer Vorstellung hatten Fischer und Fischfrau den ersten Akt vollzogen.

Das Rauschen übertönte das Flüstern der Fischer. Inmitten der Felsen leuchteten die Lichter der Taschenlampen auf, die sich wie tanzende Glühwürmchen zu einer Lichterkette verbanden. Die Augen der Fischer waren weit aufgerissen, auf einen Quadratmeter Caquetáwasser gerichtet, den der Leuchtkegel einfing. Der rechte Arm hielt den Speer abwurfbereit im Anschlag. In dieser Stellung verharrten die Jäger die ganze Nacht, nur unterbrochen von kurzen Pausen, um hastig eine Zigarette zu rauchen oder sich mit Basuko aufzuputschen. Das dahinjagende Wasser und das stetige Rauschen machten den Blick müde. Um nicht einzuschlafen, simulierten sie Würfe, die mit Befreiungsschreien einhergingen. Die Fischer mussten aufpassen, dass sie die Wucht des abgeworfenen Speeres nicht mitriss in die Welt der Fischfrauen.»

aus «Tor zum Amazonas»
von Frank Semper

ISBN 13: 978-3980595315

»*Eine richtige Reiseerzählung, die in ihren stärksten Passagen an die wenigen Reportagetexte eines Jack London erinnert.*«
DIE WELT

»*Egotrip ins Unbekannte*«
DIE ZEIT

»*... fasziniert von diesem nur mit dem Boot zu bereisenden Flussgebiet, das abgeschlossen vom Rest des Landes seine eigenen Gesetze von Raum und Zeit zu haben scheint.*«
LATEINAMERIKA NACHRICHTEN

deutsamen Ort ein, bis das kolumbianische Militär das Terrain 2003 zurückerobern konnte.

Zwischen den beiden Flussufern verkehren ständig Boote, wer übersetzen möchte, ruft eines herbei. In Santander kann man seine Hängematte in einer Hütte der Colonos ode Indígenas aufhängen und sich auf die Suche nach einem Fahrer und Bootsführer in die Umgebung machen (Río Yari, Chorro de la Gamitana, € 50 pro Tag bei zwei Personen). Der Übernachtungspreis wird, wie in solchen Regionen üblich, frei ausgehandelt.

An einigen Felsen im Fluss und am Ufer befinden sich **Petroglifos**, präkolumbianische Felszeichnungen. In der Schlucht des Río Caquetá verbirgt sich eine **Höhle mit Guácharos**. In der Trockenzeit ist sie entlang des felsigen Ufers von der Araracuaraseite zu erreichen (2 Std.). Der alternative Weg ist ein schmaler, steiler Pfad, der hinter der Flugpiste von der Straße nach Puerto Arturo abführt.

Araracuara ist ein guter Ausgangspunkt, um das Amazonasgebiet zu erkunden. Per Boot lässt sich der Wasserfall **La Gamitana** im Yarifluss erreichen. Der Río Yari ist ein Zufluss des Río Caquetá.

Von Araracuara führen Dschungelpfade nach Norden und Süden. Eine außergewöhnlich schöne und abwechslungsreiche Landschaft präsentiert die *trocha*, die bis **La Chorrera** (150 km) führt. Dieser Weg passiert dichten Regenwald, karge Hochsavannen und morastige Sümpfe. Die Anstrengung wird belohnt. Hier bekommt man seltene und scheue Tiere zu Gesicht, die den Dschungellodgern verborgen bleiben. Nach einem Tag ist die Savanne mit einem Meer der bernsteinfarbenen Bromelien erreicht. In dem *morichal* gibt es einen überdachten Lagerplatz, um die Hängematte aufzuhängen. Für diese Tour braucht man in jedem Fall einen indianischen Guía. Die *trocha* wird nur unregelmäßig gelaufen und ist an weiten Stellen überwuchert. In der Regenzeit ist sie unpassierbar. Bis La Chorrera sind es mindestens eine Woche.

Bootsverbindungen

Der Cañón del Diablo verhindert seit altersher die Navigation in beide Richtungen. Von Araracuara führt eine Straße um den Strudel, die die Hochfläche mit der Flugpiste erklimmt und weiter nach Puerto Arturo führt. Puerto Arturo besteht lediglich aus zwei Hütten. Von hier fahren unregelmäßig Boote den Río Caquetá stromaufwärts. Nach drei Tagen lässt sich auf diesem Weg **Florencia** erreichen, € 50 p.P.

Flugverbindungen

Sporadische Verbindungen mit **Satena** nach San Vicente de Caguán, La Chorrera, Leticia. Wenn es der Zufall so will und man großes Glück hat, ist gerade eine Hercules-Transportmaschine der Luftwaffe auf dem Weg.

La Chorrera

Das abgeschiedene La Chorrera liegt am Mittellauf des Río Igaraparaná, einem Zufluss des Río Putumayo. Der Name bezeichnet sowohl die indigene Ansiedlung mit ihren 26 Malocas (indigene Gemeinschaftshäuser) als auch die Wasserfälle in der Nähe. Die Region ist bis auf zwei Mediziner im Praktikum, zwei Nonnen und einen Geistlichen ausschließlich von Indígenen bewohnt, wobei die

Huitoto mit 1500 Angehörigen die größte Ethnie darstellen, zudem 300 Bora, 15 Muinane und zehn Okaina.

La Chorrea war die wichtigste Außenstelle der **Casa Arana** (1903-1932), dem menschenverachtenden Kautschukunternehmen aus dem peruanischen Iquitos, dem tausende indianischer Zwangsarbeiter zum Opfer fielen. Die Firma wurde vier Jahre nach ihrer Gründung als Peruvian Amazon Rubber Company an der Londoner Börse notiert und geriet schon bald ins Visier der frühen Menschenrechtsaktivisten von der Anti-Slavery Society. Die Untersuchung leitete der irische Konsul Roger Casement, dessen Abschlussbericht das Terrorregime im Amazonasdschungel entlarvte. Vor dem Grenzkrieg zwischen Kolumbien und Peru zog sich das Unternehmen hinter den Río Putumayo zurück, verschleppte einen Großteil der noch Überlebenden und hinterließ eine bis heute entvölkerte Region. Das zweistöckige ehemalige Verwaltungsgebäude mit dem umlaufenden Balkon ist zwar vom Dschungelklima mitgenommen, aber noch erhalten und wurde von den Indigenen zur **Casa del Conocimiento** (Haus des Wissens) umgewidmet und vom Kultusministerium in Bogotá mittlerweile zum historischen und kulturellen Erbe erklärt.

Übernachten kann man im eigenen Zelt, der mitgebrachten Hängematte oder in einer Hütte bei den Indigenen.

Flugverbindung

Mit **Satena** nach Leticia, einmal die Woche (Sa, hin und zurück), € 100. Mit dem Boot sind es 15 Tage von bzw. nach Leticia.

Puerto Inírida

85 Meter, 26°C, 16 000 Einwohner
☎ 8

Puerto Inírida ist der Verwaltungssitz des Departements Guainía. Der Ort wurde von den Kolumbianern in den 1960er Jahren eingerichtet, um die Grenze gegenüber dem benachbarten Venezuela zu sichern. Puerto Inírida ist ein lebendiger Ort mit einer betonierten Hauptstraße an der die Läden, Restaurants und die stets gut besuchten Cafés liegen. Die Avenida Simón Bolívar ist die einzige befestigte Straße des Departements und führt vom Schiffsanleger zum Flughafen. Die Sonnenuntergänge färben den Himmel und den Iníridafluss glutrot.

DAS und Pass

In Puerto Inírida gibt es keine Stelle der DAS-Ausländerbehörde. Wer aus Venezuela kommt, lässt seinen Pass bei der Policia Nacional registrieren. Wer weiter hinein nach Kolumbien reisen möchte, holt zuvor die schriftliche Erlaubnis beim kolumbianischen Konsul, Calle Pier gegenüber dem Liceo Luis Gumilla, ☎ (0058) 2485 41 11 14, in San Fernando de Atabapo (Venezuela) ein.

Schlafen und Essen

Hotel Refugio Safari, ☎ 565 60 16/-48, vermittelt Touren in die Umgebung, Sportfischerei, Räume ohne/mit Bad, € 7/12 p.P.

Hotel Orinoco, ☎ 565 60 46, mit Bad, hohe, kühle Räume mit Vent. Das beste am Ort, € 15/30.

Wer im Dschungel bei kargen Malzeiten darben musste, wird die Vielfalt der Essensmöglichkeiten zu schätzen wissen. Gut und günstig sind **Donde Jotica**, **La Cabaña de**

Juaco und **El Palacio del Colesterol**. Mit Einbruch der Dunkelheit werden die **Essensstände** entlang der Av. Simón Bolívar aufgebaut. Lecker sind die *empanadas* und *pinchos* (Fleischspieße).

Bootsverbindungen

Amanaven (> San Fernando de Atabapo) - *voladora*, ◐ Mo-Sa 7 u. 14, € 5 oder jedes Transportboot (*bongo*) flussabwärts.

Huesito (> Piste zum Río Guainía, Mavicures) - *voladora*, € 10 oder mit einem Boot der Minenarbeiter.

Andere Ziele lassen sich mit den 200 PS-«Donnerbolzen» von **Transporte Fluvial del Guainía** ansteuern.

Barrancominas (> San José del Guaviare), € 35.

Puerto Alvira (> Raudal de Mapiripana), € 40.

Flugverbindungen

Satena, in der Hauptstraße, Av. Principal, ✆ 565 68 03/ - 61 50.

Dreimal in der Woche nach Villavicencio und Bogotá.

Gelegentliche Verbindungen mit Leichtflugzeugen und Carga-Maschinen nach **Barrancominas** (> San José del Guaviare) und **San Felipe** (> Brasilien).

Die Umgebung von Puerto Inírida

Die bedeutenden Attraktionen dieses weiten und unbesiedelten Departements liegen außerhalb von Puerto Inírida. Die Landschaft ist von dichtem Regenwald und einzelnen Savannen überzogen. Die *chiqui-chiqui*-Palme, aus deren Fasern Besen gefertigt werden, ist weit verbreitet. Wenige Kilometer den Río Inírida fluss-

Die Cerros de Mavicure auf einer Hauswand in Puerto Inírida

abwärts liegt die **Estrella Fluvial del Sur**, der Zusammenfluss des kupferfarbenen Atabapo, des grünen Guaviare und des erdfarbenen Orinoco. Schon Humboldt war von diesem Naturschauspiel begeistert.

Auf der kolumbianischen Seite liegt **Amanaven** (Restaurant und **Residencias La Frontera**, € 3 p.P), gegenüber das venezolanische **San Fernando de Atabapo** (**Residencia Mayra**, € 2.50 p.P.), ein regelmäßiger Linienverkehr verbindet die beiden Siedlungen.

In unmittelbarer Nähe liegt die **Piedra de Maviso** und am Strand von **Cacahual** versammeln sich die Zugvögel.

Río Inírida flussaufwärts liegen die **Cerros de Mavicure**, drei nackte Kegelberge zwischen 300 und 500 Metern Höhe, bei der Siedlung El Remanso, wo Missionare Puinave-Indianer angesiedelt haben. Die Berge heißen **El Mavicure, El Pájarro** und **El Mono**.

Allein zum El Pájarro führt ein leichter Aufstieg. Vom Erklimmen der Nachbarhügel sollte man auch in der Trockenzeit Abstand nehmen. Sintflutartige Gewitter verwandeln die Felsen in Schmierseife und über die Abhänge rasen reißende Bäche zu Tal. Unterkunftsmöglichkeiten in (eigener) Hängematte in El Remanso.

Im Südosten liegt ein Landstreifen, der wie ein **Elefantenrüssel** nach Venezuela und Brasilien hineinragt. Die Region mit den Siedlungen **San Carlos del Río Negro** (Venezuela) und **San Felipe** auf der gegenüberliegenden Flussseite ist zur «*terra Humboldtiana*» zu zählen, und damit zu einer Welt, die eigentlich keiner der drei benachbarten Staaten legitim für sich beanspruchen dürfte. In diesem Gebiet liegt das gravitätische Zentrum von Humboldts Amerikareise.

San Felipe, 250 km von Puerto Inírida entfernt, am Río Negro besteht aus wenigen Häusern zugewanderter *colonos*, einem Marine- und einem Polizeiposten. **Don Gentil** vermietet Zimmer (€ 3 p.P.). Falls keine brasilianischen Tiefkühlhühner an Land kommen, bleiben nur Sardinenbüchsen, Eier und *maniok* zur Ernährung. In San Felipe stehen noch die überwucherten Reste eines kleinen Forts der Kolonialzeit. Die Festung wurde 1759 zur Grenzsicherung gegenüber den Portugiesen errichtet. Grenzstreitigkeiten sind in jüngster Zeit neu entstanden, nachdem Hunderte von Brasilianern nach Guainía strömen, um im Iníridafluss nach Gold zu schürfen. Die Anbindung dieses Gebietes an Brasilien und Venezuela ist nach wie vor größer als an Kolumbien. Das Wasser des Río Guainía, der ab dem Zusammenfluss mit dem Casiquiare Río Negro heisst, ist blauschwarz und spiegelglatt. Die bewaldeten Ufer spiegeln sich im Wasser wider. In der Trockenzeit bilden die schneeweißen Strände einen reizvollen Kontrast zur Wasserfarbe.

Flussaufwärts von **Puerto Colombia** liegen Stromschnellen. Der Río Negro ist äußerst fischarm, so dass eine wichtige Proteinquelle fehlt. Die absolute Nährstoffarmut der Böden hat dazugeführt, dass die hier heimische Urbevölkerung der Arawak-Gruppen ihr traditionelles Leben fast vollständig aufgegeben haben und sich zumeist bei den *colonos* angesiedelt haben. Auch die jahrhundertelange Missionsarbeit hat das traditionelle Weltbild der indianischen Gruppen untergraben.

Bootsverbindungen

Relativ einfach sind Transporte nach **Cocuí** (Brasilien) aufzutreiben. Manchmal liegen Frachtschiffe aus Manaus im Hafen. Auf der venezolanischen Seite (San Carlos de Río Negro, direkt gegenüber) finden sich Transportboote; regelmäßig fahren *bongos* über den Casiquiare nach **San Fernando de Atabapo**.

Flugverbindungen

Auf der Flugpiste von San Felipe trifft selten mal ein Flieger ein, zur Zeit allenfalls gelegentliche Cargo-Flüge aus Puerto Inírida. Auf der anderen Seite der Grenze in Venezuela ist schon mehr los. Zwischen San Carlos de Río Negro, San Fernando de Atabapo und Puerto Ayacucho sind fast täglich Cessnas im Einsatz.

Eine halbe Stunde flussaufwärts von San Felipe zweigt der **Casiquiarefluss**, die Verbindung der Wassersysteme von Amazonas und Orinoco, ab. 2½ Stunden flussabwärts liegt der Flecken **La Guadalupe** am Dreiländereck Kolumbien/Venezuela/Brasilien. Gegenüber von Guadalupe erhebt sich der imposante Granitberg **Cocuí** mit seinen drei Spitzen über das Blätterdach des Dschungels. Guadalupe ist ein verlassener

Blick über den Río Negro zum markanten Granitberg Cocuí

Ort, an dem nur der Bürgermeister (*corrigidor*) und der Eigentümer des kuriosen **Hotel El Kiosko**, ausharren. Mehr Übernachtungsmöglichkeiten, Bars und ein Restaurant findet man im brasilianischen **Cocuí**, 15 Minuten flussabwärts.

Die Nachbarländer Venezuela und Brasilien sind in dieser Region wesentlich stärker besiedelt und erschlossen. Die Grenzsicherung ist für Kolumbien ein ständiges Problem. Eine Straße ist im Bau, die die Flüsse Inírida und Guainía verbinden soll und bereits über 100 Kilometer durch den Busch geschlagen ist. Sie führt von Huesito bis zum Raudal Pato. Sie sollte verhindern, dass die Kolumbianer venezolanische Wege benutzen müssen. Stattdessen ist diese Straße zum Einfallstor brasilianischer *garimperos* (Goldschürfer) geworden.

In Guainía zeigt sich deutlich, dass Kolumbien sein Flachland nach wie vor vernachlässigt. Guainía ist Niemandsland. Die meisten Ortschaften im Grenzgebiet haben nur sporadische Verbindungen zur eigenen Provinzhauptstadt. Vielerorts dominieren venezolanische und brasilianische Waren. Nirgendwo sonst ist der inflationäre venezolanische Bolívar so viel wert wie hier. Wer im kolumbianischen Grenzgebiet reist, sollte daher stets auch genügend Bolívares in der Tasche haben. Beliebtes Zahlungsmittel ist Gold, das in Guainía vielerorts geschürft wird. Die Transportkosten sind daher in die Höhe geschossen. Im Gegensatz hierzu ist das Weiterkommen auf der Seite Venezuelas wegen des staatlich subventionierten Benzins billiger. Die Zentren dieser Region liegen in Puerto Ayacucho (Venezuela) und São Gabriel da Cachoaira (Brasilien).

Naturreservat Puinawai

Das Naturreservat Puinawai liegt zwischen dem Río Inírida und der kolumbianisch/brasilianischen Grenze. Es besitzt eine Fläche von 10 925 km^2. Puinawai bedeutet in der Sprache der Puinave-Indianer «die Mutter aller Dinge». Damit beziehen sie sich auf die **Serranía de Caranacoa**, das «Haus der Tiere und Geister». Die Region des Puinawai gehört zu den äußersten Ausläufern des Roraimakomplexes in Brasilien und Venezuela. Sie ist Teil der geologischen Formation des Guyanaschildes.

Das Relief bildet weite Ebenen wie die Serranía de Naquén, und abrupt aus dem Dschungel ansteigende Tafelberge (*tepui*), die durch Erosion in Jahrmillionen entstanden sind. Im Südosten liegt die weite Flusssenke des oberen Río Negro (bis zur Einmündung des Río Casiquiare = Río Guainía). Die Vegetation ist uneinheitlich. Im weiten Bereich der Flusssenke lassen die nährstoffarmen Böden oft nur spärliche Savannenvegetation zu, und an manchen Stellen ist die Vegetationskappe vollständig verschwunden. Diese kahlen Gebiete sind von Catingalwald umgeben, eine Form lichten Savannenwaldes, der für weite Bereiche Brasiliens nicht untypisch ist und eine Höhe von höchstens 20 Metern erreicht, sog. Camposvegetation. Die Flussläufe sind von Galeriewald gesäumt. Das Becken des oberen Río Negro hat eine erstaunliche Pflanzenvielfalt und einen hohen Anteil an Endemismus. Bei den Säugetieren sind der Große Ameisenbär und das Riesengürteltier, die in andern Regionen des Regenwaldes verschwunden sind, noch recht häufig. Unter den Vögeln gibt es mehrere Papageien- und Tukanarten. Eine außergewöhnliche Papageienart ist der Fächerpapagei. Er hat eine prachtvolle Haube. Der untere Teil seines Gefieders ist aus intensiven Rot- und Blautönen. Der schwarze Kaiman, der früher den Oberlauf des Río Negro besiedelte, ist heute ausgerottet. Seinen Platz hat der Orinocokaiman eingenommen. In den Orinocozuflüssen gibt es den Pirarucú, dessen Vorkommen ansonsten auf das Amazonasgebiet beschränkt ist. Er nutzt den Casiquiarekanal, der die beiden Flusssysteme miteinander verbindet, zur Immigration. Die *Semaprochilodus laticeps*-Fischschwärme ziehen zum Laichen den Orinoco und Inírida hinauf. Der Bandsalmler (*payara*), *wemaiwwe* in Cubeo, *yejeowii* in Tucano, ist einer der größten und aggressivsten Raubfische dieser Gewässer, dessen Unterkiefer mit scharfen Zähnen bestückt ist.

Im Reservat leben Gruppen der Puinave, der Kurripaca und der Cubeo. Die Puinave sind Jäger und Sammler, deren Ursprünge am Casiquiarefluss liegen. Das wichtigste Zentrum der Kurripaca ist die Ansiedlung **Caranacoa**.

Imposante Felszeichnungen in der Region des Alto Río Negro

Bootsverbindungen

Unregelmäßig fahren Boote von Puerto Inírida den Río Inírida flussaufwärts bis **Cabeza de Pava/Zancudo** (200/280 km) oder über **Huesito** zum Río Guainía. Man passiert die Siedlungen Tabaquén, Santa Rosa, Tigre und erreicht auf diesem Wege die Serranía de Naquén. Dieses Gebiet ist Zentrum der Goldminen, bis hier gibt es daher auch öfter mal Bootsverkehr. Die Serranía ist durchzogen von einem Geflecht von Wegen, die die Zuflüsse des Río Negro miteinander verbinden. Von hier kann man sich weiter bis nach **Caranacoa** durchschlagen. Wenn in Puerto Inírida ganz zufällig ein Flieger in das kleine Dorf **Campo Alegre** bereitsteht, sollte man nicht zögern und mitfliegen, das kürzt die ansonsten tagelange Anreise entlang der Flüsse erheblich ab. Das Reservat hat keine entsprechende Infrastruktur für Besucher zu bieten.

Mitú

180 Meter, 27°C, 25 000 Einwohner
☎ 8

Mitú ist Verwaltungssitz des Departements Vaupés und liegt am gleichnamigen Fluss. Das Departement Vaupés hat insgesamt nur 39 000

Einwohner, davon sind 81 % Indianer und 19 % weiße Kolonisten (Colonos), die aus dem Landesinnern, zumal den Departements Antioquia und Meta zugewandert sind. 1914 wurden die ersten katholischen Missionen gegründet, Monfort am Río Papuri durch die Monfortianer. Zwischen Mitú und Monfort gibt es eine befahrbare *trocha*, Verkehrsmittel ist der Traktor.

Die offizielle Gründung von Mitú geht auf das Jahr 1936 zurück. Das Gebiet um den Vaupés wurde zunächst vom Río Negro erschlossen und diente Kolumbianern und Brasilianern als Reservoir für indianische Arbeitssklaven bei der Kautschukgewinnung. Von 1942 bis in die 1950er Jahre diktierte die US-amerikanische Rubber Development Corporation das Geschehen, bis der Siegeszug des synthetischen Gummis zum Niedergang dieses Wirtschaftszweiges führte. Von 1955 bis 1980 versuchte die Caja Agraria mehr schlecht als recht einen kleinen internen Kautschukmarkt am Leben zu erhalten.

In den 1970er Jahren führte die ausländische Nachfrage nach Pelzen zu einer Ausweitung der Jagd auf Wildtiere, insbesondere von Jaguar, Ozelot und Nutria.

Mitte der 1970er Jahre erreichte die «bonanza coquera» den Vaupés und die Drogenmafia begann aufgrund der geographischen Abgeschiedenheit mit dem Anlegen von Kokafeldern und der Einrichtung von Kokaküchen. Die Drogenwirtschaft hat inzwischen auch viele Indianergemeinschaften erreicht und ihre Sozialstrukturen beschädigt. Die traditionelle Bewirtschaftung der *Chagras*, Jagd und Fischfang wurden teilweise aufgegeben und durch Kokapflanzungen ersetzt. Dadurch kann die Nachfrage nach Lebensmitteln nur unzureichend gedeckt werden, die teuer auf dem Luftwege von Villavicencio, der einzigen nennenswerten Verbindung mit dem Landesinneren, herangeschafft werden müssen.

Ende der 1980er Jahre wurden Goldvorkommen in Taraira entdeckt. An der Stelle entstand ein Goldgräbernest, aus einigen hundert Bergleuten, Händlern und Huren. Der Ort wurde zum Municipio erklärt und in die Departementstruktur eingegliedert. Die staatliche Bergbaugesellschaft Mineralco und die Bergarbeitergewerkschaft ASOMIVA (Asociación de Mineros del Vaupés) haben neue Fördertechniken durch den Bau eines Zyanit-Tanks zur Goldgewinnung eingeführt.

Die Colonos siedeln außerhalb von Mitú, vor allem am Oberlauf des Río Vaupés in den Dörfern Arara, Carurú y Bacatí sowie in Pacoa. Das übrige Territorium wird ausschließlich von Indianern bewohnt, mit Ausnahme von einigen Missionaren, Lehrern von Schulen und Internaten und vorrückenden Kokapflanzern.

Es gibt 23 unterschiedliche indigene Völker. Im Norden des Vaupés überwiegen Arawakgruppen. Im Zentrum leben die östlichen Tukano-Gruppen (Tukano, Desano, Piratapuyo und Siriano) hauptsächlich in der Region entlang der Flüsse Papurí-Paca. Ebenfalls im Zentrum des Departementes leben die Cubeo, vor allem am Río Cuyudarí, Río Querarí und am Mittellauf des Río Vaupés. Im Westen finden sich noch vereinzelte Angehörige der Carijona, jenseits des Río Cananarí und nördlich des Río Apaporis. Im Süden des Departementes entlang der Flüsse Piraparaná und Miritiparaná nutzen die Indigenen noch ihre traditionellen Gemeinschaftshäuser (Malocas) zu zeremoniellen Zwecken.

Informieren

Alcaldía, Calle 14 No 14-29B, ① 564 20 74, www.mitu-vaupes.gov.co
  Telecom, Cra. 15 No 13-72.

Schlafen und Essen

Hotel La Vorágine, Av. 15 No 15-52, ① 564 21 59, Zimmer mit Vent., € 6 p.P. Señor Leone weiß viel über die Gegend und organisiert Trips.
  Restaurant Selva, im Zentrum, beliebter Treffpunkt.

Bootsverbindungen

Der **Río Vaupés** ist ein Strom mit einer Vielzahl von Katerakten und Stromschnellen, was die Fortbewegung erschwert. Der bekannteste Raudal ist der Yaruparí. Der Río Vaupés entspringt in der Serranía del Chiribiquete. Als der Ethnograph **Theodor Koch-Grünberg** 1903 den Fluss befuhr, vermutete man die Quelle noch in den Ostkordilleren. Der Fluss ist in der Trockenzeit bis zu den Yuruparí-Stromschnellen befahrbar. Dort werden die Boote entladen, und das Gepäck wird entlang eines Trampelpfades (*varador*) bis zu den Stromschnellen von Pucarón getragen, drei Kilometer stromaufwärts. Danach wird der Strom ruhig und die lästigen Stechmücken (*jején*) verschwinden. Auf diesem Wege lassen sich die Ortschaften Miraflores und Calamar am Unillafluss (Guaviare) erreichen.

In der Trockenzeit fahren Jeeps von Calamar nach San José del Guaviare. Von Calamar und Miraflores bestehen Flugbindungen nach Villavicencio. Diese spannende Strecke sollte nur derjenige unternehmen, der bereits über Dschungelerfahrung verfügt. Transport ist äußerst unregelmäßig, und um Miraflores wird in großem Stil Koka angebaut und veredelt. Die Reise kann ein bis zwei Wochen in Anspruch nehmen.

Der andere große Fluss des Departements ist der **Río Apaporis**. Es ist einer der schönsten Flüsse Kolumbiens, aber kaum befahrbar. An seinem Lauf liegt der Raudal **Jirijirimo**. Dieser Wasserfall gehört zu den beeindruckendsten im kolumbianischen Amazonasgebiet. In der Trockenzeit fällt das Wasser über Katarakte 40 Meter hinab. In der Regenzeit sind die ausgewaschenen Felsen von Moosen bewachsen.

1½ Stunden flussaufwärts liegt **El Túnel**, eine neun Meter schmale Felsenenge, durch die sich der Río Apaporis, der ansonsten 600 Meter breit ist, hindurchzwängt.

Am Unterlauf des Río Apaporis, unweit der brasilianischen Grenze, liegt der **Lago Taraira**, der größte See innerhalb des kolumbianischen Amazonasgebietes mit intakten Populationen von Amazonasdelfinen, Manatees, Mohrenkaimanen und Riesenottern. Die noch unerforschte **Serranía de Taraira** verspricht viele weitgehend endemische Insekten- und Planzenarten.

Flugverbindungen

Satena, Cra. 14 No 12-13, ① 564 20 82.
  Flüge nach Villavicencio(>Bogotá) Di/Do/Sa,/So, um € 150.

Florencia

450 Meter, 26°C, 92 000 Einwohner
① 8

Florencia war noch Ende des 19. Jahrhunderts ein namenloser Ort von nicht mehr als ein paar Hütten antioquenischer Pioniere, die zunächst Chinarinde, früher das Mittel zur Malariabekämpfung, und später Kautschuk exportierten. Als offizielles Gründungsjahr gilt 1902, und zwei Jahre später ließ der Heilige Stuhl in Rom die apostolische Präfektur von Caquetá durch den Missionsorden der Kapuziner errichten. Der italienische Pater Pablo Ricci fühlte sich an seine Heimatstadt Florenz erinnert. Zentraler Blickfang ist bis heute die Kathedrale Nuestra Señora de Lourdes aus den Gründertagen vor dem palmenbestandenen Platz.

Seit 1981 ist Florencia Provinzhauptstadt des Departements Caquetá. Aus dem früheren Dorf ist ein lebhaftes Kolonisationszentrum geworden, und die Stadt hat zur Zeit wie viele der größeren Ansiedlungen im südöstlichen Tiefland unter den Auswirkungen des Drogenfeldzugs im Hinterland zu leiden.

Florencia ist einer der wichtigsten Zugänge zum kolumbianischen Amazonasgebiet, es liegt am Río Hacha, einem kleinen Zufluss des Río Orteguaza, der Dschungel ist allerdings noch fern. Einen ersten Vorgeschmack auf das indianische Leben bieten das gute **ethnographische Museum** und der gewaltige Felsen **El Encanto**. Dieser Felsen liegt einen Kilometer außerhalb der Stadt am Hachafluss und ist mit präkolumbianischen Zeichnungen bedeckt, die Schlangen, Echsen und Affen darstellen.

Museo Etnográfico y Centro Indigenista del Caquetá

Das Museum zeigt kunsthandwerkliche Gegenstände der Huitoto und Correguaje. Die Correguaje sind bekannt für ihre hochentwickelte Fertigkeit in der Herstellung von Ketten, Federkronen, Flöten, Pfeil und Bogen. Cra. 14, Calle 13, 2. Stock. ① Mo-Fr 8-12 u. 14-17.

Informieren

Instituto Departamental de Cultura y Turismo, im Edif. Curiplaya, auch bekannt als **Palacio de la Cultura y Bellas Artes de La Amazonía**. Der ehemalige Hotelbau aus den 1950er Jahren beherbergt die Stadtbibliothek, einen kleinen Konzert- und Theatersaal und eine Galerie für Ausstellungen, Cra. 11, Ecke Calle 13.

Banken

BBVA, VisaCard, ATM, Calle 14 No 11-53

Banco de Bogotá, VisaCard ATM, Ecke Calle 16, Cra. 13

DAS und Pass

Calle 18 No 11-52, ① 435 74 60, Migrationskontrolle am Flughafen.

Schlafen und Essen

Günstig sind die Residencias in der Calle 16.

Residencia Carolina, Calle 16 No 10-52, ① 435 50 20.

Residencia Colombia, Calle 16 No 10-63, ① 435 67 87. Nur wenige Zimmer mit Privatbad, € 4 p.P.

Hotel Central No 1, Cra. 11 No 15-26, ① 435 66 63, Zimmer mit Gemeinschaftsbad, Vent., Familienhotel, Restaurant, € 5/9.

Hotel Amazónico, Calle 17 No 10-24, ☏ 435 82 21, Zimmer mit Bad, TV, Cafeteria, Parkplatz, € 11/16 (mat.)/20.

Apartamentos Petecuy, im Zentrum, Cra. 11 No 15-20, ☏ 435 58 63, zweistöckiges Hotel, Zimmer mit Bad, TV, € 12/18.

Hotel Metropol, Cra. 11 No 16-52, ☏ 435 67 40, ☏ 435 53 51, Zimmer mit Bad, Vent./a/c, TV, Zimmerservice, Restaurant, € 24/32.

Hotel Royal Plaza, Cra. 11 No 14-64, ☏ 435 48 67, beste und teuerste, Zimmer mit Bad, a/c, TV, Telefon, Zimmerservice, Restaurant, Parkplatz, € 32/40.

Restaurants und Cafés liegen um die Plaza.

Asadero de Pollos Rico Rico, Calle 18, Ecke No 11-07, Grillhähnchen.

Arcos, Cra. 11 No 16-63, täglich wechselnder Mittagstisch.

Lechonería el Paisanito, Cra. 16 No 11A-17 Av. Gaitán, Paisaküche.

Restaurante Dragon Chino, Ekke Cra. 11, Calle 18, chinesisch.

Schiffsverbindungen

Der Hafen zum Einschiffen für Exkursionen, die zum Río Caquetá führen, ist Puerto Arango. Von Florencia nach Puerto Arango fahren Busse, Chivas und Jeeps.

La Tagua (> Araracuara) - täglich fahren Schnellboote und Lastenkähne flussabwärts bis La Tagua. Hinter der Siedlungsgrenze dünnt der Transport aus.

Busverbindungen

Alle Busse fahren vom Terminal, Cra. 7A No 18-146. Die Verbindungen ins Hochland haben sich durch den Neuausbau der Straßenverbindung nach Suaza verbessert.

Bogotá - Coomotor, sechs Busse täglich, 12 Std., € 22.

Neiva - mehrere Busse und Micros täglich, 6 Std., € 10.

San Agustín - mit Pony Express via Suaza, ansonsten jeder Neiva/Bogotá Bus bis Altamira, 4 Std.

Flugverbindungen

Der Flughafen Aeropuerto Gustavo Artunduaga Paredes liegt bei Km 3 in Richtung Montañita Vereda und wird von **Aires** und **Satena** angeflogen.

Satena, Calle 13 No 12-47, ☏ 435 83 29, Flughafen: ☏ 435 30 14. Flüge nach Bogotá, täglich außer Sa, € 130, gelegentlich auch mal nach Puerto Leguízamo und San Vicente de Caguán.

Aires, Cra. 12, Ecke Calle 14, Edif. BancoColombia, Flughafen: ☏ 435 76 23. Flüge nach Bogotá, täglich, € 100 und Puerto Asís, € 100.

Mocoa

580 Meter, 24°C, 18 000 Einwohner
☏ 8

Mocoa ist die Provinzhauptstadt des Departementes Putumayo. Im Jahre 1563 war es ein Ort, an dem zehn weiße Encomenderos lebten, die 800 Indianer für sich arbeiten ließen. Mehrfach wurde die Stadt von den Andaquíes-Indianern angegriffen, die die schon unterworfenen Indianer zum Aufstand aufwiegelten. Bei einem Überfall setzten sie alle Hütten in Brand, und Mocoa musste anschließend neu errichtet werden. Chinin, Kautschuk und Salz aus Brasilien machten Mocoa in der zweiten

Hälfte des letzten Jahrhunderts zur Handelsstadt. Doch mit dem Verfall der Weltmarktpreise für diese Produkte verließen die meisten Weißen die Stadt. Heute überwiegt der provinzielle Charakter einer durch Landwirtschaft geprägten Kleinstadt mit der Plaza im Zentrum, umstanden von der afrikanischen Palme, einst direkt aus dem schwarzen Kontinent von Missionaren eingeführt.

Informieren

Auskünfte gibt es im Palacio del Gobernación.

DAS und Pass

Aufgepasst! In Mocoa ist die letzte/erste DAS-Stelle, wenn man aus Ecuador ein- bzw. ausreist. Puesto Operativo de Mocoa.

Banken

BBVA, Cra. 5 No 7-23, VisaCard, ATM

Schlafen und Essen

Residencia Voz del Putumayo, ① 429 51 42, einfach, € 4/7.

Santa Ana, ① 429 55 21, ist besser, Zimmer mit Bad, € 6/10.

Die besten Hotels in Mocoa sind das **Hotel Continental**, Calle 8 No 6-15, ① 429 54 28 und das **Hotel Mecaya**, Cra. 8, Calle 9, ① 429 51 27, Zimmer mit Bad, TV, Vent., Restaurant, € 15/20.

El Rincón de Todos, Cra. 6 No 7-21, comida corriente und à la Carte.

Busverbindungen

Bogotá - Coomotor, TransIpiales, mehrere Busse, 15 Std., € 27.

Pitalito (> San Agustín) - Coomotor, TransIpiales, 5 Std., € 7; in der Regenzeit ist die Strecke aufgrund von Erdrutschen nicht immer passierbar.

Pasto/Sibundoy - TransIpiales, Cootransmayo, mehrere täglich, 6/4 Std., € 10/7. Die Strecke Mocoa-Sibundoy gehört zu den schönsten Strecken Kolumbiens und ist etwas für starke Nerven.

Puerto Asís - TransIpiales, Cootransmayo, 3 Std., € 4,50.

Puerto Asís

250 Meter, 28°C, 55 000 Einwohner
① 8

Erst Mitte des 20. Jahrhunderts gewann Puerto Asís an Bedeutung. Die Eröffnung der Straße nach Pasto schaffte 1953 eine Anbindung an das Hochland. Erdölfunde führten in den 1970 Jahren zu einem raschen Bevölkerungsanstieg. Puerto Asís ist ein Flusshafen am Río Putumayo und Durchgangsort zu den Nachbarländern Peru und Ecuador. In dieser Region befindet sich eines der Hauptanbaugebiete von Koka. Zwischen Puerto Asís und Puerto Leguízamo wimmelt es von Narcoguerrilla und Militär. Zentrum des Ortes ist der Hafen El Charco. Die Einbäume aus den kleinen Dörfern der Umgebung sind voller Früchte, Fisch und Yuka.

Banken und Wechsler

BBVA, Calle 11 No 19-20, VisaCard, ATM

Pesos und ecuadorianische Dollar können in Puerto Asís problemlos getauscht werden. Bardollar zum schlechten Kurs.

Schlafen und Essen

Hotel Balcón Quirama, Cra. 20, Calle 10, ① 422 70 56, Zimmer mit Bad, TV, Vent., passables Restaurant, € 18/27.

Hotel Chilimaco, Calle 10 No 20-06, ℑ 422 72 17, Zimmer mit Privatbad, a/c, behauptet das beste zu sein, gutes Restaurant, € 25(2).

Hotel Plaza Real, Calle 11 No 20-50, ℑ 422 77 55, in etwa wie das Hotel Chilimaco, € 25(2).

Restaurante El Mesón Antioqueño, Calle 10 No 21-40, Paisaküche.

Restaurante La Florenciana, Calle 10 No 21-11/17, für Fisch und kreolische Küche.

Schiffsverbindungen

Der Reisende wird in Puerto Asís eine Schiffspassage nach Leticia, den Río Putumayo stromabwärts suchen. Es ist nicht ganz einfach, ein Schiff zu finden. Benzinboote befördern aus Sicherheitsgründen keine Passagiere und Frachtschiffe nehmen ungern Gringos mit. Die Sorge vor einem unerwünschten Zwischenfall mit der Guerrilla kann auch durch ein hohes Fahrpreisangebot nicht gedämpft werden. Findet man dennoch einen Kapitän, der bereit ist, einen mitzunehmen, muss man mit € 100-150 für die bis zu 15 Tage dauernde Fahrt (stromaufwärts ca. 21 Tage) rechnen. Die Mahlzeiten sind inbegriffen. Geschlafen wird in der Hängematte an Deck (Moskitonetz nicht vergessen, am Río Putumayo gibt es viele Moskitos). Boote fahren vom Hafen El Charco und vom außerhalb liegenden Hafen für Militärschiffe und Frachter ab.

Hilfestellung bei der Suche können nen am ehesten das Ministerio de Transportes División Cuenca Fluvial del Amazonas, Cra. 20 No 15-89, ℑ 422 70 32 oder Transportes Fluviales Arenas Martinez y CIA, Calle 9 No 26-10, ℑ 422 71 49, geben.

Busverbindungen

Cootransmayo, Cra. 19 No 10-10, ℑ 422 71 40.

TransIpiales, Cra. 20 No 10-23, ℑ 422 72 79.

Transportes Rápido Putumayo, Cra. 20 No 12-15, ℑ 422 72 98.

Transportes Hong Kong, Calle 9 No 21-01, ℑ 422 74 09.

Mocoa/Pasto - Coomotor und TransIpiales, mehrere täglich, 4/13 Std., € 4,50/14.

Bogotá - Coomotor, TransIpiales, täglich, € 31.

San Miguel (La Hormiga) - Grenzübergang Ecuador - Chivas, ab 5-14 ca. jede Stunde, 5 Std., € 5,50. Von dort auf die andere Seite nach La Punta übersetzen. Von La Punta besteht regelmäßiger Anschluss nach Lago Agrio, wo die Immigration den Einreisestempel erteilt.

<u>AUFGEPASST!</u>

In der Gegend sind Verbände der Farc-Guerrilla aktiv. Ganz in der Nähe hat die kolumbianische Luftwaffe Anfang März 2008 ein Dschungelcamp der Farc bombardiert und dabei die ehemalige Nr. 2 der Aufständischen, Raúl Reyes, liquidiert.

Flugverbindungen

Satena, Cra. 29 No 9-92, ℑ 422 84 50, 422 78 00, im Flughafen, ℑ 422 73 73.

Aires, Calle 11 No 19-40, ℑ 422 72 88.

Bogotá - Satena, Aires, täglich, € 130-170.

Neiva - Aires, täglich, ab € 75.

Florencia -Aires, ab € 75.

Puerto Leguízamo - Satena, Di/Sa, € 60.

Puerto Leguízamo

125 Meter, 28°C, 10 000 Einwohner
② 8

Puerto Leguízamo ist ein kleiner Dschungelhafen. Den heutigen Namen erhielt die Stadt zu Ehren des Soldaten Cándido Leguízamo, der im kolumbianisch-peruanischen Konflikt den Heldentod starb. Puerto Leguízamo ist der Ausgangspunkt für den Besuch des La Paya Nationalparks. Seit dem Besuch des amerikanischen Schriftstellers William S. Burroughs im April 1953 hat sich hier kaum etwa geändert. Er schrieb: «Der Ort sieht aus, als habe er gerade eine Überschwemmung hinter sich. Verrostete Maschinen liegen verstreut in der Gegend herum. Riesige Schlammpfützen mitten in der Stadt. Unbeleuchtete Straßen, auf denen man bis zu den Knien einsinkt.»

Informieren
Telecom, Cra. 3, Calle 6.

Schlafen und Essen
Es gibt eine Handvoll einfacher Residencias wie das **Caucaya**. Sie kosten € 3/4 p.P. Besser ist das **Hotel Tairona**, Cra. 21 No 9-81, € 7.50/10.

Schiffsverbindungen
Die Inspección Fluvial des Transportministerium ist an der Ecke Cra. 1, Calle 4, ② 563 42 37.
   Leticia/Puerto Asís - unregelmäßig fahren Transportschiffe auf dem Río Putumayo in beide Richtungen (siehe Puerto Asís).
   La Paya-Nationalpark - Schnellboote *La Linea*, ④ täglich 11, bis zum Parkeingang La Nueva Paya € 5 (Das Boot fährt weiter bis Puerto Asís).

Busverbindungen
Bogotá (über Florencia) - Coomotor und Cootranshuila, täglich, bis zu 30 Std., € 30. Die Piste verläuft durch eine Gegend, aus der immer mal wieder Guerrillaaktivitäten gemeldet werden. Zwischen La Tagua am Río Caquetá und Puerto Leguízamo am Río Putumayo gibt es eine **Dschungelstraße**, die unregelmäßig mit Traktoren befahren wird. Es ist die kürzeste Verbindung zwischen den beiden Amazonaszuflüssen Caquetá und dem Putumayo.

Flugverbindungen
Satena, Cra. 2 No 2-06, ② 563 43 48, Flüge nach **Puerto Asís**, Sa/Di, € 60, **Neiva**, Di/Do, Sa, € 80, und gelegentlich nach **Florencia**.

Nationalpark La Paya

Der Nationalpark La Paya liegt zwischen den Flüssen Putumayo und Caquetá und hat eine Ausdehnung von 4220 km². Am einfachsten erreicht man den Park von Puerto Leguízamo. Flora und Fauna im dichten Regenwald sind bemerkenswert. Die kristallinklaren Lagunen sind umstanden von Zedern, *ceibas*, Lorbeerbäumen und der *juansoco*. Die Vielfalt der Pilze, die im Unterholz im Schatten der Bäume wachsen, sind für den Pflanzenfreund und Fotografen eine Augenweide. Die Schirme sind leuchtend rot-orange mit weißen Sprenkeln.

In La Paya ist eine Vielzahl von Tieren zuhause. Hier gibt es die seltenen gewordene Seekuh ebenso wie die Morocoy- und Charapaschildkröte und die sagenumwobene Anakonda. Im Wald leben Ameisenbär und Tapir. Auf jeden Fall wird man spielende Affen beobachten können, wie

San José del Guaviare

240 Meter, 27°C, 47 000 Einwohner
☏ 8

Dr. Crévaux bei den Huitoto (1891)

San José ist eine umtriebige Pionierstadt und der Verwaltungssitz des Departements Guaviare. Die Bevölkerungszahl ist seit den 1970er Jahren explodiert. Die lokale Wirtschaft ist durch den Marihuanaboom der 1970er und den Kokaboom der 1980er und 1990er Jahre in Schwung gekommen.

Informieren

Alcaldía Mayor de San José del Guaviare, B. El Centro, ☏ 584 02 32.

Banken

Caja Agraria, B. El Centro, Visa-Card.

Schlafen und Essen

Einfach sind die **Residencias Caribe**, 1. de Octubre, ☏ 584 02 99 und die **Residencias El Jardín**, B. El Centro, ☏ 584 01 09.

Zimmer mit Bad in mittlerer Preislage hat das **Hotel Apaporis**, B. El Centro, ☏ 584 01 08.

Zu den besseren Hotels gehören das **Hotel Yurupari**, Cra. 8 No 22-87, B. el Centro, ☏ 584 00 96, Zimmer mit Bad, TV, Vent. und das **Hotel El Portico**, B. el Centro, ☏ 584 03 30, gleiche Ausstattung, zusätzlich Pool.

Fonda Antioqueña, B. San José, gute Paisaküche.

Restaurante Mi Mama, B. El Centro.

Schiffsverbindungen

Der Guaviarefluss ist über seine Gesamtlänge von 947 Kilometern schiffbar, für große Lastenkähne allerdings nur in der Regenzeit (fünf

---

den grauen Wollaffen. Schwieriger ist der mausgroße Titi-Affe aufzuspüren. Die marineblauen Morphofalter schweben in den Lichtschneisen. Im Park befinden sich *resguardos* der Siona-, Inga- und Huitoto-Indianer. Der Tierreichtum und die heranrückende Kolonialisierung haben zu Schwierigkeiten geführt. Wilderei, illegaler Holzeinschlag und Kokainanbau sind die Hauptprobleme. Eine Genehmigung zum Besuch des Parks erteilt das Büro der UAESPNN in Bogotá. Die trockensten Monate sind Dezember, Januar und Februar.

Unterkunft und Essen

Aufgrund der augenblicklich schwer einschätzbaren Sicherheitslage ist die Cabaña der UAESPNN-Parkverwaltung, 100 Meter von der Anlegestelle **La Nueva Paya,** nicht besetzt. In der Nähe befinden sich mehrere Lagunen. Verteilt im Park sind weitere vier Hütten, ebenfalls außer Betrieb, die durch Pfade oder Wasserstraßen verbunden sind. Im Park leben Huitoto-Indianer. Hier kann man Fisch, Yuka und *fariña* kaufen. Alles andere muss mitgebracht werden. Zelten ist an den Ufern des Río Caquetá möglich. Die Anreise über Land nach Puerto Asís bzw. Puerto Leguízamo und weiter auf dem Fluss ist schwierig und langwierig.

Tage und Nächte bis zur Einmündung in den Río Orinoco).

Barrancominas (Puerto Inírida) - zweimal die Woche mit dem Schnellboot, € 30.

Puerto Alvira (> Raudal de Mapiripana) - Do, € 42.

Busverbindungen

Almacén Transportes del Llano, Av. El Retorno, ✆ 584 01 44.

Flota La Macarena , Cra.19 No 12-08, ✆ 584 02 29.

Villavicencio - drei Busse täglich über eine in jüngster Zeit ausgebesserte Piste via **Puerto Lleras** und **Granada**. Die Fahrzeit hat sich durch den zwischen Concordia nach Puerto Arturo erfolgten Brückenschlag verkürzt, dennoch sind es noch immer 8-10 harte Stunden, in der Regenzeit noch länger, € 25.

Calamar (Río Unilla) - Jeeps, ausschließlich in der Trockenzeit, 5 Std., € 7.50.

Flugverbindungen

San José verfügt nur über eine Piste von 1400 m Länge und 20 m Breite. Von hier operieren fast ausschließlich Cargeros und gelegentlich kleine Charterflieger von und nach Villavicencio und Bogotá. Innerhalb des Departements Guaviare sind Flugtaxis und Cargeros nach Calamar, Miraflores, Barranquillita und Tomachipan im Einsatz.

Miraflores

240 Meter, 27°C, 2000 Einwohner

Miraflores war in den 1990er Jahren die umtriebige «Hauptstadt des Kokains», die Nachfolgerin des bereits legendären **Tranquilandia** (Dep. Caquetá) mit seinen 14 Laboratorien, die im Jahr 1984 bombardiert worden waren und die Vorgängerin von **Llorente** an der Straße Pasto-Tumaco (Nariño) - siehe unter Llorente-

Das kleine Miraflores liegt mitten im Dschungel südöstlich von San José del Guaviare. Der Kokainboom trieb die Menschen zum Kokaanbau zu Scharen in die Wälder, und der Ort wurde zum Treffpunkt von Kokaaufkäufern (*comisionistas*), Kokalaboranten, Soldaten, Drogenpolizisten und Prostituierten. Nachts kamen die Leute aus dem Wald, um sich in einer der vielen Bars und Diskotheken in Miraflores zu amüsieren. Der wildeste und lauteste Laden hieß «Sodoma».

Auf der Flugpiste, die die Engländer 1949 für die damals gegründete Mission angelegt hatten, waren täglich 20 Flugzeuge gestartet und gelandet und die Flughafengebühr zur Haupteinnnahmequelle der Gemeinde geworden. 1995 und 1998 hatten Narcoguerrillaeinheiten der Farc unter dem Kommando von Jorge Briceño Miraflores eingenommen, in Schutt und Asche gelegt und die überlebenden Soldaten und Polizisten gefangen genommenen und in Dschungelcamps verschleppt. Der tropische Regenwald in der Umgebung von Miraflores ist durch den massiven Kokaanbau und die anschließende Verarbeitung zu Kokain schwer in Mitleidenschaft gezogen worden. Viele Kokapflanzer und ihre Familien sind längst in Richtung Nariño auf die andere Seite der Kordilleren weitergezogen. Die staatliche Drogenbekämpfung fährt mit der Beseitigung der Kokafelder fort, aber das Elend der Bevölkerung bleibt.

Flugverbindungen

Miraflores lässt sich aus der Luft von San José del Guaviare erreichen, aber die vielen Drogenflüge gehören der Vergangenheit an.

Nationalpark Chiribiquete

Miraflores ist der nördliche Zugang zur Serranía de Chiribiquete.

Das gewaltige Hochplateau zählt zu den wenigen noch beinahe gänzlich unerforschten Regionen der Welt. Selbst ohne das Hindernis, das versprengte Guerrillaeinheiten für den Besucher darstellen, ist eine Erforschung dieses zerklüfteten Gebietes praktisch nur mit dem Hubschrauber möglich. Dieser Park ist der flächenmäßig größte, unentdeckteste, geheimnisvollste und schwerzugänglichste von ganz Kolumbien. Seine Fläche beträgt 12 800 km². Die Parkgrenzen werden durch Flüsse markiert. Im Norden und Osten verlaufen der Río Ajajú und der Tunía, die gemeinsam den Apaporis bilden. Die Südgrenze bestimmt der Mesayfluss. Die Serranía ist ein riesiger *tepui*, eine gewaltige Felserhebung. Es ist das kolumbianische Gegenstück zum Roraima-*tepui* in Brasilien.

Die höchsten Erhebungen liegen über 1000 Meter und sind ständig in Nebel gehüllt. Die Regenfälle übersteigen 4500 mm jährlich.

Zwischen den zerklüfteten, steilen Felserhebungen, die in Jahrmillionen durch Erosion entstanden sind, verläuft ein weit verästeltes System von Bächen und Wildwasserflüssen. In den flachen Zonen breitet sich tropischer Regenwald aus, die Hochflächen der Inselberge sind hingegen Savannengebiete. Vermutet werden im Chiribiquete eine große Anzahl noch unbekannter endemischer Tier- und Pflanzenarten. Der endemische Apaporiskaiman lebt ausschließlich an den Oberläufen der Flüsse und hat sich nicht über die Stromschnellen ausgebreitet. Das Gebiet war bis zu Beginn dieses Jahrhunderts von den Karijona bewohnt, einer Kariben-Sprachgruppe, die heute praktisch verschwunden ist. Die Karijona liebten die freien, offenen Savannenflächen mehr als den dichten Dschungel, eine Umwelt, die dem manischen Wandervolk entgegenkam. Die Karijona waren der Schrecken der Flüsse für die übrigen Amazonasindianer. Ihre gewaltigen Langboote ruderten sie im Stehen. Während der Kautschukzeit wurde diese Gruppe beinahe vollständig ausgerottet. Heute ist der Chiribiquete unbesiedelt. Viele der erodierten Steinformationen des Parks stellten für ihre Bewohner heilige Plätze dar. Hier wurden Felsmalereien entdeckt.

Wie kommt man hin?

Der Zugang zur Serranía de Chiribiquete ist nur mit entsprechender Planung zu bewerkstelligen. Auf der **Nordseite** von Miraflores über eine Trocha bis **Dosríos**, zwei Tage. Auf der **Südseite** von Araracuara (Caquetá) mit einem eigenen Boot den Río Yarí stromaufwärts und dann über den **Río Mesay**. Das Boot muss um eine Vielzahl von Stromschnellen herumgetragen werden. Die Fundación Rastrojo hat 120 km von der Einmündung des Río Mesay entfernt eine Cabaña, die Wissenschaftler beherbergt, Anreise über die Flüsse dauert ca. 20. Std.

Infos

Reisezeit

Kolumbien ist ein tropisches Land. Das zerklüftete Relief des Landes führt allerdings zu extremen Temperaturschwankungen auf kurzen Entfernungen. Hoch sind die Temperaturen an beiden Küsten, in der Llanos- und Amazonastiefebene und den Flusstälern von Magdalena und Cauca mit Durchschnittstemperaturen um 28°C. Mit zunehmenden Höhenmetern sinken die Temperaturen. **Bogotá** mit seinen 2600 Metern Höhe hat eine Durchschnittstemperatur von 14°C. Klima und Vegetation erinnern nicht an die Tropen, sondern weit eher an eine Stadt in Mitteleuropa. In den **Höhenlagen der Anden** erlebt man alle vier Jahreszeiten an einem Tag. In den Morgenstunden ist es noch frisch, und der Frühnebel hält die wärmende Sonne ab. In den Mittagsstunden klettern die Temperaturen bisweilen über 20°C. Die Nächte können empfindlich kalt werden.

Die **beste Reisezeit** für einen Besuch Kolumbiens sind die Monate **Dezember** bis **April**, wenn es in Mitteleuropa am kältesten ist, das gilt gleichermaßen für einen Besuch der Dschungelgebiete - Chocó und Amazonas - als auch für Bergbesteigungen in den Hochanden, im Cocuy und Los Nevados. In den meisten Regionen des Landes herrscht dann Trockenzeit (*verano* - Sommer). Die übrige Zeit des Jahres ist Regenzeit (*invierno* - Winter). Während der Regenzeit kann es in den andinen Regionen zu Erdrutschen und in den Küstenregionen zu Überschwemmungen kommen. Manche Straßen sind dann unpassierbar. Trotzdem regnet es nicht ständig, aber regelmäßig, meist einmal am Tag.

Dabei gibt es große regionale Unterschiede. An der Karibikküste kann es zwischen Juni und August zu wolkenbruchartigen Wärmegewittern kommen.

Die **Guajira**, der nördlichste Zipfel Kolumbiens, ist das ganze Jahr über praktisch niederschlagsfrei. Hingegen ist der **Chocó** - bis auf eine kurze Periode im Januar/Februar - und Teile des Amazonasgebietes immer feucht. Die Niederschlagsverteilung im kolumbianischen Amazonasgebiet ist nicht konstant. Vom Norden her, wo die Savannen der Llanos in die Regenwälder übergehen, nimmt die Niederschlagsmenge stetig zu, und die Länge der Trockenzeiten nimmt ab. Die beste Zeit für einen Besuch der nördlichen **Amazonasregion** sind die Monate Januar-März. Anders ist es in Leticia, das unterhalb des Äquators liegt. Hier sind die trockensten Monate August und September. In den meisten Regionen Kolumbiens wird die Regenzeit unterbrochen durch einen kurzen Sommer (*veranillo*), der zumeist in den Juli fällt.

Die Hauptferienzeit der Kolumbianer ist vom 15. Dezember bis zum 15. Januar. Beliebte Reiseziele sind San Andrés und die Karibikküste von Tolú bis Santa Marta. Die Preise werden in dieser Zeit um durchschnittlich 30 % erhöht. Gleiches gilt für die Osterwoche (*Semana Santa*). Im Dezember ist es grundsätzlich schwierig, Flüge zu bekommen. Rechtzeitige Buchung ist vonnöten.

Reisen nach Kolumbien

von Europa direkt

Die besten und günstigsten Flugverbindungen zwischen Europa und Kolumbien bieten augenblicklich die folgenden Fluggesellschaften an: **Air France-KLM** (täglich von und nach Paris mit dem Airbus 340), **Iberia** und **Avianca**.

Die kolumbianische Avianca hat ausschließlich Direktflüge von Spanien - Madrid, Barcelona und Valencia - nach Bogotá. Geflogen wird mit neuen Boeing 767-200-Maschinen. Für Atlantikflüge mit Avianca bieten Lufthansa und Iberia Zubringerflüge an. Über die Vereinigten Staaten von Amerika bestehen weitere Verbindungen mit American Airlines, Continental Airlines, Delta Airlines und Avianca via Miami, Houston, Atlanta u. a. Die Verbindungen von Europa via USA sind aber umständlicher und in aller Regel auch teurer.

Die Flugpreise der einzelnen Gesellschaften variieren beträchtlich, je nach Gültigkeitsdauer des Tickets, Haupt-, Nebensaison, Studententarif etc. Zu aktuellen Last-Minute-Tarifen sollte man die Websites der Airlines direkt befragen. In Europa verkaufen viele Carrier nur Tickets für den Roundtrip, weil sie nach internationalen Regeln verpflichtet sind, bei verwehrter Einreise, den Fluggast auf ihre Kosten zum Ausgangsort zurückzubefördern. Andere Fluggesellschaften akzeptieren einen einfachen Flug gegen Unterschrift einer Erklärung, dass der Fluggast im Fall der verwehrten Einreise die Kosten der Rückreise übernimmt.

Anschlussflüge in Kolumbien

Anschlussflüge der Avianca zu allen von der Airline angeflogenen Inlandzielen, einschließlich San Andrés. Leticia am Amazonas wird augenblicklich nur von Copa/Aerorepública bzw. Satena angeflogen und gehört nicht dazu. Generell ist es nicht teurer nach Bogotá zu fliegen und das Anschluss-Ticket vor Ort zu besorgen. Inlandflüge sind leicht am Schalter im El Dorado Flughafen zu buchen oder auch im Internet.

Airpass Lateinamerika

Einige lateinamerikanische Fluggesellschaften bieten einen **Airpass** in Kombination mit einem internationalen Langstreckenflug für ihre jeweiligen (Latein-)Amerikarouten an.

Mexipass Internacional (Minimum 2 Coupons) mit der Mexicana z.B. Bogotá-Mexico City.

Easypass von **Aeropostal** (Venezuela) z.B. Caracas-Bogotá (ab € 100) und Caracas-Medellín (ab € 120), Minimum drei Coupons, Gültigkeitsdauer 60 Tage ab Antritt des ersten Fluges.

LAN South America Airpass von Bogotá nach Quito (ab € 100)/Lima(ab € 120)/Santiago de Chile (ab € 200).

TAM South America Airpass für Verbindungen zwischen Brasilien, Argentinien, Bolivien, Chile, Paraguay, Peru und Uruguay.

TAM Brazil- Airpass, für alle innerbrasilianischen Strecken mit TAM (zwischen vier und neun Flügen).

Airpass - Kolumbien

Avianca/Sam bieten einen Airpass für Inlandflüge an (*Visite Colombia*), bestehend aus 3-5 Coupons plus weiteren Einzelcoupons. Voraussetzungen hierfür sind ein fester Wohnsitz außerhalb Kolumbiens und ein gültiges internationales Ticket von Avianca (oder einer anderen Airline, dann kostet es 20 % mehr) für die Einreise nach Kolumbien aus Übersee. Der Airpass muss im Ausland erworben sein, und die Gültigkeitsdauer beträgt ab Antritt des ersten Fluges 30 Tage. Für den Flug Cali-Cartagena benötigt man z. B. 2 Coupons. Ein Coupon für Cali-Bogotá, den zweiten für Bogotá-Cartagena. Routenänderungen sind gegen Aufpreis möglich. Die Preise liegen bei € 150 (3 Coupons), € 180 (4 Coupons), € 220 (5 Coupons), San Andrés und Cartagena kosten extra. Am besten zu buchen über eine Reiseagentur im deutschsprachigen Raum.

Einreise und Ausreise nach Kolumbien

Einreisen nach Kolumbien kann man über jeden internationalen Flughafen. Die internationalen Flughäfen von Bogotá, Medellín, Cali, Barranquilla und Cartagena haben Anschluss an Europa, USA, Kanada, und viele zentral- und südamerikanische Staaten. Zur Einreise genügt nach wie vor ein gültiger Reisepass. Es besteht keine Visumspflicht für Touristen aus Staaten der EU und anderen europäischen Ländern.

Informieren Sie sich über die aktuelle Entwicklung am besten über die Internetseite des Auswärtigen Amtes unter www.auswaertiges-amt.de.

Geschäftsleute benötigen ein *Visa de Negocios*, das bis zu drei Jahre gültig ist und für jede Einreise auf sechs Monate beschränkt ist. Auch Mitarbeiter von Nichtregierungsorganisationen, Experten, Journalisten, Kulturschaffende benötigen offiziell ein Visum.

Bei der Ankunft im Land wird die Registrierkarte der Einreisebehörde (DAS) ausgefüllt und die Daten im Computer gespeichert. Der Pass wird gestempelt und die Aufenthaltsdauer im Stempel vermerkt. Die einmalig erteilte Aufenthaltserlaubnis für alle europäischen Besucher beträgt 90 Tage. Ein Rückflugticket muss man nicht vorweisen. Wer über Land einreist, hat sich bei der nächstgelegenen Stelle der DAS zu melden. Zum Erhalt des Einreisestempels bedarf es in der Regel des Ausreisestempels des jeweiligen Nachbarlandes.

Bei der Ausreise über einen internationalen Flughafen wird eine Ausreisesteuer (*tasa aeroportuaria*) fällig, es sei denn, man kann den bei der Einreise erhaltenen Beleg zur Befreiung von der Ausreisesteuer vorlegen, wenn der Aufenthalt im Land 60 Tage nicht überschritten hat (**extención**). Bei mehr als 60 Tagen Aufenthaltsdauer sind US$ 59 (in Pesos oder US-Dollar zu zahlen).

Grenzübergänge zu den Nachbarstaaten
Venezuela
- Paraguachón bei Maicao (Guajira)
- San Antonio/Cúcuta (Norte de Santander)
- Puerto Páez/Puerto Carreño (Vichada)
- El Amparo de Apure/Arauca (Arauca)

Dieses sind die einzigen Grenzübergänge mit einem Einreisebüro der DAS direkt am Grenzübergang. Bei einer Einreise von Venezuela an anderer Stelle sollten Sie sich zuvor mit dem zuständigen kolumbianischen Konsulat in Venezuela in Verbindung setzen. Für das Amazonasgebiet ist das kolumbianische Konsulat in San Fernando de Atabapo zuständig. EU-Staatsangehörige benötigen nach neuesten Bestimmungen zur Einreise nach **Venezuela** zur Zeit weder ein Visum noch eine Touristenkarte *(Tarjeta de turismo)*.

Panama
Wer über den Darién nach Kolumbien einreist, erhält den Panama-Ausreisestempel beim Polizeiposten in Puerto Obaldía (Panama). Zur Einreise lässt man seinen Pass am gleichen Ort im kolumbianischen Honorakonsulat registrieren. Bei der Einreise nach Kolumbien erhält man einen Einreisestempel beim Posten der DAS in Capurganá.

Von Bogotá und Cartagena nach Panama-Stadt gibt es tägliche Flüge mit Copa und anderen Airlines.

Brasilien
Wer von Brasilien kommt erhält den Einreisestempel bei der DAS-Stelle in Leticia. Ein Grenzübertritt an anderer Stelle der kolumbianisch-brasilianischen Grenze ist nur mit vorheriger Absprache des kolumbianischen Konsulats in Manaus auf legalem Wege zu verwirklichen.

<u>AUFGEPASST!</u>
Brasilien verlangt bei der **Einreise über Land** ein Visum und eine Gelbfieber-Bescheinigung, die beim brasilianischen Konsulat in Leticia (① (98) 192 75 30) beantragt werden. Visumgebühr: US$ 12, Gelbfieber-Bescheinigung: ☺ Mo-Fr 9-13.

Ecuador
Die Grenzübergänge nach Ecuador sind Rumichaca bei Tulcán/Ipiales (Nariño) und Lago Agrio/Puerto Asís (Putumayo). Wer über Puerto Asís

> **Einreise über Land nach Brasilien**
> 1. **Reisepass**, der noch mindestens sechs Monate gültig ist
> 2. ein **Passfoto**
> 3. internationale **Bescheinigung über eine Gelbfieber-Impfung**, die 10 Tage vor der Einreise beantragt werden muss
> 4. gültiges **Ausreise-Ticket**
> 5. **Visum**

einreist, dessen Pass wird von der Polizei registriert. Den Einreisestempel erhält man bei der DAS-Stelle in Mocoa. Auf dem Seewege kommt man von Tumaco (Nariño) entlang der Pazifikküste nach La Esmeralda.

Peru
Einreisestelle für Peru ist die DAS-Stelle in Leticia. Ein Grenzübertritt an anderer Stelle muss mit dem kolumbianischen Konsulat in Iquitos abgestimmt werden. Im Dreiländereck Kolumbien/Brasilien/Peru kann man sich im grenznahen Bereich um Leticia ohne Passkontrollen genauso unbürokratisch und frei bewegen wie im Dreiländereck Kolumbien/Venezuela/Brasilien.

Zoll

Alles, was zum eigenen Gebrauch benötigt wird, kann zollfrei nach Kolumbien eingeführt werden. Das schließt den Laptop ebenso ein wie Foto- und Videokamera, Campingartikel, Fahrrad etc.. Für Zigaretten und Alkoholika gelten die weltweit üblichen Zollbestimmungen. Es dürfen maximal US$ 10 000 ohne Zollerklärung eingeführt werden. Selten wird das Gepäck bei der Einreise kontrolliert. Die Ausfuhr von Drogen und präkolumbianischen Kunstgegenständen ist verboten. Bei der Ausfuhr von Smaragden und Gold empfiehlt es sich, eine Quittung zur Hand zu haben.

Die Drogenkontrollen haben sich vor allem auf den internationalen Flughäfen verschärft. Das Gepäck wird mehrmals kontrolliert und bei Verdacht ist auch eine **Körperkontrolle** nicht ausgeschlossen.

Einreise mit Auto oder Motorrad

Der Tourist darf sein Fahrzeug (Motorrad, Kfz, Yacht) nach Kolumbien für die Dauer seines persönlichen Aufenthaltes einführen, maximal 6 Monate. Notwendig sind neben dem gültigen Reisepass, Führerschein, Fahrzeugpapiere und der Ausreisestempel für das Fahrzeug in den Begleitpapieren (z. B. Panama, Venezuela oder Ecuador). Kolumbien verlangt beim Grenzübertritt mit dem eigenen Fahrzeug außerdem eine *libreta de pasos por la aduana,* international besser bekannt unter der Bezeichnung **Carnet de Passage**, ein Grenzdokument zur vorübergehenden zollfreien Einfuhr von Land- und Wasserfahrzeugen.

Auch die Nachbarstaaten Venezuela, Ecuador und Peru verlangen bei der Einreise einen gültigen **Carnet de Passage**. Das Carnet ist bei einem Automobilclub zu beantragen, in Deutschland beim ADAC, in Österreich beim ÖAMTC, in der Schweiz beim ACS. Der Antrag soll vier Wochen vor Abreise gestellt werden und gilt nach erfolgter Ausstellung für 1 Jahr. Wird als pdf.-Download, z.B. auf www.adac.de angeboten. Erforderlich ist die Abgabe einer Bankbürgschaft, deren Höhe sich nach dem Zeitwert des Fahrzeugs richtet. Der ADAC erhebt bei Beantragung des Dokuments € 150 (€ 250 bei Nichtmitglieder).

Info-Service in Kolumbien durch den **ADAC-Partnerclub** Touring y Automovil Club de Colombia (**ACC**) in Bogotá, Cra. 98 No 21-04 www.acc.com.co

Verfrachtung des Motorrads

Das Motorrad kann als Frachtgut auf dem Luft- oder Seeweg nach Kolumbien befördert werden. Luftfracht ist teurer und abhängig vom Volumengewicht der Maschine, die Seefracht dauert von Europa nach Kolumbien ca. 3-4 Wochen. Von Panama nach Bogotá bietet Copa-Cargo Luftfrachttransporte an. Auf diesem Wege kann man den Darien Gap, die bislang auf der Straße unpassierbare Landenge zwischen Panama und Kolumbien, überwinden.

Botschaften & Konsulate

In Deutschland
Kolumbianische Botschaft
Kurfürstenstraße 84, 5. Stock
D-10787 Berlin
☏ (030) 263 96 10
📠 (030) 263 96 125
✉ info@botschaft-kolumbien.de
www.botschaft-kolumbien.de
🕘 Mo-Fr 9.30-12.30 u. 14.30-17

Generalkonsulat Frankfurt
Fürstenberger Str. 223
D-60323 Frankfurt am Main
☏ (069) 959 56 70
📠 (069) 596 20 80
🕘 Mo-Fr 9-13 u. 14-16

Honorarkonsul Bremen
Parkallee 32, D-28209 Bremen
☎ (0421) 349 80 95
📠 (0421) 349 80 51
🕓 Mo-Fr 10-13

Honorarkonsul Hamburg
Wendenstr. 29, D-20097 Hamburg
☎ (040) 23 85 56 94
📠 (040) 23 19 70
🕓 Mo-Fr 9-13

In Österreich
Kolumbianische Botschaft
Stadiongasse 6-8, A-1010 Wien
☎ (01) 405 42 49
📠 (01) 408 83 03

In der Schweiz
Kolumbianische Botschaft
Dufourstraße 47, Ch-3005 Bern
☎ (041) 31 351 17 00
📠 (041) 31 352 70 72
www.emcol.ch

Botschaften in Kolumbien
Deutsche Botschaft
Embajada de la República Federal de Alemania
Bogotá, Cra. 69 No 25B, 7. Stock
Edif. World Business Port
(Edif. El Tiempo)
☎ (0057) 1 423 26 00
📠 (0057)1 429 31 45
www.bogota.diplo.de

Österreichische Botschaft
Bogotá, Cra. 9 No 73-44, 4. Stock
Edif. Fiducafé
☎ (0057) 1 326 36 80 /-90
www.aussenministerium.at/bogota

Schweizer Botschaft
Bogotá, Cra. 9a No 74-08
11. Stock, Edif. Profinanzas
☎ (0057) 1 349 72 30.
www.eda.admin.ch/bogota

DAS und Pass

Zuständig für Visafragen ist der *Departamento Administrativo de Seguridad* (kurz DAS). Die Behörde ist zuständig für die innere Sicherheit und den kolumbianischen Geheimdienst. Eine Unterabteilung ist die *extranjería* (Ausländerabteilung). Wenn der erlaubte Aufenthalt (laut Sichtvermerk) von max. 90 Tagen abläuft, kann man bei einer *extranjería* zunächst eine Aufenthaltsverlängerung von weiteren 30 Tagen beantragen, **Prórroga (de Turismo)**.

Wer nach weiteren 30 Tagen immer noch im Land bleiben möchte, kann die Prórroga erneuern lassen (*salvoconducto*), bis zu einer maximalen Aufenthaltsdauer von insgesamt 180 Tagen seit Einreise. Auf die Erteilung einer weiteren Aufenthaltsverlängerung besteht kein Rechtsanspruch, sie liegt im Ermessen der Ausländerbehörde und ist in der Regel auf einen Monat begrenzt. Wer beabsichtigt längere Zeit - mehr als 6 Monate - in Kolumbien zu bleiben, reist entweder in dieser Zeit in ein Nachbarland aus und anschließend erneut ein oder beantragt im Heimatland über die kolumbianische

---

Prórroga de Turismo

* Vorlage des Reisepasses
* Ausfüllen des Antragsformulars
* Überweisung von 60.600 kol Pesos (€ 25) auf das Konto der Bancafé, Konto-Nr. 056-99020-3 codigo 103
* 2 Passfotos Format 3x4 Farbe auf weißem Hintergrund
* Fotokopie des Passes (Deckblatt)
* Rückflugticket.

BANCAFÉ: Transversal 17a No 98-57

Botschaft oder ein Konsulat ein Visum. Ein zeitlich begrenztes Visum erhält man auf Antrag nach Einreichen eines Gesundheitszeugnisses und eines polizeilichen Führungszeugnisses, das nicht älter als 6 Monate alt sein darf. Der Antrag muss begründet sein (Studium, Praktikum, berufliche Tätigkeit). Bei US$ 50 000 Investitionssumme genügt der Pass und die Bescheinigung der eingezahlten Summe bei der Banco de la República.

Die Beantragung eines (zunächst zeitlich befristeten) Visums in Kolumbien erfolgt bei der Visaabteilung des Außenministeriums, Calle 98 No 17A-32, Bogotá. In Kolumbien kostet es US$ 150.

Geld

Währung

Die Währungseinheit von Kolumbien ist der kolumbianische Peso.

Pesos eintauschen kann man bei der Ankunft am Internationalen Flughafen El Dorado von Bogotá mit der Euro/MaestroCard an der ATM-Maschine im ersten Stock des Flughafens, direkt neben der Kapelle. Wenn man den Ausgang passiert hat, nochmals zurück und mit der Rolltreppe nach oben. Der ATM-Geldwechsler ist 24 Std. im Einsatz. Kleingeld kann man anschließend in einem der Läden wechseln.

Geldscheine

Es gibt 2000, 5000, 10 000, 20 000 und 50 000 Peso Scheine. Die 100, 200, 500 und 1000 Peso Scheine sind aus den Städten so gut wie verschwunden, durch Münzgeld ersetzt worden, und wenn überhaupt, nur noch in den abgelegensten Nestern anzutreffen.

Die Geldscheine repräsentieren ein buntes Kaleidoskop der Geschichte, der Kultur, der Flora und Fauna Kolumbiens. Die 1000 Peso Note zeigt auf der Vorderseite den Libertador Simón Bolívar und auf der Rückseite das Denkmal, das Rodrigo Arenas Betancourt der Befreiungsschlacht im Pantano de Vargas 1819 gewidmet hat.

Die 2000 Peso Note zeigt wiederum Bolívar; die Rückseite ist eine Darstellung des Aufstiegs der Befreiungsarmee zum Páramo de Pisba.

Die 5000 Peso Note zeigt den Dichter José Asunción Silva. Die 10 000 Peso Note ziert die junge Policarpa Salavarrieta, eine Freiheitskämpferin, die 1817 von den Soldaten Morillos hingerichtet wurde.

Die 20 000 Peso Note ist Julio Garavito Armero gewidmet, einem bedeutenden kolumbianischen Wissenschaftler des 19. Jahrhunderts. Der Ingenieur und Mathematiker war Direktor der Nationalen Sternwarte und entwickelte ein System zu Berechnung der Breitengrade. Das System erlaubte die Erstellung von Mondkarten und brachte seinem Erfinder die Benennung mehrerer Mondkrater auf der erdabgewandten Seite auf seinem Namen ein.

Auf dem 50 000 Peso Schein ist der Schriftsteller Jorge Isaaks abgebildet, der Schöpfer der in Kolumbien unsterblichen «*María*», einem typischen Roman des 19. Jahrhunderts.

Wechselkurse

(Stand November 2008)

1 € - 3000 Pesos

1 US$ - 2300 Pesos

Aktuelle Kursabfrage: Universal Currency Converter. www.xe.com

Bargeld & Plastikgeld

Die **Inflationsrate** liegt derzeit zwischen 5-8 % p.a.

In Kolumbien existiert kein nennenswerter Schwarzmarkt für alltägliche Tauschaktionen, sehr wohl aber im großen Stil. Konvertible Währungen und in den Großstädten einfach zu wechseln sind der Euro und der US-Dollar. Der US-Dollar ist allerdings nicht ganz so begehrt wie in den meisten Nachbarländern, und in abgelegenen Regionen findet man oft niemanden, der an der US-Währung interessiert wäre. Dies ist die Konsequenz des Drogenhandels, der das Land jahrelang mit Schwarzdollar überschwemmt hat. Dennoch ist der US-Dollar gemeinsam mit dem Euro im Allgemeinen die einzige über das ganze Land frei konvertible Währung. In den Großstädten erhält man auch für den Euro in Relation zum jeweils aktuellen Stand des US-Dollars zumeist einen angemessenen Kurs. Nach Einführung der europäischen Einheitswährung waren in Kolumbien auch überproportional viele 500er Scheine geordert worden, die sich bestens zum Zwecke der Geldwäsche eignen.

Nicht alle Banken tauschen US-Dollar und Euro. Der Bartausch geht oft einfacher und unbürokratischer in den Wechselstuben (*casas de cambio*) vor sich. Auch die Wechselstube bei der Gepäckausgabe am El Dorado-Airport - Aerocambios - tauscht US-Dollar und Euro zu einem angemessenen Kurs.

Im übrigen ist es nicht ungewöhnlich, dass seriöse Geldtauscher ihre großen Noten, zumal die ausländischen mit einem kleinen Stempel versehen, um damit ihre Echtheit zu demonstrieren.

Mit der Master-, Visa- und gelegentlich auch mit der Euro/Maestro-Card lassen sich die **ATM-Geldautomaten** (*cajeros automaticos*), die in allen größeren Städten leicht zu finden und auch in vielen kleineren verbreitet sind, zum Geldabheben nutzen, Anweisung in Spanisch/Englisch. Eine einmalige Abhebung ist auf 300 000 bzw. 400 000 und gelegentlich auch mal auf 500 000 kol. Peso (max. € 200) begrenzt.

Das meistvertretene System für **Plastikgeld** mit über 2000 Geldautomaten im Land heißt **ATH**, www.ath.com.co. Das System wird von der Banco de Occidente, Banco de Bogotá, Banco Popular u. a. getragen. Bancolombia, BBVA und Banco Santander haben eigene Systeme und ebenfalls 24 Std. Geldautomaten aufgestellt. Geschäfte, bessere Hotels, Restaurants und Fluggesellschaften akzeptieren Kreditkarten als Zahlungsmittel. Fernab der Städte sind Bar-Pesos vonnöten.

Es kommt allerdings des öfteren vor, dass ATM-Geldautomaten zum illegalen Auslesen der Karte präpariert werden. Am sichersten zieht man sich das Geld daher bei einer ATM am Flughafen, in Supermärkten oder im Vorraum großer Banken.

Am besten fährt man seit vielen Jahren in Kolumbien mit der Visa-Card, die man auch in ziemlich abgelegenen touristischen Ecken (z.B. San Agustín, Salento u.a.) noch zum Einsatz bringen kann. Die Master-

Card folgt mit einigem Abstand und der Rest (Diners, American Express und Co) ist von untergeordneter Verbreitung.

Travellerschecks

Verbreitet sind in Kolumbien ausschließlich auf US-Währung dotierte American Express. Das Einlösen von Travellerschecks bei den Banken ist grundsätzlich kompliziert, an begrenzte Vormittagszeiten gebunden und mancherorts nervenaufreibend. Vorzulegen sind eine Kopie des Passes und die Kopie des Ankaufbelegs. Einige Banken nehmen Provision, andere nicht. Und längst nicht alle Banken tauschen Reiseschecks. Zudem gibt es Schwankungen beim Tauschkurs und in ländlichen Gegenden sind Travellerschecks praktisch nicht einzulösen.

Bargeldtransfer aus dem Ausland

Es gibt verschiedene Möglichkeiten, sich Bargeld aus dem Ausland anweisen zu lassen.

MoneyGram

MoneyGram bietet die Versendung und den Empfang von Bargeld über seinen beauftragten Agenten **Cambiamos** in Zusammenarbeit mit American Express. Im Heimatland muss eine Geldanweisung an eine der für den MoneyGram autorisierten Agenten (American Express) veranlasst werden. Der Agent übermittelt die Geldanweisung auf den Namen des Empfängers an eine der 81 Cambiamos-Filialen in 31 kolumbianischen Städten. Die Geldtransaktion erfolgt per Computer und wird noch am gleichen Tag, wahlweise in Pesos oder Dollar, ausgezahlt. Die Provision ist hoch, 10 %. www.moneygram.com

Western Union

Über eine Filiale der Western Union Bank, die in allen größeren Städten Europas vertreten ist, sind schnelle Geldüberweisungen möglich. Auszahlende Stelle in Kolumbien ist der im ganzen Land verbreitete private Postdienst **Servientrega**. Die maximale Überweisungssumme beträgt US$ 3000. Die Provision liegt bei 4,7 %. Zentralgelegenes Büro in Bogotá: Av. Jiménez No 4-74, 1. Stock, ☏ 651 05 00. www.westernunion.com

Ein weiterer Privatanbieter für Bargeldtransfers mit etwas günstigeren Gebühren ist der **Ria Financial Service**. www.riafinancial.com

Post

Der Postverkehr innerhalb des Landes und mit dem Ausland wird ganz überwiegend durch private Unternehmen abgewickelt.

Servientrega, privater Postdienst und internationaler Versender. www.servientrega.com

Deprisa, ein privates Beförderungsunternehmen der **Avianca Cargo** für eilige Sendungen und nationale wie internationale Frachtlieferungen. www.deprisa.com

TCC, privater Post- und Paketdienst. www.tcc.com.co

4-72, benannt nach dem Breiten- und Längengrad, der das Zentrum Kolumbiens markiert (Nachfolgeunternehmen der durch Präsidentendekret 2006 liquidierten staatlichen **Adpostal**), der allgemeine Postdienst mit 3000 Postannahmestellen im ganzen Land, der aber allenfalls noch über 20 % Marktanteil verfügt. www.4-72.com.co

Telefonieren

Im Jahr 2002 überstieg die Zahl der Mobilfunknutzer erstmals die der Festnetzanschlüsse und seitdem wächst die Mobilfunkdichte Tag für Tag. Sie ist weit höher als in den Nachbarländern Ecuador und Peru. Die drei größten **Mobilfunkanbieter** heißen **Comcel** (Vorwahlcode 311), **Movistar** und **Tigo (**Vorwahlcode 300**).** In den Großstädten kann man an fast jeder Ecke mit einem Miethandy telefonieren, nennt sich «**Minutos**» und kostet ab 200 Pesos pro Minute. Wer über ein 3- oder 4-Band Handy verfügt, kann bei Comcel eine Prepaid (prepago)-SIM-Card mit kolumbianischer Nummer kaufen und im Inland telefonieren. Keiner der drei Mobilfunkanbieter hat Roamingabkommen mit deutschen Netzbetreibern.

Im **Festnetz** haben die Deregulierung des Telekommunikationssektors und die weite Verbreitung von Mobilfunkgeräten die einst allmächtige Telefónica, mittlerweile **Telefónica de Colombia (Telecom)** in die Defensive gedrängt. Dem einstigen Monopolisten waren die Kunden scharenweise abhanden gekommen, er ist aber nach wie vor das führende Unternehmen im Festnetz (www.telefonica.com.co) vor den Anbietern Orbitel und ETB. Außerhalb der Großstädte bietet die Telefónica/Telecom die allesbestimmende Verbindung zur Außenwelt, wenn keine mobile Alternative zur Hand ist. Das Netz der Telefónica/Telecom ist über das gesamte Land gespannt, so dass es nahezu von jedem Ort Kolumbiens möglich ist, im Festnetz zu telefonieren, einmal abgesehen von einigen abgelegenen Indianersiedlungen im Amazonasgebiet und im Chocó.

Vorwahlnummern

Anbieter:
Telecom . . . .-009
ETB . . . .-007
Orbitel . . . .-005

Inland:
Bogotá 1
Cali 2
Medellín 4
Cartagena/Santa Marta 5
Pereira/Aremenia/Manizales 6
Bucaramanga 7
Tunja /Leticia 8

Die Vorwahl für Kolumbien aus Europa ist **0057**. Anschließend wählt man die jeweilige Ortsvorwahl und die gewünschte Rufnummer.

Bei Auslandsgesprächen aus Kolumbien ist je nach Anbieter die 009 oder 007 oder 005 vorweg zu wählen, dann die internationale Vorwahl (49 Deutschland, 43 Österreich, 41 Schweiz) und anschließend die gewünschte Rufnummer.

Ein **R-Gespräch** (*Cobro Revertido* = Rechnung übernimmt der Empfänger) ist mit Deutschland, 01 800 9 94 00 57 und der Schweiz, 01 800 9 41 00 57 möglich.

Zeit

Kolumbien liegt sechs Stunden hinter der Mitteleuropäischen Zeit (MEZ), sieben Stunden während der Sommerzeit.

Elektrizität

Stromspannung 110 V, in Altstadtvierteln 150 V, Neubauten haben auch 220 V. Adapter sind in Bogotá für ein paar Cent zu kaufen. Der kolumbianische Stecker ist ein Flachstecker.

Gewichte & Maßeinheiten

In Kolumbien gilt das metrische System. Zu den gebräuchlichen mitteleuropäischen Bezeichnungen kommen folgende hinzu:
1 US Gallon (galón) ... 3,79 Liter
1 Barril .... 42 US Gallonen
1 Arroba .... 25 Pfund
1 Quintal .... 100 Pfund
1 Libra ... knapp ein Pfund (460 g)
1 Onza .... 29 g
1 Pulgada .... 2,54 Zentimeter

Öffnungszeiten

Die Öffnungszeiten von Büros und Behörden sind von Montag bis Freitag 8-12 und 14-17.30. In Bogotá machen viele Büros keine Mittagspause. Auch die Banken haben durchgehend geöffnet, Montag bis Freitag 9-15. Im übrigen Land gelten folgende Bankschalterzeiten: Montag bis Freitag 8-11.30 und 14-16. In jüngster Zeit bemühen sich die Banken um einen besseren Kundenservice und flexiblere Öffnungszeiten. Einige Großbanken öffnen in den größeren Städten ihre Schalter auch an Samstagvormittagen. In sämtlichen großen Städten des Landes schließen die Banken am letzten Freitag des Monats bereits um 11.30 bzw. 12 in Bogotá.

Viele Museen haben an den Montagen geschlossen. Für kleine Läden und viele private Dienstleister gibt es keine Ladenschlusszeiten. Als Faustregel gilt in den Großstädten von «Acht bis Acht», von Montag bis Samstag. Tante Emmaläden sind bis auf die Nachtruhe der Besitzer stets geöffnet. Auf dem Lande öffnen viele Läden mit dem ersten Hahnenschrei und schließen bei Einbruch der Dunkelheit.

Feiertage & Puentes

Kolumbien ist ein Land mit vielen Feiertagen. Feiertage in der Woche werden auf den folgenden Montag gelegt, um ein langes Wochenende zu genießen. Das lange Wochenende heißt *puente* (Brücke). Die vielen Feiertage schaffen einen Ausgleich für die wenigen Urlaubstage des Kolumbianers.

1. Januar - *Santa María Madre de Dios* (Neujahrstag)
6. Januar - *Reyes Magos* (Heilige drei Könige)
19. März - *San José* (Sankt Joseph)
1. Mai - *Día del Trabajo* (Tag der Arbeit)
29. Juni - *San Pedro y San Pablo* (Sankt Peter und Paul)
20. Juli - *Independencia Nacional* (Nationaler Unabhängigkeitstag)
7. August - *Batalla de Boyacá* (Befreiungsschlacht von Boyacá)
15. August - *Asunción de Nuestra Señora* (Maria Himmelfahrt)
12. Oktober - *Fiesta de la Raza* (Tag der Entdeckung Amerikas)
1. November - *Todos los Santos* (Allerheiligen)
11. November - *Independencia de Cartagena* (Unabhängigkeit von Cartagena)
8. Dezember - *Inmaculada Concepción* (Tag der unbefleckten Empfängnis)
25. Dezember - *Navidad* (Weihnachtstag)

Außerdem gibt es die beweglichen Feiertage, Gründonnerstag *(Jueves Santos)*, Karfreitag *(Viernes Santos)*, Ostern *(Corpus Christi)*, Christi Himmelfahrt *(Ascención del Señor)*, Pfingsten *(Sagrado Corazón de Jesús)*. Außerhalb der kolumbianischen Ferienzeit (15.12.-15.1., Osterwoche und 15.6.-15.8.) senken die Fluggesellschaften und viele Hotels in den Ferienorten ihre Preise.

Feste & Festivals

Januar
Carnaval de Blancos y Negros, 2.- 6. Januar in Pasto
Torneo Nacional de Música Llanera y de Toros coleados de Acacias (Dep. Meta)

Februar
Carnaval de Barranquilla, Ende des Monats

März
Festival Internacional de Música del Caribe, am Monatsende in Cartagena
Semana Santa, Osterprozessionen in Mompox und Popayán

April
Green Moon (Musik) Festival, Mitte des Monats auf San Andrés
Festival de la Leyenda Vallenata, Ende des Monats in Valledupar

Mai
Internationales Filmfestival in der ersten u. zweiten Woche in Cartagena
Festival de la Cultura Wayu, letztes Wochenende in Uribia

Juni
Festival de la Poesia in der zweiten Woche in Medellín
Carnaval in Juanchito, Monatsmitte
Festival de la Cumbia in El Banco
Festival del Porro in San Pelayo, Ende des Monats
Festival Folclórico de Bambuco in Neiva, Ende des Monats

August
Folklorefestival der Pazifikküste in Buenaventura, Anfang des Monats
Festival Nacional del Pasillo in Aguadas, Anfang des Monats
Festival de La Guabina y El Tiple in Vélez, Anfang des Monats
Desfile de Silleteros in Medellín, 7. August
Festival de Cometas (Drachenflugwettbewerb) in Villa de Leyva, Mitte des Monats

September
Lateinamerikanisches Theaterfestival in Manizales

Oktober
San Pacho Festival in Quibdó, erste Woche
Carreras de Caballos (Pferderennen) auf Providencia, Mitte Oktober
Festival del Tambores in Palenque, vom 12.-15. Oktober

November
Internationales Folklorefestival der Llanos in San Martín, Anfang November
Miss-Wahl in Cartagena, 9.-11. November

Dezember
Festival de Música del Pacifico in Tumaco, erste Dezemberwoche
Jazz bajo la Luna in Cartagena, Mitte Dezember
Feria de Cali in Cali, 25.-30. Dezember

Hilfreiche Adressen

Touristenpolizei
Policía de Turismo, Carrera 13 No. 26-62 Bogotá ☎ 337 44 13.

Touristeninformation
Die internationale Tourismuspolitik des Landes hat nach langen Jahren des Schlendrians und der Mittelvergeudung endlich Fahrt aufgenommen und begonnen eine Strategie zu entwickeln, um einmalige touristi-

sche Schätze von Weltniveau wie Cartagena, San Agustín oder die kolumbianische Amazonasregion weltweit angemessen zu repräsentieren. Der international allgemein stark verbesserte Ruf des Landes und gestiegene Sympathiewert spielen den Verantwortlichen nun zum Glück auch mal in die Karten. Allerdings sind bislang nur 8 % aller Touristen im Land Ausländer, die wiederum verteilen sich auf 18 % US-Amerikaner, 12 % Venezolaner, 12 % Ecuadorianer. Zu den am häufigsten besuchten Zielen gehören Cartagena, San Andrés, die Kaffeezone und mit einigem Abstand Bogotá und Medellín.

Seit 2004 existiert die internationale Kampagne «**Colombia es pasión**». Der Internetauftritt wirbt in Deutsch/Englisch/Spanisch für die Schönheiten des Landes und seiner Bewohner und enthält Neuigkeiten mit touristischen und kulturellen Inhalten. www.colombiaespasion.com

Auf dem Lande werden **Posadas turísticas** gefördert, das sind private Unterkünfte, so eine Art Bed & Breakfast. Das Programm entwickelt sich in der Kaffeezone, Cabo de la Vela (Karibik) und Nuqui/Bahía Solano ganz vielversprechend, und auch die Llanos sollen auf diese Art und Weise touristisch erschlossen werden.

Staatliche Nationalparkverwaltung

Die Nationalparkverwaltung **Unidad Administrativa Especial del Sistema de Parques Nacionales Naturales (UAESPNN)** ist seit 1994 eine Unterabteilung des Umweltministeriums. Es gibt in Kolumbien inzwischen über 50 Nationalparks und sonstige Naturreservate und die Schaffung weiterer ist geplant. Die

Warten auf Touristen in Honda, am Río Magdalena

Politik des Umweltministeriums ist darauf gerichtet, alle Flächen mit Mangrovenbewuchs, Korallenriffe und die Páramos als Nationalparks auszuweisen. Die Gesamtfläche der Nationalparks beträgt über 93 000 km^2, das sind fast 10 % der Landfläche Kolumbiens.

Das System der Parks ist aufgeteilt in Parques Nacionales (40), Santuarios de Flora y Fauna (10), zwei Reservas Naturales, eine Área Natural Única und einen Vía Parque. Die Nationalparkflächen sind offiziell unbesiedelt. Die beiden Reservas Naturales sind zugleich ausgewiesene Indianerreservate, einige Nationalparkflächen überlappen sich mit titulierten indigenen Resguardos (z.B. PNN Ensenada de Utría). Die Santuarios sind ausgewiesene Schutzräume inmitten oder in der Nähe besiedelter Gebiete, deren Fläche vergleichsweise klein ist.

Der kleinste Naturpark ist die Isla de la Corota mit 0,08 km^2 in der Laguna La Cocha. Der größte Nationalpark ist der Chiribiquete, ein unzugängliches Gebiet inmitten der Amazonasregion mit 12 800 km^2 Fläche.

Einige Nationalparks sind ausgesprochen populär und in der Hauptsaison (Dezember, Januar und Osterwoche) auch schon mal überlaufen, z. B. der Taironapark. Andere hingegen sind so abgelegen, dass sich dorthin selten mal Besucher verirren. Die populärsten Nationalparks sind, und das ist nicht unumstritten, der kolumbianischen Großagentur **Aviatur** zur privaten touristischen Vermarktung überlassen worden, die an diesen Orten für komfortable Übernachtungsmöglichkeiten und einen regelmäßigen Restaurantbetrieb der gehobenen Preisklasse sorgt. Ohne Frage wurde auf diese Weise die gesamte Infrastruktur vieler Parks entscheidend verbessert, wenn nicht überhaupt erst geschaffen. Vermarktet von Aviatur werden die Nationalparks Tairona, Los Nevados, Otún Quimbaya, Amacayacu (in Kooperation mit der Hotelkette Decameron) und exklusiv die Isla Gorgona. www.concesionesparquesnaturales.com

In den nicht so abgelegenen Nationalparks existiert ein gewartetes Wegesystem, und Naturführer stehen zur Verfügung. Die Eintrittspreise variieren je nach Beliebtheitsgrad, sind aber geringer als in den meisten Nachbarländern. Zu den populärsten Parks gehören die Islas del Rosario (bei Cartagena), Tairona, Isla Gorgona, Iguaque (bei Villa de Leyva) und El Cocuy. Der Eintritt beträgt für Ausländer € 10. In den abgelegenen und schwer zugänglichen Nationalparks, das ist die Mehrheit der Parks, gibt es entweder keine oder nur eine rudimentäre Infrastruktur, aber hin und wieder trifft man doch auf freundliche und hilfsbereite Ranger. Camping ist fast immer möglich, mancherorts sind einfache Hütten vorhanden. Die UAESPNN hat kostenlose Informationsblätter über einzelne Parks und eine Liste zu Eintritts- und Übernachtungspreisen auf ihrer Internetseite. www.parquesnacionales.gov.co

Für den Besuch der meisten Parks ist eine Genehmigung nötig, die einige Tage vorher beantragt werden sollte. Der Besuch der Isla Gorgona ist ausschließlich über ein Büro von Aviatur zu organisieren. Im einzelnen sind die Bedingungen für den Parkbesuch recht unterschiedlich, bzw. nicht geregelt. Es ist anzuraten, sich im Voraus bei der UAESPNN zu informieren. Die UAESPNN unterhält Regionalbüros in Bucaramanga, Santa Marta, Medellín, Cali und Popayán, die Genehmigungen für die Parks in ihrem Zuständigkeitsbereich erteilen.

ONIC
(Organisación Nacional de Indígenas de Colombia)

Die nationale Indianerorganisation ist der Dachverband der meisten der 84 in Kolumbien lebenden indigenen Völker. Ihre Hauptaufgabe liegt in der Verteidigung und dem Schutz der *resguardo*s vor Besiedlung und die Bewahrung der kulturellen Wurzeln und der eigenständigen Lebensweise der indigenen Völker. Wer *resguardo*s besuchen möchte, sollte sich zuvor mit der ONIC in Verbindung setzten. Im Gebäude der ONIC in der Altstadt von Bogotá befindet sich eine kleine Bibliothek mit einem Informationszentrum. Hier lernt man die Indigenen kennen und erfährt Neuigkeiten zu aktuellen Problemen und Entwicklungen, die die indigenen Völker betreffen. Die ONIC hat allerdings keine Handhabe für Besuchsanliegen und kann bestenfalls Empfehlungsschreiben geben. Die regionalen Dachorganisationen, wie z.B. die OREWA (Chocó), OIA (Antioquia) und der unabhängige CRIC (Cauca) kennen die Situation vor Ort oft viel besser und haben in ih-

DIE NATIONALPARKS

Karibikregion	Fläche/ km²
(1) Macuira	250
(2) Tairona	150
(3) Sierra Nevada de Santa Marta	3830
(4) Isla de Salamanca	210
(5) Corales del Rosario	195
(6) Los Katíos	720
(7) Los Flamencos	70
(8) Ciénaga Grande de Santa Marta	230
(9) Los Colorados	10
(10) Isla Providencia	28

Pazifikregion
(11) Munchique	440
(12) Farallones de Cali	1500
(13) Sanquianga	800
(14) Ensenada de Utría	543
(15) Isla Gorgona	492
(16) Isla Malpelo	3,5

Andenregion
(17) Catatumbo/ Bari	1581
(18) Paramillo	4600
(19) Las Orquideas	320
(20) Los Nevados	380
(21) Las Hermosas	1250
(22) Nevado del Huila	1580
(23) Puracé	830
(24) El Cocuy	3060
(25) Tama	480
(26) Pisba	450
(27) Chingaza	504
(28) Sumapaz	1540
(29) Cueva de los Guácheros	90
(30) Los Picachos	4390
(31) Macizo de Tatama	519
(32) Iguaque	67
(33) Galeras	76
(34) Isla de la Corota	0,08
(35) Guamenta - Alto Río Fonce	104
(36) Los Estoraques	6

Orinoco/ Amazonasregion
(37) El Tuparro	5480
(38) Serranía de la Macarena	6293
(39) Tinigua	2080
(40) Amacayacu	2935
(41) Cahuinarí	5750
(42) La Paya	4220
(43) Serranía de Chiribiquete	12800
(44) Nukak	8550
(45) Puinawai	10925
(46) Río Puré	9998

INFOS 551

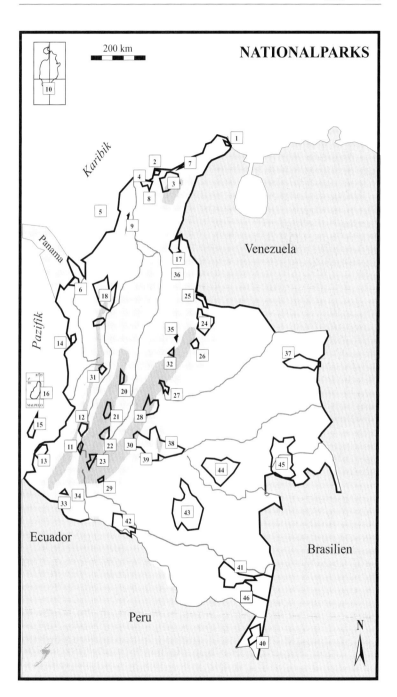

ren Resguardos das Sagen, was sich aus den dezentralen Strukturen der indianischen (Selbst-)Verwaltung erklärt. Bogotá, Calle 13 No 4-38, ☏ 284 21 68. www.onic.org.co

Fundación Natura

Fundación Natura ist eine nichtstaatliche Naturschutzorganisation zum Zwecke der Bewahrung der Biodiversität des Landes. Die Organisation arbeitet in Kooperation mit der Universität Nacional in Bogotá und der Universität de Antioquia in Medellín in einigen geschützten Naturräumen Kolumbiens, darunter Darién, Biopacífico (die Nationalparks der Pazifikregion), um ein Naturinventar über Arten und Ökosysteme zu erstellen. Bei der Entwicklung dieser Regionen verfolgt die Stiftung einen soziokulturellen Ansatz, der die Anwohner, oftmals Urbevölkerung für das Projekt sensibilisieren und Programme für eine sachgemäße und nachhaltige Ressourcennutzung erstellen soll. Im Nationalpark Utría wurde mit den Emberá-Indianern ein Jagdplan erarbeitet. www.natura.org.co

Coama

(Consolidation of the Colombian Amazon) ist eine nichtstaatliche Organisation (NGO - Non Governamental Organisation) mehrerer kolumbianischer Umweltstiftungen, die sich zur Aufgabe gemacht hat, die Selbstverwaltung der indianischen Gemeinschaften im Amazonasgebiet zu stärken. Die Coama unterstützt über 100 Indianergemeinschaften beim Aufbau eigener Gesundheits- und Bildungsprogramme (Ethnomedizin, Ethnoerziehung). Die Initiative wird zu einem Teil mit Geldern der Europäischen Union finanziert. Die Coama wurde 1999 für ihre Arbeit mit dem Alternativen Nobelpreis ausgezeichnet. www.coama.org.co

GTZ

Die Deutsche Gesellschaft für technische Zusammenarbeit arbeitet in Kolumbien seit 1965. Schwerpunkte sind die Friedensentwicklung und Krisenprävention sowie Umweltpolitik, Schutz und nachhaltige Nutzung natürlicher Ressourcen. Weitere Informationen finden sich auf der Internetseite.www.gtz.de

Deutsch-Kolumbianischer-Freundeskreis e.V.

Einen vielfältigen und regen Kulturaustausch zwischen Deutschland und Kolumbien mit interessanten Veranstaltungen und engagierten Hilfsaktionen (gefördert werden u. a. Schulprojekte, Krankenhäuser) pflegt der Deutsch-Kolumbianische-Freundeskreis e.V. www.dkfev.de

Touranbieter im deutschsprachigen Raum

Kolumbien ist kein Land mit Massentourismus, wird aber Schritt für Schritt auch von Reiseanbietern im deutschsprachigen Raum entdeckt. Es gibt einige versierte Kolumbien-Spezialisten, die Rundreisen organisieren oder Bausteine für ausgewählte Ziele im Programm haben.

AvenTOURa, Rehlingstr. 17, D-79100 Freiburg, ☏ (0761) 211 699-0. www.aventoura.de, info@aventoura.de

Ruppert Brasil, Grillparzerstr. 31, D-81675 München, Freecall ☏ 0800-272 74 54.

www.ruppertbrasil.de, ruppert brasil@t-online.de

Viventura, Kottbusser Damm 103a , D-10967 Berlin, ✆ (030) 616 75 59-0. www.viventura.de

Miller Reisen, Millerhof 2, D-88281 Schlier, ✆ (07529) 97 13-0. www.miller-reisen.de, info@miller-reisen.de

Take Off Erlebnisreisen, Dorotheenstr. 65, D-22301 Hamburg, ✆ (040) 422 22 88, www.takeoffreisen.de

Vitramar, Kurfürstenstr. 114, D-10787 Berlin, ✆ 282 71 11/ 234 73 33, Anbieter von Rundreisen und Kolumbien-Bausteinen (San Andrés und Providencia, Amazonas). www.vitramar.com, berlin@vitramar.com

Kontour Georg Rubin, Bergstr. 40, D-91227 Diepersdorf, ✆ (09120) 18 32 17/ präsentiert ein individuelles Reisekonzept für Kolumbien. www.kontour-travel.com, info@kontour-travel.com

Cono Sur, Kirchstr. 4, D-70173 Stuttgart, ✆ (0711) 236 67 52. www.conosur.eu, info@conosur.de

Touranbieter in Kolumbien

AVIATUR, Av. 19 No 4-62, ✆ 282 71 11/ 234 73 33, ☏ 283 01 41, www.aviatur.com, die größte Tourismus-Agentur Kolumbiens und exklusiver Partner der staatlichen Nationalparkverwaltung bei Transport und Unterkünften in einigen herausragenden Nationalparks des Landes. Beim Besuch der Zentrale in Bogotá kann einem schon folgender Gedanke in den Sinn kommen, wäre Franz Kafka Kolumbianer und nicht bei der Arbeiter-Unfall-Versicherung in Prag angestellt gewesen, dann wäre er vermutlich bei Aviatur hinterm Schalter gelandet. Hier herrscht einheitlicher Krawattenzwang bzw. Kostümzwang (in Firmenfarben) und auch sonst geht's ziemlich bürokratisch zu. Verkauft werden Reisen rund um den Globus, aber eben auch die Top-Ziele vor der eigenen Haustür, zumal die Nationalparks wie Gorgona, Tairona, Amacayacu (Amazonas), Parque Los Nevados, Otún Quimbaya. Vorteil dabei, Aviatur kümmert sich um die guten Übernachtungsmöglichkeiten, Transport, Guías, Parkeintritt, Essen, nicht die günstigste, aber vermutlich die einfachste und luxuriöseste aller Möglichkeiten, um dorthin zu gelangen. Mit einem Netz von Büros im ganzen Land. Einige davon sind:

- **Bogotá (Zentrale)**, Av. 19 No 4-62 Reservierung: ✆ 382 16 16, aviatur.com@aviatur.com.co
- **Bogotá (El Dorado Airport)**, 2. Stock, ✆ 266 29 07.
- **Buenaventura**, Cra.3 No 2-30, Edf. Sta. Helena, ✆ 241 92 09.
- **Cali,** Av. 6 A Norte, No 28 N-10, ✆ 681 10 21.
- **Cartagena,** im Hotel Santa Clara, ✆ 664 99 82.
- **Medellín** (Av. Oriental), Cra. 46 No 50-70, ✆ 511 71 97. Medellín (Rionegro Airport), ✆ 562 28 58.
- **Santa Marta**, Calle 15 No 3-20, ✆ 421 38 48.
- **San Andres,** Av. Colombia No 1-59 Local 101B, ✆ 512 73 12.
- **Leticia,** Calle 7 No 10-78, ✆ 592 68 14.

De Una Colombia Tours, Cra. 26 No 40-18, Ap. 202 - La Soledad - ✆ 368 19 15, www.deunacolombia.com, info@deunacolombia.com, gegründet von Kolumbien-begeisterten Holländern (auch deutsch sprechend), die einen frischen Wind in die kolumbianische Agenturlandschaft gebracht haben. Anbieter von maßgeschneiderten Kolumbien-Rundreisen, die viel Wert auf den direkten Kontakt mit der einheimischen Bevölkerung legen, Kulturreisen nach Villa de Leyva und Cartagena, Trekking- und Bergtouren in die Sierra Nevada del Cocuy und zum Parque de los Nevados, Abenteuertouren zum Pazifik, Llanos, Amazonas.

Promotora Neptuno, Bogotá, Cra. 8 No 123-15, ☏ 520 56 20, www.neptuno.org, (deutschsprachig) u.a. organisierte Touren in den Nationalpark Sierra de la Macarena.

Turantioquia, Medellín, Cra. 48 No 58-11, ☏ 291 11 11, 📠 291 11 12, Antioquiaspezialist, u. a. Kaffeefarmen, nett und kompetent.

Andrés Hurtado Garcia, Kolumbiens bekanntester Ökologe, Bergsteiger und Naturfotograf («Señor Verde») lädt zuweilen zu seinen Lieblingszielen ein, z. B. Caño Cristales. ☏ 340 33 40-41. Meist jeden letzten Freitag im Monat veranstaltet Andrés Hurtado eine Diashow über landschaftlich außergewöhnliche Regionen Kolumbiens. Im Colegio Champagnat, Cra. 17 No 39B-51. ⏲ 20.

Aktivitäten

Tauchen

Kolumbien ist mit seinen 2900 Kilometern Küste an **Karibik** und **Pazifik** ein ideales und kaum entdecktes Tauchrevier. Dabei bieten beide Küsten dem Taucher ganz unterschiedliche Attraktionen. An der Karibikküste und den Inseln San Andrés und Providencia sind die Wassertemperaturen das ganze Jahr über konstant um 27°C. Entlang der Karibikküste liegen die Tauchressorts von Taganga bei Santa Marta, Cartagena mit den vorgelagerten Islas del Rosario und Capurganá an der Grenze zu Panama. Vor Taganga im Bereich des Tairona Nationalparks gibt es Höhlen und Kanäle. Vor der Küste liegen Schiffs- und Flugzeugwracks, in denen sich viele farbenprächtige Fische tummeln. Bei den Islas de Rosario finden sich Korallenriffe und noch Reste versunkener Schiffe aus kolonialer Zeit, doch sind die Sichtverhältnisse nicht so gut wie anderswo in der Karibik. Eine wunderbare Unterwasserwelt bietet Capurganá mit Unterwasserhöhlen und Korallenriffen. Um die Inseln San Andrés und Providencia sind die Wassertemperaturen höher und die Sichtweiten von 30-50 Meter besser als vor der Küste. Es gibt über 20 teilweise spektakuläre und gut zugängliche Tauchplätze. San Andrés und Providencia sind noch immer ein Geheimtipp für Taucher in der Karibik mit ausgedehnten Korallenriffen und einer außergewöhnlichen Artenvielfalt. Insgesamt machen die ruhige See, die guten Sichtweiten und die angenehmen Temperaturen in der Karibik das Tauchen auch für den Anfänger einfach.

An der Pazifikküste heißen die Ziele Ensenada de Utría und die Inseln Gorgona und Malpelo. In der Bucht von Utría wachsen Korallen, was entlang der Pazifikküste ausgesprochen selten ist. Vor Gorgona stößt man auf eine reiche Unterwasserfauna mit Meeresschildkröten, Teufelsrochen, Delfinen und Haien. Die Unterwasserwelt Malpelos ist atemberaubend. Es gibt Unterwassergrotten und Tunnel, in denen sich gewaltige Fischschwärme von Barrakudas und Thunfischen tummeln. Der Meeresboden ist von Korallenteppichen bedeckt. Die Wassertemperaturen des Pazifiks sind nicht ganz so hoch wie in der Karibik. Die Tauchgänge müssen mit den stark wechselnden Gezeiten abgestimmt werden. Wer im Pazifik tauchen möchte, sollte daher schon Erfahrung besitzen.

Tauchschulen befinden sich bei den meisten Tauchressorts. Einen Anfängerkursus kann man auch in Bogotá im Schwimmbecken absolvieren. Viele Ausbilder sind lizensierte Tauchlehrer der Verbände Naui, Padi und der kolumbianischen Fedecas. Gesprochen wird neben Spanisch zumeist auch Englisch und in Taganga und auf San Andrés gibt es jeweils auch eine von Deutschen geleitete Tauchschule. Tauchgerät lässt sich in Kolumbien mieten. Der ambitionierte Taucher wird seinen Anzug, Maske, Flossen und den Atemring schon von zuhause mitbringen. In Kolumbien gibt es vier Dekompressionskammern, in San Andrés, Cartagena, Bahía Malaga (bei Buenaventura) und Bogotá.

Hochseefischen & Sportangeln

In Kolumbien wurden bisher 1500 Fischarten gezählt. Kein Wunder, dass es für Hochseefischer und Sportangler reiche Beute gibt.

Entlang der Pazifikküste ist das Meer reich an Fischen. Barrakudas, Marlins, Dorados, Segelfische bis 70 Pfund, Thunfische bis 100 Pfund und Schwertfische, wie der *huaho*, die bis zu 2 Meter lang werden, sind keine Seltenheit. Zudem sind *bonitos*, Makrelen und Rote Schnapper weit verbreitet, und man muss seine ganze Kraft aufbringen, um diese kräftigen Burschen an Deck zu hieven. Zentrum der Sportfischerei ist Bahía Solano im nördlichen Teil des kolumbianischen Pazifiks. Gut ausgestattete Anglerzentren bieten Boote und Übernachtungsmöglichkeiten.

Die Flüsse des Amazonas- und Orinokobeckens sind reich an Fischen, die zu angeln Geduld und Geschick erfordern. Die Piranhas werden den Sportangler bald langweilen, und er wird sie als Köder zum Angeln größerer Fische benutzen, wie beispielsweise den *lechero*, einen zwei Meter langen Riesenwels. Neben den vielen Welsarten gibt es den *pavón* (Tucunare), ein kräftiger Räuber, der bis zu 20 Pfund erreicht. Anglefreunde berichteten uns auch von 16pfündigen *palometas*, doch das mag Anglerlatein sein, wir kennen sie nur als tellergroßen Köderfisch. In den vielen Lagunen des Andenhochlandes tummeln sich Forellen.

Bergsteigen und Trekken

Die drei herausragenden Bergmassive des Landes sind der El Cocuy in der Ostkordillere (bis 5330 m), die Los Nevados in der Zentralkordillere (bis 5400 m) und der Pico Colón (5770 m) in der Sierra Nevada de Santa Marta. Alle Bergbesteigungen bieten klettertechnisch keine allzu großen Schwierigkeiten. Das schönste Gebirge ist vielleicht die Sierra Nevada del Cocuy, ähnlich schön wie der Torres del Paine Nationalpark im Süden von Chile, aber längst nicht so bekannt. Die mythenumwobenen Gipfel des höchsten Küstengebirges der Welt, der Sierra Nevada de Santa Marta, sind zur Zeit von den Kogi- und Arhuaco-Indianern für Bergsteiger gesperrt worden. Wir raten dringend, sich daran zu halten. Ein interessanter Aufstieg führt zum Nevado de Tolima, dem südlichsten der Los Nevados. Am unbekanntesten und am schwersten zugänglich ist der schneebedeckte Nevado del Huila (5360 m). Von Jahr zu Jahr gibt es allerdings weniger Eisfläche. Das weltweite Gletschersterben macht auch vor Kolumbien nicht halt.

Der Bergpionier Kolumbiens ist Erwin Kraus, der 1935 nach Kolumbien gekommen ist und erstmals den Pico Colón und das Cocuymassiv bezwang.

Eine gute Kontaktadresse für Bergsteiger und Freeclimber in Kolumbien ist der **Almacen Aventura**, Cra. 13 No 67-26, ⓘ 248 16 74 in Bogotá. Gonzalo Ospina spricht deutsch. Bergsteigerausrüstung mit internationalen Standard ist dort erhältlich. Gonzalo Ospina gehört zu den engagierten Bergsteigern der jüngeren Generation. Er hat bereits den Mt. Everest in Angriff genommen.

Für **Wandertouren** (*Caminantes*) gibt es eine Reihe von Kontaktadressen:

in **Bogotá**:
- **Clorofila Urbana**, www.clorofilaurbana.org
- **Caminantes Del Retorno**, ⓘ 285 52 32, ✉ retorno.caminantesdelretorno.com
- **Caminantes Sal Si Puedes**, ⓘ 283 37 65, ✉ caminata@salsipuedes.org

in **Medellín**:
- **Club de Caminantes**, www.lopaisa.com

▨ Rafting

Noch wenig verbreitet, aber stark im Kommen sind Wildwasserfahrten («White-Water-Rafting» bzw. «Canotaje») in Kolumbien. Anlaufpunkte sind einige Wildwasser in Santander, Antioquia, der Zona Cafetera und der Oberlauf des Río Magdalena bei San Agustín.

▨ Reiten

Kolumbien ist ein ideales Land zum Reiten. In vielen ländlichen Regionen sind Pferde das wichtigste und oft das einzige Transportmittel. Über die vielen Höhenrücken der Anden kommt man nach wie vor am besten zu Pferd. Die Höhenlagen der Provinzen Huila, Cauca und Nariño sind kaum von Straßen durchzogen, dort ist es eine Freude, mit dem Pferd durchs Land zu reiten oder über den Páramo nach Ecuador einzureisen. Selbst ein eigenes Pferd zu erstehen, ist in den Dörfern einfach und kostengünstig, bisweilen ist sogar der Sattel teurer. Allerdings sollte man für Bergtouren ein ruhiges Pferd wählen und nicht die Trippelpferdchen des Kunstreitens, die in Antioquia so beliebt sind.

▨ Sprachunterricht

Spanischunterricht ist in allen Universitätsstädten sowohl als privater Einzelunterricht als auch in der Gruppe möglich. Den besten Unterricht erteilt in Bogotá die Universität Javaríana (siehe Bogotá).

▨ Tanzen

Salsa-Tanzen lernt man am besten in Cali, der Hauptstadt des kolumbianischen Salsa (siehe Cali). Doch auch in Bogotá bieten die Tanzschulen Gruppen- und Privatunterricht an. Einfach in die gelben Seiten schauen. Eine Stunde Privatunterricht kostet zwischen € 5-7.

Auslandsstudium und Praktikum

Zwischen einigen Unis im deutschsprachigen Raum und in Kolumbien bestehen enge Kontakte und Studentenaustauschprogramme. Zu nennen sind hierbei insbesondere die geographischen Institute der Universitäten Mainz und Tübingen und die jeweiligen Lateinamerika-Institute (einschlägige Studiengänge: Amerikanistik, Romanistik, Geschichte, Soziologie, Politologie). Die Katholische Universität Eichstätt-Ingolstadt pflegt gute Beziehungen zur Universidad Javeriana in Bogotá.

Studienaufenthalte sind vor allem an den privaten Universitäten, Los Andes (Wirtschaftswissenschaften, Ethnologie), Externados (Jura), Javaríana (Sozialwissenschaften, katholische Theologie, Betriebswirtschaftslehre Spanisch) und der staatlichen Universidad Nacional in Bogotá (Soziologie, Biologie, Architektur) sehr zu empfehlen.

In vielen Studiengängen ist ein Praktikum heutzutage obligatorisch. Eine Möglichkeit, das Nützliche mit dem Angenehmen zu verbinden, ist, das Praktikum in Kolumbien zu absolvieren. Viele Universitäten in Europa verfügen über Kontaktadressen. Die Möglichkeit für Praktika bieten die folgenden Einrichtungen:

Das **Colegio Andino**, die deutsche Schule in Bogotá, für Lehrerstudenten, Calle 220 No 53 A.A. 56961, ☎ 676 07 80.

Die **deutsch-kolumbianische Außenhandelskammer** für Juristen, Auslandsstation während des Referendariats, Bogotá, Büroanschrift: Cra. 13 No 93-40, 4. Stock, ✆ (0057) 1 651 37 77, ☎ 651 37 72, ✉ info@ahk-colombia.com, www.ahk-colombia.com

Fundación Natura, Bogotá, Av. 13 No 87-43, ✆ 616 92 62, für Biologen.

IGAC, Cra. 30 No 48-51, für Geographen und Stadtplaner. www.igac.gov.co

CIAT (Centro Internacional de Agricultura Tropical) für landwirtschaftliche Studiengänge.

Für angehende Mediziner bietet das kolumbianische Gesundheitswesen eine ganze Reihe von Praktika- und Famulaturplätzen. Die Privatklinik der Universität Javeriana stellt Plätze für den *medico interno* zur Verfügung. Bewerbungen sind an die *faculdad de medicina* in Bogotá zu richten. Ausführliche Informationen: deutscher Famulantenaustausch e. V. (dfa) Godesberger Allee 54, D-53175 Bonn, Internetseite: www.famulantenaustausch.de

Ärzte ohne Grenzen arbeitet seit 1985 in Kolumbien, überwiegend in den akuten Krisengebieten, erfahrene und motivierte Ärzte, Pflegekräfte und Hebammen werden immer gesucht. www.aerzte-ohne-grenzen.de

Unterkünfte

Das Hotelangebot ist vielfältig und reicht vom spartanisch einfachen und zumeist sauberen Zimmer bis zum Tophotel internationaler Hotelketten. In jüngster Zeit sind vermehrt **Traveller-Guesthäuser** in vielen touristisch interessanten Orten (Bogotá, Cartagena, Taganga, Medellín, Cali, San Agustín, Salento, Villa de Leyva u. a.) entstanden, wichtige und angenehme Anlaufpunkte für die Reisenden aus aller Welt, um Gleichgesinnte zu treffen und aktuelle Informationen auszutauschen. Sie sind im Internet über die Reiseplattform www.hosteltrail.com miteinander verlinkt.

Wenn man abseits der touristischen Routen unterwegs ist, und das geht in Kolumbien recht schnell, ist man zumeist auf die einfachen lokaltypischen Unterkünfte angewiesen, die es praktisch in jedem Ort gibt. Grundsätzlich gilt, Einzelzimmer sind zumeist etwa 50 % teurer als Doppelzimmer pro Person. Am günstigsten reist ein Paar, das sich ein Bett, das *matrimonial* teilt. Der Preis liegt nur geringfügig über dem Einzelzimmerpreis.

Billighotels gehen sparsam mit den Ressourcen um. Ein Paar teilt sich zu zweit ein dünnes Handtuch. Das Klopapier wird abgemessen und gemeinsam mit einem kleinen, verpackten Stück Hotelseife überreicht.

In heißen Gegenden fehlt die Zudecke, in kalten Ecken sind die Wolldecken dünn. Die Zimmer sind klein und haben selten mehr als das Bett und einen Nachttisch als Einrichtung. Die Matratze ist ein knallharter Rosshaarsack oder eine durchgelegene Schaumgummimatratze. Leuchtkörper ist die von der Decke hängende nackte Glühbirne. Es wirbelt der Casablanca-Deckenventilator und droht, jeden Moment abzuheben, oder es gibt einen altersschwachen Sanyo-Tischventilator. Bevor man eincheckt, sollte man überprüfen, ob man dem schiffsmotorähnlichen Geräusch standhält.

In kalten Gegenden ist zu prüfen, ob das versprochene Duschheißwasser nicht als lauwarmes Rinnsal aus der Wand bricht, während in Gegenden mit Wasserknappheit (z.B. Guajira) die Frage nach «Hay agua todo el tiempo?» (Gibt es immer Wasser?) unerläßlich ist. Die erste Nacht wird stets im Voraus bezahlt. Wer lärmempfindlich ist, sollte auch ein Auge auf den Fernseher werfen. Er steht meist am Eingang, umringt von Plastikschalenstühlen für die Fernsehabhängigen. Da das Gerät den Ventilator, die Straßengeräusche und andere Lärmquellen übertönen muss und kaum Chancen bestehen, dass jemand vor 23 Uhr nachts die Austaste findet, kann man auf Stromausfall hoffen oder besser nach einem Zimmer im hinteren Teil der Residencia fragen. Es gibt Zimmer mit integriertem Duschbad, die günstigeren sind mit Gemeinschaftsdusche.

Gute **Mittelklassehotels** sind in nicht touristisch erschlossenen Gebieten rar gesät und ihr Vorhandensein beschränkt sich dort auf die größeren Provinzstädte. Die Unterschiede zu den Billigunterkünften sind manchmal nur am Preis festzumachen. Dennoch einige Richtlinien: Die Hotellobby hat eine Sitzecke mit Sofa und Sessel. Die Zimmer sind mit Bad und Teppich oder Teppichboden ausgestattet, haben einen Schrank mit Bügeln, Nachttisch und gemütliches Leselicht. Das Bett hat eine dicke oder zwei übereinandergelegte Matratzen. Im andinen Hochland gibt es ausreichend Wolldecken, über dem Bett liegt eine Tagesdecke. Das Wasser ist heiß, lässt sich regulieren und kommt aus einem zivilisierten Duschstrahl. Deckenventilatoren haben eine Stufenregulierung, inzwischen hat aber fast überall auch die Klimaanlage Einzug gehalten. Die Bettwäsche wird täglich gewechselt, und als Paar bekommen beide ein dickes, großes Frotteehandtuch. Die Zimmer haben Kabel- oder SatellitenTV-Anschluss, und die Wände zum Nachbarzimmer sind in der Lage, die allgemeine Lautstärke einzudämmen.

Einige wirkliche **Hotels der Spitzenklasse** gibt es in Cartagena, Bogotá, Cali, Medellín und Barranquilla. Hier lohnt es sich immer, einen Blick in die jeweiligen Webseiten zu werfen, um ordentliche Rabatte zu ergattern, manchmal bis zu 30 %. In Provinzstädten wie Armenia, Bucaramanga, Cúcuta oder Riohacha ruft das 1. Hotel am Platz zwar Spitzenpreise auf, entspricht aber nicht unbedingt dem gehobenem internationalen Standard, insbesondere die Einrichtung stammt nach hiesigen Vorstellungen noch viel zu oft von vorvorgestern.

Aber durch die bahngreifende wirtschaftliche Öffnung des Landes hat sich die Situation auf dem Hotelmarkt insoweit verändert, als große internationale Hotelketten aufgetaucht sind, die den heimischen Großhoteliers kräftig Konkurrenz machen. Das **Hyatt Regency** hat ein 5-Sterne-Hotel in Cartagena gebaut. Die **Intercontinental Hotel Group** ist in Bogotá, Cali und Medellín gut vertreten. Die meisten Spitzenhotels liegen oft nicht im Zentrum, sondern am Stadtrand oder in den reichen Vororten im Grünen und verfügen über eine entsprechende Restauration. Dienstleistungen im Kommunikationssektor wie Telefon, Fax, Internet, Konferenzräume sind selbstverständlich. Schwimmbad, Boutiquen, etc. gehören ebenfalls dazu und kosten dementsprechend. Das Hotel Santa Clara und das benachbarte Hotel Santa Teresa in der Altstadt von Cartagena bringen selbst gestresste «Wellnesser» im türkischen Bad und anschließend in der Cocktail Lounge zum Entspannen, und diese Form des Urlaubsvergnügens erfreut sich auch oder gerade in Kolumbien stark steigender Wachstumsraten.

Zum Grundpreis werden ab der Kategorie Mittelklassehotel 14 % Steuern erhoben.

Gesundheit & Vorsorge

In weiten Teilen Kolumbiens bestehen keine Gesundheitsgefahren. Für einen Badeurlaub an der Karibikküste bedarf es keiner Malariaprophylaxe. Für empfindliche europäische Mägen ist bei Speisen vom Stand Zurückhaltung geboten. Amöbenerkrankungen sind auch unter Kolumbianern nicht selten. In Kolumbien gibt es keine Rezeptpflicht und kaum verschreibungspflichtige Medikamente. Die Apotheken heißen *farmacias* und *drogerías*. Für die meisten Medikamente existiert keine Preisbindung, so dass für das gleiche Mittel erhebliche Preisunterschiede bestehen. Tabletten werden auch einzeln verkauft. Günstig und gut bestückt sind die **Drogerías Rebajas** (Bogotá), Homöopathische Mittel führt die **Farmacia Santa Rita**, Cra. 5 No 11-09 (Bogotá).

Grundsätzlich sollte vor der Reise nach Kolumbien ein erfahrener Tropenmediziner zu den individuellen Prophylaxemaßnahmen befragt werden. Ausführliche Informationen zur Gesundheitsvorsorge auf Reisen in tropische Länder finden sich im Internet unter www.dtg.mwn.de (Deutsche Gesellschaft für Tropenmedizin) und www.gesundes-reisen.de (Reisemedizinisches Zentrum). Man sollte hierzu auch einen Blick in die aktuellen Reise- und Sicherheitshinweise des Auswärtigen Amtes werfen.

In Kolumbien nimmt man bei Fragen zu tropischen Krankheiten am besten Kontakt zum **Instituto Nacional de Salud** auf. Av. Eldorado Cra. 50, ✆ 222 05 77. Die Ärzte sprechen englisch, sind sachkundig, hilfsbereit und geben Auskünfte auch am Telefon. Das Institut führt auch Impfungen und Blutuntersuchungen durch.

Impfungen

Kolumbien sieht keine Pflichtschutzimpfungen vor. Beim Besuch abgelegener Regionen ist es ratsam, gegen **Tetanus** und **Gelbfieber** geimpft zu sein. Sinnvoll ist auch eine **Polioschluckimpfung** (Kinderlähmung), Wiederauffrischung alle 10 Jahre.

Die Grundimmunisierung für Tetanus hält 10 Jahre an und muss dann aufgefrischt werden. Gelbfieber ist in Kolumbien nicht endemisch. Dennoch treten in tropischen Regionen des Landes immer wieder Fälle von Gelbfieber auf. Die Impfung bietet einen zehnjährigen Schutz. Sie wird nicht von allen Ärzten verabreicht. Zuständig sind die Gelbfieberimpfstellen. Erkundigen Sie sich bei ihrem Hausarzt.

Hepatitis A, Gelbsucht, ist in allen tropischen Ländern anzutreffen und stellt ein Infektionsrisiko für den Fernreisenden dar. Die Erreger werden mit dem Urin, Stuhl und Speichel ausgeschieden und über Trinkwasser und Lebensmittel übertragen. Eine vorbeugende Injektion von Gammaglobulin kurz vor der Abreise schützt drei Monate.

Langzeit und Vielreisende sind mit einer Grundimmunisierung (3 Spritzen) mit Havrix am besten versorgt. Schutzdauer: 10 Jahre.

Kolumbien ist **kein Cholera-Endemiegebiet**. Eine Impfung bietet zudem keinen ausreichenden Schutz vor Erkrankungen.

Typhus-Schluckimpfung empfiehlt sich, wenn man in Ecken mit unzureichendem hygienischen Standard fährt. Die Impfung mit Typhoral L erfolgt durch Einnahme von 3 x 1 Kapseln im Abstand von je 2 Tagen. Schutzdauer: 1 Jahr.

Impfplan

Mit der Impfvorbereitung wird am besten sechs bis acht Wochen vor der Reise begonnen. In mehreren deutschen Städten, in Österreich und der Schweiz gibt es Reisemedizinische Zentren. Das Bernhard-Nocht-Institut in Hamburg St. Pauli bietet eine persönliche Reiseberatung und Impfsprechstunde an. Beratung im Internet unter www.gesundes-reisen.de.

Für Schnellentschlossene besteht auf einigen deutschen Flughäfen (Frankfurt, Hamburg, München) die Möglichkeit des Airport-Impfservice außerhalb ärztlicher Sprechstunden.

Poliomyelitis: Die Schluckimpfung möglichst außerhalb der notwendigen Impfungen für die Reise durchführen.

Tetanus: Die dritte Injektion muss ein Jahr nach der Erstimpfung durchgeführt werden.

Gelbfieber: Mit Gelbfieber-Impfung anfangen. Eine Hepatitis A-Vorsorge mit Gammaglobulin kann weder 4 Wochen vor noch 2 Wochen nach dieser Impfung durchgeführt werden.

Typhus: Da Antibiotika- und Malariamittel den Impfschutz von Typhoral L aufheben können, ist eine Pause von drei Tagen ab der letzten Einnahme dieser Medikamente vonnöten. Die Typhus-Impfung darf erst zwei Wochen nach der Polio-Schluckimpfung beginnen oder muss drei Tage vorher abgeschlossen sein.

Malaria

Die traditionelle Vorsorge ist die Einnahme von Chloroquin-Tabletten, obwohl es heute in vielen Gebieten eine Chloroquin Resistenz gibt. Malariaüberträger ist die weibliche Anophelesmücke. Die meisten Malariainfektionen erfolgen nachts. Malariaprophylaxe ist notwendig an der gesamten Pazifikküste (Chocó), am Putumayo, am Guaviare und in einigen Bereichen des Magdalena Medio. Für alle anderen Gebiete ist eine Malariaprophylaxe nicht erforderlich, das gilt insbesondere für die Karibikküste. Die genannten Gebiete allerdings sind Chloroquin resistent. Es empfiehlt sich zusätzlich zum Chloroquin-Präparat Proguanil, z. B. Paludrine einzunehmen.

Malaria-Prophylaxe: 1 Woche vor Einreise ins malariagefährdete Gebiet beginnen und bis sechs Wochen nach Verlassen fortsetzen. Der wirkungsvollste Schutz vor Malaria ist das Tragen langärmliger Hemden und langer Hosen und das Schlafen unterm engmaschigen Moskitonetz. Nur begrenzten Nutzen haben Moskitospiralen, Mückenspray und Rollstifte.

Die Zahl der Malariafälle in Kolumbien wird auf 100 000 bis 200 000 geschätzt. Es gibt drei Arten der Malaria. Die **Malaria Tropicana** (*Plasmodium falsiparum*) ist die schwerste Malariaerkrankung und kann, falls sie nicht erkannt wird, zum Tode führen. Etwa 1/3 der Malariaerkrankungen entfallen auf die Tropicana. Die überwiegende Zahl der Erkrankungen konzentriert sich auf den Chocó. Die Inkubationszeit beträgt 7-14 Tage.

Die beiden anderen Arten sind die **Malaria Tertiana** (*Plasmodium vivax*), Inkubationszeit 14-21 Tage, Dreitagesfieber und die **Malaria Quartana** (*Plasmodium malariae*), Inkubationszeit 28-42 Tage, Viertagesfieber.

2/3 aller Malariaerkrankungen entfallen auf die Tertiana, während die Quartana in Kolumbien praktisch keine Rolle spielt. Anzeichen für alle Formen der Malaria sind Fieberanfälle, Schüttelfrost und Kopfschmerzen, ähnlich wie bei einer starken Grippe. Die Malaria Tropicana nimmt einen untypischen Fieberverlauf mit Schockwirkung. Besteht der Verdacht auf Malaria sollte schnellstens ein Arzt aufgesucht und eine Blutuntersuchung vorgenommen werden. Nur wenn kein Arzt in der Nähe ist, beginnt die Selbsttherapie. Das Medikament für den «Notfall» wechselt ständig. Über das aktuelle Mittel (mit den geringsten Nebenwirkungen) informiert der Tropenarzt zuhause.

Der kolumbianische Arzt Elkin Patarroyo und andere Forscher sind seit Jahren beschäftigt, einen Impfstoff gegen Malaria zu entwickeln, bislang ist man noch nicht bis zur Marktreife gekommen.

▬ Dengue-Fieber

Im März 2008 geriet Brasilien mit einer ausgebrochenen Dengue-Epidemie in die internationalen Schlagzeilen. Das Dengue-Fieber ist ein tropisches Fieber und wird wegen der ausgelösten Muskel- und Gliederschmerzen auch Knochenbrecherfieber genannt. Überträger ist die tagaktive Stechmücke Aedes Aegypti, deren Larven sich in den vielen Wassertanks, Pfützen und Latrinen besonders schnell vermehren. Das Übertragungsrisiko ist daher in tropischen Ballungsgebieten besonders hoch. Auch gegen Dengue arbeitet man fieberhaft an einem Impfschutz, der sich aber noch in der Phase klinischer Erprobung befindet. Bis dato hilft nur, sich nicht stechen lassen, am besten mit langärmeligen Hemden, Moskitorepellent, etc.

Parasitenerkrankungen

Jede Klinik mit Labortechnik führt Stuhl-, Blut- und Urinanalysen durch.

In Kolumbien gibt es keine Rezeptpflicht und kaum verschreibungspflichtige Medikamente. Die Medikamente sind meist billiger als in Deutschland. Tabletten werden auch einzeln verkauft. Im folgenden sind einige Krankheiten und ihre Behandlung mit lokalen Mitteln aufgelistet:

Askariswurm - Spulwürmer
Symptom: Darmstörungen, Übelkeit, Bauchdruck
Behandlung: Bei mikroskopischem Nachweis von Askaris-Eiern im Stuhl *Combantrin* - einmalige Einnahme von 3 Tabletten.

Amöben - Übertragung erfolgt durch Fäkaliendüngung und verschmutztes Trinkwasser. Die Zysten können durch Erhitzen abgetötet werden. Deshalb in gefährdeten Gebieten nur gekochte Gemüse essen und niemals unbehandeltes Wasser trinken.

Symptome: Blähungen, mehrmals täglich dünnbreiiger Stuhl, leichte Koliken, kein Fieber. Behandlung: 10tägige Kur mit *Metronidazol*. Kann bei magenempfindlichen Übelkeit hervorrufen. *Fasigyn* ist ein schwächeres Mittel, das man drei Tage nimmt. Es bekämpft jedoch die hartnäckigen Amöben nicht gründlich genug.

Giardia - eine hartnäckige Parasitenerkrankung, die dem Krankheitsverlauf der Amöbenruhr ähnlich ist, es treten jedoch keine Bauchkrämpfe auf. Der Verzehr von Milch- und Milchprodukten erzeugt Übelkeit.

Behandlung: Giardia wird in einigen Kliniken mit Metronidazol - falsch - behandelt. Das führt nur zu einer vorübergehenden Besserung. Eine 14tägige Kur mit *Furoxona* oder *Giardalan*, als Saft oder in Tablettenform erhältlich, bekämpft den Parasiten.

Leismaniasis - ist eine Parasitenerkrankung, die durch eine winzige Sandfliege übertragen wird. Die Sandfliege ist nachtaktiv. In Kolumbien kommt ausschließlich *leismaniasis cutaneos* vor. Die meisten Infektionen wurden aus den tiefergelegenen ländlichen Regionen des oberen Magdalena gemeldet. Die unheilvolle Wirkung des Parasiten zeigt sich oft erst nach Jahren. Haut und Schleimhäute werden angegriffen, und es bilden sich Geschwüre. Die beste Vorsorge ist ein engmaschiges (unter 1 mm), am besten mit Mükkenspray imprägniertes Moskitonetz und abdeckende Kleidung. Die Erreger werden im Gewebe des Geschwürs nachgewiesen.

Für den einfachen **Reisedurchfall** gibt es in Kolumbien das altbewährte Mittel *Imodium*.

Bei **Magenverstimmung** und **Übelkeit** hilft *Plasil* - in Tabletten- und Saftform erhältlich.

Bei **überreizten Augen**: *Visiná* - Augentropfen.

Bei **verstopfter Nase**: *Rintal* - Nasentropfen.

Bei **verstopften Ohren**: *Decadron* - Ohrentropfen.

Bei **Juckreiz** jeder Art, insbesondere Mückenstiche - *Caladryl*.

Insektenschutzmittel: Im Handel sind *Black Flag* und *Autan*, jeweils als Stift und Spray.

Bei **Flöhen** (In Bogotá nicht ungewöhnlich): *Baygon*-Spray.

Trinkwasserdesinfektion

Bogotá hat im Allgemeinen sehr gutes Trinkwasser aus dem Hahn. An allen anderen Orten Kolumbiens sollte man das Wasser behandeln oder Mineralwasser kaufen. Es schmerzt zwar, dass an machen Orten, wie auf der Guajira, das Mineralwasser teurer ist als Bier, doch kann eine schwere Amöbenruhr den ganzen Reisespass kosten. Die sicherste Methode, um Wasser keimfrei zu machen, ist **Abkochen**. Die Wassermenge muss fünf Minuten sprudelnd kochen. Sehr sicher ist **Filtern** mit speziellen Entkeimungsfiltern. Aus Europa mitbringen, ist in Kolumbien nur schwer zu bekommen. Die Behandlung mit **Wasserreinigungstabletten** ist die einfachste Methode. Bakterien werden abgetötet, Viren können jedoch überleben. Im kolumbianischen Handel ist die Marke *Puritabs*.

Höhenkrankheit

Klimawechsel und starke Höhen können den Biorhythmus des Körpers empfindlich stören. Die Oxygenzufuhr in Höhenlagen ist geringer. Die «dünne Luft» kann vor allem bei Flachländern zu Atemlosigkeit, Schwindelgefühl, Übelkeit und Kopfschmerzen führen. Man sollte seinem Körper genügend Zeit für eine allmähliche Anpassung an die neuen Lebensumstände gewähren. Langsamgehen, leichte Kost und wenig Alkohol helfen meistens nach wenigen Tagen über die Symptome hinweg. Wenn sich keine Besserung zeigt, einen niedriger gelegeneren Ort aufsuchen.

HIV/Aids

Das Acquired immune deficiency syndrome, kurz Aids ist eine Virusinfektion, die über den HIV-Virus das Immunabwehrsystem angreift. Die Infektion erfolgt ausschließlich über die Blutbahn. Ansteckungsrisiko besteht bei sexuellen Kontakten, infiziertem Fixerbesteck bei Drogenabhängigen und Bluttransfusionen.

Die Weltgesundheitsorganisation (WHO) und UNAids schätzen die Zahl der HIV/Aids-Erkrankungen auf 250-300 000 Fälle. Die Verbreitung ist regional stark verschieden. In den andinen Höhenlagen sind überproportional viele Homosexuelle betroffen, in den tropischen Tieflandregionen heterosexuelle Frauen. Bei sexuellen Kontakten mit PartnerInnen mit unbekanntem sexuellem Vorleben ist, wie überall auf der Welt, Kondomverwendung anzuraten. In den Großstädten werden Blutkonserven auf HIV geprüft. Kolumbien verwehrt wie auch einige andere Staaten bis heute HIV/Aids-Infizierten, sehr zum Missfallen der UN, die Einreise.

Gesundheitsreise

Als gar nichts mehr helfen wollte, weder Diät, Entziehungskur noch die aufmunternden Worte des väterlichen Freundes Fidel Castro, begab sich Diego Armando Maradona, einst der weltbeste Fußballspieler in eine Klinik in Cartagena, um sich den Magen verkleinern zu lassen. Seitdem sind die Pfunde gepurzelt, das Ballgenie hat neuen Lebensmut gefasst. Vorbei die Zeiten, als er zigarrenrauchend posierte und sein Ché-Tatoo den Fotografen unter die Nase rieb, gerade ist er Nationaltrainer von Argentinien geworden. Es hat sich herumgesprochen, dass es in Kolumbien erstklassige Kliniken und medizinisches Personal gibt. In manchen Bereichen ist das Land sogar führend, auf jeden Fall besteht ein erstklassiges Preis-/Leistungsverhältnis. Die Klinik von Professor Barraquer für Augenheilkunde erfreut sich internationaler Anerkennung auf dem Gebiet der Augenlaserchirurgie. Auch auf den Gebieten der Kardiologie, der Zahnheilkunde, der plastischen Chirurgie, der Fortpflanzungsmedizin und Kinderorthopädie finden sich erstklassige Spezialisten.

Der nationale Vorreiter bei der Vermarktung der Gesundheitskompetenz war Medellín mit dem Programm «Salud sin Fronteras» («Gesundheit ohne Grenzen»), Cali hat mit «Valle de la Salud» («Das Tal der Gesundheit») ein ähnliches Programm aufgelegt. Und die Stadtverwaltung von Bogotá hat gemeinsam mit der örtlichen Handelskammer, Hotels und Reiseagenturen nun ihr Programm «Salud Capital» ausgerufen. Aus Nordamerika kommen Jahr für Jahr mehr Patienten, nicht allein weil sich die Zufriedenheit herumspricht, sondern auch weil die Zusammenarbeit mit den Krankenkassen immer besser funktioniert.

Ärzte & Kliniken

in Bogotá
Dr. Birgit Scholz-Gómez, deutsche Ärztin mit großem Fachwissen, die schon viele Jahre in Kolumbien lebt und sich sehr gut mit einheimischen Krankheiten und ihrer Behandlung auskennt. Sie besorgt alle Impfstoffe, die in Kolumbien erhältlich sind. Calle 184 No 69-61, ☏ 670 49 82/ mobil 311 561 09 10.

In folgenden **Privatkliniken** arbeiten ausländische und kolumbianische Ärzte mit englischen Sprachkenntnissen. Es gibt Spezialisten, Notaufnahme und ein Labor. Das Labor kann ambulant in Anspruch genommen werden. Ohne ärztliche Anweisung können Blut-, Urin- und Stuhlproben zur Analyse abgegeben werden.

Clinica Santafé, Calle 116 No 9-02, ☏ 629 30 66.

Clinica El Bosque, Calle 134 No 12-55, ☏ 274 05 77, Notruf: 274 5445.

Clinica del Country, Cra. 15 No 84-13, ☏ 257 31 00. An die Klinik angeschlossen ist das

Centro Profesionales del Country, ein Ärztehaus, Cra. 16 No 82-45, 1. Stock, ☏ 616 43 93, Information: 236 11 12.

Clinica Marly, Calle 50 No 9-67, ☏ 287 10 20, Notruf: 285 87 04/288 67 65.

Clinica Reina Sofía, Cra. 31 No 125a-23, ☏ 625 21 11, Notruf: 625 16 72.

Clinica Barraquer, renommierte Augenklinik, Av. 100 No 18a-51, ☏ 236 43 84/218 88 87.

Clinica Shaio, im Jahr 2004 wurden 488 Ausländer behandelt, u.a Behandlung von Herzgefäßkrankheiten, Nierentransplantationen, plastische Chirurgie.

Gynäkologe/Pädiatrie, Dr. Adelgeide Valderramar, deutschsprachig, ☏/fax 619 45 31/mob. 033 221 24 07.

Orthopädie/Traumatologie, Dr. Juan Carlos Castro, deutschsprachig, ☏ 214 44 65/652 057 37/ mobil 033 210 09 56.

Zahnärzte in Bogotá

Viele Zahnärzte in Kolumbien sind sehr gut ausgebildet (Diplom der Universität Javeríana). Sie sind speziell bei Zahnersatz günstiger und stärker spezialisiert als in Europa.

Dr. Mauricio Hernandez Londoño, deutschsprachig, Calle 100 No 18-12, Of. 201, ☏ 257 14 80/ 218 78 82, 🖷 258 05 71.

Zahnarzt Dr. Werner Wittich, Cra. 7 No 119-14, consultorio 410, ☏ 215 64 27.

Kliniken in Medellin
Hospital Universitario San Vicente de Paul, Calle 63 No 54-00, ☏ 571 73 50/ 263 79 00.

Promotora Médica Las América de Medellín, Diag. 75B 2 A-80, ☏ 342 10 10.

Fortbewegung & Verkehrsmittel

Bus

Kolumbien hat ein gut entwickeltes Busverkehrsnetz. Wo eine Straße hinführt, fährt ein Bus. Von der Hauptstadt Bogotá fährt täglich zumindest ein Bus in die mit Straßenanbindung versehenen Orte. Alle großen Gesellschaften haben eine Flotte von modernen Pullmanbussen im Einsatz, zumeist mit guter Bestuhlung und ausreichend Beinfreiheit. Eine Toilette ist an Bord. Die Pullmanbusse haben eine zentrale Klimaanlage, nicht selten auf arktische Kälte eingestellt, daher auch in den tropischen Niederungen und bei Nachtfahrten Pulli und Decke bereithalten. Für die Unterhaltung an Bord sorgen Stereoanlage und TV/DVD-Bildschirme. Auf den meisten Routen verkehren zudem gewöhnliche Linienbusse (*corrientes*), die an jeder Milchkanne anhalten, dafür 20-30 % billiger sind als der Pullman. Im Allgemeinen gilt, Busfahren ist auch in Kolumbien nicht mehr so spottbillig wie in der Vergangenheit, doch gilt bei fast allen Companys auf Überlandstrecken, Rabatte von 10-20 % sind drin, fragen Sie also, «¿hay descuento?»

Mikrobus

Eine gute Alternative auf kürzeren Strecken sind die Mikrobusse (Aerovans, Colectivos). Sie sind bequem, schnell und sicher.

Kleines Transportlexikon

Bus	Stadtbus
Buseta	kleiner Stadtbus
Bus Ejecutivo	schneller Stadtbus
Bus Super Ejecutivo	superschneller Stadtbus
Campero	Willys Jeep in der Zona Cafetera
Colectivo	städtischer Minibus
Chiva	traditionelles Busgefährt der ländlichen Regionen
Flota	Überlandbus
Micro	Mikrobus in den ländlichen Regionen
Taxi	Taxi
TransMilenio	Metroersatz auf Rädern in Bogotá

Chiva und Jeep

Die Chiva (auch *escalera* genannt) ist das unverwüstliche Transportmittel in den ländlichen Regionen. Eine Chiva ist ein Holzaufbau auf einem Lkw-Chassis ohne Seitenfenster. Die Fahrgäste sitzen auf durchgehenden knallharten Holzbänken hintereinander. Auf dem Dach stapeln sich Pakete, Werkzeuge, Milchkannen, Hühner, Kartoffelsäcke und weitere Fahrgäste. Diese Fahrzeuge sind liebevoll und farbenfroh bemalt. Jedes Bild am Heck ist einmalig, handsigniert vom Künstler. Die Chivas verkehren noch immer auf vielen der nicht asphaltierten Straßen von Antioquia, Cauca, Nariño und Santander. Wer die Wahl hat, sollte sich nach vorne setzen. Auf der Hinterbank schießen die Leichtgewichte bei jedem Schlagloch in die Höhe. Ein anderes, geradezu emblematisches Transportmittel in der Zona Cafetera ist der Willys Jeep (*campero*).

Fahrzeugcheck auf dem Weg nach San Agustín

Busbahnhöfe

Alle größeren Städte Kolumbiens haben erstklassig organisierte saubere und meist sichere Busbahnhöfe. Es gibt eine Gepäckaufbewahrung rund um die Uhr, Pendelverkehr mit der Innenstadt bzw. ein bequemer Anschluss an die Metro (in Medellín).

Fahrstil

Die Schutzpatronin der Busfahrer ist die *Virgen del Carmen*. Jeder Fahrer hat ein Bildnis von ihr am Armaturenbrett hängen. Bei schwierigen Teilstrecken berührt er es oder schlägt ein Kreuz. Es gibt kurvenreiche Strecken, z.B. die Panamericana zwischen Manizales und La Pintada, da lässt er die Jungfrau gar nicht mehr los. Das Vertrauen in sie ist auch dringend notwendig, da die Fahrer gern einmal aufs Gas treten. Doppelt durchgezogene Linien in der Fahrbahnmitte heißt «freie Fahrt». Im Windschatten eines Lkws überholt die Buseta. Bei geglückter Aktion schenkt der Fahrer der *Virgen* Handküsschen.

Taxi

Taxifahren in Kolumbien ist billig und im Stadtverkehr immer noch das schnellste und sicherste Transportmittel. Mit Gepäck ist es ratsam, das Taxi allen anderen Verkehrsmitteln vorzuziehen. Die Taxen in Kolumbien haben in den Großstädten Taxameter. Die auf dem Taxameter erscheinende Anzeige wird in den jeweiligen Peso-Tarif umgerechnet, der aus einer Liste, zumeist gut sichtbar auf der Rückseite des Beifahrersitzes angebracht, abgelesen werden kann. Nach dem Einsteigen stellt der Fahrer das Taxameter an, wenn nicht, steigt man am besten wieder aus und nimmt das nächste Taxi. Bei Fahrten vom Flughafen und vom Busbahnhof in Bogotá holt man sich am Schalter einen Computerschein, auf dem der Fahrpreis und die Nummer des Taxis gedruckt sind. Bei Fahrten zum Flughafen/Busbahnhof wird für das Gepäck ein Aufpreis genommen. Es gibt Funktaxis, deren Grundgebühr geringfügig über einer auf der Straße angehaltenen Taxe liegt. In kleinen Städten gibt es einen Einheitsfahrpreis (*carrera minima*).

Motorrad

Motorradfahren ist in einigen Regionen des Landes mit Auflagen verbunden. Ende der 1980er Jahre, als viele politische Attentate vom Motorrad aus verübt wurden, war in Medellín für Fahrer und Beifahrer ein Vermummungsverbot vorgeschrieben. Mittlerweile haben viele Großstädte ihre eigenen, zum Teil ans Kuriose grenzenden Vorschriften. In Cali darf man nicht zu zweit auf dem Motorrad sitzen, in Armenia ist nur die *sozia* (Beifahrerin) erlaubt. Andere Städte haben ein Nachtfahrverbot verhängt.

Inlandsflüge & Tarife

Kolumbien hat ein weit verzweigtes Flugnetz. Die nationalen Fluggesellschaften sind Avianca-Sam, Aerorepública, Aires, die nun im Kooperationsverbund mit Avianca betriebene Dschungelairline Satena, die von Medellín operierende Aerolinea De Antioquia (ADA) und Kolumbiens erste Billigfluggesellschaft Easyfly. Verbindungen zwischen allen Großstädten des Landes bestehen mehrmals täglich und werden von mehreren Anbietern bedient. Avianca plus Satena bieten das größte Flugnetz an. Die Tarife der Fluggesellschaften haben sich weitgehend angepasst. Es gibt immer wieder reduzierte Flüge bei allen Fluggesellschaften. Avianca/Satena bieten ein umfangreiches Rabattsystem an. Per Mausklick ist der aktuelle Flugplan einschließlich der Tarife zu erfahren. Alle Flugge-

Fliegen in Kolumbien
ADA . . . . .www.ada-aero.com
Aero- . . . . .www.aerorepublica.com
república
Aires . . . . .www.aires.aero
Avianca . . . . . . .www.avianca.com
Copa . . . . .www.copaair.com
Easyfly . . . . .www.easyfly.com.co
Satena . . . . .www.satena.com

sellschaften akzeptieren in den größeren Städten Kreditkarten. In den kleinen Orten muss man bar bezahlen. Die nationale Flughafengebühr wird beim Ticketkauf mitbezahlt.

Faustregel: Die Preise für eine Flugroute liegen etwa dreimal so hoch wie der Preis für die vergleichbare Busstrecke.

Exotisches Fluggerät wie die Antonov 2 (ein russischer Doppeldecker), der in den 1990er Jahren im Chocó-Urabá und den Llanos Orientales eingesetzt wurde und ein Flugerlebnis wie im Film zu bieten hatte, ist inzwischen außer Dienst gestellt worden, nachdem sich die Region zwischen Turbo und Panama zu einer heiß umkämpften Unruheprovinz zwischen Farc und Paramilitärs entwickelt hatte. Die jüngst gegründete **Aerolínea de Antioquia** aus Medellín (Büro am Flughafen Olaya

Herrera) hat die vielen verwaisten regionalen Routen im Nordwesten Kolumbiens übernommen, so dass die touristisch herausragenden Ziele Capurganá, Nuqui und Bahia Solano wieder leichter und regelmäßig aus der Luft zu erreichen sind. Die Gesellschaft hat von der liquidierten Aces noch drei betagte kanadische Twin Otter übernommen, will diese demnächst aber ausmustern und fliegt zumeist mit Regionalmaschinen von Jet Stream.

Einige Dörfer im Llanos- und Amazonasgebiet werden allenfalls einmal pro Woche angeflogen. In diesen Regionen fliegen zudem Frachtflugzeuge *(cargeros)*, die zumeist von Villavicencio, selten direkt vom El Dorado-Cargoterminal in Bogotá operieren. In den Llanos- und im Amazonasgebiet sind auch noch die antiken und unverwüstlichen DC-3's im Alltagsgebrauch. Neben der Fracht dienen diese Maschinen auch der Personenbeförderung. Die Preise entsprechen denen der Linienflüge, doch zumeist gibt es keine Alternative. Der Flugpreis wird dem Piloten oder Bordmechaniker in die Hand gedrückt.

Flugsicherheit

Kolumbiens Flugsicherheit weist gewisse Mängel auf, die zum Teil noch immer auf die weitgehende Deregulierung des Flugmarktes seit Anfang der 1990er Jahre *(cielos abiertos)* zurückzuführen sind. Die Zahl der Fluggesellschaften, die Bogotás El Dorado-Flughafen, den größten des Landes, anfliegen, hat sich seitdem verdreifacht, das Passagieraufkommen verdoppelt. Der Flughafen ist das Luftfahrt-Drehkreuz für die größte nationale Fluglinie Avianca. Für einige ausländische Fluggesellschaften ist der El Dorado-Airport zu einer wichtigen Plattform im lateinamerikanischen und karibischen Raum geworden. Bogotá hat so viel Starts und Landungen wie Großflughäfen in Nordamerika und Europa (180 000 p.a.). Außerdem werden hier die meisten Luftfrachtbewegungen von ganz Lateinamerika registriert.

Der El Dorado-Airport ist nach dem internationalen Flughafen von Mexico-City und den beiden Großflughäfen von São Paulo der viertgrößte in Lateinamerika. Die Flughafeninfrastruktur ist demgegenüber nur langsam mitgewachsen. Der Flughafen in Bogotá hat nunmehr zwei Start-/Landebahnen. Ankunft- und Abflughalle wurden mittlerweile umfassend erweitert und modernisiert und entsprechen vollkommen den bekannten westlichen Standards. Neben dem *El Dorado*-Airport sind auch die anderen wichtigen Flughäfen in Kolumbien (Barranquilla, Cartagena, Medellín und Cali) privatisiert und modernisiert worden.

Die Absturzstatistik liegt in Kolumbien aber vor allen Dingen deshalb über dem weltweiten Durchschnitt, weil noch immer Dutzende von Uraltmaschinen und schlecht gewarteter Leichtflugzeuge in der Luft sind, die in Europa niemals eine Flugzulassung erhielten und hin und wieder unfreiwillig herunterkommen. Bei solchen Fluggeräten muss viel improvisiert werden. Viele kolumbianische Piloten können daher aber auch souveräner mit plötzlich auftauchenden Pannen und Problemen umgehen als ihre simulatorgeschulten Kollegen aus den Cockpits der großen internationalen Fluglinien.

Schiffsverkehr

Zu Zeiten der Dampfschifffahrt waren Schiffe die wichtigsten Verkehrsmittel Kolumbiens für den Personen- und Warentransport. Die drei wichtigsten Flüsse waren der Río Magdalena für die Verbindung von der Küste ins Inland, der Río Meta für den Handel mit Venezuela und der Río Putumayo für die Ausfuhr des Kautschuks nach Peru.

Diese Zeiten sind längst vorbei und heute verkehren auf diesen Flüssen nicht mehr als eine Handvoll Schlepper, beladen mit Bierkästen und Baumaterialien. Der Personenverkehr spielt nur dort eine Rolle, wo er nicht durch eine Straßenverbindung überflüssig geworden ist.

Am Unterlauf des Río Magdalena, auf dem Río Meta dem Río Putumayo und dem Río Atrato verkehren heute Fiberglasboote mit PS-starken Außenbordmotoren (*chalupa* oder *voladora*). Zwischen abgelegenen Ortschaften im Chocó und Amazonasgebiet bestehen einige rudimentäre Transportverbindungen mit ebensolchen Schnellbooten, immer abhängig vom Wasserstand und sonstigen Flusshindernissen.

Entlang der Küsten pendeln Transportkähne, die auch Personen befördern. Drehscheibe der Pazifikküste ist der Hafen von Buenaventura. Der Personenschiffsverkehr mit Holzkähnen entlang der Karibikküste ist praktisch bedeutungslos. Die Verbindung mit dem Linienschiff Crucero Express zwischen Cartagena und Colón (Panama) ist bis auf weiteres eingestellt worden.

So recht glauben mochte man den Plänen der *Promotora Turistica del Río Magdalena* nicht, vier Nachbauten von klassischen Dampfschiffen für touristische Kreuzfahrten entlang des Río Magdalena zwischen Puerto Berrio und Barranquilla einzusetzen, wie es *El Tiempo* bereits im Jahr 1998 angekündigt hat. Das Projekt wurde ad acta gelegt.

Nachdem die Region am Magdalena Medio aber sicherer geworden ist, will man doch noch mal einen Versuch mit einem Ausflugsdampfer starten. Das Schiff soll den Namen der Romanfigur 'Florentino Ariza' aus «Die Liebe in den Zeiten der Colera» tragen und entsprechend den Schiffen jener Zeit gestaltet sein, auch wenn es ein Neubau für 84 Passagiere ist, der mit drei 70 PS-Motoren eine Geschwindigkeit von sieben Knoten erreichen kann.

Wenn der Ausflugsdampfer erst einmal zu Wasser gelassen ist, kann man wieder davon träumen, dass es eines Tages flussabwärts geht, nach La Dorada (Caldas), Puerto Triunfo (Antioquia) und anschließend nach Barranquilla.

Züge

Der reguläre Personenzugverkehr ist bis auf die kuriose Puerto Berrío-Barrancabermeja Verbindung vollständig zum Erliegen gekommen. Touristenzüge mit nostalgischen Dampfloks zuckeln an Wochenenden und Feiertagen zwischen Bogotá und Nemocón sowie zwischen Cali und Buga. Augenblicklich wird daran gedacht, die Strecke Santa Marta und Aracataca, dem Geburtsort von Gabriel García Márquez, wiederzubeleben.

Mietwagen

In allen größeren Städten sind internationale und nationale Autovermietungen vertreten. Um ein Auto anzumieten, muss man mindestens

21 Jahre sein, benötigt einen Reisepass, einen Führerschein und eine Kreditkarte.

Die Miete eines Kfz liegt über dem Preisniveau Europas, und reduzierte Tarife gibt es kaum. Die Grundmiete eines Kfz mit Freikilometern kostet doppelt so viel wie bei Abrechnung nach gefahrenen Kilometern (30 Cent pro Kilometer).

Sorgfältig prüfen sollte man die Versicherungsbedingungen. Einige Autovermieter schließen Diebstahl ganz aus, oder Diebstahl, Unfall- und Personenschaden sind nur bis zu 80 % gedeckt. Das kann teuer werden. Bei Empfangnahme das Kfz auf Schäden überprüfen und eventuelle Mängel beim Autovermieter schriftlich festhalten.

Weit schlimmer kann es kommen, wenn man als Autofahrer einen Passanten anfährt und verletzt. Die kolumbianische Justiz ist nicht zimperlich und sperrt den Täter kurzerhand ein.

Straßenverhältnisse

Über den aktuellen Zustand des kolumbianischen Straßennetzes gibt das national-staatliche Straßeninstitut *(Instituto Nacional de Vias)*, Auskunft. www.invias.gov.co

Sicherheitscheck

Uniform und Polizei

Kolumbien ist ein Land voller Uniformen. Doch keine Angst, was andernorts eher Unbehagen auslöst, sorgt hier mitunter auch für Heiterkeit. Die «Braunen» stellen die überragende Mehrzahl aller Uniformträger. Sie sind vom privaten Sicherheitsdienst, der alles bewacht, Parkbänke und Fahrstühle, Eingangstüren und Mülleimer. Meist ist die Kappe zu groß und verdeckt das halbe Gesicht, mal die Hose zu klein. Hinter so mancher Uniform meint man, Charlie Chaplin zu erkennen. In Kolumbien gibt es ein halbes Dutzend unterschiedlicher Polizeiorgane, von der Straßenpolizei bis zur Policía Antinarcotico. Die Touristenpolizei (*Policía de Turismo*) ist in allen größeren Städten vertreten. Sie ist der Ansprechpartner für die Opfer von Straftaten und nimmt Anzeigen entgegen. Einige der Beamten sprechen Englisch.

Kontrollen

Wie in allen lateinamerikanischen Ländern ist es Vorschrift, stets ein gültiges Dokument mit sich zu führen, um sich gegenüber den Ordnungskräften ausweisen zu können. Der Kolumbianer hat sich darauf eingestellt und seine *cedula* dabei, deren Nummer er auswendig kennt. In Städten bleibt freilich abzuwägen, ob man nicht mit einer Kopie besser bedient ist, und sollte das Original wirklich einmal gefragt sein, die Beamten auf das Hotel verweist. Die Wiederbeschaffung eines verlorenen oder gestohlenen Passes ist kosten- und zeitaufwendig. Wir haben bei Kontrollen ohne Probleme den Personalausweis gezeigt, der der *cedula* ähnelt. Für viele Beamte ist der Euro-Pass sowieso ein Buch mit sieben Siegeln. Gelegentlich finden in den Städten Ausweiskontrollen statt. Bei Überlandfahrten gibt es Kontrollstellen von Armee und Polizei in Guerrilla- und Schmuggelgebieten, um Präsenz zu zeigen. Männliche Fahrgäste werden hierbei auf Waffen untersucht. Zum Teil werden Gepäckkontrollen durchgeführt. Wir sind stets zuvorkommend und höflich behandelt worden.

> «Die Sicherheitslage in Kolumbien hat sich in den letzten fünf Jahren generell verbessert. Das Sicherheitsniveau in den meisten Metropolen (insbesondere in Bogotá) ist mit dem anderer lateinamerikanischer Großstädte durchaus vergleichbar.»
>
> *Auswärtiges Amt,*
> *Reise- und Sicherheitshinweise*
> *Kolumbien (Nov. 2008)*

Risikobehaftete Regionen

Im Prinzip sind alle Landesteile für ausländische Reisende zugänglich. Die Sicherheitslage hat sich seit dem Amtsantritt von Präsident Álvaro Uribe in den zentralen Landesteilen, insbesondere in den Städten spürbar verbessert. In sämtlichen 1100 Gemeinden sind nun Polizei- und Militäreinheiten stationiert, während im Jahr 2002 noch 200 Gemeinden ohne staatliche Sicherheitskräfte ausgestattet waren. Militär und gepanzerte Fahrzeuge sind zur Abschreckung und Präsenz an den Verkehrsknotenpunkten der großen Ausfallstraßen postiert worden, also den Orten, die zuvor immer ein gewisses Entführungsrisiko für Reisende bargen. Die Autopista Bogotá-Medellín ist nicht nur die wichtigste nationale Handelsroute zwischen den beiden Metropolen, sie ist auch der Zugang zu den beliebten Touristenorten im Tal des Río Magdalena. Diese und viele andere Straßen sind heute ganz überwiegend durch Polizei- und Militärpräsenz gesichert. Zusätzlich existiert landesweit ein Netz der Zusammenarbeit mit etwa 150 000 Zivilpersonen, die verdächtige Vorkommnisse gegenüber der Staatsanwaltschaft und den Streitkräften melden.

Für den Besuch abgelegener Regionen sollte man sich gründlich vorbereiten und die persönlichen Daten ggf. bei den Botschaften des Heimatlandes hinterlassen. Als unsicher einzustufen ist die Grenzregion zu Panama (Darién) durch die Anwesenheit von Guerrilla und Paramilitärs. Hier herrscht ein erhöhtes Entführungsrisiko auch für Ausländer. Nach Capurganá kann man leicht fliegen, aber Überlandfahrten sollte man im und der angrenzenden Region **Chocó-Urabá** derzeit meiden. Schwer umkämpft zwischen Guerrilla und Armeeeinheiten sind die mit gerade noch mit einem Straßenanschluss versehenen abgelegenen Landesteile der **Departements Putumayo** und **Caquetá**. Die Farc-Einheiten befinden sich seit 2002 in der Defensive und haben einige ihrer geräumten Plätze vermint.

Was sich in vielen abgelegenen Landesteilen mit noch bestehender oder ehemaliger Präsenz von Guerrillaeinheiten und paramilitärischen Verbänden verschlechtert hat, ist eine besorgniserregende Zunahme an den international geächteten **Anti-Personen-Minen**, die mehrheitlich aus den Beständen der Farc-Guerrilla kommen. Immer wieder kommt es vor, dass Menschen auf dem Weg zur Feldarbeit oder spielende Kinder durch Landminen verstümmelt oder getötet werden. Nach UN-Angaben starben in Kolumbien 280 Menschen durch Landminen und 5000, unter ihnen Soldaten, Polizisten und Zivilisten, verloren Arme, Beine oder ihr Augenlicht. Ein Regierungsprogramm organisiert die Minenbeseitigung und versucht die Bevölkerung über die Gefahren aufzuklären. Eine Polizeieinheit richtet Spürratten zum Einsatz gegen Anti-Personen-Minen ab.

Flusspatrouillen

Kolumbianische Marineeinheiten versuchen seit dem Regierungswechsel 2002 auch auf den Flüssen staatliche Präsenz zu zeigen. Über einige Abschnitte des Río Putumayo herrscht zwar noch immer der Bloque Sur der Farc, aber auf anderen Flüssen ist es wieder sicherer geworden. Entlang des Río Magdalena rückt man nun dem Benzindiebstahl der Flusspiraten zu Leibe. Drei Schnellboote sollen den Río Atrato (Dep. Chocó) kontrollieren, seit Jahren ein Korridor für den Waffen- und Drogenschmuggel im Grenzgebiet zu Panama. Seit Ende der 1990er Jahre konnte die schwarze und indigene Bevölkerung die fluviale Lebensader zur Außenwelt nicht mehr nutzen und sich nur unzulänglich mit Lebensmitteln und Medikamenten versorgen. Der zivile Flussverkehr mit Fähr- und Schnellbooten auf der Strecke Quibdó-Turbo war zeitweise vollständig zum Erliegen gekommen. In der Cienago El Turno (Dep. Atlántico) hat die Marine einen Flussposten etabliert, um gegen die grasierende Entführungswelle in dieser Region vorzugehen.

Vorsichtsmaßnahmen

Kolumbien ist nicht das Zerrbild des gesetzlosen Landes, als das es lange Jahre immer wieder herhalten musste, gleichwohl würden wir in der Bewertung der allgemeinen Sicherheitslage (noch) nicht soweit gehen wie Daniel Deckers am 7. 8. 2008 im Leitartikel der FAZ, als er schrieb, «dass die Gefahr für Leib und Leben in nahezu allen anderen Metropolen Lateinamerikas größer ist als in Bogotá, Medellín oder Cartagena.»

Es muss ja nicht immer gleich Leib und Leben sein, manchmal nervt schon der Griff in die Brieftasche. Daher gilt es, einige Maßnahmen zu beherzigen, die die persönliche Sicherheit gewährleisten oder doch zumindest erhöhen. In den Großstädten muss man sich, soweit das geht, vor Taschendieben und Trickbetrügern in Acht nehmen.

Erhöhte Vorsicht ist auf dem **Internationalen Flughafen *El Dorado*** in Bogotá geboten. Oftmals nutzen Taschendiebe stürmische Wiedersehensfreuden mit lang vermissten Freunden und Verwandten und bedienen sich beim Gepäck. Kamera und Laptop sollte man im Auge behalten. Bei den Rollbändern für die Gepäckausgabe befindet sich eine Wechselstube und ein Schalter zur Ausgabe von Taxischeinen, die das Fahrziel und den Fahrpreis enthalten. Die Taxen stehen direkt vor dem Ausgang. Am **Busbahnhof** sollte man ebenfalls auf sein Gepäck achten. Organisierte Taschendiebe sind zumal an den Hauptstationen des **TransMilenio** unterwegs. Viele Trickdiebe und Betrüger in Kolumbien sind phantasievoll und können gelegentlich sogar charmant sein.

Vorsorge

«Einem nackten Mann kann man nicht in die Tasche greifen.» Wer wenig dabei hat, dem kann nur wenig genommen werden. Familienschmuck und die Rolex bleiben am besten zuhause. Um sich bei Diebstahl oder Verlust Ärger und Laufereien zu ersparen, sollten die wichtigsten Dokumente kopiert werden, der Pass (Plastikkarte & Eintrittsstempel), das Flugticket und der Ankaufbeleg der Travellerschecks. Die Dokumente kann man einscannen und auf einen externen Server stellen.

Aufbewahren von Wertsachen

Im Hotel
Der sicherste Aufbewahrungsort ist immer noch der Hotelsafe, der aber ausschließlich in Hotels der Oberklasse steht. Einige einfache Residencias nehmen Wertsachen zur Verwahrung gegen Quittung entgegen. Die Wertsachen werden in einem Briefumschlag verschlossen.

Wo es weder die eine noch die andere Möglichkeit gibt, versteckt man die Wertsachen an unauffälligen Plätzen im Zimmer. Dafür eignen sich schmutzige Wäschebeutel. Geld lässt sich in der Plastikfolie eingerollt in leeren Sonnenmilchflaschen verbergen.

Unterwegs
Unterwegs trägt man das Geld und die wichtigen Dokumente am Körper. Es empfiehlt sich, das Geld am Körper zu verteilen und nicht alles in die Hosentasche zu stecken. Das vermindert das Risiko, alles auf einmal zu verlieren. Dokumententaschen, die um den Hals getragen werden, erregen zu große Aufmerksamkeit und sind leicht abzureißen.

Besser sind die Taschen, die verborgen unter der Kleidung um die Hüfte getragen werden. Ein zusätzlicher Ledergeldgürtel, der durch den Hosenbund gezogen wird, ist ideal. Zur Ablenkung bei Überfällen ist die «Kängurutasche» recht nützlich, in die selbstverständlich nur Kleingeld und Unwichtiges gepackt wird. Eine Geldreserve lässt sich in den Schuh einkleben und vieles mehr. Der Phantasie sind keine Grenzen gesetzt!

Dollars sollten zum Schutz vor Feuchtigkeit in Plastik eingewickelt sein, weil abgefärbte Euro/Dollar niemand eintauscht, und das Abfärben kann leicht durch Schweiß, Regen und unfreiwilliges Wassern geschehen.

Schlösser & Ketten
Schlösser verhindern, dass Gegenstände aus dem unbeaufsichtigten Gepäck genommen werden, z. B. bei Busfahrten und Flügen.

Für Rucksäcke sind Schutzsäcke aus Jute oder Kunststoff nützlich. Sie erschweren die Wegnahme von Einzelgegenständen und des gesamten Gepäckstückes und schützen gleichzeitig vor Transportschäden. Ein zusätzliches Vorhängeschloss erhöht die Sicherheit vor unerwünschtem Besuch. Aufrüstungsfreunde werden auf eine oder mehrere Ketten zum Festmachen des Gepäcks an Bettgestellen und Gepäckablagen nicht verzichten wollen.

Raubüberfälle

Raubüberfälle sind in den Großstädten nie ganz auszuschließen, passieren jedoch kaum am hellichten Tag und im belebten Zentrum. Dadurch unterscheiden sich Kolumbiens Großstädte in positiver Hinsicht von Mexico-City, São Paulo oder Rio de Janeiro. Gar Schlimmeres ist Gott sei Dank nicht zu berichten. Ein Reizgasspray, das in Kolumbien nur äußerst schwer erhältlich ist, mag das Sicherheitsgefühl erhöhen. Nachts sollte man nicht durch die Straßen wandeln und stets ein Taxi nehmen.

Kleine kolumbianische Trickkiste

Senf oder Ketchup?
Eine abgerissene Person bespritzt Ihre Kleidung oder den Rucksack mit Senf oder Ketchup. Eine freundliche Krawatte tritt hinzu und entschuldigt sich für dieses unglaubliche Benehmen, bietet an den Rucksack säubern zu dürfen und nimmt ihn dabei von Ihrer Schulter. Daraufhin verschwinden die Krawatte und der Rucksack im Gewühl....

Dollarfalle!
Ein uraltes, doch leider immer noch erfolgreiches Spiel wird zumeist in Bogotá entlang der Séptima gegeben. Es beginnt mit der Frage eines Passanten nach dem Weg. Es schaltet sich ein zweiter, meist besser gekleideter Mann ein und fragt: «Was will er wissen?» Die Krawatte weist sich durch eine falsche Polizeimarke aus und verlangt von beiden das Vorzeigen des Bargeldes, um die Nummern von vermeintlichen Falschdollar und Pesos zu notieren, Frager Nr. 1 überreicht anstandslos seine Börse....

Paquete Chileno
In der Bank, der Post, dem Fotoladen und an vielen anderen Orten lässt jemand neben Ihnen ein Portemonnaie zu Boden fallen. Freundlich weist der Fremde auf die Geldbörse hin: «Sie haben Ihr Geld verloren.»
«Nein, das ist nicht meins.» «Dann teilen wir es doch.» Sind sie einverstanden, dann geht es in die dunkle Ecke eines Restaurants. Dort kommen zwei weitere Typen hinzu und sagen: «Lass mich das Geld sehen. Es gehört mir, es hat Ölflecken. Ich arbeite in einer Werkstatt.» Das ist die Einleitung für den anschließenden Raub...

Aufgepasst beim Erklimmen von Stadthügeln

Die heikelsten Zonen vieler Städte sind die Wege, die zu vielen Kreuzhügeln führen. Die schöne Aussicht reizt, aber auf dem Weg nach oben lauern Gefahren. Eine hohe Wahrscheinlichkeit ausgeraubt zu werden, bietet der Kreuzgang zum Monserrate in Bogotá.

Busfahrten

Im Allgemeinen sind die Fahrten in Überlandbussen eine recht sichere Sache. Das Gepäck wird bei den großen Gesellschaften gegen einen Gepäckschein im Laderaum verstaut. Zusätzliche Sicherheit bietet ein Sitzplatz auf Seiten des Gepäckstauraumes. Wird kein Gepäckschein ausgegeben, ist es besser, das Gepäck mit in den Bus zu nehmen und es in Reichweite zu haben. Gleichwohl gibt es in vielen ländlichen Gebieten, etwa bei Fahrten mit der Chiva verständlicherweise keinen Gepäckschein, und das Gepäck ist trotzdem sicher. Ein neuralgischer Punkt sind die nächtlichen Busfahrten. Einige abgelegene Routen können nachts zur Zielscheibe von Überfällen oder gar Entführungsaktionen werden. z.B. Quibdó-Medellín oder Medellín-Turbo. Der Variante des Mehrfach-Kidnapping bei aufgestellten Straßensperren (*pesca milagrosa* = wundersames Menschenfischen), durch die sich die Farc-Guerrilla eine Zeitlang mit Vorliebe finanzierte, ist der Staat durch Miltärcheckpoints vehement und effektiv entgegengetreten. Auch dem «Alaska-Feuerland»- Enthusiasten sei angeraten, das kolumbianische Teilstück der Panamericana mit dem eigenen Fahrzeug zu meiden, insbesondere, wenn es sich um einen auffälligen Geländewagen handelt. Kolumbien ist nicht die Sahara, wo sich die Einheimischen längst an selbst ernannte «Wüstenfüchse» gewöhnt haben, die mit aufgemotzten Unimogs an ihrer Hütte vorbeidonnern.

Nachtfahrten mit dem Taxi

In einigen Städten nehmen Taxifahrer bei Nachtfahrten eine Begleitperson mit. Das ist am Wochenende oft die Frau oder Freundin. In so einem Fall kann man bedenkenlos einsteigen. Vorsicht ist geboten, wenn der Beifahrer männlichen Geschlechts ist. Es bleibt offen, ob der Beifahrer zum Schutz des Fahrers mitkommt oder ahnungslose Fahrgäste beraubt werden sollen. Man steigt besser nicht ein.

Burundanga

Eine der unangenehmeren Formen von Kriminalität ist das Bewusstlosmachen des Opfers und nachträgliche Ausrauben. Das Betäubungsmittel heißt *burundanga* oder *escopolamina*. Das Gift wird aus der Rinde eines unscheinbaren Baumes gewonnen, der überall in der Andenregion vorkommt, mit dem Namen *borrachero* und *cacao llanero*.

Mit dem geschmacks- und geruchlosen Gift werden Bonbons, Kekse, Zigaretten und vieles mehr präpariert. Zumeist bei nächtlichen Busfahrten versuchen freundliche Mitreisende mit ihren Opfern ins Gespräch zu kommen und bieten dann beiläufig während des Gespräches den präparierten Keks an, während sie gleichzeitig einen unbehandelten essen. Anderswo kippt man Ihnen Ecstasy ins Bier, in Kolumbien Escopolamina. Das Opfer versinkt nach kurzer Zeit in tiefe Bewusstlosigkeit, die bis zu Tagen andauern kann und findet sich im Busbahnhof oder Krankenhaus wieder. Oft dauert es noch einige Tage, bis das Opfer das Erinnerungsvermögen wiedererlangt hat. Immer mal wieder betroffen ist die Route Bogotá-Ipiales.

Terrorismus

Die Verbände von Eln- und Farc-Guerrilla befinden sich landesweit in der Defensive. Der Besucher wird sie zumeist nicht zu Gesicht bekommen, aber um so mehr von ihr hören. Die Welt der Guerrilla besteht nach wie vor aus «Imperialisten» und «Nicht-so- sehr-Imperialisten». Während US-Amerikaner und Israelis als Klassenfeinde gelten, dürfen sich Deutsche, Schweizer und Österreicher zur zweiten Kategorie zählen. Das schützt Sie zwar nicht davor, Opfer einer Entführung zu werden, aber gegebenfalls etwas besser als ein Angehöriger der ersten Gruppe behandelt zu werden. Weit gefährlicher als die politische Guerrilla ist die sog. Narcoguerrilla, die als Schutztruppe der Mafia oder Eigenproduzent in den Drogenanbaugebieten agiert. Die feinen ideologischen Unterschiede haben sich durch die vielen Drogendollars aufgeweicht. In Drogenanbaugebieten ist daher höchste Vorsicht geboten. Wer auf einem Koka- oder Opiumfeld erwischt wird, kann sich nicht mehr auf seine Nationalität berufen und muss mehr als nur fließend Spanisch sprechen, um seinen Besuch plausibel zu machen. Es gibt allerdings auch wenig Anlass diese Gegenden aufzusuchen, weil die einstigen Waldgebiete für den Drogenanbau weitflächig abgeholzt wurden.

Gefährlich werden kann die Schwächung der kolumbianischen Guerrilla dem Besucher insoweit, als zu befürchten steht, dass in Zukunft vermehrt Sprengstoffanschläge in den Städten verübt werden, die zwar in erster Linie militärischen und Polizeieinrichtungen gelten, aber auch die Zivilbevölkerung betreffen. Aus den aufgelösten paramilitärischen Verbänden haben sich neue kriminelle und terroristische Einheiten gebildet, sie heißen «Águilas Negras» (Norte de Santander und Chocó-Urabá) oder «Los Rastrojos» (Nariño), und sie mischen beim Waffen- und Drogenhandel ebenso mit wie beim Benzinschmuggel in den Grenzregionen.

Kidnapping

Zur Volksseuche haben sich in Kolumbien Entführungen entwickelt. Das Land hält weltweit eine traurige Spitzenstellung bei diesem Delikt. Die Angaben zur Zahl der augenblicklich (2008) enführten Personen schwankt zwischen 4200, einschließlich der 1414 namentlich genannten bei www.lasvocesdelsecuestro.com und den geschätzten 3000-3200 bei www.paislibre.org. Etwa 30 % der Entführungsfälle werden der Farc-Guerrilla zugerechnet. Die Eln-Guerrilla, die vor eingen Jahren mit spektakulären Massen-Entführungen auch von einer Trekkinggruppe auf dem Weg zur Ciudad Perdida internationale Aufmerksamkeit auf sich ziehen konnte, ist heutzutage militärisch extrem geschwächt und niemand weiß so genau, wie viele Geiseln sie noch versteckt hält. Ein Großteil der Entführungsopfer geht mittlerweile auf das Konto der organisierten Kriminalität und vieler «Trittbrettfahrer». Zur Bekämpfung des Kidnapping wurde eine Sondereinheit aus Militär- und Polizeieinheiten geschaffen (GAULA), die gegen Entführung und Erpressung vorgehen soll. Viele Entführte sind Politiker, Geschäftsleute und ihre Angehörigen. Die Farc-Guerrilla hält auch Dutzende von Soldaten und Polizisten zum Teil seit vielen Jahren gefangen, um sie ebenso wie die gekidnappten Politiker als politisches Druckmittel einzusetzen und bei Gelegenheit gegebenfalls gegen inhaftierte Gesinnungsgenossen auszutauschen.

Von den Ausländern unterliegen Ingenieure und Landbesitzer einem erhöhten Gefährdungsgrad. Touristen zählen nicht unbedingt zur bevorzugten Zielgruppe von Entführern, können aber unter unglücklichen Umständen auch einmal in deren Fänge geraten.

Das Antientführungsgesetz, die «Ley Antisecuestro», 1993 unter Präsident César Gaviria erlassen, sollte die Lösegeldzahlung bei Entführungen unter Strafe stellen und verhindern, dass Familienangehörige oder der Arbeitgeber das Opfer freikaufen. Versicherungen, die das Zahlungsrisiko im Entführungsfall abdecken, sollten von der Bankenaufsicht bestraft werden. Das kolumbianische Verfassungsgericht hat das Gesetz allerdings noch im gleichen Jahr für verfassungswidrig erklärt, weil auf diese Weise die Verteidigung des Rechtes auf Leben des Entführten durch seine Angehörigen vereitelt werde. Das Gesetz machte Opfer zu Tätern, weil der Staat sich anders nicht in der Lage sah, die Sicherheit seiner Bürger zu schützen.

Control Risks, eines der weltweit führenden Sicherheitsunternehmen auf dem Gebiet des Kidnapping, empfiehlt Geschäftsleuten in Kolumbien eine persönliche Risikoeinschätzung, die Vornahme notwendiger Sicherheitsmaßnahmen, wie das häufige Wechseln von Personal, Unternehmensprofil und persönlicher Lebensführung (Routinevermeidung), Teilnahme an einem Kidnapping-Überlebenskurs (statistisch gesehen liegt die Überlebenswahrscheinlichkeit bei 10:1) und den Abschluss einer Kidnapping-Versicherung, die ausschließlich mit dem Unternehmen besprochen werden sollte. Weitere Informationen unter www.control-risks.de

Drogen und Drogenkriminalität

Die alltägliche Droge des Kolumbianers ist oft der Aguardiente. Ausländer interessieren sich auch schon mal für andere Drogen. Davon soll man die Finger lassen. Die in Kolumbien illegal produzierten Drogen wie Marihuana, Kokain und die Billigkokaderivate Basuco und Crack sind auch zum Konsumieren illegal. Die Touristenpolizei in den Großstädten kontrolliert regelmäßig die Traveller-Guesthäuser auf Drogenvergehen hin, und die Hotelmanager informieren, schon um den eigenen Laden sauber zu halten, bei Verdacht die Polizei.

Die Strafen und Strafbedingungen für Drogentäter sind drakonisch. Aufgrund der nur schleppend durchgeführten Ermittlungen kann es vorkommen, dass der Verdächtige monatelang in Untersuchungshaft sitzt, bevor der Richter den Fall prüft. Wenn ein Unbekannter Sie am Flughafen bittet, ein Päckchen, einen Brief oder sein Übergepäck mitzunehmen, dann sollten Sie die Bitte abschlagen. Oft werden auf diese Weise Drogenbriefe aufgegeben, und der Reisende wird zum ahnungslosen *mula*. Als *mulas* bezeichnet man die menschlichen Pferdchen, die die Drogen aus dem Land schmuggeln. Meist sind es Kolumbianer, das Geld reizt, doch es finden sich auch immer wieder Ausländer. Kokain und Heroinpulver werden im doppelten Boden eines Koffers aus dem Land geschmuggelt oder gar verschweißt in den abgeschnittenen Fingerkuppen eines Gummihandschuhs im Magen-Darmtrakt befördert. Die Kontrollen an den internationalen Flughäfen des Landes sind gründlich und auch bei nationalen Flügen nicht auszuschließen. Der Drogenpolizei sind die Schleichwege bekannt. Selbst wer ohne Probleme aus Kolumbien herauskommt, für den ist spätestens in London, Madrid oder Frankfurt Schluss.

Versicherungen

Auslandsreise-Krankenversicherungen

Die gesetzlichen Krankenversicherungen kommen für die Kosten von Erkrankungen und Unfällen im außereuropäischen Ausland nicht auf.

Viele Versicherer bieten daher Krankenversicherungen fürs außereuropäische Ausland an. Meistens ist der Versicherungsschutz auf ein Jahr begrenzt. Die Versicherung mit der längsten Geltungsdauer scheint die DKV-Auslandskrankenversicherung zu sein, Tarif AVL. Diese Versicherung hat eine Geltungsdauer von 3 Monaten bis zu 3 Jahren. Die Tarife sind abhängig vom Eintrittsalter und vom Geschlecht. Frauen zahlen beinahe doppelt so viel wie Männer. Die Versicherungsleistungen entsprechen dem der gesetzlichen Krankenversicherung. www.dkv.com/auslan d-auslandsreise-krankenversiche rung

Deutsche Krankenversicherung AG, Aachener Straße 300, 50933 Köln, ☎ 01801 358 100.

Krankenversicherungsschutz über die Kreditkarte im Ausland

Krankenversicherungsschutz bieten die Kreditkartenanbieter ausschließlich über die Kreditkarte «Gold». Sie schließt Krankenhaustagegeld und 1. Klasse-Behandlung ein. Der Versicherungsschutz besteht unabhängig vom Einsatz der Karte und gilt zwei Monate ab Reiseantritt. Zudem besteht Versicherungsschutz für den Rücktransport ins Heimatland, wenn eine Behandlung im Ausland nicht möglich ist.

Unfallversicherungsschutz über die Kreditkarte im Ausland

Alle Kreditkarten bieten Versicherungsschutz bei Unfällen mit Verkehrsmitteln (Bus, Flugzeug, Mietwagen) und in Hotels. Voraussetzung ist, dass mit der Karte bezahlt wurde.

Rücktransportkosten

Bei medizinischen Notfällen übernimmt die Deutsche Rettungsflugwacht die Kosten des Rücktransportes. Rita-Maiburg Straße 2, D-70794 Filderstadt, Alarmruf aus Kolumbien: ☎ 90-49-711 70 10 70. www.drf-luftrettung.de

Verlust und Diebstahl von Kreditkarte/Travellerschecks

www.kartensicherheit.de bietet einen SOS-Infopass.

Der Verlust oder Diebstahl der Kreditkarte muss umgehend angezeigt werden.

MasterCard - International (R-Gespräch) ☎ 01 636 722 71 11, www.mastercard.com

VisaCard - International (R-Gespräch) ☎ 01 410 581 99 94, www.visa.de

EC-/Maestrokarte - Notrufnummer: ☎ 0049 1805 02 1021 oder der zentrale Sperrenannahmedienst für Debitkarten ☎ 0049 116 116, in Deuschland gebührenfrei, aus dem Ausland gebührenpflichtig.

American Express, ☎ Toll Free 01 800 9120 303 oder 980 912 30 54 oder 980 915 44 58.

Seriennummern der Schecks getrennt aufbewahren. Kostenfreie Erstattung binnen 24 Std.

Kreditkartenbetrug

In Kolumbien kommt es vor, dass Kreditkarten gefälscht werden, bevorzugt ausländische. Keine Angst, der eingetretene Schaden ist zu 100 % versichert, wenn man ihn nach Entdeckung dem Kreditkarteninstitut mitteilt.

Verlust und Diebstahl des Reisepasses

Bei Verlust des Reisepasses sind alle diplomatischen Vertretungen des

Heimatlandes berechtigt, ein Reiseersatzdokument auszustellen. Am schnellsten geht es in Bogotá bei den Botschaften. Für die Beschaffung des vorläufigen Reisepasses (einen Monat Gültigkeit) muss man mit einer Woche rechnen.

Fotografieren

So unterschiedlich Land und Leute Kolumbiens sind, so vielfältig sind die Fotomotive. Sie reichen von der verwinkelten Kolonialarchitektur Cartagenas, über die farbenfrohen Indianermärkte in Silvia, bis zur Naturfotografie auf Gorgona, wenn die Wale vorbeiziehen.

Dieser Reichtum an außergewöhnlichen Motiven wird ambitionierte Hobbyfotografen reizen. Neben der Kamera mit Normalobjektiv, sollten noch ein handliches Tele mit Brennweiten um 200 bis 400 mm, der Blitz und ein kleines Stativ zur Ausstattung gehören. Um blaustichige Bilder zu vermeiden, wird ein Skylightfilter vor das Objektiv geschraubt. In Reserve bleibt der Polfilter, der für den sattblauen Himmel und das kräftige Dschungelgrün sorgt.

In den meisten Kirchen und Museen ist Fotografieren erlaubt, allerdings zumeist ohne Blitz. Die Kolumbianer lassen sich gerne fotografieren. Das gilt auch für die Angehörigen der meisten indigenen Völker und Gemeinschaften - mit zumindest einer bedeutsamen Ausnahme - die Kogi und Arhuaco der Sierra Nevada von Santa Marta lehnen Fotos kategorisch ab, daher sieht man auf YouTube auch nur verwackelte Aufnahmen, die eilig mit dem Fotohandy geschossen wurden.

In Cartagena eignet sich der Sonntag am besten für eine Fotosession, dann hat man die kolonialen Schätze beinahe für sich allein.

Einkaufen

Smaragde - in Bogotá und Cartagena.

Hängematten und gute **Moskitonetze** - in Bogotás Altstadt (z.B. bei David Diaz - Pasaje Rivas Cra. 10 No 10-72, interior 108) oder direkt in San Jacinto und auf der Guajira.

Goldschmiedekunst - in Bogotá und Mompox.

Kunsthandwerk - z.B. in Bogotá bei der Galeria Cano im Centro Comercial Andino, Cra. 11 No 82-51, local 306, ☎ 616 87 26.

Präkolumbianische Nachbildungen - in Bogotá und Ráquira.

Lederwaren - in Bogotá und Pasto.

Masken, Holzschnitzkunst (barniz) - in Pasto (siehe Kunsthandwerk).

Lärm

Aus dem linken Lautsprecher dröhnen die schrägen Laute des Vallenato, über dem Bildschirm flimmert die Rührserie «*Café*», der Nachbar zur rechten liebt Salsa, der linke hört die Fußballergebnisse im Kofferradio. Eine Teststrecke eines Akkustikingenieurs für eine empirische Untersuchung über die Schmerzbelastbarkeit des menschlichen Ohres? Weit gefehlt! Die ganz normalen Hintergrundgeräusche in einer kolumbianischen Kleinstadt nach Feierabend. Die Stille setzt der Kolumbianer mit dem Tod gleich, und die ist dem Himmel vorbehalten. Wenn der Strom ausfällt, singt er selbst, oft besser als das, was aus dem Radio kommt. Ein kräftiges Klopfen an des Nachbarn Wand im Hotelzimmer wird nicht etwa als Auftakt für eine

Klage nächtlicher Ruhestörung gewertet, sondern als wohlwollende Zustimmung registriert. Der Fernseher hat auch in Kolumbien Einzug gehalten. Er flimmert von morgens bis spät in die Nacht. Alle fünf Minuten unterbrechen lange Werbesequenzen die laufenden Sendungen. Billige Unterkünfte haben den Fernseher in der Lobby in der Lautstärke für Schwerhörige. Hier hilft nur, ein Zimmer möglichst weit entfernt vom Epizentrum zu suchen.

Die Überlandbusse (*ejecutivos*) bieten ihren Fahrgästen bis zu zwei Videos je nach Länge der Fahrt. Wer van Damme oder Sylvester Stallone uffzen, schlagen und knallen hört, hat die erste Sahne erwischt. Es gibt weit Schlechteres. Um der Busbeschallung zu entgehen, hilft nur der eigene Ipod mit der Lieblingsmusik oder Lärmstopper für die Ohren.

Was muss man mitbringen?

Für den Strandurlaub in Cartagena und den Besuch anderer Kolonialstädte steckt man sein Lieblingsbuch in die rechte Tasche, Pass, Kreditkarte und Flugticket in die andere und fährt zum Flughafen. Alles andere kann man in Kolumbien kaufen. Probleme kann es bei Schuhen geben. Ab Schuhgröße 44 aufwärts wird es schwierig. Wer im Los Nevados de Cocuy oder in einem der anderen Parks Vulkane besteigen will, sollte sich besser vorbereiten. Alpine Ausrüstung ist schwer zu bekommen und von minderer Qualität. Das gilt auch für Wanderstiefel, Zelt und Schlafsack. Schneebrille und hochwertiger Lippenschutz gehören ebenfalls ins Reisegepäck. Am sorgfältigsten muss eine Expedition in die Amazonasregion und in den Chocó vorbereitet werden. Um diese Regionen zu bereisen, verlässt man schnell die Pfade der Zivilisation. In den Hütten der Einheimischen wird man in Hängematten schlafen. Hängematte, Moskitonetz, Machete und Regencape kann man in Bogotá und anderenorts günstig kaufen.

Mitbringen muss man einen Wasserfilter - insbesondere für den Chocó - Gummistiefel ab Schuhgröße 44, einen Gummisack, um den Rucksack auf Schiffsfahrten vor Feuchtigkeit von unten und oben zu schützen, Silicon und einen stabilen Plastiksack für die Kamera, zumal wenn sie elektronisch gesteuert wird, Malariaprophylaxe (siehe Gesundheit) und eventuell Antischlangenserum. Langärmelige, leichte Baumwollhemden und lange Hosen sind für diese Regionen unerläßlich, Sonnen- und Antimückenschutz ebenfalls, sind aber auch in Kolumbien erhältlich.

Kartenmaterial & GPS

Des Instituto Geografico Agustín Codazzi (**IGAC**) hat sich für das 21. Jahrhundert bestens gerüstet und 32 GPS-Stationen im Land eingerichtet, um die einschlägigen Satellitensignale zu empfangen. Man hat sogar in einen eigenen Flieger für Luftaufnahmen investiert. Die aktualisierte *Mapa Vial y Turistico de Colombia*-Karte - Maßstab 1 : 1 500 000 ist daher recht genau, handlich, übersichtlich. Das geographische Institut Agustín Codazzi bietet des weiteren detaillierte Karten in größerem Maßstab zu Departements und auch für ausgewählte Regionen und Nationalparkflächen an, im Maßstab 1 : 100 000 bis 1 : 25 000, die als Wanderhilfe recht brauchbar ist. Für die abgelegenen Regionen im Llanos und Amazonasgebiet sind allerdings zumeist nur Departementkarten im Maßstab 1 : 500 000 verfügbar. Diese Karten geben einen Überblick, sind aber als Wanderkarten nur sehr eingeschränkt brauchbar. Digitale Karten für GPS-Navigationssysteme existieren bislang nur als Vector Map, VMAP 0, im Netz frei verfügbar aber lediglich im Maßstab 1:1.000 000.

Bücher zu Kolumbien

Wer die Kolumbianer und die komplexe Wirklichkeit des Landes verstehen möchte, findet in **Gabriel García Márquez** den besten Berichterstatter, gerade auch auf dem politischen Sektor. - Die Schlüsselszenen der kolumbianischen Geschichte und Politik hat García Márquez oftmals zum Ausgangspunkt seiner Romane gewählt. Seine Themen kreisen um Liebe und Tod, die in Kolumbien so eng beieinanderliegen, wie kaum in einem anderen Land der Welt.

Hundert Jahre Einsamkeit, *Der Herbst des Patriarchen*, *Der Oberst hat niemand, der ihm schreibt*, *Die Liebe in den Zeiten der Cholera*, *Die böse Stunde*, *Chronik eines angekündigten Todes*, *Der General in seinem Labyrinth* sind alle bei dtv und /oder Kiepenheuer & Witsch als Taschenbuch erhältlich.

Der erste Teil von «Gabos» Autobiographie trägt den Titel *«Vivir para contarlo»* (*Leben um davon zu erzählen*). Dieser Teil umfasst die Schilderung des Lebens von Großeltern und Eltern und endet im Jahr 1955, mit der Veröffentlichung seines ersten Romans «Der Laubsturm». Im Jahr 2004 folgte mit *Erinnerung an meine traurigen Huren* ein neuer kurzer Roman, der von der Leserschaft zwiespältig aufgenommen wurde. Für die eingefleischten Fans des Literaturnobelpreisträgers hat der Verlag Kiepenheuer & Witsch. die *Journalistischen Arbeiten* aufgelegt. Insgesamt sind 5 Bände vorgesehen.

Dagmar Ploetz, die Übersetzerin von García Márquez ins Deutsche, hat eine *rororo*-Monographie zusammengestellt, die eine erste Einführung in Leben und Werk des bedeutenden Schriftstellers und Journalisten bietet, Rowohlt Taschenbuch Verlag, 2. A. 2000.

Dataillierter und nuancenreicher ist die Lebensbeschreibung von **Harald Irnberger**, Gabriel García Márquez (Die Magie der Wirklichkeit), Fischer-TB, 2005.

Kolumbianische Literatur

La Otra Raya Del Tigre von **Pedro Gómez Valderrama**, Grupo Editoral Norma, ist die phantastische Lebensbeschreibung des deutschen Abenteurers, Indianerexperten und Kaufmanns Geo v. Lengerke, der im 19. Jahrhundert auf der Flucht vor den preußischen Behörden nach Kolumbien gekommen war.

Zur empfehlenswerten jüngeren kolumbianischen Literatur, die es schwer hat, aus dem Schatten von Nobelpreisträger Gabriel García Márquez und Cervantes-Preisträger Álvaro Mutis herauszutreten, gehören **Santiago Gamboa** (*Perder es cuestión de método* (span.) mandatori, Barcelona, 1997, 262 S.), **Andrés Caicedo** (*Salsavida* (dt. im Peter Hammer Verlag, 1997, 268 S.) und **Héctor Abad** (*Fragmentos del Amor*).

Die Abenteuer und Irrfahrten des Gaviero Maqroll (Die sieben Maqroll Romane) von **Álvaro Mutis** liegen nun mehr komplett in deutscher Übersetzung vor, erschienen im Unionsverlag, Zürich, 2005.

Viele Bücher des literarischen Enfant terrible **Fernando Vallejo** sind bei Alfaguara (Madrid) in spanischer Sprache erschienen. Schauplatz von *La Vírgen de los Sicarios* (die dt Ausgabe, erschienen unter dem Titel *Die Madonna der Mörder* im Zsolnay-Verlag, krankt aber unter einer schwachen Übersetzung) ist Medellín, erzählt wird die Beziehung eines wohlsituierten ältern Herrn zu seinem minderjährigen Lover, der sich als Sicario (Auftragskiller) entpuppt und nach Lust und Laune jeden abknallt, der ihm schräge kommt. Hier wird nicht moralisiert, sondern mit schrillen Dialogen Situationskomik betrieben. Nichts für Zartbesaitete, aber für all diejenigen ein Lesevergnügen, die den oft schrägen Zuständen in Kolumbien schwarzen Humor abgewinnen können. Ebenfalls in Medellín spielt *El desbarrancadero*, eine Abrechnung mit dem Vater und Erinnerung an den an Aids verstorbenen Bruder, auf Deutsch: *Der Abgrund*, geb. Ausgabe, bei Suhrkamp, 2004.

Einer ganz anderen erzählerischen Tradition als Fernando Vallejo fühlen sich **Alvaro-Escobar Molina** und **Tomás González** verbunden, Von beiden Autoren sind jüngst Bücher in deutscher Übersetzung erschienen.

Der schlafende Berg von Alvaro-Escobar Molina, auf Deutsch erschienen im Piper-TB Verlag, 2004. *Horacios Geschichte* von Tomás González erschienen im Verlag edition 8, Zürich, 2005. Beide Geschichten kreisen um das idyllische ländliche Kolumbien einer entschwundenen Kindheit, das in den Bürgerkriegswirren verloren gegangen ist.

Dass überhaupt Texte des Schriftsteller-Philosophen **Nicolas Gómez Dávila** in deutscher Übersetzung vorliegen, ist dem besonderen Gespür des Karolinger Verlages in Wien für abgelegene Stoffe zu verdanken.

Der Publizist und Übersetzer **Peter Schultze-Kraft** trägt einen großen Anteil daran, weniger bekannte kolumbianische Autoren in den deutschen Sprachraum eingeführt zu haben, ein empfehlenswerter Erzählband ist *Hören wie die Hennen krähen*, aus der edition 8.

Moderne Reisen

Tor zum Amazonas von **Frank Semper**, SEBRA-Verlag, Hamburg, 1999 ist eine vielschichtige Reiseerzählung, die durch das kolumbianische Amazonasgebiet führt und einfühlsam und humorvoll die Begegnungen mit seinen Bewohnern (Indianern, Kolonisten und Drogenpolizisten) schildert. *One river: (science, adventure and hallucinoenics in the Amazon basin)* von **Wade Davis** Simon & Schuster, London, 1997. Wade Davis ist ein Schüler des berühmten Ethnobotanikers **Richard Evans Schultes** von der Harvard Universität. Er hat sich an die Fersen seines Lehrmeisters geheftet und ist dessen Routen aus den 1940er und 1950er Jahren durch Kolumbien, Ecuador, Peru und Bolivien nachgereist. Mit dem besagten Dr. Schultes war zuvor bereits **William S. Burroughs** auf seiner Flucht durch Lateinamerika 1953 in Bogotá zusammengetroffen. William S. Burroughs taufte den Wissenschaftler «Doc Schindler» («Schindler ist ein alter Hase, was Südamerika angeht, er kann einem wirklich was erzählen»). Burroughs war noch nicht die Lichtgestalt der Beat Generation späterer Jahre, son-

William S. Burroughs - vom unerwünschten Gringo zum weltberühmten Kultautor

dern ein abgerissener Junkie, dem der Tod seiner Frau Joan, die er im Drogenrausch in Mexiko erschossen hatte, auf der Seele lag. Aber in Bogotá begann sich bereits seine moderne, klare und beißende Prosa zu entfalten, die er seiner Sucht in den engen klammen Hotellöchern abtrotzte und in Briefen an Allen Ginsburg schickte. Mit wenigen Strichen fängt er die düstere Atmosphäre Bogotás genauso präzise ein, wie das tropische Dschungelnest Puerto Leguízamo. Burroughs Kolumbienreise führte ihn *Auf der Suche nach Yagé* (herausgegeben und übersetzt von Carl Weissner bei Zweitausendeins, Frankfurt a.M.) von Bogotá über Cali, Pasto tief hinein ins Putumayogebiet nach Mocoa, Puerto Limón, Puerto Umbria, Puerto Asís und schließlich nach Puerto Leguízamo.

La Vorágine (dt. Der Strudel) von **José Eustasio Rivera**

Auch Arturo Cova, die Hauptfigur aus *La Vorágine* will nichts wie weg aus dem düsteren Bogotá, um sich in ein Dschungelabenteuer mit der entführten Geliebten Alicia zu stürzen, die ihm schon bald zur Last wird. Die Reise führt aus Bogotá heraus durch Cáqueza und Villavicencio ins wilde Casanareland. Als die beiden die Weiten der Llanosebenen verlassen, um die Kautschuklager im Amazonasgebiet zu erreichen, wirft Arturo Cova den Sattel fort, und dann verliert sich ihre Spur irgendwo zwischen dem Río Vaupés und dem Río Negro. Arturo Cova taucht nicht wieder auf. Am Ende der Geschichte telegrafiert der kolumbianische Konsul in Manaus an den Minister: «Seit Fünf Monaten sucht man sie vergeblich. Keine Spur von ihnen. Der Wald hat sie verschlungen.»

Reiseklassiker

Kolumbien gehört seit den Zeiten **Alexander von Humboldts** zu den aufregenden Reiseländern. Daher ist es nicht verwunderlich, ein gutes Dutzend klassischer Reisebeschreibungen zu diesem Land und den angrenzenden Regionen zu finden.

Alexander von Humboldt, *Ansichten der Natur*, in der handlichen Reclam-Taschenbuchausgabe.

«...Überblick der Natur im großen, Beweis von dem Zusammenwirken der Kräfte, Erneuerung des Genusses, welchen die unmittelbare Ansicht der Tropenländer dem fühlenden Menschen gewährt, sind die Zwecke nach denen ich strebe. Jeder Aufsatz sollte ein in sich geschlossenes Ganzes ausmachen. Wer sich herausgerettet aus der stürmischen Lebenswelle, folgt mir gern in das Dickicht der Wälder, durch die unabsehbare Steppe und auf dem hohen Rücken der Andenkette....»

Ansichten der Kordilleren und Monumente der eingeborenen Völker

Amerikas (Gebundene Ausgabe) Eichborn, 2004, zur vertieften Vor- und Nachbereitung einer Kolumbienreise.

Wer die Lateinamerikareise Alexander von Humboldts lieber literarisch modern verpackt angehen möchte, kann auch zu **Daniel Kehlmanns** *Die Vermessung der Welt*, erschienen bei Rowohlt, greifen.

Das Hauptwerk des Botanikers und Forschers **Richard Spruce** (1817-1893) *Notes of a botanist on the Andes and Amazon* (ed. A.R. Wallace) erschien erst nach seinem Tod in London,1908 in einer 2-bändigen Ausgabe (Neudruck mit einem Vorwort von Richard Evans Schultes New York 1970). *A Naturalist on the river Amazonas*, von **Henry Walter Bates**, Leipzig 1866, *A Narrative of travels on the Amazon and Río Negro* von **Alfred Russel Wallace**, 2ed. of 1889, New York (dt.) *Reisen am Amazonasstrom und Río Negro*, Naturwissenschaftliche Berichte v. Alfred Russel Wallace

Angeblich sollen sich Spruce, Wallace und Bates bei ihren Reisen im Amazonasgebiet zu einem Essen im Jahr 1849 in Santarem (Brasilien) getroffen haben. Wallace litt an schweren Malariaschüben und musste schon nach vier Jahren umkehren. Spruce kehrte nach 14 Jahren ins heimatliche Yorkshire zurück und blieb Invalide für den Rest seines Lebens.

Von Roraima zum Orinoko, Ergebnisse einer Reise in Nordbrasilien und Venezuela in den Jahren 1911-1913, unternommen und herausgeben im Auftrag und mit Mitteln des Baessler-Instituts in Berlin, von **Theodor Koch-Grünberg**, Band 1, Berlin D. Reimer Verlag, 1917.

Reise in Brasilien auf Befehl Seiner Majestät Maximilian Joseph I. König von Bayern, 1823-1832, **Karl Friedrich Philipp von Martius** mit Johann Baptist von Spix

Politik, Drogenhandel und Gewalt

Im deutschsprachigen Raum hat **Werner Hörtner** mit *Kolumbien Verstehen* einen informativen Band zur Geschichte und Gegenwart Kolumbiens vorgelegt. Hier setzt sich ein Landeskenner in behutsamer und ausgewogener Form und gerade einmal nicht akademisch mit den Problemen des Landes auseinander und weist eindringlich auf die Gefahren hin, die dem demokratischen Staat und seinen Institutionen durch den autokratischen Regierungsstil des aktuellen Präsidenten drohen, erschienen im Rotpunktverlag Zürich.

William Ospina ist ein bekannter Dichter und angehend vielversprechender Romancier, seine Meriten hat er sich aber vor allen Dingen als politischer Essayist erworben. Seine brilliante Analyse der kolumbianischen Situation in **¿Donde está la franja amarilla?** («Wo ist der Silberstreif am Horizont?») bekommt man zumindest in der Kurzfassung auf Nachfrage in einem der Bookstalls im Centro Cultural del Libro (Bogotá).

Killing Pablo von **Mark Bowden**, erschienen im Berlin Verlag.

Der amerikanische Autor versteht sich auf investigative Themen aus der Welt der US-Armee und der Geheimdienste und hat bereits einen Bestseller zum Eingreifen der Amerikaner in Somalia geschrieben. *Killing Pablo* beschreibt spannend und dramaturgisch durchaus gelungen den Aufstieg und die Jagd auf Pablo Escobar. Ob es alles immer so gewesen

Entführtenberichte

Augenblicklich erlebt die kolumbianische Leserschaft eine Schwemme von Berichten von ehemaligen Farc-Geiseln, die über ihre Zeit in der Gefangenschaft und die Umstände ihres Freikommens berichten.

Den Anfang machte der Polizist **John Pinchao** mit **Mi Fuga hacia la libertad**, Planeta 2008, sein Erlebnisbericht ist der bewegenste von allen, die in diesem speziellen Genre bislang publiziert wurden, und der, dass muss man schon sagen, vieles was danach kam, zu blassen Nachahmerberichten degradiert. Pinchaos Bericht ist deshalb so lesenswert, weil er gleichermaßen lakonisch über sein Leben vor wie während der Gefangenschaft berichtet. In einfachen Worten, aber daher umso eindringlicher schildert er den Alltag in den Dschungelcamps der Farc und die Kooexistenz von Tätern wie Opfern. Der ehrliche Pinchao kann gut vermitteln, dass es für Angehörige der bildungsfernen Schichten in Kolumbien oftmals vom Zufall abhängig ist, ob sie als Schütze «Arsch» im Antiguerrillakrieg verheizt werden oder auf der anderen Seite landen. Das geht in der Tat unter die Haut, und es ist kein Zufall, dass dieses Buch zum Straßenbestseller anvancierte, wobei es nicht einmal so wichtig ist, ob Pinchao bei der Abfassung journalistische Assistenz in Anspruch genommen haben soll, wie ihm der in puncto Absatzzahlen unterlegene Dichter und Träger des nationalen Literaturpreises Fernando Herrera unterstellt, der einem einfachen Polizisten die Fähigkeiten, ein derartiges Buch zu verfassen, in der Öffentlichkeit frech abspricht.

Ebenfalls bei Planeta erschienen ist der Entführtenbericht des einstigen Außenministers **Fernando Araujo**, **El trapecista** (zu dt. Der Trapezkünstler). Der Verlag bewirbt das Buch mit der Banderole «2.222 Tage in Gefangenschaft mit dem Leben am seidenen Faden, ohne die Suche nach Freiheit aufzugeben.» Hier gefällt sich ein Intellektueller in Machopose oder der Verlag glaubt, ihn so präsentieren zu müssen.

International am bekanntesten ist **Ingrid Betancourt**, auf ihren Bericht aus der Gefangenschaft darf man gespannt sein. Bislang kennt man nur ihren bewegenden Brief in Buchform, der schnell in viele Sprachen übersetzt wurde, **Meine liebe Maman**, deutsche Ausgabe bei Langen Mueller, erschienen Mai 2008, 80 S., mit einem Vorwort von Elie Wiesel. Die melodramatische Beschreibung ihrer Gefühlswelt während der Geiselhaft und ihr anschließender Auftritt auf der großen internationalen Bühne nach dem Befreiungscoup wirken zwar reichlich in Szene gesetzt, gleichwohl gelingt es Ingrid Betancourt einen einzigartigen Ton anzuschlagen, der weltweit Gehör findet.

ist, bleibt einmal dahin gestellt. Nach wie vor kursieren unterschiedliche Versionen über das Ende des Medellín-Mafiosi im Dezember 1993.

Literatur und Augenzeugenberichte zum Bogotazo

Gabriel García Márquez beschreibt seine persönlichen Eindrücke vom 9. April 1948 in Bogotá, lebendig und detailreich in seinen Erinnerungen, *Leben, um davon zu erzählen* im 5. Kapitel, das mit dem Satz endet:« [...] unter brennender Sonne ist mir, glaube ich, bewusst geworden, dass an jenem 9. April 1948 in Kolumbien das 20. Jahrhundert begonnen hatte.»

Ein bedeutendes Zeitdokument über die Junta Revolutionario, die von jungen Oppositionellen zur Untersuchung des Attentates konstituiert wurde hat **Carlos Restrepo Piedrahieta** verfasst, *La Junta Revolucionaria de Bogotá*, zunächst publiziert in der Zeitung Sábado, Año VI, No 297 am 9. April 1949, S. 3-14, dann erneut in der Publikation *Derecho del Estado* der Universidad Externado, Nr. 4, April 1998, anläßlich des 50. Jahrestages der Ermordung von Jorge Eliécer Gaitán. Im Internet: http://iureamicorum.blogspot.com/2008/04/restrepo-piedrahita-sobre-el-bogotazo.html

Prof. Restrepo Piedrahita arbeitete als junger Jurist im Stab von Gaitán zu seiner Zeit als Arbeitsminister. Während des «El Bogotazo» war er an der Einnahme des Radiosenders Ultimas Noticias beteiligt, um die kurzlebige Revolutionsregierung ins Leben zu rufen.

Der deutschstämmige, in Kolumbien geborene und in den USA lehrende Historiker **Herbert Braun** hat eine umfangreiche Chronik zu den Ereignissen des 9. April 1949 verfasst, um die Figur des Liberalenführers Gaitán und die gesellschaftliche Konfliktsituation der damaligen Zeit zu erhellen. Roter Faden des spannenden Buches ist und bleibt die Frage, wie es dazu kommen konnte. Braun greift bei seiner Beschreibung auf die Interviews mit etwa einhundert Zeitzeugen, Presseartikel, Politikeraussagen, Gerichtsakten und literarische Erzählungen zurück.

Mataron a Gaitán, Aguilar editores, Marzo 2008.

Indianer

Gerardo Reichel-Dolmatoff hat ein umfangreiches ethnographisches Werk hinterlassen, das durchgehend auch für Nicht-Ethnographen lesenswert ist. Die schönsten und bewegendsten Momente seiner Arbeit sind sicherlich in *Indios de Colombia* (Momentos vividos-Mundos Concebidos), Villegas Editores, 1. Auflage Oktober 1991, versammelt mit exzellenten s/w Fotos von Kogi, Emberá, Tukano u.a.

Weitere Bücher des Altmeisters sind *The Forest within* (The World view of the Tukano Amazonian Indians), Themis Books, London 1996, *Los Kogi de la Sierra Nevada de Santa Marta*, Bitzoc, Palma de Mallorca, 1996. *El Chaman y el jaguar (estudio de las drogas narcoticas entre los Indios de Colombia)* (Vorwort von Richard Evans Schultes, der die Begeisterung des Autors für die Freudsche Sexualtheorie zur Analyse indianischen Denkens nicht so recht zu teilen vermag), Siglo ventiuno editores, 1. Ausgabe in Spanisch 1978, 1. Ausgabe in Englisch, 1975.

El Oro y la Sangre von **Juan José Hoyos**, Bogotá Planeta editores,

1995, ist eine dichte Reportage über das Leben einer Gemeinschaft der Emberá-Indianer im Chocó, die durch Goldfunde in ihrem Land korrumpiert und zerstört wird.

Transformations of Eternity (on Man and Cosmos in Emberá Thought) von **Sven-Erik Isacsson**, Universität Göteborg 1993, ist ein exzellentes Buch über die komplexe Kosmologie der Emberá-Indianer im Chocó.

Las cuatro estaciónes, Banco de la República, Bogotá 1995, ist die grundlegende Untersuchung von **Ann Osborn** über die Mythologie und Sozialstruktur der U'wa in der Sierra Nevada de Cocuy. Das Volk der U'wa ist durch ein geplantes Erdölprojekt auf ihrem Territorium in ihrem Überleben bedroht.

Der aus Österreich stammende **Juan Friede** (1901-1990) gehörte zu den bedeutensten Historikern Kolumbiens. Er hat einige ganz herausragende Bücher über die spanische Konquista und die Indigenen in Kolumbien verfasst. *El indio en lucha por la tierra* (1944) ist längst ein Klassiker und hat mehrere Auflagen erfahren. Jüngst aus dem Nachlass des Autors veröffentlicht worden ist *Vida y viajes de Nicolás Federmán* im Editorial Intermedio.

Die Rechte der indigenen Völker in Kolumbien von **Frank Semper** ist eine Analyse des aktuellen Indigenen-Rechts in Kolumbien. Untersucht wird, wie das Indigenen-Recht, als eine besondere Rechts-Kategorie im Gefüge des lateinamerikanischen Verfassungsstaates unterzubringen ist. Das Indigenen-Recht ist in das nationale Recht der meisten lateinamerikanischen Staaten hineingewachsen, offiziell anerkannt oder stillschweigend geduldet. Worum geht es? - Den Indigenen wirklich einklagbare Rechte zu verschaffen, ist eine bedeutende Aufgabe, die über den Fortbestand ihrer Kulturen entscheiden wird.

Geographie und Geopolitik

Las fronteras politicas y los limites naturales von Ernesto Guhl, Fondo Fen Colombia, Bogotá 1991. Die Reflexion eines geborenen Europäers und leidenschaftlichen Kolumbianers über den Sinn und Unsinn von Grenzen.

Naturkunde

Pflanzen

Mutis y la Real Expedición Botánica del Nuevo Reino de Grenada. Opulente Darstellung der von **Celestino Mutis** zusammengetragenen Pflanzen, Villegas Editores, Bogotá. Der über dem ecuadorianischen Regenwald abgestürzte Amazonasbotaniker **Alwyn H. Gentry** - quasi ein «moderner Mutis» - hat sich jahrelang mit der Flora Nordwestamazonien beschäftigt. Sein Buch *Woody Plants* ist das ultimative Nachschlagewerk auf diesem Gebiet.

Vögel

Auf einer Kolumbienreise zumal in die Llanos, den Chocó und das Amazonasgebiet gehört ein Vogelbestimmungsbuch ins Gepäck. Zu den umfassenden Standardwerken gehören **Birds of South America** und **Birds of Colombia** Steven L- Hilty und William L. Brown, Verlag B&T (englisch).

Fische

Michael Goulding gehört zu den führenden Experten für Amazonasfische. Seine Bücher sind auch für Lai-

> ### Einmalige Vogelvielfalt
> Kolumbien ist mit annähernd 1.800 Arten (2005) das vogelreichste Land der Erde. Darunter befinden sich 78 endemische Arten, die fast alle in der Andenregion beheimatet sind. Der überwiegende Teil dieser Arten ist vom Aussterben bedroht. Zuletzt wurde man am 24. Februar 2005 im Naturpark Meremberg bei San Agustín auf einen bislang unbekannten Piepmatz aufmerksam, dessen eindringliches guturales Trällern bis zu einer Minute andauert. Es ist ein 15 cm kleiner schwarzer Vogel mit grauen Flecken, Angehöriger der Gattung *scytalopus*, in Kolumbien bekannt unter dem Namen *tapaculo*. Er erhielt den Namen *scytalopus rodriguezi*, zu Ehren des kolumbianischen Ornithologen José Vicente Rodríguez. Doch der soeben entdeckte Vogel ist durch das Heranrücken der *frontera agrícola* bereits vom Aussterben bedroht. In einem 170 km² großen Sektor leben weniger als 5000 Exemplare.

en auf dem Gebiet der Limnologie (Süßwasserkunde) interessant und machen bereits durch ungewöhnliche Titel auf sich aufmerksam.

The Fishes and the Forest (Exploration in Amazonian Natural History), Berkely 1980.

So Fruitful a Fish (Ecology, Conservation, and Aquaculture of the Amazon's Tambaqui) von Carlos Araujo-Lima/Michael Goulding, Colombia University Press, New York, 1997. Ein Buch über die Einführung und Ausweitung der Tambaqui-Zucht im (brasilianischen) Amazonasgebiet. Der frucht- und samenfressende Tambaqui (in Kolumbien Cachama bzw. Gamitana) besetzt eine ungewöhnliche ökologische Nische und gehört zu den bedeutendsten Speisefischen des Amazonasbeckens. Das Buch schildert die Geschichte des Tambaqui von seiner Erstentdeckung und erörtert die Möglichkeiten einer nachhaltigen wirtschaftlichen Nutzung. Grundgedanke dabei ist, dass im Amazonasbecken die Fischwirtschaft Priorität vor der in Lateinamerika weit verbreiteten Viehwirtschaft haben muss. Es ist (hoffentlich) noch nicht zu spät, um nachhaltige Bewirtschaftungsformen zu entwickeln, aber Phantasie ist gefragt. Bei der nicht aufzuhaltenden wirtschaftlichen Entwicklung des Amazonasraumes müssen verstärkt die Erfahrungen indigener Völker und die der Wissenschaftler einbezogen werden.

The Catfish Connection (Ecology, Migration and Conservation of Amazon Predators) Ronaldo Barthem & Michael Goulding, Colombia University Press New York, 1997, Piramutaba und Dourada (Brasilien) zúngaro und dorado (Peru) bzw. dorado oder plateado (Kolumbien) wandern weiter als alle anderen Süßwasserfische und stellen die wichtigsten Speisefische im Amazonasbecken dar. Die «Tigerfische» werden vergleichsweise wenig verspeist. Goulding erklärt, warum diese wichtige Proteinquelle bislang kaum genutzt wird.

Iglesia Santa Bárbara in Mompox

SEBRA Internet-Links

Allgemeine (Reise- und Länder) Informationen

Auswärtiges Amt der Bundesrepublik Deutschland (dt.)
Reise- und Sicherheitshinweise speziell für Kolumbien
www.auswaertiges-amt.de/diplo/de/Laenderinformationen/01-Laender/Kolumbien.html

Goethe Institut in Bogotá (dt/span.)
www.goethe.de/ins/co/bog/deindex.htm

Friedrich-Ebert-Stiftung in Kolumbien (span)
www.fescol.org.co

Konrad-Adenauer-Stiftung in Kolumbien (dt.)
www.kas.de/proj/home/home/56/1/

Deutsch-Kolumbianischer Freundeskreis e.V.
Einen vielfältigen und regen Kulturaustausch zwischen Deutschland und Kolumbien pflegt der DKF, mit interessanten Veranstaltungen und engagierten Unterstützungsaktionen von Bildungs-, Gesundheits-, und Umwelteinrichtungen in Kolumbien.
www.dkfev.de

Die GTZ in Kolumbien
www.gtz.de/de/aktuell/636.htm

Landeskundliche Informationsseiten (LIS)
www.inwent.org/v-ez/lis/colombia/

Kolumbien-Blog
www.kolumbien-blog.com

Datenbanken und Lateinamerika-Institute

Biblioteca Luis Ángel Arango
Online-Bibliothek (blaa digital) ca. 250.000 Seiten mit geballter und gut aufbereiteter Information zu Kolumbien.
www.lablaa.org

Iberoamerikanisches Institut Preussischer Kulturbesitz in Berlin
(dt./span./port./engl.)
ausgestattet mit der größten Spezialbibliothek in Europa mit allgemeiner Information, Forschung und Kultur in Lateinamerika.
www.iai.spk-berlin.de

Institut für Latinamerika-Studien (ILAS) in Hamburg,
mit vielen interessanten Links
www.giga-hamburg.de/ilas

Lateinamerika Institut Österreich (LAI) in Wien (dt./span.)
www.lai.at

Indigene

Consolidation of the Colombian Amazon (Coama) (engl./span.)
eine NGO mit Sitz in Bogotá, die es sich zur Aufgabe gemacht hat, die Selbstverwaltung der indigenen Gemeinschaften im kolumbianischen Amazonasgebiet zu stärken
www.coama.org.co

Organización Nacional de Indígenas de Colombia (spanisch)
die nationale Indianerorganisation ist der Dachverband der meisten der 87 in Kolumbien lebenden indigenen Völker
www.onic.org.co

Menschenrechte

Büro der Hochkommissars für Menschenrechte in Kolumbien (engl./span.)
mit ausführlichen Jahresberichten seit 1997
www.hchr.org.co

Defensor del Pueblo (span.)
Ombudsstelle
www.defensoria.org.co

Inter-American Commission on Human Rights (engl./span.)
Interamerikanische Menschenrechtskommission, ausführliche Berichte
www.cidh.org

Human Rights Watch (engl./span./teilw. dt.)
die internationale Organisation ist seit vielen Jahren in Kolumbien engagiert
www.hrw.org

Naturschutz

Fundación Natura de Colombia (span.)
nichtstaatliche Organisation zum Zwecke der Bewahrung der Biodiversität des Landes
www.natura.org.co

Staatliche Nationalparkverwaltung (span.)
Kolumbien gehört zu den Ländern mit der größten Artenvielfalt. Mittlerweile wurden 53 Natur-Areale unter Schutz gestellt
www.parquesnacionales.gov.co

Presse

El Tiempo (Bogotá)
aktuelle und übersichtliche Internetseite der auflagenstärksten kolumbianischen Tageszeitung, nützliche Links
www.eltiempo.co

El Espectador (Bogotá)
www.elespectador.com

Semana
Wochenmagazin
www.semana.com

Steckbriefe und Fahndungserfolge

Departamento Administrativo de Seguridad (span.)
kolumbianischer Geheimdienst und Ausländerbehörde. (aktuell: Dossier von Interpol zu den Laptops von Farc Nr. 2 Raúl Reyes und den anderen)
www.das.gov.co

Fuerza Aérea Colombiana (span.)
Luftschläge gegen die Farc und humanitäre Einsätze aus der Luft. Mit Capitán Paz wurde eine Comicfigur geschaffen, die auch die Kleinen ansprechen soll
www.fac.mil.co

U.S. Drug Enforcement Administration (englisch)
Fahndungserfolge sowie virtueller Besuch des DEA-Museums
www.usdoj.gov/dea/

Aktualisierungen und Änderungen
auf unserer Internet-Website
unter **www.sebra.de**

Glossar

A

a clima - Getränke in Zimmertemperatur
adobe - eine Masse aus Tonerde, teilweise vermischt mit Gras, die in Form eines Ziegelsteins gebracht und anschließend an der Luft getrocknet wird, um damit Mauern und Wände herzustellen.
aerovan - Mikrobus
aguardiente - Zuckerrohrschnaps mit Anisgeschmack, das Nationalgetränk Kolumbiens
alcaldía - Bürgermeisteramt
alcaldada - Amtsmißbrauch durch den Bürgermeister
Alianza Summa - die drei nationalen Fluggesellschaften Avianca, Sam und Aces haben sich zur Alianza Summa zusammengeschlossen.
anthropomorph - menschenähnliche Darstellung
apredadita - «steiler Zahn» (Frau mit Kurven)
aretes - Ohrringe
asadero - Grill, verbreitet in den Llanos
atarraya - weitverbreitetes Wurfnetz zum Fischen
atraco - Raubüberfall
avión - aufgeweckte, schlaue Person

B

bahareque - die auf dem Lande weitverbreitete, traditionell indianische Konstruktion der Hütten aus Bambus und Lehm
bala perdida - (wörtlich «verlorene Kugel») Resultat eines Schußwechsels unter Mitgliedern verschiedener Banden oder der gleichen Bande oder des leichtsinnigen Hantierens mit der eigenen Handfeuerwaffe.
balneario - Seebad, Schwimmbad
barbasco - eine toxische Liane, die von den Indigenen der Amazonas- und Orinokoregion eingesetzt wird, um in Bächen und kleineren Flüssen zu fischen.
bazuco - Droge aus Kokainbase
beca - (Auslands-) Stipendium
bejuco - Liane
bestia - das Vieh, Pferd oder Maultier in ländlichen Regionen
bicho - Vieh, Biest, meist für Insekten und Parasiten
bohío - Hütte
boleto - Busticket
bolillo - Polizeiagent, Spitzel
bollo - Ausdruck für eine attraktive männliche oder weibliche Peron (Karibikküste)
brujería - weitverbreiteter Volksglaube, der Glaube um geheime Kräfte
bufeo - Süßwasserdelphin
burundanga - KO-Tropfen, gewonnen aus dem *borachero*-Baum
buseta - Kleinbus

C

cabaña - Hütte zum Übernachten in ländlichen Gebieten. Standard von einfach bis luxuriös
cabildo - Indianerrat in den Resguardos
cabrón - Miststück
cacerola - die kleine Pfanne für Spiegel- und Rühreier
cacique - Häuptling
cachaco/a - Bewohner des andinen Hochlandes. An der Küste Mentalitätsbezeichnung für zurückhaltend bis zugeköpft
CAI - *Centro de Atención Inmediata*, Polizeiposten
caleño/a - Einwoher Calis
camino de herradura - Reitweg

camino real - gepflasterter Weg aus kolonialen Zeiten
campero - Jeep
campesino/a - Bauer, Bäuerin
canoa - Kanu
carajillo - Kaffee mit Cognac
cargero - Frachtflieger
carriel - Lederumhängetasche aus Antioquia
carro - Auto
casabe - Brot aus Yukateig, Grundnahrungsmittel der Amazonasindianer
caserío - Gehöft
casona - Kolonialvilla
cedula - Personalausweis
celador - Angehöriger des privaten Wachtpersonals
cierto - stimmt(s)
colectivo - Kollektivtaxi
colono - Siedler
comida corriente - das gewöhnliche Essen, morgens, mittags, abends
computadora - Computer
corrida - Stierkampf
corriente - einfacher Überlandbus
costeño/a - Küstenbewohner (in Bogotá auch abfällig Lärmmacher)
criollo/a - Kreole, Kreolin, ein(e) Lateinamerikaner(in) europäischen Ursprungs
culto - fein, gebildet, das genaue Gegenteil von tenaz
cupo - (Sitz-) Platz, (**no hay cupo**, ausgebucht)

CH

chagra - Dschungelgarten, gewonnen durch Brandrodung im Amazonas und Pazifikflachland
chalupa - Schnellboot
charla - ökologisches «Warm up» beim Besuch einiger Nationalparks
chévere - toll, umgangssprachlich voll geil (!) Einleitung der Wochenendrumba oder deren Beschreibung
chicha - fermentiertes Maisgetränk
chino/a - nicht nur die Asiaten werden so genannt, sondern junge Männer und Mädchen

chinchorro - leichte Hängematte aus geknüpften Palmenfasern
chiva - buntbemalter Bus mit Holzaufbau auf Lkw-Chassis
cholo - Indianer der Pazifikregion
chontaduro - stärkehaltige Frucht der gleichnamigen Palme
choza - Hütte
churro - Hübscher in Bogotá

D

de pronto (viene) - kommt gleich
derrumbe - Erdrutsch
desechables - Wegwerf-, zynische Bezeichnung für Straßenkinder, Obdachlose u.a. Ausgestoßene

E

> *«ejecutivo»*
> ein weitverbreiteter Ausdruck, wirkt wie ein Zauberwort und bezeichnet all die Dinge von besserer Qualität, die sich ergo nur besser Verdienende oder solche, die sich dafür halten, leisten können. Im Einzelnen kann das Wort einen Menschen mit Festanstellung bei einem größeren Unternehmen, das bessere Mittagessen (menú ejecutivo), den schnelleren Bus und den umfassenderen, professionellen Gesundheitscheck (chequeo ejecutivo) bezeichnen. Mit anderen Worten mit «ejecutivo» ist man auf der Sonnenseite des Lebens.

encomienda - koloniales Wirtschaftssystem mit (indianischen) Leibeigenen
escopeta - altertümliches Gewehr
espectacular - etwas aus der Masse Herausstechendes, inflationärer Gebrauch in der Bogotászene
estadero - Ausflugsrestaurant

estanco - Schnapsladen im Süden Kolumbiens
expreso - nicht etwa ein starker Kaffee, sondern ein gechartertes Boot oder sonstiges Transportmittel

F
fariña - geriebene und geröstete Yuka, Reiseproviant in der Amazonasregion (s. mañoka)
finca - Bauernhof
flota -Überlandbus
fonda - Landgasthof in Antioquia
frailejón - typische Pflanze des Páramo
fregar - stören, nerven
fregado - schwierig
fresco - cool, coole Type

G
gallera - Ring für Hahnenkämpfe
gamín - Straßenkind
gay -Homosexueller
gringo/a - jeder Ausländer, nicht unbedingt ein Schimpfwort!
guadua - Bambusart
guarapo - fermentierter Zuckerrohrsaft
guía - (Reise-)Führer

H
hablar paja -Stroh dreschen, (Belanglosigkeiten) daherreden
hacienda - Farm
hale, hagale - «Mach schon», «Fahr los», «Steig ein»

> «*hijueputa*»
> ursprünglich einmal aus «hijo de puta» (Hurensohn) hervorgegangen, hat aber in anderer Aussprache, Ausländer aufgepaßt (!) «*hijueeee puta* oder *putschika*», eine ganz andere, wenn überhaupt noch irgendeine Bedeutung. Wird vor allem wegen des wohltönenden Klangs ständig benutzt.

hamaca - Hängematte
hincha - Fußballfan
huevos pericos - Rührerei mit Zwiebeln und Tomaten

I
invierno - (wörtl. Winter) Regenzeit
isleño/a - Inselbewohner von San Andrés und Providencia

J
jején - winzige Stechfliege in einigen Gebieten des Tieflandes, tagsaktiv
jodido -schwierig

L
lagarto - (wörtlich Echse) kolumbianische Bezeichnung für die weltweit vorkommende Spezies des Schleimers
laminación - Einschweißen von Dokumenten in Plastikfolie
lancha - (Linien)schnellboot
ley seca - wörtlich das trockene Gesetz. Ausschankverbot, wird am Vorabend von Wahlen und an Demonstrationstagen verhängt
ley semiseca - temporäres Alkohlverbot, um Exzesstrinken zu verhindern
lechero/a - Milchwagen, Personentransport in abgelegenen Regionen
lonchería - Imbiß, kleines Restaurant
lulo - Hübscher in Medellín

LL
llanero/a - Bewohner der Llanos (Flachland im Osten Kolumbiens)

M
machete - (Busch)messer
malecón - Promenade
maloca -indianisches Gemeinschaftshaus im Llanos- und Amazonasgebiet

mambear - Zeremonie des Kokakauens bei einigen Indianerstämmen
mamita - attraktive Frau, eine weitverbreitete Kosebezeichnung unter Paaren. Die Frau antwortet mit **papi** oder **papito** (attraktiver Mann)
manigua - der Dschungel (auch **selva** oder **bosque** genannt)
mañoka - geriebene und geröstete Yuka, Reiseproviant in der Amazonasregion (s. fariña)
marica - «Schwuchtel», gebräuchliches Schimpfwort
marimba - Marihuana
marimbero - hat zwei Bedeutungen, Marihuanapflanzer oder Kiffer
metalica - Rockmusik
mono/a - nicht etwa Affe wie sonst im Kastellan, sondern nett gemeint Blonde/r, wird darüber hinaus oft für Europäer benutzt
morichal - Vegetationsform der Llanos, Bauminseln, bestehend aus Morichepalmen
morral/mochila - Rucksack
muelle - Schiffsanleger
mula - wörtlich Maultier, kleiner Drogenschmuggler, der die Drogen im Kofferboden oder geschluckt in Plastiksäckchen außer Landes befördert
mulato/a - Mischling schwarzafrikanischer und europäischer Herkunft

N
narco - Drogenhändler
niño/a - Junge, Mädchen

Ñ
ñame - eine Yukaart, die hauptsächlich im Chocó wächst.

O
obsequiar - schenken
orden publico - öffentliche Sicherheit und Ordnung, Beschreibung für die Abwesenheit von Guerrillaaktivitäten

P
paisa - «del Pais de Antioquia», der Bewohner Antioquias mit seiner Hauptstadt Medellín. Im Chocó wird jede/r Weiße so genannt
palanca - Ruderstange (weit verbreitet im Chocó)
palenque - (freie) Schwarzensiedlung
panela - dunkler Zucker in Blockform, ein Grundnahrungsmittel der Kolumbianer, von deren Herrstellung ein ganzer Wirtschaftszweig abhängt. Hunderttausende trinken zum Frühstück ein Glas agüepanela.
papa - Kartoffel
papi bzw **papito** - attraktiver Mann
parada - Haltestelle
páramo - Hochgebirgsebene zwischen 3000-4500 Meter, bewachsen mit Farnen, Moosen und Frailejónes
paso fino - Kunstreiten
pastuso/a - der Bewohner der südlichen Bergregion Kolumbiens; wegen seiner langsamen Art und seines Dialektes ist er die Figur vieler Witze.
pendejo - dummer Hund (Schimpfwort)
perico - Kaffee mit Milch
piedemonte - Andenabstieg zum Llanos- und Amazonasbecken
Pico y Placa - seit 1998 in Bogotá vorgeschriebene Beschränkung des privaten Autoverkehrs auf bestimmte Wochentage, jeweils abhängig von der Ziffernfolge des entsprechenden Kfz-Kennzeichens.
pilas - wörtlich Batterien, voller Energie stecken - pilás! -Aufgepaßt !
plata - das Geld
plátano - Backbanane
poporo - Behältnis zum Aufbewahren von Kalk für das Kokakauen, weitverbreitet bei vielen präkolumbianischen Kulturen, bei den heutigen Kogi- und Arhuaco-Indianern der Sierra Nevada sind die *poporos* ausgehöhlte Kürbisse.

puente - wörtlich Brücke, langes Wochenende

pues - jeder zweite Satz in Antioquia wird mit pues abgeschlossen (folglich), entspricht dem süddeutschen «Gell»

Q

quadramos - wir schließen uns kurz, wir organisieren etwas

que susto - wörtlich Schrecken, welcher Umstand

quinta - Landhaus

R

resguardo - Indianerreservat unter Selbstverwaltung

retén - Polizeicheckpoint

ruana - kolumbianischer Poncho

rumba - Feierabend- und Wochenendvergnügen in dversen Varianten, *rumba suave*, *rumba gay*, *rumba en chiva* oder eben auch:

rumba zanahoria - wörtlich Mohrrübenparty (alkoholfrei)

S

sapo - wörtlich Kröte, (Polizei)spitzel, allgemein für eine neugierige, aufdringliche Person

sardino/a - Junge, Mädchen

sicario - bezahlter Killer

sleeping - (sprich Ää-sleeping) Schlafsack

soroche - Höhenkrankheit

T

tenaz - wörtlich zäh, bedeutet in Kolumbien schrecklich, unmöglich, Charakerisierung von Menschen und Situationen

(no) tengo ganas - ich habe (nicht) die Absicht

tinto - schwarzer Kaffee

trancón - Stau

trenza - das Rastazöpfchen

U

utilizador - kleines (Aluminium)boot

V

vacuna - wörtlich Spritze, Schutzgeldzahlung an die Guerrilla

vaina - auch so ein Ausdruck, der ähnlich wie *hijueeee puta* alles Mögliche oder überhaupt nichts zu bedeuten hat, am ehesten ist es noch eine Bezeichnung für ein x-beliebige Sache, deren genaue Bezeichnung einem gerade mal nicht einfallen will.

vaquero - Cowboy in den Llanos

verano - wörtlich Sommer, Trockenzeit

verraco - wörtlich ein Eber, «ein Pfundskerl», ausgezeichnete Person, großes Kompliment

verraquera - ausgezeichnet

voladora - Schnellboot (gebräuchliche Bezeichnung im Chocó)

Y

yagé - eine Pflanze, deren Saft hypnotische Kräfte zugeschrieben werden

yopo - ein natürliches Pulver mit berauschender, halluzigener Wirkung, dem bereits die Muisca zugetan waren

yuca (brava) - regional unterschiedlich auch mañoka, eine Wurzel, Grundnahrungsmittel im kolumbianischen Tiefland.

Z

zamarros -Beinkleider aus Kuhfell, die zumeist in Antioquia zum Kunstreiten getragen werden

zambo/a - Mischling schwarzafrikanischer und indianischer Herkunft

zanahoria - wörtlich Möhre, Bezeichnung für Trottel

zancudo - Moskito

zoomorph - tierähnliche Darstellung

Dohlengrackel
(Quiscalus mexicanus)

Im Volksmund «Maria Mulata», der allgegenwärtige Flattervogel, die «Karibikamsel», die an jeder Straßenecke hüpft, pickt, pfeift und ihr Hinterteil zur Kühlung der Meeresbrise entgegenstreckt, in einer Darstellung des Künstlers Enrique Grau.

Tierliste

Fische

Deutsch	Spanisch	Latein
Salzwasser		
Barrakuda	Picúa (barracuda)	*Sphyraena barracuda*
Hammerhai	Tiburon martillo	*Sphyrna sp.*
Makrele	Sierra	*Scomberomorus brasiliensis*
Olivgrüner Snook (trop. Barsch)	Róbalo	*Centropomus undecimalis*
Schnapper	Pargo	*Lutjanus sp.*
Teufelsrochen	Manta raya gigante	*Manta birostris*
Walhai	Tiburon ballena	*Rhincodon typus*
Süßwasser		
Bandsalmler	Pez perro (payara)	*Hydrolycus scomberoides*
Bocachico	Bocachico	*Prochilodus reticulatus magdalenae*
Gamitana	Cachama negra (gamitana)	*Piaractus macropomum*
Piranha	Piraña (caribe)	*Serrasalmus sp.*
Pirarucu/Arapaima	Pirarucú, Paiche	*Arapaima gigas*
Sabalo	Sábalo	*Tarpon atlanticus*
Schmarotzerwels	Candiru	*Vandellia sp.*
Tucunare	Tucunaré, (pavón)	*Chicla ocellaris*
Valenton/ Großer Antennenwels	Bagre (valentón, lechero)	*Brachyplatistoma sp.*
Weißer Cachama	Cachama blanca	*Collosoma sp.*
Zitteraal	Temblón	*Electrophorus sp.*

Reptilien/Amphibien

Anakonda	Anaconda	*Eunectus murinus*
Baumsteigerfrosch	Rana Venenosa	*Dendrobates sp.*
Brillenkaiman	Cachirre Blanco (babilla)	*Caiman sp.*
Charapa/Arrauschildkröte	Charapa	*Podocnemis expansa*
Fransenschildkröte	Matamatá	*Chelus fimbriatus*
Gewöhnliche Lanzenotter	Taya equis (rabo de chucha)	*Bothrops atrax*
Glattstirnkaiman	Cachirre Negro (babilla)	*Paleosuchus sp.*
Gorgonaeidechse	Lagarto azul	*Anolis gorgonae*
Grüner Leguan	Iguana	*Iguana iguana*
Helmleguan	Saurio	*Corytophanes sp.*

Hornkröte	Sapo cornudo	*Ceratophrys Cornuta*
Königsschlange	Boa	*Boa Constrictor*
Korallenschlange	Coral (rabo de ají)	*Micrurus sp.*
Landschildkröte	Morrocoy	*Testudo sp.*
Mohrenkaiman	Caimán negro	*Melanosuchus niger*
Plättchenseeschlange	Serpiente marina	*Pelamis platurus*
Jesus Christus Eidechse (Wasseranolis)	Lagarto	*Anolis vermiculatus*
Terekayschildkröte	Terecay	*Podocnemis unifilis*

Insekten

Blattschneiderameise	Arriera	*Atta sp.*
Fiebermücke (Moskito)	Zancudo	*Anopheles sp.*
Gnitze (Stechmücke)	Jején	*Culicoides sp.*
Kongaameise	Conga	*Paraponera sp.*
Laternenträger (Zikade)	Chicharra	*Fulgora lampetis*
Morphofalter	Mariposa azul	*Morpho anaxibia.*
Treiberameise	Hormiga guerrera	*Eciton sp.*

Vögel

Amerikanischer Specht	Carpintero	*Melanerpes sp.*
Andenkondor	Condor	*Vultur gryphus*
Ara	Guacamayo	*Ara sp.*
Arassari (Zwergtukan)	Tucán	*Pteroglossus sp..*
Blauflügel-Tangare	Azulejo	*Traupis episcopus*
Blaufußtölpel	Picero pata azul	*Sula nebouxii*
Cayennekuckuck	Pájaro ardilla	*Piaya cayana*
Carancho (Geierfalke)	Caracara	*Polyborus plancus*
Fächerpapagei	Quina-Quina	*Deroptyus accipitrinus*
Fregattvogel	Fregata	*Fregata sp.*
Froschhabicht	Gavilán	*Heterospiza meridionalis*
Graurücken-Trompeter	Ténte	*Psophia crepitans*
Guyanafelsenhuhn	Gallito de Roca	*Rupicola rupicola*
Harpienadler	Aguila miquera	*Harpia harpyja*
Hoatzin	Pava hedionda	*Opisthocomus sp.*
Hokko	Paujil	*Crux sp.*
Jabiru	Garzón soldado	*Jabiru mycteria*
Kolibri	Colibrí (chupaflor)	*Trochilidae*
Königsgeier	Rey (de los gallinazos)	*Sarcoramphus papa*
Lagunengeier	Aruco	*Anhima cumuta*
Meißelhacker	Trepatroncus	*Xiphorhynchus sp.*
Olivzuser	Cotinga	*Lipaugus cryptolophus mindoensis*
Pelikan	Pelicano (alcatraz)	*Pelecanus occidentalis*
Rabengeier	Gallinazo	*Coragyps atratus*
Riesentukan	Tucán	*Ramphastus sp.*

Deutsch	Spanisch	Wissenschaftlich
Rosa Löffler	Garipolo real	*Ajaia ajaja*
Roter Sichler (Scharlachibis)	Corocoró	*Eudocimus ruber*
Rubinköpfchen	Cardenal	*Pyrocephalus rubinus*
Scherentyrann	Tijereta	*Muscivora forficata*
Venezuela-Amazone	Loro	*Amazona sp.*

Säugetiere

Deutsch	Spanisch	Wissenschaftlich
Amazonas-Delphin	Bufeo	*Inia geoffrensis*
Ameisenbär	Oso hormiguero	*Mirmecophaga tridactyla*
Bergtapir	Danta	*Tapirus pinchaque*
Brillenbär	Oso de anteojos	*Tremarctos ornatus*
Buckelwal	Ballena jorobada	*Megaptera novaeangliae*
Capybara	Chigürro (cabybara)	*Hydrochaerus hydrocheris*
Flachlandtapir	Danta	*Tapirus terrestris*
Fledermaus	murciélago	*Emballonuroidea*
Flußdelphin	Delfín	*Sotalia fluvialis*
Halsbandpekari	Marrono del monte	*Tayassu tajacu*
Jaguar	Tigre	*Panthera onca*
Klammeraffe	Marimonda	*Ateles sp.*
Nachtaffe	Mico de noche	*Aotus sp.*
Nasenbär	Cusumbo	*Nasua nasua*
Ozelot	Canaguaro	*Felis pardalis*
Puma	Puma (león)	*Felis concolor*
Riesenotter	Perro de agua	*Pteronura brasiliensis*
Roter Brüllaffe	Araguato (mico aullador)	*Alouatta seniculus*
Seekuh	Manatí	*Trichechus sp.*
Totenkopfäffchen	Mico fraile	*Saimiri sp.*
Weißbartpekari	Cafuche (marrano del monte)	*Tayassu albirostris*
Weißkopfaffe	Mico cariblanco	*Cebus albifrons*
Wildkatze	Tigrillo	*Felis tigrina*
Wollaffe	Churuco (barrigudo)	*Lagothrix lagotricha*
Zottelschweifaffe (Mönchssaki)	Mico volador	*Pithecia monachus*
Zwergtiti	Titi pielroja (leoncito)	*Cebuella pygmaeú*

Index

Ortsregister

A
Abejorral 368
Acaime (Naturreservat) 385
Acandí 316
Aguadas 373
Amacayacu (Nationalpark) 511
Amanaven 522
Amazonas (Fluss) 495
Ambalema 163
Apaporis (Fluss) 527
Aquitania 186
Aracataca 288
Araracuara 518
Arboletes 309
Armenia 381
Armero 162
Atrato (Fluss) 393

B
Bahía Solano 402
Balboa 315
Barbacoas 411
Barichara 199
Barrancabermeja 358
Barranquilla 262
Barú 251
Benjamin Constant (Brasilien) 511
Bocas de Satinga 413
Bogotá 100
Bucaramanga 206
Buenaventura 394
Buga 437

C
Cabo de la Vela 299
Cahuinarí (Nationalpark) 516
Calarcá 383
Cali 425
Calima Stausee 439
Canal del Dique 451
Cañasgordas 436
Caño Cristales 493
Cañón del Chicamocha 204
Cañón Río Claro 391
Capitanejo 187
Capurganá 316
Caquetá (Fluss) 515 ff.
Caramanta 369
Carimagua (Forschungszentrum) 485
Cartagena de Indias 222
Cartago 440
Catatumbo 218
Caucasia 364
Cereté 309
Chiquinquirá 177
Chingaza (Nationalpark) 151
Chiribiquete (Nationalpark) 535
Choachi 151
Chucunés 473
Ciénaga Grande de Santa Marta (Nationalpark) 267
Ciudad Perdida 285
Cocuí (Brasilien) 523
Coconuco 450
Cocora 385
Cocuy (Nationalpark) 188
Corveñas 303
Cúcuta 214
Cueva de los Guácharos (Nationalpark) 466
Cumbal (Vulkan) 473

D
Duitama 181

E
El Banco 261
El Charco 413
El Cocuy (Nationalpark) 188
El Dos 422
El Gigal 315
El Jardín 371
El Peñol 366
El Retiro 366
El Rodadero 275
El Tuparro (Nationalpark) 488
El Valle 406
Ensenada de Utría (Nationalpark) 406

F
Florencia 528
Fusagasugá 158

G
Galapa 267
Galeras (Vulkan und Naturreservat) 470
Girón 205
Gorgona (Insel und Nationalpark) 414
Granada 482
Guaduas 158
Guane 199
Guapi 414
Guatapé 366
Guatavita, s. Laguna de Guatavita
Guaviare (Fluss) 533
Güicán 188

H

Hacienda Cañasgordas 436
Hacienda El Paraíso 436
Hacienda Fizebad 367
Hacienda Montebello 205
Hacienda Napoles 391
Hacienda Piedechinche 436
Honda 159

I

Ibagué 441
Icononzo 158
Iguaque (Naturreservat) 176
Ipiales 474
Isla de Salamanca (Nationalpark) 268
Isla Gorgona, s. Gorgona
Isla Malpelo, s. Malpelo 418
Islas del Rosario 252
Istmina 424
Inzá 461

J

Jericó 371
Juanchaco 399
Juradó 408

L

La Bocana 399
La Ceja 367
La Chorrera 520
La Montaña 385
La Tagua 287
Ladrilleros 399
Lago Calima 439
Lago de Tota 186
Laguna de Guatavita 146
Laguna de la Cocha 471
Laguna de Sonso 439
Laguna Verde 472
La Macarena (Nationalpark) 489
La Macarena 494
La Paya (Nationalpark) 532
La Paz 196
La Pedrera 515
La Planada (Naturpark) 473
La Plata 463
La Vieja (Fluss) 386
Las Gaviotas (Forschungszentrum) 486
Las Orquideas (Nationalpark) 362
Leticia 506
Llorente 412
Lorica 307
Los Estoraques (Naturpark) 212
Los Farallones (Nationalpark) 437
Los Flamencos (Naturreservat) 297
Los Katios (Nationalpark) 311
Los Nevados (Nationalpark) 386
Los Picachos (Nationalpark) 466

M

Magangué 255
Magdalena (Fluss) 159, 255
Maicao 301
Málaga 186
Malpelo (Insel und Nationalpark) 418
Manaure 298
Manizales 375
Mariquita 161
Marmato 370
Matanzas 211
Medellín 335
Meta (Fluss) 481 ff.
Minca 287
Miraflores 534
Mitú 525
Mocoa 529
Mompox 256
Monguí 184
Montenegro (Kaffeepark) 386
Monteria 305
Muzo 178

N

Nabusímake 291
Nazareth 301
Neiva 464
Nemocón 151
Nevado de Huila (Nationalpark) 463
Nobsa 181
Nueva Guatavita 149
Nuquí 400

O

Ocaña 211
Orinoco (Fluss) 488
Orocué 484
Otún Quimbaya (Santuario de Flora y Fauna) 380

P

Pamplona 212
Pantano de Vargas 181
Pisba (Nationalpark) 181
Pasca 158
Pasto 467
Pensilvania 374
Pereira 379
Peyé 313
Pitalito 463
Popayán 442
Providencia (Insel und Nationalpark) 327
Pueblito 281
Pueblo Bello 291
Puerto Asis 530
Puerto Berrio 356
Puerto Boyacá 180

Puerto Carreño 486
Puerto Colombia (Guainía) 523
Puerto Colombia (Atlántico) 267
Puerto Gaitán 483
Puerto Inírida 521
Puerto Leguizamo 532
Puerto López 482
Puerto Nariño 514
Puinawai (Nationalreservat) 524
Puracé (Nationalpark) 450
Putumayo (Fluss) 531

Q
Quibdó 418

R
Ráquira 177
Raspadura 422
Riohacha 294
Río La Vieja (Fluss) 386
Rionegro 364
Río Negro (Fluss) 523
Río Puré (Nationalpark) 516
Rodadero

S
Salamina 372
Salento 383
Salto de Versalles 159
Salto de Tequendama 158
San Agustín 451
San Andrés (Insel) 321
San Andrés de Sotavento 306
San Basilio de Palenque 254
San Bernardo del Viento 308
Sandoná 472
San Fernando de Atabapo (Venezuela) 522
San Felipe 523
San Gil 198
San Jacinto 256
San Jerónimo 359
San Juan (Fluss) 424
San José del Guaviare 533
San Pelayo 308
Santafé de Antioquia 359
Santafé de Bogotá, s. Bogotá
Santa María 315
Santa Marta 269
San Martín 481
Santuario de las Las Lajas 475
San Vicente de Chucurí 205
Sapzurro 316
Serranía de la Macuira 301
Sierra Nevada de Santa Marta (Nationalpark) 282
Silvia 448
Sincelejo 303
Socorro 196
Sogamoso 182
Sonso, (s. Laguna de Sonso)
Sonsón 367
Sumapaz (Nationalpark) 153

T
Tabatinga (Brasilien) 511
Taganga 276
Tairona (Nationalpark) 280
Tatacoawüste 465
Tierradentro 459
Tolú 303
Tópaga 185
Tota 186
Totumo (Schlammvulkan) 254
Tuchin 306

Tumaco 409
Tunja 166
Turbo 309

U
Unguía 314
Uribe 158
Uribia 299
Urrao 362

V
Valle del Sibundoy 471
Vaupés (Fluss) 527
Valledupar 289
Valparaiso 369
Vélez 195
Villanueva 202
Villa de Leyva 170
Villavicencio 477

Y
Yamato (Forschungszentrum) 483

Z
Zapatoca 204
Zipaquirá 150

Personen- / Sachregister

A
Acuña, Luis Alberto 170
Afrokolumbianer 26
Airpass 537
Arana, Julio Cesar 495
Arango, Débora 342
Auslandsstudium 257
Auslieferung 64
Ausnahmezustand 65

B
Balboa, s. Núñez de Balboa 38
Barco, Virgilio 46
Barí (Motilones) 218
Bastidas, Rodrigo de 38
Bateman, Jaime 62
Belalcázar, Sebastián de 39, 425
Bergsteigen, s. Trekken
Betancur, Belisario 45
Betancourt, Ingrid 58, 585
Betancourt, Rodrigo Arenas 81
Bewaffneter Interner Konflikt 65
Bevölkerung 20
Biohó, Domingo 254
Bildung 32
Bolívar, Simón 40 ff.
Botero, Fernando 80, 341
Botschaften 540
Brando, Marlon 245
Burroughs, William 582
Bus(-gesellschaften) 141, 565

C
Cabrera, Sergio 85
Caldas, José de 40, 445
Calypso 84
Castro Caycedo, Germán 78
Chávez, Hugo 55 ff.
Chiva 566
Cumbia 83
Currulao 84

D
DAS 541
Dengue-Fieber 561
Drogenhandel 30
Drogenkriminalität 577
Dschungelpfade 499

E
Einreise-/Ausreiseformalitäten 538
Eisenbahn 141, 569
Elektrizität 545
Escobar, Pablo 46 ff. 345, 391
Essen 91
Ethnologie 87
Expedición Botánica 40, 156

F
Federmann, Nikolaus 39
Feiertage 546
Fernsehen 85
Feste 547
Fische 501
Fluggesellschaften 567
Flugpass (siehe Airpass)
Flugsicherheit 568
Flugtarif 567
Fotografieren 579
Frente Nacional 45
Früchte 96

G
Gaitán, Jorge Eliécer 44
Galán, Luis Carlos 45
García Márquez, Gabriel 76, 288, 581
Gaviria, César 49
Geld 542

Bargeld 543
Geldscheine 542
Kreditkarten 543
Bargeldtransfer 544
Travellerscheck 544
Wechselkurse 542
Geographie 17
Gesundheit 559
Gómez, Laureano 44 ff.
Gómez Dávila, Nicolás 75
Grau, Enrique 79
Greiff, León de 75
Grenzübergänge 538
Guerrilla 58
Eln 61
Farc-Ep 54 ff., 58, 66
Frente Domingo Biohó 63
M-19 61
Quintín Lame 62
Guhl, Ernesto 154

H
Heredia, Pedro de 222
Hochseefischen 555
Höhenkrankheit 563
Humboldt, Alexander von 385, 523, 583

I
Indianer 21
Indianerpolitik 21, 549
Inquisition 228
Isaak, Jorge 73

J
Jacanamijoy, Carlos 81
Jiménez de Quesada, Gonzalo 39, 161
Joropo 84
Juanes 85
Justiz 63

K
Kaffee (-touren) 383 ff.
Kaiser Karl V. 39

Kartenmaterial & GPS 580
Kliniken 564
Koch-Grünberg,Theodor 87, 527
Kidnapping (Entführungen) 576
Koka(in) 412, 530
Kunsthandwerk 88

L
Lleras, Alberto 45
Lengerke, Geo von 204 f.
Literatur 73
López Pumarejo 44
Luis Luna 81

M
Malaria 87, 560
Martinez, Efraim 445
Marulanda Veléz, Manuel (Tirofijo) 58 ff.
Menschenrechtssituation 67
Mietwagen 569
Morillo, Pablo 224
Mosquera, Tomás Cipriano 42, 364, 450
Motorrad 540, 567
Muisca 148
Mutis, Celestino 40
Mutis, Álvaro 76

N
Nariño, Antonio 40,171
Nationalparks 548
Negret, Edgar 81, 444
Nel Gómez, Pedro 342
Núñez, Rafael 42
Núñez de Balboa, Vasco 315

O
Obregón, Alejandro 79
Öffnungszeiten 546
Ökologie 71

Orellana, Francisco de 495
Ospina, Pedro Nel 44
Ospina, William 584

P
Papillon (Henri Charriére) 293
Parapolítica-Skandal 55
Pastrana, Andrés 50
Pass 541
Patarroyo, Manuel Elkin 87
Pizarro, Franzisco 39
Plan Colombia 69
Plan Patriota 66
Policarpa Salavarrieta 158
Polo Democrático Alternativo 52
Post 544
Präkolumbianische Kulturen 37
Praktikum 557
Presse 138
Preuss, Theodor 87

R
Rafting 556
Raúl Reyes 59
Reggae(tón) 84
Reichel-Dolmatoff, Gerado 87, 586
Reisen nach Kolumbien 537
Reisezeit 54, 536
Reiten 556
Religion 73
Rivera, José Eustasio 74
Rivet, Paul 87
Rodríguez Gacha, Gonzalo 46
Rojas Pinilla, Gustavo 45

S
Salsa 83
Samper, Ernesto 50

Santander, Francisco de Paula 40 f,
Schiffsverkehr 569
Schlangen 502
Shakira 85
Sicherheit . 570
Silva, José Asuncion 74
Smaragde 579
Soziales 33
Sport 97
Sportangeln 555
Sprache 27
Sprachunterricht 556
Staatsform 63
Straßenverhältnisse 570

T
Tango 85
Tanzen 556
Tauchen 554
Taxi 566
Telefonieren 545
Theater 86
Trekken 555
Trinken 91, 94
Trinkwasser 563
Touranbieter 552
Touristeninformation 547
Touristenpolizei 547
Turbay, Gabriel 44
Turbay Ayala, Julio César 45

U
Unterkünfte 557
Uribe, Álvaro 51 ff.
Uribe Uribe, Rafael 43

V
Valderama, «El Pibe» 97
Vallejo, Fernando 78
Vallenato 82
Verkehrsmittel 565
Versicherungen 577
Violencia 44

W
Walewatching 399
Wiedemann, Guillermo 80
Wiederwahl des Präsidenten 53
Wirtschaft 27

Z
Zeit 545
Zeitungen, s. Presse
Zoll 539

NOTIZEN

NOTIZEN

NOTIZEN

Die Autoren

Hella Braune und *Frank Semper* haben ihre Lateinamerika-Kompetenz durch eine Reihe von Publikationen eindrucksvoll unter Beweis gestellt. Die Bände der NAHDRAN-Reihe verbinden Reisebegeisterung mit fundierten Länderkenntnissen.

Für wichtige Hinweise danken wir:

Merlin Barschke, Germán Escobar, Jean-Philippe Gibelin, Timothy Harbour, Dr. Tobias Huber, Pascal Kühn, Alexandra Möhring, Jürgen Paudtke, Dominique Pollach, Georg Rubin, Christian Schmitt, Philipp Weigell, Dr. Kristiane Zappel, Zhim-xun Ho

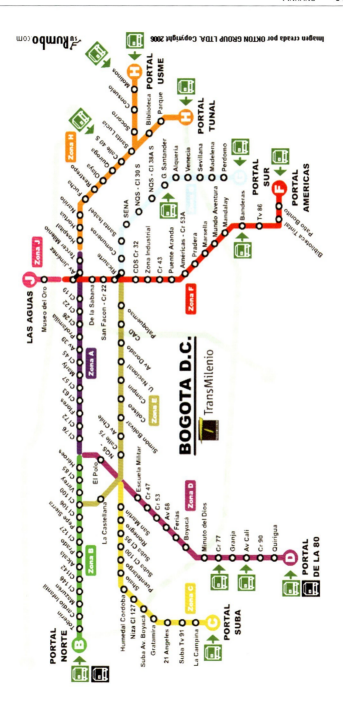

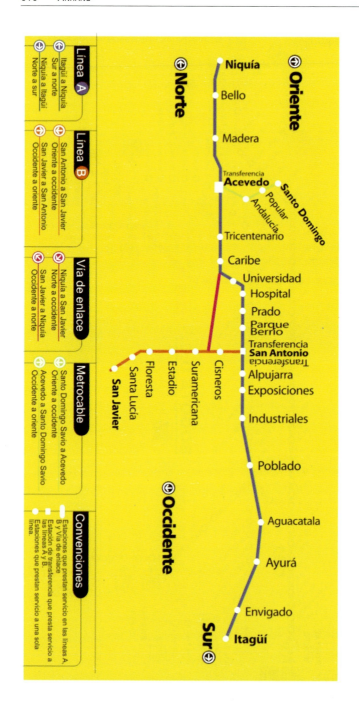